Quellen zum Deutschen Richtergesetz vom 8.9.1961

# Rechtshistorische Reihe



Band 486

*Zur Qualitätssicherung und Peer Review der vorliegenden Publikation*

Die Qualität der in dieser Reihe erscheinenden Arbeiten wird vor der Publikation durch einen der Herausgeber der Reihe geprüft.

*Notes on the quality assurance and peer review of this publication*

Prior to publication, the quality of the work published in this series is reviewed by one of the editors of the series.

Werner Schubert (Hrsg.)

# Quellen zum Deutschen Richtergesetz vom 8.9.1961

## Teil I

PETER LANG

**Bibliografische Information der Deutschen Nationalbibliothek**
Die Deutsche Nationalbibliothek verzeichnet diese Publikation in der Deutschen Nationalbibliografie; detaillierte bibliografische Daten sind im Internet über http://dnb.d-nb.de abrufbar.

Umschlagabbildung:
Justitia. Allegorie der Gerechtigkeit. Druck aus dem 17. Jahrhundert.

Gedruckt auf alterungsbeständigem, säurefreiem Papier.
Druck und Bindung: CPI books GmbH, Leck

ISSN 0344-290X
ISBN 978-3-631-80281-6 (Print)
E-ISBN 978-3-631-80688-3 (E-PDF)
E-ISBN 978-3-631-80689-0 (EPUB)
E-ISBN 978-3-631-80690-6 (MOBI)
DOI 10.3726/b16336



Peter Lang – Berlin · Bern · Bruxelles · New York ·
Oxford · Warszawa · Wien



Diese Publikation wurde begutachtet.

www.peterlang.com

# Inhaltsübersicht

# Inhaltsverzeichnis

# Einleitung

## I. *Zum Umfang der Edition*

Das Deutsche Richtergesetz von 1961, zu dessen Entstehung bisher keine Monografie vorliegt (zum DRiG vgl. *Günther Schmidt-Räntsch,* 1. Aufl. München 1962; 6. Aufl. v. *Jürgen Schmidt-Räntsch,* 2009; 7. Aufl. von *Johanna Schmidt-Räntsch,* 2020; *Erich Gerner,* Deutsches Richtergesetz, Köln 1963; *Johann Friedrich Staats,* Deutsches Richtergesetz, Baden-Baden 2012; alle wichtigen Fragen der Justizverwaltung sind behandelt von *Fabian Wittreck,* Die Verwaltung der Dritten Gewalt, Tübingen 2006; S. 37 ff. historischer „Aufriss"; vgl. auch *Albrecht Wagner,* Der Richter. Geschichte – Aktuelle Fragen – Reformprobleme, Karlsruhe 1959), bildet zusammen mit den Art. 97 und 98 GG und den Landesrichtergesetzen die Grundlage der Stellung der Richter des Bundes und der Länder. Mit der vorliegenden Edition soll die Entstehung dieses wichtigen Grundlagengesetzes der frühen Bundesrepublik erschlossen werden, das bis heute für die deutsche Richterschaft maßgebend ist. Das Quellenmaterial zum DRiG ist außerordentlich umfangreich und umfasst allein für das Bundesministerium der Justiz (BMJ) über 60 Akten (BA Koblenz, B 141/1812–1867; 15465–15480). Hinzu kommen noch die Akten des Bundesministeriums des Innern (BMI, BA Koblenz, B 106/6786-1689; 30353–30361), des Arbeits- und des Sozialministeriums sowie des Bundesfinanzministeriums sowie die Akten der Länder. Für die Edition herangezogen wurden die Überlieferungen des BMJ, des Justizministeriums des Landes Schleswig-Holstein (Landesarchiv Schleswig, 786/1819–1826), des Staatsarchivs der Hansestadt Hamburg sowie des Archivs des Deutschen Bundestages (Parlamentsarchiv). Die Stellungnahmen der Bundesministerien und der Länder ergeben sich aus den jeweiligen Aufzeichnungen über die Besprechungen des BMJ mit den am Richtergesetzen befassten Bundesressorts und mit den Ländern sowie aus den Beratungen des Rechtsausschusses des Bundesrates und weiterer Ausschüsse sowie deren Stellungnahmen zu den Entwürfen von 1957 und 1958. Die interne Willensbildung über die Entwürfe des BMJ zu einem Richtergesetz im BMI, BMA und BMF sowie in den Ländern bedürfte gesonderter Untersuchungen.

Die Edition umfasst als Band 1 die Quellen zum Richtergesetz von 1949 bis 1961 mit Ausnahme der Materialien zum § 116 DRiG (Pensionierung von Richtern, die an unvertretbaren Strafurteilen aus der Zeit zwischen dem 1.9.1939 und dem 9.5.1945 mitgewirkt haben). Dieser Quellenbereich wird in Bd. 2 der Edition zum Richtergesetz erschlossen und reicht bis 1965 (zu § 116 DRiG vgl.

*Sonja Boss,* Unverdienter Ruhestand. Die personalpolitische Bereinigung belasteter NS-Juristen in der westdeutschen Justiz, Berlin 2009).

Annähernd vollständig dokumentiert wird die Frühphase des DRiG von 1949/50, die bisher wenig beachtet worden ist. Hierzu wäre eine eigene Darstellung erforderlich, die erst möglich sein wird, wenn auch die Akten des Bayr. Staatsministeriums der Justiz zugänglich sind. Auch eine Auswertung der insoweit formal noch gesperrten Bestände des NRW-Justizministeriums im Landesarchiv Nordrhein-Westfalen in Duisburg wäre noch erforderlich.

Im 2. Teil der Edition wird die Ausarbeitung des Entwurfs zu einem DRiG durch das BMJ (1953–1957) dokumentiert. Im Mittelpunkt stehen die detaillierte Referentendenkschrift des BMJ von 1954 (tlw. in DRiZ 1954, S. 133ff.), die Niederschriften zu den Besprechungen des BMJ mit den Vertretern der einzelnen Gerichtsbarkeiten, der Rechtsanwaltschaft und der Notare. Wiedergegeben werden sodann die Entwürfe des BMJ für ein Richtergesetz vom April und von Ende August 1955 (ohne die jeweiligen Begründungen) sowie der Entwurf des BMI für ein Richtergesetz von November 1955. Berücksichtigt werden die Stellungnahmen der am DRiG interessierten Bundesministerien für Inneres, für Arbeit und Soziales sowie für Finanzen und der Landesjustizministerien in den Besprechungsniederschriften des BMJ und der Konferenzen der Justiz- und der Innenminister. Nicht berücksichtigt werden Einzelstellungnahmen von Bundes- und Länderministerien mit Ausnahme der Stellungnahme des BMI vom Juli 1955 zum Entwurf eines DRiG. Nicht mehr wiedergegeben werden die Referentenentwürfe vom März (hierzu die Inhaltsübersicht unten S. 551ff.) und Oktober 1956, die nur noch für wichtige Grundsatz- und Einzelfragen von Bedeutung sind. Die Schlussphase des vom Bundeskabinett am 4.4.1957 verabschiedeten Entwurfs zu einem DRiG (Januar-März 1957) wird erschlossen durch einen Vermerk des BMJ und das Kabinettsprotokoll vom 4.4.1957.

Der 3. Teil der Edition betrifft die Beratungen des (1.) Entwurfs zu einem DRiG im Bundesrat (Rechtsausschuss sowie dessen Unterausschuss) sowie die Vorlage dieses Ausschusses zu der Sitzung des Bundesrats vom 6.9.1957, der den DRiG-Entwurf jedoch wegen des Auslaufens der 2. Legislaturperiode des Bundestages nicht behandelte.

Der 4. Teil der Edition enthält zunächst den (2.) Regierungsentwurf zu einem DRiG vom 2.2.1958. Vorausgegangen waren erneute Beratungen mit den Ländern und den am DRiG interessierten Bundesministerien (hierzu die Vermerke des BMJ). Nach der Einbringung des neuen Entwurfs im Bundesrat fanden Beratungen im Unterausschuss des Rechtsausschusses und in diesem selbst und auch in weiteren Ausschüssen statt, deren Niederschriften leicht gekürzt wiedergegeben werden. Hingewiesen sei auf die Ausführungen des Berichterstatters im Ausschuss für Innere Angelegenheiten, welche die Position der Innenressorts zum Entwurf des DRiG verdeutlichen. Die Vorlage des Rechtsausschusses vom 7.3.1958 für das Bundesratsplenum (mit den abweichenden Anträgen des Ausschusses für Arbeits- und Sozialpolitik, des Finanzausschusses sowie des Ausschusses für Innere Angelegenheiten) verdeutlichen die kontroversen Positionen, die zum Entwurf vertreten wurden. Dies kam auch in den Abstimmungen in der Plenarberatung des Bundesrates am 14.3.1958 zum Ausdruck.

Der am 2.7.1958 im Bundestag eingebrachte Entwurf zu einem DRiG wurde zwischen dem 23.3.1960 und dem 9.6.1961 im Rechtsausschuss in 23 Sitzungen ausführlich beraten (Protokolle in der Mikrofilme-Edition, München 2001). Auch eine Sachverständigenanhörung fand statt. Der Umfang der Ausschussprotokolle ließ es nicht zu, diese in der Edition zu berücksichtigen. Wiedergegeben wird ein Nachweis darüber, in welchen Protokollen die jeweiligen Bestimmungen des DRiG behandelt wurden. Wichtig war dem Hg. auch der Abdruck der Stellungnahme und Vorschläge des Deutschen Richterbundes vom 7.1.1960. Während der Beratungen des Rechtsausschusses fanden Ressortbesprechungen und Beratungen mit den jeweiligen Landesjustizministern statt. Abgedruckt wird der Entwurf eines DRiG nach den Beschlüssen des Rechtsausschusses in erster und in abschließender Lesung, um den Umfang der durch die Ausschussberatungen beschlossenen Änderungen des Entwurfs zu dokumentieren.

Nicht abgedruckt werden die Niederschriften über die erneute Beratung des Entwurfs im Bundesrat, der die vom Bundestag verabschiedete Fassung des DRiG billigte. Das Protokoll des Bundesrates vom 30.6.1961, das sich fast ausschließlich auf den § 116 DRiG bezieht, ist in Teil II der Quellen zum Richtergesetz enthalten.

Der Band wird abgeschlossen mit einem Sach-(Stichwort-) Register, das die einzelnen Beratungsgegenstände erschließt. Biografisch erschlossen werden die an den Arbeiten zum Richtergesetz maßgeblich beteiligten Juristen durch Kurzbiografien in Band II der Edition. Im Folgenden wird eingegangen auf die Vorgeschichte und die Entstehung des Richtergesetzes, zu der eine umfangreichere Darstellung vorbereitet wird.

## II. *Zur Entstehung des Deutschen Richtergesetzes*

Im GVG von 1878 war lediglich die Stellung des Richters im Allgemeinen geregelt; zu den persönlichen Verhältnissen und zum Disziplinarverfahren ergingen meist noch 1879 besondere Regelungen der Bundesstaaten. Ein eigenes Gesetz, die Rechtsverhältnisse der Richter betr. erging unter dem 6.6.1879 für das Großherzogtum Hessen (RegBl. 1879, S. 235 ff.). Der 2. Deutsche Richtertag (Dresden 1911) forderte auf Antrag von *Boily-Reichert* einstimmig den Erlass eines Deutschen Richtergesetzes. Dieses sollte enthalten: „a) Vorschriften über die materielle Begrenzung des Richteramtes; b) Vorschriften über die Träger des Amtes, insbesondere 1. feste Anstellung aller Richter, 2. klare Abgrenzung der richterlichen Verantwortlichkeit gegenüber der Justizverwaltung, 3. gleichartige Grundsätze über die materielle Sicherstellung der Richter" (DRiZ 1911, Sp. 581; zur weiteren Diskussion vgl. auch *Carl von Frisching*, Die deutschen Richtervereinigungen, 1936, S. 30 f.; *Wittreck*, S. 53 ff.).

*Hachenburg* stellte in seiner „Juristischen Rundschau" unter dem 1.3.1933 in der DJZ fest: „Justitia fundamentum regnorum. Daraus hat sich das *Prinzip der Unabhängigkeit und damit der Unabsetzbarkeit der Richter* entwickelt. In der großen Rede des Reichskanzlers vom 23. März 1933 fesselt den Juristen das Bekenntnis zur Unabsetzbarkeit der Richter. … Das Festhalten an der Unabhängigkeit der Gerichte verdient für die spätere Geschichte der Entwicklung des deutschen Rechts festgehalten zu werden" (DJZ 1933, Sp. 482). Die Forderung nach einem eigenen Richtergesetz bekräftigte noch am 23.4.1933 die Vertreterversammlung des Deutschen Richterbundes. In einer Resolution dieses Bundes vom Juli 1933 heißt es: „ ‚frei von Fesseln, entsprechend dem germanischen Rechtsideal, muss der Richter jeder Vergewerkschaftung oder Vereinfachung entzogen bleiben'". Hierzu merkte Hachenburg unter dem 1.8.1933 in der DJZ, Sp. 1021, an: „Das darf man dahin auffassen, dass der Richterbund für seine Mitglieder die volle Unabhängigkeit in Anspruch nimmt. Nicht nur von den Weisungen der Regierung. Es soll auch trotz der Eingliederung in den Bund nationalsozialistischer deutscher Juristen, vor jeder Beeinflussung durch diesen und seine Mitglieder bewahrt bleiben". In der Folgezeit war die Unabhängigkeit des Richters ein viel diskutiertes Thema (umfassende, aber nicht vollständige Literaturübersicht bei *Bergmann,* Recht und Richter im Führerstaat, Referat von 1943 für das Amt des RJM: „Neuordnung der deutschen Gerichtsverfassung", BA R 3001/239, S. 69 ff.).

Hans Frank stellte bereits im NS-Rechtshandbuch, München 1935 (S. 7 f.), fest: „Man ist sich z.B. darüber einig, dass die Unabhängigkeit der Richter eine rechtsstaatliche Forderung ist. Unabhängigkeit der Richter bedeutet aber in einem Führerstaat etwas anderes als in einer konstitutionellen Monarchie. Indessen würde die Anerkennung der richterlichen Unabhängigkeit für ein von der konstitutionellen Monarchie her bestimmtes rechtsstaatliches Denken notwendigerweise dahin führen müssen, dass damit auch die ganze konstitutionelle Verfassungsgrundlage der richterlichen Unabhängigkeit, Gewaltenteilung und konstitutioneller Gesetzesbegriff anerkannt sind, während die Einfügung der richterlichen Unabhängigkeit in den Rahmen eines völlig anders gearteten Staats, z.B. eines Führerstaats, nicht als ‚wahre' richterliche Unabhängigkeit anerkannt werden könnte." In die gleiche Richtung ging Frank 1936 in seiner Ansprache auf der Arbeitstagung der Reichsfachgruppenrichter und Staatsanwälte und Rechtspfleger in Berlin am 14.1.1936: „Der Richter ist frei in seinen Entscheidungen und nur untertan dem Lebensgesetz des Volkes. Der Nationalsozialismus schützt den Richter in seiner Unabhängigkeit, verlangt aber von ihm als selbstverständliche Voraussetzung die Zugehörigkeit zu jenem Weltanschauungs- und Willensbildungsbereich, dem der Führer und seine Entscheidungen angehören" (DJZ 1936, Sp. 179). Die 2. „Arbeitstagung der Arbeitsgemeinschaft für die deutsch-italienischen Rechtsbeziehungen" in Wien (März 1939) ging von Folgendem aus: „… 6. Der Richter spricht Recht unabhängig und frei von behördlichen Anweisungen. Er befindet sich in natürlicher innerer Übereinstimmung mit den Anschauungen der faschistischen und nationalsozialistischen Ideen – 7. Die Unabhängigkeit des Richters schließt im Interesse der Gesamtheit die Unabsetzbarkeit und die Unversetzbarkeit in sich" (DR 1939, S. 222).

Mit der „Stellung des Richters" befasste sich insbesondere *Curt Rothenberger* (seit 1933 Hamburger Justizsenator, 1935–1942 Präsident des Hanseatischen OLG; 1942 bis Ende 1943 Staatssekretär des RJM; über Rothenberger *Susanne Schott,* Curt Rothenberger. Eine politische Biographie, Diss. Halle-Wittenberg 2001; *Klaus Bästlein,* in¨Justizbehörde Hamburg [Hrsg.], Hamburg 1992, S. 74–145), der hierzu eine eigene Aktensammlung anlegte (erhalten in den Beständen des OLG Hamburg im StA Hamburg unter 213-1, Nr. 2192 ff.). In einem Aufsatz: „Die Stellung des Richters im Führerstaat (DR 1939, 831 ff.) führte Rothenberger aus: „1. Das *Gesetz ist Führerbefehl.* Der Richter, der dieses Gesetz anzuwenden hat, ist nicht nur an das Gesetz, sondern auch an die einheitliche geschlossene Weltanschauung des Führers gebunden. Aus dem neutralen, unpolitischen, staatsabgewandten Richter der liberalen Epoche ist daher geworden ein durch und durch politisch denkender, fest an die Weltanschauung des Gesetzgebers gebundener und an ihrer Verwirklichung mitarbeitender Nationalsozialist. *Unabhängigkeit* kann somit *niemals* bedeuten, *Freiheit von weltanschaulicher Bindung,* das würde die Befreiung von der Bindung an das Recht sein. Je stärker die nationalsozialistische Weltanschauung den Richter erfasst, desto klarer wird die richterliche Unabhängigkeit hervortreten und sich entfalten können. Der Weg kann daher nicht der sein, die Unabhängigkeit im Führerstaat irgendwie anzutasten, das wird auch in Italien klar erkannt –; sondern nur der, die Gründe, die die Unabhängigkeit fragwürdig machen könnten, zu beseitigen, nämlich den unpolitisch denkenden Richter – 2. Der *Führer* ist oberster Gerichtsherr. Selbst praktisch tätig wird er, wie die Rechtspraxis der vergangenen Jahre zeigt, nur bei revolutionären oder sonstigen einmaligen geschichtlichen Ereignissen, die die Existenz des Volkes berühren, im Übrigen hat er die Befugnis zur Rechtsprechung auf den Richter, und zwar unmittelbar, übertragen. *Der Richter spricht also Recht im Namen des deutschen Volkes kraft eines ihm vom Führer unmittelbar,* d.h. ohne Zwischeninstanz, *erteilten Auftrages, also in der auf ihn unmittelbar delegierten Unabhängigkeit.* Warum ist der Richter der einzige Staatsdiener, der auch im Führerstaat in seiner Tätigkeit frei von Anweisungen und Beeinflussungen sein muss? Weil das Wesen seiner Tätigkeit sich grundlegend von jeder anderen Staatsdienertätigkeit unterscheidet und auch begrifflich jede Art von Beeinflussung seitens irgendeiner staatlichen oder parteiamtlichen Stelle ausschließt … Der Richter (hat) in jedem Urteilsspruch *unmittelbarer Verkünder des Führerwillens* zu sein mit der Maßgabe, dass er für seinen Richterspruch ausschließlich und unmittelbar dem Führer verantwortlich ist."

In den Akten Rothenbergers befindet sich auch ein Beitrag aus der Frankfurter Zeitung vom 23.3.1939 über den Richter, in es heißt: Der Richter gehöre zu jedem Staatswesen ebenso wie das Staatsoberhaupt oder die Verwaltung. Ein Recht ohne Richter sei unvorstellbar, Recht und Gesetz seien „zwei unzertrennliche Begriffe". Unter Hinweis auf die richterliche Unabhängigkeit wurde festgestellt: „Der Richter sei unabsetzbar und unversetzbar. In vielen anderen Hinsichten unterscheide sich der Richter vom Beamten im Allgemeinen". Es ist zwar möglich, ihn aus „politischen Gründen wie einen gewöhnlichen Beamten in den Ruhestand zu versetzen", niemals dürfe dies aber „nach dem klaren Wortlaut des Gesetzes auf den sachlichen Inhalt eines Rechtsspruchs gestützt werden. Seine Unabhängigkeit bedeutet weder Freiheit zur Willkür, denn er ist in seinem Tun an das Gesetz gebunden, noch gestattet sie ihm, „fern vom politischen Zeitgeschehen zu leben".

In einer weiteren Ausarbeitung über den „Richter im Dritten Reich" (StA Hamburg, OLG 231-2193; 1939) führte Rothenberger aus, der Richter sei „an das Gesetz als an die vom Führer in seiner Eigenschaft als Gesetzgeber – gesetzte Norm gebunden". Aus der Bindung an Gesetz und Recht folge entsprechend dem Verhältnis von Weltanschauung und Recht weiterhin die Bindung des Rchters an die nationalsozialistische Weltanschauung als an das Fundament des Richters. Raum für einen „unpolitischen, d.h. weltanschauungslosen und staatsabgewandten Richter" sei „ebenso wenig wie für einen „königlichen Richter, der völlig losgelöst von den anderen Bereichen der Reichsleitung sozusagen als neutrale Instanz neben oder gegenüber der Staatsführung thront". Gleichwohl sei der nationalsozialistische Richter in einem „neuen und höheren Sinne unabhängig". Dieses Verhältnis der weltanschaulichen Gebundenheit und der spezifisch richterlichen Unabhängigkeit forme das „innerste Wesen des Richters im Dritten Reich". Die „liberal-rechtsstaatliche Unabhängigkeit" des Richters sei eine

Utopie. Der weltanschaulichen Bindung entspreche eine „grundsätzliche Freiheit des Richters in der Urteilsfindung".

Ende 1940 erbat Rothenberger von rund 20 Richtern seines Gerichtsbezirks Stellungnahmen zu einem Richtergesetz (zum Folgenden StA Hamburg, OLG, 213-2196-2205); ferner bildete er am 13.12.1940 sieben Arbeitsgemeinschaften, von denen die erste sich mit der Frage befassen sollte: „Wird die richterliche Gewalt durch Gerichte, die ‚nur dem Gesetz unterworfen sind', ausgeübt?" (Leiter v.d. Decken), die zweite mit der Frage: „Sinn und Begriff der Unabhängigkeit. Ist der Richter unabsetzbar und unversetzbar?" (Leiter: LG-Präs. Struve). Die Stellungnahmen bejahten bis auf eine Ausnahme uneingeschränkt die Notwendigkeit eines Richtergesetzes. „Einstimmig und nachdrücklich" wurde die äußere Unabhängigkeit des Richters gefordert. Die Absetzung des Richters dürfe nur durch ein Richterkollegium erfolgen; die „Unabsetzbarkeit" sei unabdingbar. Ferner bejahten die Gutachten die Bindung des Richters an die Gesetze (für die Zeit ab 1933 „unbedingt", für die früheren Gesetze herrsche – so die Zusammenfassung durch *Brinkmann* – „eindrucksmäßig" eine Bejahung der Bindung vor). In einer Besprechung mit den Arbeitsgemeinschaften stellte Rothenberger am 22.3.1941 fest: „Es sei nicht zu verkennen, dass sich gelegentlich Züge zeigten, in der Richtung auf einen Machtstaat. Es müsse darauf hingewirkt werden, dass der Staat sich auf einen ganz klaren Rechtsgedanken stütze". In den folgenden Monaten verfasste Rothenberger mit Unterstützung seiner Mitarbeiter eine Denkschrift über die „Stellung des Richters zum Beamtentum", deren erste Fassung unter dem 29.7.1941 vorlag. Sie umfasste folgende Gliederungspunkte: I. der Urtyp des Richters, II. das Wesen des Beamten, III. die Entwicklung zum beamteten Richter, IV. der Richter im nationalsozialistischen Staat, V. Notwendigkeit eines Richtergesetzes und VI. Voraussetzungen des Richtergesetzes. Als Reaktion auf die Reichstagsrede Hitlers am 26.4.1942 stellte Rothenberger fest, die Hamburger Richter seien durch diese Rede „vielleicht besonders betroffen gewesen", weil hier die Missstände nicht vorhanden seien, wie der Reichsstatthalter dargelegt habe. Niemand wisse, „wie der Führer zu der Idee einer ganz starken Richterstellung" stehe. Es sei wahrscheinlich, dass noch mehr Eingriffe kommen würden. In einer solchen Lage gebe es zwei Möglichkeiten: Resignieren oder „dem Führer positive Vorschläge zu machen"; hierfür würden Geduld und Ausdauer notwendig sein, bis das Ziel erreicht sei (StA Hamburg, 2013-1/2201).

Die inzwischen überarbeitete Denkschrift Rothenbergers lag Hitler im Sommer 1942 vor, bevor am 20.8.1942 Thierack zum Reichsjustizminister und Rothenberger zum Staatssekretär des RJM ernannt wurden mit dem Auftrag, „eine nationalsozialistische Rechtspflege aufzubauen und alle dafür erforderlichen Maßnahmen zu treffen". Zum 1.1.1943 wurde im RJM das Amt

„Neuordnung der Deutschen Gerichtsverfassung" gegründet, das 1944 Leitsätze auch zu einem „Deutschen Richtergesetz" erarbeitete (hrsg. von *W. Schubert*, Protokolle der Akademie für Deutsches Recht, Bd. VI; Einsicht in die Materialien RJMin durch das BMJ im März 1956; vgl. BA Koblenz, 141/1945, Bl. 137 ff.) 1943 fasste Rothenberger seine Ansichten über die Stellung des Richters in seiner in Hamburg 1943 erschienenen Untersuchung: „Der deutsche Richter" zusammen. Ein Plagiat in diesem Werk diente als Vorwand für die Entlassung Rothenbergers als Staatssekretär Ende 1943.

Nach dem Kriegsende war alsbald die Stellung des Richters im demokratischen Staat ein wichtiger Gegenstand der justizpolitischen Diskussionen, deren führender Protagonist der Hamburger Jurist *Herbert August Ruscheweyh* (1892–1965) war (bis 1945 Rechtsanwalt; ab 1.1. Vizepräsident, ab 1.10.1946 Präsident des Hanseatischen OLG, ab 3.4.1948 Präsident des Deutschen Obergerichts für das Vereinigte Wirtschaftsgebiet in Köln; über Ruscheweyh *Daniel Ihonor*, Herbert Ruscheweyh. Verantwortung in schwierigen Zeiten, Baden-Baden 2006, bes. S. 261 ff.).

Noch vor Verabschiedung des Grundgesetzes beschloss das Justizkollegium (Justizminister der Länder) am 19.1.1949: „Es besteht Einmütigkeit darüber, dass ein besonderes Richtergesetz erwünscht ist. … c) Die Schaffung eines Richtergesetzes soll dem Parlamentarischen Rat vorgeschlagen werden. – d) Inzwischen sollen Vorarbeiten für ein Richtergesetz von Bayern, Nordrhein-Westfalen und Rheinland-Pfalz im Benehmen mit dem Präsidenten Dr. Ruscheweyh in Angriff genommen werden" (Ruscheweyh am 3.2.1949 an die OLG-Präsidenten in der Britischen Zone; hierzu und zum Folgenden StA Hamburg, OLG-Verwaltung, 2001/1-3110-1b1, 1a, 1b, 4). Die Dekane der westdeutschen rechtswissenschaftlichen Fakultäten schlugen dem Hauptausschuss des Parlamentarischen Rats unter dem 14.3.1949 vor, in die Verfassung folgende Bestimmung einzufügen: „1. Die Richter können gegen ihren Willen nur kraft richterlicher Entscheidung und nur aus den Gründen und unter den Formen, die gesetzlich bestimmt sind, dauernd oder zeitweise ihres Amtes enthoben oder an eine andere Stelle oder in den Ruhestand versetzt werden. Bei Veränderung der Einrichtung der Gerichte oder ihrer Bezirke können die Richter an ein anderes Gericht versetzt oder vom Amt entfernt werden, jedoch nur unter Belassung des vollen Gehaltes. Die Gesetzgebung kann Altersgrenzen festsetzen, bei deren Erreichung die Richter in den Ruhestand treten. – Die planmäßigen Richter aller Gerichte werden auf Lebenszeit bestellt. – Planmäßiger Richter der ordentlichen Gerichtsbarkeit kann nur werden, wer nach Maßgabe eines Bundesgesetzes auf Grund eines rechtswissenschaftlichen Studiums an einer Universität und eines praktischen

Vorbereitungsdienstes die Befähigung zum Richteramt erlangt hat. Entsprechendes gilt für die rechtskundigen Mitglieder aller anderen Gericht." (Zu Ziff. 1 vgl. Art. 97 GG).

Ruscheweyh ließ unter persönlicher Beteiligung und nach seinen Vorgaben durch Richter des OLG Hamburg unter Leitung des OLG-Rats Friedrich Pries den Entwurf zu einem Richtergesetz (sog. Kölner Entwurf) mit ausführlicher Begründung ausarbeiten, der in der vorliegenden Edition weitgehend wiedergegeben wird. In der Gründungsversammlung des Deutschen Richterbundes vom 27./28.10.1949 wurden dieser Entwurf sowie Entwürfe des Hamburger und bayr. Richtervereins (nicht auffindbar) besprochen. Der Richterbund ließ daraufhin einen eigenen Entwurf ausarbeiten, der im Nov. 1949 vorlag. Die Arbeiten des bayr. Staatsministeriums der Justiz sind nicht überschaubar, da dessen Arbeiten noch nicht archivalisch zugänglich sind. Im Herbst 1949 lag der Entwurf zum bayr. Richtergesetz mit Begründung vor, der sich im Bestand des bayr. Innenministeriums befindet und im vorliegenden Band wiedergegeben wird (Bayr. HStA München, MInn, 90693). Ferner arbeitete Rheinland-Pfalz unter Benutzung des bayr. Entwurfs eine Vorlage zu einem Bundes-Richtergesetz aus. Vom 22.-23.11.1949 fand in München eine Konferenz zur Vorbereitung für ein Richtergesetz gem. Art 98 GG statt, an der außer Ruscheweyh und Pries Vertreter der Justizministerien von Bayern, NRW und Rheinland-Pfalz, des Magistrats von „Groß-Berlin", des Deutschen Richterbundes und des bayr. Richtervereins teilnahmen. Die Konferenz behandelte die wichtigsten Probleme eines Deutschen Richtergesetzes und beauftragte eine Redaktionskommission mit der Aufstellung des Entwurfs zu einem Richtergesetz, der zwischen dem 13. und 15.12.1949 in Köln erarbeitet wurde (z.T. mit Alternativvorschlägen zu einzelnen Bestimmungen). Dieser Entwurf wurde auf einer Sondertagung des Justizkollegiums am 27./28.1.1950 in Koblenz unter dem Vorsitz von Ruscheweyh besprochen (mit Ministerialbeamten und Richtern aus den einzelnen Bundesländern). Als Gäste waren auch zwei Vertreter des BJM zugegen. Eine Redaktionskommission stellte aufgrund der Beratungsergebnisse „auf dem Rittersturz" bei Koblenz eine Neufassung des Entwurfs zu einem Richtergesetz fest. Der Entwurf von Dezember 1949 war die Grundlage für Beratungen der OLG-Präsidenten des Bundesgebiets in Oberlahnstein (Burg Lahneck), deren Niederschrift in die Edition aufgenommen wurde. Auf ihrer Tagung vom 31.3. bis 2.4.1950 verabschiedete das aus den Justizministern der Länder bestehende Justizkollegium den sog. Rothenburger Entwurf zu einem Richtergesetz, dessen endgültige Fassung mit ausführlicher Begründung eine Redaktionskommission (Ruscheweyh, Gerner, Pries) bis zum Sommer 1950 ausarbeitete und dem BMJ und den Ländern zusandte.

Das BMJ stellte die Arbeiten an dem Richtergesetz nach den Worten des Staatssekretärs des BMJ Strauss in der 1. Legislaturperiode des Bundestags „bewusst zurück, um den Erlass des Bundesbeamtengesetzes abzuwarten" (hierzu und zum Folgenden BA Koblenz, R 141/1812). Die Hoffnung, dass es gelingen würde, „in absehbarer Zeit Überlegungen über eine sogenannte Justizreform, gleichgültig welchen Umfangs, Raum zu geben", sei übertrieben gewesen (Strauss am 16.6.1957 in der Sitzung des Rechtsausschusses des Bundesrats vom 11.6.1957). Am 23.11.1953 fand eine erste Hausbesprechung im RJM mit Strauss über einige inhaltliche Fragen des Richtergesetzes statt. Hierüber ging es auch in einer Besprechung des BMJ mit Vertretern der Verwaltungsgerichtsbarkeit und des BMI über die Stellung der Verwaltungsgerichte im Richtergesetz. Mitte 1954 lag dann eine detaillierte von MinRat Rinck redigierte „Referentendenkschrift" des BMJ zur Vorbereitung des Richtergesetzes vor, welche in 34 Kapiteln alle wichtigen Fragen unter Berücksichtigung der damaligen Literatur behandelte (vgl. auch die Verh. des 40 DJT 1953; Gutachten von Helmut K.J. Ridder und Adolf Arndt; Referent H.P. Ipsen). Im September 1954 meldeten die OLG-Präsidenten des Bundesgebiets ihre Wünsche zu einem Richtergesetz bei ihrer Tagung vom 28./29.9.1954 an. Im Oktober 1954 fanden im BMJ umfangreiche Besprechungen mit den Landesjustizverwaltungen (einschließlich der Richterschaft, aller Gerichtsbarkeiten) statt, über welche umfangreiche Niederschriften angefertigt wurden. Die Vereinigung der Verwaltungsgerichtspräsidenten legte unter dem 19.10.1954 eine Entschließung zur Denkschrift des BMJ vor.

Im BMJ wurden im November 1954 Thesen zum Richtergesetz festgelegt, die im Vorentwurf des BMJ zu einem Richtergesetz vom April 1955 berücksichtigt wurden. Bereits im Februar 1955 hatte die Konferenz der Innenminister der Länder eine Kommission zur Überprüfung der Denkschrift eingesetzt, die, da ein Vorentwurf des BMJ alsbald vorlag, zu diesem Stellung nahm. Die Innenminister machten sich in ihrer Konferenz am 30.6.1955 die Kritik ihrer Kommission zu eigen. Ende Juni 1955 hielt das BMJ Besprechungen mit den Landesjustizministerien ab. Im Juli 1955 folgte noch eine ausführliche Stellungnahme des BMI zum Entwurf vom April 1955 sowie eine Besprechung mit den am Richtergesetz interessierten Bundesressorts statt. Das BMI und die Innenminister der Länder stellten die Dringlichkeit des Richtergesetzes in Frage und kritisierten den Umfang des Entwurfs als Rahmengesetz. Als verfehlt wurde die grundsätzliche Konzeption des Entwurfs bezeichnet. Es sei nicht vertretbar, „dass für die Richter in erster Linie die Vorschriften des Richtergesetzes und erst ergänzend die Vorschriften des Bundesbeamtenrechts Anwendung finden sollen" (unten S. 420). Die Innenressorts lehnten weiterhin Bestimmungen über die Besoldung der Richter ab. Kritisch gesehen wurden die im Entwurf vorgesehenen Richterräte hinsichtlich ihrer Mitwirkung bei der Ernennung von Richtern, die in späteren Entwürfen dem Richtersenat/Präsidialrat übertragen wurde. Umstritten war ferner, ob und inwieweit das Richtergesetz auch für die Richter am Bundesverfassungsgericht und teilweise auch für die Staatsanwälte gelten sollte. Das Dienstgericht sollte nach den Vorschlägen des BMJ beim BGH errichtet werden; demgegenüber sollte es nach dem Vorschlag des BMI beim Bundesverwaltungsgericht gebildet werden.

Das BMJ legte am 30.8.1955 einen neuen Entwurf zu einem Richtergesetz vor, das nach den allgemeinen Bestimmungen über das Richteramt deutlich zwischen den Richtern im Bundes- und den Richtern im Landesdienst unterschied. Die Konferenz der Innenminister am 27./28.10.1955 stellte zwar fest, dass der neue Entwurf einigen Anregungen der Innenressorts Rechnung getragen habe, jedoch seien wesentliche Vorschläge der Konferenz noch nicht berücksichtigt worden. Senator Ehlers (Bremen) verwies auf der Konferenz darauf, „dass das justizstaatliche Element im Grundgesetz zu stark entwickelt worden sei. Das sehe man heute weitgehend ein. Das Richtergesetz sei eine Stütze dieser falschen Verfassungsentwicklung. Demgegenüber müssten die Innenminister als Verfechter der Belange des gesamten öffentlichen Dienstes mit allen zu Gebote stehenden Mitteln die Wahrung der Rechtseinheit des Rechtes des öffentlichen Dienstes verteidigen" (unten S. 486). Um seine Vorstellungen zu verdeutlichen, arbeitete das BMI Anfang November 1955 einen eigenen Referentenentwurf für ein Richtergesetz aus, der zusammen mit dem August-Entwurf des BMJ mit den Bundesressorts und den Landesjustizministern im November und Dezember 1956 besprochen wurde.

Am 30.3.1956 lag ein weiterer Referentenentwurf vor, über den Ressortbesprechungen zwischen dem Mai und Oktober 1956 stattfanden, deren Ergebnisse in einer weiteren Fassung des BMJ-Entwurfs vom 30.10.1956 zusammengefasst wurden. Nach einer Chefbesprechung des BMJ mit dem BMI, BMF und BMA (hierzu unten S. 569) fanden weitere kontroverse Beratungen des BMJ mit dem BMI und dem BMA statt. Am 13.2.1957 wurden dem BMJ von beiden Ministern 74 Änderungswünsche zum Entwurf und zur Entwurfsbegründung mitgeteilt, die weitgehend berücksichtigt wurden. Einige Fragen des Richtergesetzes wurden am 15.2.1956 im Bundeskabinett außerhalb der Tagesordnung besprochen (zum weiteren Verlauf der Verhandlungen des BMJ mit dem BMI und dem BMA unten S. 569ff.). In der Kabinettssitzung vom 4.4.1957, in welcher der (1.) Entwurf zu einem Richtergesetz verabschiedet wurde, war umstritten, ob das Dienstgericht beim BGH oder, wie es der BMJ und BMF wünschten, beim Bundesverwaltungsgericht errichtet werden sollte, was von der Mehrheit des Kabinetts abgelehnt wurde.

Der im Bundesrat im April 1957 eingebrachte Entwurf zu einem Richtergesetz wurde im Unterausschuss des Rechtsausschusses und in diesem selbst sowie im Ausschuss für Arbeit und Sozialpolitik im Juni 1957 behandelt. Eine Beratung und Verabschiedung der Vorlage durch das Plenum des Bundesrats fand wegen des bevorstehenden Endes der 2. Legislaturperiode des Bundestags nicht mehr statt. In den Beratungen ging es vornehmlich um folgende Fragen: Ermöglichung von Rechtsprechungsministerien, Einbeziehung der Staatsanwälte in das Richtergesetz, Besoldung der Richter, Altersgrenze.

Bevor die Regierung den Entwurf zu einem Richtergesetz am 15.2.1958 erneut im Bundesrat einbrachte, fanden noch Besprechungen des BMJ mit den Ländern und den Bundesressorts statt. An dem Prinzip, dass die Richter an den Arbeits- und Sozialgerichten die Befähigung zum Richteramt erworben haben mussten, wurde festgehalten. Nicht übernommen wurde der Vorschlag des Rechtsausschusses zu einem § 105 a, wonach zu dem Amt als Staatsanwalt nur eine zum Richteramt befähigte Person sollte zugelassen werden können. Der neue Entwurf wurde im Bundesrat vom Rechtsausschuss, dem Ausschuss für Arbeit und Soziales, dem Finanzausschuss sowie im Ausschuss für Innere Angelegenheiten beraten. Der Rechtsausschuss hielt an dem inzwischen präzisierten § 115 a fest, was der Bundesrat billigte. Hingewiesen sei auf die Ausführungen des Berichterstatters im Ausschuss für Innere Angelegenheiten, welcher die Position der Innenressorts zum Entwurf des Richtergesetzes verdeutlichte. Die Vorlage des Rechtsausschusses vom 7.3.1958 für das Plenum (mit den abweichenden Anträgen der drei mitbeteiligten Ausschüsse) zeigen die kontroversen Positionen auf, die zum Entwurf vertreten wurden. Dies kam auch in den Abstimmungen in der Plenarberatung des Bundesrates am 14.3.1958 zum Ausdruck. Der Wunsch des Rechtsausschusses, die Dienstaufsicht über die Gerichte den Justizverwaltungen zu übertragen, wurde vom Plenum abgelehnt. Keine Mehrheit fand auch der Antrag des Ausschusses für Arbeit und Sozialpolitik, dass zu Vorsitzenden der Arbeits- und Sozialgerichte auch Nichtjuristen - stattdessen „längere, mindestens fünfjährige Tätigkeit in der Beratung und Vertretung arbeits- bzw. sozialrechtlicher Angelegenheiten" – sollten ernannt werden können.

Der am 6.7.1958 mit der Auffassung der Bundesregierung zu der Stellungnahme des Bundesrates im Bundestag eingebrachte Entwurf wurde zwischen dem 23.3.1960 und dem 9.6.1961 im Rechtsausschuss unter Anhörung von Sachverständigen ausführlich beraten (vgl. unten S. 721 ff.). Noch im November 1960 fanden im BMJ Ressortbesprechungen und Beratungen mit den Landesjustizverwaltungen statt, in welchem das BMJ Fassungsvorschläge (sog. Formulierungshilfen) für den Rechtsausschuss zur Diskussion stellte. Diese Vorschläge wurden vom Rechtsausschuss weitgehend übernommen, wie ein Vergleich der

Fassung des Entwurfs nach den Beschlüssen des Rechtsausschusses zeigt; die Wünsche des Ausschusses für Inneres wurden weitgehend zurückgewiesen (vgl. Prot. der 146. Sitzung des Rechtsausschusses). Die Regelung über die Staatsanwälte (§ 115 a) wurde entsprechend der Formulierungshilfe in § 122 DRiG übernommen. In der Edition werden wiedergegeben der Entwurf eines DRiG nach den Beschlüssen des Rechtsausschusses in erster und in abschließender Lesung.

Das auch vom Bundesrat im zweiten Durchgang in der Fassung der Beschlüsse des Bundestags vom 14.6.1961 am 30.6.1961 gebilligte Richtergesetz wurde unter dem 8.9.1961 verkündet und ist seitdem wiederholt novelliert worden. Eine Neuverkündung erfolgte am 19.4.1972 (BGBl. I 713). Die Rahmenbestimmungen des DRiG wurden in den folgenden Jahren durch die Richtergesetze der Länder umgesetzt (nach der Wiedervereinigung auch in den neuen Bundesländern). Keinen Erfolg hatte der Vorschlag des Bundestages, die bisherigen etwa 50 Amtsbezeichnungen durch wenige Titel zu ersetzen. Dies erfolgte erst durch ein Gesetz vom 26.5.1972 (BGBl. I 841; § 19 a). Die Wünsche der Justizministerien der 50er Jahre, eine eigene Besoldungsordnung für Richter vorzusehen, wurden inzwischen durch ein Gesetz vom 23.5.1975 (BGBl. I 1173) erfüllt. Rechtspflegeministerien (Zusammenfassung der Zuständigkeit für alle Gerichtsbarkeiten) – ein Postulat des Rechtsausschusses des Bundesrats 1958 – bestehen mittlerweile in den meisten Bundesländern (Übersicht bei *Wittreck,* Die Verwaltung der Dritten Gewalt, S. 340 ff.).

# Erster Teil: Vorentwürfe und Vorarbeiten von 1949/50 zu einem Richtergesetz und der Entwurf des Justizkollegiums vom 2.4.1950 zu einem Richtergesetz

## I. *Entwurf des Oberlandesgerichts Hamburg vom 14.7.1949 zu einem Richtergesetz (Entwurf Ruscheweyh – Kölner Entwurf)*

### 1. Titel. Richteramt

*§ 1.* Die Richter sind unabhängig und nur dem Gesetz unterworfen.

*§ 2.* Richter kann nur werden, wer zwei Prüfungen bestanden hat (Befähigung zum Richteramt).

Der ersten Prüfung muss ein dreijähriges Studium an einer Universität vorangehen. Von diesem Zeitraum sind mindestens drei Halbjahre dem Studium auf einer deutschen Universität zu widmen.

Zwischen der ersten und zweiten Prüfung muss ein Zeitraum von mindestens drei Jahren liegen, der im Dienst bei den Gerichten, Staatsanwaltschaften und Rechtsanwälten zu verwenden ist und zum Teil im Dienst bei den Verwaltungsbehörden, Anstalten und Körperschaften des öffentlichen Rechts oder größeren Unternehmen und Organisationen der Wirtschaft verwendet werden kann.

*§ 3.* Wer in einem deutschen Lande die erste Prüfung bestanden hat, kann in jedem anderen Lande zur Vorbereitung für den Justizdienst und zur zweiten Prüfung zugelassen werden.

Die in einem deutschen Lande auf die Vorbereitung verwendete Zeit kann in jedem anderen Lande angerechnet werden.

*§ 4.* Zum Richteramt befähigt ist ferner jeder ordentliche öffentliche Lehrer des Rechtes an einer Universität der Bundesrepublik Deutschland.

*§ 5.* Wer in einem deutschen Lande die Befähigung zum Richteramt nach § 2 oder § 4 dieses Gesetzes hat, ist zu jedem Richteramt innerhalb der Bundesrepublik Deutschland befähigt.

## 2. Titel. Ernennung und Versetzung der Richter und Beendigung des Richteramts

*§ 6.* Die Richter werden auf Lebenszeit ernannt. Die Mitglieder von Richterwahlausschüssen nach Art. 98 Abs. 4 des Grundgesetzes der Bundesrepublik Deutschland sind zu je ein Viertel von der Regierung, der Volksvertretung, der Richterschaft und der Rechtsanwaltschaft zu wählen. Das Gesetz kann bestimmen, dass der Landesjustizminister als Mitglied der Regierung und der Präsident des Oberlandesgerichts, in dessen Bezirk der Richter zu ernennen ist, richterliches Mitglied im Wahlausschuss kraft Gesetzes ist. Das Dienstverhältnis des Richters wird mit der Aushändigung der Ernennungsurkunde begründet. Zugleich mit der Aushändigung der Urkunde ist der Richter in eine bestimmte Amtsstelle einzuweisen.

Zum Richter kann nur ernannt werden, wer die deutsche Staatsangehörigkeit und die Befähigung zum Richteramt besitzt. Es soll nur ernannt werden, wer das 27. Lebensjahr vollendet hat.

*§ 7.* Die Ernennung ist nichtig, wenn der Ernannte im Zeitpunkt der Ernennung entmündigt oder infolge strafgerichtlicher Verurteilung zur Bekleidung öffentlicher Ämter unfähig war.

Die Ernennung kann für nichtig erklärt werden, wenn: 1. sie durch Zwang, Täuschung oder Bestechung herbeigeführt wurde, 2. der Ernannte im Hinblick auf eine Straftat der Berufung zum Richter unwürdig war, 3. sie von einer sachlich unzuständigen Behörde ausgesprochen wurde.

Dem Ernannten kann die Führung der Amtsgeschäfte untersagt werden, wenn das förmliche Dienstverfahren gegen ihn eingeleitet ist.

*§ 8.* Der Richter scheidet mit der Rechtskraft des Strafurteils aus seinem Dienstverhältnis aus, wenn er zu Zuchthaus oder wegen vorsätzlich begangener Tat zu Gefängnis von einem Jahr oder längerer Dauer verurteilt wird oder ihm die bürgerlichen Ehrenrechte oder die Fähigkeit zur Bekleidung öffentlicher Ämter aberkannt werden.

*§ 9.* Dem Verlangen eines Richters auf Entlassung muss jederzeit entsprochen werden.

*§ 10.* Richter können, soweit dieses Gesetz nichts anderes bestimmt, wider ihren Willen nur kraft einer Entscheidung der Dienstgerichte und nur aus den Gründen, welche dieses Gesetz bestimmt, dauernd oder zeitweise ihres Amtes enthoben oder an eine andere Stelle oder in den Ruhestand versetzt werden.

Die Gesetze können Altersgrenzen festsetzen, bei deren Erreichung Richter in den Ruhestand treten. Die Bestimmungen der Art. 98 Abs. 2 und 5 des Grundgesetzes der Bundesrepublik Deutschland werden durch die Bestimmungen des Abs. 1 nicht berührt.

*§ 11.* Ein Richter ist zu entlassen, wenn er den von ihm nach § 18 zu leistenden Eid verweigert.

*§ 12.* Ein Richter kann aus seinem Amt entfernt werden, wenn er ein Dienstvergehen begeht. Er kann vorläufig der Amtsgeschäfte enthoben werden, wenn das förmliche Dienstverfahren gegen ihn eingeleitet ist.

*§ 13.* Ein Richter ist in den Ruhestand zu versetzen, wenn er infolge eines körperlichen Gebrechens oder wegen Schwäche seiner körperlichen und geistigen Kräfte zur Erfüllung seiner Amtspflichten dauernd unfähig (dienstunfähig) ist. Bestehen Zweifel über die Dienstunfähigkeit des Richters, so ist er verpflichtet, sich ärztlich untersuchen und beobachten zu lassen.

*§ 14.* Ein Richter, der das 62. Lebensjahr vollendet hat, kann auf seinen Antrag, auch ohne den Nachweis der Dienstunfähigkeit, in den Ruhestand versetzt werden.

*§ 15.* Ein Richter kann an ein anderes richterliches Amt von gleichem Rang und Diensteinkommen versetzt werden, wenn es das Ansehen des richterlichen Amtes dringend erfordert, oder durch Eheschließung Schwägerschaft bis zum zweiten Grade zwischen ihm und einem Rechtsanwalt entsteht, der bei dem Gericht zugelassen ist, an dem der Richter seine Amtsstelle hat.

*§ 16.* Bei einer Veränderung in der Einrichtung der Gerichte oder ihrer Bezirke können Richter, die von der Veränderung unmittelbar betroffen werden, durch die Justizverwaltung unter Belassung des vollen Gehaltes an ein anderes Gericht oder in den Wartestand versetzt werden.

Die Versetzung in den Wartestand ist nur innerhalb dreier Monate nach Inkrafttreten des Gesetzes oder der Verordnung, durch welche die Einrichtung der Gerichte oder ihrer Bezirke verändert wird, und nur innerhalb der Zahl der im Haushaltsplan aus diesem Anlass abgesetzten Planstellen zulässig.

## 3. Titel. Pflichten der Richter

*§ 17.* Ein Richter ist zur gewissenhaften Erfüllung der besonderen Aufgaben seines Amtes verpflichtet. Er hat unparteiisch nach den Gesetzen Recht zu sprechen und sich in und außerhalb seines Amtes der Achtung, die sein Beruf erfordert, würdig zu zeigen.

*§ 18.* Ein Richter hat vor Antritt seines Amtes den folgenden Eid zu leisten: „Ich schwöre, dass ich die Gesetze jederzeit mit Gerechtigkeit gegenüber jedermann ohne Rücksicht auf Religion, Rasse, Abstammung oder politische Überzeugung anwenden und die Gleichheit aller vor dem Gesetz wahren werde.“

*§ 19.* Ein Richter hat – auch nach Beendigung seines Dienstverhältnisses – über die ihm bei seiner amtlichen Tätigkeit bekannt gewordenen Angelegenheiten, deren Geheimhaltung ihrer Natur nach erforderlich ist, Verschwiegenheit gegen jedermann zu bewahren, insbesondere das Beratungsgeheimnis zu wahren.

Er darf ohne Genehmigung seiner Dienstaufsichtsbehörde oder letzten Dienstaufsichtsbehörde über solche Angelegenheiten weder vor Gericht noch außergerichtlich aussagen oder Erklärungen abgeben. Die Genehmigung zu Erklärungen über eine Beratung darf nur dann erteilt werden, wenn höhere Interessen der Allgemeinheit es gebieten, die dem grundsätzlich zu wahrenden Beratungsgeheimnis vorgehen.

Ein Richter ist berechtigt, Erklärungen über eine Beratung auch dann zu verweigern, wenn die Genehmigung erteilt ist.

*§ 20.* Ein Richter bedarf der vorherigen Genehmigung seiner Dienstaufsichtsbehörde

1. zur Übernahme einer Nebenbeschäftigung gegen Vergütung, insbesondere auch zu einer gewerblichen Tätigkeit,
2. zum Eintritt in das Organ eines Unternehmens sowie zur Übernahme einer Treuhänderschaft.

Die Genehmigung darf nur verweigert werden, wenn bei ihrer Erteilung die Erfüllung der Amtspflichten des Richters gefährdet wird. Nicht genehmigungspflichtig ist eine schriftstellerische, wissenschaftliche und vortragende Tätigkeit.

*§ 21.* Ein Richter hat seine Wohnung so zu nehmen, dass er in der ordnungsmäßigen Wahrnehmung seiner Dienstgeschäfte nicht beeinträchtigt wird.

## 4. Titel. Rechte der Richter

*§ 22.* Die Richter beziehen in ihrer richterlichen Eigenschaft vom Tage des Antritts ihres Amtes an ein festes Gehalt. Gebühren sind ausgeschlossen.

*§ 23.* Soweit die Dienstbezüge der Richter nach Dienstaltersstufen bemessen werden, haben die Richter einen Rechtsanspruch auf die Dienstalterszulagen.

Der Anspruch ruht, solange ein förmliches Dienststrafverfahren oder wegen eines Verbrechens oder Vergehens ein Hauptverfahren oder eine Voruntersuchung schwebt. Führt ein strafgerichtliches Verfahren zur Verurteilung wegen eines Verbrechens oder eines Vergehens und wird binnen dreier Monate nach Abschluss des strafgerichtlichen Verfahrens wegen der gleichen Tatsachen ein förmliches Dienststrafverfahren eingeleitet, so ruht der Anspruch auch während der Zwischenzeit.

Führt das Verfahren zum Verlust des Amtes, so erlischt der Anspruch auch für die Zeit des Ruhens.

*§ 24.* Auf das Besoldungsdienstalter eines Richters ist die im öffentlichen Dienst verbrachte Zeit anzurechnen.

Es kann ferner die Zeit angerechnet werden, während der der Richter: 1. als Rechtsanwalt oder Notar, 2. auf wissenschaftlichem, künstlerischem, technischem oder wirtschaftlichem Gebiet in einer Weise, die seine Eignung zum Richter gefördert hat, im In- oder Auslande tätig gewesen ist.

*§ 25.* Die Richter und ihre Hinterbliebenen haben Anspruch auf Versorgung nach den Grundsätzen der §§ 61–93.

*§ 26.* Die nähere Regelung der vermögensrechtlichen Ansprüche aus dem Dienstverhältnis der Richter erfolgt durch die Besoldungsgesetze.

Auf die Ansprüche auf Gehalt und Versorgung kann weder ganz noch teilweise verzichtet werden. Sie können, soweit in den §§ 73 und 93 nichts anderes bestimmt ist, nur insoweit verpfändet oder abgetreten werden, als sie der Pfändung unterliegen. Der Staat kann ein Aufrechnungs- oder Zurückbehaltungsrecht ihnen gegenüber nur insoweit geltend machen, als sie pfändbar sind oder als er einen vollstreckbaren Anspruch auf Schadensersatz wegen vorsätzlicher unerlaubter Handlung hat.

*§ 27.* Über die vermögensrechtlichen Ansprüche aus dem Dienstverhältnis der Richter entscheiden im Streitfalle die ordentlichen Gerichte.

*§ 28.* Scheidet ein Richter aus dem Dienstverhältnis aus (§ 8), wird er entlassen (§§ 9, 11) oder aus seinem Amt entfernt (§ 12), so haben er und seine Hinterbliebenen keinen Anspruch auf Gehalt und Versorgung.

Wird die Ernennung eines Richters für nichtig erklärt (§ 7), so können die geleisteten Zahlungen an Gehalt und Versorgung belassen werden.

Einem entlassenen oder aus dem Amt entfernten Richter und seinen Hinterbliebenen kann ein Unterhaltsbeitrag gewährt werden.

*§ 29.* Die Amtstracht und Amtsbezeichnung werden durch Gesetz geregelt.

In den Fällen des § 28 Abs. 1 und 2 darf der Richter die Amtsbezeichnung nicht fortführen. Einem entlassenen Richter kann die Fortführung der Amtsbezeichnung gestattet werden.

*§ 30.* Der Richter muss über Beschwerden und tatsächliche Angaben, die ihm nachteilig werden können, gehört werden, wenn es sich nicht um dienstliche Urteile über seine Person, seine Kenntnisse und Leistungen handelt.

*§ 31.* Ein Richter ist in seiner politischen Betätigung nicht beschränkt.

## 5. Titel. Dienstvergehen, Dienststrafen und Dienstgerichte

### *1. Dienstvergehen und Dienststrafen*

*§ 32.* Ein Richter begeht ein Dienstvergehen, wenn er seine Amtspflichten verletzt. Als Dienstvergehen gilt es auch, wenn der Richter bei seiner Ernennung getäuscht oder in anderer Weise rechtswidrig gehandelt hat.

Als Dienstvergehen eines im Ruhestand befindlichen Richters gilt es, wenn er die Amtsverschwiegenheit verletzt.

Ferner gilt es auch für den im Ruhestand befindlichen Richter als Dienstvergehen, wenn er ein Grundrecht nach Art. 18 des Grundgesetzes der Bundesrepublik Deutschland verwirkt oder gegen Art. 143 des Grundgesetzes verstößt.

*§ 33.* Ein Richter und ein im Ruhestand befindlicher Richter, der ein Dienstvergehen begeht, kann dienstrechtlich bestraft werden.

Ein Richter und ein im Ruhestand befindlicher Richter, der aus einem früheren richterlichen Dienstverhältnis oder Beamtenverhältnis ausgeschieden, entlassen oder in den Ruhestand getreten war, kann auch wegen solcher Dienstvergehen bestraft werden, die er in dem früheren Dienstverhältnis oder in einem früheren Ruhestand begangen hat.

Schwebt gegen einen Richter zur Zeit seines Eintritts in den Ruhestand ein förmliches Dienststrafverfahren, so wird dessen Fortsetzung durch den Eintritt in den Ruhestand nicht berührt. Gegen einen im Ruhestand befindlichen Richter kann ein Dienststrafverfahren nur wegen eines vor Eintritt in den Ruhestand begangenen Dienstvergehens oder wegen einer Handlung, die nach § 32 als Dienstvergehen gilt, eingeleitet werden.

*§ 34.* Dienststrafen gegen Richter sind Warnung, Verweis, Geldbuße, Gehaltskürzung, Versetzung in ein anderes richterliches Amt mit gleichem oder niedrigerem Rang oder Diensteinkommen, Versetzung in den Ruhestand mit vollem oder gekürztem Ruhegehalt, Entfernung aus dem Dienst.

Über im Ruhestand befindliche Richter kann verhängt werden: Geldbuße, Kürzung des Ruhegehalts, Aberkennung des Ruhegehalts.

In ein und demselben Dienststrafverfahren darf jeweils nur auf eine dieser Dienststrafen erkannt werden.

*§ 35.* Die Verfolgung von Dienstvergehen verjährt in fünf Jahren. Die Verjährung beginnt mit dem Tage, an dem die Verfehlung begangen worden ist, ohne Rücksicht auf den Zeitpunkt des Erfolges. Solange das förmliche Dienstverfahren wegen der Verfehlung gegen den Richter anhängig oder der Richter aus seinem Amt beurlaubt ist, ruht die Verjährung.

Verstößt die Verfehlung auch gegen ein Strafgesetz, so verjährt die Verfolgung des Dienstvergehens nicht früher als die der Straftat.

## 2. *Dienstgerichte*

*§ 36.* Alle Dienststrafen mit Ausnahme der Warnung und des Verweises können nur von den Dienstgerichten in förmlichen Dienstverfahren verhängt werden. Warnung und Verweis kann auch die Dienstaufsichtsbehörde durch Dienststrafvergütung verhängen. Der Richter kann innerhalb einer Frist von zwei Wochen nach Zustellung oder Eröffnung der Dienststrafverfügung die Entscheidung des Dienstgerichts im förmlichen Dienstverfahren beantragen.

Bei einem im Wartestand und im Ruhestand befindlichen Richter ist nur das förmliche Dienstverfahren zulässig.

*§ 37.* Die Dienstgerichte entscheiden auch über die Nichtigkeit der Ernennung eines Richters nach § 7 Abs. 1 und 2, das Verbot der weiteren Führung der Amtsgeschäfte nach § 7 Abs. 3, die vorläufige Enthebung von den Amtsgeschäften nach § 12 Abs. 2, die gegen den Willen des Richters erfolgende Versetzung in den Ruhestand nach § 13 und § 65, die Versetzung nach § 15 und die Belassung der geleisteten Zahlungen an Gehalt und Versorgung, sowie die Gewährung eines Unterhaltsbeitrages nach § 28 Abs. 2 und 3.

*§ 38.* Dienstgerichte sind für die Richter der Länder die Dienstkammern und der Dienstsenat, für die Bundesrichter der besondere Dienstsenat bei dem obersten Bundesgericht.

Die Dienstgerichte sind unabhängig und nur dem Gesetz unterworfen.

*§ 39.* Die Dienstkammern werden bei den Oberlandesgerichten für deren Bezirk errichtet.

*§ 40.* Den Vorsitz in der Dienstkammer führt der Oberlandesgerichtspräsident oder sein ständiger Vertreter. An seiner Stelle kann ein Senatspräsident des Oberlandesgerichts zum Vorsitzenden bestellt werden. Die Beisitzer müssen auf Lebenszeit ernannte Richter sein.

Anklagebehörde ist die Staatsanwaltschaft bei dem Oberlandesgericht.

*§ 41.* Die Dienstkammer entscheidet in der Besetzung mit dem Vorsitzenden und zwei Beisitzern.

*§ 42.* Der Dienstsenat und der besondere Dienstsenat für Bundesrichter werden beim obersten Bundesgericht errichtet. Der Präsident dieses Berichts regelt den Geschäftsgang.

Den Vorsitz im Dienstsenat führt der Präsident dieses Gerichts oder sein ständiger Vertreter oder ein Senatspräsident bei diesem Gericht. Die Beisitzer werden vom Bundesjustizminister nach Anhörung der Landesjustizverwaltungen auf die Dauer von drei Jahren bestellt.

*§ 43.* Die Dienstsenate entscheiden in der Hauptverhandlung in der Besetzung mit dem Vorsitzenden und vier Beisitzern, im Beschlussverfahren außerhalb der Hauptverhandlung in der Besetzung mit dem Vorsitzenden und zwei Beisitzern. Die Beisitzer müssen zur Hälfte auf Lebenszeit ernannte Richter eines oberen Bundesgerichts und zur Hälfte auf Lebenszeit ernannte Richter eines Landes sein. Sie müssen dem gleichen Zweige der Gerichtsbarkeit wie der Richter angehören, gegen den das Verfahren anhängig ist.

### *3. Verfahren vor den Dienstgerichten*

*§ 44.* Über die Einleitung des förmlichen Dienstverfahrens entscheidet das Dienstgericht auf Antrag der Dienstaufsichtsbehörde.

Ein Richter kann die Einleitung des förmlichen Dienstverfahrens gegen sich selbst beantragen. [§§ 40–60 weggelassen]

## 6. Titel. Versorgung

1. *Wartestand (§§ 61–65)*
2. *Ruhestand (§§ 66–69)*
3. *Hinterbliebenenversorgung*
   a) *Sterbemonat (§ 70) b) Sterbegeld (§§ 71–73) c) Witwen- und Waisengeld (§§ 74–81)*
4. *Unfallfürsorge (§§ 82–93)*

## 7. Titel. Schluss und Übergangsvorschriften

*§ 94.* Dieses Gesetz gilt für die Berufsrichter aller Gerichte innerhalb der Bundesrepublik Deutschland. Die zur Zeit des Inkrafttretens dieses Gesetzes geltenden besonderen Bestimmungen für die Richter der Verwaltungsgerichte, der Finanzgerichte und der Arbeits- und Sozialgerichte bleiben jedoch unberührt. Die Rechtsstellung dieser Richter kann abweichend von den Bestimmungen dieses Gesetzes geregelt werden.

*§ 95.* Die Dauer des Studiums und des Vorbereitungsdienstes nach § 2 kann für Kriegsteilnehmer und Personen, die in der Zeit vom 30. Januar 1933 bis zum 8. Mai 1945 aus politischen, rassischen oder religiösen Gründen geschädigt worden sind, herabgesetzt werden.

*§ 96.* Die Zahl der Hilfsrichter, die nicht lebenslänglich ernannte Richter sind, darf bei den Land- und Amtsgerichten nicht dreißig vom Hundert der Gesamtzahl der bei dem Gericht tätigen Richter und Hilfsrichter übersteigen.

Bei den Bundesgerichten und den Oberlandesgerichten dürfen als Hilfsrichter nur Richter, die bei einem Bundesgericht oder einem Gericht eines Landes der deutschen Bundesrepublik lebenslänglich ernannt sind, als Hilfsrichter tätig sein. Die Zahl dieser

Hilfsrichter darf nicht zwanzig vom Hundert der Richter, die Mitglieder des Gerichtes sind, und der bei dem Gericht tätigen Hilfsrichter übersteigen. [§§ 97–101 weggelassen]

## *Begründung zum Entwurf des Richtergesetzes*

I. Art. 98 des Bonner Grundgesetzes bestimmt, dass die Rechtsstellung der Bundesrichter durch Bundesgesetz und die Rechtsstellung der Richter in den Ländern durch besondere Landesgesetze zu regeln ist; der Bund kann Rahmenvorschriften für die Richter der Länder erlassen.

Der vorliegende Entwurf eines Richtergesetzes soll diese Rahmenvorschriften bringen. Bei der Abgrenzung der Rahmenvorschriften ist von folgenden Erwägungen ausgegangen:

1. Sinn des Rahmengesetzes ist es, die grundsätzlichen Fragen des deutschen Richtertums auf bundesrechtlicher Grundlage einheitlich zu regeln. Die in dem Gesetz niedergelegten Grundsätze müssen daher nicht nur für die Richter der Länder, sondern auch für die Bundesrichter gelten. Das Gesetz wird seine Ergänzung für die Bundesrichter in einem besonderen Bundesrichtergesetz, für die Richter der Länder in Richtergesetzen der einzelnen Länder finden müssen. Diese ergänzenden Gesetze haben für ihren Geltungsbereich alle Einzelfragen zu ordnen, deren Regelung das Rahmengesetz offenlässt.
2. Weil das Rahmengesetz die Grundlagen des Richtertums einheitlich regeln soll, wird es grundsätzlich auch für die Richter der Verwaltungs-, Finanz-, Arbeits- und Sozialgerichtsbarkeit zu gelten haben. Die Eigenart dieser Gerichtsbarkeit und die Schwierigkeiten, die die z.Zt. geltenden Sonderbestimmungen einer völlig gleichen Regelung der Rechtsstellung der Richter dieser Zweige der Gerichtsbarkeit und der Richter der ordentlichen Gerichtsbarkeit bereiten würden, macht es aber erforderlich, die geltenden besonderen Bestimmungen vorläufig nicht zu berühren und auch für die Zukunft besondere Bestimmungen für die genannten Zweige der Gerichtsbarkeit zuzulassen (vgl. § 94).
3. Ziel einer Neugestaltung des deutschen Richtertums muss es sein, dem Richter eine Stellung zu geben, die durch ihr Ansehen und auch durch ihre wirtschaftliche Sicherung mehr der Bedeutung der Rechtsprechung und der Eigenart des richterlichen Amtes im Rechtsstaat entspricht als die heutige Stellung der Richter. Der Richter muss aus der Enge gelöst werden, in die ihn das auch für ihn geltende allgemeine Beamtenrecht bannt. Die hohe Stellung des angelsächsischen Richters und die früher sehr hervorgehobene Stellung der Richter in den Hansestädten können hierbei Vorbild sein.
   Bei der Verfolgung dieser Ziele können aber die gegebenen Tatsachen nicht vergessen werden. Unsere Prozessordnung und Gerichtsverfassung setzen eine große Zahl von

Richtern voraus, eine Zahl, die es angesichts der Finanzlage und auch der bei der großen Zahl notwendigerweise verschiedenen Qualität der Richter ausschließt, alle Richter wirtschaftlich und ganz allgemein in ihrer Stellung auf eine so hohe Ebene zu heben, wie es das Idealbild eines Richters fordert. Voraussetzung für eine völlig neue Ausstattung des richterlichen Amtes wäre eine gleichzeitige grundlegende Reform unserer Prozessordnung und Gerichtsverfassung mit einer entscheidenden Verringerung der Zahl der Richter. Diese Reform kann jedenfalls heute nicht durchgeführt werden. Sie würde ein langwieriges und schwieriges Werk der Gesetzgebung und Justizverwaltung voraussetzen, das eine ruhige und von den drängenden Fragen der täglichen Not freie Zeit erfordert. Wenn es auch unbedingt notwendig und möglich erscheint, die richterliche Stellung selbst bei der gegenwärtigen Zahl der Richter zu verbessern, so muss sich diese Hebung der richterlichen Stellung doch heute in den durch die gegebenen Tatsachen vorgezeichneten Grenzen halten. Auch das Beharrungsvermögen der historischen Entwicklung des Richterstandes, die in der Mehrzahl der deutschen Länder, insbesondere den aus Preußen hervorgegangenen Ländern, eine beamtenrechtliche war, kann nicht unbeachtet bleiben.

Der vorliegende Entwurf ist daher nicht frei von beamtenrechtlichen Zügen, obgleich er auf der Grundauffassung beruht, dass das allgemeine Beamtenrecht für Richter nicht mehr anwendbar sein soll (für die Übergangszeit vgl. § 100), sondern die Rechtsstellung der Richter gemäß Art. 98 des Bonner Grundgesetzes durch besondere Gesetze abschließend geordnet werden soll. Der Entwurf will in bewusster Selbstbeschränkung nur das erreichen, was heute möglich ist und was gleichzeitig notwendig ist, um dem Richter im Interesse der Allgemeinheit die Unabhängigkeit seines Amtes zu sichern.

4. Hierzu gehört in erster Linie die gesetzliche Festlegung aller Gründe, aus denen ein Richter sein Amt verlieren kann. Im 2. Titel werden daher alle Gründe, aus denen die Ernennung eines Richters für nichtig erklärt werden kann, ein Richter aus seinem Amt ausscheiden muss, des Amtes enthoben, entlassen oder in ein anderes Amt oder in den Warte- oder Ruhestand versetzt werden kann, abschließend geregelt. Der Entwurf hat sich hierbei bemüht, eine Synthese zwischen den im Rechtsstaat unabdingbaren Grundsatz der Unabsetzbarkeit und Unversetzbarkeit der Richter und der Notwendigkeit zu finden, in gewissen Fällen die Entfernung des Richters aus dem Amt zu ermöglichen.
5. Die persönliche Unabhängigkeit der Richter erfordert jedoch nicht nur die materiell-rechtliche Bestätigung der Unabsetzbarkeit und Unversetzbarkeit, sondern auch die verfahrensrechtliche Bestimmung, dass grundsätzlich nur Dienstgerichte über die Entfernung aus dem Amt entscheiden dürfen und zwar nur Dienstgerichte, die mit Richtern besetzt sind. Auch im Übrigen sind manche Fragen des Disziplinarrechts von so erheblicher Bedeutung für die Unabhängigkeit der Rechtsprechung, so

insbesondere die Bestimmungen über Art und Ausmaß der Dienststrafen und die Rechtsmittel, dass auf ihre Regelung im Rahmengesetz nicht verzichtet werden kann. Hinsichtlich der Rechtsmittel ergibt sich die Notwendigkeit einer einheitlichen Regelung durch Bundesgesetz auch daraus, dass über die Rechtsmittel die Bundesinstanz entscheiden soll. Im 5. Titel sind daher die erforderlichen Bestimmungen in den Entwurf übernommen worden.

6. Die rechtliche Sicherung der richterlichen Stellung muss durch ihre wirtschaftliche Sicherung ergänzt werden. Der 4. Titel umreißt die Rechte der Richter und bestätigt insbesondere ihre vermögensrechtlichen Ansprüche. Die Regelung der Besoldung im Einzelnen wird für die Bundesrichter dem besonderen Bundesrichtergesetz, für die Richter der Länder den Ländern zu überlassen sein. Hierzu zwingt schon die verschiedene Finanzlage der Länder. Neben der Besoldung des aktiven Richters bleibt aber wirtschaftlich die Gewähr einer ausreichenden Versorgung von entscheidender Bedeutung. Die Richter sind von der allgemeinen Verarmung miterfasst. Sie haben kein Vermögen mehr und können aus ihrem Gehalt keine Rücklagen bilden. Um eine saubere Rechtsprechung zu gewährleisten, muss ihnen daher der Staat eine ausreichende Versorgung garantieren. Eine solche setzt voraus, dass die Sätze, die bisher nach der Regelung des Deutschen Beamtengesetzes als Pensionen und Hinterbliebenenbezüge gewährt wurden, als Mindestsätze aufrechterhalten bleiben. Die dieser Forderung entsprechenden Grundsätze der Versorgung sind daher im 6. Titel in den Entwurf übernommen trotz des Bedenkens, dass hierdurch das Gesetz mit zahlreichen formalen Bestimmungen belastet wird, die sich stark an das bisher geltende Beamtenrecht anlehnen.
7. Eine Reihe von Bestimmungen im ersten und zweiten Titel des Entwurfs wiederholen Bestimmungen des Bonner Grundgesetzes. Hiergegen könnte das Bedenken erhoben werden, dass eine doppelte Rechtsquelle geschaffen wird. Die grundsätzlichen Bestimmungen über das Richteramt waren aber auch bisher teilweise doppelt in der Weimarer Reichsverfassung und dem Gerichtsverfassungsgesetz verankert. Diese doppelte Grundlage hat sich bewährt. An ihr sollte daher festgehalten werden. Das Richtergesetz würde auch gerade in den wichtigsten Grundsätzen für das Richteramt unvollständig sein, wenn man die Grundsätze der Verfassung über das Richteramt nicht im Gesetz wiederholen und sie gleichzeitig ausgestaltet würde. Die durch den Entwurf neugefassten Bestimmungen der §§ 1–9 und 11 des Gerichtsverfassungsgesetzes werden nach Erlass des Gesetzes jedoch aufzuheben sein (vgl. § 99).

II. Zu den einzelnen Bestimmungen des Entwurfs ist das Folgende zu bemerken:

*§ 1* wiederholt die Bestimmung des Art. 97 Abs. 1 GG.

*§ 2:* Mit dieser Bestimmung wird an den bisherigen Anforderungen für den Berufsrichter festgehalten. Die aufgestellten Anforderungen sind Mindestanforderungen. Es steht

daher den Ländern frei, ein längeres Studium und einen längeren Vorbereitungsdienst zu fordern. Die näheren Bestimmungen über die Ausbildung gehören nicht in das Rahmengesetz, sondern in die Ausbildungsordnungen der Länder. Es wäre zu wünschen, wenn die Länder den Erlass einer einheitlichen Ausbildungsordnung ermöglichen würden. Dieses Ziel kann jedoch im Rahmen des Richtergesetzes nicht erreicht werden. Wenn es in Abs. 2 heißt: „Studium auf einer deutschen Universität", so ist hier bewusst davon abgesehen worden, das Studium auf einer Universität der Bundesrepublik Deutschland vorzuschreiben, um nicht auch in diesem Gesetz die Zerreißung Deutschlands gesetzlich festzulegen. In den folgenden Paragraphen kehrt an verschiedenen Stellen die Frage wieder, ob es genügen soll, dass die gesetzlichen Voraussetzungen in irgendeinem deutschen Lande erfüllt sind oder ob ausdrücklich gefordert werden muss, dass ihnen in der Bundesrepublik Deutschland genügt wird. Aus dem eben angeführten Grunde hat der Entwurf es allgemein auf Deutschland abgestellt, nicht auf die Bundesrepublik Deutschland. Dies erscheint auch schon deswegen erforderlich, weil die Fälle erfasst werden müssen, in denen Studium, Vorbereitungsdienst und Befähigung zum Richteramt vor dem neuen Richtergesetz abgeleistet oder erlangt sind. Abs. 3 schreibt zwingend den Vorbereitungsdienst bei den Gerichten, Staatsanwaltschaften und Rechtsanwälten vor. Die Verwaltungsgerichte werden von dem allgemeinen Begriff der Gerichte mit umfasst. Im Übrigen soll der Vorbereitungsdienst auch bei größeren Unternehmen und Organisationen der Wirtschaft abgeleistet werden können. Es ist hierbei an größere Unternehmen der Industrie, des Handels und des Kreditwesens gedacht. Der Begriff der Organisationen der Wirtschaft soll auch Berufs- und Wirtschaftsverbände, insbesondere auch Gewerkschaften einschließen.

*§ 3:* Aus den dargelegten Gründen stellt diese Bestimmung es bei der Anerkennung von Prüfungen und Vorbereitungsdienst, die in anderen Ländern abgeleistet sind, allgemein darauf ab, ob die Voraussetzung in einem deutschen Land erfüllt ist. Die Bestimmung ist aber nur eine Kann-Bestimmung, keine Muss-Vorschrift. Die Anerkennung der ersten Prüfung und des Vorbereitungsdienstes kann daher verweigert werden.

*§ 4:* In dieser Bestimmung muss jedoch angesichts der Entwicklung der Verhältnisse an den Universitäten der Ostzone gefordert werden, dass es sich um einen Hochschullehrer an einer Universität der Bundesrepublik Deutschland handelt.

*§ 5:* Es soll hier wiederum genügen, dass die Befähigung zum Richteramt in irgendeinem deutschen Lande erworben ist. Die Fassung bringt aber zum Ausdruck, dass nur die Befähigung zum Richteramt, die den Vorschriften des § 2 und 4 genügt, allgemein anerkannt werden soll.

*§ 6:* Der Grundsatz, dass Richter auf Lebenszeit ernannt werden, ist einer der Grundforderungen, die sich aus dem Prinzip der Unabhängigkeit der Rechtspflege ergeben.

Abs. 2 bringt Vorschriften über die Zusammensetzung von Richterwahlausschüssen. In Übereinstimmung mit Art. 98 GG überlässt es der Entwurf den Ländern, ob sie Richterwahlausschüsse bilden oder an der in den meisten deutschen Ländern bisher geltenden Regelung festhalten wollen, dass die Richter durch die Regierung ernannt werden. Abs. 2 bringt jedoch zwingende Vorschriften über die Zusammensetzung des Richterwahlausschusses, falls die Länder Richterwahlausschüsse gemäß Art. 98 Abs. 4 errichten. Durch diese Vorschriften soll sichergestellt werden, dass die Einrichtung der Richterwahlausschüsse sich ihrem Sinn gemäß auswirkt, eine Auswahl der Richter nach sachlichen Gesichtspunkten zu gewährleisten. Neben den Vertretern der Regierung, der Volksvertretung und der Richterschaft sollen auch die Rechtsanwälte gleichberechtigt in den Ausschüssen beteiligt sein. Es ist eine bewährte Erfahrung, dass angesehene Rechtsanwälte die Qualität der Richter gut beurteilen können. In Ländern mit mehreren Oberlandesgerichtsbezirken und auch in größeren Oberlandesgerichtsbezirken kann es sich als notwendig erweisen, dass dem Präsidenten des OLG der Sitz im Richterwahlausschuss durch gesetzliche Bestimmung gesichert wird. Die Verhältnisse liegen aber in den einzelnen Bezirken verschieden. Der Entwurf eröffnet durch seine Fassung der Landesgesetzgebung entsprechende Möglichkeiten und zwar auch in der Richtung, dass der Landesjustizminister kraft Gesetzes einen Sitz in dem Richterwahlausschuss erhalten kann. Der Entwurf überlässt aber die nähere Regelung hinsichtlich dieses Punktes der Landesgesetzgebung.

§ 97 lässt die Bestimmungen der Verfassung eines Landes über Richterwahlausschüsse unberührt, soweit sie schon bei Inkrafttreten des Bonner Grundgesetzes galten. Es soll hierdurch verhindert werden, dass die Bestimmungen des Entwurfs über Richterwahlausschüsse ein Land zu einer Verfassungsänderung zwingen.

Die in Abs. 3 getroffene Bestimmung, dass mit Aushändigung der Ernennungsurkunde der Richter in eine bestimmte Amtsstelle eingewiesen wird, soll verhindern, dass die Unversetzbarkeit der Richter dadurch umgangen wird, dass die Richter zwar auf Lebenszeit ernannt, einmal an diesem und einmal an jenem Gericht beschäftigt werden.

An dem Erfordernis, dass ein Richter deutscher Staatsangehöriger sein muss, wird in Abs. 4 festgehalten. Die Bestimmung betont im Übrigen nochmals ausdrücklich, dass zum Richteramt nur derjenige ernannt werden kann, der nach § 2 oder 4 des Gesetzes hierzu befähigt ist. Bei der Festsetzung des Mindestalters begnügt sich der Entwurf mit dem 27. Lebensjahr, obgleich hierbei nicht verkannt wird, dass meist ein höheres Alter erwünscht ist. Es darf jedoch nicht durch die Festsetzung eines zu hohen Mindestalters verhindert werden, dass junge befähigte Kräfte für das Richteramt gewonnen werden.

*§ 7:* Die Bestimmung lehnt sich an § 32 DBG an. Sie hält daran fest, dass eine Ernennung in den Fällen des Abs. 1 kraft Gesetzes nichtig ist.

Im Übrigen beschränkt sich Abs. 2 darauf, dass in den angeführten Fällen die Ernennung für nichtig erklärt werden kann, schreibt die Nichtigerklärung also nicht zwingend vor. Der Entwurf sieht davon ab, eine Muss-Vorschrift zu schaffen, weil es auch bei Ernennungen, die z.B. durch eine Täuschung herbeigeführt sind, Grenzfälle gibt, in denen eine Nichtigerklärung nicht unbedingt erforderlich ist. Man denkt z.B. an kleine Unrichtigkeiten im Fragebogen, insbesondere wenn die Ernennung schon lange zurückliegt und der Ernannte sich durchaus bewährt hat. Andererseits kann darauf vertraut werden, dass in den Fällen, in denen die Nichtigerklärung der Ernennung erforderlich ist, sie auch erfolgt. Von der Bestimmung einer Ausschlusspflicht für die Nichtigerklärung hat der Entwurf Abstand genommen. Es ist allerdings nicht zu verkennen, dass starke Gründe dafür sprechen, für weniger schwerwiegende Fälle eine Ausschlussfrist zu setzen. Andererseits erscheint es aber als untragbar, dass ein Richter, dessen Ernennung z.B. durch eine schwere Täuschung herbeigeführt worden ist, deswegen nicht mehr im Wege der Nichtigerklärung der Ernennung abgesetzt werden kann, weil die Anschlussfrist verstrichen ist. Eine gesetzliche Abgrenzung der leichteren Fälle von den schwereren stößt auf Schwierigkeiten und würde den gesetzlichen Tatbestand auch zu stark differenzieren. Der Entwurf geht davon aus, dass ohne die gesetzliche Bestimmung einer Ausschlussfrist die Fassung des Abs. 2 als Kann-Vorschrift es ermöglicht, im einzelnen Fall auch in zeitlicher Beziehung die richtige Abgrenzung für die Nichtigerklärung zu finden.

Es ist ferner ernstlich zu erwägen, ob zu § 7 noch eine Bestimmung aufzunehmen ist, die § 34 DBG entspricht und ausdrücklich feststellt, dass die Nichtigkeit der Ernennung die Rechtsgültigkeit der vorgenommenen Amtshandlungen des Ernannten nicht berührt. Der Entwurf hat vorläufig von einer solchen Bestimmung abgesehen, weil es sehr zweifelhaft erscheint, ob in allen Fällen der Nichtigkeit die Rechtsgültigkeit der Amtshandlungen des nicht ordnungsgemäß ernannten Richters hingenommen werden kann. Man denke z.B. an die Möglichkeit, dass ein schwer vorbestrafter Richter, der zur Bekleidung des richterlichen Amtes kraft Gesetzes unfähig war, versehentlich ernannt worden ist und ein Strafurteil gefällt hat. Solche Fälle, die früher praktisch wohl außerhalb des Bereichs des Möglichen lagen, können sich heute angesichts der durch die Auswirkungen des Krieges, die Vernichtung von urkundlichen Unterlagen, insbesondere Registern und Akten, verwirrten Verhältnissen, sehr viel leichter ereignen. Der Entwurf zieht es daher vor, die Frage der Auswirkung der Nichtigkeit nicht gesetzlich zu regeln, sondern die Abgrenzung der Fälle, in denen die Nichtigkeit der Ernennung auch die Nichtigkeit der Amtshandlungen der Ernannten nach sich zieht, von den Fällen, in denen sie nur Anfechtbarkeit mit den ordentlichen Rechtsbehelfen zur Folge hat, der Rechtsprechung und Rechtslehre zu überlassen.

Evtl. wäre, wenn dieser Weg nicht befolgt werden soll, ein Absatz in § 7 einzufügen mit folgender Fassung: „Ist eine Ernennung nichtig oder wird sie für nichtig erklärt, so sind die bis zur Untersagung der Führung der Amtsgeschäfte oder bis zum Erlass der Entscheidung über die Nichtigkeit vorgenommenen Amtshandlungen des Ernannten in der gleichen Weise gültig, wie wenn sie ein rechtsgültig ernannter Richter ausgeführt hätte."

*§ 8:* Die Bestimmung regelt das Ausscheiden eines Richters kraft Gesetzes, sieht aber ein solches Ausscheiden nur für die genannten Fälle der strafgerichtlichen Verurteilung vor. Die Verlegung des Wohnsitzes in das Ausland oder der Verlust der deutschen Staatsangehörigkeit soll einen Verlust des richterlichen Amtes nicht kraft Gesetzes nach sich ziehen.

*§ 9* gibt dem Richter das Recht auf jederzeitige Entlassung. Es soll hierdurch insbesondere erreicht werden, dass kein Richter gezwungen wird, im Amt zu bleiben, wenn er glaubt, dies nicht mit seinem Gewissen vereinbaren zu können. Mit diesem Zweck der Bestimmung ist es auch unvereinbar, dass dem Richter die Verpflichtung auferlegt wird, die laufenden Amtsgeschäfte abzuschließen. Der Gewissenskonflikt kann sich mitten im Laufe eines Prozesses ergeben.

*§ 10:* Die Bestimmung entspricht dem bisherigen § 8 GVG und gleichzeitig Art. 97 Abs. 2 GG. Entsprechend dem bisher geltenden Rechtszustand wird hierbei ausdrücklich klargestellt, dass Richter nur durch eine Entscheidung der Dienstgerichte und nur aus den im Richtergesetz abschließend geregelten Gründen des Amtes enthoben werden können.

Die Bestimmungen über die Verfassungsanklage in Art. 98 GG können und sollen jedoch durch das Richtergesetz nicht berührt werden. Damit bleiben auch die Bestimmungen der Landesverfassungen über die Verfassungsanklage gültig, soweit sie nach Art. 98 GG aufrechterhalten sind.

Von der allgemeinen Festsetzung einer Altersgrenze für Richter nimmt das Gesetz Abstand, weil die Festlegung der Altersgrenze von den Personalverhältnissen der einzelnen Länder abhängig ist und weil die Frage der Altersgrenze auch bei den Instanzgerichten und den Bundesgerichten verschieden beurteilt werden kann.

*§ 11:* Dass ein Richter entlassen werden muss, wenn er den Diensteid verweigert, erscheint selbstverständlich.

*§ 12:* Dass ein Richter im Wege des Disziplinarverfahrens aus dem Amt entfernt werden kann, entspricht ebenfalls dem bisher geltenden Recht.

*§ 13:* Das Gleiche gilt für die Versetzung in den Ruhestand wegen Dienstunfähigkeit.

*§ 14:* Die Bestimmung gibt die auch bisher gegebene Möglichkeit, dass ein Richter nach Vollendung des 62. Lebensjahres auf seinen Antrag in den Ruhestand versetzt werden kann.

*§ 15:* Die Bestimmung durchbricht den Grundsatz der Unversetzbarkeit der Richter für die Fälle, in denen das Ansehen des richterlichen Amtes eine Versetzung dringend erfordert oder Verschwägerung mit einem Rechtsanwalt die Versetzung des Richters gebietet. Sie schließt sich an die Bestimmungen der §§ 82 und 83 der preuß. Dienststrafordnung für die richterlichen Beamten vom 27.1.1932 (Preuß. Gesetzessammlung S. 79) an. Es

wird nicht verkannt, dass sich sehr darüber streiten lässt, ob die vorgeschlagene Einschränkung des Grundsatzes der Unversetzbarkeit tragbar ist. Die Praxis hat aber gezeigt, dass in manchen Fällen die Möglichkeit, einen Richter zu versetzen, gegeben sein muss. Solche Fälle können sich insbesondere bei kleinen Gerichten ergeben. Bei größeren Gerichten wird fast immer im Wege der Geschäftsverteilung Abhilfe geschaffen werden können. Bei kleinen Amtsgerichten kann es aber zu untragbaren Verhältnissen führen, wenn ein Richter, der in keiner Weise an seinen Platz passt, ohne seinen Willen nicht versetzt werden kann. Es liegt daher gerade im Interesse der Richterschaft, wenn für diese Fälle die Möglichkeit einer Versetzung eröffnet wird, um das Prinzip der Unabsetzbarkeit und Unversetzbarkeit der Richter nicht zu diskreditieren.

Ähnlich liegen die Dinge in den Fällen, in denen ein Richter mit einem Rechtsanwalt verschwägert wird. Bei kleineren Gerichten kann eine solche enge familienrechtliche Beziehung begründete Zweifel an der Objektivität des Richters hervorrufen. § 83 der preuß. Richterdienststrafordnung hatte die Möglichkeit der Versetzung bei Verschwägerung mit einem bei demselben Gericht angestellten Richter vorgesehen. Eine Verschwägerung zwischen Richtern desselben Gerichts erscheint aber für die Objektivität der Rechtsprechung weit weniger gefährlich, als die Verschwägerung zwischen einem Richter und einem Rechtsanwalt.

Die Belange des betroffenen Richters werden dadurch in größtmöglichem Umfange gewahrt, dass die Versetzung nur in ein anderes richterliches Amt von gleichem Rang und Diensteinkommen zugelassen werden soll.

Bei der Bearbeitung des Entwurfs ist auch erwogen worden, ob sich eine Bestimmung empfiehlt, nach der ein Richter in den Ruhestand versetzt werden darf, wenn er ständig in schwerer Weise in seinem Amt versagt. Es ist jedoch von einer solchen Bestimmung Abstand genommen worden, weil sie auch dann, wenn die Entscheidung über die Pensionierung dem Dienstgericht überlassen bleibt, einen zu bedenklichen Eingriff in den Grundsatz der Unabsetzbarkeit bedeutet. Die Fälle dieser Art müssen von den Dienstgerichten dadurch gelöst werden, dass sie die Pensionierung wegen Dienstunfähigkeit nicht zu engherzig handhaben.

*§ 16:* Die Bestimmung entspricht § 8 GVG und Art. 97 Abs. 2 GG. Durch ihre Fassung wird klargestellt, dass nur die von der Veränderung der Gerichte unmittelbar betroffenen Richter an ein anderes Gericht oder in den Wartestand versetzt werden dürfen. Sie begrenzt die Möglichkeit der Versetzung in den Wartestand auf einen Zeitraum von drei Monaten und gleichzeitig auf die Zahl der abgesetzten Planstellen.

Die Garantie des vollen Gehalts findet sich bereits in Art. 97 Abs. 2 GG.

*§ 17:* Die Fassung dieses Paragraphen betont die besonderen Aufgaben des Richters. Hiermit soll sie gleichzeitig die Grundlage dafür bieten, dass die Dienstgerichte die Frage der Dienstunfähigkeit eines Richters (§ 13) nicht nur nach dem Maßstab der Dienstfähigkeit

eines Beamten beurteilen, sondern dass sie ihre Entscheidung bei der Pensionierung wegen Dienstunfähigkeit darauf abstellen, ob der Richter fähig ist, den besonderen Anforderungen seines Richteramtes zu genügen.

Im Übrigen sieht es der Entwurf als ausreichend an, die Pflichten des Richters allgemein dahin zu umreißen, unparteiisch Recht zu sprechen und sich in und außerhalb seines Amtes der Achtung seines Berufes würdig zu zeigen. Diese Fassung ist so weit, dass sie alles andere, was im Einzelnen vom Richter gefordert werden muss, einschließlich der Treuepflicht gegenüber dem Staat umfasst.

*§ 18:* Bei der Fassung des richterlichen Diensteides ist der Gesichtspunkt leitend gewesen, dass in dem Diensteid der Kern des Wesens des richterlichen Amtes zum Ausdruck gebracht wird, objektiv, ohne Rücksicht auf alle persönlichen Umstände, das Recht anzuwenden. Vorbild ist hierbei der im Gesetz Nr. 2 der Militärregierung formulierte Eid gewesen, der in seinen wesentlichen Bestandteilen dem eben dargelegten Gesichtspunkt entspricht. Die Fassung des Eides nach Art. 5 des Gesetzes Nr. 2 ist jedoch vereinfacht worden.

*§ 19:* Dem Richter wird in diesem Paragraphen die allgemeine Pflicht der Dienstverschwiegenheit auferlegt. Außerdem wird in diesem Rahmen ausdrücklich das Beratungsgeheimnis behandelt. Es kann darüber gestritten werden, ob die Frage des Beratungsgeheimnisses überhaupt ausdrücklich gesetzlich geregelt werden soll, zumal sie bisher für die Berufsrichter nicht im Gesetz behandelt war. Der Entwurf hat jedoch den Versuch gemacht, für die Lösung der Konflikte, die sich aus dem Beratungsgeheimnis ergeben können, Grundsätze aufzustellen. Nach dem Vorschlag des Entwurfs soll das Beratungsgeheimnis grundsätzlich gewahrt werden. Nur in den Fällen, in denen höhere Interessen der Allgemeinheit seine Durchbrechung gebieten, soll die erforderliche Genehmigung zu Erklärungen über eine Beratung zulässig sein. Auch in diesen Fällen soll aber der Richter trotz Erteilung der Genehmigung berechtigt sein, Erklärungen über eine Beratung zu verweigern. Ihm soll daher letzten Endes durch die Erteilung der Genehmigung nicht die Verpflichtung zu Erklärungen aufgezwungen werden, die er nach seinem Gewissen nicht abgeben zu dürfen glaubt. Die letzte Gewissensentscheidung bleibt damit dem Richter überlassen.

*§ 20:* Die Unbestechlichkeit der Richter fordert es, dass die Übernahme von Nebenbeschäftigungen gegen Vergütung usw. auch weiterhin von einer Genehmigung der Dienstaufsichtsbehörde abhängig gemacht wird. Die Formulierung des § 19 ist aber möglichst weit gefasst, um zu vermeiden, dass dem Richter in kleinlicher Weise bei der Erteilung der Genehmigung Schwierigkeiten gemacht werden. Es soll daher auch Voraussetzung für die Verweigerung der Genehmigung sein, dass die Erfüllung der Amtspflichten des Richters durch die Erteilung der Genehmigung gefährdet würde.

*§ 21:* Hier wird die Residenzpflicht des Richters festgelegt. Die Fassung ist wiederum so gehalten, dass dem Richter nicht in kleinlicher Weise die Wahl seiner Wohnung beschränkt werden kann. Der Möglichkeit, durch Landesgesetz dem Richter die Verpflichtung aufzuerlegen, bei der Übernahme eines bestimmten richterlichen Amtes eine Dienstwohnung zu beziehen, soll durch § 21 nicht vorgegriffen werden.

*§ 22:* In dem vorliegenden Rahmengesetz kann nur der Grundsatz bestimmt werden, dass die Richter ein festes Gehalt erhalten. Es ist bereits oben dargelegt, dass die nähere Regelung der Besoldung den Landesgesetzen überlassen bleiben muss, weil die finanzielle Lage der einzelnen Länder verschieden ist.

*§ 23:* Bei der landesgesetzlichen Regelung der richterlichen Besoldung wird voraussichtlich an dem Grundsatz einer Abstufung der Dienstbezüge nach Dienstaltersstufen festgehalten werden müssen. Dem Richter muss jedoch insoweit der Rechtsanspruch auf die Dienstaltersstufen garantiert sein. Es verträgt sich nicht mit der Würde des richterlichen Amtes und der Unabhängigkeit der Rechtsprechung, dass Bestimmungen geschaffen werden, nach denen den Richtern Dienstalterszulagen unter bestimmten Voraussetzungen im einzelnen Fall verweigert werden können.

Wenn das Rahmengesetz die grundsätzliche Garantie des Rechtsanspruchs auf Dienstaltersstufen enthält, muss es gleichzeitig auch die Einschränkungen dieses Rechtsanspruchs regeln. Aus diesem Grunde sind die Vorschriften des Abs. 2 bis 4 erforderlich, obgleich sie in dem Rahmengesetz reichlich speziell wirken.

*§ 24:* Die Frage, inwieweit Zeiten einer Beschäftigung vor der Übernahme des Richteramtes einem Richter auf das Besoldungsdienstalter angerechnet werden können, ist von außerordentlicher Bedeutung für die Gewinnung erfahrener Richter. Es besteht ein dringendes Interesse der Justiz daran, lebenserfahrene Richter zu gewinnen, die sich bereits in der öffentlichen Verwaltung, als Rechtsanwälte oder in der Wirtschaft betätigt haben. Die Vergangenheit hat gezeigt, dass die Gewinnung solcher Richter häufig an den beschränkten Möglichkeiten einer Anrechnung der früheren Beschäftigung auf das Besoldungsdienstalter gescheitert ist.

*§ 24* will diesem Missstand dadurch abhelfen, dass jeder öffentliche Dienst auf das Besoldungsdienstalter anzurechnen ist und dass ferner jede Tätigkeit als Rechtsanwalt oder Notar und jede andere Tätigkeit, die die Eignung zum Richter gefördert hat, angerechnet werden kann. Es soll keinen Unterschied machen, ob der Richter im In- oder Ausland tätig gewesen ist, denn gerade auch die Auslandserfahrung ist von großer Bedeutung für die Weite des Blicks eines Richters.

*§ 25* garantiert dem Richter den Anspruch auf Versorgung für sich und seine Hinterbliebenen. Die einzelnen Grundsätze, deren Aufnahme in das Rahmengesetz nach dem bereits oben Gesagten unbedingt erforderlich ist, sind nicht an dieser Stelle in

den Entwurf eingefügt, sondern in dem besonderen 6. Titel über Versorgung enthalten. Hierdurch soll vermieden werden, dass die einzelnen Grundsätze, die bereits stärker in die Breite gehen und beamtenrechtliche Züge enthalten, den 4. Titel über die allgemeinen Rechte der Richter zu stark belasten.

*§ 26:* Die Bestimmung spricht für alle vermögensrechtlichen Ansprüche, also nicht nur für den Anspruch auf Gehalt, sondern auch für die Versorgungsansprüche, nochmals ausdrücklich aus, dass die Einzelregelung durch die Besoldungsgesetze zu erfolgen hat.

Abs. 2 bringt ferner die notwendigen Bestimmungen über die Unzulässigkeit des Verzichts, Verpfändung, Abtretung usw.

*§ 27* enthält die notwendige Garantie des Rechtsweges vor den ordentlichen Gerichten, die dem bisher geltenden Rechtszustande entspricht.

Es ist bei der Anfertigung des Entwurfs erwogen worden, ob die ordentlichen Gerichte, auch allgemein für die Entscheidung über Verwaltungsakte, die der Richter betreffen, für zuständig erklärt werden sollen. Der Entwurf hat hiervon abgesehen und die Zuständigkeit der ordentlichen Gerichte wie bisher auf die vermögensrechtlichen Ansprüche beschränkt. Hierbei ist jedoch zu beachten, dass der Entwurf alle Entscheidungen über Fragen, die das Verbleiben eines Richters in seinem Amt betreffen, nach § 37 den richterlich besetzten Dienstgerichten zuweist.

*§ 28:* Einem ausgeschiedenen Richter und einem Richter der entlassen oder aus seinem Amt entfernt wird, sowie seinen Hinterbliebenen, kann grundsätzlich kein Gehalt und keine Versorgung gewährt werden. Wird die Ernennung eines Richters für nichtig erklärt, so empfiehlt es sich aber, die Belassung der geleisteten Zahlungen zuzulassen. Dies kann billig und zweckmäßig sein, wenn der Grund der Nichtigerklärung kein schwerwiegender ist. Es soll auch die Möglichkeit gegeben sein, dass einem entlassenen oder im Dienststrafverfahren aus dem Amt entfernter Richter und seinen Hinterbliebenen ein Unterhaltsbeitrag gewährt werden darf. Der einzelne Fall kann so liegen, dass ein Unterhaltsbeitrag durchaus der Billigkeit entspricht, z.B. wenn ein Richter nach langen Dienstjahren aus Gewissensgründen seine Entlassung nimmt oder auch, wenn ein Dienstvergehen nicht so schwer wiegt, dass der Fortfall aller Versorgungsbezüge gerechtfertigt erscheint. Auch das bisherige Disziplinarrecht gestattete, dass bei Entfernung aus dem Amt im Disziplinarverfahren ein Unterhaltsbeitrag zugestanden werden durfte.

*§ 29:* Amtstracht und Amtsbezeichnung sollen wieder durch die Einzelgesetze des Bundes und der Länder geregelt werden. Insbesondere ist die Amtsbezeichnung historisch bedingt. Während sich in der Mehrzahl der deutschen Länder schon vor der Übernahme der Justiz auf das Reich unter dem nationalsozialistischen Regime die jetzigen Amtsbezeichnungen herausgebildet hatten, hatten die Hansestädte – von den Beförderungsstellen abgesehen – an der allgemeinen Bezeichnung „Richter“ festgehalten. Die schlichte

Bezeichnung „Richter“ entspricht am besten der Würde des richterlichen Amtes, weil sie das Gewicht dieses Amtes in sich trägt. Andererseits ist es jedoch zweifelhaft, ob die Länder, die schon vor der Übernahme der Justiz auf das Reich die heute geltenden differenzierten Titel führten, sich ohne größere Widerstände entschließen können, den einfachen Titel „Richter“ einzuführen. Der Entwurf will daher der Regelung der Amtsbezeichnung durch die einzelnen Gesetze des Bundes und der Länder nicht vorgreifen.

Nach dem Entwurf soll aber die Regelung durch Gesetz, nicht durch einfache Verordnung oder Verwaltungsverfügung erfolgen.

Einem Richter, der kraft Gesetzes aus seinem Amt ausscheidet, oder der im Disziplinarverfahren aus dem Amt entfernt wird, kann die Fortführung der Amtsbezeichnung nicht gestattet werden. Bei einem entlassenen Richter soll aber die Möglichkeit verbleiben, ihm die Führung seiner Amtsbezeichnung zu erlauben.

*§ 30:* Ein Richter muss grundsätzlich von allen Beschwerden und Angaben, die nachteilig werden können, Kenntnis erhalten. Er muss in der Lage sein, hierzu Stellung zu nehmen und sich zu rechtfertigen. Außerdem kann er begründete Beschwerden nur dann in der Zukunft berücksichtigen, wenn er sie kennt. Die dienstlichen Urteile über seine Qualifikation müssen aber auch künftig geheim bleiben. Sie würden sonst in der Praxis für die Beurteilung des Richters ohne Wert sein. Es ist zwar nicht zu verkennen, dass Dienstzeugnisse über Richter überhaupt nicht ganz unbedenklich sind. Andererseits können sie jedoch in größeren Ländern und Bezirken, in denen die Dienstaufsichtsbehörde nicht alle Richter persönlich kennen kann und daher auf aktenmäßige Unterlagen angewiesen ist, nicht entbehrt werden.

*§ 31:* Die Bestimmung behandelt die schwierige Frage, inwieweit es einem Richter gestattet werden soll, sich politisch zu betätigen. Sie entscheidet sich dafür, dem Richter die politische Betätigung wieder ohne Einschränkung zu gestatten. Sie weicht damit von dem z.Zt. geltenden Rechtszustande in der britischen Zone, auch von den einschlägigen Bestimmungen des Gesetzes der Militärregierung Nr. 15 über die Verwaltungsangehörigen der Verwaltung des Vereinigten Wirtschaftsgebietes ab.

Hierbei ist nicht verkannt, dass sehr schwerwiegende Gründe dafür sprechen, die politische Betätigung der Richter einzuschränken, weil in den Augen der Bevölkerung eine solche Betätigung das Gefühl der Befangenheit des Richters in Parteivorstellungen begründen und der Richter in schwere innere Konflikte gezogen werden kann. Andererseits lehrt die Erfahrung, dass die Allgemeinheit ein dringendes Interesse daran hat, Persönlichkeiten in der Politik, insbesondere in den Parlamenten tätig zu sehen, die gewohnt sind, objektiv zu denken und die Dinge von einer höheren Ebene zu betrachten. Richter erfüllen diese Voraussetzung. Auch die Belange der Rechtsprechung werden im politischen Leben zum Schaden der Allgemeinheit nicht genügend beachtet bleiben, wenn sie nicht durch Persönlichkeiten aus der Richterschaft politisch vertreten werden.

*§ 32:* In diesem Paragraphen wird der Begriff des Dienstvergehens abgegrenzt. Ein Dienstvergehen im strengen Sinne kann ein Richter nur während seiner Amtsdauer begehen. Nach Abs. 1 Satz 2 soll es aber auch als Dienstvergehen gelten, wenn der Richter bei seiner Ernennung getäuscht oder in anderer Weise rechtswidrig gehandelt hat. Durch diese Bestimmung soll ermöglicht werden, in weniger schwerwiegenden Fällen, in denen eine Nichtigerklärung der Ernennung nach § 17 nicht notwendig erscheint, Dienststrafmaßnahmen zu treffen. Außerdem soll die Bestimmung es ermöglichen, wenn der Kausalzusammenhang zwischen der rechtswidrigen Handlung des Richters und der Ernennung nicht festgestellt werden kann, Dienststrafen zu verhängen.

Ferner wird in Absatz 3 und 4 bestimmt, unter welchen Voraussetzungen ein im Ruhestand befindlicher Richter für Handlungen, die er während des Ruhestandes begeht, dienstrechtlich zur Verantwortung gezogen werden kann. Hierbei wird die dienstrechtliche Verantwortung des pensionieren Richters auf die Verletzung der Amtsverschwiegenheit und auf die Verletzung der Treuepflicht gegenüber dem Staat, die auch der pensionierte Richter begeht, wenn er ein Grundrecht nach Art. 18 GG verwirkt oder gegen Art. 143 GG verstößt, beschränkt. Dass ein aktiver Richter bei der Verletzung der Treuepflicht gegenüber dem Staat seine Amtspflichten verletzt, ist selbstverständlich und bedarf daher keiner besonderen Betonung im Gesetz.

*§ 33:* Neben der selbstverständlichen Bestimmung, dass ein Richter, der ein Dienstvergehen begeht, dienstrechtlich bestraft werden kann, ist hier geregelt, inwieweit die dienstrechtliche Verantwortung aus einem früheren Dienstverhältnis fortwirkt.

Abs. 3 sichert die Möglichkeit, ein Dienststrafverfahren auch dann fortzuführen, wenn ein Richter während des Verfahrens in den Ruhestand tritt. Ferner wird die dienstrechtliche Verantwortlichkeit des pensionierten Richters für ein vor dem Eintritt in den Ruhestand begangenes Dienstvergehen und für Handlungen, die als Dienstvergehen eines pensionierten Richters nach § 32 gelten, sichergestellt. Eine Bestimmung, dass es der Einleitung oder Fortsetzung eines förmlichen Dienststrafverfahrens nicht entgegensteht, dass der Beschuldigte, nachdem er das Dienstvergehen begangen hat, geisteskrank oder verhandlungsunfähig wird, hat der Entwurf nicht aufgenommen, weil diese Bestimmung aus rechtsstaatlichen Erwägungen bedenklich erscheint. Ein geisteskrank oder verhandlungsunfähig gewordener Richter kann sich nicht gegen die erhobenen Vorwürfe verteidigen. Ein für ihn bestellter Pfleger könnte seine Verteidigung auch nur unvollkommen führen, weil ihm die für die Aufklärung des Sachverhalts erforderliche persönliche Kenntnis fehlt.

*§ 34:* Zu den bisher nach der RDStO zulässigen Dienststrafen führt der Entwurf die Versetzung in ein anderes richterliches Amt mit gleichem oder niedrigerem Rang oder Diensteinkommen, oder die Versetzung in den Ruhestand mit vollem oder gekürztem Ruhegehalt ein. Hierbei werden die Bedenken, die gegen die Zulässigkeit einer

Strafversetzung eingewendet werden können, nicht übersehen. Diese Bedenken liegen darin, dass durch die Strafversetzung das Ansehen des Amtes, in das der Richter versetzt wird, beeinträchtigt wird. Andererseits aber bietet die Strafversetzung die Möglichkeit, weniger schwerwiegende Fälle durch eine praktische Regelung zu lösen. Diese Erwägung rechtfertigt auch die Versetzung in den Ruhestand als Dienststrafe in solchen Fällen, in denen eine weitere Amtstätigkeit des Richters nicht verantwortet werden kann, andererseits aber doch die Entfernung aus dem Dienst zu hart wäre.

Für im Ruhestand befindliche Richter lässt der Entwurf neben der bisher zulässigen Kürzung und Aberkennung des Ruhegehalts auch die Geldbuße zu. Die Geldbuße ist das geeignete Mittel, um kleinere Dienstvergehen eines pensionierten Richters zu bestrafen.

*§ 35:* Die RDStO kannte keine Verjährung von Dienstvergehen. Vor dem Inkrafttreten der RDStO war jedoch in einigen landesrechtlichen Dienststrafgesetzen die Verjährung von Dienstvergehen vorgesehen, insbesondere auch in § 8 der preuß. Richterdienststrafverordnung vom 27.1.1932. Diese Bestimmung übernimmt der Entwurf in ihren wesentlichen Sätzen. Für die Verjährung von Dienstvergehen spricht die Erwägung, dass auch dienstliche Verfehlungen einmal durch den Zeitablauf erledigt sein müssen.

*§ 36:* An dieser Stelle ist zunächst allgemein zu bemerken, dass der Entwurf grundsätzlich nicht von Dienststrafgerichten, Dienststrafverfahren, Dienststrafrecht spricht, sondern bewusst die neuen Ausdrücke Dienstgericht, Dienstverfahren, Dienstrecht wählt. Hierfür ist entscheidend gewesen, dass die Dienstgerichte nicht nur über Dienststrafen entscheiden, sondern auch über eine Reihe von Maßnahmen, insbesondere die Versetzung eines Richters gegen seinen Willen in den Ruhestand, die keine Dienststrafen sind. Das Verfahren vor den Dienstgerichten soll in diesen Fällen nicht dadurch diskriminiert werden, dass die entscheidenden Gerichte sich als Dienststrafgerichte bezeichnen und das Verfahren als „Dienststrafverfahren" geführt wird.

Der Entwurf überträgt die Verhängung aller Dienststrafen den Dienstgerichten im förmlichen Dienstverfahren mit Ausnahme der Verhängung der Warnung und des Verweises. Geringfügige Vorfälle können einfacher und besser durch eine Warnung oder einen Verweis der Dienstaufsichtsbehörde bereinigt werden. Solange wir eine so hohe Zahl von Richtern haben, wie sie unsere Prozessordnung und Gerichtsverfassung voraussetzt, wird auch gegenüber Richtern auf das kleine Erziehungsmittel der Warnung und des Verweises nicht ganz verzichtet werden können. Dem Richter bleibt aber nach dem Entwurf stets die Möglichkeit, die Entscheidung des Dienstgerichts anzurufen. Bei einem im Wartestand und im Ruhestand befindlichen Richter soll nur das förmliche Dienstverfahren zulässig sein, weil das Dienstaufsichtsverhältnis gegenüber einem pensionierten Richter nicht mehr besteht und es gegenüber einem im Wartestand befindlichen Richter so gelockert ist, dass eine Dienststrafverfügung nicht mehr angebracht ist.

*§ 37:* Den Dienstgerichten wird durch § 37 auch die Entscheidung über alle anderen Fälle, in denen ein Richter, von der Entfernung aus dem Amt wegen Dienstvergehen abgesehen, aus dem Amt verdrängt werden kann, übertragen. Diese Bestimmung ist notwendig, um jeden Missbrauch der einschlägigen Bestimmungen vorzubeugen. Durch die Einschaltung der Dienstgerichte wird insbesondere den Bedenken vorgebeugt, die sich aus der Durchbrechung des Prinzips der Unversetzbarkeit durch die Bestimmung des § 15 ergeben kann. - Den Dienstgerichten wird gleichzeitig die Entscheidung über die Belassung von Gehalt und Versorgung und die Gewährung eines Unterhaltsbeitrages übertragen.

*§ 38:* Die folgenden Bestimmungen der §§ 38 bis 43 regeln die Organisation der Dienstgerichte. Diese muss in den Ländern einheitlich sein. Die Bestimmung über die Zusammensetzung des Dienstsenats gehört schon deswegen in das Rahmengesetz, weil der Dienstsenat bei einem Bundesgericht, also auf Bundesebene errichtet werden muss.

Es kann fraglich sein, bei welchem Bundesgericht der Dienstsenat zweckmäßigerweise eingerichtet werden soll. Eine abschließende Entscheidung hierüber wird erst möglich sein, wenn die Organisation der Bundesgerichte im Einzelnen feststeht. Der Entwurf geht zunächst davon aus, dass der Dienstsenat bei dem obersten Bundesgericht errichtet werden soll, in der Erwartung, dass dieses Gericht ein ständiger Gerichtshof mit der ganzen Organisation eines ständigen Bundesgerichts wird. Das oberste Bundesgericht ist für den Dienstsenat die gegebene Instanz, weil der Dienstsenat für die Richter aller Zweige der Gerichtsbarkeit zuständig sein soll.

*§ 39:* Die Errichtung der Dienstkammern bei den Oberlandesgerichten entspricht dem bisher geltenden Gerichtsaufbau.

*§ 40:* Für den Vorsitz in der Dienstkammer ist nach dem Entwurf grundsätzlich der Oberlandesgerichtspräsident vorgesehen. Der Entwurf lässt aber die Möglichkeit offen, dass ein Senatspräsident zum Vorsitzenden bestellt wird. Es soll damit vermieden werden, dass ein Oberlandesgerichtspräsident nur der Form nach Vorsitzender ist, wenn er die Geschäfte der Dienstkammer nicht wirklich wahrnehmen kann. - Hinsichtlich der Beisitzer beschränkt sich der Entwurf auf die Bestimmung, dass sie auf Lebenszeit ernannte Richter sein müssen, um im Übrigen den Ländern freien Spielraum zu lassen, weil die Personalverhältnisse sehr verschieden gelagert sein können.

*§ 41:* Die Dienstkammer soll wie bisher mit einem Vorsitzenden und zwei Beisitzern besetzt sein.

*§ 42:* Die Bestimmung regelt die Zusammensetzung des Dienstsenats und des besonderen Dienstsenats für Bundesrichter. Den Vorsitz soll grundsätzlich der Präsident des Gerichts führen. Bei der Bedeutung der obersten Dienstinstanz für Richter erscheint dies

erforderlich. Bei der Auswahl der Beisitzer werden die Landesjustizverwaltungen beteiligt, weil der Dienstsenat als Rechtsmittelinstanz für die Richter der Länder zuständig ist.

*§ 43:* Bei der Regelung der Besetzung der Dienstsenate wird durch den Entwurf sichergestellt, dass alle Beisitzer auf Lebenszeit ernannte Richter sein müssen, dass andererseits zwei Bundesrichter neben zwei Richtern der Länder sitzen. Alle Beisitzer müssen dem gleichen Zweige der Gerichtsbarkeit angehören, dem der Richter angehört, gegen den das Verfahren anhängig ist.

*§ 44:* Der Entwurf bringt für das Verfahren vor den Dienstgerichten nur wenige Grundsätze. Im Übrigen wird das Verfahren durch die Landesgesetze und, soweit es sich um das Verfahren gegen Bundesrichter handelt, durch besonderes Bundesgesetz zu regeln sein. Die ausführenden Gesetze werden auch zu entscheiden haben, ob die Vorschriften über das Dienstverfahren mit dem materiellen Dienstrecht der Richter vereinigt oder ob sie in besonderen Dienststrafordnungen für Richter geregelt werden sollen.

Die Einleitung des förmlichen Dienstverfahrens überträgt der Entwurf dem Dienstgericht, weil sie bereits ein Akt von solcher Wichtigkeit ist und so stark in das richterliche Amt eingreift, dass sie nicht in die Hände der Dienstaufsichtsbehörde gelegt werden soll. Der Antrag auf Einleitung ist aber durch die Dienstaufsichtsbehörde zu stellen.

Abs. 2 räumt dem Richter das Recht ein, die Einleitung des förmlichen Dienstverfahrens gegen sich selbst zu beantragen. Ein Richter muss die Möglichkeit haben, sich von Vorwürfen, die gegen ihn erhoben werden, zu reinigen. [...]

*§ 96:* Die Bestimmung regelt die Frage, inwieweit Hilfsrichter verwendet werden dürfen. Sie ist in die Schluss- und Übergangsvorschriften aufgenommen, obgleich das Problem des Hilfsrichtertums nicht nur ein vorübergehendes ist, weil das Gesetz die Dienstverhältnisse der auf Lebenszeit ernannten Richter und nicht Fragen der Gerichtsverfassung regeln soll, zu denen streng genommen auch das Problem des Hilfsrichtertums gehört. Andererseits sollte jedoch die durch den Erlass des Richtergesetzes gegebene Möglichkeit nicht versäumt werden, gesetzliche Grenzen für die Verwendung von Hilfsrichtern zu bestimmen. Denn eine unbegrenzte Ausdehnung des Hilfsrichtertums verträgt sich nicht mit der Unabhängigkeit der Rechtsprechung, weil Hilfsrichter nicht die Garantie der persönlichen Unabhängigkeit besitzen. Angesichts der heute in manchen Bezirken zu weit ausgedehnten Verwendung von Hilfsrichtern, ist eine gesetzliche Regelung auch dringlich.

Der Vorschlag des Entwurfs versucht eine Zwischenlösung zu finden, indem er davon ausgeht, dass Hilfsrichter in der jetzigen Übergangszeit, in der die Bewegung der Bevölkerung noch nicht zur Ruhe gekommen ist und sich also noch nicht feststellen lässt, welcher Personalbestand an Richtern auf die Dauer erforderlich ist, keinesfalls entbehrt werde können. Auch wenn man von den heutigen Übergangsverhältnissen absieht, bleiben

Hilfsrichter selbst unter normalen Umständen notwendig, weil es erforderlich ist, Richter von ihrer lebenslänglichen Ernennung erproben, insbesondere Assessoren ausbilden zu können.

Der Entwurf beschränkt sich daher darauf, für die Land- und Amtsgerichte eine zahlenmäßige Grenze zu ziehen, über deren Höhe gestritten werden kann, die nach den Erfahrungen der Justizverwaltung aber zunächst mit 30% vorgeschlagen wird.

Bei den Bundesgerichten und Oberlandesgerichten sollen nur auf Lebenszeit ernannte Richter als Hilfsrichter tätig sein dürfen. Das Ansehen dieser Gerichte erfordert unbedingt eine solche Beschränkung. Ferner wird vorgeschlagen, dass auch für die Bundesgerichte und Oberlandesgerichte die Zahl der Hilfsrichter beschränkt wird. Insoweit wird ein Satz von 20% in Vorschlag gebracht. Auf der anderen Seite wird auch für die Bundesgerichte und Oberlandesgerichte die Möglichkeit gegeben bleiben müssen, Hilfsrichter einzusetzen, um zu erproben, ob ein Richter, dessen Ernennung an diesen Gerichten ins Auge gefasst ist, die notwendigen Qualitäten besitzt. Außerdem kann sich auch bei den genannten höheren Gerichten ein vorübergehender Geschäftsandrang ergeben.

## II. *Entwurf von 1949 zum Gesetz über die Rechtsstellung der Richter in Bayern (Bayerisches Richtergesetz)*

### I. Abschnitt. Richteramt

*§ 1.* (1) Die richterliche Gewalt wird im Namen des Volkes durch unabhängige, nur dem Gesetz unterworfene Richter ausgeübt.

(2) Gesetz im Sinne des Abs. 1 ist jede Rechtsnorm.

(3) Die Prüfung der Verfassungsmäßigkeit von Gesetzen ist dem Verfahren nach Art. 100 Abs. 1, 2 des Grundgesetzes für die Bundesrepublik Deutschland vom 23. Mai 1949 (BGBl. Nr. 1 S. 1) und Art. 65, 92 der Verfassung des Freistaates Bayern vom 2. Dezember 1946 (GVBl. S. 333) vorbehalten.

*§ 2.* (1) Dem Richter dürfen für seine Entscheidungstätigkeit Weisungen weder allgemein noch im Einzelfall erteilt werden.

(2) Die Ausübung dienstaufsichtlicher Befugnisse gegenüber Richtern ist nur insoweit zulässig, als durch sie die richterliche Unabhängigkeit nicht beeinträchtigt wird. Behauptet ein Richter, dass durch eine dienstaufsichtliche Maßnahme seine Unabhängigkeit beeinträchtigt werde, so entscheidet über die Zulässigkeit dieser Maßnahme das Bayer. Oberste Landesgericht. Der Vollzug der dienstaufsichtlichen Maßnahme wird durch die Anrufung des Bayer. Obersten Landesgerichts aufgeschoben, sofern dieses nichts anderes bestimmt.

(3) Im Bereich der Verwaltungsgerichtsbarkeit trifft die Entscheidungen nach Abs. 2 Satz 2 und 3 der Verwaltungsgerichtshof.

*§ 3.* (1) Richter kann nur werden, wer zwei Prüfungen bestanden hat (Befähigung zum Richteramt).

(2) Der ersten Prüfung muss ein vierjähriges Studium der Rechtswissenschaft an einer Universität vorausgehen. Von diesem Zeitraum sind mindestens vier Halbjahre dem Studium an einer Universität der Bundesrepublik Deutschland zu widmen.

(3) Zwischen der ersten und zweiten Prüfung muss ein Vorbereitungsdienst von drei Jahren liegen. Er ist grundsätzlich in Bayern abzuleisten. Hiervon entfallen 1 ½ Jahre auf den Dienst bei den Gerichten und Staatsanwaltschaften, ½ Jahr auf den Dienst bei einem Rechtsanwalt und 1 Jahr auf den Dienst bei Verwaltungsbehörden. Der Vorbereitungsdienst bei Verwaltungsbehörden kann bis zur Höchstdauer von sechs Monaten auch bei Körperschaften und Anstalten des öffentlichen Rechts sowie Unternehmungen oder Einrichtungen der Wirtschaft abgeleistet werden, die zur Abnahme des Vorbereitungsdienstes als geeignet erklärt worden sind.

(4) Das Nähere über die Gestaltung des Studiums, des Vorbereitungsdienstes und der Prüfungen bestimmen die Durchführungsvorschriften.

*§ 4.* (1) Wer in einem Lande der Bundesrepublik Deutschland die erste Prüfung bestanden hat, kann in Bayern zum Vorbereitungsdienst und zur zweiten Prüfung zugelassen werden.

(2) Die in einem Lande der Bundesrepublik Deutschland auf den Vorbereitungsdienst verwendete Zeit kann in Bayern angerechnet werden.

*§ 5.* Zum Richteramt befähigt ist ferner jeder ordentliche öffentliche Lehrer des Rechts an einer Universität der Bundesrepublik Deutschland.

## II. Abschnitt. Ernennung und Versetzung der Richter. Beendigung des Richteramts

*§ 6.* (1) Die Richter werden auf Lebenszeit ernannt.

(2) Die Eigenschaft als Richter wird mit der Aushändigung der Ernennungsurkunde begründet, in der die Worte „unter Berufung in das Dienstverhältnis als Richter“ enthalten sind.

(3) Zugleich mit der Aushändigung der Ernennungsurkunde ist der Richter in eine bestimmte Planstelle einzuweisen.

(4) Die Ernennung wird, wenn nicht bei Aushändigung der Ernennungsurkunde ausdrücklich ein späterer Tag bestimmt ist, mit dem Tag der Aushändigung der Urkunde wirksam. Eine Ernennung auf einen rückliegenden Zeitpunkt ist unzulässig und insoweit unwirksam.

*§ 7.* (1) Zum Richter kann nur ernannt werden, wer die deutsche Staatsangehörigkeit besitzt oder Flüchtling im Sinne des Flüchtlingsgesetzes vom 19. Februar 1947 (GVBl. S. 51) ist und die Befähigung zum Richteramt hat.

(2) Zum Richter kann nicht ernannt werden, wer

1. entmündigt ist oder unter vorläufiger Vormundschaft steht,
2. die Befähigung zur Bekleidung eines öffentlichen Amtes kraft Urteilsspruches verloren hat,
3. wegen Verbrechens oder Vergehens zu einer Strafe verurteilt ist, die ohne weiteres das Ausscheiden aus einem Beamtenverhältnis zur Folge hat,
4. Hauptschuldiger oder Belasteter im Sinne des Gesetzes zur Befreiung von Nationalsozialismus und Militarismus vom 5. März 1946 (GVBl. S. 145) ist.

*§ 8.* (1) Die Ernennung ist nichtig, wenn der Ernannte im Zeitpunkt der Ernennung

1. die Voraussetzungen des § 7 Abs. 1 nicht erfüllt oder
2. nach § 7 Abs. 2 Ziff. 1, 2 oder 4 nicht zum Richter ernannt werden konnte.

(2) Die Ernennung ist für nichtig zu erklären

1. wenn sie durch Zwang, arglistige Täuschung oder Bestechung herbeigeführt wurde,
2. wenn nicht bekannt war, dass der Ernannte ein Verbrechen oder ein solches Vergehen begangen hatte, das ihn der Ernennung zum Richter unwürdig erscheinen lässt und er deshalb rechtskräftig zu einer Strafe verurteilt war oder wird.

(3) Die Ernennung kann für nichtig erklärt werden

1. wenn sie von einer sachlich unzuständigen Behörde ausgesprochen wurde,
2. wenn bei einem nach seiner Ernennung Entmündigten die Voraussetzungen für die Entmündigung im Zeitpunkt der Ernennung vorlagen,
3. wenn nicht bekannt war, dass der Ernannte aus einem früheren Beamtenverhältnis wegen mangelnder Eignung entlassen oder im Wege eines Dienststrafverfahrens aus dem Dienste entfernt oder zum Ruhegehaltsverlust verurteilt worden war.

*§ 9.* (1) In den Fällen des § 8 Abs. 1 hat die zuständige Stelle (§ 37) nach Kenntnis des Nichtigkeitsgrundes dem Ernannten sofort jede weitere Führung der Amtsgeschäfte zu untersagen.

(2) In den Fällen des § 8 Abs. 2 und 3 muss die Nichtigkeitserklärung innerhalb von sechs Monaten erfolgen, nachdem die zuständige Stelle (§ 37) von der Ernennung und dem Nichtigkeitsgrund Kenntnis erlangt hat. Vor der Nichtigkeitserklärung ist der Richter zu hören. Die Nichtigkeitserklärung ist dem Richter zuzustellen.

*§ 10.* (1) Ist eine Ernennung nichtig oder für nichtig erklärt worden, so sind die bis zur Untersagung der Führung der Amtsgeschäfte (§ 9 Abs. 1) oder bis zur Zustellung der Nichtigkeitserklärung vorgenommenen Amtshandlungen des Ernannten in der gleichen Weise gültig, wie wenn sie ein rechtsgültig ernannter Richter vorgenommen hätte.

(2) Wenn Billigkeitsgründe es erfordern, können die ausgezahlten Dienstbezüge belassen werden.

*§ 11.* Der Richter scheidet mit der Rechtskraft des Strafurteils aus seinem Dienstverhältnis aus, wenn er zu Zuchthaus oder wegen vorsätzlich begangener Tat zu Gefängnis von 1 Jahr oder längerer Dauer verurteilt wird oder ihm die bürgerlichen Ehrenrechte oder die Fähigkeit zur Bekleidung öffentlicher Ämter aberkannt werden.

*§ 12.* Richter können, soweit dieses Gesetz nichts anderes bestimmt, wider ihren Willen nur kraft einer Entscheidung der Dienststrafgerichte und nur aus den Gründen, welche dieses Gesetz bestimmt, dauernd oder zeitweise ihres Amtes enthoben oder an eine andere Stelle oder in den Wartestand oder in den Ruhestand versetzt werden.

*§ 13.* Dem Verlangen eines Richters auf Entlassung muss jederzeit entsprochen werden. Das Verlangen ist gegenüber der Entlassungsbehörde (§ 25 Abs. 2) schriftlich zu erklären.

(2) Die Erklärung kann, solange die Entlassungsverfügung dem Richter noch nicht zugegangen ist, ohne Zustimmung der Entlassungsbehörde nur innerhalb 2 Wochen seit dem Zugang bei dieser zurückgenommen werden.

(3) Verlangt ein Richter die Entlassung, weil er sich in seinem Gewissen hierzu verpflichtet fühlt, um dem Gedanken des Rechtsstaats zu dienen, so darf er sich vom Zeitpunkt des Eingangs des Entlassungsverlangens bei der Entlassungsbehörde an jeder weiteren richterlichen Entscheidung enthalten.

(4) Im Falle der Entlassung nach Abs. 3 erhält der Richter als Versorgung die Bezüge, die ihm als Ruhegehalt zustehen würden. Über das Vorliegen dieser Voraussetzung entscheidet das Bayer. Oberste Landesgericht, bei Richtern der Verwaltungsgerichtsbarkeit der Verwaltungsgerichtshof.

*§ 14.* Ein Richter ist zu entlassen, wenn er die Leistung des Eides nach § 27 verweigert.

*§ 15.* Die Entlassung (§§ 13, 14) wird von der für die Ernennung zuständigen Stelle (§ 25 Abs. 2) verfügt. Sie wird mit dem in der Entlassungsverfügung bezeichneten Zeitpunkt wirksam. Die Verfügung ist dem Richter schriftlich mitzuteilen.

*§ 16.* Ein Richter kann vorläufig der Amtsgeschäfte enthoben werden, wenn

1. das förmliche Dienststrafverfahren gleichzeitig eingeleitet wird oder bereits eingeleitet ist, oder
2. wenn gegen den Richter in einem strafgerichtlichen Verfahren ein Haftbefehl erlassen ist, oder
3. wenn gegen den Richter eine strafgerichtliche Untersuchung wegen einer Straftat eröffnet worden ist, die voraussichtlich den Verlust des Amtes – kraft des strafgerichtlichen Urteils – oder die Dienstentlassung im anschließenden Dienststrafverfahren zur Folge hat.

*§ 17.* Das Dienstverhältnis als Richter endet mit dem Eintritt in den Ruhestand.

*§ 18.* (1) Die Richter treten mit dem Ende des Monats in den Ruhestand, in dem sie das 68. Lebensjahr vollenden.

(2) Über diesen Zeitpunkt hinaus kann durch die oberste Dienstbehörde (§ 25 Abs. 1) die Dienstzeit eines Richters höchstens bis zu 3 Jahren verlängert werden, sofern unabweisliche Bedürfnisse der Rechtspflege dies erfordern.

*§ 19.* (1) Ein Richter ist in den Ruhestand zu versetzen, wenn er infolge eines körperlichen Gebrechens oder wegen Schwäche seiner körperlichen oder geistigen Kräfte zur Erfüllung seiner Amtspflichten dauernd unfähig (dienstunfähig) ist. Im Übrigen gilt Art. 95 Abs. 1 Satz 1 zweiter Halbsatz und Satz 2 sowie Art. 94 des Bayer. Beamtengesetzes vom 28. Oktober 1946 (GVBl. S. 349) entsprechend.

(2) Entsprechend gilt ferner Art. 95 des Bayer. Beamtengesetzes mit der Maßgabe, dass bei Einwendungen des Richters gegen die Versetzung in den Ruhestand bei Richtern der ordentlichen Gerichtsbarkeit das Bayerische Oberste Landesgericht, bei Richtern der Verwaltungsgerichtsbarkeit der Verwaltungsgerichtshof entscheidet.

*§ 20.* (1) Liegt Dienstunfähigkeit nach Art. 93 Abs. 1 Satz 1 zweiter Halbsatz des Bayer. Beamtengesetzes vom 28. Oktober 1946 (GVBl. S. 349) vor und ist der Wiedereintritt der Dienstfähigkeit nicht ausgeschlossen, so ist die Versetzung in den Ruhestand zunächst nur auf die Dauer der voraussichtlichen Dienstunfähigkeit auszusprechen.

(2) Der gemäß Abs. 1 in den zeitlichen Ruhestand versetzte Richter ist wieder in das Dienstverhältnis als Richter zu berufen, wenn er seine Dienstfähigkeit wiedererlangt und das 68. Lebensjahr noch nicht überschritten hat.

(3) Kann ein in den zeitlichen Ruhestand versetzter Richter nicht sofort auf einer geeigneten Amtsstelle wiederernannt werden, so wird er bis zum Eintritt dieser Möglichkeit unter Fortgewährung des Ruhegehalts im zeitlichen Ruhestand belassen.

*§ 21.* (1) Die Versetzung in den dauernden oder zeitlichen Ruhestand wird von der obersten Dienstbehörde (§ 25 Abs. 1) verfügt. Die Verfolgung ist dem Richter schriftlich mitzuteilen. Sie kann bis zum Beginn des Ruhestandes zurückgenommen werden.

(2) Der Ruhestand beginnt, abgesehen von den Fällen der §§ 18, 19 Abs. 2, 45 Satz 2 mit Ende der 3 Monate, die auf den Monat folgen, in welchem dem Richter die Versetzung in den Ruhestand mitgeteilt wurde. Bei der Mitteilung der Versetzung in den Ruhestand kann auf Antrag oder mit ausdrücklicher Zustimmung des Richters ein früherer Zeitpunkt festgesetzt werden.

*§ 22.* (1) Eine Veränderung in der Einrichtung der Gerichte oder ihrer Bezirke kann nur durch Gesetz erfolgen.

(2) Die von einer solchen Veränderung unmittelbar betroffenen Richter können durch die Justizverwaltung an ein anderes Gericht oder unter Belassung ihres vollen Gehaltes in den Wartestand versetzt werden.

(3) Die Versetzung in den Wartestand ist nur innerhalb dreier Monate nach Inkrafttreten des Gesetzes, durch welches die Einrichtung der Gerichte oder ihrer Bezirke verändert wird und nur innerhalb der Zahl der im Haushaltsplan aus diesem Anlass abgesetzten Planstellen zulässig.

*§ 23.* Ein Richter kann in ein anderes richterliches Amt von gleichem Rang und Diensteinkommen versetzt werden, wenn ohne sein Verschulden Umstände eingetreten sind, durch die seine Tätigkeit auf der bisherigen Stelle nicht bloß vorübergehend derart beeinträchtigt wird, dass unabweisliche Bedürfnisse der Rechtspflege die Versetzung dringend erfordern.

*§ 24.* (1) Ein Richter kann mit seinem Einverständnis auch auf einer Amtsstelle des richterlichen Dienstes verwendet werden, in die er nicht eingewiesen ist (Abordnung).

(2) Die Zahl der zum Bayer. Obersten Landesgericht und zu den Oberlandesgerichten abgeordneten Richter darf 10 vom Hundert der Richter, die planmäßige Mitglieder dieser Gerichte sind, nicht übersteigen.

*§ 25.* (1) Oberste Dienstbehörde ist für Richter der ordentlichen Gerichtsbarkeit das Bayer. Staatsministerium der Justiz, für hauptberufliche Richter der Verwaltungsgerichtsbarkeit das Bayer. Staatsministerium des Innern.

(2) Die oberste Dienstbehörde ist Ernennungs- und Entlassungsbehörde, soweit sich nicht aus Art. 55 Ziff. 4 Satz 1 der Verfassung etwas anderes ergibt.

(3) Die oberste Dienstbehörde setzt das Wartegeld, Ruhegehalt, Witwen- und Waisengeld fest und bestimmt, an wen das Witwen- und Waisengeld zu zahlen ist. Sie kann diese Befugnis im Einvernehmen mit dem Bayer. Staatsministerium der Finanzen auch anderen Behörden übertragen.

(4) Dienstvorgesetzter ist, wer für die beamtenrechtlichen Entscheidungen über die persönlichen Angelegenheiten der Richter zuständig ist; Dienstvorgesetzter der Richter der ordentlichen Gerichtsbarkeit ist für die Richter der Amtsgerichte und Landgerichte der Präsident des Landgerichts, für die Richter des Amtsgerichts München der Präsident des Amtsgerichts München, für die Richter der Oberlandesgerichte der Präsident des Oberlandesgerichts, für die Richter des Bayer. Obersten Landesgerichts der Präsident dieses Gerichts;

Dienstvorgesetzter der hauptberuflichen Richter der Verwaltungsgerichtsbarkeit ist für die Richter der Verwaltungsgerichte der Präsident des Verwaltungsgerichts, für die Richter des Verwaltungsgerichtshofes der Präsident des Verwaltungsgerichtshofes.

## III. Abschnitt. Rechte und Pflichten der Richter

*§ 26.* (1) Der Richter ist zur gewissenhaften Erfüllung der besonderen Aufgaben seines Amtes verpflichtet. Er hat unparteiisch und nur nach dem Gesetz Recht zu sprechen und sich innerhalb und außerhalb seines Amtes der Achtung, die sein Beruf erfordert, würdig zu zeigen.

(2) Der Richter hat sich jederzeit zum demokratisch-konstitutionellen Staat zu bekennen und zu ihm innerhalb und außerhalb des Dienstes zu stehen.

*§ 27.* (1) Der Richter hat bei Antritt seines Amtes folgenden Eid zu leisten:

> „Ich schwöre, dass ich getreu der Verfassung meine Richterpflichten durch gerechte Anwendung des Gesetzes gegenüber jedermann unter Wahrung der Gleichheit aller vor dem Gesetz gewissenhaft erfüllen werde. So wahr mir Gott helfe".

(2) Gestattet ein Gesetz den Mitgliedern einer Religionsgesellschaft an Stelle des Eides andere Beteuerungsformeln zu verwenden, so kann der Richter, der Mitglied einer solchen Religionsgesellschaft ist, diese Beteuerungsformel gebrauchen.

(3) Erklärt der Richter, dass er Bedenken habe, den Eid in religiöser Form zu leisten, so kann er die Worte „So wahr mir Gott helfe" weglassen.

*§ 28.* (1) Der Richter hat und zwar auch nach Beendigung seines Dienstverhältnisses über die ihm bei seiner amtlichen Tätigkeit bekannt gewordenen Angelegenheiten, die aufgrund eines Gesetzes, einer dienstlichen Anordnung oder ihrem Wesen nach geheim gehalten werden müssen, Verschwiegenheit gegen jedermann zu bewahren.

(2) Über hiernach geheim zu haltende Angelegenheiten darf der Richter ohne Genehmigung des Dienstvorgesetzten oder des letzten Dienstvorgesetzten nur auf Verlangen eines Gerichts Angaben machen. Die oberste Dienstbehörde (§ 25 Abs. 1) ist berechtigt, eine Beschränkung der Auskunftspflicht des Richters zu beantragen. Über diesen Antrag entscheidet das Gericht.

(3) Das Beratungsgeheimnis ist in jedem Falle zu wahren.

*§ 29.* Die Haftung des Richters für Amtspflichtverletzungen bestimmt sich gegenüber dem Dienstherrn nach Art. 37 des Bayer. Beamtengesetzes vom 28. Oktober 1946 (GVBl. S. 349).

*§ 30.* (1) Ein Richter kann gegen Maßnahmen innerdienstlicher Art binnen 2 Wochen Gegenvorstellungen erheben. Diese haben keine aufschiebende Wirkung. Der Dienstvorgesetzte entscheidet endgültig.

(2) Gegen dienstliche Maßnahmen anderer Art steht den Richtern der ordentlichen Gerichtsbarkeit der Beschwerdeweg offen. Soweit die Maßnahme vom Präsidenten des Amtsgerichts München oder den Landgerichtspräsidenten getroffen wurde, entscheidet über die Beschwerde ein Senat des Oberlandesgerichts, in allen übrigen Fällen das Bayer.

Oberste Landesgericht. Auf das Verfahren finden die Bestimmungen des Gesetzes über die freiwillige Gerichtsbarkeit entsprechende Anwendung. Der Verwaltungsrechtsweg ist ausgeschlossen.

(3) Den Richtern der Verwaltungsgerichtsbarkeit steht gegen Maßnahmen nach Abs. 2 der Verwaltungsrechtsweg offen.

(4) Die Vorschriften in § 2 bleiben unberührt.

*§ 31.* (1) Die Besoldung der Richter, die Versorgung der Richter und ihrer Hinterbliebenen und der Rechtsweg wegen vermögensrechtlicher Ansprüche der Richter, der im Ruhestand befindlichen Richter und der Hinterbliebenen sowie des Dienstherrn aus dem Dienstverhältnis als Richter wird durch ein Besoldungs- und Versorgungsgesetz für Richter geregelt.

(2) Bis zum Erlass dieses Gesetzes gelten die Bestimmungen des allg. bayer. Beamtenrechts.

*§ 32.* Einem aufgrund gerichtlicher Verurteilung oder im Wege des Dienststrafverfahrens aus dem Amt entfernten Richter und seinen Hinterbliebenen kann nach Maßgabe der Bestimmungen des allgemeinen bayerischen Beamtenrechts ein Unterhaltsbeitrag gewährt werden.

*§ 33.* Soweit die Dienstbezüge der Richter nach Dienstaltersstufen bemessen werden, kann das Aufsteigen in diesen nur im Wege des Dienststrafverfahrens versagt werden.

*§ 34.* (1) Amtstracht und Amtsbezeichnung der Richter werden durch besonderes Gesetz geregelt. Bis zum Erlass dieses Gesetzes verbleibt es bei der bisherigen Regelung.

(2) Einem nach § 13 entlassenen Richter kann die Fortführung der Amtsbezeichnung gestattet werden. Im Falle des § 13 Abs. 3 ist die Fortführung zulässig.

(3) Im Übrigen bemisst sich das Recht zur Fortführung der Amtsbezeichnung nach Beendigung des Dienstverhältnisses als Richter nach dem allgemeinen bayerischen Beamtenrecht.

*§ 35.* Soweit es durch die Natur der Dienstgeschäfte nicht geboten ist, ist der Richter an die Einhaltung bestimmter Dienststunden nicht gebunden.

*§ 36.* Für das Verbot der Annahme von Geschenken, die politische Betätigung, das Recht auf Einsichtnahme in die Personalakten, das Recht auf Ausstellung eines Dienstzeugnisses, die Nebentätigkeit, den Urlaub und die Wohnung der Richter gelten die Vorschriften des allgemeinen Bayerischen Beamtenrechts.

*§ 37.* Über die Nichtigkeitserklärung (§ 8 Abs. 2 und 3), die Untersagung der Fortführung der Amtsgeschäfte nach § 9 Abs. 1, die Belassung der geleisteten Zahlungen an Gehalt und Versorgung nach § 10 Abs. 2, die Gewährung einer Versorgung nach § 13 Abs. 4, die gegen den Willen des Richters erfolgende Versetzung in den Ruhestand (§ 19 Abs. 2, § 45

Satz 2) und die Versetzung nach § 23 entscheidet bei Richtern der ordentlichen Gerichtsbarkeit das Bayer. Oberste Landesgericht, bei Richtern der Verwaltungsgerichtsbarkeit der Verwaltungsgerichtshof.

## IV. Abschnitt. Dienstvergehen

*§ 38.* (1) Ein Richter begeht ein Dienstvergehen, wenn er schuldhaft die ihm obliegenden Amtspflichten verletzt.

(2) Ein Dienstvergehen liegt auch vor, wenn der Richter einer Partei oder Vereinigung angehört oder Zielsetzungen einer Partei oder Vereinigung unmittelbar oder mittelbar fördert, deren Mitglieder oder Förderer darauf ausgehen, die staatsbürgerlichen Freiheiten zu unterdrücken oder gegen Volk, Staat oder Verfassung Gewalt anzuwenden.

(3) Eine von der herrschenden Meinung abweichende Auslegung des Gesetzes stellt für sich allein keine Verletzung der Amtspflicht dar.

(4) Bei einem Ruhestandsbeamten gilt als Dienstvergehen ein Verhalten im Sinne des Absatzes 2, eine Verletzung der Verpflichtung zur Amtsverschwiegenheit (§ 28) und ein Verstoß gegen das Verbot der Annahme von Geschenken und Belohnungen (§ 36).

*§ 39.* (1) Dienststrafen gegen Richter sind Warnung, Verweis, Geldbuße, Versagung des Aufsteigens zur nächsten Gehaltsstufe bis zu 2 Jahren, Gehaltskürzung, Versetzung in ein anderes richterliches Amt mit gleichem oder niedrigerem Rang oder Diensteinkommen, Versetzung in den Ruhestand mit vollem oder gekürztem Ruhegehalt, Entfernung aus dem Dienst.

(2) Gegen Richter im Ruhestand können verhängt werden Geldbuße, Kürzung des Ruhegehalts, Aberkennung des Ruhegehalts.

(3) In ein und demselben Dienststrafverfahren darf neben der Strafversetzung Geldbuße oder Gehaltskürzung, im Übrigen aber nur eine der angeführten Dienststrafen verhängt werden.

*§ 40.* Das Dienststrafverfahren für Richter wird durch ein Dienststrafgesetz für Richter geregelt. Bis zum Erlass dieses Gesetzes gilt die Dienststrafordnung vom 29. April 1948 (GVBl. S. 67).

## V. Abschnitt. Wartestand

*§ 41.* (1) Der im Wartestand befindliche Richter (§ 22 Abs. 2 und 3) bleibt Richter. Er verliert jedoch mit dem Beginn des Wartestandes seine Amtsstelle.

(2) Der Richter erhält über die Versetzung in den Wartestand eine Urkunde. Der Wartestand beginnt, wenn nicht im Einzelfall ausdrücklich ein späterer Zeitpunkt festgestellt wird, mit der Aushändigung der Urkunde. Die Versetzung in den Wartestand kann bis zum Beginn des Wartestandes zurückgenommen werden.

(3) Nebentätigkeiten unterliegen der Genehmigungspflicht in gleicher Weise wie bei im Dienst befindlichen Richtern.

*§ 42.* Der Richter im Wartestand erhält sein volles Gehalt, soweit es ruhegehaltsfähig ist. Er rückt in Dienstaltersstufen auf.

*§ 43.* Der Richter im Wartestand ist zur Annahme eines richterlichen Amtes von gleichem Rang und Diensteinkommen verpflichtet.

*§ 44.* Der Wartestand endet, wenn
1. dem Richter ein neues Amt übertragen wird,
2. das Dienstverhältnis des Richters endet.

*§ 45.* Der Richter im Wartestand kann auf seinen Antrag jederzeit in den Ruhestand versetzt werden. Er ist in den Ruhestand zu versetzen, wenn er der Verpflichtung zur Annahme eines neuen Amtes nach § 44 nicht nachgekommen ist.

## VI. Abschnitt. Geltungsbereich

*§ 46.* Dieses Gesetz gilt für die Berufsrichter der ordentlichen und der Verwaltungsgerichtsbarkeit in Bayern.

*§ 47.* Eine Trennung zwischen der Laufbahn des Richters und Staatsanwalts findet nicht statt. Ein Richter kann mit seinem Einverständnis zum Staatsanwalt, ein Staatsanwalt mit seinem Einverständnis zum Richter ernannt werden.

*§ 48.* (1) Für Staatsanwälte der ordentlichen Gerichtsbarkeit und hauptberufliche Staatsanwälte der Verwaltungsgerichtsbarkeit gilt dieses Gesetz mit Ausnahme der §§ 1, 2, 6, 12, 22, 23, 41 mit 45 entsprechend.

(2) Im Beschwerdeverfahren nach § 30 Abs. 2 entscheidet bei Staatsanwälten der ordentlichen Gerichtsbarkeit über Maßnahmen des Oberstaatsanwalts ein Senat des Oberlandesgerichts, im Übrigen das Bayer. Oberste Landesgericht. Für hauptberufliche Staatsanwälte der Verwaltungsgerichtsbarkeit gilt § 30 Abs. 3.

(3) Oberste Dienstbehörde für hauptberufliche Staatsanwälte der Verwaltungsgerichtsbarkeit ist das Bayer. Staatsministerium des Innern.

(4) Dienstvorgesetzter der Staatsanwälte der ordentlichen Gerichtsbarkeit ist
für die Staatsanwälte bei dem Landgericht der Oberstaatsanwalt,
für die Staatsanwälte bei dem Oberlandesgericht der Generalstaatsanwalt,
für die Staatsanwälte bei dem Bayer. Obersten Landesgericht der Generalstaatsanwalt bei diesem Gericht.

(5) Dienstvorgesetzter der Staatsanwälte bei dem Verwaltungsgerichtshof ist der Generalstaatsanwalt bei dem Verwaltungsgerichtshof.

(6) Vorgesetzter der Staatsanwälte der ordentlichen Gerichtsbarkeit und der hauptberuflichen Staatsanwälte der Verwaltungsgerichtsbarkeit ist, wer ihnen nach dem Aufbau der Staatsanwaltschaft für ihre dienstliche Tätigkeit Weisungen erteilen kann.

(7) Im Übrigen gilt für die Rechtsstellung der Staatsanwälte das allgemeine bayerische Beamtengesetz.

## VII. Abschnitt. Übergangs- und Schlussbestimmungen

*§ 49.* Wer bei Inkrafttreten dieses Gesetzes als Beamter auf Lebenszeit in Bayern eine Planstelle als Richter der ordentlichen oder der Verwaltungsgerichtsbarkeit oder als Staatsanwalt innehat, ist Richter oder Staatsanwalt im Sinne dieses Gesetzes.

*§ 50.* (1) Wer nach Erlangung der Befähigung zum Richteramt zur Wahrnehmung richterlicher Aufgaben bestellt wurde, ohne jedoch auf Lebenszeit zum Richter ernannt zu sein, ist Hilfsrichter.

(2) Wer nach Erlangung der Befähigung zum Richteramt vorübergehend mit der Wahrnehmung staatsanwaltschaftlicher Aufgaben betraut wurde, ohne zum Staatsanwalt oder Gerichtsassessor ernannt zu sein, ist beauftragter Staatsanwalt.

(3) Vom Inkrafttreten dieses Gesetzes an dürfen Hilfsrichter und beauftragte Staatsanwälte nurmehr bestellt werden, sofern unabweisliche Bedürfnisse der Rechtspflege dies erfordern.

(4) Bis zum 31. März 1951 bestellte Hilfsrichter und beauftragte Staatsanwälte sind bei Vorliegen der erforderlichen Voraussetzungen längstens bis 31. März 1954 zum Richter oder Staatsanwalt zu ernennen. Andernfalls sind sie zu entlassen.

(5) Von der Befugnis nach Abs. 3 darf nach dem 31. März 1951 kein Gebrauch mehr gemacht werden.

*§ 51.* (1) Eine vor dem 8. Mai 1945 nach dem damals im Deutschen Reich geltenden Bestimmungen erlangte Befähigung zum Richteramt steht der Befähigung zum Richteramt im Sinne des § 3 Abs. 1 gleich. Die Bestimmungen des Gesetzes über die Richteramtsbefähigung umgesiedelter und heimatvertriebener Juristen vom 16. Juni 1948 (GVBl. S. 109) beiben unberührt.

(2) Bis zum 8. Mai 1945 nach den damals im Deutschen Reich geltenden Bestimmungen zurückgelegte Studienzeiten, Vorbereitungsdienstzeiten und abgelegte Prüfungen stehen Studienzeiten, Vorbereitungsdienstzeiten und Prüfungen im Sinne der §§ 3 und 4 gleich.

*§ 52.* Die Dauer des Studiums und des Vorbereitungsdienstes nach § 3 Abs. 2 mit 4 kann für Kriegsteilnehmer und Personen, die in der Zeit vom 30. Januar 1933 bis zum 8. Mai 1945 aus politischen, rassischen oder religiösen Gründen Nachteile erlitten haben, herabgesetzt werden.

*§ 53.* (1) Die Wiedergutmachung von Nachteilen, die ein Richter oder Staatsanwalt in der Zeit vom 30. Januar 1933 bis zum 8. Mai 1945 aus politischen, rassischen oder religiösen Gründen erlitten hat, bemisst sich nach dem allgemeinen bayerischen Beamtenrecht.

(2) Sofern ein Richter oder Staatsanwalt aus politischen, rassischen oder religiösen Gründen zeitweise außer Dienst gesetzt war, kann seine Dienstzeit nach Maßgabe des § 18 Abs. 2 verlängert werden.

*§ 54.* Die zur Durchführung dieses Gesetzes erforderlichen Rechts- und Verwaltungsvorschriften erlässt die Staatsregierung.

*§ 55.* Soweit dieses Gesetz und die Durchführungsvorschriften keine Regelung treffen, gilt für Richter und Staatsanwälte (§§ 46, 48) das allgemeine bayerische Beamtenrecht.

*§ 56.* (1) Dieses Gesetz tritt am … in Kraft.

(2) Zum gleichen Zeitpunkt treten diesem Gesetz entsprechende oder widersprechende Vorschriften außer Kraft.

## *Begründung*

### I. Allgemeines

1. Nach Art 98 Abs. 3 Satz 1 des Grundgesetzes für die Bundesrepublik Deutschland vom 23. Mai 1949 (BGBl. 1949 S. 1) ist die Rechtsstellung der Richter in den Ländern durch besondere Landesgesetze zu regeln. Der vorliegende Entwurf bringt diese Regelung.

Die seit langem nachdrücklich geforderte grundlegende Neugestaltung des deutschen Richtertums mit dem Endziel, die Stellung des deutschen Richters auch in ihrem Ansehen und in ihrer wirtschaftlichen Sicherung der hohen Stellung etwa des angelsächsischen Richters oder der früheren, sehr hervorgehobenen Stellung der Richter in den Hansestädten anzugleichen, ist derzeit nicht durchführbar. Sie hat insbesondere eine gleichzeitige tiefgreifende Umgestaltung des Verfahrensrechts und der Gerichtsverfassung zur Voraussetzung. Diese langwierige und schwierige Aufgabe kann ohne Schädigung der Rechtspflege als solcher nur in einer ruhigen, durch drängende Fragen täglicher Not nicht allzu sehr belasteten Zeit in Angriff genommen werden.

Ohne für die Zukunft auf eine solche grundlegende Neugestaltung zu verzichten, ist es aber bereits gegenwärtig zur Sicherung eines einwandfreien Arbeitens der Rechtspflege und zur Stärkung und Vertiefung des Rechtsstaatsgedankens unerlässlich und auch möglich, die Rechtsstellung der Richter innerhalb der durch die tatsächlichen Verhältnisse bestimmten Grenzen neu zu ordnen und zu festigen.

2. Wenngleich geboten ist, den Richter in mannigfacher Hinsicht aus dem allgemeinen Beamtenrecht zu lösen, um ihm eine sachdienliche, den Grundsätzen des Rechtsstaates

wahrhaft genügende Erfüllung seiner besonderen Aufgaben zu ermöglichen, so darf doch nicht verkannt werden, dass der Richter dem Wesen seiner Rechtsstellung nach Beamter ist, freilich ein Beamter besonderer Art und eigener Prägung. Hieraus folgt, dass die Gestaltungen des allgemeinen Beamtenrechts mit der Rechtsstellung des Richters insoweit nicht unvereinbar sind, als sie nicht deren besondere, vor allem durch die Grundsätze der sachlichen und persönlichen Unabhängigkeit gekennzeichnete und bestimmte Ausprägung berühren.

3. Von den unter Ziff. 1 und 2 dargelegten Erwägungen ausgehend bringt der Entwurf im Anschluss an die grundlegenden Vorschriften über die sachliche Unabhängigkeit des Richters (§§ 1, 2) und Festlegung der Voraussetzungen für die Befähigung zum Richteramt (§§ 3 mit 5) in einem zweiten Abschnitt eine abschließende Aufführung aller Fälle, in denen die Ernennung eines Richters nichtig oder vernichtbar ist (§ 8), ein Richter aus dem Dienstverhältnis ausscheiden muss (§ 11), seines Dienstes dauernd oder zeitweise enthoben (§§ 12, 16), entlassen (§§ 13, 14), in ein anderes Amt (§§ 22 Abs. 2, 23) oder in den Wartestand (§§ 22 Abs. 2, 3) versetzt werden kann, in den Ruhestand tritt (§ 18) oder versetzt werden kann (§§ 19, 20). Für die Einzelheiten der bei Gegebensein dieser Tatbestände platzgreifenden Regelung sowie für verschiedene sonstige für die Festlegung der Rechtsstellung des Richters vom Grundsätzlichen her weniger bedeutsame Einzelfragen konnte zum Teil das allgemeine bayerische Beamtenrecht für (unmittelbar oder entsprechend) anwendbar erklärt werden.

Soweit im Entwurf vorgesehene Bestimmungen sich dem Inhalt nach bereits anderweitig, insbesondere in dem Bundesgrundgesetz, in der Bayer. Verfassung und dem Strafgerichtsverfassungsgesetz (1946) finden, ist die damit herbeigeführte Schaffung einer doppelten Rechtsgrundlage weder neu noch nach irgendeiner Richtung bedenklich.

## II. Im Einzelnen

*Zu § 1.* Durch die Fassung des Abs. 1 soll der Begriff der richterlichen Gewalt als solcher im Sinne der Gewaltenteilung in gesetzgebende, vollziehende und richterliche Gewalt (vgl. z.B. auch Art. 5 der Bayer. Verfassung) herausgestellt und auf die soziologische und staatsrechtliche Grundlage ihrer Ausübung („im Namen des Volkes") hingewiesen werden. Weiter wird durch die vorgeschlagene Fassung zum Ausdruck gebracht, dass die sachliche Unabhängigkeit des Richters nur hinsichtlich der ihm übertragenen richterlichen Gewalt, also insbesondere nicht etwa auch bezüglich der Geschäfte der Justizverwaltung (§ 4 EGGVG) besteht.

Abs. 2 stellt in Übereinstimmung mit der bisherigen Rechtslehre und Rechtsprechung zu § 1 GVG ausdrücklich klar, dass unter „Gesetz" im Sinne des Abs. 1 jede Rechtsnorm einschließlich insbes. auch des Gewohnheitsrechts und des internationalen Rechtes zu verstehen ist.

Abs. 3 klärt die im Zusammenhang mit dem Grundsatz der Bindung des Richters an das Gesetz für die Rechtsstellung des Richters bedeutsame Frage des richterlichen Prüfungsrechts bezüglich der Verfassungsmäßigkeit von Gesetzen und Verordnungen.

*Zu § 2.* Die Unterwerfung des Richters nur unter das Gesetz schließt die Erteilung von Weisungen für die Ausübung der richterlichen Entscheidungstätigkeit notwendig aus und führt weiter zu gewissen grundsätzlichen Beschränkungen bei Ausübung des allgemeinen Dienstaufsichtsrechts gegenüber Richtern. Diese für das geltende Recht von jeher unbestrittenen wichtigsten Folgerungen aus dem Grundsatz der sachlichen richterlichen Unabhängigkeit sollen in Abs. 1 und Abs. 2 Satz 1 nunmehr auch gesetzlich festgelegt werden.

Das nach Abs. 2 Satz 2 und 3 vorgesehene Verfahren will die für rechtsstaatliches Denken unerlässliche Gewähr für die Beachtung der Vorschrift des Abs. 2 Satz 1 schaffen. Die Übertragung der Entscheidung auf das Bayer. Oberste Landesgericht als höchstes Gericht liegt in der Natur der Sache; es wird auch dadurch die Gewinnung einheitlicher Rechtsgrundsätze gewährleistet.

Abs. 3 sieht für das Gebiet der Verwaltungsgerichtsbarkeit eine entsprechende Regelung vor.

*Zu §§ 3 mit 5.* 1. Ein nur dreijähriges Universitätsstudium erscheint nicht ausreichend. Unerlässlich zur Erzielung einer ausreichenden juristischen Ausbildung, die auch das Staatsrecht und Verwaltungsrecht in ausgedehnterem Umfange als gegenwärtig zum Gegenstand haben sollte, ist ein vierjähriges Universitätsstudium.

2. Wie auch schon früher in Bayern sollte auch in Zukunft wieder eine den Erfordernissen des öffentlichen Dienstes hinreichend Rechnung tragende Ausbildung des Juristen auf dem Gebiet der Verwaltung erfolgen. § 3 Abs. 3 Satz 3 sieht daher vor, dass 1 Jahr des Vorbereitungsdienstes bei den Verwaltungsbehörden abzuleisten ist. Die in § 3 Abs. 3 Satz 4 weiter vorgesehene Möglichkeit, einen Teil des auf den Dienst bei Verwaltungsbehörden entfallenden Abschnittes des Vorbereitungsdienstes bei Körperschaften und Anstalten des öffentlichen Rechts sowie bei Unternehmungen oder Einrichtungen der Wirtschaft abzuleisten, trägt verschiedentlich diesbezüglich mit beachtlicher Begründung geäußerten Wünschen und Anregungen Rechnung. Zur Sicherung der Ausbildungserfordernisse erscheint es jedoch geboten, die Ableistung von Vorbereitungsdienstzeiten nur bei solchen Körperschaften, Anstalten und Unternehmungen zuzulassen, die hierfür als geeignet erklärt worden sind. Diese Erklärung kann durch das Bayer. Staatsministerium der Justiz allgemein oder für den Einzelfall erfolgen. Die Rechtsgrundlage hierfür bietet § 3 Abs. 4.

3. Angesichts der derzeit in der deutschen Ostzone bestehenden politischen Verhältnisse können dort abgelegte Studienzeiten, Prüfungen und Vorbereitungsdienstzeiten nicht als zur Erfüllung der gerade an die Ausbildung eines Richters (oder Staatsanwalts) zu stellenden unabweislichen Erfordernisse geeignet erachtet werden. Dementsprechend

ist vorgesehen, dass Studium, Vorbereitungsdienst und Prüfungen im Gebiet der Bundesrepublik Deutschland abgelegt bzw. geleistet werden müssen. Die erforderliche Übergangsbestimmung für bis zum 8. Mai 1945 zurückgelegte Studienzeiten, Vorbereitungsdienstzeiten und abgelegte Prüfungen trifft § 51 Abs. 2.

4. Im Übrigen entsprechen §§ 3 mit 5 sachlich dem geltenden Recht.

*Zu § 6.* 1. Zu Abs. 1. Gegen die Verwendung nicht lebenslänglich angestellter Richter als sog. Hilfsrichter bestehen aus staats- und rechtspolitischen Erwägungen schwerste Bedenken. Als Richter darf nur verwendet werden, wer die Gewähr sowohl für volle Fähigkeit wie für volle Unabhängigkeit bietet. Fällt ein nicht auf Lebenszeit angestellter sog. Hilfsrichter eine Entscheidung, so kann der Verdacht entstehen, er habe darauf Rücksicht genommen, wie seine Vorgesetzten den Fall entschieden wissen wollten. Es ist für die Rechtspflege abträglich, wenn Personen als *Richter* tätig sind, die nach Meinung der Justizverwaltung ihre Eignung für das Amt erst während einer Probezeit dartun müssen. Die Justizverwaltung nimmt es damit in Kauf, dass der Betreffende möglicherweise unbrauchbar ist und wieder entfernt werden muss. Dies erscheint nicht angängig. Hilfsrichter hat es auch früher in Bayern nicht gegeben. Die auch schon im Hinblick auf Art. 87 Abs. 2 der Bayer. Verfassung unerfreuliche Einrichtung des Hilfsrichters sollte baldmöglichst beseitigt werden. – Dementsprechend bestimmt Abs. 1, dass die Richter auf Lebenszeit ernannt werden. – Die angesichts der derzeitigen weitgehenden Verwendung von Hilfsrichtern erforderlichen Übergangsbestimmung trifft § 50 Abs. 3 mit 5. § 50 Abs. 1 legt den Begriff des Hilfsrichters fest.

2. Abs. 2 entspricht mit der für Richter gebotenen Abweichung sachlich dem geltenden Beamtenrecht (Art. 9 Satz 2 des BBG vom 28. Oktober 1946 [GVBl. S. 349 ff. = BBG]).

3. Nach allgemeinem Haushaltsrecht ist eine Berufung zum Beamten auf Lebenszeit grundsätzlich nur zulässig, wenn der Ernannte in eine Planstelle, die besetzt werden kann, eingewiesen wird (für das frühere Recht vgl. die ausdrückliche Vorschrift des § 28 Abs. 2 Ziff. 3 DBG). Die Rechtsgültigkeit des öffentlich-rechtlichen Formalaktes der Ernennung selbst wird als solche durch die Einweisung oder Einweisbarkeit des Ernannten in eine Planstelle zwar nicht berührt. Gerade für Richter erscheint jedoch die Schaffung der in § 6 Abs. 3 vorgesehenen (sachlich dem früheren § 28 Abs. 2 Ziff. 3 DBG entsprechenden) Bestimmung angezeigt.

4. Abs. 4 entspricht dem geltenden Recht (Art. 50 Abs. 2 BBG).

*Zu §§ 7 mit 10.* Diese Bestimmungen entsprechen sachlich im Wesentlichen dem bisherigen Recht (Art. 5 Ziff. 1, 4, Art. 6 Ziff. 1 mit 4, Art. 51, 52 Abs. 1, Ziff. 1, 2, Abs. 2, Art. 53, 54 BBG) und sind in der Fassung weitgehend den im Entwurf zum Gesetz über den öffentlichen Dienst in Bayern vorgesehenen diesbezüglichen Regelungen (§§ 18, 29, 30 Abs. 1 und 2, §§ 31, 32 des bezeichneten Entwurfes) angeglichen.

In Wahrung des Grundsatzes der persönlichen Unabhängigkeit des Richters ist die Zuständigkeit zur Untersagung der weiteren Führung der Amtsgeschäfte (§ 9 Abs. 1) sowie die Entscheidung über die Nichtigkeitserklärung (§ 8 Abs. 2 und 3) und über die Belassung der geleisteten Zahlungen an Gehalt und Versorgung (§ 10 Abs. 2) dem Bayer. Obersten Landesgericht bzw. dem Verwaltungsgerichtshof übertragen (§ 37). Zugleich wird damit die erforderliche Einheitlichkeit in der Handhabung der Kann-Bestimmungen des § 8 Abs. 3 und des § 10 Abs. 2 sichergestellt.

*§ 11* entspricht sachlich dem Art. 84 BBG. Der Fall des Ausscheidens aus dem Dienstverhältnis wegen Verurteilung zum Tode war im Hinblick auf Art. 102 des Bundesgrundgesetzes nicht mehr vorgesehen. Die Möglichkeit, den Richter bei Verurteilung zu Gefängnis von weniger als 1 Jahr im Wege des förmlichen Dienststrafverfahrens aus dem Dienste zu entfernen (§§ 12, 26, 32 Abs. 1, 39 Abs. 1), bleibt unberührt.

*§ 12* entspricht sachlich dem Art. 97 Abs. 2 Satz 1 des Bundesgrundgesetzes und dem Art. 87 Abs. 1 Satz 1 der Bayer. Verfassung. – Die nach § 22 Abs. 2, 3, §§ 41 mit 45 sich bemessende Möglichkeit der Versetzung von Richtern in den Wartestand widerspricht nicht dem vorbezeichneten verfassungsrechtlichen Bestimmungen, da sie die Eigenschaft als Richter unberührt lässt (§ 41 Abs. 1 Satz 1) und der Sache nach lediglich eine aus gesetzlich bestimmten Gründen und unter gesetzlich bestimmten Formen erfolgende zeitweise Entfernung aus dem Dienst darstellt.

*Zu § 13.* Die Regelung in Abs. 1 und 2 entspricht dem geltenden Recht (Art. 89 Abs. 1, 2 BBG). – Die in Abs. 3 vorgesehene Bestimmung will einmal der besonders gearteten, durch den Grundsatz der sachlichen und persönlichen Unabhängigkeit bestimmten Stellung des Richters im Rechtsstaat Rechnung tragen, zugleich aber auch der Sorge um die Wahrung des Rechtsstaatsgedankens dienen. Wenn nämlich ein Richter unter ausdrücklicher Berufung auf die in Abs. 3 aufgestellten Voraussetzungen die Entlassung verlangt und das Vorliegen dieser Voraussetzungen durch das Bayer. Oberste Landesgericht (bzw. durch den Verwaltungsgerichtshof) bejaht wird (Abs. 4 Satz 2; § 37), so wird darin regelmäßig ein besonders ernstes, auch nach außen hin nicht zu übersehendes Anzeichen für das Gegebensein von dem Rechtsstaatsgedanken abträglichen oder diesen gefährdenden oder doch zu gefährden geeigneten Umständen im Bereich der Rechtspflege zu erblicken sein. Sofern ein Richter aus Gewissensgründen, die durch den Dienst am Rechtsstaatsgedanken bestimmt sind, die Entlassung begehrt, erscheint es untragbar, von ihm eine weitere Fortführung seiner richterlichen Tätigkeit bis zu dem Zeitpunkt zu verlangen, mit dem die Entlassung wirksam wird (§ 15 Satz 2). Vielmehr soll der Richter in diesem Falle befugt sein, sich nach Maßgabe des Abs. 3 letzter Halbsatz jeder weiteren richterlichen Entscheidung zu enthalten. Die Einräumung der weitergehenden Befugnis, sich darüber hinaus auch der Wahrnehmung solcher Amtsgeschäfte zu enthalten, die sich nicht als richterliche Entscheidung darstellen, erscheint nicht veranlasst.

Die besondere Art des Entlassungsgrundes nach Abs. 3 rechtfertigt für diesen Fall die Gewährung einer Versorgung für den ausscheidenden Richter nach Abs. 4 Satz 1 und des Rechts zur Fortführung der Amtsbezeichnung (§ 54 Abs. 2 Satz 2). Bei einer Entlassung aus sonstigen Gründen wird entsprechend dem allgemeinen Beamtenrecht (Art. 90 Abs. 2, erster Halbsatz BBG, in Verbindung mit § 55 dieses Entwurfes) Versorgung nicht gewährt; die Fortführung der Amtsbezeichnung kann nach § 34 Abs. 2 Satz 1 gestattet werden.

*Zu § 14.* Dieser Entlassungsgrund entspricht dem allgemeinen Beamtenrecht (Art. 88 Abs. 1 Ziff. 1 BBG).

*§ 15* entspricht sachlich dem Art. 90 Abs. 1 BBG. Die Aufnahme einer Bestimmung über den Zeitpunkt des Wirksamwerdens der Entlassung (Satz 2) erschien angezeigt.

*§ 16* übernimmt die Regelung des § 108 Abs. 3 der Dienststrafordnung vom 29. April 1948 (GVBl. S. 67).

*§ 17* entspricht fast wörtlich dem Art. 91 BBG.

*Zu § 18.* 1. Zu Abs. 1: Die Frage der Altersgrenze ist für die Richterlaufbahn besonders umstritten. Dem Bestreben der Rechtspflege, die unerlässliche Mitwirkung besonders erfahrener älterer Richter in gleicher Weise wie die Gewinnung eines geeigneten Nachwuchses zu sichern, wird durch die auch verfassungsmäßig ausdrücklich für zulässig erklärte (Art. 87 Abs. 2 Satz 2 Bundesgrundgesetz; Art. 87 Abs. 1 Satz 1 der Bayer. Verfassung) Einführung einer Altersgrenze am besten gedient. Während jedoch für das geltende allgemeine Beamtenrecht die Altersgrenze auf das 65. Lebensjahr festgesetzt werden konnte (Art. 92 Abs. 1 Satz 1 BBG), gestatten die Belange der Rechtspflege eine gleiche Regelung nicht auch für die Richter. Vielmehr zwingen die Verhältnisse im Bereich der Rechtspflege dazu, von den Richtern grundsätzlich eine Dienstleistung bis zum vollendeten 68. Lebensjahr zu fordern. Die Qualität der Rechtsprechung ist weitgehend durch das Vorhandensein von Persönlichkeiten besonders reifer Lebenserfahrung bedingt. Diese besondere Lebenserfahrung hebt den Richter aus allen anderen Beamtenkategorien heraus. Sie kann auf die Dauer nur gewährleistet sein, wenn die Altersgrenze gegenüber den allgemeinen Beamtenkategorien heraufgesetzt wird.

2. Die Schaffung der nach Maßgabe des Abs. 2 vorgesehenen Möglichkeit, die Dienstzeit der Richter über das 68. Lebensjahr hinaus zu verlängern, ist zur Erfüllung der besonders gearteten Personalbedürfnisse der Justizverwaltung dringend geboten.

*Zu § 19.* Abgesehen von der in Abs. 2 vorgeschlagenen Übertragung der Entscheidung über Einwendungen des Richters (oder seines Pflegers) gegen die Versetzung in den Ruhestand auf das Bayer. Oberste Landesgericht bzw. auf den Verwaltungsgerichtshof entspricht § 19 dem geltenden Beamtenrecht (Art. 93, 94, 95 BBG). Die Übertragung der vorbezeichneten Entscheidung auf die genannten Stellen rechtfertigt sich aus dem Grundsatz der Wahrung der sachlichen und persönlichen Unabhängigkeit des Richters.

*Zu § 20.* Durch diese Bestimmung wird die alte bayerische Einrichtung des zeitlichen Ruhestandes entsprechend der in § 96 des Entwurfes zum Gesetz über den öffentlichen Dienst in Bayern vorgesehenen Regelung auch für Richter wieder eingeführt.
*§ 21* entspricht sachlich dem Art. 97 Abs. 1 und 2 BBG.

*Zu § 22.* 1. Eine Veränderung in der Einrichtung der Gerichte oder ihrer Bezirke soll nur durch Gesetz zulässig sein. Die Eröffnung auch des Verordnungsweges für eine derartige Regelung gibt in höherem Maße als die Regelung durch Gesetz der Möglichkeit Raum, durch Umstände des Einzelfalles bestimmt und auf diese abgestellt zu sein. Hieraus kann die Gefahr einer durch Missbrauch der Einrichtung sogenannten Organisationsänderung erfolgenden Verletzung des Grundsatzes der richterlichen Unabhängigkeit erwachsen.

2. Die im Abs. 2 vorgesehene Möglichkeit der Versetzung der durch eine Veränderung nach Abs. 1 unmittelbar betroffenen Richter entspricht dem geltenden Recht (§ 8 Abs. 3 StGVG 1946). Die weiter vorgesehene Möglichkeit der Versetzung in den Wartestand (hier Abs. 3 und §§ 41 mit 45) hält sich gleichfalls im Rahmen der nach geltendem Recht (hierzu auch Art. 97 Abs. 2 Satz 1 des Bundesgrundgesetzes) weiter zulässigen Maßnahme oder Entfernung aus dem Amt (vgl. oben zu § 12).

*Zu § 23.* Diese Bestimmung ist geboten, um bei Gegebensein der dort festgelegten Voraussetzungen unabweislichen Bedürfnisse der Rechtspflege hinreichend Rechnung tragen zu können. Sie umfasst insbesondere auch die Fälle, in denen infolge Eintritts enger verwandtschaftlicher oder sonstiger persönlicher Beziehungen (z.B. bei Eheschließung) zwischen Richter und Rechtsanwalt eine weitere Belastung des Richters auf der bisherigen Stelle mit den Bedürfnissen der Rechtspflege nicht mehr vereinbar erscheint. Eine Bestimmung ähnlicher Art stellte bereits Art. 65 des (bayer. Disziplinargesetzes für richterliche Beamte vom 20. März 1881 (GVBl. S. 183) dar.

Durch die Aufnahme der Wendung „ohne sein Verschulden" werden die Tatbestände des § 23 von Tatbeständen dienststrafrechtlicher Art ausdrücklich und eindeutig abgehoben.

Dem Erfordernis der Wahrung der sachlichen und persönlichen Unabhängigkeit des Richters gerade bei Anwendung des § 23 und der Einheitlichkeit der Handhabung dieser Vorschrift ist durch die Übertragung der Entscheidung über die Versetzung auf das Bayer. Oberste Landesgericht bzw. den Verwaltungsgerichtshof (§ 37) genügt.

*Zu § 24.* Auf die nach geltendem Recht zulässige (§ 8 a Strafgerichtsverfassungsgesetz 1946) und weitgehend geübte Möglichkeit der sogenannten Abordnung von Richtern kann zwar auch für die Folge nicht verzichtet werden, als Folgerung aus dem Grundsatz der sachlichen und persönlichen richterlichen Unabhängigkeit waren jedoch die Voraussetzungen der Zulässigkeit der Abordnung eines Richters dahin einzuschränken, dass diese nur auf Stellen des richterlichen Dienstes und nur mit Einverständnis des Richters erfolgen kann (Abs. 1). Weiter war in Abs. 2 für das Bayer. Oberste Landesgericht und die Oberlandesgerichte wegen der diesen Gerichten obliegenden besonders bedeutsamen Aufgaben aus grundsätzlichen Erwägungen rechtsstaatlicher Art eine entsprechende Beschränkung in der Zahl der bei ihnen nur aufgrund vorübergehender Abordnung verwendbaren Richter vorzusehen.

*Zu § 25.* Die Bezeichnung der obersten Dienstbehörde für Richter (Abs. 1), die Festlegung ihrer Eigenschaft als Ernennungs- und Entlassungsbehörde (Abs. 2) sowie als Pensionsregelungsbehörde (Abs. 3), die Umschreibung des Begriffs „Dienstvorgesetzter“ und die Aufführung der als Dienstvorgesetzte für Richter in Betracht kommenden Stellen (Abs. 3) im Gesetz ist geboten. In der Sache gibt § 25 den geltenden Rechtszustand wieder.

*Zu § 26.* 1. Abs. 1 entspricht der allgemeinen Umschreibung der Amtspflichten, die in Beamtengesetze aufgenommen zu werden pflegt (vgl. § 10 RBG v. 18.5.1907; § 3 Abs. 3 DBG, Art. 16 Abs. 1 BBG (1946), § 38 Abs. 1 Satz 2 und Abs. 3 des Entwurfs zum Gesetz über den öffentlichen Dienst in Bayern). Die Fassung betont neben der ausschließlichen Bindung an das Gesetz (vgl. § 1) auch die Pflicht zur Objektivität und ist damit den Besonderheiten des Richteramtes angepasst.

2. Schon in der Formulierung, dass die „richterliche Gewalt im Namen des Volkes ausgeübt“ wird (§ 1 Abs. 1), kommt die Einfügung des Richters in eine bestimmte staatsrechtliche und politische Ordnung zum Ausdruck. Hieraus ergeben sich für den Richter bestimmte Pflichten, die § 26 Abs. 1 in wörtlicher Übereinstimmung mit dem geltenden Recht (Art. 96 Satz 2 der Bayer. Verfassung) zum Ausdruck bringt (über die Folgen einer Verletzung dieser Pflicht vgl. die Begründung zu § 38 Abs. 2).

*Zu § 27.* Der Diensteid des Richters erfordert eine knappere Fassung als die Eidesformel nach Art. V Ziff. 8 des Militärregierungsgesetzes Nr. 2. In § 27 Abs. 1 treten an Stelle der Gehorsamspflicht des allgemeinen Beamteneides (Art. 16 Abs. 2) die gerechte Anwendung des Gesetzes und die Wahrung der Gleichheit vor dem Gesetz.

Abs. 2 und 3 tragen religiösen und weltanschaulichen Bedenken gegen die Eidesformel des Abs. 1 Rechnung und entsprechen dem geltenden Beamtenrecht (Art. 16 Abs. 4 und 5 BBG).

*Zu § 28.* 1. Abs. 1 begründet in Anlehnung an § 43 Abs. 1 des Entwurfs zum Gesetz über den öffentlichen Dienst in Bayern die Verschwiegenheitspflicht. Die Regelung des genannten Entwurfs verdienst gerade für den Richter den Vorzug vor dem geltenden Recht (Art. 20 Abs. 1 BBG), das von der Befugnis des Beamten zur Auskunftserteilung als Regelfall ausgeht und eine Pflicht zur Verschwiegenheit nur als Ausnahme kennt. Dem Richter kann nur dann Vertrauen entgegengebracht werden, wenn für ihn der Grundsatz der Verschwiegenheit gilt und Ausnahmen von dieser Pflicht auf das geringstmögliche Maß beschränkt wird.

2. Abs. 2 entspricht fast wörtlich dem § 43 Abs. 3 des Entwurfs zum Gesetz über den öffentlichen Dienst in Bayern, durch den Art. 20 Abs. 3 BBG eine verbesserte Formel erhalten soll.

3. Das Beratungsgeheimnis wird in Abs. 3 gegen jede Verletzung gesichert. Nur bei dieser Voraussetzung ist zu erwarten, dass die sachliche Unabhängigkeit der Kollegialgerichte gewährleistet ist. Der Schutz des Beratungsgeheimnisses ist besonders wichtig in einer Zeit des Überganges, für die ein Mangel allgemein anerkannter Werte und damit tiefgreifende Gegensätze und harte Machtkämpfe kennzeichnend sind. Die Richter der Kollegialgerichte sind in einer solchen Zeit ihrer gesteigerten Verantwortung nur dann gewachsen, wenn sie die Gewissheit haben, dass der Verlauf der Beratung nicht zum Gegenstand politischer Auseinandersetzungen und zum Anlass persönlicher Angriffe werden kann. Gegenüber diesen Erwägungen muss jeder andere Gesichtspunkt zurücktreten; dies gilt auch für das Interesse an der Ermittlung der Wahrheit im Rahmen eines Straf- oder Disziplinarverfahrens.

*Zu § 29.* Die Verweisung auf Art. 37 BBG lässt die Beschränkung der richterlichen Haftung nach § 839 Abs. 2 BGB unberührt.

*Zu § 30.* 1. Abs. 1 entspricht dem § 47 Abs. 1 des Entwurfs zum Gesetz über den öffentlichen Dienst in Bayern, legt jedoch die Entscheidung nicht in die Hände des Behördenleiters, sondern des Dienstvorgesetzten. Diese Regelung folgt auch der Sonderstellung des Richters, der – im Gegensatz zu den anderen Beamten – keine Vorgesetzten hat, sondern nur Dienstvorgesetzte. Wegen dieser Sonderstellung kommt auch eine Mitwirkung der Betriebsvertretung im Sinne des vorerwähnten Entwurfs oder die Entscheidung durch einen Beschwerdeausschuss, wie sie das geltende Recht kennt (Art. 24 Abs. 2 BBG), nicht in Betracht.

2. Abs. 2 regelt das Beschwerdeverfahren für die Richter der ordentlichen Gerichtsbarkeit abweichend von den Bestimmungen in Art. 24 Abs. 3 BBG und § 47 Abs. 2 des Entwurfs zum Gesetz über den öffentlichen Dienst in Bayern, die allen Beamten den Verwaltungsrechtsweg eröffnen. Schon nach geltendem Recht erscheint diese Regelung im Bereich der Personalangelegenheiten der ordentlichen Gerichtsbarkeit als Fremdkörper; erst recht würde sie nicht in das System eines Richtergesetzes passen, das dem Richter der ordentlichen Gerichtsbarkeit in allen anderen Fällen Rechtsschutz durch das Bayer. Oberste Landesgericht und justizeigene Dienststrafgerichte gewährt. Es ist deshalb notwendig, auch die Entscheidung über die Beschwerde den ordentlichen Gerichten zu übertragen und des Verwaltungsrechtsweg auszuschließen (Abs. 2 Satz 4).

Die Zuständigkeit wird in Abs. 2 Satz 2 derart aufgeteilt, dass über die Mehrzahl der Fälle ein Senat des Oberlandesgerichts, im Übrigen das Bayer. Oberste Landesgericht entscheidet. - Für die Beschwerde ist allein das Verfahren der freiwilligen Gerichtsbarkeit mit dem Grundsatz der materiellen Wahrheit geeignet (Abs. 2 Satz 3).

3. Die Verweisung der Richter der Verwaltungsgerichtsbarkeit auf den Verwaltungsrechtsweg (Abs. 3) entspricht der Regelung des Abs. 2 für die Richter der ordentlichen Gerichtsbarkeit.

4. Abs. 4 sichert die ausschließliche Zuständigkeit des Bayer. Obersten Landesgerichts und des Verwaltungsgerichtshofs, über die Einhaltung der Grenze zwischen richterlicher Unabhängigkeit und Dienstaufsicht zu wachen.

*Zu § 31.* Abs. 1 gibt dem Streben nach wirtschaftlicher Sicherung des Richterstandes Ausdruck. Den Anschluss an das geltende Recht gewährleistet Abs. 2.
*§ 32* gibt die Möglichkeit, wirtschaftliche Härten zu mildern, wenn ein Richter im Wege des Straf- oder Dienststrafverfahrens sein Amt und damit seine Bezüge verliert. Diese Möglichkeit entspricht dem geltenden allgemeinen Beamtenrecht (vgl. insbesondere § 65 der Dienststrafordnung v. 29.4.1948 [GVBl. S. 67]).
*§ 33* schafft eine Ausnahme von Art. 35 BBG, um die richterliche Unabhängigkeit zu schützen. Die Versagung des Aufsteigens im Gehalt ist Folge eines schuldhaften Verhaltens und ist insofern in enger innerer Beziehung zum Dienststrafrecht. Eine Verwarnung nach Art. 30 Abs. 3 BBG unterwirft den Richter in untragbarer Weise der Verwaltung; auch die Anrufung der Verwaltungsgerichte nach Art. 35 Abs. 2 BBG genügt nicht den Erfordernissen des Richteramts und ist zudem für den Richter der ordentlichen Gerichtsbarkeit rechtswidrig (vgl. Begründung zu § 30 Abs. 2). Nur die Verweisung der ganzen Frage in das Dienststrafrecht (§ 39 Abs. 1) entspricht der Sachlage.

*Zu § 34.* 1. Die Bedeutung der Amtstracht und der Amtsbezeichnung für das Ansehen des Richterstandes erfordert eine gesetzliche Regelung dieser Materie. Abs. 1 Satz 2 enthält die notwendige Übergangsregelung.

2. Die Fortführung der Amtsbezeichnung nach Beendigung des Dienstverhältnisses kann dem allgemeinen Beamtenrecht angepasst werden (Art. 55 Abs. 2 und 3 BBG). Lediglich die des nach § 13 auf Verlangen entlassenen Richters bedarf besonderer Regelung: es erscheint angemessen, einem solchen Richter, dessen Gewissensgründe nach § 13 Abs. 2 und 4 von einem hohen Gericht anerkannt worden sind, das Recht auf Weiterführen der Amtsbezeichnung zu gewähren (Abs. 2).
*§ 35* bringt eine Ausnahme von Art. 31 BBG, die dem in ständiger Übung entwickelten bisherigen Zustand und der besonderen Eigenart der richterlichen Tätigkeit Rechnung trägt. Bereits § 13 der Verordnung über die Arbeitszeit der Beamten vom 13.5.1938

(RGBl. I S. 593) in der Fassung der Änderungsverordnung vom 9.9.1938 (RGBl. I S. 1166) sah die Möglichkeit vor, für Richter eine Sonderregelung zu treffen.

*Zu § 36.* Es handelt sich um einige Materien aus dem Kreis der richterlichen Pflichten und Rechte, für deren Regelung eine entsprechende Anwendung des allgemeinen Beamtenrechts ausreicht (vgl. Art. 30, 23, 72 Abs. 2, 25 mit 29, 32 mit 34 BBG, Art. 95 Abs. 5 der Bayer. Verfassung).

*§ 37* enthält die Zusammenstellung der Zuständigkeiten, die zum Schutze der richterlichen Unabhängigkeit und zur Wahrung der Rechtseinheit in die Hand des Bayer. Obersten Landesgerichts und – für die Richter der Verwaltungsgerichtsbarkeit – des Verwaltungsgerichtshofs gelegt werden (vgl. die Begründung zu den in § 37 aufgeführten Bestimmungen). Diese Gerichte stellen in den Fällen der §§ 23, 19 Abs. 2 und 45 Satz 2 lediglich fest, ob der Richter in ein anderes Amt oder in den Ruhestand zu versetzen ist; das weitere veranlasst die oberste Dienstbehörde.

*Zu § 38.* 1. Abs. 1 enthält die übliche Generalklausel für das materielle Dienststrafrecht und entspricht dem geltenden Recht (Art. 36 Abs. 1 BBG).

2. Die Erfüllung der in § 26 Abs. 2 niedergelegten politischen Treupflicht des Richters bedarf der Sanktion durch ein bestimmtes Verfahren. Es empfiehlt sich jedoch nicht, eine besondere verfassungsrechtliche Verantwortung des Richters nach Art. 98 Abs. 2 und 5 des Bonner Grundgesetzes zu schaffen, wie sie bereits in mehreren Landesverfassungen vorgesehen ist. Denn es besteht die Gefahr, dass auf diesem Wege parteipolitische Einflüsse in die Justiz hineinwirken und die richterliche Unabhängigkeit beeinträchtigen. Das Dienststrafverfahren in seiner überlieferten Form ist am besten geeignet, den richtigen Ausgleich zwischen den staatspolitischen Erfordernissen und den Belangen der Rechtspflege herbeizuführen. Es genügt deshalb, dass Verstöße gegen den Grundsatz des § 26 Abs. 2 dienststrafrechtlich geahndet werden.

§ 38 Abs. 2 wendet den Grundsatz des § 26 Abs. 2 auf das Dienststrafrecht an und formuliert einen besonders schwerwiegenden Tatbestand der politischen Amtspflichtverletzung. Die Fassung entspricht dem § 60 Abs. 2 Ziff. 1 des Entwurfs zum Gesetz über den öffentlichen Dienst in Bayern. – Der genannte Entwurf und das geltende Recht (Art. 36 BBG) begnügen sich bei Beamten im Dienst mit der Generalklausel und kennen eine dem § 38 Abs. 2 entsprechende Regelung nur für Beamte im Ruhestand. Da jedoch politische Amtspflichtverletzungen eines Richter besondere Bedeutung haben, erscheint es angebracht, auch für Richter im Dienst ausdrücklich zu betonen, dass die Förderung verfassungsfeindlicher Organisationen ein Dienstvergehen ist.

3. Abs. 3 sichert im Interesse der richterlichen Unabhängigkeit die Freiheit der Gesetzesauslegung, ohne die auch die Bindung an das Gesetz (§ 1 Abs. 1, § 26 Abs. 1) praktisch undurchführbar wäre.

4. Abs. 4 regelt die dienststrafrechtlichen Tatbestände, die auch für Richter im Ruhestand gelten. Die Bestimmung entspricht dem § 60 Abs. 2 des Entwurfs zum Gesetz über den öffentlichen Dienst in Bayern und verdient den Vorzug gegenüber der Fassung des geltenden Rechts (Art. 36 Abs. 2 BBG).

*Zu § 32.* 1. Abs. 1 enthält den Katalog der Dienststrafen für Richter im Dienst und bringt gegenüber der Zusammenstellung der Dienststrafen in § 4 Abs. 1 der bayer. Dienststrafordnung vom 29.4.1948 (GVBl. S. 67) einige Ergänzungen:

1. Die Versagung des Aufsteigens zur nächsten Gehaltsstufe entsprich dem früheren bayerischen Recht (Art. 7 Abs. 1 Ziff. 3 des Disziplinargesetzes für richterliche Beamte vom 26.3.1881 in der Fassung der Bekanntmachung vom 5.12.1908 [GVBl. S. 1007]). Die Höchstgrenze für die Versagung des Aufrückens beträgt jedoch nicht mehr 3 Jahre, sondern - entsprechend der Regelung in Art. 35 Abs. 1 BBG – nur noch 2 Jahre (vgl. Begründung zu § 35).
2. In der Dienststrafordnung (§ 4 Abs. 1) folgt die schwerste Dienststrafe (Entfernung aus dem Dienst) unmittelbar auf die Gehaltskürzung. Selbst wenn berücksichtigt wird, dass Strafversetzung und Gehaltskürzung (auf längstens 5 Jahre) nebeneinander verhängt werden können (§ 3 Abs. 2 DStO), ist der Übergang zur Entfernung aus dem Dienst so unvermittelt, dass ein Bedürfnis besteht, in die Reihe der Dienststrafen vor der schwersten Strafe noch andere Möglichkeiten einzuschalten. Dies geschieht
   a) durch Ausgestaltung der Strafversetzung zur „Versetzung in ein anderes richterliches Amt mit gleichem oder niedrigerem Rang oder Diensteinkommen“, so dass die Versetzung auch de jure den Charakter einer Degradierung annehmen kann, die sich wirtschaftlich auf die Dauer auswirkt;
   b) durch die Einführung der strafweisen „Versetzung in den Ruhestand mit vollem oder gekürzten Ruhegehalt“.

Durch diese Ergänzungen der Dienststrafen besteht die Möglichkeit, den Umständen jedes Einzelfalles gerecht zu werden, ohne bei schwereren Verfehlungen immer gleich zur Entfernung aus dem Dienst greifen zu müssen.

2. Abs. 2 ergänzt die Dienststrafen, die nach der geltenden Dienststrafordnung gegen Richter im Ruhestand verhängt werden dürfen, durch die Geldbuße und knüpft damit wieder an das frühere bayerische Recht an (vgl. § 10 Abs. 1 Satz 1 erster Halbsatz DStO gegenüber Art. 10 Abs. 2 des Disziplinargesetzes für richterliche Beamte vom 26.3.1881 in der Fassung der Bekanntmachung vom 5.12.1908 [GVBl. S. 1007]). Damit wird auch gegenüber dem Richter im Ruhestand eine größere Anpassungsfähigkeit des materiellen Dienststrafrechts erreicht.

3. Abs. 3 entspricht wörtlich dem § 4 Abs. 2 DStO.

*§ 40* fordert entsprechend der bewährten bayerischen Tradition ein besonderes Dienststrafgesetz für Richter (vgl. das wiederholt genannte Disziplinargesetz für richterliche

Beamte vom 26.3.1881) und verweist als Übergangsregelung auf eine geltende Dienststrafordnung. In das Richtergesetz gehört außer dieser Verweisung nur die grundlegenden Bestimmungen des materiellen Dienststrafrechts.

*Zu den §§ 41–45.* Richter können nur bei einer Organisationsänderung nach § 22 in den Wartestand versetzt werden.

*Zu § 41.* 1. Abs. 1 entspricht dem geltenden Recht (Art. 75 Abs. 1 Satz 1 und Satz 2 erster Halbsatz BBG).

2. Abs. 2 entspricht dem § 63 Abs. 1 und 2 des Entwurfs zum Gesetz über den öffentlichen Dienst in Bayern, dessen Fassung gegenüber dem geltenden Recht (Art. 74 Abs. 1 Satz 2 und Abs. 2 BBG) den Vorzug verdient.

3. Abs. 3 bringt eine Ausnahme von der Regelung des geltenden Rechts (Art. 75 Abs. 1 Satz 3 BBG). Da der Richter im Wartestand weiterhin sein volles Gehalt bezieht, besteht keine Veranlassung, für die Genehmigung einer Nebentätigkeit andere Voraussetzungen aufzustellen als bei einem Richter im Dienst.

*§ 42* dient dem Schutz der persönlichen Unabhängigkeit. Die Bestimmung enthält eine durch Einzelheiten wiederholte Ergänzung des in § 22 Abs. 2 aufgestellten Grundsates.

*§ 43* bringt einen Anwendungsfall des geltenden Beamtenrechts (Art. 75 BBG).

*§ 44* entspricht fast wörtlich dem geltenden Recht (Art. 78 BBG).

*Zu § 45.* 1. Satz 1 greift auf die Regelung des § 77 Abs. 1 DBG zurück, die aus Ersparnisgründen nicht in das Bayer. Beamtengesetz übernommen worden ist und gibt den in den Wartstand versetzten Richtern die Möglichkeit, ihr Dienstverhältnis durch Versetzung in den Ruhestand zu beenden. Das Provisorium des Wartestandes schwächt durch den Verlust der Amtsstelle und die Ungewissheit über Zeitpunkt und Art der neuen Verwendung die Stellung des Richters. Die Beendigung dieses Zustands muss deshalb möglichst erleichtert werden.

2. Satz 2 entspricht dem geltenden allgemeinen Beamtenrecht (Art. 96 Abs. 1 Ziff. 2 BBG).

*Zu § 46.* Es empfiehlt sich nicht, den persönlichen Geltungsbereich des Richtergesetzes über die Berufsrichter der ordentlichen und der Verwaltungsgerichtsbarkeit hinaus auszudehnen. Die Finanzgerichtsbarkeit wird durch Bundesgesetz einheitlich geregelt werden (Art. 108 Abs. 5 des Bundesgrundgesetzes). Für die Richter der Arbeits- und Sozialgerichtsbarkeit gelten zahlreiche Sonderbestimmungen, deren Berücksichtigung das Richtergesetz unübersichtlich machen würde. Die vorgeschlagene Regelung erfasst trotz ihrer Beschränkung die überwiegende Mehrzahl aller Berufsrichter.

*Zu § 47.* Eine Trennung der Laufbahn des Richters von der des Staatsanwalts in der Weise, dass im Allgemeinen kein Wechsel zwischen diesen beiden Dienstverhältnissen stattfindet, ist abzulehnen. Die abwechselnde Verwendung als Richter und Staatsanwalt unter jeweils neuer Ernennung entspricht einer alten Tradition der bayerischen Landesjustiz und hat sich sehr gut bewährt. Nach deutschem Strafprozessrecht bestehen zwischen Gericht und Staatsanwaltschaft zahlreiche wichtige Berührungspunkte. Es ist deshalb wünschenswert, einen möglichst großen Kreis von vielseitigen Juristen heranzubilden, die in verschiedenen Stellungen des richterlichen und des staatsanwaltschaftlichen Dienstes gründliche Erfahrungen gesammelt haben die Zusammenhänge überblicken und damit allen Aufgaben gewachsen sind.

In § 46 wird der Wechsel an eine jeweils neue Ernennung geknüpft. Dadurch wird die Verwendung eines Richters als Staatsanwalt und eines Staatsanwalts als Richter im Wege der Abordnung ausgeschlossen.

*Zu § 48.* 1. Der angestrebte Wechsel zwischen der Verwendung als Richter und Staatsanwalt (vgl. Begründung zu § 47) ist nur dann durchführbar, wenn die Rechtsstellung des Richters sich von der des Staatsanwalts nur insoweit unterscheidet, als dies durch die Sonderstellung des richterlichen Amtes geboten ist. Es wäre deshalb unzweckmäßig, durch ein besonderes Gesetz die Rechtsstellung des Richters unter weitgehender Herauslösung aus dem allgemeinen Beamtenrecht zu regeln, dagegen auf den Staatsanwalt weiterhin ausschließlich das allgemeine Beamtenrecht anzuwenden. Vielmehr muss gleichzeitig mit der Heraushebung des Richters aus dem großen Kreis der anderen Beamten auch die Stellung des Staatsanwalts in einer Weise neu geregelt werden, die den Besonderheiten dieses Amtes, insbesondere auch seiner engen Beziehung zum Richteramt Rechnung trägt. Eine Neuregelung, die nur den Richter, nicht aber auch den Staatsanwalt einbeziehen würde, müsste zu einer Abwanderung der tüchtigsten Kräfte der Staatsanwaltschaft und des Nachwuchses der Justiz zu den Gerichten führen. Dadurch würde nicht nur das Leistungsniveau der Staatsanwaltschaft erheblich sinken, sondern auch die Intensität der gesamten Verbrechensverfolgung leiden und letzten Endes mit der Strafjustiz die ganze Justiz Schaden nehmen.

Die meisten Bestimmungen des vorliegenden Entwurfs werden auch den Erfordernissen der staatsanwaltschaftlichen Stellung gerecht und können daher für entsprechend anwendbar erklärt werden. Eine Ausnahme bilden die allein auf den Richter zugeschnittenen Vorschriften über die sachliche Unabhängigkeit (§§ 1 und 2), einzelne Bestimmungen über die persönliche Unabhängigkeit (§§ 12, 22 und 23) sowie die Regelung des Wartestandes (§§ 41 mit 45). Für den Staatsanwalt bleibt es also bei der Weisungsgebundenheit (vgl. Art. 89 der Bayer. Verfassung) und der Versetzbarkeit nach Maßgabe des allgemeinen Beamtenrechts.

2. Die Absätze 2 mit 6 dienen der entsprechenden Anwendung von Bestimmungen des Richtergesetzes auf den Staatsanwalt den besonderen Organisationsformen der Staatsanwaltschaft ist Rechnung getragen:

Abs. 2 betrifft das Beschwerdeverfahren nach § 30 und 3; Abs. 3 enthält eine notwendige Ergänzung zu § 26; Abs. 4 und 5 ergänzen den § 25 Abs. 4; Abs. 6 definiert den Begriff des Vorgesetzten und betont damit zugleich die Weisungsgebundenheit des Staatsanwalts.

3. Abs. 7 enthält die notwendige Verweisung auf das allgemeine Beamtenrecht.

*Die §§ 49 und 50* bereiten der Einrichtung des Hilfsrichters und des beauftragten Staatsanwalt ein Ende und stellen damit den Zustand wieder her, der sich in der bayerischen Landesjustiz sehr bewährt hat (vgl. Begründung zu § 6). Zu diesem Zweck betrifft die Übergangsbestimmung des § 49 nur diejenigen Richter und Staatsanwälte, die bei Inkrafttreten des Richtergesetzes Planstellen auf Lebenszeit innehaben.

*Zu § 50.* 1. Abs. 1 und 2 enthalten die Definition des Hilfsrichters und des beauftragten Staatsanwalts.

2. Abs. 3, 4 und 5 bringen eine Übergangsregelung, die den besonderen Zeitumständen Rechnung trägt: Die Möglichkeit, Hilfsrichter und beauftragte Staatsanwälte zu ernennen, wird stark eingeschränkt und endet am 31.3.1951. Bis zum 31.3.1954 sind Hilfsrichter und beauftragte Staatsanwälte entweder zum Richter oder Staatsanwalt zu benennen oder zu entlassen.

*§ 51* bringt im Anschluss an das geltende Recht die erforderliche Übergangsbestimmung für die Anerkennung einer Vorbildung oder Befähigung zum Richteramt, die vor dem 8.5.1945 erlangt worden ist.

*Die §§ 52 und 53* enthalten im Anschluss an das geltende Recht Sonderbestimmungen zugunsten der Kriegsteilnehmer und der Personen, die aus politischen, rassischen oder religiösen Gründen Nachteil erlitten haben.

*Zu § 54* sind keine Bemerkungen erforderlich.

*Zu § 55.* Die Verweisung ist notwendig, um den Zusammenhang mit dem allgemeinen Beamtenrecht zu wahren.

*Zu § 56* sind keine Bemerkungen erforderlich.

## III. *Vorschläge von Rheinland-Pfalz zu einem Bundes-Richtergesetz (November 1949)*

### 1. Grundsätze

*a) Grundfragen.* Um den Richterstand nach Ansehen und Rechtsstellung zu heben, scheint es erforderlich, einige Grundsätze erstmalig abzugrenzen und zu formulieren. Es sind dies vor allem: Richterliche Unabhängigkeit und Dienstaufsicht, Dienstgeheimnis und Beratungsgeheimnis, politische Betätigung, Schutz vor öffentlicher Beeinflussung (contempt of court), Gewissensfreiheit.

Diese Grundsätze beanspruchen Geltung für die Berufsrichter aller Gebiete, einschließlich z.B. der Verwaltungsgerichte und der Finanzgerichte. Darüber hinaus gelten sie auch für die Laienrichter (Schöffen, Friedensrichter, Beisitzer der Verwaltungsgerichte usw.).

Es wird empfohlen, diese Grundregeln in einem allgemeinen programmatischen Teil des Richtergesetzes voranzustellen und erst in einem zweiten Teil die besonderen Verhältnisse der Berufsrichter (Ausbildung, Ernennung, Versorgung) zu regeln. Ein Entwurf für einen so aufgefassten allgemeinen Teil und einige Sondervorschriften für Berufsrichter sind als Anlage 1 angefügt, ebenso eine kurze Begründung dazu als Anlage 2.

*b) Hervorhebung der Richterpersönlichkeit.* Die hier vorgelegten Anregungen verfolgen durchgängig das Ziel, den Richter nicht als anonymen Amtsträger, sondern als Einzelpersönlichkeit hervortreten zu lassen. Dies sollte vor allem deutlich werden bei folgenden Vorschriften:

§ 2 Bindung an das Gewissen,
§ 16 und § 105 Niederlegung des Richteramtes aus Gewissensgründen,
§ 10 Abs. 3 Sondergutachten des überstimmten Richters,
§ 15 persönliche Kritik am Richter,
§ 13 eigener Antrag auf Richteranklage,
§ 10 Lockerung des Beratungsgeheimnisses.

Die ersten vier dieser Vorschläge stärken die Stellung des Richters, die letzten zwei grenzen seine Verantwortung ab.

Mit Einrichtung der Richteranklage zum mindesten für Bundesrichter hat das Grundgesetz den Richter in einem so entscheidenden Punkt in die persönliche und politische Verantwortung hineingezogen, dass als Gegengewicht dem Richter klar abgegrenzter Schutz und Deckungsmöglichkeiten gegeben werden müssen.

*c) Richterwahlausschüsse.* Art. 98 Abs. 4 des Grundgesetzes überlässt den Ländern die Entscheidung, ob die Richterwahl eingeführt werden soll. Diese Kompetenz schließt notwendig das Recht ein, gegebenenfalls auch über die Zusammensetzung der Richterwahlausschüsse zu bestimmen. Es scheint damit nicht zu vereinen, dass § 6 des Entwurfs die Zusammensetzung der Richterwahlausschüsse bestimmen will. Diese Frage muss dem Landesgesetzgeber überlassen bleiben.

Außerdem sieht § 6 des Entwurfs vor, dass der Justizminister zum Mitglied des Ausschusses bestimmt werden kann. Nach Art. 98 Abs. 4 soll nach Maßgabe eines etwaigen Landesgesetzes der Justizminister „gemeinsam mit einem Richterwahlausschuss“ über die Anstellung befinden. Landesjustizminister und Ausschuss müssen sich also gleichberechtigt gegenüberstehen, wie es beispielsweise das hessische Richterwahlgesetz vom 13.8.1948 anordnet, indem des dem Justizminister den Vorsitz und ein alleiniges Vorschlagsrecht einräumt.

*d) Entlastung des Entwurfs.* Um die grundsätzliche Bedeutung des Entwurfs und seinen Charakter als Rahmengesetz deutlich sichtbar zu machen, wird vorgeschlagen, ihn von Einzelheiten vor allem des Versorgungsrechts und des Dienststrafverfahrens zu entlasten.

Es tut der grundsätzlichen Unterscheidung zwischen Richter und Beamten keinen Abbruch, wenn für das Versorgungsrecht in Einzelheiten auf das allgemeine Beamtenrecht verwiesen wird. Demgemäß sollten die §§ 66 bis 93 des Entwurfs durch Verweisung auf das Landesbeamtenrecht ersetzt werden.

Das materielle Dienststrafrecht findet seinen Platz im Richtergesetz. Das Dienstverfahrensrecht sollte nur mit einigen Grundsätzen hier festgelegt werden. Für Einzelheiten kann auf das allgemeine Verfahrensrecht in Dienststrafsachen verwiesen werden, so dass die §§ 44 bis 60 des Entwurfs entbehrlich werden.

## 2. Richtergesetz. Teilentwurf für ein Bundesgesetz gemäß Art. 98 Abs. 1 und Abs. 3 GG (21.11.1949)

### *I. Teil. Richteramt*

*§ 1. Aufgabe des Richters.* (1) Richter ist, wer von Behörden des Bundes oder eines Landes unter Berufung in das Richteramt zur Rechtsprechung bestellt wird.

(2) Der I. Teil dieses Gesetzes gilt auch für Laien, die im Ehrenamt an der Rechtsprechung mitwirken.

*1. Abschnitt. Unabhängigkeit des Richters*

*§ 2. Grundsatz der Unabhängigkeit.* (1) Der Richter ist unabhängig. Er ist allein dem Gesetz und seinem Gewissen unterworfen.

(2) Gerät ein Richter in einen Widerstreit zwischen Gesetz und Gewissen, so ist er verpflichtet, von der ihm übertragenen richterlichen Aufgabe zurückzutreten.

*§ 3. Freiheit von Weisungen.* Dem Richter dürfen für seine Entscheidungen Weisungen weder allgemein noch im Einzelfall erteilt werden.

*§ 4. Dienstaufsicht.* (1) Der Richter unterliegt der Dienstaufsicht in Hinsicht auf den Geschäftsgang und die Gerichtsverwaltung. Die sachliche Vorbereitung einer Entscheidung und die Urteilsfindung unterliegen nicht der Dienstaufsicht.

(2) Behauptet ein Richter, dass durch eine Maßnahme der Dienstaufsicht seine Unabhängigkeit beeinträchtigt werde, so entscheidet über die Zulässigkeit dieser Maßnahme das Dienstgericht. Der Vollzug der Maßnahme wird durch die Anrufung des Dienstgerichts aufgeschoben, wenn dieses nichts anderes bestimmt.

*§ 5. Dienstbeschwerde.* (1) Ein Richter kann gegen Maßnahmen innerdienstlicher Art Gegenvorstellungen erheben. Diese haben keine aufschiebende Wirkung. Die höchste Dienstaufsichtsbehörde entscheidet endgültig.

(2) Gegen dienstliche Maßnahmen anderer Art steht dem Richter der Beschwerdeweg an das Dienstgericht offen.

*§ 6. Personalnachweise.* (1) Dienstliche Urteile über Personen, Kenntnisse und Leistungen eines Richters werden durch das Präsidium abgegeben. Gehört der Richter selber dem

Präsidium an, so beurteilt ihn das Präsidium des übergeordneten Gerichts des gleichen Landes. Besteht kein übergeordnetes Gericht im gleichen Lande, so werden dienstliche Beurteilungen über Mitglieder des Präsidiums nicht abgegeben. Entsprechendes gilt für Bundesrichter.

(2) Der Richter hat das Recht, seine Personalnachweise einzusehen.

(3) Ein Richter muss über Beschwerden und tatsächliche Angaben, die ihm nachteilig werden können, gehört werden.

*2. Abschnitt. Pflichten des Richters*

*§ 7. Unparteilichkeit.* (1) Der Richter hat ohne Ansehen der Person nur nach Recht und Gewissen zu entscheiden. Er hat die Gleichheit aller vor dem Gesetz zu wahren.

(2) Ein Richter kann nicht Mitglied einer Volksvertretung sein. Er darf einer politischen Partei nicht angehören. Er darf keine Partei durch politische Tätigkeit und keine politische Ansicht in der Öffentlichkeit unterstützen.

(3) Die Mitgliedschaft eines Laienrichters in einer politischen Partei ruht während der Dauer des Ehrenamtes.

(4) Mit Eintritt in den Ruhestand enden die Beschränkungen des Abs. 2

*§ 8. Richtereid.* (1) Der Richter hat vor Antritt seines Amtes den folgenden Eid zu leisten:

Ich schwöre, dass ich die Gesetze gerecht gegen jedermann anwenden werde ohne Ansehen der Person und des Standes ohne Rücksicht auf Religion, Rasse oder politische Überzeugung. So wahr mir Gott helfe.

(2) Der Eid kann auch ohne religiöse Beteuerungsformel geleistet werden.

(3) Gestattet ein Gesetz den Mitgliedern einer Religionsgemeinschaft anstelle des Eides andere Beteuerungsformeln zu verwenden, so kann ein Richter, der Mitglied einer solchen Religionsgemeinschaft ist, diese Beteuerungsformel gebrauchen.

*§ 9. Dienstgeheimnis.* (1) Ein Richter hat auch nach Beendigung seines Dienstverhältnisses über die ihm bei seiner amtlichen Tätigkeit bekannt gewordenen Angelegenheiten, die aufgrund eines Gesetzes, einer dienstlichen Anordnung oder nach ihrer Natur geheimzuhalten sind, Verschwiegenheit gegen jedermann zu bewahren. Vorgänge in öffentlicher Verhandlung unterliegen nicht dem Dienstgeheimnis.

(2) Die Dienstaufsichtsbehörde kann genehmigen, dass der Richter über Gegenstände des Dienstgeheimnisses aussagt oder Erklärungen abgibt. Die Genehmigung soll nur versagt werden, wenn das öffentliche Wohl oder ein berechtigtes Interesse eines Beteiligten der Aussage entgegensteht.

(3) Für Vorgänge innerhalb der richterlichen Urteilsberatung kann eine Genehmigung zur Aussage nicht erteilt werden (Beratungsgeheimnis).

*§ 10. Beratungsgeheimnis.* (1) Das Bundesverfassungsgericht, ein Dienstgericht oder ein ordentliches Gericht, vor dem ein Richter sich strafrechtlich zu verantworten hat, kann beschließen, dass der Richter von der Wahrung des Beratungsgeheimnisses befreit wird.

(2) Wird ein Richter überstimmt, oder wird der Entscheidung eine Begründung gegeben, die von der Meinung des Richters abweicht, so ist er berechtigt, seine persönliche Auffassung in einem Sondergutachten niederzulegen. Das Sondergutachten ist spätestens am 7. Tage nach der Beratung zu den Akten zu geben. Es ist den mitwirkenden Richtern zur Kenntnisnahme vorzulegen.

(3) In der Urteilsbegründung ist nur die von der Mehrheit der Richter beschlossene Auffassung niederzulegen.

*§ 11. Besondere Pflichten des Richters.* (1) Ein Richter ist zu gewissenhafter Erfüllung der besonderen Aufgaben seines Amtes verpflichtet.

(2) Ein Richter hat sich auch in der persönlichen Lebensführung der Achtung, die sein Amt erfordert, würdig zu zeigen.

*3. Abschnitt. Sicherung der Unabhängigkeit der Rechtspflege*

*§ 12. Kritik am Gerichtsverfahren.* (1) In Presse, Rundfunk und sonst in der Öffentlichkeit dürfen von gerichtlichen Verfahren nur Darstellungen gegeben werden, die so vollständig und genau sind, dass ein zutreffender Eindruck entsteht.

(2) Öffentliche Äußerungen über ein schwebendes gerichtliches Verfahren dürfen nicht zu Gunsten oder zu Ungunsten einer am Verfahren beteiligten Person oder einer dort vertretenen Auffassung Stellung nehmen. Die Tätigkeit eines Richters darf nicht in einer Weise erörtert werden, die bestimmt oder geeignet ist, die Rechtsprechung zu erschweren, das Ansehen des Gerichts herabzusetzen oder es zu Gunsten oder zu Ungunsten einer Partei zu beeinflussen.

(3) Die öffentliche Erörterung unterliegt den Beschränkungen des Abs. 2 vom Beginn eines gerichtlichen Verfahrens oder einer gerichtlichen Untersuchung bis zum rechtskräftigen Abschluss des letzten Rechtszuges.

*§ 13. Kritik am Richter.* (1) Wird nach Rechtskraft des Urteils die Person, die Auffassung oder die Tätigkeit des Richters in der Öffentlichkeit getadelt, so ist der Richter berechtigt, ein Dienstverfahren gegen sich selbst zu beantragen. Führt das Dienstverfahren nicht zu einer sachlichen Entscheidung, so kann der Richter, soweit vorgesehen, eine Richteranklage nach Art. 98 Abs. 5 des Grundgesetzes gegen sich selbst beantragen.

(2) Liegt eine abschließende Entscheidung im Dienstverfahren oder auf die Richteranklage vor, so sind alle Gerichte an die darin festgestellten Tatsachen und die darin ausgesprochene Bewertung der Richtertätigkeit gebunden. Davon abweichende tadelnde Äußerungen gelten nicht als Wahrnehmung berechtigter Interessen.

*§ 14. Wissenschaftliche Kritik.* Wissenschaftliche Auseinandersetzungen mit dem rechtlichen Gehalt richterlicher Entscheidungen oder anderer Gerichtsvorgänge in Fachzeitschriften und in wissenschaftlichen Veröffentlichungen sind von jeder Beschränkung frei.

*§ 15. Strafvorschrift.* (1) Wer gegen die Vorschriften des § 12 verstößt, wird mit Gefängnis zu zwei Jahren und mit Geldstrafe bis zu 10.000 DM oder mit einer dieser Strafen belegt.

(2) Ebenso wird bestraft, wer gegen die Person eines Richters die gleichen oder ähnlichen Vorwürfe erhebt, wie sie in einem Diensturteil oder Richteranklageverfahren nach § 13 für denselben Einzelfall als unbegründet festgestellt wird.

(3) Der Urheber dieser Äußerung ist ebenso zu bestrafen wie derjenige, welcher die Veröffentlichung der Äußerung veranlasst oder zugelassen hat.

*4. Abschnitt. Niederlegung des Richteramtes*

*§ 16. Entlassung auf Verlangen.* (1) Dem schriftlichen Verlangen eines Richters auf Entlassung muss jederzeit entsprochen werden. Mit der Entlassung verliert der Richter seine Ansprüche auf Versorgung.

(2) Laienrichter können ihre Entlassung vor der ersten Sitzung nur aus denselben Gründen verlangen, aus denen das Gesetz ihnen die Ablehnung der Berufung gestattet.

(3) Vom Zeitpunkt des Entlassungsverlangens kann der Richter sich jeder weiteren richterlichen Entscheidung enthalten.

## *II. Teil. Berufsrichter*

1. Abschnitt: Ausbildung ... [im Original nicht enthalten]
2. Abschnitt: Ernennung ... [im Original nicht enthalten]
3. Abschnitt: Versetzung des Richters.

*Beendigung des Richteramtes*

*§ 101. Versetzung bei Veränderung der Gerichtsorganisation.* (1) Bei einer Veränderung in der Einrichtung der Gerichte oder ihrer Bezirke können Richter, die von der Veränderung unmittelbar betroffen werden, unter Belassung des gleichen Ranges und Diensteinkommens an ein anderes Gericht versetzt oder unter Belassung des vollen Gehalts entlassen werden.

(2) Die Versetzung oder Entlassung ist nur innerhalb von drei Monaten nach Inkrafttreten des Gesetzes, durch welches die Einrichtung der Gerichte oder ihrer Bezirke verändert wird, und nur innerhalb der Zahl der im Haushaltsplan aus diesem Anlass abgesetzten Planstellen zulässig.

*§ 102. Versetzung bei Beeinträchtigung der Rechtspflege.* (1) Ein Richter kann in ein anderes richterliches Amt von gleichem Rang und Diensteinkommen versetzt werden, wenn ohne sein Verschulden Umstände eingetreten sind, die seine Tätigkeit auf der bisherigen Stelle nicht bloß vorübergehend so stark beeinträchtigen, dass die Bedürfnisse der Rechtspflege die Versetzung dringend erfordern.

(2) Über die Versetzung beschließt auf Antrag der obersten Dienstaufsichtsbehörde das Dienstgericht.

*§ 103. Zurruhesetzung wegen Dienstunfähigkeit.* (1) Ein Richter ist in den Ruhestand zu versetzen, wenn er infolge eines körperlichen Gebrechens oder wegen Schwäche seiner körperlichen und geistigen Kräfte zur Erfüllung seiner Amtspflichten dauernd unfähig (dienstunfähig) ist. Bestehen Zweifel über die Dienstunfähigkeit, so ist der Richter verpflichtet, sich ärztlich untersuchen und beobachten zu lassen.

(2) Über die Versetzung in den Ruhestand beschließt auf Antrag der obersten Dienstaufsichtsbehörde das Dienstgericht.

*§ 104. Vernachlässigung im Amt.* (1) Vernachlässigt ein Richter die Führung der Amtsgeschäfte in erheblichem Maße oder bleibt er sonst schuldhaft in seinen Leistungen hinter dem von ihm zu fordernden Maß zurück, so kann auf Antrag der obersten Dienstaufsichtsbehörde das Dienstgericht

a) entweder ihm das Aufsteigen zur nächsten Gehaltsstufe auf bestimmte Zeit versagen

b) oder ihn innerhalb seiner Gehaltsgruppe in eine niedrigere Gehaltsstufe zurückversetzen.

(2) Die Entscheidungen nach Abs. 1 können nach angemessener Zeit für die Zukunft außer Kraft gesetzt werden.

(3) Bleibt ein Richter in seinen Leistungen anhaltend hinter dem von ihm zu fordernden Maß zurück, obwohl innerhalb der letzten drei Jahre Maßnahmen nach Abs. 1 über ihn verhängt worden sind, so kann er auf Antrag der obersten Dienstaufsichtsbehörde durch Entscheidung des Dienstsenats bei dem zuständigen Oberen Bundesgericht zur Ruhe gesetzt werden.

*§ 105. Rücktritt von einer richterlichen Aufgabe.* (1) Erklärt ein Richter schriftlich, dass sein Gewissen ihn verpflichte, von einer ihm übertragenen richterlichen Aufgabe zurückzutreten, so darf er sich vom Zeitpunkt des Einganges dieser Erklärung bei der Dienstaufsichtsbehörde jeder richterlichen Entscheidung im Bereich dieser Aufgabe enthalten.

(2) Das Präsidium kann durch neue Geschäftsverteilung dem Richter andere richterliche Aufgaben zuweisen. Lehnt das Präsidium eine anderweite Geschäftsverteilung ab, so entscheidet das Dienstgericht, ob der Richter aus Gewissensgründen verpflichtet war, von dieser Aufgabe zurückzutreten.

(3) Verneint das Dienstgericht die Gewissenspflicht des Richters, so ist er verpflichtet, seine ursprüngliche Aufgabe wieder zu übernehmen.

*§ 106. Anerkannter Gewissenskonflikt.* (1) Erkennt das Dienstgericht an, dass ein Richter aus Gewissensgründen verpflichtet ist, von einer richterlichen Aufgabe zurückzutreten, so hat das Präsidium eine neue Geschäftsverteilung vorzunehmen und dabei dem Richter andere Aufgaben zuzuweisen.

(2) Der Richter kann in Anwendung des § 102 in ein anderes Amt von gleichem Rang und Diensteinkommen versetzt werden.

(3) Erklärt der Richter schriftlich, dass die neu zugewiesene Aufgabe gleichfalls seinem Gewissen widerstreite, so ist er in den Wartestand zu versetzen.

(4) Ein in den Wartestand versetzter Richter ist verpflichtet, auch ein nicht richterliches Amt mit gleichem Diensteinkommen zu übernehmen.

*4. Abschnitt. Versorgung … [im Original nicht enthalten]*

## 3. Begründung zum Entwurf für den ersten Teil eines Richtergesetzes (14.11.1949)

*§ 1.* Die Bezeichnung „Richter“ soll für den Berufsrichter im klassischen Sinne vorbehalten werden. Der grundsätzliche erste Teil des Richtergesetzes ist jedoch auch auf Laienrichter anzuwenden.

*§ 2.* Neu ist der Hinweis auf die Gewissensbindung des Richters. Folgerungen im Einzelnen bringt § 105.

*§ 3.* Entspricht dem § 2 Abs. 1 des Bayerischen Entwurfs.

*§ 4.* Abs. 1 grenzt die eigentlich richterliche Tätigkeit von der Gerichtsverwaltung ab. Diese Unterscheidung gilt auch für die Dienstaufsicht und die richterliche Unabhängigkeit im Allgemeinen. – Abs. 2 ist dem Bayerischen Entwurf § 2 Abs. 2 entnommen. Der Entwurf erwähnt durchgängig nur „das Dienstgericht“. Instanzenzug und Zuständigkeit bleiben der Landesgesetzgebung vorbehalten.

*§ 5.* Ist dem Bayerischen Entwurf (§ 30) entnommen.

*§ 6.* Entspricht dem § 30 des Kölner Entwurfs. Er gewährt eine geringere Einsicht in die Personalakten als § 46 des Gesetzes Nr. 15 der Militärregierungen.

*§ 7.* Über die formale Bindung an das Gesetz (§ 2) legt das Gesetz hier die Bindung an „Recht und Gewissen“ fest. – Abs. 2 zieht die Folgerungen aus der Unparteilichkeit des Richteramts auch für das Gebiet der Politik. Der Richter muss auch den falschen Schein einer politischen Parteigebundenheit meiden. Das Verbot politischer Betätigung schließt sich an die Formulierungen in § 26 des Gesetzes Nr. 15 und an § 25 des Hamburger Entwurfs an.

*§ 8.* Abs. 1 erweitert den Richtereid durch die Worte „ohne Ansehen der Person und des Standes". – Abs. 2 nimmt eine Anregung aus § 27 Abs. 2 des Bayerischen Entwurfs auf, erschwert die Ablehnung der religiösen Beteuerungsformel jedoch nicht. – Abs. 3 entspricht dem Bayerischen Entwurf § 27 Abs. 3.

*§ 9.* Entspricht im Wesentlichen dem § 19 des Kölner Entwurfs, erweitert den Kreis der geheim zu haltenden Gegenstände aber durch die Worte „nach ihrer Natur". Der Kölner Entwurf sieht vor, dass die Dienstaufsichtsbehörde eine Durchbrechung des Beratungsgeheimnisses genehmigen kann. Dieser Einbruch in die richterliche Unabhängigkeit sollte aber nicht in die Hand der Dienstaufsichtsbehörde gegeben werden. Ebenso wäre das Richterkollegium keine geeignete Instanz, weil dieselbe Mehrheit, die das Urteil veranlasst hat, dann auch über Lüftung des Beratungsgeheimnisses zu befinden hätte. Es wird angeregt, diese Entscheidung den Gerichten zuzuweisen (§ 10 Abs. 1).

*§ 10.* Abs. 1: Eine Richteranklage wird in der Mehrzahl der Fälle ein Urteil und damit Vorgänge der Urteilsberatung angreifen. Ohne Kenntnis der Beratungsvorgänge kann das Bundesverfassungsgericht deshalb häufig über die Anklage nicht entscheiden. Aus der Einrichtung der Richteranklage ergibt sich deshalb als zwingende Folge eine Lockerung des Beratungsgeheimnisses. – Abs. 2: Das Recht auf Sondergutachten ist eine Auswirkung der betonten Gewissensbindung in § 2.

*§ 12.* Es kann zweifelhaft sein, in welches Gesetz die Bestimmungen gegen öffentliche Kritik eingefügt werden sollten. Das Pressegesetz erscheint nicht geeignet wegen der engen Verbindung der Kritikbeschränkung mit den Vorschriften über Richteranklage, Beratungsgeheimnis und Amtsniederlegung. Würden die Bestimmungen in das GVG aufgenommen, so gälten sie nicht für die Verwaltungsgerichtsbarkeit. Diese Bedenken entfallen bei Aufnahme in das Richtergesetz. Letzteres hat den weiteren Vorteil, dass alle Grundsätze über die Sonderstellung des Richters dann in einem Gesetz zusammengefasst sind. – Abs. 1: Entspricht im Wesentlichen einem Vorschlag von Prof. Eberhard Schmidt (Tagung deutscher Juristen S. 249). – Abs. 2: Die Vorschrift ist neu. Die Formulierung lehnt sich an einen Vorschlag der Rechtsanwaltskammer Celle (Telegraf 19.11.1948) an. Grundsätzliche Ausführungen über Kritik in der Öffentlichkeit brachte Staatspräsident Dr. Müller am 7.7.1949 vor dem Landtag von Württemberg-Hohenzollern (Fall Grafeneck-Mostar). – Abs. 3: Die Kritik sollte beschränkt bleiben auch in der Zeit nach Verkündung des Urteils bis zur Rechtskraft. Nur so hat die Rechtsprechung die Möglichkeit, unrichtige Entscheidungen selber zu korrigieren, ehe durch öffentliche Kritik das Ansehen des Richterstandes beeinträchtigt wird. Außerdem würde eine Freigabe der Kritik zwischen Urteilsverkündung und Verfahrensbeginn in zweiter Instanz eine Beeinflussung des höheren Gerichts ermöglichen.

*§ 13:* Die Einrichtung der Richteranklage in Art. 98 Abs. 2 GG macht es erforderlich, auch die Person und die Haltung des Richters der öffentlichen Kritik freizugeben. Freie Kritik ist zugleich Vorbereitung der Richteranklage. Dem Vorschlag von Prof. Eberhard Schmidt auf Beschränkung persönlicher Kritik am Richter wird deshalb nicht befolgt. – Abs. 2: Der Richter muss aber die Möglichkeit haben, der Kritik an seiner Person eine Grenze zu setzen. Deshalb wird einer Sachentscheidung im Dienststrafverfahren oder auf Richteranklage eine Art absoluter Feststellungswirkung zugeschrieben.

*§ 15.* Abs. 2: Die Feststellungswirkung des politischen Urteils über den Richter (§ 13 Abs. 2) sollte auch vor Umgehung durch Strafvorschriften gesichert werden.

*§ 101* entspricht dem Kölner Entwurf § 16, er folgt jedoch dem Bayerischen Entwurf (§ 22 Abs. 1), in dem er eine Änderung der Gerichtsorganisation nur durch Gesetz gestattet.

*§ 102* Entspricht im Wesentlichen dem § 23 des Bayerischen Entwurfs. Der Sonderfall der Schwägerschaft aus § 15 des Kölner Entwurfs wird durch diese Generalklausel mit erfasst.

Unabhängig davon ist es wünschenswert, den § 41 Ziff. 3 ZPO zu erweitern auf verwandtschaftliche Beziehungen auch zu Prozessvertretern.

*§ 103.* Entspricht den §§ 13 und 37 des Kölner Entwurfs.

*§ 104.* Der Richterstand soll die Möglichkeit erhalten, sich durch Selbstbereinigung von unfähigen Elementen zu befreien. Entscheidend ist die „Vernachlässigung“ also ein Umstand, der vom guten Willen des Betreffenden abhängt. Geistiger Verfall beurteilt sich nach § 103.

Von dem Gesetz Nr. 15 der Militärregierungen unterscheidet sich die vorgeschlagene Fassung in zwei Punkten:

a) die Entscheidung trifft ein Dienstgericht nicht aber wie nach § 40 des Gesetzes 15 die vorgesetzte Dienstbehörde,
b) ein Richter kann nur zur Ruhe gesetzt werden, ein Berater kann aber nach § 66 des Gesetzes Nr. 15 entlassen werden.

*§ 105.* Einem Gewissenskonflikt, der nur einen Einzelfall ergreift, kann der Richter nach § 48 ZPO (und entsprechende Vorschriften) Rechnung tragen, indem er sich für befangen erklärt. In der Regel wird ein allgemeiner Gewissenskonflikt ausgeräumt werden können durch anderweite Geschäftsverteilung. Ist dieses im Rahmen des jeweiligen Gerichts und im Einvernehmen mit dem Richter nicht möglich, so wird ein Ausweg geboten durch Entscheidung des Dienstgerichts und Versetzung an ein anderes Gericht. Kann der Gewissenskonflikt auch so nicht beseitigt werden, so ist der Richter über den Wartestand in die allgemeine Verwaltung zu überführen. – Weigert sich ein Richter, bestimmte richterliche Aufgaben zu

übernehmen, obgleich der behauptete Gewissenskonflikt vom Dienstgericht nicht anerkannt wurde, so begeht er ein Dienstvergehen.

## IV. *Vorentwurf des Deutschen Richterbundes zum Gesetz über die Rechtsstellung der Richter in den Ländern (23.11.1949)*

### I. Abschnitt. Richteramt

*§ 1.* (1) Die richterliche Gewalt wird durch unabhängige, nur dem Gesetz unterworfene Richter ausgeübt.

(2) Gesetz im Sinne des Abs. 1 ist jede Rechtsnorm.

(3) Die Prüfung der Verfassungsmäßigkeit von Gesetzen ist dem Verfahren nach Art. 100 Abs. 1, 2 des Grundgesetzes für die Bundesrepublik Deutschland vom 23. Mai 1949 (BGBl. Nr. 1 S. 1) und den einschlägigen Bestimmungen der Landesverfassungen vorbehalten.

*§ 2.* (1) Dem Richter dürfen für seine Entscheidungstätigkeit Weisungen weder allgemein noch im Einzelfall erteilt werden.

(2) Die Ausübung dienstaufsichtlicher Befugnisse gegenüber Richtern ist nur insofern zulässig, als durch sie die richterliche Unabhängigkeit nicht beeinträchtigt wird. Behauptet ein Richter, dass durch eine dienstaufsichtliche Maßnahme seine Unabhängigkeit beeinträchtigt werde, so entscheidet über die Zulässigkeit dieser Maßnahme das oberste Gericht des Landes, in Ermangelung eines solchen das Oberlandesgericht, in dessen Bezirk der Richter verwendet ist. Der Vollzug der dienstaufsichtlichen Maßnahme wird durch die Anrufung des zuständigen Gerichts aufgeschoben, sofern dieses nichts anderes bestimmt.

*§ 3.* (1) Richter kann nur werden, wer zwei Prüfungen bestanden hat (Befähigung zum Richteramt).

(2) Der ersten Prüfung muss ein vierjähriges Studium der Rechtswissenschaft an einer Universität vorausgehen. Von diesem Zeitraum sind mindestens 4 Halbjahre dem Studium an einer Universität der Bundesrepublik Deutschland zu widmen.

(3) Zwischen der ersten und zweiten Prüfung muss ein Vorbereitungsdienst von 3 Jahren liegen. Der Vorbereitungsdienst ist im Dienst bei den Gerichten, Staatsanwaltschaften und Rechtsanwälten zu verwenden. Die Länder können bestimmen, dass ein Teil des Vorbereitungsdienstes im Dienst bei den Verwaltungsbehörden zu verbringen ist. Der Vorbereitungsdienst bei Verwaltungsbehörden kann bis zur Höchstdauer von sechs Monaten auch bei Körperschaften und Anstalten des öffentlichen Rechts sowie Unternehmungen oder Einrichtungen der Wirtschaft abgeleistet werden, die zur Abnahme des Vorbereitungsdienstes durch die Landesjustizverwaltung als geeignet erklärt worden sind.

(4) Das Nähere über die Gestaltung des Studiums, des Vorbereitungsdienstes und der Prüfungen bestimmen die Länder.

*§ 4.* (1) Wer in einem Lande der Bundesrepublik Deutschland die erste Prüfung bestanden hat, kann in jedem anderen Land zum Vorbereitungsdienst und zur zweiten Prüfung zugelassen werden.

(2) Die in einem Lande der Bundesrepublik Deutschland auf den Vorbereitungsdienst verwendete Zeit kann in jedem anderen Land angerechnet werden.

*§ 5.* Zum Richteramt befähigt ist ferner jeder ordentliche öffentliche Lehrer des Rechts an einer Universität der Bundesrepublik Deutschland.

## II. Abschnitt. Ernennung der Richter, Richterwahlausschuss, Versetzung der Richter, Beendigung des Richteramts

*§ 6.* (1) Die Richter werden auf Lebenszeit ernannt.

(2) Die Eigenschaft als Richter wird mit der Aushändigung der Ernennungsurkunde begründet, in der die Worte „unter Berufung in das Dienstverhältnis als Richter" enthalten sind.

(3) Zugleich mit der Aushändigung der Ernennungsurkunde ist der Richter in eine bestimmte Planstelle einzuweisen.

(4) Die Ernennung wird, wenn nicht bei Aushändigung der Ernennungsurkunde ausdrücklich ein späterer Tag bestimmt ist, mit dem Tag der Aushändigung der Urkunde wirksam. Eine Ernennung auf einen rückliegenden Zeitpunkt ist unzulässig und insoweit unwirksam.

*§ 7.* (1) Zum Richter kann nur ernannt werden, wer die deutsche Staatsangehörigkeit besitzt und die Befähigung zum Richteramt hat.

(2) Zum Richter kann nicht ernannt werden, wer

1. entmündigt ist oder unter vorläufiger Vormundschaft steht,
2. die Befähigung zur Bekleidung eines öffentlichen Amtes kraft Urteilsspruches verloren hat,
3. wegen Verbrechens oder Vergehens zu einer Strafe verurteilt ist, die ohne weiteres das Ausscheiden aus einem Beamtenverhältnis zur Folge hat,
4. nach den im Land geltenden Rechtsvorschriften über die „Befreiung des deutschen Volkes von Nationalsozialismus und Militarismus" die Befähigung zur Bekleidung eines öffentlichen Amtes nicht besitzt.

*§ 8.* (1) Die Ernennung ist nichtig, wenn der Ernannte im Zeitpunkt der Ernennung

1. die Voraussetzungen des § 7 Abs. 1 nicht erfüllt oder
2. nach § 7 Abs. 2 Ziff. 1, 2 oder 4 nicht zum Richter ernannt werden konnte.

(2) Die Ernennung ist für nichtig zu erklären
1. wenn sie durch Zwang, arglistige Täuschung oder Bestechung herbeigeführt wurde,
2. wenn nicht bekannt war, dass der Ernannte ein Verbrechen oder ein solches Vergehen begangen hatte, das ihn der Ernennung zum Richter unwürdig erscheinen lässt und er deshalb rechtskräftig zu einer Strafe verurteilt war oder wird.
(5) Die Ernennung kann für nichtig erklärt werden
1. wenn sie von einer sachlich unzuständigen Behörde ausgesprochen wurde,
2. wenn bei einem nach seiner Ernennung Entmündigten die Voraussetzungen für die Entmündigung im Zeitpunkt der Ernennung vorlagen,
3. wenn nicht bekannt war, dass der Ernannte aus einem früheren Beamtenverhältnis wegen mangelnder Eignung entlassen oder im Wege eines Dienststrafverfahrens aus dem Dienste entfernt oder zum Ruhegehaltsverlust verurteilt worden war.

*§ 9.* (1) In den Fällen des § 8 Abs. 1 hat die zuständige Stelle (§ 39) nach Kenntnis des Nichtigkeitsgrundes dem Ernannten sofort jede weitere Führung der Amtsgeschäfte zu untersagen.

(2) In den Fällen des § 8 Abs. 2 und 3 muss die Nichtigkeitserklärung innerhalb von sechs Monaten erfolgen, nachdem die zuständige Stelle (§ 39) von der Ernennung und dem Nichtigkeitsgrund Kenntnis erlangt hat. Vor der Nichtigkeitserklärung ist der Richter zu hören. Die Nichtigkeitserklärung ist dem Richter zuzustellen.

*§ 10.* (1) Ist eine Ernennung nichtig oder für nichtig erklärt worden, so sind die bis zur Untersagung der Führung der Amtsgeschäfte (§ 9 Abs. 1) oder bis zur Zustellung der Nichtigkeitserklärung vorgenommenen Amtshandlungen des Ernannten in der gleichen Weise gültig, wie wenn sie ein rechtsgültig ernannter Richter vorgenommen hätte.

(2) Wenn Billigkeitsgründe es erfordern, können die ausgezahlten Dienstbezüge belassen werden.

*§ 11.* (1) Sofern ein Land für die Anstellung von Richtern von der Regelung in Art. 93 Abs. 4 des Grundgesetzes für die Bundesrepublik Deutschland vom 23. Mai 1949 Gebrauch macht, ist für das Gebiet des Landes ein Richterwahlausschuss zu bilden. Dieser besteht aus acht Mitgliedern, von denen vier Richter sind und vier durch die Volksvertretung gewählt werden.

(2) Richterliche Mitglieder des Wahlausschusses können nicht sein Richter im Ruhestand, Richter im Wartestand, Richter, die noch nicht fünf Dienstjahre als Richter zurückgelegt haben oder Hilfsrichter. Unter den richterlichen Mitgliedern des Wahlausschusses muss mindestens eines dem obersten Gericht des Landes oder einem Oberlandesgericht angehören.

(3) Die richterlichen Mitglieder des Wahlausschusses werden in geheimer Wahl in der Weise gewählt, dass die Richter jedes Landgerichtsbezirkes, jedes Oberlandesgerichts

und des obersten Gerichts des Landes je einen Wahlmann wählen. Sofern in einem Land die hiernach erforderliche Zahl von Wahlmännern nicht erreicht wird, kann deren Zahl entsprechend vervielfacht werden.

(4) Die Wahlmänner wählen aus ihrer Mitte die vier richterlichen Mitglieder des Wahlausschusses.

(5) Wahlleiter für die Wahl der Wahlmänner ist der jeweils dienstälteste Richter, Leiter des Wahlmännerkollegiums der dienstälteste Richter unter den Wahlmännern.

(6) Die Wahlmänner wählen zugleich mit den richterlichen Mitgliedern des Wahlausschusses eine gleichgroße Zahl von Ersatzleuten. Die Mitglieder der Richterwahlausschüsse werden auf die Dauer von drei Jahren gewählt. Wiederwahl ist zulässig.

(7) Der Richterwahlausschuss wählt den Vorsitzenden aus seiner Mitte. Der Richterwahlausschuss ist beschlussfähig, wenn wenigstens die Hälfte seiner Mitglieder anwesend ist. Er entscheidet mit einfacher Mehrheit der Stimmen, Gleichheit der Stimmen gilt als Ablehnung.

*§ 12.* Ein Mitglied des Wahlausschusses kann an einer Entscheidung des Wahlausschusses nicht mitwirken, wenn diese ihn selbst, seinen Ehegatten oder einen Verwandten oder Verschwägerten bis zum dritten Grad betrifft. Ob diese Voraussetzung vorliegt, entscheidet der Wahlausschuss ohne Mitwirkung des in Betracht kommenden Mitglieds. § 11 Abs. 7 letzter Satz findet Anwendung.

*§ 13.* Eine Wahltätigkeit des Richterwahlausschusses findet nur bezüglich der durch den Landesjustizminister vorgeschlagenen Personen statt.

*§ 14.* Ist in einem Land die Mitwirkung von Richterwahlausschüssen bei der Anstellung von Richtern vorgesehen, so ist eine ohne vorherige Wahl durch den Richterwahlausschusses vorgenommene Ernennung zum Richter nichtig. Die Bestimmungen der §§ 9 Abs. 1, 10, 39 finden Anwendung.

*§ 15.* Der Richter scheidet mit der Rechtskraft des Strafurteils aus seinem Dienstverhältnis aus, wenn er zu Zuchthaus oder wegen vorsätzlich begangener Tat zu Gefängnis von 1 Jahr oder längerer Dauer verurteilt wird oder ihm die bürgerlichen Ehrenrechte oder die Fähigkeit zur Bekleidung öffentlicher Ämter aberkannt werden.

*§ 16.* Richter können, soweit dieses Gesetz nichts anderes bestimmt, wider ihren Willen nur kraft einer Entscheidung der Dienststrafgerichte und nur aus Gründen, welche dieses Gesetz bestimmt, dauernd oder zeitweise ihres Amtes enthoben oder an eine andere Stelle oder in den Wartestand oder in den Ruhestand versetzt werden.

*§ 17.* (1) Dem Verlangen eines Richters auf Entlassung muss jederzeit entsprochen werden. Das Verlangen ist gegenüber der Entlassungsbehörde (§ 29 Abs. 2) schriftlich zu erklären.

(2) Die Erklärung kann, solange die Entlassungsverfügung dem Richter noch nicht zugegangen ist, ohne Zustimmung der Entlassungsbehörde nur innerhalb von zwei Wochen seit dem Zugang bei dieser zurückgenommen werden.

(3) Verlangt ein Richter die Entlassung, weil er sich in seinem Gewissen hierzu verpflichtet fühlt, um dem Gedanken des Rechtsstaates zu dienen, so darf er sich vom Zeitpunkt des Eingangs des Entlassungsverlangens bei der Entlassungsbehörde an jeder weiteren richterlichen Entscheidung enthalten.

(4) Im Falle der Entlassung nach Abs. 3 erhält der Richter als Versorgung die Bezüge, die ihm als Ruhegehalt zustehen würden. Über das Vorliegen dieser Voraussetzung entscheidet das oberste Gericht des Landes, in Ermangelung eines solchen das Oberlandesgericht, in dessen Bezirk der Richter verwendet ist.

*§ 18.* Ein Richter ist zu entlassen, wenn er die Leistung des Eides nach § 31 verweigert.

*§ 19.* Die Entlassung (§§ 17, 18) wird von der für die Ernennung zuständigen Stelle (§ 29 Abs. 2) verfügt. Sie wird mit dem in der Entlassungsverfügung bezeichneten Zeitpunkt wirksam. Die Verfügung ist dem Richter schriftlich mitzuteilen.

*§ 20.* Ein Richter kann vorläufig der Amtsgeschäfte enthoben werden, wenn

1. das förmliche Dienststrafverfahren gleichzeitig eingeleitet wird oder bereits eingeleitet ist, oder
2. wenn gegen den Richter in einem strafgerichtlichen Verfahren ein Haftbefehl erlassen ist, oder
3. wenn gegen den Richter eine strafgerichtliche Untersuchung wegen einer Straftat eröffnet worden ist, die voraussichtlich den Verlust des Amtes kraft des strafgerichtlichen Urteils oder die Dienstentlassung im anschließenden Dienststrafverfahren zur Folge hat, oder
4. wenn gemäß Art. 98 Abs. 2 und 5 des Grundgesetzes für die Bundesrepublik Deutschland vom 23. Mai 1949 gegen den Richter Richteranklage zum Bundesverfassungsgericht erhoben wird.

*§ 21.* Das Dienstverhältnis als Richter endet mit dem Eintritt in den Ruhestand.

*§ 22.* (1) Die Richter treten mit dem Ende des Monats in den Ruhestand, in dem sie das 68. Lebensjahr vollenden.

(2) Über diesen Zeitpunkt hinaus kann durch die oberste Dienstbehörde (§ 29 Abs. 1) die Dienstzeit eines Richters höchstens bis zu drei Jahren verlängert werden, sofern unabweisliche Bedürfnisse der Rechtspflege dies erfordern.

*§ 23.* (1) Ein Richter ist in den Ruhestand zu versetzen, wenn er infolge eines körperlichen Gebrechens oder wegen Schwäche seiner körperlichen oder geistigen Kräfte zur

Erfüllung seiner Amtspflichten dauernd unfähig (dienstunfähig) ist. Das Nähere bestimmen die Landesgesetze.

(2) Hält der Dienstvorgesetzte den Richter für dienstunfähig und beantragt dieser die Versetzung in den Ruhestand nicht, so kann der Richter nach Feststellung der Dienstunfähigkeit auch gegen seinen Willen in den Ruhestand versetzt werden. Das hierfür einzuhaltende Verfahren bestimmt sich nach Landesrecht. Über die Einwendungen des Richters gegen die Versetzung in den Ruhestand entscheidet das oberste Gericht des Landes oder das Oberlandesgericht, in dessen Bezirk der Richter verwendet ist.

*§ 24.* (1) Liegt nur zeitliche Dienstunfähigkeit vor, so ist die Versetzung in den Ruhestand zunächst nur auf die Dauer der voraussichtlichen Dienstunfähigkeit auszusprechen.

(2) Der gemäß Abs. 1 in den zeitlichen Ruhestand versetzte Richter ist wieder in das Dienstverhältnis als Richter zu berufen, wenn er seine Dienstfähigkeit wiedererlangt und das 68. Lebensjahr noch nicht überschritten hat.

(3) Kann ein in den zeitlichen Ruhestand versetzter Richter nicht sofort auf einer geeigneten Amtsstelle wiederernannt werden, so wird er bis zum Eintritt dieser Möglichkeit unter Fortgewährung des Ruhegehalts im zeitlichen Ruhestand belassen.

*§ 25.* (1) Die Versetzung in den dauernden oder zeitlichen Ruhestand wird von der obersten Dienstbehörde (§ 29 Abs. 1) verfügt. Die Verfügung ist dem Richter schriftlich mitzuteilen. Sie kann bis zum Beginn des Ruhestandes zurückgenommen werden.

(2) Der Ruhestand beginnt, abgesehen von den Fällen der §§ 22, 47 Satz 2 mit Ende der drei Monate, die auf den Monat folgen, in welchem dem Richter die Versetzung in den Ruhestand mitgeteilt wurde. Bei der Mitteilung der Versetzung in den Ruhestand kann auf Antrag oder mit ausdrücklicher Zustimmung des Richters ein früherer Zeitpunkt festgesetzt werden.

*§ 26.* (1) Eine Veränderung in der Einrichtung der Gerichte oder ihrer Bezirke kann nur durch Gesetz erfolgen.

(2) Die Bezirke der Amtsgerichte sollen mit den Bezirken der Kreisverwaltungsbehörden übereinstimmen. Der Bezirk des Amtsgerichts umfasst auch einen Stadtkreis am Sitz des Gerichts.

(3) Die von einer Veränderung nach Abs. 1 unmittelbar betroffenen Richter können durch die Justizverwaltung an ein anderes Gericht oder unter Belassung ihres vollen Gehaltes in den Wartestand versetzt werden.

(4) Die Versetzung in den Wartstand ist nur innerhalb dreier Monate nach Inkrafttreten des Gesetzes, durch welches die Einrichtung der Gerichte oder ihrer Bezirke verändert wird und nur innerhalb der Zahl der im Haushaltsplan aus diesem Anlass abgesetzten Planstellen zulässig.

*§ 27.* Ein Richter kann in ein anderes richterliches Amt von gleichem Rang und Diensteinkommen versetzt werden, wenn ohne sein Verschulden Umstände eingetreten sind, durch die seine Tätigkeit auf der bisherigen Stelle nicht bloß vorübergehend derart beeinträchtigt wird, dass unabweisliche Bedürfnisse der Rechtspflege die Versetzung dringend erfordern.

*§ 28.* (1) Ein Richter kann mit seinem Einverständnis auch auf einer Amtsstelle verwendet werden, in die er nicht eingewiesen ist (Abordnung).

(2) Die Zahl der zum obersten Gericht eines Landes oder zu einem Oberlandesgericht abgeordneten Richter darf 10 vom Hundert der Richter, die planmäßige Mitglieder dieser Gerichte sind, nicht übersteigen.

*§ 29.* (1) Die Länder bestimmen die oberste Dienstbehörde für Richter.

(2) Die oberste Dienstbehörde ist Ernennungs- und Entlassungsbehörde, soweit sich nicht aus Bestimmungen der Landesverfassung etwas anderes ergibt.

(3) Dienstvorgesetzter ist, wer für die dienstrechtlichen Entscheidungen über die persönlichen Angelegenheiten der Richter zuständig ist. Dienstvorgesetzter ist für die Richter der Amtsgerichte und Landgerichte der Präsident des Landgerichts, für die Richter der Oberlandesgerichte der Präsident des Oberlandesgerichts, für die Richter des obersten Gerichts eines Landes der Präsident dieses Gerichts. – Die Länder können bestimmen, dass für Amtsgerichte mit mehr als 50 Richterstellen an Stelle des Landgerichtspräsidenten der Vorstand des Amtsgerichts Dienstvorgesetzter ist.

## III. Abschnitt. Rechte und Pflichten der Richter

*§ 30.* (1) Der Richter ist zur gewissenhaften Erfüllung der besonderen Aufgaben seines Amtes verpflichtet. Er hat unparteiisch und nur nach dem Gesetz Recht zu sprechen und sich innerhalb und außerhalb seines Amtes der Achtung, die sein Beruf erfordert, würdig zu zeigen.

(2) Der Richter hat sich jederzeit zum demokratisch-konstitutionellen Staat zu bekennen und zu ihm innerhalb und außerhalb des Dienstes zu stehen.

*§ 31.* (1) Der Richter hat bei Antritt seines Amtes folgenden Eid zu leisten: „Ich schwöre, das ich getreu der Verfassung meine Richterpflichten durch gerechte Anwendung des Gesetzes gegenüber jedermann unter Wahrung der Gleichheit aller vor dem Gesetz gewissenhaft erfüllen werde. So wahr mir Gott helfe".

(2) Gestattet ein Gesetz den Mitgliedern einer Religionsgesellschaft anstelle des Eides andere Beteuerungsformeln zu verwenden, so kann der Richter, der Mitglied einer solchen Religionsgesellschaft ist, diese Beteuerungsformel gebrauchen.

(3) Erklärt der Richter, dass er Bedenken habe, den Eid in religiöser Form zu leisten, so kann er die Worte „So wahr mir Gott helfe" weglassen.

*§ 32.* (1) Der Richter hat und zwar auch nach Beendigung seines Dienstverhältnisses über die ihm bei seiner amtlichen Tätigkeit bekannt gewordenen Angelegenheiten, die aufgrund eines Gesetzes, einer dienstlichen Anordnung oder ihrem Wesen nach geheim gehalten werden müssen, Verschwiegenheit gegen jedermann zu bewahren.

(2) Über hiernach geheim zu haltende Angelegenheiten darf der Richter ohne Genehmigung des Dienstvorgesetzten oder des letzten Dienstvorgesetzten nur auf Verlangen eines Gerichts Angaben machen. Die oberste Dienstbehörde (§ 29 Abs. 1) ist berechtigt, eine Beschränkung der Auskunftspflicht des Richters zu beantragen. Über diesen Antrag entscheidet das Gericht.

(3) Das Beratungsgeheimnis ist in jedem Falle zu wahren.

*§ 33.* Die Haftung des Richters für Amtspflichtverletzungen bestimmt sich nach den Landesgesetzen.

*§ 34.* (1) Ein Richter kann gegen Maßnahmen innerdienstlicher Art binnen zwei Wochen Gegenvorstellungen erheben. Diese haben keine aufschiebende Wirkung. Der Dienstvorgesetzte entscheidet endgültig.

(2) Gegen dienstliche Maßnahmen anderer Art steht den Richtern der Beschwerdeweg offen. Über die Beschwerde entscheidet nach näherer Bestimmung des Landes das oberste Gericht des Landes oder das Oberlandesgericht, in dessen Bezirk der Richter verwendet ist. Auf das Verfahren finden die Bestimmungen des Reichsgesetzes über die freiwillige Gerichtsbarkeit entsprechende Anwendung mit der Maßgabe, dass an Stelle der sofortigen Beschwerde die einfache Beschwerde tritt. Der Verwaltungsrechtsweg ist ausgeschlossen.

(3) Die Vorschriften in § 2 bleiben unberührt.

*§ 35.* Soweit es durch die Natur der Dienstgeschäfte nicht geboten ist, ist der Richter an die Einhaltung bestimmter Dienststunden nicht gebunden.

*§ 36.* (1) Der Richter muss über Beschwerden und tatsächliche Angaben, die ihm nachteilig werden können, gehört werden.

(2) Er hat das Recht, seine sämtlichen Personalnachweise an der Dienststelle, an der sie geführt oder aufbewahrt werden, jederzeit einzusehen.

(3) In die Personalnachweise dürfen ungünstige Tatsachen erst eingetragen werden, wenn der Richter Gelegenheit gehabt hat, sich über sie zu äußern. Diese Äußerung ist in die Personalnachweise mit aufzunehmen.

*§ 37.* Die Wählbarkeit von Richtern bemisst sich für den Bundestag nach den einschlägigen Bundesgesetzen, für den Landtag, Kreistag oder Gemeinderat (Stadtrat) nach Landesrecht.

*§ 38.* (1) Für das Verbot der Annahme von Geschenken, das Recht auf Ausstellung eines Dienstzeugnisses, die Nebentätigkeit, den Urlaub und den dienstlichen Wohnsitz der Richter gilt das Landesrecht.

(2) Für die Verwaltung des eigenen oder der Nutznießung des Richters unterliegenden Vermögens sowie für eine schriftstellerische, wissenschaftliche, künstlerische oder Vertragstätigkeit kann eine Genehmigungspflicht nicht vorgesehen werden. Die dienstliche Verantwortlichkeit des Richters bleibt unberührt.

*§ 39.* Über die Nichtigkeitserklärung (§ 8 Abs. 2 und 3), die Untersagung der Fortführung der Amtsgeschäfte nach § 9 Abs. 1, die Belassung der geleisteten Zahlungen an Gehalt und Versorgung nach § 10 Abs. 2, die Gewährung einer Versorgung nach § 17 Abs. 4, die gegen den Willen des Richters erfolgende Versetzung in den Ruhestand (§ 23 Abs. 2, § 47 Satz 2) und die Versetzung nach § 27 entscheidet bei Richtern das oberste Gericht des Landes, in Ermangelung eines solchen das Oberlandesgericht, in dessen Bezirk der Richter verwendet ist.

*§ 40.* (1) Die Richter der Amtsgerichte und Landgerichte führen die Amtsbezeichnung Richter, die Richter der Oberlandesgerichte und des obersten Gerichts eines Landes die Amtsbezeichnung Oberrichter.

(2) Die ständigen Vorsitzenden einer Kammer des Landgerichts führen in dieser Eigenschaft die Amtsbezeichnung Landgerichtsdirektor, die ständigen Vorsitzenden eines Senats eines Oberlandesgerichts oder des obersten Gerichts eines Landes die Amtsbezeichnung Senatspräsident.

(3) Die Amtsbezeichnungen Amtsgerichtspräsident, Landgerichtspräsident und Oberlandesgerichtspräsident sowie die Amtsbezeichnung für den Präsidenten des obersten Gerichts eines Landes bleiben unberührt.

(4) Die Amtstracht der Richter wird durch Verordnung der Bundesregierung geregelt. Bis zu deren Erlass verbleibt es bei den bisherigen Regelungen.

(5) Einem nach § 17 entlassenen Richter kann die Fortführung der Amtsbezeichnung gestattet werden. Im Falle des § 17 Abs. 3 ist die Fortführung zulässig.

(6) Im Übrigen bemisst sich das Recht zur Fortführung der Amtsbezeichnung nach Beendigung des Dienstverhältnisses als Richter nach Landesrecht.

## IV. Abschnitt. Besoldung, Wartestand, Versorgung

### *a) Besoldung*

*§ 41.* (1) Die Richter beziehen ein festes Gehalt.

(2) Die Besoldung bemisst sich mindestens

a) für Richter nach den Sätzen der dem Besoldungsgesetz vom 16. Dez. 1927 (RGBl. I 349) als Anlage I beigefügten Reichsbesoldungsordnung A Besoldungsgruppe 2 a

b) für Oberrichter nach den Sätzen der Besoldungsgruppe A 1 a.

(3) Für Landgerichtsdirektoren als ständige Vorsitzende am Landgericht wird daneben eine unwiderrufliche ruhegehaltsfähige Stellenzulage von jährlich 1200 DM, für Senatspräsidenten am Oberlandesgericht und für Richter am obersten Gericht des Landes eine unwiderrufliche ruhegehaltsfähige Stellenzulage von jährlich 1800 DM gewährt.

(4) Amtsgerichtspräsidenten und Landgerichtspräsidenten erhalten die gleichen Bezüge einschließlich der Stellenzulage wie Senatspräsidenten am Oberlandesgericht, Landgerichtspräsidenten in Bezirken mit mehr als 60 planmäßigen Richtern erhalten die Bezüge der Besoldungsgruppe B 7 b.

(5) Für die Oberlandesgerichtspräsidenten, die Senatspräsidenten und den Präsidenten am obersten Gericht des Landes verbleibt es bei den bisherigen Regelungen.

(6) Das Nähere bestimmt die Landesgesetzgebung. Diese regelt auch die Überführung der bei Inkrafttreten dieses Gesetzes vorhandenen Richter in die nach Abs. 2, 3 und 4 sich ergebende Besoldung.

*§ 42.* Soweit die Dienstbezüge der Richter nach Dienstaltersstufen bemessen werden, kann das Aufsteigen in diesen nur im Wege des Dienststrafverfahrens versagt werden.

### *b) Wartestand*

*§ 43.* (1) Der im Wartestand befindliche Richter (§ 26 Abs. 3 und 4) bleibt Richter. Er verliert jedoch mit dem Beginn des Wartestandes seine Amtsstelle.

(2) Der Richter erhält über die Versetzung in den Wartestand eine Urkunde. Der Wartestand beginnt, wenn nicht im Einzelfall ausdrücklich ein späterer Zeitpunkt festgestellt wird, mit der Aushändigung der Urkunde. Die Versetzung in den Wartestand kann bis zum Beginn des Wartestandes zurückgenommen werden.

(3) Nebentätigkeiten unterliegen der Genehmigungspflicht in gleicher Weise wie bei im Dienst befindlichen Richtern.

*§ 44.* Der Richter im Wartestand erhält sein volles Gehalt, soweit es ruhegehaltsfähig ist. Er rückt in Dienstaltersstufen auf.

*§ 45.* Der Richter im Wartestand ist zur Annahme eines richterlichen Amtes von gleichem Rang und Diensteinkommen verpflichtet.

*§ 46.* Der Wartestand endet, wenn

1. dem Richter ein neues Amt übertragen wird,
2. das Dienstverhältnis des Richters endet.

*§ 47.* Der Richter im Wartestand kann auf seinen Antrag jederzeit in den Ruhestand versetzt werden. Er ist in den Ruhestand zu versetzen, wenn er der Verpflichtung zur Annahme eines neuen Amtes nach § 46 nicht nachgekommen ist.

### *c) Versorgung*

*§ 48.* (1) Die Richter und ihre Hinterbliebenen haben Anspruch auf Versorgung. Die näheren Bestimmungen hierüber trifft das Landesrecht.

(2) Die landesrechtliche Regelung darf nicht ungünstiger sein als die entsprechende Regelung des Deutschen Beamtengesetzes vom 26. Jan. 1937 (RGBl. I S. 39).

### *d) Rechtsweg*

*§ 49.* Über die vermögensrechtlichen Ansprüche des Richters und der Hinterbliebenen aus dem Dienstverhältnis entscheiden im Streitfall die ordentlichen Gerichte.

### *e) Unterhaltsbeitrag*

*§ 50.* Einem aufgrund gerichtlicher Verurteilung oder im Wege des Dienststrafverfahrens aus dem Amt entfernten Richter und seinen Hinterbliebenen kann ein Unterhaltsbeitrag gewährt werden.

## V. Abschnitt. Dienststrafrecht

*§ 51.* (1) Ein Richter begeht ein Dienstvergehen, wenn er schuldhaft die ihm obliegenden Amtspflichten verletzt.

(2) Ein Dienstvergehen liegt auch vor, wenn der Richter einer Partei oder Vereinigung angehört oder Zielsetzungen einer Partei oder Vereinigung unmittelbar oder mittelbar fördert, deren Mitglieder oder Förderer darauf ausgehen, die staatsbürgerlichen Freiheiten zu unterdrücken oder gegen Volk, Staat oder Verfassung Gewalt anzuwenden.

(3) Eine von der herrschenden Meinung abweichende Auslegung des Gesetzes stellt für sich allein keine Verletzung der Amtspflicht dar.

(4) Bei einem Ruhestandsbeamten gilt als Dienstvergehen ein Verhalten im Sinne des Abs. 2, eine Verletzung der Verpflichtung zur Amtsverschwiegenheit (§ 32) und ein Verstoß gegen das Verbot der Annahme von Geschenken und Belohnungen (§ 38 Abs. 1).

*§ 52.* (1) Dienststrafen gegen Richter sind

Warnung, Verweis, Geldbuße, Versagen des Aufsteigens zur nächsten Gehaltsstufe bis zu zwei Jahren, Gehaltskürzung, Versetzung in ein anderes richterliches Amt mit gleichen oder niedrigerem Rang oder Diensteinkommen, Versetzung in den Ruhestand mit vollem oder gekürztem Ruhegehalt, Entfernung aus dem Dienst.

(2) Gegen Richter im Ruhestand können verhängt werden

Geldbuße, Kürzung des Ruhegehalts, Aberkennung des Ruhegehalts.

(3) In ein und demselben Dienststrafverfahren darf neben der Strafversetzung Geldbuße oder Gehaltskürzung, im Übrigen aber nur eine der angeführten Dienststrafen verhängt werden.

*§ 53.* (1) Das Dienststrafverfahren für Richter wird durch Landesgesetz geregelt.

(2) Für Richter sind besondere Dienststrafgerichte einzurichten. Dienststrafgericht des ersten Rechtszuges ist der Dienststrafsenat beim Oberlandesgericht. Dienststrafgericht des zweiten Rechtszugs ist ein bei dem obersten Gericht des Landes, in Ermangelung eines solchen ein für das ganze Land bei einem Oberlandesgericht gebildeter Berufungssenat. Vorsitzender des Berufssenats ist der Präsident des obersten Gerichts des Landes oder der Präsident des Oberlandesgerichts. Beisitzer der Dienststrafgerichte dürfen nur Richter sein.

(3) Dienststrafen mit Ausnahme der Warnung können nur von den Dienststrafgerichten im förmlichen Dienststrafverfahren verhängt werden.

(4) Das Verfahren vor den Dienststrafgerichten ist entsprechend dem allgemeinen Dienststrafrecht des Landes zu regeln. Für den Beschuldigten muss rechtliches Gehör und spätestens vom Zeitpunkt der Zustellung der Anschuldigungsschrift an das Recht auf Akteneinsicht gewährleistet sein. Die Sachentscheidungen müssen mit Gründen versehen sein. Die Möglichkeit eines Wiederaufnahmeverfahrens ist vorzusehen. Soweit das Landesrecht keine Regelung trifft, gelten die Bestimmungen der StPO entsprechend.

(5) Der Richter kann die Einleitung des förmlichen Dienststrafverfahrens gegen sich selbst beantragen, um sich von dem Verdacht eines Dienstvergehens zu reinigen.

(6) Bis zum Erlass einer Regelung nach Abs. 1, 2 und 4 gilt das bisherige Recht.

## VI. Abschnitt. Richternötigung

*§ 54.* Wer es unternimmt, in einer bei einem Gericht anhängigen Rechtssache öffentlich die Entscheidung des Verfahrens zu beeinflussen, wird mit Geldstrafe oder Gefängnis bestraft. Die Strafverfolgung findet nur auf Antrag statt. Das Antragsrecht steht dem Vorsitzenden des Gerichts zu.

## VII. Abschnitt. Geltungsbereich, Übergangs- und *Schlussbestimmungen*

*§ 55.* (1) Dieses Gesetz gilt für die Berufsrichter der ordentlichen Gerichtsbarkeit im Gebiet der Bundesrepublik Deutschland.

(2) Die bei Inkrafttreten dieses Gesetzes geltenden besonderen Bestimmungen für die Berufsrichter der Verwaltungsgerichtsbarkeit, der Finanzgerichtsbarkeit und der Arbeitsgerichtsbarkeit und die Berufsrichter im Bereich der Sozialversicherung bleiben unberührt.

*§ 56.* Wer bei Inkrafttreten dieses Gesetzes als Beamter auf Lebenszeit im Gebiet der Bundesrepublik Deutschland eine Planstelle als Richter der ordentlichen Gerichtsbarkeit inne hat, ist Richter im Sinne dieses Gesetzes.

*§ 57.* (1) Wer nach Erlangung der Befähigung zum Richteramt in einem Land der Bundesrepublik Deutschland zur Wahrnehmung richterlicher Aufgaben bestellt wurde, ohne jedoch auf Lebenszeit zum Richter ernannt zu sein, ist Hilfsrichter.

(2) Vom Inkrafttreten dieses Gesetzes an dürfen Hilfsrichter nurmehr bestellt werden, sofern unabweisliche Bedürfnisse der Rechtspflege dies erfordern. Von dieser Befugnis darf nach dem 31. Dez. 1951 kein Gebrauch mehr gemacht werden.

(3) Die Zahl der Hilfsrichter darf bei den Landgerichten 10 vom Hundert der Gesamtzahl der bei dem Gericht bestehenden Planstellen für Richter nicht übersteigen. Eine Verwendung von Hilfsrichtern bei den Oberlandesgerichten oder dem obersten Gericht eines Landes ist nicht zulässig.

(4) Bis zum 31. Dez. 1951 bestellte Hilfsrichter sind bei Vorliegen der erforderlichen Voraussetzungen längstens bis 31. März 1952 zum Richter zu ernennen. Andernfalls sind sie zu entlassen.

*§ 58.* (1) Eine vor dem 8. Mai 1945 nach den damals im Deutschen Reich geltenden Bestimmungen erlangte Befähigung zum Richteramt steht der Befähigung zum Richteramt im Sinne des § 3 Abs. 1 gleich. Die landesrechtlichen Bestimmungen über die Richteramtsbefähigung von Flüchtlingen und Vertriebenen bleiben unberührt.

(2) Bis zum 8. Mai 1945 nach den damals im Deutschen Reich geltenden Bestimmungen zurückgelegte Studienzeiten, Vorbereitungsdienstzeiten und abgelegte Prüfungen stehen Studienzeiten, Vorbereitungsdienstzeiten und Prüfungen im Sinne der §§ 3 und 4 gleich.

*§ 59.* Die Dauer des Studiums und des Vorbereitungsdienstes nach § 3 Abs. 2 und 3 kann für Kriegsteilnehmer und Personen, die in der Zeit vom 30. Jan. 1933 bis zum 8. Mai 1945 aus politischen, rassischen oder religiösen Gründen Nachteile erlitten haben, herabgesetzt werden.

*§ 60.* (1) Die Wiedergutmachung von Nachteilen, die ein Richter in der Zeit vom 30. Jan. 1933 bis zum 8. Mai 1945 aus politischen, rassischen oder religiösen Gründen erlitten hat, bemisst sich nach Landesrecht.

(2) Sofern ein Richter aus politischen, rassischen oder religiösen Gründen zeitweise außer Dienst gesetzt war, kann seine Dienstzeit nach Maßgabe des § 22 Abs. 2 verlängert werden.

*§ 61.* (1) Dieses Gesetz tritt am … in Kraft.

(2) Die gemäß Art. 98 Abs. 3 Satz 1 des Grundgesetzes für die Bundesrepublik Deutschland vom 23. Mai 1949 erforderlichen Landesgesetze über die Rechtsstellung der Richter in den Ländern sind bis spätestens 31. Dezember 1951 zu erlassen.

# V. *Konferenz zur Vorarbeit für ein Richtergesetz gem. Art. 98 des Grundgesetzes (22.-23.11.1949) unter Beteiligung von Ruscheweyh, der Justizministerien von Bayern, Nordrhein-Westfalen und Rheinland-Pfalz, des Magistrats von Groß-Berlin sowie des Deutschen Richterbundes und des bayr. Richtervereins*

## 1. Niederschrift über die Besprechung in München

*Teilnehmer:*

I. *Vorsitzender:* Präsident des Deutschen Obergerichts für das Vereinigte Wirtschaftsgebiet *Dr. Ruscheweyh,* Köln - Referent: Oberlandesgerichtsrat *Dr. Fr. Priess,* Hamburg

II. *Bayer. Staatsministerium der Justiz:* Ministerialdirektor *Dr. Konrad,* München – Referent: Oberstlandesgerichtsrat *Resch,* München

III. *Justizministerium des Landes Nordrhein-Westfalen:* Senatspräsident *Geller,* Düsseldorf – Oberlandesgerichtsrat *Kleinrahm,* Düsseldorf

IV. *Justizministerium des Landes Rheinland-Pfalz:* Senatspräsident *Dr. Rotberg,* Koblenz, Oberregierungsrat *Dr. Rinck,* Koblenz

V. *Magistrat von Groß-Berlin:* Leitender Magistratsdirektor der Abteilung für Rechtswesen *Dr. Müller,* Berlin, - Referent: *Wilhelm Schmidt,* Berlin

VI. *Deutscher Richterbund:* Oberstlandesgerichtsrat *Kuchtner,* München, Staatsanwalt *Dr. Decker,* München, Amtsgerichtsrat *Dr. Gerner,* München

VII. *Bayer. Richterverein:* Oberstaatsanwalt *Dr. K. Hausmann,* München, Oberstaatsanwalt *Dr. E. Großer,* München

1. Ministerialdirektor Dr. Konrad begrüßt die Anwesenden im Namen des Landes Bayern.
   Oberstlandesgerichtsrat Resch begrüßt die Anwesenden im Namen des Senatspräsidenten Dr. Gipser als Hausherrn.
2. Auf Vorschlag von Ministerialdirektor Dr. Konrad übernimmt Präsident Dr. Ruscheweyh den Vorsitz der Konferenz.
3. Nach kurzer Ansprache, an der sich Ministerialdirektor Dr. Konrad, Senatspräsident Geller und Senatspräsident Dr. Rotberg beteiligten, ist sich die Konferenz auf Vorschlag des Vorsitzenden darüber einig, dass versucht werden soll, einen paraphierten Vorschlag zu einem Richterrahmenbundesgesetz nebst Begründung zu entwerfen.
4. Anhand der Vorschriften von Art. 98 Abs. 1 und 3 GG wird erörtert, ob das auszuarbeitende Gesetz Rahmenvorschriften nur für die Richter der Länder enthalten soll, oder auch für die Bundesrichter, deren Rechtsstellung durch ein besonderes

Bundesgesetz behandelt werden muss. An der Aussprache beteiligten sich die Herren Dr. Konrad, Kuchtner, Geller, Dr. Priess, Dr. Rotberg, Dr. Rinck. Die überwiegende Mehrheit (Bayern, Nordrhein-Westfalen, Richterbund) spricht sich für eine Beschränkung der Rahmenvorschriften auf die Landesrichter aus. Der Gesetzestext sei maßgebend und es sei jetzt auch nur ein solches Gesetz zu erreichen. Senatspräsident Geller weist darauf hin, dass eine Gesamtregelung für alle Richter nur im Zusammenhang mit einem Gerichtsverfassungsgesetz erfolgen könne, dies sei aber sobald nicht zu erwarten. Senatspräsident Dr. Rotberg weist darauf hin, dass es wünschenswert sei, allgemeine Gesichtspunkte für alle Richter entsprechend seinem Entwurf vom 14./21.11.1949 anzustreben. Oberlandesgerichtsrat Dr. Priess tritt für eine einheitliche Regelung ein.
Es soll geprüft werden, ob am Schluss der Erörterung der Gedanke nochmals aufzugreifen sei, wenn feststeht, wie der Inhalt des Gesetzentwurfs aussieht.

5. *Richterwahlausschüsse:* Zu diesem Thema spricht sich die Konferenz wie folgt aus:
   a) Die Konferenz ist der Ansicht, dass der Bund gem. Art. 98 Abs. 3 und 4 berechtigt ist, Rahmenvorschriften für die Zusammensetzung der Richterwahlausschüsse zu geben. Hierbei nimmt das Gremium insbesondere Rücksicht auf die Entstehungsgeschichte dieser Vorschrift.
   b) Die Konferenz ist der Ansicht, dass das Grundgesetz in Art. 98 Abs. 4 es den Ländern freigestellt hat, ob sie die Richterernennung im Zusammenwirken mit einem Richterwahlausschuss einführen wollen oder nicht. Das Bundesrahmengesetz kann also den Ländern über die Frage, ob sie Richterwahlausschüsse einführen wollen oder nicht, keine Vorschriften machen.
   c) Nach ausführlicher Aussprache ergibt sich die Meinung, dass Richterwahlausschüsse zur Mitwirkung nur bei der Anstellung von Richtern berufen sein können, nicht auch bei der Beförderung. So ist nach der Ansicht des Ausschusses auch die Bestimmung des Art. 98 Abs. 4, der nur von der „Anstellung der Richter in den Ländern“ spricht, auszulegen.
   d) Ausführlich wurde erörtert, ob es zweckmäßig sei, die Zahl der Mitglieder der Richterwahlausschüsse und für die Bestimmung der Gruppen, aus denen sie zu entnehmen sind, eine feste Höchstzahl in das Wahlgesetz einzusetzen, oder nur das Verhältnis zu bestimmen, in dem zahlenmäßig die einzelnen Gruppen am Richterwahlausschuss beteiligt sein sollen. Die Entscheidung wird dadurch beeinflusst werden, ob der Richterwahlausschuss nur für die Richter der ordentlichen Gerichtsbarkeit bestimmt sein wird, oder auch für die Richter der sonstigen Gerichte, wie Verwaltungsgerichte, Arbeitsgerichte, Finanzgerichte (soweit sie Richter der Länder sind). Diese Entscheidung wird weiter beeinflusst werden durch die Frage, ob für ein Land ein Ausschuss oder mehrere Ausschüsse regional eingesetzt werden. Soll diese letzte Frage durch das Rahmengesetz oder

durch Landesgesetz geregelt werden? Die Anzahl der Gruppen, aus denen die Mitglieder des Richterwahlausschusses entnommen werden, bestimmt ebenfalls zwingend die Anzahl der Ausschussmitglieder.

Es besteht Einverständnis, dass die Höchstzahl ungerade sein soll und dass der Justizminister nicht Mitglied des Ausschusses sein kann. – Die technischen Einzelheiten müssen näher überlegt werden. Dies wird einem Redaktionsausschuss zu überlassen sein.

e) Hinsichtlich der Auswahl der Gruppen, aus denen Vertreter in die Richterwahlausschüsse gesandt werden sollen, herrscht Einigkeit darüber, dass Vertreter der Richterschaft in den Ausschuss gehören. Man ist geteilter Meinung darüber, ob von der Regierung ernannte Mitglieder in den Ausschuss gehören, weil ja dem Justizminister eine besondere Stellung den Wahlausschüssen gegenüber durch das Grundgesetz eingeräumt ist. Handelt es sich gegebenenfalls um die Wahl von Richtern, die nicht der ordentlichen Gerichtsbarkeit angehören, so müsse man nach Ansicht der betreffenden Mitglieder der Konferenz davon ausgehen, dass sich der entsprechende Ressortminister mit dem Justizminister ins Benehmen setzt.

Es erscheint als möglich, einen Vertreter der Richterschaft gegen einen Vertreter der Staatsanwaltschaft, gegebenenfalls durch ursprüngliche Wahl, auszuwechseln. Der Ausschuss ist in seiner überwiegenden Mehrheit der Meinung, dass das Parlament in den Richterwahlausschüssen vertreten sein muss und dass man dem Parlament für die Auswahl seiner Vertreter durch das Rahmengesetz keine Vorschriften machen kann.

Eine Regelung darüber, in welchem Verhältnis die einzelnen Gruppen an dem Richterwahlausschuss beteiligt sein sollen, hat die Aussprache nicht ergeben. Man war sich darüber einig, dass das Parlament in einer seiner Bedeutung entsprechenden Weise beteiligt werden soll. Dabei hat der Richterbund vorgeschlagen, die Hälfte der Sitze im Wahlausschuss dem Parlament zu geben, die andere Hälfte der Richterschaft. Demgegenüber macht eine andere Meinung (Rheinland-Pfalz und Berlin) geltend, dass die Hälfte der Sitze dem Parlament und der Regierung eingeräumt werden solle, die andere Hälfte der Justiz (Richter, Rechtsanwälte und Staatsanwälte). Ein dritter Vorschlag (Dr. Priess) ging dahin, je 1/3 der Mitglieder der Ausschüsse den drei Staatsgewalten zuzuweisen. Da das hessische Richterwahlgesetz im Wortlaut nicht vorlag, soll der Redaktionsausschuss diese Frage nochmals prüfen und neue Vorschläge machen.

f) Einmütigkeit besteht in der Auffassung, dass der Richterwahlausschuss nur berufen sein soll, über Vorschläge der Landesjustizminister für die von ihnen verwalteten Gerichte zu entscheiden, wobei sie auch an die Reihenfolge gebunden sein mögen.

Entscheidend wichtig erschien dem Ausschuss eine Bestimmung, dass die Mitglieder der Richterwahlausschüsse an keinerlei, irgendwelche, Weisungen gebunden sein dürften.

6. *Altersgrenze:* Die Konferenz ist der Ansicht, dass das Rahmengesetz über Altersgrenzen keine besondere Bestimmung treffen sollte, sondern dass es bei der im Grundgesetz gefundenen Regelung sein Bewenden haben kann. Der Richterbund und Bayern sind demgegenüber der Ansicht, dass eine Altersgrenze nach unten hin nicht festgesetzt zu werden brauche, eine Altersgrenze nach oben hin mit dem 68. Lebensjahr angemessen wäre. Entgegen dem Standpunkt des Richterbundes geht die allgemeine Meinung dahin, dass das Grundgesetz es verbietet, dass die Justizverwaltung über ein durch Gesetz festgelegtes Höchstalter hinaus die Dienstzeit eines Richters noch verlängert.
7. Politische Tätigkeit der Richter:
   a) Die Konferenz bespricht, ob es angesichts der Regelung in Art. 137 Abs. 1 GG möglich ist, die aktive politische Tätigkeit von Richtern durch Bestimmungen im Rahmengesetz einzuschränken. Gegen die Möglichkeit, diese Tätigkeit einzuschränken, spricht nach einer vorgetragenen Meinung die Vorschrift des Art. 5 Abs. 1 GG. Dabei taucht die Frage auf, ob das Wahlgesetz ein „allgemeines Gesetz" im Sinne von Art. 5 Abs. 2 GG sei, und ob man gemäß Art. 2 Abs. 1 GG vielleicht den Ausschluss der Richter von der aktiven politischen Tätigkeit als Inhalt der „verfassungsmäßigen Ordnung" ansehen könne. Eine einheitliche Entscheidung dieser Rechtsfrage fand die Konferenz nicht. Vielleicht überwog die Meinung, dass eine Einschränkung der aktiven politischen Tätigkeit möglich sei. Der Redaktionsausschuss soll gebeten werden, sich mit dieser Rechtsfrage eingehend zu beschäftigen.
      Bei der sehr eingehenden Aussprache darüber, ob eine Einschränkung oder gar das Verbot der parteipolitischen Tätigkeit des Richters angebracht sei, spricht sich die weit überwiegende Meinung – so insbesondere auch die Vertreter des Richterbundes und des Bayer. Richtervereins – dahin aus, dass sich eine parteipolitische Tätigkeit mit dem Wesen des richterlichen Amtes nicht vertrage. Es wurde betont, dass sich gerade der Richter in dieser Hinsicht von allen übrigen Beamten abheben müsse.
   b) Senatspräsident Dr. Rotberg schlägt vor, an dieser Stelle im Rahmengesetz eine Vorschrift einzufügen, die bestimmt, dass die Mitgliedschaft eines Laienrichters in einer politischen Partei während der Dauer des Laienrichteramtes ruht. – Der Vorschlag findet eine ausgiebige Erörterung. Im Gegensatz zum Antragsteller war eine Mehrheit der Meinung, dass diese Regelung auch ohne Prüfung ihrer Zweckmäßigkeit jedenfalls nicht in das Richtergesetz gehöre. Damit soll nicht die Frage entschieden sein, ob entsprechend den Anregungen des Koblenzer

Entwurfs Fragen des Laienrichteramtes im Richtergesetz geregelt werden sollen oder nicht.

8. *Amtsbezeichnung:* Die Konferenz ist in der überwiegenden Mehrheit der Meinung, dass es wünschenswert ist, durch das Rahmengesetz allen deutschen Richtern einheitliche Amtsbezeichnungen zu geben. Der Vorschlag des Deutschen Richterbundes, in § 40 seines Entwurfs wird als eine brauchbare Grundlage angesehen. Eine Prüfung im Einzelnen bleibt vorbehalten und zwar insbesondere auch daraufhin, ob es angängig ist, diese beabsichtigte Vorschrift auch auf die Richter außerhalb der ordentlichen Gerichtsbarkeit auszudehnen.

9. *Contempt of Court:* Die sehr ausführliche Aussprache erstreckte sich zuerst auf die Frage, ob es zweckmäßig sei, eine Regelung für den Schutz der Richter bzw. der Unabhängigkeit der Rechtspflege einzuführen und sie im Richtergesetz zu formulieren. Dabei wurden auch einzelnen Lösungen, wie sie in den Entwürfen von Rheinland-Pfalz und des Richterbundes vorgelegt sind, erörtert. Die allgemeine Meinung ging dahin, dass es nicht so sehr erforderlich wäre, einen besonderen Ehrenschutz des Richters einzuführen, sondern dass die gesetzgeberische Aufgabe darin bestehe, die Unabhängigkeit der Rechtspflege u.a. durch strafrechtliche Norm zu schützen. Eine solche Regelung wurde allgemein für gut geheißen, insbesondere mit Rücksicht darauf, dass man zwar eine innere und damit auch nach außen gerichtete Unabhängigkeit des Berufsrichters erwarten könne, die Unabhängigkeit der Laienrichter aber vor allen Dingen geschützt werden müsse. Die überwiegende Meinung der Konferenz ging indessen dahin, eine solche Regelung nicht für das Richtergesetz vorzuschlagen, sondern sie der allgemeinen Strafgesetzgebung vorzubehalten.
Zu diesem Zweck sind die in den Entwürfen zur heutigen Konferenz vorgelegten Vorschläge als Material mit dem Ergebnis der Konferenz dem Justizkollegium zugänglich zu machen.

10. *Gewissenskonflikt:* Zu der Frage des Gewissenskonflikts des Richters sprechen sich die Entwürfe aus und zwar: Richterbund, insbesondere § 17 Abs. 3 und 4; Koblenzer Entwurf § 2 und §§ 105 und 106; der Düsseldorfer und der Kölner Entwurf enthalten die Erwähnung des Gewissenskonfliktes nicht ausdrücklich (Düsseldorf § 12); der Kölner Entwurf ist zu vergleichen in §§ 9 und 28.
Die sehr ausführliche Aussprache ergibt auf der einen Seite den Standpunkt des Koblenzer Entwurfs, der das Problem auf eine bis ins Einzelne gehende Weise zu lösen versucht. Demgegenüber wurde die Meinung vertreten, dass das Rahmengesetz überhaupt keine Regelung des Gewissenskonflikts des Richters zu enthalten brauche, weil ein solcher Konflikt nur entstehen könne, wenn der Richter eine Diskrepanz zwischen dem von ihm anzuwendenden Gesetz einerseits und den Grundrechten des Grundgesetzes andererseits vor sich habe. Dieser Konflikt sei dann durch das Bundesverfassungsgericht zu entscheiden. Die Aussprache ergab eine

Fülle von einzelnen Beispielen. Sie zeigten, dass es minder bedeutsame Gewissenskonflikte des Richters gebe, die in der Praxis von der Justizverwaltung im Wege der anderweitigen Verwendung von Richtern beigelegt werden können. Bei dem vorliegenden gesetzgeberischen Problem handelt es sich aber um wesentliche und grundsätzliche Konflikte. Die Mehrheit steht auf dem Standpunkt, dass etwa in Anlehnung an den Vorschlag des Richterbundes ein Ausweg für solche Konflikte gefunden werden müsse. Voraussetzung sei, dass die nötigen Sicherungen eingefügt werden und eine Nachprüfung durch richterliche Instanzen stattfindet. Die Frage, ob diese richterlichen Instanzen im Bund oder im Lande liegen sollen, fand keine einheitliche Beantwortung. Nordrhein-Westfalen, Bayern und der Richterbund treten dafür ein, die letzte Instanz im Lande zu belassen, während Rheinland-Pfalz und der Vorsitzende den Gedanken für begrüßenswert halten, als letzte Instanz das Oberste Bundesgericht oder das Bundesverfassungsgericht zu bestimmen. Berlin spricht sich für die Kompetenz der Landesgerichtsbarkeit aus. Eine Vermittlung beider Standpunkte würde darin zu sehen sein, dass es der Landesgesetzgebung überlassen bleibt, welches Gericht sie bestimmt. Eine solche Ermächtigung müsse in das Bundesrahmengesetz aufgenommen werden.

Der Redaktionsausschuss möge einen Vorschlag entwerfen.

11. *Dienst- und Beratungsgeheimnis:* Dieses Problem wird behandelt im Kölner Entwurf: § 19; im Entwurf des Richterbundes: § 32; im Koblenzer Entwurf: §§ 9 und 10. Die Konferenz ist sich darüber einig, dass Regeln über die Einhaltung des Dienst- und Beratungsgeheimnisse aufgestellt werden müssen.
    a) Über die Behandlung des Dienstgeheimnisses sprechen sich die genannten Entwürfe ungefähr im gleichen Sinne aus. Es herrscht Einigkeit darüber, dass eine entsprechende Regelung zu entwerfen ist.
    b) Die Konferenz ist sich darüber uneingeschränkt einig, dass das Beratungsgeheimnis so sehr wie nur irgend möglich gewahrt werden muss. – Die Vertreter der Richtervereine stehen auf dem Standpunkt, dass es überhaupt keine, irgendwelche, Durchbrechung des Beratungsgeheimnisses geben darf. – Der Koblenzer Entwurf stellt in § 10 Abs. 1 den entgegengesetzten Standpunkt dar. Die ausführliche Erörterung ergab, dass eine Modifizierung dieses Vorschlages bei mehreren Beteiligten Zustimmung erfahren würde. Eine solche Modifizierung würde erfordern, dass nur das Bundesverfassungsgericht die Aufhebung des Beratungsgeheimnisses für einen Richter, der sich vor dem Bundesverfassungsgericht zu verantworten hat, beschließen könne, dass aber das Beratungsgeheimnis in einem Verfahren vor dem Dienststrafgericht oder dem Strafgericht gewahrt werden müsse. Diese Meinung will es auch ausschließen, dass ein vor dem Dienststrafgericht oder dem Strafgericht angeklagter Richter

das Beratungsgeheimnis aus dem Gesichtspunkt des übergesetzlichen Notstandes durchbrechen darf.

Einhellig wird jedenfalls der im Kölner Entwurf vorgeschlagene Weg abgelehnt, dass der Dienstvorgesetzte von der Wahrung des Beratungsgeheimnisses befreien könne. Die Möglichkeit, dass der Richter, dem das erkennende Gericht eine Befreiung vom Beratungsgeheimnis eingeräumt hat, persönlich noch die Befugnis erhalten solle, das Beratungsgeheimnis doch zu wahren, findet bei der Mehrheit keine Zustimmung, weil dadurch dem betroffenen Richter eine Verantwortung auferlegt würde, die ihm nicht zugemutet werden sollte. Auch könne man schwer ermessen, welche Folgerungen aus einer solchen persönlichen Weigerung des Richters prozessual gezogen werden könnten.

Der Redaktionsausschuss wird Eventualvorschläge zu machen haben.

12. *Sondervotum:* Die Konferenz ist sich darüber einig, dass ein offenes Sondervotum, das also auch zur Kenntnis nicht nur der Parteien, sondern auch der Öffentlichkeit kommt, selbst für das höchste Gericht z.Zt. in Deutschland nicht zu empfehlen ist. – Die Mehrheit spricht sich dafür aus, dass im Rahmengesetz die Frage des Sondervotums überhaupt nicht geregelt werden sollte. Dieser Weg würde es offenlassen, dass etwa die Geschäftsordnung der höchsten Gerichte Sondervoten zulässt, die zu den Akten des Gerichts, insbesondere zum Zwecke der Vorbereitung einer Rechtsentwicklung, genommen werden.
13. *Geltungsbereich:* Kölner Entwurf § 94; Entwurf des Richterbundes § 55. Der von Rheinland-Pfalz in seinem Gesetzentwurf vorgetragene Gedanke, allgemeine Regeln für die an der erkennenden Rechtsprechung beteiligten ehrenamtlich tätigen Laienrichter gesetzlich festzulegen, wird allgemein begrüßt. Die Konferenz ist sich andererseits aber darüber ebenfalls einig, dass die Verwirklichung dieses Gedankens den Erlass des Rahmengesetzes nicht verzögern darf. Die gesetzliche Regelung von Grundsätzen über die laienrichterliche Spruchtätigkeit bedarf aufgrund verschiedener Hinweise, die insbesondere vom Richterbund vorgetragen wurden, eingehender Vorbereitung. Die Konferenz bittet das Justizministerium Rheinland-Pfalz die Frage vorzubereiten, um bei künftigen Erörterungen Material zur Hand zu haben. Insbesondere wird bei dieser Gelegenheit zu prüfen sein, ob der Bund nach Art. 98 Abs. 3 Satz 2 zuständig ist, Rahmenvorschriften für Laienrichter zu erlassen.
14. *Einbeziehung der Verwaltungsrichter usw.:* Das Gremium ist einhellig der Meinung, der sich insbesondere die Vertreter aus Berlin anschließen, dass es wünschenswert ist und im Sinne des Abschnitts „Rechtsprechung“ des Grundgesetzes liegt, wenn das auszuarbeitende Rahmengesetz sich nicht nur auf die Richter der ordentlichen Gerichtsbarkeit bezieht, sondern die Richter aller verschiedenen Sparten umfasst. – Die Aussprache ergibt, dass die gesetzestechnische Durchführung der vorstehenden Absicht auf erhebliche Schwierigkeiten stoßen wird und eine genaue Vorbereitung

erst in Angriff genommen werden kann, wenn der Entwurf des Rahmengesetzes einigermaßen Gestalt gewonnen hat. – Gleichzeitig wird die Frage zu prüfen sein, ob sich der Wunsch erfüllen lässt, dass das Rahmengesetz in seinen Grundsätzen auch auf die Bundesgerichte Anwendung findet. – Der Richterbund macht Bedenken geltend, ob angesichts der Fassung des Art. 98 Abs. 1 und 3 GG ein solches Verfahren möglich ist. Die übrigen Teilnehmer der Konferenz teilen diese Bedenken nicht.

§ 15. *Besoldung:* Einhellig ist das Gremium der Ansicht, dass Vorschriften über die Mindestbesoldung zur Sicherung der Unabhängigkeit der Richter in das Rahmengesetz aufgenommen werden sollen. – Der Richterbund berichtet, dass eine Gehaltserhöhung, wie sie sein Entwurf § 41 vorsieht, für alle Länderrichter des Bundes eine Gesamtjahresmehrausgabe von überschlägig nur 4–5 Millionen ausmacht.

16. *Versorgung:* Die Regelung, die der Richterbund in § 48 seines Entwurfes vorschlägt, findet allgemeine Zustimmung.

17. *Zivilrechtliche Haftung des Richters:* Es bestand Einverständnis darüber, die zivilrechtliche Haftung des Richters und die Haftung des Staates für den Richter einzuschränken, und zwar soll die Haftung des Richters und die Haftung des Staates für den Richter dadurch beschränkt werden, dass in § 839 Abs. 2 BGB die Worte „dem Urteil" durch die Worte „der Entscheidung" ersetzt werden. Hiernach wird der Richter und der Staat für ihn bei Entscheidungstätigkeit des Richters nur im Falle der Rechtsbeugung oder einer sonstigen strafbaren Handlung verantwortlich gemacht werden können. Hierüber hinaus soll der Regress des Staates gegen einen Richter, der seine Amtspflicht bei richterlicher Tätigkeit, die nicht Entscheidungstätigkeit ist, verletzt hat, auf strafbare Handlungen beschränkt werden.

18. *Qualifikation:* Der Gedanke aus § 6 des Koblenzer Entwurfs, die Qualifikation der Richter durch das Präsidium vornehmen zu lassen, findet nach Erörterung keine Zustimmung.

19. *Dienstgerichte bzw. Dienststrafgerichte:* Bayern, Nordrhein-Westfalen und die Richtervereine treten dafür ein, dass die nur auf die Person des Richters bezüglichen Entscheidungen dienstrechtlicher Art von einem ordentlichen Gericht angetroffen werden, während die disziplinaren Maßnahmen von einem Dienststrafgericht ausgehen sollen. Rheinland-Pfalz und der Vorsitzende sind der Ansicht, dass die Einführung einheitlicher Dienstgerichte entsprechend dem Kölner Entwurf den Vorzug verdiene.

20. *Abgrenzung der Dienstaufsicht:* Zu § 2 des Entwurfs des Richterbundes entsteht eine ausführliche Erörterung. In der Sache ist man sich einig. Fraglich ist es, ob im Rahmengesetz eine solche Vorschrift zweckmäßig ist. Aufgrund von Erfahrungen, über die im Ausschuss berichtet wird, und unter Hinweis auf die Gerichtsbarkeit, die nicht zur ordentlichen gehört, spricht sich die Mehrheit für die Einführung einer solchen Vorschrift aus.

21. *Trottelparagraph:* Die Einführung einer Möglichkeit, Richter aus ihrem Amt zu entfernen oder sonst wie zur Verantwortung zu ziehen, wenn sie ihren Dienst nicht mehr leisten können, ist Rheinland-Pfalz in § 104 seines Entwurfs zu fassen versucht. Die Vertreter der Richtervereine weisen darauf hin, dass, soweit hierin von einer schuldhaften Verletzung der Dienstpflicht die Rede sei, das Dienststrafgericht die erforderlichen Maßnahmen ergreifen könne. Allgemein wird auf die Gefahren aufmerksam gemacht, die bei einer solchen Bestimmung in Bezug auf die Unabhängigkeit des Richters entstehen. Andererseits verkennt die Konferenz nicht, dass die Ausmerzung von unfähigen Richtern den gesamten Stand heben wird.
Der Redaktionsausschuss wird gebeten, einen Alternativvorschlag vorzulegen.

## 2. Entwurf der Redaktionskommission zum Richtergesetz (Köln, 13.-15.12.1949)

### *1. Abschnitt. Richteramt*

*§ 1.* (1) Die Richter sind unabhängig und nur dem Gesetz unterworfen.
(2) Gesetz im Sinne des Abs. 1 ist jede Rechtsnorm.

*§ 2.* (1) Dem Richter dürfen für seine Entscheidungstätigkeit Weisungen weder allgemein noch im Einzelfall erteilt werden.

(2) Die richterliche Unabhängigkeit darf durch Maßnahmen der Dienstaufsicht nicht beeinträchtigt werden.

(3) Behauptet ein Richter, dass durch eine Maßnahme der Dienstaufsicht seine Unabhängigkeit beeinträchtigt werde, so entscheiden die Dienstgerichte.

(Behauptet ein Richter, dass durch eine Maßnahme der Dienstaufsicht seine Unabhängigkeit beeinträchtigt werde, so entscheidet über die Zulässigkeit dieser Maßnahme das oberste Gericht des Landes, in Ermangelung eines solchen das Oberlandesgericht, in dessen Bezirk der Richter verwendet ist.)

Der Vollzug der Maßnahme wird durch die Anrufung des Gerichts aufgeschoben, sofern dieses nichts anderes bestimmt.

### *2. Abschnitt. Befähigung zum Richteramt*

*§ 3.* Angehörige der gesetzgebenden und der vollziehenden Gewalt können mit richterlichen Aufgaben nicht betraut werden.

*§ 4.* (19 Richter kann nur werden, wer zwei Prüfungen bestanden hat (Befähigung zum Richteramt).

(2) Der ersten Prüfung muss ein mindestens dreijähriges Studium an einer Universität vorangehen. Von diesem Zeitraum sind mindestens drei Halbjahre dem Studium auf einer deutschen Universität zu widmen.

(Der ersten Prüfung muss ein mindestens vierjähriges Studium an einer Universität vorangehen. Von diesem Zeitraum sind mindestens drei Halbjahre dem Studium auf einer Universität der Bundesrepublik Deutschland zu widmen.)

(Der ersten Prüfung muss ein mindestens dreijähriges Studium an einer Universität vorangehen. von diesem Zeitraum sind mindestens drei Halbjahre dem Studium auf einer Universität der Bundesrepublik Deutschland zu widmen.)

(3) Zwischen der ersten und zweiten Prüfung muss ein Vorbereitungsdienst von mindestens drei Jahren liegen, der im Dienst bei den Gerichten, Staatsanwaltschaften, Rechtsanwälten (Notaren) und Verwaltungsbehörden zu verwenden ist. Der Vorbereitungsdienst bei den Verwaltungsbehörden kann bis zur Höchstdauer von sechs Monaten auch bei Körperschaften und Anstalten des öffentlichen Rechts sowie Unternehmungen oder Einrichtungen der Wirtschaft abgeleitet werden, die durch die Landesjustizverwaltung für die Abnahme des Vorbereitungsdienstes als geeignet erklärt worden sind.

*§ 5.* (1) Wer in einem deutschen Lande die erste Prüfung bestanden hat, kann in jedem anderen Lande zum Vorbereitungsdienst und zur zweiten Prüfung zugelassen werden.

(Wer in einem Lande der Bundesrepublik Deutschland die erste Prüfung bestanden hat, kann in jedem anderen Lande zum Vorbereitungsdienst und zur zweiten Prüfung zugelassen werden.)

(2) Die in einem deutschen Lande auf den Vorbereitungsdienst verwendete Zeit kann in jedem anderen Lande angerechnet werden.

(Die in einem Lande der Bundesrepublik Deutschland auf den Vorbereitungsdienst verwendete Zeit kann in jedem anderen Lande angerechnet werden.)

*§ 6.* Zum Richteramt befähigt ist ferner jeder ordentliche öffentliche Lehrer des Rechts an einer Universität der Bundesrepublik Deutschland.

*§ 7.* Wer die Befähigung zum Richteramt nach diesem Gesetz besitzt, ist zu jedem Richteramt innerhalb der Bundesrepublik Deutschland befähigt.

## *3. Abschnitt. Ernennung der Richter*

*§ 8* (1) Die Richter werden auf Lebenszeit ernannt.

(2) Die Eigenschaft als Richter wird mit der Aushändigung der Ernennungsurkunde begründet, in der die Worte „unter Berufung in das Richteramt“ enthalten sein müssen.

(3) Zugleich mit der Aushändigung der Ernennungsurkunde ist der Richter in eine Planstelle bei einem Gericht einzuweisen.

(4) Die Ernennung wird, wenn nicht bei Aushändigung der Ernennungsurkunde ausdrücklich ein anderer Tag bestimmt ist, mit dem Tag der Aushändigung der Urkunde wirksam.

*§ 9.* (1) Zum Richter kann nur ernannt werden, wer die deutsche Staatsangehörigkeit und die Befähigung zum Richteramt besitzt.

(2) Zum Richter kann nicht ernannt werden, wer

1. entmündigt ist oder unter vorläufiger Vormundschaft steht,
2. die Befähigung zur Bekleidung eines öffentlichen Amtes kraft Urteilsspruches verloren hat,
3. wegen Verbrechens oder Vergehens zu einer Strafe verurteilt ist, die kraft Gesetzes das Ausscheiden aus einem Richteramt zur Folge hat.

*§ 10.* (1) Die Ernennung ist nichtig, wenn der Ernannte im Zeitpunkt der Ernennung

1. die Voraussetzungen des § 9 Abs. 1 nicht erfüllt,
2. nach § 9 Ab. 2 Ziff. 1 oder 2 nicht zum Richter ernannt werden konnte.

(2) Die Ernennung ist für nichtig zu erklären

1. wenn sie durch Zwang, arglistige Täuschung oder Bestechung herbeigeführt wurde,
2. wenn nicht bekannt war, dass der Ernannte ein Verbrechen oder ein solches Vergehen begangen hatte, das ihn der Ernennung zum Richter unwürdig erscheinen lässt und er deshalb rechtskräftig zu einer Strafe verurteilt war oder wird.

(3) Die Ernennung kann für nichtig erklärt werden

1. wenn sie von einer sachlich unzuständigen Behörde ausgesprochen wurde,
2. wenn bei einem nach seiner Ernennung Entmündigten die Voraussetzungen für die Entmündigung im Zeitpunkt der Ernennung vorlagen,
3. wenn nicht bekannt war, dass der Ernannte aus einem früheren Richteramt oder Beamtenverhältnis wegen mangelnder Eignung entlassen oder im Wege eines Dienststrafverfahrens aus dem Dienste entfernt oder zum Ruhegehaltsverlust verurteilt worden war.
4. Über die Nichtigkeit und die Nichtigkeitserklärung entscheidet das Dienstgericht.

(4) Über die Nichtigkeit und die Nichtigkeitserklärung entscheidet das in den Fällen des § 2 Abs. 3 zuständige Gericht.

*§ 11.* (1) In den Fällen des § 10 Abs. 1 hat das Dienstgericht nach Kenntnis des Nichtigkeitsgrundes dem Ernannten sofort jede weitere Führung der Amtsgeschäfte zu untersagen. (In den Fällen des § 10 Abs. 1 hat das nach § 2 Abs. 3 zuständige Gericht nach Kenntnis des Nichtigkeitsgrundes dem Ernannten sofort jede weitere Führung der Amtsgeschäfte zu untersagen.)

In den Fällen des § 10 Abs. 2 und 3 kann es die weitere Führung der Amtsgeschäfte untersagen.

(2) In den Fällen des § 10 Abs. 2 und 3 muss die Nichtigkeitserklärung innerhalb von sechs Monaten erfolgen, nachdem die Ernennungsbehörde von dem Nichtigkeitsgrund Kenntnis erlangt hat. Vor der Nichtigkeitserklärung ist der Richter zu hören. Die Nichtigkeitserklärung ist dem Richter zuzustellen.

*§ 12.* (1) Ist eine Ernennung nichtig oder für nichtig erklärt worden, so sind die bis zur Untersagung der Führung der Amtsgeschäfte (§ 11 Abs. 1) oder bis zur Zustellung der Nichtigkeitserklärung vorgenommenen Amtshandlungen den Ernannten in der gleichen Weise gültig, wie wenn sie ein rechtsgültig ernannter Richter vorgenommen hätte.

(2) Wenn Billigkeitsgründe es erfordern, können die ausgezahlten Dienstbezüge belassen werden.

## *4. Abschnitt. Richterwahlausschuss*

*§ 13.* (1) Soweit ein Land an der Anstellung von Richtern gemäß Art. 98 Abs. 4 des Grundgesetzes für die Bundesrepublik Deutschland einen Richterwahlausschuss beteiligt, sind die Mitglieder des Ausschusses je zur Hälfte von der Volksvertretung und Richtern des Landes zu wählen. Die Zahl der Mitglieder eines Richterwahlausschusses darf acht nicht übersteigen.

(Soweit ein Land an der Anstellung von Richtern gemäß Art. 98 Abs. 4 des Grundgesetzes für die Bundesrepublik Deutschland einen Richterwahlausschuss beteiligt, sind die Mitglieder des Ausschusses zu je ein Drittel von der Volksvertretung, der Regierung und Richtern des Landes zu wählen. – Die Zahl der Mitglieder eines Richterwahlausschusses darf neun nicht übersteigen.)

Er entscheidet mit einfacher Stimmenmehrheit. Gleichheit der Stimmen gilt als Ablehnung.

*§ 14.* Der Richterwahlausschuss kann nur Bewerber wählen, die von der Ernennungsbehörde vorgeschlagen sind.

*§ 15.* Die Mitglieder eines Richterwahlausschusses sind an Weisungen nicht gebunden.

## *5. Abschnitt. Beendigung des Richteramtes und Versetzung*

*§ 16.* (1) Richter können, soweit das Grundgesetz der Bundesrepublik Deutschland oder dieses Gesetzes nichts anderes bestimmen, wider ihren Willen nur kraft einer Entscheidung der Dienstgerichte und nur aus den Gründen, welche dieses Gesetz bestimmt, dauernd oder zeitweise ihres Amtes enthoben oder an eine andere Stelle oder in den Wartestand oder in den Ruhestand versetzt werden.

(Richter können, soweit das Grundgesetz der Bundesrepublik Deutschland oder dieses Gesetz nichts anderes bestimmen, wider ihren Willen nur kraft einer Entscheidung der Dienststrafgerichte und nur aus den Gründen, welche dieses Gesetz bestimmt, dauernd oder zeitweise ihres Amtes enthoben oder an eine andere Stelle oder in den Wartestand oder in den Ruhestand versetzt werden.)

(2) Die Gesetze können Altersgrenzen festsetzen, bei deren Erreichung Richter in den Ruhestand treten.

*§ 17.* Dem Verlangen eines Richters auf Entlassung muss jederzeit entsprochen werden.

*§ 18.* (1) Erklärt ein Richter schriftlich, dass er sich in seinem Gewissen verpflichtet fühle, von einer ihm übertragenen richterlichen Aufgabe zurückzutreten, so darf er sich vom Zeitpunkt des Einganges dieser Erklärung bei der Dienstaufsichtsbehörde jeder richterlichen Entscheidung im Bereich dieser Aufgabe enthalten.

(2) Dem Richter kann durch Versetzung oder neue Geschäftsverteilung eine andere richterliche Aufgabe zugewiesen werden. Geschieht dies nicht, so entscheidet das Dienstgericht, ob dem Richter im Hinblick auf seine Gewissensgründe die weitere Wahrnehmung der richterlichen Aufgabe zuzumuten ist. (Geschieht dies nicht, so entscheidet das nach § ... Abs. 3 zuständige Gericht, ob dem Richter im Hinblick auf seine Gewissensgründe die weitere Wahrnehmung der richterlichen Aufgabe zuzumuten ist.)

Erkennt das Dienstgericht dieses an, so ist der Richter in den Ruhestand zu versetzen. (Erkennt das Gericht dieses an, so ist der Richter in den Ruhestand zu versetzen.)

*§ 19.* Ein Richter ist zu entlassen, wenn er den von ihm nach § 28 zu leistenden Eid verweigert.

*§ 20.* (1) Ein Richter kann vorläufig der Amtsgeschäfte enthoben werden, wenn

1. das förmliche Dienststrafverfahren gleichzeitig eingeleitet wird oder bereits eingeleitet ist,
2. wenn gegen den Richter in einem strafgerichtlichen Verfahren ein Haftbefehl erlassen ist,
3. wenn gegen den Richter eine strafgerichtliche Untersuchung wegen einer Straftat eröffnet worden ist, die voraussichtlich den Verlust des Amtes kraft des strafgerichtlichen Urteils oder die Dienstentlassung im anschließenden Dienststrafverfahren zur Folge hat,
4. wenn gemäß Art. 98 Abs. 2 und 5 des Grundgesetzes für die Bundesrepublik Deutschland gegen den Richter Richteranklage bei dem Bundesverfassungsgericht erhoben wird.

(2) Über die vorläufige Enthebung von den Amtsgeschäften entscheidet das Dienstgericht. (Über die vorläufige Entscheidung von den Amtsgeschäften entscheidet das Dienststrafgericht.)

*§ 21.* (1) Ein Richter ist in den Ruhestand zu versetzen, wenn er infolge eines körperlichen Gebrechens oder wegen Schwäche seiner körperlichen oder geistigen Kräfte zur Erfüllung seiner Amtspflichten dauernd unfähig (dienstunfähig) ist.

(2) Hält die Dienstaufsichtsbehörde den Richter für dienstunfähig und beantragt dieser nicht die Versetzung in den Ruhestand, so kann der Richter nach Feststellung der Dienstunfähigkeit auch gegen seinen Willen in den Ruhestand versetzt werden.

Über die Versetzung in den Ruhestand entscheidet das Dienstgericht. (Über die Versetzung in den Ruhestand entscheidet das in den Fällen des § 2 Abs. 3 zuständige Gericht.)

*§ 21 a. Eventualzusatz.* (1) Liegt nur zeitliche Dienstunfähigkeit vor, so ist die Versetzung in den Ruhestand nur auf die Dauer der voraussichtlichen Dienstunfähigkeit auszusprechen.

(2) Der gemäß Abs. 1 in den zeitlichen Ruhestand versetzte Richter ist wieder in das Dienstverhältnis als Richter zu berufen, wenn er seine Dienstfähigkeit wiedererlangt und das 68. Lebensjahr noch nicht überschritten hat.

(3) Kann ein in den zeitlichen Ruhestand versetzter Richter nicht sofort auf einer geeigneten Amtsstelle wiederernannt werden, so wird er bis zum Eintritt dieser Möglichkeit unter Fortgewährung des Ruhegehalts im zeitlichen Ruhestand belassen.

*§ 22.* (1) Bei einer gesetzlichen Veränderung in der Einrichtung der Gerichte oder ihrer Bezirke können die hiervon unmittelbar betroffenen Richter durch die Justizverwaltung an ein anderes Gericht oder unter Belassung ihres vollen Gehaltes in den Wartestand versetzt werden.

(2) Die Versetzung in den Wartestand ist nur innerhalb von drei Monaten nach Inkrafttreten des Gesetzes, durch welches die Einrichtung der Gerichte oder ihrer Bezirke verändert wird, und nur innerhalb der Zahl der im Haushaltsplan aus diesem Anlass abgesetzten Planstellen zulässig.

*§ 23.* Ein Richter kann in ein anderes richterliches Amt von gleichem Rang und Diensteinkommen versetzt werden, wenn Tatsachen eingetreten sind, durch die seine Tätigkeit auf der bisherigen Stelle nicht bloß vorübergehend derart beeinträchtigt wird, dass unabweisliche Bedürfnisse der Rechtspflege die Versetzung dringend erfordern.

Über das Vorliegen dieser Voraussetzung entscheidet das Dienstgericht. (Über das Vorliegen dieser Voraussetzung entscheidet das in den Fällen des § 2 Abs. 3 zuständige Gericht.)

*§ 23 a. Eventualzusatz.* (1) Ein Richter kann in den Ruhestand versetzt werden, wenn er in seinen Leistungen anhaltend hinter dem von einem Richter zu fordernden Mann so erheblich zurückbleibt, dass die Ausübung des Richteramts durch ihn sich mit den unabweislichen Bedürfnissen der Rechtspflege nicht mehr vereinbaren lässt.

Über die Versetzung in den Ruhestand entscheidet das Dienstgericht. (Über die Versetzung in den Ruhestand entscheidet das in den Fällen des § 2 Abs. 3 zuständige Gericht.)

*§ 24.* Ein Richter scheidet mit der Rechtskraft des Strafurteils aus seinem Dienstverhältnis aus, wenn er zu Zuchthaus oder wegen vorsätzlich begangener Tat zu Gefängnis von einem Jahr oder längerer Dauer verurteilt wird oder ihm die bürgerlichen Ehrenrechte oder die Fähigkeit zur Bekleidung öffentlicher Ämter aberkannt werden.

*§ 25.* (1) Ein Richter kann mit seinem Einverständnis auch auf einer Amtsstelle verwendet werden, in die er nicht eingewiesen ist (Abordnung).

(2) Die Zahl der zum obersten Gericht eines Landes oder zu einem Oberlandesgericht abgeordneten Richter darf 10 vom Hundert der Richter, die planmäßige Mitglieder dieser Gerichte sind, nicht übersteigen, kann aber mindestens zwei betragen.

*§ 26.* Die Entlassung, die Versetzung in den Wartestand oder Ruhestand und die Versetzung eines Richters verfügt die Ernennungsbehörde. Diese Verfügungen sind dem Richter zuzustellen.

## *6. Abschnitt. Pflichten der Richter*

*§ 27.* Ein Richter ist zur gewissenhaften Erfüllung der besonderen Aufgaben seines Amtes verpflichtet. Er hat unparteiisch nach dem Gesetz Recht zu sprechen, das Gesetz mit Gerechtigkeit gegenüber jedermann ohne Rücksicht auf Religion, Rasse, Abstammung oder politische Überzeugung anzuwenden und die Gleichheit aller vor dem Gesetz zu wahren. Er hat sich innerhalb und außerhalb seines Amtes der Achtung, die sein Beruf erfordert, würdig zu zeigen.

*§ 28.* (1) Ein Richter hat bei Antritt seines Amtes den folgenden Eid zu leisten: „Ich schwöre, dass ich das Gesetz getreu der Verfassung mit Gerechtigkeit gegenüber jedermann ohne Ansehen der Person anwenden werde. So wahr mir Gott helfe".

(2) Gestattet ein Gesetz den Mitgliedern einer Religionsgesellschaft, anstelle des Eides andere Beteuerungsformeln zu verwenden, so kann ein Richter, der Mitglied einer solchen Religionsgesellschaft ist, diese Beteuerungsformel gebrauchen.

(3) Erklärt ein Richter, dass er Bedenken habe, den Eid in religiöser Form zu leisten, so kann er die Worte „So wahr mir Gott helfe" weglassen.

*§ 29.* (1) Ein Richter hat – auch nach Beendigung seines Amtes – über die ihm bei seiner Tätigkeit bekanntgewordenen Angelegenheiten, deren Geheimhaltung aufgrund eines Gesetzes oder ihrem Wesen nach erforderlich ist, Verschwiegenheit gegen jedermann zu bewahren.

(2) Über hiernach geheim zu haltende Angelegenheiten darf der Richter ohne Genehmigung der Dienstaufsichtsbehörde oder der letzten Dienstaufsichtsbehörde nur auf Verlangen eines Gerichts Angaben machen. Die oberste Dienstaufsichtsbehörde ist

berechtigt, eine Beschränkung der Auskunftspflicht des Richters zu beantragen. Über diesen Antrag entscheidet das Gericht.

(3) *Eventualzusatz.* Das Beratungsgeheimnis ist in jedem Falle zu wahren. Nur das Bundesverfassungsgericht kann einem Richter, wenn gegen Richter Richteranklage nach Art. 98 des Grundgesetzes der Bundesrepublik Deutschland erhoben worden ist, die Genehmigung zu Erklärungen über die Beratung erteilen.

*§ 29 a. Eventualzusatz.* Ein Richter darf nicht Mitglied einer Partei sein und sich nicht parteipolitisch betätigen.

*§ 30.* (1) Ein Richter bedarf der vorherigen Genehmigung seiner Dienstaufsichtsbehörde zur Übernahme einer Nebenbeschäftigung gegen Vergütung.

(2) Die Genehmigung darf nur verweigert werden, wenn bei ihrer Erteilung die Erfüllung der Amtspflicht des Richters gefährdet wird.

(3) Die Verwaltung eigenen oder der Nutznießung des Richters unterliegenden Vermögens und eine schriftstellerische, wissenschaftliche, künstlerische oder vortragende Tätigkeit bedürfen keiner Genehmigung.

## *7. Abschnitt. Allgemeine Rechte der Richter*

*§ 31.* (1) Die Richter der Amtsgerichte und Landgerichte führen die Amtsbezeichnung Richter, die Richter der Oberlandesgerichts und des obersten Gerichts eines Landes die Amtsbezeichnung Oberrichter.

(2) Die ständigen Vorsitzenden einer Kammer des Landgerichts führen die Amtsbezeichnung Landgerichtsdirektor, die ständigen Vorsitzenden eines Senats eines Oberlandesgerichts oder des obersten Gerichts eines Landes die Amtsbezeichnung Senatspräsident.

(3) Die Amtsbezeichnungen Amtsgerichtsdirektor, Amtsgerichtspräsident, Landgerichtspräsident und Oberlandesgerichtspräsident sowie besondere Amtsbezeichnungen für den Präsidenten des obersten Gerichts eines Landes bleiben zulässig.

(4) Einem nach dem § 17 entlassenen Richter kann die Fortführung der Amtsbezeichnung gestattet werden.

*§ 32.* Die Amtstracht der Richter wird durch Verordnung des Bundesjustizministers geregelt.

*§ 33.* (1) Der Richter muss über Beschwerden und tatsächliche Angaben, die ihm nachteilig werden können, gehört werden.

(2) Er hat das Recht, seine sämtlichen Personalakten, insbesondere auch Personalnachweise an der Dienststelle, an der sie geführt oder aufbewahrt werden, jederzeit einzusehen.

(3) In die Personalnachweise dürfen ungünstige Tatsachen erst eingetragen werden, wenn der Richter Gelegenheit gehabt hat, sich über sie zu äußern. Diese Äußerung ist in die Personalnachweise aufzunehmen.

*§ 34.* (1) Gegen dienstliche Maßnahmen, die das persönliche Dienstverhältnis des Richters berühren, steht dem Richter der Beschwerdeweg offen.

Über die Beschwerde entscheidet das Dienstgericht. (Über die Beschwerde entscheidet das in den Fällen des § 2 Abs. 3 zuständige Gericht.) § 2 Abs. 3 Satz 2 findet Anwendung. Der Verwaltungsrechtsweg ist ausgeschlossen.

(2) Die Vorschriften in § 2 bleiben unberührt.

## *8. Abschnitt. Besoldung*

*§ 35.* (1) Die Richter beziehen ein festes Gehalt.

(2) Die Besoldung bemisst sich mindestens

a) für Richter nach den Sätzen der dem Besoldungsgesetz vom 16. Dezember 1927 (RGBl. I 349) als Anlage I beigefügten Reichsbesoldungsordnung A Besoldungsgruppe 2 a

b) für Amtsgerichtsdirektoren und Landgerichtsdirektoren nach den Sätzen der Besoldungsgruppe A 1 b

(b) für Oberrichter und Landgerichtsdirektoren nach den Sätzen der Besoldungsgruppe A 1 a)

c) für Oberrichter nach den Sätzen der Besoldungsgruppe A 1 a.

Für Senatspräsidenten am Oberlandesgericht und für Richter am obersten Gericht des Landes wird eine unwiderrufliche ruhegehaltsfähige Stellenzulage von mindestens jähr lich 1800 DM gewährt.

(3) Amtsgerichtspräsidenten und Landgerichtspräsidenten erhalten mindestens die gleichen Bezüge einschließlich der Stellenzulage wie Senatspräsidenten am Oberlandesgericht, Landgerichtspräsidenten in Bezirken mit mehr als 60 planmäßigen Richtern erhalten mindestens die Bezüge der Besoldungsgruppe B 7 b.

(4) Die Oberlandesgerichtspräsidenten, die Senatspräsidenten und die Präsidenten am obersten Gericht des Landes erhalten mindestens ihre bisherigen Bezüge.

*§ 36.* Soweit die Dienstbezüge der Richter nach Dienstaltersstufen bemessen werden, kann das Aufsteigen in diesen nur im Wege des Dienststrafverfahrens versagt werden.

*§ 37.* Auf das Besoldungsdienstalter eines Richters ist die im öffentlichen Dienst verbrachte Zeit anzurechnen. Es kann ferner die Zeit angerechnet werden, während deren der Richter:

1. als Rechtsanwalt oder Notar, 2. auf wissenschaftlichem, künstlerischem, technischem oder wirtschaftlichem Gebiet in einer Weise, die seine Eignung zum Richter gefördert hat, im In- und Ausland tätig gewesen ist.

## *9. Abschnitt. Wartestand*

*§ 38* (1) Der Richter im Wartestand bleibt Richter. Er verliert jedoch mit dem Beginn des Wartestandes seine Amtsstelle.

(2) Der Richter erhält über die Versetzung in den Wartestand eine Urkunde. Der Wartestand beginnt, wenn nicht im Einzelfall ausdrücklich ein späterer Zeitpunkt festgestellt wird, mit der Aushändigung der Urkunde. Die Versetzung in den Wartestand kann bis zum Beginn des Wartestandes zurückgenommen werden.

(3) Nebentätigkeiten unterliegen der Genehmigungspflicht in gleicher Weise wie bei im Dienst befindlichen Richtern.

*§ 39.* Der Richter erhält im Wartestand sein volles Gehalt, soweit es ruhegehaltsfähig ist. Er rückt in Dienstaltersstufen auf.

*§ 40.* Der Richter im Wartestand ist zur Annahme eines richterlichen Amtes von gleichem Rang und Diensteinkommen verpflichtet.

*§ 41.* Der Wartestand endet, wenn

1. dem Richter ein neues Amt übertragen wird,
2. das Dienstverhältnis des Richters endet.

*§ 42.* Der Richter im Wartestand kann auf seinen Antrag jederzeit in den Ruhestand versetzt werden. Er ist in den Ruhestand zu versetzen, wenn er der Verpflichtung zur Annahme eines neuen Amtes nach § 40 nicht nachgekommen ist.

Über die Versetzung in den Ruhestand entscheidet das Dienstgericht. (Über die Versetzung in den Ruhestand entscheidet das in den Fällen des § 2 Abs. 3 zuständige Gericht.)

## *10. Abschnitt. Versorgung*

*§ 43.* (1) Die Richter und ihre Hinterbliebenen haben Anspruch auf Versorgung.

(2) Die Regelung der Versorgung darf nicht ungünstiger sein als die entsprechende Regelung des Deutschen Beamtengesetzes in der Fassung vom 26. Januar 1937 (RGBl. I S. 39).

## *11. Abschnitt. Gemeinsame Vorschriften für Gehalt und Versorgung*

*§ 44.* Auf die Ansprüche auf Gehalt und Versorgung kann weder ganz noch teilweise verzichtet werden. Sie können, soweit nichts anderes bestimmt ist, nur insoweit verpfändet

oder abgetreten werden, als sie der Pfändung unterliegen. Der Staat kann ein Aufrechnungs- oder Zurückbehaltungsrecht ihnen gegenüber nur insoweit geltend machen, als sie pfändbar sind oder als er einen vollstreckbaren Anspruch auf Schadensersatz wegen vorsätzlicher unerlaubter Handlung hat.

*§ 45.* Über die vermögensrechtlichen Ansprüche aus dem Dienstverhältnis der Richter entscheiden im Streitfalle die ordentlichen Gerichte.

*§ 46.* (1) Scheidet ein Richter aus dem Dienstverhältnis aus (§ 24), wird er entlassen (§ 17) oder im Wege des Dienststrafverfahrens aus seinem Amt entfernt, so haben er und seine Hinterbliebenen keinen Anspruch auf Gehalt und Versorgung.

(2) Einem ausgeschiedenen, entlassenen oder aus dem Amt entfernten Richter und seinen Hinterbliebenen kann ein Unterhaltsbeitrag gewährt werden. (Über die Gewährung des Unterhaltsbeitrages entscheidet bei ausgeschiedenen oder entlassenen Richtern die Dienstaufsichtsbehörde, bei aus dem Amt entfernten Richtern das Dienstgericht.)

## *11. Abschnitt. Dienststrafrecht*

*§ 47.* (1) Ein Richter begeht ein Dienstvergehen, wenn er schuldhaft die ihm obliegenden Amtspflichten verletzt.

*Eventualzusatz:* Als Dienstvergehen gilt es auch, wenn der Richter bei seiner Ernennung getäuscht oder in anderer Weise rechtswidrig gehandelt hat.

(2) Ein Dienstvergehen liegt auch vor, wenn ein Richter wissentlich Ziele fördert oder Bestrebungen unterstützt, die darauf ausgehen, die staatsbürgerliche Freiheiten zu unterdrücken oder gegen Volk, Staat und Verfassung Gewalt anzuwenden.

(3) Bei einem Ruhestandsbeamten gilt als Dienstvergehen ein Verhalten im Sinne des Abs. 2 und eine Verletzung der Verpflichtung zur Amtsverschwiegenheit (§ 29) und ein Verstoß gegen ein Verbot der Annahme von Geschenken und Belohnungen.

*§ 48.* (1) Dienststrafen gegen Richter sind Warnung, Verweis, Geldbuße, Versagung des Aufsteigens zur nächsten Gehaltsstufe bis zu zwei Jahren, Gehaltskürzung, Versetzung in ein anderes richterliches Amt mit gleichem oder niedrigerem Rang oder Diensteinkommen, Versetzung in den Ruhestand mit vollem oder gekürztem Ruhegehalt, Entfernung aus dem Dienst.

(2) Gegen Richter im Ruhestand können verhängt werden

Geldbuße, Kürzung des Ruhegehalts, Aberkennung des Ruhegehalts.

(3) In ein und demselben Dienststrafverfahren darf neben der Versetzung eine Geldbuße oder Gehaltskürzung, im Übrigen aber nur eine der angeführten Dienststrafen verhängt werden.

*§ 49.* Die Verfolgung von Dienstvergehen verjährt in fünf Jahren. Die Verjährung beginnt mit dem Tage, an dem die Verfehlung begangen worden ist, ohne Rücksicht auf den Zeitpunkt des Erfolges. Solange das förmliche Diensterfahren wegen der Verfehlung gegen den Richter anhängig oder der Richter aus seinem Amt beurlaubt ist, ruht die Verjährung. – Verstößt die Verfehlung auch gegen ein Strafgesetz, so verjährt die Verfolgung des Dienstvergehens nicht früher als die der Straftat.

*§ 50.* (1) Für Richter sind besondere Dienstgerichte einzurichten, die nur mit Richtern besetzt sein dürfen.

(Für Richter sind besondere Dienststrafgerichte einzurichten, die nur mit Richtern besetzt sein dürfen.)

(2) Dienstgericht des ersten Rechtszuges ist der Dienstsenat beim Oberlandesgericht. Dienstgericht des zweiten Rechtszuges ist ein bei dem obersten Gericht des Landes, in Ermangelung eines solchen ein für das ganze Land bei einem Oberlandesgericht gebildeter Berufungssenat. (Dienststrafgericht des ersten Rechtszuges ist der Dienststrafsenat beim Oberlandesgericht. Dienststrafgericht des zweiten Rechtszuges ist ein bei dem obersten Gericht des Landes, in Ermangelung eines solchen ein für das ganze Land bei einem Oberlandesgericht gebildeten Berufungssenat.) Vorsitzender des Berufungssenats ist der Präsident des obersten Gerichts des Landes oder der Präsident des Oberlandesgericht.

(3) *(Eventualzusatz:)* Die Dienstgerichte entscheiden in Dienststrafverfahren und in den in diesem Gesetz bestimmten Fällen.

(4) Dienststrafen mit Ausnahme der Warnung und des Verweises können nur von den Dienstgerichten im förmlichen Dienststrafverfahren verhängt werden.

(5) Im Verfahren vor den Dienstgerichten muss für den Beschuldigten rechtliches Gehör und spätestens vom Zeitpunkt der Zustellung der Anschuldigungsschrift oder des Antrages auf Entscheidung des Dienstgerichts an das Recht auf Akteneinsicht gewährleistet sein. ((4) Im Verfahren vor den Dienststrafgerichten muss für den Beschuldigten rechtliches Gehör und spätestens vom Zeitpunkt der Anschuldigungsschrift an das Recht auf Akteneinsicht gewährleistet sein.) Die Sachentscheidungen müssen mit Gründen versehen sein.

(6) Wird die Entscheidung des Dienstgerichts von dem Richter oder zu seinen Gunsten angefochten, so darf die Entscheidung nicht zum Nachteil des Richters abgeändert werden.

(6) Die Möglichkeit eines Wiederaufnahmeverfahrens ist vorzusehen. Soweit das Landesrecht keine Regelung trifft, gelten die Bestimmungen der StPO entsprechend.

(7) Der Richter kann die Einleitung des förmlichen Dienststrafverfahrens gegen sich selbst beantragen, um sich von dem Verdacht eines Dienstvergehens zu reinigen.

## *12. Abschnitt. Haftung der Richter*

*§ 51.* (1) § 839 Abs. 2 des Bürgerlichen Gesetzbuches erhält folgende Fassung: „Verletzt ein Richter bei der Entscheidung in einer Rechtssache der streitigen Gerichtsbarkeit seine Amtspflicht, so ist er für den daraus entstehenden Schaden nur dann verantwortlich, wenn die Pflichtverletzung mit einer im Wege des gerichtlichen Strafverfahrens zu verhängenden öffentlichen Strafe bedroht ist. Auf eine pflichtwidrige Verweigerung oder Verzögerung der Ausübung des Amtes findet diese Vorschrift keine Anwendung." (§ 839 Abs. 2 des Bürgerlichen Gesetzbuches erhält folgende Fassung: „Verletzt ein Richter in einer Rechtssache seine Amtspflicht, so ist er für den daraus entstehenden Schaden nur dann verantwortlich, wenn die Pflichtverletzung mit einer im Wege des gerichtlichen Strafverfahrens zu verhängenden öffentlichen Strafe bedroht ist. Auf eine pflichtwidrige Verweigerung oder Verzögerung der Ausübung des Amtes findet diese Vorschrift keine Anwendung.")

(2) Verletzt ein Richter in einer Rechtssache der freiwilligen Gerichtsbarkeit seine Amtspflicht, so kann der Staat gegen den Richter nur dann Rückgriff nehmen, wenn die Pflichtverletzung mit einer im Wege des gerichtlichen Strafverfahrens zu verhängenden öffentlichen Strafe bedroht ist. Auf eine pflichtwidrige Verweigerung oder Verzögerung des Amtes findet diese Vorschrift keine Anwendung.

## *13. Abschnitt. Geltungsbereich*

*§ 52.* (1) Dieses Gesetz gilt für die Richter der ordentlichen Gerichtsbarkeit in den Ländern der Bundesrepublik Deutschland. (Dieses Gesetz gilt für die Richter aller Gerichte in den Ländern der Bundesrepublik Deutschland.)

(2) Für die Richter am Bundesgerichtshof (oberes Bundesgericht für die ordentliche Gerichtsbarkeit) gilt dieses Gesetz insoweit, als nicht nach Art. 98 Abs. 1 des Grundgesetzes der Bundesrepublik Deutschland etwas anderes bestimmt ist. (Für Richter der Bundesgerichte gilt dieses Gesetz insoweit, als nicht nach Art. 98 Abs. 1 des Grundgesetzes der Bundesrepublik Deutschland anderes bestimmt wird.)

(3) Die Grundsätze über sachliche Unabhängigkeit (§ 1 und § 2 Abs. 1 und 2), Gewaltentrennung (§ 3), Gewissenskonflikt (§ 18), Richterpflicht (§ 27), Verschwiegenheitspflicht (§ 29), Einschränkung politischer Betätigung (§ 29 a), Nebenbeschäftigung (§ 30), Haftung (§ 51 Abs. 2) gelten auch für die Richter der Verwaltungs-, der Finanz-, der Arbeits- und Sozialgerichtsbarkeit. (Die zur Zeit des Inkrafttretens dieses Gesetzes geltenden besonderen Bestimmungen für die Richter der Verwaltungsgerichte, der Finanzgerichte, der Arbeitsgerichte und der Sozialgerichte bleiben unberührt. Die Rechtsstellung dieser Richter kann abweichend von den Bestimmungen dieses Gesetzes geregelt werden.)

*§ 53.* (1) Wer nach Erlangung der Befähigung zum Richteramt in einem Land der Bundesrepublik Deutschland zur Wahrnehmung richterlicher Aufgaben bestellt wurde, ohne jedoch auf Lebenszeit zum Richter ernannt zu sein, ist Hilfsrichter.

(2) *Eventualzusatz:* Vom Inkrafttreten dieses Gesetzes an dürfen Hilfsrichter nurmehr bestellt werden, sofern unabweisliche Bedürfnisse der Rechtspflege dies erfordern. Von dieser Befugnis darf nach dem 31. Dezember 1952 kein Gebrauch mehr gemacht werden.

(3) Die Zahl der Hilfsrichter darf 10 vom Hundert der Gesamtzahl der in einem Landgerichtsbezirk besetzten Planstellen für Richter nicht übersteigen. Eine Verwendung von Hilfsrichtern bei den Oberlandesgerichten und dem obersten Gericht eines Landes ist nicht zulässig.

(4) *Eventualzusatz:* Bis zum 31. Dezember 1952 bestellte Hilfsrichter sind bei Vorliegen der erforderlichen Voraussetzungen längstens bis 31. März 1953 zum Richter zu ernennen. Andernfalls sind sie zu entlassen.

*§ 53 a.* (1) *Eventualzusatz:* Eine vor dem 8. Mai 1945 nach den damals im Deutschen Reich geltenden Bestimmungen sowie eine im Westsektor Berlins erlangte Befähigung zum Richteramt steht der Befähigung zum Richteramt im Sinne des § 4 Abs. 1 gleich.

(2) Bis zum 8. Mai 1945 nach den damals im Deutschen Reich geltenden Bestimmungen, sowie im Westsektor Berlins zurückgelegte Studienzeiten, Vorbereitungsdienstzeiten und abgelegte Prüfungen stehen Studienzeiten und Prüfungen im Sinne des § 4 gleich.

*§ 54.* Die landesrechtlichen Bestimmungen über die Richteramtsbefähigung von Flüchtlingen und Vertriebenen bleiben unberührt.

*§ 55.* Die Dauer des Studiums und des Vorbereitungsdienstes nach § 4 kann für Kriegsteilnehmer und Personen, die in der Zeit vom 30. Januar 1933 bis zum 8. Mai 1945 aus politischen, rassischen oder religiösen Gründen Nachteile erlitten haben, herabgesetzt werden.

*§ 56.* Die gemäß Art. 98 Abs. 3 Satz 1 des Grundgesetzes für die Bundesrepublik Deutschland erforderlichen Landesgesetze über die Rechtsstellung der Richter in den Ländern sind innerhalb eines Jahres nach Inkrafttreten dieses Gesetzes zu erlassen.

*§ 57.* Dieses Gesetz tritt am … in Kraft.

*Anlage:* In der Münchner Konferenz vom 22./23.11.1949 wurde beschlossen, Vorschläge zur Frage der Regelung des contempt of court als Material dem Justizkollegium vorzulegen (Ziff. 9 der Niederschrift):

In den Anlagen a) und b) werden übermittelt: a) der Vorschlag des Justizministeriums Rheinland-Pfalz (§§ 12–15), b) der Vorschlag des Deutschen Richterbundes (§ 54).

Die Redaktionskommission hat diese Vorschläge lediglich entgegengenommen, ohne sie zu erörtern.

## VI. *Niederschrift über die Sondertagung des Justizkollegiums zum Thema Richtergesetz. Koblenz, den 27./28. Januar 1950*

*Anwesenheitsliste:* Sondertagung des Justizkollegiums am 27. und 28.1.1950 in Koblenz

Ruscheweyh, Präsident (*Vorsitzender*), Dt. Obergericht
Dr. Pauli, ORRat, Baden
Dr. Müller, Just. Min. (zeitweise anwesend), Bayern
Dr. Resch, OberstLGRat, Bayern
Dr. Müller, RegDir., Berlin
Dr. Peine, Präsident, Bremen
Görtz, RegDir., Hamburg
Dr. Berger, MinRat, Hessen
Dr. Saage, ORRat, Niedersachsen
Geller, SenPräsident, Nordrhein-Westfalen
Dr. Rinck, ORRat, Rheinland-Pfalz
Dr. Oechßler, RegDir., Württemberg-Baden
Dr. Jordan, MinRat, Württemberg-Baden
Dr. Widenmann, LGRat, Württemberg-Hohenzollern
*Gäste:*
Dr. Stoecker, ORRat, Dt. Obergericht
Dr. Friese, OLGRat, Hanseatisches OLG
Kuchtner, OberstLGRat, Dt. Richterbund
Dr. Gerner, ORRat, Dt. Richterbund
Dr. Rotberg, SenPräsident, Bundesjustizministerium
Dr. Geiger, OLGRat, Bundesjustizministerium

## I. *Allgemeine Vorfragen*

1. Über die Frage, ob der Entwurf Bestimmungen enthalten soll, die sich nur auf die Landesrichter beziehen oder auch auf Bestimmungen, die sich auf Bundesrichter beziehen, wird ausführlich verhandelt.

Dafür, dass das Gesetz sich nur auf Landesrichter beziehen soll, spricht sich bei der Abstimmung kein Land aus. Dafür war von Bedeutung, dass Herr *Dr. Geiger* als Ergebnis vorläufiger, noch in keiner Weise festgelegter Gespräche im Bundesministerium, die Meinung äußerte, es sollten die Rechtsverhältnisse der Bundesrichter abschließend auch im vorliegenden Gesetz mit geregelt werden, ohne dass es eines besonderen Bundesrichtergesetz bedürfe. Man könne z.B. denken, dass das „Richtergesetz" enthielte: Einen 1. Teil über allgemeine Grundsätze, die sämtliche Richter betreffen, einen 2. Teil über Bundesrichter und einen 3. Teil, der Rahmenvorschriften für alle Richter enthielte.

Hiernach ist die Konferenz der Ansicht, dass der vorliegende Gesetzentwurf auch die Bundesrichter erfassen sollte.

2. Neun Länder sprechen sich dafür aus, dass der Gesetzentwurf sich auf die Berufsrichter sämtlicher richterlicher Sparten erstreckt. Die Länder Württemberg-Baden und Süd-Baden sprechen sich dafür aus, dass das Gesetz sich nur auf die Justizberufsrichter bezieht.

3. Welches Land ist dafür, dass einige Grundsätze aus § 52 Abs. 3 linke Fassung Red. Entw. für Laienrichter im Gesetz mit behandelt werden? Die Konferenz spricht sich mit 10 gegen 1 Stimme (Nordrhein-Westfalen) hierfür aus.

## *1. Abschnitt. Richteramt*

4. *Zu § 1:* Es stehen drei Vorschläge zur Entscheidung:

1. *Vorschlag:* § 1 Abs. 1 i.d. Fassung des Red. Entw. wird gegen 3 Stimmen abgelehnt.
2. *Vorschlag:* Die rechtsprechende Gewalt ist den Richtern anvertraut. Die Richter sind unabhängig und nur dem Gesetz unterworfen. - Dieser Vorschlag wird mit 6 gegen 5 Stimmen abgelehnt.
3. *Vorschlag:* Die rechtsprechende Gewalt wird durch unabhängige, nur dem Gesetz unterworfene Richter ausgeübt. – Diese Fassung wird mit 7 gegen 3 Stimmen abgelehnt. Nach dieser Abstimmung ergibt sich in der weiteren Aussprache, dass die Mehrheit der Konferenz sich für den *2. Vorschlag* ausspricht.

5. Mit 6 gegen 4 Stimmen wird beschlossen, dass § 1 Abs. 2 gestrichen wird.
6. *§ 2:* Abs. 1 und 2 werden in *einem* Absatz zusammengefasst, und zwar mit folgender Fassung: „(1) Die richterliche Unabhängigkeit darf durch Maßnahmen der Dienstaufsicht nicht beeinträchtigt werden. Insbesondere dürfen dem Richter für seine Entscheidungstätigkeit Weisungen weder allgemein noch im Einzelfall erteilt werden." (Beschluss gegen die Stimmen von Rheinland-Pfalz und Hessen.)
7. *Zu § 2 Abs. 3:* sprechen sich 6 gegen 5 Stimmen dafür aus, dass eine richterliche Nachprüfung angerufen wird.
8. Einhellig ist die Konferenz der Ansicht, dass die richterliche Stelle erst angerufen werden darf, wenn der Dienstaufsichtsweg erfolglos erschöpft ist. – Eine Formulierung bleibt vorbehalten.
9. Gegen 4 Stimmen wird der Vorschlag des Redaktions-Ausschusses, „Dienstgerichte" einzuführen, abgelehnt.
10. An den Schluss des *§ 2 Abs. 3* werden folgende Worte angefügt: „... so entscheidet ein Gericht des Rechtszweiges, dem der Richter angehört. Träger der Dienstaufsicht dürfen nicht Mitglieder dieses Gerichts sein." Diese Fassung gibt die überwiegende Meinung der Konferenz wieder. Es wird zur Erwägung gestellt, dass ein Landesgesetz für die Landesrichter die Zuständigkeit eines Bundesgerichts begründet.

## *2. Abschnitt. Befähigung zum Richteramt*

11. Mit 6 gegen 5 Stimmen beschloss die Konferenz, eine Vorschrift des *§ 29 a* des Red. Entw. in den Entwurf aufzunehmen.
12. *Zu § 3:* 6 Stimmen der Konferenz sprechen sich dafür aus, dass ein Richter Mitglied eines Organs der gesetzgebenden Gewalt sein kann. – 5 Stimmen sind der gegenteiligen Ansicht.
13. *Zu § 4* beschloss das Gremium einstimmig, dass dem Sinne nach eine Bestimmung gemäß *Abs. 1 und Abs. 2* eingeführt werden soll, und zwar für alle Richterzweige. – Von den im Red. Entw. vorgeschlagenen 3 Fassungen des *Abs. 2* wird mit 8 gegen 3 Stimmen der linken Fassung der Vorzug gegeben (Deutsche Universitäten).
14. Zu § 4 *Abs. 3* beschloss der Ausschuss einmütig die folgende Fassung: „(3) Zwischen der ersten und zweiten Prüfung muss ein Vorbereitungsdienst von mindestens drei Jahren liegen. Er ist bei den Gerichten, Staatsanwaltschaften, Rechtsanwälten (Notaren) und Verwaltungsbehörden abzuleisten. Der Vorbereitungsdienst bei den Verwaltungsbehörden kann bis zur Höchstdauer von 6 Monaten auch bei Körperschaften und Anstalten des öffentlichen Rechts sowie Unternehmungen oder Einrichtungen der Wirtschaft abgeleistet werden."
15. Gegen 1 Stimme wurde folgender *Abs. 4* in den § 4 eingefügt: „(4) Die Zweite Prüfung ist für die Anwärter zum Dienst bei allen Gerichten einheitlich."
16. *Zu § 5* beschloss die Konferenzmit 6 zu 5 Stimmen, der linken Fassung den Vorzug zu geben.
17. *Zu § 6* beschloss die Konferenz mit 7 gegen 4 Stimmen die folgende Fassung: „... Lehrer des Rechts an einer deutschen Universität".
18. *In § 7* werden die Worte: „innerhalb der Bundesrepublik Deutschland" ersetzt durch die Worte: „bei einem Bundes- oder Landesgericht." (beschlossen mit 7 gegen 4 Stimmen).

## *3. Abschnitt. Ernennung der Richter*

19. *Zu § 8: Abs. 1* wurde einstimmig angenommen. *Abs. 2* ist gegen 1 Stimme angenommen worden. *Abs. 3* ist mit 8 gegen 3 Stimmen angenommen. *Abs. 4:* Es ergaben sich keine Bedenken.
20. *Zu § 9: Abs. 1* wurde einstimmig angenommen. *Abs. 2* ist angenommen.
21. *Zu § 10 Abs. 1, 2 und 3* sind angenommen. - § 10 *Abs. 4* wird dem Grundsatz nach einmütig angenommen. Er erhält mit 6 zu 5 Stimmen die folgende Fassung: „(4) Über die Feststellung der Nichtigkeit und die Nichtigkeitserklärung entscheidet auf Antrag der Ernennungsbehörde oder des Ernannten das Dienststrafgericht."
22. *Zu § 11: Abs. 1* erhielt einstimmig die folgende Fassung: „(1) In den Fällen des § 10 Abs. 1 hat die Ernennungsbehörde nach Kenntnis des Nichtigkeitsgrundes dem

Ernannten sofort jede weitere Führung der Amtsgeschäfte zu untersagen. In den Fällen des § 10 Abs. 2 und 3 kann sie die weitere Führung der Amtsgeschäfte untersagen. – Über Einwendungen des Ernannten entscheidet das Dienststrafgericht."

23. § 11 *Abs. 2:* Mit 9 Stimmen wurde beschlossen, den ersten Satz des Abs. 2 zu streichen. – Die Redaktionskommission möge erneut prüfen, ob eine Vorschrift entsprechend § 11 Abs. 2 des Red. Entw. angebracht ist. – Die letzten zwei Sätze des Abs. 2 bleiben bestehen. Die Redaktionskommission möge über ihren Platz befinden.
24. *§ 12:* Gegen § 12 bestehen keine Bedenken.

## *4. Abschnitt. Richterwahlausschuss*

25. *Zu § 13:* Mit 8 Stimmen spricht sich die Konferenz dafür aus, Regeln über die Zusammensetzung des Richterwahlausschusses in den Entwurf zu übernehmen.
26. Mit 9 gegen 2 Stimmen spricht sich der Ausschuss dafür aus, dass die Volksvertretung im Wahlausschuss vertreten ist.
27. Mit 6 zu 5 Stimmen spricht sich der Ausschuss für die Zulassung von Mitgliedern der Volksvertretung aus. Damit sind Wahlmänner, die nicht der Volksvertretung angehören, nicht ausgeschlossen.
28. Mit 10 Stimmen beschließt der Ausschuss die Bestimmung: „Ein Antrag kann nur mit Stimmenmehrheit abgelehnt werden."
29. Der *linke Vorschlag zu § 13 Abs. 1* (Zusammensetzung zur Hälfte) wird mit 7 gegen 4 Stimmen angenommen.
30. *Zu § 14:* Mit 10 gegen 1 Stimme spricht sich die Konferenz für den § 14 aus.
31. *Zu § 15:* Gegen § 15 bestehen keine Bedenken.

## *5. Abschnitt. Beendigung des Richteramtes und Versetzung*

32. *Zu § 16: Abs. 1:* Die Konferenz billigt die *rechte Fassung* und wünscht, das Wort „bestimmen" zu ersetzen durch das Wort „zulassen". – Der Redaktionsausschuss möge die Fassung des Paragraphen nochmals prüfen.
33. Zu § 16 *Abs. 2:* Gegen § 16 Abs. 2 bestehen keine Bedenken. – Der Ausschuss spricht sich dagegen aus, dass das Rahmengesetz die Altersgrenze für Richter festsetzt. – Gegen 2 Stimmen spricht sich die Konferenz dagegen aus, dass eine Mindestaltersgrenze eingeführt wird.
34. *Zu § 17:* Gegen § 17 bestehen keine Bedenken.
35. *Zu § 18:* Mit 8 gegen 2 Stimmen bei einer Stimmenthaltung beschließt der Ausschuss, § 18 zu streichen.
36. *Zu § 19:* Gegen § 19 bestehen keine Bedenken.

37. *Zu § 20:* Gegen *Abs. 1 und 2* bestehen keine Bedenken. – In *Abs. 2* wird einzufügen sein, dass im Falle des § 20 Abs. 1 Ziff. 4 nicht das Dienststrafgericht über die vorläufige Enthebung von den Amtsgeschäften entscheidet, sondern das Bundesverfassungsgericht.
38. *Zu § 21:* Gegen § 21 bestehen keine Bedenken. – Die *rechte [eingeklammerte] Fassung* ist angenommen.
39. *Zu § 21 a:* Mit 8 gegen 3 Stimmen spricht sich der Ausschuss dafür aus, dass § 21 a gestrichen wird.
40. *Zu § 22:* § 22 erhält die folgende Fassung: „(1) Bei einer Veränderung in der Einrichtung der Gerichte oder ihrer Bezirke können die hiervon unmittelbar betroffenen Richter in eine Stelle von gleichem Rang und Diensteinkommen an ein anderes Gericht oder unter Belassung ihres vollen Gehalts in den Wartestand versetzt werden. – (2) Eine Maßnahme nach Abs. 1 ist nur innerhalb von 3 Monaten nach Inkrafttreten der Veränderung und nur innerhalb der Zahl der im Haushaltsplan aus diesem Anlass abgesetzten Planstellen zulässig."
41. *Zu § 23:* § 23 wird gegen 1 Stimme nach der *rechten Fassung* angenommen.
42. *Zu § 23 a:* Mit 6 gegen 5 Stimmen spricht sich der Ausschuss für die Beibehaltung des § 23 a aus.
43. *Zu § 24:* In § 24 werden hinter das Wort „Strafurteile" die Worte eingefügt: „eines deutschen Gerichts in der Bundesrepublik Deutschland." – Im Übrigen wurde § 24 angenommen.
44. *Zu § 25:* Gegen *Abs. 1* bestehen keine Bedenken. – Mit 6 gegen 5 Stimmen wird *Abs. 2* gestrichen.
45. *Zu § 26:* Mit 6 zu 5 Stimmen wird beschlossen, § 26 zu streichen.
46. Vor Eintritt in die weitere Beratung bespricht der Ausschuss die Anlagen a) und b). – Nach Aussprache beschließt der Ausschuss gegen eine Stimme, die in den Anlagen ausgesprochenen Fragen jedenfalls nicht in den vorliegenden Entwurf über ein Richterrahmengesetz hereinzunehmen. – Über die Sache selbst wurde kein Beschluss gefasst.

## *6. Abschnitt. Pflichten der Richter*

47. *Zu § 27:* Der Entwurf des Redaktionsausschusses findet Billigung, ohne dass der Wortlaut in jedem einzelnen Punkte erörtert wurde. – Mit 6 zu 5 Stimmen wurde es abgelehnt, eine Bestimmung politischen Inhalts nach dem Vorschlag des Vorentwurfs des Deutschen Richtergesetzes vom 19.11.1949 § 30 Abs. 2 hereinzunehmen.
48. *Zu § 28:* In § 28 *Abs. 1* wird die Eidesformel wie folgt gefasst, und zwar mit allen gegen eine Stimme: „Ich schwöre, dass ich getreu der Verfassung und dem Gesetz

mit Gerechtigkeit gegenüber jedermann ohne Ansehen der Person Recht sprechen werde. So wahr mir Gott helfe."

49. Zu § 28 *Abs. 2 und 3:* Die Konferenz beschließt, an Stelle von § 28 Abs. 2 und 3 die folgende Fassung zu setzen: „Der Eid kann auch ohne oder mit anderer religiöser Beteuerung geleistet werden."
50. *Zu § 29: Abs. 1* ist einstimmig angenommen. – *Abs. 2* erhält mit 8 gegen 3 Stimmen die folgende Fassung: „(2) Über hiernach geheim zu haltende Angelegenheiten darf der Richter ohne Genehmigung der Dienstaufsichtsbehörde oder der letzten Dienstaufsichtsbehörde keine Angaben zu machen."

    *Abs. 3:* Mit wechselnden Mehrheiten wird mit überwiegender Stimmenzahl des Ausschusses Abs. 3 wie folgt gefasst: „(3) Das Beratungsgeheimnis ist zu wahren. Das Bundesverfassungsgericht kann einem Richter, wenn gegen ihn oder einen anderen Richter Richteranklage nach Art. 98 des Grundgesetzes der Bundesrepublik Deutschland erhoben worden ist, die Genehmigung zu Erklärungen über die Beratung in Verfahren, die Gegenstand der Anklage sind, erteilen."
51. Gegen 2 Stimmen beschließt der Ausschuss, eine Bestimmung aufzunehmen, wonach der Richter in verschlossenem Umschlag zur gerichtlichen Aufbewahrung ein „Schutzvotum" geben kann, nachdem es von den übrigen Mitglieder des Gerichts, die an der Beratung teilgenommen haben, gegengezeichnet ist. - Eine Fassung hier vorzuschlagen, ist Sache des Redaktionsausschusses.
52. *Zu § 30: Abs. 1* ist gegen 2 Stimmen angenommen. – Damit ist die Anregung von Bayern, in erster Linie eine Regelung nach § 10 Abs. 1 DBG oder, falls dies abgelehnt werden sollte, eine Regelung nach Art. 25 Abs. 1 des Bayerischen Beamtengesetzes 1946 in das Gesetz aufzunehmen, erledigt.
53. § 30 *Abs. 2* ist mit 6 Stimmen genehmigt.
54. § 30 *Abs. 3* wird in der folgenden Fassung angenommen: „(3) Eine schriftstellerische, wissenschaftliche, künstlerische oder vortragende Tätigkeit bedürfen keiner Genehmigung." – Der Redaktionsausschuss möge sich die Fassung nochmals überlegen.

## *7. Abschnitt. Allgemeine Rechte der Richter*

55. *Zu §§ 31 und 32* ergibt die Aussprache die einmütige Ansicht der Konferenz, dass die Richter aller Gerichtszweige, die nach diesem Gesetz die Befähigung zum Richteramt haben und in eine Planstelle eingewiesen sind, die Bezeichnung „Richter" tragen. – Für die Richter, die ein besonderes Amt ausfüllen, möge vorgesehen werden, dass die Bundesregierung einheitliche Amtsbezeichnungen und einheitliche Amtstracht in einer Rechtsverordnung mit Zustimmung des Bundesrats einführt.
56. *Zu § 33: Abs. 1* ist gegen eine Stimme angenommen. – *Abs. 2* ist gegen 3 Stimmen angenommen. – *Abs. 3* ist gegen 2 Stimmen angenommen. – Mit 6 zu 5 Stimmen

wird ein *Abs. 4* in § 53 aufgenommen mit folgendem Wortlaut: „(4) Sonderakten dürfen nicht geführt werden."

57. *Zu § 34:* Mit 9 zu 2 Stimmen wird beschlossen, den § 34 zu streichen.

## *8. Abschnitt. Besoldung*

58. Nach ausführlicher Erörterung ist sich die Konferenz darüber einig, dass die entworfenen Vorschriften in das Gesetz in dieser Form nicht übernommen werden können, weil sich das Gesetz auf alle Gerichtszweige ausdehnt.

Die Mitglieder sind sich darüber einig, dass der Richterstand insgesamt auch materiell gehoben werden muss, wenn die übrige Hebung seiner Stellung einen tatsächlichen Sinn bekommen soll. – Als Maßstab dafür, welche finanzielle Hebung mindestens erforderlich erscheint, sind die entworfenen Regeln des 8. Abschnitts anzusehen.

Das Bundesjustizministerium ist zu bitten, im Einvernehmen mit den übrigen Ministerien zu prüfen, ob und in welcher Weise schon jetzt unter dem Gesichtspunkt einer gleichen Behandlung der vergleichbaren Richter der verschiedenen Gerichtszweige eine Hebung möglich ist, bevor die Gerichtsreform insgesamt durchgeführt ist. – Die Konferenz erwartet, dass, wenn irgend möglich, im Zusammenhang mit diesem Richtergesetz die gewünschte Besoldungsregelung Gesetz wird.

59. Gegen *§ 36* bestehen keine Bedenken.

60. *§ 37 Satz 1* wird angenommen. – *Satz 2* erhält die folgende Fassung: „Es ist ferner mindestens die Hälfte der Zeit anzurechnen, während der der Richter:

1. als Rechtsanwalt oder Notar,

2. auf wissenschaftlichem, technischem oder wirtschaftlichem Gebiet in einer Weise, die seine Eignung zum Richter gefördert hat – im In- oder Ausland tätig gewesen ist.

## *9. Abschnitt. Wartestand*

61.–65. *§§ 38 bis 42* werden unverändert angenommen.

## *10. Abschnitt. Versorgung*

66. *§ 43* ist unverändert angenommen.

## *11. Abschnitt. Gemeinsame Vorschriften für Gehalt und Versorgung*

67. *§ 44* ist unverändert angenommen.

68. *Zu § 45* wird das Wort „ordentlichen" durch das Wort „bürgerlichen" ersetzt.

69. *Zu § 46:* Es bestehen keine Bedenken.

## *11 a. Abschnitt. Dienststrafrecht*

70. *Zu § 47: Abs. 1* ist mit dem Eventualsatz angenommen. – Gegen eine Stimme wird beschlossen, *Abs. 2* zu streichen.
    *Abs. 3* wird mit der Maßgabe angenommen, dass die Vorschrift des Abs. 1 in den Abs. 3 hereingearbeitet wird. – Hierzu möge der Redaktionsausschuss einen Vorschlag vorlegen, über die Verfolgung von Dienstvergehen, die ein Ruhestandsbeamter während seiner aktiven Dienstzeit begangen hat.
71. *Zu § 48:* Zu *Abs. 1* wird vorgeschlagen, der Bestimmung über die Entfernung aus dem Dienst folgenden Zusatz zu geben: „... unter Zubilligung des ganzen oder eines Teiles des Ruhegehalts oder unter Aberkennung des Ruhegehalts". Der Redaktionsausschuss möge prüfen, ob aus systematischen Gründen es richtiger ist, an die Stelle des Begriffs des Ruhegehalts in diesem Zusammenhang den Begriff des *Unterhaltsbeitrags* einzusetzen, der dann nach der Höhe des erdient gewesenen Ruhegehalts bemessen werden müsste. – *Abs. 2* ist angenommen. – *Abs. 3* bleibt gegen eine Stimme unverändert.
72. *Zu § 49:* Gegen § 49 werden keine Bedenken geltend gemacht.
73. *Zu § 50: Abs. 1* (rechte Fassung) erhält die folgende Fassung: „(1) Für Richter sind besondere Dienststrafgerichte in zwei Rechtszügen einzurichten. - Die Gerichte dürfen nur mit Richtern besetzt sein. - Das Landesgesetz kann ein oberstes Bundesgericht zur zweiten Instanz erklären."
    § 50 *Abs. 2* wird gestrichen.
    § 50 *Abs. 3* (rechte Fassung) ist gegen 1 Stimme angenommen. – Der Redaktionsausschuss möge einen Vorschlag machen, wonach gegen Dienststrafverfügungen des Dienstvorgesetzten der betroffene Richter das Dienststrafgericht anrufen kann. – In § 50 *Abs. 4* werden folgende Worte eingefügt: „... muss vom Zeitpunkt der Zustellung und spätestens von der Zustellung an das Recht ...". - § 50 *Abs. 6 und 7:* Ohne Änderung angenommen.

## *12. Abschnitt. Haftung der Richter*

74. Mit 6 Stimmen wird beschlossen, den *§ 51* zu streichen.

## *13. Abschnitt. Geltungsbereich*

75. *§ 52 Abs. 1* (rechte Fassung) ist angenommen. Sie wird ergänzt durch die Bundesrichter.
    *Fußnote zu § 52 Abs. 1:* Nach der Erklärung des Vertreters des Bundesjustizministeriums bezieht der vorläufige Plan, die Vorschriften für die Bundesrichter in dieses Gesetz einzuarbeiten. Insbesondere erübrigt es sich, einen Vorbehalt für ein Bundesgesetz gemäß Art. 98 Abs. 1 GG zu machen.

§ 52 *Abs. 2* entfällt.

§ 52 *Abs. 3* wird gestrichen.

*Anmerkung:* In den Übergangsvorschriften des Gesetzes werden Bestimmungen vorzusehen sein, die die besonderen Rechtsverhältnisse der württembergisch-badischen Friedens- und Gemeinderichter, der Bezirksnotare und ähnlicher Beamtengruppen regeln.

Etwa an dem Platz *nach § 12* wird eine Vorschrift folgenden Inhalts aufzunehmen sein: *§§ 12 a.* „Personen, die die Voraussetzungen des § 9 erfüllen, können zum Richter auf Zeit ernannt werden, wenn eine freie richterliche Planstelle nicht vorhanden ist, aber für beschränkte Zeit das Bedürfnis nach Beschäftigung weiterer Richter gegeben ist. – Der Richter auf Zeit ist für bestimmte Zeit oder für die Dauer eines bestimmten Bedürfnisses einzustellen und darf vor Ablauf dieser Zeit gegen seinen Willen nur aus den Gründen von seinem Posten abgerufen werden, aus denen ein Richter auf Lebenszeit von seiner Planstelle entfernt werden kann.“

Es soll diese Zulassung von Zwischenrichtern auf die Dauer von 5 Jahren ihrer gesamten Anstellung beschränkt sein.

Der Ausschuss möge sich die Konsequenzen dieses Vorschlags nochmals überlegen und insbesondere prüfen, ob und in welcher Weise auszubildende Assessoren zu Zwischenrichtern gemacht werden können.

77. *Zu § 53 a:* Entfällt mit Abs. 1 und 2.
78. *Zu § 54:* Ohne dass eine Paragraphierung beschlossen wird, spricht sich die Konferenz dahin aus, dass in einem in den Übergangsvorschriften festzusetzenden Zeitpunkt die landesrechtlichen Bestimmungen über die Richteramtsbefähigung von Flüchtlingen und Vertriebenen auslaufen müssen, und dass jedenfalls neue landesrechtliche Bestimmungen auf diesem Gebiet von Inkrafttreten des Gesetzes an nicht mehr zulässig sind. – Die näheren Einzelheiten werden vom Bundesjustizministerium endgültig zu prüfen sein. – Entsprechendes wird für reichsrechtliche Vorschriften dieser Art zu bestimmen sein.
79. *Zu § 55:* § 55 wird gestrichen, weil die hier geregelte Frage bereits durch das Vereinheitlichungsgesetz geregelt worden wird oder in anderen gesetzlichen Vorschriften geregelt ist.
80. *Zu § 56:* Wird gestrichen.

    *Zu § 35:* Als Diskussionsgrundlage schlagen Bayern und der Richterbund vor, die folgende Fassung zu erörtern: „§ 35. (2) Die Besoldung bemisst sich mindestens a) für Richter in Eingangsstellen nach den Sätzen der Besoldungsgruppe A 2 a, - b) für Richter in Beförderungsstellen nach den Sätzen der Besoldungsgruppe A 1 b. – Abs. 3 und 4 bisherige Fassung entfallen.

## VII. *Entwurf der Redaktionskommission auf dem Rittersturz Koblenz zu einem Richtergesetz (28.1.1950)*

### 1. Abschnitt. Richteramt

*§ 1.* Die rechtsprechende Gewalt ist den Richtern anvertraut. Die Richter sind unabhängig und nur dem Gesetz unterworfen.

*§ 2.* (1) Die richterliche Unabhängigkeit darf durch Maßnahmen der Dienstaufsicht nicht beeinträchtigt werden. Insbesondere dürfen dem Richter für seine Entscheidungstätigkeit Weisungen weder allgemein noch im Einzelfall erteilt werden.

(2) Behauptet ein Richter, dass durch eine Maßnahme der Dienstaufsicht seine Unabhängigkeit beeinträchtigt werde, so entscheidet nach Erschöpfung des Dienstaufsichtsweges über Zulässigkeit dieser Maßnahme ein Gericht im Bereich der Gerichtsbarkeit, welcher der Richter angehört. Träger der Dienstaufsicht dürfen bei der Entscheidung nicht mitwirken.

(3) Die Entscheidung nach Abs. 2 Satz 1 kann durch Landesgesetz zu einem oberen Bundesgericht übertragen werden.

(4) Der Vollzug der Maßnahme wird durch die Anrufung des Gerichts aufgeschoben, sofern dieses nichts anderes bestimmt.

*§ 3.* Wer hauptamtlich im Bereich der vollziehenden Gewalt tätig ist, darf die Aufgaben eines Richters nicht wahrnehmen.

### 2. Abschnitt. Befähigung zum Richteramt

*§ 4.* (19 Richter kann nur werden, wer zwei Prüfungen bestanden hat (Befähigung zum Richteramt).

(2) Der ersten Prüfung muss ein mindestens dreijähriges Studium des Rechts an einer Universität vorangehen. Von diesem Zeitraum sind mindestens drei Halbjahre dem Studium auf einer deutschen Universität zu widmen.

(3) Zwischen der ersten und zweiten Prüfung muss ein Vorbereitungsdienst von mindestens drei Jahren liegen, der im Dienst bei den Gerichten, Staatsanwaltschaften, Rechtsanwälten (Notaren) und Verwaltungsbehörden abzuleisten ist. Der Vorbereitungsdienst bei den Verwaltungsbehörden kann bis zur Höchstdauer von sechs Monaten auch bei Körperschaften und Anstalten des öffentlichen Rechts sowie Unternehmungen oder Einrichtungen der Wirtschaft abgeleistet werden.

(4) Die zweite Prüfung ist für alle Arten der Gerichtsbarkeit einheitlich.

*§ 5.* (1) Wer in einem deutschen Lande die erste Prüfung bestanden hat, kann in jedem anderen Lande zum Vorbereitungsdienst und zur zweiten Prüfung zugelassen werden.

(2) Die in einem deutschen Lande auf den Vorbereitungsdienst verwendete Zeit kann in jedem anderen Lande angerechnet werden.

*§ 6.* Zum Richteramt befähigt ist ferner jeder ordentliche öffentliche Lehrer des Rechts an einer deutschen Universität.

*§ 7.* Wer die Befähigung zum Richteramt nach diesem Gesetz besitzt, ist zu jedem Richteramt bei einem Bundes- oder Landesgericht befähigt.

## 3. Abschnitt. Ernennung der Richter

*§ 8.* (1) Die Richter werden auf Lebenszeit ernannt.

(2) Die Eigenschaft als Richter wird mit der Aushändigung der Ernennungsurkunde begründet, in der die Worte „unter Berufung in das Richteramt" enthalten sein müssen.

(3) Zugleich mit der Aushändigung der Ernennungsurkunde ist der Richter in eine Planstelle bei einem Gericht einzuweisen.

(4) Die Ernennung wird, wenn nicht bei Aushändigung der Ernennungsurkunde ausdrücklich ein anderer Tag bestimmt ist, mit dem Tag der Aushändigung der Urkunde wirksam.

*§ 9.* (1) Zum Richter kann nur ernannt werden, wer die deutsche Staatsangehörigkeit und die Befähigung zum Richteramt besitzt.

(2) Zum Richter kann nicht ernannt werden, wer

1. entmündigt ist oder unter vorläufiger Vormundschaft steht,
2. die Befähigung zur Bekleidung eines öffentlichen Amtes kraft Urteilsspruch verloren hat,
3. wegen Verbrechens oder Vergehens zu einer Strafe verurteilt ist, die kraft Gesetzes das Ausscheiden aus einem Richteramt zur Folge hat.

*§ 10.* (1) Die Ernennung ist nichtig, wen der Ernannte im Zeitpunkt der Ernennung

1. die Voraussetzungen des § 9 Abs. 1 nicht erfüllt,
2. nach § 9 Abs. 2 Ziff. 1 oder 2 nicht zum Richter ernannt werden konnte.

(2) Die Ernennung ist für nichtig zu erklären

1. wenn sie durch Zwang, arglistige Täuschung oder Bestechung herbeigeführt wurde,
2. wenn nicht bekannt war, dass der Ernannte ein Verbrechen oder ein solches Vergehen begangen hatte, das ihn der Ernennung zum Richter unwürdig erscheinen lässt und er deshalb rechtskräftig zu einer Strafe verurteilt war oder wird.

(3) Die Ernennung kann für nichtig erklärt werden

1. wenn sie von einer sachlich unzuständigen Behörde ausgesprochen wurde,

2. wenn bei einem nach seiner Ernennung Entmündigten die Voraussetzungen für die Entmündigung im Zeitpunkt der Ernennung vorlagen,
3. wenn nicht bekannt war, dass der Ernannte aus einem früheren Richteramt oder Beamtenverhältnis wegen mangelnder Eignung entlassen oder im Wege eines Dienststrafverfahrens aus dem Dienste entfernt oder zum Ruhegehaltsverlust verurteilt worden war.

(4) Die Nichtigkeit wird von der Ernennungsbehörde erklärt. Der Ernannte ist vorher zu hören. Die Erklärung ist ihm oder seinen Hinterbliebenen zuzustellen.

(5) Der Ernannte oder seine Hinterbliebenen können binnen eines Monats nach Zustellung der Erklärung die Entscheidung des Dienststrafgerichts beantragen.

*§ 11.* (1) In den Fällen des § 10 Abs. 1 hat die Ernennungsbehörde nach Kenntnis des Nichtigkeitsgrundes dem Ernannten sofort jede weitere Führung der Amtsgeschäfte zu untersagen. In den Fällen des § 10 Abs. 2 und 3 kann sie die weitere Führung der Amtsgeschäfte untersagen.

(2) Über Einwendungen des Ernannten entscheidet das Dienststrafgericht.

(3) In den Fällen des § 10 Abs. 2 und 3 muss die Nichtigkeitserklärung durch die Ernennungsbehörde innerhalb von sechs Monaten erfolgen, nachdem diese von dem Nichtigkeitsgrund Kenntnis erlangt hat.

*§ 12.* (1) Ist eine Ernennung nichtig oder für nichtig erklärt worden, so sind die bis zur Untersagung der Führung der Amtsgeschäfte (§ 11 Abs. 1) oder bis zur Zustellung der Nichtigkeitserklärung vorgenommenen Amtshandlungen des Ernannten in der gleichen Weise gültig, wie wenn sie ein rechtsgültig ernannter Richter vorgenommen hätte.

(2) Wenn Billigkeitsgründe es erfordern, können die ausgezahlten Dienstbezüge belassen werden.

## 4. Abschnitt. Richterwahlausschuss

*§ 13.* Soweit ein Land an der Anstellung von Richtern gemäß Art. 98 Abs. 4 des Grundgesetzes für die Bundesrepublik Deutschland einen Richterwahlausschuss beteiligt, sind die Mitglieder des Ausschusses je zur Hälfte von der Volksvertretung und Richtern des Landes zu wählen. Die Zahl der Mitglieder eines Richterwahlausschusses darf acht nicht übersteigen.

*§ 14.* Der Richterwahlausschuss kann nur Bewerber wählen, die von der Ernennungsbehörde vorgeschlagen sind. Ein Vorschlag kann nur mit Stimmenmehrheit abgelehnt werden.

*§ 15.* Die Mitglieder eines Richterwahlausschusses sind an Weisungen nicht gebunden.

## 5. Abschnitt. Beendigung des Richteramts und Versetzung

*§ 16.* (1) Richter können, soweit das Grundgesetz für die Bundesrepublik Deutschland oder dieses Gesetz nichts anderes zulässt, wider ihren Willen nur kraft einer Entscheidung der Dienststrafgerichte und nur aus den Gründen, welche dieses Gesetz bestimmt, dauernd oder zeitweise ihres Amtes enthoben oder an eine andere Stelle oder in den Wartestand oder in den Ruhestand versetzt werden.

(2) Die Gesetze können Altersgrenzen festsetzen, bei deren Erreichung Richter in den Ruhestand treten.

*§ 17.* Dem Verlangen eines Richters auf Entlassung muss jederzeit entsprochen werden.

*§ 18.* Ein Richter ist zu entlassen, wenn er den von ihm nach § 28 zu leistenden Eid verweigert.

*§ 19.* (1) Ein Richter kann vorläufig der Amtsgeschäfte enthoben werden, wenn

1. das förmliche Dienststrafverfahren gleichzeitig eingeleitet wird oder bereits eingeleitet ist,
2. gegen den Richter in einem strafgerichtlichen Verfahren ein Haftbefehl erlassen ist,
3. gegen den Richter eine strafgerichtliche Untersuchung wegen einer Straftat eröffnet worden ist, die voraussichtlich den Verlust des Amtes kraft des strafgerichtlichen Urteils oder die Dienstentlassung im anschließenden Dienststrafverfahren zur Folge hat,
4. gemäß Art. 98 Abs. 2 und 5 des Grundgesetzes für die Bundesrepublik Deutschland gegen den Richter Richteranklage bei dem Bundesverfassungsgericht erhoben wird.

(2) Über die vorläufige Enthebung von den Amtsgeschäften entscheidet das Dienststrafgericht, im Falle des Abs. 1 Ziff. 4 das Bundesverfassungsgericht.

*§ 20.* (1) Ein Richter ist in den Ruhestand zu versetzen, wenn er infolge eines körperlichen Gebrechens oder wegen Schwäche seiner körperlichen oder geistigen Kräfte zur Erfüllung seiner Amtspflichten dauernd unfähig (dienstunfähig) ist.

(2) Hält die Dienstaufsichtsbehörde den Richter für dienstunfähig und beantragt dieser nicht die Versetzung in den Ruhestand, so kann der Richter nach Feststellung der Dienstunfähigkeit auch gegen seinen Willen in den Ruhestand versetzt werden. Über das Vorliegen der Dienstunfähigkeit entscheidet das in den Fällen des § 2 Abs. 2 (3) zuständige Gericht.

*§ 21.* (1) Bei einer Veränderung in der Einrichtung der Gerichte oder ihrer Bezirke können die hiervon unmittelbar betroffenen Richter in eine Stelle von gleichem Rang und Diensteinkommen an ein anderes Gericht oder unter Belassung ihres vollen Gehaltes in den Wartestand versetzt werden.

(2) Eine Maßnahme nach Abs. 1 ist nur innerhalb von drei Monaten nach Inkrafttreten oder Veränderung in der Einrichtung der Gerichte oder ihrer Bezirke und nur innerhalb der Zahl der im Haushaltsplan aus diesem Anlass abgesetzten Planstellen zulässig.

*§ 22.* Ein Richter kann in ein anderes richterliches Amt von gleichem Rang und Diensteinkommen versetzt werden, wenn Tatsachen eingetreten sind, durch die seine Tätigkeit auf der bisherigen Stelle nicht bloß vorübergehend derart beeinträchtigt wird, dass unabweisliche Bedürfnisse der Rechtspflege die Versetzung dringend erfordern. Über das Vorliegen diese Voraussetzung entscheidet das in den Fällen des § 2 Abs. 2 (3) zuständige Gericht.

*§ 23.* Ein Richter kann in den Ruhestand versetzt werden, wenn er in seinen Leistungen anhaltend hinter dem von einem Richter zu fordernden Maß so erheblich zurückbleibt, dass die Ausübung des Richteramts durch ihn sich mit den unabweislichen Bedürfnissen der Rechtspflege nicht mehr vereinbaren lässt. Über das Vorliegen dieser Voraussetzung entscheidet das in den Fällen des § 2 Abs. 2 (3) zuständige Gericht.

*§ 24.* Ein Richter scheidet mit der Rechtskraft des Strafurteils eines deutschen Gerichts in der Bundesrepublik Deutschland aus seinem Dienstverhältnis aus, wenn er zu Zuchthaus oder wegen vorsätzlich begangener Tat zu Gefängnis von einem Jahr oder längerer Dauer verurteilt wird oder ihm die bürgerlichen Ehrenrechte oder die Fähigkeit zur Bekleidung öffentlicher Ämter aberkannt werden.

*§ 25.* Ein Richter darf nur mit seinem Einverständnis auf einer Amtsstelle verwendet werden, in die er nicht eingewiesen ist (Abordnung).

*§ 26.* Die Entlassung, die Versetzung in den Wartestand oder Ruhestand und die Versetzung eines Richters verfügt die Ernennungsbehörde. Diese Verfügungen sind dem Richter zuzustellen.

## 6. Abschnitt. Pflichten der Richter

*§ 27.* Ein Richter ist zur gewissenhaften Erfüllung der besonderen Aufgaben seines Amtes verpflichtet. Er hat unparteiisch nach dem Gesetz Recht zu sprechen, das Gesetz mit6 Gerechtigkeit gegenüber jedermann ohne Rücksicht auf Religion, Rasse, Abstammung oder politische Überzeugung anzuwenden und die Gleichheit aller vor dem Gesetz zu wahren. Er hat sich innerhalb und außerhalb seines Amtes der Achtung, die sein Beruf erfordert, würdig zu zeigen.

*§ 28.* (1) Ein Richter hat bei Antritt seines Amtes den folgenden Eid zu leisten: „Ich schwöre, dass ich getreu der Verfassung und dem Gesetz mit Gerechtigkeit gegenüber jedermann ohne Ansehen der Person Recht sprechen werde. So wahr mir Gott helfe."

(2) Der Eid kann auch ohne oder mit einer anderen religiösen Beteuerungsformel geleistet werden.

*§ 29.* (1) Ein Richter hat – auch nach Beendigung seines Amtes – über die ihm bei seiner Tätigkeit bekanntgewordenen Angelegenheiten, deren Geheimhaltung aufgrund eines Gesetzes oder ihrem Wesen nach erforderlich ist, Verschwiegenheit gegen jedermann zu bewahren.

(2) Über hiernach geheim zu haltende Angelegenheiten darf der Richter ohne Genehmigung der Dienstaufsichtsbehörde oder der letzten Dienstaufsichtsbehörde keine Angaben machen.

(3) Das Beratungsgeheimnis ist zu wahren.

(4) Nur das Bundesverfassungsgericht kann einem Richter, wenn gegen ihn oder einen anderen Richter Richterklage nach Art. 98 des Grundgesetzes für die Bundesrepublik Deutschland erhoben worden ist, die Genehmigung zu Erklärungen über die Beratung in Verfahren, die Gegenstand der Anklage sind, erteilen.

(5) Ein Richter ist berechtigt, seine Stellungnahme in der Beratung in verschlossenem Umschlag zu den Akten zu reichen. Die übrigen an der Beratung beteiligten Richter haben diese Stellungnahme mit einem Sichtvermerk zu versehen. Der Richter darf die Stellungnahme nicht zurücknehmen. Ohne sein Einverständnis darf nur das Bundesverfassungsgericht die Stellungnahme öffnen, wenn die Voraussetzungen des Abs. 4 gegeben sind.

(6) Bestimmungen, die die Angabe eines gesonderten Gutachtens zulassen, bleiben unberührt.

*§ 30.* Ein Richter darf nicht Mitglied einer Partei sein und sich nicht parteipolitisch betätigen.

*§ 31.* (1) Ein Richter bedarf der vorherigen Genehmigung seiner Dienstaufsichtsbehörde zur Übernahme einer Nebenbeschäftigung gegen Vergütung.

(2) Die Genehmigung darf nur verweigert werden, wenn bei ihrer Erteilung die Erfüllung der Amtspflicht des Richters gefährdet wird.

(3) Eine schriftstellerische, wissenschaftliche, künstlerische oder vortragende Tätigkeit bedarf keiner Genehmigung.

## 7. Abschnitt. Allgemeine Rechte der Richter

*§ 32.* (1) Die Richter führen die Amtsbezeichnung Richter.

(2) Die Amtsbezeichnung von Richtern, die ein Gericht, einen Senat, eine Kammer oder eine Abteilung eines Gerichts leiten, sowie die Amtstracht der Richter wird durch eine von der Bundesregierung mit Zustimmung des Bundesrats zu erlassende Verordnung geregelt.

(3) Einem nach dem § 17 entlassenen Richter kann die Fortführung der Amtsbezeichnung gestattet werden.

*§ 33.* (1) Der Richter muss über Beschwerden und tatsächliche Angaben, die ihm nachteilig werden können, gehört werden.

(2) Er hat das Recht, seine sämtlichen Personalakten, insbesondere auch Personalnachweise an der Dienststelle, an der sie geführt oder aufbewahrt werden, jederzeit einzusehen.

(3) In die Personalnachweise dürfen ungünstige Tatsachen erst eingetragen werden, wenn der Richter Gelegenheit gehabt hat, sich über sie zu äußern. Diese Äußerung ist in die Personalnachweise aufzunehmen.

(4) Sonderakten dürfen nicht geführt werden.

## 8. Abschnitt. Besoldung

*§ 34.* (1) Die Richter beziehen ein festes Gehalt.

(2) Die Besoldung bemisst sich mindestens

a) für Richter in Eingangsstellen nach den Sätzen der dem Besoldungsgesetz vom 16. Dez. 1927 in der Fassung vom 30. März 1943 (RGBl. I ...) als Anlage I beigefügten Reichsbesoldungsordnung A Besoldungsgruppe 2 a,

b) für Richter in Beförderungsstellen nach den Sätzen der Besoldungsgruppe A 1 b.

*§ 35.* Soweit die Dienstbezüge der Richter nach Dienstaltersstufen bemessen werden, kann das Aufsteigen in diesen nur im Wege des Dienststrafverfahrens versagt werden.

*§ 36.* Auf das Besoldungsdienstalter eines Richters ist die im öffentlichen Dienst verbrachte Zeit anzurechnen. Es ist ferner mindestens die Hälfte der Zeit anzurechnen, während der der Richter:

1. als Rechtsanwalt und Notar,
2. auf wissenschaftlichem, technischem oder wirtschaftlichem Gebiet in einer Weise, die seine Eignung zum Richter gefördert hat, im In- oder Ausland tätig gewesen ist.

## 9. Abschnitt. Wartestand

*§ 37.* (1) Der Richter im Wartestand bleibt Richter. Er verliert jedoch mit dem Beginn des Wartestandes seine Amtsstelle.

(2) Der Richter erhält über die Versetzung in den Wartestand eine Urkunde. Der Wartestand beginnt, wenn nicht im Einzelfall ausdrücklich ein späterer Zeitpunkt festgestellt wird, mit der Aushändigung der Urkunde. Die Versetzung in den Wartestand kann bis zum Beginn des Wartestandes zurückgenommen werden.

(3) Nebentätigkeiten unterliegen der Genehmigungspflicht in gleicher Weise wie bei im Dienst befindlichen Richtern.

*§ 38.* Der Richter erhält im Wartestand sein volles Gehalt, soweit es ruhegehaltsfähig ist. Er rückt in Dienstaltersstufen auf.

*§ 39.* Der Richter im Wartestand ist zur Annahme eines richterlichen Amtes von gleichem Rang und Diensteinkommen verpflichtet.

*§ 40.* Der Wartestand endet, wenn
1. dem Richter ein neues Amt übertragen wird,
2. das Dienstverhältnis des Richters endet.

*§ 41.* Der Richter im Wartestand kann auf seinen Antrag jederzeit in den Ruhestand versetzt werden. Er ist in den Ruhestand zu versetzen, wenn er der Verpflichtung zur Annahme eines neuen Amtes nach § 39 nicht nachgekommen ist. Über das Vorliegen dieser Voraussetzung entscheidet das in den Fällen des § 2 Abs. 2 (3) zuständige Gericht.

## 10. Abschnitt. Versorgung

*§ 42.* (1) Die Richter und ihre Hinterbliebenen haben Anspruch auf Versorgung.

(2) Die Regelung der Versorgung darf nicht ungünstiger sein als die entsprechende Regelung des Deutschen Beamtengesetzes in der Fassung vom 26. Januar 1937 (RGBl. I S. 39).

## 11. Abschnitt. Gemeinsame Vorschriften für Gehalt und Versorgung

*§ 43.* Auf die Ansprüche auf Gehalt und Versorgung kann weder ganz noch teilweise verzichtet werden. Sie können, soweit nichts anderes bestimmt ist, nur insoweit verpfändet oder abgetreten werden, als sie der Pfändung unterliegen. Der Staat kann ein Aufrechnungs- oder Zurückbehaltungsrecht ihnen gegenüber nur insoweit geltend machen, als sie pfändbar sind oder als er einen vollstreckbaren Anspruch auf Schadensersatz wegen vorsätzlicher unerlaubter Handlung hat.

*§ 44.* Über die vermögensrechtlichen Ansprüche aus dem Dienstverhältnis der Richter entscheiden im Streitfalle die bürgerlichen Gerichte.

*§ 45.* (1) Scheidet ein Richter aus dem Dienstverhältnis aus (§ 24), wird er entlassen (§ 17), im Wege des Dienststrafverfahrens aus dem Amt entfernt (§ 47 Abs. 1) oder wird einem im Ruhestand befindlichen Richter im Dienststrafverfahren das Ruhegehalt aberkannt (§ 47 Abs. 2), so haben er und seine Hinterbliebenen keinen Anspruch auf Gehalt und Versorgung.

(2) In den Fällen des Abs. 1 kann dem Richter und seinen Hinterbliebenen ein Unterhaltsbeitrag gewährt werden. Über die Gewährung des Unterhaltsbeitrages entscheidet die Dienstaufsichtsbehörde. Wird im Dienststrafverfahren der Richter aus dem Amt entfernt oder ihm das Ruhegehalt aberkannt, so kann auch das Dienststrafgericht einen Unterhaltsbeitrag gewähren.

## 12. Abschnitt. Dienststrafrecht

*§ 46.* (1) Ein Richter begeht ein Dienstvergehen, wenn er schuldhaft die ihm obliegenden Amtspflichten verletzt. Als Dienstvergehen gilt es auch, wenn der Richter bei seiner Ernennung getäuscht oder in anderer Weise rechtswidrig gehandelt hat.

(2) Bei einem Richter im Ruhestand gilt als Dienstvergehen ein staatsfeindliches Verhalten, eine Verletzung der Verpflichtung zur Amtsverschwiegenheit (§ 29) und ein Verstoß gegen ein Verbot der Annahme von Geschenken und Belohnungen.

*§ 47.* (1) Dienststrafen gegen Richter sind Warnung, Verweis, Geldbuße, Versagung des Aufsteigens zur nächsten Gehaltsstufe bis zu zwei Jahren, Gehaltskürzung, Versetzung in ein anderes richterliches Amt mit gleichem oder niedrigerem Rang oder Diensteinkommen, Entfernung aus dem Amt.

(2) Gegen Richter im Ruhestand können verhängt werden: Geldbuße, Kürzung des Ruhegehalts, Aberkennung des Ruhegehalts.

(3) In ein und demselben Dienststrafverfahren darf neben der Versetzung eine Geldbuße oder Gehaltskürzung, im Übrigen aber nur eine der angeführten Dienststrafen verhängt werden.

*§ 48.* Die Verfolgung von Dienstvergehen verjährt in fünf Jahren. Die Verjährung beginnt mit dem Tage, an dem die Verfehlung begangen worden ist, ohne Rücksicht auf den Zeitpunkt des Erfolges. Solange das förmliche Dienstverfahren wegen der Verfehlung gegen den Richter anhängig oder der Richter aus seinem Amt beurlaubt ist, ruht die Verjährung.

Verstößt die Verfehlung auch gegen ein Strafgesetz, so verjährt die Verfolgung des Dienstvergehens nicht früher als die der Straftat.

*§ 49.* (1) Für Richter sind besondere Dienststrafgerichte in zwei Rechtszügen einzurichten. Die Dienststrafgerichte dürfen nur mit Richtern besetzt sein. Durch Landesgesetz kann ein oberes Bundesgericht als Dienststrafgericht des zweiten Rechtszuges bestimmt werden.

(2) Dienststrafen mit Ausnahme der Warnung und des Verweises können nur von den Dienststrafgerichten im förmlichen Dienststrafverfahren verhängt werden. Werden Warnung oder Verweis durch Dienststrafverfügung ausgesprochen, so kann der Richter Entscheidung im förmlichen Dienststrafverfahren beantragen.

(3) Im Verfahren vor den Dienststrafgerichten muss für den Beschuldigten rechtliches Gehör und spätestens von der Zustellung der Anschuldigungsschrift an das Recht auf Akteneinsicht gewährleistet sein. Die Sachentscheidungen müssen mit Gründen versehen sein.

(4) Wird die Entscheidung des Dienststrafgerichts nur von dem Richter oder zu seinen Gunsten angefochten, so darf die Entscheidung nicht zum Nachteil des Richters abgeändert werden.

(5) Die Möglichkeit eines Wiederaufnahmeverfahrens ist vorzusehen.

(6) Soweit das Landesrecht keine Regelung trifft, gelten die Bestimmungen der StPO entsprechend.

(7) Der Richter kann die Einleitung des förmlichen Dienststrafverfahrens gegen sich selbst beantragen, um sich von dem Verdacht eines Dienstvergehens zu reinigen.

## 13. Abschnitt. Schluss- und Übergangsbestimmungen

*§ 50.* (1) Dieses Gesetz gilt für die Richter aller Gerichte in der Bundesrepublik Deutschland.

*§ 51.* (1) Wer nach Erlangung der Befähigung zum Richteramt in einem Land der Bundesrepublik Deutschland zur Wahrnehmung richterlicher Aufgaben bestellt wurde, ohne jedoch auf Lebenszeit zum Richter ernannt zu sein, ist Hilfsrichter.

(2) Vom Inkrafttreten dieses Gesetzes an dürfen Hilfsrichter, insbesondere Assessoren, nurmehr bestellt werden, soweit ein vorübergehendes dringendes Bedürfnis der Rechtspflege dies erfordert oder ein Hilfsrichter für das Amt des Richters erprobt werden soll.

(3) Hilfsrichter sind auf bestimmte Zeit und zwar mindestens jeweils sechs Monate, höchstens insgesamt fünf Jahre zu bestellen. Diese Bestellung darf vor Ablauf der Zeit, für die sie erfolgt ist, ohne Einverständnis des Hilfsrichters nur aus den Gründen widerrufen werden, aus denen ein Richter dauernd oder zeitweise seines Amtes enthoben oder an eine andere Stelle oder in den Wartestand oder in den Ruhestand versetzt werden kann. Über den Widerruf entscheidet die Behörde, die den Hilfsrichter bestellt hat.

(4) Die Verwendung von Hilfsrichtern ist nur bei den Gerichten des ersten Rechtszuges und bei den Landgerichten zulässig. Die Zahl der Hilfsrichter darf im Bereich einer Gerichtsbarkeit in einem Lande … vom Hundert der besetzten Planstellen für Richter nicht übersteigen.

(5) Soweit bisher als Hilfsrichter tätige Personen vom Inkrafttreten dieses Gesetzes an nicht nach Maßgabe der Abs. 2 und 4 als Hilfsrichter weiterverwendet werden können, sind sie bei Vorliegen der erforderlichen Voraussetzungen binnen eines Jahres zu Richtern zu ernennen. Andernfalls sind sie zu entlassen.

*§ 52.* Die landesrechtlichen Bestimmungen über die Richteramtsbefähigung von Flüchtlingen und Vertriebenen bleiben unberührt. Sie treten jedoch spätestens am ... außer Kraft.

*§ 53.* Dieses Gesetz tritt am ... in Kraft.

## VIII. *Niederschrift über die Zusammenkunft der Oberlandesgerichtspräsidenten des Bundesgebietes in Oberlahnstein (Burg Lahneck) am 2./3. Februar 1950*

*Anwesende:*

| | |
|---|---|
| OLG Braunschweig: | OLG-Präs. Dr. Heusinger |
| OLG Bremen: | OLG-Präs. Stutzer |
| OLG Celle: | OLG-Präs. Dr. Frhr. v. Hodenbarg, OLG-Rat Dr. Tasche (Protokoll am 2. Februar) |
| OLG Düsseldorf: | Vizepräs. Dr. Hoberg |
| OLG Freiburg: | OLG-Präs. Dr. Zürcher |
| OLG Hamburg: | Vizepräs. Sommerfeld, OLG-Rat Dr. Priess |
| OLG Hamm: | OLG-Präs. Dr. Wiefels |
| Hess. OLG: | Vizepräs. Dr. Daltrop |
| OLG Karlsruhe: | OLG-Präs. Martens, AG-Dir. Dr. Schmidt |
| OLG Koblenz: | OLG-Präs. Deynet, OLG-Rat Dr. Schramm |
| OLG Köln: | OLG-Präs. Prof. Dr. Korintenberg, OLG-Rat Dr. Goertz |
| OLG Neustadt: | OLG-Präs. Dr. Krüger |
| OLG Oldenburg: | Vizepräs. Ries, LG-Dir. Weitzel |
| OLG Schleswig-Holstein: | OLG-Präs. Dr. Kuhnt, OLG-Rat Johannsen (Protokoll am 3. Febr.) |
| OLG Tübingen: | OLG-Präs. Prof. Dr. Niethammer |

*Außerdem:*

Deutsches Obergericht für das Vereinigte Wirtschaftsgebiet in Köln: *Präsident Dr. Ruscheweyh, ORR Dr. Stöcker*
Oberster Gerichtshof für die Brit. Zone in Köln: *Senatspräsident Dr. Staff* (während des Referats Dr. Ruscheweyhs eintreffend)
Kammergericht Berlin: *Senatspräsident Messow*

*A. Dr. Kuhnt* übernimmt *zunächst* den *Vorsitz* und eröffnet die Tagung um 10.30 Uhr. Er begrüßt die Erschienenen, insbesondere Senatspräsident Messow als Vertreter der Kammergerichtspräsidenten und die Oberlandesgerichtspräsidenten aus der Amerikanischen und Französischen Zone, durch die der bisher auf die OLG-Präsidenten der Britischen Zone beschränkte Teilnehmerkreis in erfreulicher Weise erweitert wurde. Sein Gruß galt vor allem auch OLG-Präs. Prof. Dr. Niethammer, der trotz seines Alters die Beschwernisse der Reise nicht gescheut habe.

Dr. Kuhnt dankt Präsident Ruscheweyh für die Vorbereitung der Tagung und die Übernahme des Referats „Entwurf eines Richtergesetzes". Ebenso dankt er dem anwesenden Bürgermeister Dr. Klauss, Oberlahnstein, für die Vorbereitung der Tagung.

Dr. Kuhnt macht davon Mitteilung, dass er bei dem gestrigen Empfang der OLG-Präsidenten durch den Bundesjustizminister Dr. Dehler die Frage von Zusammenkünften der OLG-Präsidenten des Bundesgebiets angeschnitten habe. Dr. Dehler habe solche Zusammenkünfte der OLG-Präsidenten als sehr glücklich bezeichnet und begrüßt es, wenn sie beibehalten würden.

Unter allgemeiner Zustimmung schlägt Dr. Kuhnt sodann vor, OLG-Präsident *Prof. Dr. Niethammer* möge als Ältester den *Vorsitz* übernehmen.

*B.* Mit den Worten des Dankes für die Wahl übernimmt Dr. Niethammer darauf den Vorsitz und erteilt zu *Punkt 1 der Tagesordnung „Entwurf eines Richtergesetzes"* das Wort an Dr. Ruscheweyh zu seinem Referat.

*I. Dr. Ruscheweyh:* Bei dem den Anwesenden vorliegenden Entwurf eines Richtergesetzes handelt es sich um den sogenannten *Redaktionsentwurf*, der vom Justizkollegium im Dezember 1949 ausgearbeitet ist. Auf dem Rittersturz in Koblenz hat in der vorigen Woche eine weitere Besprechung stattgefunden. Die Formulierung des Ergebnisses dieser Besprechung ist einer Redaktionskommission, bestehend aus OLG-Rat Dr. Priess, Hamburg, und ORR Gerner, München, übertragen worden. Diese Redaktionskommission hat soeben den sogenannten *Rittersturzentwurf* des Richtergesetzes fertiggestellt, der aber noch nicht hat vervielfältigt werden können. Dieser Rittersturzentwurf soll dem Justizkollegium zugehen, in dem dann Ende Februar die entscheidenden Beschlüsse zu fassen sein werden. Für mein dazu in Aussicht genommenes Referat im Justizkollegium ist es von größter Bedeutung, die Auffassung der heute anwesenden OLG-Präsidenten zu verschiedenen Fragen näher kennenzulernen. Ich greife daher für mein heutiges Referat die mir wesentlich erscheinenden Fragen heraus, ohne zu allen einzelnen Bestimmungen Stellung zu nehmen.

1. *Was soll in das Richtergesetz aufgenommen werden?*

   Das Grundgesetz (GG) schreibt ein Rahmengesetz vor, und zwar für die Landesrichter. Es ist die Frage, ob auch Bestimmungen für die Bundesrichter darin aufgenommen werden sollen. Es erhebt sich weiter die Frage, ob die Laienrichter mit berücksichtigt werden sollen.

Über die Stellung der Laienrichter wird das Gesetz wohl keine Regelung bringen. Ob die Regelung des Richtergesetzes sich aber nicht nur auf die Richter der ordentlichen Gerichtsbarkeit, sondern auch auf die Arbeits-, Verwaltungs-, Finanz- und soziale Gerichtsbarkeit erstrecken soll, diese Frage befindet sich noch im Fluss. Der Redaktionsentwurf (52) geht davon aus, dass sich das Gesetz grundsätzlich nur auf Richter der ordentlichen Gerichtsbarkeit beziehen soll und dass an diese Grundlage sich dann Vorschriften über die Richter der anderen Zweige anschließen sollen.

OLG-Rat Dr. Geiger, ein engerer Mitarbeiter des BJM, hat bei den Besprechungen zum Ausdruck gebracht, dass es der Absicht des BJM entspreche, ein möglichst umfassendes Richtergesetz zu erlassen, um der Rechtspflege als der dritten Gewalt im Staate die ihr gebührende einheitliche Stellung zu sichern. Das Bestreben der Richtervereine geht dahin, das Richtergesetz grundsätzlich auf die Richter der ordentlichen Gerichtsbarkeit zu beschränken.

2. Frage des *Rechtsschutzes gegen Weisungen* (§ 2 des Redaktionsentwurfs). Grundsätzlich erscheint es richtig, eine richterliche Instanz entscheiden zu lassen, ob Maßnahmen der Dienstaufsicht des Dienstvorgesetzten gegeben sind, durch welche die richterliche Unabhängigkeit beeinträchtigt wird. – Auf dem Rittersturz hat man sich dahin ausgesprochen, dass zum Schutz der richterlichen Unabhängigkeit hier eine richterliche Instanz eingeführt werden müsse.
3. *Welche richterliche Instanz soll nun entscheiden?* Ein Dienstgericht, wie im Redaktionsentwurf vorgesehen, das auch die Aufgaben des Dienststrafgerichts erfüllen soll? Dieser Vorschlag hat auf der letzten Besprechung auf dem Rittersturz keine Billigung gefunden. Es sind nunmehr zwei Gerichte vorgesehen: Ein Dienststrafgericht und ein Dienstpersonalgericht, wie ich es heute nennen möchte, das durch einen Senat des Obersten Gerichts des Dienstzweiges des Richters, dem dieser angehört, dargestellt werden soll.
4. *Zu § 3 und § 29 a des Entwurfs:* Richter können wohl mit gesetzgebenden und vollziehenden Aufgaben betraut werden; das bleibt durch § 3 unberührt. Durch § 3 soll nicht ausgeschlossen werden, dass Richter mit Justizverwaltungsaufgaben betraut werden. Im Rittersturzentwurf ist nunmehr eine Fassung dahin vorgesehen, dass wer hauptamtlich im Bereich der vollziehenden Gewalt tätig ist, dieser nicht mit richterlichen Aufgaben betraut werden darf. – Nach § 29 a darf ein Richter nicht Mitglied einer Partei sein und sich nicht parteipolitisch betätigen. Bei den Besprechungen auf dem Rittersturz ist mit 6:5 Stimmen beschlossen, die Bestimmung des § 29 a beizubehalten. An der Abstimmung haben außer mir zehn Ländervertreter teilgenommen; ein Land war nicht vertreten. Die anwesenden Vertreter der Richtervereine, die kein Stimmrecht hatten, sprachen sich dahin aus, dass die Mehrzahl der Kollegen eine solche Vorschrift wünsche. Es erhebt sich die Frage, ob eine solche Vorschrift mit dem Grundgesetz im Einklang steht.

5. *§§ 4 ff.* Frage, ob für alle Gerichtsarten eine einheitliche *Ausbildung* gelten soll, und zwar eine einheitliche Ausbildung bis zur großen Staatsprüfung, wobei der Ausbildungsgang jedoch einige Varianten enthalten könnte. Bedenken gegen eine solche einheitliche Ausbildung werden aus dem Gesichtspunkt geltend gemacht, dass sie eine Verfestigung des Justizjuristen bringe, der sich mit seiner lähmenden antiquierenden Begriffsjurisprudenz auf alle Zweige von Gerichtsbarkeiten lege. Ich persönlich kann diese Bedenken nicht teilen. Nach meinen Erfahrungen kann sich der Volljurist später in jeder Sparte von Gerichtsbarkeit ohne große Schwierigkeiten und verhältnismäßig schnell einarbeiten. Die einheitliche Ausbildung ist auch die Konsequenz des einheitlichen Richters.
6. *Richterwahlausschuss (§§ 13 ff.).* Zwei Lösungen sind in dem Entwurf vorgeschlagen. Einmal ein Richterwahlausschuss mit acht Mitgliedern, die zur Hälfte von der Volksvertretung und zur Hälfte von den Richtern des Landes gewählt werden, zum anderen Richterwahlausschüsse mit höchstens neun Mitgliedern und einer Drittelung, indem Volksvertretung, Regierung und Richter des Landes je 1/3 der Mitglieder wählen bzw. bestimmen. – Die Volksvertretung muss in irgendeiner Weise im Richterwahlausschuss zur Geltung kommen, entweder unmittelbar durch Volksvertreter oder durch Wahlmänner, die die Volksvertretung in den Richterwahlausschuss entsendet. Das Bestreben muss dahin gehen, den Richterwahlausschuss vor Politisierung zu schützen. – Die Mitglieder der Richterausschüsse sollen an Weisungen nicht gebunden sein (§ 15). Für die von den Richtern zu entsendenden Mitglieder kann man das ohne weiteres festlegen, auch wohl für die von der Volksvertretung gewählten. Bei den Regierungsvertretern kann das aber zweifelhaft sein. Diese müssten Vertrauensleute der Regierung, nicht Anweisungsbeamte des Ministeriums sein.
7. *Gewissenkonflikt des Richters (§ 18).* Auf dem Rittersturz ist beschlossen, den § 18 zu streichen, und zwar lediglich aus dem Grunde, weil der Lösungsversuch des § 18 nicht richtig erscheine. – Der Lösungsversuch des § 18 ist neuartig. Hinter § 18 steckt folgende Überlegung: Es gibt einen sogenannten großen und kleinen Gewissenskonflikt. Der große liegt vor, wenn ein Richter sagt, er könne das Ganze, also z.B. die vom Gesetzgeber allgemein verfolgte Grundlinie nicht mitmachen. Diesen Fall soll und will der § 18 nicht regeln. Hier bleibt nur der Weg offen, dass der Richter aus seinem Amte freiwillig ausscheidet. Der sogenannte kleine Gewissenskonflikt liegt vor, wenn der Richter die Erledigung einer ihm obliegenden speziellen richterlichen Aufgabe entsprechend dem Gesetz mit seinem Gewissen nicht glaubt vornehmen zu können. Er hält es z.B. mit seinem Gewissen nicht für vereinbar, das KRG Nr. 10 anzuwenden, oder ein stronggläubiger katholischer Richter hält sich für verpflichtet, Bestimmungen des Ehegesetzes über Scheidung aus Zerrüttung nicht anzuwenden. Mit der Möglichkeit, das Bundesverfassungsgericht über die Verfassungsmäßigkeit und damit Rechtsverbindlichkeit der betreffenden Gesetzesbestimmung entscheiden zu lassen, ist die Frage nicht geregelt.

Was soll der Richter nun tun? Der Staat kann nur durch Ordnung regiert werden. Er muss daher verlangen, dass der Richter dem verbindlichen Gesetz gehorcht. Wenn der Richter das nicht mitmachen kann, kann man sich auf den Standpunkt stellen, es sei dieselbe Situation wie beim großen Gewissenskonflikt gegeben; er müsste also ausscheiden. Oder man eröffnet dem Richter die Anrufung eines Gerichtshofs, der dann zu dem Ergebnis kommen kann, dass ein wirklich ernster Gewissenskonflikt vorliege. In diesem Falle soll der Richter nach der Regelung im Entwurf in den Ruhestand versetzt werden. Erkennt das Gericht (also das Dienstgericht oder das Dienstpersonalgericht) den Gewissenskonflikt an, so führt das zu einer Kritik dieses Gerichts am Bundesverfassungsgericht und am Gesetz.

Für alle diese Fragen wird die Zusammensetzung des Bundesverfassungsgerichts von entscheidender Bedeutung sein. Nur wenn es wirklich unabhängig ist, kann es seine Aufgabe, wie sie ihm vom GG zugedacht ist, erfüllen.

8. *Versetzung in ein anderes Amt von gleichem Rang (§ 23).* Beispiel für die hier vorgesehene Regelung: Die Frau eines Richters stiehlt im Warenhaus. Die Tochter des Richters am kleinen Amtsgericht verheiratet sich mit dem einzigen Anwalt am Ort. – Gegen eine Stimme ist die im Entwurf vorgesehene Regelung angenommen worden.
9. *§ 23 a. Sogenannter Trottelparagraph.* Weitgehend wird die Auffassung vertreten, die unter diese Bestimmung fallenden Richter müssten mit durchgeschleppt werden, um den Grundsatz der Unabsetzbarkeit des Richters aufrecht zu erhalten. Die Richtervereine haben sich mit aller Schärfe gegen diese Bestimmung ausgesprochen. Das Abstimmungsergebnis auf dem Rittersturz war 6:5 für Beibehaltung dieser Vorschrift.
10. *§ 25. Abordnung.* Gegen diese Bestimmung sind auf dem Rittersturz keine Bedenken geltend gemacht. Als selbstverständlich ist davon ausgegangen, dass eine Abordnung nur mit Einverständnis des Richters erfolgen kann. Der Abs. 2 soll nach der Abstimmung auf dem Rittersturz gestrichen werden (Stimmenverhältnis 6:5). Trotz Streichung würden die Landesgesetze nicht gehindert sein, Begrenzungen, wie in dem Entwurf hier vorgesehen, vorzunehmen.
11. *§ 28. Richtereid.* Wesentlich ist wohl nur die Frage, ob der Richter überhaupt einen besonderen Eid leisten soll. Die richterliche Tätigkeit ist jedoch so besonders, dass auch ein besonderer Eid dafür erforderlich erscheint. M.E. sollte die Regierung die Eidesleistung des Richters durch eine besonders feierliche Form herausheben. In Hamburg z.B. erfolgt die Eidesleistung durch den Richter in feierlicher Senatssitzung. – Auf dem Rittersturz ist folgende Fassung vorgesehen: „Ich schwöre, dass ich getreu der Verfassung und dem Gesetz … Recht sprechen werde."
12. *§ 29. Beratungsgeheimnis und Schutzvotum.* Grundsätzlich muss am Beratungsgeheimnis als rocher de bronze festgehalten werden. Gibt man hier auch nur den kleinen Finger, so ist die Entwicklung nicht abzusehen. Auf der anderen Seite darf

die zu erstrebende Regelung auch nicht zu einer Sabotage der im GG vorgesehenen Richteranklage führen. – In der Geschäftsordnung des Deutschen Obergerichts ist bestimmt, dass es einem Richter verboten ist, das Abstimmungsergebnis kenntlich zu machen. Bejaht man die Richteranklage, wie es im GG vorgesehen ist, dann muss der einzelne Richter sich gegenüber der Richteranklage verteidigen können. Daher ist es Schutzvotum im geschlossenen Umschlag das Gegebene. Ein Schutzvotum braucht aber nicht wahr zu sein. Um das zu verhindern, müsste Gegenzeichnung durch die übrigen Mitglieder des Gerichts erfolgen. Eine Rücknahme des Votums müsste ausgeschlossen sein. – Nach meiner persönlichen Meinung ist es eines Richters unwürdig, zu einem solchen Schutzvotum zu greifen. Etwas anderes ist das Institut der „dissenting opion".

14. Zu der *Amtsbezeichnung* der Richter (§§ 31, 32) erspare ich mir heute weitere Ausführungen. – Zur Frage der Besoldung (§§ 35 ff.) ist auf dem Rittersturz eine Entschließung dahin gefasst, dass nach eingehender Erörterung die Konferenz dahin einig sei, dass die Vorschriften des Entwurfs nicht übernommen werden könnten, da sie für alle Zweige der Gerichtsbarkeit in Frage kämen, dass aber der Richterstand materiell so gestellt werden müsse, wie es in dem 8. Abschnitt des Entwurfs vorgesehen sei. Vor allem von den Richtervereinen wurde gefordert, dass das bestehende Richterelend berücksichtigt werden müsse.
15. *Abschnitt 9–11: Wartestand, Gehalt und Versorgung.* Durch das Besoldungsrecht usw. darf die Unabhängigkeit des Richters nicht wieder aufgehoben werden.
16. *Katalog der Dienststrafen in § 48.* Die Frage erhebt sich vor allem, ob Versetzung in den Ruhestand mit vollem oder gekürztem Gehalt bestehen bleiben soll. M.E. darf der Ruhestand nicht als Disziplinarmaßnahme in Frage kommen. Man sollte sich dann mit der Disziplinarmaßnahme: Entfernung aus dem Dienst mit Gewährung einer Beihilfe, bemessen nach Hundertteilen des Ruhegehalts, helfen.
17. Die *Vorschrift* über Verjährung von Dienstvergehen ist neu.
18. *§ 50:* Gegen alle *Dienststrafverfügungen* des Richters muss das *Dienststrafgericht* angerufen werden können.
19. *§ 51.* Die vorgesehenen Vorschriften über *Haftung des Richters* würden eine Änderung des BGB darstellen. Die hier vorgeschlagene Regelung soll nach den neuesten Beschlüssen nicht aufrecht erhalten werden. Die Vorschrift gehört nicht in das Richtergesetz. Bei einer Novelle zum BGB mag eine solche Regelung ins Auge gefasst werden. Von einer weiteren Erörterung sehe ich daher heute ab.
20. *§ 53.* Hilfsrichter müssten grundsätzlich verboten werden. Aber es gibt Spitzen der Belastung bei den Gerichten, besondere Anlässe, bei denen der Einsatz von Zeitrichtern erforderlich wird.
21. Zu den Anlagen a und b des Entwurfs geht die einmütige Auffassung dahin, dass diese Gegenstände nicht in ein Richterrahmengesetz hineingehören.

II. Nach Dankesworten an den Vortragenden stellt Dr. Niethammer *entsprechend der Reihenfolge des Referats* die einzelnen *Fragen zur Erörterung:*

1. *Was soll in das Richterrahmengesetz aufgenommen werden?*
   a) Die eine Meinung ging dahin: Es sei grundsätzlich erwünscht, in das Rahmengesetz möglichst viel hineinzunehmen, um die Stellung des Richters möglichst einheitlich in den Ländern und unabhängig von den politischen Verhältnissen in den einzelnen Länderparlamenten zu gestalten. Der Versuch müsse gemacht werden, für alle lebenslänglich angestellten Richter aller Sparten das Gesetz einheitlich anwendbar zu machen, andernfalls werde der Übergang von der einen in die andere Gerichtsbarkeit erschwert. Überhaupt sei der ganze Gesetzentwurf nicht revolutionär, sondern konservativ. Um auch die Richter der Arbeitsgerichtsbarkeit mit einbeziehen zu können, müsse das Arbeitsgerichtsgesetz geändert werden, damit in allen Sparten der Gerichtsbarkeit lebenslänglich angestellte Richter tätig seien.
   b) Die *andere Auffassung* betonte, dass nicht nur die historische Entwicklung dafür spreche, ein Richtergesetz nur für die Richter der ordentlichen Gerichtsbarkeit zu erlassen. Durch Gleichstellung aller Richter würde der Richterbegriff verwischt, vor allem, weil in anderen Sparten der Gerichtsbarkeit nicht eine volle juristische Ausbildung für die richterliche Tätigkeit verlangt werde. Eine Aussprache, ob die Sparten der übrigen Gerichtsbarkeit in die Regelung mit einzubeziehen seien, könne in dem heutigen Kreise nicht besonders fruchtbar sein, da die übrigen Sparten nicht zu Worte kämen. Daher solle man wohl nur das in den Entwurf hineinnehmen, was für den Richter der ordentlichen Gerichtsbarkeit erwünscht erscheine.
   c) Bei der sich anschließenden Abstimmung sprachen sich 10 Stimmen für Beschränkung des Entwurfs auf die Richter der ordentlichen Gerichtsbarkeit und 5 Stimmen gegen eine solche Regelung aus.
   d) Es mag hier bemerkt werden, dass an dieser und den weiteren *Abstimmungen* sich *nur die Oberlandesgerichtspräsidenten und die Vertreter von Oberlandesgerichtspräsidenten einschließlich Senatspräsident Messow* beteiligt haben.
2. *Weisungen des Vorgesetzten an die Richter.*
   Auch hier kamen zwei Meinungen zum Ausdruck:
   a) Was hier in Frage stehe, unterscheide sich nicht wesentlich von der Frage eines Dienstvergehens und könne daher auf dienststrafrechtlichem Wege zur Entscheidung gebracht werden. Die Erledigung der in Betracht kommenden Geschäfte vertrage vielfach keine Verzögerung. Durch die vorgesehene Regelung würden solche Verzögerungen aber ermöglicht. Da gegen Anweisungen der Dienstvorgesetzten durchweg drei Instanzen im Aufsichtswege schon offen ständen, sei für die

betroffenen Richter Rechtsschutz genug gegeben. Eröffne man noch ein gerichtliches Verfahren, so werde ein Querulantentum hochgezüchtet. Die vorgesehene Regelung sei praktisch untragbar und ein Bedürfnis nach einer solchen Regelung sei, abgesehen von den Jahren 1933–1945, auch ernstlich nicht hervorgetreten. Der Richterpersönlichkeit bezeuge man wenig Respekt, wenn man ihn sozusagen mit Stacheldraht umzäune. Man könne es unbedenklich dem Richter überlassen, gegenüber Weisungen fest zu bleiben.

b) Die Frage, wann eine Maßnahme der Dienstaufsicht vorliege oder nicht, könne im einzelnen Falle zweifelhaft sein, z.B. wenn die Formulierung von Urteilen von Vorgesetzten beanstandet werde. Der Richter müsse daher eine Nachprüfung durch eine unabhängige Instanz herbeiführen können im Interesse der richterlichen Unabhängigkeit. Durch die vorgesehene Regelung könnten auch für die Zukunft Klarstellungen herbeigeführt werden, während eine dienststrafrechtliche Klärung sich immer nur mit Zurückliegendem befassen könne. Zu Bedenken sei auch, dass, wenn keine besondere Regelung, wie etwa im Entwurf vorgesehen, getroffen werde, dann der betroffene Richter die Verwaltungsgerichte gegen Weisungen anrufen könne; ein solcher Rechtszustand sei aber höchst unzweckmäßig.

c) Bei der anschließenden *Abstimmung* sprachen sich bei einer Stimmenthaltung 5 Stimmen für Streichung und 9 Stimmen für Beibehaltung des § 2 aus. – Zu § 2 Abs. 2 sprachen sich 8 Stimmen für Beibehaltung und 6 für Streichung aus. – Zu Abs. 3 sprachen sich 12 Stimmen für Streichung aus.

d) Anschließend wurde beantragt, den § 50 Abs. 8 so zu formulieren, dass die *Zulässigkeit des Rechtsweges auch gegen die formlose Rüge* gegeben sei. 15 Stimmen sprachen sich für diesen Antrag aus.

3. *Wer soll entscheiden?*

a) Im Wesentlichen wurde ausgeführt: Die Frage, ob das Dienststrafgericht oder ein besonderes Dienstgericht (Personalgericht) entscheiden solle, hänge ausschlaggebend davon ab, ob das in Frage kommende Gericht volle Unabhängigkeit besitze. Die Zusammensetzung des Gerichts dürfe nicht von politischen Stellen vorgenommen werden. Das müsse bereits durch das Rahmengesetz sichergestellt werden. Deswegen müsste bestimmt werden, dass die Justizverwaltung keinen Einfluss auf die Zusammensetzung des Gerichts habe, sondern dass die Zusammensetzung durch das Präsidium eines Gerichts bestimmt werde. Zu erwägen sei, ob nicht der OLG-Präsident kraft Gesetzes zum Vorsitzenden zu bestimmen sei.

b) Die Erörterung führte zu dem *Antrag:* Das Präsidium des OLG bestimmt die Zusammensetzung des Dienstgerichts: es kann auch andere Richter des Bezirks als die des Oberlandesgerichts zu Mitgliedern bestimmen. – Durch eine solche Bestimmung solle erreicht werden, dass außer Mitgliedern des OLG auch

Land- und Amtsrichter und auch vor allem Richter der Verwaltungsgerichtsbarkeit zu Mitgliedern bestimmt werden können.

c) Zwecks näherer Formulierung des aufgrund dieses Antrages zu machenden Vorschlages wurde von der Versammlung eine Kommission, bestehend aus den Herren Dr. Korintenberg, Dr. Zürcher und Dr. Ruscheweyh gebildet.

4. *Zu § 29 a und § 3 (politische Betätigung der Richter).*

a) Von der einen Meinung wurde die Bestimmung des § 29 a scharf abgelehnt und auf die fruchtbare und erfolgreiche Tätigkeit vieler Richter in den früheren Parlamenten hingewiesen. Dieses habe vor allem darin seinen Grund gehabt, dass den Worten eines Richters auch über den Kreis seiner Partei hinaus besondere Bedeutung beigemessen werde. Das bringe die objektive Stellung des Richters nun einmal mit sich. Der Rechtsanwalt in Parlamenten könne den Richter nicht ersetzen. Auch fehle es an sachkundigen Wortführern, wenn im Parlament Belange des Richters und die Stellung des Richters zur Erörterung kämen. Der Richter müsse deswegen wieder in die gesetzgebenden Körperschaften hinein. Das bedeute allerdings, dass er sich parteipolitisch betätigen müsse; denn er könne nur gewählt werden, wenn er kandidiere und vor seinen Wählern auftrete.

b) Dieser Auffassung wurde entgegengehalten: Seit der Zeit, in der sich die Tätigkeit von Richtern in den Parlamenten bestens bewährt habe, nämlich bis zum Jahre 1933, sei ein grundlegender Wandel eingetreten. Eine weitgehende Skepsis gegenüber dem Richter und seiner Objektivität habe sich breit gemacht. In der Weimarer Republik sei nicht ohne Grund eine Justizkrise eingetreten, die in der Zeit des Dritten Reiches außerordentlich sich verschärft habe. In der jetzigen Zeit weitgehender Labilität müsse alles vermieden werden, was die Besorgnis der Befangenheit gegen einen Richter in der Bevölkerung verstärken oder wieder herbeiführen könne. Dazu komme, dass der Richter überwiegend konservativ eingestellt sei und daher ohne weiteres der größere Teil der Richter auf der rechten Seite der Parlamente in die Erscheinung treten werde. Auch sei kaum anzunehmen, dass sich in der heutigen Zeit gerade die besten Vertreter der Richterschaft in den Vordergrund und damit in die Parlamente hineinbringen ließen. Bei dem Durchschnitt der Richter fehle es weitgehend an politischem Fingerspitzengefühl.

c) Bei der anschließenden *Abstimmung* sprachen sich 10 Stimmen für und 4 Stimmen gegen die Beibehaltung des § 29 a aus.

d) Im Anschluss an diese Abstimmung wurde eine Entschließung angeregt, dass es sehr erwünscht erscheine, wenn Mittel und Wege gefunden würden, trotz des Verbots politischer Betätigung der Richterschaft eine Beteiligung an der Gesetzgebung sicherzustellen. Es wurde die Frage aufgeworfen, ob das durch Zuziehung von Richtern zu den Beratungen in den Parlamentsausschüssen möglich sei. Es wurde jedoch darauf hingewiesen, dass, wenn ein Richter zu Beratungen eines Ausschusses vom Minister hinzugezogen werde, er dann weisungsgebunden sei und die Auffassung der Justizverwaltung zu vertreten habe. Der Wunsch, den unabhängigen Richter in seiner Abgeklärtheit und Selbständigkeit zur Geltung zu bringen, werde auf diesem Wege nicht erreicht. Das erscheine nur möglich im Rahmen einer zweiten Kammer.

e) Eine *Erörterung zu § 3* wurde *zurückgestellt.*

5. Ebenso wurde eine *Erörterung zu §§ 5 ff. zurückgestellt.*
6. *Richterwahlausschuss (§§ 13 ff.)*

a) Gegen die in der rechten Spalte zu § 13 vorgesehene Regelung, je 1/3 der Mitglieder des Ausschusses von der Volksvertretung, der Regierung und den Richtern des Landes wählen zu lassen, wurden die allerschwersten Bedenken erhoben. Diese Regelung laufe darauf hinaus, das 2/3 des Ausschusses Mitglieder der Regierungsmehrheit angehörten. Einmal als Vertreter der Volksvertretung und sodann als Vertreter der Regierung, die aus den Mehrheitsparteien gebildet werde. Die sachlich zweckmäßigste und gleichzeitig auch von der Parteipolitik freie Lösung sei, anstelle des auf die Regierung entfallenden Drittels die entsprechende Mitgliederzahl aus den Kreisen der Anwälte zu nehmen und diese Anwälte durch die Anwaltskammern wählen bzw. bestimmen zu lassen.

b) Während der Aussprache wurde insbesondere auch angeregt, eine Bestimmung aufzunehmen, dass der OLG-Präsident auf alle Fälle der Vorsitzende des Ausschusses sei.

c) Bei der anschließenden *Abstimmung* sprachen sich für diesen letzteren Abänderungsantrag (unter b) 9 Stimmen und 6 Stimmen dagegen aus. – Für den Abänderungsantrag, anstelle der Regierung die Anwaltschaft mit 1/3 zu beteiligen, sprachen sich 7 Stimmen und 2 Stimmen dagegen aus. Im Übrigen Stimmenthaltung. – Für eine Fassung von § 13 Abs. 1 linke Seite des Redaktionsentwurfs mit der Abänderung, dass der OLG-Präsident der Vorsitzende des Ausschusses sein müsse, sprachen sich 10 Stimmen und 2 Stimmen dagegen aus. – Zu § 14 sprachen sich 13 Stimmen für Beibehaltung und 2 für Streichung aus. Für die Beibehaltung wurde angeführt, dass nur dann, wenn lediglich von der Ernennungsbehörde vorgeschlagene Bewerber gewählt werden könnten, die Sicherheit gegeben sei, dass gegen die fachliche Eignung des Bewerbers keine Bedenken zu erheben seien.

d) Einmütigkeit ergab sich darüber, dass der *Richterwahlausschuss nur bei der ersten Anstellung,* nicht aber *bei späteren Beförderungen zu beteiligen* sei.

7. *Gewissenskonflikt (§ 18)*

a) Von einer Minderheit wurde der im Entwurf gemachte Versuch einer Lösung begrüßt und grundsätzlich gebilligt. Dem wurde entgegengehalten, der große Gewissenskonflikt könne nur durch Ausscheiden aus dem Amt gelöst werden.

Aber auch den kleinen Gewissenskonflikt könne letzten Endes dem Richter niemand abnehmen. Auch durch eine Entscheidung des Bundesverfassungsgerichts könne der Konflikt nicht als ausgeräumt angesehen werden. Die Regelung des § 18 bedeute einen schwachen Notbehelf, durch den das Problem aber in Wirklichkeit nicht gelöst werde. Man solle daher einen Rest menschlichen Vertrauens und menschlicher Gerechtigkeit in der Richtung bestehen lassen, dass in solchen Fällen zwischen Justizverwaltung und Richter sich auch ohne gesetzliche Regelung ein befriedigender Ausweg finden lasse. Die vorgesehene Regelung in ihrer Unvollkommenheit müsse abgelehnt werden.

b) Bei der anschließenden Abstimmung sprachen sich 2 Stimmen für Beibehaltung und 12 Stimmen für Streichung des § 18 aus.

8. *§ 23, Versetzung in ein anderes Richteramt*

a) Es wurde geltend gemacht, dass die Bestimmung nicht glücklich formuliert sei. Es erhebe sich die Frage, ob, wenn „die Volksseele koche", auch dieser Fall darunter falle. Zu erwägen sei eine ausdrückliche Vorschrift, dass konfessionelle oder politische Gründe nicht als eine Versetzung rechtfertigend in Betracht kommen könnten.

b) Demgegenüber wurde von Dr. Ruscheweyh darauf hingewiesen, dass diese Fragen bei den Beratungen bereits zur Erörterung gekommen seien. Es habe sich aber kein Weg finden lassen, die Vorschriften enger und präziser zu fassen.

c) Bei der anschließenden *Abstimmung* sprachen sich nur 2 Stimmen für eine Änderung des § 23 in der angeregten Richtung aus, 6 Stimmen sprachen sich für die Aufhebung und 7 Stimmen für Beibehaltung des § 23 aus.

9. *§ 23 a (Trottelparagraph)*

a) Es wurde die Frage aufgeworfen, ob für die Anwendbarkeit dieser Bestimmung es erforderlich sei, dass die „Trottelhaftigkeit" erst nach der Anstellung oder nach der großen Staatsprüfung eingetreten sei, oder ob auch eine bereits davor vorhanden gewesene den Tatbestand erfülle. Dazu wurde die Auffassung vertreten, dass es lediglich auf „die Trottelhaftigkeit am Schluss der mündlichen Verhandlung" ankomme.

b) Es wurde der Auffassung Ausdruck gegeben, dass es sich hier um Fälle handele, bei denen der betreffende Richter entweder nicht wolle oder nicht könne; im ersteren Falle seien Disziplinarmaßnahmen die gegebene Abhilfe, im letzteren Falle komme schon nach der bisherigen Rechtslage eine Zurruhesetzung in Frage. Von anderer Seite wurde die Auffassung vertreten, dass einige Fälle doch übrig blieben, die mit den bisherigen Bestimmungen nicht zu erfassen seien; für diese sei die vorgesehene Bestimmung daher nötig. Dem wurde entgegengehalten, dass man lieber ein paar Trottel durchziehen als eine solche besondere Bestimmung schaffen solle.

c) Bei der *Abstimmung* sprachen sich 4 für Beibehaltung und 11 für Aufhebung des § 23 a aus.

10. *Abordnung (§ 25)*

a) Die Bestimmung des § 25 Ab. 1 wurde im Zusammenhang mit § 8 a des bisherigen GVG erörtert. Es wurde darauf hingewiesen, die bisher nach § 8 a GVG den OLG-Präsidenten eingeräumte Abordnungsbefugnis solle nach den Übergangsbestimmungen des Gesetzentwurfs zur Wiederherstellung der Rechtseinheit auf dem Gebiete der Gerichtsverfassung usw. den Landesjustizverwaltungen bis zum 31.12.1951 eingeräumt werden. Zwischen dieser Regelung und der Regelung des § 25 Abs. 1 des Richtergesetzentwurfs bestehe ein Widerspruch für die Zeit bis zum 31.12.1951. Da Befristungen eines Gesetzes erfahrungsgemäß die Tendenz zur Verlängerung in sich trügen, müsse sogar mit einem länger anhaltenden Widerspruch gerechnet werden. Es bestehe damit dann bis auf weiteres eine Einbruchstelle in die richterliche Unabhängigkeit. Zu erstreben sei daher die gänzliche Streichung einer solchen Vorschrift. Es handle sich nicht bloß um eine Zuständigkeitsfrage (Landesjustizverwaltung oder OLG-Präsident), sondern um eine grundsätzliche Frage. Als Übergangsvorschrift sei sie nicht nötig. Es seien genug noch nicht planmäßig angestellte Hilfsrichter vorhanden, die abgeordnet werden könnten.

b) Demgegenüber wurde geltend gemacht, dass ohne eine beschränkte Abordnungsbefugnis praktisch nicht auszukommen sei. Z.B. gebe es vielfach Amtsgerichte, bei denen der einzige dort tätige Richter nur zum Teil, mitunter nur zu 1/3 belastet sei. Um einen vollen Einsatz des Richters zu ermöglichen, müsse daher eine Abordnungsbefugnis (teilweiser Einsatz bei einem benachbarten AG) möglich sein. Auf dem Wege einer Aufhebung der kleinen AGs sei nicht überall zu helfen. Auch sei es nicht zulässig, einen Richter bei zwei Gerichten in eine Planstelle einzuweisen.

c) Von anderer Seite wurde darauf hingewiesen, dass es sich hier um einen außerordentlich wichtigen Grundsatz handle, der nicht mit Rücksicht auf Auswirkungen im Einzelnen gelockert werden dürfe.

d) Einigkeit ergab sich darüber, dass es in § 25 Abs. 1 statt „könne" heißen müsse „darf", und das Wort „auch" entfallen müsse.

e) Die Erörterung zu diesem Punkt wurde mit einer Entschließung dahin beendet, dass die in dem Entwurf des GVG und den zugehörigen Übergangsvorschriften vorgesehenen Regelungen, die mit der Bestimmung des § 25 Abs. 1 in Widerspruch stehen, gestrichen werden müssten. Dafür sprachen sich 12 Stimmen und dagegen nur 1 Stimme aus (vgl. hierzu auch D I, 1 des Protokolls vom 3.2.).

f) Gegen die bei den Besprechungen auf dem Rittersturz beschlossene Streichung des § 25 Abs. 2 wurden Bedenken erhoben. Erwünscht sei wohl eine Bestimmung, dass in einem Senat das OLG nicht mehr als ein abgeordneter Richter mitwirken dürfte. Von anderer Seite wurde eine solche Bestimmung für sämtliche Kollegialgerichte als erwünscht bezeichnet.

g) Bei der Abstimmung sprachen sich 7 Stimmen dafür und 6 dagegen aus, dass die (vorstehend unter f) angeregte Beschränkung der Mitwirkung von Hilfsrichtern beim OLG festgelegt werde. – Weiter sprachen sich 12 Stimmen für eine Streichung des § 25 Abs. 2 aus.

11. *Richtereid (§ 28)*

a) Gegen die auf dem Rittersturz gewählte Fassung: „Ich schwöre, dass ich getreu der Verfassung und dem Gesetz ... Recht sprechen werde", wurden Bedenken erhoben. Insbesondere wurde darauf hingewiesen, dass die Tätigkeit der in der Justizverwaltung beschäftigten Richter vom Eide nicht umfasst werde.

b) 12 Stimmen sprachen sich bei einer Abstimmung dafür aus, es bei der bisherigen Fassung „anwenden" statt, wie auf dem Rittersturz vorgesehen „Recht sprechen" bewenden zu lassen.

Gegen 18.30 Uhr wurden die *Beratungen auf den 3.2.* vertagt. Es wurde in Aussicht genommen, am 3.2. zunächst das Referat Prof. Dr. Niethammers über das GVG und die StPO (Punkt 3 der Tagesordnung) entgegenzunehmen, dieses zu erörtern und dann in eine Besprechung der heute zurückgestellten bzw. noch nicht erledigten Fragen aus dem Richtergesetz einzutreten.

(gez. Dr. Tasche)

# IX. *Sitzung des Justizkollegiums vom 31.3.-2.4.1950*

## 1. *Niederschrift über die Sitzung der Justizminister der Länder*

*Punkt 1 der Tagesordnung: Richtergesetze der Länder.*

Der Vorsitzende bittet Herrn Präsidenten Dr. Ruscheweyh, die Diskussionsleitung über das Richtergesetz zu übernehmen.

Der Diskussion liegen zugrunde:

1. der Entwurf der Redaktionskommission auf dem Rittersturz, Koblenz vom 28.1.1950 sowie
2. die von Herrn Präsidenten Dr. Ruscheweyh für die Beratung des Rittersturzentwurfes ausgearbeiteten Vorschläge vom 15.2.1950 [unten S. 1].

*Zu § 50:* Zu der Frage, für welche Richter das Richtergesetz gelten soll, werden folgende Vorschläge gemacht:

a) für die Richter aller Gerichtsbarkeiten

b) für alle Richter außer den Richtern der Arbeits- und Sozialgerichtsbarkeit
c) für die Richter aller Gerichtsbarkeiten, aber unter Einfügung von Sondervorschriften für Richter außerhalb der ordentlichen Gerichtsbarkeit
d) nur für Richter der ordentlichen Gerichtsbarkeit.

Für den Vorschlag zu a) stimmen: Bayern, Bremen, Berlin, Hamburg, Niedersachsen, Nordrhein-Westfalen, Süd-Baden, Württemberg-Hohenzollern.

Dagegen stimmen: Hessen, Württemberg-Baden, Schleswig-Holstein, Rheinland-Pfalz.

Ohne Abstimmung wird Einhelligkeit darüber festgestellt, dass Vorschriften über Contempt of Court und Richternötigung sowie über den Gewissenskonflikt der Richter (vgl. Beratungsvorschläge A 5 a-b) nicht in den Entwurf aufgenommen werden sollen.

Für die Einführung eines einheitlichen Dienstgerichts (Beratungsvorschläge A 5 c) entscheiden sich: Bremen, Berlin, Hamburg, Schleswig-Holstein, Rheinland-Pfalz, Süd-Baden.

Dagegen stimmen: Hessen, Niedersachsen, Nordrhein-Westfalen, Württemberg-Hohenzollern.

Der Stimme enthalten sich: Bayern und Württemberg-Baden.

*Zu § 1:* Für Beibehaltung der Fassung des § 1 stimmen: Bayern, Bremen, Hessen, Württemberg-Baden, Berlin, Hamburg, Niedersachsen, Nordrhein-Westfalen, Süd-Baden, Württemberg-Hohenzollern.

*Zu § 2:* Für Beibehaltung des § 2 Abs. 2 stimmen: Bayern, Bremen, Württemberg-Baden, Hamburg, Niedersachsen, Nordrhein-Westfalen, Rheinland-Pfalz, Württemberg-Hohenzollern.

Dagegen stimmen: Hessen, Berlin, Schleswig-Holstein, Süd-Baden.

*Zu § 3:* Für diese Vorschrift stimmen sämtliche Länder mit Ausnahme von Hessen.

*Zu § 4:* Für ein Studium von mindestens drei Jahren stimmen sämtliche Länder mit Ausnahme von Bayern, das für ein vierjähriges Studium eintritt. – Dafür, dass dem Studium des Rechts anstatt mindestens drei Halbjahre mindestens vier Halbjahre auf einer deutschen Universität zu widmen sind, stimmen sämtliche Länder mit Ausnahme von Berlin und Schleswig-Holstein. – Es wird ferner ein Vorschlag angenommen, der die Bildung eines Arbeitsausschusses, bestehend aus Staatssekretär Dr. Moericke [Niedersachsen] als Vorsitzendem und je einem Referenten eines jeden Landes, für die Ausarbeitung einer möglichst gleichen Ausbildungs- und Prüfungsordnung der Länder vorsieht (vgl. d.n. Punkt 3 der Tagesordnung).

*Zu § 4 Abs. 3:* In einer Anmerkung zum Gesetzentwurf soll darauf hingewiesen werden, dass Übergangsbestimmungen für Verwaltungsjuristen, die schon eine abgeschlossene Berufsausbildung hinter sich haben, erwünscht sind.

*Zu § 5:* Hierfür stimmen sämtliche Länder mit Ausnahme von Nordrhein-Westfalen.

*Zu § 7:* Diese Vorschrift wird einhellig gebilligt.

*Zu § 8:* Hiergegen werden keine Einwendungen erhoben.

*Zu § 9:* Für die Beibehaltung des Abs. 1 erklären sich sämtliche Länder außer Schleswig-Holstein, das sich seine endgültige Stellungnahme vorbehält. – Der Vorschlag des Deutschen Richterbundes, einen § 9 a einzufügen, wonach Richterstellen der Besoldungsgruppe A nur im Wege der Bewerbung besetzt werden dürfen und der Besetzung einer solchen Richterstelle eine öffentliche Ausschreibung vorhergehen muss, wird einhellig abgelehnt.

*Zu § 13:* Für die Aufnahme von Mindestvorschriften für den Richterwahlausschuss entscheiden sich: Hessen, Württemberg-Baden, Niedersachsen, Nordrhein-Westfalen, während Bayern, Bremen, Hamburg, Schleswig-Holstein, Rheinland-Pfalz, Süd-Baden, Württemberg-Hohenzollern sich dagegen erklären.

Somit entfallen die §§ 13–15.

Die *§§ 16 und 17* werden einstimmig gebilligt.

*Zu § 22:* Auf Vorschlag von Rheinland-Pfalz wird einstimmig beschlossen, vor dem Wort: „Tatsachen" im 1. Satz einzufügen: „außerhalb seiner Amtsführung liegende".

*Zu § 23:* Für die Streichung dieser Vorschrift stimmen sämtliche Länder mit Ausnahme von Bremen, Berlin, Hamburg, Niedersachsen, Schleswig-Holstein.

*Zu § 24:* Auf Vorschlag von Bayern werden die Worte: „Gefängnis von einem Jahr" in: „Gefängnis von sechs Monaten" geändert.- Für diese Änderung stimmen sämtliche Länder mit Ausnahme von Rheinland-Pfalz und Süd-Baden, die sich dagegen erklären, und Hessen, das sich der Stimme enthält.

*Zu § 25.* Diese Bestimmung wird einhellig gebilligt.

*Zu § 27:* Einhellig angenommen.

*Zu § 28:* Auf Vorschlag von Württemberg-Baden werden die Worte in der Eidesformel: „Recht sprechen" in: „das Richteramt ausüben werde" mit einhelliger Billigung umgeändert.

*Zu § 29:* Die Absätze 1–4 werden einstimmig angenommen. – Für Absatz 5 stimmen: Bayern, Hessen, Württemberg-Baden, Hamburg, Schleswig-Holstein, Rheinland-Pfalz. – Dagegen stimmen: Bremen, Berlin, Niedersachsen, Nordrhein-Westfalen, Süd-Baden, Württemberg-Hohenzollern.

Offen bleibt auch die Frage, ob das Recht, ein Schutzvotum niederzulegen, nur bei Kollegialgerichten gelten soll, die nur mit Berufsrichtern besetzt sind. – Abs. 6 wird einhellig gebilligt.

*Zu § 30:* Die grundsätzliche Frage des Verbots politischer Betätigung für Richter wird eingehend erörtert. Eine Abstimmung findet zunächst nicht statt. Es wird dann der Vorschlag von Regierungsdirektor Dr. Oechssler [Justizministerium Württemberg] angenommen, nach dem das Verbot politischer Betätigung sich nur auf die Betätigung in der Öffentlichkeit erstrecken soll.

Von der Mehrheit wird schließlich der von Justizminister Dr. Beyerle [Württemberg] formulierte Gegenvorschlag zu § 30 in folgender Fassung gebilligt (vgl. unten § 27).

*Zu § 31:* Für Streichung dieser Bestimmung stimmen: Hessen, Niedersachsen, Rheinland-Pfalz, Süd-Baden. Für die Beibehaltung stimmen: Bayern, Bremen, Württemberg-Baden, Berlin, Nordrhein-Westfalen, Württemberg-Hohenzollern, bei Stimmenthaltung von Hamburg und Schleswig-Holstein.

Württemberg-Baden schlägt vor, dem § 31 folgende Fassung zu geben: „Der Richter bedarf der vorherigen Genehmigung seiner –Dienstaufsichtsbehörde zur Übernahme eines Nebenamtes, zur Übernahme einer Nebenbeschäftigung gegen Vergütung und zum Eintritt in ein Organ eines wirtschaftlichen Unternehmens."

Für diesen Vorschlag stimmen: Württemberg-Baden, Berlin, Hamburg, Nordrhein-Westfalen, Schleswig-Holstein, Württemberg-Hohenzollern. – Dagegen stimmen: Bayern, Bremen, Hessen, Niedersachsen, Rheinland-Pfalz. – Süd-Baden enthält sich der Stimme. – Abs. 2 und 3 des *§ 31* werden genehmigt.

*Zu § 32:* Für Streichung der Vorschrift stimmen: Bayern, Hessen, Württemberg-Baden, Berlin, Niedersachsen, Nordrhein-Westfalen, Schleswig-Holstein, Süd-Baden, Württemberg-Hohenzollern. – Für Beibehaltung der Vorschrift stimmen: Bremen und Hamburg.

*Zu § 33:* Abs. 4 wird als selbständiger Absatz gestrichen und in folgender Fassung dem Abs. 3 als Satz 3 angefügt: „Sonderakten hierüber dürfen nicht geführt werden."

*Zu § 34:* Für Beibehaltung dieser Bestimmung sprechen sich aus: Bayern, Bremen, Württemberg-Baden, Berlin, Hamburg, Nordrhein-Westfalen, Württemberg-Hohenzollern. – Dagegen stimmen: Hessen, Schleswig-Holstein, Rheinland-Pfalz, Süd-Baden.

*Zu § 37:* Es wird geltend gemacht, dass § 37 Abs. 3 im Widerspruch zu dem geltenden Recht stehe, nach dem der Wartestandsbeamte zu einer Nebenbeschäftigung keiner Genehmigung bedürfe, so dass er sogar Anwalt werden könne. Dem wird entgegengehalten, dass der Richterstand durch das Richtergesetz gehoben werden solle und dass deshalb an den Richter im Wartestand schärfere Anforderungen gestellt werden müssten. – Für Beibehaltung des § 37 Abs. 3 sprechen sich aus: Bayern, Württemberg-Baden, Berlin, Niedersachsen, Schleswig-Holstein, Rheinland-Pfalz, Süd-Baden, Württemberg-Hohenzollern. – Dagegen stimmten: Bremen, Hessen, Hamburg, Nordrhein-Westfalen.

*Zu § 38:* § 38 wird einstimmig in folgender Fassung gebilligt: „Der Richter, der aufgrund dieses Gesetzes oder des Grundgesetzes in den Wartestand versetzt worden ist, erhält sein volles Gehalt, soweit es ruhegehaltsfähig ist. Er rückt in Dienstaltersstufen auf."

*Anmerkung:* Es werden Übergangsvorschriften für die alten infolge von Entnazifizierungsmaßnahmen im Wartestand befindlichen Richter angeregt.

*Zu § 45:* Württemberg-Baden regt an, in § 45 in die zweite Klammer neben § 17 auch § 18 einzufügen. – Die Redaktionskommission soll prüfen, ob dieser Anregung Rechnung zu tragen oder die zweite Klammer überhaupt zu streichen ist.

*Zu § 46:* Wird einhellig gebilligt.

*Zu § 47:* Bei Stimmenthaltung von Süd-Baden wird beschlossen, eine Dienststrafe vorzusehen, in der neben einem Verweis auf eine Geldbuße erkannt werden kann. – Den Vorschlag von Württemberg-Baden, als weitere Dienststrafe die Entfernung aus dem Amt unter Zubilligung eines Unterhaltsbeitrages vorzusehen, lehnen alle anderen Länder ab.

*Zu § 48:* Für die Beibehaltung dieser Vorschrift stimmen: Bayern, Bremen, Hessen, Württemberg-Baden, Berlin, Schleswig-Holstein, Süd-Baden, Württemberg-Hohenzollern. – Dagegen sprechen sich aus: Hamburg, Niedersachsen, Nordrhein-Westfalen. Rheinland-Pfalz enthält sich der Stimme.

*Zu § 49:* Diese Bestimmung wird einhellig gebilligt mit der Maßgabe, dass anstelle der Dienststrafgerichte die besonderen Dienstgerichte treten. – Niedersachsen stimmt gegen die Beibehaltung des Abs. 2.

Der Vorschlag des Deutschen Richterbundes, im Anschluss an den 12. Abschnitt einen 12 a-Abschnitt mit einem § 49 a einzufügen, wonach für hauptberufliche Staatsanwälte dieses Gesetz mit Ausnahme der §§ 1, 2, 8 Abs. 1, 2, §§ 13 mit 15, 16 Abs. 1, §§ 21, 22, 37 mit 41 entsprechend anzuwenden ist, wird einhellig abgelehnt.

*Zu § 50:* Verschiedene Länder machen darauf aufmerksam, dass Vorschriften darüber aufgenommen werden müssen, durch die die besonderen Dorf- und Gemeindegerichte, Bezirksnotare usw. von den Vorschriften dieses Gesetzes auszunehmen sind. Die Vorschriften hierüber bleiben den Sonderberatungen zwischen den in Frage kommenden Ländern und dem Bundesjustizministerium vorbehalten.

*Zu § 51:* Dafür, dass diese Bestimmung in den dritten Abschnitt eingefügt wird, sprechen sich alle Länder mit Ausnahme von Niedersachsen und Nordrhein-Westfalen aus.

Abs. 1 wird einstimmig gebilligt. – Abs. 2 wird mit der Maßgabe gebilligt, dass die Worte: „insbesondere Assessoren" gestrichen werden. – Abs. 3 Satz 1 soll dahin geändert werden, dass Hilfsrichter auf bestimmte Zeit oder für die Dauer eines bestimmten Bedürfnisses zu bestellen sind. – Für diese Änderung stimmen: Bremen, Hessen,

Württemberg-Baden, Berlin, Niedersachsen, Schleswig-Holstein, Rheinland-Pfalz, Süd-Baden, Württemberg-Hohenzollern. – Dagegen stimmen: Bayern und Hamburg.

Die Bestellung der Hilfsrichter auf höchstens insgesamt fünf Jahre soll als Sollvorschrift bestehen bleiben.

Dafür stimmen: Bayern, Württemberg-Baden, Berlin, Hamburg, Niedersachsen, Nordrhein-Westfalen, Rheinland-Pfalz, Süd-Baden, Württemberg-Hohenzollern. – Abs. 4 Satz 2 soll als Sollvorschrift mit der Maßgabe bestehen bleiben, dass die Zahl der Hilfsrichter zwanzig von Hundert der besetzten Planstellen für Richter nicht übersteigt. - Hierfür stimmen: Bayern, Württemberg-Baden, Berlin, Hamburg, Niedersachsen, Nordrhein-Westfalen, Württemberg-Hohenzollern. – Dagegen stimmen: Hessen, Schleswig-Holstein, Rheinland-Pfalz, Süd-Baden. – In Abs. 5 Satz 1 werden die Worte: „binnen eines Jahres" durch die Worte: binnen dreier Jahre" ersetzt. Hierfür stimmen sämtliche Länder mit Ausnahme von Bremen und Hamburg, die dagegen stimmen und von Rheinland-Pfalz, das sich der Stimme enthält.

*Zu § 52:* Bei der Redaktion ist daran zu denken, dass nicht nur landes-, sondern auch reichsrechtliche Bestimmungen über die Richteramtsbefähigung von Flüchtlingen und Vertriebenen ergangen sind.

Auf Vorschlag von Präsidenten Dr. Ruscheweyh wird eine Redaktionskommission, bestehend aus *Präsident Dr. Ruscheweyh, OLG-Rat Dr. Gerner* und *OLG-Rat Dr. Priess* gebildet, die die endgültige, dem Bundesjustizministerium vorzulegende Fassung des Gesetzes feststellt und eine Begründung dazu ausarbeitet. Präsident Dr. Ruscheweyh wird ermächtigt, den festzustellenden Entwurf ohne nochmalige Beratung in der Konferenz der Justizminister unmittelbar dem Bundesjustizministerium vorzulegen.

Die Veröffentlichung des Entwurfs bleibt der Entscheidung des Bundesjustizministeriums vorbehalten.

## 2. *Vorschläge von Ruscheweyh für die Beratung des Rittersturz-Entwurfs (RiStEntw) zum Richtergesetz in der Plenarversammlung des Justizkollegiums*

*A. Vorfragen:*

1. Fachkreise haben erwartet, dass der Entwurf ganz neue Wege gehen und die Forderung erfüllen würde, den Stand der Richter zu heben. Auf das angelsächsische Vorbild ist hingewiesen. Andere wesentliche Vorschläge, als sie von *Eugen Schiffer* in seinem neu wieder aufgelegten Werk „Die deutsche Justiz" gemacht sind, sind nicht hervorgetreten. Die fachlichen Erörterungen beziehen sich auch eigentlich nur auf Gerichtsverfassung und Prozessordnung, nicht dagegen auf die dienstliche Stellung der Richter. Der Ausschuss hat sich bemüht, eine Fassung zu finden, die die Stellung des Richters im Rahmen einer

jeden, wie immer auch gestalteten Gerichtsverfassung und Prozessordnung beschreiben kann.

Das Justizkollegium wird zu entscheiden haben, ob es grundsätzlich bei dieser Art des Entwurfs verbleiben soll angesichts der Tatsache, dass der Entwurf, wenn auch mit einigen wesentlichen Abänderungen, doch nicht viel mehr bringt als eine Kodifikation der bisher schon geltenden Grundsätze.

2. Nach der Vorschrift von Art. 98 Abs. 3 GG hat der Bund ein „Rahmengesetz" zu erlassen. Es soll grundsätzlich von den „Richtern in den Ländern" handeln. Der Entwurf will sich aber auch auf die Rechtsstellung der Bundesrichter beziehen. Dafür hat das Grundgesetz in Art. 98 Abs. 1 ein „besonderes Bundesgesetz" vorgesehen. Die Verfasser des Entwurfs sind von der Annahme ausgegangen, dass dem Richtergesetz, wie es jetzt vorliegt, ein weiterer Teil angeschlossen werden müsste, der die Rechtsstellung der Bundesrichter im Besonderen umfasst und ein weiterer Teil, der sich mit der Rechtsstellung der Richter in den einzelnen Gerichtszweigen in Bezug auf die hierfür festzustellenden Besonderheiten beschäftigt. – Das Justizkollegium wird zu entscheiden haben, ob es diesen Aufbau des Entwurfs für zweckmäßig und in Übereinstimmung mit dem Grundgesetz hält.
3. Bei den einzelnen Vorschriften ist jeweils zu prüfen, ob sie in den Begriff des „Rahmengesetzes" hineinpassen. Dabei ist daran zu denken, dass die einzelnen Regeln des Entwurfs Mindestforderungen enthalten und also für eine Ergänzung durch Landesgesetze den erforderlichen Raum lassen.
4. Bei den Erörterungen ist zum Vergleich heranzuziehen der Entwurf der Redaktionskommission Köln vom 13./15. Dezember 1949 (KölnRedEntw.).
5. Der KölnRedEntw. schlägt einige Regeln vor, die nicht mit in den RiStEntw. übernommen sind. Das Justizkollegium wird zu entscheiden haben, ob es diese Meinung teilt. Es handelt sich insbesondere um die folgenden Punkte:
   a) Contempt of Court und Richternötigung gemäß Anlage A und Anlage B zum KölnRedEntw.,
   b) Gewissenskonflikt der Richter, § 18 KölnRedEntw.,
   c) Unterscheidung zwischen Dienststrafgerichten und sogenannten „Personalsenaten" einerseits und einheitlichen Dienstgerichten andererseits; vgl. KölnRedEntw. § 2 Abs. 3.

*B. Der RiStEntw.:*

1. *Zu § 1:* Außer der Sonderfrage ist an dieser Stelle der allgemeine Gesichtspunkt zu entscheiden, ob an geeigneten Stellen wörtliche Wiederholungen in das Richtergesetz

aufgenommen werden sollen. - § 1 bezieht das Gesetz auf alle Richter sämtlicher Gerichtsbarkeiten. § 50 RiStEntw. ist dazu zu vergleichen.

2. *Zu § 2:* Die Bestimmung gibt den Inhalt für den Begriff der richterlichen Unabhängigkeit. Dass der Richter einer Dienstaufsicht untersteht, ist nicht ausdrücklich gesagt, weil es selbstverständlich ist. Soll es dabei bleiben? – Je nach dem Aufbau der Justizverwaltung in den einzelnen Ländern wird das Landesgesetz Einzelheiten über die Dienstaufsicht und deren Träger bestimmen können. – Abs. 2 führt eine richterliche Instanz ein, die im Einzelfall über die Grenzen zwischen der richterlichen Unabhängigkeit einerseits und den Befugnissen der Dienstaufsichtsbehörde andererseits zu entscheiden hat. Soll eine solche Instanz eingeführt werden? Die Ausgestaltung im Einzelnen bleibt dem Landesgesetz vorbehalten.
3. *Zu § 3:* Diese Vorschrift hat zur Konsequenz, dass etwa Beamte der inneren oder der Finanzverwaltung nicht in Personalunion Richter der Verwaltungs- oder der Finanzgerichte sein können. Das Justizkollegium wird zu entscheiden haben, ob es diese Konsequenz den anderen Ministerien gegenüber vertreten will. Die Zugehörigkeit zur Legislative ist nicht ausgeschlossen (vgl. aber Art. 30).
4. *Zu § 4:* Als Folgerung aus dem Institut des einheitlichen Richters führt diese Bestimmung die einheitliche Vorbildung aller Richter ein. Sie entscheidet nicht über die Streitfrage, ob die erste Prüfung eine Universitätsbeschlussprüfung sein soll oder eine Praxiseingangsprüfung. Diese Frage wird Gegenstand der Landesgesetzgebung sein, soweit nicht Richtlinien vereinbart werden. – Die Gestaltung der Justizausbildungsordnung ist völlig offen gelassen. Sie steht der Landesgesetzgebung zu.
5. *Zu § 5:* Der Entwurf vermeidet, an dieser Stelle die Trennung zwischen Ost- und Westdeutschland hervorzuheben. Es ist auch nicht erforderlich, da es sich um eine Kann-Bestimmung handelt. Die letzte Entscheidung im einzelnen Verwaltungsakt ist den Ländern vorbehalten.
6. *Zu § 7:* Der Begriff der „Befähigung zum Richteramt" ist entsprechend der Einheitlichkeit des Richteramtes auch einheitlich festzustellen.
7. *Zu § 8:* Diese Grundsätze der Unabsetzbarkeit und Unversetzbarkeit gelten schon heute für den Richter der ordentlichen Gerichtsbarkeit. Der Entwurf will den Zwang für alle Gerichtszweige einführen, diese Grundsätze anzuerkennen. U.a. wird eine Änderung des Kontrollratsgesetzes über die Arbeitsgerichtsbarkeit hiernach erforderlich werden.
8. *Zu § 9:* Ein Bundesgesetz wird die Regeln über die Staatsangehörigkeit aufstellen. Hat der Richter neben der deutschen Staatsangehörigkeit noch eine ausländische, so würde das nach dem Entwurf gemäß Bundesrecht keine Bedeutung haben. Das Landesgesetz könnte theoretisch eine außerdeutsche Staatsangehörigkeit verbieten.

9. *Zu § 13:* Bei den Beratungen auf dem Rittersturz ist über diese Bestimmung eifrig diskutiert. Die verschiedensten Möglichkeiten sind erörtert. Das Justizkollegium wird die endgültige Entscheidung, auch nach politischen Gesichtspunkten, zu treffen haben.
10. *Zu § 14:* Die Bestimmung des § 14 gibt dem Justizminister einen wesentlichen Einfluss. Die Bestimmung hat eine starke Minorität gegen sich gehabt.
11. *Zu § 15:* Dieser Grundsatz schien erforderlich auch für den Fall, dass Beamte Mitglieder des Richterwahlausschusses sind.
12. *Zu § 16:* Mit dieser Bestimmung will der Entwurf anordnen, dass kein Bundes- und Landesgesetz irgendeinen Entlassungsgrund schaffen kann.
    Abs. 2 könnte zu einem Missbrauch dadurch führen, dass ein Landesgesetz – etwa vorübergehend – die Altersgrenze so niedrig ansetzt, dass ein missliebiger Richter dadurch zum Ausscheiden aus dem Amt gezwungen wird. Nachdem dieser Erfolg gegebenenfalls erreicht wäre, könnte die Altersgrenze wieder heraufgesetzt werden, und das Land könnte die Richter wieder einstellen, die es behalten möchte. Es ist damit zu rechnen, dass das Bundesverfassungsgericht ein solches Gesetz für verfassungswidrig erklären würde.
    Diese Bestimmung lässt es nicht zu, dass durch Landesgesetz den Justizverwaltungen die Möglichkeit eingeräumt wird, Richter lediglich durch Verwaltungsakte noch nach der Erreichung der Altersgrenze länger zu beschäftigen. Es war bei den Beratungen auf dem Rittersturz umstritten, ob diese Konsequenz gezogen werden solle oder nicht.
13. *Zu § 17:* Die innere Würde des Richteramtes verlangt diese Bestimmung. Der Richter kann also auch mitten im Verfahren seine Entlassung verlangen. Es wird zu entscheiden sein, ob man diesen strengen Grundsatz beibehalten will. Bei den Vorberatungen sind wesentliche Zweifel nicht aufgetreten.
14. *Zu § 22:* Diese Vorschrift führt die Versetzbarkeit des Richters aus unabweislichem Bedürfnis der Rechtspflege ein. Der Vorschlag hat einen heftigen Meinungsstreit zur Folge gehabt. Das Justizkollegium wird endgültig zu entscheiden haben.
15. *Zu § 23:* Der Trottel-Paragraph war heiß umstritten. Den Befürwortern erschien er nötig zu sein, trotz der Vorschrift des § 20.
16. *Zu § 25:* Die Abordnung des Richters soll nur mit seinem Einverständnis möglich sein. Hiergegen wurden Stimmen laut, die es im Interesse der Justizverwaltung für unbedingt erforderlich hielten, dass der Richter auch gegen seinen Willen an ein anderes Gericht abgeordnet werden könne. Die Gegenmeinung weist darauf hin, dass dadurch der Grundsatz der Unversetzbarkeit gebrochen würde.
17. *Zu § 27:* Die Bestimmung enthält einen materiell-rechtlichen Disziplinarrechtssatz. § 46 ist heranzuziehen. Die Fassung ist nicht ohne Bedeutung.
18. *Zu § 28:* Es gilt dasselbe wie zu § 27.

19. *Zu § 29:* Die Regelung der allgemeinen Verschwiegenheitspflicht (Abs. 1 und 2) und des Beratungsergebnisses (Abs. 3 und 4) ist nach intensiver Diskussion in dieser Form angenommen. – Abs. 5 und 6 regelt die Möglichkeit eines sogenannten „Schutzvotums" und eines „dissenting vote". Die damit zusammenhängenden Streitfragen haben lebhafte Erörterung gefunden. Das Justizkollegium wird endgültig zu entscheiden haben.
20. *Zu § 30:* Dieser Vorschlag ist gegen eine starke Minderheit gemacht. Der Ausschuss war der Ansicht, dass sich die vorgeschlagene Fassung mit Art. 5 GG verträgt.
21. *Zu § 32:* Eine Einheitlichkeit von Titeln und Tracht der Richter schien erforderlich; sie in diesem Gesetz zu regeln aber unangebracht.
22. *Zu § 34:* Abs. 2. Das den Mitgliedern des Justizkollegiums zur Kenntnis gebrachte Protokoll über die Beratungen auf dem Rittersturz zeigt zu § 35 KölnRedEntw. die verschiedenen Meinungen. Eine Ansicht ging dahin, den Entwurf nicht mit dieser Bestimmung zu belasten, sondern nur einen allgemeinen Antrag dem Justizkollegium zur Weitergabe an die übrigen Ministerien zu empfehlen.
23. *Zu § 46:* Hierzu ist § 27 zu vergleichen. Soll der Begriff „staatsfeindliches Verhalten" aufgenommen werden?
24. *Zu § 47:* Auch zu dieser Vorschrift bitte ich, die Niederschrift vom Rittersturz zu § 48 KölnRedEntw. zu vergleichen. Soll dem Dienststrafgericht die Möglichkeit gegeben werden, auf Lebenszeit oder auf eine beschränkte Dauer Beihilfen auch für den Fall der Entfernung aus dem Amt zu gewähren (§ 45 Abs. 2)?
25. *Zu § 48:* § 48 führt die Verjährung von Dienstvergehen ein. Stimmt das Justizkollegium zu?
26. *Zu § 49:* § 49 schreibt zwei Rechtszüge vor. Beide können Landesinstanzen sein. Bei den Vorbereitungen wurde auch der Vorschlag gemacht, entweder eine einheitliche Bundesberufungsinstanz oder eine Bundesrevisionsinstanz einzuführen. – Wird das Verbot der reformatio in peius, wie es Abs. 4 einführt, gebilligt?
27. *Zu § 51:* Der „Hilfsrichter" ist von dem Institut des abgeordneten Richters zu trennen. – Abs. 2 enthält eine lex imperfecta. Übertritt sie die Justizverwaltung, so wird der Minister hierfür nur politisch verantwortlich sein. – In Abs. 4 wird der Hundertsatz auszufüllen sein, wenn das Justizkollegium diesen Vorschlag genehmigt. - Ein Verstoß gegen die Regel des Abs. 5 würde gegebenenfalls ein Revisionsgrund sein.

Köln, den 15. Februar 1950. gez. Ruscheweyh.

# X. *Entwurf eines Richtergesetzes gemäß den Beschlüssen des Justizkollegiums vom 2.4.1950 in Rothenburg o.T. – Fassung des Redaktionsausschusses*

## 1. *Text des Entwurfs*

### *1. Abschnitt. Richteramt*

*§ 1.* Die rechtsprechende Gewalt ist den Richtern anvertraut. Die Richter sind unabhängig und nur dem Gesetz unterworfen.

*§ 2.* (1) Die richterliche Unabhängigkeit darf durch Maßnahmen der Dienstaufsicht nicht beeinträchtigt werden. Insbesondere dürfen dem Richter für seine Entscheidungstätigkeit Weisungen weder allgemein noch im Einzelfall erteilt werden.

(2) Behauptet ein Richter, dass eine Maßnahme der Dienstaufsicht seine Unabhängigkeit beeinträchtigt, so entscheidet nach Erschöpfung des Dienstaufsichtsweges das Dienstgericht über die Zulässigkeit der Maßnahme.

(3) Ruft der Richter das Dienstgericht an, so wird der Vollzug der Maßnahme aufgeschoben, sofern das Dienstgericht nichts anderes bestimmt.

*§ 3.* Wer hauptamtlich im Bereich der vollziehenden Gewalt tätig ist, darf die Aufgaben eines Richters nicht wahrnehmen.

### *2. Abschnitt. Befähigung zum Richteramt*

*§ 4.* (1) Richter kann nur werden, wer zwei Prüfungen bestanden hat (Befähigung zum Richteramt).

(2) Der ersten Prüfung muss ein mindestens dreijähriges Studium des Rechts an einer Universität vorangehen. Von diesem Zeitraum sind mindestens vier Halbjahre dem Studium an einer deutschen Universität zu widmen.

(3) Zwischen der ersten und zweiten Prüfung muss ein Vorbereitungsdienst von mindestens drei Jahren liegen, der im Dienst bei den Gerichten, Staatsanwaltschaften, Rechtsanwälten (Notaren) und Verwaltungsbehörden abzuleisten ist. Der Vorbereitungsdienst bei den Verwaltungsbehörden kann bis zur Höchstdauer von sechs Monaten auch bei Körperschaften und Anstalten des öffentlichen Rechts sowie Unternehmungen oder Einrichtungen der Wirtschaft abgeleistet werden.

(4) Die zweite Prüfung ist für alle Arten der Gerichtsbarkeit einheitlich.

*§ 5.* (1) Wer in einem deutschen Land die erste Prüfung bestanden hat, kann in jedem anderen Land zum Vorbereitungsdienst und zur zweiten Prüfung zugelassen werden.

(2) Die in einem deutschen Land auf den Vorbereitungsdienst verwendete Zeit kann in jedem anderen Land angerechnet werden.

*§ 6.* Zum Richteramt befähigt ist ferner jeder ordentliche öffentliche Lehrer des Rechts an einer deutschen Universität.

*§ 7.* Wer die Befähigung zum Richteramt nach diesem Gesetz besitzt, ist zu jedem Richteramt bei einem Bundes- oder Landesgericht befähigt.

## *3. Abschnitt. Ernennung der Richter*

*§ 8.* (1) Die Richter werden auf Lebenszeit ernannt.

(2) Die Eigenschaft als Richter wird mit der Aushändigung der Ernennungsurkunde begründet, in der die Worte „unter Berufung in das Richteramt" enthalten sein müssen.

(3) Zugleich mit der Aushändigung der Ernennungsurkunde ist der Richter in eine Planstelle bei einem Gericht einzuweisen.

(4) Die Ernennung wird, wenn nicht bei Aushändigung der Ernennungsurkunde ausdrücklich ein anderer Tag bestimmt ist, mit dem Tag der Aushändigung der Urkunde wirksam.

*§ 9.* (1) Wer die Befähigung zum Richteramt in einem Land der Bundesrepublik Deutschland erlangt hat und zur Wahrnehmung richterlicher Aufgaben bestellt ist, ohne jedoch auf Lebenszeit zum Richter ernannt zu sein, ist Hilfsrichter.

(2) Vom Inkrafttreten dieses Gesetzes an dürfen Hilfsrichter nurmehr bestellt werden, soweit ein vorübergehendes dringendes Bedürfnis der Rechtspflege dies erfordert oder ein Anwärter für das Amt des Richters erprobt werden soll.

(3) Hilfsrichter sind auf bestimmte Zeit oder für die Dauer eines bestimmten Bedürfnisses zu bestellen. Die Dauer der Bestellung soll insgesamt fünf Jahre nicht übersteigen. Die Bestellung darf vor Ablauf der Zeit, für die sie erfolgt ist, ohne Einverständnis des Hilfsrichters nur aus den Gründen widerrufen werden, aus denen ein Richter dauernd oder zeitweise seines Amtes enthoben oder an eine andere Stelle oder in den Wartestand oder in den Ruhestand versetzt werden kann. Den Widerruf verfügt die Behörde, die den Hilfsrichter bestellt hat. Das Dienstgericht entscheidet im Streitfall über die Zulässigkeit des Widerrufs.

(4) Die Verwendung von Hilfsrichtern ist nur bei den Gerichten des ersten Rechtszuges sowie bei den Landgerichten zulässig. Die Zahl der Hilfsrichter soll im Bereich einer Gerichtsbarkeit in einem Land 20 vom Hundert der besetzten Planstellen für Richter nicht übersteigen.

*§ 10.* (1) Zum Hilfsrichter kann nur ernannt werden, wer die deutsche Staatsangehörigkeit und die Befähigung zum Richteramt besitzt.

(2) Zum Richter kann nicht ernannt werden, wer

1. entmündigt ist oder unter vorläufiger Vormundschaft steht,
2. die Befähigung zur Bekleidung eines öffentlichen Amtes kraft Urteilsspruch verloren hat,
3. wegen Verbrechens oder Vergehens zu einer Strafe verurteilt ist, die kraft Gesetzes das Ausscheiden aus einem Richteramt zur Folge hat.

*§ 11.* (1) Die Ernennung ist nichtig, wenn der Ernannte im Zeitpunkt der Ernennung

1. die Voraussetzungen des § 10 Abs. 1 nicht erfüllt,
2. nach § 10 Abs. 2 Ziff. 1 oder 2 nicht zum Richter ernannt werden konnte.

(2) Die Ernennung ist für nichtig zu erklären

1. wenn sie durch Zwang, arglistige Täuschung oder Bestechung herbeigeführt ist,
2. wenn nicht bekannt war, dass der Ernannte ein Verbrechen oder ein solches Vergehen begangen hatte, das ihn der Ernennung zum Richter unwürdig erscheinen lässt und er deshalb rechtskräftig zu einer Strafe verurteilt war oder wird.

(3) Die Ernennung kann für nichtig erklärt werden

1. wenn sie von einer sachlich unzuständigen Behörde ausgesprochen ist,
2. wenn bei einem nach seiner Ernennung Entmündigten die Voraussetzungen für die Entmündigung im Zeitpunkt der Ernennung vorlagen,
3. wenn nicht bekannt war, dass der Ernannte aus einem früheren Richteramt oder Beamtenverhältnis wegen mangelnder Eignung entlassen oder im Wege eines Dienststrafverfahrens aus dem Dienst entfernt oder zum Ruhegehaltsverlust verurteilt worden war.

(4) Die Nichtigkeit wird von der Ernennungsbehörde erklärt. Der Ernannte ist vorher zu hören. Die Erklärung ist ihm oder seinen Hinterbliebenen zuzustellen.

(5) Der Ernannte oder seine Hinterbliebenen können binnen eines Monats nach Zustellung der Erklärung die Entscheidung des Dienstgerichts beantragen.

*§ 12.* (1) In den Fällen des § 11 Abs. 1 hat die Ernennungsbehörde nach Kenntnis des Nichtigkeitsgrundes dem Ernannten sofort jede weitere Prüfung der Amtsgeschäfte zu untersagen. In den Fällen des § 11 Abs. 2 und 3 kann sie die weitere Führung der Amtsgeschäfte untersagen.

(2) Über Einwendungen des Ernannten entscheidet das Dienstgericht.

(3) In den Fällen des § 11 Abs. 2 und 3 kann die Ernennungsbehörde die Nichtigkeit nur innerhalb von sechs Monaten erklären, nachdem sie von dem Nichtigkeitsgrund Kenntnis erlangt hat.

*§ 13.* (1) Ist eine Ernennung nichtig oder für nichtig erklärt worden, so sind die bis zur Untersagung der Führung der Amtsgeschäfte (§ 12 Abs. 1) oder bis zur Zustellung der

Nichtigkeitserklärung vorgenommenen Amtshandlungen des Ernannten in der gleichen Weise gültig, wie wenn sie ein rechtsgültig ernannter Richter vorgenommen hätte.

(2) Wenn Billigkeitsgründe es erfordern, können die ausgezahlten Dienstbezüge belassen werden.

## *4. Abschnitt. Beendigung des Richteramtes und Versetzung*

*§ 14.* (1) Richter können, soweit das Grundgesetz für die Bundesrepublik Deutschland oder dieses Gesetz nichts anderes zulässt, wider ihren Willen nur kraft einer Entscheidung der Dienstgerichte und nur aus den Gründen, welche dieses Gesetz bestimmt, dauernd oder zeitweise ihres Amtes enthoben oder an eine andere Stelle oder in den Wartestand oder in den Ruhestand versetzt werden.

(2) Die Gesetze können Altersgrenzen bestimmen; erreicht sie der Richter, so tritt er in den Ruhestand.

*§ 15.* (1) Der Richter hat das Recht, jederzeit seine Entlassung zu fordern. Diesem Verlangen muss entsprochen werden.

(2) Dem Richter kann gestattet werden, seine Amtsbezeichnung fortzuführen.

*§ 16.* Ein Richter ist zu entlassen, wenn er den von ihm nach § 25 zu leistenden Eid ver weigert.

*§ 17.* (1) Ein Richter kann vorläufig der Amtsgeschäfte enthoben werden, wenn

1. das förmliche Dienststrafverfahren gleichzeitig eingeleitet wird oder bereits eingeleitet ist,
2. gegen den Richter in einem strafgerichtlichen Verfahren ein Haftbefehl erlassen ist,
3. gegen den Richter eine strafgerichtliche Untersuchung wegen einer Straftat eröffnet worden ist, die voraussichtlich den Verlust des Amtes kraft des strafgerichtlichen Urteils oder die Dienstentlassung im anschließenden Dienststrafverfahren zur Folge hat,
4. gemäß Art. 98 Abs. 2 und 5 des Grundgesetzes für die Bundesrepublik Deutschland gegen den Richter Richteranklage bei dem Bundesverfassungsgericht erhoben wird.

(2) Über die vorläufige Enthebung von den Amtsgeschäften entscheidet das Dienstgericht, im Falle des Abs. 1 Ziff 4 das Bundesverfassungsgericht.

*§ 18.* (1) Ein Richter ist in den Ruhestand zu versetzen, wenn er infolge eines körperlichen Gebrechens oder wegen Schwäche seiner körperlichen oder geistigen Kräfte zur Erfüllung seiner Amtspflichten dauernd unfähig (dienstunfähig) ist.

(2) Hält die Dienstaufsichtsbehörde den Richter für dienstunfähig und beantragt dieser nicht die Versetzung in den Ruhestand, so kann der Richter nach Feststellung der Dienstunfähigkeit auch gegen seinen Willen in den Ruhestand versetzt werden. Über das Vorliegen der Dienstunfähigkeit entscheidet das Dienstgericht.

*§ 19.* (1) Bei einer Veränderung in der Einrichtung der Gerichte oder ihrer Bezirke können sie hiervon unmittelbar betroffenen Richter in eine Stelle von gleichem Rang und Diensteinkommen an ein anderes Gericht oder unter Belassung ihres vollen Gehaltes in den Wartestand versetzt werden.

(2) Eine Maßnahme nach Abs. 1 ist nur innerhalb von drei Monaten nach Inkrafttreten der Veränderung in der Einrichtung der Gerichte oder ihrer Bezirke und nur innerhalb der Zahl der im Haushaltsplan aus diesem Anlass abgesetzten Planstellen zulässig.

*§ 20.* Ein Richter kann in ein anderes richterliches Amt von gleichem Rang und Diensteinkommen versetzt werden, wenn außerhalb seiner Amtsführung liegende Tatsachen eingetreten sind, durch die seine Tätigkeit auf der bisherigen Stelle nicht nur vorübergehend derart beeinträchtigt wird, dass unabweisliche Bedürfnisse der Rechtspflege die Versetzung dringend erfordern. Über das Vorliegen dieser Voraussetzung entscheidet das Dienstgericht.

*§ 21.* Ein Richter scheidet mit der Rechtskraft des Strafurteils eines deutschen Gerichtes in der Bundesrepublik Deutschland aus seinem Dienstverhältnis aus, wenn er zu Zuchthaus oder wegen vorsätzlich begangener Tat zu Gefängnis von sechs Monaten oder längerer Dauer verurteilt wird oder ihm die bürgerlichen Ehrenrechte oder die Fähigkeit zur Bekleidung öffentlicher Ämter aberkannt werden.

*§ 22.* Ein Richter darf nur mit seinem Einverständnis auf einer Amtsstelle verwendet werden, in die er nicht eingewiesen ist (Abordnung).

*§ 23.* Die Entlassung, die Versetzung in den Wartestand oder Ruhestand und die Versetzung eines Richters verfügt die Ernennungsbehörde. Diese Verfügungen sind dem Richter zuzustellen.

## *5. Abschnitt. Pflichten der Richter*

*§ 24.* Ein Richter ist zur gewissenhaften Erfüllung der besonderen Aufgaben seines Amtes verpflichtet. Er hat unparteiisch nach dem Gesetz Recht zu sprechen, das Gesetz mit Gerechtigkeit gegenüber jedermann ohne Rücksicht auf Religion, Rasse, Abstammung oder politische Überzeugung anzuwenden und die Gleichheit aller vor dem Gesetz zu wahren. Er hat sich innerhalb und außerhalb seines Amtes der Achtung, die sein Beruf erfordert, würdig zu zeigen.

*§ 25.* (1) Ein Richter hat bei Antritt seines Amtes den folgenden Eid zu leisten: „Ich schwöre, dass ich das Richteramt getreu der Verfassung und dem Gesetz mit Gerechtigkeit gegenüber jedermann ohne Ansehen der Person ausüben werde. So wahr mir Gott helfe".

(2) Der Eid kann auch mit einer anderen Beteuerungsformel oder ohne eine solche geleistet werden.

*§ 26.* (1) Ein Richter hat – auch nach Beendigung seines Amtes – über die ihm bei seiner Tätigkeit bekannt gewordenen Angelegenheiten, deren Geheimhaltung aufgrund eines Gesetzes oder ihrem Wesen nach erforderlich ist, Verschwiegenheit gegen jedermann zu bewahren.

(2) Über hiernach geheim zu haltende Angelegenheiten darf der Richter ohne Genehmigung der Dienstaufsichtsbehörde oder der letzten Dienstaufsichtsbehörde keine Angaben machen.

(3) Das Beratungsgeheimnis ist zu wahren.

(4) Nur das Bundesverfassungsgericht kann einem Richter, wenn gegen ihn oder einen anderen Richter Richteranklage nach Art. 93 Abs. 2 des Grundgesetzes für die Bundesrepublik Deutschland erhoben worden ist, die Genehmigung zu Erklärungen über die Beratung in Verfahren, die Gegenstand der Anklage sind, erteilen.

(5) Ein Richter ist berechtigt, seine Stellungnahme in der Beratung von verschlossenem Umschlag zu den Akten zu reichen. Die übrigen an der Beratung beteiligten Mitglieder des Gerichts haben diese Stellungnahme mit einem Sichtvermerk zu versehen. Der Richter darf die Stellungnahme nicht zurücknehmen. Ohne sein Einverständnis darf nur das Bundesverfassungsgericht die Stellungnahme öffnen, wenn die Voraussetzungen des Absatzes 4 gegeben sind.

(6) Bestimmungen, die die Abgabe eines gesonderten Gutachtens zulassen, bleiben unberührt.

*§ 27.* (1) Ein Richter darf sich nicht in der Öffentlichkeit parteipolitisch betätigen, es sei denn, dass er als Wahlbewerber für den Bundestag oder einen Landtag auftritt oder ein Mandat in einem dieser Parlamente innehat. Als Öffentlichkeit im Sinne dieser Vorschrift gilt nicht eine geschlossene Parteiveranstaltung.

(2) Tritt ein Richter als Wahlbewerber für den Bundestag oder einen Landtag auf, so wird er bis zum Wahltag beurlaubt und hat sich jeder Amtsausübung zu enthalten. Wird er zum Abgeordneten gewählt und nimmt die Wahl an, so tritt er in den Wartestand. Das ihm zustehende Gehalt wird um 20 vom Hundert gekürzt. Die Kürzung darf jedoch nicht höher sein als die ihm als Abgeordneten zukommende Grundvergütung. § 28 findet auf die Annahme und Ausübung eines Abgeordnetenmandats keine Anwendung.

(3) Ein Richter darf nicht Mitglied eines Gemeinderats oder Kreisrats sein.

(4) Die Bestimmungen der §§ 28, 33 Abs. 2 Satz 2 und 3, Abs. 3, §§ 34 Satz 1 und 35 finden auf den Wartestand bei Annahme und Ausübung eines Abgeordnetenmandats keine Anwendung.

*§ 28.* (1) Ein Richter bedarf der vorherigen Genehmigung seiner Dienstaufsichtsbehörde zur Übernahme eines Nebenamtes, zur Übernahme einer Nebenbeschäftigung gegen Vergütung und zum Eintritt in ein Organ eines wirtschaftlichen Unternehmens.

(2) Die Genehmigung darf nur verweigert werden, wenn bei ihrer Erteilung die Erfüllung der Amtspflicht des Richters gefährdet wird.

(3) Eine schriftstellerische, wissenschaftliche, künstlerische oder vortragende Tätigkeit bedarf keiner Genehmigung.

## *6. Abschnitt. Rechte der Richter*

### *A. Recht auf Gehör und Akteneinsicht*

*§ 29.* (1) Der Richter muss zu Beschwerden und tatsächlichen Angaben, die ihm nachteilig werden können, gehört werden.

(2) Er hat das Recht, außer sämtlichen Personalakten, insbesondere auch Personalnachweise, an der Dienststelle, an der sie geführt oder aufbewahrt werden, jederzeit einzusehen.

(3) In die Personalnachweise dürfen ungünstige Tatsachen erst eingetragen werden, wenn der Richter Gelegenheit gehabt hat, sich über sie zu äußern. Diese Äußerung ist in die Personalnachweise aufzunehmen. Personalsonderakten dürfen nicht geführt werden.

### *B. Besoldung*

*§ 30.* (1) Die Richter beziehen ein festes Gehalt.

(2) Die Besoldung bemisst sich mindestens

a) für Richter in Eingangsstellen nach den Sätzen der dem Besoldungsgesetz vom 16. Dezember 1927 in der Fassung vom 30. März 1943 (RGBl. I S. 189) als Anlage I beigefügten Reichsbesoldungsordnung A Besoldungsgruppe 2 a,

b) für Richter in Beförderungsstellen nach den Sätzen der Besoldungsgruppe A 1 b.

*§ 31.* Soweit die Dienstbezüge der Richter nach Dienstaltersstufen bemessen werden, kann das Aufsteigen in diesen nur im Wege des Dienststrafverfahrens versagt werden.

*§ 32.* Auf das Besoldungsdienstalter eines Richters ist die im öffentlichen Dienst verbrachte Zeit anzurechnen. Es ist ferner mindestens die Hälfte der Zeit anzurechnen, während derer der Richter

1. als Rechtsanwalt oder Notar,
2. auf wissenschaftlichem, technischem oder wirtschaftlichem Gebiet in einer Weise, die seine Eignung zum Richter gefördert hat,

im In- oder Ausland tätig gewesen ist.

## C. *Wartestand*

*§ 33.* (1) Der Richter im Wartestand bleibt Richter. Er verliert jedoch mit dem Beginn des Wartestandes seine Amtsstelle.

(2) Der Richter erhält über die Versetzung in den Wartestand eine Urkunde. Der Wartestand beginnt, wenn nicht im Einzelfall ausdrücklich ein späterer Zeitpunkt festgestellt wird, mit der Aushändigung der Urkunde. Die Versetzung in den Wartestand kann bis zum Beginn des Wartestandes zurückgenommen werden.

(3) Nebentätigkeiten unterliegen der Genehmigungspflicht in gleicher Weise wie bei im Dienst befindlichen Richtern.

*§ 34.* Der Richter, der aufgrund dieses Gesetzes oder des Grundgesetzes für die Bundesrepublik Deutschland in den Wartestand versetzt ist, erhält im Wartestand sein volles Gehalt, soweit es ruhegehaltsfähig ist. Er rückt in Dienstaltersstufen auf.

*§ 35.* Der Richter im Wartestand ist zur Annahme eines richterlichen Amtes von gleichem Rang und Diensteinkommen verpflichtet.

*§ 36.* Der Wartestand endet, wenn
1. dem Richter ein neues Amt übertragen wird,
2. das Dienstverhältnis des Richters endet.

*§ 37.* Der Richter im Wartestand kann auf seinen Antrag jederzeit in den Ruhestand versetzt werden. Er ist in den Ruhestand zu versetzen, wenn er der Verpflichtung zur Annahme eines neuen Amtes nach § 35 nicht nachgekommen ist. Über das Vorliegen dieser Voraussetzung entscheidet das Dienstgericht.

## D. *Versorgung*

*§ 38.* (1) Die Richter und ihre Hinterbliebenen haben Anspruch auf Versorgung.

(2) Die Regelung der Versorgung darf nicht ungünstiger sein als die entsprechende Regelung des Deutschen Beamtengesetzes in der Fassung vom 26. Januar 1937 (RGBl. I S. 39).

## E. *Gemeinsame Vorschriften für Gehalt und Versorgung*

*§ 39.* Auf die Ansprüche auf Gehalt und Versorgung kann weder ganz noch teilweise verzichtet werden. Sie können, soweit nichts anderes bestimmt ist, nur insoweit verpfändet oder abgetreten werden, als sie der Pfändung unterliegen. Der Staat kann ein Aufrechnungs- oder Zurückbehaltungsrecht ihnen gegenüber nur insoweit geltend machen, als sie pfändbar sind oder als er einen vollstreckbaren Anspruch auf Schadensersatz wegen vorsätzlicher unerlaubter Handlung hat.

*§ 40.* Über die vermögensrechtlichen Ansprüche aus dem Dienstverhältnis der Richter entscheiden im Streitfall die bürgerlichen Gerichte.

*§ 41.* (1) Scheidet ein Richter aus dem Dienstverhältnis aus (§ 21), wird er entlassen (§§ 15, 16) im Wege des Dienststrafverfahrens aus dem Amt entfernt (§ 43 Abs. 1) oder wird einem im Ruhestand befindlichen Richter im Dienststrafverfahren das Ruhegehalt aberkannt (§ 43 Abs. 2), so haben er und seine Hinterbliebenen keinen Anspruch auf Gehalt und Versorgung.

(2) In den Fällen des Abs. 1 kann dem Richter und seinen Hinterbliebenen ein Unterhaltsbeitrag gewährt werden. Über die Gewährung des Unterhaltsbeitrages entscheidet die Dienstaufsichtsbehörde. Wird im Dienststrafverfahren der Richter aus dem Amt entfernt oder ihm das Ruhegehalt aberkannt, so kann auch das Dienstgericht einen Unterhaltsbeitrag gewähren.

## *7. Abschnitt. Dienststrafrecht, Dienstgerichte*

*§ 42.* (1) Ein Richter begeht ein Dienstvergehen, wenn er schuldhaft die ihm obliegenden Amtspflichten verletzt. Als Dienstvergehen gilt es auch, wenn der Richter bei seiner Ernennung getäuscht oder in anderer Weise rechtswidrig gehandelt hat.

(2) Bei einem Richter im Ruhestand gilt als Dienstvergehen ein staatsfeindliches Verhalten, eine Verletzung der Verpflichtung zur Amtsverschwiegenheit (§ 26) und ein Verstoß gegen ein Verbot der Annahme von Geschenken und Belohnungen.

*§ 43.*(1) Dienststrafen gegen Richter sind Warnung, Verweis, Geldbuße, Versagung des Aufsteigens zur nächsten Gehaltsstufe bis zu zwei Jahren, Gehaltskürzung, Versetzung in ein anderes richterliches Amt mit gleichem oder niedrigerem Rang oder Diensteinkommen, Entfernung aus dem Amt.

(2) Gegen Richter im Ruhestand können verhängt werden Geldbuße, Kürzung des Ruhegehalts, Aberkennung des Ruhegehalts.

(3) In ein und demselben Dienststrafverfahren darf neben Geldbuße ein Verweis und neben der Versetzung eine Geldbuße oder Gehaltskürzung, im Übrigen aber nur eine der angeführten Dienststrafen verhängt werden.

*§ 44.* (1) Die Verfolgung von Dienstvergehen verjährt in fünf Jahren. Die Verjährung beginnt mit dem Tag, an dem die Verfehlung begangen worden ist, ohne Rücksicht auf den Zeitpunkt des Erfolges. Solange das förmliche Dienststrafverfahren wegen der Verfehlung gegen den Richter anhängig oder der Richter aus seinem Amt beurlaubt ist, ruht die Verjährung.

(2) Verstößt die Verfehlung auch gegen ein Strafgesetz, so verjährt die Verfolgung des Dienstvergehens nicht früher als die der Straftat.

*§ 45.* (1) Für Richter sind besondere Dienstgerichte in zwei Rechtszügen einzurichten. Sie entscheiden im Dienststrafverfahren, in den in diesem Gesetz vorgesehenen anderen Fällen, ferner nach Erschöpfung des Dienstaufsichtsweges in allen Streitigkeiten zwischen Richtern und Dienstaufsichtsbehörden, für die aufgrund anderer gesetzlicher Bestimmungen der Verwaltungsrechtsweg eröffnet wäre.

(2) Die Dienstgerichte dürfen nur mit Richtern besetzt sein. Träger der Dienstaufsicht dürfen bei der Entscheidung nicht mitwirken.

(3) Durch Landesgesetz kann ein oberes Bundesgericht als Dienstgericht des zweiten Rechtszuges bestimmt werden.

*§ 46.* In Verfahren vor den Dienstgerichten muss für den Richter rechtliches Gehör und bei Dienststrafverfahren spätestens von der Zustellung der Anschuldigungsschrift an, bei sonstigen Verfahren vom Zeitpunkt der Anhängigkeit bei dem Dienstgericht an das Recht auf Akteneinsicht gewährleistet sein. Die Sachentscheidungen müssen mit Gründen versehen sein.

*§ 47.* Für das Dienststrafverfahren gelten folgende besondere Bestimmungen:

1. Dienststrafen, mit Ausnahme der Warnung und des Verweises, können nur von den Dienstgerichten im förmlichen Dienststrafverfahren verhängt werden. Werden Warnung oder Verweis durch Dienststrafverfügung ausgesprochen, so kann der Richter Entscheidung im förmlichen Dienststrafverfahren beantragen.
2. Wird die Entscheidung des Dienstgerichts nur von dem Richter oder zu seinen Gunsten angefochten, so darf die Entscheidung nicht zum Nachteil des Richters abgeändert werden.
3. Die Möglichkeit eines Wiederaufnahmeverfahrens ist vorzusehen.
4. Der Richter kann die Einleitung des förmlichen Dienststrafverfahrens gegen sich selbst beantragen, um sich von dem Verdacht eines Dienstvergehens zu reinigen.
5. Soweit das Landesrecht keine Regelung trifft, gelten die Bestimmungen der Strafprozessordnung entsprechend.

## *8. Abschnitt. Schluss- und Übergangsbestimmungen*

*§ 48.* Dieses Gesetz gilt für die Richter aller Gerichte in der Bundesrepublik Deutschland.

*§ 49.* (1) Die Bestimmungen über die Richteramtsbefähigung von Flüchtlingen und Vertriebenen bleiben unberührt. Spätestens vom … ab kann die Befähigung zum Richteramt nach diesen Vorschriften nicht mehr verliehen oder anerkannt werden.

(2) Frühere deutsche Staatsangehörige, denen zwischen dem 30. Januar 1933 und dem 8. Mai 1945 die deutsche Staatsangehörigkeit aus politischen, rassischen oder religiösen Gründen entzogen worden ist, können, auch wenn sie die deutsche Staatsangehörigkeit nicht besitzen, zum Richter ernannt werden.

*§ 50.* Soweit bisher als Hilfsrichter tätige Personen vom Inkrafttreten dieses Gesetzes an nicht gemäß § 9 Abs. 2 und 4 als Hilfsrichter weiter verwendet werden können, sind sie bei Vorliegen der erforderlichen Voraussetzungen binnen dreier Jahre zu Richtern zu ernennen; anderenfalls sind sie zu entlassen. Über die Zulässigkeit der Entlassung entscheidet im Streitfall das Dienstgericht.

*§ 51.* Dieses Gesetz tritt am … in Kraft.

## 2. *Begründung zum Entwurf des Justizkollegiums*

I. Das Justizkollegium hat in seiner 6. Sitzung am 19. Januar 1949 in Bonn den folgenden Beschluss gefasst:

> „*Entwurf eines Gesetzes über den öffentlichen Dienst der Verwaltung des Vereinigten Wirtschaftsgebietes.* Das Justizkollegium beschloss:
> a) Es besteht Einmütigkeit darüber, dass ein besonderes Richtergesetz erwünscht ist.
> b) Es wird eine Änderung von § 91 E dahin empfohlen, dass die Richter durch ausdrückliche Vorschrift aus dem Gesetz ausgenommen werden. Die Rechtsverhältnisse der Dienststrafrichter sollen durch einige Bestimmungen in der Dienststrafordnung geregelt werden.
> c) Die Schaffung eines Richtergesetzes soll dem Parlamentarischen Rat vorgeschlagen werden.
> d) Inzwischen sollen Vorarbeiten für ein Richtergesetz von Bayern, Nordrhein-Westfalen und Rheinland-Pfalz im Benehmen mit Präsident Dr. Ruscheweyh in Angriff genommen werden.“

Aufgrund dieses Beschlusses sind verschiedene Vorentwürfe aus den Arbeiten des eingesetzten Ausschusses entstanden:

1. Kölner Entwurf vom November 1949;
2. Entwurf der Redaktionskommission Köln vom 13./15. Februar 1949 (KölnRedEntw.);
3. Entwurf aufgrund der Beratungen in der Sondersitzung des Justizkollegiums auf dem Rittersturz bei Koblenz von 28. Januar 1950 (RiStEntw.).

Daneben sind zur Unterstützung der Arbeiten des Ausschusses andere Entwürfe vorgelegt, so insbesondere vom Deutschen Richterbund vom 7. Dezember 1949, von Richtern des Düsseldorfer Oberlandesgerichtsbezirkes, vom Hamburger Richterverein vom 22. Oktober 1949 und vom Justizministerium Rheinland-Pfalz vom 14./21. November 1949.

In der Fachliteratur fanden die Arbeiten des Justizkollegiums und des Ausschusses verschiedentlich Erwähnung, insbesondere sei hingewiesen auf die Schrift von Dr. Rotberg „Zu einem Richtergesetz“, Verlag I.C.B. Mohr (Paul Siebeck), Tübingen.

Das Justizkollegium hat sich mehrfach mit den Vorarbeiten des Ausschusses beschäftigt, zuletzt und abschließend auf seiner 14. Sitzung in Rothenburg o.T. am 1. April 1950. Bei dieser Beratung hat das Justizkollegium eine Redaktionskommission aus den Unterzeichneten gebildet. Sie hat den Auftrag erhalten, die endgültige dem Bundesjustizministerium vorzulegende Fassung des Gesetzes festzustellen und eine Begründung auszuarbeiten. Diese Fassung nebst Begründung wird hiermit vorgelegt.

II. Art. 98 Abs. 1, 3 des Bonner Grundgesetzes bestimmt, dass die Rechtsstellung der Bundesrichter durch Bundesgesetz und die Rechtsstellung der Richter in den Ländern durch besondere Landesgesetze zu regeln ist; der Bund kann Rahmenvorschriften für die Richter der Länder erlassen.

Der vorliegende Entwurf eines Richtergesetzes soll diese Rahmenvorschriften bringen. Bei der Abgrenzung der Rahmenvorschriften ist von folgenden Erwägungen ausgegangen:

1. Sinn des Rahmengesetzes ist es, die grundsätzlichen Fragen des deutschen Richtertums auf bundesrechtlicher Grundlage einheitlich zu regeln. Die in dem Gesetz niedergelegten Grundsätze müssen daher nicht nur für die Richter der Länder, sondern auch für die Bundesrichter gelten. Das Gesetz wird seine Ergänzung für die Bundesrichter in einem eigenen Bundesrichtergesetz oder einem besonderen Teil dieses Gesetzes, für die Richter der Länder in Richtergesetzen der einzelnen Länder finden müssen. Diese ergänzenden Gesetze haben für ihren Geltungsbereich alle Einzelfragen zu ordnen, deren Regelung das Rahmengesetz offen lässt und als Rahmengesetz offen lassen muss.
2. Weil das Rahmengesetz die Grundlagen des Richtertums einheitlich regeln soll, geht der Entwurf grundsätzlich auch davon aus, dass das Gesetz für die Richter der Verwaltungs-, Finanz-, Arbeits- und Sozialgerichtsbarkeit zu gelten hat. – Andererseits schien es nicht angängig, einer Anregung zu folgen, Grundsätze auch für die Laienrichter in den Entwurf mit aufzunehmen, weil ihre Stellung zu vielgestaltig und von der des Berufsrichters zu verschieden ist.
3. Ziel einer Neugestaltung des deutschen Richtertums muss es sein, dem Richter eine Stellung zu geben, die durch ihr Ansehen und auch durch ihre wirtschaftliche Sicherung mehr der Bedeutung der Rechtsprechung und der Eigenart des richterlichen Amtes im Rechtsstaat entspricht als die heutige Stellung der Richter. Der Richter muss aus der Enge gelöst werden, in die ihn das auch für ihn geltende allgemeine Beamtenrecht bannt. Die hohe Stellung des angelsächsischen Richters und die früher sehr hervorgehobene Stellung der Richter in den Hansestädten können hierbei Vorbild sein.
   Bei der Verfolgung dieses Ziels können aber die gegebenen Tatsachen nicht vergessen werden. Unsere Prozessordnung und Gerichtsverfassung setzen eine große Zahl von Richtern voraus, eine Zahl, die es angesichts der Finanzlage und auch der bei der

großen Zahl notwendigerweise verschiedenen Qualität der Richter ausschließt, alle Richter wirtschaftlich und ganz allgemein in ihrer Stellung auf eine so hohe Ebene zu heben, wie es das Idealbild eines Richters fordert. Voraussetzung für eine völlig neue Ausgestaltung des richterlichen Amtes wäre eine gleichzeitige grundlegende Reform unserer Prozessordnung und Gerichtsverfassung mit einer entscheidenden Verringerung der Zahl der Richter. Diese Reform kann jedenfalls heute nicht durchgeführt werden. Sie würde ein langwieriges und schwieriges Werk der Gesetzgebung und Justizverwaltung voraussetzen, das eine ruhige und von den drängenden Fragen der täglichen Not freie Zeit erfordert. Wenn es auch unbedingt notwendig und möglich erscheint, die richterliche Stellung selbst bei der gegenwärtigen Zahl der Richter zu verbessern, so muss sich diese Hebung der richterlichen Stellung doch heute in den durch die gegebenen Tatsachen vorgezeichneten Grenzen halten. Auch das Beharrungsvermögen der historischen Entwicklung des Richterstandes, die in der Mehrzahl der deutschen Länder, insbesondere den aus Preußen hervorgegangenen Ländern, eine beamtenrechtliche war, kann nicht unbeachtet bleiben.

Der vorliegende Entwurf ist daher nicht frei von beamtenrechtlichen Zügen. Grundsätzlich beruht er jedoch auf der Auffassung, dass das allgemeine Beamtenrecht für Richter nicht mehr anzuwenden ist, sondern dass die Rechtsstellung der Richter gemäß Art. 98 GG durch besondere Gesetze abschließend geordnet werden soll. Der Entwurf will in bewusster Selbstbeschränkung nur die gesetzlichen Regeln erreichen, die sich heute erreichen lassen, aber gleichzeitig durchgesetzt werden müssen, um dem Richter im Interesse der Allgemeinheit die Unabhängigkeit seines Amtes zu sichern. Nur die Gesetzgebung über die Verfassung der Prozessgerichte, das Verfahrensrecht und das Besoldungsrecht kann endgültig dem deutschen Richter eine neue, gehobene Stellung im Staate einräumen. Der vorliegende Entwurf steht einer solchen kommenden grundsätzlichen Neuregelung nicht im Wege.

4. Um die Unabhängigkeit des Richters zu gewährleisten, ist es in erster Linie erforderlich, alle Gründe, aus denen ein Richter sein Amt verlieren kann, gesetzlich enumerativ festzulegen. Im 3. und 4. Abschnitt werden daher alle Fälle, in denen die Ernennung eines Richters für nichtig erklärt werden kann, ein Richter aus seinem Amt ausscheiden muss, des Amtes enthoben, entlassen oder in ein anderes Amt oder in den Warte- oder Ruhestand versetzt werden kann, abschließend geregelt. Der Entwurf hat sich hierbei bemüht, eine Synthese zwischen dem im Rechtsstaat unabdingbaren Grundsatz der Unabsetzbarkeit und Unversetzbarkeit der Richter und der Notwendigkeit zu finden, in gewissen Fällen die Entfernung des Richters aus dem Amt zu ermöglichen.
5. Die persönliche Unabhängigkeit der Richter erfordert jedoch nicht nur die materiellrechtliche Bestätigung der Unabsetzbarkeit und Unversetzbarkeit, sondern auch die verfahrensrechtliche Bestimmung, dass grundsätzlich nur Dienstgerichte über die Entfernung aus dem Amt entscheiden dürfen, und zwar nur Dienstgerichte, die mit

Richtern besetzt sind. Auch im Übrigen sind manche Fragen des Disziplinarrechts von so erheblicher Bedeutung für die Unabhängigkeit der Rechtsprechung, so insbesondere die Bestimmungen über Art und Ausmaß der Dienststrafen, dass auf ihre Regelung im Rahmengesetz nicht verzichtet werden kann.

6. Die rechtliche Sicherung der richterlichen Stellung muss durch ihre wirtschaftliche Sicherung ergänzt werden. Der 6. Abschnitt umschreibt die Rechte der Richter und bestätigt insbesondere ihre vermögensrechtlichen Ansprüche. Die Regelung der Besoldung im Einzelnen wird für die Bundesrichter den sie betreffenden besonderen Bestimmungen, für die Richter der Länder der Landesgesetzgebung zu überlassen sein. Hierzu zwingt schon die im Grundgesetz den Ländern eingeräumte Justizhoheit, weiter aber auch die verschiedene Finanzlage der Länder. Die Besoldung des aktiven Richters ist andererseits von entscheidender Bedeutung. Ein gewisses Mindestmaß muss gewährleistet sein. Dies erfordert die Unabhängigkeit der Rechtsprechung. Die Mindestgrenze der Besoldung muss einheitlich sein. Der 6. Abschnitt des Entwurfs schlägt deshalb im Titel B vor, dass das Bundesrahmengesetz Mindestsätze für die Besoldung der Richter durch die Länder festlegt. – Daneben ist wirtschaftlich die Gewähr einer ausreichenden Versorgung notwendig. Die Richter sind von der allgemeinen Verarmung mit erfasst. Sie haben kein Vermögen mehr und können aus ihrem Gehalt keine Rücklagen bilden. Um eine saubere Rechtsprechung zu gewährleisten, muss ihnen daher der Staat eine ausreichende Versorgung garantieren. Eine solche setzt voraus, dass die Sätze, die bisher nach der Regelung des deutschen Beamtengesetzes als Pensionen und Hinterbliebenenbezüge gewährt wurden, als Mindestsätze aufrecht erhalten bleiben. Der Entwurf hat im 6. Abschnitt Titel D generell auf die Bestimmungen des deutschen Beamtengesetzes in der Fassung vom 26. Januar 1937 verwiesen. Hiermit ist der Entwurf von seiner erwähnten Grundtendenz abgegangen. Der Grund für diese Verweisung ist darin zu sehen, dass der Entwurf sonst eine große Anzahl formaler Bestimmungen hätte aufnehmen müssen.

7. Eine Reihe von Bestimmungen im ersten und zweiten Abschnitt des Entwurfs wiederholen Bestimmungen des Bonner Grundgesetzes. Hiergegen könnte das Bedenken erhoben werden, dass eine doppelte Rechtsquelle geschaffen wird. Die grundsätzlichen Bestimmungen über das Richteramt waren aber auch bisher teilweise doppelt in der Weimarer Reichsverfassung und dem Gerichtsverfassungsgesetz niedergelegt. Diese doppelte Grundlage hat sich bewährt. An ihr sollte daher festgehalten werden. Das Richtergesetz würde auch gerade in den wichtigsten Grundsätzen für das Richteramt unvollständig sein, wenn man die Grundsätze der Verfassung über das Richteramt nicht im Richtergesetz wiederholen und gleichzeitig ausgestalten würde. Will der Gesetzgeber die gleichen Bestimmungen nicht mehrfach anführen, so wird es richtiger sein, sie in das Richtergesetz aufzunehmen als in das Gerichtsverfassungsgesetz.

8. Um für die kommende Erörterung dieses Entwurfs eine vollständige Unterlage zu geben, ist auf einige Gegenstände zu verweisen, die bei den Vorarbeiten eingehend erörtert sind und auch bei künftigen Beratungen erneut kritisch behandelt werden müssen.
   a) Der KölnRedEntw. enthielt in seinem § 18 den Vorschlag, für den Fall eines Gewissenskonfliktes des Richters die folgende Vorschrift einzuführen: „Erklärt ein Richter schriftlich, dass er sich in seinem Gewissen verpflichtet fühle, von einer ihm übertragenen richterlichen Aufgabe zurückzutreten, so darf er sich vom Zeitpunkt des Einganges dieser Erklärung bei der Dienstaufsichtsbehörde jeder richterlichen Entscheidung im Bereich dieser Aufgabe enthalten. – Dem Richter kann durch Versetzung oder neue Geschäftsverteilung eine andere richterliche Aufgabe zugewiesen werden. – Geschieht dies nicht, so entscheidet das Dienstgericht, ob dem Richter im Hinblick auf seine Gewissensgründe die weitere Wahrnehmung der richterlichen Aufgabe zuzumuten ist. – Erkennt das Dienstgericht dieses an, so ist der Richter in den Ruhestand zu versetzen."
   Gegen diesen Vorschlag hat sich auch schon die überwiegende Mehrheit der Oberlandesgerichtspräsidenten des Bundesgebiets, die in Oberlahnstein am 2. und 3. Februar 1950 den RiStEntw. beraten haben, ausgesprochen.
   Dem Vorschlag, die im KölnRedEntw. vorgesehene Regelung einzuführen, lag folgende Erwägung zugrunde: Es können sich Fälle ergeben, in denen ein Richter glaubt, bestimmte Gesetze oder eine bestimmte Entwicklung der Rechtsprechung nicht mehr mit seinem Gewissen vereinbaren oder gewisse, von ihm als Missstände empfundene Erscheinungen im Bereich der Rechtspflege nicht mehr hinnehmen zu können. Hier sollte dem Richter die Möglichkeit eröffnet werden, nach einem festgelegten Verfahren seine Mitwirkung zu verweigern.
   Die Gegner dieses Vorschlages machten geltend, dass man mit einer solchen Vorschrift das System gegenseitiger Kontrolle überspitze und in den Fehler verfalle, die auch im demokratischen Staat unbedingt erforderliche Festigkeit des Staatsgefüges aus den Angeln zu heben. Weiter dürfe man auch die Gefahr nicht übersehen, dass dieser Ausweg missbraucht werden könne. Der RiStEntw. und ihm folgend das Justizkollegium in seiner Beratung in Rothenburg o.T. haben es aus diesen Gründen abgelehnt, eine Regelung des Gewissenskonfliktes in den Entwurf aufzunehmen.
   b) Der RiStEntw. hatte vorgeschlagen, über die *Richterwahlausschüsse* u.a. die folgenden Vorschriften einzuführen: „§ … Soweit ein Land an der Anstellung von Richtern gemäß Art. 98 Abs. 4 des Grundgesetzes für die Bundesrepublik Deutschland einen Richterwahlausschuss beteiligt, sind die Mitglieder des Ausschusses je zur Hälfte von der Volksvertretung und Richtern des Landes zu wählen. Die Zahl der Mitglieder eines Richterwahlausschusses darf acht nicht übersteigen. - § …

Der Richterwahlausschuss kann nur Bewerber wählen, die von der Ernennungsbehörde vorgeschlagen sind. Ein Vorschlag kann nur mit Stimmenmehrheit abgelehnt werden. - § … Die Mitglieder eines Richterwahlausschusses sind an Weisungen nicht gebunden."

Das Justizkollegium in Rothenburg o.T. hat gegen eine beachtliche Minderheit sich dahin ausgesprochen, diese oder eine ähnliche Vorschrift nicht aufzunehmen. Denn die Frage, ob überhaupt ein Richterwahlausschuss eingeführt werden solle, sei nach Art. 98 Abs. 4 GG den Ländern überlassen. Daher komme auch nur ihnen für den Fall der Einführung die Ausgestaltung des Wahlverfahrens im Einzelnen zu.

Demgegenüber ist darauf hinzuweisen, dass Art. 98 Abs. 3 GG dem Bund das Recht gibt, durch Rahmenvorschriften die Rechtsstellung der Richter in den Ländern zu regeln. Die Rechtsstellung der Richter gründet sich auf ihre Anstellung. Wenn also der Bund Rahmenvorschriften für die Rechtsstellung geben kann, so kann er es auch für die Anstellung. Hiernach hat der Bund auch die Befugnis, Rahmenvorschriften für diese Wahlausschüsse zu geben.

Die erneute Prüfung dieses Problems erscheint außerordentlich ernst, damit nicht durch die Gestaltung von Richterwahlausschüssen in den Ländern eine „Politisierung" der Richterauswahl herbeigeführt wird, die die Beteiligung von Wahlausschüssen vermeiden sollte.

Es wird zu erwägen sein, dass durch eine unterschiedliche Behandlung in den einzelnen Ländern ein wesentliches Stück der erstrebten Einheitlichkeit der deutschen Richterschaft verloren gehen kann.

Es sei erwähnt, dass sich die überwiegende Mehrheit der Oberlandesgerichtspräsidenten bei ihrer Beratung in Oberlahnstein für die Aufnahme von die Länder bindenden Mindestbestimmungen ausgesprochen hat. – Auch der Deutsche Juristentag 1949 in Köln hat diese Frage behandelt und einen besonderen Ausschuss eingesetzt, der sich mit diesem Problem beschäftigen soll. Die Entschließung der Ständigen Deputation vom 2. Juni 1950.

c) Im RiStEntw. war ein „Trottel-Paragraph" mit dem folgenden Wortlaut vorgesehen: „Ein Richter kann in den Ruhestand versetzt werden, wenn er in seinen Leistungen anhaltend hinter dem von einem Richter zu fordernden Maß so erheblich zurückbleibt, dass die Ausübung des Richteramts durch ihn sich mit den unabweislichen Bedürfnissen der Rechtspflege nicht mehr vereinbaren lässt. Über das Vorliegen dieser Voraussetzung entscheidet das Dienstgericht." Das Justizkollegium hat gegen die Stimmen von fünf Ländern diese Vorschrift gestrichen. Diese Stellungnahme des Justizkollegiums entspricht der überwiegenden Meinung auf der Konferenz der Oberlandesgerichtspräsidenten in Oberlahnstein. Man hat befürchtet, dass diese Vorschrift allzu leicht die Unabhängigkeit der Richter durchbrechen könne. Soweit es sich um eine Dienstuntauglichkeit des Richters handelt, die durch Krankheit herbeigeführt sei, genügten die Bestimmungen über die Versetzung in den Ruhestand. Ein schuldhaftes Nachlassen des Richters in seinen Leistungen könne durch Disziplinarmaßnahmen korrigiert werden. Demgegenüber verdient aber auch der Gedanke Beachtung, dass ein richterliches Gremium, nämlich das Dienstgericht, zu entscheiden haben würde und daher sicherlich nur objektive Gesichtspunkte maßgebend sein werden. In der Diskussion ist auch hervorgehoben, dass eine solche Bestimmung dazu geeignet wäre, Widerstände gegen die grundsätzliche Unabsetzbarkeit des Richters zu beheben.

d) Der RiStEntw. hatte vorgesehen, nach einheitlichen Richtlinien die Amtsbezeichnung der Richter und ihre Amtstracht durch den Bund regeln zu lassen. Dazu lag die folgende Fassung vor: „§ … Die Richter führen die Amtsbezeichnung Richter. – Die Amtsbezeichnung von Richtern, die ein Gericht, einen Senat, eine Kammer oder eine Abteilung eines Gerichts leiten, sowie die Amtstracht der Richter wird durch eine von der Bundesregierung mit Zustimmung des Bundesrats zu erlassende Verordnung geregelt." Im Justizkollegium herrschte die Meinung vor, dass ein Bundesrahmengesetz nicht soweit gehen dürfe, sondern diese Regelung der Landesgesetzgebung überlassen müsse.

e) Bei den Vorberatungen wurde von Seiten der Staatsanwälte die Meinung vertreten, dass auch ihre Rechtsstellung mit in dem Richtergesetz geregelt werden solle. Die Einheit der Rechtspflege erfordere eine solche Maßnahme. Das Justizkollegium hat diese Anregung einhellig abgelehnt und darauf hingewiesen, dass dieses Problem Sache der Landesgesetzgebung sei.

f) Vorschläge über den strafrechtlichen Schutz der Rechtsprechung gegen Kritik und Nötigung von außen lagen mit den folgenden Fassungen vor: Anlage A zum KölnRedEntw. *(Anlage 2)*, Anlage B zum KölnRedEntw. *(Anlage 3)*.
Die überwiegende Meinung bei den verschiedenen Beratungen ging übereinstimmend dahin, die Regelung dieser Gegenstände der allgemeinen strafrechtlichen Gesetzgebung zu überlassen, sie aber nicht mit in das Richtergesetz aufzunehmen.

g) Es sei in diesen einleitenden Bemerkungen noch darauf hingewiesen, dass der Entwurf sich dazu entschlossen hat, ein allgemeines Dienstgericht einzuführen. Zu § 45 sind die näheren Ausführungen gegeben. Die Minderheit hatte vorgeschlagen, die Dienststrafsachen durch Dienststrafgerichte entscheiden zu lassen, die übrigen Angelegenheiten durch einen Personalsenat beim Oberlandesgericht. Die Einzelausgestaltung sollte der Landesgesetzgebung vorbehalten bleiben, insbesondere ihr auch das Recht zustehen, ein etwa bestehendes oberstes Gericht des Landes für zuständig zu erklären.

h) Im Entwurf sind noch nicht die Fragen geregelt, die insbesondere die württembergisch-badischen Notare angehen. Die zuständigen Ministerien haben sich dazu geäußert. Die entsprechenden Schreiben werden diesem Entwurf als *Anlagen 4 und 5* angefügt. [weggelassen]

9. Vorschläge, die sich in anderen Gesetzentwürfen – insbesondere zur Gerichtsverfassung und zum Verfahrensrecht - finden, sind in diesem Entwurf nicht berücksicht.

III. Zur Begründung der einzelnen Vorschriften des Entwurfs ist das Folgende zu sagen:
*Zu § 1:* Diese Bestimmung wiederholt den Wortlaut des Art. 92 1. Halbsatz und Art. 97 Abs. 1 GG.

*Zu § 2:* Die Vorschrift setzt als selbstverständlich voraus, dass eine Dienststelle besteht, die die Dienstaufsicht über die Richter führt. Es ist Sache der Landesgesetzgebung, diese Stelle zu bestimmen. Den Inhalt der Begriffe „Dienstaufsicht" und „richterliche Unabhängigkeit" festzulegen, hat der Entwurf nicht unternommen. Es schien unnötig zu sein, im Übrigen aber auch kaum möglich. Nur der wesentliche Sonderfall sollte hervorgehoben werden, dass die Spruchtätigkeit des Richters nicht durch Weisungen beeinträchtigt werden darf.

Die Unterwerfung des Richters nur unter das Gesetz schließt die Erteilung von Weisungen für die Ausübung der richterlichen Entscheidungstätigkeit notwendig aus und führt weiter zu gewissen grundsätzlichen Beschränkungen bei Ausübung des allgemeinen Dienstaufsichtsrechts gegenüber Richtern. Diese für das geltende Recht von jeher unbestrittenen wichtigsten Folgerungen aus dem Grundsatz der sachlichen richterlichen Unabhängigkeit sollen nunmehr auch gesetzlich festgelegt werden.

Die Grenze zwischen Maßnahmen der Dienstaufsicht und rechtsprechender Tätigkeit des Richters soll im Streitfall das Dienstgericht ziehen. Es ist dabei konsequent in entsprechender Anwendung von Gedanken des Verwaltungsrechts anzuordnen, dass die Anrufung des Gerichts den Vollzug der umstrittenen Maßnahme hemmt. Das Dienstgericht allerdings muss die Befugnis haben zu bestimmen, dass die umstrittene Maßnahme doch vollzogen wird.

*Zu § 3:* Dieser Grundsatz soll ausdrücklich feststellen, dass ein Beamter, der hauptamtlich in der Exekutive tätig ist, nicht gleichzeitig Richter sein darf. Damit soll insbesondere erreicht werden, dass auf dem Gebiet der Verwaltungs- und Finanzgerichtsbarkeit Beamte der inneren oder der Finanzverwaltung nicht im Nebenamt Richter sein dürfen. Wohl ist es andererseits zulässig, dem Richter insbesondere auf dem Gebiet der Justizverwaltung Aufgaben zuzuweisen oder ihn – etwa zu seiner Ausbildung – der Verwaltung für eine gewisse Zeit zuzuteilen.

*Zu § 4:* Der Entwurf umschreibt in Absatz 1 den Begriff der Befähigung zum Richteramt. Er setzt in den folgenden Absätzen für die Berufsrichter aller Arten einheitliche Voraussetzungen fest. Die aufgestellten Anforderungen stellen ein Mindestmaß dar. Es steht daher den Ländern frei, ein längeres Studium und einen längeren Vorbereitungsdienst zu fordern. Die näheren Bestimmungen über die Ausbildung gehören nicht in das Rahmengesetz, sondern in die Ausbildungsordnungen der Länder.

Es sei bemerkt, dass eine erhebliche Minderheit dafür eingetreten ist, ein vierjähriges Studium und einen ebenso langen Vorbereitungsdienst einzuführen.

Das Justizcollegium hat auf seiner Rothenburger Tagung beschlossen, einen Arbeitsausschuss einzusetzen, der unter dem Vorsitz von Staatssekretär Dr. Moericke mit je einem Referenten eines jeden Landes besetzt sein soll. Diesem Ausschuss hat das Justizcollegium die folgenden Hinweise gegeben: „Das Justicollegium hält es für dringend erforderlich, dass die Bestimmungen über die Prüfungen und die Ausbildung des juristischen Nachwuchses in den Ländern des Bundesgebietes weitgehend aufeinander abgestimmt werden.

Im Einzelnen wird dabei möglichst gleichmäßig zu regeln sein:

1. die Dauer des Studiums,
2. die Art und Ausgestaltung der Prüfungen unter Anwendung eines gleichartigen oder vergleichbaren Notensystems,
3. die Aufnahme in den Vorbereitungsdienst unter ausdrücklicher Verneinung eines Anspruchs hierauf,
4. die Dauer des Vorbereitungsdienstes,
5. die Gewährung und Bemessung von Unterhaltszuschüssen.

Insbesondere hält es das Justicollegium für unumgänglich, dass die in einem Land des Bundesgebietes einschließlich Berlins bestandenen Prüfungen in allen Ländern des Bundesgebietes anerkannt werden." Wenn es in Absatz 2 heißt „Studium an einer deutschen Universität", so ist hier bewusst davon abgesehen worden, das Studium auf einer Universität der Bundesrepublik Deutschland vorzuschreiben, um nicht auch in diesem Gesetz die Zerrissenheit Deutschlands gesetzlich festzulegen.

Absatz 3 schreibt zwingend den Vorbereitungsdienst bei den Gerichten, Staatsanwaltschaften und Rechtsanwälten vor. Die Verwaltungsgerichte werden von dem allgemeinen Begriff der Gerichte mit umfasst, ebenso wie Finanzgerichte, Arbeitsgerichte und Sozialgerichte. Im Übrigen soll der Vorbereitungsdienst auch bei größeren Unternehmen und Organisationen der Wirtschaft abgeleistet werden können. Dazu wird man insbesondere auch die Verbände der Arbeitgeber, die Gewerkschaften, größere Unternehmen der Industrie, des Handels und des Kreditwesens rechnen müssen.

Absatz 4 bestimmt, dass die 2. Prüfung für alle Arten der Gerichtsbarkeit einheitlich gestaltet werden soll. Die Spezialisierung auf eine besondere Art der Gerichtsbarkeit soll erst nach der 2. Prüfung beginnen, soweit die überhaupt erforderlich und wünschenswert ist. Die Vorbereitung des allgemeingebildeten jungen Juristen vielgestaltig einzurichten und ihm einen möglichst weiten Überblick zu geben, ist Sache der Justizverwaltungen der Länder. Dabei wird sich am ehesten herausstellen, auf welchem Gebiet der junge Jurist eine besondere Begabung hat und wohin ihn sein Interesse weist. Die Vorschrift soll es ermöglichen, dass der Richter im Laufe seiner gesamten Dienstzeit nicht auf eine Art der Gerichtsbarkeit sich festlegen muss, sondern zwischen den verschiedenen Arten wechseln kann, um schließlich in den höchsten Gerichten der Länder und des Bundes seine gesamte Erfahrung anwenden zu können.

Bei der endgültigen Ausarbeitung des Gesetzes wird darauf zu achten sein, dass für die bereits im Amt befindlichen Richter, die diese Voraussetzungen des Entwurfs nicht erfüllen, Übergangsvorschriften eingeführt werden. Dabei ist an die Richter der Finanz- und Verwaltungsgerichtsbarkeit zu denken, die die Befähigung zum höheren Verwaltungsdienst, nicht aber die Befähigung zum Richteramt haben. Ob und inwieweit es möglich sein wird, eine ähnliche Übergangsvorschrift für die bewährten, nichtjuristischen Vorsitzenden der Arbeitsgerichte einzuführen, ist im Kreis des Justizcollegiums nicht erörtert worden, weil diese Frage Gegenstand der Beratungen des Bundesjustizministeriums mit dem Bundesarbeitsministerium und den zuständigen Landesministerien sein muss. Ebenso wird an dieser Stelle zu berücksichtigen sein, dass die württembergisch-badische Friedensgerichtsbarkeit durch die Vorschrift dieses Gesetzes nicht beeinträchtigt werden soll.

*Zu § 5:* Die Freizügigkeit zwischen den deutschen Ländern soll nach Möglichkeit schon während der Ausbildungs- und Vorbereitungszeit gefördert werden.

*Zu § 6:* Diese Bestimmung entspricht dem bisherigen Recht.

*Zu § 7:* Der Gesetzentwurf geht von dem Standpunkt des Justizcollegiums aus, ein einheitliches Richteramt in der Bundesrepublik zu schaffen (vgl. § 48). Die nach den Grundsätzen des Gesetzes erlangte „Befähigung zum Richteramt" bildet daher die Voraussetzung für jedes irgendwie geartete berufsrichterliche Amt jeglicher Gerichtsart. Besonderheiten für die Staats- und Verfassungsgerichte im Bund und in den Ländern müssen Berücksichtigung finden. Eine Sammlung des einschlägigen Materials hat noch nicht stattgefunden. Entscheidend wird die endgültige Gestaltung des Bundesverfassungsgerichts sein.

Ob und inwieweit für die Übergangszeit Ausnahmevorschriften für Richter, die sich bereits im Amt befinden, erlassen werden sollen, wird sich im Verlauf der Beratung ergeben müssen (vgl. Begründung zu § 4).

*Zu § 8:* Der Grundsatz, dass Richter auf Lebenszeit ernannt werden, ist eine der Grundforderungen, die sich aus dem Prinzip der Unabhängigkeit der Rechtspflege ergeben. Wird dieser Grundsatz Gesetz, so erfordert er eine Auseinandersetzung insbesondere mit der jetzigen Regelung auf dem Gebiet der Arbeitsgerichtsbarkeit. Zu beachten ist bei den weiteren Arbeiten ein etwaiger Gegensatz zu den ständigen Richtern im Bundesverfassungsgericht und den Staats- und Verfassungsgerichtshöfen der Länder, soweit es dort ständige Richter geben sollte. Eine ausdrückliche Regelung dieser Sonderfälle wird wünschenswert sein, um nicht in irgendwelche Streitfragen, die sich aus der Konkurrenz des Richtergesetzes mit anderen gesetzlichen Vorschriften ergeben könnten, zu geraten.

Die in Absatz 3 getroffene Bestimmung, dass mit der Aushändigung seiner Ernennungsurkunde der Richter in eine bestimmte Amtsstelle eingewiesen wird, soll verhindern, dass die Justizverwaltung etwa, wenn auch mit Rücksicht auf besondere Geschäftsbedürfnisse, die Unversetzbarkeit des Richters dadurch umgeht, dass sie den Richter auf Lebenszeit ernennt, ihn aber – ohne Einweisung in eine bestimmte Stelle – einmal an diesem und das andere Mal an jenem Gericht beschäftigt. – Die Regelung des Absatzes 4 dient lediglich zur Klärung.

*Zu § 9:* Die Bestimmung erläutert den Begriff des Hilfsrichters und regelt die Frage, inwieweit Hilfsrichter verwendet werden dürfen. – Eine unbegrenzte Ausdehnung des Hilfsrichtertums verträgt sich nicht mit der Unabhängigkeit der Rechtsprechung, weil Hilfsrichter nicht die Garantie der persönlichen Unabhängigkeit besitzen. Angesichts der heute in manchen Bezirken der Bundesrepublik zu weit ausgedehnten Verwendung von Hilfsrichtern ist, eine gesetzliche Regelung dringlich, auch wenn zu erwarten steht, dass es mancher Landesjustizverwaltung schwer werden wird, ihr zu entsprechen. – Der Entwurf versucht – insbesondere mit den Vorschriften des Absatzes 4 – eine Lösung zu finden, die die rechte Mitte einhält einerseits gegenüber den grundsätzlichen Erfordernissen einer rechtsstaatlichen Justizverwaltung, andererseits gegenüber den Bedürfnissen, die nicht nur durch die augenblickliche Übergangszeit bedingt sind, sondern auch auf besonderen zeitweisen Anforderungen beruhen.

Der Entwurf schließt sich der strengeren Auffassung an, dass bei Bundesgerichten und Oberlandesgerichten keine Hilfsrichter tätig sein dürfen. Dasselbe wird für die Verfassungs- und Staatsgerichtshöfe der Länder gelten. Es fällt mit dieser Regelung aber nicht die Möglichkeit weg, durch Abordnungen planmäßig auf Lebenszeit angestellter Richter zu Bundesgerichten oder Oberlandesgerichten zu erproben, ob ein Richter, dessen Ernennung an diese Gerichte ins Auge gefasst ist, die notwendige Qualifikation besitzt.

*Zu § 10:* An dem Erfordernis, dass ein Richter deutscher Staatsangehöriger sein muss, hält der Entwurf fest. Die Bestimmung betont nochmals ausdrücklich, dass nur derjenige zum Richteramt ernannt werden kann, der nach §§ 4 und 6 hierzu befähigt ist. Der Entwurf sieht davon ab, ein Mindestalter festzusetzen. Die Ländergesetzgebung kann solche Grenzen bestimmen.

*Zu § 11:* Die Bestimmung lehnt sich an § 32 DBG an. Sie hält daran fest, dass eine Ernennung in den Fällen des Absatzes 1 kraft Gesetzes nichtig ist. – Die Regel des Absatzes 2 schreibt den Zwang vor, in den angeführten Fällen die Ernennung für nichtig zu erklären. Im Einzelfall wird es sich u.U. fragen, ob eine geringfügige Täuschung kausal für die Ernennung gewesen ist und daher der Zwang für die Ernennungsbehörde besteht, die Ernennung für nichtig zu erklären. – In Absatz 3 sind die Gründe abschließend zusammengefasst, die es fakultativ der Ernennungsbehörde möglich machen, die Ernennung für nichtig zu erklären. In diesen Fällen muss man darauf vertrauen, dass die Ernennungsbehörde die Nichtigerklärung ausspricht, wenn es im Interesse der Rechtspflege erforderlich ist. – Absatz 4 regelt das Verfahren und schreibt ausdrücklich die eigentlich selbstverständliche Regel vor, dass der Ernannte, gegen den sich ein solches Verfahren auf Nichtigerklärung seiner Ernennung richtet, vor Ausspruch der Entscheidung zu hören ist. Dass die Erklärung dem Betroffenen oder seinen Hinterbliebenen zugestellt werden muss, um wirksam zu werden, ergibt sich nicht nur aus rechtsstaatlichen Erwägungen, sondern insbesondere auch daraus, dass nur auf dieses Weise die Frist zur Anrufung des Dienstgerichtes sicher festgestellt werden kann. – Die dienststrafrechtliche Seite von Täuschungen und ähnlichen Vergehen bei der Anstellung behandelt § 42 Abs. 1 Satz 2.

*Zu § 12:* Im Falle der absoluten Nichtigkeit einer Ernennung zum Richter muss die Ernennungsbehörde im Interesse der Rechtssicherheit, sofort nachdem sie von den Nichtigkeitsgründen Kenntnis erlangt hat, dem Betroffenen jedes weitere Amtsgeschäft untersagen. In den Fällen des § 11 Abs. 2 und 3 braucht der individuelle Fall nicht so hart zu liegen, dass eine solche Anordnung sofort nötig ist. – Über die Einwendungen des Ernannten gegen diese Maßnahmen der Ernennungsbehörde entscheidet das Dienstgericht. Der Entwurf hat an dieser Stelle (Abs. 2) keine Frist dafür vorgeschrieben, innerhalb der der Ernannte seine Einwendungen anzubringen hat. Die Landesgesetzgebung wird eine Frist einführen können. – Andererseits bindet der Vorschlag in Absatz 3 – er entspricht DBG § 33 Abs. 2 – die Justizverwaltungen an eine Frist von sechs Monaten, innerhalb der sie die Nichtigkeitsgründe aus § 11 Abs. 2 und 3 dem Ernannten gegenüber geltend machen müssen. Diese Bestimmung will es verhindern, dass die Justizverwaltung die Möglichkeit erhält, einen ihr bekanntgewordenen Nichtigkeitsgrund in der Akte zu behalten und zu einer ihr passend erscheinenden Gelegenheit hervorzuholen. Die allgemeine Rechtssicherheit und aber auch die Unabhängigkeit des Richters erfordert eine Klärung solcher aufgetauchten Bedenken innerhalb kurzer Frist.

*Zu § 13:* Absatz 1 will die Konsequenzen einer nichtigen Ernennung zum Richter gesetzlich regeln und damit theoretische Streitigkeiten unmöglich machen. Der Vorschlag stellt theoretische Bedenken zurück und sucht den praktischen Erfordernissen nach Rechtssicherheit zu entsprechen. – Absatz 2 gibt die Möglichkeit, Billigkeitsgründe walten zu lassen und unnötige Härten, die sich aus theoretischer Folgerichtigkeit ergeben könnten, zu vermeiden.

*Zu § 14:* Die Bestimmung entspricht dem bisherigen § 8 GVG und gleichzeitig Art. 97 Abs. 2 GG. Entsprechend dem bisher geltenden Rechtszustand wird hierbei ausdrücklich klargestellt, dass Richter nur durch eine Entscheidung der Dienstgerichte und nur aus den im Richtergesetz abschließend geregelten Gründen des Amtes enthoben werden können.

Die Bestimmungen über die Verfassungsanklage in Art. 98 GG können und sollen jedoch durch das Richtergesetz nicht berührt werden. Damit bleiben auch die Bestimmungen der Landesverfassungen über die Verfassungsanklage gültig, soweit sie nach Art. 98 GG aufrecht erhalten sind.

Von der allgemeinen Festsetzung einer Altersgrenze für Richter nimmt der Entwurf Abstand, weil die Altersgrenze von den Personalverhältnissen der einzelnen Länder abhängig ist und weil die Frage der Altersgrenze auch bei den Instanzgerichten und den Bundesgerichten verschieden beurteilt werden kann.

*Zu § 15:* Paragraph 15 gibt dem Richter das Recht auf jederzeitige Entlassung. Es soll hierdurch insbesondere erreicht werden, dass kein Richter gezwungen wird, im Amt zu bleiben, wenn er glaubt, dies nicht mit seinem Gewissen vereinbaren zu können. Mit diesem Zweck der Bestimmung ist es auch unvereinbar, dass dem Richter die Verpflichtung auferlegt wird, die laufenden Amtsgeschäfte abzuschließen. Mitten im Laufe eines Prozesses kann sich z.B. ein Gewissenskonflikt ergeben. Die Ernennungsbehörde (§ 25) hat daher einem Entlassungsverlangen unverzüglich zu entsprechen. – Wenn Richter von dem ihnen in Absatz 1 zugebilligten Recht Gebrauch machen – es wird in der Praxis nur äußerst selten vorkommen –, wird es sich zumeist um Fälle handeln, in denen sich der Richter aus ehrenwerten Gründen entschließt, sein Amt aufzugeben. Es muss deshalb der zuständigen Behörde die Möglichkeit eingeräumt sein, dem Richter seine frühere Amtsbezeichnung zu belassen. Grundsätze für die Regelung des Einzelfalles von Bundes wegen aufzustellen, erschien nicht angebracht zu sein.

*Zu § 16:* Dass ein Richter entlassen werden muss, wenn er den Diensteid verweigert, erscheint selbstverständlich.

*Zu § 17:* Die Vorschrift zählt abschließend die einzelnen Fälle auf, in denen es möglich ist, den Richter vorläufig von seinen Amtsgeschäften zu entheben. Die Maßnahme ist allein in die Hand des Dienstgerichts und im Falle der Richteranklage in die Hand des Bundesverfassungsgerichts gelegt. Der Vorschlag entspricht im Wesentlichen dem bisher geltenden Recht.

*Zu § 18:* Die Vorschrift enthält keine Neuerung gegenüber dem bestehenden Rechtszustand.

*Zu § 19:* Die Bestimmung entspricht § 8 GVG und Art. 97 Abs. 2 Satz 3 GG. Durch ihre Fassung wird klargestellt, dass nur die von der Veränderung der Gerichte unmittelbar betroffenen Richter an ein anderes Gericht oder in den Wartestand versetzt werden dürfen. – Sie bindet die Justizverwaltung an eine Frist von drei Monaten zur Durchführung der erforderlichen Maßnahmen und beschränkt diese gleichzeitig auf die Zahl der im Haushaltsplan abgesetzten Planstellen. – Die Garantie des vollen Gehalts findet sich bereits in Art. 97 Abs. 2 Satz 3 GG.

*Zu § 20:* Die Bestimmung durchbricht den Grundsatz der Unversetzbarkeit der Richter für die Fälle, in denen das Ansehen des richterlichen Amtes eine Versetzung dringend erfordert. Sie schließt sich an die Bestimmungen der §§ 82 und 83 der preuß. Dienststrafordnung für die richterlichen Beamten vom 27.1.1932 (Preuß. Gesetzessammlung S. 79, vgl. auch Art. 65 Bayerisches Disziplinargesetz für richterliche Beamte vom 20.3.1881, Ges. u. V. Bl. S. 183) an.

Die Praxis hat gezeigt, dass in manchen Fällen die Möglichkeit, einen Richter zu versetzen, gegeben sein muss. Solche Fälle können sich insbesondere bei kleinen Gerichten ergeben. Bei größeren Gerichten wird fest immer im Wege der Geschäftsverteilung Abhilfe geschaffen werden können. Bei kleineren Amtsgerichten kann es aber zu untragbaren Verhältnissen führen, wenn ein Richter, der in keiner Weise an seinen Platz passt, ohne seinen Willen nicht versetzt werden kann. Es liegt daher gerade im Interesse der Richterschaft, wenn für diese Fälle die Möglichkeit einer Versetzung eröffnet wird, um das Prinzip der Unabsetzbarkeit und Unversetzbarkeit der Richter nicht zu diskreditieren.

Hierher können auch Fälle gehören, in denen ein Richter mit einem Rechtsanwalt verschwägert wird. Bei kleineren Gerichten kann eine solche enge familienrechtliche Beziehung begründete Zweifel an der Objektivität des Richters hervorrufen. § 83 der preuß. Richterdienststrafordnung hatte die Möglichkeit der Versetzung bei Verschwägerung mit einem bei demselben Gericht angestellten Richter vorgesehen. Eine Verschwägerung zwischen Richtern desselben Gerichts erscheint aber für die Objektivität der Rechtsprechung weit weniger gefährlich als die Verschwägerung zwischen einem Richter und einem Rechtsanwalt.

Der Wahrung der Unabhängigkeit dient die einschränkende Voraussetzung, dass nur außerhalb der Amtsführung liegende Tatsachen die Versetzung begründen. Die Interessen des betroffenen Richters werden dadurch berücksichtigt, dass die Versetzung nur in ein anderes richterliches Amt von gleichem Rang und Diensteinkommen zugelassen werden soll. – Es sei in diesem Zusammenhang erwähnt, dass die Oberlandesgerichtspräsidenten, die an den Beratungen in Oberlahnstein über den damals vorliegenden Entwurf teilgenommen haben, sich nur mit einer Stimme Mehrheit für diese Vorschrift ausgesprochen haben. Der Minderheit erschien es fraglich, ob es einer solchen Bestimmung bedürfe. Man müsse das Vertrauen in die Richterschaft haben, dass sie beim Vorliegen von Gründen, die die weitere Tätigkeit des Richters an diesem Platz als bedenklich erscheinen ließen, etwaigen Vorstellungen der Justizverwaltung nachgäbe.

*Zu § 21:* Die Bestimmung regelt das Ausscheiden eines Richters kraft Gesetzes, sieht aber ein solches Ausscheiden nur für die genannten Fälle der strafgerichtlichen Verurteilung vor. Dabei hat der Entwurf die Dauer der Gefängnisstrafe, die zum Ausscheiden führt, auf sechs Monate festgesetzt, um damit zum Ausdruck zu bringen, dass das Gesetz an den Richter höhere Anforderungen stellt als an den Beamten.

Der Entwurf hat mit Absicht nicht ausgesprochen, dass die Verlegung des Wohnsitzes in das Ausland oder der Verlust der deutschen Staatsangehörigkeit ohne weiteres den Verlust des richterlichen Amtes kraft Gesetzes nach sich zieht. Die hierher gehörenden Fälle können individuell so verschieden liegen, dass sich eine absolute Regelung nicht empfiehlt.

*Zu § 22:* Die Abordnung eines Richters soll künftig nur im Einverständnis des Richters erfolgen dürfen. Damit ist der Grundsatz der Unversetzbarkeit auch insoweit wieder hergestellt.

*Zu § 23:* Diese formale Vorschrift ist zur Klärung vorgeschlagen.

*Zu § 24:* Diese materiell-rechtliche Vorschrift versucht, die besonderen Aufgaben des richterlichen Amtes zusammenzufassen. Sie lässt damit gleichzeitig die Unterschiede zur allgemeinen Beamtenschaft erkennen. Sie gibt u.a. den Maßstab dafür, wie die Dienstgerichte die Frage der Dienstunfähigkeit eines Richters (§ 18) zu beurteilen haben. Der Richter hat besonderen Anforderungen zu genügen.

*Zu § 25:* Der Richtereid ergänzt die in § 24 zusammengefassten Vorschriften. Er enthält die feierliche Übernahme einer Treupflicht gegenüber dem Staat und dem richterlichen Amt.

*Zu § 26:* Dieser Paragraph regelt drei Gegenstände:

a. Die allgemeine Verschwiegenheitspflicht des Richters, b. das Beratungsgeheimnis, c. das Sondervotum.

a. Die allgemeine Pflicht des Richters zur Dienstverschwiegenheit ergab sich bisher aus seiner Stellung als Beamter. Sie muss also jetzt erneut festgestellt werden. Dabei ist der Richter nicht nur daran gebunden, die aufgrund besonderer gesetzlicher Vorschrift geltende Verschwiegenheitspflicht zu halten, sondern auch einer solchen Pflicht zu genügen bei Angelegenheiten, deren Wesen es von dem Richter insbesondere erfordert, dass sie verschwiegen behandelt werden. Diese Verpflichtung des Richters kann nicht streng genug gehandhabt werden, weil das rechtsuchende Publikum die Gewähr dafür haben muss, sich dem Richter gegenüber offen aussprechen zu dürfen und auf seine Verschwiegenheit rechnen zu können, soweit nicht die Natur des Verfahrens, die öffentliche Verhandlung und etwa auch die öffentliche Verkündung von Urteilen sowieso die verschwiegene Behandlung der erörterten Fragen verbieten.

b. Eine typische Dienstpflicht des Richters besteht darin, dass er das Beratungsgeheimnis zu halten hat. Eine gesetzliche Regelung für den Berufsrichter gab es bisher nicht. Sie wird einzuführen sein. Das Beratungsgeheimnis ist eine Ergänzung zur richterlichen Unabhängigkeit. Es sichert aber auch, dass die Mitglieder eines Kollegialgerichts sich bei ihren Beratungen völlig frei und in gegenseitigem Vertrauen aussprechen.

Nur so ist ein unabhängiges und gründliches Urteil möglich. Die vom Bundesgrundgesetz eingeführte Richteranklage allein kann es im äußersten Fall rechtfertigen, vom Beratungsgeheimnis abzusehen. Eine solche Maßnahme erfordert einen Beschluss des Bundesverfassungsgerichts.
Keine andere Stelle kann nach dem Vorschlag des Entwurfs in das Beratungsgeheimnis des Gerichts eingreifen. Es wird allerdings zu prüfen sein, ob hierüber hinaus die in Absatz 4 vorgesehene Regelung nicht auch auf schwerwiegende Fälle der strafrechtlichen und dienststrafrechtlichen Verantwortung des Richters auszudehnen ist. Stimmt man dieser Anregung zu, so würde festzusetzen sein, dass nicht nur das Verfassungsgericht, sondern auch das Straf- oder Dienstgericht, vor dem ein Richter wegen seiner rechtsprechenden Tätigkeit sich zu verantworten hat, befugt ist, die Genehmigung zu Erklärungen über die Beratung zu erteilen und im Falle des Absatz 5 das Votum des Richters zu verwenden.
Die Einführung der Richteranklage hat auch den in Absatz 5 niedergelegten Gedanken aufgebracht, dass der im Kollegialgericht überstimmte Richter seine abweichende Meinung schriftlich niederlegen darf, um späterhin beweisen zu können, dass er einer etwa vom Bundesverfassungsgericht im Richteranklageverfahren missbilligten Entscheidung nicht zugestimmt hat. Der Entwurf versucht eine Regelung zu finden, die trotzdem das Beratungsgeheimnis im Übrigen bewahrt, aber auch darauf Bedacht nimmt, dass ein solches „Schutzvotum" nicht je nach den Zeitläuften ausgewechselt oder verändert werden kann.

c. Ganz davon getrennt ist die Frage zu behandeln, ob und inwieweit man es in den einschlägigen Gesetzen zulassen will, dass ein Richter, um der Rechtsentwicklung zu dienen, rein aus rechtlichen Gründen seine abweichende Meinung kundgibt. Bei dieser Frage darf man nicht übersehen, dass die Autorität der Gerichte wesentlich für den Bestand des Staates ist. Rechtspolitische Überlegungen erfordern es deshalb, die Autorität der Gerichte – gerade in der heutigen Zeit – in der Bundesrepublik zu stärken. Es wird nur für die höchsten Bundesgerichte die Möglichkeit zu erörtern sein, dass die Richter Voten über ihre abweichende Rechtsmeinung abgeben. Es ist nicht Sache des Richtergesetzes, zu dieser Institution Vorschriften zu schaffen. Sie werden ihren Platz im Gerichtsverfassungsgesetz, den Prozessordnungen oder aber den Geschäftsordnungen der Bundesgerichte finden müssen.

*Zu § 27:* Die Frage, ob und inwieweit ein Richter sich parteipolitisch betätigen dürfe, ist Gegenstand vieler Erörterungen gewesen, die hier nicht wiedergegeben zu werden brauchen. Das Justizkollegium ist zu dem Ergebnis gekommen, dass dem Richter das aktive Wahlrecht nicht genommen werden dürfe. In Bezug auf das passive Wahlrecht hat sich das Kollegium nicht der Erkenntnis verschlossen, dass es in den Beratungen der gesetzgebenden Körperschaften von großem Nutzen sein kann, wenn Richter mit ihren Fachkenntnissen und ihrer durch ihre Berufsausbildung gegebenen Art, auf die Sache und nicht so sehr auf dahinterstehende Interessen zu sehen und gegebenenfalls zwischen widerstreitenden Interessen auszugleichen, ihren Einfluss geltend zu machen. Im Gegensatz zu den Erfahrungen in der vergangenen Zeit parlamentarischen Lebens in Deutschland hat das Justizkollegium jedoch die Befürchtung, dass der in einem Parlament notgedrungen parteipolitisch tätige Richter beim rechtsuchenden Publikum nicht mehr das Ansehen objektiver Rechtsprechung findet. Deshalb schien es erforderlich, den in diesem Paragraphen vorgeschlagenen Ausweg zu finden und dabei auf die wirtschaftliche Stellung des Richters und seiner Familie die gebührende und mögliche Rücksicht zu nehmen. Diese Rücksichtnahme schien auch deshalb notwendig zu sein, um nicht von vornherein die Beteiligung eines Richters an der parlamentarischen Arbeit überhaupt unmöglich zu machen.

Einhellig war das Justizkollegium der Ansicht, dass der Richter keinesfalls in einer kommunalen Körperschaft tätig sein dürfe. Dort werde er u.U. allzu stark mit den öffentlichen Auseinandersetzungen seines Gerichtsbezirks befasst. – Die vorgeschlagene Fassung entspricht einem Vorschlag des Justizministeriums Württemberg-Baden, der aufgrund der Erörterungen des Justizkollegiums in Rothenburg o.T. ausgearbeitet ist. – Letzten Endes wird aber der Richter selbst mit dem besonderen Takt, der zu seinen Berufspflichten gehört, nur allein das Richtige treffen können. Man muss daher diese Regel im Zusammenhang mit den besonderen Dienstpflichten des Richters verstehen.

*Zu § 28:* Die Unbestechlichkeit der Richter fordert es, dass die Übernahme von Nebenbeschäftigungen gegen Vergütung usw. auch weiterhin von einer Genehmigung der Dienstaufsichtsbehörde abhängig gemacht wird. Die Formulierung des § 28 ist aber möglichst weit gefasst, um zu vermeiden, dass dem Richter in kleinlicher Weise bei der Erteilung der Genehmigung Schwierigkeiten gemacht werden. Es soll daher auch Voraussetzung für die Verweigerung der Genehmigung sein, dass die Erfüllung der Amtspflichten des Richters durch die Erteilung der Genehmigung gefährdet würde.

*Zu § 29:* Ein Richter muss grundsätzlich von allen Beschwerden und Angaben, die nachteilig werden können, Kenntnis erhalten. Er muss in der Lage sein, hierzu Stellung zu nehmen und sich zu rechtfertigen. Außerdem kann er begründete Beschwerden nur dann in der Zukunft berücksichtigen, wenn er sie kennt.

Ausführlich ist die Frage erörtert, ob er dienstliche Urteile über seine Qualifikation zu Gesicht bekommen soll. Dabei ist nicht zu verkennen, dass Dienstzeugnisse über Richter überhaupt nicht ganz unbedenklich sind. Andererseits können sie jedoch in größeren Ländern und Bezirken, in denen die Dienstaufsichtsbehörde nicht alle Richter persönlich kennen kann und daher auf aktenmäßige Unterlagen angewiesen ist, nicht entbehrt werden. Diese Erwägungen werden insbesondere in den Ländern gelten müssen, in denen die Richterwahl eingeführt wird. Nicht nur aus Gründen demokratischer Auffassung, sondern auch aus Achtung vor der Würde der Stellung des Richters wird man ihm die über ihn ausgestellten Dienstzeugnisse nicht vorenthalten dürfen. Dabei muss man von den Dienstvorgesetzten des Richters die selbstverständliche verantwortungsbewusste Haltung erwarten, trotzdem die Zeugnisse wahrheitsgemäß auszustellen, ohne den Richter ungerechtfertigt in seinem natürlichen Selbstgefühl zu beeinträchtigen.

*Zu § 30:* Dass Richter ein festes Gehalt beziehen, ist selbstverständlich, muss aber im Gesetz gesagt sein. – Der Entwurf hat im Absatz 2 eine echte Rahmenbestimmung gegeben, indem er versucht hat, die Mindestbesoldung des Richters festzusetzen. – Bei der Auswahl der Gehaltsstufen hat sich das Justizkollegium an Vorschläge des Deutschen Richterbundes gehalten. Die Mehrbelastung, die durch diese Vorschriften gegenüber der jetzigen Besoldungssumme entsteht, wird für das gesamte Bundesgebiet nicht bedeutend sein. Es wäre wünschenswert gewesen, gleichzeitig eine Verringerung der Anzahl der Richterstellen herbeizuführen, um auf diese Weise den effektiven Aufwand für Richtergehälter nicht zu erhöhen. Ebenso wird daran zu denken sein, dadurch öffentliche Mittel zu sparen, dass man kleine Gerichtsbezirke aufhebt und die Geschäfte lediglich nach den Geboten der Zweckmäßigkeit verteilt. Dazu kann indessen das Richtergesetz nicht beitragen. Das ist Sache der Gerichtsverfassung und der Prozessordnungen. – Bei der Auswahl der Besoldungsgruppen ist man von dem Gedanken ausgegangen, dass ein qualifizierter Richterstand nur geschaffen werden kann, wenn man den einzelnen Richter einigermaßen sorgenfrei stellt, ihm aber über dieses Mindestmaß hinaus die Möglichkeit gibt, nicht nur seinen Kindern eine angemessene Erziehung zuteilwerden zu lassen, sondern auch selbst sich fortbilden und an dem Kulturleben teilnehmen zu können. Die Vorschläge sind mit der durch die Not der Zeit gebotenen Zurückhaltung gemacht. Eine wirkliche Veränderung der sozialen Lage des Richters führen sie nicht herbei.

*Zu § 31:* Bei der landesgesetzlichen Regelung der richterlichen Besoldung wird voraussichtlich an dem Grundsatz einer Abstufung der Dienstbezüge nach Dienstaltersstufen festgehalten werden müssen. Dem Richter muss jedoch insoweit der Rechtsanspruch auf die Dienstaltersstufen garantiert sein. Es verträgt sich nicht mit der Würde des richterlichen Amtes und der Unabhängigkeit der Rechtsprechung, dass Bestimmungen geschaffen werden, nach denen den Richtern Dienstalterszulagen unter bestimmten Voraussetzungen im einzelnen Fall verweigert werden können.

*Zu § 32:* Die Frage, inwieweit Zeiten einer Beschäftigung vor der Übernahme des Richteramtes einem Richter auf das Besoldungsdienstalter angerechnet werden können, ist von außerordentlicher Bedeutung für die Gewinnung erfahrener Richter. Es besteht ein dringendes Interesse der Justiz daran, lebenserfahrene Richter zu gewinnen, die sich bereits in der öffentlichen Verwaltung, als Rechtsanwälte oder in der Wirtschaft betätigt haben. Die Vergangenheit hat gezeigt, dass die Gewinnung solcher Richter häufig an den beschränkten Möglichkeiten einer Anrechnung der früheren Beschäftigung auf das Besoldungsdienstalter gescheitert ist.

§ 32 will diesem Missstand dadurch abhelfen, dass jeder öffentliche Dienst auf das Besoldungsdienstalter anzurechnen ist und dass ferner jede Tätigkeit als Rechtsanwalt oder Notar und jede andere Tätigkeit, die die Eignung zum Richter gefördert hat, angerechnet werden kann. Es soll keinen Unterschied machen, ob der Richter im In- oder Ausland tätig gewesen ist. Denn gerade auch die Auslandserfahrung ist von großer Bedeutung für die Weite des Blicks eines Richters.

*Zu § 33:* Ein Richter tritt – abgesehen von den besonderen Fällen des Art. 132 GG und landesrechtlichen Sonderregelungen im Zusammenhang mit der politischen Überprüfung – nur nach den §§ 19 und 27 in den Wartestand. Die Besonderheiten des letzten Falles sind im § 27 Abs. 2 und 4, der erste Fall ist durch die §§ 33 bis 37 geregelt.

Der Inhalt der Absätze 1 und 2 des § 33 ergibt sich aus dem Wesen des Wartestandes. Etwaige Nebentätigkeiten, die der Richter während des Wartestandes aufnimmt, wollte das Justizkollegium nicht völlig freigeben. Es hat sie deshalb an die Genehmigung der Dienstaufsichtsbehörde, wie für den aktiven Richter, gebunden. Entscheidend war der Gesichtspunkt, dass der im Wartestand befindliche Richter ja jederzeit mit seiner neuen Verwendung rechnen muss und daher der Staat von ihm auch eine gewisse Rücksichtnahme auf seine etwaige künftige richterliche Tätigkeit fordern darf. Will ein im Wartestand befindlicher Richter diese Beschränkung nicht auf sich nehmen, so kann er sich durch seine Pensionierung davon befreien.

*Zu § 34:* Während der Beamte im Wartestand nur Wartegeld erhält, erhält der Richter sein volles Gehalt. Dem Richter ist bereits durch Art. 97 Abs. 2 Satz 3 GG dem Grundsatz nach dieser Anspruch gewährleistet. Die Garantie des vollen Gehalts umfasst auch den Anspruch auf die Erhöhung des Gehalts bei Aufrücken in Dienstaltersstufen. Denn der Sinn des Art. 97 Abs. 2 Satz 3 GG ist es, dass der Richter vermögensrechtlich die Stellung behalten soll, die er hätte, wenn er nicht seines Amtes enthoben wäre.

*Zu § 35:* Der im Wartestand befindliche Richter ist nach dem Wesen des Wartestandes verpflichtet, ein anderes richterliches Amt anzunehmen. Der heutige Staat kann es sich bei seiner finanziellen Lage auch nicht leisten, Richtern ihr volles Gehalt weiter zu zahlen, wenn die Möglichkeit besteht, sie wieder im aktiven Dienst einzusetzen. Diese Erwägung ist für die Fassung des § 19 des Entwurfs maßgebend gewesen, nach der ein Richter, der wegen Veränderung der Gerichtsorganisation des Amtes enthoben wird, in den Wartestand zu versetzen ist. Die Verpflichtung des Richters muss aber auf die Annahme eines Amtes von gleichem Rang und Diensteinkommen beschränkt werden, um zu vermeiden, dass die Versetzung in den Wartestand im Ergebnis zu einer Degradierung führt. Es könnte sonst durch den Umweg über den Wartestand die in § 19 des Entwurfs und Art. 97

Abs. 2 Satz 3 GG enthaltene Garantie umgangen werden, dass der Richter im Falle der Versetzung nur in eine gleichwertige Stelle versetzt werden kann.

*Zu §§ 36 und 37:* Der im Wartestand befindliche Richter soll jederzeit die Möglichkeit haben, in den Ruhestand zu treten. Er muss sich auch gefallen lassen, in den Ruhestand versetzt zu werden, wenn er ein ihm angebotenes aktives Amt nicht annimmt.

*Zu § 38:* Ein Rahmengesetz des Bundes kann den Ländern Einzelvorschriften über die Versorgung der Richter nicht machen, wohl aber war es die einhellige Auffassung des Justizkollegiums, dass das Rahmengesetz Mindestvorschriften festsetzen kann. Der Entwurf hat es mit der Regelung dieses Paragraphen versucht.

*Zu §§ 39 und 40:* Diese allgemeinen Vorschriften entsprechen dem geltenden Recht und bedürfen keiner besonderen Begründung.

*Zu § 41:* Absatz 1 zieht die versorgungsrechtlichen Konsequenzen aus verschiedenen Fällen, in denen das Amt des Richters endet. – Absatz 2 gibt der Dienstaufsichtsbehörde und gegebenenfalls dem Dienstgericht die Befugnis, Unterhaltsbeiträge in diesen Fällen zuzubilligen.

*Zu § 42:* Dieser Paragraph grenzt den Begriff des Dienstvergehens ab. Ein Dienstvergehen im strengen Sinne kann ein Richter nur während seiner Amtsdauer begehen. Nach Abs. 1 Satz 2 soll es aber auch als Dienstvergehen gelten, wenn der Richter bei seiner Ernennung getäuscht oder in anderer Weise rechtswidrig gehandelt hat. Durch diese Bestimmung soll ermöglicht werden, in weniger schwerwiegenden Fällen, in denen eine Nichtigerklärung der Ernennung nach § 11 nicht notwendig erscheint, Dienststrafmaßnahmen zu treffen. Außerdem soll die Bestimmung es ermöglichen, wenn der Kausalzusammenhang zwischen der rechtswidrigen Handlung des Richters und der Ernennung nicht festgestellt werden kann, Dienststrafen zu verhängen. – Ferner wird in Absatz 2 bestimmt, unter welchen Voraussetzungen ein im Ruhestand befindlicher Richter für Handlungen, die er während des Ruhestandes begeht, dienstrechtlich zur Verantwortung gezogen werden kann.

*Zu § 43:* Zu den bisher nach der RDStO zulässigen Dienststrafen führt der Entwurf die Versetzung in ein anderes richterliches Amt mit gleichem oder niedrigerem Rang oder Diensteinkommen ein. Hierbei werden die Bedenken, die gegen die Zulässigkeit einer Strafversetzung eingewendet werden können, nicht übersehen. Diese Bedenken liegen darin, dass durch die Strafversetzung das Ansehen des Amtes, in das der Richter versetzt wird, beeinträchtigt wird. Andererseits aber bietet die Strafversetzung die Möglichkeit, weniger schwerwiegende Fälle durch eine praktische Regelung zu lösen.

Für im Ruhestand befindliche Richter lässt der Entwurf neben der bisher zulässigen Kürzung und Aberkennung des Ruhegehalts auch die Geldbuße zu. Die Geldbuße ist das geeignete Mittel, um kleinere Dienstvergehen eines pensionierten Richters zu bestrafen.

*Zu § 44:* Die RDStO kannte keine Verjährung von Dienstvergehen. Vor dem Inkrafttreten der RDStO war jedoch in einigen landesrechtlichen Dienststrafgesetzen die Verjährung von Dienstvergehen vorgesehen, insbesondere auch in § 8 der preuss. Richterdienststrafverordnung vom 27.1.1932. Diese Bestimmung übernimmt der Entwurf in ihren wesentlichen Sätzen. Für die Verjährung von Dienstvergehen spricht die Erwägung, dass auch dienstliche Verfehlungen einmal durch den Zeitablauf erledigt sein müssen. – Die entgegengesetzte Meinung weist darauf hin, dass die Frage, ob jemand zu bestrafen sei, u.U. ganz anders beantwortet werden muss als die Frage, ob er ein Staatsamt noch bekleiden dürfe. Dabei sei zu beachten, dass im Dienststrafverfahren kein Verfolgungszwang gelte. Die vorgesetzte Behörde könne also auch ohne Verjährung von einer Verfolgung nach Jahr und Tag absehen.

*Zu § 45:* Der Entwurf prägt den neuen Ausdruck „Dienstgericht". Hierfür war entscheidend, dass die Dienstgerichte nicht nur über dienststrafrechtliche Tatbestände zu befinden haben, sondern auch über eine Reihe von Maßnahmen, die keine Dienststrafe darstellen. In diesen Fällen soll das Verfahren vor den Dienstgerichten nicht dadurch diskriminiert werden, dass diese die Bezeichnung „Dienststrafgericht" führen.

*Zu Abs. 1:* a) Die Zuständigkeit des nach dem Vorschlag des Entwurfs gestalteten allgemeinen Dienstgerichte (hierzu oben Ziff. II 8 g) umfasst zwei ihrem Wesensgehalt nach verschiedene Gruppen von Einzeltatbeständen. Es sind dies einmal die nach der materiell-rechtlichen Seite durch § 42 umgrenzten Tatbestände des Dienststrafrechts, zum anderen eine Gruppe von Tatbeständen, die sich entweder aus der dienstrechtlichen Stellung des Richters als solcher herleiten oder aber das persönliche Dienstverhältnis des Richters betreffen oder endlich sich auf Maßnahmen innerdienstlicher Art gründen. Die zu dieser Sammelgruppe gehörigen, unter sich sehr verschiedenartigen Einzeltatbestände sind mehr oder minder bedeutsam. Gemeinsam ist ihnen, zum Unterschied von Tatbeständen dienststrafrechtlicher Art, das Fehlen eines dienststrafrechtlichen Gehalts und weiter der Umstand, dass sich bei ihnen – anders als im Bereich des Dienststrafrechts – im Streitfalle Richter und Dienstaufsichtsbehörde in einer gewissen Parteistellung gegenüberstehen.

Für eine Reihe dieser Einzeltatbestände ist im Entwurf die Zuständigkeit der Dienstgerichte ausdrücklich vorgesehen (Abs. 1 Satz 2 zweiter Halbsatz). Es handelt sich hierbei um für die dienstrechtliche Stellung des Richters besonders bedeutsame Tatbestände, so bei der Nichtigkeitserklärung (§ 11 Abs. 5), der Untersagung der Fortführung der Amtsgeschäfte (§ 12 Abs. 2), der gegen den Willen des Richters erfolgenden Versetzung in den Ruhestand (§ 18 Abs. 2 Satz 2 und § 37 Satz 3), oder der Versetzung nach § 20, bei der Entscheidung über die Zulässigkeit einer Maßnahme der Dienstaufsicht nach § 2 Abs. 2, bei dem Widerruf der Bestellung als Hilfsrichter (§ 9 Abs. 3 Satz 5) und bei der Entlassung eines Hilfsrichters (§ 48 Satz 3).

Bei gewissen anderen, für die dienstrechtliche Stellung des Richters gleichfalls bedeutsamen Tatbeständen ist die Möglichkeit der Anrufung des Dienstgerichts nicht ausdrücklich ausgesprochen, so z.B. bei der Frage der Belassung der ausgezahlten Dienstbezüge nach § 13 Abs. 2, bei Streitfällen, die sich aus §§ 15, 16 ergeben können, und bei der Versetzung eines Richters im Falle einer sog. Organisationsänderung nach § 19 Abs. 1. Auch in diesen Fällen kann jedoch eine Entscheidung des Dienstgerichtes unter der Voraussetzung herbeigeführt werden, dass für den Streitfall aufgrund anderweitiger gesetzlicher Bestimmung (z.B. nach Art. 19 Abs. 4 Satz 1 GG) der Verwaltungsrechtsweg eröffnet wäre (Abs. 1 Satz 2 letzter Halbsatz). Das Gleiche gilt für Tatbestände, die zwar nicht die dienstrechtliche Stellung des Richters als solche berühren, wohl aber sein persönliches Dienstverhältnis betreffen, z.B. für Streitigkeiten über Einsichtnahme in die Personalakten und Eintragung ungünstiger Tatsachen in die Personalnachweise (§ 29), über das Bestehen einer Genehmigungspflicht für eine Nebentätigkeit und über Einwendungen des Richters gegen die Versagung einer Genehmigung (§ 28) sowie endlich für Tatbestände, die in Maßnahmen innerdienstlicher Art begründet sind.

b) Durch die in Abs. 1 Satz 2 letzter Halbsatz vorgesehene Zuständigkeit der Dienstgerichte wird für die hierunter fallenden Tatbestände der Verwaltungsrechtsweg ausgeschlossen. Die Entscheidung über etwaige aus dem Verhältnis des Richters zur Dienstaufsichtsbehörde sich ergebende Streitfälle einheitlich den Dienstgerichten zu übertragen, erscheint sachdienlich und durch die Besonderheiten der richterlichen Stellung gerechtfertigt. Die „Generalklausel" des Abs. 1 Satz 2 letzter Halbsatz greift jedoch nur dann und insoweit ein, als für die dort bezeichneten Streitigkeiten aufgrund anderer gesetzlicher Bestimmungen der Verwaltungsrechtsweg eröffnet wäre. Sie schafft also keine in sich selbständige Grundlage materieller Art für die dienstgerichtliche Nachprüfung von Sachverhalten, sondern stellt lediglich eine Zuständigkeitsnorm dar. Damit ist ein Großteil von Maßnahmen nur innerdienstlicher Art einer Nachprüfung durch das Dienstgericht auch für die Folge entrückt. Dies entspricht dem bisherigen Rechtszustand und dem Erfordernis der Gewährleistung eines ungestörten Ablaufs des inneren Dienstbetriebs. – Für die vermögensrechtlichen Ansprüche aus dem Dienstverhältnis der Richter begründet § 40 die Zuständigkeit der bürgerlichen Gerichte.

c) Bei den unter die „Generalklausel" des Abs. 1 Satz 2 letzter Halbsatz fallenden Tatbeständen ist eine Anrufung des Dienstgerichts erst nach Erschöpfung des Dienstaufsichtsweges zulässig. Diese Vorschrift dient in gleicher Weise den berechtigten Interessen der Justizverwaltung wie des Richters und ist geeignet, die Klärung eines umstrittenen Sachverhalts zu beschleunigen. Sofern eine etwa gebotene Abhilfe im Wege der Dienstaufsicht an sich erzielt werden kann und im Einzelfalle bei Ausschöpfung der im Rahmen der Dienstaufsicht bestehenden Möglichkeiten auch erzielt wird, ist ein Bedürfnis nach dienstgerichtlicher Entscheidung nicht ersichtlich. – Auch außerhalb des Anwendungsbereichs der „Generalklausel" ist das Erfordernis vorheriger Erschöpfung des

Dienstaufsichtsweges vereinzelt bei solchen Tatbeständen aufgestellt, für die eine Zuständigkeit des Dienstgerichts nach dem Entwurf (in Abs. 1 Satz 2 zweiter Halbsatz) ausdrücklich vorgesehen ist, z.B. bei der Entscheidung über die Zulässigkeit einer Maßnahme der Dienstaufsicht nach § 2 Abs. 2.

*Zu Abs. 2:* Soweit es sich nicht um rein dienststrafrechtliche Tatbestände (Abs. 1 Satz 2 erster Halbsatz), sondern um Streitfälle handelt, an denen Richter und Dienstaufsichtsbehörde in einer Art Parteieigenschaft beteiligt sind, schließen rechtsstaatliche Grundsätze die Mitwirkung von Trägern der Dienstaufsicht bei der Entscheidung der Dienstgerichte ohnehin aus. Außerdem erscheint es jedoch – insoweit in Anlehnung vom bisherigen Rechtszustand – wünschenswert, auch an Entscheidungen im reinen Dienststrafverfahren Träger der Dienstaufsicht nicht zu beteiligen. Abs. 2 Satz 2 schließt daher diese von der Mitwirkung bei Entscheidungen der Dienstgerichte überhaupt aus.

*Zu Abs. 3:* Absatz 3 ermöglicht der Landesgesetzgebung, ein oberes Bundesgericht zum Dienstgericht des zweiten Rechtszuges zu bestimmen.

*Zu § 46:* Rechtliches Gehör und Akteneinsicht sind im Verfahren vor den Dienstgerichten in jedem Falle zu gewährleisten. Für den Zeitpunkt, von dem an Akteneinsicht zu gewähren ist, trifft Satz 1 zweiter Halbsatz die gebotene Unterscheidung zwischen Dienststrafverfahren und Verfahren nicht dienststrafrechtlicher Art.

*Zu § 47:* Hier sind gewisse Sonderbestimmungen für die Behandlung von Dienststrafverfahren vorgesehen.

*Ziffer 1* überträgt die Verhängung aller Dienststrafen den Dienstgerichten im förmlichen Dienststrafverfahren mit Ausnahme der Verhängung der Warnung und des Verweises. Geringfügige Vorfälle können einfacher und besser durch eine Warnung oder einen Verweis der Dienstaufsichtsbehörde bereinigt werden. Solange wir eine so hohe Zahl von Richtern haben, wie sie unsere Prozessordnung und Gerichtsverfassung voraussetzt, wird auch gegenüber Richtern auf das kleine Erziehungsmittel der Warnung und des Verweises nicht ganz verzichtet werden können. Dem Richter bleibt aber nach dem Entwurf stets die Möglichkeit, die Entscheidung des Dienstgerichts anzurufen.

Bei einem im Wartestand und im Ruhestand befindlichen Richter soll nur das förmliche Dienststrafverfahren zulässig sein, weil das Dienstaufsichtsverhältnis gegenüber einem Richter im Ruhestand nicht mehr besteht und gegenüber einem Richter im Wartestand so gelockert ist, dass eine Dienststrafverfügung nicht mehr angebracht erscheint.

*Zu Ziff. 2 bis 5:* Der Entwurf sieht davon ab, das Verfahren in Dienststrafsachen im Einzelnen zu regeln, weil dies nach Auffassung des Justizkollegiums Sache der Landesgesetzgebung ist. Nur die wesentlichsten Mindestbedingungen sind bindend für das durch Landesrecht zu regelnde Dienststrafverfahren festgelegt, nämlich: das Verbot der reformatio in peius, die Einrichtung eines Wiederaufnahmeverfahrens, die Eröffnung der Möglichkeit für den Richter, gegen sich selbst ein Dienststrafverfahren zu beantragen, die subsidiäre Geltung der Strafprozessordnung. Auch die nähere Gestaltung des Verfahrens in den nicht zu den Dienststrafsachen gehörigen Fällen (des § 45 Abs. 1 Satz 2 zweiter u. letzter Halbsatz) konnte, abgesehen von den in § 45 Abs. 2 und § 46 getroffenen Regelungen, der Landesgesetzgesetzgebung überlassen bleiben.

*Zu § 48:* Zu diesem Paragraphen ist auf die einleitenden allgemeinen Bemerkungen zu verweisen. Insbesondere sind die Bemerkungen zu § 7 wegen etwaiger Sonderregelungen für Staats- und Verfassungsgerichte im Bund und in den Ländern zu vergleichen.

*Zu § 49:* Diese Bestimmung will die besonderen, an die augenblickliche Übergangszeit gebundenen Schwierigkeiten regeln.

*Zu § 50:* Diese Bestimmung zwingt die Justizverwaltungen der Länder dazu, über das Schicksal von Hilfsrichtern, die beim Inkrafttreten dieses Gesetzes tätig sind, binnen drei Jahren endgültig zu entscheiden. Das Justizkollegium hat sich bei der Beratung dieser Frage klargemacht, dass in Einzelfällen Härten entstehen können. Es erschien ihm indessen wichtiger zu sein, in absehbarer Zeit eine endgültige Bereinigung herbeizuführen.

gez. Dr. Ruscheweyh
Präsident des Deutschen Obergerichts
für das Vereinigte Wirtschaftsgebiet

Dr. Priess
Oberlandesgerichtsrat

Dr. Gerner
Oberlandesgerichtsrat

# Zweiter Teil Die Ausarbeitung des Entwurfs zu einem Deutschen Richtergesetz durch das Bundesministerium der Justiz (1953–1957)

## I. *Hausbesprechung im BMJ über das Richtergesetz am 23.11.1953 (Vermerk)*

Unter dem Vorsitz von Herrn Staatssekretär nahmen alle Abteilungen an einer grundsätzlichen Besprechung über den Entwurf eines Richtergesetzes teil. Herr Staatssekretär erklärte einleitend, die Arbeiten an einem Richtergesetz seien seit 1950 bewusst zurückgestellt worden, um den Erlass des Bundesbeamtengesetzes abzuwarten. Ein weiteres Abwarten sei jedoch nicht möglich. Insbesondere solle ein Richtergesetz ausgearbeitet werden ohne Rücksicht auf die Pläne für eine große Justizreform, denn in der laufenden Legislaturperiode könnten Entwürfe für eine große Justizreform nicht eingebracht werden.

Die Besprechung hatte im Wesentlichen folgende Ergebnisse (Gliederung im Anschluss an das Memorandum vom 14.9.1953 [hier weggelassen]).

*1. Sechs Zweige der Gerichtsbarkeit:* Das Richtergesetz soll für alle Zweige der Gerichtsbarkeit gelten, auch für die Verfassungsrichter des Bundes und der Länder. Aus Art. 92 GG ergibt sich, dass auch die Verfassungsrichter rechtsprechende Gewalt ausüben und Richter im Sinne des Grundgesetzes sind. – Das Richtergesetz soll auch für solche Richter gelten, die nicht die Fähigkeit zum Richteramt im Sinne des § 3 Abs. 1, § 4 GVG besitzen. Die Vorsitzenden der Arbeitsgerichte und der Sozialgerichte besitzen eine partielle, verliehene Fähigkeit zum Richteramt (so Prof. Dr. Bülow) und müssen mindestens in den Überleitungsvorschriften den Richtern im traditionellen Sinne gleichgestellt werden.

*2. Berufsrichter:* Die Rechtsstellung der ehrenamtlichen Richter soll im Richtergesetz nicht geregelt werden. Die Schiedsmänner und die württemberg-badischen Friedensrichter scheiden also aus dem Geltungsbereich aus. Zweifelhaft ist noch die Stellung der Handelsrichter, die nach § 112 GVG weitgehend den Berufsrichtern gleichgestellt sind, Beweise erheben können und so weiter.

*3. Richterähnliche Funktionen*

a) Rechtsprechung im Sinne von Art. 92 GG wird vorliegen, wenn folgende Voraussetzungen erfüllt sind:
   I. Streitentscheidung; behördliche Genehmigungen, Konzessionen usw. sind also nicht rechtsprechende Tätigkeit.
   II. Ein unbeteiligter Dritter muss den Streit entscheiden. Weisungsfreiheit, persönliche Unabhängigkeit, also Unabsetzbarkeit und Unversetzbarkeit, organisatorische Trennung der rechtsprechenden Stelle von jeder verwaltenden Behörde.
   III. Justizförmiges Verhalten, also rechtliches Gehör und freie Beweiswürdigung.
b) Im Patentamt üben danach die Prüfstellen und die Beschwerdesenate nicht richterliche Funktion aus. Sie sind vielmehr Verwaltungsbehörden, ihre Entscheidungen können deshalb vor dem Landesverwaltungsgericht München angefochten werden. Vorschlag von MinRat Dr. Haertel: Die Beschwerdesenate sollten zu Gerichten umgestaltet werden. Das so entstehende „Patentgericht" wäre ein oberes Bundesgericht. Seine Errichtung ist nur möglich, wenn vorher die Aufzählung in Art. 96 Abs. 1 GG entsprechend erweitert wird. – Die Nichtigkeitssenate des Patentamts sprechen Recht. Dem trägt das Patentgesetz Rechnung, indem es die Berufung an den BGH zulässt. Gleichwohl sollten auch die Nichtigkeitssenate in ein künftiges Patentgericht überführt werden.
c) Das Bundesoberseeamt kann Schifferpatente entziehen und wird dabei als Verwaltungsbehörde tätig. Es kann nach geltendem Recht nicht als oberes Verwaltungsgericht angesehen werden, weil Art. 96 Abs. 1 GG eine abschließende Aufzählung enthält und die Errichtung eines weiteren oberen Bundesgerichts nicht gestattet. Auch hier ist die Erweiterung der Aufzählung in Art. 96 Abs. 1 zu erwägen. Nach dem geltenden Recht können Entscheidungen des Bundesoberamts vor dem OVG Hamburg angefochten werden. Soweit das Bundesoberseeamt bei Unfällen Ursache und Verschulden feststellt, bindet es damit die ordentlichen Gerichte nicht, es übt also keine rechtsprechende Tätigkeit aus.
d) Nach deutscher Tradition werden den Gerichten bestimmte Aufgaben zugewiesen, die nicht rechtsprechender Natur sind: Führung des Grundbuchs und anderer Register, Strafvollstreckung, Aufsicht über Notare, Testamentsvollstrecker und Vormünder.

Es ist verfassungsrechtlich unbedenklich und auch erwünscht, dass diese nichtrichterlichen Funktionen weiterhin den Richtern übertragen bleiben. Es ist zu unterscheiden zwischen „genuinen" richterlichen Aufgaben und „traditionell" richterlichen Aufgaben, die sowohl von Richtern wie von Verwaltungsbeamten wahrgenommen werden können.

Anordnungen des Amtsgerichts gegenüber dem Standesbeamten (§§ 45, 47 Personenstandsgesetz) sind Akte der Verwaltungsgerichtsbarkeit, die aber vom Gesetzgeber der ordentlichen Gerichtsbarkeit zugewiesen werden können.

Es ist zu erwägen, ob in der Begründung der Begriff der Rechtsprechung (oben a) entwickelt werden soll. Jedenfalls muss vermieden werden, dass daraus eine Rechtsunsicherheit entsteht. In dem Richtergesetz selber muss die Richterqualität an formale Erfordernisse, insbesondere an die ausdrückliche Berufung „in das Richterverhältnis" geknüpft werden.

*4. Staatsanwälte:* Die Frage, ob die Staatsanwälte in das Richtergesetz einbezogen werden sollen, blieb offen.

*7. Unabsetzbar und unversetzbar.* Jeder Richter muss auf Lebenszeit bestellt werden. Lediglich die Bundesverfassungsrichter befinden sich in einer verfassungsrechtlich besonderen Situation, die eine Abweichung gestattet. - § 5 des Berliner Richtergesetzes sieht vor, dass die Präsidenten des KG und des OVG auf sechs Jahre gewählt werden. Diese Regelung empfiehlt sich nicht.

*8. Hilfsrichter:*

a) Personen, die noch nicht auf Lebenszeit angestellt sind, können als Hilfsrichter beschäftigt werden. Die Zahl dieser Hilfsrichter sollte auf einen bestimmten Prozentsatz der besetzten Planstellen beschränkt werden. Es empfiehlt sich jedoch nicht, anzuordnen, dass Hilfsrichter nur für eine bestimmte Höchstdauer bestellt werden können. § 7 der Laufbahnverordnung vom 28.2.1939 verhindert bereits Missbräuche. – Es ist zu erwägen, ob Hilfsrichter nur bestellt werden dürfen, wenn das Präsidium ein Bedürfnis hierfür festgestellt hat (MinRat Dr. Dallinger).
b) Richter, die bereits auf Lebenszeit angestellt sind, können als Hilfsrichter bei höheren Gerichten mit ihrem Einverständnis beschäftigt werden. Beim BGH sollten nur Hilfsarbeiter, nicht aber Hilfsrichter, beschäftigt werden. Jedoch wurde diese Frage noch nicht endgültig entschieden.

*9. Beratungsgeheimnis:* In einem Verfahren wegen Richteranklage oder Rechtsbeugung muss über Vorgänge bei der Beratung ausgesagt werden. Hierzu können die Vorarbeiten zu § 300 StGB herangezogen werden. Es ist auch möglich, die Aussagegenehmigung durch ein richterliches Kollegium, etwa durch das Präsidium, erteilen zu lassen. Ähnliche Vorgänge finden sich im bayerischen Ärzterecht. – Ein dissenting vote kann nur für den inneren Gerichtsgebrauch zugelassen werden, muss aber bei den Senatsakten usw. bleiben. Eine Bekanntgabe nach außen verbietet sich, da dies der deutschen Tradition und Mentalität der Parteien nicht Rechnung tragen würde.

*10. Gewissenskonflikt:* Es erscheint untragbar, einem Richter die Möglichkeit zu eröffnen, von einer richterlichen Aufgabe zurückzutreten. Erwägenswert ist es allenfalls nach österreichischem Vorbild, jedem Richter einen Anspruch auf jederzeitige Entlassung unter Genuss der bis dahin erdienten Pension zu geben. Andere Einnahmen müssen darauf allerdings voll angerechnet werden. Möglicherweise werden die Finanzminister gegen diese Regelung Einwendungen erheben. Jedenfalls muss jedem Richter die Möglichkeit offen bleiben, sich jederzeit als Anwalt niederzulassen.

*11. Dienstaufsicht:* Gegen die Fassung des Rothenburger Entwurfs bestehen keine Bedenken. Offen bleibt die Frage, ob die Dienstaufsicht vom Präsidenten ausgeübt werden soll und dagegen zunächst die Anrufung des Präsidiums gestattet werden soll. Es ist auch möglich, Maßnahmen der Dienstaufsicht nur dem Präsidium zu gestatten.

Für Richter sollte der Ausdruck „Dienstaufsicht" vermieden werden.

*12. Contempt of Court:* Die Beschränkungen der Pressekritik dienen dem Ehrenschutz nicht des Richters, sondern des Beschuldigten. Sie haben vor allem Bedeutung in Verfahren, an denen Laienrichter mitwirken. Für das Richtergesetz empfehlen sich Bestimmungen hierüber nicht.

*14. Richterwahl:* Trotz einiger Bedenken wird es für zulässig gehalten, dass ein Rahmengesetz des Bundes Mindestbestimmungen enthält über die Zusammensetzung von Wahlausschüssen der Länder. Wenn aber das Richtergesetz solche Bestimmungen enthält, erscheinen die Richterwahlausschüsse möglicherweise als eine vom Bundesgesetzgeber sanktionierte oder empfohlene Einrichtung. Dieser Eindruck wäre unerwünscht. Herr Staatssekretär möchte deshalb die Richterwahlausschüsse unerwähnt lassen.

*15. Selbstverwaltung:* Das Richtergesetz wird den Richtern in verschiedenen Fragen neue Einflussmöglichkeiten oder eine Mitwirkung gewähren. Es empfiehlt sich, diese neuen Funktionen bei einem erweiterten Präsidium zusammenzufassen.

*Zusammensetzung*: Präsident und vorsitzende Richter, dazu eine gleiche Anzahl von Richtern gewählte Mitglieder.

*Aufgaben:* Geschäftsverteilung, Dienstaufsicht, Anhörung von Personalangelegenheiten, Beurteilungen (?), Befreiung vom Beratungsgeheimnis.

Ein Präsidium sollte bei den OLG und LG eingerichtet werden sowie nach Anordnung der Justizverwaltung auch bei größeren Amtsgerichten. Jedenfalls aber sollte nicht ein Präsidium oder eine Richtervertretung für den Bereich eines ganzen Landes geschaffen werden. Es erscheint angemessen, ein erweitertes Präsidium nur für jedes obere Gericht eines Landes vorzusehen. Für die anderen Zweige der Gerichtsbarkeit gilt Entsprechendes. – Ein so gestaltetes Präsidium wäre die entsprechende Einrichtung zu einer Personalvertretung wie für die Beamten geplant wird.

*16. Haushaltsrecht:* In das Richtergesetz sollten keine Bestimmungen aufgenommen werden über die Verwaltung der Haushaltsmittel und über die Vertretung des Haushaltsvoranschlags in den Parlamenten. Allenfalls kann vorgesehen werden, Richter als Sachverständige in den Haushaltsausschüssen zu hören. Hierzu bedarf es keiner Gesetzesänderung.

Wenn eine stärkere Beteiligung der Gerichte an der Vorbereitung des Haushaltsplanes überhaupt erwogen wird, erscheint es zweckmäßig, dann einen gemeinsamen

Haushaltsplan für alle Zweige der Gerichtsbarkeit aufzustellen. Diesen Haushaltsplan müsse dann der Justizminister oder der Regierungschef vertreten.

*17. Personalhoheit:* Vor Ernennungen und Beförderungen von Richtern soll künftig das Präsidium gehört werden. Bei Beförderungen wird es zweckmäßig sein, sowohl das Präsidium des bisherigen Gerichts zu hören wie auch das Präsidium des Gerichts, an das der Bewerber berufen werden soll. – Die Justizverwaltung soll nicht an die Vorschläge der Präsidien gebunden werden. Es erscheint nicht angängig, dass die Richterschaft die Vorsitzenden Richter und die Präsidenten selber wählt. Vor der Ernennung eines Präsidenten sollte das Präsidium des übergeordneten Gerichts gehört werden. Die Präsidenten eines oberen Gerichts werden ohne Anhörung ernannt.

*18. Beurteilungen:* Beurteilung durch ein Kollegium wird in der Regel keine ausreichende Erkenntnisquelle sein. Zum mindesten bei größeren Gerichten wird den Mitgliedern des Präsidiums die nötige Personenkenntnis fehlen. Zu erwägen ist allerdings, zwei Beurteilungen, nämlich durch den Präsidenten und durch das Präsidium, vorzusehen. Zweckmäßigerweise werden jedoch die Justizverwaltungen durch Erlass bestimmen, welche Stelle Beurteilungen abgibt. Über die Inhaber von Besoldungsstellen A 1 a und höher werden herkömmlicherweise keine Beurteilungen mehr abgegeben.

*19. Amtsgehalt:* Der Bund ist befugt, Mindest- und Höchstgehälter festzusetzen. Art. 73 Nr. 8 und Art. 75 Nr. 1 GG regeln „Rechtsverhältnisse". Darin ist herkömmlicherweise auch eine Festlegung des Gehalts eingeschlossen. Art. 98 Abs. 1 und 3 GG regelt dagegen die „Rechtsstellung". Es wird jedoch anzunehmen sein, dass diese Unterscheidung in der Formulierung keine sachliche Bedeutung hat. – Das Besoldungsrahmengesetz vom 25. Juli 1953 sollte in das Richtergesetz übernommen werden. Dabei sollte auch die Besoldungsordnung „R" sanktioniert werden. Die Haushaltslage des Bundes und der Länder gestattet es aber nicht, diese Gehälter zu Mindestgehältern oder Festgehältern zu machen. – Eine Gehaltsaufbesserung für die Bundesrichter soll erst bei der großen Besoldungsreform vorgesehen werden. Das BMF ist wahrscheinlich bereit, eine „höchstrichterliche Zulage" zu bewilligen, wenn im Zusammenhang mit der großen Justizreform die Rechtsmittel und damit die Zahl der Bundesrichter eingeschränkt werden.

*20. Überlastung:* Beschwerden wegen Überlastung soll das Präsidium des eigenen Gerichts entscheiden.

*21. Politische Betätigung:* Es ist dringend erwünscht, dass Richter in den Volksvertretungen jeder Ebene mitwirken. Sie sollten jedoch bereits während ihrer Kandidatur beurlaubt werden. Grundsätzlich wird von einem Richter stärkere politische Zurückhaltung erwartet als von einem Beamten. Diese Frage wurde noch nicht endgültig entschieden. Der BGH scheint geneigt, häufiger Befangenheit eines Richters anzunehmen.

Der Richterbund wünscht, durch Sachverständige im Rechtsausschuss des Bundestages vertreten zu sein. Hiergegen bestehen keine Bedenken, es bedarf aber auch keiner gesetzlichen Regelung.

*23. Anpassung beamtenrechtlicher Vorschriften:* Das Richtergesetz soll eine vollständige Kodifikation werden und in keiner wesentlichen Frage auf andere Gesetze verweisen. Deshalb sind auch die Grundzüge der Versorgung im Richtergesetz zu regeln. Nur in technischen Gebieten ohne jedes grundsätzliche Interesse (Reisekosten) empfiehlt sich ein Verweis auf das Beamtenrecht.

*24. Dienstaufsicht und -verfahren:* Der Richterbund hat in seinem Entwurf vom 16.9.1953, § 43 Abs. 1, zehn Strafarten vorgesehen. Dieser Katalog wird zu kürzen sein. – Die Dienststrafgerichte sollten gemeinsam für die Richter aller Zweige der Gerichtsbarkeit eingerichtet werden. Allenfalls für das Bundesverfassungsgericht wird eine besondere Regelung notwendig sein.

*25. Trottelparagraph, Altersgrenze:* Herr Staatssekretär hält für die Landesrichter eine Altersgrenze von 68 Jahren und für die Bundesrichter von 70 Jahren für angemessen. – Insbesondere für die Altersspanne zwischen 65 und 70 Jahren sollte jedoch eine Kautel eingebaut werden, für den Fall, dass die geistigen Kräfte des Richters nachlassen. Hierfür wird ein ärztliches Zeugnis allein nicht ausreichen. Die Entscheidung über vorzeitige Pensionierung wegen sinkender Leistungen könnte nur von einem richterlichen Gremium getroffen werden. – Im Ergebnis empfiehlt sich daher ein Trottelparagraph, dem allerdings durch vorsichtige Formulierung jede kränkende Nebenwirkung genommen werden müsste.

*26. Rechtsweg:* Es wird nicht zu erreichen sein, dass für alle vermögensrechtlichen Ansprüche aller Richter der ordentliche Rechtsweg eröffnet wird. Es empfiehlt sich aber, den ordentlichen Rechtsweg den Richtern der ordentlichen Gerichtsbarkeit und der Arbeitsgerichtsbarkeit zu eröffnen und alle anderen Richter auf den Verwaltungsrechtsweg zu verweisen.

*27. Titel:* Die Titel sollen, wie vorgeschlagen, abgeschafft werden; insbesondere sollen auch die Vorsitzenden Richter die Dienstbezeichnungen als Direktor, Senatspräsident, usw., verlieren.

(VI). *Vorschriften aus der Gerichtsverfassung.* Aus der Gerichtsverfassung sollten in das Richtergesetz nur die Bestimmungen über Amtshaftung und Rückgriff übernommen werden.

## II. *Vermerk des BMJ über eine Besprechung am 3.12.1953 mit Vertretern der Verwaltungsgerichtsbarkeit und des BMI über die Stellung der Verwaltungsgerichte im Richtergesetz*

Die Vereinigung der *Verwaltungsgerichtspräsidenten* hat bereits 1949 einen Arbeitsausschuss eingesetzt, der Fragen des Richtergesetzes erörtert. Im Gegensatz zu der halbamtlichen Vereinigung der VwGPräs. hat der private „Bund der deutschen Verwaltungsrichter" sich offenbar noch nicht mit dem Richtergesetz befasst. Die VwGPräs. haben den *Präsidenten Dr. Wegener (Schleswig)* und den *Senatspräsidenten Dr. Meyer-Hentschel (Koblenz)* beauftragt, eine zusammenfassende Stellungnahme zum Richtergesetz vorzubereiten.

Wie am 17.11.1953 vereinbart, fanden sich Senatspräs. Dr. Meyer-Hentschel (Koblenz) und MinRat Dr. Köhler (BMI) am 3.12.1953 im BMJ ein und erörterten mit RegDir. Dr. Rinck Fragen des Richtergesetzes. Aus der Besprechung ist Folgendes festzuhalten:

1. *Sechs Zweige der Gerichtsbarkeit:* BMI und VwGPräs. wünschen mit Bestimmtheit ein einheitliches Richtergesetz für alle Zweige der Gerichtsbarkeit. MinRat Dr. Köhler vertrat die Auffassung, dass jedenfalls die Verfassungsrichter des Bundes von dem Gesetz einbezogen werden müssten. Für die Verfassungsrichter der Länder ist die Lage zweifelhaft. Ihre Rechtsstellung wird wohl nur im Richtergesetz zu regeln sein, wenn sie ohnehin Richter auf Lebenszeit sind, praktisch also einem anderen Zweige der Gerichtsbarkeit angehören. Die von den Landtagen gewählten, nicht hauptberuflichen Richter sollen nach Auffassung beider Herren von dem Gesetz nicht erfasst werden.

   MinRat Dr. Köhler und Dr. Meyer-Hentschel waren zunächst geneigt, in das Richtergesetz das „Berufsbild des Richters" aufzunehmen, also die Fähigkeit zum Richteramt oder zum höheren Verwaltungsdienst vorzuschreiben. Nach näherer Erörterung schlossen sie sich aber der Auffassung an, dass auch die Vorsitzenden der Arbeits- und Sozialgerichte in den personellen Bereich des Richtergesetzes fallen müssten und dass deshalb nur ein formelles Kriterium darüber entscheiden könne, wer Richter sei (Urkunde mit dem Wortlaut „unter Berufung in das Richterverhältnis").

3. *Richterähnliche Funktionen:* Die Richtereigenschaft ist nur noch zweifelhaft für Teile des Patentamts und für das Bundesoberseeamt.

4. *Staatsanwälte:* Staatsanwälte und Vertreter des öffentlichen Interesses sollten keinesfalls in das Richtergesetz einbezogen werden. Die Oberbundesanwälte müssen politische Beamte bleiben (§ 36 Abs. 1 Nr. 5 BGB) und können schon deshalb den Richtern nicht gleichgestellt werden. Dem Landesgesetzgeber mag es überlassen bleiben, die Staatsanwälte besoldungsmäßig den Richtern gleichzustellen.

8. *Hilfsrichter:* Häufig gehören einem Kollegium mehr Richter an, als zur Beschlussfassung erforderlich sind. In diesem Fall hat der Vorsitzende es in der Hand, die Besetzung des Kollegiums jeweils ad hoc zu bestimmen. Da bei grundsätzlichen Fragen dem

Vorsitzenden meist die Auffassung seiner Beisitzer im Voraus bekannt ist, kann er also durch gesteuerte Zusammensetzung des Kollegiums das Ergebnis wesentlich beeinflussen. Dieses Problem der überbesetzten Kollegien kann nicht durch Geschäftsverteilung geregelt werden, da diese nur die Zuweisung an die einzelnen Kollegien regeln kann. Innerhalb des Kollegiums hat der Vorsitzende freie Hand, sowohl zur Einteilung der Sachbearbeiter wie zur Heranziehung der anderen Beisitzer (so Dr. Meyer-Hentschel). Dieses Problem hat auch Bockelmann, ÖV 1953, S. 529, Anm. 27, aufgeworfen. Eine Regelung wird wohl erforderlich sein, weil andernfalls der „gesetzliche Richter" ungesetzlichen Manipulationen ausgesetzt sein kann.

9. *Beratungsgeheimnis:* Einigkeit bestand darüber, dass eine Richteranklage nicht am Beratungsgeheimnis scheitern darf. Die Herren zeigten wenig Neigung, das Beratungsgeheimnis gesetzlich zu regeln.
11. *Dienstaufsicht:* Die Erörterung gelangte zu dem gleichen Ergebnis wie unsere Besprechung vom 25. November. – Zusammenkünfte der Chefpräsidenten können im Wege der Dienstaufsicht wohl nicht verboten werden. Die Verwaltungsgerichtspräsidenten betrachten ihre Zusammenkünfte sowie die Sitzungen ihrer Ausschüsse als dienstliche Angelegenheiten. Sie genehmigen Dienstreisen dazu und überweisen auch geringe Unkostenbeträge an den geschäftsführenden VwGpräs. aus ihren Etatmitteln für Geschäftsbedürfnisse.
12. *Contempt of Court:* Dr. Meyer-Hentschel wünscht eine Regelung des Contempt of Court im Richtergesetz. Es sollten Strafbestimmungen gegen unsachliche Berichterstattung sowie gegen unsachliche Kritik aufgenommen werden. Zum mindesten müsste dieser Schutz bis zum Erlass des Urteils, möglicherweise aber bis zur Rechtskraft, andauern. Mit diesen Bestimmungen soll nicht nur der Prozessbeteiligte, sondern in gleichem Maße der Richter geschützt werden. – Das BMI empfiehlt eine solche Regelung nicht.
13. *Inkompatibilität:* Ein hauptamtlicher Richter kann nebenamtlich Verwaltungsgeschäfte wahrnehmen. Ein hauptamtlicher Verwaltungsbeamter kann nicht nebenamtlich richterliche Aufgaben ausüben. – Einem Richter können Verwaltungsaufgaben nur mit seiner Einwilligung übertragen werden. Aufgaben der Gerichtsverwaltung müssen jedoch auch ohne Einwilligung von Richtern wahrgenommen werden.
14. *Richterwahl:* Beide Herren halten es für unerwünscht, Rahmenbestimmungen über die Richterwahl aufzustellen, weil sonst diese Einrichtung unerwünschterweise in den Vordergrund des parlamentarischen Interesses gerückt würde. – MinRat Dr. Köhler beanstandete § 12 Abs. 2 des Richterwahlgesetzes vom 25.8.1950. Dort ist vorgeschrieben, dass der Ausschuss nur beschlussfähig ist, wenn die Mehrheit sowohl der geborenen wie der gekorenen Mitglieder anwesend ist. Dieses Quorum gäbe einer Minderheit unerwünschte Sperrmöglichkeiten.

15. *Haushaltsrecht:* Einigkeit besteht darüber, dass die Gerichte ihren Haushaltsplan weder selbständig ausarbeiten noch aufsichtsfrei verwalten sollten. – Wenn die Gerichte vor dem Haushaltsausschuss des Parlaments gehört werden sollen, wird die RHO abzuändern sein. Insbesondere § 21 Abs. 2 RHO muss eine Durchbrechung erfahren, weil er z.Zt. nicht gestattet, dass ein Ministerium (und erst recht eine nachgeordnete Behörde) dem vom Kabinett beschlossenen Haushaltsplan vor dem Parlament widerspricht (MinRat Dr. Köhler).
19. *Richterkammer:* Volle Selbstverwaltung der Gerichte wird weder von den VwGPräs. noch vom BMI befürwortet.
20. *Amtsgehalt:* MinRat Dr. Köhler ist der Auffassung, das Ermächtigungsgesetz vom 25.7.1953 über die Erhöhung der Richtergehälter solle nicht wieder aufgehoben werden.
22. *Politische Betätigung:* Von Richtern wird eine stärkere Zurückhaltung als von Beamten erwartet.

    *(Vor 23). Anpassung beamtenrechtlicher Vorschriften:* Beide Herren sprachen sich dafür aus, dass in dem Richtergesetz auf beamtenrechtliche Bestimmungen verwiesen werden sollte, soweit nicht sachliche Unterschiede eingeführt werden. Für die Verweisungstechnik brachten sie folgende Gründe vor:

    a) Die bisherige Rechtsprechung kann für die Rechtsverhältnisse der Richter wesentlich besser ausgewertet werden, soweit die beamtenrechtlichen Bestimmungen durch Verweisung übernommen werden. Nur so lässt sich auch eine Zersplitterung der künftigen Rechtsprechung vermeiden.
    b) Das Beamtenrecht benötigt eine große Anzahl von DVO und Erlassen, die bei einer Verweisungstechnik nicht neu für Richter herausgebracht werden müssten.
    c) Das Beamtenrecht wird verhältnismäßig häufig geändert. Gegebenenfalls müsste das Richtergesetz durch ebenso häufige Änderungen den Fortschritten des Beamtenrechts angepasst werden.

       Allerdings empfiehlt sich nicht eine Globalverweisung, sondern nur eine abschnittsweise Verweisung. Beispielsweise könnte verwiesen werden wegen der Versorgung der Hinterbliebenen und der Ruhestandsvorschriften. Dienststrafrecht, Verfahren und Ernennung sind jedenfalls für Richter gesondert zu regeln.
25. *Dienststrafverfahren:* Im Anschluss an § 46 Abs. 2 Satz 1 des Entwurfs von Fischbachau wurde erörtert, ob besondere Dienststrafgerichte für jeden Zweig der Gerichtsbarkeit eingeführt werden sollen. Dies würde sicherlich zu einer Zersplitterung der Rechtsprechung führen. Außerdem wären die Dienststrafgerichte für einzelne Gerichtsbarkeiten wahrscheinlich nicht ausgelastet. Den besonderen Verhältnissen jeder Gerichtsbarkeit kann hinreichend Rechnung getragen werden durch Beisitzer aus dieser Gerichtsbarkeit und aus der Laufbahn des Beschuldigten (nicht notwendig im Range des Beschuldigten). – Die Beisitzer könnten wohl von der Richterschaft

gewählt werden. Die ständigen (hauptberuflichen) Disziplinarrichter sollten wie bisher im Verwaltungswege ernannt werden.

28. *Rechtsweg:* MinRat Dr. Köhler warf die Frage auf, ob der ordentliche Rechtsweg für die vermögensrechtlichen Ansprüche der Richter eröffnet werden solle. Der Unterzeichnete erörtert die Möglichkeit, den ordentlichen Rechtsweg für die Richter der ordentlichen Gerichtsbarkeit und der Arbeitsgerichtsbarkeit zuzulassen, den Verwaltungsrechtsweg jedoch für alle anderen Richter. Beide Herren äußerten lebhafte Bedenken, insbesondere, weil die Rechtsprechung sich uneinheitlich entwickeln könne.
29. *Titel:* Unter den VwGPräs. besteht anscheinend die Neigung, die Titel Präsident und Senatspräsident beizubehalten. – Im Übrigen brachte die Erörterung keine neuen Gesichtspunkte gegenüber unserer Besprechung vom 25. November […].

## III. *Referenten-Denkschrift des BMJ von 1954 zur Vorbereitung eines Richtergesetzes*

Das Grundgesetz verpflichtet in Art. 98 Abs. 1 und in Art. 96 Abs. 2 Satz 2 den Gesetzgeber zum Erlass eines Richtergesetzes für die Bundesrichter. Es berechtigt ihn in Art. 98 Abs. 3 Satz 2, Rahmenvorschriften für die Landesrichter zu erlassen.

### § 1. *Grundgedanken des Richtergesetzes*

*Richter nicht Beamte.* Das Richtergesetz soll die „Dienstverhältnisse“ und die „Rechtsstellung“ der Richter regeln. Seit dem Inkrafttreten des Grundgesetzes sind die Richter nicht länger Beamte. Das ist nunmehr allgemeine Meinung[1] und wird auch durch Art. 132 Abs. 1 Satz 1 und Art. 137 Abs. 1 GG sowie für die Bundesrichter auch durch Art. 96 Abs. 3 GG und § 189 Abs. 1 Satz 1 des Bundesbeamtengesetzes bestätigt. Die Richter sind Organe der Rechtsprechung so wie die Beamten Organe der Verwaltung sind. Ein Richtergesetz muss also die bisherigen beamtenrechtlichen Vorschriften durch eine neue Regelung ersetzen, die der Besonderheit des Richteramts Rechnung trägt.

*Unabhängigkeit.* Der Richter ist persönlich und sachlich unabhängig. Darin liegt das Wesen seiner Rechtsstellung. Die vorliegende Denkschrift versucht die Unabhängigkeit der Richter abzugrenzen, zu sichern und vor allem die Beziehungen zwischen Verwaltung und Rechtsprechung klarzustellen. Dazu wird vorgeschlagen, der Richterschaft eine gewisse Mitwirkung vor allem bei der Ernennung von Richtern und bei der Dienstaufsicht

1 Holtkotten, BK, Art. 98 II, A, 1, b S. 120; Bochalli BBG, 1954 § 189 Anm. 2; a.M. nur Fischbach, BBG, 1954, § 1 Bem. B, II, S. 38.

zu gewähren. Das bisherige Präsidium der Gerichte soll durch Zuwahl von Richtern zu einer echten Personalvertretung ausgebaut werden. Eine darüber hinausgehende volle Selbstverwaltung erscheint aber verfassungsrechtlich und staatspolitisch unzulässig.

*Heraushebung.* Die Denkschrift schlägt weiterhin vor, die Richter in einiger Hinsicht – auch in Besoldung und Dienstaltersgrenzen – besser zu stellen als andere Angehörige des öffentlichen Dienstes. Dafür werden die Richter in Nebentätigkeiten und bei Minderleistungen strengeren Maßstäben zu unterwerfen sein.

## 1. Abschnitt. *Geltungsbereich des Richtergesetzes*

### § 2. *Sechs Zweige der Gerichtsbarkeit*

Die persönliche und sachliche Unabhängigkeit ist den Richtern in allen Zweigen der Gesellschaft gemeinsam. Deshalb sollte das Richtergesetz – wie es auch der offenbare Sinn des GG ist – für die ordentliche Gerichtsbarkeit, die Verwaltungs-, die Finanz-, die Arbeits- und die Sozialgerichtsbarkeit gelten (Art. 96 Abs. 1 GG), ebenso für die Dienststrafgerichte des Bundes (Art. 96 Abs. 3 GG).

*Verfassungsgerichtsbarkeit.* Auch die Verfassungsgerichtsbarkeit ist echte Rechtsprechung, denn ein Verfassungsgericht entscheidet in einem wesentlichen Teil seiner Tätigkeit Streitigkeiten zwischen Organen des Staates[2] oder zwischen Bürger und Staat. Die abstrakte Normenkontrolle und die Verfassungsbeschwerde sollen mit der Autorität eines unparteiischen Richterspruchs im Streitfall die Verfassungsmäßigkeit des Staatslebens schützen. Auch das sind Akte der Rechtsprechung. Das Bundesverfassungsgericht nimmt also rechtsprechende Gewalt wahr[3] wie die Fassung des Art. 92 GG bestätigt. Es ist ein Gericht und folgerichtigerweise muss das Richtergesetz grundsätzlich auch für die Richter am BVerG gelten[4].

Verfassungsrechtlich nimmt das BVerfG aber eine besondere Stellung ein, denn es hat Entscheidungen zu fällen, die im Bereich des Verfassungslebens liegen. Häufig wird die Exekutive von diesen Entscheidungen unmittelbar berührt werden, und es rechtfertigt sich daraus, das BVerfG vollständig von der Exekutive zu trennen[5]. Dem BVerfG und ebenso den Verfassungsgerichten der Länder muss organisatorische Selbständigkeit

2 Friesenhahn, Festgabe für Thomas, 1950, S. 52.

3 Geiger, BVerfGG 1952, § 1 Nr. 6, 7; Lochner, BVerfGG 1954, § 1 Nr. 1; v. Mangoldt, GG, Art. 93 Bem. 2; Maunz, StaatsR 1952, S. 165, 170; nach Koellreutter (VerfR 1953, S. 215) ist das BVerfG allerdings ein „formelles Rechtsprechungsorgan und materielles Regierungsorgan".

4 Denkschrift des BVerfG v. 27.6.1952, unter B 1, 7 – JZ 1953, S. 157; Bericht zur Statusfrage der Bundesverfassungsrichter vom 21. März 1952 unter III, Abs. 10, Gutachten Thoma v. 15.3.1953; 4. Teil – g.

5 Loenig, DVBl. 1954, 174.

in einem höheren Maße gewährt werden als den anderen Gerichten. Die allgemeinen Bestimmungen des Richtergesetzes werden deshalb nicht ausnahmslos für die Richter am BVerfG und an den Verfassungsgerichten der Länder gelten können[6]. Vielmehr wird die verfassungsrechtliche Sonderstellung dieser Gerichte zu berücksichtigen sein bei der Mitwirkung ihrer Richter an: Dienstaufsicht, Haushaltsführung, Gerichtsverwaltung.

Die allgemeinen Vorschriften des Richtergesetzes, vor allem über Richterpflichten, über Nebentätigkeiten, politische Betätigung, Beratungsgeheimnis und Mitbestimmung in sozialen Angelegenheiten, müssen aber auch für die Richter an dem BVerfG und an den Verfassungsgerichten der Länder gelten.

*Bundesverfassungsrichter.* Die Mitglieder des BVerfG sind also Richter im Dienste des Bundes. Gleichwohl sollten sie nicht als Bundesrichter bezeichnet werden, denn sie besitzen einen anderen Status als die Richter an den oberen Bundesgerichten und am Obersten Bundesgericht. Das BVerfGG bezeichnet sie als „Richter des BVerfG“, das GG verwendet für sie keine besondere Bezeichnung. Art. 94 Abs. 1 Satz 1 GG stellt allerdings die Bundesrichter den „anderen Mitgliedern“ des BVerfG gegenüber. Darin liegt keine sachliche Unterscheidung, vielmehr besitzen alle Richter am BVerfG die gleiche Rechtsstellung[7]. Aus der formalen Unterscheidung zwischen Bundesrichtern und „anderen Mitgliedern“ kann auch nicht der Schluss gezogen werden, das Richtergesetz dürfe die Richter am BVerfG nicht in seinen Geltungsbereich einbeziehen. Art. 98 Abs. 1 GG verpflichtet allerdings den Gesetzgeber, die Rechtsstellung „der Bundesrichter“ durch besonderes Gesetz zu regeln. An dieser Stelle gebraucht das Grundgesetz aber den Begriff „Bundesrichter“ in einem materiellen Sinne, bezieht also jeden Richter ein, der im Dienst des Bundes Recht spricht. Auch die Rechtsstellung der Richter am BVerfG ist nach Art. 98 Abs. 1 GG in einem Richtergesetz zu regeln.

## § 3. *Abgrenzung der rechtsprechenden Gewalt*

### *I. Grundsatz: Streitentscheidung*

Das Grundgesetz stellt in Art. 92 fest, dass die rechtsprechende Gewalt den Richtern anvertraut ist. Um den Begriff „Richter“ im Einzelnen abzugrenzen, muss deshalb untersucht werden, welche Tätigkeiten zur rechtsprechenden Gewalt zu rechnen sind.

*Rechtsanwendung.* Das Grundgesetz definiert die rechtsprechende Gewalt nicht. Es verweist also auf einen überlieferten, vor allem von der Rechtswissenschaft entwickelten Begriff. Nicht jede Rechtsanwendung ist Rechtsprechung. Auch der Verwaltungsbeamte, sogar der nicht beamtete Bürger wenden Recht an. Rechtsprechende Gewalt wird aber erst dann ausgeübt, wenn eine mit Autorität ausgestattete Stelle als unbeteiligter Dritter

---

6 Lechner, BVerfGG, § 3, Allgemeines; Denkschrift des BVerfG unter B 1, 7.
7 Lechner, BVerfGG, § 4, Allgemeines; Geiger, BVerfGG § 4 Nr. 2.

feststellt, was im Einzelfall rechtens ist. Solange an einer Auseinandersetzung nur zwei Stellen beteiligt sind und die eine von ihnen feststellt, was sie für Recht hält, solange wird noch nicht Recht gesprochen. Auch wenn eine der beiden Stellen der Staat ist und wenn der Staat gleichsam in eigener Sache feststellt, was er für Recht hält, spricht er nicht Recht. Die Veranlagung zur Steuer, die Erteilung einer Konzession oder eines gewerblichen Schutzrechts sind nicht Akte der Rechtsprechung, denn der Staat klärt dabei nur die Rechtsbeziehung zwischen sich und einem Bürger, er handelt in eigener Sache. Es mag ein Anspruch auf Verleihung der Konzession oder ein subjektives öffentliches Recht auf Erteilung des gewerblichen Schutzrechts bestehen. Diese Ansprüche und Rechte richten sich gegen den Staat und der Staat äußert sich, ob er sie anerkennen will. Das ist Rechtsanwendung, aber nicht Rechtsprechung.

*Streitentscheidung.* Recht wird gesprochen, wenn eine unbeteiligte, unabhängige Stelle entscheidet, was zwischen zwei Beteiligten rechtens ist. Die Entscheidung kann feststellender oder rechtsgestaltender[8] Natur sein, sie kann insbesondere auch einen staatlichen Strafanspruch feststellen. Das Wesen der Rechtsprechung ist also Entscheidung eines Streites durch einen Dritten[9].

*Freiwillige Gerichtsbarkeit.* Die Freiwillige Gerichtsbarkeit dient dagegen in der großen Mehrzahl ihrer Angelegenheiten nicht der Streitentscheidung. Sie ist staatliche Fürsorge oder Verwaltung[10], jedenfalls in ihren eigentlichen und ursprünglichen Gebieten: Registerführung, Vormundschaftsrecht, Nachlassangelegenheiten, Aufgebotsverfahren. Die Freiwillige Gerichtsbarkeit ist deshalb grundsätzlich nicht Teil der Rechtsprechung[11]. Es ist dem Gesetzgeber allerdings durchaus möglich, auf einzelnen Gebieten echte Rechtsstreite nach Grundsätzen der FG entscheiden zu lassen[12]. Dies ist beispielsweise für die Vertragshilfe, in der Wertpapierbereinigung, bei der Wiedergutmachung und im Wohnungseigentumsgesetz geschehen[13].

---

8 Münzel, ZZP, Bd. 66, S. 342.

9 Grundlegend: Bötticher, ZZP, 1926, B. 51, S. 208. Ihm folgt die heute wohl unbestrittene Meinung: Friesenhahn, S. 26, Holtkotten, BK Art. 92 II, 1, b S. 3; v. Mangoldt, Nr. 3, a vor Art. 92; Rosenberg, Lehrbuch ZP 1954, S. 30; Wolff, MDR 1951, S. 68; Dernedde, ZJBl. 1949, S. 102; Kleinrahm, DRPfl. 1952, S. 6. Lediglich Thoma (Handbuch 1932, Bd. II S. 131) stellt es nicht betont auf die Streitentscheidung ab, aber auch er verlangt einen Ausspruch durch eine selbständige, hierzu geschaffene Stelle.

10 Münzel, ZZP, Bd. 55 S. 340, 352 ff.

11 Bötticher, Friesenhahn, Holtkotten, v. Mangoldt, Rosenberg, Wolff, Kleinrahm wie in Anm. 9; so auch Thoma, S. 133; Giese, 3. Aufl. Art. 92 Bem. II, 1 im Gegensatz zur 2. Aufl.

12 OLG Frankfurt/M., NJW 53, 1713; Habscheid, ZZP Bd. 66 S. 191.

13 Nachweise bei Keidel, FGG, 1954, § 1 Anm. 4 Nr. 44, 50, 53; S. 72; grundsätzlich dazu § 1 Anm. 1, S. 66.

*Patente, Warenzeichen.* Auch die Erteilung von Patenten, Gebrauchsmustern und Warenzeichen ist nicht Ausübung rechtsprechender Gewalt[14], sondern ein Akt staatlicher Verwaltung, bei dem (im Erteilungsverfahren) kein Streit entschieden wird.

Es wird also keine Behörde deshalb zu einem Gericht, weil ihr Aufgaben der freiwilligen Gerichtsbarkeit oder die Erteilung gewerblicher Schutzrechte übertragen sind. Andererseits bleibt es dem Gesetzgeber unbenommen, derartige Verwaltungsaufgaben einem Gericht zu übertragen, damit sie von unabhängigen Stellen bearbeitet werden und damit der Bürger ein erhöhtes Maß von Schutz genießt. So entspricht es deutscher Tradition, dass die FG durch die ordentlichen Gerichte wahrgenommen wird[15]. Der Gesetzgeber hat nach dem Grundgesetz keinen Anlass, dies zu ändern.

*Rechnungshöfe.* Aus ähnlichen rechtsstaatlichen Erwägungen hat der Gesetzgeber den entscheidenden Beamten der Rechnungshöfe die gleiche Unabhängigkeit wie den Richtern verliehen[16]. Dadurch werden die Rechnungshöfe aber nicht zu Gerichten[17]. Sie sind privilegierte Behörden, die vor allem die Haushaltsführung aller Ämter überwachen und darüber den Parlamenten berichten. Auf die Beamten der Rechnungshöfe kann deshalb das Richtergesetz nicht erstreckt werden.

## *II. Einzelfälle*

*Schiedsmann.* Das Wesen der rechtsprechenden Gewalt ist also Streitentscheidung. Richter ist nur, wer einen Streit entscheidet, sei es im ersten oder einem späteren Rechtszuge. Richter ist nicht, wer nur ein Vorverfahren durchführt. Der Schiedsmann[18] kann nur vermitteln, nicht entscheiden und ist schon deshalb nicht Richter.

*Rechtspfleger.* Der Rechtspfleger ist nicht Richter, denn er bereitet die Entscheidungen nur vor (Mahnverfahren) oder führt Geschäfte, die keine Streitentscheidung sind (Register). Gegen seine Maßnahmen kann stets das Gericht angerufen werden. Der Rechtspfleger führt nur Vorverfahren[19]. Er würde auch nicht zum Richter werden, wenn er erneut

---

14 Friesenhahn, Anm. 28; Ule, DVBl. 1953, S. 397; a.M.: Maunz, StaatsR 1952, S. 162.

15 Knoll, DöV 1954, S. 267.

16 § 118, § 121 Abs. 1 RHO, § 11 Abs. 1 des Gesetzes über den Bundesrechnungshof vom 27.11.1950, BGBl. S. 765; ebenso die Gesetze der Länder.

17 Weichmann, DVBl., 1953, S. 745; Ipsen, Referat auf dem 40. Deutschen Juristentag 1953, auch Nr. 6 seiner Thesen, DRiZ 1953, S. 183; Ule, Verwaltungsgerichtsbarkeit; Schriftenreihe Speyer, Heft 5, 1950, S. 5.

18 Meist ein von der Gemeindevertretung gewählter Ehrenbeamter, so § 6 des Hess. Schiedsmannsgesetzes vom 12.10.1953, GVBl. S. 153 in Anlehnung an die preuß. SchiedsmannsO, Fassung vom 3.12.1924, GS S. 751.

19 A. M.: Koellreutter, RPfl. 1953, S. 6; Kleinrahm, DRPfl. 1952, S. 10 bezeichnet auch die Vorverfahren als Rechtsprechung. Der Rechtspfleger nimmt nur im ehemaligen Württemberg-Baden rechtsprechende Gewalt wahr, wenn er zum Friedensrichter bei dem Amtsgericht bestellt ist. Dann

zum Erlass von Strafverfügungen ermächtigt würde[20]. Auch der Beamte des Finanzamtes, der einen Strafbescheid erlässt (§ 447 AO) oder der Verwaltungsbeamte, der einen Bußgeldbescheid festsetzt (§ 48 Abs. 1 OWiG), übt nicht rechtsprechende Gewalt, sondern führt ein Vorverfahren, ohne Richter zu sein[21].

*Ehrengerichtsbarkeit.* Die berufsständische Ehrengerichtsbarkeit, wie sie von Kammern der Rechtsanwälte, Patentanwälte, Wirtschaftsprüfer, Ärzte und Zahnärzte, Apotheker, Architekten und Handelskammern ausgeübt wird, ist in der Regel ein Verwaltungsverfahren, in dem durch Verwaltungsakt eine Ordnungsstrafe verhängt oder eine Erlaubnis entzogen wird. Die Kammern üben nicht Rechtsprechung im Sinne des Art. 92 GG; sie sind in der Regel Verwaltungsbehörden, gegen deren Entscheidung die Verwaltungsgerichte angerufen werden können[22]. Die Frage muss jedoch für jedes Ehrengericht anhand der Bundes- oder Landesgesetzgebung besonders beantwortet werden, denn der Gesetzgeber hat ohne Zweifel die Möglichkeit, die Ehrengerichtsbarkeit besonderen Verwaltungsgerichten zu übertragen[23].

## § 4. *Abgrenzung der Gerichte*

### *I. Grundsatz: Selbständigkeit*

Nicht jede Stelle, der eine rechtsprechende Tätigkeit zugewiesen ist, wird durch diese Zuweisung bereits zu einem Gericht. Allerdings weist Art. 92 GG die Rechtsprechung ausschließlich den Richtern zu. Nur die Gerichte, nicht die Verwaltungsbehörden können Recht sprechen[24]. § 13 GVG ließ zu, dass Rechtsstreitigkeiten den Verwaltungsbehörden zugewiesen werden. Das verbietet nunmehr Art. 92 GG[25].

---

handelt er aber nicht in seiner Eigenschaft als Rechtspfleger, sondern kraft besonderer Bestellung. § 3 Abs. 1, § 4, § 5 des württ.-bad. Gesetzes Nr. 241 vom 29.3.1949, RegBl. S. 47, aufrechterhalten durch REinhGes. v. 12.9.1950, BGBl. S. 455, 509, Art. 8 Nr. 93; näheres nach Anm. 40.

20 Dies galt in der Britischen Zone bis zum 1.10.1950 (REinhGes. v. 12.9.1950, BGBl. S. 455, 507, Art. 8 Nr. 48). Dernedde ZJBl. 1949 S. 102 hält diese Übertragung für grundgesetzwidrig.

21 Bayr. VGH, JZ 1952, S. 755. Dagegen Haas und Redding, JZ 1953, S. 545 unter Nr. 5, 7; Kriminelles Unrecht könne aus rechtsstaatlichen Erwägungen nicht in einem Vorverfahren der Verwaltung beschieden werden.

22 Holtkotten, BK, Art. 29, II, 1, c; S. 4.

23 Bayr. VGH, Bayr. GVBl. 1951, S. 43, 52; Hess. VGH DöV 1954, S. 251 (Anwaltsgericht); in Schl.-Holst. sind die Berufsgerichte der Heilberufe unzweifelhaft besondere Verwaltungsgerichte. Sie sind den Dienststrafkammern für Beamte angegliedert (schl.-holst. Gesetz vom 22.2.1954, GVBl. S. 33, § 4 Abs. 1, § 5 Abs. 1).

24 v. Mangoldt, GG, Art. 92, Bem. 3; Holtkotten, BK, Art. 29 II, 1, d, bb, S. 5 u. II, 1, c, S. 4; Strauß, SJZ 1949, S. 523; Friesenhahn, S. 21; OVG Münster, AS 5, S. 243, 247. Abweichend nur: v. Turegg, NJW 1953, S. 1201, 1204.

25 H. M.: Holtkotten, BK, Art. 92 II, 1, d, bb, S. 6.

*Vorverfahren bei Verwaltungsbehörden.* Trotz dieses Monopols der Gerichte kann aber der Gesetzgeber die Vorab-Entscheidung von Rechtsstreitigkeiten oder die Verhängung von Strafen (in einem Unterwerfungsverfahren) einer Verwaltungsbehörde übertragen zur Durchführung eines Vorverfahrens[26]. Das Grundgesetz verpflichtet den Gesetzgeber lediglich, die abschließende Entscheidung jeder Rechtsstreitigkeit einem Richter zu übertragen (Art. 92; Art. 101 Abs. 1 Satz 2, Art. 19 Abs. 4 Satz 1 GG)[27]. Genügt der Gesetzgeber dieser Pflicht nicht, überträgt er also Streitentscheidungen einer Verwaltungsbehörde, so eröffnet das Grundgesetz unmittelbar den ordentlichen Rechtsweg (Art. 19 Abs. 4 Satz 2 GG).

Es ist also die grundsätzliche Frage aufzuwerfen, unter welchen Voraussetzungen eine Behörde zum Gericht wird. Weder Verfassung noch Gesetz haben bisher diese Voraussetzungen bestimmt. Wissenschaft[28] und Rechtsprechung[29] haben aber bereits feste Regeln entwickelt. Eine Behörde wird zum Gericht, wenn drei Voraussetzungen erfüllt sind:

1. *Freiheit von Weisungen.* Sachliche Unabhängigkeit: Die Entscheidungstätigkeit muss frei von Weisungen sein (Art. 97 Abs. 1 GG). Diese sachliche Unabhängigkeit muss gesetzlich festgelegt sein. Eine nur praktizierte, aber nicht garantierte Unabhängigkeit, wie das Patentamt sie genießt, genügt nicht[30].
2. *Justizförmiges Verfahren.* a) Die Behörde muss rechtliches Gehör gewähren[31]. b) Zum justizförmigen Verfahren gehört weiter, dass die Entscheidung schriftlich festgelegt wird und dass sie c) einer Rechtskraft fähig ist.
3. *Organisatorische Selbständigkeit.* Hierunter werden zwei Forderungen zusammengefasst:

*Selbständige Organisation.* a) Verwaltungsmäßige und personelle Trennung von Verwaltungsbehörden. Das Gericht muss eine eigene Organisation besitzen. Diese Folgerung aus der Gewaltenteilung „braucht organisatorisch nicht bis zu den letzten denkbaren Folgerungen durchgeführt zu werden"[32]. Es ist zulässig, dass ein Richter auch Verwaltungsaufgaben wahrnimmt. Es ist unzulässig, dass er in einer Angelegenheit urteilt, die er zuvor als Verwaltungsbeamter bearbeitet hat. Darüber hinaus ist es aber auch unzulässig, dass seine Verwaltungsangelegenheiten generell gleicher oder ähnlicher Art sind wie die Angelegenheiten, über die er als Richter zu entscheiden hat[33]. Herkömmlicher- und

---

26 Friesenhahn, S. 31. Knoll, DöV 1954, S. 268.
27 Unbestritten, Hess. VGH, DöV 1954, S. 251.
28 Grundlegend: Thoma, Handbuch 1932, Bd. 2, S. 129.
29 Neuestens BVerwG, NJW 1953, S. 1886. Zusammenfassend Knoll, DöV 1954, S. 232, 263.
30 Knoll, DöV 1954, S. 234.
31 Einzelheiten bei Röhl, NJW 1953, S. 1531.
32 BVerwG, NJW 1953, S. 1867 unter A, III, 3, b; Bad. VGH, DöV 1952, S. 218.
33 Knoll, DöV 1954, S. 267; Kleinrahm, DRPfl. 1952, S. 6. Dazu auch unten bei Anm. 98.

unbedenklichermaßen mag ein Richter nebenamtliche Aufgaben als Prüfer oder Lehrer übernehmen oder als Syndikus und Urkundsperson einer öffentlichen Körperschaft tätig werden.

*Persönliche Unabhängigkeit.* Die Richter müssen persönlich unabhängig sein. Dies bedeutet, dass sie nicht versetzt und nicht abgesetzt werden können[34]. Auch dies ist eine Grundsatzforderung, die Einschränkungen verträgt, die aber nicht ihrer Substanz beraubt werden darf. Es ist zulässig, dass einzelne Richter auf Probe oder Widerruf bestellt werden (arg. Art. 97 Abs. 2 GG), es wäre aber unzulässig, dass ein Kollegium ausschließlich oder überwiegend aus solchen Richtern zusammengesetzt wird. Es ist zulässig, dass ein persönlich unabhängiger Richter im Nebenamt weisungsgebundenen Verwaltungsgeschäfte führt, die keine Beziehungen zu seiner rechtsprechenden Tätigkeit aufweisen. Es ist aber unzulässig, dass ein persönlich abhängiger Beamter im Nebenamt zum Richter abgeordnet wird.

Eine Behörde ist also ein Gericht, wenn sie weisungsfrei entscheidet, ein justizförmiges Verfahren befolgt und wenn sie organisatorisch von der Verwaltung getrennt ist[35].

## *II. Einzelfälle […]*

## § 5. *Berufsrichter*

Das Grundgesetz gebraucht den Ausdruck „Richter" in dreifacher Abstufung:

- Art. 92 und Art. 97 beziehen sich auf Berufsrichter und Laienbeisitzer.
- Art. 98 Abs. 1 und Abs. 3 Satz 2 gelten nur für Berufsrichter (im Haupt- und Nebenamt)
- Art. 97 Abs. 2 handelt nur von solchen Berufsrichtern, die in Planstellen eingewiesen sind.

Richter sind diejenigen Träger eines öffentlichen Amtes, denen kraft Gesetzes Aufgaben der Rechtsprechung zugewiesen sind. In diesem Sinne üben auch die Schöffen, Geschworenen und anderen Laienbeisitzer Funktionen eines Richters aus.

*Hauptamt, Nebenamt.* Berufsrichter ist zunächst, wer ein Richteramt als Hauptamt wahrnimmt, so dass er eine Besoldung beanspruchen kann und grundsätzlich verpflichtet ist, seine volle Arbeitskraft dem Richteramt zu widmen. Ein Berufsrichter kann aber auch im Nebenamt bestellt werden, wenn Haupt- und Nebenamt miteinander vereinbar sind (oben bei Anm. 33). Disziplinarrichter sind häufig Berufsrichter im Nebenamt. Das

---

34 H. M.: Holtkotten, BK, Art. 97, II, 3, S. 107–110. A. M.: Wolf, MDR 1951, S. 71; v. Turegg, NJW 1953, S. 1201; 1954, S. 47; Kleinrahm, DRPfl. 1952, S. 7.

35 BGH, NJW 1953, S. 1298 vertritt die Auffassung, eine Behörde sei bereits dann ein Gericht, wenn sie nur frei von Weisungen entscheide. Diese Auffassung hat der BGH aber nur zur Anwendung des § 839 Abs. 2 BGB entwickelt.

Richtergesetz soll nach dem offenbaren Willen des Grundgesetzes nur die Rechtsverhältnisse der Berufsrichter, also der Richter im Haupt- oder Nebenamt, regeln[36]. Es soll nämlich für die Richter das bisherige Beamtenrecht ersetzen. Nach dem Sprachgebrauch des Sozialgerichtsgesetzes[37] werden diese hauptamtlichen Richter als Berufsrichter zu bezeichnen sein.

*Angehöriger des öffentlichen Dienstes.* Der Berufsrichter steht zum Staat in einem besonderen öffentlich-rechtlichen Gewaltverhältnis, dem auf der anderen Seite die Fürsorgepflicht entspricht. Insoweit hat der Berufsrichter die grundsätzlich gleiche Stellung wie jeder Angehörige des öffentlichen Dienstes, auch wie der Beamte (§ 2 Abs. 1, § 79 BBG). Der Richter unterscheidet sich von dem Beamten dadurch, dass er nicht in der Verwaltung, sondern in der Rechtsprechung tätig ist und dass er deshalb sachlich und grundsätzlich auch persönlich unabhängig ist. Es ist die Aufgabe des Richtergesetzes, dieses öffentlich-rechtliche Dienst- und Treueverhältnis zwischen Richter und Staat abzugrenzen und festzulegen.

*Laienbeisitzer.* Ein solches Rechtsverhältnis besteht nur in sehr beschränktem Umfange zwischen dem Staat und den Laienbeisitzern. Zu ihnen rechnen die Schöffen, Geschworenen und die verschiedenen Beisitzer, die vor allem in der Verwaltungsgerichtsbarkeit mitwirken. Gelegentlich ist die Forderung vorgebracht worden, auch die Rechtsstellung der Laienbeisitzer im Richtergesetz zu regeln[38]. Dies wird zulässig, aber nicht zweckmäßig sein. Der Laienbeisitzer nimmt ein Ehrenamt wahr und steht in einem beschränkten öffentlich-rechtlichen Gewaltverhältnis, das grundsätzlich nicht seine ganze Person ergreift. Ihm sind nur sehr begrenzte Pflichten auferlegt. Aus dem Bereich des Richtergesetzes könnten wenige Regeln auf ihn erstreckt werden, beispielsweise die Vorschriften über das Beratungsgeheimnis[39]. Rechte und Pflichten eines Berufsrichters – persönliche Unabhängigkeit, politische Zurückhaltung und andere – können für Laienbeisitzer nicht gelten. Deshalb empfiehlt sich, in das Richtergesetz keinerlei Vorschriften für diese Richter im Ehrenamt aufzunehmen. Aus seinem Geltungsbereich scheiden also aus:

---

36 Holtkotten, BK, Art. 98, II, A, 2, a, S. 121; Friesenhahn, S. 31, 51. Für Einbeziehung aller Beamten, die an der Rechtsprechung mitwirken (Staatsanwälte, Rechtspfleger, Bezirksnotare, Friedensrichter): Kern, NJW 1949, S. 606. Ähnlich v. Mangoldt, GG, Art. 98 Bem. 3, Thoma, Gutachten vom 15.1.1953, S. 31.

37 § 3 Abs. 1, § 9 Abs. 1, § 30 Abs. 1; ebenso das Bremer Richterwahlgesetz vom 18.12.1953, GVBl. S. 119; ähnlich spricht das ArbGG von „berufsrichterlichen Beisitzern" bei dem Bundesarbeitsgericht (§ 41 Abs. 1, § 42 Abs. 1).

38 v. Mangoldt, Art. 98 Nr. 3; Rotberg, Grundsätzliches zu einem Richtergesetz, Beiheft 12 zu DRZ 1950 S. 8; Thoma, Gutachten vom 15.1.1953, S. 31.

39 Dies fordert vor allem Arndt, JuV 1950, S. 150.

a) die Schöffen und Geschworenen,
b) die Arbeitsrichter (§ 25 Abs. 1 ArbGG), die Landesarbeitsrichter (§ 35 Abs. 1 Satz 1; § 37 ArbGG) und die Bundesarbeitsrichter (§ 41 Abs. 1, § 43 ArbGG),
c) die Sozialrichter (§ 9, § 13 SGG), die Landessozialrichter (§ 30 Abs. 1, § 35 SGG) und die Bundessozialrichter (§ 38 Abs. 2 Satz 1, § 40 SGG),
d) die Beisitzer bei den Finanzgerichten (§ 48 Abs. 2 AO),
e) die nach Landes- oder Bundesrecht eingeführten Beisitzer der Verwaltungsgerichte und der Disziplinargerichte,
f) die nach Landesrecht bestellten ehrenamtlichen Beisitzer der Verfassungsgerichte (im Gegensatz zu den vom Parlament gewählten ständigen Richtern am Verfassungsgericht).

*Handelsrichter.* Die Handelsrichter besitzen eine Sonderstellung. Einerseits nehmen auch sie ein Ehrenamt wahr (§ 107 Abs. 1 GVG), andererseits gelten für sie alle Rechte und Pflichten eines Richters (§ 112 GVG)[40]. Sie stehen aber nicht in einem umfassenden öffentlich-rechtlichen Dienst- und Treueverhältnis und sollten deshalb von dem Geltungsbereich des Richtergesetzes ausgenommen werden.

Im Ergebnis wird das Richtergesetz nur für die Berufsrichter gelten können.

## § 6. *Staatsanwälte und Justizbeamte*

*Staatsanwälte, weisungsgebunden.* Der Staatsanwalt ist an der Rechtspflege wesentlich beteiligt. Ein großer Teil aller Ermittlungsverfahren wird von ihm – durch Einstellung – abgeschlossen. Die überwiegende Meinung erkennt dem Staatsanwalt auch Weisungsfreiheit in der Hauptverhandlung zu. La plume est serve, la parole est libre[41]. Außerhalb der Sitzungsvertretung ist der Staatsanwalt aber an Weisungen gebunden (§§ 146, 147 GVG)[42]. Der entscheidende Grundzug des Richteramts, die sachliche Unabhängigkeit, fehlt also dem Staatsanwalt. Gleichwohl wird die Auffassung vertreten, dem Staatsanwalt als einem Organ der Rechtspflege gebühre die persönliche Unabhängigkeit und die verwaltungsmäßige Selbständigkeit in gleichem Umfange wie dem Richter[43]. Wollte man deshalb die Staatsanwälte in das Richtergesetz einbeziehen[44], so könnten doch die

40 Zusammenstellung bei Rosenberg, Lehrbuch ZP, 1954, § 21, V, S. 87; Kern, Gerichtsverfassungsrecht, 1954, § 27, II, 2, S. 133.

41 Obwohl in den Vorarbeiten zum GVG diese Freistellung ausdrücklich gestrichen wurde: Löwe-Rosenberg, 1934, § 146 GVG, Anm. 3 b; Eb. Schmidt, MDR 1951, S. 4.

42 Nur das Legalitätsprinzip (§ 152 Abs. 2 StPO) schränkt die Weisungsgebundenheit ein, Eb. Schmidt, Lehrkom. 1952, Nr. 87, 328.

43 v. Schowingen, DöV 1953, S. 434; zusammenfassend: Hoberg, DRiZ 1953, S. 155; ebenso aus politischen Erwägungen Fr. Grimm, Politische Justiz, 1953, S. 155.

44 So §§ 51, 52 des Berliner Richtergesetzes vom 9.1.1951, VOBl. S. 235.

grundlegenden Bestimmungen für sie nicht gelten: Weisungsfreiheit, Unversetzbarkeit[45], Anhörung in Personalsachen.

Vor allem verbietet aber eine grundsätzliche Erwägung die Einbeziehung der Staatsanwälte: Die besonderen Rechtsverhältnisse der Richter können nur klar herausgearbeitet werden und die Richter können nur dann aus der Zahl der anderen Angehörigen des öffentlichen Dienstes herausgehoben werden, wenn das Richtergesetz auf die wirklichen, streitentscheidenden Richter beschränkt wird. Aus diesen Erwägungen haben die Landesjustizverwaltungen im Jahre 1950 es abgelehnt, die Rechsverhältnisse der Staatsanwälte im Richtergesetz zu regeln[46].

*Gleichstellung im Landesrecht.* In einigen Ländern, vornehmlich in Süddeutschland, ist es seit langem üblich, Richter erst anzustellen, wenn sie Erfahrungen in der Staatsanwaltschaft gesammelt haben und ebenso Beförderungsstellen in der Staatsanwaltschaft nur mit Bewerbern zu besetzen, die Erfahrungen als Richter gewonnen haben. Diese Praxis hat sich sehr bewährt, und es bleibt den Ländern unbenommen, Entsprechendes in den Laufbahnbestimmungen vorzusehen. Der Landesgesetzgeber ist auch in keiner Weise gehindert, die Staatsanwälte in der Besoldung, möglicherweise sogar in der personellen Selbstverwaltung, den Richtern gleich zu stellen. Für das Richtergesetz des Bundes empfehlen sich diese Regelungen aber nicht.

*Andere Justizbeamte.* Aus gleichen Erwägungen scheiden die Vertreter des öffentlichen Interesses bei den Verwaltungsgerichten, die höheren Beamten des Strafvollzugs und die sonstigen Beamten der Justizverwaltung aus dem Geltungsbereich des Richtergesetzes aus.

## § 7. *Formulierung des personellen Geltungsbereichs*

Das Richtergesetz wird im Ergebnis für alle Amtsträger gelten müssen, die eine streitentscheidende Funktion ausüben und an einem organisatorisch selbständigen Gericht tätig sind. Laienbeisitzer und Justizbeamte scheiden aus dem Geltungsbereich aus.

*Berufung in das Richteramt.* Es wird nicht möglich sein, die Voraussetzungen für die Richtereigenschaft in Einzelheiten festzulegen. Um das Gesetz klar zu formulieren, muss sein personeller Geltungsbereich auf ein formales Merkmal abgestellt werden: Richter ist, wer eine Urkunde erhält mit dem Wortlaut: „unter Berufung in das Richteramt".

*Befristete Übergangsvorschrift.* In den Übergangsbestimmungen wird anzuordnen sein, dass als Richter gilt, wer bei Inkrafttreten des Gesetzes in ein Beamtenverhältnis berufen[47] und in eine Planstelle als Richter der Verfassungsgerichtsbarkeit, der ordentlichen

---

45 Oberbundesanwälte sind politische Beamte, § 36 Abs. 1 Nr. 5 BBG.

46 Rothenburger Entwurf vom 2.4.1950, S. 10 der Begründung.

47 Bundesrichter erhalten seit dem 1.9.1953 eine Urkunde mit den Worten: „unter Berufung in das Richterverhältnis". Gemeins. Rundschr. d. BMI u. d. BMF vom 27.7.1953, GmBl. S. 241, zu § 189 Nr. 1, 1, b.

Gerichtsbarkeit, der Verwaltungsgerichtsbarkeit, der Dienststrafgerichtsbarkeit, der Finanzgerichtsbarkeit, der Arbeits- oder Sozialgerichtsbarkeit eingewiesen war. Eine solche Übergangsvorschrift könnte allenfalls auf zwei Jahre befristet werden, so dass binnen dieser Frist auch den bisherigen Richtern neue Urkunden ausgehändigt werden müssten. Dies scheint jedoch kaum erforderlich. Die Übergangsvorschriften werden sich aber so klar formulieren lassen, dass Zweifel ausscheiden und die Ausstellung neuer Urkunden entbehrt werden kann.

### § 8. *Rahmengesetz*

*Gerichtsverfassung.* Für die Landesrichter kann der Bund nach Art. 98 Abs. 3 nur Rahmenvorschriften erlassen. Soweit das Richtergesetz aber Bestimmungen über „die Gerichtsverfassung" aufnimmt, kann der Bund seine konkurrierende Zuständigkeit nach Art. 74 Nr. 1 GG in Anspruch genommen. Der Richter hat das wichtigste Amt innerhalb der Gerichtsverfassung inne. Vorschriften über seine Unabhängigkeit, seine Auswahl und Ernennung, auch über die Dienstaufsicht, werden deshalb der Gerichtsverfassung zuzurechnen sein, so dass der Bund hierfür die volle Gesetzgebungskompetenz besitzt. Lediglich die bisher und auch künftig in Übereinstimmung mit dem Beamtenrecht geregelten Fragen, die für die Struktur der Gerichtsverfassung ohne Bedeutung sind, unterliegen nur der Rahmenkompetenz des Bundes (Besoldung, Versorgung, Residenzpflicht)[48].

*Gliederung des Richtergesetzes.* Das Richtergesetz wird zweckmäßig in einen allgemeinen Teil gegliedert, der für Landesrichter und Bundesrichter gilt und der in einem Unterabschnitt die besondere Rechtsstellung der Verfassungsrichter in Bund und Ländern behandelt (Dienstaufsicht, Haushaltsrecht, Gerichtsverwaltung). In einem anschließenden besonderen Teil sollte das Richtergesetz die ergänzenden Bestimmungen für Bundesrichter bringen.

## II. Abschnitt. *Auswahl und Ernennung*

### § 9. *Kooption, Anhörung*

Für die Auswahl der Richter sind drei grundsätzlich verschiedene Systeme denkbar:

a) der Verwaltungsweg, also die Ernennung durch einen parlamentarisch verantwortlichen Minister,
b) die Richterwahl durch das Volk oder die Volksvertretung,
c) Kooption, indem die Richterschaft sich durch Zuwahl selbst ergänzt.

---

48 Kern, Gerichtsverfassung, 1954, § 12, C, S. 74, ist der Auffassung, dass Art. 98 Abs. 3 GG im Widerspruch stehe zu Art. 74 Nr. 1 und der Bund deshalb für das gesamte Richterrecht die konkurrierende Kompetenz besäße.

*Selbstergänzung.* Die reine Kooption ist in einigen Veröffentlichungen gefordert worden, weil sie die höchste Form der richterlichen Unabhängigkeit und damit die Vollendung der Gewaltenteilung bedeute[49]. Wenn den Richtern die Befugnis gegeben wird, die Bewerber selbst auszuwählen und die Richterstellen zu vergeben, dann wird eine Institution geschaffen, die ein Eigenleben und selbständige Tendenzen entwickelt – unkontrolliert vom Volkswillen[50]. Damit wäre der Verfassungssatz verletzt, dass alle Staatsgewalt vom Volke abgeleitet wird (Art. 20 Abs. 2 Satz 1 GG). Jede Stelle, die Staatsaufgaben wahrnimmt, muss der Kontrolle und Einflussnahme durch das Parlament unterliegen. Es gibt grundsätzlich keinen parlamentsfreien Raum. Die Kooption wäre deshalb verfassungswidrig[51]. Es ist ebenso mit dem Grundgesetz nicht zu vereinbaren, dass ein Wahlausschuss gebildet wird, in dem die Vertreter der Richter über die zu einem positiven Beschluss erforderliche Stimmenzahl verfügen.

*Gewaltenteilung.* Die Kooption kann auch nicht aus dem Grundsatz der Gewaltenteilung gerechtfertigt werden. Dieses Prinzip bedeutet nicht eine hermetische Abtrennung der drei Gewalten, sondern eine gegenseitige Überwachung und Mäßigung (checks and balances)[52]. Auch staatspolitische Erwägungen verbieten die Kooption. Die Selbstergänzung könnte zu einem unerwünschten Einfluss von persönlichen Interessen und lokalen Verhältnissen führen[53]. Der Richter bedarf im Gegenteil einer sichtbaren Legitimierung durch das Volk und einer grundsätzlichen politischen Deckung[54]. Beides vermittelt ihm die Volksvertretung über den parlamentarisch verantwortlichen Minister[55].

*Anhörung der Gerichte.* Auf der anderen Seite scheint es aber geboten, die Fachkunde und Menschenkenntnis der amtierenden Richter bei der Auswahl von Bewerbern heranzuziehen[56]. Praktisch wird dies seit langem von allen Justizverwaltungen getan. Das Land Württemberg-Baden hatte ausdrücklich angeordnet, dass vor jeder Besetzung einer Richter- oder Staatsanwaltsstelle das Präsidium gutachtlich zu hören ist[57]. Es erscheint

49 Hülsmann, Neues Abendland, 1953, Heft 3, S. 129; ders.: Rhein. Merkur Nr. 27 vom 3.7.1953. Weniger weitgehend: Jesse, Festgabe, Pr. OVG, 1925, S. 19; Loening, SJZ 1950, Sp. 256 forderte ursprünglich eine „Autonomie der Verwaltungsgerichte“, aber nicht die eigene Personalhoheit.

50 Radbruch, Einführung 1952, S. 155 spricht sich deshalb gegen Selbstergänzung aus.

51 Scheuner, DöV 1953, S. 520, Anm. 27; Amelunxen, DRiZ 1953, S. 52, Neue Zeitung, Nr. 198, 199 (22/24.8.1953); nunmehr auch Loening, DVBl. 1954, S. 176 Anm. 24; ebenso die allgemeine Meinung auf dem 40. Juristentag 1953; Bedenken äußern ebenfalls Kollmann, DöV 1953, S. 601; Bockelmann, DöV 1953, S. 530, Anm. 40; Breithaupt, DöV 1954, S. 229.

52 Scheuner, DöV 1953, S. 520/522, WB StGH, VerfRechtspr. S. 28.

53 Ridder, Gutachten zum 40. DJT, S. 122; Bockelmann, DöV 1953, S. 530.

54 Kollmann, Dritte Gewalt, Nr. 6, IV. Jhrg. v. 28.11.1953, S. 6.

55 Zweifelnd: W. Weber, Festschrift f. Niedermeyer 1953, S. 275.

56 Auf dem Dienstweg der Gerichtspräsidenten und durch die Verwendung ehemaliger Richter in den Ministerien werden Personalentscheidungen auch bisher durch Richter getroffen, das kommt einer Kooption nahe, W. Weber, S. 264.

57 Verordnung vom 2.10.1950, ABl. des Württ.-Bad. Justizministeriums, S. 92.

geboten, diese Mitwirkung zu einer ständigen Einrichtung auszubauen, um den Richtern eine gewisse Selbständigkeit zu verleihen und um parteipolitische Wünsche und Gruppeninteressen einzudämmen. Ein Anhörungsrecht war gesetzlich dem Preußischen OVG und dem Bayerischen VGH eingeräumt[58]. Nach geltendem Recht besitzen es die Verwaltungsgerichte der Amerikanischen Zone (§§ 5, 12 der süddeutschen VGG) und das Bundesverwaltungsgericht (§ 4 Abs. 2 BVerwGG)[59]. Für das künftige Recht wird es von nahezu allen Äußerungen im Schrifttum empfohlen.

*Bindung an Vorschläge.* Die Wünsche im Schrifttum gehen nur in der Frage auseinander, ob der Vorschlag die Justizverwaltung binden soll, etwa in der Form, dass sie gehalten sei, einen der drei oder fünf Vorgeschlagenen zu ernennen, oder auch in der Form, dass die Richterschaft ein Veto gegen den Vorschlag der Justizverwaltung geltend machen könne. Erfahrungsgemäß hat die Justizverwaltung die unverbindlichen Vorschläge häufig oder stets berücksichtigt[60]. Ähnliche Erfahrungen werden aus Österreich, Luxemburg und einigen anderen Ländern berichtet[61]. Das Vorschlagsrecht der Richter hat vielfach eine größere Bedeutung erworben als das Gesetz vorsah. Die Richter haben also die Möglichkeit, durch das sachliche Gewicht und die Ausgewogenheit ihrer Vorschläge das Recht auf Anhörung de facto zu verstärken und einem bindenden Vorschlagsrecht anzunähern.

Ein formell bindendes Vorschlagsrecht kann aber nicht empfohlen werden. Es würde innerhalb der Richterschaft Spannungen und möglicherweise sogar Parteiungen schaffen. Es würde auch den Einfluss des Volkswillens, der sich über Parlament und Justizminister geltend macht, zu stark zurückdrängen. Schließlich ist zu bemerken, dass die Richter geneigt sein könnten, aus kollegialer Rücksicht den jeweils dienstältesten Kollegen für eine Beförderung vorzuschlagen. Auch diese Tendenz ist in einigen Nachbarländern beobachtet worden[62]. Darin spiegelt sich die Besorgnis, eine Verletzung der Anciennität

---

58 Das Reichskammergericht besaß nicht – wie gelegentlich behauptet – ein Mitbestimmungsrecht (Veto) in der Personalauswahl. Es hielt vielmehr eine fachliche Prüfung ab, als erste Form eines Staatsexamens. Dabei wurden auch die persönlichen Verhältnisse des Kandidaten untersucht. Smend, Das Reichskammergericht, I. Teil, 1911, S. 304 f.; Döhring, Geschichte der deutschen Rechtspflege, 1954, S. 58.

59 Den beratenden Personalausschüssen in der Sozialgerichtsbarkeit und in der Arbeitsgerichtsbarkeit gehören auch amtierende Richter an (§ 18 Abs. 2 ArbGG; § 11 Abs. 2 SGG). Damit hat die Richterschaft einen – allerdings quotenmäßig geringen – Einfluss auf die Auswahl künftiger Richter erhalten.

60 Kollmann, DöV, 1953, S. 602.

61 Für Luxemburg: Faber, Le Pouvoir Judiciaire, Nr. 79, S. 9. In Belgien und in den Niederlanden ist der Monarch frei in der Auswahl unter mehreren präsentierten Kandidaten, er ernennt aber regelmäßig den an erster Stelle nominierten Bewerber. V. d. Meulen, Le Pouvoir Judiciaire, Nr., 79, S. 6.

62 Vreese, Le Pouvoir Judiciaire, Nr. 79, S. 5; Faber, aaO., S. 9.

könne zu internen Spannungen führen. Diese Besorgnis führt möglicherweise zu einer Scheu vor sachlicher Entscheidung und entwertet das bindende Vorschlagsrecht.

*Anhörung der Präsidien.* Sachgemäß erscheint es danach, dass grundsätzlich der Fachminister oder die Regierung den Richter ernennt, dass aber eine (unverbindliche) Anhörung zwingend vorgeschrieben wird[63]. Stets wird das Präsidium des Gerichts anzuhören sein, an das der Bewerber gerufen werden soll. Ist der Kandidat bereits Richter (im gleichen oder in einem anderen Zweige der Gerichtsbarkeit), so sollte auch das Präsidium des bisherigen Gerichts sich äußern. An der Ernennung eines Präsidenten wird nur das Präsidium des übergeordneten Gerichts beteiligt werden. Präsidenten eines Obersten Gerichts sollten ohne Anhörung der Richter berufen werden.

*Wahl der Vorsitzenden und Präsidenten.* Eine strukturändernde Reform wäre es, wenn die Präsidenten der Gerichte und die Vorsitzenden der Kollegien von den Richtern auf Zeit gewählt würden[64]. Folgerichtigerweise könnten die Gewählten dann nur eine nicht ruhegehaltsfähige Funktionszulage erhalten. Diese Regelung würde jeden Verdacht ausschließen, dass die Verwaltung nur politisch genehme Richter befördert. Eine solche Reform empfiehlt sich aber keineswegs, da Präsidenten wie Vorsitzende besondere Fähigkeiten und Erfahrungen benötigen, die erst in längerer Zeit voll ausgebildet werden. Außerdem würde eine Wahl auf Zeit die dringend erforderliche Kontinuität in der Gerichtsverwaltung wie im Vorsitz eines Kollegiums verhindern.

Im Ergebnis empfiehlt es sich, dass die Richter von den Regierungen ernannt werden, dass aber vorher die Gerichte anzuhören sind. Dieses Verfahren sollte in gleicher Weise für die Richter des Bundes (Finanzrichter) wie der Länder eingeführt werden. Daneben wäre nur noch die Berufung durch Richterwahlausschüsse zuzulassen (Art. 95 Abs. 3, Art. 96 Abs. 2, Art. 98 Abs. 4 GG).

## § 10. *Richterwahl*

*Bestehende Wahlausschüsse.* Nach geltendem Recht wählen Ausschüsse die Richter

(1) für das Bundesverfassungsgericht, Art. 94 GG, §§ 6–9 BVerfGG,

(2) für die oberen Bundesgerichte und für das künftige Oberste Bundesgericht, Art. 95 Abs. 3, Art. 96 Abs. 2; Richterwahlgesetz vom 25.8.1950, BGBl. S. 368,

(3) in Berlin, Richterwahlgesetz vom 26.7.1951, GVBl. S. 546,

(4) in Bremen, Richterwahlgesetz, Neufassung vom 18.12.1953, GBl. S. 119,

(5) in Hamburg, Richterwahlgesetz v. 8.7.1952, GVBl. S. 137,

---

63 Scheuner, DöV, 1953, S. 523; van Husen, AöR, 78. S. 55 (als Mindestforderung); v. Schowingen, DöV 1953, S. 534; Bockelmann, DöV 1953, S. 531, Anm. 44; Breithaupt, DöV 1954, S. 231; Schmidt, JR 1950, S. 167; 40. DJT 1953, Beschlüsse der öffentlich-rechtlichen Abteilung, Nr. IV, DRiZ 1953, S. 185.

64 So Art. 32 Abs. 5 des Montanunion-Vertrages vom 18.4.1951, BGBl. 1952 II, S. 447.

(6) in Hessen, Richterwahlgesetz, Neufassung vom 22.12.1953, GVBl. S. 208.

*Justiz- oder Fachminister?* Das Grundgesetz ordnet die Richterwahl auf der Landesebene anders als auf der Bundesebene. Nach Art. 96 Abs. 2 entscheidet auf der Bundesebene der Fachminister gemeinsam mit einem Richterwahlausschuss. Auf der Landesebene entscheidet dagegen der Justizminister für alle Zweige der Gerichtsbarkeit gemeinsam mit einem Richterwahlausschuss (Art. 98 Abs. 4)[65]. Diese unterschiedliche Beteiligung der Ressorts ist vom Parlamentarischen Rat bewusst angeordnet worden[66]. Es liegt kein Versehen bei der Redaktion vor[67]. Auch ein Redaktionsversehen könnte im Übrigen nur berücksichtigt werden, wenn der beschlossene Text unklar oder ohne Sinn wäre. Keine dieser Ausnahmen liegt vor. Der Wortlaut des Art. 98 Abs. 4 gilt. Die Wahlausschüsse können also in den Ländern nur gemeinsam mit den Justizministern Entscheidungen treffen[68].

*Kritik an Wahlausschüssen.* Die Arbeitsweise und die Entscheidungen der Wahlausschüsse haben mehr Kritik als Billigung gefunden[69]. Vor allem wird gerügt, dass die Ausschüsse nach Fraktionsquoten zusammengesetzt werden und dass sie deshalb geneigt sein könnten, die Kandidaten nach Fraktionen aufzuschlüsseln. Sachliche Erwägungen kämen darüber zu kurz. Seit Erlass des Grundgesetzes wird deshalb ständig die Forderung vorgebracht, den von Standesorganisationen gewählten Richtern und auch Rechtsanwälten einen wesentlichen Stimmenanteil einzuräumen[70].

*Rahmenbestimmungen für Wahlausschüsse.* Diese Forderung enthält zunächst ein verfassungsrechtliches Problem. Art. 98 Abs. 3 GG ermächtigt den Bund, Rahmenvorschriften über „die Rechtsstellung der Richter in den Ländern" zu erlassen. Erst der folgende Absatz ermächtigt dann die Länder, Richterwahlausschüsse einzusetzen. Daraus ist zu entnehmen, dass der Bund auch Rahmenvorschriften erlassen kann für den Fall, dass die Länderrichter Wahlausschüsse einführen oder eingeführt haben. Der Vorrang des Absatzes 3 vor dem Absatz 4 des Art. 98 ergibt sich vor allem aus folgender Erwägung: Auch

---

65 Der Bundesminister der Justiz hat die entsprechende Befugnis nur für Wahlen zum Obersten Bundesgericht, Art. 95 Abs. 3.

66 Strauß, SJZ 1949, S. 523, 531; die Mitwirkung der Fachminister war nur für die Bundesebene beantragt und gegen die Anträge von Dr. Strauß (besonders 3. Lesung im HauptA. v. 10.2.1949) beschlossen worden; Jahrb. öR 1951, S. 714, Anm. 58. Für die Landesebene wurde die Beteiligung der Fachminister gar nicht erwogen; Jahrb. öR 1951, S. 719 ff.

67 Ule, Verwaltungsgerichtsbarkeit, S. 17 f. und DRiZ 1950, S. 226 nimmt ein Redaktionsversehen an. Ebenso v. Mangoldt, GG, Art. 98 Anm. 5, daraus für die Länder das Recht abgeleitet, entgegen dem Wortlaut des Art. 98 Abs. 4 den Fachminister mitwirken zu lassen. Ebenso die Entschließung der Verwaltungsgerichtspräsidenten vom 14.9.1950, DöV 1950, S. 650; zweifelnd: Bachof, DRZ 1950, S. 169; Jahrreiss, 37. DJT, S. 37.

68 So die wohl herrschende Meinung, Holtkotten, BK, Art. 96, II, B, 3, b, S. 129; Zinn, 37. DJT S. 59; Arndt, DRZ 1950, S. 231.

69 v. Schowingen, DöV 1953, S. 534; Breithaupt, DöV 1954, S. 230.

70 Ruscheweyh, DRZ 1949, S. 261; Dahs, NJW 1949, S. 688; Ule, Verwaltungsgerichtsbarkeit, S. 16; Kern, NJW 1949, S. 605; Entschließung des 37. DJT 1949, S. 94.

ohne die Ermächtigung in Absatz 4 wären die Länder berechtigt, Richterwahlausschüsse einzuführen. Art. 98 Abs. 4 kann also nur den Sinn haben, dass er dem Bund verbietet, Richterwahlausschüsse in den Ländern obligatorisch zu machen oder zu untersagen. Nur insofern wird die Befugnis zur Rahmengesetzgebung eingeschränkt. Für den Fall aber, dass ein Land sich entschließt, seine Richter wählen zu lassen, kann der Bund Rahmenvorschriften über die Zusammensetzung der Ausschüsse erlassen[71].

Für die Zusammensetzung der Richterwahlausschüsse bietet sich eine mittlere Lösung an, die weder den Wahlmännern des Parlaments noch den gewählten Vertretern der Richter ein Übergewicht gibt. Es empfiehlt sich, eine dritte Gruppe zu bilden, die aus hohen Richtern und je einem Vertreter der Rechtsanwaltschaft und der Staatsanwaltschaft besteht. Die Zugehörigkeit zu dieser Gruppe sollte fest mit einem Amt (als Präsident bestimmter Gerichte, als Generalstaatsanwalt oder als Vorstandsmitglied einer Anwaltskammer) verbunden werden. Diese geborenen Mitglieder könnten ein Drittel des Richterwahlausschusses bilden und die Vertreter der Richter und die Wahlmänner des Parlaments je ein weiteres Drittel.

Hochschullehrer werden für eine Mitwirkung im Wahlausschuss weniger in Betracht kommen. Sie könnten allenfalls Einfluss auf die Wahl zu einem Revisionsgericht erhalten, weil dort die wissenschaftliche Befähigung der Kandidaten eine besondere Prüfung verdient.

Die Wahlmänner der Richter sollten jeweils aus dem Zweig der Gerichtsbarkeit entnommen werden, für den ein Bewerber zu wählen ist. Einzelheiten bleiben den Ausführungsgesetzen der Länder überlassen. An den Wahlausschüssen für das Bundesverfassungsgericht und für die Bundesrichter sollte das Richtergesetz zweckmäßigerweise nichts ändern.

*Anhörung der Präsidien.* Da die Rahmenkompetenz des Bundes auch gegenüber den Länderwahlausschüssen gilt, wäre es dem Bundesgesetzgeber möglich, die Ausschüsse an Vorschlagslisten der Präsidien zu binden, solange diese eine größere Anzahl von Kandidaten für jeden Posten benennen. Es empfiehlt sich aber nur, ein Anhörungsrecht der Präsidien zu begründen. Dafür gelten die gleichen Erwägungen wie für die Mitwirkung der Richter im ministeriellen Ernennungsverfahren (oben bei Anm. 63).

---

71 v. Mangoldt, Art. 98 Nr. 5; im Ergebnis gleich: Holtkotten, BK, Art. 98, II, A, 2, m, S., 124; Schmidt, JR 1950, S. 168; U. M. in AöR 76, S. 234; abweichend: Zinn, 37. DJT, S. 60; Rothenburger, Entwurf der Landesjustizverwaltungen, Begründung, S. 8.

## § 11. *Vorbildung, Mindestalter*

*Rechtsgelehrte Richter.* Dem deutschen Herkommen entsprach es seit mehr als 150 Jahren, nur rechtsgelehrte Richter[72] zu Berufsrichtern zu bestellen. In der Verfassungsgerichtsbarkeit einiger Länder, in der Arbeits- und in der Sozialgerichtsbarkeit ist dieser Grundsatz jedoch nicht beibehalten worden[73]. Das Grundgesetz seinerseits stellt keine Voraussetzungen auf für die Ernennung zum Richter oder zum Berufsrichter. Es lässt dem Gesetzgeber freie Hand[74]. Auch das Richtergesetz sollte keine Bestimmungen über die Qualifikation der Berufsrichter und über die Fähigkeit zum Richteramt aufnehmen. Solche Bestimmungen hätten im Richtergesetz nur Sinn, wenn sie die gleiche Befähigung zum Richteramt einheitlich für alle Zweige der Gerichtsbarkeit vorschreiben. Es scheint zur Zeit ausgeschlossen, dass der Bundesgesetzgeber sich zu einer einheitlichen Reglung für alle Bundesrichter entschließt. Vorbildung und Ausbildung der Richter müssen auch weiterhin in den einzelnen Gerichtsverfassungsgesetzen und Gerichtsordnungen unterschiedlich geordnet bleiben.

*Mindestalter.* Ebenso wenig ist in einem Richtergesetz Raum für das „Berufsbild"[75] eines Richters, also für Anforderungen früherer Tätigkeit oder fachlicher Erfahrungen. Es empfiehlt sich aber, ein Mindestalter für die Ernennung zum Richter festzulegen. Der Richter soll nach dem Willen des Grundgesetzes vom Beamten unterschieden werden. Er genießt weitere Unabhängigkeit und trägt größere Verantwortung als die Mehrzahl der Beamten. In einigen Ländern werden die Richter bereits in den Eingangsstellen besser besoldet als die höheren Beamten. Es kann daher auch an die Lebenserfahrung und Reife des Richters ein strengerer Maßstab angelegt werden. Einen Ansatzpunkt dafür bietet ein höheres Mindestalter. In den so eingeführten Zwischenjahren könnte der künftige Richter in der Staatsanwaltschaft verwendet werden oder in der Rechtsanwaltschaft tätig sein. Eine solche Tätigkeit zwischen Examen und Richteramt soll nicht zwingend vorgeschrieben werden, es kann aber doch ein Mindestalter von 30 Jahren für die planmäßige Anstellung aller Richter befürwortet werden.

72 terminus technicus im Bremer Richterwahlgesetz vom 18.12.1953, GVBl. S. 119.

73 Baur, Justizaufsicht 1954, S. 27 zweifelt, ob es mit Art. 29 GG vereinbar sei, einen Interessenvertreter, der Jahre hindurch nur die eine (Sozialpartner-)Seite vor Gericht vertreten hat, dann zum Arbeitsrichter zu ernennen.

74 Württ.-Bad. StGH, VerwRspr. 4, 28; Holtkotten, BK, Art. 92, II, 3, c, S. 11; Wolff, MDR 1951, S. 70, Kleinrahm, DRPfl. 1952, S. 9.

75 Dafür: Gross, DVBl. 1953, S. 589; dagegen: Stellungnahme d. Dt. Anwaltsvereins vom 23.4.1954 gegenüber den BT-Fraktionen usw.

## § 12. *Inkompatibilitäten*

*Gewaltentrennung.* Die Gewaltentrennung ist in Art. 20 Abs. 2 Satz 2 GG proklamiert. Sie ist ein Grundsatz, der Einschränkungen verträgt, solange er in seiner Substanz gewahrt wird. Überschneidungen sind besonders zwischen Exekutive und Legislative häufig und unbedenklich. Die rechtsprechende Gewalt besitzt aber eine andere Stellung. Sie hat auch die beiden anderen Gewalten zu kontrollieren und muss deshalb von ihnen organisatorisch und verwaltungsmäßig strenger geschieden sein. *Beamte als Richter.* Deshalb kann niemand gleichzeitig Beamter und Richter sein. § 11 des Süddeutschen VerwGG[76] und § 49 der Abgabenordnung[77] begegnen grundsätzlichen verfassungsrechtlichen Bedenken.

Die Trennung zwischen Rechtsprechung und Verwaltung gilt nur als Grundsatz. Sie muss in der grundlegenden Organisationsform gewahrt sein, es ist aber nicht erforderlich, dass sie in jeder Einzelheit bis zur letzten logischen Konsequenz durchgeführt wird[78]. Es ist nur geboten, dass eine Behörde mit ihrem Schwerpunkt, mit der Mehrheit ihrer Aufgaben der einen oder der anderen Gewalt angehört. Es ist grundsätzlich zulässig, dass sie daneben in geringerem Umfange Aufgaben aus dem Bereich der anderen Gewalt wahrnimmt.

*Richter als Beamte.* Daher muss allerdings ein Unterschied gemacht werden, je nachdem ob ein Gericht nebenher Verwaltungsaufgaben erledigt oder ob eine Verwaltungsbehörde nebenher Rechtsprechung ausübt. Das letztere ist nicht zulässig[79]. Der wesentliche Grundzug des Gerichts ist seine sachliche, organisatorische Selbständigkeit, entsprechend ist das wesentliche Moment in der Rechtsstellung des Richters seine sachliche und persönliche Unabhängigkeit. Diese Unabhängigkeit leidet nicht, wenn nebenher vom Gericht oder vom Richter, Verwaltungsaufgaben wahrgenommen werden. Eine Verwaltungsbehörde und ebenso ein Verwaltungsbeamter sind aber organisatorisch und persönlich abhängig. Wenn ihnen richterliche Aufgaben zugewiesen werden, wird Art. 92 GG verletzt; dies gilt auch dann, wenn sie ausdrücklich für eine richterliche (Neben-) Aufgabe für unabhängig erklärt werden[80]. Trotz dieser Erklärung besteht die persönliche und organisatorische Abhängigkeit fort, welche die ganze Person oder die ganze Behörde ergreift. Es ist also zulässig, dass ein Gericht als weitere Aufgabe Verwaltung

76 Bedenklich deshalb § 11 des südd. VerwGG, Friesenhahn, S. 30.

77 Hartung, BB 1950, S. 145 und 1954 S. 203 f. d. Brit. Zone ist die Trennung gegenüber der Finanzverwaltung durchgeführt, Bachof, DRZ 1950, S. 169; ebenso für den Bundesfinanzhof: § 3 Abs. 4 des Gesetzes vom 29.6.1950, BGBl., S. 257.

78 BVerwG, NJW 1953, S. 1886; Württ.-Bad. StGH, VerwRspr. 4, 28. Knoll, DVBl. 1954, S. 234, 267.

79 Holtkotten, BK, Art. 92, II, 2, c, ee, S. 8 hält jede Verflechtung für unzulässig, also auch die Bestellung eines Richters zum Beamten im Nebenamt.

80 Friesenhahn, S. 31; VGH Stuttgart, NJW 1953, S. 1239; BVerwG, NJW 1953, S. 1886.

führt. Es ist aber nicht zulässig, dass eine Verwaltungsbehörde nebenher Recht spricht[81]. Nur Vorverfahren oder Unterwerfungsverfahren kann eine Verwaltungsbehörde führen. Entsprechend kann ein Berufsrichter im Nebenamt Beamter sein, soweit seine Verwaltungsangelegenheiten und Richterangelegenheiten verschieden sind (oben Anm. 33). Es kann aber kein Beamter im Nebenamt Berufsrichter sein[82]. Dies wird im Richtergesetz ausdrücklich festzulegen sein[83].

*Gerichtsverwaltung.* Angelegenheiten der Gerichtsverwaltung können von den Gerichten wahrgenommen werden, ohne das Prinzip der Gewaltentrennung zu verletzen. Vermögensverwaltung, Haushaltsvorbereitung, Dienstaufsicht, Personalverwaltung, auch Erfahrungsberichte und Stellungnahmen zu Gesetzentwürfen gehören herkömmlicherweise zu den Aufgaben der Gerichtsverwaltung[84]. Diese Aufgaben können meist nur von Richtern sachgemäß bearbeitet werden. Ein Richter kann auch gegen seinen Willen zu Aufgaben der Gerichtsverwaltung herangezogen werden, solange er nicht dazu „an eine andere Stelle" versetzt wird (§ 8 Abs. 1 Satz 2 GVG, Art. 97 Abs. 2 Satz 1 GG). Durch die Geschäftsverteilung kann der Richter zu allen Aufgaben herangezogen werden, die nach § 4 EGGVG den Gerichten übertragen werden dürfen. Diese Vorschrift zieht die Grenze zwischen Justizverwaltung und anderer Verwaltung durchaus im Einklang mit dem nunmehr geltenden Verfassungsrecht.

*Amt in der Legislative.* Ein Amt in der Gerichtsbarkeit und ein Amt in der Gesetzgebung können nicht gleichzeitig wahrgenommen werden. Die Abgrenzung im Einzelnen wird in § 27 (Politische Zurückhaltung) untersucht werden.

## § 13. *Fehlerhafte Ernennung*

Wird ein Bewerber zum Richter ernannt, obwohl es an den gesetzlichen Voraussetzungen (deutsche Staatsangehörigkeit, bürgerliche Ehrenrechte, Prüfungen, Beschluss eines Wahlausschusses) fehlte, so werden die Rechtsfolgen dieser Ernennung nicht anders zu beurteilen sein als im Beamtenrecht.

*Innenverhältnis.* Im Innenverhältnis zwischen dem Staat und dem Richter wird zu unterscheiden sein zwischen groben Mängeln, die eine Ernennung nichtig machen, und weniger schweren Mängeln, die zur Rücknahme der Ernennung verpflichten (§§ 11, 12 BBG). Ein

81 OVG Münster, DöV 1951, S. 136; OVG Lüneburg, AS 5, S. 271, 396.; Knoll, DVBl. 1954, S. 267.

82 v. Mangoldt, Art. 92, Bem. 3, S. 501; Kern, Gerichtsverfassung, 1954, § 12, B, III, 1, S. 70; Friesenhahn, S. 30, 33, 35; Freund, Gutachten für eine europäische Staatengemeinschaft, Europa-Archiv, 1953, S. 6174; A. M.: Turegg, NJW 1953, S. 1203, Anm. 23 und NJW 1954, S. 47.

83 Ein Beamter kann ehrenamtlicher Richter (Schöffe oder Beisitzer in der Verfassungsgerichtsbarkeit) sein. Der ehrenamtliche Richter muss nicht persönlich unabhängig sein.

84 Weitere Aufzählung bei Kern, Gerichtsverfassung, 1954, § 20, A, 2, S. 109.

Unterschied gegenüber dem Beamtenrecht scheint nur insofern geboten, als einem Richter stets die Anrufung des Dienstgerichts, nicht des allgemeinen Verwaltungsgerichts, offen stehen sollte[85]. Um das materielle Recht nicht unnötig aufzuspalten und um die Rechtsprechung des bisherigen Beamtenrechts nutzbar zu machen, wird das Richtergesetz zweckmäßigerweise keine besonderen Regeln über die Innenwirkung einer fehlerhaften Ernennung aufstellen. Es empfiehlt sich, dass der allgemeine Teil, also das Rahmengesetz, über die fehlerhafte Ernennung schweigt, und dass der besondere Teil für Bundesrichter wörtlich die Vorschriften der §§ 7–13 des Bundesbeamtengesetzes übernimmt.

*Bestand der Urteile.* Über das Außenverhältnis zwischen Richter und Rechtsuchenden, also über den Bestand der Urteile eines fehlerhaft ernannten Richters, werden Vorschriften nicht erforderlich sein. Fehlerhafte Ernennungen sind äußerst selten und es kann auch weiterhin der Rechtsprechung überlassen bleiben, wann ein Gericht nicht vorschriftsmäßig besetzt war und deshalb die Nichtigkeitsklage (etwa nach § 579 Nr. 1 ZPO) gegeben ist[86]. Dieser Fragenbereich ist in den Prozessordnungen geregelt, das Richtergesetz sollte sich deshalb auch einer Sanktionierung der erwähnten Urteile (entsprechend § 14 BBG, § 34 DBG) enthalten.

## III. Abschnitt. *Die Unabhängigkeit des Richters*

### § 14. *Sachliche Unabhängigkeit*

Die sachliche Unabhängigkeit der Richter ist im Grundsatz wie in ihren einzelnen Auswirkungen unbezweifelt und undiskutiert. Wegen ihres kategorischen Charakters sollte sie aber gleichwohl im Richtergesetz proklamiert werden, am besten mit den gleichen Worten wie in Art. 97 Abs. 1 GG. Es könnte auch aus Art. 20 Abs. 3 GG die Fassung „an Gesetz und Recht gebunden" übernommen werden.

*Recht und Gewissen.* Eine Bindung „an Recht und Gewissen" vermag das Richtergesetz aber nicht auszusprechen[87], denn damit würde das Gewissen zur Rechtsquelle erhoben. Der Parlamentarische Rat hat es ausdrücklich abgelehnt, die Bindung an das Gewissen zu proklamieren[88]. Es gibt allerdings auch Rechtsquellen außerhalb und oberhalb des geschriebenen Rechts und ein Richter kann gezwungen sein, „die Erfüllung, Ergänzung

---

85 So auch § 11 Abs. 5, § 12 Abs. 2 des Rothenburger Entwurfs der Landesjustizverwaltungen.

86 Einzelne Länder bestimmten nach 1945, dass eine Nichtigkeitsklage nicht deshalb gegeben sei, weil einem Richter die Fähigkeit zum Richteramt gefehlt habe. Nachweise bei Baumbach-Lauterbach, ZPO, 1954, § 579 Bem. 2.

87 So Art. 181 des Entwurfs von Herrenchiemsee; Art. 121 der Verfassung von Rheinland-Pfalz, gegen eine solche Formulierung Ule, ZJBl. 1948, S. 263.

88 Nachweise bei Holtkotten, BK, Art. 97, I, 2, S. 102; Holtkotten hält deshalb Art. 121 der Verfassung von Rheinland-Pfalz für unvereinbar mit Art. 97 GG. A. M.: Süsterhenn-Schäfer, Kommentar zur Verfassung von Rheinland-Pfalz, Art. 112, Anm. 4, S. 425.

oder gar Ablehnung des Gesetzes aus einer übergesetzlichen Ordnung[89] auszusprechen. Rechtsquelle ist dann aber diese übergesetzliche Ordnung und nicht sein Gewissen. Eine andere Frage ist es, ob ein Richter sich seiner Tätigkeit enthalten darf, wenn er glaubt, sein Gewissen verbiete ihm, das Gesetz anzuwenden (darüber unten § 20, Gewissenskonflikt). Jedenfalls darf der Richter aber im Konfliktsfalle nicht seinem Gewissen allein den Vorrang vor dem Gesetz geben und gegen das Gesetz entscheiden.

*Formulierung.* Die sachliche Unabhängigkeit hält den Richter nicht nur frei von Weisungen, sie verbietet auch Empfehlungen oder Einflussnahmen jeder Art. Diese Freiheit in der Rechtsfindung hat so grundlegende Bedeutung, dass es angemessen sein mag, sie ausführlicher im Richtergesetz zu formulieren:

§ … Sachliche Unabhängigkeit

(1) Die Richter sind unabhängig und nur dem Gesetz unterworfen.

(2) Weisungen, Wünsche oder Anregungen dürfen einem Richter weder allgemein noch für den Einzelfall erteilt werden.

*Hinweise.* Hinweise genereller Art, die nicht auf ein schwebendes Verfahren abgestellt werden, sind dagegen zulässig. Sie können etwa ausländisches Recht, Staatsverträge oder auch bevorstehende Gesetzesänderungen betreffen. Die sachliche Unabhängigkeit des Richters leidet auch nicht, wenn in amtlichen Veröffentlichungen die Praxis anderer Gerichte bekanntgegeben wird. Der Hinweis durch Amtsblatt oder Rundschreiben bietet dem Richter lediglich Material zur selbständigen Meinungsbildung und Rechtsfindung.

Hinweise dieser Art haben sich in der Praxis einiger Landesjustizverwaltungen bewährt. Unterrichtungen sind vor allem in abgelegenen Rechtsgebieten, die einem schnellen Wechsel unterworfen sind (Wertpapierbereinigung, Preisrecht, ausländische Staatsangehörigkeit), von den Richtern begrüßt und gewünscht worden. Generelle Hinweise können auch künftig veröffentlicht werden, ohne dass sie im Richtergesetz ausdrücklich zugelassen werden.

## § 15. *Dienstaufsicht*

*Sachliche Unabhängigkeit.* Solange der Richter nichts anderes war als richterlicher Beamter, unterlag er grundsätzlich der gleichen Dienstaufsicht wie ein Beamter. Allerdings wurde die Dienstaufsicht begrenzt durch die sachliche Unabhängigkeit. Nach Praxis und allgemeiner Auffassung konnte im Wege der Dienstaufsicht nicht gerügt werden, dass eine Entscheidung oder das Verfahren des Richters nicht dem Gesetz entsprochen hätte[90]. Sachlich unabhängig ist der Richter bei der Rechtsfindung, also bei Tatsachenfeststellung, Ermittlung der Rechtsnorm und Subsumtion des Sachverhalts. Daraus folgt, dass nicht nur der

89 K. Peters, Gegenwartsprobleme des Rechts, Bd. I, 1950, S. 23.

90 Gülland, Dienstaufsicht, 1932, S. 71, 73; Baur, Justizaufsicht, 1954, S. 33.

Inhalt der Entscheidung, sondern auch die sachliche Vorbereitung der Entscheidung der Dienstaufsicht entzogen sind. Die formelle Vorbereitung einer Entscheidung, also der Geschäftsgang, unterliegt dagegen der Aufsicht, so dass Pünktlichkeit, Fleiß, Ausdrucksweise und achtungswürdiges Verhalten des Richters beaufsichtigt werden können[91].

*Berichtsaufträge, Belehrungen.* Den Inhalt einer richterlichen Entscheidung können vornehmlich Berichtsaufträge, Hinweise und Belehrungen berühren. Ob diese Maßnahmen der Dienstaufsicht zulässig sind, wird sich künftig nicht mehr nach dem Kriterium entscheiden lassen, ob eine schuldhafte Pflicht- oder Amtsverletzung vorliegen[92]. Diese Feststellungen dürfen aber gegenüber einem Richter nur im Strafverfahren wegen Rechtsbeugung oder in einem Disziplinarverfahren, also nur durch eine richterliche Instanz getroffen werden.

Die Gerichtsverwaltung ist allerdings berechtigt, Maßnahmen zur Aufklärung und zur Vorbereitung eines Disziplinarverfahrens oder eines strafgerichtlichen Verfahrens zu ergreifen[93]. Diese Feststellungen dürfen aber gegenüber einem Richter nur im Strafverfahren wegen Rechtsbeugung oder in einem Disziplinarverfahren, also nur durch eine richterliche Instanz getroffen werden.

Die Gerichtsverwaltung ist allerdings berechtigt, Maßnahmen zur Aufklärung und zur Vorbereitung eines Disziplinarverfahrens oder eines strafgerichtlichen Verfahrens zu ergreifen[94]. Zu diesem Zweck kann sie Berichte anfordern. Die Gerichtsverwaltung kann einen Hinweis oder eine Belehrung aber auch so formulieren, dass die Unabhängigkeit des Richters nicht beeinträchtigt wird. Erkennt der Richter eine Belehrung an, so kann dadurch der Anlass für ein förmliches Disziplinarverfahren entfallen und doch die Unabhängigkeit des Richters gewahrt bleiben. Es kann also nicht der Grundsatz aufgestellt werden, dass Berichtsaufträge, Belehrungen und Hinweise stets unzulässig seien.

*Persönliche Unabhängigkeit.* Die persönliche Unabhängigkeit des Richters hat auch eine psychologische Seite. Die Regelung von Urlaub, Dienstbefreiung, die Zuteilung von Büroräumen und andere Maßnahmen der Geschäftsleitung grenzen eng an die persönliche Unabhängigkeit des Richters. In Richterkreisen ist mehrfach die Ansicht vertreten worden, die bisher von der herrschenden Meinung zugelassene Dienstaufsicht

---

91 H. M.: Löwe-Rosenberg, StPO, 1934, § 1 GVG Anm. 1, b, S. 1192; Mende bei Anschütz-Thoma, Handbuch, 1932, Bd. II S. 77; Schlegelberger-Nagel, GVG, 1925, § 1 Nr. 5; ähnlich § 9 der Preuß. DienststrafO für die richterlichen Beamten vom 27.1.1932, GS, S. 79. In der geschichtlichen Entwicklung war zunächst nur der Urteilsinhalt, später auch die Prozessleitung, einer Kritik durch die Justizverwaltung entzogen. Döhring, Geschichte der deutschen Rechtspflege, 1953, S. 110.

92 Eb. Schmidt, Lehrkomm. zur StPO, 1952, Nr. 428; Löwe-Rosenberg, § 1 GVG, Anm. 1, b, S. 1193.

93 Das käme einer Kompetenz-Kompetenz nahe. Rotberg, DRZ 1950, Beiheft 12, S. 11.

94 Baur, Justizaufsicht, S. 35, Anm. 105.

könne den Richter beengen, beeinflussen und jedenfalls ist seiner persönlichen Unabhängigkeit beeinträchtigen[95]. Gleichzeitig wurde aber festgestellt, dass dies nur eine theoretische Möglichkeit sei und dass konkrete Fälle nicht bekannt geworden seien, in denen die Unabhängigkeit eines Richters durch Maßnahmen der Dienstaufsicht angetastet worden wäre[96]. Gleichwohl kann das Richtergesetz diese Frage nicht mit Schweigen übergehen.

*Formulierung.* Im geltenden Recht ist die Dienstaufsicht über Richter nur in einer Bestimmung[97] für die ordentlichen Gerichte abgegrenzt worden. In dem ehemaligen Land Württemberg-Hohenzollern bestimmt die Verordnung des Justizministeriums vom 12.4.1951 (Reg.Bl. S. 43) Folgendes:

§ 1. Umfang der Dienstaufsicht

(1) Die Dienstaufsicht im Sinne dieser Verordnung umfasst

*a) die Überwachung eines geordneten, den Gesetzen und sonstigen Vorschriften entsprechenden Geschäftsganges bei den Gerichten und den diesen nachgeordneten Behörden;*

*b) die Überwachung eines den Gesetzen und Dienstvorschriften entsprechenden Verhaltens der Richter und der den Gerichten angehörigen oder bei ihnen beschäftigten Beamten, Angestellten und Arbeiter und die Anordnung geeigneter Maßnahmen zur Abhilfe gegen Versäumnisse, Verstöße und Ordnungswidrigkeiten;*

*c) die Erteilung von Weisungen;*

*d) die Ausstellung von Dienstzeugnissen;*

*e) die Entscheidung von Dienstaufsichtsbeschwerden;*

*f) den Erlass von Dienstvorschriften.*

*(2) Wer die Dienstaufsicht ausübt, ist Dienstvorgesetzter. Er hat die ihm nach den Gesetzen zustehenden Befugnisse. Unbeschadet eines Einschreitens entsprechend den Dienststrafgesetzen kann er insbesondere die ordnungswidrige Ausführung eines Amtsgeschäfts rügen und zu einer sachgemäßen Erledigung anhalten. Er hat ferner darüber zu wachen, dass der Beamte in und außer dem Amte ein seinem Beruf würdiges Verhalten zeigt.*

---

95 van Husen, AöR, Bd. 78, S. 56; Eschenburg, Südwest-Staat 1952, S. 73; Loening, SJZ 1950, S. 259; Schoen, DVBl. 1950, S. 392.

96 Bockelmann, DöV, 1953, S. 530; Kollmann, DöV, 1953, S. 600; Ipsen, Referat auf dem 50. DJT; zweifelnd: v. Hodenberg ebenda.

97 Die sonstigen Vorschriften regeln nur die Zuständigkeit, nicht den Inhalt der Dienstaufsicht: § 14 Abs. 1 Nr. 3 der VO vom 20.3.1935, RGBl. I S. 403 in Verbindung mit § 8 Nr. II, 7 des Rechtseinheitsgesetzes vom 12.9.1950, BGBl. S. 455, 505; § 9 der VO 165; weitere Nachweise bei Baur, Justizaufsicht, S. 57, 64.

*(3) Den Erlass allgemeiner, für alle Gerichte geltender Dienstvorschriften behält sich das Justizministerium vor.*

*(4) Die Ausübung der Dienstaufsicht darf die Unabhängigkeit der Gerichte und die persönliche Unabhängigkeit der Richter nicht beeinträchtigen.*

Im Grunde enthält auch diese Vorschrift zur Wahrung der richterlichen Unabhängigkeit nur eine Generalklausel (Abs. 4). Sie bringt aber eine Änderung gegenüber der bisherigen herrschenden Auflassung und Praxis, indem sie auch die persönliche Unabhängigkeit des Richters gegenüber der Dienstaufsicht schützt[98].

*Kontrolle der Dienstaufsicht.* Es wird dem Gesetzgeber nicht möglich sein, die Grenze zwischen Dienstaufsicht und richterlicher Unabhängigkeit abstrakt festzulegen. Es ist beispielsweise eine typische Frage der Rechtsfindung, wann eine Sache reif zur Verhandlung oder zur Entscheidung ist. Es kann also grundsätzlich im Wege der Dienstaufsicht nicht nachgeprüft werden, wann ein Verfahren terminreif ist. Trotzdem sind Fälle einer weitgehenden Verzögerung denkbar, die einen Mangel an Eifer oder Entschlusskraft des Richters zeigen. In extremen Fällen sind Maßnahmen der Dienstaufsicht zulässig. Derartige Fälle lassen sich gesetzestechnisch nicht erfassen. Die Unterscheidung zwischen formeller Geschäftsbehandlung und materiellem Inhalt einer Entscheidung enthält jedenfalls kein hinreichendes Kriterium[99]. Die Grenzen der Dienstaufsicht können ebenso wenig wie die Tatbestände des Dienststrafrechts sachgemäß in einer abstrakten Formel erfasst werden. Die Entscheidung darüber, ob die Grenzen der Dienstaufsicht eingehalten sind, muss deshalb einem richterlichen Gremium zugewiesen werden[100], ohne dass es möglich wäre, materielle Maßstäbe für die Begrenzung der Aufsicht festzulegen. Der *Grundsatz* könnte etwa folgendermaßen formuliert werden[101]:

*§ ... Dienstaufsicht. (1) Die Unabhängigkeit des Richters darf durch Maßnahmen der Dienstaufsicht nicht beeinträchtigt werden.*
*(2) Behauptet ein Richter, dass eine Maßnahme der Dienstaufsicht seine sachliche oder persönliche Unabhängigkeit beeinträchtige, so entscheidet nach Erschöpfung des Dienstaufsichtsweges das Präsidium über die Maßnahme.*

---

98 Baur, Justizaufsicht, S. 63.

99 Gülland, Dienstaufsicht, S. 4.

100 Im Ergebnis stimmen darin alle Vorschläge des Schrifttums überein, - auch die Beschlüsse der öffentlich-rechtlichen Abteilung des 40. DJT, Nr. III, 1; DRiZ 1953, S. 185.

101 In Anlehnung an § 2 Abs. 3 des Berliner Richtergesetzes vom 9.1.1951, GVBl. S. 235 und an § 2 des Rothenburger Entwurfs der Landesjustizverwaltungen vom 2.4.1950.

*Dienstaufsicht durch ein Kollegium.* Diese Formulierung geht von dem Gedanken aus, dass die Dienstaufsicht eine Angelegenheit der Gerichtsverwaltung bleibt, praktisch also von den Präsidenten wahrgenommen wird. Demgegenüber ist auch die Forderung vorgebracht worden, die Aufsicht solle völlig der Verwaltung genommen und einem richterlichen Gremium übertragen werden[102]. Dies erscheint nicht praktikabel, da ein Gremium als Aufsichtsinstanz zu schwerfällig sein wird, auch wenn es Ausschüsse einsetzt. Die Maßnahmen der Dienstaufsicht werden oft geringere Bedeutung haben, vor allem, wenn sie an die Geschäftsleitung grenzen. Oft werden sie deshalb zunächst mit leichter Hand und in einer mehr persönlichen Atmosphäre getroffen werden. Dies ist aber nur möglich, wenn die Dienstaufsicht in der Hand eines einzelnen Amtsträgers liegt. Es genügt, wenn ein richterliches Gremium auf Anrufung die Zulässigkeit jeder einzelnen Aufsichtsmaßnahme prüfen kann[103].

*Präsidium oder Dienstgericht.* Als richterliches Gremium kämen das Dienstgericht oder das Präsidium in Betracht. Das Dienstgericht ist bereits für Disziplinarsachen zuständig, es sollte deshalb nicht auch Aufsichtsangelegenheiten entscheiden, weil sonst die Dienstaufsicht als eine Vorstufe des Disziplinarverfahrens erscheinen könnte[104]. Die Aufsichtsmaßnahmen können jedoch frei von dem geringsten disziplinarischen Akzent sein, etwa wenn sie die Urlaubsverteilung oder die Genehmigung einer Dienstreise betreffen. Die Dienstaufsicht soll in letzter Instanz von den Richtern kontrolliert werden. Sie wird also zu einer Angelegenheit der Selbstverwaltung und sollte deshalb von dem – erweiterten (unten § 25) – Präsidium kontrolliert werden.

*Bundesverfassungsgericht.* Das Bundesverfassungsgericht ist kraft seiner staatsrechtlichen Stellung völlig von der Exekutive getrennt. Die Dienstaufsicht über dieses Gericht kann deshalb nicht von einem Minister ausgeübt werden. Das Disziplinarverfahren über Bundesverfassungsrichter wird in Form einer Selbstreinigung durch § 105 Abs. 2 BVerfGG dem Plenum des Gerichts zugewiesen. Ebenso ist anzunehmen, dass Dienstaufsicht[105] und

102 Arndt, JuV 1950, S. 151; Bachof, DRZ 1950, S. 342; Baur, Justizaufsicht, S. 66; Holtkotten, BK, Art. 98, II, A, 2, h, S. 123.

103 Ule, Verwaltungsgerichtsbarkeit, S. 24 f.; Kern, NJW 1949, S. 605; Bockelmann, DöV 1953, S. 530; Schorn, DRiZ 1954, S. 2.

104 Die Anrufung des Präsidiums in Sachen der Dienstaufsicht hat nichts gemeinsam mit dem Antrag auf Dienststrafverfahren gegen sich selbst, den van Husen befürwortet, DVBl. 1953, S. 529; ebenso Kern, NJW 1949, S. 605.

105 Baur, Justizaufsicht, S. 58, nimmt an, dass die Mitglieder des BVerfG keiner Dienstaufsicht unterlägen, ebenso Bericht zur Statusfrage der Bundesverfassungsrichter vom 21.3.1952 unter III, Abs. 11.

Geschäftsleitung, über die das Gesetz schweigt, von dem Bundesverfassungsgericht wahrzunehmen sind.

## § 16. *Überlastung*

*Gefahren der Überlastung.* Viele Richter sind in den letzten Jahren über ihre Kraft belastet worden. Das gilt vor allem für die ordentliche Gerichtsbarkeit. Einige Präsidien haben im Jahre 1952 wegen Überlastung der Richter zeitweilig nicht alle Geschäfte verteilt[106]. Auf der Weinheimer Tagung über Justizreform in den Ländern hat der Präsident des Bundesgerichtshofs im Jahre 1951 den deutschen Richter als „maßlos überlastet und gehetzt" bezeichnet[107]. Eine solche übermäßige Beanspruchung gefährdet die Leistungskraft der Richter und die Güte der Rechtsprechung. Grundsätzliche Abhilfe kann aber nicht durch das Richtergesetz, sondern nur durch eine Justizreform oder durch Einrichtung neuer Planstellen geschaffen werden.

*Remonstration gegen die Geschäftsverteilung.* Ein Richter kann sich möglicherweise durch die Geschäftsverteilung benachteiligt und in seiner Unabhängigkeit gekränkt fühlen. Dann ist das Präsidium zwar berechtigt, bei Überlastung die Geschäfte anderweit zu verteilen (§ 63 Abs. 2 GVG); es gibt aber keine Möglichkeit, es zu einer solchen Umstellung zu zwingen. Hier sollte das Richtergesetz einen Behelf einführen. Der Richter ist nicht nur sachlich, sondern auch persönlich unabhängig. Er muss in besonderem Maße gegen unsachliche Behandlung geschützt werden. Es sollte ihm deshalb das Recht verliehen werden, gegen die Geschäftsverteilung ein richterliches Gremium, nämlich das (erweiterte) Präsidium anzurufen. Die Anrufung wird nur mit Überlastung zu begründen sein, nicht aber mit der Behauptung, die Geschäftslast sei ungleichmäßig verteilt worden.

Die Geschäfte werden bereits nach geltendem Recht von dem Präsidium verteilt. Dieses Gremium ist aber nur aus dem Präsidenten, den vorsitzenden Richtern und einigen der dienstältesten Richtern gebildet. Gegen seine Entscheidung sollte künftig eine echte Richtervertretung angerufen werden, nämlich ein Kollegium, das zur Hälfte aus gewählten Vertretern der Richter gebildet ist (unten § 25). Die Korrektur der Geschäftsverteilung soll als eine Angelegenheit der Selbstverwaltung nur von den Richtern des gleichen Gerichts ausgesprochen werden.

*Neue Planstellen.* Stellen die Richter fest, dass die Geschäftsverteilung zu ändern ist, insbesondere dass ein Richter überlastet ist, so soll das (kleine) Präsidium gehalten sein, die Geschäftsverteilung zu ändern. Erklärt es sich dazu außerstande, so müsste das Richtergesetz den Minister verpflichten, Aushilfs- oder Plankräfte dem Gericht zur Verfügung

---

106 Breithaupt, DRiZ 1952, S. 128; Bockelmann, JZ 1952, S. 641; Baur, Justizaufsicht, S. 29, Anm. 86.

107 DRiZ 1951, S. 85; grundsätzlich ebenso Eb. Schmidt, JZ 1953, S. 323; einige statistische Angaben bringt DRiZ 1953, S. 13.

zu stellen. Ist der Minister dazu haushaltsmäßig nicht in der Lage, so hat er den Beschluss des Präsidiums und der Richtervertretung dem Landtag vorzulegen mit dem Antrag, neue Planstellen zu bewilligen.

Diese Maßnahmen gegen Überlastung sind letzten Endes nicht exakt durchsetzbar, denn ein Landtag kann nicht gezwungen werden, Stellen zu bewilligen. Eine justiziable Lösung der Überlastung scheint auch nicht erforderlich. Die Justizverwaltung und der Landtag werden sich dem moralischen und staatspolitischen Gewicht dieser Beschlüsse nicht entziehen können. Im praktischen Ergebnis wird ein Beschluss der Richtervertretung deshalb immer zu einer Abhilfe führen.

## § 17. *Persönliche Unabhängigkeit*

Die persönliche Unabhängigkeit des Richters ist im geltenden Recht nicht umschrieben und nicht allgemein proklamiert worden. Sie ist aber ein überkommener Grundsatz der deutschen Gerichtsverfassung. Sachliche und persönliche Unabhängigkeit ergänzen sich. Die Unabhängigkeit ist unteilbar[108]. Mindesterfordernis der persönlichen Unabhängigkeit ist, dass ein Richter nicht wider seinen Willen versetzt oder entlassen werden kann (Art. 97 Abs. 2 Satz 1 GG, § 8 GVG)[109].

*Ausnahmen möglich.* Das Grundgesetz schreibt diese Garantien jedoch nur den „hauptamtlich und planmäßig endgültig angestellten Richtern" zu. Es billigt also auch die Einsetzung von Berufsrichtern, die persönlich nicht unabhängig sind[110]. Die persönliche Unabhängigkeit des Richters entspricht der organisatorischen Selbständigkeit des Gerichts. Beides sind Grundsätze, die in ihrer Substanz zu wahren, aber nicht bis zur letzten logischen Konsequenz durchzuführen sind[111]. Es ist also verfassungsrechtlich unbedenklich, dass ein Richter absetzbar oder versetzbar ist. Dies muss jedoch im Rahmen der gesamten Gerichtsorganisation eine Ausnahme bleiben. Es wäre verfassungswidrig, dass ein Gericht in seiner Gesamtheit nur aus absetzbaren Richtern gebildet ist[112]. Das Richtergesetz wird Sicherungen zu treffen haben, dass persönlich abhängige Richter (Hilfsrichter) nur in beschränktem Umfange verwendet werden.

Die Anstellung auf Lebenszeit ist im Grundgesetz nicht vorgeschrieben[113]. Sie ist aber ein Element des deutschen Rechtsstaates (§ 6 GVG) und sollte erneut im Richtergesetz

---

108 Dahm, Deutsches Recht, 1951, S. 397.

109 v. Turegg schildert neben dieser rechtlichen auch eine tatsächliche Unabhängigkeit, NJW 1953, S. 1204. Diese kann aber nur eine soziale oder psychische Konstellation sein, die einer gesetzlichen Regelung nicht zugänglich ist.

110 Kleinrahm, DRPfl. 1952, S. 7 hält deswegen die persönliche Unabhängigkeit für entbehrlich; ebenso Wolf, MDR 1951, S. 71; v. Turegg, NJW 1953, S. 1203.

111 BVerwG, DVBl. 1954, S. 17; Knoll, DVBl. 1954, S. 234, 265; Baur, Justizaufsicht, S. 27, 28.

112 BVerwG, DVBl. 1954, S. 17; a.M. hinsichtlich des § 839 Abs. 2 BGB: BGH, NJW 1953, S. 1298.

113 BVerfG, NJW 1954, 31.

als Grundsatz aufgestellt werden. Eine Wahl zum Richter auf Zeit findet sich in § 4 Abs. 2 des BVerfGG und in § 5 des Berliner Richtergesetzes (für die Präsidenten des Kammergerichts und des Oberverwaltungsgerichts).

*Abordnung.* Ein Richter kann nur mit seiner Einwilligung auf einer anderen Planstelle verwendet (abgeordnet) werden. In Fällen von Urlaub oder Krankheit könnte ein sachliches Bedürfnis auftreten, Richter auch ohne ihre Einwilligung abzuordnen. Nach geltendem Recht ist das nicht möglich und in der Praxis haben sich daraus keine Schwierigkeiten ergeben. Es besteht also kein Anlass, den Grundsatz der Unversetzbarkeit für Krankheits- und Urlaubsvertretungen einzuschränken.

*Versetzung im Interesse der Rechtspflege.* Der Grundsatz muss aber durchbrochen werden, wenn eine Versetzung im Interesse der Rechtspflege unabweisbar ist. Ein Bedürfnis könnte sich ergeben, wenn ein Richter mit einem Anwalt verschwägert wird[114] oder wenn ein Richter durch unverschuldete Umstände das Ansehen bei den Gerichtseingesessenen verliert. In größeren Gerichten wird meist durch eine neue Geschäftsverteilung Abhilfe geschaffen werden können, bei kleineren Gerichten kann eine Versetzung unabweisbar sein. Das preußische Recht kannte eine solche Versetzung seit 1851[115], das bayerische Recht seit 1881[116]. Die persönliche Unabhängigkeit der Richter bleibt gewahrt, wenn das Richtergesetz feststellt, dass eine solche Versetzung nicht mit der Entscheidungstätigkeit des Richters begründet werden darf und wenn weiterhin vorgeschrieben wird, dass nur ein Dienstgericht feststellen kann, ob eine Versetzung im Interesse der Rechtspflege unabweisbar ist.

In Anlehnung an § 20 des Rothenburger Entwurfs der Landesjustizverwaltungen empfiehlt sich folgende Bestimmung im Richtergesetz:

§ ... *Versetzung im Interesse der Rechtspflege.* Ein Richter kann durch Entscheidung des Dienstgerichts in ein anderes Richteramt von gleichem Diensteinkommen versetzt werden, wenn ein unabweisbares Bedürfnis der Rechtspflege dies erfordert. Ein Richter kann jedoch nicht wegen des Inhalts seiner Entscheidungen versetzt werden[117].

## § 18. *Hilfsrichter*

Richter, denen die volle persönliche Unabhängigkeit fehlt, werden im Allgemeinen als Hilfsrichter bezeichnet. Dabei sind vier rechtlich verschiedene Gruppen zu trennen.

---

114 Auf der anderen Seite ist vorgesehen, dass einem Anwalt wegen solcher Beziehungen die Zulassung verweigert werden kann. Begründung zu § 32 des Entwurfs einer Bundesrechtsanwaltsordnung, Anlage zu BR-Drucksache Nr. 258/52.

115 Zuletzt §§ 82, 83 des Preuß. DienststrafGes. für die richterlichen Beamten vom 27.1.1932, GS, S. 79.

116 Art. 65 des Bayr. DisziplinarGes. für richterliche Beamte vom 20.3.1881, GVBl. S. 183.

117 Dazu die ausführliche Begründung auf S. 20 des Rothenburger Entwurfs vom 24.4.1950.

## *I. Gerichtsassessoren*

*Richter auf Probe.* Wer die Fähigkeit zum Richteramt besitzt, aber noch nicht auf Lebenszeit angestellt ist, kann (meist zur Erprobung) als Hilfsrichter verwendet werden. Art. 97 Abs. 2 GG lässt das ausdrücklich zu. In der ordentlichen Gerichtsbarkeit sowie in der Sozial- und der Arbeitsgerichtsbarkeit dürfen Hilfsrichter dieser Art nur in den unteren Instanzen beschäftigt werden (§ 118 GVG, § 36 Abs. 2 ArbGG, § 32 Abs. 2 SGG). Das Richtergesetz kann diese Frage auch weiterhin den Gerichtsordnungen überlassen. Über die dienstrechtliche Stellung dieser Hilfsrichter sollte das Richtergesetz aber eine Rahmenbedingung enthalten, um auch ihnen eine gewisse persönliche Unabhängigkeit zu verleihen. Dies lässt sich erreichen, indem die Hilfsrichter auf Widerruf bestellt werden. Der Hilfsrichter kann dann ohne Gründe nur zum Ablauf des ersten Jahres entlassen werden oder noch zum Ablauf des zweiten Jahres, falls der Widerruf für diesen Zeitpunkt ausdrücklich vorbehalten wurde[118]. Die Geschäftsverteilung muss im Voraus darauf Rücksicht nehmen, für welche Zeit ein Hilfsrichter bestellt ist (Beiordnung, § 70 Abs. 2 GVG).

*Höchstzahlen.* Eine uferlose Bestellung von Hilfsrichtern könnte die persönliche Unabhängigkeit der Richterschaft schmälern[119]. Es empfiehlt sich deshalb anzuordnen, dass die Zahl der Hilfsrichter nicht höher sein darf als 20 v.H. der besetzten Planstellen in einem Land[120]. Um weiterhin Vorsorge zu treffen, dass einzelne Gerichte nicht mit Hilfsrichtern übermäßig besetzt werden, wäre vorzuschreiben, dass Hilfsrichter nur bestellt werden dürfen, wenn das (engere) Präsidium ein Bedürfnis festgestellt hat.

Schließlich ist die Verwendung von Hilfsrichtern noch dadurch einzuschränken, dass im Richtergesetz ihre Bestellung auf insgesamt vier Jahre beschränkt wird[121]. Nach dieser Zeit müssten sie entlassen oder auf Lebenszeit angestellt werden.

Die auf Widerruf bestellten Hilfsrichter sollten im Richtergesetz zur Unterscheidung von anderen Hilfsrichtern als „Gerichtsassessoren" bezeichnet werden.

---

118 Entsprechend § 4 Abs. 2 Nr. 3 der LaufbahnVO vom 16.5.1939, RGBl. I, S. 917. Ein solcher Hilfsrichter hat dann eine günstigere Rechtsstellung als ein Bundesbeamter auf Probe, § 5 Abs. 1 Nr. 2 und § 31 Abs. 1 Nr. 2 BBG. Entsprechendes gilt für Gerichtsassessoren, die von einem Wahlausschuss gewählt sind. Hessen, VO vom 12.1.1953, GVBl. S. 1.

119 So auch für abgeordnete Richter; BGH, NJW 54, S. 505.

120 So § 9 des Rothenburger Entwurfs.

121 Nach § 9 Abs. 3 des Rothenburger Entwurfs: 5 Jahre; § 18 Abs. 4 AGG gestattet, Hilfsrichter auf längstens 3 Jahre zu bestellen. § 10 Abs. 2 GVG und § 11 Abs. 3 SGG setzen keine zeitliche Schranke.

## II. Beauftragte Richter

*Beschäftigungsaufträge.* Eine Anzahl der Landesjustizverwaltungen erteilt Beschäftigungsaufträge im richterlichen Dienst[122]. Der so „beauftragte Richter" besitzt im Gegensatz zu dem Gerichtsassessor keine Anwartschaft auf eine Anstellung auf Lebenszeit. Er ist nicht im herkömmlichen Sinne persönlich unabhängig.

Gleichwohl werden Beschäftigungsaufträge nicht völlig zu entbehren sein. Es wird auch nicht immer zu verantworten sein, dass der Assessor unmittelbar nach dem Examen die Anwartschaft auf eine Anstellung auf Lebenszeit erhält. Beschäftigungsaufträge sollten deshalb weiterhin möglich bleiben, sie müssen aber den gleichen zahlen- und quotenmäßigen Beschränkungen unterliegen wie die Bestellung von Gerichtsassessoren. Die Zahl der Gerichtsassessoren und beauftragten Richter darf zusammen 20% der besetzten Planstellen nicht überschreiten.

## III. Abgeordnete Richter

Ein Richter auf Lebenszeit kann mit seinem Einverständnis an ein anderes Gericht abgeordnet werden. Nach geltendem Gerichtsverfassungsrecht können allerdings Hilfsrichter nicht an Bundesgerichte berufen werden[123]. Der Grundsatz der richterlichen Unabhängigkeit gebietet, dass jede Bestellung als Hilfsrichter nur Übergangscharakter besitzt[124]. Für dauernden Bedarf an richterlichen Kräften sind nach dem Grundgedanken von Art. 97 GG Planstellen zu schaffen. Die abgeordneten Richter sind bereits auf Lebenszeit bestellt und genießen persönliche Unabhängigkeit. Das Richtergesetz hat deshalb keine Veranlassung, ihre besonderen Rechtsverhältnisse zu regeln. Voraussetzung und Art der Abordnung kann den einzelnen Gerichtsverfassungsgesetzen überlassen bleiben.

*Höchstzahl je Kollegium.* Das Richtergesetz sollte jedoch bestimmen, dass in jedem Kollegium höchstens ein abgeordneter Richter mitwirken darf. Andernfalls könnte die Mehrheit eines Kollegiums von abgeordneten Richtern gebildet werden, die möglicherweise nicht im gleichen Maße unabhängig sind wie die planmäßigen Richter.

---

122 Entsprechend § 7 der LaufbahnVO vom 29.3.1935, RGBl. I, S. 487; ähnlich dem Bundesbeamten auf Widerruf: § 5 Abs. 2 Nr. 2 und § 32 Abs. 1 BBG.

123 § 4 BVerfGG; § 10 Abs. 2, § 124 GVG, § 3 Abs. 1 BVerwGG, § 4 BFHGes., § 41 Abs. 1 ArbGG, § 38 Abs. 2 SGG.

124 BGH, NJW 1954, S. 505.

### *IV. Richter auf Zeit*

*Abgeordnete Beamte.* Einige Länder besitzen Planstellen für Verwaltungsrichter auf Zeit[125]. Diese Stellen werden mit beurlaubten Beamten besetzt, die für eine richterliche Funktion erprobt werden sollen[126]. Diese Richter auf Zeit führen die Amtsbezeichnung „Verwaltungsrichter". Von den Assessoren unterscheiden sie sich dadurch, dass sie auf Lebenszeit angestellt sind, von den abgeordneten Richtern dadurch, dass sie noch nicht Richter sind. Das Richtergesetz muss ihre Bestellung ebenso einschränken wie die Verwendung von Gerichtsassessoren.

## § 19. *Beratungsgeheimnis*

*Amtsverschwiegenheit und Unabhängigkeit.* Nur für Schöffen und Geschworene ist das Beratungsgeheimnis ausdrücklich normiert worden (§ 198 GVG). Für Richter wurde es nicht geregelt, weil man die Wahrung des Beratungsgeheimnisses bereits aus der allgemeinen Pflicht zur Amtsverschwiegenheit herleitete[127]. Das Reichsgericht hat in seinen ersten Entscheidungen die Auffassung vertreten, über Vorgänge bei der Beratung dürften unter keinen Umständen Angaben gemacht werden[128], später hat es jedoch mehrfach ausgesprochen, dass die Pflicht zur Wahrung des Beratungsgeheimnisses hinter höheren Interessen der Rechtsverfolgung zurücktreten müsse. Insbesondere im Verfahren wegen Rechtsbeugung oder Amtshaftung müsse auch über Beratungsvorgänge ausgesagt werden[129].

Nach geltendem Recht ist das Beratungsgeheimnis ein allgemeiner Grundsatz der Gerichtsverfassung, der aus der Unabhängigkeit der Richter und aus der Pflicht zur Amtsverschwiegenheit hergeleitet wird. Seine Grenzen ergeben sich allein aus der Lehre von der Pflichtenkollision und dem übergesetzlichen Notstand[130].

*Doppelfunktion des Beratungsgeheimnisses.* Das Beratungsgeheimnis dient nicht nur dem Schutz und der Unabhängigkeit des Richters. Nach deutscher Tradition ist es ein wesentlicher Faktor zur Willensbildung des Gerichts, denn es löst die Entscheidung von der Person des einzelnen Richters. Nicht die Mehrheit der Richterindividuen, sondern

---

125 Rheinland-Pfalz, VerwGG, § 5 a, Fassung des Landesgesetzes v. 12.2.1954, GVBl. S. 21; Verordnung 165, § 5; Entwurf VGO, BT-Drucksache 1/4278 vom 15.4.1953, § 18.

126 Klinger, VO 165, Kommentar, 1953, § 5 Anm. B.

127 Amtl. Begründung, Hahn, Materialien zum GVG, I, S. 181; ebenso Schlegelberger-Nagel, GVG, 1925, § 198 Nr. 2.

128 Nachweise auch über das Schrifttum bei Eb. Schmidt, Justiz u. Verfassung, 1948, S. 87, 88; Fischbach, BBG, 1954, § 61 Bem. IV, a.

129 RGZ 89, S. 16; ablehnend für Amtshaftungsprozesse, RG in JW 1941, S. 1069.

130 RGSt 26, S. 204; RGSt 60, 295; zusammenfassend Löwe-Rosenberg, StPO, 1934, Anm. 5 zu § 193 GVG.

das Gericht spricht Recht. Kollegialgerichte sind nicht Ausschüsse von Sachverständigen, sondern sie sind ein Organ, das einen einheitlichen Willen erarbeitet und nach außen verkündet[131].

*Pflichtenkollision.* Neuerdings wird auch die Auffassung vertreten, das Beratungsgeheimnis sei absolut und dürfe selbst zur Wahrung höherer Pflichten nicht durchbrochen werden[132]. Es wird aber nicht möglich sein, dass ein Gesetz den übergesetzlichen Notstand ausschließt. Kollidieren zwei Pflichten, so ist ihre Bewertung aus dem gesamten Gefüge der Rechtsordnung zu entnehmen. Kollidiert die Pflicht, das Beratungsgeheimnis zu wahren, mit der Pflicht, in einem Richteranklageverfahren als Zeuge auszusagen, so sind beide Pflichten gegeneinander abzuwägen. Dabei ergibt sich, dass die Richteranklage im Grundgesetz zwingend oder fakultativ (Art. 98 Abs. 2, 5) vorgeschrieben ist. Es steht nicht in der Macht des Bundesgesetzgebers, diese Bestimmung undurchführbar oder gegenstandslos zu machen, indem er das Beratungsgeheimnis für absolut erklärt. Auch das sonstige einfache Bundesrecht lässt erkennen, dass bestimmten Einrichtungen: Anklage wegen Rechtsbeugung, § 336 StGB, Spruchrichterhaftung, § 839 Abs. 2 BGB, der Vorrang eingeräumt worden ist vor der Pflicht zur Wahrung des Beratungsgeheimnisses. Der Gesetzgeber könnte also allenfalls dann das Beratungsgeheimnis für absolut erklären, wenn Richteranklage, Rechtsbeugung und Richterhaftung aus dem deutschen Recht gestrichen werden.

*Entbindung vom Beratungsgeheimnis.* Das Richtergesetz wird zu entscheiden haben, ob es die Grenzen des Beratungsgeheimnisses formuliert oder ob es sie dem ungeschriebenen Rechtssatz der Pflichtenkollision überlässt. Eine ausdrückliche Regelung wäre etwa in dem Sinne möglich, dass nur das BVerfG[133] oder ein anderes Gesetz in Verfahren wegen Rechtsbeugung, Richteranklage oder Richterhaftung die Durchbrechung des Beratungsgeheimnisses anordnen könne. Eine solche Regelung hätte jedenfalls den Vorteil, klarzustellen, dass keine Prozesspartei ein Rechtsmittel auf Vorgänge im Beratungszimmer stützen könnte. Dieses Ergebnis ist bereits nach geltendem Recht unbestritten. Keine Vorschrift wird jedoch hindern können, dass andere Pflichten oder Rechte – etwa bei Verteidigung in einem Straf-, Disziplinar- oder Amtshaftungsprozess – mit dem Beratungsgeheimnis in Widerstreit geraten. Es wird sich deshalb empfehlen, das Beratungsgeheimnis als Grundsatz im Richtergesetz zu bekräftigen, seine Grenzen aber im Einzelnen nicht festzulegen[134].

---

131 Kniesch, NJW 1949, S. 57.

132 Arndt, JuV 1950, S. 151; Holtkotten, BK, Art. 98, II, A, 3, m, S. 124; Entwurf des Deutschen Richterbundes v. 16.9.1953, § 25 Abs. 3: „Das Beratungsgeheimnis ist in jedem Falle zu wahren".

133 So § 26 Abs. 4 des Rothenburger Entwurfs der Landesjustizverwaltungen.

134 So § 34 Abs. 3 Satz 2 des Berliner Richtergesetzes vom 9.1.1951, GVBl., S. 235.

Das Richtergesetz kann es wohl verantworten, dieses Rechtsproblem mit Schweigen zu übergehen, denn Richteranklagen sind noch nicht erhoben worden und Verfahren wegen Rechtsbeugung oder Spruchrichterhaftung sind äußerst selten. Praktische, staatspolitische Bedeutung hat dieses Problem trotz seiner zunehmenden literarischen Erörterung nicht erlangt.

*Dissenting vote.* Grundsätzlich besteht also die Möglichkeit, dass ein Richter wegen seiner Mitwirkung in einer Beratung zur Verantwortung gezogen wird. Folgerichtigerweise muss dem Richter auch gestattet werden, seine Auffassung in den Akten niederzulegen und damit in gewisser Weise sich Beweismittel zu sichern[135]. Ein solches „dissenting vote" kann nur unversiegelt zu den Akten gegeben werden. Es widerspräche aber deutscher Tradition und der Einheit der Entscheidung[136], wenn das dissenting vote den Beteiligten oder der Öffentlichkeit bekannt würde. Es muss deshalb bei den Senatsakten oder Generalakten bleiben, die den Parteien nicht zugänglich sind. Eine derartige Regelung haben das Reichsgericht, das Deutsche Obergericht und der Bundesgerichtshof[137] getroffen.

## § 20. *Gewissenskonflikt*

Um die innere Freiheit des Richters in äußerster Konsequenz zu wahren, hatte die Konferenz der Landesjustizminister bei ihren Vorarbeiten zum Rothenburger Entwurf vom 30.4.1952 folgende Vorschrift erwogen:

*Rücktritt von einer richterlichen Aufgabe.* (1) Erklärt ein Richter schriftlich, dass er sich in seinem Gewissen verpflichtet fühle, von einer ihm übertragenen richterlichen Aufgabe zurückzutreten, so darf er sich vom Zeitpunkt des Eingangs dieser Erklärung bei der Dienstaufsichtsbehörde jeder richterlichen Entscheidung im Bereich dieser Aufgabe enthalten.

*(2) Dem Richter kann durch Versetzung oder neue Geschäftsverteilung eine andere richterliche Aufgabe zugewiesen werden.*

*(3) Geschieht dies nicht, so entscheidet das Dienstgericht, ob dem Richter im Hinblick auf seine Gewissensgründe die weitere Wahrnehmung der richterlichen Aufgabe zuzumuten ist.*

*(4) Erkennt das Dienstgericht dieses an, so ist der Richter in den Ruhestand zu versetzen.*

---

135 Dafür Kohlhaas, NJW 1953, S. 401; Eb. Schmidt, Justiz und Verfassung 1948, S. 91; Rotberg, DRZ 1950, Beiheft 12, S. 30; dagegen: Keilholz, NJW 1953, S. 1252, Arndt, JuV 1950, S. 150; bei den gesetzgeberischen Vorarbeiten 1879 wurde das dissenting vote allgemein für zulässig gehalten. Einzelheiten bei Löwe-Rosenberg, StPO 1934, § 193 GVG Anm. 5.

136 Kniesch, NJW 1949, S. 57.

137 § 10 Abs. 1 der Geschäftsordnung des BGH vom 3.3.1952, Bundesanzeiger Nr. 83 vom 30.4.1952, S. 9.

Es mag theoretisch denkbar sein, dass ein Richter in seinem Gewissen das geschriebene Recht des Staates für Unrecht ansieht und dass er sogar das ungeschriebene, überkonstitutionelle Recht, wie es in der Gemeinschaft anerkannt ist, mit seinem Gewissen nicht vereinbaren kann[138]. In einem solchen Konflikt kann von dem Richter nicht gefordert werden, dass er das Gesetz anwendet. Er darf es aber auch nicht durchbrechen. Ihm bliebe nur die Möglichkeit, seine Mitwirkung an dieser Sache zu versagen[139].

*Vorlage an ein Verfassungsgericht.* Tatsächlich erscheint ein solcher Konflikt aber nicht möglich[140]. Die Wissenschaft und die Rechtsprechung haben in der Bundesrepublik die Geltung auch übergesetzlicher und überkonstitutioneller Normen anerkannt und sogar die Verbindlichkeit von Verfassungssätzen daran geprüft[141]. Ein Richter wird deshalb immer die Auffassung vertreten können, das Gesetz, das seinem Gewissen widerstreite, verletze auch die Verfassung oder eine überkonstitutionelle Norm. Mit dieser Begründung kann er dann das Gesetz dem Verfassungsgericht des Bundes oder Landes zur Normenkontrolle vorlegen. Jedenfalls kann der Bundesgesetzgeber im Richtergesetz nicht anerkennen, dass es Konfliktfälle geben könne, die auf diesem Wege nicht gelöst werden könnten. Anerkennung des Gewissenskonflikts wäre eine Selbstaufgabe des Gesetzgebers[142].

*Abnormes Gewissen.* Konflikte mögen allerdings für ein besonders empfindliches, möglicherweise „abnormes" Gewissen entstehen. Ein Richter könnte beispielsweise jede Form von Tierversuchen oder Schlachtung in seinem Gewissen ablehnen und deshalb in Konflikte geraten, wenn er über Angelegenheiten eines Forschungsinstituts oder einer Fleischerei zu urteilen hat. Ein Richter, dessen Gewissen so stark von den Anschauungen der Gesamtheit abweicht, sollte nicht in den öffentlichen Dienst eintreten. Der Gesetzgeber wird nicht in der Lage sein, ein abnorm empfindliches Gewissen im öffentlichen Dienst zu schützen. Es ist aber auch unmöglich, eine gesetzliche Grenze zu ziehen, wann

---

138 K. Peters, Gegenwartsprobleme des Rechts, Bd. I, 1950, S. 38, 40 nennt als denkbare Konfliktfälle die Ehescheidung, § 175, § 218 StGB, ferner die prozessuale Bindung nach § 195 GVG, § 358 StPO und § 565 Abs. 2 ZPO. – Auch Jahrreiss, 37. DJT, S. 144 hält einen Gewissenskonflikt für möglich. Im 17. und 18. Jahrhundert waren diese Konflikte nicht selten: Döhring, Geschichte der Rechtspflege, 1953, S. 92.

139 Nöldecke, MDR 1949, S. 537; K. Peters, S. 37; Rotberg, DRZ 1950, Beiheft 12, S. 13.

140 Darmstädter, DRiZ 1950, S. 169 gelangt aufgrund rechtsethischer und philosophischer Erwägungen zu dem Schluss, dass Recht und Gewissen sich ergänzen und nicht in Konflikt geraten können.

141 Zusammenfassend: Bachof, NJW 1952, S. 242. BVerfG, NJW 1954, S. 65 (Gleichberechtigungsurteil).

142 Kern, ZGesStrW, Bd. 64, 1952, S. 465.

ein Gewissen normal und wann es abnorm reagiert. Insgesamt ist der Gewissenskonflikt ein Tatbestand, der sich nicht unter eine Norm bringen lässt[143].

Die Landesjustizminister haben es grundsätzlich abgelehnt, den Gewissenskonflikt zu regeln[144]. Auch die Vertreter der Richterschaft haben sich fast einstimmig dagegen ausgesprochen. Das Richtergesetz wird keine Vorschrift darüber enthalten können.

*Entlassung auf Antrag.* Wie jeder Beamte wird auch der Richter das Recht haben, jederzeit seine Entlassung zu beantragen. Es dürfen ihm dann andere Berufsmöglichkeiten, etwa der Zugang zur Anwaltschaft, nicht gesperrt werden.

Darüber hinaus sollte dem Richter, der auf Antrag ausscheidet, ein Anspruch auf das bis dahin erdiente Ruhegehalt gegeben werden[145] unter Anrechnung aller Bezüge aus einer neuen Erwerbstätigkeit. Nach der herrschenden Alimentationstheorie[146] ist der Anspruch auf Ruhegehalt kein einbehaltener Teil der Dienstbezüge, sondern ein Ausfluss der Unterhaltspflicht des Dienstherrn. Die Unterhaltspflicht endet mit dem Ausscheiden des Beamten. Einem Richter kann jedoch über die Alimentationstheorie hinaus ein Anspruch auf Ruhegehalt gegeben werden, vor allem weil ein Richter möglicherweise wegen eines Gewissenskonfliktes seine Entlassung nachgesucht hat. Damit wird der Richter besser gestellt als die anderen Angehörigen des öffentlichen Dienstes und es wird seiner besonderen, persönlichen und beruflichen Verantwortung Rechnung getragen.

## § 21. *Contempt of Court*

Die Unabhängigkeit des Richters muss auch gegenüber der Presse und gegenüber der Straße gesichert werden. Der Richter ist auch von politischem oder moralischem Druck freizuhalten[147].

Strafrechtlich ist die Unabhängigkeit der Gerichte als Verfassungsgrundsatz geschützt (§ 88 Abs. 2 Nr. 5 StGB) und zwar auch dagegen, dass sie „untergraben" wird (z.B. § 93 Abs. 1 StGB). Einen besonderen Schutz gegen Verunglimpfungen genießen nur die Verfassungsgerichte (§ 97 Abs. 1). Die anderen Gerichte sind lediglich durch die allgemeinen Vorschriften über Beamtennötigung (§ 114), verfassungsverräterische Zersetzung (§ 91) und über Beleidigung und üble Nachrede geschützt. Das Richtergesetz hat keinen Anlass, diesen Ehrenschutz zu erweitern.

143 Ule, ZJBl. 1948, S. 263: „Ausnahmesituation, die der normativen Regelung nicht bedarf und nicht fähig ist".

144 Begründung zum Rothenburger Entwurf, S. 7.

145 So Art. IX des Entwurfs für ein österreichisches Richtergrundgesetz und S. 42 des Motivenberichts des Österreichischen Richterbundes vom Frühjahr 1953.

146 Fischbach, BBG, § 82 Anm. II, Grabendorff, BBG, § 82 Anm. 3.

147 Kern, NJW 1949, S. 605; Schmidt, JR 1950, S. 168; Arndt, JuV, 1950, S. 150.

*Berichterstattung über schwebende Verfahren.* Grundsätzlich anderer Art ist die Forderung, schwebende Verfahren

a) von öffentlicher, auch sachlicher Kritik fernzuhalten und
b) eine Berichterstattung nur zuzulassen, wenn sie „so vollständig und genau ist, dass ein zutreffender Eindruck entsteht[148].

Diese Beschränkungen müssten Presse, Rundfunk und Versammlungen in gleicher Weise auferlegt werden. Sie würden aber nicht nur dem Schutz des Richters, sondern auch des Angeklagten oder sonst Beteiligten dienen. Eine tendenziöse Berichterstattung oder Kritik kann die Position eines Beteiligten verschlechtern[149]. Neben dem Zeugen könnten auch Laienrichter beeinflusst werden. Contempt of Court – in diesem engeren Sinne verstanden als nach englischem Recht – greift also über den Schutz richterlicher Unabhängigkeit hinaus. Diese Materie sollte deshalb nicht im Richtergesetz geregelt werden.

Nach Verkündung des Urteils, auch vor Rechtskraft, kann eine Kritik weder an dem Inhalt der Entscheidung noch an der Person des Richters verboten werden. Da die Richteranklage vom Grundgesetz zugelassen ist, muss auch öffentliche, sachliche Kritik am Richter wie an der Entscheidung gestattet werden.

# IV. Abschnitt. *Verwaltung der Gerichte*

## § 22. *Selbstverwaltung*

### *I. Selbstverwaltung als Postulat*

Aus dem Grundsatz der Gewaltentrennung ist die Forderung abgeleitet worden, dass die eigene Verwaltung den Gerichten als eine weisungsfreie Aufgabe zuzuweisen sei[150]. Für die Gerichte wird eine selbständige Verwaltung – vor allem in Personalsachen und in Haushaltsangelegenheiten – beansprucht, so wie die Parlamente und die Rechnungshöfe sie besitzen[151].

*Hoheitsverwaltung oder Selbstverwaltung.* Diese Forderung ist mit dem Rechtsbegriff „Selbstverwaltung" nicht sachgerecht umschrieben, denn er gilt herkömmlicherweise für Körperschaften des öffentlichen Rechts, denen der Staat bestimmte Aufgaben zur Erledigung in eigener Verwaltung zugewiesen hat. Die Rechtsprechung ist aber ein

---

148 Anlage II zum Rothenburger Entwurf der Landesjustizverwaltungen.
149 BGH, NJW 1953, S. 1358.
150 Hülsmann, Rhein. Merkur vom 3.7.1953, Nr. 27; Schumacher, DRiZ 1953, S. 18; Bachof, DRZ 1950, S. 342; Loening, SJZ 1950, Sp. 255, 259 (abweichend: DVBl. 1954, S. 176, Anm. 24). Dazu Holtkotten, BK, Art. 92, II, 2, e, S. 10; Ule, DVBl. 1953, S. 681, 686.
151 van Husen, AöR, Bd. 78, S. 49; Verweyen, DRiZ 1953, S. 154, 157.

ursprüngliches Hoheitsrecht des Staates, das er einer Körperschaft nicht übertragen kann[152]. Die Rechtsprechung wird deshalb von staatlichen Organen wahrgenommen. Die Verwaltung dieser Organe, also die Gerichtsverwaltung, muss auch weiterhin von dem Parlament kontrolliert werden, weil alle Staatsgewalt vom Volke ausgeht. Es gelten hier die gleichen Erwägungen, die auch eine Kooption der Richter verbieten[153].

*Grenzen der Gewaltentrennung.* Der Grundsatz der Gewaltentrennung fordert keineswegs, dass die Gewalten unverbunden und unbeeinflusst nebeneinander stehen. Vielmehr müssen sie sich gegenseitig kontrollieren und mäßigen. Aus der Gewaltentrennung kann also nicht die staatsrechtliche Forderung abgeleitet werden, dass die Gerichte sich weisungsfrei selbst verwalten müssten[154].

Unabhängig ist die Rechtsprechung (Art. 20 Abs. 2 GG), nicht die Gerichtsverwaltung. Trotzdem ist der Gerichtsverwaltung eine gewisse Selbständigkeit soweit zu gewähren, als sonst auch die Rechtsprechung abhängig würde. Die Gerichtsverwaltung hat in einigen Gebieten Einfluss auf die Rechtsprechung: Auswahl der Richter (oben § 9), Dienstaufsicht (oben § 15), Geschäftsverteilung (oben § 16), Dienststrafrecht (unten § 29). Auf diesen Gebieten ist deshalb den Gerichten eine gewisse Selbständigkeit gegenüber der Gerichtsverwaltung zu verleihen und es ist den Richtern ein Mitwirkungsrecht einzuräumen.

## *II. Rechtsvergleichende Bemerkungen*

*Frankreich.* Ausländische Rechte haben den Gerichten keine Selbstverwaltung eingeräumt. Art. 84 der französischen Verfassung hat zwar einen „Obersten Richterrat"[155] geschaffen und diesem in einer globalen Formulierung die Verwaltung der Gerichte und die Wahrung der richterlichen Unabhängigkeit übertragen. Diese Verfassungsbestimmung ist aber noch nicht durchgeführt, selbst die grundlegende Frage, ob daneben das Justizministerium in seiner bisherigen Form bestehen bleiben könne, ist noch nicht geklärt[156]. Einstweilen wirkt der Oberste Justizrat nur als Richterwahlausschuss und als Disziplinargericht. Von einer Selbstverwaltung der französischen Gerichte kann auch deshalb nicht gesprochen werden, weil unter den vierzehn Mitgliedern des Obersten Justizrats nur vier Vertreter von den Richtern gewählt sind[157]

152 Scheuner, DöV 1953, S. 522; Ridder, Gutachten zum 40. DJT, S. 93.

153 Oben bei Anm. 51; Bockelmann, DöV 1953, S. 530.

154 Scheuner, DöV 1953, S. 519; WB. StGH, Verwaltungsrechtsprechung, Bd. 4, S. 28; Bad. VGH, DöV 1952, S. 218.

155 Das erste Vorbild bot Portugal, do Carmo, Le Pouvoir Judiciaire, Nr. 83, S. 3.

156 Morel, Traité Élémentaire de Procédure Civile, 1949, S. 127.

157 Die Nationalversammlung hat aber einen Ausgleich geschaffen, indem sie als ihre Vertreter gleichfalls amtierende Richter wählt. Rainbault, Le Pouvoir Judiciaire, Nr. 79, S. 10.

*Italien.* In Italien ist der Wortlaut der Verfassung den Richtern günstiger. Der nach französischem Vorbild geschaffene Oberste Justizrat wird zu zwei Dritteln aus Vertretern der Richterschaft gebildet. Es ist aber noch kein Ausführungsgesetz ergangen; der Oberste Justizrat ist in dieser Zusammensetzung noch nicht zusammengetreten und hat seine neuen Funktionen noch nicht übernommen[158]. Der bisher amtierende Oberste Justizrat ist eine Vertretung der Richterschaft und auf Mitwirkung in Personalangelegenheiten beschränkt[159].

*England.* In England werden die Gehälter der Richter aus einem consoliated fund gezahlt, der außerhalb des Etats steht. Dadurch sind die Richter der Haushaltsdebatte entzogen. Sachmittel der Gerichte sind aber jährlich neu zu bewilligen. Dabei werden Justizorganisationen und Reformwünsche aller Art in die Haushaltsdebatte einbezogen[160]. Die höheren Richter werden von der Regierung ausgewählt und ernannt[161]. Richter an unteren Gerichten werden teilweise von höheren Richtern bestellt[162]. Schließlich kann das Unterhaus an die Krone eine Adresse um Absetzung eines Richters richten. Dann werden die Persönlichkeit und Tätigkeit des Richters im Unterhaus diskutiert. Dieses Verfahren kommt einer deutschen Richteranklage gleich, es wird jedoch kaum angewandt[163].

In keinem dieser Länder besitzen die Gerichte Selbstverwaltung.

## *III. Ministerielle Verwaltung*

In der Bundesrepublik werden die Gerichte monokratisch unter dem parlamentarisch verantwortlichen Fachminister verwaltet. Das Grundgesetz geht davon aus, dass diese Organisation in Bund und Ländern besteht (Art. 95 Abs. 3, Art. 96 Abs. 2, Art. 98 Abs. 4).

*Unpolitische Minister.* Eine Reform mit dem Ziel, dass ein außerparlamentarisches Gremium einen unpolitischen, also parlamentarisch nicht verantwortlichen Minister oder Chef des Justizverwaltung wählen soll[164], bedürfte einer Änderung des Grundgesetzes[165]. Eine solche Reform verbietet sich aber bereits aus allgemeinen staatspolitischen

---

158 Battaglini, Le Pouvoir Judiciaire, Nr. 79, S. 8; über den Entwurf eines Ausführungsgesetzes: Torrente, Rivista di Diritto Prozessuale, 1953, S. 3–15.

159 Dekret vom 31.5.1946, Gazetta Ufficiale Nr. 136; Art. 6, 12.

160 Gerland, Parlament und Gerichte in England, 1928, S. 50, 65 Anm. I.

161 wobei das Unterhaus gelegentlich politische Einflüsse gerügt hat, Gerland, S. 66.

162 Patterson, The Administration of Justice in Great Britain, 1936, S. 123; über angebliche Missstände berichtet R.C.K. Ensor, Courts and Judges, 1933, S. 3, 23.

163 Gerland, S. 81, 88; Lord Denning, Le Pouvoir Judiciaire, Nr. 79, S. 3.

164 Eschenburg, Südwest-Staat, 1952, S. 45, 74; Eb. Schmidt, JZ 1953, S. 321.

165 Scheuner, DöV 1953, S. 517 Anm. 12; Bockelmann, DöV 1953, S. 531 Anm. 46; ablehnend auch Kern, AöR Bd. 78, S. 89; Loening, DVBl. 1954, S. 176 hält offenbar auch eine derartige Änderung des GG für unzulässig. Das Parlament könne nicht auf seine Kontrolle über die Verwaltung verzichten.

Erwägungen. Die Gewalten sollen in einem gegenseitigen Gleichgewicht stehen und der Richter bedarf einer ständigen Legitimation durch den Volkswillen. Das Richtergesetz hat im Übrigen keine Veranlassung, die Verwaltungsorganisation der Gerichte festzulegen, sie sollte der Organisationsgewalt der Länder und des Bundes überlassen bleiben.

*Doppelfunktion der Gerichtsvorstände.* Die Behördenvorstände der Gerichte haben eine Doppelfunktion[166]. Sie sind nachgeordnete Dienststellen des Ministers und somit in allen Verwaltungsangelegenheiten weisungsgebunden. Soweit sie aber an der Rechtsprechung mitwirken, sind sie sachlich unabhängig. Sie genießen auch die persönliche Unabhängigkeit in vollem Umfang, diese ist unteilbar. Ein Richter verliert seine eigentümliche Rechtsstellung nicht dadurch, dass er tatsächlich mit Aufgaben der Gerichtsverwaltung betraut wird[167]. Die Richter sind primär, aber nicht ausschließlich mit der Rechtsprechung betraut, wie auch Art. 4 des EGGVG bestätigt[168]. Es ist deshalb auch zulässig, dass ein Richter im Wege der Geschäftsverteilung zu Aufgaben der Justizverwaltung (Personalien, Notarprüfung, Gutachten, Haushaltssachen, Vermögensverwaltung, Dispenserteilungen) herangezogen wird[169], die er dann weisungsgebunden zu bearbeiten hat. Diese Heranziehung ist jedenfalls solange zulässig, als sie eigene Angelegenheiten des Gerichts betrifft, bei dem der Richter in eine Planstelle eingewiesen ist. Für Verwaltungsaufgaben außerhalb des Gerichts kann der Richter nur mit seiner Einwilligung abgeordnet werden.

Die überkommene, monokratische, dem Fachminister unterstellte Verwaltung der Gerichte ist also mit dem Grundgesetz vereinbar. Es besteht auch kein Anlass, sie zur Wahrung der richterlichen Unabhängigkeit grundsätzlich umzugestalten. Zu untersuchen bleibt aber noch, ob die Verwaltung in zwei Hinsichten anders organisiert werden sollte: in Haushaltsführung und Beurteilungen.

## § 23. *Haushalt*

Nach geltendem Recht bewilligen die Parlamente die Haushaltsmittel für die Gerichte. Der Haushaltsvoranschlag wird aber von der Verwaltung aufgestellt und die bewilligten Mittel werden unter Aufsicht und nach Weisung der Verwaltung bewirtschaftet. Die Verwaltung beeinflusst also maßgebend den Haushalt der Gerichte. Das ist eine der wechselseitigen Kontrollen, die durchaus zum System der Gewaltentrennung gehören.

*Besorgnisse der Gerichte.* Andererseits muss die Verwaltung vor den Gerichten, und besonders häufig vor den Verwaltungsgerichten, Recht nehmen. Diese Doppelrolle als

166 Kern, Gerichtsverfassung, 1954, § 20 A, 2, S. 110.

167 Friesenhahn, Festgabe für Thoma, 1950, S. 43; BVerwG, NJW 1953, S. 1886, 1887; Bad. VGH, DÖV 1952, S. 218.

168 Holtkotten, BK, Art. 92, II, 1, d, aa, S. 5; und Art. 92, II, 2, c, bb, S. 7.

169 Nach § 13 Satz 2 der VO vom 31.3.1935, RGBl. I, S. 403; dazu oben Anm. 84

Vorgesetzter und Rechtsuchender ist widerspruchsvoll und daraus ist zunächst für die Verwaltungsgerichte[170], dann auch für andere Gerichte[171] die Forderung abgeleitet worden, die Gerichte müssten ihre Haushaltsangelegenheiten selbständig, also weisungsfrei bearbeiten. Begründet wird dies mit der theoretischen Möglichkeit, die Unabhängigkeit der Gerichte könne darunter leiden, dass die Verwaltung die Haushaltssachen bearbeitet. Konkrete Vorgänge, die eine solche Besorgnis rechtfertigen könnten, sind allerdings nicht bekannt geworden[172].

*Vertretung im Haushaltsausschuss.* Vor Aufstellung des Haushaltsplanes werden die Gerichtsvorstände in der Praxis stets gehört, soweit sie nicht darüber hinaus Voranschläge einreichen[173]. Dieser Einfluss des Gerichts könnte verstärkt werden, wenn das Finanzministerium verpflichtet wird, dem Kabinett oder auch dem Parlament mitzuteilen, wie weit es von den Vorschlägen der Gerichte abgewichen ist. Für Rechnungshof und Bundestag ist dies bereits in § 21 Abs. 2 Satz 2 und Abs. 4 HO vorgesehen. Der 40. Deutsche Juristentag empfahl es für alle Gerichte[174]. Mit derartigen formalen Behelfen wird die Stellung der Gerichte kaum gestärkt werden. Erfahrungsgemäß gelingt es ihnen schon jetzt vielfach, ihre Anliegen im Haushaltsausschuss zur Sprache zu bringen.

Wesentlich wäre es, wenn den Gerichten die Befugnis gegeben würde, ihre Wünsche unmittelbar im Haushaltsausschuss zu vertreten[175]. Der gleiche Erfolg lässt sich erreichen, wenn der Ausschuss beschließt, den Präsidenten des obersten Gerichts als Sachverständigen zu hören. In einigen Ländern ist das bereits ständige Übung. Eine derartige Praxis lässt sich ohne Gesetzesänderung einführen. Außerdem ist es nicht Aufgabe des Richtergesetzes, die parlamentarische Behandlung des Haushaltsplanes zu regeln. Das würde auch die Rahmenkompetenz des Bundes überschreiten.

*Ausführung des Haushaltsplanes.* Auch über die Ausführung des Haushaltsplanes kann das Richtergesetz keine Bestimmungen bringen. Ein Haushalt muss einheitlich geführt werden, es ist undenkbar, dass jedes Gericht die Mittel weisungsfrei bewirtschaftet. Es wäre allenfalls vorstellbar, dass die Gerichte nicht mehr den Weisungen des Ministeriums, sondern des obersten Gerichts unterlägen. An den tatsächlichen Verhältnissen würde sich nur wenig ändern. Die „Haushaltsbürokratie" wäre nur um eine Stufe nach unten verlegt. Die Rechnungshöfe führen allerdings ihren Haushalt selbständig aus (§ 118, § 124 Abs. 1 HO). Sie sind aber Behörden ohne Unterbau und sind im Auftrag der Legislative

---

170 Bachof, DRZ, 1950, S. 342; v. Husen, AöR, Bd. 78, S. 49, 57; Ule, Verwaltungsgerichtsbarkeit, S. 25, 26.

171 Holtkotten, BK, Art. 92, II, 2, e, S. 10; Verweyen, DRiZ 1953, S. 155.

172 Walz, DöV 1953, S. 549; Bockelmann, DöV 1953, S. 530.

173 § 3 Abs. 2 der Wirtschaftsbestimmungen vom 11.2.1929, RMBl. S. 49.

174 Nr. III, 2 der Beschlüsse der öffentlich-rechtlichen Abteilung, DRiZ 1953, S. 185.

175 So Nr. III, 2 der Beschlüsse, DRiZ 1953, S. 185.

ausschließlich dazu berufen, die Exekutive in der Haushaltsführung zu überwachen. Es bieten sich keine Analogien zur Rechtsstellung der Gerichte.

*Verfassungsgerichte.* Eine verfassungsrechtliche Sonderstellung besitzt das Bundesverfassungsgericht. Entsprechend sind ihm bereits nach geltendem Recht besondere haushaltsrechtliche Befugnisse eingeräumt worden[176]. Im Rechnungsjahr 1953 sind seine Haushaltsmittel erstmals in einem selbständigen Einzelplan bewilligt worden[177]. Das BVerfG ressortiert nicht mehr bei einem Ministerium[178]. Daraus ist weiterhin zu entnehmen, dass es seinen Haushaltsplan selbständig ausarbeitet und dem Bundesminister der Finanzen einreicht[179]. Das Bundesverfassungsgericht ist insofern dem Bundestag, dem Bundespräsidenten und dem Bundesrechnungshof gleichgestellt. Wie diese bewirtschaftet es auch seinen Haushaltsplan selber. Das ergibt sich aus § 176 Satz 2 des Bundesbeamtengesetzes, der nur Ausdruck einer besonderen staatsrechtlichen Situation ist und deshalb weitgehender Analogie fähig ist.

Die Verfassungsgerichte der Länder sind nach geltendem Haushaltsrecht nicht in gleichem Umfang selbständig. Ihre Angelegenheiten bearbeitet meist die Staatskanzlei. Diese Regelung kann auch weiterhin dem Landesrecht überlassen bleiben.

Im Ergebnis besteht für das Richtergesetz keine Veranlassung, die haushaltsrechtliche Stellung der Gerichte zu ändern.

## § 24. *Beurteilungen*

*Beurteilung durch das Präsidium.* Die innere Unabhängigkeit eines Richters könnte dadurch beeinträchtigt werden, dass er seine Anstellung wie seine Beförderung von der Beurteilung durch den Vorsitzenden oder Präsidenten abhängig weiß. Nach süddeutscher Übung werden deshalb die turnusmäßigen Beurteilungen nur durch das Präsidium abgegeben[180]. Der 40. Deutsche Juristentag empfahl in diesem Sinne, „eine gerichtliche Zuständigkeit auch zur Beurteilung der Richter“[181]. Eine Lösung wäre wohl nur so zu denken, dass die Richter der Amts- und Landgerichte vom Präsidium des Landgerichts beurteilt werden und dass die Landgerichtsdirektoren sowie die Oberlandesgerichte vom Präsidium des Oberlandesgerichts beurteilt werden. Entsprechendes könnte für die anderen Zweige der Gerichtsbarkeit gelten. Richter in der Besoldungsgruppe A 1 a oder in höherer Gruppe sowie Richter mit einem Lebensalter über 55 Jahren werden im Allgemeinen nicht mehr turnusmäßig beurteilt.

---

176 Lechner, Komm. BVerfGG, 1954, § 1 Nr. 2, b, S. 51.

177 276. Sitzung des BT vom 25.6.1953, Amtl. Niederschrift, S. 13719 C.

178 Loening, DVBl. 1954, S. 174 f. Über die frühere Praxis: Geiger, BVerfGG, § 1 Anm. 4, 5.

179 Obwohl § 19 HO und § 3 Abs. 5 der Wirtschaftsbestimmungen v. 11.2.1929 (RMBl. S. 49) noch nicht geändert sind.

180 So heute Rheinland-Pfalz, LV vom 11.5.1949, JBl. S. 52; Württ.-Baden hatte die Kollegialbeurteilung erst für das Bewerbungsverfahren vorgeschrieben, VO vom 20.10.1950, ABl. JM S. 92.

181 Nr. III, 1 der Beschlüsse der öffentlich-rechtlichen Abteilung, DRZ 1953, S. 185.

*Farblose Beurteilungen.* Es ist aber zu besorgen, dass Beurteilungen, die durch ein Kollegium abgegeben werden, neutral und farblos ausfallen. Eine Persönlichkeit kann nur von einer anderen Persönlichkeit, nicht aber von einem Gremium intuitiv erfasst und bewertet werden. Eigentümlichkeiten des Beurteilenden werden sich kaum nachteilig auswirken, da sie in der Regel im Ministerium bekannt sind. Zu Bewerbungen sollen künftig die Präsidien gehört werden. Damit kommt gerade in der entscheidenden Phase auch ein Gremium zu Wort, so dass ein Bewerber keineswegs ganz von den Beurteilungen seines Vorsitzenden oder Präsidenten abhängt.

*Anhörung bei nachteiligen Tatsachen.* Selbstverständlich ist auch der Richter berechtigt, seine vollständigen Personalakten und Beurteilungen einzusehen. Herkömmlicherweise ist ein Beamter auch zu hören, ehe „Behauptungen tatsächlicher Art, die für ihn ungünstig sind oder ihm nachteilig werden können", in den Personalakten niedergelegt werden[182]. Dieser Satz wird in das Richtergesetz zu übernehmen sein, sollte aber nicht für Beurteilungen gelten, denn Beurteilungen enthalten – besonders wenn sie ausführlich sind – häufig auch Tatsachen. Es ist nicht angebracht, dem Richter ein Einwendungsrecht gegenüber seiner Beurteilung zu geben. Die Anhörung, bevor nachteilige Tatsachen aktenkundig gemacht werden, ist im Übrigen ein nobile officium, das keiner Festlegung bedarf.

Form und Zuständigkeit bei der Abgabe von Beurteilungen sollte das Richtergesetz nicht regeln.

## § 25. *Personalvertretung*

Nach den bisherigen Ausführungen dieser Denkschrift soll den Richtern ein Mitwirkungsrecht in folgenden Angelegenheiten eingeräumt werden:

1. Ernennungen (§ 9) – auch der Disziplinarrichter (unten bei Anm. 211),
2. Dienstaufsicht (§ 15),
3. Beschwerden wegen Überlastung (§ 16).

Hinzu kommen:

4. Soziale Angelegenheiten,
5. Personalangelegenheiten,
6. Vertretung in der Öffentlichkeit.

*Parallele zum Personalvertretungsgesetz.* In sozialen Angelegenheiten und in Personalangelegenheiten wird das künftige Personalvertretungsgesetz den Beamten ein Mitwirkungsrecht gewähren[183]. Dieselben Befugnisse können die Richter beanspruchen. Sie sind bei Inkrafttreten des Richtergesetzes von dem Geltungsbereich des künftigen Personalvertretungsgesetzes auszuschließen. Die Regierungsvorlage bezieht zunächst die Richter

182 § 90 Satz 2 BBG; Baur, Justizaufsicht, 1951, S. 67.

183 §§ 55, 60, 70 der Regierungsvorlage für ein PVG; BT-Drucksache Nr. II/160 (neu) vom 4.3.1954.

in § 2 Abs. 3 ausdrücklich ein. Der Bundesrat hat dazu nur formale Änderungen vorgeschlagen, aber zu § 82 Abs. 1 des Entwurfs eine materielle Änderung empfohlen, wonach für Richter eine besondere Regelung in den Ländern möglich sein soll[184]. Die Bundesregierung hat der materiellen Änderung widersprochen[185].

Als soziale Angelegenheiten werden im Wesentlichen nur die Aufstellung des Urlaubsplanes, die Zuweisung von Wohnungen und die Gewährung von Unterstützungen in Betracht kommen. Bei letzterem kann die Personalvertretung nur mit Zustimmung des antragstellenden Richters gehört werden. Auch bei einigen Personalangelegenheiten kommt eine Mitwirkung der Richter in Betracht:

- Nichtigerklärung einer Ernennung,
- Genehmigung von Nebenbeschäftigungen,
- vorzeitige Versetzung in den Ruhestand auf Antrag,
- Verweigerung von Urlaub.

Hier wird das Präsidium nur anzuhören sein, die Entscheidung trifft der Gerichtsvorstand. Dagegen kann das Dienstgericht angerufen werden. In Einzelheiten wird sich das Richtergesetz zweckmäßig dem künftigen Personalvertretungsgesetz anschließen. Eine Reihe von Angelegenheiten wird gleichzeitig die Richter sowie die Beamten und Angestellten eines Gerichts berühren (Kantine, Bereitschaftsdienst). Diese Fragen sollten in gemeinsamen Sitzungen der allgemeinen Personalvertretung und der Richtervertretung erörtert werden.

*Vertretung in der Öffentlichkeit.* Den Richtern sollte eine legitimierte, gewichtige Vertretung gegenüber der Öffentlichkeit geschaffen werden. Sie wird ermöglichen, auf politische Angriffe zu erwidern oder Übergriffe anderer Gewalten in der Öffentlichkeit zurückzuweisen oder Mitteilungen und Berichtigungen mit amtlichem Charakter wirkungsvoll zu veröffentlichen. Maßnahmen dieser Art können die Unabhängigkeit des Richters wirksam schützen und das Ansehen der Gerichte heben. Auf dem 40. Deutschen Juristentag wurden die „Intensivierung der public relations" sowie ein staatlich finanziertes Publikumsorgan aller Gerichte mehrfach befürwortet[186]. Die Personalvertretung der Richter müsste auch diese Aufgabe in der Öffentlichkeit übernehmen.

*Erweiterung des Präsidiums.* Als Personalvertretung der Richter empfiehlt es sich, die bisherigen Präsidien der Gerichte zu erweitern. Sie sollten künftig aus dem Präsidenten und einigen vorsitzenden Richtern gebildet werden, sowie aus einer gleichen Anzahl unmittelbar von den Richtern gewählter Vertreter. Bei Stimmengleichheit müsste die Stimme des Präsidenten entscheiden.

---

184 Nr. 2, 23 des Beschlusses vom 19.2.1954; S. 19, 22 der BT-Drucksache Nr. II/160 (neu).

185 Nr. II, 14 der Stellungnahme vom 24.2.1954; S. 24 der BT-Drucksache Nr. II/160 (neu).

186 Ridder, Gutachten, S. 133; Ipsen, These X, DRiZ 1953, S. 185.

Das Betriebsverfassungsgesetz und das Personalvertretungsgesetz bilden allerdings Vertretungen, die nur aus Betriebs- oder Amtsangehörigen zusammengesetzt sind. Diese Vertretungen werden dann der Leitung gegenübergestellt. Im Gegensatz dazu sollte das Richtergesetz ein einheitliches Gremium aus Vorgesetzten und Amtsangehörigen bilden, um ein Spannungsverhältnis zwischen zwei Stellen zu vermeiden und dafür eine gemeinsame, kollegiale Instanz zu schaffen, die dann mehr nach Art einer Selbstverwaltung als einer Mitbestimmung konstruiert ist.

Ein erweitertes Präsidium als Personalvertretung sollte bei jedem Gericht zweiter und höherer Instanz gebildet werden. Soweit die Gerichte erster Instanz hinreichend groß sind, könnte der Fachminister auch dort die Wahl eines Präsidiums anordnen.

*Wahlverfahren.* Die Vertreter der Richter müssten direkt und geheim gewählt werden. Meist werden die Richter bereit sein, zur Wahlhandlung auch bei einem anderen Gericht zusammenzukommen. Nötig ist das nicht. Es kann auch schriftlich von einem abwesenden Richter gewählt werden. Die Wahl wird in diesem Falle geheim gehalten, indem der Richter seinen Stimmzettel in einem unbeschrifteten Briefumschlag verschließt und diesen in einen zweiten Umschlag mit Namensabgabe versendet. Anhand des äußeren Umschlags wird festgestellt, ob der Absender wahlberechtigt ist. Dann wird der äußere Umschlag geöffnet und der neutrale Umschlag in einer Wahlurne verwahrt[187].

An den Verfassungsgerichten ist die Zahl der Richter meist gering, so dass dort das Plenum die Aufgaben des erweiterten Präsidiums übernehmen kann.

## V. Abschnitt. *Pflichten des Richters*

### § 26. *Grundpflichten*

Die Pflichten des Richters sollten in ihrer Substanz feierlich und ausführlich proklamiert werden, am besten in einer Eidesformel. Auch die Pflicht, das Grundgesetz zu wahren, muss der Richter wie der Beamte (§ 58 BBG) mit seinem Eid bekräftigen. Die besonderen Pflichten des Richters sind in dem bayerischen Richtereid[188] eindrucksvoll gefasst worden, sie könnten etwas umformuliert und mit dem Eid der Bundesbeamten verbunden werden:

---

187 Ähnliche Wahlverfahren haben sich in Frankreich bewährt. Vincent, Précis de procédure Civile, 1951, Nr. 135, 137.

188 Art. 2 des Bayer. AGGVG vom 23.2.1879, GVBl. S. 273; Erlass des Bayer. JM vom 31.1.1950, Nr. 2002 – VI – 16173/50.

„Ich schwöre, meine Richterpflicht nach bestem Wissen und Gewissen mit Fleiß und Sorgfalt zu erfüllen, keine Partei zu begünstigen, keiner mit Rat zu dienen, von keiner ein Geschenk, eine Versprechung oder eine Vergünstigung anzunehmen, nirgends aus Hass, Gunst, Furcht oder Rücksicht auf die Person zu handeln, sondern bei allen Handlungen in meinem Richteramt nur Gott, die Gesetze, die Gerechtigkeit und Wahrheit vor Augen zu haben – so wahr mir Gott helfe".

Der Eid kann auch ohne religiöse Beteuerungsformel geleistet werden.

*Interessenkonflikte.* Es wird nicht erforderlich sein, die Pflicht zur Unparteilichkeit neben der Eidesformel nochmals zu normieren. Wohl aber sollte jeder Richter in einer besonderen Vorschrift verpflichtet werden, sich jeder Amtstätigkeit zu enthalten, wenn eigene Interessen oder nahestehende Personen berührt werden können. Entsteht ein wirklicher Interessenkonflikt, so genügen die Bestimmungen des geltenden Rechts über Ausschließung und Befangenheit[189]. Aber auch wenn kein Ausschließungsgrund vorliegt und wenn der Richter sich nicht befangen fühlt, könnte der Schein eines persönlichen Interesses oder einer Befangenheit vorliegen. In diesen Fällen soll ein Richter berechtigt sein, sich der Amtstätigkeit zu enthalten, um bereits den bösen Schein zu meiden. Die Bestimmungen über Ausschließung und Ablehnung von Richtern können in den einzelnen Verfahrensordnungen unverändert bleiben.

Die Amtsverschwiegenheit geht in mancher Hinsicht weiter als die Wahrung des Beratungsgeheimnisses und sollte unabhängig davon statuiert werden. Befreiung erteilt der Präsident, nicht das Präsidium.

*Treue zur Verfassung.* Der Richter muss sich zur freiheitlichen demokratischen Grundordnung bekennen und für ihre Erhaltung eintreten. Diese Pflicht besteht für jeden Angehörigen des öffentlichen Dienstes, Richter wie Beamten. Sie sollte deshalb im Richtergesetz mit den gleichen Worten wie in § 52 Abs. 2 BBG bekräftigt werden. Rechtsstaat, Freiheit und Gleichheit sind Elemente der freiheitlichen demokratischen Grundordnung[190]. Es wäre überflüssig, sie im Richtergesetz gesondert zu erwähnen.

## § 27. *Politische Zurückhaltung*

*Bedenken gegen politische Aktivität.* Aus Begriff und Wesen des Richteramtes folgt nicht eine Pflicht, sich – außerhalb des Amtes – politisch neutral zu halten[191]. Andererseits erwartet das Volk von dem Richter eine strengere politische Zurückhaltung als von einem Beamten. Meinungen und Forderungen im Schrifttum gehen weit auseinander[192]. Es

---

189 § 42 Abs. 2, § 48 Abs. 1 ZPO, § 24 Abs. 2, § 30 StPO, § 6 FGG.

190 BVerfG, DÖV 1953, S. 83 (SRP-Urteil).

191 Holtkotten, BK, Art. 98, II, A, 2, d, S. 122.

192 Für ein „politisches Zölibat", sogar unter Verzicht auf das aktive Wahlrecht: Rotberg, DRZ 1937, S. 107; gegen jede Entpolitisierung: Oppler, DRZ 1947, S. 325.

überwiegt jedoch erheblich der Wunsch, den Richtern politische Tätigkeit in der Öffentlichkeit zu untersagen[193]. Jedenfalls sind Mitgliedschaft in einer Volksvertretung und Ausübung des Richteramtes unvereinbar. Das folgt aus dem Wesen der Rechtsprechung und der Pflicht des Richters, seine innere Unabhängigkeit zu wahren. Auch während der Kandidatur für eine Volksvertretung muss die Wahrnehmung richterlicher Aufgaben untersagt werden[194]. Es genügt nicht, dass der Richter unparteiisch urteilt, der Rechtsuchende muss auch überzeugt sein, dass der Richter unparteiisch ist und sich nicht in einem politischen Interessenkonflikt begeben hat.

*Richter in Parlamenten.* Diese Erwägungen sprechen für eine politische Neutralisierung. Auf der anderen Seite steht das Interesse des Staates, dass Richter auch in der aktiven Politik mitwirken. Bildung, Lebenskenntnis und die Fähigkeit zu abgewogenem Urteil empfehlen den Richter oft für eine politische Position. Als Berater von Parteien und als Sachverständige in Ausschüssen können Richter ihre Fähigkeit nur beschränkt der Politik zur Verfügung stellen.

Beide Interessen müssen gegeneinander abgewogen werden. Dem Richter sollte das aktive und passive Wahlrecht bleiben. Der Zugang zur Politik und zu einem Abgeordnetenmandat darf ihm auch nicht erschwert werden. Mitgliedschaft in einer Partei kann den Richtern nicht verboten werden. Anderseits ist von dem Richter in der Öffentlichkeit mehr politische Zurückhaltung als von einem Beamten zu verlangen. Die gleichen Grundsätze sind in § 27 des Rothenburger Entwurfs der Landesjustizverwaltungen vom 2.4.1950 formuliert worden:

*§ ... Politische Betätigung*

(1) Ein Richter darf sich nicht in der Öffentlichkeit parteipolitisch betätigen, es sei denn, dass er als Wahlbewerber für den Bundestag oder einen Landtag auftritt oder ein Mandat in einem dieser Parlamente innehat. Als Öffentlichkeit im Sinne dieser Vorschrift gilt nicht eine geschlossene Parteiversammlung.

(2) Tritt ein Richter als Wahlbewerber für den Bundestag oder einen Landtag auf, so wird er bis zum Wahltag beurlaubt und hat sich jeder Amtsausübung zu enthalten. Wird er zum Abgeordneten gewählt, und nimmt er die Wahl an, so tritt er in den Wartestand …

(3) Ein Richter darf nicht Mitglied eines Gemeinderats oder Kreisrats sein …

---

193 Ule, Justiz und Verfassung 1948, S. 29, 49, 52; Kern, NJW 1949, S. 603; Arndt, JuV 1950, S. 149; Scholz, NJW 1949, S. 886; Schiffer, Deutsche Justiz 1949, S. 270, 273.

194 Die Inkompatibilität ist also über § 1 des Gesetzes vom 4.8.1953, BGBl. I S. 777, hinaus zu erstrecken.

*Beschränkung der Grundrechte.* Eine derartige Regelung erscheint verfassungsrechtlich unbedenklich. Der Richter genießt zwar wie jeder Angehörige des öffentlichen Dienstes die Grundrechte der freien Meinungsäußerung und der Vereinigungsfreiheit (Art. 5 Abs. 1 Satz 1 und Art. 9 Abs. 1 GG). Diese Grundrechte können ihm nur so weit eingeschränkt werden, als es den hergebrachten Grundsätzen des Berufsbeamtentums entspricht (Art. 33 Abs. 5 GG)[195]. Deshalb kann einem Angehörigen des öffentlichen Dienstes die „aktive politische Betätigung" untersagt werden[196], es kann ihm allerdings nicht der Beitritt zu Vereinigungen oder politischen Parteien verboten werden[197]. Herkömmlicherweise ist den Richtern wie allen Angehörigen des öffentlichen Dienstes die Zugehörigkeit zu politischen Parteien erlaubt, sie steht ihnen auch künftig frei[198]. Das gehört zu den hergebrachten Grundsätzen des öffentlichen Dienstes (Art. 33 Abs. 5 GG).

*Kommunalvertretungen.* Die Zugehörigkeit zu Gemeinderäten und Kreistagen erscheint besonders nachteilig, weil der Richter dort stark in die öffentliche politische Auseinandersetzung gerade seines Sprengels hineingezogen würde. Auf der Kommunalebene sind politische und persönliche Gegensätze besonders schwer zu trennen. Ein Verbot für Kommunalvertretungen erscheint auch verfassungsrechtlich zulässig, da jedes Grundrecht kraft des öffentlichen Gewaltverhältnisses so weit beschränkt werden kann, als der Zweck des Dienstverhältnisses es unbedingt fordert[199].

*Rückkehr nach politischem Urlaub.* Kehrt ein Richter nach Ablauf seines Abgeordnetenmandats oder als geschlagener Wahlbewerber in sein Amt zurück, so ist seine vorübergehende politische Aktivität bekannt geworden und wirkt möglicherweise bei den Gerichtseingesessenen nach. Dem könnte abgeholfen werden, indem der Richter nur in ein Beamtenverhältnis mit gleicher Besoldung aufgenommen wird. Es scheint aber nicht angängig, dies vorzuschreiben, denn dann entstünde der Eindruck, dass ein Richter durch politische Betätigung sein Richteramt verwirkt, also eine capitis diminutio erleitet. Nicht zu empfehlen wäre auch eine Zwischenlösung der Art, dass der Richter am Ende seines politischen Urlaubs erst einige Zeit als Beamter und dann wieder als Richter verwendet werden könnte. Die Wartezeit wäre als eine Quarantänefrist anzusehen und würde die politische Tätigkeit diskriminieren. Kehrt ein Richter nach politischem Urlaub in sein Amt zurück, so können die politischen Nachwirkungen ohne Gefahr für das Ansehen der Rechtspflege in Kauf genommen werden.

---

195 v. Mangoldt, Art. 33 Bem. 7, S. 212; Fischbach, BBG, 1954, Einleitung V, 4, S. 19. Die unmittelbare Geltung des Art. 33 Abs. 5 GG ist jetzt anerkannt; Bochalli BBG, 1954, Einl. II, S. 4.

196 Jess, BK, Art. 33, II, 7, i, S. 10; Bochalli § 53 Nr. 1.

197 Fischbach, Einleitung V, 5, c, S. 22; wohl auch Wernicke, BK, Art. 9, II, 3, c, S. 12.

198 Art. 130 Abs. 2 Weim. Verf., § 91 BBG; Grabendorff, DÖV 1951, S. 550. Bochalli § 53 Nr. 1.

199 Fischbach, Einleitung, V, 4, S. 19.

## § 28. *Nebentätigkeiten*

Die Nebentätigkeit kann für Richter nach denselben Grundsätzen geregelt werden wie für Beamte. Mit der Unabhängigkeit des Richters ist es vereinbar, dass er im Nebenamt Verwaltungsaufgaben wahrnimmt (oben bei Anm. 33). Der Richter kann auch im gleichen Umfange wie ein Beamter zur Übernahme einer Nebenbeschäftigung verpflichtet werden (§ 64 BBG).

*Strengere Maßstäbe.* Die Öffentlichkeit erwartet aber von dem Richter ein höheres Maß an Unabhängigkeit und Zurückhaltung als von einem Beamten. Er soll sich von wirtschaftlichen Bindungen ebenso fernhalten wie von politischen. Den Beamten gestattet § 65 Abs. 2 BBG Nebentätigkeiten in einem nunmehr erweiterten Umfange. Die Gründe, aus denen eine Nebentätigkeit untersagt werden kann, sind abschließend aufgezählt[200]. Für Richter werden strengere Maßstäbe geboten sein. Das Richtergesetz sollte zu dem früheren Rechtszustand zurückkehren und die Genehmigung von Nebentätigkeiten in das Ermessen der Gerichtsverwaltung stellen. Der grundsätzlich herausgehobenen Stellung der Richter entspricht hier eine Pflicht zu besonderer Zurückhaltung.

*Aufsichtsräte.* Das geltende Recht sieht vor, dass auch einem Richter der Eintritt in den Vorstand oder Aufsichtsrat einer Gesellschaft gestattet werden kann (§ 65 Abs. 1 Nr. 3, § 189 Abs. 1 BBG). Damit ist das äußerste Maß dessen erreicht, was einem Richter an nebenberuflichen, wirtschaftlichen Interessen allenfalls gestattet werden kann. Das Richtergesetz sollte aber doch davon absehen, die Zugehörigkeit zu Aufsichtsräten und Vorständen – die selten vorkommt – generell zu verbieten. Jedenfalls könnte die Übernahme eines Gesellschaftspostens nicht untersagt werden, wenn der Richter am Kapital der Gesellschaft wesentlich beteiligt ist. In diesem Falle bedeutet die Mitwirkung in den Organen nichts anderes als die Verwaltung eigenen Vermögens (§ 66 Abs. 1 Nr. 1 BBG), die nicht verboten werden kann. Die Übernahme einer Treuhandgesellschaft (etwa in einem Sanierungsverfahren) dürfte stets genehmigt werden.

*Schiedsgerichte.* Die Tätigkeiten als Gutachter und als Schiedsrichter sind verschieden zu bewerten. Schiedsrichter und Spruchrichter haben ähnliche Funktionen. Trotzdem begegnet eine schiedsrichterliche Tätigkeit der Richter gewissen Bedenken. Die Flucht in die Schiedsgerichtsbarkeit dient nicht nur einer Beschleunigung der Streitentscheidung, sondern sie hat vielfach planmäßig ganze Gebiete der staatlichen Rechtsprechung entzogen (Kartellrecht, Lizenzen, Seerecht). Diese Tendenz kann der Gesetzgeber nicht begünstigen[201]. Das Richtergesetz ist allerdings nicht der Ort für Gegenmaßnahmen. Es ist noch eher tragbar, dass Richter die Schiedsgerichte übernehmen, als dass

---

200 Fischbach, BBG, § 65 Anm. II.

201 § 66 der Reg. Vorlage für ein Ges. gegen Wettbewerbsbeschränkungen (Bundesrats-Drucksache Nr. 53/54 vom 30.4.1954) erklärt Schiedsverträge in Kartellsachen für nichtig.

andere, möglicherweise interessengebundene Juristen diese Funktionen verwalten. Ein Richter mag deshalb mit Genehmigung der Amtsleitung den Vorsitz in einem Schiedsgericht übernehmen. Bedenklich ist es bereits, wenn er von einer Partei als Beisitzer eines Schiedsgerichts benannt wird. Die Vergünstigung, wonach ein Richter im Gegensatz zu einem Beamten mehrmals in einem Jahr als Schiedsrichter tätig werden kann[202], Sollte beibehalten werden.

*Gutachten.* Entgeltliche Gutachtertätigkeit nähert sich aber mehr der anwaltlichen Interessenvertretung als einer richterlichen Funktion. Sie sollte für Richter künftig unzulässig sein.

*Genehmigungsverfahren.* In Angelegenheiten der Nebentätigkeit ist das Präsidium zu hören. Die Genehmigung erteilt der Präsident oder aufsichtführende Richter. Gegen seine Entscheidung kann – wie nach Beamtenrecht[203] - Anfechtungsklage erhoben werden. Für Angelegenheiten der Richter wird das Dienstgericht zuständig sein.

Im Übrigen scheint es geboten, die Bestimmungen des BBG über Nebentätigkeiten (§§ 64–69 mit DVO) wörtlich zu übernehmen, damit das Recht des öffentlichen Dienstes nicht unnötig aufgesplittert wird und damit die Rechtsprechung für Beamtenrecht und Richterrecht parallel laufen kann.

## § 29. *Disziplinarrecht, Dienstgerichte, Rechtsweg*

Der Richter begeht ein Dienstvergehen, wenn er schuldhaft eine Amtspflicht verletzt. Diesen Grundsatz muss das Richtergesetz mit den herkömmlichen Differenzierungen beispielsweise für Richter im Ruhestand proklamieren[204]. Weiterhin muss das Richtergesetz die Strafarten und ihre Verbindung regeln[205].

*Vergehen bei der Rechtsfindung.* Ein Richter verletzt Amtspflichten, wenn er ein gesetzwidriges Verfahren anwendet oder wenn er eine den Gesetzen widersprechende Entscheidung fällt. Deshalb können auch der Inhalt einer richterlichen Entscheidung und das Verfahren bei der Rechtsfindung disziplinar geprüft und geahndet werden[206]. Das entspricht der herrschenden Meinung[207]. Die Garantien der richterlichen Unabhängigkeit treten zurück hinter der höheren Pflicht des Staates, für eine geordnete Rechtspflege

---

202 Nr, 7 Satz 3 der VO über Nebentätigkeit, Bundesfassung vom 17.5.1950, BGBl. 1951, I, S. 94.

203 Anders, BBG, § 65 Nr. 1.

204 In Anlehnung an § 77 BBG und § 42 des Rothenburger Entwurfs der Landesjustizverwaltungen.

205 In Anlehnung an § 4 der Bundes-Disziplinarordnung, Fassung vom 28.11.1952, BGBl. I, S. 761,

206 So ausdrücklich § 109 Abs. 1 der RDStrO vom 26.1.1937, RGBl. I, S. 71, 88, der allerdings nicht in die Bundesfassung vom 30.6.1950, BGBl. S. 307, 320 und in die BDO vom 28.11.1952, BGBl. I, S. 749, 778 übernommen wurde.

207 Baur, Justizaufsicht, 1954, S. 33, 36 mit weiteren Nachweisen; Eb. Schmidt, Justiz u. Verf. S. 92; a.M.: Dahm, Deutsches Recht, 1951, S. 396 Anm. 13.

zu sorgen. Die Unabhängigkeit des Richters ist hinreichend dadurch gesichert, dass nur ein Disziplinargericht prüfen und ahnden kann. Das Richtergesetz sollte klarstellen, dass auch wegen Form und Inhalt der Rechtsfindung Disziplinarverfahren eingeleitet werden können.

*Formelles Dienststrafrecht.* Das Verfahrensrecht in Dienststrafsachen bedarf keiner sachlichen Änderung. Nur das Dienstgericht kann einen Richter vorläufig seines Amtes entheben oder Einbehaltung seiner Dienstbezüge anordnen. Das ist bereits in Bund (§ 108 BDO) und Ländern geltendes Recht. Ebenso wenig kann die Gerichtsverwaltung einem Richter die Führung seiner Amtsgeschäfte untersagen (§ 60, § 189 Abs. 1 Satz 1 BBG). Das Richtergesetz hat keine Veranlassung, abweichende Vorschriften für das Dienststrafverfahren aufzustellen[208].

*Verfassung der Dienstgerichte.* Als Disziplinargerichte sollten Dienstgerichte eingerichtet werden. Ihre Zusammensetzung muss das Richtergesetz ordnen. Es können nur gemeinsame Dienstgerichte für alle Zweige der Gerichtsbarkeit empfohlen werden. Das Grundgesetz hat die Richter von den Beamten unterschieden, das Richtergesetz wird nunmehr die Rechte, Pflichten und Dienststrafen für alle Richter gemeinsam normieren. Diesem neu geschaffenen materiellen Recht muss auch ein neues formelles Recht, vor allem eine eigene Verfassung der Dienstgerichte entsprechen. Nur die Disziplinarangelegenheiten der Verfassungsrichter werden auszusparen und dem Plenum eines jeden Verfassungsgerichts zu übertragen sein (§ 105 Abs. 2 Nr. 2 BVerfGG).

*Gemeinsame Dienstgerichte.* Im Übrigen ist die Schaffung einer gemeinsamen Gerichtsorganisation für Richterangelegenheiten grundsätzlich geboten, weil die Rechtsstellung der Richter, ihre Unabhängigkeit, ihre Rechte und Pflichten in allen Zweigen gleich sind. Gemeinsame Dienstgerichte für alle Zweige der Gerichtsbarkeit empfehlen sich auch aus praktischen Erwägungen, weil getrennte Gerichte zu wenig beschäftigt wären, um disziplinare und dienstrechtliche Erfahrungen zu sammeln. Den fachlichen Besonderheiten in den einzelnen Zweigen der Gerichtsbarkeit kann genügend Rechnung getragen werden durch Beisitzer[209].

Die ständigen Mitglieder der Dienstgerichte müssen im Einklang auch mit dem bisherigen Recht die Fähigkeit zum Richteramt (§ 2 GVG) oder zum höheren Verwaltungsdienst besitzen und Richter auf Lebenszeit sein[210]. Sie sollten von dem Justizminister des Landes oder des Bundes nach Anhörung der Präsidien aller oberen Gerichte[211] ernannt

---

208 Kern, NJW 1949, S. 605, befürwortet eine vollständige Regelung des materiellen und formellen Dienststrafrechts im Richtergesetz.

209 van Husen, DVBl. 1953, S. 525, 527 hält das nicht für ausreichend. Er befürwortet getrennte Disziplinargerichte.

210 van Husen, S. 528.

211 Baur, Justizaufsicht, 1954, S. 75 beanstandet, dass bisher die Disziplinargerichte zu sehr dem Einfluss der Justizverwaltung ausgesetzt waren.

werden. Der Justizminister wird auch die Dienstaufsicht über die Dienstgerichte zu führen haben[212]. Die nichtständigen Beisitzer müssen der gleichen Gerichtsbarkeit wie der Beschuldigte angehören und können durch das (erweiterte) Präsidium des oberen Gerichts jeder Gerichtsbarkeit auf sechs Jahre gewählt werden.

*Rechtsweg.* Das Richtergesetz muss auch einen Rechtsweg für die Ansprüche aus dem Richteramt eröffnen[213]. Rechtsstreite aus dem Richteramt sollten den Dienstgerichten zugewiesen werden. Wenn nunmehr ein einheitliches Richtergesetz geschaffen wird, muss die Rechtsprechung gleichfalls einheitlich sein. Alle Rechtsstreitigkeiten von Richtern ob vermögensrechtlicher, dienstrechtlicher[214] oder disziplinarrechtlicher Natur sollten bei den gleichen Dienstgerichten zusammengefasst werden[215], damit sich dort einheitliche Grundauffassungen bilden können.

*Dienstgericht des Bundes.* Auf der Bundesebene wird es nicht möglich sein, das Dienstgericht als selbständiges oberes Bundesgericht zu errichten, denn die Aufzählung in Art. 96 Abs. 1 GG ist nach einer verbreiteten Auffassung abschließend[216] und gestattet nicht die Einrichtung von Sonderverwaltungsgerichten des Bundes[217]. Das Dienstgericht muss Teil eines der bereits bestehenden oberen Bundesgerichte werden. Die Eingliederung darf nicht nur eine Form sein, vielmehr muss das Dienstgericht mit den anderen Teilen des Bundesgerichts ein gemeinsames Plenum und ein gemeinsames Präsidium bilden. Auch die Gerichtsverwaltung muss gemeinsam sein. Das Wesen des Dienstgerichts besteht aber darin, dass seine Mitglieder aus den sechs Zweigen der Gerichtsbarkeit ausgewählt sind und eine einheitliche Auffassung von der Rechtsstellung der Richter entwickeln sollen. Die Mitglieder des Dienstgerichts können deshalb nicht mit den anderen Mitgliedern des Bundesgerichts ausgewechselt werden[218].

Dem Bundesgericht müssen also zwei Gruppen von Richtern angehören, die zur Verwendung in zwei verschiedenen Teilen des Gerichts bestimmt sind. Das geltende Recht kennt eine ähnliche Zusammenstellung bereits bei den Landgerichten, wo die Handelsrichter alle Rechte und Pflichten eines Richters besitzen (§ 112 GVG) und doch nur an den Kammern für Handelssachen verwendet werden dürfen. Getrennte Senate, zwischen

212 Entsprechend dem herkömmlichen Grundsatz in § 110 BDO und beispielsweise § 133 der DisziplinarO NRW vom 8.12.1953, GVBl. S. 415.

213 Entsprechend § 172 BBG, § 9 GVG.

214 Beispielsweise: Rechtsstreite über das Bestehen eines Richterverhältnisses; Anfechtung von Verwaltungsakten, die im Rahmen eines Richterverhältnisses ergangen sind.

215 So auch § 45 Abs. 1 des Rothenburger Entwurfs der Landesjustizverwaltungen.

216 Nur die Dienststrafgerichte könnten als selbständige obere Bundesgerichte gebildet werden, Art. 96 Abs. 3 GG.

217 Ule, DVBl. 1953, S. 397 mit Nachweisungen (Anm. 8); Scheuner, DÖV 1953, S. 521; die gemischte Kommission hat diese Frage allerdings offen gelassen, Ule, aaO., S. 396.

218 Diese Forderung stellt allerdings die gemischte Kommission auf für die Bildung besonderer Senate bei einem Bundesgericht, Ule, DVBl. 1953, S. 398.

denen die Richter nicht ausgewechselt werden können, besitzt auch das Bundesverfassungsgericht.

*Teil des BGH.* Das Dienstgericht des Bundes könnte als Abteilung dem Bundesverwaltungsgericht oder dem Bundesgerichtshof eingegliedert werden. Mit dem Bundesverwaltungsgericht wird es durch den weithin dienstrechtlichen, also öffentlich-rechtlichen Charakter seiner Rechtsprechung verbunden. Für Eingliederung in den Bundesgerichtshof spricht aber entscheidend folgende Erwägung: Die Dienstgerichte sollen Rechtsstreite aus allen sechs Zweigen der Gerichtsbarkeit verhandeln. Die rechtsstaatliche Überlieferung in Deutschland und das gegenwärtige Verfassungsrecht gestatten nur der ordentlichen Gerichtsbarkeit ein stärkeres Hinübergreifen in Bereiche, die im Wesentlichen anderen Gerichtsbarkeiten unterliegen. Das Grundgesetz bestimmt dieses Prinzip vornehmlich in Art. 19 Abs. 4 Satz 2; Art. 14 Abs. 3 Satz 4 und Art. 34 Satz 3. Historisch gesehen ist die ordentliche Gerichtsbarkeit die erste Verkörperung der rechtsprechenden Gewalt, sie besitzt auch heute verfassungsmäßig die allgemein subsidiäre Zuständigkeit. Fragen, die mehrere Gerichtsbarkeiten berühren, sollten deshalb systemgerecht nur der ordentlichen Gerichtsbarkeit zugewiesen werden. Schließlich hat das Grundgesetz auch für Amtshaftung und Rückgriff den ordentlichen Rechtsweg eröffnet (Art. 34 Satz 3). Eine wirklich einheitliche Rechtsprechung zum Richterrecht lässt sich deshalb nur erreichen, wenn das Dienstgericht dem Bundesgerichtshof eingegliedert wird.

*Dienstgerichte der Länder.* Aus den gleichen Erwägungen sollten die Dienstgerichte der Länder als Teile der ordentlichen Gerichte, also der Landgerichte und der Oberlandesgerichte, eingerichtet werden. Sie sind mit Richtern aus allen Zweigen der Gerichtsbarkeit zu besetzen. Die Gesetzgebungskompetenz des Bundes aus Art. 74 Nr. 1 GG trägt auch diese Bestimmung. Die Richter des Bundes müssen ihre Rechtsstreite in erster und zweiter Instanz dann vor den Dienstgerichten der Länder durchführen.

*Instanzenzug.* Parallel zu dem allgemeinen Schema des deutschen Instanzenzuges sollten wohl zwei Tatsacheninstanzen und eine Revisionsinstanz geschaffen werden. Die beiden Tatsacheninstanzen wären Gerichte der Länder. Die Revision an das Dienstgericht des Bundes sollte der ausdrücklichen Zulassung durch ein Landesgericht bedürfen. Das Verfahren vor den Dienstgerichten wird das Richtergesetz in weitgehender Übereinstimmung mit der Verwaltungsgerichtsordnung regeln können.

Im Ergebnis wird damit für alle Rechtsstreite aus dem Richteramt und für alle Disziplinarsachen ein einheitlicher Instanzenzug vorgeschlagen, dessen Gerichte mit Richtern aus den sechs Zweigen der Gerichtsbarkeit besetzt werden und der in letzter Instanz Teil des Bundesgerichtshofes ist.

## § 30. *Maßnahmen gegen Minderleistung*

*Leistungsprinzip.* Für jeden Angehörigen des öffentlichen Dienstes gilt das Leistungsprinzip[219]: Er darf in den öffentlichen Dienst nur aufgenommen werden, wenn er angemessene Fähigkeiten nachweist und er kann im Dienst nur verbleiben oder aufrücken, wenn seine Leistung den objektiven Anforderungen an seine Stellung entsprechen.

Für Richter kann die Innehaltung des Leistungsprinzips nur in sehr beschränktem Maße nachgeprüft werden. Andernfalls wäre die Unabhängigkeit der Richter gefährdet. Eine Nachprüfung ist deshalb nur durch ein richterliches Gremium denkbar. Es wäre auch nicht der Stellung der Richter gemäß, wenn die Gerichtsverwaltung Maßnahmen wegen Minderleistung ergreifen könnte und wenn der Richter dagegen eine gerichtliche Entscheidung herbeiführen müsste. Sachgemäß wäre nur ein Verfahren, wonach die Gerichtsverwaltung gemeinsam mit dem Präsidium das Dienstgericht anrufen kann, mit dem Antrag, festzustellen, dass Maßnahmen wegen Minderleistung zulässig sind.

*Verschulden, Dienstunfähigkeit.* Derartige Maßnahmen sind vor allem für Fälle zu erwägen, in denen ein Leistungsabfall weder auf Verschulden noch auf Dienstunfähigkeit zurückgeführt werden kann. Logisch nicht zu widerlegen ist allerdings der Einwand, jedes Zurückbleiben in der Leistung könne nur auf Verschulden oder auf Krankheit, also auf Dienstunfähigkeit, beruhen. Praktisch liegen Fälle von Minderleistung aber häufig auf der Grenze und können eindeutig weder auf Verschulden noch auf Dienstunfähigkeit zurückgeführt werden. Hier empfiehlt sich eine Vorschrift, die schwierige Beweisfragen vor den Dienstgerichten entbehrlich macht.

*Zurückbleiben der Leistung.* Die Landesjustizverwaltungen haben bei Ausarbeitung des Rothenburger Entwurfs mit 6:5 Stimmen eine Vorschrift abgelehnt, die in folgender Fassung vorgeschlagen war[220]:

> *§ ... Minderleistungen. (1) Ein Richter kann in den Ruhestand versetzt werden, wenn er in seinen Leistungen anhaltend hinter dem von einem Richter zu fordernden Maß so erheblich zurückbleibt, dass die Ausübung des Richteramtes durch ihn sich mit den unabweislichen Bedürfnissen der Rechtspflege nicht mehr vereinbaren lässt.*
> *(2) Über das Vorliegen dieser Voraussetzung entscheidet das Dienstgericht.*

Ansätze zu einer ähnlichen Regelung enthielten bereits[221]:

1. § 12 des Besoldungsgesetzes vom 15.7.1909, RGBl. S. 573, von dem die Richter allerdings wegen § 7 GVG ausdrücklich ausgenommen waren;

---

219 § 8 BBG; Fischbach, BBG, 1954, § 7 Anm. I, 3, S. 112.

220 S. 9 der Begründung zum Rothenburger Entwurf vom 2.4.1950.

221 Zusammenfassende Darstellung: Krüger, DÖV 1951, S. 485.

2. § 21 DBG in Verbindung mit der DVO vom 29.6.1937/ 13.10.1938 (RGBl. I S. 1421), dessen Anwendung kein Verschulden voraussetzte;
3. §§ 40, 66 des Gesetzes Nr. 15 der Militärregierungen der Bizone;
4. Art. 132 GG, der gegen 1271 Bedienstete, aber nur gegen einen Richter angewendet wurde[222];
5. § 28 des Berliner Richtergesetzes vom 9.1.1951, GVBl. S. 235, dessen Fassung dem Vorschlag zum Rothenburger Entwurf entspricht.

*Selbstreinigung der Richterschaft.* Die Richter sprechen sich in ihrer Mehrheit gegen eine Bestimmung diesen Inhalts aus, einige Stimmen im Schrifttum befürworten sie[223]. Entscheidend wird eine grundsätzliche Überlegung sein: Die Heraushebung des Richters aus der Beamtenschaft[224] bringt neben besonderen Rechten auch erhöhte Pflichten. Es ist nicht eine capitis diminutio der Richter, sondern eine Anerkennung ihrer besonderen, hohen Stellung, wenn den Richtern die Möglichkeit gegeben wird, im Wege der Selbstreinigung Richter mit Minderleistungen in den Ruhestand zu versetzen.

## VI. Abschnitt. *Rechte des Richters*

### § 31. *Besoldung*

*Rahmengesetz vom 25.7.1953.* Das Gesetz über besoldungsrechtliche Rahmenvorschriften für Richter und Staatsanwälte vom 25.7.1953, BGB. I S. 691, ermächtigt die Länder, die Dienstbezüge in gewissem Umfang zu erhöhen. Die Ermächtigung gilt nur für die vier unteren Besoldungsgruppen der Richter und Staatsanwälte und gestattet, das Endgrundgehalt um die folgenden monatlichen Beträge zu erhöhen: A 2 c2: 100 DM; A 2 c 1: 100 DM; A 2 b: 75 DM; A 1 b: 50 DM.

Nordrhein-Westfalen, Hamburg und Hessen haben bis zum Mai 1954 von der Ermächtigung Gebrauch gemacht. Rheinland-Pfalz zahlt seit dem 1.4.1954 Vorschuss auf die zu erwartende Gehaltserhöhung. In den anderen Ländern sind zum Mindesten Referentenentwürfe ausgearbeitet worden. In allen Ländern soll die Ermächtigung bis zum Höchstbetrage ausgenutzt werden.

---

222 Tabelle bei Krüger, S. 488.

223 Rotberg, DRZ 1950, Beiheft 12, S. 36; Arndt, JuV 1950, S. 151; wohl auch Holtkotten, BK, Art. 98, II, A, 2, k, S. 124.

224 So die allgemeine Kennzeichnung im Anschluss an Formulierungen im Parlamentarischen Rat, v. Mangoldt, Art. 92 Nr. 3, Art. 96 Nr. 3; Holtkotten, BK, Art. 98, I, S. 111; Zinn, DÖV 1949, S. 281.

*Einschätzung in Parlament und Öffentlichkeit.* Daraus ist als Auffassung des Bundestages[225] und offenbar aller Landtage festzustellen, dass es geboten ist, die Richter künftig höher zu besolden als diejenigen höheren Beamten, mit denen sie bisher eine Besoldungsgruppe teilten. Weiterhin ist als Erfahrungstatsache festzustellen, dass der unbefangene Staatsbürger vielfach die Stellung des Richters höher einschätzt als die eines ebenso vorgebildeten Beamten.

*Die Verantwortung des Richters.* Diese höhere Einschätzung im Volksbewusstsein ist auch rechtlich und verfassungspolitisch zu begründen[226]. Die Rechtsprechung als Institution verdient allerdings keinen höheren Rang als die Verwaltung. Beide Gewalten sind gleichgeordnet. Der Richter trägt aber eine größere Verantwortung als der Beamte[227]. Der Beamte ist weisungsgebunden, er findet stets Rückhalt und politische Entlastung durch seinen Vorgesetzten. Der Vorgesetzte des Beamten, der für ihn die Verantwortung trägt, ist auch folgerichtigerweise stets besser besoldet.

Die Verantwortung als innere Last wie als äußere Auseinandersetzung mit Presse, Parteien und Öffentlichkeit ist für den Richter weitaus schwerer als für den Beamten[228]. Der weisungsgebundene höhere Beamte in den Eingangsgruppen der Besoldungsordnung trägt eine erheblich geringere Verantwortung als der sachlich unabhängige Richter.

*Vergleich mit dem Beamten.* Die höhere Verantwortung des Richters wird nicht dadurch gemindert, dass Rechtsmittel gegen seine Entscheidung möglich sind. Auch die Entscheidung des Beamten kann revidiert werden, sie wird sogar häufiger abgeändert als die eines Richters, weil nur die richterliche Entscheidung der Rechtskraft fähig ist. Einige Beamte, vor allem Behördenleiter und auch Referenten in höheren Instanzen, tragen allerdings eine größere Verantwortung, weil sie nicht konkrete Einzelfälle entscheiden, sondern Richtlinien geben oder Grundsatzentscheidungen treffen. Deren Verantwortung ist häufig umfassender als die eines Richters in erster Instanz. Solche Beamte werden aber auch ausnahmslos höher besoldet.

Wegen seiner größeren menschlichen und fachlichen Verantwortung schätzt die Öffentlichkeit den Richter höher ein als den Beamten. Diese Einstellung zeigte sich auch mehrfach in den Erörterungen des Parlamentarischen Rats. Dort wurde wiederholt der

225 Besonders in der 1. Lesung vom 16.4.1953, 260. Sitzung, Amtliche Niederschrift, S. 12685 B – 12690 D, sprachen sich sämtliche Parteien für eine Gehaltsaufbesserung der Richter und Staatsanwälte aus. Auszüge aus der Debatte: DRiZ 1953, S. 77.

226 Bleibtreu im Plenum des Bundesrates, DRiZ 1953, S. 2.

227 Das bestreitet der Deutsche Beamtenbund in einem Rundschr. v. 17.6.1953, dazu Erwiderung des Deutschen Richterbundes vom 31.7.1953, beides in DRiZ 1953, S. 211.

228 Schreiben des Deutschen Richterbundes an den Vorsitzenden des Bundestags-Ausschusses für Beamtenrecht vom 20.2.1953, DRiZ 1953, S. 57.

Ausdruck gebraucht, dass der Richter aus der Beamtenschaft „emporgehoben" oder „herausgehoben" werden sollte[229].

*Politische Frage.* Diese Feststellungen enthalten soziale und staatspolitische Wertungen. Sie begründen keinen verfassungsrechtlichen Anspruch der Richter auf höhere Besoldung. Die Besoldungsfrage ist nur politisch zu lösen. Das Besoldungsgesetz vom 16.12.1927 hat erstmals alle akademisch vorgebildeten Beamten, die zwei Prüfungen abgelegt haben, in die gleiche Eingangsgruppe eingestuft. Diese Gleichbehandlung verschiedener Berufe war eine politische Entscheidung, die den heutigen Gesetzgeber nicht bindet.

*Ausland.* Der Vergleich mit dem Ausland gestattet keinen zwingenden Schluss. Die Richter sind in England, USA, Schweden und in der Türkei erheblich besser, in Italien, Frankreich und wohl auch in Österreich geringer besoldet als in der Bundesrepublik.

*Allgemeine Besoldungsreform.* Die Bundesregierung bereitet zur Zeit eine Besoldungsreform vor. Das Gehalt der Richter wird erst in dieser Reform abschließend festgelegt werden[230]. Bis dahin kann das Richtergesetz nur die Regelung aus dem Gesetz vom 25.7.1953 übernehmen.

Die Richterbesoldung in den Ländern unterscheidet sich aber nunmehr erheblich in den Anfangsstufen. Bei Ausführung der Ermächtigung haben die Länder bisher vier verschiedene Eingangsstufen bei gleichen Endstufen vorgesehen. Diese Zersplitterung des Besoldungsrechts innerhalb der gleichen Gerichtsbarkeit liegt nicht im Interesse der Rechtspflege und sollte den Bundesgesetzgeber veranlassen, im Richtergesetz auch eine Mindestbesoldung für die Eingangsstufen vorzuschreiben.

*Unterschiede zwischen den Gerichtsbarkeiten.* In einigen Ländern werden die Richter bei den Verwaltungsgerichten erster Instanz höher besoldet als die Richter bei den ordentlichen Gerichten erster Instanz. Teilweise bestehen Unterschiede auch in der zweiten Instanz[231]. Dem liegen politische Entscheidungen des Landesgesetzgebers zugrunde. Das Richtergesetz hat demgegenüber keine Veranlassung, eine einheitliche Besoldung unter den verschiedenen Gerichtsbarkeiten vorzuschreiben. Es sollte ein Mindestgehalt für die Eingangsstufen, aber nicht ein Höchstgehalt einführen.

---

229 Nachweise bei Holtkotten, BK, Art. 98, I, S. 111 und Art. 98, II, A, 1, a, S. 120; ebenso v. Mangoldt, Art. 92 Nr. 3, S. 501; Zinn, DÖV 1949, S. 281.

230 Arndt, JuV 1950, S. 150, fordert für Richter „ein unveränderliches Einzelgehalt"; ähnlich Kern, NJW 1949, S. 605.

231 Denkschrift des Vereins der Richter und Staatsanwälte, NRW vom November 1953 (Sonderdruck); dazu Erwiderung des Vereins der Verwaltungsrichter, NRW, DÖV 1954, S. 275.

## § 32. *Versorgung*

*Gleichstellung mit Beamten.* Wie jeder Angehörige des öffentlichen Dienstes, hat auch der Richter Anspruch auf Fürsorge und Versorgung. Die Versorgung umfasst vor allem: Ruhegehalt, Hinterbliebenenversorgung, Unfallfürsorge und Abfindung. In diesen Rechten unterscheidet sich der Richter nicht von den Beamten. Soweit die Richter bereits besoldungsrechtlich eine Sonderstellung erhalten haben, wirkt sich das kraft Gesetzes unmittelbar auf Ruhegehalt und andere Versorgungsansprüche aus. Es besteht keine Veranlassung, das Versorgungsrecht für die Richter anders zu regeln als für die Beamten[232].

Zweckmäßigerweise wird das Richtergesetz generell auf die beamtenrechtlichen Bestimmungen in ihrer jeweiligen Fassung verweisen. Damit ist eine weitere Differenzierung des geltenden Rechts unterbunden und es wird vermieden, dass Praxis oder Rechtsprechung in der Versorgung von Richtern und Beamten verschiedene Wege gehen.

## § 33. *Amtsbezeichnung*

*Sprachliche Mängel.* Die Amtsbezeichnungen der Richter sind nach geltendem Recht vielgestaltig. Die ordentliche Gerichtsbarkeit verleiht 15, die Verwaltungsgerichtsbarkeit 12 Titel. Ein großer Teil von ihnen kann sprachlich nicht befriedigen. Viele Amtsbezeichnungen sind aus vier Worten zusammengesetzt (Landessozialgerichtsrat, Oberlandesgerichtspräsident). Seit langem wird der Wunsch erörtert, die differenzierten Amtsbezeichnungen zu beseitigen und grundsätzlich durch die einfache Bezeichnung „Richter an dem …“ zu ersetzen[233]. Vor allem der Bestandteil „rat“ ist unsachgemäß, denn ein Richter berät nicht einen Höherstehenden, sondern entscheidet in eigener Verantwortung[234]. Der Wortteil „direktor“ führt irre, denn er deutet ein Direktionsrecht an, das keinem Richter, auch nicht dem Richter als Amtsvorstand, zukommt.

*Präsident, Vorsitzender.* Beizubehalten ist die Bezeichnung „Präsident“, jedoch dürfte sie nur in Verwaltungsangelegenheiten, nicht aber bei der Rechtsprechung geführt werden. Die Vorsitzenden der Kammern und Senate könnten auch künftig durch eine Amtsbezeichnung hervorgehoben werden. Die Bezeichnung „Oberrichter“ scheint nicht sehr glücklich, nur in der Umgangssprache wird sie manchenorts für Oberlandesgerichtsräte verwendet. Sie kommt für die Vorsitzenden der Kammern und Senate nicht in Betracht. Am ehesten empfiehlt es sich, die Amtsbezeichnung an die Funktion anzupassen und die Bezeichnung „Vorsitzender Richter“ (Anredeform: Herr Vorsitzender) zu wählen.

---

232 Verfassungsrechtlich wäre es zulässig, in das Richtergesetz Mindestbestimmungen für die Versorgung aufzunehmen. So § 38 Abs. 2 und S. 30 der Begründung des Rothenburger Entwurfs der Landesjustizverwaltungen.

233 Kern, NJW 1949, S. 605; Arndt, JuV 1950, S. 149.

234 Holtkotten, BK, Art. 98, II, A, 2, f, S. 122.

*Gemeinsam an allen Gerichten.* Diese Amtsbezeichnungen könnten in allen sechs Zweigen der Gerichtsbarkeit einheitlich verwendet werden und so die Einheit der Rechtsprechung augenfällig machen. Das Richtergesetz[235] sollte also für die Gerichte der Länder als Amtsbezeichnung vorschreiben: Richter an dem ..., Vorsitzender Richter an dem ..., Präsident des ...

und für die oberen Bundesgerichte: Bundesrichter an dem ..., Vorsitzender Richter an dem ..., Präsident des ...

Die Wortbildung „Bundesoberrichter" befriedigt das Sprachgefühl nicht.

Die Amtsbezeichnung ist eine Frage des Stils und der Würde. Die Mehrheit der Richter wird sich wohl für eine Vereinfachung aussprechen. Die Öffentlichkeit wird das nicht als Minderung des Ansehens, sondern als willkommene Freiheit von Titelsucht empfinden. Das Richtergesetz sollte sich hier vor allem auf die Wünsche der Richter einstellen.

## § 34. *Ruhestand*

*Übergangsvorschriften.* Bis zum 31. 12.1954 gilt für Bundesrichter noch eine Altersgrenze von 72 Jahren[236]. In der Folgezeit würden die Bundesrichter bereits mit 65 Jahren in den Ruhestand treten (§ 41 Abs. 1; § 189 Abs. 1 BBG). Es ist jedoch beabsichtigt, bis zum Inkrafttreten des Richtergesetzes eine Übergangslösung zu schaffen, die möglicherweise eine Altersgrenze von 68 Jahren für Bundesrichter setzt. Am Bundessozialgericht und Bundesarbeitsgericht tritt eine Altersgrenze erst am 1.1.1957 in Kraft[237]. Die Landesrichter treten in der Britischen Zone mit 68 Jahren in den Ruhestand[238], in den anderen Ländern der Bundesrepublik und in Berlin mit Vollendung des 65. Lebensjahres.

*Höhere Lebenserwartung.* Der medizinische und zivilisatorische Fortschritt in den letzten Jahrzehnten hat die durchschnittliche Lebensdauer verlängert. Ein Mann im Alter von 30 Jahren, also etwa im Anstellungsalter eines deutschen Richters, hatte folgende Lebenserwartung[239]: 1871 weitere 31, 41 Lebensjahre, 1881 weitere 32, 11 Lebensjahre, 1901 weitere 34, 55 Lebensjahre, 1924 weitere 38, 56 Lebensjahre, 1932 weitere 39, 47

---

235 Die Landesjustizverwaltungen waren der Meinung, die Amtsbezeichnungen könnten in einem Rahmengesetz nicht geregelt werden (S. 10 der Begründung zum Rothenburger Entwurf), jedoch kann der Bund dafür seine konkurrierende Zuständigkeit aus Art. 74 Nr. 1 GG in Anspruch nehmen.

236 § 1 Abs. 1 des Gesetzes vom 19.12.1952, BGBl. I S. 806. Am BVerfG besteht eine Altersgrenze nur, soweit die Richter aus den Mitgliedern der oberen Bundesgerichte gewählt sind, § 4 Abs. 1 BVerfGG.

237 § 119 ArbGG; § 211 SGG.

238 VO des ZJA vom 30.3.1948, VOBl. S. 73.

239 Statistisches Jahrbuch für die Bundesrepublik, 1953, S. 66.

Lebensjahre, 1946 weitere 39, 20 Lebensjahre, 1951 weitere 41, 32 Lebensjahre. Seit 1871 hat sich also die durchschnittliche Lebensdauer um 10 Jahre verlängert. Es kann angenommen werden, dass auch die geistige Leistungsfähigkeit etwa entsprechend länger erhalten bleibt. Statistische Angaben oder Berichte zu dieser Frage fehlen. Allgemeine Feststellungen sind nicht möglich. Hochentwickelte Persönlichkeiten bewahren allerdings meist ihre geistige Leistungsfähigkeit besonders lange[240]. Die Erfahrungen der Gerichte mit älteren Richtern, etwa zwischen 65 und 70 Jahren, lassen sich nicht auf einen gemeinsamen Nenner bringen.

*Verlängerung im Einzelfall.* Die geistige Spannkraft erlahmt in recht verschiedenen Altersstufen. Grundsätzliche Erwägungen verbieten aber, die Altersgrenze des einzelnen Richters individuell zu bestimmen, also die Dienstzeit im Einzelfall zu verlängern, wie das für Beamte allgemein möglich ist (§ 41 Abs. 2 BBG)[241]. Die persönliche Unabhängigkeit eines Richters wird beeinträchtigt, wenn seine Dienstaltersgrenze von dem Ermessen der Verwaltung abhängt. Ein Hinausschieben der Altersgrenze im Einzelfall begegnet deshalb verfassungsrechtlichen Bedenken[242]. Für Bundesrichter ist die Verlängerung nicht ausdrücklich verboten, wird aber gleichwohl allgemein als unzulässig betrachtet[243]. Das Richtergesetz sollte eine ausnahmslose Altersgrenze festsetzen.

Die Altersgrenze wird für alle Richter im Bundesgebiet einheitlich zu bestimmen und wohl zunächst auf 68 Jahre zu erhöhen sein[244]. Das entspricht der nahezu einstimmigen Auffassung der Richter.

*Altersweisheit.* Das Hinausschieben der Altersgrenze rechtfertigt sich in gewissem Umfang schon aus der gestiegenen Lebenserwartung. Für Richter gilt aber eine besondere Erwägung. Die ersten Anforderungen an einen Richter sind Abgeklärtheit, Ausgewogenheit des Urteils und Lebenskenntnis. Das sind Eigenschaften, die mit zunehmendem Alter ausgeprägter werden[245]. Geistige Beweglichkeit, Schnelligkeit und Entschlusskraft erlahmen früher[246].

---

240 Rothacker, Die Schichten der Persönlichkeit, 1952, S. 123.

241 Bremen ließ mit Gesetz vom 28.3.1952 eine Verlängerung zu, hob diese Bestimmung aber durch Gesetz vom 4.7.1952, GVBl. S. 67, wieder auf. In Bayern ist eine Verlängerung noch möglich, Art. 92 Abs. 2, Art. 168 des Bayr. Beamtenregisters vom 28.10.1946, GVBl. S. 349.

242 Allgemeine Auffassung; Mende bei Anschütz-Thoma, Handbuch, 1932, Bd. II, S. 82; Roemer, Bayer. Beamtenzeitung, 1952, S. 113. Das ZJA bezeichnete eine individuelle Verlängerung als „unerwünscht", Begründung zur VO vom 30.3.1948, ZJBl. 1948, S. 81. Dazu auch § 60 a Abs. 3 des Reichsbeamtengesetzes vom 31.3.1873.

243 Anders, BBG, 1953, § 189 Anm. 1; Fischbach, BBG, 1954, § 189, Bem. II, Abs. 3.

244 Dazu die Zusammenstellung in DRiZ 1953, S. 59.

245 Dahm, Deutsches Recht, 1951, S. 388.

246 Roemer, Bayer. Beamtenzeitung, 1952, S. 115, befürwortet aus diesen Gründen für Richter eine längere Amtsdauer als für Beamte. Ebenso die Begründung zur VO des ZJA vom 30.3.1948, ZJBl. 1948, S. 81.

*Ausland.* Die Erfahrungen und Regelungen im Ausland sprechen gleichfalls für eine Erhöhung der Altersgrenze der Richter. *75 Jahre* beträgt das Ruhestandsalter in Kanada und teilweise in Belgien. In Frankreich lag es bis 1953 für den Kassationshof ebenso hoch. Mehrfach wurde jedoch berichtet, dass eine große Anzahl der Richter vor Erreichung dieses Alters amtsunfähig wurde oder aus eigenem Entschluss die Pensionierung nachsuchte[247]. *72 Jahre* sind in Spanien und teilweise in Belgien, *70 Jahre* in Frankreich, Italien, Holland, der Schweiz, Portugal sowie bei einigen Gerichten in den USA und in Belgien als Altersgrenze eingeführt. Für die Schweiz ist anzumerken, dass keine ausdrückliche Altersgrenze besteht, dass es aber Brauch ist, Richter nach Vollendung des 70. Jahres nicht wiederzuwählen. *65 Jahre* beträgt die Altersgrenze nur in den Deutschland benachbarten Ländern Österreich und Luxemburg. Allgemein hat das Ausland die gestiegene Lebenserwartung und die besondere Befähigung der Richter in höheren Lebensjahren erkannt und berücksichtigt[248]. Im Ausland wird deshalb meist sogar eine Altersgrenze von 75 Jahren, in Australien von 72 Jahren vorgeschlagen.

*Spätere Altersgrenze bei höheren Gerichten.* Erwägung verdient eine Besonderheit der ausländischen Rechtssysteme: Einige Länder erhöhen die Altersgrenze je nach dem Range des Gerichts. So hat Belgien eine Altersgrenze von 75/72/70 Jahren für Kassations-, Berufungs- und Friedensrichter eingeführt. In Frankreich galt bis 1953 eine Altersgrenze von 75 Jahren für Kassationsrichter und von 70 Jahren für alle anderen Richter. Eine längere Dienstzeit für die Richter an höheren Gerichten ist gelegentlich auch in Deutschland befürwortet worden[249].

Zusammenfassend überwiegen die Gründe für eine Erhöhung der Altersgrenze auf zunächst 68 Jahre. Diese Grenze sollte einheitlich für alle Zweige der Gerichtsbarkeit und alle Instanzen gelten. Möglicherweise werden die Erfahrungen nach einigen Jahren für eine noch höhere Altersgrenze sprechen.

## IV. *Tagung der Oberlandesgerichtspräsidenten des Bundesgebiets auf der Margarethenhöhe bei Königswinter am 28. und 29.9.1954 über ein Richtergesetz (Sitzungsniederschrift)*

Am 29.9.1954 um 10.15 Uhr eröffnete Oberlandesgerichtspräsident *Prof. Dr. Korintenberg* die Tagung im Saal des Hotels „Margarethenhof" mit einer Begrüßung der Teilnehmer. Sodann wurden auf seinen Vorschlag von der Versammlung als Vorsitzende gewählt:

---

247 Vreese, Le Pouvoir Judiciaire, Nr. 79, S. 5.

248 Hughes, The Supreme Court of the U.S., 1928, S. 77; Freund, Gutachten für eine europäische Staatengemeinschaft, Europa-Archiv, 1953, S. 6173.

249 Jesse, Festgabe für das Preuß. OVG, 1925, S. 12.

1. der Präsident des Bundesgerichtshofes, *Dr. Weinkauff,*
2. Oberlandesgerichtspräsident *Dr. Frhr. von Hodenberg,*
3. Oberlandesgerichtspräsident *Walther.*

Zunächst übernahm Präsident *Dr. Weinkauff* den Vorsitz. Er erteilte dem Referenten der Tagung, Oberlandesgerichtspräsident *Prof. Dr. Ruscheweyh,* das Wort.

*Richterliches Beamtengesetz oder grundsätzliche Neuordnung.* Der Referent behandelte auf Anregung des Vorsitzenden zunächst die Frage, ob ein richterliches Beamtengesetz oder eine grundsätzliche Neuregelung der Stellung des Richters anzustreben sei. Er vertrat den Standpunkt, dass letztere erst durch eine Neufassung des Gerichtsverfassungsgesetzes oder der Prozessordnungen herbeigeführt werden könne. Es sei ferner nicht angebracht, in dem Richtergesetz alle nur erdenklichen Fragen zu regeln; vielmehr empfehle sich eine Beschränkung auf die wichtigsten Punkte. Dies sei auch die Auffassung einer Gruppe von 30 Richtern, die sich in Hamburg auf seinen Wunsch mit Fragen des künftigen Richtergesetzes befasst habe. Die Gruppe habe keine neuen revolutionären Vorschläge unterbreitet, sondern immer wieder die Notwendigkeit einer Beschränkung hervorgehoben. Auch er, der Referent, sei der Auffassung, dass man nicht eine Instanz über die andere türmen, sondern sich von gegenseitigem Vertrauen leiten lassen solle.

Präs. *Weinkauff* warf ein, die gegenwärtige Lage des Richtertums in Deutschland sei unbefriedigend und müsse von Grund auf geändert werden. Der richtige Ort für diese Neuregelung sei das Richtergesetz. Seines Erachtens seien vor allem drei Gesichtspunkte von Bedeutung:

1. Die Richter aller Gerichtsbarkeiten seien in einer gemeinsamen Verwaltung zu vereinigen, und zwar in Bund und Ländern jeweils unter einem Minister für Rechtsprechung. Vorbildung und Laufbahnen aller Richter müssten einheitlich gestaltet werden. Besoldungsunterschiede zwischen den Gerichtszweigen dürften nicht bestehen.
2. Nur der streitentscheidende Richter sei Richter im Sinne des Richtergesetzes. Er dürfe das Richteramt erst in reiferem Alter erreichen. Seine wirtschaftliche Stellung sei entscheidend zu heben, etwa in der Weise, dass dem Richter in der Eingangsstelle ein Einzelgehalt in Höhe des Endgehalts der Besoldungsgruppe A 1 b gezahlt werde. Die höheren Richterstellen müssten eine entsprechend höhere Besoldung erhalten. Nur auf diese Weise lasse sich ein hinreichender Anreiz für die tüchtigsten Juristen schaffen.
3. Zwar sei eine völlige Selbstverwaltung der Gerichte abzulehnen, doch müsse den Richtern ein erheblicher Einfluss in Personalangelegenheiten zugestanden werden. Den Präsidenten der Oberen Bundesgerichte sei eine Einflussnahme auf die Haushaltsgestaltung einzuräumen. In den Ländern müsse ein Richterrat aus teils geborenen, teils gekorenen Richtern sowie Vertretern der Anwaltschaft gebildet werden. Die Exekutive dürfe nicht berechtigt sein, sich über die Vorschläge dieses Richterrats hinwegzusetzen.

Die weiteren zur Verringerung der Zahl der Richter notwendigen Maßnahme wie die Dreigliederung der Justiz, die Beschränkung des Instanzenzuges usw. seien der großen Justizreform vorzubehalten.

Präs. *von Hodenberg* äußerte Zweifel daran, ob die Denkschrift des Bundesjustizministeriums revolutionär genug sei. Er setzte sich für einen Abbau des hierarchischen Prinzips in der deutschen Richterschaft ein. Die Präsidenten der Gerichte dürften ebenso wie die Rektoren der Universitäten nur auf Zeit gewählt werden. Es sei jedoch zu prüfen, ob nicht derartig einschneidende Neuerungen wie die von Präs. Weinkauff vorgeschlagenen eine Umwandlung der Gerichtsverfassung erforderten. – Bei der gegenwärtigen Inflation an Richteraufgaben sei es wohl kaum möglich, ein so revolutionäres Gesetz zu schaffen.

Präs. *Weinkauff* vertrat demgegenüber den Standpunkt, dass durch verhältnismäßig einfache Bestimmungen im Gerichtsverfassungsgesetz die Bagatell-Justiz ausgeklammert werden könne. Ebenso wie die freiwillige Gerichtsbarkeit müsse sie aber bei den Gerichten verbleiben, und zwar sei wohl die beste Regelung die, sie Volljuristen anzuvertrauen.

Präs. *von Hodenberg* widersprach mit der Begründung, dass man auf ein solch einschneidendes Richtergesetz ebenso lange werde warten müssen wie auf die große Justizreform.

Präs. *Ruschweyh* erklärte, dass ihn die Gedanken von Präs. Weinkauff sehr beeindruckt hätten. Das anzustrebende Ziel bestehe zweifellos in der von Präs. Weinkauff skizzierten Lösung. Jedoch werde sich im gegenwärtigen Zeitpunkt diese Lösung wohl kaum verwirklichen lassen. Es sei daher zu erörtern, ob man trotzdem schon jetzt ein Richtergesetz schaffen solle und bejahendenfalls, wie dies auszusehen habe.

Präs. *Korintenberg* trat den Grundgedanken Präs. Weinkauffs bei. Er berichtete von den im Oberlandesgerichtsbezirk Köln bestehenden Schwierigkeiten bei der Gewinnung von geeignetem richterlichem Nachwuchs, die vor allem auf die gedrückte wirtschaftliche Lage der Richterschaft zurückzuführen seien. Wenn die erstinstanzliche Gerichte mit wirklich befähigten Richtern besetzt würden, trete eine erhebliche Entlastung der oberen Instanzen ein, die eine wesentliche Verringerung der Richterstellen ermöglichen werde.

Oberlandesgerichtspräsident *Prof. Dr. Staff* schloss sich gleichfalls der Auffassung von Präs. Weinkauff an.

Oberlandesgerichtspräsident *Dr. Hartz* äußerte, dass ein derartig umfassendes Richtergesetz einen Eingriff in die große Justizreform darstelle.

Präs. *Weinkauff* vertrat demgegenüber den Standpunkt, dass ein solches Richtergesetz die *Einleitung* der großen Justizreform darstelle, die auf diese Weise erheblich beschleunigt werden könne.

Präs. *Korintenberg* hielt eine Übergangsregelung für notwendig, da es nicht angängig sei, den Richter der freiwilligen Gerichtsbarkeit von einem Tag auf den anderen schlechter zu stellen als seine Kollegen. Die wesentlichste Aufgabe bestehe darin, in Zukunft bessere Richter zu gewinnen, als dies bisher möglich sei.

Oberlandesgerichtspräsident *Dr. Heusinger* betonte die Notwendigkeit der Wahrung überkommener Werte und äußerte aufgrund dieses Gesichtspunktes Bedenken gegen den Vorschlag Präs. Weinkauffs, das Richtergesetz auf den streitentscheidenden Richter zu beschränken. Zum geschichtlichen Bild des deutschen Richters gehöre auch der Richter, der für die Witwen und Waisen sorge. Außerdem gebe es innerhalb der freiwilligen Gerichtsbarkeit zahlreiche Verfahren, die ihrem Wesen nach zur streitigen Gerichtsbarkeit gehörten. Die Trennungslinie sei daher sehr schwierig zu ziehen. Auch seien alle Bereiche, die der Richter abgebe, ungewissen Einflüssen preisgegeben. Es liege z.B. nicht fern, Vormundschaftssachen den Jugendämtern und Grundbuchsachen den Katasterämtern zuzuweisen, woraus sich dann sogar der Verwaltungsrechtsweg ergeben könne.

Präs. *von Hodenberg* erklärte, dass man den Mut haben solle, mit den bisherigen Vorstellungen zu brechen. Jedoch sei zu berücksichtigen, dass gemäß Art. 19 Abs. 4 GG auch in Angelegenheiten der freiwilligen Gerichtsbarkeit der Rechtsweg offen stehen müsse. Es sei daher jedenfalls erforderlich anzuordnen, dass gegen die von einem Nichtrichter erlassenen Entscheidungen der Richter angerufen werden kann. Eine Verwirklichung der Vorschläge von Präs. Weinkauff setze eine weitgehende Änderung der Gerichtsverfassung voraus. Er halte es nicht für möglich, diese schon im Richtergesetz zu verwirklichen.

Ministerialrat *Dr. Rinck* teilte mit, dass das Bundesjustizministerium eine Neufassung der Stellung des deutschen Richters im Sinne der Vorschläge von Präs. Weinkauff für sehr erstrebenswert halte, jedoch die Verwirklichung der Vorschläge nach seiner Ansicht gegenwärtig unmöglich sei. Zur Zeit könne allenfalls der dritte Punkt, nämlich eine teilweise Selbstverwaltung der Richter erreicht werden.

Präs. *Staff* äußerte ebenso wie schon Präs. Hausinger Bedenken gegen eine Ausscheidung der freiwilligen Gerichtsbarkeit. Auch eine Ausscheidung von Bagatellsachen sei nicht unbedenklich. Die Bedeutung einer Sache lasse sich nicht nur nach abstrakten Gesichtspunkten beurteilen, da auch Prozesse mit kleinem Streitwert für die betreffende Partei von großer Bedeutung sein könnten.

Präs. *Staff* befürwortete weiter eine Mitwirkung der Richter an der Haushaltsgestaltung, da bei der gegenwärtigen Lage die Finanzminister einen zu großen Einfluss auf die Lage innerhalb der Justiz hätten. Die Heraushebung der Richterschaft solle man aber nicht nur durch wirtschaftliche Maßnahmen versuchen. Es sei zwar richtig, dass durch die ungünstige wirtschaftliche Lage des Richtertums viele junge Juristen mit guten Prüfungsprädikaten der Justiz verloren gingen, doch seien das charakterlich nicht immer die wertvollsten Kräfte. Allerdings scheine ihm die in einzelnen Ländern erstrebte Erleichterung der großen Staatsprüfung nicht der richtige Weg zu der von ihm für notwendig gehaltenen Hebung des Ansehens des Richterstandes zu sein.

Präs. *Weinkauff* verwies darauf, dass in den angelsächsischen Ländern wegen des hohen Ansehens des Richterstandes viele bedeutende Rechtsanwälte in gereiftem Lebensalter Richter werden.

Präs. *Korintenberg* teilte demgegenüber mit, dass im Oberlandesgerichtsbezirk Köln kaum ein einziger der zahlreichen in der ersten Zeit nach dem Kriegsende als Richter tätigen Rechtsanwälte Richter geblieben sei.

Zur Frage der Abgrenzung von streitiger und freiwilliger Gerichtsbarkeit verwies Präs. Korintenberg auf Seite 9 der Denkschrift des Bundesjustizministeriums (§3), in der darauf abgestellt wird, ob es sich materiell um Streitsachen handelt.

In der weiteren Diskussion wurde übereinstimmend festgestellt, dass der Richter, der über Beschwerden auf dem Gebiet der freiwilligen Gerichtsbarkeit zu entscheiden habe, Streitrichter sei.

Präs. *Heusinger* warnte erneut vor einer Ausscheidung der Richter der freiwilligen Gerichtsbarkeit aus dem Richtergesetz, da die weitere Entwicklung nicht zu überschauen sei. Zudem könne eine fühlbare zahlenmäßige Verringerung der Richter nur durch eine radikale Ausscheidung von Streitsachen ermöglicht werden. Diese müsse auch in anderen Gerichtsbarkeiten als der ordentlichen Gerichtsbarkeit erfolgen. Jedoch seien die in Baden-Württemberg bei derartigen Versuchen gemachten Erfahrungen wenig ermutigend.

Präs. *Weinkauff* verwies darauf, dass die Friedensgerichte in Baden-Württemberg nicht mit Volljuristen besetzt seien.

Präs. *von Hodenberg* ging erneut auf seine Forderung nach Abbau der hierarchischen Ordnung des Richterstandes ein.

Präs. *Weinkauff* lehnte diese Forderung ab.

Präs. *Staff* teilte mit, dass vor 1908 in Hamburg die Präsidenten ebenso eingestuft gewesen seien wie die übrigen Richter des betreffenden Gerichts. Bei der Schaffung des Obersten Gerichtshofes für die Britische Zone in Köln habe er den Vorschlag gemacht, mit den Aufgaben des Präsidenten abwechselnd einen der Richter zu betrauen.

Kammergerichtspräsident *Dr. Skott* erklärte, es sei nach seiner Auffassung notwendig, nicht auf die Möglichkeiten des Augenblicks abzustellen, sondern die grundsätzlichen Forderungen hinsichtlich der Neugestaltung des Richtertums zum Ausdruck zu bringen.

Oberlandesgerichtspräsident *Dr. Krüger* wünschte eine schnelle Verabschiedung des Richtergesetzes. Er schlug vor, zunächst die Besserstellung eines Teils der Richterschaft, insbesondere der Oberlandesgerichtsräte, zu betreiben.

Oberlandesgerichtspräsident *Baerne* betonte die Notwendigkeit, zu der Denkschrift des Bundesjustizministeriums Stellung zu nehmen.

Auf Wunsch des Vorsitzenden nahmen nunmehr die Teilnehmer Stellung, die sich bisher noch nicht zu Wort gemeldet hatten.

Oberlandesgerichtspräsident *Deynet* bemerkte, dass, wenn eine besondere Bagatellgerichtsbarkeit geschaffen werden solle, diese nicht auf den Bereich der ordentlichen Gerichtsbarkeit beschränkt werden könne. Die Schaffung einer Bagatellgerichtsbarkeit lasse sich aber nicht von der großen Justizreform trennen. Man solle sich daher zu diesen Fragen auf die Aufstellung einiger Leitsätze allgemeiner Art beschränken.

Senatspräsident *Dr. Arndt* bejahte die Forderungen von Präs. Weinkauff, lehnte dagegen die Forderung des Präs. von Hodenberg nach völliger Gleichstellung der Richter ab, da die Erfahrungen, die man mit der Hochschulverfassung gemacht habe, nicht sehr erfreulich seien.

Vizepräsident *Dr. Köster* erklärte, dass die Möglichkeiten einer praktischen Verwirklichung der von der Tagung auszuarbeitenden Vorschläge im Auge behalten werden müsse. Eine entscheidende wirtschaftliche Hebung des Richterstandes sei durch eine Abspaltung der freiwilligen Gerichtsbarkeit nicht zu erreichen, da diese keine fühlbare Entlastung bringen werde. Der einzige Weg bestehe in einer Verringerung der Zahl der vom Richter zu entscheidenden Streitsachen. Das sei jedoch Aufgabe der großen Justizreform. Dagegen müsse man schon jetzt die Verwaltungseinheit sämtlicher Zweige der Justiz anstreben.

Auch Oberlandesgerichtspräsident *Martens* vertrat den Standpunkt, dass die anzustrebende durchgreifende Hebung des Richterstandes nur erreicht werden könne, wenn die Zahl der Richter in erheblichem Umfange verringert werde.

Oberlandesgerichtspräsident *Schaefer* erklärte, dass eine Gleichstellung aller Richter nicht durchführbar sei, da die Richter ohne besonderen Anreiz nicht bereit sein würden, die mit den hohen Richterstellungen verbundenen Lasten (größere Verantwortung, vermehrte Arbeit) zu übernehmen.

Senatspräsident *Lübbesmeyer* sprach sich für die Vorschläge von Präs. Weinkauff aus, machte aber ebenfalls Bedenken gegen eine alternierende Besetzung der Präsidentenstellen geltend. Jeder Amts-, Land- oder Oberlandesgerichtspräsident bedürfe bei Umfang und Eigenart seiner Aufgabe einer längeren Einarbeitungszeit.

Präs. *Walther* gab zu bedenken, dass der Richterwechsel und damit auch die Arbeitsbelastung der Präsidenten nachlasse. Er schlug vor, möglichst kurze und präzise Leitsätze im Sinne der Forderungen von Präs. Weinkauff aufzustellen.

Präs. *Weinkauff* stellte fest, dass die von ihm unterbreiteten Vorschläge von den meisten Tagungsteilnehmern grundsätzlich gebilligt worden seien. Er regte an, diese noch näher auszuarbeiten und vertrat den Standpunkt, dass es angebracht sei, ein auf diesen Gedanken aufgebautes Richtergesetz selbst dann zu erstreben, wenn es längerer gesetzgeberischer Vorarbeiten bedürfe als das vom Bundesjustizministerium vorbereitete Gesetz. Immerhin müsse man aber mit der Möglichkeit rechnen, dass sich die gegenteilige Auffassung durchsetze und deshalb auch zu der Denkschrift des Bundesjustizministeriums Stellung nehmen.

Präs. *Korintenberg* vertrat den Standpunkt, dass eine Ablehnung des von dem Bundesjustizministerium vorbereiteten „kleinen" Richtergesetzes bei dem gegenwärtigen Stand der Debatte verfrüht sei und schlug vor, die endgültige Beschlussfassung über diesen Punkt bis zum Abschluss der Aussprache über die Denkschrift des Bundesjustizministeriums zurückzustellen.

Präs. *von Hodenberg* schloss sich diesem Vorschlag an.

Präs. *Ruscheweyh* wies darauf hin, dass bei einer Verzögerung der Verabschiedung des beabsichtigten Bundesgesetzes die Länder möglicherweise eigene Richtergesetze erlassen werden.

Nach weiterer Debatte beschloss die Versammlung, eine Kommission zur Ausarbeitung von Thesen im Sinne der Vorschläge von Präs. Weinkauff zu bilden. Zu Mitgliedern dieser Kommission wurden gewählt:

1. der Präsident des Bundesgerichtshofs, Dr. Weinkauff,
2. Kammergerichtspräsident Dr. Skott,
3. Oberlandesgerichtspräsident Dr. Frhr. von Hodenberg,
4. Oberlandesgerichtspräsident Prof. Dr. Korintenberg.

*Sachlicher Geltungsbereich des Richtergesetzes.* Präs. *Ruscheweyh* setzte nunmehr sein Referat fort. Er ging zunächst auf den sachlichen Geltungsbereich des künftigen Richtergesetzes ein und vertrat hierzu den Standpunkt, dass das Richtergesetz alle sechs Zweige der Gerichtsbarkeit umfassen müsse. Schwierigkeiten bereite die Frage der Ausdehnung des Richtergesetzes auf die Verfassungsgerichte der Länder sowie das Bundesverfassungsgericht. Da die Verfassungsgerichte oberste Staatsorgane seien, empfehle er, ihre Richter nicht dem Richtergesetz zu unterstellen. Hierfür spreche auch, dass den Verfassungsgerichten teilweise Richter angehören, die Nichtjuristen oder doch nicht Volljuristen seien.

Präs. *Baerns* schloss sich den Ausführungen des Referenten an.

Präs. *Skott* wandte sich gegen die in der Denkschrift des Bundesjustizministeriums vertretene Auffassung, dass die Verfassungsgerichte in stärkerem Maße als die übrigen Gerichte der Unabhängigkeit von der Exekutive bedürften. Er vertrat den Standpunkt, dass die für die Unabhängigkeit der Verfassungsgerichte vorgebrachten Argumente im gleichen Maße auch für die übrigen Gerichte Geltung besäßen.

Präs. *Weinkauff* befürwortete eine Einbeziehung der Verfassungsrichter, allerdings unter Beschränkung auf die hauptamtlichen Richter. Die oberen Bundesgerichte seien ebenso wie das Bundesverfassungsgericht in dem Grundgesetz vorgesehen und deshalb gleichfalls Verfassungsorgane. Man könne allenfalls daran denken, Sondervorschriften über eine Selbstreinigung der Verfassungsgerichte vorzusehen.

Präs. *Krüger* gab zu bedenken, dass als (Sonder-)Verfassungsgerichte auch die Wahlprüfungsgerichte anzusehen seien. Ihre Einbeziehung in das Richtergesetz werde auf erhebliche Schwierigkeiten stoßen.

Präs. *von Hodenberg* trat für eine Einbeziehung der Verfassungsrichter ein.

In der folgenden Aussprache wurde Übereinstimmung dahin erzielt, dass lediglich die an den Verfassungsgerichten tätigen Berufsrichter in das Richtergesetz einbezogen werden können. Sodann wurde über die Frage der Einbeziehung dieser Gruppe der Verfassungsrichter in das Richtergesetz abgestimmt. Die Versammlung sprach sich mit allen gegen 4 Stimmen für die Einbeziehung der Verfassungsrichter aus.
*Die Vormittagssitzung wurde um 13.00 Uhr beendet.*

Nach der Mittagspause – um 15.45 Uhr – übernahm Präs. *von Hodenberg* den Vorsitz und erteilte – nach Begrüßung des inzwischen erschienenen Oberlandesgerichtspräsidenten *Dr. Schmid* (Stuttgart) – dem Referenten Präs. *Ruscheweyh* das Wort zu seinen weiteren Ausführungen.

*Robe.* Präs. *Ruscheweyh* regte vorweg die Einführung einer einheitlichen Robe für alle Richter an.

Von einer Beschlussfassung zu dieser Anregung wurde Abstand genommen.

*Zuständigkeit des Bundesgesetzgebers.* Sodann ging Präs. *Ruscheweyh* auf die Frage der Zuständigkeit des Bundesgesetzgebers ein und schlug vor, die gesetzlichen Bestimmungen zu dieser Frage möglichst weit auszulegen. Der Vorschlag wurde von der Konferenz allgemein gebilligt.

*Personeller Geltungsbereich des Richtergesetzes.* Präs. *Ruscheweyh* verbreitete sich dann über den personellen Geltungsbereich des Richtergesetzes, der sich grundsätzlich nur auf Berufsrichter erstrecken sollte. Die Staatsanwälte gehörten deshalb wohl nicht in das Richtergesetz, weil sie in ihrer Tätigkeit als Vertreter des Staates – als Partei – auftreten und notwendigerweise weisungsgebunden bleiben müssten. In diesem Zusammenhang verwies der Referent auf die in der Deutschen Richterzeitung 1954 S. 197 mitgeteilte Stellungnahme des Gesamtvorstandes des Deutschen Richterbundes.

MinRat *Rinck* gab hierzu eine erläuternde Erklärung dahin ab, dass das Bundesjustizministerium an der in der Denkschrift vertretenen Ansicht festhalte, dass die Dienstverhältnisse der Staatsanwälte im Richtergesetz nicht geregelt werden sollten.

Präs. *Heusinger* erörterte die Bedenken, die sich hieraus für die Frage der Zuständigkeit der Disziplinargerichte für die Staatsanwälte ergeben könnten und wies darauf hin, dass bei einer Ausklammerung der Staatsanwälte aus dem Richtergesetz auch der Wechsel zwischen den Laufbahnen behindert werden könnte. Es sei vielleicht zu erwägen, ob in das Richtergesetz nicht eine Schlussbestimmung des Inhalts aufgenommen werden sollte, dass die in Betracht kommenden Bestimmungen dieses Gesetzes auch auf Staatsanwälte – und Rechtspfleger – Anwendung fänden.

Präs. *Hartz* wies darauf hin, dass in Schleswig-Holstein Staatsanwälte und Rechtspfleger ebenso wie die Richter disziplinarisch zur Justiz gehörten.

Präs. *Korintenberg* empfahl, die Staatsanwälte aus dem Richtergesetz herauszulassen, regte aber an, die Stellung der Staatsanwälte in einem Sondergesetz weitgehend derjenigen der Richter anzugleichen und darin auch die Zuständigkeit der Justiz in disziplinarischer Hinsicht vorzusehen.

Präs. *von Hodenberg* hielt eine Einbeziehung der Staatsanwälte in das Richtergesetz für unbedenklich, wenn etwa in einer Schlussbestimmung zum Ausdruck gebracht würde, welche Bestimmungen des Gesetzes auch auf Staatsanwälte anwendbar sind. Ginge man hiervon aus, so könne in der Beratung bei jeder einzelnen Bestimmung geprüft werden, ob sie auch auf Staatsanwälte anwendbar sei.

Präs. *Ruscheweyh* schloss sich den Ausführungen von Präs. Korinthenberg an.

Dementsprechend entschied sich die Konferenz in ihrer Mehrheit dafür, die Staatsanwälte nicht in das Richtergesetz einzubeziehen, ihre Stellung aber in einem besonderen Gesetz der der Richter, vor allem hinsichtlich der Ausbildung und der Unterstellung unter die Disziplinargerichte weitgehend anzugleichen und sicherzustellen, dass ein Wechsel der Laufbahnen offen bleibe.

*Vorbildung.* Der Referent Präs. *Ruscheweyh* schlug sodann vor, als Mindestvoraussetzung für das Richteramt in allen Gerichtszweigen die „Fähigkeit zum Richteramt" im Sinne des GVG zu fordern.

Der Begriff Berufsrichter könnte vielleicht dahin formuliert werden, Richter sei, wer die Fähigkeit zum Richteramt nach dem GVG erlangt habe und eine Urkunde über seine Berufung in das Richteramt erhalte. Das bedeute Absage an den Volksrichter, aber auch an den hauptberuflichen Arbeits- und Sozialrichter bisheriger Prägung. Die entsprechenden Bestimmungen des Arbeitsgerichtsgesetzes und des Sozialgerichtsgesetzes müssten geändert werden.

Präs. *Weinkauff* stimmte dem zu, meinte jedoch, die Konferenz solle von einer Definierung des Begriffs Berufsrichter absehen, weil sie eine unnötige Erschwerung für die Debatte bedeuten würde.

Präs. *Heusinger* stimmte ebenfalls zu, äußerte jedoch gewisse Zweifel, ob man fordern solle, dass auch der künftige Verwaltungsrichter einen den Vorschriften des GVG entsprechenden Ausbildungsgang mit der notwendigen zweieinhalbjährigen Beschäftigung bei den Justizbehörden durchlaufen haben müsse. Mit dieser Ausbildung könne man zwar einen Verwaltungsjustitiar, aber nicht einen Verwaltungsbeamten heranbilden.

Hierüber entspann sich eine Debatte, in deren Verlauf MinRat *Rinck* darauf aufmerksam machte, dass Regierungsreferendare z. Zt. wohl nur noch in Rheinland-Pfalz und in Niedersachsen ausgebildet würden.

Der Vorschlag des Referenten Präs. *Ruscheweyh,* als Mindestvoraussetzung für das Richteramt in allen Gerichtszweigen die „Fähigkeit zum Richteramt" im Sinne des GVG zu fordern, wurde sodann von der Konferenz einstimmig angenommen.

*Mindestalter.* Zu § 11 der Denkschrift empfahl Präs. *Ruscheweyh,* kein Mindestalter für die Ernennung zum Richter festzulegen. Es sei nicht zweckmäßig, sich insoweit Fesseln anzulegen, vielmehr müssten die Tore für besonders begabte junge Nachwuchskräfte weit offen gehalten werden.

In der Debatte hierzu bemerkte Präs. *Weinkauff*, dass eine solche Altersgrenze bei einem beamteten Richtertum keinen Sinn hätte, anders aber, wenn man den Richter entbeamten wolle.

Nachdem Präs. *Schaefer* auf die bayerische Verwaltungspraxis hingewiesen hatte, die auch ohne gesetzliche Bestimmung praktisch auf ein Mindestalter herauskomme, wurde der Vorschlag des Referenten, von der Festlegung eines Mindestalters abzusehen, einstimmig angenommen.

*Hilfsrichter.* Präs. *Ruscheweyh* fuhr dann fort: Ohne Hilfsrichter nach § 10 GVG könne man nicht auskommen, z. Zt. schon nicht wegen der 131er und allgemein auch nicht wegen der Ausprobierung der Assessoren. Die Bestimmungen des künftigen Richtergesetzes, mit Ausnahme der über die persönliche Unabhängigkeit, müssten aber auch für diese Hilfsrichter gelten. Deren Zahl müsse beschränkt werden. Ebenso könnte vielleicht auch die Zeit der Hilfsrichtertätigkeit begrenzt werden.

In der anschließenden Debatte äußerte Präs. *Heusinger* Bedenken dagegen, eine Grenze für die Höchstdauer der Hilfsrichtertätigkeit festzusetzen, weil sich insoweit Missstände nach seiner Kenntnis nicht ergeben hätten und der Durchführung einer solchen Bestimmung praktisch erhebliche Schwierigkeiten entgegenstehen würden.

Auch Präs. *Korintenberg* empfahl keine Begrenzung der Höchstdauer der Hilfsrichtertätigkeit auf vier Jahre, bezeichnete aber den Gedanken der Denkschrift für besonders bedeutsam, dass in einem Richterkollegium nicht mehr als ein Hilfsrichter mitwirken sollte. Zu erwägen sei auch, ob man nicht eine Beschäftigung des jungen Assessors in der ersten Zeit nach dem Examen als Einzelrichter, insbesondere als Einzelstrafrichter oder Vorsitzender eines Schöffengerichts, unterbinden sollte. Technische Schwierigkeiten dürften nicht zu wichtig genommen werden.

Präs. *Heusinger* wies demgegenüber auf die praktische Notwendigkeit hin, auch junge Assessoren als Einzelrichter zu verwenden. Man sollte in der Beschränkung der Bewegungsfreiheit der Verwaltung größte Vorsicht üben.

Präs. *Skott* schloss sich der Auffassung von Präs. Korintenberg an, während Präs. *Wiefels* meinte, es müsse der Justizverwaltung überlassen bleiben, wo sie den jungen Assessor einsetze.

Die Debatte wandte sich dann der Frage zu, ob für die Beschränkung der Hilfsrichter ein bestimmter Prozentsatz vorgesehen werden solle. Die Konferenz beschloss einstimmig, dass ein solcher Prozentsatz im Richtergesetz vorgesehen und dass der Höchstsatz auf 20% festgelegt werden solle.

Mit allen gegen zwei Stimmen wurde ferner beschlossen, dass in einem Richterkollegium nur ein Hilfsrichter mitwirken dürfe.

Dagegen wurde von der Versammlung abgelehnt 1. eine Beschränkung der Höchstdauer der Hilfsrichtertätigkeit (einstimmig), 2. eine Beschränkung der Tätigkeit jüngerer Hilfsrichter (Assessoren) als Einzelrichter in Strafsachen bzw. als Schöffengerichtsvorsitzende (gegen zwei Stimmen).

Nunmehr behandelte der Referent die Frage der Rechte es Richters (§ 31 der Denkschrift). Er setzte sich im Anschluss an die Forderungen des Deutschen Richterbundes für eine einheitliche Besoldung der Richter aller Gerichtsbarkeiten ein.

*Besoldung.* Das Argument der Verwaltungs- und Finanzrichter, sie müssten deshalb höher besoldet werden, weil ihrer Tätigkeit schon eine Art Gerichtsbarkeit vorausgehe, sei nicht überzeugend. Zur Vereinheitlichung der Richterbesoldung sei es ferner notwendig, in dem Richtergesetz Mindestbedingungen festzulegen. Auch sollten die Länder angehalten werden, besondere Richterbesoldungsgesetze zu schaffen.

Präs. *Heusinger* erklärte demgegenüber, dass Mindestbedingungen nichts an dem bestehenden Besoldungsgefälle zwischen den einzelnen Ländern ändern könnten. Auch er sprach sich gegen eine unterschiedliche Behandlung der Richter der verschiedenen Gerichtsbarkeiten aus.

Präs. *von Hodenberg* wies gegenüber dem Vorschlag, im Richtergesetz Mindestbedingungen für die Besoldung der Richterschaft festzulegen, darauf hin, dass bei seiner Verwirklichung jede Änderung der Beamtenbesoldung eine Änderung des Richtergesetzes notwendig machen würde.

Der Referent berichtete, dass Richter in Eingangsstellen in Hamburg gegenwärtig nach der Besoldungsgruppe A 2 a besoldet werden, die das gleiche Endgehalt wie die Besoldungsgruppe A 2 b aufweist. Er sprach sich dafür aus, dass die Senatspräsidenten Einzelgehälter erhalten. Aufgrund seiner Ausführungen beschloss die Versammlung zu fordern:

1. dass die Richter sämtlicher Gerichtsbarkeiten besoldungsmäßig gleichgestellt werden,
2. dass in allen Ländern eine einheitliche Besoldungsregelung erfolgt,
3. dass die Länder, falls eine einheitliche Regelung nicht erreicht werden kann, jedenfalls besondere Richterbesoldungsgesetze erlassen.

Der Beschluss zu 1. wurde einstimmig, die Beschlüsse zu 2. und 3. wurden jeweils gegen eine Stimme gefasst.

*Amtsbezeichnung.* Der Referent wandte sich nunmehr der Amtsbezeichnung der Richter zu. Er schlug vor, die bisherigen Bezeichnungen „Amtsgerichtsrat“ und „Landgerichtsrat“ durch „Amtsrichter“ bzw. „Landrichter“ zu ersetzen, es aber im Übrigen bei den gegenwärtig üblichen Bezeichnungen zu belassen. Allenfalls komme noch eine Umbenennung der „Oberlandesgerichtsräte“ in „Landesrichter“ in Betracht.

Präs. *von Hodenberg* warf ein, dass in der Titelfrage auch die Verhältnisse in den anderen Gerichtsbarkeiten berücksichtigt werden müssten. Er verwies darauf, dass die ehrenamtlichen Beisitzer in der Arbeits- und Sozialgerichtsbarkeit als Arbeits- und Sozial*richter* bezeichnet werden.

Präs. *Weinkauff* sprach sich für die Vorschläge der Denkschrift des Bundesjustizministeriums aus und bemerkte, dass in den USA außer dem Präsidenten nur der „Judge" mit seiner Amtsbezeichnung angeredet werde.

Präs. *Schmid* sprach sich dafür aus, die Amtsbezeichnung der Richter in „Richter", „Oberrichter", „Bundesrichter" zu ändern, wobei er unentschieden ließ, ob diese Bezeichnungen auch für die Vorsitzenden von Kollegialgerichten gelten sollen.

Präs. *Korintenberg* äußerte, dass zwar bei Verwirklichung einer Hebung des Richterstandes auf der Grundlage der Vorschläge von Präs. Weinkauff die Amtsbezeichnung „Richter" am Platz sei, dass jedoch bei den gegenwärtigen Verhältnissen solche Bezeichnungen zu Schwierigkeiten führen würden.

Nach weiterer Aussprache beschloss die Versammlung mit neun gegen acht Stimmen, es beim bisherigen Zustand zu belassen.

*Altersgrenze.* Der Referent nahm nunmehr zu der Frage der Altersgrenze für Richter Stellung.

Er sprach sich dafür aus, diese auf 70 Jahre festzusetzen. Jeder Richter solle aber ohne eine Altersbegrenzung berechtigt sein, seine Versetzung in den Ruhestand zu beantragen.

Präs. *Weinkauff* befürwortete demgegenüber eine Altersgrenze von 68 Jahren.

MinRat *Rinck* und Präs. *Skott* schlossen sich seiner Auffassung an.

Präs. *Wiefels* äußerte demgegenüber, dass das kritische Stadium der Leistungsfähigkeit in der Regel zwischen 55 und 60 Jahren liege. Wer in diesem Alter keine Einbuße seiner Leistungsfähigkeit erleide, werde diese meist auch bis zur Erreichung des 70. Lebensjahres behalten.

Präs. *von Hodenberg* teilte mit, dass nach von ihm veranlassten Feststellungen die Zahl der Krankheitstage bei den Richtern seines Bezirks mit zunehmendem Alter ständig ansteige. Allerdings bedeute das nicht ohne weiteres, dass die älteren Richter während der übrigen Zeit nur vermindert leistungsfähig seien.

Nach weiterer Aussprache wurde 1. der Vorschlag, die Altersgrenze für Richter auf 70 Jahre festzusetzen, mit allen gegen eine Stimme abgelehnt; 2. der Vorschlag, die Altersgrenze für Richter auf 68 Jahre festzusetzen, mit allen gegen eine Stimme angenommen; 3. mit allen gegen zwei Stimmen eine Regelung befürwortet, nach der Richter nach Vollendung des 62. Lebensjahres berechtigt sind, ohne Nachweis der Dienstunfähigkeit die Versetzung in den Ruhestand zu beantragen.

Die Sitzung wurde gegen 19 Uhr geschlossen.

Am *29.9.1954* wurde die Tagung um 9.30 Uhr von dem Vorsitzenden, Präs. *Weinkauff, wiedereröffnet.*

Der Vorsitzende verlas zunächst die Thesen, die der am Vortrag eingesetzte Ausschuss hinsichtlich der künftigen Stellung des deutschen Richters ausgearbeitet hatte. Die

Aussprache über diese Thesen wurde bis zur Beendigung der Diskussion über die Denkschrift des Bundesjustizministeriums zurückgestellt.

*Kooption.* Präs. *Ruscheweyh* ging sodann auf Wahl und Ernennung der Richter ein. Er lehnte den Gedanken einer Kooption ab, da diese ungesund und zudem verfassungsrechtlich bedenklich sei.

Aufgrund der Stellungnahme des Referenten sprach sich die Versammlung einstimmig gegen den Gedanken einer Kooption aus.

*Mitwirkung der Richter.* Der Referent kam nunmehr auf die Frage einer Mitwirkung der Richterschaft bei Ernennung und Beförderung von Richtern zu sprechen. – Er behandelte zunächst die Frage einer gutachtlichen Anhörung der Präsidien. Nach seiner Ansicht sind die Präsidien für eine Mitwirkung bei der Auswahl und Ernennung der Richter schon deshalb wenig geeignet, weil sie zu groß sind. Ihre Mitglieder kennen die meisten Bewerber nicht. Die Personalkenntnis des Präsidenten sei demgegenüber besser und genauer. Bei einem Kollegium bestehe auch die Gefahr, dass dem Dienstalter des Bewerbers zu sehr entscheidende Bedeutung beigelegt werde.

Es sei auch nicht zu empfehlen, die Präsidenten der Gerichte durch die Richterschaft auf Zeit wählen zu lassen. Abgesehen davon, dass es bei einem so häufigen Wechsel der Präsidenten in den meisten Oberlandesgerichtsbezirken an geeigneten Persönlichkeiten fehlen würde, sei eine Alternierung auch deshalb abzulehnen, weil der Präsident eines Gerichts auch die Aufgabe habe, die Richterschaft zu repräsentieren.

Zur Frage der Richterwahlausschüsse führte der Referent aus: Die Institution der Richterwahlausschüsse sei grundsätzlich zu billigen. Es wäre jedoch ein Verhängnis, wenn die Wahlausschüsse in den Ländern nach dem Muster der für die Oberen Bundesgerichte bestehenden Wahlausschüsse zusammengesetzt würden. – Zu fordern sei, dass die Wahlausschüsse sich zur Hälfte aus gewählten Richtern und zur Hälfte aus Wahlmännern zusammensetzten. – Außerdem dürfte der Wahlausschuss nur für Ersternennungen, nicht aber für Beförderungen zuständig sein; denn ob jemand zum Oberlandesgerichtsrat oder zum Landgerichtsdirektor geeignet erscheine, das könne ein Wahlausschuss nicht beurteilen.

Präs. *Weinkauff* wandte sich gleichfalls gegen eine Wahl der Präsidenten durch die Richterschaft, empfahl aber gutachtliche Äußerung der Präsidien.

Im Übrigen sei wohl die Einrichtung eines Richterrates vorzuziehen; dieser hätte bei Stellenbesetzungen mehrere Vorschläge zu unterbreiten, von denen der Minister dann einen auswählen könnte.

Präs. *von Hodenberg* sprach sich für die Mitwirkung eines Gremiums bei Ernennungen und Beförderungen von Richtern aus. Die notwendige Folge der Einschaltung eines solchen Gremiums bestehe allerdings darin, dass die Regelung der Personalverhältnisse der Richter schwerfälliger werde. Dies müsse jedoch in Kauf genommen werden, da eine solche Regelung geeignet sei, eine objektive, den berechtigten Wünschen der Richterschaft entsprechende Stellenbesetzung zu gewährleisten. Allerdings müsse ein anderes Gremium als das Präsidium herangezogen werden, da dieses zu groß sei. Auch könne die Mitwirkung derartiger Ausschüsse im Hinblick auf Art. 98 Abs. 4 GG vom Bundesgesetzgeber den Ländern wohl nicht zwingend vorgeschrieben werden. Es sei erforderlich, dass die Oberlandesgerichtspräsidenten diesen Ausschüssen als geborene Mitglieder angehörten. Um die Gefahr zu vermeiden, dass die objektive Auswahl und Ernennung der Oberlandesgerichtspräsidenten unter ihrer gesetzlich vorgesehenen Mitwirkung in dem Ausschuss litte, sei es jedoch zweckmäßig, ihnen in dem Ausschuss nur beratende Stimme zu geben.

Präs. *Skott* vertrat den Standpunkt, dass der Bundesgesetzgeber die Zusammensetzung der Richterwahlausschüsse in den Ländern regeln müsse. Die Oberlandesgerichtspräsidenten müssten in den Ausschüssen Sitz und Stimme haben. Es sei ferner erforderlich, dass den Ausschüssen auch unmittelbar gewählte Vertreter der Richterschaft angehörten. Eine Mitwirkung der Präsidien sei nicht am Platze, da diese keine genügende Kenntnis der Personalverhältnisse besäßen.

*Vertretung der Richterschaft nach außen.* Präs. *Skott* kam sodann auf die Frage der Vertretung der Richterschaft nach außen zu sprechen. Die Denkschrift berühre dieses Problem nicht in seinem Kern und nur unter dem Gesichtspunkt der Abwehr von An- und Eingriffen. Wenn das Gesetz über die Vertretung überhaupt etwas sage, so müsse mit aller Klarheit zum Ausdruck kommen, dass als Folge der von dem Grundgesetz gewollten Gleichordnung der drei Gewalten die Richterschaft in ihrer Eigenschaft als Trägerin der dritten Gewalt nach außen hin ganz allgemein durch ihre eigenen Exponenten, d.h. durch das Präsidium bzw. die Chefpräsidenten vertreten werden, so dass z.B. auch die Repräsentation bei offiziellen Anlässen darunter falle. Mit der bestehenden verwaltungsmäßigen Unterstellung des Gerichtswesens unter ein Fachministerium habe das nichts zu tun. Es sei mit der Gleichstellung der Gewalten schlechthin unvereinbar, wenn die rechtsprechende Gewalt durch eine Persönlichkeit repräsentiert werde, die ihrerseits der vollziehenden Gewalt angehöre. Die rechtsprechende Gewalt könne in den Augen der Allgemeinheit nicht die Geltung gewinnen, deren sie bedürfe, wenn sie nicht auch nach außen hin vor der Öffentlichkeit den Platz eingeräumt bekomme, der ihr verfassungsrechtlich gebühre. Es handle sich mithin um eine Frage von höchst realer Bedeutung.

*Mitwirkung der Richter.* Präs. *Schmid* erwähnte, dass die in der Denkschrift des Bundesjustizministeriums vorgesehene Anhörung der Präsidien im Lande Baden-Württemberg bereits verwirklicht sei. Soweit es sich um die Mitwirkung der Präsidien der Oberlandesgerichte handle, seien die Erfahrungen insgesamt positiv. Die Kenntnisse des Präsidiums seien häufig umfassender als die des Präsidenten. Auch werde auf die – an sich nicht bindende – Äußerung des Präsidiums größerer Wert gelegt als auf die Stellungnahme des Präsidenten. Bedenklich sei allerdings die gelegentlich festzustellende Neigung, dem

Gesichtspunkt der Anciennität allzu große Bedeutung beizumessen. Diese Neigung habe sich vor allem bei den Präsidien der Landgerichte bemerkbar gemacht.

Präs. *Krüger* teilte mit, dass in Rheinland-Pfalz zwar keine Anhörung eines Gremiums bei der Besetzung freier Richterstellen erfolge, aber die jedes zweite Jahr vorzunehmende Beurteilung aller Richter durch ein Gremium, nämlich ein verkleinertes Präsidium, vorgenommen werde. Die Erfahrungen mit dieser Regelung seien günstig.

Präs. *Korintenberg* hielt im Anschluss an die Ausführungen von Präs. Schmid die – nicht bindende – Mitwirkung der Präsidien der Oberlandesgerichte bei der Besetzung der Oberlandesgerichtsratsstellen und Landgerichtsdirektorenstellen für wünschenswert. Dagegen fehle den Präsidien der Landgerichte meist die notwendige Sachkunde. Die beste Lösung sei ein auf Landesebene gebildetes kleines Gremium, das etwa aus sechs Personen bestehen könne, nämlich dem Justizminister, dem betr. Oberlandesgerichtspräsidenten, zwei gewählten Richtern und zwei vom Parlament gewählten, aber nicht diesem angehörenden Juristen.

MinRat *Rinck* vertrat den Standpunkt, dass Art. 98 Abs. 4 GG den Ländern die Einrichtung von Richterwahlausschüssen freistelle. Der Bund könne daher allenfalls die Zusammensetzung der Richterwahlausschüsse regeln, nicht aber deren Einrichtung vorschreiben.

Präs. *Weinkauff* widersprach dieser Auffassung. Er äußerte, Art. 98 Abs. 4 GG bedeute nur, dass den Ländern die Einrichtung von Richterwahlausschüssen nicht verboten werden dürfe.

MinRat *Rinck* erklärte, dass er die Anhörung der Präsidien keineswegs als die einzig mögliche Form der Beteiligung der Richterschaft an den Ernennungen und Beförderungen von Richtern ansehe. Der von Präs. Korintenberg gemachte Vorschlag sei vielleicht die bessere Lösung. MinRat Rinck erwähnte in diesem Zusammenhang, dass von den zuständigen Bundestagsausschüssen beabsichtigt sei, die Richter in das geplante Personalvertretungsgesetz einzubeziehen, und zwar in der Form, dass eine einheitliche, aus Beamten und Richtern bestehende Gruppe gebildet werde.

Präs. *Wiefels* sprach sich gegen eine Anhörung der Präsidien – auch derjenigen der Oberlandesgerichte – aus. Er verwies darauf, dass in dem 12köpfigen Präsidium des Oberlandesgerichts Hamm nicht alle Senatspräsidenten vertreten seien, so dass häufig nur der Oberlandesgerichtspräsident den betreffenden Richter kenne.

Präs. *von Hodenberg* setzte sich für eine Beteiligung der Anwaltschaft an dem von Präs. Korintenberg vorgeschlagenen Gremium ein.

Präs. *Heusinger* äußerte, dass nach seiner Auffassung allenfalls ein konsultatives Gremium anzustreben sei. Wenn man ein Gremium mit stärkeren Rechten fordere, bestehe die Gefahr, dass zwar ein solches Gremium geschaffen werde, aber seine Zusammensetzung den Wünschen der Richterschaft nicht entspreche.

Präs. *Baerns* bezeichnete eine Anhörung der Präsidien als unpraktisch, da diese zu groß seien. Er empfahl, aus diesem Grunde allenfalls ein verkleinertes Präsidium heranzuziehen.

Zugleich sprach sich Präs. Baerns gegen eine Wahl der Präsidenten durch die Richter des betreffenden Gerichts aus.

Die Debatte wandte sich nunmehr insbesondere der Frage zu, ob der Bundesgesetzgeber durch Art. 98 Abs. 4 GG gehindert ist, den Ländern die Einrichtung von Richterwahlausschüssen vorzuschreiben. Die Versammlung fasste auf Vorschlag des Vorsitzenden einstimmig folgenden Beschluss: Die Konferenz ist der Ansicht, dass die Grundsätze über die Berufung und Beförderung von Richtern im Bund und in den Ländern einheitlich sein müssen. Sie hält es nicht für ihre Aufgabe, dazu Stellung zu nehmen, ob diese einheitliche Regelung von dem Bund oder von den Ländern zu verwirklichen ist.

Präs. *Weinkauff* ging sodann auf die Frage ein, wie die anzustrebende einheitliche Regelung beschaffen sein soll. Er sprach sich für eine Regelung aus, nach der die Ernennung und Beförderung der Richter künftig von der Exekutive im gleichberechtigten Zusammenwirken mit einem kleineren Gremium aus gewählten Richtern, richterlichen Mitgliedern kraft Amtes, Anwälten sowie vom Parlament gewählten, aber nicht dem Parlament angehörenden Mitgliedern des Rechtsstandes vorgenommen wird. Der Justizminister dürfe nicht Mitglied dieses Gremiums sein, da es nicht angehe, dass er von den übrigen Mitgliedern des Gremiums überstimmt werde (Grundsatz der duae conformes).

Gegen den letztgenannten Vorschlag wurden von mehreren Rednern Bedenken erhoben.

Präs. *Wiefels* regte an vorzusehen, dass die Ernennung und Beförderung von Richtern ausschließlich Sache der Exekutive sein soll. Die von Präs. Wiefels vorgeschlagene Regelung wurde mit 9 gegen 8 Stimmen abgelehnt. Mit der gleichen Mehrheit beschloss die Versammlung, dass Berufungen und Beförderungen von Richtern zustande kommen sollen durch übereinstimmende Beschlüsse der Exekutive und eines kleineren Ausschusses, der zusammengesetzt ist je zu einem Drittel aus Richtern (teils kraft Amtes, teils kraft Wahl), aus Mitgliedern des Anwaltstandes und aus vom Parlament gewählten Mitgliedern des Rechtsstandes, die dem Parlament nicht anzugehören brauchen.

Weiterhin beschloss die Versammlung übereinstimmend, dass, solange keine einheitliche Regelung der Berufung und Beförderung von Richtern besteht, die vorhandenen Richterwahlausschüsse die in dem vorangegangenen Beschluss vorgesehene Zusammensetzung erhalten sollen.

Auf Vorschlag von Präs. *Weinkauff* sprach sich die Versammlung einstimmig dafür aus, dass bei der Besetzung von Richterstellen bei den oberen Bundesgerichten die betreffenden Präsidien angehört werden.

Dagegen wurde eine Anhörung der Präsidien der Oberlandesgerichte, Land- und Amtsgerichte abgelehnt, und zwar die Anhörung der Präsidien der Oberlandesgerichte mit allen gegen vier Stimmen, die der Land- und Amtsgerichte ohne Gegenstimmen.

Präs. *von Hodenberg* regte an, dass, solange Richterwahlausschüsse der von der Versammlung vorgeschlagenen Art noch nicht vorhanden sind, ein ähnlich zusammengesetztes Gremium mit konsultativen Aufgaben betraut werden solle. Dieser Vorschlag wurde von der Versammlung mit allen gegen zwei Stimmen angenommen. Dagegen wurde die Anregung Präs. von Hodenbergs vorzuschlagen, dass die Präsidenten der Gerichte von der Richterschaft des betreffenden Gerichts auf Zeit gewählt werden, mit allen gegen zwei Stimmen abgelehnt.

*Unabhängigkeit – Abgrenzung gegenüber Dienstaufsichtsmaßnahmen.* Der Referent, Präs. *Ruscheweyh,* ging nunmehr auf die Unabhängigkeit des Richters und ihre Abgrenzung gegenüber der Dienstaufsicht ein. Er hielt allgemeine Hinweise der Dienstvorgesetzten, die sich nicht auf ein bestimmtes Verfahren beziehen, für statthaft, schlug jedoch vor, von einer ausdrücklichen gesetzlichen Regelung abzusehen. Eine umfassende begriffliche Begrenzung der zulässigen Dienstaufsichtsmaßnahmen sei kaum möglich. Auch bestehe im Gegensatz zu der Auffassung des Richterbundes kein Bedürfnis für einen besonderen Instanzenzug gegenüber Dienstaufsichtsmaßnahmen. Jedenfalls sei der Gedanke der Anrufung des erweiterten Präsidiums gegen Entscheidungen der Justizminister wenig glücklich. Allenfalls komme eine Anrufung der Dienstgerichte in Betracht.

Präs. *Schmid* lehnte einen Instanzenzug zu den Dienstgerichten ab, da dieser die Gefahr abweichender Entscheidungen zwischen den Dienstgerichten und den mit Amtshaftungsklagen befassten Gerichten hervorrufe.

Präs. *von Hodenberg* äußerte, dass diese Gefahr hingenommen werden müsse. Die Eröffnung der Möglichkeit einer Anrufung der Dienstgerichte liege im Interesse aller Beteiligten. Auch dürfe nicht übersehen werden, dass ohne Schaffung eines besonderen Instanzenzuges die Anrufung der Verwaltungsgerichte unvermeidbar sein werde.

Präs. *Heusinger* wies demgegenüber auf die Schwierigkeit der Abgrenzung von Dienstaufsichtsmaßnahmen gegenüber missbilligenden Beurteilungen hin.

Nach weiterer Aussprache beschloss die Versammlung gegen fünf Stimmen, die Eröffnung eines Instanzenzuges zu den Dienstgerichten abzulehnen.

*Überlastung von Richtern.* Als nächsten Punkt behandelte die Versammlung die Frage der Überlastung von Richtern. Die Schaffung besonderer Rechtsbehelfe wurde einstimmig abgelehnt.

*Versetzung von Richtern aufgrund eines unabweisbaren Bedürfnisses der Rechtspflege.* Die Diskussion wandte sich nunmehr dem § 17 der Denkschrift des Bundesjustizministeriums zu, insbesondere der Frage der Versetzung von Richtern aufgrund eines unabweisbaren Interesses der Rechtspflege. Die Notwendigkeit der Schaffung einer entsprechenden Vorschrift wurde einstimmig bejaht.

*Maßnahmen gegen Minderleistung.* Dagegen sprach sich Präs. *Heusinger* gegen die Einführung einer Bestimmung über Maßnahmen gegen Minderleistung aus. Wichtiger und besser sei es vorzusehen, dass Richter bei körperlicher und geistiger Gebrechlichkeit zwangsweise zur Ruhe gesetzt werden können.

MinRat *Rinck* teilte hierzu mit, dass die von Präs. Heusinger vorgeschlagene Regelung auch von dem Bundesjustizministerium beabsichtigt werde. Daraufhin wurde die Anregung Präs. Heusingers, statt Maßnahmen gegen Minderleistung vorzusehen, dass Richter bei körperlicher und geistiger Gebrechlichkeit zwangsweise zur Ruhe gesetzt werden können, von der Versammlung einstimmig gebilligt.

*Amtsverschwiegenheit.* Der Referent wandte sich nunmehr der Frage der Amtsverschwiegenheit zu. Er vertrat den Standpunkt, dass die Notwendigkeit der Amtsverschwiegenheit selbstverständlich sei, dass sie aber häufig nicht beachtet werde und deshalb vielleicht eine kurze Erwähnung im Richtergesetz angebracht sei.

Präs. *Heusinger* warf die Frage auf, ob es sich empfehle, die Frage des Verhältnisses der Richterschaft zur Presse zu regeln.

Präs. *Schmid* nahm demgegenüber den Standpunkt ein, dass der Richter auch der Presse gegenüber Amtsverschwiegenheit beobachten müsse.

Die Versammlung sprach sich einstimmig dafür aus, keine Vorschriften über Amtsverschwiegenheiten im Richtergesetz vorzusehen.

*Beratungsgeheimnis.* Der Referent kam nunmehr auf das Beratungsgeheimnis zu sprechen. Er schlug vor, im Richtergesetz entsprechend der für Schöffen und Geschworene geltenden Bestimmung des § 198 GVG eine Vorschrift aufzunehmen, nach der Richter verpflichtet sind, über den Hergang bei Beratung und Abstimmung Stillschweigen zu bewahren. Allerdings gebe es Fälle, in denen das Beratungsgeheimnis mit Rücksicht auf höher stehende Rechtsgüter zurücktreten müsse. Es sei jedoch nicht angebracht, diese Fälle zu regeln. Vielmehr müsse es jedem Richter überlassen bleiben, selbst zu entscheiden, wann ein solcher Fall gegeben sei. Der Richter habe seine Entscheidung gegebenenfalls vor den Dienstgerichten zu verantworten.

Den Ausführungen des Referenten folgend sprach sich die Versammlung dafür aus, dass im Richtergesetz keine ausdrückliche Vorschrift über die Befreiung vom Beratungsgeheimnis vorgesehen werden soll.

*Dissenting vote.* Präs. *Weinkauff* teilte mit, dass nach der Geschäftsordnung des Bundesgerichtshofes jeder in einer Abstimmung überstimmte Richter berechtigt sei, seine abweichende Ansicht in einem Votum („dissenting vote") zu den geheimen Senatsakten zu geben. Diese Regelung habe sich bewährt und könne daher bei allen Gerichten eingeführt werden. Den Richtern bei den Rechtsrügegerichten sei auch das Recht einzuräumen, ihre abweichende Auffassung der Öffentlichkeit mitzuteilen.

Präs. *von Hodenberg* vertrat die Auffassung, dass ein Votum zu den Akten des betr. Gerichts unbedenklich sei. Dieses dürfe jedoch, um eine Gefährdung der Autorität des Gerichts zu vermeiden, keinesfalls in die Öffentlichkeit gelangen und auch nicht der

Staatsanwaltschaft zugänglich sein. Eine Abweichung von diesen Einschränkungen sei allenfalls bei den Rechtsrügegerichten zu vertreten.

Präs. *Schmid* schloss sich der Auffassung von Präs. Weinkauff an. Er warnte vor einer Überbewertung des Beratungsgeheimnisses und verwies darauf, dass in der Schweiz die Beratung der Gerichte öffentlich stattfindet.

Nach weiterer Aussprache wurde von der Versammlung durch Mehrheitsentscheidung

1. abgelehnt, *allen* Richtern zu gestatten, ihre abweichende Meinung zu geheimen Gerichtsakten niederzulegen;
2. eine entsprechende Bestimmung für die Richter der Rechtsrügegerichte bejaht;
3. eine Vorschrift, durch die den Richtern eine öffentliche Bekanntgabe ihrer abweichenden Meinung gestattet wird, für alle Gerichte (auch die Rechtsrügegerichte) abgelehnt.

Die Vormittagssitzung wurde um 13.30 Uhr beendet.

Nach der Mittagspause – um 15 Uhr – übernahm auf Wunsch von Präs. *Walther* Präs. *von Hodenberg* erneut den Vorsitz. Er erteilte zunächst dem Referenten, Präs. Ruscheweyh, das Wort.

*Verwaltung der Gerichte.* Präs. *Ruscheweyh* ging auf die Verwaltung der Gerichte ein. Er stellte fest, dass eine Selbstverwaltung der Gerichte im Sinne einer gänzlichen Entfesselung der Dritten Gewalt nicht wünschenswert sei. Dagegen müsse den Gerichten ein Einfluss auf die Gestaltung des Haushalts eingeräumt werden. Die schon jetzt bestehende Möglichkeit, mittelbar über die Ministerien Wünsche hinsichtlich der Gestaltung des Haushalts vorzubringen, sei ungenügend. Den Oberlandesgerichtspräsidenten sei für den Fall, dass die Ministerien sich ihren Vorschlägen nicht anschließen, ein Einspruchsrecht zu gewähren. Auch müsse den Oberlandesgerichtspräsidenten das Recht zugebilligt werden, die Belange der Gerichte vor den Ausschüssen des Parlaments selbst wahrzunehmen. Eine derartige Regelung gehöre jedoch nicht in das Richtergesetz.

Präs. *Skott* betonte demgegenüber, dass eine echte richterliche Unabhängigkeit nicht ohne einen gewissen Einfluss auf die Haushaltsgestaltung denkbar sei. Daher müsse diese Frage im Richtergesetz geregelt werden. Den Chefpräsidenten sei in Haushaltssachen, aber auch in anderen Angelegenheiten die Möglichkeit zu geben, vor dem Parlament Rede und Antwort zu stehen.

Präs. *Weinkauff* schloss sich der Auffassung von Präs. Skott an. Es sei unbedingt notwendig, dass ein aus den Oberlandesgerichtspräsidenten bzw. den Präsidenten der gleichgeordneten Gerichte anderer Gerichtsbarkeiten bestehendes Gremium an der Ausarbeitung der Haushaltsvorschläge beteiligt werde. Eine von den Vorschlägen der Ministerien abweichende Stellungnahme dieses Gremiums müsse im Haushaltsausschuss bekanntgegeben werden.

Präs. *Skott* legte demgegenüber Wert auf eine persönliche Vertretung der Belange der Justiz in den Haushaltsausschüssen. Auch müsse vorgesehen werden, dass die Gerichte die ihnen zugewiesenen Mittel selbständig verwalten dürfen.

Präs. *Heusinger* äußerte, dass sich dies bereits aus der Regelung der Reichshaushaltsordnung ergebe. Die Mitwirkung eines richterlichen Gremiums an der Haushaltsgestaltung sei kaum durchführbar, da man nur dann Einfluss auf einen Einzelhaushalt nehmen könne, wenn man eine genaue Kenntnis des Gesamthaushalts besitze. Zudem bestehe der Justizhaushalt zu 90 bis 95% aus fixen Kosten. Auch aus diesem Grunde dürfe man sich von einer Mitwirkung der Oberlandesgerichtspräsidenten nicht allzu viel versprechen. Allenfalls komme eine Bestimmung in Betracht, nach der abweichende Anmeldungen der Justiz – und zwar sowohl der Justizministerien als auch der Oberlandesgerichtspräsidenten – dem Parlament mitzuteilen sind.

Präs. *Weinkauff* teilte mit, dass er selbst häufig bei Haushaltsberatungen hinzugezogen worden sei. Es sei ihm nicht selten möglich gewesen, seinen Standpunkt durchzusetzen.

Präs. *Heusinger* räumte ein, dass ein unmittelbarer Kontakt der Oberlandesgerichtspräsidenten mit dem Haushaltsausschuss unter Umständen fruchtbar sein könne. Es sei aber zu bedenken, dass sich die Ausgaben der Länder nach den mehr oder weniger feststehenden Einnahmen richten. Die Bewegungsfreiheit der Finanzminister sei sehr gering.

Präs. *Ruscheweyh* erwähnte, dass in Hamburg die Vertreter der Behörden – darunter auch der Oberlandesgerichtspräsident – bei den Haushaltsberatungen in den Senats- und Bürgerschaftsausschüssen hinzugezogen würden.

Präs. *von Hodenberg* schlug vor zu beschließen, dass in dem Richtergesetz oder einem gleichzeitigen Gesetz das Recht der Gerichte in Haushaltsfragen vor dem Parlament bzw. seinen Ausschüssen zu erscheinen, vorzusehen sei.

Dieser Vorschlag wurde mit 13 Stimmen angenommen. Zugleich beschloss die Versammlung einstimmig, dass die Belange der Gerichte bei den Haushaltsberatungen von den Oberlandesgerichtspräsidenten wahrzunehmen sind.

*Vertretung der Richterschaft nach außen.* Die Aussprache wandte sich nunmehr erneut der Frage der Vertretung der Gerichte in der Öffentlichkeit zu.

Präs. *Weinkauff* nahm den Standpunkt ein, dass diese Frage nicht gesetzgeberisch geregelt werden könne.

Auf eine Beschlussfassung wurde im allgemeinen Einverständnis verzichtet.

*Beurteilungen.* Der Referent behandelte im Weiteren die Aufstellung von Beurteilungen. In Übereinstimmung mit den Ausführungen des Referenten wurde von der Versammlung die Regelung dieser Frage im Richtergesetz abgelehnt.

*Personalvertretungsgesetz.* Sodann kam der Referent auf die Frage der Anwendung des beabsichtigten Personalvertretungsgesetzes auf Richter zu sprechen. Er sprach sich gegen eine Einbeziehung der Richter aus.

MinRat *Rinck* teilte mit, dass nach Auffassung des Bundestages das hierarchische Prinzip innerhalb des öffentlichen Dienstes einer Auflockerung bedürfe. Zu der Frage der Anwendung des Personalvertretungsgesetzes auf die Richterschaft werde von Abgeordneten des Bundestages der Standpunkt vertreten, dass Richter nicht weniger unabhängig sein dürften als die übrigen Angehörigen des öffentlichen Dienstes.

Präs. *von Hodenberg* schlug vor, sich dahin auszusprechen, dass, soweit eine Personalvertretung der Richterschaft notwendig sei, diese in der Hand eines ausschließlich von Richtern gewählten richterlichen Gremiums liegen solle.

Dieser Vorschlag wurde einstimmig angenommen.

*Politische Betätigung.* Als nächsten Punkt behandelte der Referent die politische Betätigung der Richter. Er äußerte, es sei nicht zweifelhaft, dass auch Richtern das aktive Wahlrecht zustehe. Sehr schwierig sei dagegen die Frage, ob eine Beschränkung des passiven Wahlrechts erfolgen müsse.

Präs. *Weinkauff* sprach sich gegen eine Beschränkung des passiven Wahlrechts der Richter aus. Es sei durchaus erwünscht, dass Richter an der parlamentarischen Arbeit mitwirken. Allerdings dürften die betreffenden Richter während ihrer Wahlperiode keine richterlichen Funktionen ausüben.

Präs. *von Hodenberg* räumte ein, dass für die Parlamente eine Beteiligung besonders qualifizierter Richter wünschenswert sei. Er vertrat jedoch den Standpunkt, dass der Deutsche dazu neige, sich durch die Zugehörigkeit zu einer Partei festzulegen. Auch sei es im Wahlkampf notwendig, dass sich der Richter zugespitzter Formulierungen, Übertreibungen usw. bediene, was an sich unbedenklich sei, jedoch für den Richter nicht angemessen erscheine.

Präs. *Staff* unterstützte die Ausführungen von Präs. von Hodenberg. Er bezweifelte, dass bei den gegenwärtigen Formen des politischen Lebens für Richter ein Auditorium vorhanden ist. Jedoch sei nichts dagegen einzuwenden, dass der Richter sich einer politischen Partei anschließe.

Präs. *Wiefels* äußerte, dass die Zugehörigkeit von Richtern zu politischen Parteien ihrer Stellung abträglich sei. Jedenfalls dürfe sich ein Richter nicht aktiv am politischen Leben beteiligen.

Die Versammlung sprach sich daraufhin mit 10 gegen 7 Stimmen dafür aus, die Zugehörigkeit von Richtern zu politischen Parteien, falls dies verfassungsrechtlich zulässig ist, zu untersagen.

Ferner wurde mit 13 Stimmen die Wählbarkeit von Richtern zu Bundestag und Landtagen abgelehnt.

Präs. *Schmid* vertrat den Standpunkt, dass hinsichtlich der Gemeindeparlamente andere Grundsätze gelten müssen als hinsichtlich des Bundestages und der Landtage, da die Monopolisierung der Willensbildung in den Gemeinden nicht so stark sei. Man habe in Württemberg mit der Zugehörigkeit von Richtern zu Gemeindeparlamenten recht positive Erfahrungen gemacht.

Präs. *Wiefels* äußerte demgegenüber, dass der Richter als Mitglied eines Gemeinderates häufig in wirtschaftliche Interesssenkämpfe verwickelt werde, die seiner Stellung schaden könnten.

Präs. *Weinkauff* und Präs. *von Hodenberg* schlossen sich der Ansicht von Präs. Wiefels an. Die Versammlung sprach sich daraufhin mit Mehrheit gegen die Wählbarkeit von Richtern zu Gemeinde- und Kreisparlamenten aus.

Dagegen wurde der Vorschlag, ein allgemeines Verbot jeder politischen Betätigung von Richtern auszusprechen, abgelehnt.

*Gewissenskonflikt.* Der Referent wandte sich nunmehr der Frage des Gewissenskonflikts zu. Er schlug vor, allen Richtern das Recht des jederzeitigen Ausscheidens aus dem Dienst zuzubilligen. Wenn das Ausscheiden aufgrund eines echten Gewissenskonflikts erfolge, was von den Dienstgerichten zu entscheiden sei, müsse dem Richter die bis zu diesem Zeitpunkt erdiente Pension zugebilligt werden.

Präs. *Wiefels* betonte demgegenüber den Grundsatz der Bindung des Richters an das Gesetz. Ferner wies er auf die Gefahr einer missbräuchlichen Ausnutzung der von Präs. Ruscheweyh vorgeschlagenen Lösung hin.

Präs. *Weinkauff* sprach sich für den Vorschlag des Referenten aus, jedoch mit der Maßgabe, dass statt eines Ausscheidens aus dem Dienst die Zuweisung einer anderen Tätigkeit vorzusehen sei.

Präs. *Heusinger* gab zu bedenken, dass der Richter, wenn er vor der Frage der Anwendung eines ihm unerträglich erscheinenden Gesetzes stehe, angesichts der im Grundgesetz erfolgten weitgehenden Positivierung der Naturrechtsnormen meist die Möglichkeit habe, das Bundesverfassungsgericht anzurufen. Es sei zweifelhaft, ob, wenn das Bundesverfassungsgericht die Anwendung des Gesetzes für unbedenklich halte, noch von einem anzuerkennenden Gewissenskonflikt gesprochen werden könne. Im Übrigen handle es sich nicht um eine Besonderheit der Justiz. Die sittliche Würde des Gewissenskonflikts liege gerade in dem von dem ausscheidenden Richter oder Beamten auf sich genommenen Martyrium, so dass es nicht angebracht sei, in Fällen dieser Art die Bewilligung einer Pension vorzusehen.

Präs. *Staff* schloss sich den Ausführungen von Präs. Heusinger an. Er vertrat den Standpunkt, dass es keine irdische Instanz gebe, die über Gewissenskonflikte entscheiden könne.

Nach weiterer Aussprache beschloss die Versammlung einstimmig, die Bewilligung einer Pension bei Ausscheiden des Richters wegen eines Gewissenskonflikts abzulehnen.

Sodann wurde auch die Zuweisung einer anderen Tätigkeit abgelehnt und zwar mit allen gegen zwei Stimmen.

*Contempt of Court.* Die Versammlung sprach sich weiterhin gegen die Aufnahme von Bestimmungen betreffend den „Contempt of Court" aus.

*Gutachtertätigkeit.* Zu § 28 der Referentendenkschrift entspann sich eine Debatte darüber, ob Gutachtertätigkeit des Richters zugelassen werden soll.

Präs. *Baerne* erklärte, dass Gutachten von Richtern auf keinen Fall bei Gericht vorgelegt oder verwendet werden dürften.

Präs. *Heusinger* empfahl, eine gutachtliche Tätigkeit nicht zuzulassen.

Präs. *von Hodenberg* sprach sich im gleichen Sinne aus.

Präs. *Wiefels* trat dafür ein, gutachtliche Tätigkeit zu gestatten, aber nur unter der Bedingung, dass das Gutachten nicht vor Gericht verwertet werden dürfe.

Die Konferenz beschloss mit allen gegen drei Stimmen: gutachtliche Tätigkeit der Richter solle allgemein unzulässig sein.

*Schiedsrichtertätigkeit.* Ferner wurde einstimmig beschlossen, eine Tätigkeit des Richters als Schiedsrichter dürfe nur für zulässig erklärt werden, wenn der Richter als Obmann des Schiedsgerichts tätig werde, sonst nur dann, wenn er von beiden Parteien als Schiedsrichter benannt sei.

*Disziplinarrecht.* Der Fragenkreis zum Disziplinarrecht und zu den Dienstgerichten (§ 29 der Denkschrift) konnte infolge Zeitmangels nicht mehr erörtert werden.

Abschließend stimmte die Konferenz – nach im allseitigen Einverständnis erfolgter Abänderung von Ziffer 3 – über die diesem Protokoll als Anlage 2 beigefügte, von der mit ihrer Formulierung beauftragten Kommission vorgelegte Entschließung ab.

Auf Wunsch von Präs. *Heusinger,* der gegen die beiden letzten Sätze des Abschnitts 2 der Entschließung Bedenken äußerte, wurde über die einzelnen Abschnitte der Entschließung getrennt abgestimmt.

Die Abstimmung hatte folgendes Ergebnis:

Präambel der Entschließung: einstimmig angenommen
Absatz 1: einstimmig angenommen
Absatz 2 Satz 1–3: einstimmig angenommen
Absatz 2 Satz 4 u. 5: mit allen gegen 5 Stimmen angenommen
Absatz 3: einstimmig angenommen.

Nachdem Präs. *von Hodenberg* dem Referenten für seine mühevolle Arbeit gedankt hatte, teilte er mit, dass der Entwurf einer Bundesrechtsanwaltsordnung, der auf dieser Konferenz nicht mehr habe erörtert werden können, auf die Tagesordnung der nächsten Tagung gesetzt werden solle.

Er schlug vor, die nächste Tagung im zeitlichen Zusammenhange mit der nächsten Justizministerkonferenz abzuhalten und als Tagungsort Bremen vorzusehen. – Der Vorschlag wurde einstimmig angenommen.

Die Tagung wurde darauf um 17.55 Uhr geschlossen.

*Teilnehmerliste*

An der Tagung der Oberlandesgerichtspräsidenten des Bundesgebiets auf der Margarethenhöhe bei Königswinter am 28. und 29. September 1954 haben teilgenommen:

1. Präsident des Bundesgerichtshofs Dr. h.c. Weinkauff
2. Kammergerichtspräsident Dr. Skott
3. Oberlandesgerichtspräsident Schaefer, Bamberg
4. Oberlandesgerichtspräsident Dr. Heusinger, Braunschweig sowie Oberlandesgerichtsrat Linke
5. Oberlandesgerichtspräsident Dr. Frhr. von Hodenberg, Celle sowie Oberlandesgerichtsrat Schräder
6. Oberlandesgerichtspräsident Baerns, Düsseldorf
7. Oberlandesgerichtspräsident Prof. Dr. Staff, Frankfurt/M.
8. Oberlandesgerichtspräsident Prof. Dr. Ruscheweyh, Hamburg sowie Landgerichtsrat Dr. Katzenstein
9. Oberlandesgerichtspräsident Dr. Wiefels, Hamm sowie Senatspräsident Lübbesmeyer
10. Oberlandesgerichtspräsident Martens, Karlsruhe
11. Oberlandesgerichtspräsident Deynet, Koblenz
12. Oberlandesgerichtspräsident Prof. Dr. Korintenberg, Köln sowie Oberlandesgerichtsrat Kahsnitz und Landgerichtsrat Rennen (Protokoll)
13. Oberlandesgerichtspräsident Dr. Krüger, Neustadt/Weinstr.
14. Oberlandesgerichtspräsident Walther, Nürnberg
15. Oberlandesgerichtspräsident Dr. Hartz, Schleswig
16. Oberlandesgerichtspräsident Dr. Schmid, Stuttgart
17. Vizepräsident Dr. Köster, Oldenburg
18. Senatspräsident Dr. Arndt, Bremen
19. Ministerialrat Dr. Rinck, Bundesjustizministerium

*Entschließung*

Das Richtergesetz darf sich nicht darauf beschränken, die Rechtsverhältnisse der Richter nach Art eines Beamtengesetzes zu regeln. Es muss vielmehr den Versuch machen, einen einheitlichen Richterstand zu schaffen und dem Richter diejenige Stellung im Volksganzen zu geben, die – gemäß dem Leitbild der Verfassung – der Bedeutung des Rechts und der rechtsprechenden Gewalt wirklich entspricht. Dazu gehört Folgendes:

1. Die Richter aller Gerichtszweige müssen in einer einheitlichen Verwaltung vereinigt werden, und zwar jeweils unter einem Minister für Rechtsprechung in Bund und Ländern. Sie müssen alle die gleiche Ausbildung haben. Besoldungsunterschiede zwischen den Gerichtszweigen dürfen nicht bestehen.

2. Um Persönlichkeiten von Bedeutung aus dem ganzen Rechtsstande für den Beruf des Richters zu gewinnen, muss die Stellung des streitentscheidenden Richters wirksam gehoben werden. Ihm sollte erst im reiferen Alter und, nachdem er sich sonst im Rechtsleben bewährt hat, diese Aufgabe anvertraut werden. Er muss wirtschaftlich wesentlich besser gestellt werden als bisher. Dieser streitentscheidende Richter befasst sich nicht mit der fürsorgerischen Tätigkeit der freiwilligen Gerichtsbarkeit und nicht mit der Bagatell-Justiz. Die künftige große Justizreform kann seine Zahl noch weiter verringern (Fragen der Dreigliederung der Justiz, der Einschränkung des Instanzenzuges, der Beschränkung der Rechtsrügegerichte auf Grundsatzentscheidungen).
3. Die Richterschaft muss, um ihrer Selbständigkeit und Unabhängigkeit willen, einen wirksamen Einfluss auf die Personalpolitik und auf den Haushalt erhalten.

## V. *Niederschrift zu den Besprechungen des BMJ mit den Landesjustizverwaltungen, Vertretern der Richterschaft, der Rechtsanwaltschaft, der Notare und des Deutschen Richterbundes sowie mit Professoren vom 4.-6.10.1954 in Bonn über ein Richtergesetz*

*Vorsitz:* Staatssekretär Dr. Strauß, zeitweise MinDir. Roemer

*Anlage 1:* Teilnehmerliste
*Gliederung:*

1. Bedürfnisfrage. Soll das Richtergesetz mit der großen Justizreform verbunden werden? (§ 1 der Denkschrift)
2. Sind die Richter Beamte mit Sonderstatus? Soll auf das Beamtengesetz grundsätzlich, in Einzelheiten oder gar nicht verwiesen werden? (§ 1 der Denkschrift)
3. Abgrenzung der Rechtsprechung. Einbeziehung der freiwilligen Gerichtsbarkeit. (§ 3 der Denkschrift)
4. Wieweit sind bereits im Richtergesetz echte Reformen möglich? Rechtsprechungsministerium, Bagatelljustiz
5. Soll ein besonderes Gesetz für die Bundesrichter ergehen? (§ 2 der Denkschrift)
6. Organisatorische Trennung von Justiz und Verwaltung. Patentamt. (§ 4 der Denkschrift)
7. Sollen die Staatsanwälte in das Richtergesetz einbezogen werden? Badische Notare. Laienrichter. (§§ 5, 6 der Denkschrift)
8. Mitwirkung der Richter bei Auswahl und Ernennung. (§ 9 der Denkschrift)
9. Zusammensetzung der Richterwahlausschüsse. (§ 10 der Denkschrift)

10. Wieweit sind generelle Hinweise mit der sachlichen Unabhängigkeit vereinbar? (§ 14 der Denkschrift)
11. Umfang und Kontrolle der Dienstaufsicht. (§ 15 der Denkschrift)
12. Sollen künftig nur rechtsgelehrte Berufsrichter ernannt werden? Mindestalter. (§ 11 der Denkschrift)
13. Versetzung in dienstlichem Interesse. (§ 17 der Denkschrift)
14. Hilfsrichter. Abschaffung des beauftragten Richters. (§ 18 der Denkschrift)
15. Beratungsgeheimnis. (§ 19 der Denkschrift)
16. Gewissenskonflikt. (§ 20 der Denkschrift)
17. Mitwirkung im Haushalt. (§ 23 der Denkschrift)
18. Personalvertretung. (§ 25 der Denkschrift)
19. Politische Betätigung. (§ 27 der Denkschrift)
20. Contempt of Court. (§ 21 der Denkschrift)
21. Amtsbezeichnungen. (§ 33 der Denkschrift)
22. Nebentätigkeiten, Gutachten, Schiedsgerichte. (§ 28 der Denkschrift)
23. Disziplinarrecht und Disziplinarverfahren. Dienstgerichte. (§ 29 der Denkschrift)
24. Altersgrenze. Minderleistungen. (§ 34, § 30 der Denkschrift)
25. Besoldung. (§ 31 der Denkschrift)
26. Eid. (§ 26 der Denkschrift)

*Minister Neumayer* begrüßt die Anwesenden. Er betont, das Bundesjustizministerium lege Wert darauf, dass die Vertreter der Wissenschaft, der Praxis, der Anwaltschaft und des Notariats unbefangen ihre Meinung zu den Problemen des Richtergesetzes äußerten. Das BMJ sei noch nicht auf bestimmte Lösungen festgelegt.

*Staatssekretär Dr. Strauß* erklärt, im vorliegenden Falle habe das BMJ abweichend von der bisherigen Praxis zunächst eine Analyse der wichtigsten Probleme ausarbeiten lassen, die nunmehr zum Gegenstand eines Gesprächs der beteiligten Kreise gemacht werden solle. Besprechungen mit Vertretern der Arbeits- und Sozialgerichtsbarkeit, der Finanz- und der Verwaltungsgerichtsbarkeit würden folgen. Aufgrund dieser Beratungen, die voraussichtlich Ende ds. Mts. abgeschlossen sein würden, solle der I. Referentenentwurf ausgearbeitet und mit den beteiligten Bundesressorts abgestimmt werden.

## 1. *Bedürfnisfrage. Soll das Richtergesetz mit der Großen Justizreform verbunden werden? (§ 1 der Denkschrift)*

*LG-Dir. Dr. Vogt, Landgericht Hagen* spricht sich dafür aus, das Richtergesetz jetzt dem Bundestag vorzulegen. Bis zur Großen Justizreform würde es noch zu lange dauern. Man solle das Erreichbare jetzt verwirklichen.

*Präs. Dr. Weinkauff, BGH* betont, ein Richtergesetz, das nur ein abgewandeltes Beamtengesetz sei, genüge nicht. Wichtiger sei eine echte Reform. Insbesondere sei nötig, die

Richter zu heben, die nicht streitentscheidenden Richter einer Sonderregelung zu unterwerfen und die Richter an der Haushaltsführung zu beteiligen.

*Präs. Dr. Konrad, Vorsitzender des Präsidiums des Deutschen Richterbundes, München,* erklärt, der Richterbund befürworte den baldigen Erlass eines Richtergesetzes. Man könne nicht warten, bis die Große Justizreform zustande komme und vielleicht ein Idealbild des Richters schaffe. Dies wäre eine untragbare Verzögerung. Der Richterbund, der schon seit Jahren an dem Richtergesetz arbeite, wolle sich bewusst auf das Erreichbare beschränken. Der alsbaldige Erlass eines Richtergesetzes sei notwendig und werde von allen Richtern gefordert.

*MinDirig. Hornig, Justizministerium Niedersachsen* weist darauf hin, dass der Typ des Richters nach der Großen Justizreform zwar anders aussehen werde als heute. Trotzdem könne nicht bis zur Großen Justizreform gewartet werden. Denn sonst müssten die Richter noch auf lange Zeit in die Beamtengesetze des Bundes und der Länder eingegittert werden.

*Präs. Dr. Weinkauff* verliest die auf der Konferenz der Oberlandesgerichtspräsidenten in Margarethenhof am 29.9.1954 gefasste Entschließung.

Es sei nicht richtig, wenn gesagt werde, man müsse erst die Große Justizreform abwarten. Man könne vielmehr schon jetzt die Bagatelljustiz ausscheiden und die fürsorgerische Tätigkeit der freiwilligen Gerichtsbarkeit ausgliedern. Dann könne ein echtes Richtergesetz geschaffen werden, das später im Zuge der Großen Justizreform weiterhin verbessert werden könne.

*Staatssekretär Dr. Strauß* wünscht eine realistische Einstellung zu den Problemen und hält es für ausgeschlossen, noch in dieser Wahlperiode die Große Justizreform zu verabschieden. Hinsichtlich eines Richtergesetzes sei dagegen der Auftrag des Verfassungsgesetzgebers durchzuführen (Art. 98 GG).

Auch seien die Probleme inzwischen soweit erörtert worden, dass ein gewisser Reifegrad erreicht sei. Schließlich seien inzwischen auf der Bundes- und Landesebene alle Zweige der Gerichtsbarkeit aufgebaut. Er würde es daher begrüßen, wenn die Rechte und Pflichten und das Leitbild des Richters durch ein Richtergesetz einheitlich geregelt würden. Dadurch werde das drohende Auseinanderfallen der einzelnen Sparten der Gerichtsbarkeit vermieden. Das BMJ halte es daher für richtig, jetzt ein Richtergesetz zu schaffen und er glaube auch, dass dies mehr als nur ein abgewandeltes Beamtengesetz sein werde.

*Präs. Prof. Dr. Ruscheweyh, Hanseatisches OLG,* berichtet, auf der kürzlichen Tagung der Chefpräsidenten sei man sich darüber klar gewesen, dass sie dort aufgestellten Forderungen ein Fernziel seien, das man zunächst nicht erreichen, aber immer im Auge haben solle. Er spreche sich für den baldigen Erlass des Richtergesetzes aus; denn das Grundgesetz fordere, dass Richterschaft und Beamtenschaft unter verschiedene Ordnungen gestellt werden und jetzt bestehe die Möglichkeit, die besondere Stellung des Richters gesetzlich festzulegen. Dabei solle man aber alle und nicht lediglich die streitentscheidenden Richter berücksichtigen.

*Prof. Dr. Eberhard Schmidt* hält ein Richtergesetz für dringlich, vor allem im Blick auf die Sowjetzone. Für den Fall der Wiedervereinigung müsse klargestellt werden, was ein rechtsstaatliches Richtertum sei. Aus diesem rechtspolitischen Gesichtspunkt müsse er den Gedanken von Präs. Weinkauff widersprechen.

*Senatspräs. Prof. Dr. Geiger, BGH,* glaubt, man könne ein Richtergesetz nur konzipieren, wenn man schon heute wisse, was man in den grundsätzlichen Fragen für den Richter erreichen wolle. Insbesondere könne man eine Abhebung des Richters vom Beamten nicht erreichen, solange die derzeitige große Zahl von Richtern vorhanden sei. Wichtig sei daher, die Rechtszüge zu vereinfachen und die Aufgaben der Gerichte zu reduzieren. Das Richtergesetz sollte der Anstoß sein, der nicht vom Fleck gekommenen Großen Justizreform neue Impulse zu verleihen.

Ein Richtergesetz, das nur ein Beamtengesetz mit richterlichen Arabesken sei, sei zu wenig. Das Richtergesetz müsste auch Materien enthalten, die bisher im Reichsbesoldungsgesetz, im GVG und in den Disziplinargesetzen enthalten sind. Es solle eine Magna Charta des Richters sein.

*Staatssekretär Dr. Strauß* stimmt Prof. Geiger grundsätzlich zu, weist aber darauf hin, dass die politischen Realitäten berücksichtigt werden müssten. Die Richterfragen seien auf verschiedene Ministerien aufgesplittert. Wir müssten daher bei jeder Frage prüfen, wieweit wir mit einigermaßen Aussicht auf Erfolg über geltendes Recht und Praxis hinausgehen können.

*Staatssekretär Bleibtreu, JM Nordrhein-Westfalen,* spricht sich dafür aus, ein Richtergesetz noch in dieser Legislaturperiode zu verabschieden. Im Übrigen teile er die Bedenken von Präs. Weinkauff und Prof. Geiger. Man solle daher in das Richtergesetz soviel neue Gedanken hineinbringen wie möglich.

*Staatssekretär Dr. Strauß* weist darauf hin, dass sich die Rechtswissenschaft mit den Fragen der Großen Justizreform außerordentlich wenig beschäftigt habe. Er würde es begrüßen, wenn die Wissenschaft zu diesen Fragen mehr beitragen würde. Die Frage der Großen Justizreform werde man nur allmählich und nicht uno actu lösen können.

*Rechtsanwalt Dr. Brangsch, Deutscher Anwaltverein, Hamburg,* teilt als Ergebnis einer kürzlichen Tagung der Anwälte mit, dass Wert darauf gelegt werde, ein Richtergesetz noch in dieser Legislaturperiode zu erlassen.

## 2. *Sind die Richter Beamte mit Sonderstatus? Soll auf das Beamtenrecht grundsätzlich, in Einzelheiten oder gar nicht verwiesen werden? (§ 1 der Denkschrift)*

*Präs. Dr. Konrad* wünscht keine Verweisungen. Die Richter hätten andere Pflichten als die Beamten. Das Richtergesetz solle daher eine eigene abschließende Regelung treffen.

*Staatssekretär Dr. Strauß* gibt zu bedenken, dass man das Richtergesetz in seiner geschlossenen Wirkung beeinträchtigen würde, wenn man darin Materien regelt, bei denen sich kaum Unterschiede zwischen Beamten ergeben, etwa die Bestimmungen über Versorgung, Ruhestand, fehlerhafte Ernennung.

*LG-Rat Dr. Tietgen, LG Lübeck,* spricht sich dafür aus, jede Abhängigkeit vom Beamtenrecht zu beseitigen.

*Prof. Dr. Scheuner:* Das Richtertum sei ein wesentliches Element des Beamtentums. Der Versuch, den Richter begrifflich aus dem Kreise der Beamten herauszunehmen, sei nicht glücklich. Die Richter würden sich dann als kleiner Kreis der schon eine Million betragenden Beamtenschaft gegenüber sehen. Ein kleiner Kreis könne sich aber heute schlechter durchsetzen. Es sollten Verweisungen auf das allgemeine Beamtenrecht erfolgen. Das Disziplinarrecht könne allerdings für Richter selbständig geregelt werden.

*Prof. Dr. Bockelmann* warnt davor, die Differenzierungen zu weit zu treiben. Insbesondere solle die Möglichkeit des Laufbahnwechsels mit dem Staatsanwalt offen bleiben. Andernfalls würde man den Dienst des Staatsanwalts als ein Amt minderer Art erscheinen lassen.

*OLG-Rat Hannemann, OLG Celle,* erklärt sich für Verweisungen, wenn Bestimmungen, die man für Richter anwenden will, gleichlautend mit denen für Beamte sind.

*Oberstaatsanwalt Dr. Grosser, Bayer. Oberstes Landesgericht,* weist darauf hin, dass es sich für die Landesrichter nur um ein Rahmengesetz handelt, das dann die Landesgesetzgebung ausfülle. Für die Versorgung würden daher im Richtergesetz des Bundes nur wenige Paragraphen, in den Landesgesetzen aber viele Paragraphen vorzusehen sein.

*Präs. Dr. Konrad* bezeichnet die Frage der Verweisungen als eine mehr technische Frage. Es werde sich klären, ob es möglich sei, alle Materien in das Richtergesetz hineinzunehmen.

*LG-Dir. Dr. Seidel, Deutscher Richterbund, Berlin,* warnt vor Verweisungen. Daraus entständen immer wieder Schwierigkeiten. Erforderlich sei, die Richter scharf herauszuheben.

*Staatssekretär Dr. Strauß* bezweifelt, dass es notwendig sei, so scharf zu trennen, wie der letzte Redner, da man vom umfassenden Begriff des öffentlichen Dienstes ausgehen müsse.

*Präs. Prof. Dr. Ruscheweyh* bittet, in das Richtergesetz des Bundes für die Landesrichter so wenig hereinzuschreiben wie möglich, da es sich insoweit nur um ein Rahmengesetz handelt. Es sollte nur Mindestbestimmungen enthalten, z.B.: „Die Versorgung soll mindestens …% betragen." Das Richtergesetz soll insgesamt so kurz wie irgend möglich werden.

*Prof. Dr. Scheuner* spricht sich erneut gegen eine scharfe Trennung aus. Sowohl der Richter wie der Beamte habe einen Auftrag vom Volk und sei Angehöriger des öffentlichen Dienstes. Würde man scharf trennen, so würde z.B. bei einem Richter, der im Justizministerium verwendet wird, ein Laufbahnwechsel vorliegen und es müsste jedes Mal eine neue Ernennung erfolgen.

*Prof. Dr. Bötticher, Hamburg,* meint, es sei eine mehr terminologische Frage, ob wir von Angehörigen des öffentlichen Dienstes oder Amtsträgern oder Beamten sprächen. Er könne aus dem Grundgesetz nicht herauslesen, dass Beamter nur der Verwaltungsbeamte sei.

*Staatssekretär Dr. Strauß* bemerkt, dass es die Absicht des Verfassungsgesetzgebers war, den Richter aus der Beamtenschaft herauszulösen.

*Senatspräs. Clausnitzer, Kammergericht,* spricht sich für Verweisungen aus, da die Gefahr der Rechtszersplitterung bestehe.

*LG-Dir. Schumacher, Landgericht Duisburg,* erklärt, der Richter sei zwar Angehöriger des öffentlichen Dienstes, aber seine Aufgabe sei eine andere. Möglicherweise bestehe sie darin, die anderen Angehörigen des öffentlichen Dienstes zu kontrollieren. Daher solle das Richtergesetz nicht auf das Beamtenrecht verweisen, auch nicht auf dem Gebiete des Versorgungsrechts.

*MinDirig. Hornig* bezeichnet Verweisungen auf das Beamtenrecht als dringend erwünscht. Dinge, die gleich sind, sollten gleich behandelt werden.

*Staatssekretär Bleibtreu* stimmt diesen Ausführungen zu.

*LG-Dir. Dr. Vogt* hält es für wichtig, den Richter scharf herauszuheben. Er sei kein Beamter mit Sonderstatus, sondern ein aliud.

## 3. *Abgrenzung der Rechtsprechung. Einbeziehung der freiwilligen Gerichtsbarkeit. (§ 3 der Denkschrift)*

*Notar Gonella, Gemeinschaft des Deutschen Notariats,* betont die Bedeutung der freiwilligen Gerichtsbarkeit. Sie sinke zu einem Stiefkind der Justiz ab und werde auch von der Wissenschaft vernachlässigt. Sie gehöre aber zur Dritten Gewalt. Es sei daher zu eng, wenn man unter Rechtsprechung nur die Streitentscheidung verstehen wolle. Der FG-Richter, der Recht spreche, um späteren Konflikten vorzubeugen, übe Rechtsprechung im Sinne des Grundgesetzes aus. Die von der Gemeinschaft des Deutschen Notariats vorgelegte Denkschrift komme zum Ergebnis, das Wesen des Richters sei seine Unabhängigkeit und seine Eigenschaft als Rechtsschutzstelle. Wenn der Richter im Rahmen der freiwilligen Gerichtsbarkeit einem echten Rechtsschutzbedürfnis nachkomme, dann sei das Rechtsprechung im Sinne des Grundgesetzes.

*Staatssekretär Dr. Strauß* erinnert daran, dass die freiwillige Gerichtsbarkeit in Deutschland traditionell zur Rechtspflege und nicht zur Rechtsprechung gehört. Wenn man den Richter der freiwilligen Gerichtsbarkeit nicht als Richter ansehe, bestehe allerdings die Gefahr, dass die Rechtsmittel gegen seine Entscheidungen bei den Verwaltungsgerichten eingelegt würden.

*Prof. Dr. Scheuner* spricht sich dafür aus, die freiwillige Gerichtsbarkeit nicht, wie in der Ostzone, von der ordentlichen Gerichtsbarkeit abzuzweigen. Man sollte nicht aus theoretischen Gründen historisch gewordene Teile der Justiz abzweigen und innerhalb der Richterschaft noch weitere Absplitterungen vornehmen.

*Prof. Dr. Baur* erklärt, alle Richter, einschließlich der FG-Richter, sollten Richter sein.

*Präs. Dr. Weinkauff* weist darauf hin, dass niemand wünsche, dass die freiwillige Gerichtsbarkeit ausgegliedert werde und der Beschwerdeweg an die Verwaltungsgerichte gehe. Aber der FG-Richter übe keine richterliche Tätigkeit aus. Es müsse angestrebt werden, als Richter nur den streitentscheidenden Richter anzusehen. Es sei ein elementarer Unterschied, ob ein Richter einen Registereintrag verfüge oder einen Streit entscheide. Ein Richtergesetz habe nur einen Sinn, wenn man den Richter in seiner Besoldung und sozialen Stellung hebe.

*OLG-Rat Stoldt, OLG Schleswig* spricht sich gegen die Abtrennung des FG-Richters aus. Richter nach dem GVG sei sowohl der streitentscheidende Richter wie ein Richter, der eine fürsorgende Tätigkeit ausübe. In der Beschwerdeinstanz sei eine Trennung überhaupt unmöglich. Eine Heraushebung des Richters könne auch dadurch erfolgen, wenn die Bagatellsachen dem Rechtspfleger überlassen werden.

*Präs. Dr. Konrad* erklärt, in der heutigen Situation könne nicht zwischen dem streitentscheidenden und dem FG-Richter geschieden werden. Sonst hätten sich ja zwei Kategorien von Richtern ergeben.

*Prof. Dr. Bockelmann* fragt, ob der FG-Richter, wenn er nicht Richter sein soll, auch seine Unabhängigkeit verlieren solle. Außerdem sei es sehr zweifelhaft, ob es überhaupt möglich sei, zu scheiden, was freiwillige Gerichtsbarkeit und was Streitentscheidung sei. Es sei bisher nicht gelungen, einen materiellen Begriff der freiwilligen Gerichtsbarkeit zu schaffen.

*Präs. Dr. Weinkauff* antwortet, dass die Abtrennung keine Schwierigkeiten bereiten dürfte. Die künftigen Amtsträger der FG würden unabhängige Justizbeamte, aber nicht Richter sein.

*MinDirig. Hornig* weist darauf hin, dass es umso schwieriger sei, zur Großen Justizreform zu kommen, je weiter man den Begriff der Rechtsprechung fasse. Es sei daher wichtig, die große Zahl der Richter zu vermindern. Dies sei nur möglich, wenn künftig die freiwillige Gerichtsbarkeit nicht zur Rechtsprechung zähle. Man habe ja auch schon bisher viele Aufgaben der freiwilligen Gerichtsbarkeit dem Rechtspfleger übertragen. Das wäre nicht möglich gewesen, wenn die freiwillige Gerichtsbarkeit Streitentscheidung wäre.

*LG-Rat Dr. Tietgen* wendet sich gegen Ausgliederung der FG-Richter.

*Rechtsanwalt Dr. Brangsch* warnt davor, den Begriff der Rechtsprechung im Richtergesetz zu definieren. Anderenfalls werde das Bundesverfassungsgericht entscheiden müssen, was Streitentscheidung ist.

*Senatspräs. Prof. Dr. Geiger* hält eine Regelung für möglich, wonach mit Inkrafttreten des Richtergesetzes Richter nur derjenige sei, der streitentscheidende Tätigkeit ausübe. Den FG-Richter könne man z.B. Justizrat nennen. Selbstverständlich müsse den bisherigen FG-Richtern ihr Status erhalten bleiben, aber für die Zukunft müsse ein anderer Nachwuchs herangezogen werden, der gleichzeitig die Quelle für streitentscheidende Richter sei.

Der Richter werde vom Grundgesetz deshalb herausgehoben, weil seine Funktion eine andere sei. Er sei im Gegensatz zum Beamten ein Verfassungsorgan, das unmittelbar aus der Verfassung seine originäre Kompetenz herleite. Er sei befugt, unabhängig von den übrigen Gewalten des Staates diese in ihrer Ausübung zu kontrollieren. Daher könne man für die Zukunft nur demjenigen, der diese Tätigkeit ausübe, richterliche Funktionen zuerkennen. Alle anderen Funktionen seien höheren Beamten vorbehalten.

*Staatssekretär Bleibtreu* bezeichnet es als unmöglich, die Große Justizreform jetzt schon in den Grundlagen festzulegen und den Begriff der Rechtsprechung zu definieren. Z. Zt. könne man nicht an der Tatsache vorbeigehen, dass die freiwillige Gerichtsbarkeit von Richtern ausgeübt werde.

*Prof. Dr. Bötticher, Hamburg,* ist im Hinblick auf den historisch gewordenen Begriff der freiwilligen Gerichtsbarkeit der Ansicht, dass sie nicht ausgegliedert werden kann. Es gehe nicht an, dass die freiwillige Gerichtsbarkeit, wie in der Ostzone, Sache von Verwaltungsbehörden werde.

*OLG-Rat Hannemann, OLG Celle,* wendet sich gegen die Ausgliederung der FG. Anderenfalls würde ein Amtsgerichtsrat, der gerade Grundbuchsachen bearbeitet, bei Inkrafttreten des Richtergesetzes nicht mehr Richter sein. Außerdem gebe es in der freiwilligen Gerichtsbarkeit eine Fülle von Streitentscheidungen, z.B. auf dem Gebiete des Sorgerechts.

*Prof. Dr. Scheuner* will für den Begriff des Richters nicht von der Streitentscheidung ausgehen, sondern vom bisherigen Besitzstand.

*Senatspräs. Clausnitzer* erwähnt, dass der freiwilligen Gerichtsbarkeit viele Streitentscheidungen zugewiesen sind, z.B. auf den Gebieten der Hausratsverordnung, der Pachtschutzverordnung, der Vertragshilfeverordnung. Wenn diese Fragen bis zur Großen Justizreform der freiwilligen Gerichtsbarkeit verbleiben, so könne man die freiwillige Gerichtsbarkeit nicht aus dem Richtergesetz herausnehmen.

*LG-Präs. Dr. Rutenberg, Bremen,* empfiehlt, die Frage, ob ein Richtergesetz auf den streitentscheidenden Richter beschränkt werden soll, zurückzustellen. Im Interesse der Praxis sei jetzt ein Richtergesetz zu schaffen. Außerdem habe sich der häufige Wechsel in den Dezernaten in der bisherigen Praxis als sehr fruchtbringend erwiesen.

## 4. *Wieweit sind bereits im Richtergesetz echte Reformen möglich? Rechtsprechungsministerium, Bagatelljustiz.*

*Präs. Dr. Weinkauff* wünscht, dass im Richtergesetz drei Grundgedanken verwirklicht werden:

1. Alle Rechtsprechung solle unter einer einheitlichen Stelle zusammengefasst und ein einheitlicher Richterstand mit einheitlichem Berufsethos geschaffen werden. Auch Ausbildung, Laufbahnvoraussetzungen und Besoldungsverhältnisse sollten einheitlich sein.
2. Der streitentscheidende Richter solle wirtschaftlich und sozial energisch herausgehoben werden. Er solle nicht vor dem 35. Lebensjahr und erst nach Bewährung im Rechtsleben Richter werden.
3. Die Richter sollten einen wirksamen Einfluss auf die Personalpolitik und Haushaltsgestaltung haben.

Bei diesen Reformen werde die Große Justizreform gar nicht bemüht. Die Große Justizreform werde wiederum die Zahl der gehobenen streitentscheidenden Richter bedeutend verringern. Erhalte man inzwischen als streitentscheidende Richter wirkliche Persönlichkeiten, so könne man den Instanzenzug beschneiden und die Tätigkeit der obersten Bundesgerichte auf Grundsatzentscheidungen beschränken.

*Staatssekretär Dr. Strauß* unterstützt die Forderung nach einem einheitlichen Rechtsprechungsministerium. Dieses Ziel sei jedoch zur Zeit nicht zu erreichen.

*Staatssekretär Bleibtreu* begrüßt die einheitliche Zusammenfassung sämtlicher Gerichtsbarkeitssparten.

*Senatspräs. Prof. Dr. Geiger* weist darauf hin, dass z. Zt. in der Bundesrepublik 9000 Richter in der ordentlichen Gerichtsbarkeit und etwa 5000 sonstige Richter vorhanden sind, von denen nicht alle zur Elite gehören. Um eine höhere Qualität zu erzielen, solle man alles tun, um im Richtergesetz die Zahl der Richter zu reduzieren.

Ein federführendes Ministerium, das einen Gesetzentwurf vorlege, dürfe nicht von vornherein resignieren, sondern im Entwurf zum Ausdruck bringen, welche Ansprüche erhoben werden müssen. Wenn wir selber keine Forderungen stellten, wer solle dann in Deutschland die Partei der Richter ergreifen?

*Staatssekretär Dr. Strauß* erklärt, es könnten nur solche Forderungen und Entwürfe ausgearbeitet werden, die im gegenwärtigen Zeitpunkt, also ohne die Große Justizreform Aussicht auf Verwirklichung böten.

*Rechtsanwalt Dr. Brangsch* meint, dass eine Verminderung der Richterzahl höchstens in der ordentlichen Justiz möglich sein wird, was zahlenmäßig keine große Rolle spiele.

*MinDirig. Hornig* stellt fest, dass bei allen Besprechungsteilnehmern wohl der Wunsch bestehe, die nicht streitentscheidenden Richter und die Bagatelljustiz aus der richterlichen Tätigkeit herauszunehmen. Differenzen beständen nur über den Zeitpunkt zur Verwirklichung dieses Zieles. Es sei vielleicht empfehlenswert, dieses Ziel im Richtergesetz anzukündigen. Wenn man es verwirklichen wolle, müsse man jedenfalls eine sehr lange Übergangszeit vorsehen.

*MinDir. Roemer* äußert Bedenken gegen die Herausnahme der freiwilligen Gerichtsbarkeit aus dem Richtertum. In Bayern z.B. habe die Bevölkerung großes Vertrauen zu dem erfahrenen, ortsansässigen älteren Richter. In der freiwilligen Gerichtsbarkeit werde absolut gleichwertige richterliche Tätigkeit geleistet. Wenn man hier scheiden wolle, müsse man subtile Einzeluntersuchungen vornehmen und käme in Fragen der Großen Justizreform hinein.

*Prof. Eberhard Schmidt* fürchtet, dass man mit Herausnahme der Bagatelljustiz zu einem Richtertypus komme, der sich dem des Volksrichters der Ostzone nähert. Die Ausgliederung der Bagatelljustiz sein eine so schwierige Aufgabe, dass sie im Richtergesetz nicht durchgeführt werden könne.

*Prof. Dr. Baur, Tübingen,* erklärt, der Vorschlag von Präsident Dr. Weinkauff setze voraus, dass verschiedene Rechtsgebiete verschieden bewertet werden. Die Maßstäbe dieser Bewertung seien aber noch nicht geklärt. Die freiwillige Gerichtsbarkeit sei deshalb den Gerichten anvertraut worden, weil man die Qualität der Gerichte der freiwilligen Gerichtsbarkeit zugutekommen lassen wollte.

*Prof. Dr. Bockelmann, Göttingen,* meint, es lohne sich nicht, die kleine Anzahl der nicht streitentscheidenden Richter aus der Richterschaft auszuscheiden. Um zu einer Verringerung und Hebung der Richter zu gelangen, müsste man zuerst die Große Justizreform durchführen.

*Notar Gonnella* gibt zu bedenken, dass man einen luftleeren Raum erhalte, wenn man die FG-Richter abtrenne. Denn gerade mit diesen habe die Bevölkerung am meisten Kontakt.

*Prof. Dr. Scheuner, Bad Godesberg,* hat rechtsstaatliche Bedenken, wenn man die Bagatelljustiz herausnehme. Eine Zweiteilung der Richterschaft sei auch nicht empfehlenswert.

*Staatssekretär Dr. Strauß* bezeichnet es als undurchführbar, Fragen der Justizreform gleichzeitig mit dem Richtergesetz oder vorher zu lösen. In Anlehnung an die Ausführungen von MinDirig. Hornig sei es jedoch vielleicht möglich, im Richtergesetz ein Ziel zu formulieren, wie man die Brücke zur Großen Justizreform schlagen wolle. Diese Frage wolle überlegt werden. Ein Richtergesetz müsse jedenfalls auch im Hinblick auf die mögliche Wiedervereinigung Deutschlands bald erlassen werden.

*Staatssekretär Bleibtreu* weist darauf hin, dass bei den Landesfinanzministerien der Wunsch durchaus anerkannt wird, die Zahl der Richter zu verkleinern und dann ihre Besoldung zu verbessern. Man müsse erreichen, dass die Richter 1. Instanz in die Besoldungsgruppe A 1 a kommen. Dazu müsse man aber die bisherigen Richter auf die Hälfte bzw. ein Drittel vermindern. Diese Verminderung sei nicht möglich, ohne Rechtsgebiete auszuklammern. Wenn man das nicht wolle, dann solle man ehrlich sagen, dass auch eine besoldungsmäßige Heraushebung nicht möglich sei.

*Präs. Prof. Dr. Ruscheweyh* äußert Bedenken zu dem Vorschlag von MinDirig. Hornig. Richtungsweisende Paragraphen seien für den praktischen Richter eine crux. Die großen Fernziele müssten in der Begründung erwähnt werden.

*Staatssekretär Bleibtreu* schlägt vor, einen kleinen Ausschuss einzusetzen, der im Laufe der nächsten Wochen den Vorschlag von MinDirig. Hornig prüfen solle. Damit könnte das grundsätzlich gebilligte Anliegen von Präs. Dr. Weinkauff und Prof. Dr. Geiger gefördert werden.

*MinDir. Roemer* meint, man solle diesem Ausschuss auch die Aufgabe stellen, die Bagatelljustiz zu definieren.

*Prof. Dr. Bötticher* erklärt, er verspreche sich von diesem Ausschuss nichts. Es sei praktisch ein Ausschuss zur Vorbereitung der Großen Justizreform. Hierzu gehörten auch der Instanzenzug, ferner Fragen der anderen Ressorts, der Verwaltungsjustiz usw. Entscheidend sei, dass sich die Vorschläge von Präs. Weinkauff bei einer Zahl von 15.000 Richtern z. Zt. nicht verwirklichen ließen. Daher solle man Fragen der Großen Justizreform einstweilen nicht regeln. Es sei möglich, das Richtergesetz trotzdem zu erlassen.

*Staatssekretär Dr. Strauß* betont, dass von dem Richtergesetz ein starker Anstoß zur Großen Justizreform ausgehen solle. Es sei aber politisch unmöglich und nicht durchführbar, in dem Richtergesetz ein wesentliches Stück der Justizreform vorwegzunehmen.

*Präs. Konrad* verspricht sich von dem vorgeschlagenen Ausschuss nichts. Der Richterbund wolle im Richtergesetz nur verwirklichen, was sich jetzt erreichen lasse.

*Senatspräs. Prof. Dr. Geiger* weist darauf hin, dass es durchaus möglich sei, *parallel* zu den Beratungen des Richtergesetzes die Grundlagen für eine Justizreform vorzuklären.

*Staatssekretär Dr. Strauß* stellt zur Erwägung, einen Ausschuss einzusetzen, der sich mit einer Reform des GVG beschäftigen solle. Die Erörterung habe sich nunmehr auf zwei Fragen konzentriert:

1. Soll in das Richtergesetz eine Brücke für die Große Justizreform eingebaut werden?
2. Soll ein Ausschuss zur Vorbereitung der Justizreform eingesetzt werden?

*Staatssekretär Bleibtreu* glaubt, dass man in einem Jahr grundsätzliches Material sammeln könne. Dem Ausschuss sollten auch Vertreter der Richterschaft, der Anwaltschaft und der Wissenschaft angehören.

*Präs. Dr. Weinkauff* bittet dringend, sich für die Errichtung eines solchen Ausschusses einzusetzen. Der Ausschuss könne entscheidende Fragen weitgehend klären, während das Richtergesetz kabinettsreif wird.

*Präs. Dr. Konrad* stellt klar, dass er gegen einen Ausschuss, wie er jetzt geplant ist, nichts einzuwenden habe, er dürfe nur nicht mit dem Richtergesetz gekoppelt werden, um dessen Erlass nicht zu verzögern.

*Staatssekretär Dr. Strauß* teilt mit, dass das BMJ mit größter Beschleunigung ab November einen Arbeitsentwurf des Richtergesetzes aufstellen wird.

*Senatspräs. Prof. Dr. Geiger* meint, es werde mindestens ein Jahr dauern, bis das Richtergesetz im Rechtsausschuss des Bundestages durchberaten werde. Man werde daher doch den geplanten Ausschuss für die Justizreform auch für das Richtergesetz fruchtbar machen können.

*Staatssekretär Dr. Strauß* erwidert, dass der Herr Bundesminister der Justiz mit der Einsetzung eines solchen Ausschusses wahrscheinlich einverstanden sein wird.

## 5. *Soll ein besonderes Gesetz für die Bundesrichter ergehen? (§ 2 der Denkschrift)*

*Staatssekretär Dr. Strauß* stellt zur Debatte, ob das Gesetz in drei Teile gegliedert werden soll: in einen allgemeinen Teil, einen Teil für Bundesrichter und einen Teil für andere Richter.

*Senatspräs. Dr. Canter, BGH,* wünscht ein besonderes Gesetz für die Bundesrichter. Nur so könne dem Art. 96 Abs. 2 Satz 2 und der Bedeutung der oberen Bundesgerichte Rechnung getragen werden. Ein Bundesrichtergesetz werde jedenfalls weniger Schwierigkeiten machen als ein Rahmengesetz für Landesrichter.

*Präs. Dr. Weinkauff und Präs. Dr. Konrad* sprechen sich für die Einbeziehung der Bundesrichter aus, um die Einheit des Richterstandes zu dokumentieren. Auch das Präsidium des BGH habe sich nahezu einstimmig für ein einheitliches Richtergesetz ausgesprochen.

*MinRat Dr. Gerner* erklärt, es sei zu untersuchen, wie weit der Bund bei der Rahmenkompetenz gehen kann.

*Staatssekretär Dr. Strauß* betont, dass die Einheitlichkeit des Richterstandes besser durch ein einheitliches Gesetz gewahrt wird.

## 6. *Organisatorische Trennung von Justiz und Verwaltung. Patentamt. (§ 4 der Denkschrift)*

*Staatssekretär Dr. Strauß* stellt das Problem zur Diskussion, ob Angehörige einer Verwaltungsbehörde Richter sein können. In einigen Ländern gebe es zur Zeit Finanzverwaltungsbeamte, die gleichzeitig Finanzrichter seien.

Beim Bundesoberseeamt und bei den Nichtigkeits- und Beschwerdesenaten des Patentamts ergäben sich zusätzliche Schwierigkeiten daraus, dass die oberen Bundesgerichte abschließend im Grundgesetz aufgezählt seien. Würde man das Bundesoberseeamt und das Patentamt als Gerichte ansehen, so wären sie verfassungswidrig. Wären sie andererseits nur Verwaltungsbehörden, dann könnten gegen ihre Entscheidungen die Verwaltungsgerichte angerufen werden.

*Präs. Prof. Dr. Ruscheweyh* teilt mit, dass in Hamburg als Vorsitzender des Oberseeamtes ein Amtsgerichtsdirektor tätig sei. Gefühlsmäßig sehe er das Bundesoberseeamt als Verwaltungsgericht an.

*Ass. Spiritus, Gemeinschaft des Deutschen Notariats,* forderte, dass vor allem den Bezirksnotaren in Württemberg die Eigenschaft als richterliche Behörde zuerkannt werde.

*Staatssekretär Bleibtreu* begrüßt es als entscheidenden Fortschritt, dass nach 1945 Verwaltungsgerichte geschaffen wurden, deren Richter nicht zugleich Verwaltungsbeamte sein könnten.

*Prof. Dr. Scheuner* wendet ein, es könne in Einzelfällen jedoch aus organisatorischen und praktischen Gründen eine Vereinigung von Verwaltungsbehörde und Verwaltungsgericht zugelassen werden. In diesen Grenzfällen erfolge die Berufung der Richter nicht auf Lebenszeit, sondern auf Zeit oder in Verbindung mit der Wahrnehmung eines anderen Amtes.

*Rechtsanwalt Dr. Brangsch* berichtet, dass der Deutsche Anwaltverein schon wiederholt Anfragen von Anwälten erhalten habe, ob das Patentamt und die Oberseeämter Gerichte seien. Diese Frage sollte dringend schon vor Erlass des Richtergesetzes geklärt werden. Keinesfalls dürfe eine Behörde in der gleichen Sache zuerst als Verwaltungsstelle und dann als Gericht entscheiden.

Diese Fragen seien aber für das Richtergesetz eine Belastung. Sie brauchten dort nicht aufgeworfen zu werden, wenn für den Begriff des Richters eine rein formale Abgrenzung gewählt wird, wie es die Denkschrift vorschlägt.

*MinRat Dr. Rinck* erklärt, der Begriff Streitentscheidung sei für die richterliche Tätigkeit vielleicht zu eng. Wenn der Begriff „Rechtsprechung“ über die Streitentscheidung hinaus ausgedehnt werde, müssten andererseits an die organisatorische Trennung von Gerichten strengere Anforderungen gestellt werden. Das Finanzamt, das zunächst einen Steuerbescheid erlasse, dürfe nachher nicht auch über den Rechtsschutz entscheiden, auch nicht in personeller Vermengung. Keine Behörde dürfe in eigener Sache Recht sprechen.

*MinDir. Roemer* meint, diese Fragen seien zur Erörterung in dem anwesenden großen Kreis nicht geeignet.

*Präs. Prof. Dr. Ruscheweyh* schlägt vor, im Richtergesetz festzulegen, dass jeder Richter ist, der die Fähigkeit zum Richteramt nach dem GVG habe und in einer Urkunde als Richter auf Lebenszeit berufen werde.

*Präs. Prof. Dr. Reimer, Deutsches Patentamt,* teilt mit, dass der Reichsminister der Justiz im Jahre 1933 festgestellt habe, die Tätigkeit des Prüfers im Einspruchsverfahren sei eine richterliche Tätigkeit. Man solle schon aus taktischen Gründen erwägen, die Prüfer als Richter anzuerkennen. Auf dem wichtigen Gebiet des gewerblichen Rechtsschutzes dürften keine entscheidenden Veränderungen vorgenommen werden. Im Hinblick auf die Bedürfnisse der Praxis, insbesondere der gesamten Industrie des In- und Auslandes, sei es von größter Bedeutung, dass das Patentamt als Gericht anerkannt werde.

*Staatssekretär Dr. Strauß* erwidert, die Stellung des Patentamts sei noch nicht geklärt, die Prüfer wurden aber keinesfalls als Richter anzusehen sein.

Er stellt als Ergebnis der Diskussion zu diesem Punkt der Tagesordnung fest, dass ein Beamter nicht im Nebenamt bei der gleichen Behörde richterliche Tätigkeit ausüben könne.

## 7. *Sollen die Staatsanwälte in das Richtergesetz einbezogen werden? Badische Notare, Laienrichter. (§§ 5, 6 der Denkschrift)*

*Oberstaatsanwalt Dr. Grosser* bezeichnet es als keine Belastung des Richtergesetzes, wenn es Vorschriften über die Staatsanwaltschaft enthält.

*MinRat Pfeifer, Justizministerium Baden-Württemberg,* berichtete, dass es in Baden-Württemberg üblich sei, die Staatsanwälte, Richter und badischen Notare auszutauschen. Man habe vom Amtsgericht einen Teil der Aufgaben abgetrennt und dem Notar übertragen, der als gleichberechtigte Behörde neben dem Gericht stehe. Baden-Württemberg werde möglicherweise fordern müssen, das Richtergesetz auch auf die Notare zu beziehen.

*Prof. Dr. Bockelmann* erklärt, man könne das Richtergesetz nicht auf die Staatsanwälte ausdehnen, da man ja die Richter herausheben wolle. Man könnte höchstens vorsehen, dass ein Laufbahnwechsel möglich ist, und dass dem Staatsanwalt nicht die Weisung gegeben werden dürfe, eine Anklage zu unterlassen. Diese Punkte wären aber wohl besser im GVG zu regeln.

*Oberstaatsanwalt Dr. Grosser* weist auf die enge Verbindung zwischen Richter und Staatsanwalt hin. Die Weisungsgebundenheit des Staatsanwalts werde überschätzt. Ihm könne nicht eine Weisung contra legem gegeben werden. Sie ende außerdem an der Tür vom Sitzungssaal.

Das Richtergesetz habe technisch zwei Möglichkeiten. Es könne, wie der Entwurf des Richterbundes am Schluss eine teilweise Erstreckung auf die Staatsanwälte vorsehen. Zweitens sei es möglich, Mindestbestimmungen über die Rechtsstellung des Staatsanwalts aufzunehmen (Grenzen der Weisungsgebundenheit, Wechsel zwischen beiden Laufbahnen, Anhörung eines Gremiums bei Ernennung von Staatsanwälten).

*LG-Dir. Dr. Seidel* stimmt dieser Auffassung zu, die der fast einheitlichen Meinung im Richterbund entspreche. Zur Strafjustiz gehöre neben den Richter unabdingbar der Staatsanwalt. Man könne den Staatsanwalt nicht aus einer Regelung herauslassen, die der Justiz diene. Er gehöre mehr an die Stelle des Richters als an die des allgemeinen Beamten.

*Mindirig. Hornig* erklärt, das Richtergesetz könne nicht auf den Staatsanwalt Anwendung finden, wenn es sich auf den streitentscheidenden Richter beschränken wolle. Auch wenn man den Anwendungsbereich des Richtergesetzes weiter ziehe, werde sich der Wunsch der Staatsanwälte nur beschränkt verwirklichen lassen. Denn das Grundgesetz fordere ein Richtergesetz und gehe davon aus, dass der Staatsanwalt nicht Richter, sondern Beamter sei. Im Hinblick auf die vielen Verbindungen zwischen den Laufbahnen könnten jedoch gewisse Vorschriften des Richtergesetzes auf den Staatsanwalt Anwendung finden, besonders in der Disziplinar-Gerichtsbarkeit.

*LG-Dir. Dr. Vogt* meint, die überwiegende Meinung der Richterschaft sei, dass der Staatsanwalt nicht in das Richtergesetz einbezogen werde. Er könne in anderer Weise gleichgestellt werden.

*Prof. Dr. Eberhard Schmidt* ist der Ansicht, wenn man den Staatsanwalt einbeziehe, so solle das nur in wenigen Bestimmungen geschehen, z.B. betr. die Möglichkeit des Laufbahnwechsels.

*Staatssekretär Dr. Strauß* bezeichnet einige Punkte in der Rechtsstellung der Staatsanwälte für so klärungsbedürftig, dass sie gesetzgeberisch geregelt werden sollten, auch falls das Richtergesetz die Staatsanwälte nicht einbeziehe. – Die Rechtsstellung der Laienrichter (Laienbeisitzer) brauche wohl nicht näher erörtert zu werden, denn jedenfalls sei das Richtergesetz nicht der rechte Ort für eine solche Regelung. Staatssekretär Dr. Strauß stellt fest, dass unter den Teilnehmern abweichende Auffassungen nicht vertreten werden.

## 8. *Mitwirkung der Richter bei Auswahl und Ernennung. (§ 9 der Denkschrift)*

*LG-Dir. Dr. Vogt* hält die Anhörung des Präsidiums vor der Ernennung und Beförderung von Richtern für unnötig. Dadurch trete eine Verzögerung ein, oder die Mitwirkung des Präsidiums werde nur eine leere Form sein. Es solle daher bei der bisherigen Regelung bleiben.

*MinRat Dr. Gerner* teilt als Auffassung des Richterbundes mit, dass eine Mitwirkung stattfinden soll, um die Gefahr sachfremder Einflüsse auszuschalten. In welcher Weise die Richter einen Einfluss erhielten, sei eine technische Frage, die man zunächst zurückstellen könne.

*Präs. Dr. Weinkauff* weist darauf hin, dass die Frage in Verbindung mit der der Richterwahlausschüsse betrachtet werden müsse.

*Staatssekretär Dr. Strauß* erwidert, bisher sei es nicht geklärt, ob der Bundesgesetzgeber Mindesterfordernisse für die Zusammensetzung der Richterwahlausschüsse in den Ländern festlegen könne.

*Prof. Dr. Bötticher* bejaht die Möglichkeit im Hinblick auf § 74 Ziff. 1 GG.

*MinDirig. Hornig* erklärt, die Mitwirkung der Richter bei der Ernennung könne durchaus getrennt von dem Problem der Richterwahlausschüsse behandelt werden, da in einigen Ländern keine Wahlausschüsse bestehen.

Zweckmäßig sei, dass in jedem Oberlandesgerichtsbezirk ein kleines Gremium mitwirke, das zu prüfen habe, ob bei den Ernennungsvorschlägen sachfremde Erwägungen eine Rolle gespielt hätten. Auch bei der Ernennung von Oberlandesgerichtspräsidenten sei eine solche Mitwirkung geboten. Die entgegengesetzte Stellungnahme der Denkschrift erscheine bedenklich.

Richterwahlausschüsse wolle Niedersachsen zunächst nicht einrichten, weil insoweit die Regelung des Bundesrahmengesetzes abgewartet werde.

*Senatspräs. Dr. Geiger* empfiehlt, das Richterwahlgesetz des Bundes zu ändern, da in den Wahlausschüssen des Bundes das richterliche Element überhaupt nicht vertreten sei. Der Bund habe die Möglichkeit, Rahmenvorschriften für die Wahlausschüsse der Länder zu erlassen. Es könnte z.B. ein „Richterrat" beim Minister vorgesehen werden, der den Wahlkörperschaften Vorschläge macht.

Im Übrigen sollte die Richterschaft an den Angelegenheiten der Justizverwaltung beteiligt werden. Die Richter sollten für die Güte ihres Standes eine eigene Verantwortung tragen. Die Präsidien seien hierfür allerdings ungeeignet. Bei jedem Landgericht und Oberlandesgericht sollte ein aus geheimer Wahl hervorgegangener Richterrat tätig sein, der Bewerber zur Ernennung vorschlagen könne. Diese Vorschläge solle der Präsident mit seinen eigenen Vorschlägen vorlegen.

*Staatssekretär Bleibtreu* hat erhebliche verfassungsrechtliche Bedenken, dass der Bundesgesetzgeber ein Rahmengesetz über die Auswahl der Richter erlassen könne. In Nordrhein-Westfalen hätten sich alle drei Chefpräsidenten gegen derartige Einrichtungen ausgesprochen. Solche Richtervertretungen seien auch gar nicht in der Lage, sich aus eigenem Wissen ein Bild über die Qualität des zu beurteilenden Richters zu machen.

*Präs. Dr. Konrad* erklärt, es handle sich um eine Grundsatzfrage. Bei Ernennungen und Beförderungen müssten persönliche und politische Beziehungen ausgeschaltet werden. In einem Richterwahlausschuss dürften die Richter nicht die Minorität sein, sie müssten jedenfalls über die Hälfte der Stimmen verfügen. Wenn ein Land keinen Wahlausschuss habe, so sollte ein anderes Gremium geschaffen werden.

*Prof. Dr. Bötticher und MinDir. Roemer* halten den Bundesgesetzgeber für befugt, Rahmenbestimmungen über Wahlausschüsse zu erlassen, soweit die Länder Wahlausschüsse gebildet haben (Art. 98 Abs. 3 u. 4 GG).

*Präs. Dr. Weinkauff* legt Art. 98 Abs. 4 GG dahin aus, dass der Bund den Ländern nicht verbieten darf, Richterwahlausschüsse zu bilden. Der Bund dürfe aber vorschreiben, wie ein solcher Wahlausschuss aussehen dürfe, wenn er bestehe. Er könnte darüber hinaus sogar die Errichtung von Wahlausschüssen vorschreiben. Die Regelung, wie Richter ernannt werden sollen, sei ein eminent wichtiges Kapitel der Gerichtsorganisation (Art. 74 Nr. 1 GG).

*Vizepräs. Dr. Fricke, OLG Braunschweig,* erklärt, ihm sei bekannt, dass Personalentscheidungen getroffen worden seien, die einhellig von der Richterschaft missbilligt würden. Es genüge jedoch, der Richterschaft ein Vetorecht gegen den letztentscheidenden Vorschlag der an das Kabinett gehe, einzuräumen.

*MinRat Pfeifer, Justizministerium Baden-Württemberg,* berichtet von den guten Erfahrungen in Baden-Württemberg aufgrund der VO vom 2.10.1950 über Anhörung des Präsidiums. Der Personalsachbearbeiter des Ministeriums nimmt an den Sitzungen der Präsidenten teil.

*OLG-Rat Hannemann* spricht sich für die Mitwirkung eines Gremiums aus, das auch gemeinsam mit dem Justizminister entscheiden könne. Das Präsidium sei hierfür allerdings ungeeignet, denn es sei zu groß und schwerfällig. Die Aufgabe des Gremiums werde es sein, sachfremde Einflüsse auf die Besetzung von Richterstellen zu verhindern. Ein Justizminister werde dem Kabinett nicht einen Vorschlag unterbreiten, wenn er gleichzeitig mitteilen müsse, dass das Gremium hiermit aus bestimmten Gründen nicht einverstanden sei.

*Oberstaatsanwalt Dr. Grosser* hält eine Wahl der Mitglieder des Gremiums nicht für empfehlenswert, denn erfahrungsgemäß spielten sich dabei radikale Elemente in den Vordergrund, während sich die älteren zurückhalten. Auch das Präsidium sei kein geeignetes Gremium. Vielmehr solle das Gremium aus geborenen Mitgliedern bestehen, z.B. aus dem OLG-Präsidenten, zwei Senatspräsidenten und zwei Räten.

*OLG-Präs. Dr. Krüger, OLG Neustadt,* vertritt die gleiche Auffassung. Durch eine Wahl werde Unruhe und Klüngelei in die Richter gebracht. Das Gremium solle aus geborenen Mitgliedern bestehen. Das beste Gremium bestehe aus den qualifiziertesten Richtern, z.B. dem OLG-Präsidenten, einem Senatspräsidenten und den Landgerichtspräsidenten.

*Prof. Dr. Bockelmann* sieht ein Sicherungsmittel gegen unsachgemäße Entscheidungen nur darin, dass die Richterschaft des betreffenden Bezirks vor Ernennungen und Beförderungen gehört wird. Wichtig sei dabei, dass jeweils ein wechselndes Gremium zu Worte kommt. Wenn immer das gleiche Gremium entscheide, werde die Gefahr unsachgemäßer Einflüsse nicht ausgeschaltet.

*Präs. Prof. Dr. Ruscheweyh* betont die Schwierigkeit, ein System zu finden, das sich für alle Länder empfehle. In Hamburg sei ein Ausschuss mit nur beratender Funktion tätig, dem auch Vertreter des Ministeriums und der Anwaltschaft angehörten. Die letzte Verantwortung müsse beim Minister liegen.

Empfehlenswert sei die Beteiligung des abgebenden und des annehmenden Gerichts. Auch eine Beteiligung der Anwaltschaft sei zweckmäßig. Das Richtergesetz sollte aber hier nur Rahmenvorschriften geben und die nähere Regelung den Ländern überlassen.

*Staatssekretär Dr. Strauß* bezeichnet die Beteiligung der Anwaltschaft als wichtig.

*LG-Dir. Dr. Seidel* erklärt, die Mitwirkung eines Gremiums sei schon deshalb erforderlich, weil die unteren Richter nur zu oft den Eindruck haben, dass bei Ernennungen, besonders von Chefpräsidenten, sachfremde Einflüsse vorliegen. Das Gremium brauche jedoch erst beteiligt zu werden, wenn Ernennungsvorschläge schon zum Chefpräsidenten oder zum Minister gelangt sind.

*MinRat Dr. Rinck* stellt fest, dass ein Teil der Vorschläge dem Richter weniger Rechte geben wolle, als den Beamten nach dem kommenden Personalvertretungsgesetz zustehen werden. Für Beamte werde wahrscheinlich eine gewählte Personalvertretung geschaffen werden, die bei Ernennungen und Beförderungen von Beamten mitwirke. Falls die Personalvertretung und die Behörde sich nicht einigten, müsste die Personalangelegenheit vor die nächst höhere Behörde und deren Personalrat gebracht werden. Richter und Beamte würden wohl eine gemeinsame Gruppe innerhalb der Personalvertretung bilden.

*LG-Dir. Dr. Seidel* erwiderte, der Richterbund würde auf die Personalvertretung verzichten, wenn derartige gemeinsame Gruppen aus Beamten und Richtern gebildet würden.

*Staatssekretär Dr. Strauß* bittet den Deutschen Richterbund, sich eingehend mit den Problemen zu beschäftigen, die sich aus dem Personalvertretungsgesetz ergeben.

*Prof. Dr. Baur* verspricht sich nur von einem gewählten Gremium Erfolg.

*OLG-Rat Dr. Unterholzner, München,* sieht bei Ersternennungen wenig Gefahr für unsachgemäße Maßnahmen. Ersternennungen könnten daher den Justizverwaltungen allein überlassen werden.

*LG-Präs. Dr. Dopffel, Tübingen,* erklärt sich für eine Beteiligung der Richter, zumindest bei der Besetzung der oberen Stellen. Es müsse etwas geschehen, um die Ernennungen zu demokratisieren und die Richterschaft aus der bisherigen Verbeamtung herauszunehmen.

## 9. *Zusammensetzung der Richterwahlausschüsse (§ 10 der Denkschrift)*

*OLG-Rat Dr. Beit* verweist auf den Hamburger Entwurf des Richterbundes. Danach sollten die Mitglieder des Richterwahlausschusses zur Hälfte Richter sein. Die Präsidenten sollten gehört werden, aber könnten nur mit beratender Stimme im Wahlausschuss tätig werden. Die Richterschaft wähle gewisse Persönlichkeiten und diese delegierten die Mitglieder des Richterwahlausschusses.

Wenn ein Land keinen Wahlausschuss einführe, sei die Richterschaft vor Ernennung oder Beförderung zu hören.

Bei der Ersternennung brauche die Richterschaft nicht beteiligt zu werden, denn die Richter kennen im Allgemeinen nicht die Qualifikation eines jungen Assessors. Jedoch sei eine Beteiligung der Richterschaft bei Beförderungen erforderlich.

*Prof. Dr. Eberhard Schmidt* erklärt, ein Richtergesetz solle Mindestvoraussetzungen über die Mitwirkung der Richter bei Ernennungen bringen. Er misstraue allerdings einem Gremium, das aus Wahlen hervorgehe. Er spreche sich für ein Gremium aus, das aus geborenen Mitgliedern bestehe, wobei die Präsidenten beteiligt werden könnten. Die Mitwirkung der Rechtsanwaltschaft sei unbedingt geboten.

*Senatspräs. Clausnitzer* schildert die Regelung im Berliner Richtergesetz, wonach bei der ersten planmäßigen Anstellung der Richterwahlausschuss mit dem Senator für Justiz entscheidet. In Stadtstaaten kämen sachfremde Einflüsse stärker zur Geltung als in einem großen Land. Bei der Beförderung sollten daher Richter beteiligt werden. Das sachverständigste Gremium sei die Gesamtheit des Präsidiums. Denn der Vorsitzende einer Zivilkammer kenne seine Amtsrichter genau. Das Präsidium könne durch einige gewählte Mitglieder als besondere Vertrauensleute der Richter ergänzt werden. Die beste Lösung sei, einem solchen erweiterten Präsidium ein Vetorecht zu geben.

*Staatssekretär Dr. Strauß* bemerkt, dass Richterwahlausschüsse vor 1933 lediglich in Bremen tätig waren, und dass z. Zt. nur die drei Stadtstaaten Hamburg, Bremen und Berlin sowie als einziges Land Hessen Richterwahlausschüsse eingerichtet hätten. Die Zeit, wo man zu Richterwahlausschüssen neige, sei wohl vergangen. Außerdem sei es wesentlich, was für Vorschläge an die Richterwahlausschüsse gelangten. Hierbei müssten gewisse Gremien beteiligt werden. Die Bedeutung der Richterwahlausschüsse werde wohl etwas überschätzt.

*Prof. Dr. Bötticher* spricht sich dafür aus, den Einfluss der Richterschaft in den bestehenden Wahlausschüssen zu verstärken.

*LG-Präs. Dr. Rutenberg, Bremen,* schildert, dass in Bremen die Richterwahl schon seit 1848 bis zur Verreichlichung der Justiz gegolten habe. Sie habe sich bestens bewährt. Er warne daher davor, im Rahmengesetz zu eingehende Vorschriften über die Zusammensetzung der Richterwahlausschüsse zu machen. Zumindest sollte man für die Stadtstaaten Ausnahmen vorsehen, damit nicht das in Bremen bestens bewährte System gefährdet werde.

*Senatspräs. Prof. Dr. Geiger* fordert, dass im Wahlausschuss für die Bundesrichter Richter beteiligt werden sollen. Das Bundesjustizministerium solle versuchen, insoweit eine Verfassungsänderung durchzusetzen. Jedoch werde sich auch schon durch einfache

Gesetzgebung erreichen lassen, dass die Präsidenten der oberen Bundesgerichte dem Wahlausschuss mit beratender Stimme angehören. Mit dem Grundgesetz dürfte es auch vereinbar sein, vorzuschreiben, dass der Bundestag als Mitglieder des Wahlausschusses eine bestimmte Anzahl Richter wählt.

*Präs. Dr. Konrad* teilt namens des Deutschen Richterbundes die Bedenken gegen die Wahlausschüsse. Mindestens die Hälfte der Mitglieder sollten Richter sein. Auch Vertreter der Rechtsanwaltschaft müssten beteiligt werden. Statt Parlamentariern könnten besser unabhängige Persönlichkeiten des öffentlichen Lebens mitwirken.

*Präs. Dr. Weinkauff* schließt sich den Ausführungen von Senatspräsident Dr. Geiger an und bittet das Justizministerium dringend, insoweit den Standpunkt der Denkschrift zu verlassen.

*Senatspräs. Dr. Canter* spricht sich ebenfalls für die Zugehörigkeit der Chefpräsidenten der oberen Bundesgerichte und einiger Richter zum Wahlausschuss für die Richter des Bundes aus. Es scheine aber nicht möglich, durch einfaches Bundesgesetz vorzuschreiben, dass der Bundestag als seine Vertreter Richter wählen müsse.

*MinRat Dr. Gerner* fordert klarzustellen, dass der Richterwahlausschuss nur aufgrund von Vorschlagslisten tätig werden dürfe, dass also den Mitgliedern des Wahlausschusses kein Initiativrecht zustehe.

*Präs. Prof. Dr. Ruscheweyh* weist darauf hin, dass nach dem Sozialgerichtsgesetz und Arbeitsgerichtsgesetz beratende Ausschüsse tätig sind. Es seien zuviel Ausschüsse tätig. Im Richtergesetz müsste aber geregelt werden, dass ein Richterwahlausschuss mindestens zu einem Drittel aus richterlichen Mitgliedern bestehen solle. Er stimme Präs. Weinkauff zu, dass die Chefpräsidenten kraft Amtes Mitglieder des Wahlausschusses für die Richter des Bundes sein sollten.

*MinDirig. Hornig* hält es für zulässig und wünschenswert, dass der Bund Bestimmungen über die Zusammensetzung der Wahlausschüsse trifft. Diese sollten aber nur sehr allgemein sein und nicht feste Bruchteile vorschreiben.

*MinRat Reh, Justizministerium Hessen,* schildert die Zusammensetzung des Richterwahlausschusses in Hessen, dem auch die Präsidenten höchster Gerichte und ein Vorstandsmitglied einer Rechtsanwaltskammer angehören. Es sei zweifelhaft, ob der Bund Bestimmungen über die Zusammensetzung der Richterwahlausschüsse treffen dürfe. Wenn die Zeit der Richterwahlausschüsse vorbei sei, sei es auch nicht folgerichtig, in das Richterrahmengesetz besondere Bestimmungen über die Zusammensetzung der Wahlausschüsse aufzunehmen.

*Staatssekretär Dr. Strauß* stellt fest, dass eine starke Mehrheit der Anwesenden wünscht, das Richtergesetz möge für künftige Wahlausschüsse Mindestvoraussetzungen aufstellen. In den drei Stadtstaaten hätten sich die Wahlausschüsse offenbar bewährt. Hinsichtlich der Wahlausschüsse des Bundes bestehe einhellig die Meinung, dass das bundesrichterliche Element mit nicht nur beratender, sondern beschließender Stimme vertreten sein solle.

## 10. *Wie weit sind generelle Hinweise mit der sachlichen Unabhängigkeit vereinbar? (§ 14 der Denkschrift)*

*MinRat Dr. Gerner* sieht in generellen Hinweisen kein Problem, wenn der Richter das Dienstgericht oder eine andere Stelle anrufen kann, falls er seine Unabhängigkeit beeinträchtigt glaubt.

*LG-Dir. Dr. Vogt* hält eine Bestimmung über generelle Hinweise nicht für nötig.

*OLG-Rat Dr. Beit* meint, dass auch die Begründung des Gesetzes hierüber nichts sagen solle.

## 11. *Umfang und Kontrolle der Dienstaufsicht (§ 15 der Denkschrift)*

*MinRat Dr. Gerner* erklärt, der Richterbund habe Bedenken, im Richtergesetz einen Katalog zu bringen, welche Maßnahmen im Bereich der Dienstaufsicht zulässig seien. Es genüge, dem Richter die Anrufung des Dienstgerichts zu ermöglichen.

*Präs. Dr. Weinkauff* erwähnt, dass beim Reichsgericht nur das Plenum die Möglichkeit hatte, einen Richter seines Amtes für verlustig zu erklären. Andere Disziplinarmaßnahmen waren nicht möglich. Dieses Privileg der Selbstdisziplinierung braucht aber nicht wieder eingeführt zu werden.

Dem Präsidium sollten jedoch gewisse Aufgaben der Dienstaufsicht übertragen werden.

*Prof. Dr. Baur* ist der Ansicht, dass entgegen der bisherigen Praxis Mahnungen und Rügen wegen richterlicher Handlungen unzulässig seien.

*LG-Dir. Dr. Vogt* meint, die Dienstaufsicht solle nicht definiert werden. Es genüge der Abs. 1 des auf § 15 der Denkschrift angeführten Paragraphen. Dagegen befürworte er Abs. 2 dieses Paragraphen nicht. Denn dann könnte das Präsidium ja über Maßnahmen des Ministers entscheiden. Man sollte die Anrufung eines Dienstgerichts ermöglichen, aber Vorsorge gegen Querulanten treffen.

*MinRat Gerner* verweist auf den Hamburger Entwurf. Entscheidende Stelle sollte nicht das Präsidium, sondern das Dienstgericht sein.

*LG-Präs. Dr. Weber, Karlsruhe,* spricht sich dafür aus, hinsichtlich von Mahnungen nicht zu ängstlich zu sein. Ein Präsident müsse die Möglichkeit haben, mit einem Richter z.B. zu sprechen, wenn dieser große Rückstände habe. Das Präsidium solle hierfür nicht zuständig werden. Man solle dem Richter aber ermöglichen, bei Fragen, durch die er seine Unabhängigkeit beeinträchtigt fühlt, das oberste Dienstgericht anzurufen.

*LG-Rat Dr. Tietgen* hält Hinweise wegen Rückständen und ähnlicher Nachlässigkeiten für zulässig.

*AG-Rat Altendorf, Amtsgericht Mainz,* erklärt, die Anrufung des Dienstgerichts sollte möglich sein, aber der Fall werde sehr selten sein. Zu der Frage, ob Hinweise und Rügen zulässig seien, habe die Richterschaft das Vertrauen, dass die richterliche Unabhängigkeit tatsächlich gewährleistet sei. Diese Überzeugung gebe dem Richter mehr Rückhalt als eine gesetzliche Regelung.

## 12. *Sollen künftig nur rechtsgelehrte Berufsrichter ernannt werden? Mindestalter. (§ 11 der Denkschrift)*

*Prof. Dr. Bockelmann* fordert eine Vorschrift, wonach für alle Sparten eine einheitliche Vorbildung erforderlich sei. Man versuche, von anderer Seite Betriebswirte und weitere Berufe zu Richtern zu machen. Das Richtergesetz sollte insoweit vorbeugen und die Vorschrift § 2 GVG in verallgemeinerter Form übernehmen. Für die Verwaltungsgerichtsbarkeit genüge die Fähigkeit zum höheren Verwaltungsdienst.

*Rechtsanwalt Dr. Brangsch* betont, das Richtergesetz müsse beschleunigt vorgelegt werden, damit nicht noch andere Kreise versuchen, Richtereigenschaft zu erhalten. Wer bisher Richter sei, möge weiter Richter bleiben. Für die Zukunft sollten aber in allen Gerichtsbarkeitssparten nur rechtsgelehrte Richter zugelassen werden.

*Präs. Dr. Konrad* unterstützt den Standpunkt von Prof. Dr. Bockelmann.

*Prof. Dr. Eberhard Schmidt* wünscht, dass ein Universitätsstudium vorgeschrieben wird, da bereits Institute heranwachsen, die als Hochschulen bezeichnet werden aber nicht echte Universitäten sind.

*Präs. Dr. Reimer* wendet ein, dass auch ein Techniker Richter sein könne.

*Staatssekretär Dr. Strauß* antwortet, dass er mit dieser Frage das Richtergesetz nicht belasten wolle. Allenfalls könnte insoweit ein lex specialis ergehen.

*LG-Dir. Dr. Vogt* wendet sich gegen die Festsetzung einer Mindestaltersgrenze, da die Assessoren ohnehin 30 Jahre alt seien.

*Präs. Dr. Weinkauff* schließt sich im Hinblick auf den gegenwärtigen Zustand dieser Äußerung an. Das von ihm vorgeschlagene Mindestalter von 35 Jahren beziehe sich auf die zukünftige Konzeption.

*LG-Rat Dr. Tietgen* spricht sich ebenfalls gegen eine Mindestaltersgrenze aus.

*MinDirig. Hornig* wünscht ebenfalls keine Mindestaltersgrenze, da die Justiz sonst qualifizierte jüngere Kräfte verliere.

## 13. *Versetzung in dienstlichem Interesse. (§ 17 der Denkschrift)*

*LG-Präs. Weber* trägt namens der Richterschaft ernste Bedenken vor gegen die Versetzbarkeit aus dienstlichem Interesse. Hierdurch werde die Unabhängigkeit des Richters sehr gefährdet. Wenn eine solche Vorschrift aufgenommen werde, dürfe dies nur mit größter Vorsicht und mit der Möglichkeit der Anrufung des Dienstgerichtes geschehen.

*MinRat Dr. Gerner* spricht sich ebenfalls dafür aus, dass über die Voraussetzungen für die Versetzung nur das Dienstgericht entscheiden dürfe. Die Regelung solle so erfolgen wie § 19 des Hamburger Entwurfs, d.h. präziser als die Formulierung in § 17 der Denkschrift.

*Oberstaatsanwalt Dr. Grosser* zweifelt, ob es zulässig sei, dass ein Richter gleichzeitig zum Mitglied des Landgerichts und eines Amtsgerichts ernannt werde, um so seine jederzeitige Versetzung an das Amtsgericht zu ermöglichen. In Bayern bestehe diese Praxis, die jedoch zu Schwierigkeiten geführt habe.

*Prof. Dr. Bockelmann* ist der Meinung, dass aus dienstlichem Interesse eine Versetzung nicht ermöglicht werden solle, denn solche Möglichkeiten würden vielleicht benutzt, um in Wirklichkeit ganz andere Tendenzen zu verwirklichen. Auch durch Einschaltung des Dienstgerichts könne nicht geholfen werden. Wenn ein Richter lange Zeit am gleichen Ort tätig sei, werde er so viele persönliche Beziehungen erworben haben, dass man ihn gerade mit dieser Begründung versetzen könnte.

*MinRat Dr. Schönrich, Justizministerium Rheinland-Pfalz,* äußert Bedenken dagegen, dass in § 17 der Denkschrift die Versetzung in ein anderes Amt von gleichem Diensteinkommen vorgeschlagen wird. Denn dann könnte z.B. ein Amtsgerichtsdirektor als Landgerichtsdirektor versetzt werden, obwohl das Amt nicht gleichen Rang habe.

*Präs. Dr. Ruscheweyh* führt als Beispiel für ein Versetzungsbedürfnis auf, dass der Amtsrichter die einzige Rechtsanwältin am Ort heiratet.

*Prof. Dr. Scheuner* glaubt, dass man nach anderen Möglichkeiten suchen sollte, um dem dienstlichen Interesse ohne Zwangsversetzung gerecht zu werden.

*MinRat Dr. Bleier, Bayer. Staatsministerium der Justiz,* führt den Fall an, dass die Ehefrau eines Richters in ein Strafverfahren verwickelt werde oder dass ein Richter eine strafbare Handlung begehe, aber strafrechtlich nicht für verantwortlich erklärt werde. In solchen Fällen werde die Autorität des Richters derart gefährdet, dass seine Versetzung aus dienstlichem Interesse erwünscht sei.

*MinRat von Jagow, Justizministerium Schleswig-Holstein,* hält eine Versetzung in Grenzfällen ebenfalls für nötig.

*Prof. Dr. Baur* warnt vor der Formulierung in § 17 der Denkschrift. Entweder solle man einzelne Tatbestände formulieren oder die Vorschrift überhaupt weglassen.

*LG-Präs. Weber* empfiehlt andere Maßnahmen. Man solle dem betreffenden Richter eine Reihe von Stellen zur Auswahl bieten oder ihm ermöglichen, erleichtert in den Wartestand oder Ruhestand zu treten. Dadurch werde einer Versetzung die disziplinierende Wirkung genommen.

*Oberstaatsanwalt Dr. Grosser* schlägt die im bayerischen Entwurf vorgesehene Regelung vor.

*MinRat Pfeifer* betont, dass ein Bedürfnis für die Versetzungsmöglichkeit bestehe; z.B. sei es zweckmäßig, einen Amtsrichter, der keine Entschlusskraft aufbringe, an eine Zivilkammer zu versetzen, wo die Initiative mehr bei dem Vorsitzenden liege.

*Oberregierungsrat Dr. Coenen, Bremen,* wendet ein, dass dies gerade kein Grund für eine Versetzung sei, weil sie nicht aus dienstlichen Leistungen begründet werden dürfe. Jedoch erschienen die anderen erwähnten Fälle wichtig.

*MinRat Dr. Bleier* führt aus, dass die Justizverwaltung vielfach verpflichtet sei, Bewerber einzustellen, z.B. Schwerbeschädigte, Spätheimkehrer usw., dass es gar nicht möglich sei, die Eignung für eine bestimmte Stelle sofort voll zu erkennen. Deshalb sollte ein solcher Richter versetzt werden können, allerdings nicht durch die Justizverwaltung, sondern durch ein Dienstgericht.

*OLG-Präs. Dr. Krüger, OLG Neustadt,* befürwortet die in § 19 des Hamburger Entwurfs vorgenommene Regelung. Durch Einschaltung des Dienstgerichts werde die persönliche Unabhängigkeit gewahrt.

*RegDir. Dr. Billen, Justizministerium NRW,* bejaht die Notwendigkeit einer Versetzung, z.B. wegen Verhaltens der Ehefrau. Wenn eine solche Bestimmung bestehe, werde der betreffende Richter schon von sich in eine angemessene Versetzung einwilligen.

*Prof. Dr. Baur* hat hiergegen Bedenken. – Wenn die Mitglieder der Dienstgerichte wie bisher nur auf einige Jahre berufen werden und daher politischen Einflüssen ausgesetzt sind, sei nicht gewährleistet, dass ein Dienstgericht eine ausreichende Sicherung gibt.

*Prof. Dr. Bockelmann* hebt hervor, dass ein Richter doch schon vielfach durch Examina und Probezeiten überprüft und gesiebt werde, so dass ihm sein Amt nicht gegen seinen Willen genommen werden sollte.

*MinRat Reh, Justizministerium Hessen,* erwidert, es gebe Fälle, in denen ein Richter kein Vertrauen in der Bevölkerung mehr genieße. Hier sei der Unabhängigkeit eine natürliche Grenze gesetzt. Daher sei eine grundsätzliche Bestimmung im Richtergesetz berechtigt.

*LG-Dir. Dr. Seidel, Berlin,* spricht sich ebenfalls für eine solche Bestimmung aus, da hierfür ein Bedürfnis gerade im Interesse der unteren Richter bestehe, die treu und brav ihre Arbeit leisteten.

*OLG-Rat Stoldt, OLG Schleswig-Holstein,* widerspricht. Es handle sich hier um ganz seltene Fälle. In Schleswig-Holstein habe es sich bei 400 Richtern in acht Jahren um vier Richter gehandelt.

*Präs. Dr. Konrad* entgegnet, dass durch solche Maßnahmen ja gerade das Ansehen und die Unabhängigkeit der Justiz gesichert werde. Es sei ein Fall vorgekommen, dass ein Amtsrichter eine Dirne geheiratet habe, die er früher verurteilt habe. Zweckmäßig sei die Regelung des Hamburger Entwurfs (§ 19).

*LG-Präs. Weber* bemerkt hierzu, dass diese Fälle außerordentlich selten sind. Die Versetzung eines Richters werde von der Bevölkerung als Strafe gewertet. Das Richtergesetz solle die Unabhängigkeit des Richters stärken, nicht aber durchlöchern.

*OLG-Rat Dr. Unterholzner, OLG München,* befürwortet eine Versetzungsmöglichkeit. Die Examina seien kein genügender Schutz, da sie ja noch in jüngerem Alter und meist, ehe der Richter verheiratet ist, abgelegt würden. Die Gefahren, die von der Ehefrau aus auftreten, zeigten sich daher erst später. Die Einschaltung des Dienstgerichts biete eine genügende Kontrolle gegen sachfremde Einflüsse.

*OLG-Rat Beit, Hamburg,* stimmt zu. Es liegt gerade im Ansehen der Richter, eine solche Bestimmung aufzunehmen.

*LG-Dir. Dr. Vogt* ist der gleichen Meinung, denn trotz ihrer Seltenheit könnten diese Einzelfälle sehr großes Aufsehen erregen und dadurch ernsten Schaden verursachen.

## 14. *Hilfsrichter. Abschaffung des beauftragten Richters. (§ 18 der Denkschrift)*

*LG-Dir. Dr. Vogt* bezeichnet es als unrealistisch, wenn die Denkschrift vorschlägt, Hilfsrichter nur zu bestellen, wenn das engere Präsidium ein Bedürfnis feststellt. Denn tatsächlich wünschten ja gerade die unteren Gerichte mehr Hilfsrichter. Ein bestimmter Prozentsatz solle nicht vorgeschrieben werden, andernfalls müsste die Geschäftsverteilung öfter geändert werden.

*MinRat Dr. Bleier* hat ebenfalls Bedenken gegen die Festsetzung einer prozentualen Höchstgrenze. Man müsse vielmehr die Altersschichten berücksichtigen. In Bayern bestehe bei 1700 Richtern ein jährlicher Altersabgang von nur 15 Richtern. Der Bedarf an Gerichtsassessoren richte sich daher nach dem Altersabgang und müsse variabel bleiben. Zur Zeit käme die bayerische Justizverwaltung allerdings mit 10% Hilfsrichtern aus.

*MinDir. Roemer* weist darauf hin, dass die OLG-Präsidenten sich für die Grenze von 20% ausgesprochen haben.

*MinRat Dr. Schönrich, Justizministerium Rheinland-Pfalz,* wünscht, dass Ausnahmebestimmungen zu § 16 des 131er-Gesetzes erlassen werden, da dies eine große Erleichterung für die Landesjustizverwaltungen wäre.

*OLG-Rat Beit* spricht sich gegen die 20%-Grenze aus, da diese viel zu hoch sei. Der Hamburger Entwurf sehe 10% vor. Die größte Gefahr, die die Rechtspflege bedrohe, liege in der Bestellung von Hilfsrichtern. Ein Assessor beim Finanzgericht, der die Einkommensteuerrichtlinien nicht befolge, habe keine Chance, Finanzgerichtsrat zu werden, obwohl es sich insoweit um gar kein Gesetz handle. Ein Assessor beim Amtsgericht sei der Beurteilung durch Rechtsanwälte ausgesetzt, die Einfluss im Richterwahlausschuss haben.

*LG-Präs. Dr. Rutenberg* teilt mit, dass Bremen bei der Bestellung von Hilfsrichtern außerordentlich zurückhaltend sei. Man sollte keine Hilfsrichter bestellen, um Druck auf die Landesjustizverwaltungen auszuüben, die Planstellen zu besetzen.

*MinDirig. Hornig* sieht es als ein echtes gesetzgeberisches Anliegen an, die Zahl der Hilfsrichter durch Bundesgesetz zu begrenzen. In Niedersachsen seien früher weit über 20% beauftragte Richter bestellt worden. Inzwischen seien Hilfsrichterstellen in Planstellen umgewandelt worden, so dass Niedersachsen z.Zt. mit 10% Hilfsrichtern auskäme. Der Nachwuchsbedarf sei derzeit sehr gering. Bei 800 Richterplanstellen seien jährlich nur acht Abgänge zu erwarten. Nach zehn Jahren würden allerdings 60 Richter jährlich abgehen.

Man solle überlegen, ob man den Prozentsatz nicht ziffernmäßig festsetze, sondern entsprechend dem Bedarf der nächsten Jahre.

*Staatssekretär Dr. Strauß* weist darauf hin, dass bei der Wiedervereinigung ein außerordentlicher Juristenmangel eintreten werde, nicht nur wegen des Wiederaufbaus der gesamten Justiz, sondern auch wegen des Wiederaufbaus der gesamten Gemeindeverwaltung in der Sowjetzone.

*Senatspräs. Dr. Canter* begrüßt die Vorschläge der Denkschrift. Zum Bundesgerichtshof gelangten öfter Urteile, die von einem Senatspräsidenten und zwei Amts- oder Landgerichtsräten unterschrieben seien. Der Bundesgerichtshof werde möglicherweise derartige Urteile aufheben müssen, weil die Gerichte mit Hilfsrichtern und nicht vorschriftsmäßig besetzt seien. Bei Fällen echter Vertretung habe der Bundesgerichtshof keine Bedenken. Das Urteil im 12. Band S. 1 betreffe aber einen Fall, in dem keine echte Vertretung vorgelegen habe.

*Senatspräs. Clausnitzer, Kammergericht,* verweist darauf, dass die Einberufung von Hilfsrichtern zum OLG nicht nur zum Zwecke der Ersparnis, sondern vor allem zur Ausbildung und Erprobung von Richtern angeordnet wurde.

*MinDirig. Hornig* glaubt, dass künftig die Ernennung beauftragter Richter keine besondere Rolle spiele, da die Sonderaufgaben wie Wertpapierbereinigung in absehbarer Zeit abgeschlossen sein würden.

## 15. *Beratungsgeheimnis. (§ 19 der Denkschrift)*

*Prof. Dr. Eberhard Schmidt* wendet sich gegen die Entbindung vom Beratungsgeheimnis. Das Beratungsgeheimnis sollte grundsätzlich und ohne Ausnahme gelten.

*MinRat Dr. Gerner* bezieht sich auf § 25 Abs. 3 des Hamburger Entwurfs, wonach das Beratungsgeheimnis in jedem Falle zu wahren sei. Der Richterbund halte aber eine Durchbrechung des Beratungsgeheimnisses bei Pflichtenkollision und übergesetzlichem Notstand für möglich.

*AG-Rat Altendorf, Amtsgericht Mainz,* teilt mit, dass die Amtsrichter seines Bezirks der Ansicht seien, das Beratungsgeheimnis brauche nicht immer gewahrt zu werden. Ein Amtsrichter müsse für seine Entscheidung einstehen. Auch das Mitglied einer Zivilkammer müsse diese persönliche Verantwortung tragen können.

*Prof. Dr. Eberhard Schmidt* ist der Ansicht, dass der Richter ein dissenting vote zu den Akten geben könne.

*Präs. Dr. Weinkauff* weist darauf hin, dass jedes Mitglied des Bundesgerichtshofs seine abweichende Ansicht schriftlich niederlegen kann. Sie komme jedoch zu den Senatsakten, die den Parteien nicht zugänglich seien. Andere Mitglieder des Gerichts könnten sie einsehen. Das sei für die Rechtsentwicklung sehr fruchtbar.

*Staatssekretär Dr. Strauß* glaubt, das dissenting vote bedürfe keiner gesetzlichen Regelung.

*Prof. Dr. Scheuner* weist auf die deutsche Rechtsprechungstradition hin, die das dissenting vote ablehne, weil dadurch eine Spaltung des Gerichts erkennbar werde. Andererseits werde aber die Autorität eines Richterspruchs durch ein dissenting vote nicht gefährdet.

*MinRat Dr. Gerner* hält eine gesetzliche Regelung nicht für nötig. Man habe aber den Sinn des dissenting vote nicht nur darin gesehen, eine andere Rechtsauffassung darzulegen, sondern auch darin, den Richter vor späterer Verantwortung zu schützen. Ein solches dissenting vote sei nicht tragbar.

*Präs. Dr. Weinkauff* würde es begrüßen, wenn bei dem Bundesverfassungsgericht und anderen oberen Gerichten ein echtes dissenting vote zugelassen sei, das veröffentlicht werden solle. Es brauche durchaus nicht der Eindruck erweckt zu werden, dass alle Richter einer Meinung seien. Es sei ein reiferer Zustand der Rechtsentwicklung, wenn das dissenting vote gefördert werde.

*Staatssekretär Dr. Strauß* ist der Ansicht, dass in Deutschland dieser Reifezustand noch keineswegs erreicht sei. Die Literatur sollte sich aber mit diesen Fragen näher beschäftigen.

## 16. *Gewissenskonflikt (§ 20 der Denkschrift)*

*MinRat Dr. Gerner* führt aus, der Richterbund halte eine Regelung nicht für nötig.

*MinRat Dr. Schönrich und MinDirig. Hornig* stimmen zu.

*Rechtsanwalt Dr. Brangsch* ist der gleichen Ansicht. Er hält es jedoch keinesfalls für vertretbar, dass ein Richter sich jederzeit aus dem Amt zurückziehen und Ruhegeld beanspruchen könne. Darin liege eine unverdiente Bevorzugung. Die Anwaltschaft bemühe sich schon seit Jahren um eine ausreichende Altersversorgung.

*MinRat Dr. Bleier, MinRat Pfeifer und RegDir. Dr. Billen* sprechen sich ebenfalls gegen die Regelung des Gewissenskonflikts aus.

## 17. *Mitwirkung im Haushalt. (§ 23 der Denkschrift)*

*Präs. Dr. Konrad* spricht sich dafür aus, dass den Richtern eine Einwirkung auf den Haushalt ermöglicht wird, da die Gerichte von den Justizministerien zu stiefmütterlich behandelt werden.

*Prof. Dr. Scheuner* ist hinsichtlich einer Einschaltung der Richter in Haushaltsfragen skeptisch, denn hierzu gehöre langjährige Praxis.

*LG-Präs. Dr. Rutenberg* widerspricht. Die Richter würden sehr schnell den Umgang mit Haushalten und die Feinheiten der Haushaltsvergleichung lernen.

*Staatssekretär Dr. Strauß* bemerkt, eine Anhörung von Richtern im Parlament könne nicht im Richtergesetz, sondern müsse im Parlamentsrecht geregelt werden.

*OLG-Rat Stoldt, OLG Schleswig,* fordert, die Verwaltung von Haushaltsmitteln in die Hand von Richtern zu legen. Dadurch werde eine größere Unabhängigkeit gewährleistet.

*Präs. Dr. Weinkauff* bezeichnet die Regelung in den Hansestädten als vorbildlich. Der Finanzminister solle verpflichtet werden, dem Haushaltsausschuss eine abweichende Meinung der Justiz mitzuteilen. Auch die Chefpräsidenten sollten auf ihr Ersuchen im Haushaltsausschuss angehört werden.

*Oberstaatsanwalt Dr. Grosser* erwähnt, dass die Haushaltsanforderungen der einzelnen Ministerien im Kabinett abgestimmt würden und der Justizminister dann gebunden ist. Es wäre daher erwünscht, ein direktes Sprachrohr zu schaffen, damit die Richter unabhängig von der Bindung des Ministers ihre Meinung zum Ausdruck bringen könnten.

*Staatssekretär Dr. Strauß* wendet ein, dass dann andere Behörden die gleichen Wünsche vorbringen würden, so dass sich im Kabinett Schwierigkeiten ergeben könnten. Man müsse daher andere Wege gehen.

*MinDir. Roemer* bemerkt, dass die Anhörung der Chefpräsidenten vor dem Haushaltsausschuss im Parlaments- und allgemeinen Haushaltsrecht zu regeln sei.

*MinRat Dr. Bleier* hat verfassungsrechtliche Bedenken. Der Bund werde nicht vorschreiben können, dass die Landesparlamente die Chefpräsidenten anhören.

*LG-Präs. Weber* spricht sich ebenfalls dagegen aus, einen gesetzlichen Zwang zur Anhörung der Chefpräsidenten einzuführen.

*Senatspräs. Prof. Dr. Geiger* widerspricht. In allen Fällen, in denen der Haushalt eines Bundesgerichts im Haushaltsausschuss behandelt wird, sollte der Chefpräsident dieses Gerichts gehört werden.

## 18. *Personalvertretung. (§ 25 der Denkschrift)*

*MinRat Dr. Rinck* berichtet über den Stand der Beratungen zum Personalvertretungsgesetz. Nach der jetzt vorgesehenen Regelung erhielten die Justizbeamten und möglicherweise auch die Angestellten und Arbeiter ein Mitwirkungsrecht – allerdings kein Vetorecht – bei der Ernennung eines Richters. Es handle sich hier um Fortführung einiger

Grundgedanken des Betriebsverfassungsgesetzes. Darin liege eine tiefgreifende politische Entscheidung. Der Gedanke der Personalvertretung habe suggestive Kraft. Der Bundestag werde später sicherlich nur einem Richtergesetz zustimmen, das die Personalvertretung übernehme. Um die innere Konsequenz der Rechtsordnung zu wahren und um den Richtern mindestens die gleichen Rechte wie den anderen Angehörigen des öffentlichen Dienstes zu geben, sei eine Vertretung der Richter zu schaffen, die die wesentliche Aufgabe der allgemeinen Personalvertretung übernehme. Dabei sei an einen Richterrat zu denken, der etwa zu zwei Dritteln Mitglieder enthält, die von Richtern gewählt werden. Im Übrigen könne er geborene Mitglieder aufnehmen. Nach dem augenblicklichen Stand der Beratungen werde dem Personalrat die Mitwirkung nur bei der Auswahl solcher Richter entzogen werden, die von einem Richterwahlausschuss vorgeschlagen werden.

*Prof. Dr. Bockelmann* erklärt, unter diesen Umständen spreche er sich für einen Richterrat aus.

*Prof. Dr. Bötticher* meint, man solle den Weg der Selbstergänzung der Richterschaft beschreiten, um sich dem Einfluss des Personalvertretungsgesetzes zu entziehen.

*MinDirig. Hornig* glaubt, dass die Entwicklung nötigen werde, bei der Mitwirkung von Richtern Zugeständnisse zu machen. Zweckmäßig sei, ein kleines, besonders erfahrenes Gremium für einen großen Bezirk zu schaffen. Bei ortsnahen Gremien würden sich sachfremde Einflüsse geltend machen. Außerdem gehöre sehr viel Erfahrung dazu, Beurteilungen richtig zu verstehen.

*LG-Dir. Dr. Seidel* hält es für richtig, wenn die Richterschaft auf eine Personalvertretung verzichtet.

*Präs. Dr. Konrad* wünscht ebenfalls, dass sich das Personalvertretungsgesetz auf Richter nicht erstreckt. Er schlage stattdessen eine Richtervertretung vor. Es erscheine unmöglich, dass Nicht-Richter bei Ernennung und Beförderung eines Richters mitwirken.

*LG-Dir. Schumacher* spricht sich ebenfalls gegen die Einbeziehung der Richter in das Personalvertretungsgesetz aus.

*LG-Präs. Dr. Dopffel, Tübingen,* führt aus, dass es unmöglich sei, wenn bei der Ernennung eines Richters ein zufälliges Gremium mitwirkt, in dem auch Vertreter der Zweiten Gewalt, sogar untergeordneten Ranges, sitzen.

*MinRat v. Jagow, Justizministerium Schleswig-Holstein,* teilt mit, Schleswig-Holstein sei das einzige Land, das schon ein Personalvertretungsgesetz erlassen habe. Dies beziehe sich aber nicht auf Richter, um dem Richtergesetz nicht vorzugreifen.

*OLG-Rat Hannemann* hebt hervor, dass ein Justizsekretär bei der Ernennung eines OLG-Präsidenten nicht mit gleicher Stimme mitwirken könne wie ein Richter, da dies der Selbständigkeit der Dritten Gewalt völlig widerspreche. Die Regelung des Personalvertretungsgesetzes solle daher für die Richter durch eine Regelung im Richtergesetz abgewandelt werden. Er spreche sich für ein Gremium für jeden Oberlandesgerichtsbezirk aus. Diesem Gremium sollten auch die Präsidenten angehören.

*Prof. Dr. Baur* meint, man könne doch schon im Personalvertretungsgesetz die Einrichtung eines Richterrats anstelle der Personalvertretung fordern.

*Prof. Dr. Bockelmann* verweist auf Art. 98 GG. Dort sei das Verfahren der Richtergewinnung abschließend geregelt. Damit sei es unvereinbar, wenn der Personalvertretung eine Mitwirkung eingeräumt werden solle. Man solle noch vor dem Richtergesetz eine gesetzliche Regelung über die Richterernennung durchführen.

*Rechtsanwalt Dr. Brangsch* fordert, durch die Presse und über den Richterbund alles zu tun, um die angedeutete Regelung des Personalvertretungsgesetzes für die Richter zu verhindern.

## 19. *Politische Betätigung. (§ 27 der Denkschrift)*

*Präs. Dr. Weinkauff* erklärt, es bestehe ein lebhaftes Interesse daran, dass auch Richter in den Parlamenten vertreten sind. Man könne nicht einen ganzen Stand staatsbürgerlich ausschalten. Dies werde verfassungsrechtlich auch gar nicht möglich sein. Allerdings sollten sich Richter im politischen Kampf zurückhalten. Es wäre daher besser, wenn sie sich nicht persönlich zum Wahlkampf stellen, sondern über die Landeslisten ins Parlament kommen.

*Staatssekretär Dr. Strauß* erinnert an die große Zahl von Richtern im Bismarckschen Reichstag und dem Preuß. Landtag, während dem Bundestag nur zwei Richter angehören.

*Prof. Dr. Scheuner* bemerkt, dass in den westlichen Ländern die Juristen die Mehrheit der Parlamentsmitglieder stellen, während dies in Deutschland ganz anders sei. Dies sei auch für den Richterstand von Nachteil. Es sei erwünscht, Richter in die Parlamente zu entsenden.

*MinRat Dr. Gerner* verweist auf die Kompromisslösung in § 26 des Hamburger Entwurfs, wonach ein Richter Mitglied des Bundestags oder eines Landtags, aber nicht einer kommunalen Vertretung sein dürfe.

*Senatspräs. Clausnitzer* sieht in der politischen Betätigung eines Richters eine Gefahr. Besonders bei Strafrichtern führe dies zu Schwierigkeiten und Dienstaufsichtsbeschwerden, weil der Schein erweckt werde, das Urteil beruhe auf politischen Erwägungen. § 26 des Hamburger Entwurfs sei widerspruchsvoll. Richter sollten überhaupt nicht einer politischen Körperschaft angehören.

*OLG-Rat Stoldt, OLG Schleswig,* spricht sich für Mitwirkung von Richtern in den politischen Körperschaften, vor allem in den Ausschüssen aus. Es gehe nicht an, dass man sich in entscheidenden Fragen an die dem Bundestag angehörenden Rechtsanwälte wenden und dort antichambrieren müsse.

*Präs. Prof. Dr. Ruscheweyh* fürchtet, dass heute nicht die besten Richter in das Parlament gehen würden, sondern die, die sonst nicht vorwärts kämen.

## 20. *Contempt of Court. (§ 21 der Denkschrift)*

*Prof. Dr. Ruscheweyh* empfiehlt, keine Regelung über contempt of court im Richtergesetz zu treffen.

*MinRat Dr. Gerner und LG-Dir. Dr. Vogt* stimmen zu.

*OLG-Rat Dr. Beit* meint, Bestimmungen hierüber gehörten in das GVG. In Hamburg könne man auch gegen ungebührliche Eingaben einschreiten.

*Präs. Dr. Weinkauff* empfiehlt, gleichzeitig mit dem Richtergesetz an anderer Stelle eine gesetzliche Regelung gegen Beschimpfungen des Gerichts zu treffen. Besonders der 6. (erstinstanzliche) Senat des Bundesgerichtshofs werde systematisch und politisch angegriffen.

*LG-Dir. Dr. Seidel* ist der Meinung, Beschimpfungen des Gerichts in schriftlichen Eingaben sollten – entgegen der bisherigen Praxis – nicht als Dienstaufsichtsbeschwerde behandelt, sondern nur zu den Akten genommen werden.

*Senatspräs. Canter, OLG-Präs. Krüger, MinRat v. Jagow, MinRat Bleier und Prof. Dr. Scheuner* weisen auf die Möglichkeit hin, unsachliche und querulierende Schreiben wegen Form und Inhalt nicht zu behandeln.

*Prof. Dr. Bockelmann* wünscht, eine gesetzliche Regelung des contempt of court. Allerdings werde die strafrechtliche Formulierung schwierig sein.

## 21. *Amtsbezeichnungen. (§ 33 der Denkschrift)*

*Staatssekretär Dr. Strauß* gibt einen Überblick über die Entwicklung des Ratstitels und spricht sich für die Titel Richter und Vorsitzender Richter aus. Die Bezeichnung „Richter" könnte wieder an Wert gewinnen, wenn die Laienrichter, vor allem in der Arbeits- und Sozialgerichtsbarkeit, (wieder) Schöffen genannt würden. Eine einheitliche Bezeichnung aller Richter würde die Zweige der Gerichtsbarkeit zusammenführen.

*LG-Dir. Dr. Vogt* meint, der Ratstitel könne nach wohl allgemeiner Meinung wegfallen, die Bezeichnungen Direktor und Senatspräsident sollten jedoch bleiben, denn eine Amtsbezeichnung müsse eingebürgert und flüssig sein.

*Präs. Prof. Dr. Ruscheweyh* hält die Bezeichnung Bundesrichter, Landesrichter, Landrichter und Amtsrichter für zweckmäßig.

*LG-Dir. Dr. Seidel* teilt mit, dass die Stimmung für Beibehaltung der Titel Präsident und Direktor sei. Einigkeit bestehe jedoch, dass der Ratstitel wegfallen solle.

*LG-Präs. Dr. Rutenberg und OLG-Rat Dr. Beit* berichten, dass in Bremen und Hamburg lediglich die Bezeichnung Richter üblich wäre.

*LG-Präs. Teufel* erwähnt, dass in der Schweiz die Bezeichnung Oberrichter einen sehr guten Klang habe.

*Senatspräs. Clausnitzer* wünscht Beibehaltung der alten Titel, da hier erhebliche Traditionswerte lägen. Die Bezeichnung Kammergerichtsrat gebe es schon seit 1540. Eine Abschaffung der Titel würde gesellschaftlich eine Herabsetzung bedeuten.

*OLG-Rat Hannemann* erklärt sich für die Titel: Amtsrichter, Landrichter, Oberlandesrichter, Bundesrichter. Die Bezeichnungen Landgerichtsdirektor, Senatspräsident, Landgerichtspräsident sollten bleiben. Die Bezeichnung Richter allein genüge nicht.

*OLG-Präs. Dr. Krüger* gibt zu bedenken, dass das Wort Richter heute nicht mehr so viel Klang habe wie früher, nachdem es Sozialrichter und Arbeitsrichter gibt.

## 22. *Nebentätigkeiten, Gutachten, Schiedsgerichte. (§ 28 der Denkschrift)*

*MinRat Dr. Gerner* verweist auf § 27 des Hamburger Entwurfs, wo bestimmte Voraussetzungen für Nebentätigkeiten geregelt sind. Bei Verweigerung der Genehmigung solle das Dienstgericht entscheiden.

*Staatssekretär Dr. Strauß* sieht ein Problem darin, dass die wissenschaftliche Tätigkeit eines Richters, insbesondere bei Kommentierungen sehr wertvoll sei, andererseits aber zur Beeinträchtigung seiner dienstlichen Leistung führen könne. Offenbar lägen aber bei den Landesjustizverwaltungen keine Erfahrungen vor. Dieses Problem könnte auch nicht im Gesetz, sondern nur in der Gesetzesbegründung angesprochen werden.

*Prof. Dr. Scheuner* bezeichnet eine wissenschaftliche Tätigkeit von Richtern als wünschenswert. Da es aber Kommentierungen und Zeitschriften gebe, deren Herausgeber ganz bestimmte Tendenzen verfolgten, sollten gewisse Richtlinien festgelegt werden, inwieweit ein Richter Nebentätigkeiten ausüben dürfe.

*Ass. Spiritus, Gemeinschaft des deutschen Notariats,* teilt mit, bei den Notaren, die ja auch kommentierten, hätten sich keine Schwierigkeiten ergeben.

*Senatspräs. Dr. Canter* führt aus, man könne eine schriftstellerische Tätigkeit oder Vorträge eines Richters höchstens aus dienstlichen Gründen einschränken. Dabei sei aber zu bedenken, dass er ja auch einen Anspruch auf Freizeit habe und seine Freizeit ja zu dieser schriftstellerischen Nebentätigkeit verwenden könne.

*Präs. Dr. Konrad* weist darauf hin, dass ein Richter unter gewissen Umständen sogar zur Annahme eines Nebenamtes, etwa als Prüfer, gesetzlich verpflichtet sei.

*Präs. Dr. Weinkauff* berichtet, dass die Konferenz der OLG-Präsidenten Gutachten von Richtern unterbunden wünsche, weil sie im Interesse einer Partei erfolgten. Unbedenklich sei dagegen, wenn ein Richter als Schiedsmann oder Beisitzer in einem Schiedsgericht von beiden Parteien gewählt werde.

*Präs. Prof. Dr. Ruscheweyh* weist auf die Hamburger Praxis hin, wonach ein Richter ein Gutachten dann nicht erstatten darf, wenn es vor hamburgischen Gerichten zur Vorlage kommen könnte. Klare Richtlinien im Richtergesetz wären erwünscht.

*Senatspräs. Prof. Dr. Geiger* hält es nicht für angebracht, im Richtergesetz ein Verbot auszusprechen. Die Zurückhaltung, die dem Richter geboten sei, lasse sich nicht gesetzlich regeln, sondern müsse sich aus seinem Berufsethos ergeben.

*Rechtsanwalt Dr. Brangsch* widerspricht. Nach § 5 des Bundesministergesetzes sei es sogar den Ministern verboten, außergerichtliche Gutachten zu erstatten. Gutachtenerstattung sei echte Rechtsberatung und Beratung einer Partei widerspreche dem Wesen des Richters. In der Praxis sei es so, dass die Parteien ganz bewusst bestimmte Richter herausgriffen und dass manche Richter geneigt seien, zweckgebundene Gutachten abzufassen.

*MinRat Dr. Gerner* erklärt, eines ausdrücklichen Verbots von Gutachten bedürfe es nicht. Soweit es sich um abstrakte Fragen handle, liege wissenschaftliche Tätigkeit vor, die nicht genehmigungspflichtig sei. Soweit ein Gutachten für den konkreten Fall erstellt werde, sei es genehmigungspflichtig (§ 27 des Hamburger Entwurfs).

*Senatspräs. Dr. Canter* ist der Meinung, dass ein Gutachten von einem Mitglied des Bundesgerichtshofs erstattet werden kann, wenn das Gutachten dem Rechtsfrieden dient und der Streitfall nicht vor den Bundesgerichtshof gelangt.

*MinDirig. Hornig* schließt sich der Meinung der OLG-Präsidenten an, dass Richtern die Abgabe von Gutachten untersagt werden solle. Mit einem Gutachten entstehe der Eindruck, der Richter diene einer Partei und sei nicht genügend unbefangen.

*Senatspräs. Prof. Dr. Geiger* entnimmt der bisherigen Diskussion, dass es doch geboten sei, im Richtergesetz Gutachten zu verbieten. Im Augenblick der Gutachtenerstattung könne man auch nicht übersehen, ob die Sache nicht doch vor Gericht komme.

*Präs. Dr. Weinkauff* erklärt zur Frage, ob ein Richter Schiedsrichter sein dürfe, dass dies zulässig sein solle, wenn er von beiden Parteien übereinstimmend benannt sei.

*LG-Präs. Dr. Dopffel* widerspricht einer gesetzlichen Regelung. Man solle die Sache dem Takt und Berufsethos überlassen.

*LG-Präs. Dr. Rutenberg* will es genügen lassen, wenn der Schiedsrichter von einer Partei benannt ist und die andere einverstanden ist.

## 23. *Disziplinarrecht und Disziplinarverfahren. Dienstgerichte. (§ 29 der Denkschrift)*

*LG-Präs. Teufel* hält es nicht für richtig, dass ein Dienstvorgesetzter die leichteren Dienststrafen verhängen könne. Ein Vorgesetzter sollte nicht befugt sein, wegen Dienstvergehen gegen einen Träger der Dritten Gewalt einzuschreiten.

Die Dienstgerichte sollten eine Klammer sein, die alle Zweige der Gerichtsbarkeit zusammenhält. Die Mitglieder des Dienstgerichts sollten zu zwei Dritteln der ordentlichen Gerichtsbarkeit angehören und im Übrigen aus Vertretern des Zweiges bestehen, dem der Richter angehört.

*Staatssekretär Dr. Strauß* gibt zu bedenken, dass die förmlichen Dienststrafverfahren nicht vermehrt werden sollten und daher zu überlegen sei, ob der Verweis vom Dienstvorgesetzten verhängt werden solle.

*Präs. Dr. Konrad* verweist auf den Hamburger Entwurf. Die Dienstgerichte sollten nur mit Richtern des Gerichtszweiges besetzt sein, dem der betreffende Richter angehört.

*Staatssekretär Dr. Strauß* spricht sich dafür aus, nicht zwei Gerichte mit verschiedenen Benennungen (Dienststrafgerichte und Dienstgerichte), sondern ein einheitliches Gericht zu schaffen.

*MinRat Dr. Bleier* hält dagegen die Zweiteilung für richtig. Die Dienstgerichte würden sonst eine zu große Kompetenz erhalten. Einige Richter würden dann nur noch als Dienstrichter tätig sein.

*Prof. Dr. Baur* hält eine Zweiteilung nicht für glücklich. Das Dienstgericht sollte zu einem Teil aus geborenen Mitgliedern, zum anderen Teil aus gewählten Mitgliedern des Gerichtszweiges bestehen, dem der Beschuldigte angehört.

*MinRat Dr. Rinck* stellt klar, dass der Verweis Dienststrafe bleiben soll, die entweder vom Dienstgericht oder von dem Vorgesetzten verhängt werde. Im letzteren Fall könne der Bestrafte das Dienstgericht anrufen.

*Senatspräs. Prof. Dr. Geiger* meint, Dienstgericht und Disziplinargericht sollten nicht getrennt werden. Im Hinblick auf die Überfülle von Gerichten bestehe ein Bedürfnis nach der Zusammenfassung von Kompetenzen. Insoweit widerspreche er dem Hamburger Entwurf. Die Dienstgerichte sollten für Richter aller Gerichtszweige zuständig sein. Man könne nicht genug Anhaltspunkte schaffen, in denen sich die Einheitlichkeit der Dritten Gewalt dokumentiere.

Vermögensrechtliche Streitigkeiten sollten nicht den Dienstgerichten, sondern wieder den ordentlichen Gerichten zugewiesen werden.

Wegen des Inhalts der Rechtsfindung sollte eine disziplinarische Ahndung überhaupt nicht möglich sein. Die Unabhängigkeit des Richters sei wichtiger als das Bedürfnis, wegen unrichtiger Entscheidungen disziplinarisch einzuschreiten.

*MinRat Dr. Rinck* stellt klar, dass auf § 29 der Denkschrift lediglich an Fälle gedacht sei, die bereits Grenzfälle zur Rechtsbeugung darstellen.

*Prof. Dr. Baur* glaubt, dass man Amtspflichtverletzungen nicht mit der richterlichen Unabhängigkeit decken kann. Sonst könnte man sagen, es handle sich um ein Privileg um des Richters willen. Jede schuldhafte Pflichtverletzung eines Richters müsse im Disziplinarverfahren nachprüfbar sein, auch wenn das Verschulden bei einer Rechtsfindung unterlaufen sei.

*MinDirig. Hornig* begrüßt den Vorschlag der Denkschrift, die Dienstgerichte für alle Zweige der Gerichtsbarkeit vorzusehen.

Verweis und Warnung sollte man nicht in das förmliche Verfahren bringen. Es entspräche auch nicht dem Interesse des Richters, der in der Regel froh sein werde, wenn ein geringes Vergehen unförmlich erledigt werde.

Bedenklich sei aber, dass die Denkschrift drei Instanzen vorsehe. Ebenso sei bedenklich, eine Regelung zu treffen, dass auch der Inhalt einer richterlichen Entscheidung Gegenstand eines Disziplinarverfahrens sein solle.

*Senatspräs. Dr. Canter* wendet sich ebenfalls gegen die Möglichkeit, den Inhalt eines Urteils disziplinar nachzuprüfen. Dadurch würde ein Ansatz gegeben, um unzulässigen Einfluss auf die Unabhängigkeit des Richters auszuüben. Diese Fälle seien in der Praxis so selten, dass für eine gesetzliche Regelung kein Bedürfnis bestehe.

In dem Disziplinarsenat beim BGH (§ 110 BDO) sei es zweckmäßig, dass Vorsitzender nicht der Präsident des BGH, sondern ein Senatspräsident eines anderen Bundesgerichts sei.

*OLG-Rat Hannemann* meint, wenn man durch verschiedene Gerichte die Einheit gefährde, sollte man gemeinsame Dienstgerichte schaffen und der ordentlichen Gerichtsbarkeit angliedern.

*MinRat Dr. Gerner* warnt davor, den Dienstgerichten Aufgaben zuzuweisen, die zur Verwaltungsgerichtsbarkeit gehören, etwa nicht-disziplinare Differenzen zwischen Verwaltung und Richter.

*Prof. Eberhard Schmidt* hält eine Trennung zwischen Dienstgericht und Dienststrafgericht nur für nötig, wenn man eine Versetzung in dienstlichem Interesse zulassen wolle. Andernfalls spreche er sich für ein einheitliches Gericht aus. Eine Disziplinierung auch wegen des Inhalts einer Entscheidung sollte zulässig sein.

*Senatspräs. Clausnitzer* bezeichnet es als zweckmäßig, ein einheitliches Gericht zu schaffen. In Berlin seien in den letzten dreieinhalb Jahren bei 700 Richtern und 100 Staatsanwälten nur zwei förmliche Dienststrafverfahren durchgeführt worden. Würde man mehrere Gerichte bilden, so könnten diese wegen des geringen Arbeitsanfalles keinerlei Erfahrungen sammeln.

*Staatsanwalt Dr. Hoefler, Bayer. Staatsministerium der Justiz,* spricht sich aufgrund praktischer Verwaltungserfahrung dafür aus, dass Dienstgericht und Dienststrafgericht getrennt werden und auch die gesamten Vermögensansprüche dem Dienstgericht zugewiesen werden.

## 24. *Altersgrenze, Minderleistungen. (§§ 34, 30 der Denkschrift)*

*Präs. Dr. Weinkauff* erklärt, der biologische Altersabbau wirke sich recht unterschiedlich aus. Es gebe Richter, die mit 72 Jahren noch voll leistungsfähig seien, bei anderen trete schon vorher ein wesentlicher Leistungsabfall ein.

*Staatssekretär Dr. Strauß* fragt, ob die Altersgrenze entsprechend dem Rang des Gerichts differenziert werden solle.

*Präs. Dr. Ruscheweyh* meint, man solle das Höchstalter auf 70 Jahre festsetzen und die Möglichkeit schaffen, schon vorher in den Ruhestand zu treten.

*LG-Präs. Dr. Rutenberg* empfiehlt eine einheitliche Festsetzung der Altersgrenze, da sonst in den Ländern politische Einflüsse zur Geltung kommen könnten. Das 68. Lebensjahr sei die richtige Grenze.

*Senatspräs. Dr. Canter* spricht sich für eine Altersgrenze von 70 Jahren aus. Bei Absinken der Leistung solle jedoch die Möglichkeit geschaffen werden, den Richter abzuberufen.

*Senatspräs. Prof. Dr. Geiger* widerspricht. Es erscheine ausgeschlossen, dass man den Richter eines oberen Bundesgerichts gegen seinen Willen abberufe. Die Altersgrenze solle einheitlich geregelt und die Möglichkeit geschaffen werden, vorher auf eigenen Wunsch in den Ruhestand zu treten.

*MinDirig. Hornig* bejaht die Kompetenz des Bundesgesetzgebers, Altersgrenzen für die Landesrichter festzusetzen.

*LG-Dir. Dr. Vogt* spricht sich für eine einheitliche Regelung der Altersgrenze in allen Instanzen aus, da keinerlei sachliche Gründe für Abweichungen vorlägen. Die biologische Abnutzung sei innerhalb Deutschlands gleich. Eine Versetzbarkeit wegen Minderleistung solle nicht eingeführt werden. Die praktische Bedeutung einer solchen Bestimmung sei zu gering.

*MinRat Pfeifer, Justizministerium Baden-Württemberg,* bittet, möglichst bald Klarheit zu schaffen, welche Altersgrenze festgelegt werde. Die Regelung solle für das ganze Bundesgebiet einheitlich sein. Ein Problem sei jedoch die Altersgrenze bei den Staatsanwälten und badischen Notaren. Diese würden sich bemühen, nach dem 65. Lebensjahr in den Richterberuf hineinzukommen.

*Prof. Dr. Bockelmann* warnt davor, der Jugend nicht den Zugang zum Richteramt zu versperren. Über die Grenze von 68 Jahren solle daher nicht hinausgegangen werden. Für die oberen Bundesgerichte könne eine höhere Altersgrenze zugelassen werden.

*LG-Präs. Weber* erklärt, es würde durchaus verstanden werden, wenn in der Altersgrenze zwischen den unteren und den oberen Gerichten differenziert wird. Bei einer Verlängerung der Altersgrenze ergäben sich jedoch hinsichtlich des Nachwuchses Schwierigkeiten. Übergangsbestimmungen müssten eine Stauwirkung verhindern.

*OLG-Rat Beit* spricht sich dafür aus, ein Ausscheiden mit 62 Jahren unter Belassen des vollen Gehalts zuzulassen. Dies läge gleichzeitig im Interesse des Nachwuchses. § 8 Abs. 3 GVG sehe eine ähnliche Lösung bei einer Veränderung in der Einrichtung der Gerichte vor.

*Ass. Spiritus* befürwortet im Hinblick auf die Erfahrungen der Notare eine Regelung über die Versetzbarkeit oder Zurruhesetzung wegen Minderleistung.

## 25. *Besoldung.*

*Senatspräs. Prof. Dr. Geiger* führt aus, eine wirksame besoldungsmäßige Verbesserung sei nur möglich bei einer zahlenmäßigen Verringerung und qualitativen Hebung des Richterstandes. Die Besoldung solle nur feste, nicht aufsteigende Gehälter vorsehen. Bereits die Eingangsstelle solle nach der Besoldungsgruppe A 1 b (Reg.-Direktor) besoldet werden. Auch hinsichtlich der Versorgung solle man radikal andere Wege beschreiten, z.B. festlegen, dass sie unabhängig von der Dienstzeit 75% des letzten Gehalts betrage. Dies seien Umstände, die dem Richter, der in der Regel weder Privateinkommen noch Grundbesitz hat, seine Unabhängigkeit sichern und eine Weite des Blicks ermöglichen.

*Präs. Dr. Weinkauff* erklärt, wenn das Richtergesetz lediglich deklaratorisch das zusammenfasse, was bisher schon rechtens sei, dann schaffe man nur ein formelles Papier und werde auch besoldungsrechtlich nichts erreichen.

*Präs. Dr. Konrad* verweist darauf, dass die Richterschaft drei Wünsche habe:

1. gleiche Besoldung in allen Ländern,
2. Schaffung einer eigenen Besoldungsordnung,
3. Besoldung entsprechend der heutigen Verantwortung des Richters.

*LG-Dir. Dr. Seidel* fürchtet, man werde durch zu große Forderungen falsche Hoffnungen bei den Kollegen wecken und den Widerstand anderer Stellen herbeiführen. Im Hinblick auf die harte Realität der politischen Situation müsse man sich damit begnügen, dass die Richter wenigstens etwas besser besoldet werden. Erst nach der Großen Justizreform könne man größere Forderungen stellen.

*LG-Präs. Dr. Rutenberg* hält es für taktisch verfehlt, Probleme der Großen Justizreform in das Richtergesetz hineinzubringen. Es habe gar keinen Zweck, die Zahl der Richter etwas zu verringern, wenn die Gesetzgebung den Richtern dauernd neue Aufgaben aufbürde. Wichtig sei, das Richtergesetz möglichst bald unter Dach und Fach zu bringen.

*LG-Dir. Schumacher* sieht ebenfalls keine Möglichkeit, die Große Justizreform in das Richtergesetz hineinzunehmen. Hinsichtlich der Besoldung würden Rahmenbestimmungen genügen.

## 26. *Eid. (§ 26 der Denkschrift)*

*Senatspräs. Dr. Clausnitzer* beanstandet, die Worte „keiner Partei mit Rat zu dienen“, denn die ZPO schreibe in gewisser Weise vor, die Parteien zu beraten.

*Prof. Eberhard Schmidt* weist auf die vorbildlichen Eidesformeln in der Carolina hin.

*Präs. Prof. Ruscheweyh* wendet sich dagegen, dass beschworen werden solle, keine Geschenke anzunehmen, denn dies sei selbstverständlich.

*MinRat Dr. Gerner* empfiehlt die Formulierung des Hamburger Entwurfs (§ 24).

*MinRat Dr. Schönrich* hat Bedenken gegen die Formulierung „die Verfassungen zu wahren", denn die Verfassungen von Bund und Ländern unterschieden und wandelten sich. Die Worte „mit Fleiß und Sorgfalt" seien schülerhaft.

*MinRat Pfeifer* wendet sich ebenfalls gegen das Verbot „mit Rat zu dienen". Auf dem Lande sei es allgemein üblich, als Vormundschaftsrichter die Rechtsuchenden zu beraten. Wenn im Übrigen ein neuer Richtereid eingeführt werde, sollten ihn alle, auch die bereits amtierenden Richter, leisten. Der Eid solle auch schon vor der ersten Tätigkeit als Hilfsrichter geleistet werden. Verschiebe man ihn bis zur planmäßigen Anstellung, so erschienen bedenklicherweise zwei Arten von Richtern.

*LG-Präs. Dr. Rutenberg* wünscht, dass der Eid der landesgesetzlichen Regelung überlassen werden solle. In Bremen erfolge eine sehr feierliche Vereidigung vor dem Senat, die sich bewährt habe.

*Staatssekretär Dr. Strauß* schließt die Besprechungen. Er dankt allen Erschienenen für ihre außerordentlich intensive und gehaltvolle Mitarbeit. Das Bundesjustizministerium bemühe sich immer, bei der Ausarbeitung von Gesetzen den Blick auf die Bedürfnisse der Praxis zu richten.

*Präs. Dr. Weinkauff* dankt für die Vorbereitung und Leitung der Besprechung.

*Anlage I*

*Anwesenheitsliste* zur Besprechung über ein Richtergesetz, Bonn, 4. bis 6.10.1954

*Bundesgerichtshof:* Präsident Dr. h.c. Weinkauff, Sen.Präs. Dr. Canter, Sen.Präs. Prof. Dr. Geiger, Sen.Präs. Glanzmann

*Deutsches Patentamt:* Präsident Prof. Dr. Reimer, Sen.Präs. Schultze-Rhonhof, Dir. Dr. Schade, Senatsrat Dr. Schlüter

*Landesjustizverwaltungen und Gerichte:*

*Baden-Württemberg:* OStA Nerz, MinRat Pfeifer, ORR Kohlheiß, Justizministerium Baden-Württemberg; LG-Präs. Dr. Dopffel, Tübingen, LG-Präs. Teufel, Rottweil, LG-Präs. Weber, Karlsruhe

*Bayern:* MinRat Dr. Bleier, StA Dr. Hoefler, Bayer. Staatsministerium der Justiz; OstA Dr. Großer, Bayer. Oberstes Landesgericht; OLG-Rat Dr. Unterholzer, OLG München

*Berlin:* LG-Dir. Dr. Bukow, Senatsverwaltung für Justiz, Berlin; Senatspräs. Clausnitzer, Kammergericht

*Bremen:* LG-Präs. Dr. Rutenberg, ORR Dr. Coenen, Referent des Senators für Justiz und Verfassung

*Hamburg:* Präs. Prof. Dr. Ruscheweyh, Hanseatisches OLG; Lt. Reg.Dir. Dr. Blome, Rechtsamt des Senats; LG-Rat Dr. Katzenstein, Landesvertretung Hamburg; ORR Dr. Pillat

*Hessen:* MinRat Reh, Justizministerium Hessen; LG-Dir. Dr. Steup, LG Wiesbaden

*Niedersachsen:* MinDirig. Hornig, MinRat Schultz, RegRat Dr. Jung, Justizministerium Niedersachsen; Vizepräs. Dr. Fricke, OLG Braunschweig; LG-Dir. Feigenspan, LG Aurich; OLG-Rat Hannemann, OLG Celle

*Nordrhein-Westfalen:* StS Bleibtreu, OLG-Rat Wolffram, RegDir. Dr. Billen, Justizministerium Nordrhein-Westfalen; LG-Dir. Schmitz, LG Bonn; LG-Dir. Schumacher, LG Duisburg; LG-Dir. Dr. Vogt, LG Hagen

*Rheinland-Pfalz:* MinRat Dr. Schönrich, Justizministerium Rheinland-Pfalz; OLG-Präs. Dr. Krüger, OLG Neustadt; AG-Rat Altendorf, AG Mainz

*Schleswig-Holstein:* MinRat von Jagow, Justizministerium Schleswig-Holstein; OLG-Rat Stoldt, OLG Schleswig; LG-Rat Dr. Tietgen, LG Lübeck

*Rechtsanwälte:*

*Deutscher Anwaltverein:* RA Dr. Brangsch, Hamburg

*Arbeitsgemeinschaft der Anwaltkammervorstände im Bundesgebiet:* RA Fink, Präsident der Arbeitsgemeinschaft, RA Scholle, Hamburg

*Notare:* Gemeinschaft des Deutschen Notariats: Notar Gonnella, Düsseldorf, Assessor Spiritus

*Deutscher Richterbund:* Präs. Dr. Konrad, München, Dr. Beit – OLG-Rat, Hamburg, Dr. Heimsoeth – LG-Dir., Köln, Dr. Gerner – MinRat, München, Dr. Seidel – LG-Dir., Berlin

*Professoren:* Prof. Dr. Baur, Tübingen/Mainz, Prof. Dr. Bockelmann, Göttingen, Prof. Dr. Bötticher, Hamburg, Prof. Dr. Scheuner, Bad Godesberg, Prof. Dr. Schmidt, Heidelberg

*Der Beauftragte des Bundeskanzlers für die mit der Vermehrung der alliierten Truppen zusammenhängenden Fragen:* Reg.Dir. Dr. Eichler

*Bundesjustizministerium:* Minister Neumayer, Staatssekretär Dr. Strauß, MinDir. Roemer, MinDir. Dr. Petersen, MinDir. Dr. Joël, MinDir. Dr. Schafheutle, MinDirig. Dr. Richter, MinRat Dr. Haertel, MinRat Dr. Rinck, ORR Dr. Marquordt, OLG-Rat Dr. Schramm, RegRat Costa, LG-Rat Dr. Wagner, AG-Rat Dr. Lohse, Ger.Ass. Krieger

## VI. *Niederschrift zu den Besprechungen des BMJ am 8.10.1954 mit Vertretern der Arbeits- und Sozialgerichtsbarkeit zur Vorbereitung eines Richtergesetzes*

*Vorsitz: Staatssekretär Dr. Strauß; zeitweise: MinDir. Roemer*

*Anwesenheitsliste zur Besprechung über ein Richtergesetz*

*Bundesarbeitsgericht:* Präs. Prof. Dr. Nipperdey, Senatspräs. Dr. Müller, Bundesrichter Dr. Poelmann

*Bundessozialgericht:* Senatspräs. Dr. Brockhoff, Bundesrichter Fechner, Bundesrichter Dr. Haueisen

*Bundesarbeitsministerium:* MinDirig. Dr. Käfferbitz, MinRat Fitting, LG-Rat Heyer, RegAss. Ludwig

*Ressorts und Gericht der Länder:*

*Baden-Württemberg:* MinDir. Dr. Hessel, Arbeitsministerium, ORR Gekeler, Arbeitsministerium

*Bayern:* RR Dr. Humbs, Arbeitsministerium

*Berlin:* RegDir. Dr. Weigel, Referent des Senators für Arbeit und Sozialwesen

*Bremen:* ORR Dr. Trinkhaus, Referent des Senators für Arbeit

*Hamburg:* ORR Mitte, Referent des Senators für Arbeit

*Hessen:* MinDir. Dr. Reuss, Arbeitsministerium

*Niedersachsen:* RegDir. Dr. Maus, Sozialministerium, RegDir. Kunkis, Sozialministerium, LAG-Dir. Lorentz, LSG-Rat Kaßner

*Nordrhein-Westfalen:* Prof. Dr. Roehrbein, Arbeits- und Sozialministerium, LAG-Dir. Lorenz, Senatspräs. Dr. Ruwisch, LSG NRW, LAG-Dir. Darwig, LAG Düsseldorf (Kammer Köln)

*Rheinland-Pfalz:* MinRat Stutzinger, Sozialministerium, Präs. Kirschner, LAG, Präs. Dr. Eberhard, LSG

*Schleswig-Holstein:* ORR Pietsch, Ministerium f. Arbeit, Soziales und Vertriebene

*Deutscher Arbeitsgerichtsverband e.V.:* Präs. Monjau, LAG Düsseldorf, Dr. Lehna, Bundesvereinigung der deutschen Arbeitgeberverbände, Präs. Dr. Galperin, LAG Bremen, LG-Präs. Dr. Weber, Heidelberg, AG-Rat Dr. Neumann, Köln, Vorsitzender bei dem AG Köln, Rüstig, Göttingen, Vorsitzender des AG

*Deutscher Anwaltverein:* Rechtsanwalt Dr. Brangsch, Hamburg

*Deutscher Richterbund:* LG-Dir. Dr. Seidel, Berlin

*Der Beauftragte des Bundeskanzlers für die mit der Vermehrung der alliierten Truppen zusammenhängenden Fragen:* RegDir. Dr. Eichler

*Bundesjustizministerium:* Staatssekretär Dr. Strauß, MinDir. Roemer, MinRat Rinck, Senatspräs. Dr. Münzel, RegRat Dr. Knopp, LG-Rat Dr. Wagner

*Staatssekretär Dr. Strauß* begrüßt die Anwesenden. Er weist darauf hin, dass im Grundgesetz der Auftrag gegeben sei, ein Richtergesetz zu erlassen. Die Referentendenkschrift zur Vorbereitung des Richtergesetzes stelle lediglich eine Analyse der wichtigen Probleme dar. Das Bundesjustizministerium habe sich noch nicht festgelegt. Er bitte daher, dass jeder frei und rückhaltlos seine persönliche Meinung äußern möge.

## 1. *Sollen ein Gesetz für Bundesrichter und ein Rahmengesetz für Landesrichter ergehen?*

*MinDirig. Dr. Käfferbitz, Bundesarbeitsministerium,* spricht sich für getrennte Gesetze aus. Das Rahmengesetz betreffe in erster Linie die Länder und könne daher außerhalb eines Gesetzes für Bundesrichter ergehen. Das Bundesbeamtengesetz gelte ebenfalls nur für die Beamten des Bundes.

*Prof. Dr. Roehrbein, Arbeits- u. Sozialministerium Nordrhein-Westfalen,* wünscht ein einheitliches Gesetz.

*Staatssekretär Dr. Strauß* weist darauf hin, dass bei Erlass des Bundesbeamtengesetzes Eile geboten war. Nur deshalb sei die Rahmenkompetenz des Bundes nicht gleichzeitig ausgenutzt worden.

*LG-Präs. Dr. Weber, Heidelberg,* befürwortet ein einheitliches Gesetz. Alle Gerichtsbarkeiten sollten in einem Gesetz vereinigt werden, um das Gewicht des Gesetzes gegenüber der Öffentlichkeit zu verstärken. Würden zwei Gesetze geschaffen, so bestehe außerdem die Gefahr, dass das Rahmengesetz für Landesrichter erst später erlassen werde.

*Präs. Prof. Dr. Nipperdey, Bundesarbeitsgericht,* ist der Ansicht, dass zwei Gesetze geschaffen werden sollten. Die Länder, die ohnehin noch eigene Richtergesetze erlassen müssten, würden sich nur für das Rahmengesetz für Landesrichter, aber nicht für die Rechtsstellung der Bundesrichter interessieren.

*Staatssekretär Dr. Strauß* erwidert, dass ein Richtergesetz drei Teile enthalten könne: 1. über die Rechtsstellung aller Richter; 2. über die Richter der Bundesgerichte; 3. über die Richter der Länder.

*RegDir. Kunkis, Sozialministerium Niedersachsen,* schlägt eine gemeinsame Regelung vor. Den Ressorts wie den Gerichten liege daran, dass die Grundzüge gleichmäßig für die Richter des Bundes und der Länder gelten.

## 2. *Akademische Vorbildung aller Berufsrichter? Mindestalter*

*Staatssekretär Dr. Strauß* führt aus, das Richtergesetz könne nicht mit der großen Justizreform gekoppelt werden, weil dies eine zu große Verzögerung bedeuten werde. Es solle aber in die Zukunft weisen, die Stellung der Richter herausheben und anders regeln als bisher.

*MinRat Fitting, Bundesarbeitsministerium,* spricht sich dafür aus, das Richtergesetz auf alle Richter einschließlich der nichtakademisch vorgebildeten Arbeitsrichter zu erstrecken. Der nicht rechtsgelehrte Richter brauche die Unabhängigkeit noch nötiger als der akademisch vorgebildete. Ein Mindestalter von 30 Jahren sei tragbar, falls es nicht für Hilfsrichter gelte.

*MinDir. Dr. Reuss, Arbeitministerium Hessen,* wünscht eine einheitliche Regelung der Unabhängigkeit in allen Gerichtsbarkeitssparten. Jedoch sei es nicht nötig, gleiche Ausbildung vorzuschreiben. In der Arbeits- und Sozialgerichtsbarkeit handle es sich zu 95 bis

98% um Streitigkeiten, bei denen mit einem soliden Fundus von Lebenserfahrung und Milieukenntnis durchaus gute Ergebnisse erzielt werden könnten. Schwierige Rechtsprobleme seien in der 1. Instanz selten. Es sei nicht nötig, wegen dieses geringen Prozentsatzes akademische Vorbildung der Richter zu verlangen. Die bisherigen Erfahrungen seien durchaus gut.

*Staatssekretär Dr. Strauß* erwidert, es sei erwünscht, dass namentlich in jüngeren Jahren ein Richter, insbesondere zwischen ordentlicher Gerichtsbarkeit, Verwaltungsgerichtsbarkeit und Arbeitsgerichtsbarkeit die Laufbahnen wechsle. Dies sei nur bei einheitlicher Ausbildung möglich.

*Präs. Prof. Dr. Nipperdey* begrüßt es, dass ein einheitliches Richtergesetz für alle Zweige der Gerichtsbarkeit erlassen werden solle, um so die Einheit des Richtertums zum Ausdruck zu bringen. Ebenso sei es richtig, die Richter von den anderen Angehörigen des öffentlichen Dienstes zu scheiden. Grundsätzlich empfehle er eine einheitliche Vorbildung entsprechend dem GVG. Aber hier handle es sich um eine schon bei den Beratungen über das Arbeitsgerichtsgesetz viel umstrittene Grundsatzfrage.

*Senatspräs. Dr. Müller, Bundesarbeitsgericht,* meint, das Richtergesetz solle sich nicht über die Vorbildung der Richter aussprechen. Er habe den Eindruck, dass die Ernennung nicht akademisch vorgebildeter Richter ein stärkeres Vertrauen bei breiten Schichten des Volkes schaffe. Bei der Ernennung nicht rechtsgelehrter Richter sollten besonders strenge Anforderungen an die Qualifikation gestellt werden.

*Rechtsanwalt Dr. Brangsch, Deutscher Anwaltverein,* spricht sich für eine einheitliche Ausbildung der Richter aus. Es gehe nicht an, dass man einen Richter schaffe, der nur in der 1. Instanz bleiben und auch nicht in andere Gerichtsbarkeitssparten überwechseln könne. Außerdem seien nunmehr vor dem Arbeitsgericht auch Rechtsanwälte zugelassen. Er zweifele, ob es richtig sei, an den Rechtsanwalt höhere Ausbildungsanforderungen zu stellen als an den Richter, vor dem er plädiert. Schließlich sei die Zulassung der Rechtsanwälte damit begründet worden, dass das Arbeitsrecht komplizierter geworden sei. Der gleiche Gesichtspunkt gelte aber auch für Richter. Die bisherige Regelung solle man allerdings auslaufen lassen. Für die Zukunft sei aber zu prüfen, ob es geboten sei, auch in der Arbeitsgerichtsbarkeit nur rechtsgelehrte Richter zu verwenden.

*Bundesrichter Fechner, Bundessozialgericht,* hält es für unmöglich, diese Fragen mit Schweigen zu übergehen, wenn man den Richter wirklich herausheben wolle. Das Richtergesetz solle daher einheitliche Vorschriften über die Ausbildung aller Richter enthalten. Sicherlich gebe es auch befähigte Außenseiter. Aber man kenne auch Naturheilkundige, die sich das Wissen und Können eines Arztes angeeignet hätten. Trotzdem würden diese Naturheilkundigen nicht zu Ärzten ehrenhalber erklärt. Das Vertrauen des Volkes zur Arbeitsgerichtsbarkeit könne nur vergrößert werden, wenn man wisse, dass man stets einem rechtlich vorgebildeten Richter gegenüberstehe.

*Prof. Dr. Roehrbein* empfiehlt eine einheitliche akademische Vorbildung. Es sei in Nordrhein-Westfalen noch nicht gelungen, Persönlichkeiten zu finden, die den Voraussetzungen des § 9 Abs. 2 SGG entsprächen. Man habe zwar einige Herren eingestellt, sie befänden sich aber noch im Stadium der Erprobung. Die Lebensnähe der Gerichte werde bereits dadurch gewährleistet, dass die Beisitzer aus der Praxis kommen. Sozialrichter ohne akademische Vorbildung seien im Übrigen nur einseitig vorgebildet. Beispielsweise würden Herren, die aus den Kriegsopferverbänden kommen, nur deren Verhältnisse, nicht aber die Arbeitslosen- oder die Invalidenversicherung kennen. Sie könnten deshalb nicht in anderen Fachkammern verwendet werden, so dass die Geschäftsverteilung und die Besetzung der Kammern behindert werde. – Um richtig entscheiden zu können, müsse man auch Familienrecht und noch andere Rechtsgebiete kennen. Ferner seien verschiedene Entscheidungen unanfechtbar, so dass man sich nicht mit einer schlechten Besetzung der 1. Instanz beruhigen dürfe, weil etwa die höhere Instanz korrigieren könne.

*RegDir. Kunkis* zweifelt, ob im Richtergesetz die Vorbildung zu regeln sei. Man solle erst abwarten, welche Erfahrungen mit den nichtakademischen Richtern sich ergeben würden. Einer der Gründe für die Schaffung des § 9 Abs. 2 SGG sei gewesen, dass man bei dem Recht der Ärmsten der Armen eine Vertrauenskrise vermeiden sollte. In Niedersachsen lägen insoweit noch keine Erfahrungen vor. Dort werde z.Zt. ein Hilfsrichter beschäftigt, der noch überprüft werde. Es sei Sache der Personalauswahl, wirklich gute Personen zu finden. Im Übrigen habe auch ein Jurist, der sich mit der Sozialgerichtsbarkeit noch nicht beschäftigt habe, sehr große Schwierigkeiten, sich in dies Gebiet einzuarbeiten.

*Präs. Dr. Galperin, LAG Bremen,* spricht sich dafür aus, die Frage der Vorbildung den einzelnen Spezialgesetzen zu überlassen. Die akademische Vorbildung gehöre nicht zum Bild des Richters. Dies gehe schon daraus hervor, dass der deutschen Rechtsentwicklung entsprechend auch Laien Richter sein könnten. Für den Richter komme es auch auf die menschliche und berufliche Qualifikation an. Auch hinsichtlich des Lebensalters sollte das Richtergesetz keine Mindestvoraussetzungen vorsehen. Den Arbeitsverwaltungen sollte nicht die Möglichkeit genommen werden, einen ungewöhnlich geeigneten und gereiften Mann zu nehmen, auch wenn er noch nicht 30 Jahre alt sei.

*Präs. Kirschner, LAG Rheinland-Pfalz,* fordert eine einheitliche Regelung der Vorbildung. Dieser Wunsch sei auch von Arbeitsgerichtsvorsitzenden wiederholt vorgetragen worden. Versäume das Richtergesetz diese einheitliche Regelung, so werde eine einmalige Gelegenheit versäumt. – Erforderlich sei eine einheitliche akademische Vorbildung. Nicht vorgebildete Persönlichkeiten, die aber gut befähigt seien, werde man gar nicht finden. Sie erhielten in Wirtschaft und Verbänden bessere Stellen angeboten, weil ihnen in der Arbeits- und Sozialgerichtsbarkeit keine Aufstiegsmöglichkeit gegeben werde. Die angeblich guten Erfahrungen mit Nichtakademikern könne er nicht bestätigen. Rheinland-Pfalz habe einige solcher Herren Vorsitzenden bestellt, die aber bis auf einen nicht wieder ernannt worden seien. Zur Zeit seien nur zwei Herren tätig, denen die Fähigkeit zum Richteramt fehle. Diese hätten aber immerhin ein Hochschulstudium von 8 Semestern absolviert und seien Dr. jur.

*Senatspräs. Dr. Brockhoff, Bundessozialgericht,* äußert Bedenken gegen § 9 Abs. 2 SGG und § 18 Abs. 3 ArbGG. Gerade da, wo der Richter der ersten Instanz mit seinen Beisitzern allein sei, und wo er nicht auf das juristische Wissen eines anderen Richters zurückgreifen könne, sollten nur Persönlichkeiten verwendet werden, die eine juristische Vorbildung besitzen. Es genüge nicht, wenn solche Richter auf ihrem Fachgebiet ein erhebliches Wissen hätten. Ihnen fehlten Überblick und Kenntnisse auf anderen Rechtsgebieten, insbesondere auf dem weitverzweigten Gebiet des bürgerlichen Rechts. Es sei der Würde des Gerichts nicht angemessen, wenn ein solcher Richter sich bei einer Rechtsfrage von einem Anwalt belehren lassen müsse.

*Senatspräs. Dr. Müller* erklärt zu den Ausführungen von Rechtsanwalt Dr. Brangsch, es sei zumindest tragbar, nichtakademische Richter zu verwenden. Denn vor dem Arbeitsgericht träten nicht nur Anwälte, sondern auch Verbandsvertreter auf, die ebenfalls keine juristische Vorbildung hätten, aber dem Anwalt völlig gleichgestellt seien.

*LAG-Dir. Darwig, LAG Düsseldorf,* ist der Ansicht, dass für die weitere Bestellung von nicht rechtsgelehrten Richtern keine zwingende Notwendigkeit bestehe. Die Feststellung, dass ein solcher Richter mehr Vertrauen besitze, sei fragwürdig. Es treffe zu, dass er in gewissem Umfang bei Arbeitnehmern mehr Vertrauen genieße. Hinsichtlich der Arbeitgeber sei dies aber nicht der Fall, denn die meisten nicht akademisch vorgebildeten Berufsrichter stammten aus den Reihen der Arbeitnehmer. Jeder nicht rechtsgelehrte Richter käme entweder von der Arbeitnehmer- oder der Arbeitgeberseite. Die Gegenseite betrachte ihn deshalb immer mit Skepsis.

### 3. *Laienbeisitzer*

*Staatssekretär Dr. Strauß* gibt zu erwägen, ob man im Richtergesetz auch die Stellung der Laienbeisitzer, also der nicht hauptberuflichen Richter regeln solle. Diese Frage betreffe auch die Handelsrichter und die Schöffen in der Strafgerichtsbarkeit.

*Präs. Prof. Dr. Nipperdey* meint, in Betracht kämen nur ganz wenige Punkte, etwa Eid und Beratungsgeheimnis. Grundsätzlich sollte sich das Richtergesetz nur auf die Berufsrichter erstrecken. Es sei aber nicht systemwidrig, am Schluss Bestimmungen über die Laienbeisitzer aufzunehmen.

*MinRat Fitting, Bundesarbeitsministerium,* stimmt zu. Da die Beisitzer von Interessenverbänden gestellt würden, sei es sehr zu begrüßen, wenn gesetzlich auch festgelegt würde, dass die Laienbeisitzer unabhängig und frei von Hinweisen tätig sein sollen.

## 4. *Zusammensetzung der Richterwahlausschüsse*

*Staatssekretär Dr. Strauß* weist darauf hin, dass zur Zeit Richterwahlausschüsse nur in den drei Stadtstaaten Hamburg, Bremen, Berlin und in Hessen bestehen. Das Grundgesetz verlange nicht, dass in den Wahlausschüssen das richterliche Element vertreten sei.

*Prof. Dr. Nipperdey* gelangt zu dem Ergebnis, dass die Länder durch das Richtergesetz verpflichtet werden könnten, den Richtern Sitz und Stimme in den Wahlausschüssen zu gewähren. Für die Richterwahlausschüsse des Bundes bestünde allerdings diese Beteiligung nicht und könne nur durch Verfassungsänderung eingeführt werden.

*Bundesrichter Fechner* hält es für wünschenswert, die Zusammensetzung des Richterwahlausschusses für die oberen Bundesgerichte abzuändern. Eine Mitwirkung der Richter in Wahlausschüssen sei dringend geboten, da nur sie ein wirkliches Bild hätten von den Anforderungen, die an künftige Richter zu stellen seien.

*Staatssekretär Dr. Strauß* hält die Mitwirkung geborener, nicht gekorener Vertreter des Berufsrichters in den Wahlausschüssen für zweckmäßig. Bei dem Wahlausschuss für Bundesrichter könne man eine Verfassungsänderung vermeiden, wenn im Richterwahlgesetz vorgesehen werde, dass sämtliche Chefpräsidenten mit beratender Stimme an den Ausschusssitzungen teilnähmen.

*Präs. Prof. Dr. Nipperdey* meint, das Grundgesetz sei so zu verstehen, dass nicht noch weitere Anforderungen an das Wahlverfahren gestellt werden dürfen. Es werde wohl unzulässig sein, der Wahl ein Anhörungsverfahren vorzuschalten oder beratende Mitglieder in die Ausschüsse aufzunehmen.

*RegDir. Dr. Weigel, Ref. des Senators für Arbeit und Sozialwesen, Berlin,* berichtet von guten Erfahrungen mit dem Berliner Richterwahlausschuss, in dem auch Richter und Anwaltschaft vertreten seien. Bedenklicherweise habe allerdings das OVG Berlin den Senat zu Gehaltszahlungen verurteilt, weil der Richterausschuss einen anstellungsberechtigten Richter, gegen den kein Entlassungsgrund vorlag, nicht gewählt habe.

## 5. *Mitwirkung der Richter bei Auswahl und Ernennung*

*Präs. Prof. Dr. Nipperdey* hält eine Beteiligung des Präsidenten für wünschenswert.

*LG-Präs. Dr. Weber, Heidelberg,* berichtet von der Praxis in Baden-Württemberg. Dort würden, nach Beurteilung durch die Landgerichtspräsidenten, vom Präsidium des OLG mehrere Bewerber dem Justizministerium vorgeschlagen. Bei dieser Präsidialsitzung sei der Personalreferent des Justizministeriums anwesend und bringe die Auffassung des Justizministeriums zur Sprache. In der Regel entspreche der Justizminister dem ersten Vorschlag des Präsidenten des OLG.

Bei der Arbeitsgerichtsbarkeit seien früher in Nord-Württemberg bei dem beratenden Ausschuss, der für die Auswahl der Arbeitsrichter zuständig war, die Präsidenten der Arbeitsgerichte beteiligt worden.

*MinDir. Dr. Hessel, Arbeitsministerium Baden-Württemberg,* begrüßt die Mitwirkung der Richter bei der Ernennung zur Eindämmung unsachlicher Einflüsse. Man solle aber dasselbe Recht den höheren Beamten zuerkennen. Bei der Verwaltungsgerichtsbarkeit erhebe sich jetzt nicht mehr die Frage, wer den Bürger vor der Verwaltung schütze, sondern wer die Verwaltung vor der Verwaltungsgerichtsbarkeit schütze und wer die Justiz kontrolliere. Diese Überschätzung der Gerichtsbarkeit zum Nachteil der Verwaltung sei für das Staatsganze gefährlich.

*Staatssekretär Dr. Strauß* stellt klar, dass bei den Gerichten nicht eine höherwertige, sondern eine andersartige staatliche Tätigkeit vorliege. Die Verwaltung ernenne ihre eigenen Angehörigen, die Richter würden dagegen durch die Verwaltung, also durch eine andere Gewalt ernannt. Die Richter der ordentlichen Gerichtsbarkeit hätten bisher geringere Forderungen gestellt als die Verwaltungsrichter. Die ordentliche Gerichtsbarkeit wünsche keine Bindung des Ministers an ihre Vorschläge und auch kein Vetorecht. Vielmehr wolle sie nur das sachliche Gewicht ihrer Stimme zu Gehör bringen. Insbesondere sei zu erwägen, ob man die Richter bei der Besetzung von Spitzenstellen, wo sachfremde Einflüsse am größten seien, beteilige.

*Präs. Prof. Dr. Nipperdey* spricht sich dafür aus, ein Anhörungsrecht der Richter einzuführen. Dabei müsse aber die weitergehende Regelung des § 18 ArbGG erhalten bleiben.

*Senatspräs. Dr. Brockhoff* hält ein bindendes Vorschlagsrecht der Richterschaft in dem Sinne für zweckmäßig, dass die Justizverwaltung gehalten ist, einen von vielleicht fünf vorgeschlagenen Bewerbern zu ernennen. Ein Vetorecht der Richterschaft lehne er ab. Der Justizverwaltung müsse die Möglichkeit eröffnet werden, die Vorschläge abzulehnen und neue Vorschläge anzufordern.

*AG-Rat Dr. Neumann, Arbeitsgericht Köln,* meint, eine Anhörung der Richterschaft genüge. Die Richter neigten aus Kollegialität dazu, stets den ältesten vorzuschlagen.

*RegRat Dr. Humbs, Arbeitsministerium Bayern,* bezweifelt, dass der Bund die Gesetzgebungskompetenz über die Auswahl von Landesrichtern habe. Hinsichtlich der Anhörung der Richter ergäben sich auch Überschneidungen mit dem kommenden Personalvertretungsgesetz.

*LAG-Dir. Lorentz, Niedersachsen,* glaubt, dass § 18 ArbGG nicht geeignet sei, sachfremde Einflüsse abzuhalten. Es bestehe die große Gefahr, dass die Sozialpartner sich bereits über einen Kandidaten geeinigt hätten und die richterlichen Mitglieder des Ausschusses übereinstimmen.

*MinDir. Dr. Reuß* spricht sich für den Vorschlag der Denkschrift aus: Die Präsidien sollten gehört werden, die Justizverwaltung sollte jedoch nicht an Vorschläge gebunden werden. Die im ArbGG gewählte Lösung: Anhörung der Sozialpartner und Einschaltung eines Wahlausschusses (im Bund in Hessen), stelle ein Optimum dar. Dieses Verfahren sei sehr zweckmäßig.

*Bundesrichter Fechner* hebt den grundlegenden Unterschied zwischen dem Richter und dem Beamten hervor. Ein Richter könne nur mit seinem Einverständnis versetzt werden. Die Verwaltung könne dagegen ihre Beamten auch gegen deren Willen abordnen und versetzen. Deshalb solle man nur der Richterschaft eine stärkere Mitwirkung bei der Ernennung und Versetzung einräumen. Würde man der Beamtenschaft ein Mitwirkungsrecht zubilligen, so würde ein Durcheinander entstehen.

*Präs. Monjau, LAG Düsseldorf,* teilt mit, dass Nordrhein-Westfalen mit dem beratenden Ausschuss die besten Erfahrungen gemacht habe. Die Bedenken über sachfremde Einflüsse würden nicht geteilt.

## 6. *Hilfsrichter*

*MinRat Fitting* erklärt, die Vorsitzenden der Arbeitsgerichte könnten zunächst nur auf Zeit ernannt werden, weil erst festgestellt werden müsse, wie sich insbesondere der nicht akademisch vorgebildete Richter bewähre. Hilfsrichter sollen nicht über drei Monate beschäftigt werden. Ein bestimmter Prozentsatz könne im Gegensatz zu den Vorschlägen der Denkschrift nicht eingeführt werden. Wenn etwa von 30 Richtern fünf nur auf Zeit bestellt seien, so seien dies bereits 20% und es bestehe nicht die Möglichkeit, Assessoren zu verwenden. Dieses Problem sei für die kleinen Länder wichtig.

*Prof. Dr. Roehrbein* bemerkt, dass es erforderlich sei, Hilfsrichter auf längere Zeit zu beschäftigen, weil die Arbeits- und Sozialgerichtsbarkeit noch einen normalen Nachwuchs habe.

*ORR Dr. Trinkhaus, Bremen,* empfiehlt, während des Aufbaus der Sozialgerichtsbarkeit Ausnahmen von dem 20%-Satz zu gestatten. In der Sozialgerichtsbarkeit werde es noch eine Weile dauern, bis ein Normalzustand hergestellt sei.

*Präs. Dr. Eberhard, Landessozialgericht Rheinland-Pfalz,* bezeichnet es als zweckmäßig, im Richtergesetz einen Prozentsatz von 20% festzulegen, aber für die Sozialgerichtsbarkeit in einer Übergangszeit von einigen Jahren einen höheren Prozentsatz an Hilfsrichtern zuzulassen, vielleicht 40%. Jetzt lasse sich in der Sozialgerichtsbarkeit noch nicht übersehen, wie hoch der normale Geschäftsanfall sei. Bei Amtsbeginn hätten die Sozialgerichte aufgestaute Prozesse vorgefunden, deren Erledigung noch etwa fünf Jahre dauere.

## 7. *Altersgrenze*

*Präs. Monjau* befürwortet eine Altersgrenze von mindestens 68 Jahren einheitlich in Bund und Ländern.

*Staatssekretär Dr. Strauß* fragt, ob die Altersgrenze entsprechend dem Rang des Gerichts differenziert werden solle.

*RegRat Dr. Humbs* hat Bedenken gegen eine generelle Heraufsetzung der Altersgrenze auf 68 Jahre, da die Leistungsfähigkeit in höherem Alter nachlasse. Man könne allenfalls für einzelne besonders befähigte Richter die Altersgrenze auf 68 Jahre erhöhen.

*Staatssekretär Dr. Strauß* antwortet, dass dies mit der persönlichen Unabhängigkeit und Art. 97 Abs. 2 Satz 2 GG nicht zu vereinbaren wäre. Bei einer Erhöhung der Altersgrenze könne man jedoch dem Richter die Möglichkeit geben, seine Versetzung in den Ruhestand bereits vom 62. oder 65. Lebensjahr ab zu beantragen.

*Der Vorsitzende des Arbeitsgerichts Göttingen, Rüstig,* spricht sich im Interesse des Nachwuchses für eine Altersgrenze von 65 Jahren aus.

*Staatssekretär Dr. Strauß* weist darauf hin, dass der Nachwuchsbedarf Wellenbewegungen unterliegt. Bei der Wiedervereinigung Deutschlands werde ein sehr großer Bedarf an Richtern entstehen.

*Beratungsgeheimnis und dissenting vote*

*Senatspräs. Dr. Müller* wendet sich gegen die politische Betätigung in der Stadt- oder Kreisverwaltung. Für die Länderparlamente und den Bundestag lägen die Verhältnisse möglicherweise anders.

*Senatspräs. Dr. Müller* meint, ein dissenting vote solle zugelassen werden. Es dürfe aber nicht veröffentlicht werden.

*MinDir. Dr. Reuss* fordert, dass keinem Richter verwehrt werden dürfe, klarzustellen, welche Auffassung er vertreten habe.

*MinDir. Roemer* teilt mit, dass bei Besprechungen mit der ordentlichen Gerichtsbarkeit Einigkeit darüber bestanden habe, dass ein dissenting vote sich nur auf Rechtsfragen, nicht aber auf Tat- oder Beweisfragen beziehen dürfe.

*Staatssekretär Dr. Strauß* weist darauf hin, dass es nach der ZPO unzulässig sei, abweichende Voten zu veröffentlichen. Dagegen sei es eine Frage der Geschäftsordnung, zu regeln, ob abweichende Voten zu den Akten gegeben werden dürfen.

*Präs. Dr. Nipperdey* meint, das Beratungsgeheimnis verbiete nur, das dissenting vote bekanntzugeben. Einem Richter sei es aber nicht verwehrt, seine abweichende Meinung in der juristischen Fachpresse kundzutun.

*Staatssekretär Dr. Strauß* bezeichnet dies als eine Taktfrage.

## 9. *Politische Betätigung*

*Senatspräs. Dr. Müller* wendet sich gegen die politische Betätigung in der Stadt- oder Kreisverwaltung. Für die Länderparlamente und den Bundestag lägen die Verhältnisse möglicherweise anders.

*MinRat Fitting* meint, man solle auch eine Regelung für die Fälle treffen, dass ein Richter Mitglied einer Gewerkschaft sei oder besondere Verbindungen mit einem Sozialpartner pflege.

*Präs. Dr. Galperin* äußert ernste Bedenken gegen die politische Tätigkeit des Richters. Dessen Entscheidungen könnten zu Missdeutungen führen, wenn er seine politische oder sozialpolitische Überzeugung polemisierend vertrete, etwa als Wahlredner oder Abgeordneter. Dies sei mit dem Richteramt nicht zu vereinbaren. Er solle dem

Rechtsuchenden als unabhängiger und wirklich unparteiischer Staatsdiener gegenübertreten.

*Bundesrichter Fechner* ist der Ansicht, man solle keinen Unterschied zwischen Kommunal- und Landesparlament machen, denn bei dem Rechtsuchenden entstehe in beiden Fällen der gleiche Eindruck, dass der Richter parteipolitisch festgelegt und daher befangen sei. Wenn man ein Verbot der politischen Betätigung ausspreche, sollte dieses daher für *alle* Parlamente gelten.

Dass dann Richter als geborene Sachwalter des Rechts in den Parlamenten fehlten, sei jedenfalls noch das kleinere Übel.

*Präs. Prof. Dr. Nipperdey* betont demgegenüber, dass die Abgeordneten des Deutschen Bundestages nach Art. 38 des Grundgesetzes Vertreter des ganzen Volkes und nur ihrem Gewissen unterworfen seien. Man könne daher nicht aus der Abgeordneteneigenschaft eine Parteilichkeit konstruieren, die es dem Richter verbiete, Abgeordneter zu werden. Man könne höchstens den Grundsatz der Trennung der Gewalten heranziehen und sagen, weil ein Richter Träger der Dritten Gewalt sei, könne er nicht Träger der gesetzgebenden Gewalt sein. In der Vergangenheit, insbesondere im alten Reichstag, habe es aber viele prominente Richter in den Parlamenten gegeben. Es sei daher zu erwägen, ob man dem Richter lediglich Zurückhaltung empfehle, ihn aber nicht von einem so wichtigen Amt ausschließen solle.

*LG-Präs. Weber* stimmt zu. Bedenklich sei die politische Betätigung des Richters nur in kleinen Orten. Dort wisse die Bevölkerung aber ohnehin, wie der Richter eingestellt sei, denn ein Richter könne sich ja auch kirchlich und weltanschaulich aktiv betätigen. Es erscheine nachteilig, wenn in den Parlamenten die Richter überhaupt nicht vertreten sein. Dies zeige sich besonders in Haushaltsfragen, weil die Richter ihre eigenen Nöte am besten kennen.

*Präs. Dr. Eberhard:* Ein Richter könne in einer Rechtsstreitigkeit selbstverständlich unparteiisch sein, auch wenn er sich parteipolitisch gebunden habe. Die einzige Frage sei, ob nach außen der Anschein erweckt werde, dass er nicht mehr unparteiisch sei. In letzter Konsequenz könne man sogar behaupten, ein Richter sei nicht mehr unparteiisch, weil er konfessionell gebunden sei oder lediglich in Fabrikantenkreisen verkehre. Die Gefahr, dass hier Konflikte entständen, sei außerordentlich gering. Ein Richter kenne auch gar nicht die Parteizugehörigkeit der Streitteile, da diese ja nicht nach außen in Erscheinung trete. Wenn man Bedenken gegen parteipolitische Betätigungen habe, so müsse man von jedem Richter befürchten, dass er nicht objektiv urteile. Denn jeder Richter sei ja irgendwie weltanschaulich in einer bestimmten Richtung orientiert. Es sei wichtig, dass in den Parlamenten Richter als Abgeordnete tätig seien, die sachliches Denken und Arbeiten gewöhnt und mithin die berufensten Vertreter seien. Es werde sich sowieso nur um wenige handeln, die Lust und Liebe aufbrächten, sich im Parlament zu betätigen. Diesen wenigen sollte man dies aber nicht verbieten.

*AG-Rat Dr. Neumann, Köln,* erklärt, dass in Nordrhein-Westfalen ein Richter Gewerkschaftler sei, sich aber sehr bewährt habe.

*Dr. Lehna, Deutscher Arbeitsgerichtsverband,* bemerkt, man werde die parteipolitische Betätigung nicht untersagen können. Aus der parlamentarischen Betätigung ergäben sich jedoch Probleme, beispielsweise könnte die persönliche Überzeugung eines Richters sein, dass die Todesstrafe wieder eingeführt würde. Als Abgeordneter werde er aber möglicherweise aus Gründen des Fraktionszwangs gegen die Todesstrafe stimmen müssen.

*MinDir. Roemer* fragt, ob ein Richter, der ein Mandat in der Volksvertretung übernehme, in den Wartestand treten solle.

*Präs. Dr. Eberhard* spricht sich für die Versetzung in den Wartestand aus. Denn in diesem Falle könnte ein Richter sein Richteramt schon aus Zeitgründen nicht voll ausüben.

*Präs. Prof. Dr. Nipperdey* widerspricht. Ein Richter könne sehr wohl gleichzeitig Abgeordneter sein, er teile dann das Schicksal vieler Beamter und anderer Berufe, die während dieser Zeit ein besonderes Maß von Arbeit auf sich nehmen müssten.

*Präs. Dr. Eberhard* entgegnet, auch im Gesetz vom 4.8.1953 sei geregelt, dass ein Beamter in den Ruhestand trete, wenn er Abgeordneter werde. Für das Volk sei es auch unbefriedigend, wenn ein Richter nur 20 oder 30% seiner Arbeit leiste, aber sein volles Gehalt beziehe.

*Präs. Dr. Galperin* sieht in der politischen Betätigung eines Richters eine Gefahr für die richterliche Unabhängigkeit. Wenn ein Richter mit mehr oder weniger großer Schärfe seine parteipolitische Überzeugung vertrete und so gegen seine Abhängigkeit von einer politischen Organisation dokumentiere, so sei dies in den Augen der Rechtsuchenden viel gefährlicher als die im Richtergesetz bekämpfte Abhängigkeit vom Staat.

*Senatspräs. Dr. Müller* widerspricht. Man soll sich vor der Auffassung hüten, dass parteipolitische Betätigung einem Staatsdiener und Diener des Rechts nicht anstehe, weil es Interessenbetätigung sei. Damit werde ein Fundament unseres Staatswesens gefährdet. Es handle sich daher nicht um die Frage, ob der Richter politische Abstinenz üben soll, sondern ob er in Konflikte mit seiner Unabhängigkeit komme. Dies sei aber nur in Stadt- und Kreisparlamenten der Fall. Die Parteien seien nicht ein notwendiges Übel, sondern ein Lebenselement der Demokratie.

*MinRat Fitting* berichtet aus persönlicher Erfahrung, dass die Richter der Arbeitsgerichtsbarkeit in stärkerem Maße als andere Richter politischen Parteien angehörten und dass auch die Betätigung in Stadtparlamenten häufiger sei. Ein Verbot würde daher den bisherigen Besitzstand ändern.

*Präs. Monjau* entgegnet, er wisse nur von einem einzigen Richter, der, als er sich politisch betätigte, in den Wartestand getreten sei. Sonst habe es keine Schwierigkeiten gegeben.

## 10. *Gutachten, Schiedsgerichte*

*MinDir. Dr. Reuss* warnt vor gutachtlicher Tätigkeit. Hierbei werde der Name und das Ergebnis bezahlt. Solche Gutachten würden nach Bestellung und nach Maß angefertigt. Etwas anderes sei es, wenn ein Richter eine fachwissenschaftliche Meinung in einer Zeitschrift vertrete.

*Senatspräs. Dr. Müller* hat keine Bedenken gegen Schiedsrichtertätigkeit eines Richters in Arbeitssachen, da diese nach § 101 ArbGG bereits auf einen kleinen Kreis von Fällen beschränkt sei.

*Präs. Prof. Dr. Nipperdey* hält es für bedenklich, wenn ein Richter von einer Partei als Beisitzer benannt werde. Dann sei er zu sehr Parteivertreter. In der Arbeitsgerichtsbarkeit gehe die Praxis jedoch dahin, dass Richter nur als Vorsitzende benannt würden.

*Präs. Kirschner* teilt mit, dass in Schlichtungsverfahren vielfach Zivilrichter, aber nicht Arbeitsrichter bestellt würden.

*MinDir. Roemer* fasst als Ergebnis zusammen, dass die Tätigkeit von Richtern als Gutachter entschieden abgelehnt würde, dass ein Richter in der Schiedsgerichtsbarkeit jedoch als Vorsitzender tätig sein dürfe. Gegen seine Tätigkeit als Beisitzer bestünden starke Bedenken.

## 11. *Dienstaufsicht. Dienstvergehen. Versetzung im dienstlichen Interesse*

*RegDir. Kunkis* wünscht eine gesetzliche Regelung der Dienstaufsicht. Gerade das Eingreifen bei Minderleistungen sei häufig als Angelegenheit der Dienstaufsicht aufgefasst worden. Daraus hätten sich Schwierigkeiten ergeben.

*Präs. Monjau* bezeichnet es als nicht angängig, dass ein Präsidium über Maßnahmen des Präsidenten oder gar Beschwerdeentscheide des Ministers urteilen solle.

*LAG-Dir. Darwig* erklärt, es gehe zu weit, wenn die Denkschrift auch wegen Form und Inhalt einer gerichtlichen Entscheidung disziplinare Rügen zulassen wolle. Die Verwaltung könnte dann, wenn ihr ein richterliches Urteil nicht gefalle, auf diesem Wege vorgehen. Deshalb sollte man engere Formulierungen wählen, z.B.: „wegen offensichtlicher Verletzung der Gesetze."

*MinDir. Dr. Reuss* befürwortet ein Einschreiten im Wege der Dienstaufsicht, wenn sich in einem Urteil Auffassungen oder Formulierungen finden, die unter keinen irgendwie denkbaren Umständen vertreten werden können. Beispielsweise habe ein Richter ausgeführt: „Auch dies Gutachten zeugt von der allgemeinen Leichtgläubigkeit, mit der beamtete Ärzte ihre Gutachten zu erstatten pflegen."

*MinRat Fitting* teilt mit, die Konferenz der Länderreferenten befürworte eine Versetzung in dienstlichem Interesse wegen solcher Umstände, die einen Richter untragbar erscheinen ließen, etwa wenn seine Frau stehle. Allerdings solle die Möglichkeit gegeben werden, das Dienstgericht anzurufen.

*Bundesrichter Dr. Poelmann* meint, eine zwangsweise Versetzung unter derartigen Umständen müsse sorgfältig erwogen werden.

*Präs. Kirschner* hält eine solche Möglichkeit für sehr gefährlich.

*LG-Präs. Dr. Weber* führt aus, das Richtergesetz solle die Unabhängigkeit der Richter festigen. In Wirklichkeit würden aber durch solche Bestimmungen Gefahren schaffen, die zwar heute vielleicht keine Rolle spielen, aber in späteren Zeiten Missbrauch gestatteten. Außerdem werde eine Versetzung als Strafe gewertet. Eine geschickte Justizverwaltung werde mit solchen Problemen auch ohne gesetzliche Regelung fertig werden.

*MinRat Fitting* weist darauf hin, dass es im Beamtenrecht als Disziplinarstrafe die Versetzung in ein anderes Amt mit niedrigerem Endgehalt gebe. Den Richtern könnte man bei Verschulden in ein Amt derselben Besoldungsgruppe versetzen.

*Bundesrichter Dr. Poelmann* schlägt vor, bestimmte typische Fälle, für deren Regelung ein Bedürfnis bestehe, zu definieren. Wenn dies nicht möglich sei, teile er die Bedenken von LG-Präs. Dr. Weber, für diese wenigen Fälle eine Generalklausel einzuführen.

*Präs. Prof. Dr. Nipperdey* äußert Bedenken dagegen, wegen doch recht seltener Fälle eine so schwerwiegende Bestimmung einzubauen, von der man nie wisse, ob sie nicht eines Tages missbraucht werde.

*MinDir. Dr. Reuss* führt aus, ihm seien in der Praxis keine solchen Fälle bekannt geworden. Wenn sich einmal der Fall ereigne und der Richter bleibe im Amt, so werde das die Öffentlichkeit stark erregen. Unter ganz besonders engen Voraussetzungen sollte daher ermöglicht werden, dass ein Dienstgericht in Durchbrechung des Prinzips der richterlichen Unversetzbarkeit eine Versetzung aus übergeordneten Gesichtspunkten aussprechen könne.

### 12. *Gemeinsame Dienstgerichte für alle Zweige der Gerichtsbarkeit*

*Präs. Monjau* weist darauf hin, dass in Nordrhein-Westfalen bereits ein gemeinsames Disziplinargericht bestehe. Dies sei zu begrüßen.

*MinDir. Dr. Reuss* spricht sich für gemeinsame Disziplinargerichte für alle Zweige der Gerichtsbarkeit aus, und zwar auch für die nicht akademisch vorgebildeten Berufsrichter.

*MinRat Fitting* teilt mit, sämtliche Referenten der Länderministerien hätten sich für gemeinsame Dienststrafgerichte ausgesprochen. Von den vier Beisitzern sollten zwei aus dem Gerichtsbarkeitszweig stammen, dem der betreffende Richter angehöre.

*RegRat Dr. Humbs* berichtet, dass in Bayern einheitliche Dienststrafgerichte für alle Gerichte gebildet seien. Dagegen beständen Bedenken gegen einheitliche Dienstgerichte, die auch über vermögensrechtliche Streitigkeiten entscheiden würden. Eine solche Standesgerichtsbarkeit müsse aus grundsätzlichen Erwägungen abgelehnt werden.

*Präs. Prof. Dr. Nipperdey* hält es für bedenklich, die Dienstgerichte über vermögensrechtliche Streitigkeiten entscheiden zu lassen. Denn ein Dienstgericht befasse sich doch mit Disziplinarrecht und sei eine Art Strafsenat. Zivilrechtliche oder öffentlich-rechtliche Streitigkeiten sollten daher nicht vor ein Dienstgericht gebracht werden.

*MinDirig. Dr. Käfferbitz* wendet sich ebenfalls gegen die Zuständigkeit der Dienstgerichte für vermögensrechtliche Streitigkeiten. Man solle die Rechtsprechung nicht weiter aufsplittern. Die Materie sei doch dieselbe wie bei den Beamten. Nachdem das Bundesbeamtengesetz sich entschlossen habe, hier die Verwaltungsgerichte zuständig zu machen, sollte man nicht die Zuständigkeit eines ordentlichen Gerichts oder eines Dienstgerichts festlegen. Das Dienstgericht wäre dann ein Standesgericht, für das kein Bedürfnis bestehe.

*MinDir. Roemer* erklärt, die Verwaltungsgerichtsbarkeit sei nach Herkommen und Zusammensetzung weniger geeignet, Disziplinarsachen zu entscheiden oder die Dienstaufsicht zu kontrollieren. Zum mindesten diese Zuständigkeiten sollten daher den Dienstgerichten übertragen werden.

### 13. *Besoldung*

*Präs. Monjau* teilt mit, dass die Arbeits- und Sozialrichter in einigen Ländern schlechter als die Verwaltungsrichter, aber nirgends schlechter als die Richter der ordentlichen Gerichtsbarkeit besoldet werden.

*ORR Pietsch, Schleswig-Holstein,* weist darauf hin, dass in Schleswig-Holstein gewisse besoldungsmäßige Unterschiede bestehen und höhere Richter der ordentlichen Gerichtsbarkeit teilweise besser gestellt sind, als höhere Richter der Arbeits- und Sozialgerichtsbarkeit.

*RegRat Dr. Humbs* äußert verfassungsrechtliche Bedenken gegen die Festsetzung von Mindestgehältern durch den Bund.

### 14. *Amtsbezeichnungen*

*Senatspräs. Dr. Müller* erwähnt, dass die Beisitzer großen Wert auf ihre Titel legen.

*MinRat Fitting* meint, die Richter würden sich gegen die Abschaffung der Titel aussprechen.

*Präs. Dr. Eberhard* spricht sich ebenfalls für Beibehaltung der bisherigen Amtsbezeichnungen aus. Ihre Abschaffung wäre gesellschaftlich eine Degradierung. In Deutschland habe sich der Titel Richter nicht so eingebürgert, wie in England und Amerika. Daher sei es psychologisch falsch, die Titel abzuschaffen.

*Bundesrichter Fechner* glaubt, dass der Titel Rat wegfallen könne. Die Bezeichnung Bundesrichter sei besser als Bundesgerichtsrat. Die weiteren Titel sollten lauten: Amtsrichter, Landrichter, Oberlandesrichter, Landessozialrichter. Die Bezeichnung Vorsitzender Richter solle nicht eingeführt werden.

*Präs. Prof. Dr. Nipperdey* erklärt, das Wort Richter sei eine Dienstbezeichnung, aber kein Titel.

*MinRat Fitting* meint, die Bezeichnung Arbeitsschöffe für die bisherigen Arbeitsrichter lasse sich nur einführen, wenn man auch die Handelsrichter und Handelsschöffen umbenenne.

*MinRat Roemer* dankt den Teilnehmern und schließt die Besprechung.

## VII. *Entschließung der 6. Jahresversammlung der Vereinigung der Verwaltungsgerichtspräsidenten zur Denkschrift über das Richtergesetz (19.10.1954)*

1. Aufbau des Gesetzes

a) Die Vereinigung der Verwaltungsgerichtspräsidenten begrüßt die in der Denkschrift zum Ausdruck gekommene Absicht, neben dem Recht der Bundesrichter auch das Recht der Landesrichter im Wege der *Rahmengesetzgebung* zu regeln.

b) Der Bundesgesetzgeber sollte nur solche Bestimmungen in das Richtergesetz aufnehmen, die unabweisbar notwendig sind, um die *Besonderheiten des Richterstandes* herauszustellen. Im Übrigen wird eine weitgehende Verweisung auf das allgemeine Beamtenrecht empfohlen. Hierdurch könnte erreicht werden, dass das Gesetz nur wenige Paragraphen umfasst und nicht durch Bestimmungen untergeordneter Natur belastet wird.

c) *Nicht im Richtergesetz behandelt werd*en sollten die in den folgenden Abschnitten der Denkschrift angesprochenen Probleme:
§ 4 Abgrenzung der Gerichte,
§ 11 Vorbildung und Mindestalter,
§ 16 Überlastung des Richters,
§ 19 Beratungsgeheimnis,
§ 20 Gewissenskonflikt,
§ 21 Contempt of Court,
§ 24 Beurteilungen,
§ 31 Besoldung,
§ 32 Versorgung.

d) Dass das Gesetz sich *nur* auf *Berufsrichter* erstrecken und die Staatsanwälte, Justizbeamte sowie die Vertreter des öffentlichen Interesses nicht erfassen soll, wird gebilligt.

3. *Richterernennung*

a) Eine *Kooption der Richter* erscheint verfassungsrechtlich bedenklich. Die Zuständigkeit des Ministers zur Ernennung der Richter sollte aufrechterhalten bleiben, jedoch eine stärkere Beteiligung der Richterschaft bei der Ernennung und Beförderung von Richtern vorgesehen werden.
b) Zumindest muss in das Richtergesetz eine Pflicht zur *Anhörung des Präsidiums* der Obergerichte aufgenommen werden. Wenn die Exekutive von der Stellungnahme des Präsidiums abweicht, so soll sie gehalten sein, die näheren Gründe hierfür dem Präsidium schriftlich mitzuteilen. Auch ein – allerdings den Minister nicht bindendes – Vorschlagsrecht des Präsidiums sollte im Richtergesetz ermöglicht werden.
c) Ein *Veto* der Richterschaft gegen Ernennungen und Beförderungen wird für verfassungsrechtlich bedenklich erachtet.
d) *Richterwahlausschüsse* in der bisherigen Form entsprechen in mancher Hinsicht nicht den Vorstellungen der Richterschaft. Das Richtergesetz sollte versuchen, eine „Entpolitisierung" der Richterwahlausschüsse dadurch herbeizuführen, dass die sog. „mittlere Lösung" (Drittelung der Mitglieder) in das Gesetz Eingang findet.
e) Vorschriften über die *Vorbildung* und das Mindestalter sollten den Gerichtsverfassungsgesetzen der einzelnen Gerichtssparten überlassen bleiben.
f) Bei einer Globalübernahme von Vorschriften aus dem allgemeinen Beamtenrecht müsste dafür Sorge getragen werden, dass § 11 Abs. 1 Satz 2 BBG nicht auf die Ernennung von Richtern Anwendung findet, weil es mit den Vorschriften über die Nichtigkeit von Urteilen (vgl. z.B. § 579 Abs. 1 Nr. 1 ZPO) nicht vereinbar wäre, den Mangel eines wegen fehlerhafter Besetzung nichtigen Erkenntnisses nachträglich zu heilen.

4. *Richterliche Unabhängigkeit*

a) Hinsichtlich der *sachlichen Unabhängigkeit* wird der in der Denkschrift ausgesprochene Gedanke begrüßt, wonach Weisungen, Wünsche oder Anregungen einem Richter weder allgemein noch für den Einzelfall erteilt werden dürfen.
b) Zur Sicherung der persönlichen Unabhängigkeit sollte festgelegt werden, dass auch die *Abordnung eines Richters* nur mit seiner Zustimmung möglich ist, abgesehen von Krankheitsfällen und Urlaubsvertretungen.
c) Zur Sicherung der persönlichen Unabhängigkeit der Richter wäre ferner die Festlegung einer *Höchstzahl der Hilfsrichter* zu erwägen. Für die Verwaltungsgerichtsbarkeit würde eine Beschränkung dahingehend genügen, dass je Kammer oder Senat nur ein einziger Hilfsrichter mitwirken darf.
d) Der Vorschlag der Denkschrift, eine Bestimmung über die *Versetzung im Interesse der Rechtspflege* aufzunehmen, wird nicht gebilligt. Falls die Vorschrift

aufgenommen wird, müsste sichergestellt werden, dass ein solches Verfahren nur auf Antrag des Präsidiums eingeleitet werden kann und die letzte Entscheidung bei einem Gericht liegt.

e) *Die Dienstaufsicht* sollte in der obersten Spitze *beim Minister* verbleiben; für die Verwaltungsgerichte empfiehlt sich allgemein die Zuständigkeit des Ministerpräsidenten. Gegenüber einer dienstaufsichtlichen Maßnahmen, durch die sich ein Richter in seiner persönlichen Unabhängigkeit beeinträchtigt glaubt, muss die Möglichkeit einer gerichtlichen Nachprüfung geschaffen werden.

5. *Selbstverwaltung*

a) Eine völlige Selbstverwaltung der Gerichtsbarkeit war seitens der Verwaltungsrichter nie gefordert und wird auch heute in Übereinstimmung mit der Denkschrift abgelehnt. Unerlässlich sind aber Vorschriften, wodurch den Richtern in höherem Maße als bisher eine *Beteiligung an der Gerichtsverwaltung,* insbesondere bei der Ernennung und Auswahl der Richter, bei der Dienstaufsicht und der Haushaltsführung gewährleistet wird.

b) Im Gegensatz zur Denkschrift wird eine formelle Sicherung der Beteiligung der Gerichtspräsidenten an den parlamentarischen *Haushaltsberatungen* für zweckmäßig und notwendig gehalten. Im Richtergesetz – und nicht etwa nur im Haushaltsgesetz – sollte zur Sicherung der sachlichen Unabhängigkeit der Richter festgehalten werden, dass das Ministerium im Haushaltsplan besonders kenntlich zu machen hat, wenn es von einem Vorschlag des Gerichtsvorstandes im Haushaltsplan abweicht; außerdem sollten die Gerichtsvorstände der Obergerichte die Möglichkeit erhalten, ihre Haushaltswünsche gegebenenfalls auch unmittelbar bei den parlamentarischen Haushaltsberatungen geltend zu machen.

c) Die Einführung eines *„erweiterten Präsidiums“* wird abgelehnt. Da sollte keine Vermischung der Aufgaben des Präsidiums mit denen einer Personalvertretung stattfinden. Für die Richter erscheint eine Personalvertretung überhaupt nicht notwendig. Wahlen in der Richterschaft sollten vermieden werden, damit keine parteipolitischen Entzweiungen in die Richter hineingetragen werden.

6. *Besondere Pflichten des Richters*

a) *Politische Zurückhaltung.* Die parteipolitische Betätigung des Richters sollte soweit ausgeschlossen werden, wie dies verfassungsrechtlich möglich ist. (Anmerkung: Die vorliegende Stellungnahme fand eine Mehrheit von 3/5 der Abstimmenden. Die Minderheit sprach sich für eine freiere Stellung des Richters aus und neigte der Auffassung zu, dass eine Bestimmung genüge, wonach der Richter in der Öffentlichkeit keine politische Tätigkeit ausüben dürfe, durch die das Vertrauen der Bevölkerung in seine Unparteilichkeit gefährdet würde.)

b) *Nebentätigkeit.* Der Auffassung der Denkschrift, wonach der Richter sich von wirtschaftlichen Bindungen ebenso fernhalten sollte wie von politischen, wird nicht zugestimmt. – Eine Beschränkung des Richters in der *Übernahme von Nebentätigkeiten* über die Regelung im allgemeinen Beamtenrecht hinaus wird nicht für gerechtfertigt erachtet. Im Gegenteil sollte insofern eine Differenzierung gegenüber dem allgemeinen Beamtenrecht erfolgen, als die Übertragung einer Nebenbeschäftigung – soweit gerichtsverfassungsrechtlich überhaupt zulässig – nur mit Zustimmung des Richters möglich ist.

7. *Dienstgericht*

a) *Leistungs- und Statusklagen* sollten nicht vor das Dienstgericht gebracht werden, sondern vor das Verwaltungsgericht, wie dies auch das Bundesbeamtengesetz vorsieht.
b) Von der *Einrichtung besonderer Dienstgerichte* wird zur Vermeidung unnötiger weiterer Gerichtsorganisationen abgeraten. An Zuständigkeiten für das „Dienstgericht" blieben nämlich allenfalls übrig: aa) die Entscheidung über dienstaufsichtliche Maßnahmen und bb) gegebenenfalls die Versetzung im Interesse der Rechtspflege.
c) Bezüglich der Zuständigkeit zur Entscheidung über die unter b) genannten Angelegenheiten wird angenommen, dass eine besondere Disziplinargesetzgebung für die Richter geschaffen wird, und zwar sowohl für die Bundesrichter als auch für die Landesrichter. Die Stellungnahme der Verwaltungsrichter zu diesem Punkte muss also vorbehalten bleiben.
d) Den Disziplinargerichten wären die unter b) aufgeführten Zuständigkeiten zu übertragen, wobei zu bemerken ist, dass gegebenenfalls für die Versetzung im Interesse der Rechtspflege auch die Zuständigkeit der Verwaltungsgerichte begründet werden könnte.

8. *Amtsbezeichnung:* Ob das Richtergesetz Rahmenvorschriften über die Amtsbezeichnungen der Landesrichter erlassen kann, erscheint verfassungsrechtlich nicht unbedenklich. Die bisher eingeführten Richterbezeichnungen sollten beibehalten bleiben.
9. *Ruhestand:* Der Tendenz der Denkschrift, die Altersgrenze für Richter über das 65. Lebensjahr hinaus zu erhöhen, wird grundsätzlich zugestimmt. Darüber hinaus wird sogar angeregt, die Altersgrenze auf 70 Jahre zu erhöhen. Jedoch sollte auch für die Richter die Möglichkeit beibehalten werden, die Versetzung in den Ruhestand schon ab 62. Lebensjahr zu beantragen.

## VIII. *Niederschrift zu den Besprechungen des BMJ mit den Vertretern der Verwaltungs- und Finanzgerichtsbarkeit über ein Richtergesetz vom 21./22.10.1954*

*Vorsitz: Staatssekretär Dr. Strauß, zeitweise MinDir. Roemer*

*Staatssekretär Strauß* begrüßt die Anwesenden und weist darauf hin, dass in der Referentendenkschrift zunächst nur eine Analyse der wichtigsten Probleme geboten werde. Das BMJ habe sich noch nicht festgelegt und bitte um eine unbefangene, offene Diskussion.

Schon in der ersten Wahlperiode sei vielfach, namentlich von Richterorganisationen, gedrängt worden, ein Richtergesetz zu erlassen. Wegen wichtigerer Aufgaben sei dies bisher nicht möglich gewesen. Nachdem inzwischen die fünf oberen Bundesgerichte geschaffen worden seien, sei es aber dringlich, nunmehr den Auftrag des Grundgesetzgebers zu vollziehen und ein Richtergesetz so rechtzeitig zu entwerfen, dass es mit Gewissheit in der zweiten Wahlperiode verabschiedet werde.

Er stelle fest, dass hierzu keine abweichenden Auffassungen geäußert würden.

1. *Soll ein besonderes Richtergesetz für Bundesrichter oder ein gemeinsames Richtergesetz für alle Zweige der Gerichtsbarkeit erlassen werden?*

*Senatspräsident Dr. Schmidt-Tophoff, OVG Münster,* spricht sich für Erlass eines einheitlichen Gesetzes aus. Dies entspreche der Stellung, die jeder Richter im Volke einnehme, gleichgültig, ob er Bundesrichter oder Landesrichter sei.

*Bundesrichter Dr. Wennrich, Bundesfinanzhof,* teilt mit, das Präsidium des Bundesfinanzhofs hätte sich für eine gesonderte Regelung der Rechtsstellung der Bundesrichter ausgesprochen.

*Präs. Dr. Frege, Bundesverwaltungsgericht,* erklärt, das Bundesverwaltungsgericht wünsche ein gemeinsames Gesetz für Bundes- und Landesrichter.

*Präs. Dr. Klinger* vertritt namens des Bundes Deutscher Verwaltungsrichter die gleiche Auffassung. Außerdem sollte von allen Richtern auch dieselbe Qualifikation gefordert werden.

*ORR Geib, Innenministerium Schleswig-Holstein,* steht auf dem Standpunkt, die Richter seien nach wie vor Beamte. Für sie sollten weitestgehend die gleichen Bestimmungen wie für Beamte gelten. Daher solle erst der Erlass eines Bundesrahmengesetzes für die Beamten der Länder abgewartet werden.

*RegDir. Dr. Bünger, Innenministerium Niedersachsen,* vertritt den gleichen Standpunkt.

*MinDirig. Dr. Pötter, Staatskanzlei Nordrhein-Westfalen,* und *Finanzgerichtsrat Dr. Kiesewetter, Vereinigung der Finanzrichter,* wünschen ein einheitliches Richtergesetz für die Richter des Bundes und der Länder.

*MinDirig. Dr. Bachl, Finanzministerium Bayern,* fordert eine getrennte Regelung. Bundesrichter seien lediglich die Richter der höchsten Gerichte, während die Landesrichter das Gros der Richter darstellten.

*MinDir. Dr. Anders, Bundesinnenministerium,* meint, es handle sich hierbei um eine mehr gesetzestechnische Frage. Es könne durchaus angebracht sein, die Rechtsstellung der Bundesrichter und Landesrichter in dem gleichen Gesetz zu regeln.

*Senatspräs. Dr. Meyer-Hentschel, OVG Koblenz,* teilt mit, die sechste Jahresversammlung der Vereinigung der Verwaltungsgerichtspräsidenten habe sich auf ihrer Tagung am 19.10.1954 für eine einheitliche Regelung ausgesprochen. Die Einheit der Richterschaft solle auf diese Weise auch nach außen hin in Erscheinung treten. Allerdings sollte das Richtergesetz für die Landesrichter möglichst kurz gehalten werden. Einige in der Referentendenkschrift erwähnten Punkte solle man überhaupt nicht regeln.

*Präs. Dr. Klinger, Bund Deutscher Verwaltungsrichter,* spricht sich namens des Bundes Deutscher Verwaltungsrichter dafür aus, dass Fragen, die zur Gerichtsverfassung gehören, nicht in das Richtergesetz aufgenommen werden sollten, und zwar auch dann nicht, wenn die verschiedenen Gerichtsverfassungsgesetze insoweit übereinstimmen.

## 2. *Sind die Richter Beamte mit Sonderstatus oder ein aliud?*

*Prof. Dr. Bachof* erklärt, die Richter seien funktionell wohl ein aliud, nach der historischen Entwicklung und im Berufsethos habe das Richtertum mit der Beamtenschaft jedoch so viel gemeinsam, dass man eine scharfe Trennung vermeiden sollte. Daher sollte das Dienstrecht der Richter nicht neu und selbständig kodifiziert werden. Dies sei auch zur Entlastung der ohnehin schon zu stark angeschwollenen Gesetzgebung erwünscht.

*Senatspräs. Dr. Loening, Bund Deutscher Verwaltungsrichter,* spricht sich im Hinblick auf die Formulierung und Entstehungsgeschichte des Grundgesetzes dafür aus, die grundsätzliche Verschiedenheit zwischen Richtern und Beamten hervorzuheben. Trotzdem sei eine weitgehende Verweisung auf das Beamtenrecht möglich, z.B. hinsichtlich der Ruhestandsbestimmungen.

*Senatspräs. Dr. Decker, Deutscher Richterbund,* betont, dass der Deutsche Richterbund es als eine seiner Hauptforderungen ansehe, dass ein eigenes, vom Beamtenrecht getrenntes Richterrecht geschaffen werde.

*Prof. Dr. Ule* warnt vor einer grundsätzlichen Trennung zwischen Richtern und Beamten. Es liege keinerlei Grund vor, Bestimmungen, die mit denen des Beamtenrechts gleich seien, für die Richter neu zu formulieren.

*Bundesrichter Dr. Wennrich* hält eine scharfe Abgrenzung der Stellung des Richters für erforderlich. Der Bundesfinanzhof, der beim Bundesjustizministerium ressortiere, habe bestimmte Erfahrungen darüber, dass Richter im Bundesfinanzministerium mehr nach beamtenrechtlichen als nach richterlichen Gesichtspunkten beurteilt würden. Im Übrigen sei aber eine Verweisung auf das Beamtenrecht trotzdem möglich.

*MinDirig. Dr. Bachl* ist der Ansicht, dass die Richter de lege lata weiterhin Beamte seien. Dies gehe u.a. aus Art. 33 Abs. 5 GG sowie daraus hervor, dass das Wiederherstellungsgesetz zum BGB den § 839 Abs. 2 BGB nicht abgeändert habe und die Bundesdisziplinarordnung den Richter als richterlichen Beamten bezeichne.

Auch de lege ferenda sollte zwischen Richter und Beamten kein Trennungsstrich gezogen werden. Das Berufsbeamtentum habe die in den letzten Jahrzehnten erlittenen

Schläge noch nicht ganz überwunden. Es bestehe aller Anlass, das Berufsbeamtentum zu stärken. Es sei gefährlich, die Richter, die eine der wichtigsten Gruppen des Berufsbeamtentums darstellen, aus diesem herauszunehmen.

*Prof. Dr. Scheuner* stimmt zu. Wenn man den Beamtenbegriff einengen und ihn nur noch auf den Verwaltungsbeamten beziehen wolle, so müsse man einen neuen Oberbegriff des öffentlichen Dienstes schaffen. Das sei in Wirklichkeit nur eine terminologische Veränderung. Das Richtertum würde sicher nicht darauf verzichten wollen, unter der Garantie des Berufsbeamtentums nach Art. 33 Abs. 5 GG zu stehen. Außerdem würde eine scharfe Trennung zwischen Richter und Beamten zu einer Gefährdung des Laufbahnwechsels führen. Es müsste dann jedes Mal eine Neuernennung erfolgen, ohne dass hierfür ein sachlicher Grund vorliege. Man solle nicht verkennen, dass die Besonderheit der Richter nicht in ihrer Stellung zum Staate, etwa hinsichtlich ihrer Versorgung liege, sondern in der Besonderheit der Aufgaben, die der Staat ihnen anvertraue.

*Senatspräs. Dr. Decker* bemerkt, dass der Richterbund keineswegs eine große Kodifikation wünsche. Der vom Richterbund vorgelegte Hamburger Entwurf eines Richtergesetzes umfasse nur 49 Paragraphen.

*Finanzgerichtsrat Dr. Kiesewetter* schließt sich den Ausführungen von Bundesrichter Dr. Wennrich an und wünscht eine klare rechtliche Unterscheidung zwischen Richtern und Beamten.

*Senatspräs. Dr. Meyer-Hentschel* erklärt, auf das Beamtenrecht solle in weitestem Umfange verwiesen werden. Im Richtergesetz sollten nur die Besonderheiten geregelt werden, so dass vielleicht ein halbes Dutzend Paragraphen genüge.

*Senatspräs. Dr. Schmidt-Tophoff* schließt sich dem an, betont aber die besondere Stellung des Richters, die auch daraus hervorgehe, dass Art. 20 Abs. 2 GG die Rechtsprechung als besondere Gewalt hervorhebe. Der Richter diene in erster Linie der Gerechtigkeit – justitia fundamentum regnorum.

*ORR Dr. Geib* sieht die Richter de lege lata wie de lege ferenda als Beamte an. Das Richtergesetz solle sich auf wenige Paragraphen beschränken und im Übrigen auf das Beamtenrecht verweisen.

*RegDir. Dr. Rooschütz, Innenministerium Baden-Württemberg,* befürchtet, im Hinblick auf die noch nicht ganz überwundene schwere Krise des Berufsbeamtentums würde dem Staat eine Abspaltung der Richter sehr schaden. Auch andere Beamtengruppen würden dann ihre Sonderstellung betonen und besondere Gesetze verlangen.

*RegDir. Dr. Bünger* meint, es genüge ein Ergänzungsgesetz zum Bundesbeamtengesetz.

*Prof. Dr. Bachof* weist darauf hin, dass im Grundgesetz ein besonderer Beamtenbegriff geschaffen sei. Man könne daher den Begriff Beamter nicht mehr mit Staatsdiener gleichsetzen. Nach der Terminologie des Grundgesetzes sei der Richter nicht Beamter.

Im Übrigen habe es auch schon bisher verschiedene Beamtenbegriffe gegeben, z.B. im Strafrecht, im BGB und im Disziplinarrecht.

*Bundesrichter Dr. Elsner* betont, das Grundgesetz fasse den Richter als ein aliud gegenüber dem Beamten auf. Dies gehe auch aus Art. 60 GG hervor („Der Bundespräsident ernennt und entlässt die Bundesrichter und die Bundesbeamten ..."). Der Richter sei aber, auch wenn er nicht Beamter sei, Angehöriger des öffentlichen Dienstes und falle somit weiterhin unter Art. 33 Abs. 5 GG. Man solle daher die Sonderstellung der Richter herausheben und im Übrigen weitgehend auf die Beamtengesetze Bezug nehmen.

*Rechtsanwalt Dr. Brangsch* hebt hervor, dass der grundlegende Unterschied des Richters zum Beamten seine Unabhängigkeit sei. Man nehme sein Recht vor einem unabhängigen Richter, aber nicht vor einem abhängigen Beamten.

*RegDir. Dr. Bünger* verweist auf die Entstehungsgeschichte des § 189 BBG. Der Beamtenrechtsausschuss habe sich dafür ausgesprochen, dass die Richter nach dem Grundgesetz Beamte seien, und zwar richterliche Beamte. Er habe die Bundesregierung ersucht, der Bestimmung eine neue Fassung zu geben. Dies sei aber unterblieben, offenbar unter Zeitdruck. Die Terminologie des § 189 BBG entspreche daher nicht dem Willen des Beamtenrechtsausschusses.

*MinDirig. Dr. Bachl* betont, dass die Richter weiterhin zum Berufsbeamtentum gehörten. Die Denkschrift zum Richtergesetz habe offenbar den Beamtenbegriff lediglich auf den Verwaltungsbeamten bezogen und übersehen, dass auch Lehrer oder Polizeibeamte Beamte seien. Der Begriff des öffentlichen Dienstes könne nicht an die Stelle des Begriffs des Berufsbeamtentums gesetzt werden. Denn in einem öffentlich-rechtlichen Dienstverhältnis ständen auch die Angestellten.

### 3. *Ist Rechtsprechung mit Streitentscheidung gleichzusetzen? Oberseeamt und Patentamt.*

*Prof. Dr. Ule* meint, man solle diese Probleme ausklammern. Für das Richtergesetz komme es nicht darauf an, festzustellen, ob der Richter der freiwilligen Gerichtsbarkeit Richter sei oder ob er nur Verwaltungstätigkeit ausübe, aber doch eine richterliche Stellung erhalte. Eine Erörterung, was Rechtsprechung sei, würde zu weit führen. Man solle daher von einem formellen und nicht von einem materiellen Richterbegriff ausgehen.

*Staatssekretär Dr. Strauß* weist demgegenüber auf die Schwierigkeiten hin, die sich aus einem rein formellen Richterbegriff ergeben, insbesondere bei künftiger Ernennung von Richtern. Zurzeit sei insbesondere fraglich, ob die Beschwerde- und Nichtigkeitssenate des Patentamtes Rechtsprechung wahrnähmen. Ferner sei zu klären, ob eine staatliche Stelle zugleich verwaltende und rechtsprechende Tätigkeit ausüben könne.

*Prof. Dr. Bachof* erwidert, es sei unmöglich, eine abstrakte Formel für den Begriff der Rechtsprechung zu finden. Hierüber beständen seit Jahrzehnten Auseinandersetzungen der Gelehrten. Den Kern der Rechtsprechung bilde die Streitentscheidung. Dieser Begriff reiche aber nicht aus. Denn schon bei Einordnung der Strafrechtspflege ergäben sich Schwierigkeiten. Es gebe historisch entstandene Rechtsgebiete, die nun einmal zur Rechtsprechung gehörten. Es sei auch unmöglich, die Normenkontrolle als Verwaltungsverfahren zu werten, sie sei Rechtsprechung.

*Prof. Dr. Scheuner* hält eine Definition des Begriffs „Rechtsprechung“ für nötig. Andernfalls könne man nicht klären, ob von einer Behörde sowohl verwaltende wie rechtsprechende Tätigkeit vorgenommen werden könne. Außerdem sollte das Richtergesetz herausarbeiten, dass die besondere Rechtsstellung des Richters nur dann verliehen werden dürfe, wenn rechtsprechende Tätigkeit ausgeübt wird. Man sollte nicht Personen zu Richtern machen können, die mit Rechtsprechung nichts zu tun haben.

Wesentliches Merkmal der Rechtsprechung sei nicht die Streitentscheidung. Denn auch die Verwaltung entscheide sehr häufig Streitigkeiten, z.B. im Wegerecht und Wasserrecht. Entscheidend sei vielmehr, dass der Richter mit besonderen Kriterien (Unabhängigkeit) ausgestattet sei und in einem besonders gesicherten Verfahren entscheide. Dem Richter seien traditionell gewisse Tätigkeiten übertragen, die nicht Rechtsprechung seien, die aber bei dem Richter bleiben sollten. Man solle daher neben der Rechtsprechung den weiteren Begriff der Rechtspflege verwenden.

*ORR Dr. Geib* erklärt, die Frage, was Rechtsprechung sei, habe nur Bedeutung, wenn man Justiz und Verwaltung streng trennen wolle. Dies sei aber nicht durchführbar und auch nicht nötig. Denn in der Vergangenheit hätte sich aus der organisatorischen Verbindung von Verwaltung und Rechtsprechung eine fruchtbare Zusammenarbeit entwickelt, vor allem bei den Bezirksausschüssen in Preußen, den Oberversicherungsämtern, dem französischen Conseil d’Etat.

Daraus, dass das Grundgesetz die Richter neben den Beamten erwähne, folge nicht, dass die Richter keine Beamten seien. Denn es gebe auch Laienrichter, und offenbar seien aus diesem Grunde die Richter neben den Beamten erwähnt.

*Prof. Dr. Bachof* empfiehlt, die Dinge vom praktischen Standpunkt zu sehen: Bei der Justiz handle es sich meist um Streitentscheidungen. Das Gebiet der freiwilligen Gerichtsbarkeit solle offenbar dem Richter verbleiben. Zweifelhaft sei die Lage daher nur bei einem kleinen Kreis von Tätigkeiten, nämlich bei dem Patentamt und beim Oberseeamt. Hier könne der Gesetzgeber regeln, ob es sich um rechtsprechende oder verwaltende Tätigkeit handle. In letzterem Falle könne allerdings das Bundesverwaltungsgericht möglicherweise zu der Auffassung gelangen, dass in Wirklichkeit doch Rechtsprechung vorliege, so dass eine Entscheidung des Oberseeamts nicht vor den Verwaltungsgerichten angefochten werden könne.

*Präs. Dr. Klinger* teilt mit, dass der Bund Deutscher Verwaltungsrichter nach langen Überlegungen zu der Überzeugung gekommen sei, dass der Richterbegriff nur formal geregelt werden solle. Richter sei, wer eine entsprechende Urkunde erhalte.

### 4. *Organisatorische Trennung von Justiz und Verwaltung*

*Prof. Dr. Scheuner* erklärt, es sei unbedenklich, dass dieselbe Behörde sowohl verwaltende wie rechtsprechende Tätigkeit ausübe, solange diese Tätigkeiten organisatorisch getrennt seien. Bedenklich sei nur, wenn Personen zwischen beiden Sparten hin und her wechselten oder beide Tätigkeiten gleichzeitig ausüben.

*Präs. Dr. Klinger* glaubt, eine Behörde könne gleichzeitig rechtsprechende und verwaltende Tätigkeit ausüben, wenn die Sparte, die Rechtsprechung ausübe, dieselben Garantien wie ein Gericht genieße. Es müsste also eine personelle Trennung und Unabhängigkeit der rechtsprechenden Personen vorliegen im Gegensatz etwa zum preußischen Bezirksausschuss.

*Bundesrichter Dr. Wennrich* fordert, die Grenze zwischen Verwaltung und Rechtsprechung scharf zu ziehen, und zwar durch eine formelle Abgrenzung. Dies sei schon deshalb erforderlich, weil es beispielsweise in der amerikanischen Zone noch möglich sei, Finanzbeamte in die Finanzgerichtsbarkeit abzuordnen und dann nach freiem Ermessen diese Abordnung wieder aufzuheben.

Vom Standpunkt der scharfen Trennung zwischen Rechtspflege und Exekutive beständen auch Bedenken gegen die Gutachtertätigkeit eines Gerichts. Die Erstattung von Gutachten durch den Bundesfinanzhof habe sich jedoch im Gegensatz zu akademischen Betrachtungen durchaus bewährt, so dass man die Inkongruenz in Kauf nehmen sollte.

*Prof. Dr. Scheuner* erklärt, aus der Gutachtentätigkeit hätten sich auch beim Bundesverfassungsgericht Schwierigkeiten ergeben. Problematisch sei insbesondere, ob das Gericht in späteren Fällen an sein Gutachten gebunden sei. Man solle daher eine Gutachtentätigkeit einschränken.

*Senatspräs. Dr. Decker* weist darauf hin, dass in Bayern die Staatsregierung bei Gesetzentwürfen den Verwaltungsgerichtshof um Gutachten ersuchen könne. In der Praxis hätten sich andere Senate an ein solches Gutachten nicht gehalten. Der Verwaltungsgerichtshof habe dann die Regierung gebeten, nicht mehr Gutachten einzuholen und diese sei dem Wunsche auch nachgekommen.

*Prof. Dr. Bachof* wünscht eine Klarstellung, dass Professoren gleichzeitig als Richter tätig sein dürfen.

*MinRat Dr. Bursche, Bundesinnenministerium,* erklärt, bisher stehe überhaupt nicht fest, welchen Zweck das Richtergesetz verfolgen solle und was am bisherigen Zustand falsch und unbefriedigend sei. Erst wenn der Zweck feststehe, könne man prüfen, wer vom Gesetz betroffen werde. Auf jeden Fall solle das Richtergesetz im Hinblick auf die Flut anderer Gesetze möglichst kurz sein.

*Staatssekretär Strauß* erwidert, bisher bestehe nur ein Übergangszustand, der noch nicht den Forderungen des Grundgesetzes entspreche. Es gebe zwar fünf Zweige der Gerichtsbarkeit; es sei aber erforderlich, zu einem einheitlichen Typus des Richters zu kommen, so wie es im Rechtspflegergesetz hinsichtlich des Rechtspflegers geschehe. Ferner beständen Unterschiede zwischen Richter und Verwaltungsbeamten, die gleichfalls im Richtergesetz normiert werden müssten. Außerdem gebe es bei der richterlichen Unabhängigkeit Probleme, die besser geregelt werden sollten als bisher.

*Senatspräs. Dr. Decker* betont, der Sinn des Richtergesetzes sei, insbesondere den Rechtsschutz des Richters in Fragen der Dienstaufsicht festzulegen. Dem heutigen Rechtsbewusstsein genüge es nicht, dass diese Fragen derzeit überhaupt nicht geregelt seien.

### 5. *Fähigkeit zum Richteramt, Laienbeisitzer*

*Präs. Dr. Klinger* wünscht, dass im Richtergesetz die Ablegung des Assessorexamens von jedem Berufsrichter gefordert werde. Die weiteren Voraussetzungen für die einzelnen Gerichtsbarkeitssparten sollten in den verschiedenen Gerichtsverfassungsgesetzen geregelt werden.

*Präs. Dr. Loening* meint, das Richtergesetz solle auch noch auf die besondere Qualifikation in einzelnen Zweigen der Gerichtsbarkeit verweisen, vor allem auf § 15 des Entwurfs der Verwaltungsgerichtsordnung.

*MinDirig. Dr. Pötter* erklärt, dass der bisherige Besitzstand erhalten werden sollte; insbesondere könne das Richtergesetz einem amtierenden, nicht rechtsgelehrten Richter die Fähigkeit zum Richteramt nicht absprechen. Andernfalls sei im Parlament starker Widerstand zu erwarten.

*Vizepräs. Dr. Decker* betont, dass für die Zukunft die Ablegung zweier Prüfungen Voraussetzung zum Richteramt sein solle.

*Rechtsanwalt Dr. Brangsch* setzt sich ebenfalls dafür ein, dass im Richtergesetz eine einheitliche Ausbildung gefordert und damit ein einheitliches Berufsbild des Richters geschaffen werde.

*Prof. Dr. Ule* teilt mit, dass in der Verwaltungsgerichtsbarkeit in Niedersachsen nur noch zwei Regierungsassessoren vorhanden seien. Alle anderen Hilfsrichter besäßen die Fähigkeit zum Richteramt im Sinne des § 2 GVG.

*MinDir. Dr. Anders* berichtet, dass eine Neuregelung des Regierungsassessor-Examens in mehreren Ländern erwogen werde.

*Senatspräs. Dr. Meyer-Hentschel* weist darauf hin, dass es wohl keinen Zweck haben werde, gegen die bedauerliche Entwicklung in der Arbeits- und Sozialgerichtsbarkeit anzugehen. Die Ausbildung der Verwaltungsrichter würde durch § 15 Verwaltungsgerichtsordnung wohl auch eher als durch das Richtergesetz geregelt werden. Die Ausbildung brauche daher nicht im Richtergesetz geregelt zu werden.

*ORR Geib* meint, man solle im Richtergesetz nicht Dinge regeln, die in die Sphäre der Verwaltung gehörten. Im Entwurf der Bundesrechtsanwaltsordnung sei ein Justizjuristenmonopol vorgesehen worden. Solange sich aber in einzelnen Gerichtsbarkeitssparten (Verwaltungsgerichtsbarkeit, Sozialgerichtsbarkeit) Richter befänden, die nur die

Befähigung zum höheren Verwaltungsdienst hätten, könne man Rechtsanwälte mit der gleichen Befähigung nicht von der Vertretung vor diesen Gerichten ausschließen.

*Bundesrichter Dr. Wennrich* berichtet, dass in der Finanzgerichtsbarkeit nur ein einziger Richter (Sudetendeutscher) nicht die Fähigkeit zum Richteramt im Sinne des § 2 GVG besäße.

*MinRat Wodtke, Bundesinnenministerium,* empfiehlt, im Richtergesetz eine gemeinsame Ausbildung aller Richter vorzusehen.

*Prof. Dr. Ule* spricht sich dafür aus, dass im Richtergesetz nur die Rechtsstelle des Berufsrichters geregelt werde. Das Innenverhältnis sei hier ein ganz anderes als bei Laienbeisitzern. Die Weisungsfreiheit bestehe bei Berufsrichtern in Richtung zur Verwaltung, beim Laienrichter dagegen in Richtung zum Vorsitzenden oder zu den politischen Stellen und Interessenvertretungen, die den Laienbeisitzer für sein Ehrenamt vorgeschlagen hätten.

*Staatssekretär Dr. Strauß* stellt fest, dass abweichende Meinungen nicht vertreten werden.

### 6. *Zusammensetzung der Richterwahlausschüsse*

*ORR Dr. Geib* wünscht, dass bei der Ernennung von Richtern der jeweilige Ressortminister mitwirkt.

*Prof. Dr. Ule* hält es für möglich, dass einige Länder sich für die Einrichtung von Richterwahlausschüssen interessieren würden, wenn die in Art. 98 Abs. 4 GG durch ein Redaktionsversehen begründete Zuständigkeit des Justizministers entfiele.

*Staatssekretär Dr. Strauß* stellt fest, Art. 98 Abs. 4 enthalte kein Redaktionsversehen, die Mitwirkung der Justizminister sei beabsichtigt gewesen. Es sei wesentlich, zu erfahren, ob die Richter Wahlausschüsse wünschten.

*Prof. Dr. Bischof* glaubt, die Einstellung der Richter werde auch davon bestimmt werden, ob der Justiz- oder der Ressortminister mitwirke.

*Präs. Dr. Klinger* spricht sich gegen Richterwahlausschüsse aus, weil dort politische Einflüsse eine Rolle spielten. Maßgebend bei der Ernennung eines Richters sollten aber nur seine Person und fachliche Eignung sein. Das politische Element in den Wahlausschüssen sollte daher weitgehend neutralisiert werden. Der Bund deutscher Verwaltungsrichter fordere daher, dass 50% der Mitglieder der Wahlausschüsse Richter sein sollten. Die Vereinigung der Verwaltungsgerichtspräsidenten habe als Zusammensetzung vorgeschlagen, je ein Drittel Richter, Politiker, Rechtsanwälte.

*Bundesrichter Dr. Wennrich* steht auf dem Standpunkt, es könne auf Bundesebene bei der Institution der Wahlausschüsse verbleiben, mindestens die Hälfte der Mitglieder sollten aber Richter sein.

*Finanzgerichtsrat Brömel* führt aus, dass die Vereinigung der Finanzrichter grundsätzlich gegen Wahlausschüsse sei. Wenn solche aber von den Ländern eingerichtet würden, sollten die Richter paritätisch beteiligt werden.

*Präs. Dr. Hinrichs* teilt mit, dass die Richterwahlausschüsse sich in Bremen bewährt hätten und altbremischer Tradition entsprächen. Politische Einflüsse könne man sowieso nicht völlig ausschalten, auch nicht, wenn nur der Minister mitwirke.

*Senatspräs. Dr. Schmidt-Tophoff* spricht sich gegen Richterwahlausschüsse aus. Art. 98 Ziff. 4 GG sei dahin auszulegen, dass der jeweilige Fachminister zuständig sei. Er empfehle folgende Zusammensetzung der Wahlausschüsse: ein Viertel Politiker, ein Viertel Richter, ein Viertel Anwälte, ein Viertel Vertreter des Kultur- und Geisteslebens.

*Präs. Dr. Kratzer* bestreitet dem Bund das Recht, Rahmenbestimmungen über die Zusammensetzung der Richterwahlausschüsse der Länder zu erlassen. Außerdem gehöre diese nicht ins Richtergesetz.

*Senatspräs. Dr. Meyer-Hentschel* wendet sich gegen die Einrichtung von Richterwahlausschüssen. Wenn solche dennoch eingeführt würden, sollte aber ein Drittel der Mitglieder Richter und ein weiteres Drittel Rechtsanwälte sein, die den Richtern ja am nächsten ständen. Dadurch würde ein solcher Ausschuss entpolitisiert und neutralisiert werden.

*Präs. Dr. Kuransky* schließt sich diesen Ausführungen an.

*Senatspräs. Dr. Decker* fordert, dass bei Neueinrichtung von Landeswahlausschüssen mindestens die Hälfte der Mitglieder Richter sein solle. Hinsichtlich des Wahlausschusses des Bundes wäre es zu begrüßen, wenn aus einer Fraktion heraus eine Verfassungsänderung versucht würde. Denn auch in Kreisen des Bundestags sei die Stimmung gegenüber den Richterwahlausschüssen nicht mehr sehr günstig.

*Rechtsanwalt Dr. Brangsch* gibt zu bedenken, dass die Neigung, Richterwahlausschüsse zu schaffen, viel geringer geworden sei. Man solle daher im Richtergesetz diese Probleme nicht wieder anrühren.

## 7. *Mitwirkung der Richter bei Auswahl und Ernennung*

*Präs. Dr. Klinger* wünscht, dass die Präsidien der oberen Gerichte vor Ernennungen gehört werden. Wenn der Minister von dem Vorschlag des Präsidiums abweiche, solle er über seine Gründe einen schriftlichen Bescheid erteilen.

*Bundesrichter Dr. Elsner* fordert, dass auch bei den Bundesgerichten vor Ernennung eines Präsidenten oder Senatspräsidenten das Präsidium gehört werden solle.

*MinDirig. Dr. Pötter* meint, das Präsidium solle gehört werden, jedoch solle eine Rechenschaftspflicht des Ministers gegenüber dem Präsidium eingeführt werden.

*Präs. Dr. Loening* stimmt zu, hält es aber für wünschenswert, dass der Minister dem Präsidium mitteilt, aus welchen Gründen er von dessen Vorschlag abgewichen ist.

*MinDirig. Dr. Bachl* hält es für eine übertriebene Forderung und eine Erschwerung der Personalpolitik, wenn bei der Ernennung von Richtern in Eingangsstellen ein richterliches

Gremium eingeschaltet würde. Eine Beteiligung von Richtern könne höchstens bei der Besetzung von Stellen an den oberen Gerichten in Frage kommen. Dabei müsse man aber ernstlich prüfen, ob die Dinge denn wirklich so reformbedürftig seien, dass es nötig sei, die Richter in die Personalpolitik einzuschalten.

*MinRat Dr. Feneberg* teilt mit, dass beim Bayerischen Verwaltungsgerichtshof von Berufung eines Präsidenten oder Rats das Plenum gehört werde. In anderen Fällen würde aber durch Anhörung von Gremien die Personalpolitik sehr erschwert werden. Der Minister sei dem Parlament verantwortlich und brauche sich daher nicht vor dem Präsidium zu verantworten.

*Senatspräs. Dr. Decker* glaubt, es sei nicht nötig, dass der Minister dem Präsidium seine Gründe für die Ablehnung mitteile. Jedoch sollte der Minister gehalten sein, eine neue Vorschlagsliste anzufordern, wenn er keinen der zunächst Vorgeschlagenen ernennen wolle.

*ORR Dr. Geib* bezeichnet es als eine Überspitzung, wenn bei Einstellung eines jungen Assessors ein Gremium gehört werden sollte. Gegen eine Anhörung in normalem Umfange sei nichts einzuwenden. Es solle aber dann nicht das Präsidium, sondern der Präsident gehört werden. Denn bei der Entscheidung eines Gremiums werde meist nach dem Grundsatz der Anciennität verfahren, während das Leistungsprinzip den Vorzug verdiene.

*Staatssekretär Dr. Strauß* verweist auf die Regelung in Baden-Württemberg (VO v. 2.10.1950), wonach die Präsidien vor Ernennung von Richtern gutachtlich gehört werden.

*Senatspräs. Dr. Meyer-Hentschel* bezeichnet ein Anhörungsrecht der Präsidien und eine Art von Begründungszwang für den Minister als eine Mindestforderung der Verwaltungsrichter. In den Ländern, in denen ein Richterwahlausschuss besteht, sollten die Vorschläge des Präsidiums an den Richterwahlausschuss gehen. Der Minister solle jedoch auch die Möglichkeit behalten, selber Kandidaten vorzuschlagen.

*Prof. Dr. Bachof* weist darauf hin, dass die Kenntnis der Personalverhältnisse bei den Präsidien häufig größer sei als beim Präsidenten. Insbesondere sei dies der Fall, wenn der Präsident nicht von demselben Gericht stamme.

*MinDir. Dr. Anders* hält es für ungut, dem Minister vorzuschreiben, dass er sich verantworten solle. In der Praxis werde er doch sicher auf Anfrage seine Gründe nennen. Dies sei eine Frage der Courtoisie.

*Finanzgerichtsrat Dr. Kiesewetter* schildert die Verhältnisse bei den Finanzgerichten als besonders schwierig. In der Britischen Zone und in Hessen beständen noch keine Präsidien; außerdem entschieden die Finanzrichter häufig über Rechtsmittel ihres Fachministers, so dass sie diesen, obwohl sie ihm unterständen, in gewisser Weise kontrollierten. Dies könne zu Kollisionen führen. Ein Mitwirkungsrecht der Präsidien solle daher über eine bloße Anhörung hinausgehen. Für die Verwaltungsgerichte sei dies Problem in Nordrhein-Westfalen nicht so aktuell, da sie meist nicht dem Innenminister, sondern dem Ministerpräsidenten unterständen.

*Staatssekretär Dr. Strauß* warnt vor dieser Regelung. Wenn man die Präsidenten einschalte, würden diese noch mehr politisiert werden.

*Bundesrichter Dr. Wennrich* schließt sich den Ausführungen von Finanzgerichtsrat Dr. Kiesewetter an. Bei den Finanz- und Verwaltungsgerichten sei das Bedürfnis für eine Anhörung des Präsidiums noch größer als bei den ordentlichen Gerichten.

## 8. *Sollen die Richter in Haushaltsangelegenheiten beteiligt werden?*

*Prof. Dr. Scheuner* warnt davor, sich von einer solchen Einschaltung große Wirkungen zu versprechen. Wenn der Justizminister sich oft nicht durchsetzen könne, so werde man nicht erwarten können, dass die Gerichte mit größerer Fündigkeit Haushaltsmittel erbohren werden.

*Bundesrichter Dr. Elsner* meint, diese Frage gehöre nicht ins Richtergesetz. Beim Bundesverwaltungsgericht genüge die bisherige Regelung.

*Präs. Dr. Klinger* fordert, wenn der Haushaltsentwurf der Regierung von den Vorschlägen der Gerichtspräsidenten abweiche, solle dies vermerkt werden und die Gerichtsvorstände sollten ihre Haushalte vor dem Ausschuss des Parlaments vertreten können.

*Staatssekretär Dr. Strauß* stellt fest, dass lediglich an eine parlamentarische Beteiligung der Chefpräsidenten gedacht sei.

*MinRat Dr. Feneberg* erwidert, dass der Haushaltsplan ohnehin mit den Chefpräsidenten abgesprochen werde. Das Misstrauen der Gerichte sei unbegründet.

*MinDirig. Dr. Bachl* wendet sich gegen eine Einschaltung der Gerichte in Haushaltssachen. Der Richterschaft könne insoweit kein Vorrecht gegeben werden. Aus dem Grundgesetz oder dem Prinzip der Gewaltenteilung folge nicht, dass man so weit gehen solle, die Gerichte an Haushaltssachen zu beteiligen. Das Gefühl, von der Finanz stiefmütterlich behandelt zu werden, sei bei allen Zweigen vorhanden. Nach den Richtern würden andere Gruppen mit demselben Recht eine Beteiligung an Haushaltssachen verlangen.

*MinDir. Roemer* entgegnet, es handle sich hier um Parlamentsrecht. Die Richter hofften, dass ihre oft zutage tretende Misere besser beachtet werde, wenn sie selber im Parlament zu Gehör kämen.

*MinDirig. Dr. Pötter* weist auf die Gefahr hin, die entstehe, wenn jemand unbekümmert von dem, was vorher im Haushaltsausschuss besprochen wurde, hereinkomme und seine speziellen Wünsche vortrage. Hierdurch könne viel Porzellan zerschlagen werden.

*Prof. Dr. Ule* teilt mit, dass in Niedersachsen der OVG-Präsident seit Jahren in der Lage ist, im Haushaltsausschuss seinen Standpunkt zu vertreten. Dies sei also ohne weiteres durchführbar. Hierbei lägen auch durchaus gute Erfahrungen vor. Die Präsidenten könnten Dinge vortragen, die sonst nicht zur Sprache kämen.

*Senatspräs. Dr. Decker* betont, dass der wesentlichste Gesichtspunkt doch die Unabhängigkeit der Richter sei. Die Folgerung, dass nun andere Berufsgruppen gleiche Wünsche äußern würden, sei nicht berechtigt. Es genüge aber, wenn der Minister verpflichtet werde, die abweichende Meinung des Gerichtspräsidenten dem Haushaltsausschuss vorzutragen. Diesem stehe es dann frei, den Gerichtspräsidenten vorzuladen.

*Prof. Dr. Bachof* erklärt, augenblicklich sei die Lage so, dass Gerichtspräsidenten sich an Abgeordnete wendeten und versuchten, ihre politischen Beziehungen auszunutzen, weil ein offizieller Weg, Haushaltswünsche vorzutragen, nicht gegeben sei.

*Bundesrichter Dr. Elsner* betont, die Gerichte seien ein aliud gegenüber Verwaltungsbehörden. Wenn sie zur Wahrung ihrer Unabhängigkeit ein Mitwirkungsrecht in Haushaltsdingen erhielten, so sei das kein Präzedenzfall zugunsten von Verwaltungsbehörden.

*Finanzgerichtsrat Brömel* führt aus, durch ungenügende Besetzung von Gerichten könnten richterliche Entscheidungen außerordentlich verzögert und die richterliche Tätigkeit weitgehend lahmgelegt werden. Es sei daher erforderlich, dass ein Vertreter der Richterschaft im Haushaltsausschuss angehört werde. Zumindest sollte kenntlich gemacht werden, wenn der Haushaltsplan vom Vorschlag des Chefpräsidenten abweicht.

## 9. *Personalvertretung*

*MinRat Dr. Rinck* berichtet, dass der Bundestagsausschuss den Regierungsentwurf des Personalvertretungsgesetzes in erster Lesung wesentlich abgeändert habe. Der aus Beamten, Richtern, Angestellten und Arbeitern bestehende Personalrat oder die aus Beamten und Richtern gebildete Gruppe des Personalrats solle vor allem bei Ernennungen und Beförderungen von Richtern, Genehmigung von Nebentätigkeiten und Widerruf von Ernennungen mitwirken. Demgegenüber schlage die Referentendenkschrift bei Ernennungen und Beförderungen die Anhörung eines nur aus Richtern zusammengesetzten Gremiums vor. In Fortführung der bisherigen Erörterungen müsse noch geprüft werden, ob das Präsidium, der Präsident oder eine gewählte Vertretung von Richtern mitwirken solle. Jedenfalls müssten aber die Richter mindestens das gleiche Ausmaß von Selbstverwaltung erhalten, wie die anderen Angehörigen des öffentlichen Dienstes.

*MinRat Dr. Bursche* hält es nicht für nötig, Fragen der Personalvertretung im Richtergesetz zu regeln, wenn diese schon im Personalvertretungsgesetz geregelt würden. Er berichtet über die Unterschiede zwischen der Regierungsvorlage und den vom Bundestagsausschuss bis jetzt vorgesehenen Änderungen.

*Prof. Dr. Bachof* meint, es sei bereits sehr zweifelhaft, ob ein Mitbestimmungsrecht von untergeordneten Beamten aller Stufen bei der Beförderung eines Regierungsrats richtig sei. Wenn diese nachgeordneten, meist auf Hilfsfunktionen einfacher Art beschränkten Beamten aber bei der Ernennung eines Richters mitwirkten, so ende die Unabhängigkeit des Richters.

*Prof. Dr. Ule* stimmt zu. Zumindest sollten die Richter eine Gruppe für sich bilden. Der ganze Gedanke der Personalvertretung sei aber traditionswidrig und unzweckmäßig.

*ORR Dr. Geib* führt aus, das Personalvertretungsgesetz von Schleswig-Holstein erstrecke sich nicht auf die Richter. Da der Bundestagsausschuss die Richter jedoch in die Personalvertretung einbeziehe und das kommende Gesetz die Zusammensetzung der Ausschüsse regeln solle, werde es sehr schwierig sein, für die Richter ein eigenes, unpolitisches Gremium durchzusetzen, obwohl dies wünschenswert sei.

*Senatspräs. Dr. Decker* wünscht, dass dem Bundestagsausschuss konkrete Vorschläge über die Mitwirkung von Richtern bei der Personalvertretung gemacht werden.

*Präs. Dr. Wegner* hält für Richter die geplante Personalvertretung für unnötig. Es sei nicht aussichtslos, gegen die geplante Regelung Vorstöße zu unternehmen.

*Präs. Dr. Loening* stimmt zu. Eine Mitwirkung der Personalvertretung bei der Ernennung und Beförderung der Mitglieder der oberen Bundesgerichte sei sogar verfassungswidrig. Denn hier sei ja bereits die Mitwirkung von Wahlausschüssen vorgesehen. Hieraus könne man einen für die ganze Richterschaft geltenden Grundgedanken ableiten. Ernennung von Richtern sei im Grundgesetz ohne Mitwirkung einer Personalvertretung vorgesehen. Diese Mitwirkung dürfe deshalb jetzt nicht eingeführt werden.

*Senatspräs. Dr. Meyer-Hentschel* protestiert ebenfalls gegen die Einbeziehung der Richter in die vorgesehene Personalvertretung. Durch Wahlen zur Personalvertretung würden politische oder konfessionelle Gegensätze in die Richterschaft hineingetragen. Falls man nicht erreichen könne, die Richter aus dem Gesetz herauszunehmen, solle sich das Bundesjustizministerium wenigstens dafür einsetzen, dass eine eigene Gruppenvertretung der Richter geschaffen werde. Am besten sei hierfür das (nicht erweiterte) Präsidium geeignet.

*MinDir. Dr. Anders* erklärt, die Beamten äußerten die gleichen Bedenken gegen die vom Bundesratsausschuss vorgenommenen Änderungen. Es sei aber gefährlich, die Richter im PVG durch eine eigene Gruppenvertretung zu bevorzugen. Infolgedessen sei besser, das PVG überhaupt nicht auf die Richter zu erstrecken.

*Bundesrichter Dr. Dickertmann* hält ebenfalls eine Personalvertretung der Richter für unnötig. Sollte sie aber eingeführt werden, so müsse dies im Richtergesetz geschehen. Es sei sehr unzweckmäßig, Richterfragen in dem großen Gremium der Personalvertretung zu besprechen.

*Bundesrichter Dr. Elsner* führt aus, die Mehrheit der Anwesenden sei sich darüber einig gewesen, dass bei Ernennungen und Beförderungen ein Anhörungsrecht der Chefpräsidenten geschaffen werden solle. Es sei daher überflüssig, nun einem Gremium dieselben Aufgaben zuzuweisen. Falls das PVG sich aber tatsächlich auch auf Richter erstrecken solle, so sollte man wenigstens folgenden Kompromiss erreichen:

Für Ernennungen und Beförderungen von Richtern, Nebentätigkeiten, Urlaub usw. solle das Präsidium zuständig sein. Für den Personalausschuss verbleibe dann lediglich die Zuständigkeit für soziale Fragen.

*MinDirig. Dr. Pötter* erklärt, in erster Linie solle man sich bemühen, die Richter wieder aus der Regelung des PVG herauszunehmen. Falls dies nicht möglich sei, solle man einen Vorbehalt im PVG durchsetzen, dass die Personalvertretung der Richter demnächst im Richtergesetz geregelt würde.

*Rechtsanwalt Dr. Brangsch* bezeichnet es als unerlässlich, die Abänderungen des Bundestagsausschusses, die nicht auf Fraktionsbeschlüssen beruhten, sondern sich nur aus der ganz besonderen Zusammensetzung dieses Ausschusses erklärten, wieder rückgängig zu machen.

*MinRat Dr. Bursche* meint, eine Herausnahme der Richter aus dem PVG werde nicht erreichbar sein. Die Mitwirkung des Personalrats in sozialen Angelegenheiten sei auch unbedenklich. Welche sonstigen Befugnisse die Personalvertretung erhalte, werde sich wahrscheinlich erst nach Anrufung des Vermittlungsausschusses entscheiden.

*MinRat Dr. Rinck* sieht ein Problem nur in der personellen Mitbestimmung, vor allem bei Ernennung, Beförderung, Widerruf der Bestellung zum Hilfsrichter und bei der Genehmigung von Nebentätigkeiten. Bei diesen Fragen müssten Besonderheiten des Richteramts beachtet werden und eine Mitwirkung von Beamten oder gar Angestellten sei nicht zu verantworten. Bei den sozialen Angelegenheiten dagegen – Urlaub, Unterstützung, Kantinenbetrieb – hätten die Richter keine andere Position als die sonstigen Angehörigen des Gerichts. In sozialen Angelegenheiten sollten deshalb Richter, Beamte, Angestellte und Arbeitnehmer im gleichen Personalrat zusammen wirken.

*Senatspräs. Dr. Schmidt-Tophoff* fordert, die Richter aus dem kommenden, allgemeinen Personalvertretungsgesetz herauszunehmen.

### 10. *Beratungsgeheimnis, dissenting vote*

*Staatssekretär Dr. Strauß* teilt mit, dass nach dem Ergebnis der bisherigen Besprechungen abweichende Voten zu den Akten gegeben werden könnten. Den Parteien oder der Öffentlichkeit dürfen die Voten aber nicht zugänglich sein. Eine nähere Regelung des Beratungsgeheimnisses sei nicht für nötig erachtet worden. Er stelle fest, dass hierüber Einverständnis bestehe.

### 11. *Versetzung in dienstlichem Interesse*

*Präs. Dr. Klinger* hält eine Versetzung in dienstlichem Interesse für geboten, beispielsweise, wenn in einem kleinen Ort die Tochter des Amtsrichters einen am Ort ansässigen Rechtsanwalt heirate.

*MinDir. Roemer* berichtet, dass die Vertreter der ordentlichen Gerichtsbarkeit eine Versetzung aus dienstlichem Interesse dann für zulässig hielten, wenn die Voraussetzungen im Gesetz scharf formuliert würden und die Versetzung lediglich durch eine richterliche Instanz, wahrscheinlich ein Dienstgericht, ausgesprochen werde. Die Vertreter der Arbeits- und Sozialgerichtsbarkeit hätten dagegen die wenigen vorkommenden Fälle für nicht ausreichend gehalten, um den Grundsatz der Unversetzbarkeit hier zu durchbrechen.

*Senatspräs. Dr. Meyer-Hentschel* fordert als Voraussetzungen für eine solche Versetzung 1. einen scharf formulierten Tatbestand, 2. Antrag des Präsidiums, 3. Entscheidung durch ein Gericht.

*Präs. Dr. Koransky* berichtet, dass nach Art. 66 Abs. 1 Satz 2 der Verfassung des Landes Baden-Württemberg Richter bei Veränderungen der Einrichtung der Gerichte oder ihrer Bezirke an ein anderes Gericht versetzt oder unter Belassung des vollen Gehalts aus dem Amt entfernt werden können.

*MinDir. Dr. Anders* teilt mit, Präsident Dr. Behnke habe Bedenken gegen Versetzungen im dienstlichen Interesse, da diese möglicherweise einmal für politische Motive missbraucht werden könnten.

### 12. *Hilfsrichter*

*Senatspräs. Barbrook, OVG Münster,* erklärt, die Zahl der Hilfsrichter sollte schon deshalb begrenzt werden, weil dann ein gewisser Zwang auf die Verwaltung ausgeübt werden könne, entsprechende Planstellen zu bewilligen.

*MinDirig. Dr. Bachl* hat keine Bedenken gegen eine Begrenzung, die in Bayern schon bei 15% liegen könne. Ohnehin werde sich die Zahl der Hilfsrichter in normalen Zeiten auf bestimmte Sätze einspielen.

*Finanzgerichtsrat Dr. Kiesewetter* wünscht eine Festsetzung der Hilfsrichterquote auf 20%. Setze man keine Grenze fest, so werde ein sparsamer Finanzminister überwiegend mit Hilfsrichtern arbeiten. Wegen des bei der Finanzgerichtsbarkeit zeitweise sehr starken Arbeitsanfalls sollte man aber nicht zu enge zeitliche Grenzen für die Verwendung von Hilfsrichtern festlegen.

*Prof. Dr. Ule* fordert, auch zeitliche Begrenzungen für die Tätigkeit von Hilfsrichtern festzulegen. Dies sei besonders bei der Abordnung von Hilfsrichtern an die oberen Gerichte erwünscht.

*MinRat Kießling, Bundesrechnungshof,* weist darauf hin, dass die nach dem Gesetz zu Art. 131 GG eingestellten Richter oft lange Zeit als beauftragte Richter beschäftigt werden.

*MinDirig. Dr. Pötter* gibt zu bedenken, dass es nicht immer möglich sein werde, einen bestimmten Prozentsatz einzuhalten. Auch erscheine zweifelhaft, ob das Parlament durch Festsetzung von Quoten und Fristen gezwungen werden könne, Planstellen zu bewilligen.

*ORR Dr. Geib* spricht sich für eine Höchstgrenze von sechs Jahren aus. Andernfalls werde möglicherweise die Verwaltung gezwungen, Hilfsrichter zu entlassen, für die später doch Planstellen frei würden.

## 13. *Altersgrenze*

*Staatssekretär Dr. Strauß* weist darauf hin, dass die Altersgrenze in der Britischen Zone zur Zeit 68 Jahre, in der Amerikanischen und Französischen Zone 65 Jahre betrage. Zu erwägen sei außerdem, ob für die oberen Gerichte höhere Altersgrenzen festgesetzt werden sollten.

*Bundesrichter Dr. Elsner* spricht sich gegen eine Differenzierung der Altersgrenze nach dem Rang des Gerichtes aus.

*Bundesrichter Dr. Wennrich* meint, ein einheitliches Höchstalter von 68 Jahren sei angemessen.

*Prof. Dr. Ule* befürwortet eine Differenzierung. Wenn man das Höchstalter für Bundesrichter lediglich auf 70 Jahre festlegen wolle gegenüber einer allgemeinen Altersgrenze von 68 Jahren, so lohne diese Differenzierung nicht.

*MinDir. Dr. Anders* spricht sich für eine einheitliche Altersgrenze aus.

*Finanzgerichtsrat Dr. Kiesewetter* tritt für ein Höchstalter von 68 Jahren aus.

*Senatspräs. Barbrock* weist darauf hin, dass es in der Verwaltungsgerichtsbarkeit bald an dem nötigen Nachwuchs fehlen werde.

*MinDirig. Dr. Pötter* erklärt ebenfalls, die Nachwuchsfrage sei kritisch. Es sei schwierig, Verwaltungsbeamte für die Verwaltungsgerichtsbarkeit zu gewinnen. Kräfte für die Besetzung der Hilfsrichterstellen seien überhaupt nicht vorhanden. Bei einer Altersgrenze von 68 Jahren sei es möglich, Verwaltungsbeamte, die mit 65 Jahren ausschieden, noch für die Verwaltungsgerichtsbarkeit zu gewinnen.

*Finanzgerichtsrat Brömel* führt aus, dass die Verhältnisse bei der Finanzgerichtsbarkeit völlig anders lägen. Wegen der kleinen Zahl von Finanzgerichten seien die Beförderungsmöglichkeiten schlecht; durch Verlängerung der Altersgrenze würden sie noch schlechter werden.

*Bundesrichter Dr. Wennrich* führt aus, die steuerliche Belastung, die Vielzahl der Steuergesetze und ihre ständigen Änderungen machten heute einen weit umfangreicheren Apparat als früher erforderlich. Daher könnten die Finanzgerichte nicht in der Verwaltungsgerichtsbarkeit aufgehen. Die Beförderungsaussichten bei der Verwaltungs- und Finanzgerichtsbarkeit seien schlecht. Deshalb und auch aus anderen Gründen hätten Finanzbeamte wenig Neigung, zur Finanzgerichtsbarkeit überzuwechseln. Die Heraufsetzung der Altersgrenze auf 68 Jahre sei daher zu begrüßen, weil dies einen Übertritt zur Finanzgerichtsbarkeit erstrebenswert erscheinen lasse.

*MinDirig. Dr. Bachl* warnt im Interesse des Nachwuchses vor einer Heraufsetzung der Altersgrenze. Der alternde Richter könne zwar bei Vollendung des 62. Lebensjahres seine Versetzung in den Ruhestand beantragen, erfahrungsgemäß werde aber von dieser Möglichkeit kaum Gebrauch gemacht.

*ORR Dr. Geib* erwidert, es komme darauf an, welche Fachkenntnisse der Nachwuchs mitbringe. Heute könnten die Verwaltungsinstanzen nicht mehr genügend fachkundigen Nachwuchs für die Verwaltungsgerichtsbarkeit stellen.

*Staatssekretär Dr. Strauß* stellt abschließend fest, dass offenbar die einheitliche Meinung dahin gehe, die Altersgrenze für alle Richter auf 68 Jahre festzulegen und die Möglichkeit zu schaffen, vom 62. Lebensjahr ab auf eigenen Antrag in den Ruhestand zu treten.

## 14. *Politische Betätigung*

*MinRat Dr. Rinck* berichtet, dass bei den bisherigen Besprechungen sich keine einhellige Auffassung gebildet habe. Eine knappe Mehrheit wünsche eine Kompromisslösung, wonach der Richter sich in der Öffentlichkeit politisch zurückhalten solle, aber Landtags- oder Bundestagsabgeordneter werden könne.

*Bundesrichter Dr. Elsner* spricht sich, gleichzeitig im Namen von Präs. Dr. Frege, dafür aus, die parteipolitische Betätigung nicht im Richtergesetz zu regeln. Der Richter solle insoweit nicht anders gestellt werden als der Beamte, der sich nach § 53 BBG ebenfalls politisch zurückzuhalten habe. Verletze ein Richter bei politischer Betätigung die Würde seines Amtes, so biete das Disziplinarrecht ausreichende Handhaben. Die Formulierung in der Denkschrift, ein Richter dürfe sich in der Öffentlichkeit nicht parteipolitisch betätigen, sei nicht glücklich. Danach sei es bereits zweifelhaft, ob ein Richter in einer wissenschaftlichen Vereinigung zu Problemen, die parteipolitisch unterschiedlich beurteilt würden, seine Meinung kundtun könne.

*Präs. Dr. Kratzer* meint, eine Vorschrift, die eine Meinungsäußerung von Richtern beschränke, wäre wohl verfassungswidrig. Denn aus Art. 137 GG, der eine Beschränkung der Wählbarkeit von Richtern vorsieht, sei zu folgern, dass andere Grundrechte nicht beschränkt werden dürften.

*MinDir. Dr. Anders* hält die Bestimmung des § 53 BBG für ausreichend und warnt vor perfektionistischen Regelungen.

*Präs. Dr. Klinger* widerspricht einer gleichen Behandlung von Richtern und Beamten. Der Richter habe eine exponierte Stellung. Als Parteigänger einer politischen Partei verliere er das Vertrauen der Bevölkerung. Der Bund deutscher Verwaltungsrichter wünsche mit einer 3/5 Mehrheit, dass die politische Tätigkeit des Richters soweit eingeschränkt werde, als es verfassungsrechtlich möglich sei.

*ORR Dr. Geib* hält es für wünschenswert, dass in den Parlamenten ein echter Querschnitt der ganzen Bevölkerung vertreten ist. Auch die Weimarer Verfassung habe dem Richter keine besonderen politischen Beschränkungen auferlegt. Schwierigkeiten ergäben sich allerdings, wenn ein Richter während der Dauer seines Abgeordnetenmandats in den einstweiligen Ruhestand treten müsse. Denn man werde etwa dem Präsidenten eines höheren Gerichts seine Stelle nicht vier Jahre offen halten können.

*Senatspräs. Werner, OVG Niedersachsen und Schleswig-Holstein,* schließt sich den Ausführungen von Bundesrichter Dr. Elsner an. Die Frage der politischen Betätigung solle im Richtergesetz nicht angesprochen und vor allem nicht zum Gegenstand parlamentarischer Diskussion gemacht werden. Wenn das Parlament die politische Betätigung des Richters zulasse, werde das Vertrauen weiter Bevölkerungskreise zur Neutralität der Gerichte erschüttert werden.

*Prof. Dr. Ule* erklärt, es gebe nur zwei Möglichkeiten, entweder man neutralisiere den Richter politisch, oder man lasse, wie die Weimarer Verfassung, parteipolitische Betätigung gleichermaßen bei Richtern wie bei Beamten zu. Der Kompromissvorschlag der Denkschrift sei nicht praktikabel. Ein Richter zwischen 40 und 50 Jahren könne das Risiko, sich politisch zu betätigen, gar nicht eingehen, da er dann vier Jahre lang Ruhestandsbeamter sei und nach Ablauf der Wahlperiode seine Stelle besetzt finde. Dann aber sei ein Berufswechsel, insbesondere ein Übertritt in die Beamtenlaufbahn nach 10- oder 20 jähriger richterlicher Tätigkeit keinesfalls zumutbar. Wenn man nach dem Vorschlag der Denkschrift verfahre, würden keine aktiven Richter, sondern höchstens Ruhestandsbeamte eine parlamentarische Tätigkeit erstreben.

*Senatspräs. Dr. Schmidt-Tophoff* meint, dass Richter sich nicht parlamentarisch betätigen würden, wenn damit ihre Versetzung in den einstweiligen Ruhestand verbunden sei. Im Hinblick darauf, dass Richterpersönlichkeiten wie Simson, Reichensperger, Höpker-Aschoff hervorragende Parlamentarier gewesen seien, wäre eine Ausschließung der Richter von der parlamentarischen Tätigkeit sehr bedauerlich. Das Richtergesetz solle daher die politische Betätigung von Richtern nicht einschränken.

*MinDir. Dr. Anders* hält die Rechtsstellung eines Richters, der sich parlamentarisch betätigt, für ausreichend gesichert, da er nach dem Gesetz vom 4.8.1953 anschließend wieder in sein früheres oder ein gleichwertiges Amt zurückkehren könne.

*Prof. Dr. Ule* weist darauf hin, dass Berlin abgelehnt habe, Richtern während der Dauer ihrer parlamentarischen Betätigung ihr Gehalt zu zahlen.

*MinRat Dr. Rinck* berichtet, dass der Richterbund sich mit knapper Majorität für eine Neutralisierung des Richters ausgesprochen habe. Wenn man die politische Betätigung zulassen wolle, müsse man fragen, ob Richteramt und politische Betätigung vereinbar seien und ob die Bevölkerung von einem Richter eine stärkere politische Zurückhaltung als von einem anderen Beamten oder Nichtbeamten erwarte.

*Präs. Dr. Hinrichs* fordert namens der bremischen Verwaltungsrichter ein Verbot der Zugehörigkeit zu Parteien, damit bei der Bevölkerung nicht der Eindruck entstehe, dass für Richterernennungen parteipolitische Gesichtspunkte maßgebend seien.

*Senatspräs. Dr. Decker* betont, dass diese Probleme für den Verwaltungsrichter eine größere Bedeutung als für den ordentlichen Richter hätten. Für den Verwaltungsrichter sollte es eine Selbstverständlichkeit sein, keiner Partei anzugehören.

*Prof. Dr. Ule* hebt hervor, dass bei der Frage der politischen Betätigung von Richtern auf der Kommunalebene in erster Linie die örtlichen Verhältnisse eine Rolle spielten. Die kommunalpolitische Betätigung eines Richters könne in einer Großstadt unbedenklich sein, während sie in einer kleinen Gemeinde abzulehnen sei.

15. *Dienstaufsicht, Rechtsweg, Dienstgerichte*

*Senatspräs. Dr. Decker* erklärt, die Dienstaufsicht sei wesensgemäß Sache einer Person, nicht eines Kollegiums. Der Umfang der Dienstaufsicht lasse sich nach Meinung des Richterbundes gesetzlich nicht festlegen.

*Präs. Dr. Wegner* vertritt die gleiche Meinung namens des Bundes deutscher Verwaltungsrichter.

*MinRat Dr. Rinck* berichtet, dass die Einführung von Dienstgerichten erstmals von den Landesjustizverwaltungen vorgeschlagen worden seien. Zugrunde liege der Gedanke, dass alle Fragen, die dienstliche Belange berührten, vom gleichen Gericht beurteilt werden sollten. Zur Zuständigkeit gehörten dann 1. die Disziplinargerichtsbarkeit, 2. Beschwerden gegen Maßnahmen der Dienstaufsicht, gegen die bisher die Anrufung eines Gerichts nicht möglich gewesen sei, 3. dienstrechtliche Streitigkeiten, z.B. wegen Festsetzung des Besoldungsdienstalters, 4. vermögensrechtliche Streitigkeiten. Gegen eine solche Regelung werde vorgebracht, dass die Richter damit eine Hausgerichtsbarkeit für sich schaffen. In Disziplinarsachen, Statussachen und vermögensrechtlichen Streitigkeiten sei es jedoch auch schon bisher so gewesen, dass Richter über Angelegenheiten ihrer Kollegen urteilten.

*Präs. Dr. Wegner* wendet sich gegen die Zuweisung von Statusklagen und vermögensrechtlichen Streitigkeiten an die Dienstgerichte. Dadurch werde die Rechtseinheit zerrissen. Für die übrigen Sachen (Entscheidungen über Maßnahmen der Dienstaufsicht) brauchten keine besonderen Dienstgerichte eingerichtet zu werden, da hierfür die bisherigen Dienststrafgerichte genügten. Nach § 110 Abs. 3 BDO müssten bei Dienststrafsachen von Richtern der oberen Bundesgerichte sämtliche Beisitzer Richter sein. Eine ähnliche Regelung sollte für alle Dienststrafgerichte erfolgen. In Schleswig-Holstein seien bereits Dienststrafgerichte eingerichtet, die für Richter aller Sparten zuständig seien. Als Vorsitzende seien ebenfalls Richter aller Sparten vorgesehen, als Beisitzer Richter der Sparte, der der Beschuldigte angehöre.

*Präs. Dr. Kratzer* fordert ebenfalls, dass die vermögensrechtlichen und statusrechtlichen Streitigkeiten bei der Verwaltungsgerichtsbarkeit bleiben sollten. Jedoch solle in sonstigen Dienstsachen ein besonderes Gericht geschaffen werden, das vom Disziplinargericht unterschieden werden solle. Denn hier sei der Richter Kläger, während er in Dienststrafsachen Beschuldigter sei. Außerdem habe ein Verfahren vor einem Dienststrafgericht einen gewissen diskriminierenden Charakter. Hinsichtlich der Zuständigkeit der Dienstgerichte sei aber größte Zurückhaltung geboten. Es sei keineswegs nötig, jede Maßnahme der Dienstaufsicht justitiabel zu machen.

*Prof. Dr. Bachof* meint, Maßnahmen der Dienstaufsicht seien vielleicht schon jetzt justitiabel, und wenn man keine Dienstgerichte schaffe, würde nach Art. 19 Abs. 4 GG das Amtsgericht zuständig sein, was höchst unzweckmäßig sei. Eine Zuständigkeit des Dienstgerichts für vermögensrechtliche Ansprüche solle dagegen nicht vorgesehen werden.

*Präs. Dr. Kratzer* bestreitet, dass bei Anfechtung von Maßnahmen der Dienstaufsicht Art. 19 Abs. 4 GG eingreife. Solche Maßnahmen seien Verwaltungsakte, die nur vor den Verwaltungsgerichten angefochten werden könnten.

*Senatspräs. Dr. Decker* widerspricht einer Zuständigkeit des Dienstgerichts für vermögensrechtliche Streitigkeiten. Das Verfahren in Disziplinarsachen und in vermögensrechtlichen Streitigkeiten sei grundlegend verschieden. Wenn vermögensrechtliche Streitigkeiten vor das Dienstgericht kämen, müsste hierfür erst ein besonderes Verfahren geschaffen werden. Dies sei unzweckmäßig. Die Konzeption, dass alles, was dienstliche Belange eines Richters berühre, vor das Dienstgericht gelangen solle, führe auch zu weit. Bei konsequenter Durchführung dieses Gedankens müsste dann sogar bei Streitigkeiten eines Richters mit dem Finanzamt nicht das Finanzgericht, sondern das Dienstgericht zuständig sein.

*ORR Dr. Geib* teilt mit, dass sowohl das Innenministerium wie das Finanzministerium von Schleswig-Holstein die Dienstgerichte ablehnten. Es gebe bereits genug Gerichte. Außerdem zeichneten sich alle Gerichtsbarkeitssparten durch richterliche Unabhängigkeit aus. Es sei daher nicht einzusehen, warum man den schon bestehenden Gerichten misstraue und noch eine neue Sparte einrichten wolle. Auch die von der Denkschrift vorgeschlagene Eingliederung des oberen Dienstgerichts in den Bundesgerichtshof sei abzulehnen. Denn dies sei eine Umgehung des durch Art. 96 GG ausgesprochenen Verbots, neue obere Bundesgerichte einzurichten. Außerdem gehörten Dienstsachen nicht vor ein Zivilgericht. Soweit Dienstsachen überhaupt justitiabel seien, sollten die Disziplinargerichte oder die Verwaltungsgerichte zuständig sein.

*Präs. Dr. Loening* wendet sich ebenfalls gegen die Schaffung von Dienstgerichten. Wo Verwaltungsakte vorlägen, seien die Verwaltungsgerichte zuständig. In Fragen der Dienstaufsicht sei dies allerdings unzweckmäßig. Zweckmäßiger sei, dem Betroffenen in diesen Fällen zu ermöglichen, ein Disziplinarverfahren gegen sich selbst zu beantragen, so dass die Zuständigkeit der Disziplinargerichte begründet werde.

*Prof. Dr. Ule* stimmt zu. Es läge keinerlei aktuelle Notwendigkeit vor, Dienstgerichte zu schaffen. Status- und vermögensrechtliche Klagen gehörten keineswegs vor ein Dienstgericht oder Disziplinargericht.

*Senatspräs. Dr. Decker* erwidert, aus allen Entwürfen des Richterbundes gehe hervor, dass ein starkes Bedürfnis bestehe, auf dem Gebiet der Dienstaufsicht einen Rechtsschutz zu schaffen. Vielleicht liege dies daran, dass bei der Ernennung mancher Vorgesetzter politische Einflüsse mitwirkten und daher auch bei der Führung der Dienstaufsicht nicht immer die erforderliche Sachlichkeit gewährleistet sei. Insbesondere sei bei Versetzungen im Interesse der Rechtspflege die Entscheidung eines Dienstgerichts und nicht eines Disziplinargerichts erforderlich.

*Prof. Dr. Bachof* bejaht aufgrund praktischer Erfahrungen ein Rechtsschutzbedürfnis in Fragen der Dienstaufsicht. So habe ein Minister die Ausführungen eines gerichtlichen Urteils als politisch missliebig bezeichnet und dem betreffenden Richter nahegelegt, seine Entlassung zu beantragen. Allerdings solle man keinesfalls besondere Dienstgerichte schaffen, sondern ermöglichen, dass der Betroffene ein Disziplinarverfahren gegen sich selbst beantragt.

*MinDir. Dr. Anders* warnt vor zu großer Perfektion. Auch solle man alles vermeiden, was nach einer Standesgerichtsbarkeit der Richter aussehe. In schwerwiegenden Fällen genüge, wenn der Richter ein Disziplinarverfahren gegen sich selbst beantrage. Hierbei könne man die Besonderheit der Dienstaufsichtssachen allerdings durch andere Besetzung der Disziplinargerichte oder durch Schaffung eines besonderen Senats berücksichtigen.

Ein oberes Dienstgericht könne schon deshalb nicht dem Bundesgerichtshof eingegliedert werden, weil Art. 96 GG die Zuständigkeiten scharf abgrenze.

*Präs. Dr. Klinger* erklärt, es sei unökonomisch, wegen der ganz wenigen Fälle, in denen über Maßnahmen der Dienstaufsicht zu entscheiden sei, neue Gerichte und einen besonderen Instanzenzug zu schaffen. Es reiche aus, wenn der Richter ein Disziplinarverfahren gegen sich selbst beantragen könne.

*Präs. Dr. Behnke* hält ebenfalls die Zuständigkeit der Disziplinargerichte für ausreichend, die seit mehr als 100 Jahren gewohnt seien, Fragen der Dienstaufsicht zu beurteilen. Wenn der diskriminierende Charakter stärker in den Hintergrund gerückt werde, beständen auch keine Bedenken gegen die Zuständigkeit der Disziplinargerichte in reinen Dienstaufsichtssachen.

*Finanzgerichtsrat Dr. Kiesewetter* teilt mit, dass die Vereinigung der Finanzrichter besondere Dienstgerichte ebenfalls nicht für nötig halte, wenn die Möglichkeit eröffnet werde, ein Disziplinarverfahren gegen sich selbst zu beantragen.

*Prof. Dr. Bachof* weist darauf hin, dass der diskriminierende Charakter bereits wegfalle, wenn die Disziplinargerichte in Dienstgerichte umbenannt würden.

*Prof. Dr. Scheuner* schließt sich der Auffassung an, dass kein Bedürfnis für die Schaffung besonderer Dienstgerichte bestehe. Um der Entscheidung eines Disziplinargerichts in Dienstaufsichtssachen den diskriminierenden Charakter zu nehmen, nütze jedoch die von Prof. Bachof vorgeschlagene Umbenennung nichts. Wirksamer sei es, wenn bei den Disziplinargerichten für die Entscheidung reiner Dienstaufsichtssachen ein besonderes Verfahren geschaffen werde. Außerdem sollte ein Dienstvorgesetzter zu Warnungen und Verweisen ohne Zustimmung des Dienstgerichts befugt sein.

*MinRat Dr. Rinck* berichtet, dass bei der ordentlichen Gerichtsbarkeit ebenfalls der Wunsch bestehe, dass Warnungen und Verweise in einem nicht förmlichen Verfahren erfolgen.

Den bisherigen Ausführungen entnehme er, dass für vermögensrechtliche Streitigkeiten und für Statussachen die Verwaltungsgerichte zuständig bleiben sollen, dass die Dienststrafgerichte in Dienstgerichte umbenannt, ihre Zuständigkeit auf Angelegenheiten der Dienstaufsicht ausgedehnt und für letztere ein besonderes Verfahren geschaffen werden solle.

*Prof. Dr. Ule* warnt – unter allgemeiner Zustimmung – vor einer Ausweitung und Übersteigerung des Rechtsschutzgedankens. Es sei keineswegs das Idealbild, wenn ein Richter bei einer Meinungsverschiedenheit mit seinem Präsidenten sofort ein Gericht anrufe. Solche Einflüsse gewerkschaftlichen Denkens seien geeignet, die richterliche Substanz auszuhöhlen.

*Präs. Dr. Behnke* verweist darauf, dass beim Disziplinarsenat beim BGH der Bundespräsident die richterlichen Beisitzer auf Vorschlag der Präsidien der oberen Bundesgerichte oder des Präsidenten des Bundesrechnungshofs auf drei Jahre bestellt. Diese Regelung, bei der ein Querschnitt durch die ganze Gerichtsbarkeit erreicht werde, habe sich gut bewährt.

*Senatspräs. Dr. Decker* macht darauf aufmerksam, dass die Verwaltungsrichter stets besonderen Wert darauf gelegt hätten, dass die Disziplinargerichte nur mit Richtern der eigenen Gerichtsbarkeit besetzt seien. Auch der Richterbund wünsche eine ähnliche Regelung.

*Prof. Dr. Bachof* erwidert, es genüge vollkommen, wenn lediglich die Beisitzer aus der betreffenden Gerichtsbarkeitssparte stammten. In der Disziplinargerichtsbarkeit in Baden-Württemberg habe man sogar mit Beisitzern aus anderen Sparten gute Erfahrungen gemacht.

*Prof. Dr. Ule* hält vom rechtsstaatlichen Standpunkt aus die Bestellung von Mitgliedern der Disziplinargerichte auf nur drei Jahre für bedenklich. Dadurch entstehe die Gefahr, dass ein Mitglied, dessen Tätigkeit der Verwaltungsbehörde missliebig geworden sei, nicht wieder ernannt werde. – Der Rechtszug solle nicht drei, sondern nur zwei Instanzen umfassen. – Die Beisitzer dürften nicht aus Wahlen hervorgehen, denn es handle sich um ein staatliches Gericht. Bei der Ernennung müsse daher ein Zusammenwirken von Verwaltung und Richterschaft, oder wie bisher eine ausschließliche Kompetenz der Verwaltung vorgesehen werden. Es bestehe ohnehin schon ein starkes Verbundenheitsgefühl, wenn Richter über Richter entschieden. Die Beisitzer der Disziplinargerichte sollten nicht vom Präsidenten, sondern vom Präsidium vorgeschlagen werden, da an der Besetzung der Beisitzerstellen ein starkes politisches Interesse bestehe.

*Finanzgerichtsrat Dr. Kiesewetter* wünscht ebenfalls, dass die Beisitzer der Disziplinargerichte nicht vom Präsidenten, sondern vom Präsidium vorgeschlagen werden.

## 16. *Gutachten, Schiedsgerichte*

*Prof. Dr. Ule* hält es für zulässig, dass ein Richter ein Gutachten erstattet, solange der Streitfall nicht seine richterlichen Aufgaben berühre.

*Rechtsanwalt Dr. Brangsch* wendet sich gegen eine gutachtliche Tätigkeit von Richtern. Ein Richter dürfe eine Partei grundsätzlich nicht beraten. Die oft hohe Honorierung sei verdächtig und wecke den Anschein, dass ein Gutachten nur vom Ergebnis her konstruiert werde. Außerdem könne man, insbesondere bei Musterprozessen, nicht von vornherein übersehen, ob die streitige Frage nicht später doch vor das eigene Gericht komme.

*Prof. Dr. Bachof* hält eine gesetzliche Regelung für sehr problematisch. Ähnliche Bedenken könnten ja auch bei einem Richter, der sich publizistisch betätige und eine bestimmte Ansicht vertrete, vorliegen.

*Senatspräs. Dr. Decker* meint, eine gesetzliche Regelung sei entbehrlich, da ja zur Gutachtenerstattung ohnehin die Genehmigung des Präsidenten erforderlich sei.

*Prof. Dr. Ule* erklärt, eine Tätigkeit als Schiedsrichter sei keinesfalls bedenklich. Wenn man den Richter von den Schiedsgerichten ausschlösse, würden andere Juristen Schiedsrichter werden, was vielleicht noch weniger zweckmäßig sei.

*Rechtsanwalt Dr. Brangsch* weist darauf hin, dass Bundesminister nach § 5 des Ministergesetzes nicht Schiedsrichter und Gutachter sein dürfen. Dieselben Gesichtspunkte seien auch auf Richter anwendbar. Insbesondere sollte ein Richter nicht tätig werden, wenn der lediglich Beisitzer und nur von einer Partei benannt ist. Schwierigkeiten ergäben sich auch, wenn nach Anfechtung des Schiedsspruchs die Sache vor den Senat eines Oberlandesgerichts käme, dessen Präsident zugleich Vorsitzender des Schiedsgerichts gewesen sei. Dieser werde sich zwar als befangen ablehnen, erfahrungsgemäß neigten jedoch die übrigen Mitglieder des Senats dazu, den Schiedsspruch zu bestätigen.

*Präs. Dr. Wegner* hält es für wünschenswert, wenn Richter als Schiedsrichter tätig werden, da sie zur Objektivität erzogen seien und sich nicht als Vertreter der Partei fühlen, die sie zum Schiedsrichter vorgeschlagen hat.

*ORR Dr. Geib* meint, dass die allgemeinen beamtenrechtlichen Bestimmungen genügten.

*MinDir. Dr. Anders* bezeichnet die Tätigkeit eines Richters als Beisitzer eines Schiedsgerichts als unerwünscht. Gegen seine Tätigkeit als Vorsitzender beständen keine Bedenken.

*MinDir. Roemer* berichtet, dass die Arbeits- und Sozialrichter die Tätigkeit eines Richters als Beisitzer ablehnten, während die Vertreter der ordentlichen Gerichtsbarkeit hiergegen keine Bedenken gehabt hätten, wenn das Einverständnis der anderen Partei vorliege.

*Rechtsanwalt Dr. Brangsch* glaubt, das Überhandnehmen der Schiedsgerichtsbarkeit sei nach wohl allgemeiner Meinung unerwünscht.

## 17. *Besoldung*

*Präs. Dr. Loening* berichtet, dass der Bund der Verwaltungsrichter sich ganz entschieden gegen die Aufnahme von Besoldungsvorschriften in das Richtergesetz wende, da dies eine Nivellierung der Besoldung zur Folge hätte. Die Verwaltungsgerichtsbarkeit benötige jedoch Richter, die bereits jahrelange Erfahrungen in der Verwaltung oder Justiz hätten. Solche Kräfte könnten für die Verwaltungsgerichtsbarkeit nur durch eine günstigere Besoldung gewonnen werden.

*MinDir. Dr. Anders* wendet sich ebenfalls gegen Besoldungsvorschriften im Richtergesetz. Das Beamtengesetz enthalte keine solchen Vorschriften. Diese gehörten vielmehr in das Besoldungsrecht.

*RegDir. Anz, Bundesfinanzministerium,* bedauert die nunmehr sehr ungleiche Richterbesoldung in den einzelnen Ländern, die nur eine Folge des gegen den Willen der Bundesregierung erlassenen Rahmengesetzes über die Erhöhung der Richterbesoldung sei. Der Übergang von der Justiz zur Verwaltung sei schon jetzt fast ausgeschlossen, weil der besser besoldete Richter nicht in die Verwaltung übertrete. Außerdem forderten andere Beamtenkategorien ebenfalls eine höhere Besoldung.

Das Bundesfinanzministerium spreche sich daher für gleiche Besoldungsgruppen gemeinsam für Verwaltung und Richter aller Sparten aus. Den schlechten Beförderungsmöglichkeiten bei der ordentlichen Gerichtsbarkeit könne durch Zulagen zum Gehalt Rechnung getragen werden. Bei der Verwaltungsgerichtsbarkeit seien die Verhältnisse wiederum anders, da überwiegend nur ältere erfahrene Beamte zu Verwaltungsrichtern ernannt werden können. Auch dieser Besonderheit könne man durch Zulagen Rechnung tragen. Bei diesem Verfahren würde die Besoldungsordnung nicht geändert und ein ganzer Stand nicht aus dem Gefüge der allgemeinen Besoldung herausgebrochen werden.

*Senatspräs. Dr. Meyer-Hentschel* teilt mit, die Vereinigung der Verwaltungsgerichtspräsidenten habe ebenfalls einstimmig die Auffassung vertreten, dass Besoldungsfragen nicht in das Richtergesetz gehörten.

*Finanzgerichtsrat Brömel* schlägt vor, im Richtergesetz darauf hinzuweisen, dass die Besoldung durch ein besonderes Richterbesoldungsgesetz geregelt werde. Bei der Finanzgerichtsbarkeit sei eine bessere Besoldung erforderlich, um Nachwuchs zu gewinnen.

*MinDirig. Dr. Bachl* wendet sich ebenfalls gegen die Übernahme von Besoldungsvorschriften in das Richtergesetz. Die Richterbesoldung sollte erst in Verbindung mit der großen Justizreform geändert werden. Bei besserer Besoldung der Richter würden auch andere Gruppen eine Besserstellung verlangen, vor allem Verwaltungsbeamte, Polizeibeamte, Angehörige der künftigen Wehrmacht. Wichtiger als die Besoldungswünsche der Richter sei die Einheit des Berufsbeamtentums.

*Prof. Dr. Bachof* hält es für erforderlich, dass der Bund Bestimmungen über die Richterbesoldung in den Ländern erlasse. Denn auf die Dauer sei die unterschiedliche Richterbesoldung in den einzelnen Ländern, die ein qualitatives Gefälle zur Folge habe, nicht tragbar. Eine besondere Besoldungsordnung für Richter außerhalb der allgemeinen Besoldungsordnung für Beamte sei jedoch nicht zu empfehlen. Die Hochschullehrer hätten mit einer eigenen Besoldungsordnung schlechte Erfahrungen gemacht, da diese durch die Entwicklung der allgemeinen Besoldung wieder überholt worden sei. Den berechtigten Wünschen der Richter könne durch Zulagen unter Beibehaltung der allgemeinen Besoldungsordnung abgeholfen werden.

### 18. *Amtsbezeichnung*

*MinRat Dr. Rinck* berichtet über das Ergebnis der bisherigen Besprechungen: Die einheitliche, schlichte Bezeichnung „Richter" bei allen Gerichten solle allenfalls eingeführt werden, wenn die Handelsrichter und die als Beisitzer tätigen nebenberuflichen Arbeits- und Sozialrichter in Handelsschöffen, Arbeitsschöffen und Sozialschöffen umbenannt würden.

*MinRat Dr. Bursche* spricht sich für die Beibehaltung der bisherigen, eingebürgerten Titel aus. Es sei nicht richtig, dass der Titel Rat den Eindruck erwecke, dass sein Inhaber einen anderen berate (Studienrat, Landrat). Andererseits sei „Rat" eine durchaus zutreffende Bezeichnung für Leute, die zusammen beraten, wie auch aus dem Wort Bundesrat hervorgehe.

*Präs. Dr. Wegner* und *Finanzgerichtsrat Dr. Kiesewetter* sprechen sich für die Beibehaltung der bisherigen Titel aus.

*Prof. Dr. Ule* hält die Titelfrage für unwesentlich, da das Ansehen eines Richters nicht von seinem Titel, sondern von seiner Persönlichkeit abhänge.

*Finanzgerichtsrat Brömel* wünscht bei der Finanzgerichtsbarkeit eine Vereinheitlichung der Titel. Die Richter der Finanzgerichte führten in Bayern den Titel Oberfinanzgerichtsrat, in den übrigen Ländern Finanzgerichtsrat.

*Präs. Dr. Hinrichs* berichtet, dass in Bremen die Bezeichnung Richter eingebürgert ist.

*MinRat Kießling* weist darauf hin, dass die Bezeichnung Rat auch besoldungsrechtliche Gründe habe. Alle Träger des Ratstitels gehörten der Besoldungsgruppe A 2 c 2, alle Oberräte der Gruppe A 2 b an.

*Rechtsanwalt Dr. Brangsch* wendet sich dagegen, dass die Laienbeisitzer in der Arbeits- und Sozialgerichtsbarkeit Titel führten, die zu Verwechslungen mit den rechtsgelehrten Richtern Anlass geben. Auch die Berufsrichter sollten einfachere Titel bekommen, da die Verschiedenheit der derzeitigen Titel verwirrend sei.

*MinDir. Roemer* fragt, ob eine Erörterung zu anderen Problemen gewünscht werde, vor allem zu Fragen, die nicht in der Denkschrift angesprochen seien.

*Bundesrichter Dr. Wennrich* berichtet über Unzuträglichkeiten bei der Berechnung des Dienstalters. Nach der Auffassung des Bundesfinanzministers bestimme sich bei gleichzeitiger Ernennung von zwei Richtern am Bundesfinanzhof ihr allgemeines Dienstalter nach ihrem letzten Dienstrang vor der Ernennung zum Richter. Infolgedessen komme es vor, dass ein Richter, der bisher nicht Beamter gewesen sei, ein geringeres Dienstalter erhalte, als ein gleichzeitig mit ihm ernannter Richter, der vielleicht 20 Jahre jünger sei. Es gehe aber nicht an, dass die Bestimmung des richterlichen Dienstalters nicht durch ein Gesetz, sondern aufgrund von Verwaltungsverfügungen erfolge. Denn damit bestimme letzten Endes die Verwaltung, welche Richter dem Präsidium angehören. Es sei auch nicht vertretbar, dass die Bestimmung des richterlichen Dienstalters bei den oberen Bundesgerichten verschieden geregelt werde. Besonders beim Zusammentritt des Besonderen Disziplinarsenats gemäß § 110 Abs. 3 BDO, der sich aus Mitgliedern aller oberen Bundesgerichte zusammensetze, könnten sich aus der verschiedenartigen Bestimmung des richterlichen Dienstalters Unzuträglichkeiten ergeben.

*MinDir. Roemer* schließt die Besprechung und dankt allen Erschienenen.

*Anwesenheitsliste zur Besprechung über ein Richtergesetz*
*(Bonn, 21./22.10.1954)*

*Bundesgerichte:*

*Bundesverwaltungsgericht:* Präsident Dr. Frege, Bundesrichter Dr. Elsner, Bundesrichter Dr. Fürst

*Bundesfinanzhof:* Bundesrichter Dr. Wennrich (Vors. des Richtervereins am BFH)

*Bundesdisziplinarhof:* Präsident Dr. Behnke, Bundesrichter Dr. Dickertmann, Bundesrichter Dr. Röhrmann

*Bundesrechnungshof:* MinRat Kießling

*Bundesressorts:*

*Bundesinnenministerium:* MinDir. Dr. Anders, MinDirig. Dr. Lechner, MinRat Neiß, MinRat Koehler, MinRat Wodtke, MinRat Dr. Bursche, MinRat Küffner, RegDir. Rotermund

*Bundesfinanzministerium:* MinDirig. Dr. Meyer, RegDir. Anz, ORR Faber, ORR Dr. Mattern, ORR Ziemer, RegRat Dietz

*Der Beauftragte des Bundeskanzlers für die mit der Vermehrung der alliierten Truppen zusammenhängenden Fragen:* RegDir. Dr. Eichler

*Bundespatentamt:* Dir. Dr. Schade, Senatsrat Dr. Schlüter

*Gerichte und Ressorts der Länder:*

*Baden-Württemberg:* Präsident Dr. Koransky, Verwaltungsgerichtshof Stuttgart – ORR Dr. Widenmann, Finanzministerium – RegDir. Dr. Rooschütz, Innenministerium

*Bayern:* Präsident Dr. Kratzer, Bayer. Verwaltungsgerichtshof – MinDirg. Dr. Bachl, Finanzministerium – MinRat Dr. Feneberg, Innenministerium – RegDir. Deinlein, Innenministerium

*Berlin:* Senatsdirektor Dr. Hellriegel, Senator für Inneres – Ltd. Regierungsdirektor Blase, Senatskommission für das Personalwesen

*Bremen:* Präsident Dr. Hinrichs, Verwaltungsgerichtshof – ORR Dr. Reif, Senat für Finanzen

*Hamburg:* ORR Dr. Pillat, Referent im Personalamt des Senats Hamburg

*Hessen:* MinRat Dr. Schiersand, Finanzministerium – MinRat Maneck, Innenministerium – Regierungsrat Wolf, Innenministerium

*Niedersachsen:* ORR Frenzel, Finanzministerium – Regierungsdirektor Dr. Bünger, Innenministerium – Senatspräsident Werner, OVG Niedersachsen und Schleswig-Holstein

*Nordrhein-Westfalen:* MinDirig. Dr. Pötter, Staatskanzlei – ORR Bruns, Finanzministerium – ORR Krukow, Innenministerium – Senatspräsident Goecke, OVG Münster – Senatspräsident Dr. Schmidt-Tophoff, OVG Münster – Senatspräsident Barbrock, OVG Münster – OLG-Rat Wolffram, Staatskanzlei

*Rheinland-Pfalz:* ORR Dr. Gölz, Finanzministerium – ORR Dr. Müller, Innenministerium. Senatspräsident Dr. Meyer-Hentschel, OVG Koblenz

*Schleswig-Holstein:* ORR Dr. Geib, Innenministerium

*Bund deutscher Verwaltungsrichter:*

Dr. Klinger, Präsident des Landesverwaltungsgerichts Hannover (Vorsitzender), Dr. Loening, Senatspräsident OVG Münster, Dr. Wegner, Präsident des Landesverwaltungsgerichts Schleswig

*Vereinigung der Finanzrichter:*

Finanzgerichtsrat Dr. Kiesewetter, Finanzgerichtsrat Brömel

*Deutscher Richterbund:*

Senatspräsident a.D. Dr. Decker, Landgerichtsdirektor Schumacher, Landgericht Duisburg

*Professoren:* Prof. Dr. Bachof, Erlangen; Prof. Dr. Scheuner, Bad Godesberg; Prof. Dr. Ule, Lüneburg

*Rechtsanwälte:*

Deutscher Anwaltverein: Dr. Brangsch, Hamburg

*Bundesjustizministerium:*

Staatssekretär Dr. Strauß, MinDir. Dr. Joël, MinDir. Roemer, MinDirig. Dr. von Arnim, MinRat Dr. Mercker, MinRat Dr. Haertel, MinRat Dr. Rinck, OLG-Rat Dr. Schramm,

ORR Dr. Marquordt, ORR Dr. Woernle, LG-Rat Dr. Wagner, AG-Rat Dr. Lohse, Gerichtsassessor Krieger.

## IX. Thesen des BMJ vom 22.11.1954 zum Richtergesetz

*Titel: „Deutsches Richtergesetz" zur Unterscheidung von den künftigen Richtergesetzen der Länder.*

*I. Teil: Richter des Bundes und der Länder*

*1. Abschnitt: Geltungsbereich*

Richter ist nur, wer in einer Urkunde ausdrücklich „in den Richterdienst in der Verfassungsgerichtsbarkeit (usw.)" berufen worden ist. – Die Berufung ist nur zulässig zur Wahrnehmung von Aufgaben der Rechtspflege (ähnlich § 4 BBG). Rechtsprechung, Rechtspflege und Gerichtsverwaltung sollen nicht als zulässige Aufgaben aufgezählt werden, weil der Begriff Rechtsprechung unbestimmt ist. Der hiermit in die Gesetzessprache neu eingeführte Ausdruck Rechtspflege umfasst Rechtsprechung und fürsorgende Tätigkeit der Gerichte. – Ein Gericht kann danach nicht feststellen, dass ein bestimmter Angehöriger des öffentlichen Dienstes Richter sei, obwohl er keine Urkunde erhalten habe. Möglicherweise kann aber ein Angehöriger des öffentlichen Dienstes (etwa im Patentamt) klagen auf Aushändigung einer Richterurkunde. – Die badischen und württembergischen Notare werden in den Schlussbestimmungen vom Geltungsbereich des Richtergesetzes ausgenommen. – Richter kann nur sein, wer die Fähigkeit zum Richteramt (§ 2, auch § 4 GVG) besitzt. Die Fähigkeit zum höheren Verwaltungsdienst berechtigt zur Wahrnehmung eines Richteramts nur in der Verwaltungsgerichtsbarkeit (nur in den Schlussbestimmungen erwähnen). Auch Staatsanwälte müssen die Fähigkeit zum Richteramt gemäß GVG besitzen. – Ein Richter darf nur bestimmte Verwaltungsaufgaben wahrnehmen: Aufsicht über Notare und Schiedsmänner, Prüfung und Ausbildung, Verwaltung des eigenen Gerichts. Die Gerichte müssen eigene Behörden sein und von Verwaltungsbehörden organisatorisch getrennt werden.

*2. Abschnitt: Mitwirkung in Personalangelegenheiten*

Die Richter wirken mit bei der Ernennung und Beförderung von Richtern, auch bei der Ernennung in Eingangsstellen. Chefpräsidenten werden ohne Mitwirkung der Richter ernannt (wie § 3 Abs. 2 BVwGG). – Erhebliche Gründe sprechen dafür, die Mitwirkung dem bisherigen Präsidium zu übertragen. Um dem Personalrecht in der Privatwirtschaft, in der Verwaltung und in der Richterschaft eine gleiche Struktur zu geben, müssen aber Vertreter der Richter beteiligt werden. Die Mitgliederzahl des bisherigen Präsidiums wird herabgesetzt, andererseits wird es zu 50% aus gewählten Vertretern der Richter ergänzt. Dieses neu gebildete Präsidium übernimmt auch die Geschäftsverteilung. – Bei einer Ernennung wirken mit das Präsidium a quo (zur Qualifikation) und das Präsidium ad quem (zur Auswahl). Es ist besonders festzustellen, welches Gericht bei einem Assessor die a quo-Funktion übernimmt. – Die Vorschläge der beiden Präsidien binden die Ernennungsbehörde nicht, jedoch darf nur ein Richter ernannt werden, über den sich beide Präsidien geäußert haben. – Auch die Richterwahlausschüsse sind verpflichtet, beide Präsidien zu hören (so teilweise § 4 Abs. 2 BVwGG). – Es ist noch nicht entschieden, ob der Bund Rahmenbestimmungen für die Zusammensetzung der Wahlausschüsse in den Ländern aufstellen soll. – Sonstige Funktionen der Präsidien: Mitwirkung bei Widerruf der Ernennung zum Assessor. Public relations können eine wesentliche Funktion des Präsidiums werden. Dies kann aber nur in der Begründung erörtert werden. Jedenfalls sollen die Präsidien eine eigene Geschäftsstelle und Sachkosten erhalten. – In sozialen Angelegenheiten wirken die Richter in dem Personalrat nach dem Personalvertretungsgesetz mit.

*3. Abschnitt: Persönliche Unabhängigkeit*
Die Richter werden auf Lebenszeit bestellt. Sie können nur mit ihrem Einverständnis entlassen, versetzt oder außerhalb ihrer Planstelle beschäftigt (abgeordnet) werden. – Ein Richter kann ohne seine Einwilligung im Interesse der Rechtspflege versetzt werden (Generalklausel, Verschwägerung, kriminelle Verwandtschaft). Das Dienstgericht ermächtigt die Gerichtsverwaltung zur Versetzung. – In jedem Kollegium darf nur ein Hilfsrichter verwandt werden. Die Zahl der Hilfsrichter darf 20% der Planstellen nicht überschreiten. Planstellen sind bei jedem Gericht zu errichten. Nach längstens fünf Jahren muss der Hilfsrichter übernommen oder entlassen werden (fraglich wegen des wechselnden Personalbedarfs).

*4. Abschnitt: Sachliche Unabhängigkeit*
Dem Richter dürfen keinerlei Weisungen gegeben werden. Nur in der Begründung ist zu erwähnen, dass generelle Hinweise zulässig sind. – Glaubt ein Richter, dass seine Unabhängigkeit durch Maßnahmen der Dienstaufsicht (nicht: der Gerichtsverwaltung) beeinträchtigt ist, so kann er nach Erschöpfung des Verwaltungsweges das Dienstgericht anrufen. Damit können Maßnahmen oder Belehrungen jeder Art beanstandet werden, gleichgültig, ob sie sich auf die Entscheidungstätigkeit oder sonstige Amtstätigkeit des Richters beziehen.

*5. Abschnitt: Contempt of Court*
Während eines schwebenden Verfahrens ist eine Berichterstattung in der Öffentlichkeit nur zulässig, wenn sie im Wesentlichen ein richtiges und vollständiges Bild vermittelt. Kritik am Gericht ist erst nach Verkündung des Urteils (aber vor Rechtskraft) zulässig. – Damit wird nicht ein zusätzlicher Ehrenschutz für den Richter geschaffen. Es wird die Unabhängigkeit des Gerichts als Institution geschützt und damit mittelbar die Unabhängigkeit des Richters, des Staatsanwalts und des Laienbeisitzers.

*6. Abschnitt: Amtsbezeichnungen*
„Richter an dem", „Bundesrichter an dem", daneben bleiben die Bezeichnungen „Präsident" und „Senatspräsident" erhalten. Für den bisherigen Landgerichtsdirektor ist eine andere Bezeichnung zu finden (nicht Kammerpräsident).

*7. Abschnitt. Pflichten des Richters*
Der Eid ist neu zu formulieren. Der Richter ist verpflichtet, für die freie demokratische Grundordnung einzutreten (ähnlich § 52 Abs. 2 WBG). Die gleiche Pflicht trifft den Staatsanwalt. – Politische Betätigung kann dem Richter und dem Staatsanwalt nicht in größerem Umfang gestattet werden als dem Beamten. – Das Beratungsgeheimnis ist als Grundsatz aufzustellen, es bindet auch die Laienbeisitzer. Durchbrechungen des Beratungsgeheimnisses sind möglich, werden aber im Gesetz nicht erwähnt.

*8. Abschnitt: Dienststrafrecht*
Die Verwarnung kann ohne formelles Verfahren verhängt werden. Auch der Inhalt einer richterlichen Entscheidung kann dienststrafrechtlich geahndet werden. Dies wird allerdings im Gesetz nicht ausdrücklich festgelegt. Staatsanwälte unterliegen dem gleichen Dienststrafrecht und Dienststrafverfahren wie die Richter.

*9. Abschnitt: Dienstgerichte*
Die Verwaltungsgerichte sind zuständig für Statusklagen und vermögensrechtliche Ansprüche der Richter. Die ordentlichen Gerichte sind für Haftung und Regress zuständig.

Die Dienstgerichte sind zuständig für: Dienststrafverfahren, Versetzung im Interesse der Rechtspflege, Feststellung der Dienstunfähigkeit, Genehmigung von Nebentätigkeiten, Anfechtung von Maßnahmen der Dienstaufsicht. Für Nebentätigkeiten und Dienstaufsicht gelten einige besondere Verfahrensgrundsätze.

Die Mitglieder der Dienstgerichte werden auf die Dauer ihres Hauptamtes bestellt. Ein Beisitzer des Dienstgerichts muss dem gleichen Gerichtszweig wie der Angeklagte/Kläger angehören. Er soll den gleichen Rang besitzen. – Es bestehen zwei Tatsacheninstanzen, keine Revisionsinstanz. Beide Instanzen sind Gerichte des Landes. Durch Verwaltungsvereinbarungen können Länder gemeinsame Dienstgerichte einrichten oder die Zuständigkeit von Dienstgerichten des Bundes begründen.

*10. Abschnitt: Ende des Richterdienstes*
Altersgrenze einstweilen 68 Jahre. Nach Vollendung des 62. Lebensjahres kann der Richter seinen Eintritt in den Ruhestand erklären. – Der Richter kann jederzeit seine Entlassung aus dem Amt verlangen. Er bezieht dann sein bis dahin erdientes Ruhegehalt. Darauf sind jedoch sämtliche Einkünfte aus einer beruflichen Tätigkeit im öffentlichen Dienst, in der Privatwirtschaft oder in einem freien Beruf voll anzurechnen.

*II. Teil: Bundesrichter*

Die Richter an den oberen Bundesgerichten erhalten die gleiche Rechtsstellung wie nach §§ 126 bis 129 GVG in der Fassung von 1877. Sie können bis zu 100% ihres aktiven Gehalts als Ruhegehalt erdienen. Selbstdisziplinierung ist auch ohne vorheriges Strafurteil möglich. Es kann nur auf Entlassung aus dem Amt mit oder ohne Ruhegehalt erkannt werden. – Der Richterwahlausschuss kann über Vorschläge erst Beschluss fassen, wenn dazu eine Äußerung der Präsidien a quo und ad quem vorliegt. – Bundesrichter sind auch die Richter erster Instanz: Bundesdisziplinarrichter, Militärrichter, aber wohl nicht mehr Angehörige der Konsulargerichtsbarkeit (§§ 16 bis 21 des Konsulargesetzes vom 8.11.1867/16.12.1950). – Die Bundesverfassungsrichter werden von einigen Vorschriften des Richtergesetzes ausgenommen. Die Äußerung des Bundesverfassungsgerichts soll abgewartet werden. – Im Übrigen gilt für die Bundesrichter das Bundesbeamtenrecht.

*III. Teil: Schlussbestimmungen*

Wer bei Inkrafttreten des Richtergesetzes zum Richter in der Arbeitsgerichtsbarkeit oder Sozialgerichtsbarkeit ernannt war, bleibt Richter, auch wenn er die Fähigkeit zum Richteramt im Sinne des GVG nicht besitzt. – Wer nach dem Recht eines Landes durch Ablegung von zwei rechtswissenschaftlichen Prüfungen die Fähigkeit zum höheren Verwaltungsdienst erworben hat, ist auch befähigt, in diesem Lande ein Richteramt in der Verwaltungsgerichtsbarkeit wahrzunehmen. – Wer zum Notar nach den Bestimmungen des ehemaligen Landes Württemberg und des ehemaligen Landes Baden bestellt wurde, ist nicht Richter im Sinne dieses Gesetzes. – Die Justizverwaltungsvorschriften des Reiches, insbesondere die Verordnung vom 20.3.1935, werden aufgehoben. Die Justizverwaltungsvorschriften der Länder bleiben in Kraft. – Aus dem GVG, SGG, ArbGG, VwGO und FinGO werden alle Bestimmungen in das Richtergesetz übernommen, soweit sie sich auf die persönliche Rechtsstellung der Richter beziehen.

*IV. Teil: Ausgeschiedene Probleme*

Das Richtergesetz regelt nicht:

1. Die Rechtsstellung der Staatsanwälte. Nur durch Einzelbestimmungen werden die Vorschriften über politische Betätigung, Vorbildung, Contempt of Court, Disziplinarrecht und Disziplinarverfahren auf die Staatsanwälte erstreckt. Sie gelten auch für die hauptamtlichen Vertreter des öffentlichen Interesses.
2. Die Rechtsstellung der Laienbeisitzer. Nur durch Einzelvorschriften werden auf sie erstreckt die Bestimmungen über sachliche Unabhängigkeit, Beratungsgeheimnis und Contempt of Court.
3. Besoldung. Die gleiche Besoldung in den Ländern ist ein dringendes Anliegen der Justiz. Der Bund kann dies nur erreichen, indem er feste Gehälter (nicht Mindestgehälter) vorschreibt. Eine Regelung ist erst möglich, wenn die große Besoldungsreform in ihren Grundzügen festliegt.

4. Mitwirkung in Haushaltsangelegenheiten. Allenfalls käme eine Vorlagepflicht des Finanzministers in Frage entsprechend § 21 Abs. 2 und 4 RHO.
5. Die Rechtsstellung der Verfassungsrichter in den Ländern.
6. Maßnahmen wegen Minderleistungen.
7. Beurteilung.
8. Überlastung.
9. Gewissenskonflikt.

## X. *Vermerk des BMJ vom 16.12.1954 über die Ressortbesprechung vom 15.12.1954 mit Vertretern des BMI, BMF und BMA*

An der Besprechung unter Vorsitz von MinDir. Roemer nahmen 12 Herren teil. In der Diskussion traten besonders hervor: MinDir. Dr. Anders, MinRat Koehler (beide BMI), MinDirig. Dr. Meyer, RRat Dietz (beide BMF) und MinRat Fitting (BMA).

Es wurden nur in folgenden Punkten von den Thesen abweichende Auffassungen vertreten (Gliederung nachstehend wie in den *Thesen* (i.d.F. v. 6.2.1954):

1. *Geltungsbereich. a) Sind Richter Beamte?*

Ob die Richter Beamte seien, sei eine theoretische Streitfrage; sie brauche nicht im Richtergesetz entschieden zu werden (MinDir. Dr. Anders).

*b) Personeller Geltungsbereich*

Statt des Wortes „Richterdienst" solle die bisherige Ausdrucksweise „Richterverhältnis" (§ 111 Abs. 3 BBG) beibehalten werden (MinDir. Dr. Anders; a.M. MinRat Fitting).

In der Ernennungsurkunde sollte die Gerichtsbarkeitssparte nicht angegeben werden, da dies Versetzungen erschwere und im Gegensatz zu § 6 BBG stehe, der bei der Einberufung in das Beamtenverhältnis keinerlei Funktionszusatz vorsieht. Genauso einheitlich sollte das Richterverhältnis aufgefasst werden.

Die Klageberechtigung eines Beamten auf Aushändigung einer Richterurkunde wurde verneint, da die Ausübung einer bestimmten Funktion (z.B. als Angehöriger des Oberseeamts) noch keinen Anspruch auf Aushändigung einer solchen Urkunde gewähre.

*c) Sachlicher Geltungsbereich:* Der Ausdruck „Rechtspflege" wurde abgelehnt, da er durch das Wort „Rechtspfleger" abgenutzt sei und dieser Ausdruck nach Menger (System des verwaltungsgerichtlichen Schutzes) sogar die rechtsfindende Tätigkeit der Verwaltungsbehörden umfasse (MinRat Koehler). Die Berufung in das Richterverhältnis sollte (entsprechend § 4 BBG) erfolgen zur Wahrnehmung 1. von Aufgaben der Rechtsprechung oder 2. von durch Gesetz besonders zugewiesenen Aufgaben (MinDir. Dr. Anders).

*d) Richteramtsbefähigung:* Zur Richteramtsbefähigung der *Arbeits- und Sozialrichter* wandte sich MinRat Fitting dagegen, dass das Richtergesetz im Gegensatz zu § 18 ArbGG,

§ 9 Abs. 2 SGG in Zukunft nur den rechtsgelehrten Richter zulassen wolle (§ 2 GVG). Die Praxis kehre zwar unter Tolerierung der Gewerkschaften wieder zur Bestellung von Volljuristen zu Arbeitsgerichtsvorsitzenden zurück. Es sei jedoch taktisch richtiger, wenn das Gesetz dies nicht ausdrücklich vorschreibe. Andernfalls sei zu erwarten, dass das Gesetz von den Gewerkschaften als reaktionär bezeichnet und von vornherein mit unnötigem Ressentiment belastet würde. – Die Richteramtsbefähigung sollte daher im Richtergesetz formuliert werden: „Richter kann nur sein, wer die Fähigkeit zum Richteramt (entsprechend §§ 2, 4 GVG) hat, *soweit nicht ein Bundesgesetz etwas anderes bestimmt.*"

Zur Richteramtsbefähigung in der *Verwaltungsgerichtsbarkeit* erklärte MinRat Koehler, das Richtergesetz sei nicht der richtige Platz, um Richtlinien für die Spezialausbildung der Verwaltungsrichter zu geben. Die Verwaltungsgerichtsbarkeit habe eine jahrzehntelange Entwicklung durchaus eigener Art hinter sich. Das Richtergesetz solle daher hinsichtlich der Richteramtsbefähigung auf die einzelnen Gerichtsverfassungsgesetze verweisen.

MinDirig. Dr. Meyer schlug vor, auch für diesen Fall die von MinRat Fitting vorgeschlagene Formulierung „soweit nicht ein Bundesgesetz etwas anderes bestimmt" vorzusehen. MinDir. Dr. Anders erklärte demgegenüber, die Befähigung zum Richteramt gehöre in das Richtergesetz und nicht in die einzelnen Verfahrensordnungen. Im Gegensatz zu den Thesen (siehe III. Teil) sollte die Richteramtsbefähigung in der Verwaltungsgerichtsbarkeit jedoch nicht in den Schlussbestimmungen, sondern im Hauptteil des Gesetzes geregelt werden, da diese Regelung auch für die Zukunft Bedeutung habe.

*e) Beauftragung eines Richters mit Verwaltungsaufgaben:* Als weitere Aufgaben wurden genannt: Verwaltung auch nachgeordneter Gerichte, Leitung der Justizpressestelle, Benennung des Vorsitzenden der Schlichtungsstelle, Aufgaben der Schiedsgerichtsbarkeit bei Vermögensauseinandersetzungen öffentlicher Verbände gem. § 178 Entw. VwGO. Die Gutachtenerstattung des Bundesfinanzhofs im Auftrag des Bundesfinanzministeriums wurde nicht als Verwaltungsaufgabe, sondern als quasi-richterliche Tätigkeit bezeichnet. – Bei Richtern, die an Verwaltungsbehörden (Ministerien) abgeordnet sind, wurde eine zeitliche Begrenzung der Abordnung allgemein für zweckmäßig gehalten. MinDirig. Dr. Meyer wünschte eine solche Begrenzung insbesondere deshalb, weil ein abgeordneter Richter wegen der in einigen Ländern höheren Richterbesoldung an der zeitlichen Begrenzung seiner Abordnung möglicherweise nicht interessiert sei. Die Frage, ob das Richtergesetz eine zeitliche Höchstgrenze vorsehen sollte, blieb offen.

Disziplinierung eines an eine Verwaltungsbehörde abgeordneten Richters soll nur nach den Grundsätzen des richterlichen Disziplinarrechts möglich sein.

*f) Organisatorische Trennung von Gerichten und Verwaltungsbehörden:* MinDir. Dr. Anders erklärte, dies sei eine Frage der Organisation der Gerichte, die nicht in das Richtergesetz, sondern in das GVG gehöre.

2. *Mitwirkung in Personalangelegenheiten:* Zunächst sprachen sich MinRat Fitting für ein einziges kleines Gremium in jedem OLG-Bezirk und MinRat Koehler gegen Wahlen aus. Nach längerer Erörterung wurde dem Vorschlag der Thesen allgemein zugestimmt (Verkleinerung des bisherigen Präsidiums und Ergänzung durch von den Richtern gewählte Vertreter, wobei auch ein Amtsrichter Mitglied dieses neuen „Präsidiums" des LG werden könne). Für das neue Präsidium wurden die Ausdrücke „Personalpräsidium" oder „Richtervertretung" vorgeschlagen. Eine eigene Geschäftsstelle soll nicht vorgesehen werden.

Die Wahlen in den unteren Instanzen sollten stattfinden: Bei der ordentlichen Gerichtsbarkeit für den Bezirk eines LG oder eines mit einem Präsidenten besetzten Amtsgerichts, bei der Arbeits- und Sozialgerichtsbarkeit für den Bezirk eines LAG und LSG, bei der Verwaltungs- und Finanzgerichtsbarkeit für den Bezirk eines Landes. Dem von MinRat Dr. Rinck vorgeschlagenen Wahlmodus wurde zugestimmt (Wahl in einer Richterversammlung, wobei die am Erscheinen verhinderten oder auswärtigen Richter ihre Stimme schriftlich abgeben können). – Die Mitwirkung der Richtervertretung a quo bei Ernennungen wurde allgemein abgelehnt, da dies zu Erschwerungen und Verzögerungen führe. Auch dem Richterwahlausschuss sollten Vorschläge lediglich mit der Stellungnahme der Richtervertretung ad quem vorgelegt werden.

Für die Zusammenarbeit in sozialen Angelegenheiten mit dem örtlichen Personalrat schlug MinRat Fitting vor, dass die Richtervertretung aus ihren *gewählten* Mitgliedern einen Vertrauensmann delegiert. MinDir. Dr. Anders meinte demgegenüber, dass der Vertrauensmann von der *gesamten* Richtervertretung bestimmt werden sollte.

Eine Mitwirkung des Richterrats in public relations solle nicht erfolgen. Dies sei Aufgabe der Justizpressestelle. Die Richtervertretung solle ebenso wie der Personalrat nach dem Personalvertretungsgesetz ein internes Organ sein, das nach außen nicht in Erscheinung trete (MinRat Fitting; zustimmend RR Dietz).

Zu der Mitwirkung der Richtervertretung beim Widerruf der Ernennung zum Assessor bemerkte MinDir. Dr. Anders, dass Assessoren, bei denen es sich ja um Nachwuchskräfte handle, in den Ländern nicht als Beamte auf Widerruf, sondern entsprechend § 5 Abs. 1 Satz 2 BBG auf Probe berufen werden sollten (vgl. §§ 31, 32 BBG; VO über die Laufbahnen für das Amt des Richters und Staatsanwalts vom 29.3.1935 (RGBl. S. 487).

3. *Persönliche Unabhängigkeit:* Anstelle der Formulierung, dass Richter außerhalb ihrer Planstelle abgeordnet werden könnten, wurde als Formulierung „außerhalb ihres Amtes" empfohlen, da der Richter während seiner Abordnung seine Planstelle behalte. – Für eine Versetzung im Interesse der Rechtspflege wurde gefordert, dass die Voraussetzungen eng umgrenzt werden sollten. Es sollte auch vorgesehen werden, dass ein Richter nicht wegen des sachlichen Inhalts seiner Entscheidung versetzt werde.

*Hilfsrichter:* MinDir. Dr. Anders wies darauf hin, dass dieser Ausdruck in doppeltem Sinne verwendet werde, und zwar 1. auf Lebenszeit ernannte Richter (z.B. Hilfsrichter beim OLG, § 118 GVG), - 2. für nicht auf Lebenszeit ernannte Richter (z.B. Hilfsrichter beim Amts- und Landgericht, § 10 Abs. 2 GVG).

MinRat Fitting machte auf den derzeitigen besonders starken Arbeitsanfall und die Einrichtung von Kammern und Senaten auf Zeit bei den Sozialgerichten und Landessozialgerichten aufmerksam (§ 210 SSG). In Krisenzeiten werde auch bei den Arbeitsgerichten der Bedarf an Hilfsrichtern mehr als 20% betragen. Die besonderen Verhältnisse in der Sozialgerichtsbarkeit sollten in den Übergangsbestimmungen des Richtergesetzes berücksichtigt werden. Jedenfalls sei für die Sozialgerichtsbarkeit eine Quote von 20% Hilfsrichtern nur dann tragbar, wenn hierbei die an den Kammern und Senaten auf Zeit beschäftigten Richter nicht mitgerechnet würden.

4. *Sachliche Unabhängigkeit:* MinDir. Dr. Anders empfahl die Formulierung: „generelle Hinweise ohne Weisungscharakter". Die Anrufung eines Dienstgerichts gegenüber Maßnahmen der Dienstaufsicht wurde allgemein abgelehnt, da dies zu einer Hypertrophie führe und Querulanten Vorschub leiste.

5. *Contempt of court:* Eine solche Bestimmung wurde namentlich zum Schutze der Laienrichter für erforderlich gehalten. Sie sollte jedoch in das Pressegesetz, evtl. in das GVG, aufgenommen werden.

6. *Amtsbezeichnungen:* Nach allgemeiner Meinung sollten die bisherigen traditionellen Titel nicht abgeschafft werden. MinDir. Dr. Anders meinte, die Tendenz zur Abschaffung der Titel sei zu begrüßen; man werde aber die Abschaffung nicht durchsetzen können.

7. *Pflichten des Richters:* MinRat Fitting wünschte, dass die Laienrichter denselben Eid wie die Berufsrichter leisten. - MinDir. Dr. Anders sprach sich dafür aus, dass der Richter sich politisch noch stärker als der Beamte zurückhalten sollte.

8. *Dienststrafrecht:* Diese Fragen wurden einer besonderen Ressortbesprechung in der zweiten Januarhälfte 1955 vorbehalten. - MinDir. Dr. Anders hielt die in den Thesen genannten Zuständigkeiten des Dienstgerichts für zu umfassend. Insbesondere sollte das Dienstgericht nicht für die Anfechtung von Maßnahmen der Dienstaufsicht zuständig sein. - Verwaltungsvereinbarungen von Ländern über gemeinsame Dienstgerichte wurden für verfassungsrechtlich bedenklich gehalten.

9. *Ende des Richterdienstes:* MinDirig. Dr. Meyer gab zu erwägen, ob man dem Richter nicht erst vom 65. Lebensjahr an die Möglichkeit geben solle, in den Ruhestand zu treten. Denn auch der Beamte habe diese Möglichkeit erst drei Jahre vor Erreichung der Altersgrenze (§ 42 Abs. 3 BBG). Es sollte auch festgelegt werden, ob einem entsprechenden Antrag des Richters entsprochen werden kann oder entsprochen werden muss. - Bestimmungen darüber, dass ein Richter jederzeit seine Entlassung beantragen könne und sein bis dahin

erdientes Ruhegehalt weiterbeziehe, wurden als nicht gerechtfertigtes Privileg bezeichnet und allgemein abgelehnt.

*II. Bundesrichter:* MinDir. Dr. Anders sprach sich dagegen aus, dass die Bundesrichter die gleiche Rechtsstellung wie die Mitglieder des Reichsgerichts vor 1945 erhalten sollten. Er erklärte, eine Steigerung des Ruhegehalts bis auf 100% sei nur deshalb vorgesehen, weil für die Mitglieder des Reichsgerichts keine Altersgrenze gegolten habe. MinDirig. Dr. Meyer meinte, eine finanzielle Hebung der Bundesrichter sollte bei einer Besoldungsreform geregelt werden, aber nicht durch Rückkehr zu den früheren Reichsgerichtsprivilegien.

*III. Schlussbestimmungen:* Zur Richteramtsbefähigung der Arbeits-, Sozial- und Verwaltungsrichter siehe oben Ziff. 1 d.
Zur Frage, inwieweit Vorschriften aus den Verfahrensordnungen in das Richtergesetz übernommen werden sollten, wurde auf § 17 Entw. VwGO verwiesen, wonach beim OVG und beim Verwaltungsgericht auf Lebenszeit ernannte Richter anderer Gerichte für eine bestimmte Zeit von mindestens zwei Jahren, längstens jedoch für die Dauer ihres Hauptamtes, zu Richtern im Nebenamt ernannt werden können.

*IV. Ausgeschiedene Probleme:* Bestimmungen über die Rechtsstellung der Staatsanwälte und Vertreter des öffentlichen Interesses wurden nicht für erforderlich gehalten, da es sich um reine Beamte handle. Es wurden jedoch keine grundsätzlichen Bedenken dagegen geltend gemacht, einzelne Bestimmungen des Richtergesetzes auf die Staatsanwälte und die Vertreter des öffentlichen Interesses zu beziehen.

## XI. *Auszug aus der Niederschrift der Konferenz der Innenminister und Senatoren für Inneres der Bundesländer am 16./17.2.1954 in Bremen (über die Denkschrift)*

Punkt 7 der Tagesordnung: Denkschrift des Bundesjustizministeriums zum Richterrahmengesetz

*MinDir. Dr. Wormit* erstattete Bericht darüber, dass im letzten Jahr vom Bundesjustizministerium der Entwurf einer Referenten-Denkschrift über die Vorbereitung für ein Richterrahmengesetz veröffentlicht worden sei. Im Vorwort hierzu habe der Bundesminister für Justiz zum Ausdruck gebracht, dass die Denkschrift nicht als offizielle Meinung des Bundesministers der Justiz oder der Bundesregierung anzusehen sei, sondern lediglich als Besprechungsgrundlage dienen solle. Trotz dieser Erklärung sei die Denkschrift wegen der darin enthaltenen bedeutsamen Grundsätze einer Erörterung wert, da zu erwarten sei, dass die Länderjustizminister mit den behandelten und vorgeschlagenen Grundsätzen für ein Richterrahmengesetz einverstanden seien und wahrscheinlich sogar bereit sein würden, für eine Verwirklichung tätig zu werden. Von Seiten der allgemeinen und inneren Verwaltung höre man mehr und mehr Proteste gegen die erwähnte Denkschrift.

Zu der Schrift selbst sei zu sagen, dass hierin zwei Gesichtspunkte besonders hervorgehoben würden, und zwar einmal die Herauslösung der Richter aus der allgemeinen Beamtenschaft, da angeblich das Grundgesetz den Richtern einen eigenen rechtlichen Status innerhalb des öffentlichen Dienstes eingeräumt habe, und zum anderen Forderungen nach einer finanziellen Besserstellung der Richter. Die letzte Forderung werde damit begründet, dass der Richtertätigkeit eine wesentlich größere Bedeutung zukomme als etwa der Tätigkeit der Beamten des höheren Dienstes in der allgemeinen und inneren Verwaltung.

Es könne dem Bund zwar nicht die Kompetenz zum Erlass eines Rahmengesetzes über die beamtenrechtliche Stellung der Richter abgesprochen werden; dem Bund seien hierbei jedoch bestimmte Grenzen gesteckt. In diesem Zusammenhang sei das Urteil des Bundesverfassungsgerichts in Sachen Besoldungsgesetz Nordrhein-Westfalen erwähnenswert. Von Seiten der Länder müsse man sich weiter mit Nachdruck dagegen wehren, dass durch Sondergesetzgebung für einen bestimmten Beamtenkreis vor Durchführung der allgemeinen Besoldungsreform eine Sonderregelung getroffen werde. Aus den gleichen Erwägungen könnten die beamtenrechtlichen Sonderbestimmungen für die Richter auch nur Gegenstand des allgemeinen Bundesbeamtenrahmengesetzes sein. Vor allem müsse man der Tendenz entgegentreten, dass die Richtertätigkeit höher zu bewerten sei als die Tätigkeit der Beamten des höheren Dienstes in der Verwaltung.

Ferner sei zu beanstanden, wenn in der Denkschrift zum Ausdruck komme, dass der Übertritt von dem Richterstand in die Verwaltung eine Art Wertminderung sei. Eine so weitgehende Unterscheidung von den übrigen Beamten sei ungerecht, zumal im Vergleich zu der Entscheidung durch Verwaltungsbeamte etwa in der Rechtsprechung der Gerichte auftretende Fehler im Instanzenzug wieder ausgeglichen werden könnten. Solch eine Möglichkeit sei bei Entscheidungen der Verwaltungsbehörden nicht in dem Maße gegeben.

Darüber hinaus werde in der Denkschrift gefordert, alle Sondergerichte, wie Verwaltungsgerichte, Dienststrafgerichte usw. in das Justizressort hinzubeziehen. Die Bestrebungen gingen weiter dahin, die höheren Verwaltungsbeamten aus der allgemeinen juristischen Ausbildung heraus zu drängen, ggf. um später ausschließlich auch die Verwaltungsgerichte mit Richtern der juristischen Laufbahn zu besetzen. Dies müsse man ablehnen, da die Richterstellen in den Verwaltungsgerichten Verwaltungsbeamten vorbehalten bleiben müssten, die sich in der Praxis bewährt hätten.

Schließlich enthalte die Denkschrift auch Wünsche der Richter auf Beteiligung an der Auswahl von Bewerbern für die Besetzung von Präsidentenstellen sowie für die Mitwirkung bei der Aufstellung der Stellenpläne.

Zusammenfassend schlug er vor, darauf einzuwirken, dass

a) der evtl. zu erwartende Entwurf eines Richterrahmengesetzes nicht verfolgt würde, solange nicht die allgemeinen Rahmengesetze im Besoldungsrecht sowie im allgemeinen Beamtenrecht erlassen seien,
b) der Gesetzentwurf auf die Fragen zu beschränken sei, die die Richter aus dem Rahmen des allgemeinen Beamtenstandes hervorheben,
c) die Unterstellung der einzelnen Gerichtssparten unter die Fachressorts beibehalten werde,
d) die Ausbildung der Richter und Verwaltungsjuristen wie bisher durchgeführt werde und
e) eine Beteiligung der Richter an Stellenbesetzungen sowie an der Aufstellung der Stellenpläne oder einer weiteren Übertragung von Verwaltungsaufgaben auf die Rechtsprechung unterbleibe.

Weiter empfehle er, die Denkschrift durch einen Unterausschuss im Sinne seiner Ausführungen überprüfen zu lassen.

*Minister Dr. Meyers* erklärte zu den Ausführungen von MinDir. Dr. Wormit, dass man bestrebt sein müsse, die Einheit des Beamtenrechts und die Einheit der drei Gewalten zu bewahren. Man müsse der auf den verschiedensten Rechtsgebieten immer mehr um sich greifenden Zersplitterung Einhalt gebieten. Eine Behandlung der Angelegenheit sei auch insofern notwendig, weil die in der Denkschrift geforderten beamtenrechtlichen Neuregelungen in die Zuständigkeit der Innenministerien als der für das Beamtenrecht in Frage kommenden Ministerien fielen.

*Minister Dr. Dr. Pagel* wies darauf hin, dass auch in den Parlamenten Bestrebungen im Gange seien, alle Sondergerichte, wie Verwaltungsgerichte, Arbeitsgerichte usw. mit den allgemeinen Gerichten unter einem Ressort zusammenzufassen. Im Übrigen sei auch er der Ansicht, dass man den Bestrebungen einzelner Beamtengruppen, wie Lehrer, Richter, usw., sich ein eigenes Beamten- oder Besoldungsrecht zu verschaffen, entgegentreten müsse.

Von *MinDir. Egidi* wurde bemerkt, dass man sich im Bundeskabinett, mit Ausnahme des Bundesjustizministers, ebenfalls gegen die Bestrebungen der Richter wende. Zweifellos müsse man die Notwendigkeit gewisser Sonderregelungen, wie z.B. die der richterlichen Unabhängigkeit, anerkennen. Die von den Richtern geforderten weitergehenden Abweichungen könne man jedoch nicht zulassen.

Von *Senator Jacobi* wurde der Vorschlag der Bildung einer Kommission unterstützt. Von ihm wurde vorgetragen, dass man im gewissen Umfange die Zuteilung der Sondergerichte in das Justizressort anerkennen müsse. Dies sei in Hamburg erwogen worden.

Nach eingehender Aussprache der Angelegenheit wurde beschlossen, eine Kommission einzusetzen, die die Denkschrift zu überprüfen und ggf. Gegenargumente zu entwickeln hat.

Die Kommission setzt sich wie folgt zusammen:

| | |
|---|---|
| Schleswig-Holstein | ORR Geib |
| Niedersachsen | MinRat Mierecke |
| Bayern | MinRat Dr. Feneberg |
| Baden-Württemberg | RegDir. Roschütz |

vom Bundesinnenministerium wird ein Vertreter noch namhaft gemacht.

Es bestand Einmütigkeit darüber, dass für die Länder die Federführung bei Bayern liegen solle. Zur Sitzung der Kommission wird von Seiten des Bundesministers des Innern eingeladen werden.

[Protokoll der Kommission unten unter XXIV.]

# XII. *Vorentwurf des BMJ für ein Deutsches Richtergesetz (April 1955)*

## Erster Teil: *Einleitende Bestimmungen*

*§ 1. Unabhängigkeit der rechtsprechenden Gewalt*

(1) Die rechtsprechende Gewalt ist den Richtern anvertraut.

(2) Die Richter sind unabhängig und nur dem Gesetz unterworfen.

*§ 2. Dienst- und Treueverhältnis*

Der Richter ist Träger eines öffentlichen Amtes und steht in einem öffentlich-rechtlichen Dienst- und Treueverhältnis zum Bund oder zu einem Lande.

*§ 3. Geltung für Richter des Bundes*

Die Rechte und Pflichten sowie die allgemeine Rechtsstellung der Richter im Bundesdienst bestimmen sich nach diesem Gesetz und ergänzend nach den Bestimmungen für Bundesbeamte.

*4. Rahmenvorschriften für Landesrichter*

(1) Der Zweite Teil dieses Gesetzes (§§ 5 bis 67) enthält Rahmenvorschriften für die Landesgesetzgebung.

(2) Soweit und solange die landesrechtlichen Vorschriften nach Ablauf des 31. Dezember 1957 dem Zweiten Teil dieses Gesetzes nicht entsprechen, gilt der Zweite Teil unmittelbar.

# **Zweiter Teil:** ***Richteramt in Bund und Ländern***

## *Abschnitt I: Berufung in das Richteramt*

### *1. Unterabschnitt: Fähigkeit zum Richteramt*

*§ 5. Ausbildung und Prüfungen*

(1) Die Fähigkeit zum Richteramt wird durch Ablegung zweier Prüfungen erworben.

(2) Der ersten Prüfung muss ein mindestens dreijähriges Studium der Rechtswissenschaft auf einer Universität vorangehen. Von dem dreijährigen Zeitraum sind mindestens drei Halbjahre dem Studium auf einer deutschen Universität zu widmen.

(3) Zwischen der ersten und zweiten Prüfung muss eine Ausbildungszeit von mindestens drei Jahren liegen.

*§ 6. Freizügigkeit*

(1) Wer in einem deutschen Land die erste Prüfung gemäß § 5 bestanden hat, kann in jedem anderen Land zur Vorbereitung für die zweite Prüfung und zur zweiten Prüfung zugelassen werden. Die in einem deutschen Land auf die Vorbereitung verwendete Zeit muss in jedem anderen Land angerechnet werden.

(2) Wer in einem deutschen Land die Fähigkeit zum Richteramt gemäß § 5 erlangt hat, ist zu diesem Richteramt innerhalb Deutschlands befähigt.

*§ 7. Universitätslehrer*

Zum Richteramt befähigt ist ferner jeder ordentliche öffentliche Lehrer des Rechts an einer deutschen Universität.

### *2. Unterabschnitt: Auswahl der Richter*

*§ 8. Mitwirkung des Richterrates*

(1) Der Richterrat (§ 33) wirkt mit bei der Anstellung eines Richters und bei späteren Ernennungen.

(2) Ein Richter darf erst angestellt oder ernannt werden, wenn alle zuständigen Richterräte zu seiner persönlichen und fachlichen Eignung Stellung genommen haben. Soweit Richterwahlausschüsse mitwirken, darf ein Bewerber zur Wahl nur vorgeschlagen werden, wenn gleichzeitig die Stellungnahme aller zuständigen Richterräte vorgelegt werden.

(3) Die ernennende Stelle und der Richterwahlausschuss sind an Stellungnahmen der Richterräte nicht gebunden.

(4) Ein Gesetz kann die Anhörung oder Beteiligung weiterer Stellen vorschreiben.

*§ 9. Zuständigkeit des Richterrates*

(1) Zuständig zur Mitwirkung ist der Richterrat, in dessen Bereich dem Bewerber ein Richteramt übertragen werden soll.

(2) Hat der Bewerber bereits ein Richteramt inne oder ist er als Gerichtsassessor oder Beauftragter Richter beschäftigt worden, so ist auch der Richterrat dieses Bereichs zuständig. Wurde ein Gerichtsassessor oder Beauftragter Richter in den Bereichen mehrerer Richterräte beschäftigt, so ist der Richterrat zuständig, in dessen Bereich er zuletzt mindestens drei Monate beschäftigt war.

*§ 10. Verfahren vor dem Richterat*

(1) Jede ernennende Stelle ist berechtigt, den Richterrat um eine Stellungnahme zu ersuchen. Das Ersuchen kann auch von jeder Person oder Stelle ausgehen, die befugt ist, einem Richterwahlausschuss Vorschläge einzureichen. In dem Ersuchen ist anzugeben, für welches Richteramt der Bewerber vorgesehen werden soll.

(2) Der Richterrat erörtert die fachliche und persönliche Eignung des Bewerbers für das vorgesehene Richteramt. Er kann verlangen, dass ihm ein Auszug aus den Personalakten des Bewerbers vorgelegt wird. Er kann den Bewerber auffordern, sich einem Mitglied des Richterrats vorzustellen.

(3) Durch Gesetz kann bestimmt werden, dass Vertreter der Rechtsanwaltschaft, der Staatsanwaltschaft oder bestimmte Behördenvertreter an den Erörterungen im Richterrat und an der Vorbereitung dieser Erörterung mit beratender Stimme teilnehmen.

*§ 11. Stellungnahme des Richterrates*

(1) Der Richterrat begründet seine Stellungnahme schriftlich.

(2) Ein Richterwahlausschuss soll auf Verlangen des Richterrates ein oder mehrere Mitglieder des Richterrates zur Erörterung seiner Stellungnahme hören.

(3) Der Richterrat teilt seine Stellungnahme und Begründung dem Ersuchenden innerhalb von sechs Wochen nach Eingang des Ersuchens mit. Wird die Frist nicht eingehalten, so entfällt die Mitwirkung des Richterrates.

## 3. *Unterabschnitt: Ernennung der Richter*

*§ 12. Richter im Sinne dieses Gesetzes*

(1) Richter im Sinne dieses Gesetzes ist, wer eine Ernennungsurkunde erhalten hat, in der die Worte „unter Berufung zum Richter auf Lebenszeit" oder „unter Berufung zum Richter auf Zeit" enthalten sind.

(2) Die Aufgaben eines Richters können auch einem Gerichtsassessor (§ 19) oder einem Beauftragten Richter (§ 20) übertragen werden.

*§ 13. Zulässigkeit der Berufung*

(1) Die Berufung zum Richter ist nur zulässig zur Wahrnehmung von

1. Aufgaben der Rechtsprechung oder
2. Aufgaben, die durch Gesetz den Richtern zugewiesen sind.

(2) Wer im Bereich der gesetzgebenden oder vollziehenden Gewalt ein Hauptamt innehat, kann nicht Richter sein, jedoch können ordentliche öffentliche Lehrer des Rechts an einer deutschen Universität zum Richter berufen werden.

*§ 14. Übertragung eines Richteramtes*

(1) Bei jedem Gericht ist mindestens ein planmäßiges Richteramt einzurichten.

(2) Jedem Richter ist ein Richteramt bei einem bestimmten Gericht zu übertragen.

## *Abschnitt II: Persönliche Unabhängigkeit*

### *1. Unterabschnitt: Richter auf Zeit oder Lebenszeit*

*§ 15. Berufung auf Zeit oder Lebenszeit*

(1) Die Richter werden auf Lebenszeit berufen. In der Verfassungsgerichtsbarkeit werden die Richter auf Lebenszeit oder auf einen gesetzlich bestimmten Zeitraum berufen.

(2) Die Richter können wider ihren Willen nur kraft richterlicher Entscheidung und nur aus den Gründen und unter den Formen, welche die Gesetze bestimmen, dauernd oder zeitweise ihres Amtes enthoben oder an eine andere Stelle oder in den Ruhestand versetzt werden.

*§ 16. Versetzung bei Veränderung der Gerichtsorganisation*

(1) Bei einer Veränderung in der Einrichtung der Gerichte oder ihrer Bezirke können Richter in ein anderes Richteramt versetzt oder von den Pflichten ihres Amtes entbunden werden. Der Richter behält in jedem Falle sein volles Gehalt.

(2) Die Versetzung darf nicht später als einen Monat nach Inkrafttreten der Veränderung ausgesprochen werden.

(3) Der Richterrat wirkt bei der Versetzung mit.

*§ 17. Versetzung im Interesse der Rechtspflege*

(1) Ein Richter kann in ein anderes Richteramt von mindestens gleichem Endgrundgehalt versetzt werden, wenn außerhalb seiner Amtsführung Tatsachen eingetreten sind, die sein Ansehen oder seine Tätigkeit in dem bisherigen Richteramt nicht nur vorübergehend schwer beeinträchtigen.

(2) Die Versetzung darf erst ausgesprochen werden, wenn das Dienstgericht festgestellt hat, dass eine Versetzung des Richters im Interesse der Rechtspflege geboten ist.

*§ 18. Abordnung*

(1) Ein Richter kann mit seiner Einwilligung längstens auf die Dauer eines Jahres an ein anderes Gericht oder an eine sonstige Behörde abgeordnet werden. Wiederholte Abordnungen sind zulässig.

(2) In einem erkennenden Gericht soll nicht mehr als ein abgeordneter Richter mitwirken.

## *2. Unterabschnitt. Gerichtsassessoren und Beauftragte Richter*

*§ 19. Gerichtsassessoren*

(1) Wer zum Richteramt befähigt ist, kann zum Gerichtsassessor im richterlichen Dienst ernannt werden. Der Gerichtsassessor besitzt eine Anwartschaft auf Ernennung zum Richter.

(2) Ein Gerichtsassessor im richterlichen Dienst kann entlassen werden, wenn Umstände vorliegen, welche die Entlassung eines Richters oder dessen Versetzung in den Ruhestand oder dessen Bestrafung mit einer schwereren Strafe als einem Verweis rechtfertigen würden.

(3) Ein Gerichtsassessor im richterlichen Dienst kann zum Ablauf des ersten Jahres nach seiner Ernennung (Probezeit) wegen mangelnder Bewährung entlassen werden. Die Probezeit kann um ein Jahr verlängert werden.

(4) Spätestens mit Ablauf von drei Jahren nach der Ernennung soll ein Gerichtsassessor im richterlichen Dienst zum Richter auf Lebenszeit ernannt oder einem Richterwahlausschuss zur Wahl vorgeschlagen werden.

*§ 20. Beauftragte Richter*

(1) Wer zum Richteramt befähigt ist, kann mit Aufgaben eines Richters beauftragt werden.

(2) Der Auftrag muss auf eine bestimmte Zeit erteilt werden und darf auf eine Zeitdauer von insgesamt fünf Jahren verlängert werden. Auch mehrere nicht aneinander anschließende Aufträge dürfen insgesamt eine Zeitdauer von fünf Jahren nicht überschreiten.

(3) Ein Beauftragter Richter kann vorzeitig entlassen werden, wenn Umstände vorliegen, welche die Entlassung eines Richters oder dessen Versetzung in den Ruhestand oder dessen Bestrafung mit einer schwereren Strafe als einem Verweis rechtfertigen würden.

*§ 21. Beschränkungen in der Bestellung von Gerichtsassessoren und Beauftragten Richter*

(1) Die Zahl der Gerichtsassessoren im richterlichen Dienst und der Beauftragten Richter soll für einen Zweig der Gerichtsbarkeit im Bund oder in einem Land zwanzig vom Hundert der besetzten Planstellen für Richter nicht übersteigen.

(2) In einem erkennenden Gericht soll nicht mehr als ein Gerichtsassessor oder Beauftragter Richter mitwirken.

## *Abschnitt III: Sachliche Unabhängigkeit*

*§ 22. Freiheit von Weisungen*

Weisungen für die Rechtsfindung dürfen an einen Richter weder allgemein noch für den Einzelfall gerichtet werden.

*§ 23. Dienstaufsicht*

(1) Der Richter unterliegt einer Dienstaufsicht, jedoch dürfen Maßnahmen der Dienstaufsicht die Unabhängigkeit des Richters nicht beeinträchtigen.

(2) Behauptet ein Richter, dass eine Maßnahme der Dienstaufsicht seine sachliche oder persönliche Unabhängigkeit beeinträchtige, so entscheidet das Dienstgericht über die Maßnahme.

(3) Dienstaufsicht über Verfassungsrichter. Noch offen.

*§ 24. Gerichtsassessoren und Beauftragte Richter*

Gerichtsassessoren im richterlichen Dienst und Beauftragte Richter sind in dem gleichen Maße wie die Richter sachlich unabhängig (§§ 22, 23).

## *Abschnitt IV: Pflichten des Richters*

*§ 25. Allgemeine Richterpflichten*

(1) Der Richter hat unparteiisch nach dem Gesetz das Recht zu finden. Er hat sich mit voller Hingabe seinem Beruf zu widmen.

(2) Der Richter muss sich durch sein gesamtes Verhalten zu der freiheitlichen demokratischen Grundordnung im Sinne des Grundgesetzes bekennen und für deren Erhaltung eintreten.

(3) Innerhalb und außerhalb des Dienstes muss der Richter der besonderen Achtung und Würde seines Amtes sowie dem Vertrauen zu seinem Beruf gerecht werden.

*§ 26. Richtereid*

(1) Der Richter ist verpflichtet, nach seiner Berufung folgenden Eid zu leisten: „Ich schwöre, das Richteramt getreu der Verfassung und dem Gesetz ohne Ansehen der Person auszuüben und nur der Wahrheit und der Gerechtigkeit zu dienen. So wahr mir Gott helfe."

(2) Der Eid kann auch mit einer anderen gesetzlich zugelassenen religiösen Beteuerung oder ohne eine solche geleistet werden.

*§ 27. Politische Tätigkeit*

(1) Ein Richter darf sich nicht parteipolitisch betätigen. Er darf aber Mitglied einer verfassungsmäßigen Partei sein.

(2) Ist ein Richter als Wahlbewerber für den Bundestag oder einen Landtag ernannt, so wird er bis zum Wahltage mit vollen Dienstbezügen beurlaubt. Ihm steht jede parteipolitische Tätigkeit frei, jedoch hat er sich einer Amtsausübung zu enthalten.

(3) Wird ein Richter zum Abgeordneten gewählt und nimmt er die Wahl an, so tritt er in den Ruhestand. Endet die Mitgliedschaft in der Volksvertretung, so ist dem Richter auf seinen Antrag wieder ein Richteramt zu übertragen. Beantragt der Richter dies, so erhält er vom Beginn des folgenden Monats die vollen Dienstbezüge, auch wenn ihm noch kein Richteramt übertragen ist.

(4) Ein Richter darf nicht der Volksvertretung einer Gemeinde oder eines Gemeindeverbandes angehören.

*§ 28. Amtsverschwiegenheit und Beratungsgeheimnis*

(1) Der Richter hat, auch nach Ausscheiden aus dem Richteramt, über die ihm bei seiner amtlichen Tätigkeit bekannt gewordenen Angelegenheiten Verschwiegenheit zu bewahren (Amtsverschwiegenheit). Dies gilt nicht für Mitteilungen im dienstlichen Verkehr oder über Tatsachen, die offenkundig sind oder ihrer Bedeutung nach keiner Geheimhaltung bedürfen.

(2) Die aufsichtführende Stelle kann den Richter für bestimmte Angelegenheiten von der Amtsverschwiegenheit entbinden.

(3) Der Richter ist verpflichtet, über die Vorbereitung einer Entscheidung sowie über den Hergang bei der Beratung und Abstimmung Stillschweigen zu bewahren (Beratungsgeheimnis).

*§ 29. Nebentätigkeiten bei Gericht*

(1) Der Richter ist verpflichtet, eine Nebentätigkeit (Nebenamt, Nebenbeschäftigung) an einem Gericht oder in der Gerichtsverwaltung wahrzunehmen, sofern ihn diese Tätigkeit nicht über Gebühr in Anspruch nimmt.

(2) Die Gerichtsverwaltung umfasst alle Tätigkeiten, die durch Gesetz einem Gericht zugewiesen sind.

*§ 30. Genehmigungsbedürftige Nebentätigkeiten*

(1) Die Gesetze bestimmen, für welche Nebentätigkeiten der Richter einer Genehmigung bedarf. Die Genehmigung darf nur erteilt werden, wenn außer Zweifel steht, dass die Nebentätigkeit die dienstlichen Leistungen, die Unparteilichkeit und die Unbefangenheit des Richters und andere öffentliche Interessen nicht beeinträchtigen kann.

(2) Versagt die aufsichtführende Stelle eine Genehmigung, so kann der Richter das Dienstgericht anrufen.

(3) Dem Richter ist die Erstattung entgeltlicher oder unentgeltlicher Gutachten untersagt, ebenso die Erteilung entgeltlicher mündlicher Rechtsauskünfte.

## *Abschnitt V: Rechte des Richters*

*§ 31. Schutz und Fürsorge*

(1) Der Staat schützt den Richter in seiner amtlichen Tätigkeit und in seiner Stellung als Richter.

(2) Der Staat sorgt für das Wohl des Richters und seiner Familie im Rahmen des Dienst- und Treueverhältnisses auch nach seinem Ausscheiden aus dem Richteramt.

*§ 32. Dienstbezüge*

(1) Die Dienstbezüge der Richter werden durch Gesetz geregelt.

(2) Der Richter erhält mindestens das Endgehalt eines Oberregierungsrats.

(3) Die Richter der obersten Gerichte eines Landes erhalten in allen Zweigen der Gerichtsbarkeit die gleichen Dienstbezüge. Die Richter aller Gerichte, die dem obersten Gericht eines Landes nachgeordnet sind, erhalten in allen Zweigen der Gerichtsbarkeit die gleichen Dienstbezüge. Dies gilt nicht für die Präsidenten der Gerichte und ihre ständigen Vertreter, für die aufsichtführenden oder vorsitzenden Richter und für die Mitglieder der Verfassungsgerichte.

(4) Errichtet ein Land ein oberstes Landesgericht aufgrund von § 38 des Einführungsgesetzes zum Gerichtsverfassungsgesetz, so bleibt dieses Gericht bei der Festlegung der Dienstbezüge nach Abs. 3 außer Betracht. Den Mitgliedern dieses Gerichtes können durch Gesetz besondere Dienstbezüge zugebilligt werden.

## *Abschnitt VI: Richterrat*

*§ 33. Bildung des Richterrates*

(1) Bei jedem obersten Gericht eines Landes wird ein Richterrat eingerichtet. Durch Verwaltungsbestimmung kann angeordnet werden, dass ein Richterrat auch bei bestimmten unmittelbar oder mittelbar nachgeordneten Gerichten eingerichtet wird.

(2) Der Richterrat wird aus mindestens drei und höchstens neun Richtern gebildet. Die Mitgliederzahl kann auch durch Verwaltungsbestimmung festgelegt werden.

(3) Der Präsident eines Gerichtes und sein ständiger Vertreter können dem Richterrat nicht angehören.

(4) Verfassungsgerichte: noch offen.

*§ 34. Mitglieder kraft Wahl*

(1) Der Richterrat wird mindestens zur Hälfte aus gewählten Vertretern der Richter gebildet.

(2) Wahlberechtigt und wählbar sind alle Richter im Bereich des Gerichtes, jedoch nicht die Richter eines nachgeordneten Gerichtes, bei dem ein eigener Richterrat eingerichtet wird.

(3) Die Vertreter der Richter sowie eine gleiche Anzahl Stellvertreter werden auf jeweils zwei Jahre in einer Versammlung aller Richter des Bereichs gewählt. Nimmt ein Richter an der Versammlung nicht teil, so kann er seine Stimme schriftlich abgeben.

(4) Die Richterversammlung bestimmt unter Vorsitz des lebensältesten Richters das Wahlverfahren.

*§ 35. Aufgaben des Richterrates*

(1) Aufgaben des Richterrates sind

1. Mitwirkung bei der Ernennung (§ 8) und Versetzung (§ 16 Abs. 3) von Richtern,
2. Stellungnahme im Verfahren vor dem Dienstgericht (§ 58 Abs. 2),
3. Mitwirkung in sozialen Angelegenheiten (§ 36),
4. Vermittlung in Meinungsverschiedenheiten zwischen Richtern oder zwischen einem Richter und einer aufsichtführenden Stelle.

(2) Der Richterrat ist zuständig für Angelegenheiten aller Richter des Gerichtes sowie der nachgeordneten Gerichte, wenn für sie kein eigener Richterrat gebildet ist.

*§ 36. Mitwirkung in sozialen Angelegenheiten*

(1) Die Richter besitzen in sozialen Angelegenheiten das gleiche Mitwirkungsrecht wie die Bediensteten der Gerichte.

(2) In sozialen Angelegenheiten nehmen der Personalrat und der Richterrat das Mitwirkungsrecht gemeinsam wahr. Besteht bei einem Gericht ein Personalrat, aber kein Richterrat, so wirkt der Richterrat des höheren Gerichtes mit dem Personalrat des nachgeordneten Gerichtes zusammen.

(3) Bei der Gewährung von Unterstützung oder anderen sozialen Zuwendungen an einen Richter wirkt nur der Vorsitzende oder der stellvertretende Vorsitzende des Richterrates mit.

*§ 37. Entsendung von Mitgliedern in den Personalrat*

(1) Zur gemeinsamen Wahrnehmung des Mitwirkungsrechtes in sozialen Angelegenheiten entsendet der Richterrat mindestens ein Mitglied in den Personalrat.

(2) Der Richterrat entsendet weitere Mitglieder, wenn dies erforderlich ist, damit die Richter entsprechend ihrem stärkemäßigen Zahlenverhältnis im Personalrat vertreten sind. Der Wahlvorstand des Personalrates bestimmt unter stimmberechtigter Mitwirkung eines Vertreters des Richterrates, wie viel Mitglieder der Richterrat entsendet.

(3) In sozialen Angelegenheiten besitzen die entsandten Vertreter des Richterrates Stimmrecht im Personalrat.

*§ 38. Geschäftsführung des Richterrates*

(1) Der Richterrat gibt sich eine Geschäftsordnung.

(2) Die Gerichtsverwaltung stellt dem Richterrat ausreichenden Raum und Sachmittel zur Verfügung.

(3) Beauftragt der Richterrat ein Mitglied mit einer Reise, so werden die Reisekosten nach den Vorschriften über Reisekostenvergütung der Beamten gezahlt.

*§ 39. Schweigepflicht*

(1) Die Mitglieder des Richterrates sind verpflichtet, über Angelegenheiten, die ihnen aufgrund ihrer Zugehörigkeit zum Richterrat bekannt geworden sind, Stillschweigen zu bewahren. Diese Pflicht besteht auch nach dem Ausscheiden aus dem Richterrat oder dem Richteramt fort.

(2) Wer zu Erörterungen des Richterrates hinzugezogen ist, unterliegt der gleichen Schweigepflicht wie die Mitglieder des Richterrates.

## *Abschnitt VII: Verletzung von Richterpflichten*

*§ 40. Dienststrafen*

(1) Dienststrafen sind

1. Verweis,
2. Gehaltskürzung,
3. Entfernung aus dem Richteramt.

(2) Gegen einen Richter im Ruhestand können nur verhängt werden

1. Kürzung des Ruhegehalts,
2. Aberkennung des Ruhegehalts.

(3) In demselben Dienststrafverfahren darf nur eine der genannten Strafen verhängt werden.

*§ 41. Ausschluss der Bestrafung*

Sind seit einer Handlung, die ein Dienstvergehen darstellt und keine schwerere Dienststrafe als den Verweis gerechtfertigt hätte, mehr als fünf Jahre verstrichen, so ist eine Bestrafung nicht mehr zulässig.

*§ 42. Haftung gegenüber dem Staat*

(1) Verletzt ein Richter schuldhaft seine Amtspflicht, so hat er dem Staat den daraus entstehenden Schaden zu ersetzen.

(2) Hat der Staat einem Dritten aufgrund von Art. 34 Satz 1 des Grundgesetzes einen Schaden ersetzt, so ist der Rückgriff gegen einen Richter nur insoweit zulässig, als ihm Vorsatz oder grobe Fahrlässigkeit zur Last fällt.

*§ 43. Verjährung*

(1) Die Ersatzansprüche des Staates (§ 42 Abs. 1) verjähren in drei Jahren von dem Zeitpunkt an, in dem er von dem Schaden und der Person des Ersatzpflichtigen Kenntnis erlangt hat, jedoch ohne Rücksicht auf diese Kenntnis in zehn Jahren von der Handlung an.

(2) Der Rückgriff des Staates (§ 42 Abs. 2) verjährt in drei Jahren von dem Zeitpunkt an, in dem der Staat den Ersatzanspruch dem Dritten gegenüber anerkannt hat oder in

dem der Ersatzanspruch dem Staat gegenüber rechtskräftig festgestellt ist und der Staat von der Person des Ersatzpflichtigen Kenntnis erlangt hat.

## *Abschnitt VIII: Beendigung des Richterdienstes*

*§ 44. Beendigungsgründe*

(1) Das Dienstverhältnis des Richters endet nur mit seinem Tode oder durch

1. Entlassung,
2. Verlust der Richterrechte kraft Gesetzes,
3. Entfernung aus dem Richteramt im Wege eines Dienststrafverfahrens,
4. Eintritt in den Ruhestand.

(2) Das Dienstverhältnis eines Richters auf Zeit endet auch mit Ablauf der Zeit, für die er berufen ist.

*§ 45. Form der Beendigung*

Wider den Willen eines Richters kann

1. seine Entlassung,
2. die Rücknahme seiner Ernennung,
3. die Nichtigkeit seiner Ernennung,
4. seine vorzeitige Versetzung in den Ruhestand

nur durch ein Urteil des Dienstgerichts ausgesprochen oder festgestellt werden.

*§ 46. Entlassung auf Verlangen*

(1) Der Richter kann jederzeit seine Entlassung verlangen. Das Verlangen muss einer aufsichtführenden Stelle schriftlich erklart werden. Die Erklärung kann innerhalb zweier Wochen nach Zugang bei der aufsichtführenden Stelle zurückgenommen werden, jedoch nicht mehr, wenn die Entlassungsverfügung dem Richter zugegangen ist.

(2) Die Entlassung ist für den verlangten Zeitpunkt auszusprechen, sie kann jedoch um längstens drei Monate hinausgeschoben werden, bis der Richter seine Amtsgeschäfte ordnungsgemäß erledigt hat.

(3) Der Richter ist berechtigt, bereits nach Abgabe der Erklärung sich einer richterlichen Entscheidung zu enthalten, wenn er hierfür einen besonderen Grund glaubhaft macht.

*§ 47. Ruhestand*

(1) Die Richter treten mit Ablauf des Monats in den Ruhestand, in dem sie das achtundsechzigste Lebensjahr vollenden. Der Eintritt in den Ruhestand kann nicht hinausgeschoben werden.

(2) Ein Richter tritt in den Ruhestand, wenn eine rechtskräftige Entscheidung des Dienstgerichts festgestellt hat, dass er infolge eines körperlichen Gebrechens oder wegen

Schwäche seiner körperlichen oder geistigen Kräfte zur Erfüllung seiner Dienstpflichten dauernd unfähig (dienstunfähig) ist.

(3) Ohne Nachweis der Dienstunfähigkeit kann ein Richter auf seinen Antrag in den Ruhestand versetzt werden, wenn er das zweiundsechzigste Lebensjahr vollendet hat.

*§ 48. Richter ohne Amt*

(1) Ein Richter ohne Amt (§ 16 Abs. 1, § 27 Abs. 3) erhält die Dienstbezüge des zuletzt von ihm bekleideten Amtes, jedoch die zur Bestreitung des Dienstaufwandes bestimmten Einkünfte nur bis zum Ende des Monats, in dem er von den Pflichten seines Amtes entbunden wird.

(2) Der Richter ohne Amt ist verpflichtet, ein neues Richteramt mit mindestens dem gleichen Endgrundgehalt zu übernehmen. Ruhegehaltsfähige und unwiderrufliche Stellenzulagen gelten als Bestandteile des Endgrundgehalts.

## *Abschnitt IX: Rechtsschutz*

### *1. Unterabschnitt: Eröffnung der Rechtswege*

*§ 49. Rechtsweg vor den Verwaltungsgerichten*

(1) Für alle Klagen der Richter, Richter im Ruhestand oder ihrer Hinterbliebenen aus dem Dienstverhältnis steht der Rechtsweg vor den Verwaltungsgerichten offen, soweit nicht dieses Gesetz (§§ 50, 51) etwas anderes vorschreibt. Für Klagen des Staates gilt das Gleiche.

(2) Für alle Streitigkeiten aus der Bildung oder Geschäftsführung des Richterrats steht der Rechtsweg vor den Verwaltungsgerichten offen.

*§ 50. Rechtsweg vor den ordentlichen Gerichten*

Nimmt der Staat wegen eines Schadensersatzes Rückgriff gegen den Richter (§ 42 Abs. 2), so steht der Rechtsweg vor den ordentlichen Gerichten offen.

*§ 51. Rechtsweg vor den Dienstgerichten*

Der Rechtsweg vor den Dienstgerichten steht offen für

1. Dienststrafverfahren
2. Beendigung des Dienstverhältnisses (§ 45) – Entlassungsverfahren,
3. Versetzung eines Richters in ein anderes richterliches Amt im Interesse der Rechtspflege (§ 17) oder in den Ruhestand wegen Dienstunfähigkeit (§ 47 Abs. 2) – Versetzungsverfahren,
4. Anfechtung von Maßnahmen der Dienstaufsicht (§ 23 Abs. 2) und bei Versagung der Genehmigung für eine Nebentätigkeit (§ 30 Abs. 2) – Prüfungsverfahren.

## 2. *Unterabschnitt: Verfassung der Dienstgerichte*

*§ 52. Errichtung der Dienstgerichte*

(1) Dienstgerichte sind die Senate für Richtersachen und die Großen Senate für Richtersachen.

(2) Senate für Richtersachen werden bei den Landgerichten oder den Oberlandesgerichten durch Gesetz errichtet. Sie können auch für die Bezirke mehrerer Landgerichte oder Oberlandesgerichte errichtet werden.

(3) In jedem Land wird bei einem Oberlandesgericht oder dem Obersten Landesgericht ein Großer Senat für Richtersachen durch Gesetz errichtet.

(4) Der Vorsitzende des Großen Senats für Richtersachen führt allein die Dienstaufsicht über den Großen Senat und die Senate für Richtersachen.

*§ 53. Besetzung der Dienstgerichte*

(1) Die Senate für Richtersachen entscheiden mit einem Vorsitzenden und zwei Beisitzern, der Große Senat für Richtersachen mit einem Vorsitzenden und vier Beisitzern.

(2) Vorsitzender des Dienstgerichts ist der Präsident des Gerichts, bei dem das Dienstgericht errichtet ist (Stammgericht), oder sein ständiger Vertreter. Werden der Senat und der Große Senat für Richtersachen bei dem gleichen Oberlandesgericht gebildet, so bestimmt das Präsidium den Vorsitzenden des Senats.

(3) Beisitzer können nur Richter sein. Sie müssen zur Hälfte der Gerichtsbarkeit des Beschuldigten angehören. Mindestens ein Beisitzer soll den gleichen Rang wie der Beschuldigte besitzen.

*§ 54. Bestellung der Beisitzer*

(1) Für den Bereich jeden Dienstgerichts stellen die Präsidien der jeweils höchsten Gerichte aller Zweige der Gerichtsbarkeit vor Beginn des Geschäftsjahres eine Vorschlagsliste für Beisitzer auf. Darin sind auch Richter der unteren Gerichte vorzuschlagen.

(2) Das Präsidium des Stammgerichts bestimmt die Beisitzer aus den Vorschlagslisten für die Dauer eines Geschäftsjahres. Es ist an die Reihenfolge in den Vorschlagslisten gebunden.

*§ 55. Zuständigkeit der Dienstgerichte*

(1) Das Dienstgericht ist zuständig für die Verfahren aus allen Zweigen der Gerichtsbarkeit innerhalb seines Bereichs.

(2) Für die Richter der obersten Gerichte und Oberlandesgerichte eines Landes ist der Große Senat für Richtersachen zuständig. Ein Landesgesetz kann die Berufung an das Dienstgericht beim Bundesgerichtshof zulassen.

(3) Für die anderen Richter eines Landes sind im ersten Rechtszug die Senate für Richtersachen und im zweiten Rechtszug der Große Senat für Richtersachen zuständig.

*§ 56. Dienstgerichtsbarkeit über Verfassungsrichter*
Noch offen.

## 3. Unterabschnitt: Verfahren vor den Dienstgerichten

*§ 57. Einleitung des Verfahrens*

(1) Das Verfahren wird durch einen Beschluss des Dienstgerichts eingeleitet.

(2) Die oberste aufsichtführende Stelle oder der Richter kann die Einleitung des Verfahrens beantragen. Der Beschluss, in dem das Verfahren eingeleitet oder die Einleitung abgelehnt wird, ist mit Gründen dem Richter und der obersten aufsichtführenden Stelle zuzustellen.

(3) Hat ein Senat für Richtersachen die Einleitung des Verfahrens abgelehnt, so steht dem Antragsteller hiergegen binnen zwei Wochen die sofortige Beschwerde an den Großen Senat für Richtersachen zu.

*§ 58. Verfahren bis zum Urteil*

(1) Der Vorsitzende des Dienstgerichts kann eine Untersuchung anordnen. Er bestellt einen Dienstrichter als Untersuchungsführer.

(2) In einem Prüfungs- oder Versetzungsverfahren kann der Vorsitzende eine Stellungnahme des Richterrates einholen. § 11 Abs. 1 und 2 gelten entsprechend.

(3) Durch Gesetz kann die Beteiligung eines Dienststrafanwalts vorgesehen werden.

(4) Das Dienstgericht entscheidet aufgrund einer Hauptverhandlung. Es kann die Öffentlichkeit ganz oder teilweise ausschließen.

*§ 59. Dienststrafverfahren*

(1) Eine Dienststrafe kann nur im Dienststrafverfahren verhängt werden, jedoch kann ein Verweis auch durch Dienststrafverfügung ausgesprochen werden.

(2) Ein Richter kann die Einleitung eines Dienststrafverfahrens beantragen, um sich von dem Verdacht eines Dienstvergehens zu reinigen.

(3) Das Urteil lautet auf Bestrafung, Freispruch oder Einstellung des Verfahrens.

*§ 60 Dienststrafverfügung*

(1) Ein Verweis kann durch Dienststrafverfügung ausgesprochen werden.

(2) Zu einer Dienststrafverfügung ist jede aufsichtführende Stelle befugt. Die Dienststrafverfügung ist schriftlich zu begründen und dem Beschuldigten zuzustellen.

(3) Gegen eine Dienststrafverfügung kann der Beschuldigte binnen zwei Wochen nach Zustellung Antrag auf Entscheidung des Dienstgerichts stellen.

(4) Die Dienststrafverfügung tritt an die Stelle des Eröffnungsbeschlusses. Das Urteil lautet auf Aufhebung oder Bestätigung der Dienststrafverfügung.

(5) Die Dienststrafverfügung kann binnen eines Jahres von der gleichen oder einer höheren aufsichtführenden Stelle aufgehoben werden, solange nicht ein Urteil des Dienstgerichts verkündet ist.

*§ 61. Vorläufige Amtsenthebung*

(1) Das Dienstgericht kann einen Richter vorläufig seines Dienstes entheben,

1. wenn er eines Dienstvergehens dringend verdächtig ist, das die Versetzung in den Ruhestand oder die Entfernung aus dem Dienst rechtfertigen würde, oder
2. wenn hinreichende Gründe für die Annahme sprechen, dass die Beendigung des Dienstverhältnisses auszusprechen ist (§ 45).

(2) Gleichzeitig kann das Dienstgericht die teilweise Einbehaltung von Dienstbezügen anordnen.

(3) Vor diesen Anordnungen ist der Richter zu hören.

(4) Gegen den Beschluss eines Senats für Richtersachen wegen vorläufiger Amtsenthebung oder Einbehaltung von Dienstbezügen ist binnen zwei Wochen die Beschwerde an den Großen Senat für Richtersachen zulässig. Die Beschwerde hat keine aufschiebende Wirkung.

*§ 62. Entlassungsverfahren*

(1) Soll ein Richter wider seinen Willen entlassen oder in den Ruhestand versetzt werden, so teilt die oberste aufsichtführende Stelle dies dem Richter unter Angabe der Gründe schriftlich mit.

(2) Sucht der Richter nicht binnen vier Wochen seit Zustellung um seine Entlassung der Zurruhesetzung nach, so beantragt die oberste aufsichtführende Stelle die Einleitung des Entlastungsverfahrens vor dem Dienstgericht.

(3) Der Antrag ist zu begründen und tritt an die Stelle des Eröffnungsbeschlusses.

*§ 63. Versetzungsverfahren*

(1) Soll ein Richter im Interesse der Rechtspflege in ein anderes richterliches Amt versetzt werden, so teilt die oberste aufsichtführende Stelle dies dem Richter unter Angabe der Gründe schriftlich mit.

(2) Sucht der Richter nicht binnen vier Wochen seit Zustellung um seine Versetzung nach, so beantragt die oberste aufsichtführende Stelle die Versetzung bei dem Dienstgericht.

(3) Das Dienstgericht holt eine Stellungnahme des Richterrats ein.

(4) Das Urteil lautet auf Ermächtigung der obersten aufsichtführenden Stelle zur Versetzung des Richters oder auf Zurückweisung des Antrags.

*§ 64. Prüfungsverfahren*

(1) Gegen eine Maßnahme der Dienstaufsicht oder gegen die Versagung der Genehmigung für eine Nebentätigkeit kann der Richter binnen zwei Wochen nach der Verfügung der aufsichtführenden Stelle die Einleitung des Prüfungsverfahrens vor dem Dienstgericht beantragen.

(2) Das Dienstgericht kann anordnen, dass die Einleitung des Prüfungsverfahrens aufschiebende Wirkung hat.

(3) Das Urteil lautet auf Änderung oder Aufhebung der angefochtenen Verfügung oder auf Zurückweisung des Antrags.

(4) Die angefochtene Verfügung kann von der gleichen oder einer höheren aufsichtführenden Stelle aufgehoben oder geändert werden, solange nicht ein Urteil des Dienstgerichts verkündet ist.

## Dritter Teil. *Richter im Bundesdienst*

### *Abschnitt I: Rechtsstellung der Richter im Bundesdienst*

*§ 65. Dienstaufsicht*

(1) Bundesverfassungsgericht: noch offen.

(2) Die Präsidenten des Obersten Bundesgerichts und der oberen Bundesgerichte führen die Dienstaufsicht über die Richter ihrer Gerichte. Der zuständige Bundesminister führt die Dienstaufsicht über den Präsidenten und die Richter.

(3) Der Präsident des Bundesdisziplinarhofs führt die Dienstaufsicht auch über die Richter der Bundesdiziplinarkammern.

*§ 66. Richterrat*

(1) Bundesverfassungsgericht: noch offen.

(2) Bei jedem oberen Bundesgericht wird ein Richterrat eingerichtet. Er wird bei dem

1. Bundesgerichtshof aus fünf gewählten Mitgliedern und vier Mitgliedern des Präsidiums,
2. Bundesverwaltungsgericht aus drei gewählten Mitgliedern und zwei Mitgliedern des Präsidiums,
3. Bundesfinanzhof aus drei gewählten Mitgliedern und zwei Mitgliedern des Präsidiums,
4. Bundesarbeitsgericht aus drei gewählten Mitgliedern und zwei Mitgliedern des Präsidiums,
5. Bundessozialgericht aus drei gewählten Mitgliedern und zwei Mitgliedern des Präsidiums gebildet.

(3) Bei dem Bundesdisziplinarhof wird ein Richterrat zugleich für die Bundesdisziplinarkammern eingerichtet. Er wird aus insgesamt drei gewählten Richtern der Bundesdisziplinarkammern und des Bundesdisziplinarhofs und aus zwei Mitgliedern des Präsidiums des Bundesdisziplinarhofs gebildet.

(4) Das Präsidium bestimmt, welche Mitglieder es in den Richterrat entsendet. Die Mitglieder sollen auf die Dauer einer Wahlperiode entsandt werden.

*§ 67. Bundespersonalausschuss*

(1) In Angelegenheiten der Richter im Bundesdienst treten die Richterräte an die Stelle des Bundespersonalausschusses.

(2) Die Richterräte können einen gemeinsamen Ausschuss zur Wahrnehmung dieser Aufgaben bilden. Das Nähere bestimmen die Geschäftsordnungen.

## *Abschnitt II: Rechtsschutz für die Richter im Bundesdienst*

*§ 68. Dienstgericht für Richter im Bundesdienst*

(1) Für die Richter im Bundesdienst, jedoch nicht für die Richter am Bundesverfassungsgericht, wird ein Dienstgericht bei dem Bundesgerichtshof errichtet. Es entscheidet in einem einzigen Rechtszug.

(2) Das Dienstgericht bei dem Bundesgerichtshof entscheidet mit dem Präsidenten des Bundesgerichtshofs oder seinem ständigen Vertreter als Vorsitzenden und sechs Beisitzern. Die Beisitzer müssen zur Hälfte der Gerichtsbarkeit des Beschuldigten angehören. Mindestens ein Beisitzer soll den gleichen Rang wie der Beschuldigte besitzen.

(3) Die Präsidien des Obersten Bundesgerichts und der oberen Bundesgerichte stellen vor Beginn des Geschäftsjahres eine Vorschlagsliste für Beisitzer auf. Das Präsidium des Bundesgerichtshofs bestimmt die Beisitzer aus den Vorschlagslisten für die Dauer eines Geschäftsjahres. Es ist an die Reihenfolge in den Vorschlagslisten gebunden.

*§ 69. Beschränkung der Dienststrafen*

(1) Das Dienstgericht bei dem Bundesgerichtshof kann als Dienststrafe nur auf Versetzung in den Ruhestand oder Entfernung aus dem Dienst, gegen einen Richter im Ruhestand nur auf Aberkennung des Ruhegehalts erkennen.

(2) Gegen Richter der Bundesdisziplinarkammern können jedoch auch andere Dienststrafen gemäß § 40 verhängt werden.

*§ 70. Verfahren vor dem Dienstgericht*

(1) Das Verfahren vor dem Dienstgericht bei dem Bundesgerichtshof bestimmt sich nach den §§ 57 bis 64 dieses Gesetzes. Die Bestimmungen der Bundesdisziplinarordnung sind ergänzend und sinngemäß anzuwenden.

(2) Der Bundesdisziplinaranwalt wirkt in den Verfahren nicht mit. Seine Aufgaben übernimmt die oberste aufsichtführende Stelle.

(3) Der Antrag auf Einleitung des Verfahrens (§ 57 Abs. 2) tritt an die Stelle der Anschuldigungsschrift.

*Ergänzungen vom 16.4.1955 zum Vorentwurf für ein Deutsches Richtergesetz (Verfassungsgerichtsbarkeit)*

*§ 23 (3):* (3) Die Verfassungsgerichte führen die Aufsicht über die Verfassungsrichter. Das Dienstgericht kann nicht angerufen werden.

*§ 33 (4):* (4) Bei den Verfassungsgerichten übernimmt das Plenum die Aufgaben des Richterrates.

*§ 56. Dienstgerichtsbarkeit über Verfassungsrichter*
Das Plenum des Verfassungsgerichts übt die Dienstgerichtsbarkeit über die Richter des Verfassungsgerichts aus. Dies gilt auch, wenn ein Richter zugleich Mitglied des Verfassungsgerichts und eines anderen Gerichts ist.

*§ 65 (1):* (1) Der Präsident des Bundesverfassungsgerichts führt die Dienstaufsicht über die Richter des Bundesverfassungsgerichts. Gegen seine Maßnahmen kann nur das Plenum angerufen werden.

*§ 66 (1):* (1) Bei dem Bundesverfassungsgericht übernimmt das Plenum die Aufgaben des Richterrates. Es kann die Aufgaben einem Ausschuss übertragen.

*§ 71. Dienstgerichtsbarkeit über Verfassungsrichter des Bundes*

(1) Das Plenum des Bundesverfassungsgerichts übt die Dienstgerichtsbarkeit über die Richter des Bundesverfassungsgerichts aus.

(2) Eine Dienststrafe oder eine Versetzung in den Ruhestand kann nur gemäß den Bestimmungen des Gesetzes über das Bundesverfassungsgericht ausgesprochen werden.

(3) Eine jede, dem Richter nachteilige Entscheidung bedarf der Zustimmung von fünfzehn Richtern des Bundesverfassungsgerichts.

# XIII. *Protokoll und Stellungnahme des Unterausschusses der Arbeitsgemeinschaft der Innenministerien der Länder zum Entwurf eines Deutschen Richtergesetzes*

## 1. *Protokoll vom 2./3.6.1935 (Würzburg)*

Teilnehmer an der Sitzung des Unterausschusses:

1. MinRat Dr. Feneberg, Bayerisches Staatsministerium des Innern in München;
2. RegDir. Dr. Geib, Innenministerium des Landes Schleswig-Holstein in Kiel;
3. RegDir. Dr. Roschüz, Innenministerium des Landes Baden-Württemberg in Stuttgart;
4. RegDir. Bünger, Innenministerium des Landes Niedersachsen in Hannover;
5. RegAss. Dr. v.d. Heide, Bundesministerium des Innern in Bonn.

*MinRat Dr. Feneberg* als Vorsitzender des Unterausschusses eröffnet die Sitzung. Er weist einleitend darauf hin, dass es die Aufgabe des Unterausschusses sei, eine Stellungnahme der Innenministerkonferenz zu dem vom Bundesminister der Justiz vorgelegten Entwurf eines Deutschen Richtergesetzes vorzubereiten. Er schlägt vor, die Stellungnahme des Unterausschusses der voraussichtlich bereits nach Ende des Monats Juni in Travemünde zusammentretenden Innenministerkonferenz zur Beschlussfassung vorzulegen, damit die Auffassung der Innenminister der Länder möglichst noch in einem frühen Stadium des Gesetzgebungsverfahrens durch den Bundesminister des Innern dem Bundesminister der Justiz übermittelt werden könne.

Wegen der schon in den Grundsatzfragen abweichenden Auffassung des Innenressorts sei es zweckmäßig, die Erörterungen des Unterausschusses zunächst auf die Grundsatzfragen zu beschränken und Thesen für die grundsätzliche Auffassung der Innenminister zur Gesetzgebung auf dem Gebiet des Richterrechts auszuarbeiten. Die Auseinandersetzung mit den Einzelheiten des Entwurfs sei erst dann zweckmäßig, wenn die Auffassung in den Grundsatzfragen festgelegt worden sei. Die Einzelheiten sollten deshalb erst bei Vorliegen des endgültigen Referentenentwurfs erörtert werden.

Für die Behandlung der Grundsatzfragen schlägt MinRat Dr. Fensberg folgende Tagesordnung vor:

1. Klärung der Zuständigkeiten des Bundes auf dem Gebiet des Richterrechts und Klärung der Art und des Umfangs der Rahmengesetzgebung,
2. Erörterung des zeitlichen Programms für die Richtergesetzgebung,
3. das Verhältnis der Richter zu den Beamten,
4. Richterräte,
5. Besoldungswesen der Richter,
6. Dienstgerichte,
7. Fragen der Verfassungsrichter.

Es besteht im Unterausschuss Einigkeit darüber, nach der von dem Herrn Vorsitzenden vorgeschlagenen Tagesordnung zu verfahren und sich auf die Behandlung der Grundsatzfragen zu beschränken, da die Regelung der Einzelheiten von der grundsätzlichen Auffassung zur Richtergesetzgebung abhängt. RegDir. Dr. Geib bittet, die Tagesordnung noch um die Erörterung der Frage der Federführung zu ergänzen. Dieser Vorschlag findet die Zustimmung des Unterausschusses.

## *1. Die Zuständigkeit des Bundes auf dem Gebiet des Richterrechts, Art und Umfang der Rahmengesetzgebung*

Der Unterausschuss ist sich darüber einig, dass dem Bund auf dem Gebiet des Richterrechts für die Richter im Bundesdienst die ausschließliche Gesetzgebungszuständigkeit und nach Art. 98 Abs. 3 GG für die Richter der Länder die Befugnis zur Rahmengesetzgebung in dem gleichen Umfang wie nach Art. 75 Ziff. 1 GG zusteht.

Nach der Auffassung des Unterausschusses ist die bisherige Konzeption des Entwurfs des Richtergesetzes als mit dem Grundgesetz nicht vereinbar abzulehnen. Die auch für die Länder verbindlichen Vorschriften des 1. und 2. Teiles des Entwurfs entsprechen nicht den Anforderungen, die an Rahmenvorschriften zu stellen sind. Der Entwurf überschreitet erheblich die Grenzen, die dem Bundesgesetzgeber auf dem Gebiet der Rahmengesetzgebung gesetzt sind; er ist mit den Grundsätzen, die das Bundesverfassungsgericht in seinem Urteil vom 1.12.1954 betreffend den Verfassungsstreit zwischen dem Bundesminister der Finanzen und dem Lande Nordrhein-Westfalen über das Besoldungsgesetz des Landes NRW herausgearbeitet hat, nicht vereinbar, denn er lässt den Landesgesetzgebern für eine eigenständige landesgesetzliche Regelung von substantiellem Gewicht keinen Raum.

Der Unterausschuss ist deshalb der Auffassung, dass an dem bisherigen Aufbau des Entwurfs nicht festgehalten werden kann. Er hält es übereinstimmend für notwendig, dass die Vorschriften für Bundesrichter scharf von den Rahmenvorschriften für die Richter getrennt werden. Gemeinsame Vorschriften für die Richter des Bundes und der Länder verwischen die Abgrenzungen zwischen den verschiedenen Arten der Gesetzgebungszuständigkeiten. Der Rahmenteil des Richtergesetzes darf nach der Auffassung des Unterausschusses nur die grundsätzlichen Regelungen des Richterrechts enthalten. Dabei sind die Grundsätze des Urteils des Bundesverfassungsgerichts in seiner Entscheidung vom 1.12.1954 im Besoldungsstreit zwischen dem Bundesminister der Finanzen und dem Lande Nordrhein-Westfalen zu beachten.

Bei dem Erlass der Rahmenvorschriften sollte die Bundesregierung den gleichen Weg wie beim Ersten Rahmengesetz zur Vereinheitlichung des Beamtenrechts beschreiten, d.h. der Entwurf des Richtergesetzes sollte die Rahmenvorschriften ebenfalls nur als Anweisung an die Landesgesetzgeber vorsehen. Genau wie auf dem Gebiet des Beamtenrechts ist es auch auf dem Gebiet des Richterrechts notwendig, dass sich die für die einzelnen Richter der Länder verbindlichen Vorschriften aus einem einheitlichen Gesetz, nämlich dem Landesrichtergesetz, ergeben. Nur eine solche Lösung wird den praktischen Bedürfnissen gerecht. Der Unterausschuss ist hierzu der Auffassung, dass die Bundesregierung auf dem Gebiet des öffentlichen Dienstrechts bei dem Erlass von Rahmenvorschriften jeweils den gleichen Weg beschreiten sollte.

## 2. *Das zeitliche Programm für die Richtergesetzgebung*

Im Unterausschuss besteht Einigkeit darüber, dass der gewählte Zeitpunkt für die Richtergesetzgebung unglücklich ist. Vor dem Erlass der Rechtsvorschriften für die Dienstverhältnisse der Richter sollten zunächst die noch im Gesetzgebungsverfahren befindlichen

Gesetze auf dem Gebiet des Beamtenrechts (Rahmengesetz zur Vereinheitlichung des Beamtenrechts, Personalvertretungsgesetz) abgewartet werden. Bevor die Rechtsverhältnisse der Richter neu geregelt werden, sollten die Erfahrungen, die mit diesen Gesetzen gemacht werden, abgewartet werden, damit sie später bei der Neuordnung des Richterrechts berücksichtigt werden können.

Eine Neuordnung des Richterrechts setzt ferner auch den Abschluss der Gesetzgebung auf dem Gebiet des Prozessrechts in den verschiedenen Zweigen voraus. Erst wenn die Finanz- und Verwaltungsgerichtsordnung verabschiedet sind und die vorgesehene große Justizreform wenigstens in den Grundzügen eingeleitet ist, sollte an die Verabschiedung eines Richtergesetzes gedacht werden.

Die Regelung der Rechtsverhältnisse der Richter erscheint im gegebenen Zeitpunkt auch deshalb nicht vordringlich zu sein, weil die durch das Grundgesetz vorgeschriebene Unabhängigkeit der Richter auch schon bei der bestehenden Rechtslage gewährleistet ist.

Der Unterausschuss setzt sich eingehend mit der Frage auseinander, ob es zweckmäßig ist, bei der Richtergesetzgebung in gleicher Weise wie auf dem Gebiet des Beamtenrechts zu verfahren, d.h. zunächst ein eigenes Gesetz für die Bundesrichter zu erlassen und erst später, wenn mit diesem Gesetz Erfahrungen gesammelt worden sind, an den Erlass von Rahmenvorschriften heranzugehen. – Der Unterausschuss hält nach eingehender Beratung eine solche Trennung des Gesetzgebungsverfahrens auf dem Gebiet des Richterrechts nicht für zweckmäßig. Durch den Erlass eines Richtergesetzes zunächst nur für die Bundesrichter würde die spätere Rahmengesetzgebung für die Richter der Länder weitgehend präjudiziert werden. Da ein Gesetz für die Bundesrichter, dessen Erlass verfassungsrechtlich unzweifelhaft zulässig wäre, der Zustimmung des Bundesrates nicht bedürfte, würden die Länder auf den Erlass eines solchen Richtergesetzes nur sehr beschränkt Einfluss nehmen können. Da jedoch zur Herstellung der Rechtseinheit die dann später zu erlassenden Rahmenvorschriften dem Bundesrichterrecht angepasst werden müssten, würde den Ländern unter Umständen die Möglichkeit genommen sein, wesentlichen Einfluss auf die Richtergesetzgebung auszuüben. Für einen gemeinsamen Erlass der Vorschriften für Bundesrichter und für die Richter der Länder spricht auch der Grundsatz der Gesetzgebungsökonomie. Ein gemeinsames Gesetz würde die Übersichtlichkeit auf dem Rechtsgebiet des Richterrechts wesentlich besser garantieren als der Erlass zweier voneinander getrennter Gesetze.

### 3. *Das Verhältnis der Richter zu den Beamten*

Der Unterausschuss ist der Auffassung, dass die Richter Beamte sind, und zwar Beamte mit „besonderen Rechten und Pflichten". Die Richter fallen genauso wie die Beamten unter die Vorschrift des Art. 33 Abs. 5 des Grundgesetzes. Auch ihre Rechtsverhältnisse müssen nach den hergebrachten Grundsätzen des Berufsbeamtentums geregelt werden.

Es ist nach der Auffassung des Unterausschusses als ein hergebrachter Grundsatz des Berufsbeamtentums anzusehen, dass der Richter Berufsbeamter ist.

Für eine in den Grundzügen einheitliche Regelung des Dienstrechtes der Richter und der Beamten spricht nach der Auffassung des Unterausschusses die Einheit des öffentlichen Dienstes, die auch in Zukunft aufrechterhalten werden muss. Im Interesse des Berufsbeamtentums als Bestandteil der staatlichen Ordnung ist es notwendig, dass die Dienstverhältnisse aller im staatlichen Dienst stehenden Personen, soweit sie dem Staat auf Lebenszeit verbunden sind, soweit einheitlich geregelt werden, als nicht die besonderen Amtsaufgaben eine abweichende Regelung als zwingend notwendig erscheinen lassen.

Eine in den Grundzügen einheitliche Regelung der Rechtsverhältnisse der Richter und der Beamten ist darüber hinaus auch schon aus der praktischen Erwägung notwendig, dass der ständige Wechsel zwischen den Beamten und Richtern möglich bleiben muss. Die Möglichkeit eines Übertritts aus dem Verwaltungsdienst in den richterlichen Dienst und umgekehrt ist jedoch nur dann gegeben, wenn für Richter und Beamte in den Grundzügen einheitliches Recht gilt. Das Vorhandensein dieser Möglichkeit ist für verschiedene Zweige der Gerichtsbarkeit eine sachliche Notwendigkeit. Das gilt insbesondere für die Finanz- und Verwaltungsgerichtsbarkeit, die auf den richterlichen Nachwuchs aus Fachleuten der Verwaltung angewiesen sind, genauso aber auch für den Austausch zwischen Staatsanwälten und Richtern.

Von dieser Auffassung ausgehend ist der Unterausschuss der Meinung, dass der Entwurf des Richtergesetzes schon in seiner grundsätzlichen Konzeption verfehlt ist. Es ist nicht vertretbar, dass für die Richter in erster Linie die Vorschriften des Richtergesetzes und erst ergänzend die Vorschriften des Beamtenrechts Anwendung finden sollen. Bei der Regelung des Richterrechts muss gerade umgekehrt davon ausgegangen werden, dass auf die Richter die Vorschriften des Beamtenrechts Anwendung finden, soweit nicht im Richtergesetz selbst etwas Abweichendes bestimmt ist, denn nur so kann die Einheit der öffentlichen Dienstrechts gewahrt werden. Das Richtergesetz müsste deshalb neu aufgebaut werden und etwa mit einer Vorschrift folgenden Inhalts beginnen:

*§ 1.* „Auf die Rechtsverhältnisse der Richter finden die Vorschriften des für Beamte allgemein geltenden Rechts Anwendung, soweit nicht in diesem Gesetz etwas anderes bestimmt ist." Eine ähnliche Vorschrift wäre auch innerhalb der Rahmenvorschriften vorzusehen. – Abweichungen von dem für Beamte allgemein geltenden Recht sind nur insoweit begründet, als sie sich aus dem durch das Grundgesetz garantierten Grundsatz der Unabhängigkeit des Richters ergeben. Der Entwurf des Richtergesetzes muss sich deshalb auf die Regelung solcher Rechtsmaterien beschränken, die von dem für Beamte allgemein geltenden Recht zur Wahrung des Grundsatzes der Unabhängigkeit des Richters in den Einzelheiten abweichend geregelt werden müssen.

Im Zusammenhang mit der Grundsatzfrage des Verhältnisses zwischen Beamten und Richtern erörtert der Unterausschuss die Frage der Federführung auf dem Gebiet der Richtergesetzgebung. Er ist der Auffassung, dass es sich bei dem Richterrecht um Beamtenrecht handelt und dass deshalb die Federführung eigentlich bei den Innenministerien, im Bunde beim Bundesministerium des Innern, liegen müsste. Der Unterausschuss ist sich jedoch darüber klar, dass es weder im Bund noch in den Ländern nicht durchzusetzen sein wird, die Federführung für das Richterrecht den Innenministerien zu übertragen. Für die Federführung der Justizministerien spricht, das wird vom Unterausschuss nicht verkannt, der Umstand, dass bei den Justizressorts für die Fragen des Richterrechts die größere Sachkenntnis liegt.

Nach der Auffassung des Unterausschusses muss jedoch auf alle Fälle angestrebt werden, dass die Innenministerien und besonders das Bundesministerium des Innern die Mitfederführung auf dem Gebiet der Richtergesetzgebung erhalten. Es erscheint dringend notwendig, dass der Entwurf des Richtergesetzes nur im Einvernehmen mit dem Bundesminister des Innern verabschiedet wird. Die Vertreter der Länder sagen in dieser Frage ihre volle Unterstützung dem Bundesminister des Innern zu. Es wird darüber hinaus für notwendig gehalten, von Anfang an daraufhinzuwirken, dass auch die Beteiligung des Innenausschusses des Bundesrates und des Beamtenrechtsausschusses des Bundestages sichergestellt wird, damit die Federführung in den gesetzgebenden Körperschaften nicht ausschließlich bei den Rechtsausschüssen liegt.

## *4. Besoldungswesen*

Der Unterausschuss ist übereinstimmend der Auffassung, dass der Entwurf des Richtergesetzes keine Vorschriften für das Besoldungsrecht der Richter enthalten dürfe. Die Regelung des Besoldungsrechts muss den Besoldungsgesetzen vorbehalten bleiben. Er setzt sich für eine Streichung aller besoldungsrechtlichen Vorschriften ein.

Der Unterausschuss hat sachlich gegen den Grundsatz des Entwurfs, dass die Richter aller Zweige der Gerichtsbarkeit gleiche Besoldung erhalten sollen, schwerste Bedenken. Er hält ferner ein Abweichen der Richterbesoldung von der Beamtenbesoldung für nicht vertretbar. Eine Gleichstellung der Besoldung in den verschiedenen Zweigen der Gerichtsbarkeit ist wegen der verschiedenen Aufgaben, die den einzelnen Gerichten obliegen, nicht möglich. Schon ein Vergleich der Verwaltungsgerichtsbarkeit mit der ordentlichen Gerichtsbarkeit ist nicht möglich. Es wird auf die verschiedenen Gerichtsorganisationen und die viel größeren Gerichtsbezirke in der Verwaltungsgerichtsbarkeit hingewiesen. Eine Gleichstellung beispielsweise der Oberverwaltungsgerichte und Verwaltungsgerichtshöfe mit den Oberlandesgerichten ist abwegig. Das Gleiche gilt aber auch schon für die erstinstanzlichen Gerichte der Verwaltungsgerichtsbarkeit.

## *5. Richterräte*

Der Unterausschuss hält die Vorschrift über die Richterräte für zu weitgehend und mit der Rahmengesetzgebungszuständigkeit nicht vereinbar. Der Entwurf des Richtergesetzes sollte hinsichtlich der Vorschriften für die Richterräte nicht über die Regelungen hinausgehen, die das Personalvertretungsgesetz den Ländern für die Personalvertretung der Beamten vorschreibt. Es ist kein Grund ersichtlich, warum der Bundesgesetzgeber bei den Richterräten eine für die Länder weitergehende Rahmenregelung vorschreibt als bei dem dem Umfange des betroffenen Personenkreises nach viel wichtigeren Personalvertretungsrecht in den Verwaltungen.

Es wird die Frage erörtert, ob nicht noch die Möglichkeit besteht, das Personalvertretungsgesetz hinsichtlich der Personalvertretung der Richter zu ergänzen, und die Vorschriften über die Richterräte im Entwurf des Richtergesetzes ganz fallenzulassen. Der Unterausschuss ist hierzu der Auffassung, dass eine Ergänzung des Personalvertretungsgesetzes im gegenwärtigen Zeitpunkt nicht mehr möglich ist.

Es soll in den Rahmenvorschriften den Ländern insbesondere freigestellt werden, in welcher Form sie die Beteiligung von Richtern an den Maßnahmen der Verwaltung vorsehen. Es besteht keine Veranlassung, die Länder auf die im Entwurf vorgesehene Institution eines Richterrates festzulegen. Es sollte den Ländern überlassen bleiben, die personelle Besetzung einer solchen Einrichtung selbst zu bestimmen. Es wird insbesondere für bedenklich gehalten, den Ländern für die Beteiligung bei der Ernennung der Richter die Bildung von Richterräten im Sinne des Entwurfs verbindlich vorzuschreiben. Die Praxis der Beteiligung von Richtern bei der Ernennung von Richtern ist in den Ländern schon immer verschieden gewesen. Die Länder sollten die Möglichkeit behalten, zu bestimmen, dass das Präsidium oder auch die Vollversammlung der Richter bei Ernennung angehört wird.

Der Unterausschuss hält es dagegen andererseits für vertretbar, dass bei der Ernennung von Richtern die Anhörung von Richtern vorgesehen und damit ein anderer Weg als im Regierungsentwurf zum Personalvertretungsgesetz beschritten wird. Die Anhörung einer Einrichtung, in der Richter ihre Standesinteressen vertreten, muss für die Personalangelegenheiten der Gerichte anders beurteilt werden als die Beteiligung der Personalvertretung bei personellen Maßnahmen innerhalb der Verwaltung.

## *6. Dienstgerichte*

Der Unterausschuss ist der Auffassung, dass die im Entwurf vorgesehene Regelung über die Einrichtung von Dienstgerichten nicht vertretbar ist. Er hält es für außerordentlich bedenklich und auch mit dem Grundgesetz nicht vereinbar, dass die Dienstgerichte für Angelegenheiten der Richter der ordentlichen Gerichtsbarkeit zugeordnet werden. – Rechtssystematisch müssten die Dienstgerichte ein Teil der Verwaltungsgerichtsbarkeit sein. Aus Zweckmäßigkeitserwägungen ist der Unterausschuss jedoch der Auffassung, die Zuständigkeit der Dienstgerichtsbarkeit bei den Disziplinargerichten zu verankern. Der Unterausschuss teilt die teilweise vertretenen Bedenken, dass die Zuständigkeit der Disziplinargerichte auch außerhalb von eigentlichen Disziplinarentscheidungen nicht vertretbar sei, weil dann hinsichtlich dieser anderen Entscheidungen der Eindruck von Disziplinarmaßnahmen entstehen könnte, nicht. – Die Zuständigkeit der Disziplinargerichte als Dienstgerichte sollte nach der Auffassung des Unterausschusses jedoch nicht über den Kreis der im Entwurf vorgesehenen enumerativ aufgezählten Entscheidungen ausgeweitet werden.

### *7. Verfassungsgerichtsbarkeit*

Der Vertreter des Landes Bayern wirft die Frage auf, ob eine Regelung für die Richter an den Verfassungsgerichten innerhalb des Richtergesetzes vertretbar ist. Der Unterausschuss ist hierzu der Meinung, dass es sich bei den Verfassungsgerichten um oberste Staatsorgane handelt, die nicht mit den Gerichten der anderen Gerichtsbarkeiten verglichen werden können. Wegen dieser besonderen Stellung der Verfassungsgerichtsbarkeit im Staatsaufbau des Bundes und der Länder sollte das Richtergesetz von einer Regelung der Rechtsverhältnisse der Verfassungsrichter Abstand nehmen und die Regelung der Rechtsverhältnisse der Verfassungsrichter den Ländern überlassen.

Über die von dem Herrn Vorsitzenden vorgeschlagene Tagesordnung hinaus wird die Frage der Einbeziehung der Laienrichter und die Stellung der Gerichtsassessoren erörtert.

*Laienrichter:* Der Unterausschuss setzt sich mit der Frage auseinander, ob das Gesetz nicht auch die Rechtsverhältnisse der Laienrichter regeln müsse. Er ist der Auffassung, dass dem Bundesgesetzgeber nach dem Grundgesetz auch für die Laienrichter die Gesetzgebungszuständigkeit zusteht. Um eine in sich geschlossene Richtergesetzgebung zu erlassen, wird es für wünschenswert gehalten, dass gleichzeitig auch neben den Rechtsverhältnissen der Bundesrichter die Rechtsverhältnisse der Laienrichter im Richtergesetz ihre Regelung finden.

*Gerichtsassessoren:* Der Unterausschuss hält die Regelung der Rechtsverhältnisse der Gerichtsassessoren für vollständig abwegig und schlägt vor, die Regelung der Gerichtsassessoren denen der Beamten anzupassen. Der Entwurf sollte für Gerichtsassessoren nur insoweit Regelungen enthalten, als sie zur Wahrung der richterlichen Unabhängigkeit von Gerichtsassessoren notwendig sind.

## **2. *Stellungnahme des Unterausschusses vom 3.6.1955***

1. *Zuständigkeit:* Die Zuständigkeit des Bundes zum Erlass des Richtergesetzes ist unbestritten. Nach Art. 98 Abs. 1 GG ist die Rechtsstellung der Richter durch besonderes

Bundesgesetz zu regeln. Nach Abs. 3 Satz 2 dieser Bestimmung kann der Bund hinsichtlich der Rechtsstellung der Richter in den Ländern Rahmenvorschriften erlassen.

2. *Zeitlage:* Nach Auffassung des Ausschusses ist die Behandlung des Richtergesetzes zurzeit noch verfrüht. Bei der engen Verflechtung eines solchen Gesetzes mit der allgemeinen Beamtengesetzgebung müssten erst die Verkündung des Beamtenrahmengesetzes und des Personalvertretungsgesetzes, insbesondere auch die Fertigung der beamtenrechtlichen Ländervorschriften und die Erfahrungen mit diesen Gesetzen abgewartet werden. Erst dann ist eine organische Rechtslage für das Richtergesetz gegeben. Daneben sind auch der Abschluss des Prozessrechtes auf den noch ausstehenden Zweigen – Finanz- und Verwaltungsgerichtsordnung – und die vorgesehene große Justizreform auf die Gestaltung des Richtergesetzes von großem Einfluss.
   Bei der besonderen Bedeutung, die dem Richtergesetz zukommt, darf es keinesfalls unter Zeitdruck gefertigt werden. Da die Unabhängigkeit der Richter vollkommen gewährleistet ist und sich bisher nirgends Schwierigkeiten in der Rechtsstellung der Richter ergeben haben, kann eine besondere Dringlichkeit für die Fertigung dieses Gesetzes im gegenwärtigen ungünstigen Zeitpunkt nicht anerkannt werden.
3. *Rahmenvorschriften:* Der vorliegende Entwurf regelt gleichzeitig die Rechtsverhältnisse für die Richter des Bundes und die Richter der Länder in einheitlichen Bestimmungen. Bezüglich der Rechtsstellung der Richter in den Ländern steht dem Bund nur die Rahmengesetzgebung zu. Die für die Länder verbindlichen Vorschriften des 1. und 2. Teils entsprechen nicht den Anforderungen, die an Rahmenvorschriften zu stellen sind. Sie sprengen den Rahmen und sind mit den Grundsätzen, die das Bundesverfassungsgericht in seinem Urteil vom 2.23.1954 aufgestellt hat, nicht vergleichbar. Das Bundesgesetz darf insoweit nicht eine vollständige Regelung schaffen, sondern muss seinem Inhalt nach auf Rahmengrundsätze beschränkt werden.
   Die Rahmengesetzgebungsbefugnis sollte im Übrigen vom Bund in allen Sparten des Beamtenrechts gleich ausgeschöpft werden. Die Bundesregierung müsste daher auch hier den gleichen Weg gehen, wie er beim 1. Rahmengesetz zur Vereinheitlichung des Beamtenrahmenrechts und beim Personalvertretungsgesetz beschritten worden ist. Die Rahmengesetzgebung sollte nur als Anweisung an die Länder ergehen, nicht als unmittelbar geltendes Recht, so dass die Rechtsverhältnisse für die Richter der Länder sich einheitlich aus den Richtergesetzen der Länder ergeben und diese die einzige Rechtsquelle hierfür werden. Dieser Weg allein gewährleistet eine klare übersichtliche Gesetzgebung und wird der dringenden Forderung nach Staatsvereinfachung gerecht.
4. *Aufbau des Gesetzes:* Der Abgrenzung der Gesetzgebungszuständigkeit zwischen Bund und Ländern muss auch der Aufbau des Gesetzes entsprechen. Der vorliegende Entwurf regelt gleichzeitig das Recht für die Richter des Bundes und die Richter der Länder in einheitlichen, für beide geltenden Bestimmungen. Dieser Aufbau kann nach Auffassung des Ausschusses nicht beibehalten werden. Die gemeinsamen Vorschriften

verwischen die Abgrenzung zwischen den verschiedenen Arten der Gesetzgebungszuständigkeit. Die Vorschriften für die Richter des Bundes müssen vielmehr scharf von den Rahmenvorschriften für die Richter der Länder getrennt werden. Beim Aufbau des Gesetzes müssten daher zunächst die gesamten Vorschriften für die Richter des Bundes und dann in einem gesonderten Abschnitt die als Rahmenvorschriften geltenden Grundsätze für die Richter der Länder behandelt werden. Eine solche Trennung muss zur klaren Unterscheidung der Bundes- und Länderzuständigkeit gefordert werden.

5. *Richter und Beamte:* Der Gesetzentwurf behandelt die Frage der Stellung des Richterstands innerhalb der gesamten Beamtenschaft nicht ausdrücklich. Einzelne Bestimmungen – ergänzende Anwendbarkeit des Beamtenrechts (§ 3) und Aufnahme von Grundsätzen aus dem Beamtenrecht (z.B. des § 78 in §§ 42, 43) – lassen die Tendenz erkennen, die Richter aus dem allgemeinen Beamtenstatus herauszulösen. Hier liegt das Kernproblem der ganzen Richtergesetzgebung, die entscheidende Frage des Gesetzes.

   Der Ausschuss ist der Auffassung, dass die Richter zwar Beamte mit besonderen Rechten und Pflichten sind, dass aber die Richter genauso wie die übrigen Beamten unter Art. 33 Abs. 5 GG fallen und ihre Rechtsverhältnisse daher nach den hergebrachten Grundsätzen des Berufsbeamtentums geregelt werden müssen. Die Einheit des gesamten Berufsbeamtenrechtes muss unbedingt aufrechterhalten werden. Eine Aufspaltung dieses allgemeinen Berufsbeamtentums in verschiedene Sondergruppen muss vermieden werden. Wird hier mit dem Richterstand der Anfang gemacht, ist damit zu rechnen, dass andere Berufsstände wie z.B. die Berufssoldaten, die Polizei, die Lehrer usw. unter Berufung hierauf gleichfalls für sich einen Sonderstatus in Anspruch nehmen. Im Interesse des gesamten Berufsbeamtentums ist es aber notwendig, die Dienstverhältnisse aller Beamtengruppen einheitlich zu regeln, soweit nicht die besonderen Amtsaufgaben eine abweichende Regelung zwingend erscheinen lassen.

   Für die grundsätzliche Konzeption des Richtergesetzes muss daher davon ausgegangen werden, dass auf die Richter die Vorschriften des allgemeinen Beamtenrechts Anwendung finden, soweit sich nicht aus den Bestimmungen des Richtergesetzes etwas Abweichendes ergibt. Eine solche Sonderregelung würde sich aus der dem Richterstand eigenen Unabhängigkeit ergeben und sollte der Festigung dieser Unabhängigkeit und der Autorität des Richters dienen.

   Für eine solche grundsätzliche Regelung ist auch eine praktische Notwendigkeit gegeben wegen des ständigen Wechsels von Personen in der Richter- und sonstigen Beamtentätigkeit, für den besonders in verschiedenen Zweigen der Verwaltungsgerichtsbarkeit eine zwingende Notwendigkeit besteht.

Nach vorstehenden Grundsätzen müsste die Federführung auch für das Richtergesetz beim Bundesministerium des Innern als Beamtenministerium liegen. Wenn im Hinblick auf die besondere Rechtsstellung der Richter die Federführung dem Justizministerium übertragen ist, so muss doch eine maßgebende Beteiligung des Bundesministeriums des Innern gefordert werden. Das Richtergesetz kann nur im Einvernehmen mit dem Bundesministerium des Innern behandelt werden. Insbesondere erscheint auch eine maßgebliche Einschaltung der zuständigen Ausschüsse für Inneres und Beamtenrecht im Bundestag und Bundesrat notwendig.

6. *Besoldungswesen:* Gegen die Aufnahme von Vorschriften über das Besoldungswesen müssen schwere Bedenken erhoben werden. Besoldungsvorschriften gehören ebenso wenig in ein Richtergesetz, wie sie in dem Beamtengesetz Platz finden können. Die besoldungsrechtliche Regelung der Richter muss der allgemeinen Besoldungsregelung vorbehalten bleiben. Der Ausschuss ist daher der Auffassung, dass alle besoldungsrechtlichen Vorschriften aus dem Gesetzentwurf gestrichen werden müssten.
   Die Besoldung der Länderbeamten wie auch der Richter der Länder steht überdies den Ländern zu, in deren Rechte durch den Entwurf eingegriffen wird. Da die Besoldungsbestimmungen zum Teil feste Beträge festsetzen und sich nicht auf Rahmenbestimmungen beschränken, stehen sie auch im Widerspruch zu dem oben erwähnten Urteil des Bundesverfassungsgerichts. Aber auch darüber hinaus begegnen die einschlägigen Bestimmungen schwersten Bedenken.
   Die Abweichung der Richterbesoldung von der übrigen Beamtenbesoldung ist nicht vertretbar. Sie müsste zu gleichgerichteten Forderungen der übrigen Beamtenschaft führen. An dem Grundsatz der gleichen Besoldung bei gleichem Ausbildungsstand muss festgehalten werden. Das Besoldungsgefüge zwischen Richtern und übriger Beamtenschaft darf daher nicht aufgerissen werden.
   Ebenso wenig kann der Grundsatz, dass für die Richter aller Zweige der Gerichtsbarkeit gleiche Besoldungsverhältnisse gelten sollen, anerkannt werden. Eine solche Gleichstellung ist schon wegen der sehr verschiedenartigen Aufgaben nicht möglich. Dazu kommt aber noch die völlig verschiedene Gerichtsorganisation. So weist z.B. die Gerichtsorganisation der Verwaltungsgerichtsbarkeit gegenüber der Justizgerichtsbarkeit erheblich größere Gerichtsbezirke auf.
7. *Richterräte:* Gegen ein Anhörrecht bei der Ernennung von Richtern werden Bedenken nicht geltend gemacht. Der Entwurf sollte aber hinsichtlich der Vorschriften für die Richterräte keinesfalls über die Regelung hinausgehen, die das Personalvertretungsgesetz der Beamten vorschreibt. Es sollte den Ländern freigestellt werden, in welcher Form die Beteiligung von Richtern vorgesehen werden will. Das Anhörrecht könnte auch in der schon bisher zum Teil üblichen Form durch Anhören der Vollversammlung oder des Präsidiums eines Gerichts verwirklicht werden.

Überdies löst die im Entwurf vorgesehene Regelung Bedenken aus. Die Wahl von Mitgliedern der Richterräte birgt die Gefahr in sich, dass Interessenverbände auf Beteiligung drängen und dass politische Strömungen den sachlichen Wert der Einrichtungen schmälern. Weitgehende Vereinfachung und Beschränkung der Einrichtungen dürfte der Sache besonders dienlich sein.

8. *Dienstgerichte:* Die Errichtung eigener Dienstgerichte muss abgelehnt werden. Äußerst bedenklich erscheint zudem die im Entwurf vorgesehene Zuordnung dieser Gerichte zur ordentlichen Gerichtsbarkeit. Rechtssystematisch handelt es sich dabei um besondere Verwaltungsgerichte. Auch aus Gründen der Staatsvereinfachung erscheint die Bildung neuer Gerichte nicht vertretbar.
   Es ist kein Grund ersichtlich, warum Dienststrafangelegenheiten der Richter nicht auch durch die bestehenden Dienststrafgerichte erledigt werden könnten. Für die dienstrechtlichen Angelegenheiten – Beschwerde gegen Maßnahmen der Aufsicht, Fälle der Beendigung des Dienstverhältnisses, Dienstunfähigkeit usw. – könnten bei den Dienststrafgerichten eigene Senate gebildet werden. Der Richterstand sollte sich nicht von der übrigen Rechtsprechung durch Schaffung eigener Standesgerichte trennen, sondern sich in die allgemeine Gerichtsorganisation einordnen.

## XIV. *Abänderungs- und Ergänzungsvorschläge des Gesamtvorstandes des Deutschen Richtervereins vom 12./13.6.1955 zum Vorentwurf für ein Deutsches Richtergesetz*

*§§ 1 und 2* sollen in einem Paragraphen zusammengefasst werden, der folgende Fassung erhalten soll: „(1) Die rechtsprechende Gewalt ist den Richtern anvertraut.

(2) Die Richter stehen als Träger der rechtsprechenden Gewalt in einem Treueverhältnis zum Bund oder zu einem Land.

(3) Die Richter sind persönlich und sachlich unabhängig und nur an Recht und Gesetz gebunden."

*§ 3* soll folgende Fassung erhalten: „Die Rechtsstellung der Richter im Bundesdienst bestimmt sich nach diesem Gesetz. Soweit es besondere Vorschriften nicht enthält, sind auf sie die für Bundesbeamte geltenden Bestimmungen entsprechend anzuwenden."

*§ 4:* Siehe Nachtrag.

*§ 5:* Im Abs. 2 soll das Wort „dreijähriges" durch das Wort „dreieinhalbjähriges" und das Wort „drei" durch das Wort „vier" ersetzt und die Worte „von dem dreijährigen Zeitraum" durch das Wort „Hievon" ersetzt werden. – In Abs. 3 soll das Wort „drei" durch das Wort „dreieinhalb" ersetzt werden.

*§ 6:* Ohne Änderung.

*§ 7:* Ohne Änderung.

*§ 8* soll wie folgt neu gefasst werden: „(1) Ein Richter darf nur berufen oder ernannt werden, wenn er vom zuständigen Richterbeirat für die Stelle vorgeschlagen ist. Bei Ablehnung muss ein neuer Vorschlag des Richterbeirats eingeholt werden.

(2) Zuständig zur Mitwirkung ist der Richterbeirat, in dessen Bereich dem Bewerber ein Richteramt übertragen werden soll."

*§ 9* soll im Hinblick auf die Neufassung des § 8 in Wegfall kommen.

*§ 10:* Abs. 1 und 3 sollen wegfallen, von Abs. 2 soll lediglich folgender Satz bleiben: „Der Richterbeirat kann verlangen, dass ihm die Personalakten der Bewerber vorgelegt werden."

*§ 11:* Abs. 3 soll in Wegfall kommen und die Abs. 1 und 2 wie folgt gefasst werden: „(1) Der Richterbeirat begründet seine Vorschläge schriftlich. Die Begründung der Vorschläge ist dem Bewerber auf Verlangen mitzuteilen.

(2) Soweit ein Richterwahlausschuss besteht, dürfen diesem nur Bewerber vorgeschlagen werden, die auch vom Richterbeirat vorgeschlagen sind."

Als *§ 11 a* soll eingefügt werden, was § 12 Abs. 1 des Hamburger Entwurfs beinhaltet.

*§ 12:* Als Abs. 1 soll eingefügt werden: „Zum Richter kann nur ernannt werden, wer die deutsche Staatsangehörigkeit und die Befähigung zum Richteramt besitzt und das 30. Lebensjahr vollendet hat."

Abs. 1 soll Abs. 2 und Abs. 2 des Vorentwurfs soll Abs. 3 werden. In Abs. 1, jetzt Abs. 2, sollen die Worte „oder unter Berufung zum Richter auf Zeit" und im Abs. 2, jetzt Abs. 3, die Worte „oder einem Beauftragten Richter (§ 20)" gestrichen werden.

*§ 13:* Abs. 2 soll folgende Fassung erhalten: „Wer im Bereich der gesetzgebenden oder vollziehenden Gewalt ein Hauptamt innehat, kann nicht Richter sein. § 7 bleibt unberührt."

*§ 14:* Abs. 1 soll Abs. 2 und Abs. 2 Abs. 3 werden, ferner soll als Abs. 1 folgende Bestimmung eingefügt werden: „Bei jedem Gericht sind so viel planmäßige Richterstellen einzurichten, als richterliche Kräfte erforderlich sind, um die auf die Dauer zu erwartenden Geschäfte zu bewältigen."

*Zu § 15:* In Abs. 2 sollen vor dem Wort „wider" die Worte „vor Erreichung der Altersgrenze" eingefügt werden.

*§ 16:* Abs. 1 soll folgende Fassung erhalten: „Bei einer Veränderung in der Einrichtung der Gerichte oder ihrer Bezirke können deren Richter in ein gleichbewertetes anderes Richteramt versetzt oder von den Pflichten ihres Amtes entbunden werden. Der Richter behält in jedem Falle seine vollen Bezüge aus der bisherigen Besoldungsgruppe."

*§ 17:* In Abs. 2 soll vor dem Wort „geboten" das Wort „unabweisbar" eingefügt werden.

*§ 18:* In Abs. 2 soll das Wort „soll" durch das Wort „darf" ersetzt werden.

*§ 19:* Abs. 1 soll folgende Fassung erhalten: „Wer zum Richteramt befähigt ist, kann zum Gerichtsassessor ernannt werden. Der Gerichtsassessor besitzt eine Anwartschaft auf Ernennung zum Richter oder Staatsanwalt."

Abs. 2 soll Abs. 3 werden und hinter dem Wort „kann" die Worte „im Übrigen nur" eingefügt werden. – Abs. 3 soll Abs. 2 werden, die Worte „im richterlichen Dienst" gestrichen und nach dem Wort „kann" das Wort „bis" eingefügt werden. – Abs. 4 soll folgende Fassung erhalten: „Spätestens drei Jahre nach Ablauf der Probezeit soll ein Gerichtsassessor zum Richter auf Lebenszeit ernannt oder einem Richterwahlausschuss zur Wahl vorgeschlagen oder zum Staatsanwalt ernannt werden."

*§ 20* soll gestrichen werden.

*§ 21:* Im Abs. 1 sollen die Worte „und der Beauftragten Richter" gestrichen werden, das Wort „soll" durch das Wort „darf" und das Wort „zwanzig" durch das Wort „fünfzehn" ersetzt werden. – Im Abs. 2 sollen die Worte „oder Beauftragter Richter" gestrichen und das Wort „soll" durch das Wort „darf" ersetzt werden.

*§ 22:* Ohne Änderungsvorschlag.

*§ 23:* Abs. 1 soll folgende Fassung erhalten: „Maßnahmen der Dienstaufsicht dürfen die Unabhängigkeit des Richters nicht beeinträchtigen".

*§ 24* soll folgende Fassung erhalten: „Gerichtsassessoren im richterlichen Dienst sind in dem gleichen Maße wie die Richter sachlich unabhängig." In der Überschrift sollen die Worte „Beauftragter Richter" gestrichen werden.

*§ 25* [Richterpflichten] soll die Fassung des § 23 des Hamburger Entwurfes [nicht auffindbar] erhalten.

*§ 26:* Die Eidesformel soll die Fassung des Hamburger Entwurfes erhalten, also lauten: „Ich schwöre, dass ich mein Richteramt getreu der Verfassung und dem Gesetz mit Gerechtigkeit gegenüber jedermann ohne Ansehen der Person ausüben werde. So wahr mir Gott helfe". – In Abs. 1 soll das Wort „Berufung" ersetzt werden durch die Worte „erste Ernennung".

*§ 27:* In Abs. 2 soll das Wort „ernannt" durch das Wort „aufgestellt" ersetzt werden und in Abs. 3 vor dem Wort „Richteramt" das Wort „gleichbewertetes" eingefügt werden.

*§ 28:* In Abs. 3 sollen die Worte „über die Vorbereitung einer Entscheidung sowie" gestrichen werden.

*§ 29:* Abs. 2 soll gestrichen werden und Abs. 1 folgende Fassung erhalten: „Der Richter kann mit seinem Einverständnis zu Aufgaben der Gerichtsverwaltung herangezogen werden".

*§ 30* [Nebentätigkeiten] soll lauten wie § 27 des Hamburger Entwurfes.

*§ 31.* Ohne Änderung.

*§ 32:* Abs. 1 soll wie folgt gefasst werden: „(1) Die Dienstbezüge der Richter werden durch ein Richterbesoldungsgesetz geregelt. Sie müssen der Sonderstellung der rechtsprechenden Gewalt angemessen sein." – Der bisherige Abs. 2 soll gestrichen werden. – Im bisherigen Abs. 3, der Abs. 2 werden soll, sollen im Satz 3 die Worte „für die aufsichtführenden oder Vorsitzenden Richter" gestrichen werden.

*§ 33:* Das Wort „Richterrat" soll durch „Richterbeirat" ersetzt werden.

*§ 33* soll folgende Fassung erhalten: „In jedem Land wird ein Richterbeirat gebildet, dem Richter aller Gerichtszweige angehören. In Angelegenheiten eines Gerichtszweiges muss diese mit Mehrheit im Richterbeirat vertreten sein."

*§ 34* soll folgende Fassung erhalten: „(1) Die Mitglieder des Richterbeirates werden von der Richterschaft in geheimer Abstimmung auf drei Jahre gewählt. Das Einzelne bestimmt eine Wahlordnung.

(2) Wahlberechtigt und wählbar sind alle Richter des Landes. Die Angehörigen der einzelnen Gerichtszweige wählen ihre Vertreter zum Richterbeirat getrennt."

*§ 35* soll unter Wegfall der Ziff. 3 und 4 des Abs. 1 sowie des Abs. 2 folgende Fassung erhalten: „Aufgaben des Richterbeirates sind

(1) Mitwirkung bei der Ernennung und Versetzung von Richtern,

(2) Stellungnahme im Verfahren vor dem Dienstgericht."

*§ 36* soll wie folgt neu gefasst werden: „Zur Mitwirkung in sozialen Angelegenheiten wird bei allen Gerichten mit selbständiger Personalverwaltung ein von und aus Richtern des betreffenden Gerichtes gewählter Ausschuss mit mindestens drei bis höchstens fünf Richtern gebildet."

*§ 37:* In Abs. 1 soll das Wort „Richterrat" durch das Wort „Richterausschuss" ersetzt werden, ebenso in Abs. 2 S. 1 und in Abs. 3. S. 2 des Abs. 2 soll gestrichen werden.

*§ 38* soll gestrichen werden.

*§ 39:* Das Wort „Richterrat" soll durch das Wort „Richterbeirat" ersetzt werden.

*§ 40:* Abs. 1 soll folgende Fassung erhalten: „Dienststrafen sind 1. Verweis, 2. Geldbuße, 3. Gehaltskürzung, 4. Versetzung in ein anderes Richteramt mit gleichem oder geringerem

Endgehalt, 5. Entfernung aus dem Richteramt." – In Abs. 2 soll vor den Ziff. 1 und 2 als Ziffer 1 das Wort „Geldbuße" eingefügt werden. – Abs. 3 ohne Änderung.

*§ 41* [Ausschluss der Bestrafung] soll die Fassung des § 44 des Hamburger Entwurfes eingefügt werden.

Als *§ 41 a* soll die Bestimmung des § 45 des Hamburger Entwurfes eingefügt werden.

Als *§ 41 b* soll folgende Vorschrift eingefügt werden:

„(1) Zu jeder dem Richter nachteiligen Entscheidung des Dienstgerichtes in Dienststrafsachen ist eine Mehrheit von 2/3 der Stimmen erforderlich.

(2) Wird die Entscheidung des Dienstgerichtes nur von dem Richter oder zu seinen Gunsten angefochten, so darf die Entscheidung in keinem Punkte zum Nachteil des Richters abgeändert werden.

(3) Die Möglichkeit eines Wiederaufnahmeverfahrens ist vorzusehen. Nr. 1 gilt sinngemäß.

(4) Soweit das Landesrecht keine Regelung trifft, gelten die Bestimmungen der Strafprozessordnung entsprechend."

*§ 42:* Als Abs. 2 soll folgende Bestimmung eingefügt werden: „Verletzt ein Richter bei der Entscheidung einer Rechtssache seine Amtspflicht … (im Übrigen wie § 839 Abs. 2 BGB)" – Abs. 2 des Vorentwurfes soll Abs. 3 werden.

*§ 43:* Als Abs. 3 soll eine dem § 78 Abs. 4 des BBG entsprechende Bestimmung eingefügt werden. – In Abs. 2 sollen die Worte „jedoch ohne Rücksicht auf diese Kenntnis in 10 Jahren von der Handlung an" am Schlusse angefügt werden.

*§ 44:* Abs. 2 soll gestrichen werden.

*§ 45:* Ohne Änderungsvorschläge.

*(§§ 45 a – c):* Als § 45 a soll die Vorschrift des § 9, als § 45 b die Vorschrift des § 10 und als § 45 c die Vorschrift des § 11 des Hamburger Entwurfes mit entsprechender redaktioneller Änderung eingefügt werden.

*§ 46:* Als Abs. 4 soll folgende Vorschrift angefügt werden: „Ein Richter, der aus Gewissensgründen seine Entlassung verlangt, behält die im Augenblick seines Ausscheidens erdiente Versorgung, wenn das Dienstgericht die Berufung auf Gewissensgründe anerkannt hat."

*§ 47:* Ohne Änderungsvorschläge.

*§ 48:* In Abs. 2 sollen hinter den Worten „zu übernehmen" die Worte „sofern ihm die Übernahme zumutbar ist" angefügt werden.

*§ 49* soll folgende Fassung erhalten: „(1) Für Klagen der Richter, Richter im Ruhestand, Gerichtsassessoren oder ihrer Hinterbliebenen aus dem Dienstverhältnis steht der Rechtsweg vor den Verwaltungsgerichten offen, soweit nicht dieses Gesetz (§§ 50, 51) etwas anderes vorschreibt.

(2) Für vermögensrechtliche Ansprüche bleibt es bei der Regelung des § 9 GVG.

(3) Für Streitigkeiten aus der Bildung oder Geschäftsführung des Richterbeirates oder des Richterausschusses steht der Rechtsweg vor den Dienstgerichten offen.

*§ 50:* Ohne Änderungsvorschläge.

*§ 51:* Als Ziff. 5 soll angefügt werden: „Weitere Zuständigkeiten: §§ 16, 19, 29 und 49."

*§ 52:* Ohne Änderungsvorschläge.

*§ 53:* Die Abs. 2 und 3 sollen gestrichen werden.

*§ 54:* Die Überschrift soll lauten: „Bestellung der Dienstrichter". – In Abs. 1 soll das Wort „Beisitzer" durch das Wort „Dienstrichter" ersetzt werden.

In Abs. 2 soll Satz 2 gestrichen und Satz 1 wie folgt gefasst werden: „Das Präsidium des Stammgerichts bestimmt im Benehmen mit dem Richterbeirat den Vorsitzenden und die Beisitzer aus den Vorschlagslisten für die Dauer von drei Jahren."

Als Abs. 3 soll folgende Bestimmung beigefügt werden: „Beisitzer können nur Richter sein. Die Mehrheit der Dienstrichter muss der Gerichtsbarkeit des Beteiligten angehören. Mindestens ein Beisitzer soll den gleichen Rang wie der Beteiligte haben."

Als Abs. 4 soll folgende Bestimmung eingefügt werden: „Präsidenten der Gerichte und ihre ständigen Vertreter können in Angelegenheiten ihrer Gerichte nicht als Dienstrichter mitwirken."

*§ 55:* Ohne Änderungsvorschläge.

*§ 56:* Ohne Vorschläge.

*§ 57:* In Abs. 1 sollen vor dem Wort „durch" die Worte „in den Fällen des § 51 Ziff. 1 bis 3" eingefügt werden.

*§ 58:* In Abs. 1 soll das Wort „Dienstrichter" durch das Wort „Richter" ersetzt und in Abs. 2 das Wort „kann" durch das Wort „muss" ersetzt werden.

Als Abs. 5 und 6 sollen folgende Bestimmungen eingefügt werden: „(5) Für jede nachteilige Entscheidung gegen den Beteiligten ist eine 2/3 Mehrheit erforderlich.

(6) Soweit das Landesrecht keine Regelung trifft, gelten die Bestimmungen der Strafprozessordnung entsprechend."

*§ 59:* In Abs. 1 soll der 2. Halbsatz gestrichen und durch die Worte „vorbehaltlich der Vorschrift des § 60 Abs. 1" ersetzt werden.

*§ 60:* Abs. 1 soll wie folgt gefasst werden: „Verweis und Geldbuße können auch durch Dienststrafverfügung ausgesprochen werden."

*§ 61:* In Abs. 1 Ziff. 1 soll hinter dem Wort „Ruhestand" eingefügt werden: (§ 69).

*§ 62:* Ohne Änderungsvorschläge (oder statt der).

*§ 63:* Ohne Änderungsvorschläge.

*§ 64:* Als Abs. 5 soll folgende Bestimmung beigefügt werden: „Ergänzend gilt die Bundesverwaltungsgerichtsordnung."

*§ 65:* S. 2 des Abs. 2 soll gestrichen werden.

*§ 66:* In Abs. 2 soll das Wort „Richterrat" durch das Wort „Richterbeirat", in Ziff. 1 das Wort „fünf" durch „neun" und in den Ziff. 2, 3, 4, 5 die Worte „drei" durch „fünf" ersetzt werden. – S. 2 des Abs. 3 soll wie folgt lauten: „Er besteht aus insgesamt fünf gewählten Richtern der Bundesdisziplinarkammern und des Bundesdisziplinarhofs." – Abs. 4 soll in Wegfall kommen.

*§ 67:* Die Worte „Richterräte" sollen durch die Worte „Richterbeiräte" ersetzt werden.

*§ 68:* Abs. 1 ohne Änderungsvorschlag, die Abs. 2 und 3 sollen wie folgt lauten: „(2) Das Dienstgericht bei dem Bundesgerichtshof entscheidet mit einem Senatspräsidenten des Bundesgerichtshofs als Vorsitzender und sechs Beisitzern. Die Mehrheit der Dienstrichter muss zur Hälfte der Gerichtsbarkeit des Beteiligten angehören. Mindestens ein Beisitzer soll den gleichen Rang wie der Beteiligte haben.

(3) Die Präsidien der oberen Bundesgerichte stellen vor Beginn des Geschäftsjahres eine Vorschlagsliste für Dienstrichter auf. Das Präsidium des BGH bestimmt den Vorsitzenden, dessen Stellvertreter und die Beisitzer aus den Vorschlagslisten für die Dauer von drei Geschäftsjahren."

*§ 69.* In Abs. 1 sollen die Worte „das Dienstgericht bei dem Bundesgerichtshof" durch die Worte „Gegen Richter bei den oberen Bundesgerichten" und das Wort „erkennen" durch die Worte „erkannt werden" ersetzt werden.

*§ 70:* Abs. 2 soll wie folgt lauten: „Die Geschäfte des Bundesdisziplinaranwalts nimmt der Oberbundesanwalt beim Bundesgerichtshof wahr."

*§ 71:* Ohne Vorschläge, weil noch offen.

Als *§ 71 a* soll folgende Vorschrift eingefügt werden: „Zum Bundesrichter kann nur berufen werden, wer das 40. Lebensjahr vollendet hat".

Als *§ 71 b* soll folgende Bestimmung eingefügt werden: „Die Richter der oberen Bundesgerichte erhalten auf jeden Fall Versorgungsbezüge in Höhe von 75% der ruhegehaltsfähigen Dienstbezüge."

Als *§ 71 c* soll folgende Vorschrift eingeführt werden: „Der Höchstsatz des Ruhegehalts von 75% der ruhegehaltsfähigen Dienstbezüge gilt nicht für Richter der oberen Bundesgerichte."

*Übergangs- und Schlussbestimmungen […]*

*Zur Frage der Einbeziehung weiterer Gegenstände in den Gesetzentwurf wurde Folgendes beschlossen:*

*Staatsanwälte:* Die Fassung der Einbeziehung der Staatsanwälte in den Gesetzesentwurf wird einer Kommission übertragen, die sich aus Oberstaatsanwalt Dr. Grosser, München, Oberstaatsanwalt Dr. Nerz, Karlsruhe, und OLG-Rat Dr. Unterholzner, München, zusammensetzt.

Grundlage für diese Fassung soll der Vorschlag vom Richterverein Rheinland-Pfalz sein, der wie folgt lautet: „Einbeziehung der Staatsanwälte in das Richtergesetz durch folgende §§ hinter § 2:

*§§ 2 a. Staatsanwälte:* (1) Der Staatsanwalt ist ein notwendiges Organ der Strafrechtspflege und hat die Aufgabe, objektiv die Wahrheit zu ermitteln.

(2) Seine Weisungsgebundenheit ist begrenzt durch seine Pflicht zur Verfolgung aller strafbaren Handlungen.

*§ 2 b. Anwendbarkeit dieses Gesetzes auf Staatsanwälte:* Die Vorschriften dieses Gesetzes gelten auch für die Staatsanwälte vorbehaltlich der im zweiten Teil gemachten Einschränkungen.

Die Anwendbarkeit des zweiten Teiles des Richtergesetzes auf die Staatsanwälte ist als § 64 a wie folgt festzulegen: ‚Die Vorschriften des zweiten Teiles gelten auch für die Staatsanwälte mit Ausnahme der §§ 8–18, 20–24, 26, 28 Abs. 3, 30 Abs. 2, 45, 46, 48, 63 und 64.'"

*Laienrichter:* Eine Einbeziehung wird vom Gesamtvorstand nicht gewünscht.

*Haushaltsangelegenheiten:* Als eigener Paragraph soll in das Richtergesetz übernommen werden: „Die Spitzenorganisationen der Richter sind bei der Vorbereitung allgemeiner, die Richter betreffenden Regelungen und auch bei der Haushaltsvorbereitungen der Gerichte zu beteiligen."

*Amtsbezeichnungen:* Der Richterbund vertritt die Auffassung einheitlicher Regelung und hält an § 2 des Hamburger Entwurfs fest mit der Maßgabe, dass die Arbeits-, Sozial- und Finanzgerichte einzubauen sind.

*Contempt of court:* Von einer Einbeziehung in das Richtergesetz soll abgesehen werden.

*Maßnahmen gegen Minderleistungen:* Einbeziehung einer derartigen Bestimmung in das Richtergesetz wird nicht befürwortet.

*Rechtsunterricht an Schulen:* In das Richtergesetz soll nichts aufgenommen werden; im Übrigen stellt sich der DRB zu diesem Anliegen positiv.

## XV. *Niederschrift über die Besprechungen mit den Landesjustizverwaltungen zum Vorentwurf des Richtergesetzes am 21. u. 22.6.1955 in Bonn*

*Vorsitz: MinDir. Roemer*
*Teilnehmer: Landesjustizverwaltungen:*

*Baden-Württemberg*: RegDir. Kohleiss, *Bayern*: ORR Dr. Hoefler, *Berlin*: LGDir. Dr. Bukow, *Bremen*: ORR Dr. Coenen, *Hamburg*: Lt. RegDir. Dr. Blome, *Hessen*: MinRat Reh, RegRat Mädrich, *Niedersachsen*: MinRat Schultz, RegRat Dr. Jung, *Nordrhein-Westfalen*: MinDirig. Dr. Franke, MinRat Dr. Thunecke, *Rheinland-Pfalz*: MinRat Dr. Schönrich, *Schleswig-Holstein*: MinRat von Jagow, ORR Hirschmann.

*Deutscher Richterbund:*
Präs. Dr. Konrad, München; SenPräs. beim BGH Dr. Canter; LGDir. Dr. Seidel, Berlin; OLG-Rat Dr. Beit, Hamburg; LG-Rat Dr. Schumacher, Köln; OStA Nerz, Karlsruhe.

*Bundesjustizministerium:*
MinDir. Roemer, MinDirig. Dr. Richter, MinRat Dr. Rinck, MinRat Dr. Kleinknecht, ORR Dr. Marquordt, LG-Rat Dr. Wagner, AG-Rat Dr. Lohse.

*Zur Gesamtkonzeption: Thunecke:* Eine Anzahl von Bestimmungen sollte aus dem Zweiten (Rahmen-) in den Dritten (Bundesrichter-)Teil übernommen werden. Bisher seien im Zweiten Teil viele Einzelheiten geregelt im Bestreben, für die Bundesrichter möglichst umfassende Bestimmungen zu schaffen. Dieser Aufbau sei bedenklich, da der Zweite Teil gleichzeitig Rahmenbestimmungen für die Länder enthalte und verschiedene dieser Bestimmungen die Rahmenkompetenz des Bundes überschreiten dürften (insbesondere Richterrat und Dienstgerichte).

*Schultz, Coenen, Bukow, von Jagow:* Die Staatskanzleien und Innenministerien hätten ähnliche Bedenken geäußert, die möglicherweise im Rechtsausschuss des Bundesrates vorgetragen werden würden. Nach Auffassung der Justizministerien werde die Rahmenkompetenz allerdings nicht überschritten.

*Hoefler, Reh:* Keine Bedenken der Justizministerien gegen Einhaltung der Rahmenkompetenz.

*Schönrich:* Die Bundeskompetenz zur Regelung der Altersgrenze erscheine fraglich.

*Kohleiss:* Das Justizministerium Baden-Württemberg habe hinsichtlich der Rahmenkompetenz keine Bedenken. Das Innen- und das Finanzministerium hätten jedoch angekündigt, im Kabinett Widerspruch zu erheben, da der Entwurf sich nicht, entsprechend dem BRRG, auf allgemeine Grundsätze beschränke. Außerdem sollten die künftigen Landesrichtergesetze aus sich heraus verständlich sein, ohne dass eine Verweisung auf andere Gesetze nötig werde.

*Konrad:* Der Richterbund wünsche, soweit irgend zulässig, die Regelung möglichst vieler Einzelheiten im Rahmengesetz. Alle Richter hätten in gleicher Weise die Gesetze anzuwenden, so dass eine möglichst einheitliche Regelung gefunden werden müsse.

*Roemer:* Die Bedenken der Länder seien offenbar nicht so stark, dass sie die Gesamtkonzeption des Entwurfs gefährden. Es solle jedoch geprüft werden, ob vielleicht einige Bestimmungen aus dem Zweiten in den Dritten Teil des Gesetzes übernommen werden könnten.

*Zum Ersten Teil (§§ 1 bis 4)*

*Thunecke:* Der Erste Teil sei überflüssig. § 1 wiederhole nur Bestimmungen des GG. § 2 ähnelte dem § 2 BBG und erwecke den Eindruck, zwischen Richtern und Beamten bestehe kein Unterschied. § 3 gehöre in den Dritten Teil und § 4 als Einleitung in den Zweiten Teil. Das Gesetz sollte mit einer dem § 12 entsprechenden Formulierung eingeleitet werden, die den Richterbegriff definiert und den Anwendungsbereich des Gesetzes umreißt.

*Hoefler:* Gleicher Auffassung. Außer § 12 sollten auch §§ 13 Abs. 1 und 14 Abs. 2 an den Anfang des Gesetzes gestellt werden.

*Zu § 1: Hoefler:* § 1 sei bedenklich, weil er in Verbindung mit § 12 den Eindruck erwecke, die rechtsprechende Gewalt sei lediglich den *Berufs*richtern anvertraut.

*Schultz:* § 1 sollte gestrichen werden, weil er einen anderen Richterbegriff als die übrigen Bestimmungen des Richtergesetzes verwende, ohne dass dies im Gesetz selbst zum Ausdruck komme.

*Reh und Kohleiss:* Gleicher Auffassung. Die Bestimmung wiederhole das GG, gebe ihr aber gleichzeitig einen anderen Sinn. Das GG verstehe unter Richtern auch die Laienrichter und die Richter an Berufsgerichten (Ärzte usw.), während § 12 die Richtereigenschaft von der Aushändigung einer Urkunde abhängig mache.

*Schultz und Bukow:* § 1 sei entbehrlich.

*Zu § 2: Seidel:* Diese Definition stelle nicht die Funktion des Richters heraus, sondern sei eine bedenkliche Parallele zu § 2 BBG. Vorzuziehen sei folgende Fassung: „Die Richter stehen als Träger der rechtsprechenden Gewalt in einem Treueverhältnis zum Bund oder zu einem Land.“

*Reh:* § 2 reiche als Definition nicht aus, da der Richter nicht Träger irgend eines, sondern eines ganz bestimmten Amtes sei. Im Übrigen s. zu § 12.

*Hoefler:* Für die Landesrichter müsse vorgesehen werden, dass sie in einem Dienst- und Treueverhältnis zum Bund *und* zu einem Land stehen (statt „oder").

*Nerz:* In der Begriffsbestimmung des Richters müsse dessen besondere Funktion im Gegensatz zu der des Beamten positiv zum Ausdruck gebracht werden. Die Begründung zu § 2, dass die Frage, ob die Richter Beamte seien, offen bleibe, sei bedenklich. Sie biete ein Argument für diejenigen, die den Richter als Beamten ansehen.

*Roemer:* Dieser Satz in der Begründung könne gestrichen werden. Nach Auffassung des BMJ ergebe sich schon aus dem GG, dass der Richter nicht Beamter sei.

*Bukow:* Der Berliner Senator des Innern habe § 2 als die einzige begrüßenswerte Bestimmung des Entwurfs bezeichnet, weil daraus hervorgehe, dass die Richter Beamte seien. Das Berliner OVG habe kürzlich entschieden, dass die Ämter des Richters und des Beamten vereinbar seien. Hieraus gehe hervor, welche Gefahren der jetzige Wortlaut des § 2 zur Folge haben könne. Es müsste daher eine Bestimmung gefunden werden, die einerseits das mit den Beamten gemeinsame Treueverhältnis herausstelle, andererseits aber eine positive Abgrenzung gegenüber dem Beamten bringe. In § 1 sollte der Geltungsbereich des Gesetzes festgelegt werden (entsprechend dem bisherigen § 12). § 2 sollte dann die Begriffsbestimmung des Richters enthalten.

*Schultz:* Das BMJ werde dringend gebeten, vom jetzigen § 2 abzurücken und eine Formulierung zu finden, die klarstelle, dass die Richter nicht Beamte sind, und den Justizministerien der Länder ermögliche, sich gegenüber den abweichenden Auffassungen der Innen- und Finanzministerien durchzusetzen.

*Zu § 3: Schultz:* Aus den gleichen Gründen solle auch vorgesehen werden, dass beamtenrechtliche Bestimmungen nur *entsprechende* Anwendung finden.

*Hoefler:* Gleicher Ansicht. Das Bayer. Innenministerium habe bereits die Federführung beansprucht, weil die Richter Beamte seien.

*Canter:* § 3 sei gegenüber § 189 BBG, der eine „entsprechende" Anwendung vorsehe, ein Rückschritt.

*Rinck:* Wenn das Richtergesetz nur die „entsprechende" Anwendung des Beamtenrechts anordne, so sei das keine klare Regelung. Ein Gesetz, das eine Grundsatzentscheidung treffe, müsse klar aussprechen, welche Bestimmungen Anwendung finden. Zu erwägen sei folgende Formulierung: Das Beamtenrecht gilt für Richter nur, soweit dies ausdrücklich angeordnet ist.

*Schultz:* Dieser Satz schließe nicht aus, dass die Richter Beamte seien.

*Canter:* Es wäre eine zu große Belastung für das Richtergesetz, sämtliche beamtenrechtlichen Bestimmungen durchzusehen und festzulegen, welche für Richter gelten. Es sei zweckmäßiger, die entsprechende oder sinngemäße Anwendung vorzusehen.

*Allgemeine Zustimmung.*
*Schumacher, Thunecke:* Eine Bestimmung über die entsprechende Anwendung solle in den Schluss- und Übergangsbestimmungen untergebracht werden. Es sei unzweckmäßig, in den einleitenden Bestimmungen eines Richtergesetzes sofort auf das Beamtenrecht zu verweisen. [...]

*Reh:* Hessen spreche sich gegen die Einrichtung eines Richterrats aus. Vorzuziehen sei die in § 16 des Entwurfs der Finanzgerichtsordnung vorgesehene Anhörung der Präsidien. Ziel der Anhörung sei es, unter den Bewerbern um eine Richterstelle den Besten herauszufinden. Hierzu seien aber in erster Linie diejenigen berufen, die einen Richter dienstlich kennen, also die vorsitzenden Richter und Präsidenten. Außerdem bestehe ein Missverhältnis zwischen dem komplizierten Verfahren der Einrichtung und Anhörung des Richterrats und der Tatsache, dass seine Stellungnahme nicht verbindlich sei. – Der Umstand, dass in Hessen ein Richterwahlausschuss bestehe, würde nicht gegen den Richterrat sprechen, da der Wahlausschuss – im Gegensatz zum Richterrat – lediglich die politische Qualifikation des Bewerbers prüfe und außerdem nicht bei Beförderungen mitwirke.

*Hoefler:* Die gesamte Justizverwaltung habe sich gegen den Richterrat ausgesprochen. Im Hinblick auf das Personalvertretungsgesetz werde sich ein Richterrat allerdings wohl nicht vermeiden lassen.

*Schultz:* Niedersachsen stimme einem beim obersten Gericht einzurichtenden Richterrat zu. Man könne den Richtern nicht weniger Rechte geben als den Beamten. Ein Richterrat sei einem Richterwahlausschuss vorzuziehen. Lediglich das OVG Lüneburg und ein OVG wollten anstelle des Richterrats das Präsidium vorsehen. – Er verstehe die Regelung des Entwurfs so, dass der Richterrat kein Initiativrecht habe, sondern erst gehört werde, wenn der Justizminister oder der Ministerpräsident die Bewerber vorschlägt.

*Thunecke:* Die Chefpräsidenten hätten sich überwiegend gegen den Richterrat ausgesprochen. Das Justizministerium halte einen Richterrat nicht für unbedingt erforderlich, wolle sich aber gegen die Institution als solche nicht wenden. Jedoch gingen die Vorschriften über den Richterrat weit über rahmenrechtliche Bestimmungen hinaus. Insbesondere sollte den Ländern überlassen bleiben, zu regeln, wo der Richterrat gebildet wird und welche Befugnisse er hat. Nordrhein-Westfalen erwäge, den Richterrat auf möglichst hoher Ebene zu errichten, mindestens beim OLG oder für alle drei OLG gemeinsam, evtl. sogar für alle Richter des Landes gemeinsam. Denn auf der unteren Ebene gebildete Richterräte seien nicht in der Lage, personelle Gesichtspunkte richtig zu beurteilen. Vielmehr würden hier sachfremde Erwägungen und personelle Rücksichten gegenüber Kollegen eine zu große Rolle spielen. Die im Entwurf vorgesehene Mitwirkung verschiedener Richterräte sei auch viel zu kompliziert und unnötiger Aufwand. Bei Ernennungen in Eingangsstellungen sei eine Mitwirkung des Richterrats überflüssig, da es hier nur auf die Examensergebnisse und die Mindestdienstzeit ankomme.

Lediglich in sozialen Angelegenheiten sei es zweckmäßig, einen „Richterausschuss" auf einer unteren Ebene zu bilden, etwa bei den Landgerichten und den mit einem Präsidenten besetzten Amtsgerichten. Dies könne im Landespersonalvertretungsgesetz geregelt werden.

*Kohleiss:* Der Richterrat solle nur die Zuständigkeiten gemäß § 35 Abs. 1 Ziff. 2 bis 4 erhalten, während bei Ernennungen und Versetzungen (Ziff. 1) anstelle des Richterrats das Präsidium zuständig sein sollte. In Baden-Württemberg sei eine Anhörung der Präsidien bereits in der Verordnung vom 2.10.1950 (ABl. S. 92) vorgesehen. Die Erfahrungen seien sehr gut. Die große Sach- und Personalkenntnis des Präsidenten und seines Vertreters, die den Entwurf unverständlicherweise ausschalte, habe sich besonders fruchtbar gezeigt. Ein gewählter Richterrat komme viel eher in die Gefahr, ein Interessentengremium zu werden, als ein Präsidium.

Auf jeden Fall müsse sichergestellt werden, dass der Richterrat eines Landgerichts nicht bei Ernennung des Präsidenten und der Direktoren dieses Gerichts mitwirkt. Ferner sollte die Mitwirkung des Präsidenten im Richterrat, zumindest mit beratender Stimme, ermöglicht werden. – Die Präsidien selbst wünschten eine stärkere Bindung des Justizministeriums durch ein Vetorecht der Präsidien. Dieser Forderung stehe jedoch der Grundsatz der parlamentarischen Verantwortlichkeit des Ministers für die Personalverwaltung entgegen.

*Schönrich:* Die Landgerichtspräsidenten und das Sozialministerium hätten sich gegen den Richterrat ausgesprochen. Das Justizministerium Rheinland-Pfalz bejahe jedoch die Einführung eines Richterrats, auch bei Ernennungen in Eingangsstellen. Die Präsidenten sollten nicht Mitglieder des Richterrats sein, da sie bereits vorher bei Auswahl der Bewerber beteiligt würden. Im Übrigen schließe er sich weitgehend den Ausführungen von Thunecke an.

*von Jagow:* Die Schaffung eines Richterrats liege in der Zeitentwicklung begründet; man werde sich ihr daher nicht entziehen können. Jedoch sei es wenig sinnvoll, bei Ernennungen und Beförderungen untere Instanzen einzuschalten. Man solle daher § 35 dahin ergänzen, dass der Aufgabenbereich der bei unteren Instanzen errichteten Richterräte auf einzelne Punkte beschränkt wird. Dadurch könnte diesen Richterräten die Zuständigkeit nach § 35 Abs. 1 Ziff. 1 genommen werden.

*Bukow:* Die Innenverwaltung habe sich gegen den Richterrat ausgesprochen. Die Justizverwaltung wolle in Personalsachen das Präsidium mitwirken lassen, in sozialen Angelegenheiten den Richterrat. Bei Ersternennungen solle eine Mitwirkung entfallen.

*Blome:* Hamburg befürworte einen einheitlichen Richterrat für alle Zweige der Gerichtsbarkeit. Die Mitwirkung in sozialen Angelegenheiten könne dagegen ebenso wie bei den Staatsanwälten im Landespersonalvertretungsgesetz geregelt werden.

*Coenen:* Bremen, das seit langer Zeit die Richterwahl kenne, habe gegen einen Richterrat keine grundlegenden Bedenken.

*Hoefler:* Die Mitwirkung der Richter in sozialen Angelegenheiten solle nicht in den Landespersonalvertretungsgesetzen, sondern im Richtergesetz geregelt werden. Nachdem die Richter aus der Regelung des Bundespersonalvertretungsgesetzes herausgenommen seien, wäre es ein Rückschritt, wenn die Länder sie wieder hineinnehmen würden.

*Konrad:* Vorzuziehen sei die Bezeichnung Richterbeirat. In jedem Land sollte nur ein einheitlicher, aus Richtern aller Sparten bestehender Richterbeirat errichtet werden (ebenso wie in Frankreich und Italien). Dieser solle von den Richtern des Landes gewählt werden. Die Schaffung eines solchen Richterbeirats, der einer parteipolitischen Einwirkung auf Anstellungen und Beförderungen entgegenwirken solle, sei ein Hauptanliegen des Richterbundes. Der Richterbeirat sollte stärkere Befugnisse erhalten, als sie im Entwurf vorzusehen sind, damit eine echte Kontrolle gewährleistet sei. Die bloße Anhörung sei zu wenig.

In sozialen Angelegenheiten könnten, entsprechend dem Vorschlag von Thunecke, auf unterer Ebene andere Gremien mitwirken.

*Schumacher:* Dem Richterbund komme es in erster Linie darauf an, parteipolitische Einflüsse auszuschalten. Selbst wenn an der Wahl des Richterbeirats sämtliche Richter des Landes beteiligt würden (in Nordrhein-Westfalen ca. 2500), würden sich in der Wahltechnik keine Schwierigkeiten ergeben, ebenso wenig hinsichtlich der Wahlvorschläge, falls die Richterverbände ein Vorschlagsrecht erhielten.

*Beit:* Ein Anhörungsrecht des Richterbeirats sei zu wenig, ein Vetorecht gehe zu weit. Es sollte ein Mittelweg gefunden werden.

*Nerz:* Zweckmäßig erscheine folgende Kompromisslösung: Der Minister darf einen vom Richterrat abgelehnten Kandidaten nicht ohne weiteres ernennen, sondern muss dem Richterrat einen neuen Bewerber vorschlagen. Werde auch dieser vom Richterrat abgelehnt, so solle allerdings die endgültige Entscheidung der Verwaltung vorbehalten bleiben.

*Thunecke:* Die Frage der Mitwirkung des Richterrats bei Ersteinstellungen solle den Ländern überlassen werden. In Nordrhein-Westfalen fänden einige hundert Ersteinstellungen jährlich statt.

*Konrad:* Der Richterrat solle auch bei Ersteinstellungen mitwirken.

*Roemer:* Würde man diese Frage der Regelung der Länder überlassen, so wäre eine sehr wesentliche Entscheidung nicht mehr rechtseinheitlich getroffen. Bei der Ersteinstellung werde entschieden, wer in den „Richterstand" aufgenommen werde.

*Hirschmann:* Der Sinn des Richterrats sei es, politische Einflüsse auszuschalten. Diese seien auch bei Ersteinstellungen zu befürchten.

*von Jagow:* Bei Ersteinstellungen stehe die Einschaltung des Richterrats im Gegensatz zur Sollvorschrift des § 19 Abs. 4, wonach der Gerichtsassessor spätestens nach drei

Jahren zum Richter auf Lebenszeit ernannt werden solle. Die eine Vorschrift schließe die andere aus.

*Einbeziehung der Staatsanwälte*

*Schönrich:* Die Justizverwaltungen seien wohl einheitlich der Auffassung, dass Bestimmungen über die Staatsanwälte nicht in das Richtergesetz gehörten. Andererseits würden die schon jetzt bestehenden Schwierigkeiten, für die Staatsanwaltschaft qualifizierten Nachwuchs zu erhalten, durch Erlass des Richtergesetzes noch vergrößert, zumal § 19 dem Gerichtsassessor bereits ein Anwartschaftsrecht gebe. Ein Absinken der Staatsanwaltschaft müsse aber unbedingt vermieden werden.

*Hoefler* stimmt zu. Andererseits gebe es nur ganz wenige Bestimmungen des Richtergesetzes, die auf Staatsanwälte Anwendung finden könnten.

*Reh:* Keine Einwendungen, wenn in den Übergangsbestimmungen einige Vorschriften des Richtergesetzes auf die Staatsanwälte ausgedehnt werden.

*Schultz* stimmt zu. z.B. könnten die Vorschriften über das Dienststrafverfahren Anwendung finden. Der Gefahr, dass die Staatsanwälte Bedienstete zweiten Grades innerhalb der Justizverwaltung werden, müsse unbedingt begegnet werden. Die Staatsanwälte seien im Gegensatz zu den Vertretern des öffentlichen Interesses nicht in vollem Umfang weisungsgebunden, da 70% der Verfahren durch Einstellungsverfügung der Staatsanwaltschaft beendet würden.

*Nerz:* Eine Gleichstellung der Staatsanwälte mit den Richtern sei im Interesse der Rechtspflege unerlässlich. Vor allem müssten die gehobenen Staatsanwälte so gestellt werden, dass es für Richter einen Anreiz biete, leitender Staatsanwalt zu werden. Im Vorverfahren habe der Staatsanwalt eine richterähnliche Funktion. Ein Absinken der Staatsanwälte würde für die Strafrechtspflege von katastrophaler Bedeutung sein. Die Vorschriften über Vorbildung, politische Tätigkeit, Altersgrenze, Disziplinarverfahren und Besoldung auch auf den Staatsanwalt Anwendung finden.

*von Jagow:* Die für den Richter wesentliche Unabhängigkeit fehle beim Staatsanwalt. Die Abgrenzung, inwieweit der Staatsanwalt nicht weisungsgebunden ist, würde das Richtergesetz zu stark belasten. Zweckmäßiger sei der Erlass eines besonderen Staatsanwaltsgesetzes. Die besoldungsmäßige Heraushebung der Staatsanwälte müsste beibehalten werden.

*Überwiegende Meinung der Länder: für ein besonderes Staatsanwaltsgesetz.*

*Seidel:* Gegen ein besonderes Staatsanwaltsgesetz, da in diesem die schwierige Frage der Weisungsgebundenheit gelöst werden müsste. Nach dem Vorbild des Berliner Richtergesetzes sollte das Richtergesetz auch auf Staatsanwälte Anwendung finden. In einer Schlussbestimmung könnte vorgesehen werden: „Keine Anwendung finden §§ …“.

*Rinck, Konrad:* Bis zum Erlass eines Staatsanwaltsgesetzes vergehe zu viel Zeit. In einer Schlussbestimmung sollte daher vorgesehen werden: „Bis zum Erlass eines Staatsanwaltsgesetzes finden die §§ … auf die Staatsanwälte Anwendung."

*Canter:* Die Bundesanwälte hätten wegen ihrer Zugehörigkeit zur Rechtspflege eine andere Stellung als sonstige Beamte. Die Bundesanwälte sollten die Rechtsstellung der Bundesrichter haben, soweit sich nicht aus dem Grundsatz der richterlichen Unabhängigkeit etwas anderes ergibt.

*Blome:* Wenn das Richtergesetz nicht nur typisch richterliche Regelungen, sondern auch Bestimmungen des Beamtenrechts enthalte, wäre eine Erstreckung des Gesetzes auf Staatsanwälte möglich.

*Bukow:* Gegen ein besonderes Staatsanwaltsgesetz, da in diesem Probleme angesprochen werden müssten, an die man besser nicht rühre.

*Kohleiss* stimmt zu. Im Richtergesetz könnten einige Bestimmungen über die Staatsanwälte ohne Schwierigkeiten mitlaufen. In diesem Falle müssten jedoch auch die badischen Amtsnotare, die echte richterliche Funktionen erfüllen, in das Richtergesetz hineingenommen werden.

*Rinck:* Würde man ein Gesetz mit einem Ersten Teil „Richter" und einem Zweiten Teil „Staatsanwälte" erlassen, so würde damit das Richtergesetz sehr abgeschwächt. Zu prüfen sei höchstens der Erlass einer Übergangsvorschrift, dass bis zum Erlass eines Staatsanwaltsgesetzes einige Vorschriften des Richtergesetzes auch für den Staatsanwalt gelten.

*Roemer:* Die Bestimmungen über Dienststraf-, Prüfungs- und Entlassungsverfahren seien auf Staatsanwälte nicht anwendbar. Hinsichtlich der Personalvertretung unterlägen Staatsanwälte dem PVG. Die Pflichten des Richters träfen nicht für den Staatsanwalt zu. Durch Hineinnahme der Staatsanwälte werde die Hervorhebung der Richter gefährdet.

*Einbeziehung der Laienbeisitzer:*
*Rinck* verweist auf den Aufsatz von Baur „Die Zersplitterung der Rechtspflege – einige Vorschläge zur Milderung ihrer Folgen" (NJW 1955, 303), der Bestimmungen im Richtergesetz über die Berufung der Laienrichter, ihre Stellung im Gerichtskörper, ihre Vergütung usw. fordert.

*Reh:* Keine Bedenken gegen Einbeziehung der Laienrichter.

*Coenen:* Der Wert des Richtergesetzes werde durch seine Ausdehnung auf die Laienrichter vermindert.

*Kohleiss:* Die Pflichten der Laienrichter seien nicht erzwingbar, da eine Sanktionsnorm fehle. Vorschriften über Laienrichter hätten daher nur die Bedeutung einer Deklamation.

*Marquordt:* Durch allgemeine Vorschriften über die Laienrichter würden die Handelsrichter herabgedrückt. Die Rechtsstellung der Laienrichter sollte in einem gemeinsamen GVG für alle Zweige der Gerichtsbarkeit geregelt werden.

*Konrad, Jung:* Gegen Einbeziehung der Laienrichter.

*Bukow:* Wenn man den Richter heben wolle, müsse man an seine Funktion anknüpfen. Daher solle man alle Träger der richterlichen Funktion und mithin auch die Laienrichter in das Richtergesetz einbeziehen.

*Probeabstimmung:* Für Einbeziehung der Laienrichter: 3 Länder; gegen Einbeziehung: 6 Länder und der Richterbund.

*Haushaltsangelegenheiten:*

*Rinck:* Diese Beteiligung werde von den Verwaltungsrichtern und besonders von den Finanzrichtern sehr nachdrücklich gefordert.

*Bukow:* Die Berliner Erfahrungen sprächen gegen eine Beteiligung. Die Ergebnisse seien ungünstiger gewesen, als wenn die Chefpräsidenten nicht beteiligt worden wären.

*Schumacher:* Der Richterbund setze sich dafür ein, dass § 94 BBG (Beteiligung der Spitzenorganisationen der zuständigen Gewerkschaften bei der Vorbereitung allgemeiner Regelungen beamtenrechtlicher Verhältnisse) auch auf Haushaltsangelegenheiten ausgedehnt werde.

*Roemer:* Soweit Wert auf Bestimmungen über die haushaltsrechtliche Mitwirkung gelegt werde, solle dies dem BMJ schriftlich mitgeteilt werden.

*Amtsbezeichnung:*

*Thunecke, Kohleiss:* Für Vereinheitlichung der Amtsbezeichnungen.

Zustimmend die allgemeine Meinung. […]

## XVI. *Stellungnahme der Innenministerkonferenz vom 30.6.1955*

Der *Vorsitzende* eröffnete die Beratungen um 9.15 Uhr und begrüßte MinDir. Dr. Anders als Vertreter des Bundesinnenministers.

*Zu Punkt 6 der Tagesordnung* erteilte der Vorsitzende *MinRat Dr. Feneberg* als Berichterstatter des von der Innenministerkonferenz in Bremen eingesetzten Unterausschusses das Wort zur Berichterstattung. MinRat Dr. Feneberg bezog sich auf die schriftliche Vorlage des Unterausschusses und führte ergänzend aus, die Vorlage des Richtergesetzes komme zu einem unglücklichen Zeitpunkt. Insbesondere sei an ihm zu bemängeln, dass er den Charakter eines Rahmengesetzes nicht wahre und die Sonderstellung der Richter gegenüber den Beamten in unerwünschter Weise hervorhebe. Die Aufnahme von Vorschriften über das Besoldungswesen erscheine besonders bedenklich. Auch bestünden Bedenken gegen die im Gesetz vorgesehene Form der Richterräte und die Errichtung eigener Dienstgerichte. Der Berichterstatter empfahl abschließend, die Stellungnahme des Unterausschusses, die der Sitzungsniederschrift beigefügt sei, zum Beschluss der Innenministerkonferenz zu erheben.

*Der Vorsitzende* dankte MinRat Dr. Feneberg als Vertreter des Unterausschusses für die geleistete Arbeit.

*MinDir. Dr. Anders* wies darauf hin, dass die Federführung für das Richtergesetz beim Bundesjustizminister liege. Das Bundesinnenministerium teile die Auffassung, wie sie in der abschließenden Stellungnahme des Unterausschusses zum Ausdruck komme.

Staatssekretär Strauss vom Bundesjustizministerium habe erklärt, dass mit der Einbringung des Entwurfes vor Weihnachten nicht zu rechnen sei. Das Bundesinnenministerium würde es begrüßen, wenn die Innenministerkonferenz der Stellungnahme ihres Unterausschusses beitreten würde.

*Minister Dr. Zimmer* lehnte den Gesetzentwurf grundsätzlich ab und erklärte, dieses Gesetz verabschieden, heiße einen Zankapfel in den öffentlichen Dienst zu werfen. Die Folgen für die gesamte Verwaltung seien nicht absehbar. Man müsse daher von Anfang an entschlossen nein sagen und auch die Ministerpräsidenten bei der weiteren Behandlung der Angelegenheit einschalten. Abschließend erklärte Minister Dr. Zimmer, auch Niedersachsen lehne, wie ihn Minister Wegmann gestern ausdrücklich mitzuteilen beauftragt habe, den Entwurf ab.

*MinRat Dr. Feneberg* empfahl, die Stellungnahme dem Bundesjustizminister, dem Bundesinnenminister, dem Bundesarbeitsminister und dem Bundesfinanzminister weiterzuleiten.

*Senator Ehlers* stimmte dem Vorschlag von MinRat Dr. Feneberg bei und empfahl darüber hinaus, in den Kabinettsberatungen über diesen Entwurf bereits mit allem Nachdruck gegen das Gesetz Stellung zu nehmen. Dies könnten nur die Innenminister, weil sie die Interessen aller Beamten im Auge hätten. Ein Einbruch in das Beamtenrecht mit Ziel unterschiedlicher Bewertung einzelner Beamtengruppen sei nicht zu vertreten.

*Minister Dr. Pagel* empfahl, auch die Staatskanzleien der Länder sofort zu beteiligen, darüber hinaus auch die zuständigen Ausschüsse des Bundestages und Bundesrates. Er wies darauf hin, falls dieser Entwurf Gesetz würde, sehr bald andere Beamtengruppen, wie etwa Lehrer oder Polizeibeamte, mit ähnlichen Forderungen auf der Bildfläche erscheinen würden.

Die Konferenz beschloss daraufhin

1. die Stellungnahme des Unterausschusses zu billigen […]
2. […]
3. Innerhalb der Länder werden die Innenminister für die Weiterleitung des Beschlusses an die in Frage kommenden Landesressorts Sorge tragen. Das Büro der Innenministerkonferenz wird jedem Land zu diesem Zwecke 10 Überstücke des Beschlusses übermitteln.

*Minister Dr. Zimmer* bat den Vorsitzenden, in dem Begleitschreiben an die zuständigen Bundesressorts mit Nachdruck darauf hinzuweisen, dass ein solcher Entwurf zu gefährlichen Meinungsverschiedenheiten und Auseinandersetzungen innerhalb des öffentlichen Dienstes führen und nachteiligste Folgen haben müsse.

*Minister Ulrich* bat, auch darauf hinzuweisen, dass bereits die früheren Ausnahmeregelungen hinsichtlich der Richterbesoldung zu erheblichen Unzuträglichkeiten geführt hätten. – Der Vorsitzende sagte dies nach Einverständnis aller Anwesenden zu.

# XVII. *Stellungnahme des Bundesministers des Innern vom 9.7.1955 zum Entwurf eines Richtergesetzes*

## Abschnitt I. *Allgemeines und Grundsätzliches*

### 1. *Frage der Dringlichkeit des Richtergesetzes*

Nach Auffassung der Innenminister der Länder, der ich mich anschließe, sind die Vorarbeiten am Richtergesetz noch verfrüht. Die gesetzgebenden Instanzen des Bundes sind gerade jetzt mit verschiedenen Gesetzentwürfen befasst, deren endgültige Gestaltung auch für die Rechtsverhältnisse der Richter von wesentlicher Bedeutung ist. Hierher gehört in erster Linie der Entwurf des Ersten Beamtenrechtsrahmengesetzes (im Folgenden: 1. BRRG). Es dürfte zweckmäßig sein, die Verabschiedung dieses für die Rahmengesetzgebung des Bundes richtungweisenden Gesetzes vor der Ausarbeitung eines weiteren Rahmengesetzes abzuwarten. Aber auch andere Gesetze, die demnächst erlassen werden, wie z.B. das Personalvertretungsgesetz und auf dem Gebiete des Prozessrechts die Verwaltungsgerichtsordnung und die Finanzgerichtsordnung, berühren die Rechtsstellung der Richter. Auf sie sollte daher ebenso Rücksicht genommen werden wie auf die künftigen beamtenrechtlichen Länderregelungen. Auch die Große Justizreform sollte wenigstens in den Grundzügen feststehen. Schließlich sollten zunächst auch Erfahrungen mit diesen Gesetzen gesammelt werden. Ein so wichtiges Gesetz wie das Richtergesetz sollte keinesfalls unter Zeitdruck gefertigt werden. Außerdem hat zurzeit die Wehrgesetzgebung den Vorrang. Die Zurückstellung des Entwurfs wäre auch unbedenklich, da das Kernstück des Gesetzes, die durch das Grundgesetz vorgeschriebene Unabhängigkeit der Richter, auch schon bei der bestehenden Rechtslage berücksichtigt ist und das Fehlen eines Richtergesetzes bisher nicht zu Schwierigkeiten geführt hat.

### 2. *Bedenken gegen die Konzeption des Entwurfs*

Gegen die Konzeption des Entwurfs bestehen erhebliche Bedenken.

a) Es ist m.E. zunächst notwendig, die Vorschriften über die Richter im Bundesdienst scharf von den Rahmenvorschriften für die Richter im Landesdienst zu trennen. Die gemeinsamen Vorschriften für beide Richtergruppen im Zweiten Teil des Entwurfs

„Richteramt in Bund und Ländern", der übrigens, wie schon aus der Überschrift dieses Teils hervorgeht, nicht nur Rahmenvorschriften für die Länder enthält (anders die Begründung zu § 4 des Entwurfs), verwischen die Grenzen zwischen der ausschließlichen Gesetzgebung des Bundes und der Gesetzgebungskompetenz der Länder. Hiervon abgesehen sollte der Bundesgesetzgeber in allen Gesetzen, die er auf dem Gebiet des öffentlichen Dienstrechts erlässt, möglichst den gleichen Weg beschreiten. Da ein besonderes Richterrahmengesetz nicht geplant ist, sollte die Konzeption des Entwurfs der des Personalvertretungsgesetzes angepasst werden, d.h. das künftige Deutsche Richtergesetz sollte in einem Teil I die Rechtsverhältnisse der Richter des Bundes und im Teil II die Rahmenvorschriften für die Richter der Länder enthalten. Dadurch würde der Entwurf auch an Übersicht und Klarheit gewinnen. Teil I des bisherigen Entwurfs sollte aufgelöst werden (vgl. Abschnitt II dieser Stellungnahme am Anfang).

b) Anstelle der in § 3 des Entwurfs enthaltenen Regelung, die übrigens nach der bisherigen Konzeption des Entwurfs in den Dritten Teil gehört (vgl. die Ausführungen am Anfang des Abschnitts II dieser Stellungnahme), sollte der umgekehrte Weg beschritten werden, d.h. die für Bundesbeamte geltenden Bestimmungen sollten nicht subsidiär, sondern primär anzuwenden sein. § 3 des Entwurfs sollte daher lauten: „Auf die Rechtsverhältnisse der Richter im Bundesdienst finden die für Bundesbeamte allgemein geltenden Bestimmungen Anwendung, soweit in diesem Gesetz nicht etwas anderes bestimmt ist." - Eine entsprechende Vorschrift wäre für die Richter im Landesdienst in den Rahmenvorschriften vorzusehen.

   Damit würde klargestellt, dass auch die Richter zu den Angehörigen des öffentlichen Dienstes gehören, die im Sinne des Art. 33 Abs. 4, 5 GG in einem öffentlich-rechtlichen Dienst- und Treueverhältnis stehen, und es bliebe die Einheit des die Rechtsverhältnisse dieser Personen regelnden Dienstrechts im Grundsätzlichen gewahrt. Vom Gesichtspunkt des Staatsdieners aus betrachtet besteht ein Wesensunterschied zwischen „Richtern" und „Beamten" trotz ihrer getrennten Aufführung in anderen Vorschriften des Grundgesetzes nicht; nur soweit sich aus der Funktion der Richter zwingend Abweichungen von dem für Beamte allgemein geltenden Recht ergeben, sollten sie im Richtergesetz geregelt werden.

c) Die Rahmenvorschriften für die Richter der Länder sollten sodann entsprechend dem § 1 des Entwurfs des 1. BRRG ausdrücklich als Anweisung an die Länder ergehen, um klarer, als in § 4 Abs. 2 geschehen, herauszustellen, dass die Länder verpflichtet sind, auf dem Gebiet des Richterrechts eigene Richtergesetze zu erlassen, die die ausschließliche Rechtsquelle für die im Landesdienst stehenden Richter sind.

d) Während der Entwurf das Recht der Richter des Bundes erschöpfend regelt – nach § 3 des Entwurfs regelt es sich nach dem Richtergesetz und ergänzend nach den Bestimmungen für Bundesbeamte -, schweigt er sich darüber aus, welche Bestimmungen in den Ländern neben den Vorschriften des Richtergesetzes gelten sollen. Insoweit überlässt er die ergänzende Regelung in vollem Umfang der freien Sphäre der Länder. Das bedeutet, dass z.B. die Regelung des Versorgungsrechts so völlig den Ländern überlassen wird, dass sie nicht nur neue Versorgungstatbestände schaffen, sondern auch den Versorgungsanspruch überhaupt aberkennen können. Das ist selbstverständlich nicht angängig. Die Versorgung der Richter muss in den wesentlichen Grundzügen in Bund und Ländern einheitlich sein. Im Entwurf muss deshalb klar zum Ausdruck kommen, dass für die Richter der Länder neben den Vorschriften des Deutschen Richtergesetzes die den Rahmenvorschriften des Bundes angepassten oder anzupassenden Vorschriften für Landesbeamte gelten.

### 3. *Frage der Verfassungsmäßigkeit des Entwurfs als Rahmengesetz*

Es bestehen erhebliche Bedenken, ob der Entwurf, soweit er Rahmenvorschriften für die Länder enthält, den Erfordernissen entspricht, die an ein Rahmengesetz gestellt werden müssen, und mit den Grundsätzen des Urteils des Bundesverfassungsgerichts vom 1.12.1954 betr. den Verfassungsstreit zwischen dem Bundesminister der Finanzen und dem Lande Nordrhein-Westfalen vereinbar ist. Die Kompetenzen des Bundes als Rahmengesetzgeber werden z.B. überschritten bei den Bestimmungen über den Richterrat (§§ 8 ff. und 33 ff.), bei den Bestimmungen über die Beschränkungen in der Bestellung von Gerichtsassessoren und Beauftragten Richtern (§ 21 Abs. 1), ganz besonders aber bei denen über die Dienstbezüge (§ 32 Abs. 2 bis 4) und die Dienstgerichte (§§ 52 ff.). Diese Vorschriften regeln zum Teil Organisationsfragen; solche Angelegenheiten sind im Entwurf des 1. BRRG durchweg der freien Ländersphäre überlassen worden. Bei den in der Begründung (S. 3) genannten Beispielen für eine Bewegungsfreiheit des Landesgesetzgebers handelt es sich zu einem großen Teil um beamtenrechtliche Fragen, die ohnehin nicht im Richtergesetz zu regeln sind. Für eigenständige Regelungen von substantiellem Gewicht im Sinne des Urteils des Bundesverfassungsgerichts verbleibt den Ländern kein Raum.

### 4. *Richterräte*

Die Einrichtung von Richterräten wird wegen der Ausklammerung der Richter aus dem Personalvertretungsgesetz wohl nicht zu vermeiden sein. Unbedenklich ist auch, dass der Entwurf hinsichtlich der Beteiligung von Richtern bei bestimmten Angelegenheiten einen anderen Weg beschreitet, als er im Entwurf des Personalvertretungsgesetzes beschritten ist. Es muss aber auf gewisse Bedenken hingewiesen werden, die gegen die geplante Einrichtung bestehen.

Abgesehen davon, dass die Auswahl der Richter durch die Einschaltung des Richterrates erschwert wird, sind die Vorschriften über die Richterräte in der vorgesehenen

Form mit der Rahmengesetzgebungszuständigkeit des Bundes kaum zu vereinbaren (vgl. oben Nr. 3). Der Entwurf sollte nicht über die Regelungen hinausgehen, die das Personalvertretungsgesetz in den Rahmenvorschriften den Ländern für die Personalvertretung der Beamten vorschreiben wird. Dafür, dass den Ländern durch Bundesgesetz hinsichtlich der Richter stärkere Bindungen auferlegt werden müssen, als es im Entwurf des Personalvertretungsgesetzes hinsichtlich des viel größeren Personenkreises der Beamten geschieht, ist – auch bei Berücksichtigung der besonderen Stellung der Richter – kein triftiger Grund ersichtlich. Es dürfte vollauf genügen, die Länder zu verpflichten, in bestimmten Fällen die Richter zu beteiligen. Die Form der Beteiligung und die personelle Besetzung der zu schaffenden Einrichtung sollten sie aber selbst bestimmen können, und zwar umso mehr, als die Praxis der Beteiligung bei der Ernennung von Richtern in den Ländern schon immer verschieden gewesen ist.

Grundsätzlich sollte aber zunächst geprüft werden, ob es nicht zweckmäßiger wäre, im Gesetz die Mitwirkung des Richterrates lediglich in sozialen Angelegenheiten vorzusehen (§ 35 Abs. 1 Nr. 3) und im Übrigen statt des Richterrates das durch gewählte Richter verstärkte Präsidium einzuschalten.

## *5. Status der Gerichtsassessoren und Beauftragten Richter*

Der Entwurf muss den Status der Gerichtsassessoren und der Beauftragten Richter regeln. Die Regelung völlig den Ländern zu überlassen (so die Begründung zu § 12), ist nicht angängig, weil sie 1. im Bunde einheitlich sein muss und es 2. auch im Bundesdienst Gerichtsassessoren und Beauftragte Richter gibt. Dabei taucht zunächst die Frage auf, ob die Gerichtsassessoren und Beauftragten Richter etwa Beamte werden sollen. Nach der Begründung zu § 12 soll das Landesrecht bestimmen, wie weit sie den Beamten auf Probe oder auf Widerruf gleichgestellt werden. Danach sollen sie also offensichtlich nicht Beamte werden, sondern eine Zwischenstellung zwischen Richtern und Beamten erhalten. Soweit es sich um Gerichtsassessoren und Beauftragte Richter im Bundesdienst handelt, ist im Entwurf die Frage des Status überhaupt nicht angesprochen. § 3 bestimmt lediglich, dass sich die Rechte und Pflichten sowie die allgemeine Rechtsstellung der *Richter* im Bundesdienst ergänzend nach den Bestimmungen für Bundesbeamte richten. Gerichtsassessoren und Beauftragte Richter sind aber keine Richter im Sinne des Richtergesetzes; sie werden es auch nicht dadurch, dass ihnen nach § 12 Abs. 2 die Aufgaben eines Richters übertragen werden. Für den Status der Gerichtsassessoren und Beauftragten Richter im Bundesdienst können daher die Bestimmungen für Bundesbeamte nicht herangezogen werden.

Bei dieser Sachlage wird die Rechtsstellung der Gerichtsassessoren und Beauftragten Richter noch problematischer, als sie es bisher schon ist. Nach der Konzeption des Entwurfs geraten diese Hilfsrichter in eine äußerst unerwünschte Zwitterstellung, die im Interesse der

Schaffung klarer Rechtsverhältnisse unter allen Umständen vermieden werden sollte. Es wird vorgeschlagen, dem Gerichtsassessor und Beauftragten Richter den Richterstatus zu geben, und zwar dem Gerichtsassessor den eines Richters auf Probe und dem Beauftragten Richter den eines Richters auf Widerruf. Bei dem letzteren wäre sodann zu beachten, dass er nach § 20 Abs. 2 auf eine bestimmte Zeit zu ernennen ist, so dass er mit Ablauf der Zeit, für die er bestellt ist, wieder ausscheidet, seine Ernennung im Übrigen aber nur widerrufen werden darf, wenn die Voraussetzungen des § 20 Abs. 3 vorliegen. Im Übrigen wird auf die Ausführungen zu § 12 Abs. 2 in Abschnitt II dieser Stellungnahme verwiesen. Hier soll lediglich noch bemerkt werden, dass die Gerichtsassessoren und Beauftragten Richter nach der bisherigen Konzeption weder unparteiisch Recht zu sprechen noch den Richtereid zu leisten haben.

## 6. *Richterbesoldung*

Vorschriften für das Besoldungsrecht der Richter gehören ebenso wenig in ein Richtergesetz wie in ein Beamtengesetz. Die Besoldung aller Amtsträger (der Beamten, Richter und künftig auch der Soldaten) muss – darin stimme ich mit dem Bundesminister der Finanzen überein – in *einem* Gesetz geregelt werden. Eine Aufspaltung in verschiedene Gesetze ist abzulehnen. Abweichungen von der Beamtenbesoldung führen zu gleichgerichteten Forderungen anderer Beamtengruppen (Polizei, Berufssoldaten, Lehrer). An dem Grundsatz der gleichen Besoldung bei gleichem Ausbildungsstand ist festzuhalten; das Besoldungsgefüge zwischen Richtern und übriger Beamtenschaft darf nicht erschüttert werden. Eine Gleichstellung der Besoldung in den verschiedenen Zweigen der Gerichtsbarkeit ist jedoch wegen der verschiedenen Aufgaben, die den einzelnen Gerichten obliegen, nicht ohne weiteres möglich. Insoweit lässt sich jedenfalls die Verwaltungsgerichtsbarkeit nicht mit der ordentlichen Gerichtsbarkeit vergleichen. Die verschiedenen Gerichtsorganisationen und die größeren Gerichtsbezirke in der Verwaltungsgerichtsbarkeit erfordern besoldungsrechtlich eine besondere Behandlung. So wäre z.B. die Gleichstellung der Oberverwaltungsgerichte und Verwaltungsgerichtshöfe der Länder mit den Oberlandesgerichten ungerechtfertigt. Entsprechendes gilt aber auch für die erstinstanzlichen Gerichte der Verwaltungsgerichtsbarkeit.

Soweit die Besoldungsbestimmungen des Entwurfs feste Beträge festsetzen und sich nicht auf Rahmenbestimmungen beschränken, überschreiten sie die rahmenrechtliche Kompetenz des Bundes (vgl. oben Nr. 3).

## 7. *Dienstgerichte*

Gegen die Schaffung besonderer Dienstgerichte auf Bundesebene bestehen verfassungsrechtliche Bedenken; ihre Einrichtung ist mit Art. 96 GG kaum zu vereinbaren. Sie dürfte auch dann noch eine Umgehung dieser Verfassungsbestimmung sein, wenn die Dienstgerichte als Senate der ordentlichen Gerichte eingerichtet werden, und zwar für Richter im Bundesdienst bei dem Bundesgerichtshof (§§ 52, 68 Abs. 1).

Die Errichtung von Dienstgerichten ist aber auch weder erforderlich noch zweckmäßig, da für alle ihnen in § 51 Nr. 1 bis 4 des Entwurfs zugewiesenen Kompetenzen der Rechtsweg vor schon vorhandenen Gerichten bereits eröffnet ist oder zwanglos eröffnet werden kann. Für die Fälle der Nr. 1 sind schon jetzt die Disziplinargerichte und für die der Nrn. 2 und 3 sowie der Nr. 4, soweit sie die Versagung der Genehmigung einer Nebentätigkeit betrifft, die Verwaltungsgerichte zuständig. Für die Anfechtung von Maßnahmen der Dienstaufsicht (Nr. 4) könnte ohne Schwierigkeit die Zuständigkeit der Verwaltungsgerichte oder der Disziplinargerichte begründet werden.

Auch aus folgenden Gründen kann der Regelung des § 51 nicht zugestimmt werden:

a) Die Schaffung besonderer Dienstgerichte begünstigt die weitere Zersplitterung der Rechtspflege.
b) Die in § 51 Nr. 1–4 den Dienstgerichten, im Bund dem Dienstgericht beim BGH, zugewiesenen Aufgaben sind nach der gegenwärtigen Regelung für die dort tätigen Richter neu. Sie sind ihrer sonstigen richterlichen Tätigkeit so wesensfremd, dass sie ihnen schon aus diesem Grunde nicht übertragen werden sollten.
c) Im Hinblick auf die Gemeinsamkeit der öffentlich-rechtlichen Wurzel des Dienstverhältnisses der Beamten und der Richter und die weitgehende Ähnlichkeit der meisten Rechte und Pflichten der Beamten und Richter sollte die Disziplinargerichtsbarkeit über Richter (§ 51 Nr. 1) bei dem Zweige der Gerichtsbarkeit belassen werden, dem sie schon bisher zugewiesen ist. Die Dienstvergehen der Beamten und der Richter unterscheiden sich dienstrechtlich gesehen, nicht wesensmäßig, so dass die Disziplinargerichtsbarkeit über Richter auch aus diesem Grunde nicht notwendig einem anderen Gericht übertragen zu werden braucht. Die bisherige Regelung hat sich durchaus bewährt. Die Zusammensetzung des Gremiums, das einen Richter disziplinär abzuurteilen hat, muss allerdings eine besondere sein. Eine solche Regelung ist aber bereits in den §§ 108 und 110 BDO gefunden worden. Der besondere Disziplinarsenat beim Bundesgerichtshof sollte jedoch auf den Bundesdisziplinarhof übernommen worden.
d) Für die Bundesbeamten ist wegen ihrer Zahl und wegen der Bedeutung und Größe der Aufgaben eine besondere Gerichtsbarkeit (BDK und BDH) geschaffen worden. In manchen Ländern hat sich zwar eine Trennung der Disziplinargerichtsbarkeit von der Verwaltungsgerichtsbarkeit noch nicht als nötig erwiesen. Es bestehen aber in allen Ländern entweder eigene Disziplinargerichte oder besondere Disziplinarsenate bei den obersten Verwaltungsgerichten, die schon jetzt oft auch für Richter und Beamte zuständig sind. Es ist nicht einzusehen, warum die erworbenen Spezialkenntnisse der

dort tätigen Richter zugunsten einer erst neu zu schaffenden, zur weiteren Rechtszersplitterung führenden Dienstgerichtsbarkeit unausgenutzt bleiben sollen. Das wäre auch unrationell.

c) Die in § 51 Nr. 2–3 des Entwurfs den Dienstgerichten zugedachten Aufgaben gehören nach dem Sachzusammenhang rechtssystematisch nicht vor die ordentlichen Gerichte. Es handelt sich hier im Wesentlichen um Statusfragen der Richter, die ebenso wie die Statusfragen der Beamten vor die Verwaltungsgerichte gehören und in Bund und Ländern von diesen auch bereits entschieden werden.
Die Zuständigkeit nach § 51 Nr. 4 betrifft Maßnahmen der Dienstaufsicht, also auch Fragen, die ihrer Natur nach der Verwaltungsgerichtsbarkeit angehören. Sofern gegen die Zuweisung dieser Klagen an die Verwaltungsgerichte Bedenken erhoben werden, besteht ohne weiteres die Möglichkeit, für sie die Zuständigkeit der allgemeinen Disziplinargerichte zu begründen; dafür spricht auch der Umstand, dass sowohl im Bund wie auch in verschiedenen Ländern bei den Disziplinargerichten Richter aller Sparten mitwirken. Das gelegentlich geäußerte Bedenken, eine Zuständigkeit der Disziplinargerichte für Entscheidungen außerhalb der eigentlichen Disziplinargerichtsbarkeit sei nicht vertretbar, erscheint unbegründet; in der rechtsgeschichtlichen Entwicklung sind den Disziplinargerichten auch früher schon andere Aufgaben zugewiesen worden. Ob bei Übertragung der Anfechtungsklagen gegen Dienstaufsichtsmaßnahmen auf die Disziplinargerichte die Bezeichnung „Disziplinargericht" in „Dienstgericht" zu ändern wäre, ist eine Frage von untergeordneter Bedeutung.

f) Wenn das Richtergesetz für die Richter aller Zweige der Gerichtsbarkeit gleichmäßig gelten soll und – auch nach dem Entwurf – keine Sparte richterlicher Tätigkeit geringer oder hoher zu bewerten ist, kann die Zuständigkeit der ordentlichen Gerichte nur damit begründet werden, dass die Tätigkeit in der ordentlichen Gerichtsbarkeit höher zu bewerten ist als die in den anderen Gerichtsbarkeiten. Dafür lassen sich keine Gründe anführen.

g) *Verfassungsgerichtsbarkeit*
Einige Länder haben die Frage aufgeworfen, ob eine Regelung für die Richter an den Verfassungsgerichten der Länder innerhalb des Richtergesetzes vertretbar sei. Man war der Meinung, dass die Verfassungsgerichte als oberste Staatsorgane nicht mit den Gerichten der anderen Gerichtsbarkeiten verglichen werden könnten, dass ihnen vielmehr im Staatsaufbau der Länder eine besondere Stellung zukomme, die es rechtfertige, die Verfassungsrichter der Länder aus dem Richtergesetz herauszulassen und die Regelung ihrer Rechtsverhältnisse den Ländern überlassen. Diesem Wunsche kann eine gewisse Berechtigung nicht abgesprochen werden.[...]

## XVIII. *Vermerk des BMJ über die Besprechung von Bundesressorts vom 11.7.1955*

An der Ressortbesprechung unter Vorsitz von *MinDir. Roemer* nahmen 19 Herren teil, darunter:
MinDir. Dr. Anders, MinDir. Dr. Neiß, Minrat Koehler, *BMI*;
MinDirig. Dr. Meyer, RR Dr. Wiedow, *BMF*;
MinRat Fitting, *BMA*;
MinDirig. Dr. von Arnim, MinRat Dr. Rinck, ORR Dr. Marquordt, *BMJ*.

Bei der Besprechung lagen die ausführlichen schriftlichen Stellungnahmen des BMI vom 8./9.7.1955 [teilweise oben unter XVII] und des BMF [weggelassen] vom 8.7.1955 vor, auf die weitgehend Bezug genommen wurde.

Die Besprechung hatte folgende Ergebnisse:
*1. Dringlichkeit des Richtergesetzes:* BMI und BMF halten das 1. BRRG für präjudiziell, da dieses im Aufbauschema und in Einzelheiten richtungweisend sei. Wenn das BRRG z.B. die Regelung der Altersgrenze den Ländern überlasse, sei es ausgeschlossen, die Altersgrenze im Richtergesetz festzulegen. Auch lasse sich die erforderliche Kürzung des Richtergesetzes nur durchführen, wenn die endgültige Fassung des BRRG bereits feststehe. Ferner sollte der Erlass der Verwaltungsgerichtsordnung und der Finanzgerichtsordnung abgewartet werden und die Große Justizreform wenigstens in den Grundzügen feststehen. Das Grundgesetz fordere nicht, dass der Bund Rahmenvorschriften über die Rechtsstellung der Richter in den Ländern erlasse, da Art. 98 Abs. 3 Satz 2 GG lediglich eine Kann-Vorschrift sei.

Das BMA will die Vorklärung der Fragen der Großen Justizreform nicht abwarten, da dies zu lange dauern würde und das Grundgesetz keine Justizreform, sondern nur ein Richtergesetz fordere. Die Arbeits- und Sozialrichter, die aus den Kreisen der Arbeitnehmer bzw. Arbeitgeber kämen, ständen innerhalb eines soziologischen Spannungsfeldes; ihre Stellung sollte beschleunigt gehoben werden. Aus gesetzestechnischen Gründen sollte jedoch mit der Einbringung des Richtergesetzes im Kabinett gewartet werden, bis das 1. BRRG verabschiedet sei.

Die Ressorts verlangten nachdrücklich eine erneute Ressortbesprechung vor Vorlage des Entwurfs an das Kabinett, da sie bisher noch nicht zu einem durchgefeilten Entwurf Stellung nehmen konnten. Nach Ansicht des BMA handelt es sich bisher nur um Vorerörterungen. MinDir. Roemer wies darauf hin, dass die Vorlage eines durchgefeilten Entwurfs erst erfolgen könne, wenn eine grundsätzliche Einigung mit den Ressorts, gegebenenfalls auf Staatssekretärsebene, erfolgt sei.

*2. Aufbau des Richtergesetzes:* Sämtliche Ressorts sprachen sich dafür aus, dass der Entwurf stark gekürzt wird und sich auf die Bestimmungen beschränkt, durch die sich der

Richter vom Beamten unterscheidet. Dadurch werde die Sonderstellung des Richters stärker betont. Außerdem führe die Wiederholung beamtenrechtlicher Vorschriften im Richtergesetz zum falschen Umkehrschluss, dass die nicht zitierten Vorschriften nicht gelten.

Entsprechend der Konzeption des PVG sollten die Rahmenbestimmungen für Landesrichter erst *nach* den Bestimmungen für Bundesrichter ausgeführt werden. An den Anfang könne ein allgemeiner gerichtsverfassungsrechtlicher Teil gestellt werden, der für *alle* Richter unmittelbar gilt. Dies sei schon deshalb erforderlich, weil es den Primat des Bundes abschwächen würde und eine historische Rückwärtsentwicklung wäre, wenn eine Vorschrift, die auf Art. 74 Ziff. 1 gestützt werden kann, lediglich als Rahmenvorschrift nach Art. 75 GG ergehen würde (MinDir. Roemer). Außerdem hätte dies die unerwünschte Folge, dass der Landesgesetzgeber solche Vorschriften für seinen Bereich erweitern könnte (Wiedow).

Das Gesetz hätte dann drei Teile: 1. Gerichtsverfassungsrechtliche Vorschriften (z.B. über Unabhängigkeit, Richteramtsbefähigung, Beauftragte Richter, Gerichtsassessoren usw.); Zuständigkeit des Bundesgesetzgebers nach Art. 74 Ziff. 1 GG; 2. einen Teil für Bundesrichter; Zuständigkeit nach Art. 98 Abs. 1 GG; 3. Rahmenvorschriften über die Rechtsstellung der Richter in den Ländern (Zuständigkeit des Bundes nach Art. 98 Abs. 3 Satz 2, 75 Ziff. 1 GG).

Teil 1 und 2 würden unmittelbar geltendes Recht darstellen. Teil 3 würde lediglich Anweisungen an den Landesgesetzgeber enthalten, die noch der Ausfüllung durch diesen bedürfen. – Hierdurch würde eine klare Regelung ermöglicht. Die Nachteile, dass das Richtergesetz infolgedessen schlechter lesbar wäre, könnten in Kauf genommen werden.

*3. Sind die Richter Beamte?* BMI und BMF wünschen eine Bestimmung, dass sich die Rechtsstellung der Richter in den Ländern nach den Beamtengesetzen bestimme, soweit das Richtergesetz nicht Besonderheiten vorsieht. Andernfalls hänge der Entwurf in der Luft. Er spreche z.B. von der Mitwirkung bei der Ernennung, enthalte aber nichts darüber, wann eine Ernennung vorliege. Außerdem sollte die Rechtsstellung der Richter in Bund und Ländern in den wesentlichsten Grundzügen einheitlich sein.

*4. Einbeziehung der Laienrichter:* BMA bejaht Bedürfnis für Einbeziehung der Laienrichter, auf die §§ 1, 22, 25, 26, 28 bezogen werden könnten. BMI und BMF haben keine Bedenken. Die Einbeziehung könne in einem besonderen Abschnitt am Schluss des Gesetzes (ähnlich § 177 BBG für Ehrenbeamte) erfolgen. Eine Zusammenfassung sämtlicher bisheriger Vorschriften über die Laienrichter (z.B. aus dem ArbGG, SGG usw.) wird nicht befürwortet.

*5. Einbeziehung der Staatsanwälte:* Die Staatsanwälte sollten nicht in das Gesetz einbezogen werden. Gründe: 1. die Ausweitung auf Vertreter des öffentlichen Interesses und Amtsanwälte wäre unvermeidlich; 2. die Stoßkraft des Richtergesetzes würde abgeschwächt; 3. das Grundgesetz fordert ein Richter-, aber kein Staatsanwaltsgesetz.

*Zu §§ 3, 4:* BMI wünscht eine umgekehrte Regelung: Für Bundesrichter sollen primär die Beamtengesetze und subsidiär das Richtergesetz gelten. Eine ähnliche Regelung sollte für die Landesrichter vorgesehen werden. – BMF schlägt vor, die Anwendung der Beamtengesetze für alle Richter vorzuschreiben, soweit nicht durch Gesetze zur Wahrung der Unabhängigkeit der Richter Besonderes bestimmt ist. Ablehnend MinDir. Roemer: Es würde die Rahmenkompetenz des Bundes überschreiten, den Ländern die Anwendung der Beamtengesetze vorzuschreiben. Außerdem sei die Einschränkung unklar; die Heraufsetzung der Altersgrenze auf 68 Jahre lasse sich z.B. nicht damit begründen, dass dies zur Wahrung der Unabhängigkeit nötig sei.

*Zu § 5:* Statt „Fähigkeit" solle der im Laufbahnrecht übliche Ausdruck „Befähigung" verwendet werden.

BMF hat gegen das auf der Besprechung mit den Landesjustizverwaltungen vom 21./22.6.1955 gefundene Ergebnis keine Einwendungen (3 Jahre Studium, 3 ½ Jahre Ausbildung, Übernahme des § 2 Abs. 3 GVG in das Richtergesetz unter Verlängerung der Ausbildung bei der Verwaltung auf ein Jahr.

BMI wünscht a) Freiheit für die Länder, die Voraussetzungen für die 2. Staatsprüfung abweichend zu regeln und den Regierungsassessor wieder einzuführen; b) für die Richteramtsbefähigung auch die Ableistung einer Vordienstzeit vorzusehen; diese zusätzlichen Erfahrungen seien nicht erst bei der Ernennung zum Richter, sondern schon bei der Verwendung als Hilfsrichter erforderlich.

BMA wünscht für die Arbeits- und Sozialrichter Aufrechterhaltung der §§ 18 Abs. 3 ArbGG, 9 Abs. 2 SGG.

*Zu § 6:* Abs. 1 Satz 1 solle in eine Muss-Vorschrift umgewandelt werden (Fitting). Am Schluss des Gesetzes solle für in der Sowjetzone bestandene Prüfungen als Übergangsbestimmung eine Kann-Vorschrift vorgesehen werden (Neiß). Anderer Ansicht Marquordt: Man solle von vornherein eine Formulierung finden, die auch im Falle der Wiedervereinigung anwendbar bleibt; hierbei sei nicht nur an die Sowjetzone, sondern auch an das Saargebiet zu denken.

Abs. 1 Satz 2 solle eine Muss-Vorschrift bleiben, da Freizügigkeit auch für die Verwaltungsrichter erwünscht sei (BMI); entscheidend sei lediglich, ob die Kenntnisse des Kandidaten zum Bestehen der Prüfung ausreichen.

*Zu §§ 8 ff., 33 ff.:* Statt „Mitwirkung" sollte „Beteiligung" gesetzt werden. – Ein Richterrat wird vom BMA als wünschenswert, vom BMI und BMF als tragbar bezeichnet. Alle Ressorts wollen den Richterrat jedoch nur auf hoher Ebene vorsehen. – BMA wünscht 1. einen Richterrat nur an der Spitze jeder Gerichtsbarkeitssparte; 2. Zusammensetzung ausschließlich aus *gewählten* Richtern; 3. Zuständigkeit nur in Personalsachen; die Beteiligung der Richter in sozialen Angelegenheiten sollte in den Personalvertretungsgesetzen der Länder geregelt werden.

Ein gemeinsamer Richterrat für alle Gerichtsbarkeitssparten eines Landes werde abgelehnt; dieser wäre eine Art Rechtsprechungsministerium im Kleinen. Die Zuständigkeit zur Repräsentation ende aber beim obersten Dienstherrn. Gegen eine Zusammenarbeit der obersten Richterräte der einzelnen Gerichtsbarkeitssparten in Form einer Arbeitsgemeinschaft beständen jedoch keine Bedenken. – Die Wahl *aller* Mitglieder des Richterrats sei erforderlich, weil nur ein solches Gremium eine echte Richtervertretung und ein Äquivalent gegenüber den politischen Einflüssen der Verwaltung sei. Bei einem Richterrat seien politische Einflüsse in geringerem Maße zu befürchten, als bei Entscheidungen des Präsidiums eines Obergerichts, das unter dem Einfluss eines nach politischen Gesichtspunkten ernannten Chefpräsidenten stehe.

BMI: Eine nähere Regelung sei nur für Bundesrichter erforderlich. Hinsichtlich der Landesrichter sollte den Ländern überlassen werden, die Beteiligung und Zusammensetzung des Richterrats zu regeln. Ein gemeinsamer Richterrat für alle Sparten werde nicht befürwortet. Durch Wahlen werde die Richterschaft politisiert werden. Daher sollte erwogen werden, statt des Richterrats ein durch gekorene Mitglieder (z.B. die beiden jüngsten Richter) erweitertes Präsidium vorzusehen (Koehler).

BMF: Es würde genügen, die Aufgaben des Richterrats dem Präsidium zu übertragen. Falls aber ein Richterrat vorgesehen werde, solle er nur auf hoher Ebene gebildet und (entsprechend dem Entwurf) zur Hälfte aus gewählten Mitgliedern bestehen.

*Zu § 9:* Die Mitwirkung des Richterrats a quo solle beibehalten werden, damit die Personalkenntnisse der früheren Kollegen und Vorgesetzten nutzbar gemacht werden können. Fitting berichtete, dass kürzlich die Ernennung eines Bewerbers zum Bundesrichter bevorgestanden habe, den seine früheren Kollegen als hierfür völlig ungeeignet bezeichnet hätten.

Der Richterrat a quo solle ebenso wie der Richterrat ad quem von vornherein zuständig sein; denn es würde eine Verzögerung bedeuten, wenn der Richterrat a quo erst dann zuständig wäre, wenn der Richterrat ad quem ihn um eine Stellungnahme ersucht.

*Zu § 10:* Ein Vorschlag des BMA, dass der Richterrat nicht Auszüge aus den Personalakten erhält, sondern lediglich vom Personalreferenten mündlich informiert wird und seine persönlichen Kenntnisse über den Bewerber verwertet, wird nicht unterstützt, da das Informationsrecht des Richterrats nicht beschränkt werden sollte.

Eine unmittelbare Zusammenarbeit des aus Politikern bestehenden Richterwahlausschusses mit dem Richterrat sollte vermieden werden. Der Richterrat sei ein internes Organ, das nicht mit Stellen außerhalb der Verwaltung zusammenarbeiten, sondern nur auf Ersuchen der zuständigen obersten Dienstbehörde tätig werden sollte (Fitting, zustimmend Koehler).

*Zu § 11:* Nach allgemeiner Meinung soll die Sechswochenfrist abgekürzt werden. Auch das PVG sehe kürzere Fristen vor.

*Zu § 34:* Das Wahlverfahren (Abs. 4) sollte durch Verwaltungsverordnung geregelt werden. Es sollte geheime Wahl vorgesehen werden.

*Zu § 35:* BMF wünscht Wegfall der Ziff. 2 bis 4, BMA der Ziff. 2, 3, 4.

*Zu §§ 36, 37:* BMA spricht sich für Streichung aus; der Richterrat solle nicht mit sozialen Angelegenheiten befasst werden, insbesondere dann nicht, wenn er aus Mitgliedern des Präsidiums bestehe.

*Zu § 39:* Die Schweigepflicht sollte entsprechend § 60 PVG formuliert werden, da es sich um den gleichen Tatbestand handelt.

*Zu §§ 12 bis 14, 19 bis 21:* BMI und BMF fordern, klarzustellen, ob die Beauftragten Richter und Gerichtsassessoren den (neuen) Status eines Richteranwärters oder den eines Beamten haben. In letzterem Falle genüge eine allgemeine Bezugnahme auf die Beamtengesetze nicht, da nicht ersichtlich sei, in welche Kategorie die Beauftragten Richter und Gerichtsassessoren fallen (Widerrufsbeamte oder Probebeamte), welche Richterpflichten für sie gelten, wie ihre Versorgung erfolgt usw. Wiedow schlägt vor, schon in § 12 klarzustellen, dass es Richter auf Lebenszeit, auf Widerruf und auf Probe gebe. – Auch die Terminologie „Beauftragter Richter“ sollte geändert werden, da sie durch § 361 ZPO verbraucht sei (Wiedow). Ebenso sei die Bezeichnung „Gerichtsassessor im richterlichen Dienst“ unzweckmäßig, da sie ein Pleonasmus sei (Fitting).

*BMF* hat Bedenken gegen die Abordnung von Gerichtsassessoren zur Staatsanwaltschaft. Denn kein Gerichtsassessor werde seinen Status als Richteranwärter aufgeben, um später abhängiger Beamter in der Staatsanwaltschaft zu werden. Richtiger sei es, vorzusehen, dass ein Assessor nach dem Examen entweder Richter auf Probe oder Assessor bei der Staatsanwaltschaft wird.

*BMF und BMA* bezeichnen es aus rechtsstaatlichen Gründen und im Interesse des Nachwuchses als unmöglich, dass einem Richteranwärter, der ja reguläre richterliche Funktionen ausübe, acht Jahre lang die Unabhängigkeit fehle und er somit in stärkerem Umfange entlassbar sei als der abhängige Beamte. Besonders in der Arbeitsgerichtsbarkeit, deren Richter innerhalb eines soziologischen Spannungsfeldes ständen, müssten die Richter möglichst bald in ihrer Stellung gefestigt und gesichert werden. Die Arbeitsgerichtsbarkeit habe mit einer Erprobungsfrist von insgesamt drei Jahren gute Erfahrungen gemacht. Es müsste außerdem klargestellt werden, dass § 18 Abs. 4 Satz 2 ArbGG als lex specialis weitergelte, falls das Richtergesetz längere Probezeiten vorsehe. – Außerdem sei eine Klarstellung zweckmäßig, dass die vorgesehenen Probezeiten nicht für jede Gerichtsbarkeitssparte, sondern allgemein gelten.

*BMI* hält es für sehr bedenklich, die Einrichtung des Beauftragten Richters, der an sich für Stoßaufgaben vorgesehen sei, nunmehr zu einer regelmäßigen Laufbahnvoraussetzung des Gerichtsassessors umzugestalten. - Die Ressorts votierten abschließend wie folgt: Der Beauftragte Richter als Durchlaufstadium für den jungen Richter solle fortfahren und nur noch für Stoßaufgaben vorgesehen werden. Der Assessor solle nach dem Examen sofort Gerichtsassessor werden unter Ausdehnung der Probezeit (und jederzeitigen Entlassbarkeit) gemäß § 19 Abs. 3 auf insgesamt fünf Jahre, wobei eine bisherige Tätigkeit als Beauftragter Richter angerechnet wird. MinDir. Roemer schlägt vor, hierzu die Landesjustizverwaltungen, die an diesen Fragen in erster Linie interessiert seien, um Stellungnahme zu bitten.

*Formulierungsvorschlag (Fitting):* Spätestens nach Ablauf von fünf Jahren nach der Ernennung ist der Gerichtsassessor als Richter auf Lebenszeit zu verwenden oder einem Richterwahlausschuss zur Wahl vorzuschlagen.

*Zu § 15:* In Abs. 2 fehlen die in Art. 97 GG enthaltenen Worte „vor Ablauf ihrer Amtszeit entlassen". Wenn das Grundgesetz wiederholt werde, sollte nicht von seinem Wortlaut abgewichen werden (*Wiedow*). Richter auf Zeit gebe es auch in der Disziplinargerichtsbarkeit (in allen Ländern werden die richterlichen Beisitzer auf Zeit bestellt, in Württemberg-Hohenzollern, Nordrhein-Westfalen und Berlin auch die Vorsitzenden). Wenn § 15 die Richter in der Verfassungsgerichtsbarkeit berücksichtigt, müssten daher auch die Disziplinarrichter erwähnt werden (*BMI*).

MinDir. Roemer erklärt, dass die Verfassungsrichter der Länder wahrscheinlich nicht im Richtergesetz berücksichtigt werden, da sie entweder nebenamtlich tätige Berufsrichter, auf die sich das Richtergesetz ohnehin beziehe, seien oder von den Landtagen gewählte Beisitzer, die ähnlich wie die Schöffen und Geschworenen zu behandeln seien. Hinsichtlich der Verfassungsrichter des Bundes solle noch die Stellungnahme des Bundesverfassungsgerichts abgewartet werden.

*Zu § 16:* Zweckmäßig erscheint Angleichung an §§ 26 Abs. 2 BBG, 19 BRRG und Klarstellung, dass der vom Amt entbundene Richter in den Stufen seines alten Amtes, nicht seines neuen Amtes, weiter aufsteigt. Formulierungsvorschlag (*Rinck*): Der Richter darf in seiner besoldungsrechtlichen Stellung nicht geschmälert werden. In Abs. 2 wäre auch (ebenso wie in Abs. 1) die Entbindung von den Amtspflichten vorzusehen. Die Monatsfrist solle auf drei Monate verlängert werden, da es unmöglich sei, innerhalb eines Monats eine Entscheidung über die Versetzung zu treffen. Zweckmäßig erscheint Klarstellung, dass der Richterrat lediglich zu *hören* ist.

*Zu § 17:* Bedürfnis für diese Bestimmung wird bejaht.

*Zu § 18:* Es sollte formuliert werden: „Ein Richter darf nur mit seiner Einwilligung und längstens auf die Dauer ... usw." (*BMI*). – Nach § 3 Abs. 4 des Gesetzes über den

Bundesfinanzhof kann ein Richter des Bundesfinanzhofs auch mit der Einwilligung *nicht* bei einer anderen Behörde beschäftigt werden. Diese Bestimmung, an der das BMF kein besonderes Interesse habe, müsste gegebenenfalls aufgehoben werden (*Wiedow*).

*BMA* und *BMI* wünschen Klarstellung, dass ein Beamter auf Lebenszeit, der als Beauftragter Richter verwendet wird, die Rechte und Pflichten aus dem Richterverhältnis hat und als solcher diszipliniert wird; die Rechte und Pflichten aus dem Beamtenverhältnis sollen ruhen. – Eine Regelung für den umgekehrten Fall, dass ein Richter an eine Verwaltungsbehörde abgeordnet wird, hält BMI nicht für nötig, da hier die Geltung der beamtenrechtlichen Normen klar sein dürfte.

*Zu § 22:* Anregungen der Verwaltung gegenüber den Gerichten sollten im Interesse einer reibungslosen Zusammenarbeit weiterhin zulässig sein.

*Zu § 23: BMA* wünscht Streichung des Abs. 2. – *BMF* hält Streichung der Worte „oder persönlichen" für möglich. Denn Abschnitt III beziehe sich nur auf die sachliche Unabhängigkeit. Es sei auch fraglich, ob Maßnahmen der Dienstaufsicht überhaupt die persönliche Unabhängigkeit beeinträchtigen könnten (*Wiedow*). – *BMI* weist darauf hin, dass die VO zur einheitlichen Regelung der Gerichtsverfassung vom 20.3.1935 nur für die ordentliche Gerichtsbarkeit gilt. Wenn die Anwendung des § 16 Abs. 2 dieser Verordnung auch für die übrigen Gerichtsbarkeitssparten sichergestellt werden solle, müsse diese Bestimmung daher in das Richtergesetz übernommen werden.

*Zu § 25:* In Abs. 3 solle das Wort „besonderen" gestrichen werden (*Wiedow*). Da Abs. 3 inhaltlich nicht von § 54 Satz 3 BBG abweiche, sollte auch nicht vom Wortlaut dieser Bestimmung abgewichen werden (*Neiß*). – Ein Richtergesetz sollte nicht beamtenrechtliche Vorschriften wiederholen, sondern die Unterschiede zum Beamten herauszustellen. Vorzuziehen sei daher eine Formulierung, die die hohe Aufgabe der unabhängigen Rechtsfindung betone (*Meyer*).

*Zu § 26: BMA* und *BMI* wünschen, dass der Eid bundeseinheitlich geregelt und für die Landesrichter *nicht* in die Rahmenvorschriften verwiesen wird (a.A. BMF).

*Zu § 27: BMA* und *BMI* weisen darauf hin, dass ein Richter, der in einem Flüchtlingsverband sehr aktiv ist, sich politisch, aber nicht parteipolitisch betätigt. § 27, der nur von parteipolitischer Tätigkeit spreche, lasse daher den Umkehrschluss zu, dass daneben noch die Bestimmungen des § 53 BBG über die politische Betätigung gelten.

*BMI:* Derartige Auslegungsschwierigkeiten könnten vermieden und die Besonderheiten des Richters betont werden, wenn das Richtergesetz nur Vorschriften enthalte, die den Richter vom Beamten abheben. Es würde genügen, einen Abschnitt über „besondere Rechte und Pflichten des Richters" vorzusehen und in diesem als besondere Pflichten lediglich die unparteiische Rechtsfindung (§ 25 Abs. 1 Satz 1) und den Richtereid (§ 26) zu erwähnen. Die bisherigen Überschriften „Pflichten des Richters" ließen den Schluss zu, es handle sich um die einzigen Pflichten. – Wenn eine Bestimmung über die politische Betätigung aufgenommen werde, so solle das Wort „verfassungsmäßigen" gestrichen werden. Z.B. sei die KPD eine verfassungsmäßige Partei, ein Richter dürfe ihr aber nicht angehören (zustimmend BMF).

Abs. 3 sei, soweit es sich um die Zugehörigkeit zum Bundestag handle, wegen des Rechtsstellungsgesetzes vom 4.8.1953 überflüssig. Falls den Bundesrichtern die Mitgliedschaft in einem Landtag untersagt werden soll, sei jedoch eine entsprechende Bestimmung im Bundesteil erforderlich.

*Zu § 28: BMA* und *BMI* wünschen

1. Streichung der Abs. 1 und 2, da insoweit die allgemeine Bezugnahme auf die Beamtengesetze genüge;
2. Streichung der Worte „die Vorbereitung einer Entscheidung sowie", da vorbereitende Voten bereits unter die Amtsverschwiegenheit fielen. Im Übrigen sei der Begriff „Vorbereitung einer Entscheidung" unklar;
3. Einfügung der Worte „gegenüber jedermann" vor dem Wort „Stillschweigen" in Abs. 3. Denn das Beratungsgeheimnis sei ein Sonderfall der Amtsverschwiegenheit und auch innerhalb derselben Behörde zu wahren.

*Zu § 29:* In Abs. 1 solle statt „ist verpflichtet" gesagt werden „ist nur verpflichtet", um klarzustellen, dass dem Richter über den Inhalt der Abs. 1 und 2 hinaus keine weiteren Nebentätigkeiten übertragen werden dürfen.

*Zu § 30: BMA* und *BMF* stimmen dem Entwurf zu, während *BMI* die beamtenrechtlichen Vorschriften für ausreichend hält (§§ 65, 66 BBG, 39 BRRG). – In Abs. 1 Satz 2 solle statt „und" gesetzt werden „oder".

*Zu § 31: BMI* befürwortet Streichung. Die Übernahme einzelner Vorschriften aus den Beamtengesetzen lege den Umkehrschluss nahe, dass die nicht zitierten Vorschriften nicht gelten sollen.

*Zu § 32: BMA* und *BMI* halten es für unorganisch, wegen des Richtergehalts auf ein Beamtengehalt Bezug zu nehmen, ohne sicherzustellen, dass dies Beamtengehalt ausreichend sei.

*BMF:* Besoldungsbestimmungen gehörten nicht in das Richtergesetz, sondern in die Besoldungsgesetze. Abs. 2 und 3 enthielten Dienstpostenbewertungen und seien daher im Hinblick auf das Urteil des Bundesverfassungsgerichts vom 1.12.1954 verfassungsrechtlich nicht zulässig.

*BMA* hält Abs. 3 für äußerst wertvoll, während *BMI* der Gleichstellung der Verwaltungsrichter mit den übrigen Richtern widerspricht. Die Verwaltungsgerichtsbarkeit benötige ein qualifiziertes Richtertum, das man ohne besoldungsmäßige Hebung nicht erhalte.

*Zu § 40: BMA:* Die von den Landesjustizverwaltungen gewünschte Strafversetzung in ein Amt mit gleichem oder niedrigerem Grundgehalt sei mit der Rechtsstellung des Richters nicht vereinbar.

*BMF:* In Abs. 1 Ziff. 3 solle statt „Richteramt" gesagt werden „Richterdienst". Die Begründung zum Richtergesetz kritisiere die Strafarten der BDO; das Richtergesetz sei aber nicht der Ort, eine allgemeine Reform der Dienststrafen durchzuführen. Die in der BDO vorgesehenen Strafen ließen sich durchaus mit der Stellung des Richters vereinbaren, z.B. die Geldbuße.

Bei Schaffung der BDO habe gerade der Wunsch bestanden, die Zahl der Strafen zu erhöhen, um das Strafmaß stärker differenzieren zu können (*Neiß*).

*Zu § 51: BMA* stimmt der Schaffung von Dienstgerichten zu, spricht sich jedoch für Wegfall der Ziff. 4 aus.

*BMI:* Gegen die Schaffung besonderer Dienstgerichte, da hierdurch die Zuständigkeit in richterlichen Dienstsachen zerrissen werde. Alles, was nicht unter Ziff. 2 bis 4 falle, gehöre vor die Verwaltungsgerichte, obwohl es sich hierbei häufig ebenfalls um Fragen handle, die die richterliche Unabhängigkeit berühren.

*BMF:* Die neuen Aufgaben nach § 51 Ziff. 2 bis 4 könnten den bereits bestehenden Disziplinargerichten übertragen werden. Man könnte formulieren: „Dienstgericht ist das Disziplinargericht".

*MinRat Dr. Rinck* schlägt vor, dass die Aufgaben nach § 51 den bisherigen Disziplinargerichten übertragen, die Mitglieder dieser Gerichte jedoch anders als bisher gemäß §§ 53, 54 berufen werden.

Die Ressorts erheben hiergegen keine Einwendungen.

*Zu § 53:* In Abs. 3 werde vom Beschuldigten gesprochen, obwohl im Versetzungs-, Prüfungs- und Entlassungsverfahren kein Beschuldigter vorhanden sei (*Fitting*).

*BMA* bittet um Zusendung der Punkte, bei denen noch keine Einigung erfolgt ist, in Form eines Fragebogens.

*MinRat Dr. Rinck* sagt zu, den Ressorts Ende August d.J. einen neuen Entwurf zuzuleiten.

# XIX. *XV. Referentenentwurf des BMJ vom 30.8.1955 für ein Deutsches Richtergesetz (DRiG)*

## Erster Teil: *Das Richteramt*

### *I. Abschnitt: Berufung zum Richter*

*§ 1. Aufgabe der Richter*

(1) Im Namen des Volkes Recht zu sprechen, ist allein den Richtern anvertraut.

(2) Die Richter sind unabhängig und nur dem Gesetz unterworfen.

*§ 2. Dienst- und Treueverhältnis*

Als Träger der rechtsprechenden Gewalt steht der Richte in einem öffentlich-rechtlichen Dienst- und Treueverhältnis (Richterdienst) zum Bund oder zu einem Lande.

*§ 3. Berufung durch Urkunde*

(1) Richter im Sinne dieses Gesetzes ist, wer eine Ernennungsurkunde erhalten hat, in der die Worte „unter Berufung zum Richter …" „auf Lebenszeit" (§ 13) oder „auf Zeit" (§ 18) oder „auf Probe" (§ 20) enthalten sein müssen.

(2) Für Richter im Ehrenamt gelten die besonderen Vorschriften des V. Abschnitts (§§ 27–29).

*§ 4. Fähigkeit zum Richteramt*

Zum Richter darf nur berufen werden, wer die Fähigkeit zum Richteramt (§ 8) besitzt.

*§ 5. Zulässigkeit der Berufung*

Die Berufung zum Richter ist nur zulässig zur Wahrnehmung von

1. Aufgaben der Rechtsprechung oder
2. anderen Aufgaben, die durch Gesetz den Gerichten zugewiesen sind.

*§ 6. Unvereinbare Aufgaben*

(1) Wer hauptamtlich Aufgaben der gesetzgebenden oder vollziehenden Gewalt wahrnimmt, kann nicht zum Richter berufen werden. Er kann jedoch zum Richter auf Probe berufen werden, wenn er hierfür beurlaubt oder abgeordnet ist.

(2) Wird ein Richter mit seinem Einverständnis hauptamtlich zu Aufgaben der gesetzgebenden oder vollziehenden Gewalt berufen, so ist er aus dem Richterdienst zu entlassen. Dies gilt nicht, wenn er für diese Aufgaben beurlaubt oder abgeordnet ist.

*§ 7. Übertragung eines Richteramts*

Dem Richter ist ein Richteramt bei einem bestimmten Gericht zu übertragen. Dies gilt nicht für Richter auf Probe.

## *II. Abschnitt: Fähigkeit zum Richteramt*

*§ 8. Ausbildung und Prüfungen*

(1) Die Fähigkeit zum Richteramt wird durch das Bestehen zweier Prüfungen erworben.

(2) Der ersten Prüfung muss ein Studium der Rechtswissenschaft von mindestens drei Jahren auf einer Universität vorangehen. Hiervon sind mindestens drei Halbjahre dem Studium auf einer deutschen Universität zu widmen.

(3) Zwischen der ersten und zweiten Prüfung muss ein Vorbereitungsdienst von mindestens drei und einem halben Jahre liegen. Mindestens vierundzwanzig Monate sind zum Dienst bei den ordentlichen Gerichten, Staatsanwaltschaften, Notaren und Rechtsanwälten zu verwenden; mindestens zwölf Monate sind zum Dienst bei Verwaltungsbehörden, Körperschaften oder Anstalten des öffentlichen Rechts zu verwenden.

*§ 9. Anerkennung von Prüfungen*

(1) Die Zulassung zum Vorbereitungsdienst und zur zweiten Prüfung darf nicht aus dem Grunde versagt werden, dass der Bewerber die erste Prüfung in einem anderen deutschen Lande bestanden hat. Die in einem deutschen Land auf die Vorbereitung verwendete Zeit kann in jedem deutschen Land angerechnet werden.

(2) Wer in einem deutschen Land die Fähigkeit zum Richteramt nach § 8 erlangt hat, ist zu jedem Richteramt innerhalb Deutschlands befähigt.

*§ 10. Universitätsprofessoren*

Zum Richteramt befähigt ist ferner jeder ordentliche Professor des Rechts an einer deutschen Universität. Er kann gleichzeitig zum Richter auf Lebenszeit oder Zeit berufen werden, auch wenn er keine Vortätigkeiten (§ 13) abgeleistet hat.

## *III. Abschnitt: Allgemeine Rechtsstellung*

### *1. Unterabschnitt: Verwendung der Richter*

*§ 11. Verwendung von Richtern auf Lebenszeit als Grundsatz*

(1) Ein Gericht darf mit Richtern, die nicht auf Lebenszeit berufen sind, nur besetzt werden, soweit ein Gesetz dies zulässt.

(2) In einem erkennenden Gericht darf nicht mehr als ein Richter auf Probe mitwirken.

*§ 12. Beschränkungen in der Verwendung von abgeordneten Richtern*

(1) In einem erkennenden Gericht dürfen Richter eines anderen Gerichts (abgeordnete Richter, § 17) nur mitwirken, soweit ein Gesetz dies zulässt.

(2) In einem erkennenden Gericht darf nicht mehr als ein abgeordneter Richter mitwirken.

## 2. *Unterabschnitt: Richter auf Lebenszeit*

*§ 13. Berufung auf Lebenszeit*

(1) Die Berufung zum Richter auf Lebenszeit ist nur zulässig, wenn der Richter sich nach Erwerb der Fähigkeit zum Richteramt mindestens drei Jahre bewährt hat

1. als Richter auf Probe oder
2. als Staatsanwalt, Rechtsanwalt oder Notar oder
3. im Dienst der Verwaltungsbehörden, Körperschaften oder Anstalten des öffentlichen Rechts oder
4. als beamteter Lehrer des Rechtes an einer deutschen wissenschaftlichen Hochschule.

(2) Mehrere Vortätigkeiten sind zusammenzurechnen, jedoch muss der Richter mindestens ein Jahr als Richter auf Probe tätig gewesen sein.

*§ 14. Entlassung und Versetzung durch Urteil*

Ein Richter auf Lebenszeit kann ohne sein schriftliches Einverständnis nur durch Urteil eines Gerichts und nur aus Gründen und unter den Formen, welche die Gesetze bestimmen, vor Erreichen der Altersgrenze entlassen oder dauernd oder zeitweise seines Amtes enthoben oder an eine andere Stelle oder in den Ruhestand versetzt werden.

*§ 15. Veränderung der Gerichtsorganisation*

(1) Bei Veränderung der Bezirke oder der Einrichtung der Gerichte können deren auf Lebenszeit berufene Richter ohne Urteil eines Gerichts in ein anderes Richteramt auch mit geringerem Endgrundgehalt versetzt oder aus dem Richteramt entlassen werden. Der Richter behält sein volles Gehalt.

(2) Die Versetzung oder Entlassung aus dem Richteramt darf nicht später als drei Monate nach Inkrafttreten der Veränderung ausgesprochen werden.

*§ 16. Versetzung im Interesse der Rechtspflege*

(1) Ein Richter auf Lebenszeit kann in ein anderes Richteramt mit gleichem Endgrundgehalt oder in den Ruhestand versetzt werden, wenn Tatsachen außerhalb seiner rechtsprechenden Tätigkeit sein Ansehen oder seine Tätigkeit in dem bisherigen Richteramt nicht nur vorübergehend schwer beeinträchtigen, so dass seine Versetzung im Interesse der Rechtspflege geboten ist.

(2) Die Versetzung wird durch Urteil eines Gerichts ausgesprochen.

*§ 17. Abordnung*

(1) Ein Richter auf Lebenszeit darf nur mit seiner Einwilligung und längstens auf die Dauer eines Jahres an ein anderes Gericht oder an eine sonstige Behörde abgeordnet werden. Wiederholte Abordnungen sind zulässig.

(2) Ein Richter auf Lebenszeit kann ohne seine Einwilligung längstens auf einen Monat an ein benachbartes Gericht abgeordnet werden, wenn dies wegen Krankheit oder Urlaub eines dort tätigen Richters geboten ist. Wiederholte, aneinander anschließende Abordnungen sind nicht zulässig.

## *3. Unterabschnitt: Richter auf Zeit*

### *§ 18. Berufung auf Zeit*

(1) Ein Richter kann auf Zeit nur berufen werden, wenn ein Gesetz dies vorsieht.

(2) In der Ernennungsurkunde ist die Zeitdauer der Berufung anzugeben.

### *§ 19. Entlassung, Versetzung, Abordnung*

Für die Richter auf Zeit gelten bis zum Ablauf ihrer Amtszeit entsprechend

§ 14 Entlassung und Versetzung durch Urteil eines Gerichts,

§ 15 Veränderung der Gerichtsorganisation,

§ 16 Versetzung im Interesse der Rechtspflege,

§ 17 Abordnung.

## *4. Unterabschnitt: Richter auf Probe*

### *§ 20. Berufung auf Probe*

(1) Ein Richter kann auf Probe berufen werden, wenn er zur späteren Verwendung als Richter auf Lebenszeit oder auf Zeit oder als Staatsanwalt eine Probezeit zurückzulegen hat.

(2) Der Richter auf Probe führt die Dienstbezeichnung Gerichtsassessor. Er kann eine anderweit erworbene Amtsbezeichnung daneben führen.

### *§ 21. Anwartschaft der Richter auf Probe*

(1) Der Richter auf Probe besitzt die Anwartschaft auf Ernennung zum Richter auf Lebenszeit oder auf Zeit oder zum Staatsanwalt.

(2) Spätestens mit Ablauf einer Probezeit von fünf Jahren nach der Berufung soll der Richter zum Richter auf Lebenszeit oder auf Zeit oder zum Staatsanwalt ernannt oder einem Richterwahlausschuss zur Wahl vorgeschlagen werden.

(3) Ein Richter auf Probe kann nur aus Gründen, welche die Gesetze bestimmen, entlassen oder dauernd oder zeitweise seines Amtes enthoben werden.

### *§ 22. Besondere Entlassungsgründe*

(1) Ein Richter auf Probe ist zu entlassen,

1. wenn er eine Handlung begeht, die eine schwerere Disziplinarstrafe als einen Verweis rechtfertigen würde,

2. wenn ein Richterwahlausschuss seine Ernennung zum Richter auf Lebenszeit oder auf Zeit ablehnt.

(2) Ein Richter auf Probe kann entlassen werden,

1. bis zum Ablauf des zweiten Jahres nach seiner Berufung,
2. bis zum Ablauf der Probezeit, wenn er sich nicht bewährt.

Hierbei ist eine Frist von sechs Wochen zum Schluss eines Kalendervierteljahres einzuhalten.

*§ 23. Versetzung und Abordnung*
Ein Richter auf Probe kann an ein anderes Gericht oder an eine Behörde der Justizverwaltung versetzt oder abgeordnet werden.

## *IV. Abschnitt: Unabhängigkeit der Richter*

*§ 24. Unabhängigkeit in der Rechtsprechung*
Weisungen oder Empfehlungen für die Rechtsprechung dürfen an Richter weder allgemein noch für den Einzelfall gerichtet werden.

*§ 25. Umfang der Dienstaufsicht*
(1) Der Richter unterliegt einer Dienstaufsicht, jedoch dürfen Maßnahmen der Dienstaufsicht die Unabhängigkeit des Richters nicht beeinträchtigen.

(2) In der Dienstaufsicht liegt die Befugnis, die ordnungswidrige Ausführung eines Amtsgeschäfts zu rügen und zu seiner sachgemäßen unverzüglichen Erledigung zu ermahnen.

*§ 26. Nachprüfung der Dienstaufsicht*
Behauptet ein Richter, dass eine Maßnahme der Dienstaufsicht seine Unabhängigkeit beeinträchtige, so entscheidet nach Erschöpfung des Dienstaufsichtsweges ein Gericht durch Urteil über die Zulässigkeit der Maßnahme.

## *V. Abschnitt: Richter im Ehrenamt*

*§ 27. Berufung und Entlassung der Richter im Ehrenamt*
(1) Richter im Ehrenamt (§ 3 Abs. 2) können nur unter den gesetzlichen Voraussetzungen und für die jeweils gesetzlich bestimmten Aufgaben berufen werden.

(2) Ein Richter im Ehrenamt kann vor Ablauf seiner Amtszeit nur unter gesetzlich bestimmten Voraussetzungen seines Amtes enthoben werden.

*§ 28. Unabhängigkeit der Richter im Ehrenamt*
Die Richter im Ehrenamt sind in gleichem Maße wie die anderen Richter unabhängig (§§ 1, 24).

*§ 29. Allgemeine Rechtsstellung*

(1) Bei der Verhandlung und Entscheidung einer Rechtssache haben die Richter im Ehrenamt alle Rechte und Pflichten eines beisitzenden Richters, soweit die Verfahrensordnungen nichts anderes bestimmen.

(2) Für die Richter im Ehrenamt gelten im Übrigen die Vorschriften dieses Gesetzes nur, soweit dies ausdrücklich bestimmt ist.

## Zweiter Teil: *Richter im Bundesdienst*

### *I. Abschnitt: Besondere Pflichten und Rechte*

*§ 30. Richtereid*

(1) Der Richter ist verpflichtet, folgenden Eid zu leisten: „Ich schwöre, das Richteramt getreu der Verfassung und dem Gesetz auszuüben, nach bestem Wissen und Gewissen zu urteilen, keine Partei zu begünstigen, nirgends aus Hass, Gunst, Furcht oder Rücksicht auf die Person zu handeln, sondern nur der Wahrheit und Gerechtigkeit zu dienen. So wahr mir Gott helfe.“

(2) Der Richter kann den Eid auch ohne religiöse Beteuerung oder mit einer anderen gesetzlich zugelassenen Beteuerung leisten.

*§ 31. Schutz und Fürsorge*

(1) Der Staat schützt den Richter in seiner Unabhängigkeit und bei seiner amtlichen Tätigkeit.

(2) Der Staat sorgt für das Wohl des Richters und seiner Familie im Rahmen des Dienst- und Treueverhältnisses auch nach seinem Ausscheiden aus dem Richteramt.

*§ 32. Wahrung der Unvoreingenommenheit*

Der Richter soll sich von allen Bindungen und Einflüssen freihalten, die das Vertrauen des Volkes zu seiner Unparteilichkeit gefährden können. In seinem gesamten Verhalten hat er auch den Anschein einer Voreingenommenheit zu meiden.

*§ 33. Politische Tätigkeit*

(1) Ein Richter darf sich nicht parteipolitisch betätigen. Er darf aber Mitglied einer Partei sein.

(2) Ist ein Richter als Wahlbewerber für eine gesetzgebende Körperschaft des Bundes oder eines Landes benannt, so wird er von diesem Tage bis zum Wahltage mit vollen Dienstbezügen beurlaubt. Er hat sich einer Amtsausübung zu enthalten. Ihm steht parteipolitische Tätigkeit frei.

(3) Ist ein Richter in den deutschen Bundestag oder in die gesetzgebende Körperschaft eines deutschen Landes gewählt, so bestimmen sich seine Rechte und Pflichten nach dem

Gesetz über die Rechtsstellung der in den deutschen Bundestag gewählten Angehörigen des öffentlichen Dienstes vom 4. August 1953 (Bundesgesetzbl. I S. 777).

(4) Ein Richter darf nicht der Vertretungskörperschaft einer Gemeinde oder eines Gemeindeverbandes angehören.

*§ 34. Amtsverschwiegenheit und Beratungsgeheimnis*

(1) Der Richter ist zur Amtsverschwiegenheit verpflichtet. Die aufsichtführende Stelle kann ihn von der Amtsverschwiegenheit in einzelnen Angelegenheiten befreien.

(2) Der Richter hat über den Hergang bei der Beratung und Abstimmung zu schweigen (Beratungsgeheimnis).

§ 35. Tätigkeiten in der Justizverwaltung

(1) Der Richter ist zu einer Nebentätigkeit (Nebenamt, Nebenbeschäftigung) in der Justizverwaltung bei seinem Gericht nur verpflichtet, wenn ihn diese Tätigkeit nicht über Gebühr belastet.

(2) Die Präsidenten und aufsichtführenden Richter können zu Geschäften der Justizverwaltung auch als Haupttätigkeit herangezogen werden.

(3) Die Justizverwaltung umfasst alle Tätigkeiten, die einem Gericht oder dem Präsidenten eines Gerichts außerhalb der Rechtsprechung zugewiesen sind.

*§ 36. Genehmigungsbedürftige Nebentätigkeiten*

(1) Die Gesetze bestimmen, für welche Nebentätigkeiten der Richter einer Genehmigung bedarf. Die Genehmigung darf nur erteilt werden, wenn die Nebentätigkeit die dienstlichen Leistungen, die Unparteilichkeit oder die Unbefangenheit des Richters oder andere dienstliche Interessen keinesfalls beeinträchtigen kann.

(2) Eine Nebentätigkeit als Schiedsrichter darf dem Richter nur genehmigt werden, wenn die Parteien ihn gemeinsam beauftragen.

(3) Dem Richter ist es untersagt, Rechtsgutachten zu erstatten oder entgeltliche Rechtsauskünfte zu erteilen. Dies gilt nicht für Professoren des Rechts, die gleichzeitig Richter sind (§ 10 Satz 2).

## *II. Abschnitt: Richterrat*

### *1. Unterabschnitt: Bildung und Geschäftsführung*

*§ 37. Zusammensetzung*

(1) Bei jedem oberen Bundesgericht wird ein Richterrat eingerichtet. Er wird gebildet bei dem

1. Bundesgerichtshof aus fünf gewählten Richtern und vier Mitgliedern des Präsidiums,
2. Bundesverwaltungsgericht aus drei gewählten Richtern und zwei Mitgliedern des Präsidiums,

3. Bundesfinanzhof aus drei gewählten Richtern und zwei Mitgliedern des Präsidiums,
4. Bundesarbeitsgericht aus zwei gewählten Richtern und einem Mitglied des Präsidiums,
5. Bundessozialgericht aus drei gewählten Richtern und zwei Mitgliedern des Präsidiums,
6. Bundesdisziplinarhof zugleich für die Bundesdisziplinarkammern aus insgesamt drei gewählten Richtern und aus zwei Mitgliedern des Präsidiums des Bundesdisziplinarhofs.

(2) Der Präsident eines Gerichts und sein ständiger Stellvertreter können dem Richterrat nicht angehören.

(3) Die Mitwirkung im Richterrat ist ein Ehrenamt.

*§ 38. Wahl und Bestimmung der Mitglieder*

(1) Die Vertreter der Richter und eine gleiche Anzahl Stellvertreter werden auf jeweils zwei Jahre in einer Versammlung aller Richter geheim gewählt.

(2) Die Versammlung wird von dem Präsidenten des Gerichts einberufen. Sie bestimmt unter dem Vorsitz des lebensältesten Richters das Wahlverfahren. Ein abwesender Richter kann seine Stimme schriftlich abgeben.

(3) Das Präsidium bestimmt, welche Mitglieder es in den Richterrat entsendet. Die Mitglieder sollen auf die Dauer einer Wahlperiode entsandt werden.

*§ 39. Aufgaben des Richterrats*

Aufgaben des Richterrats sind:

1. Beteiligung an der Auswahl der Richter (§ 42),
2. Beteiligung an allgemeinen und sozialen Angelegenheiten der Richter (§ 46),
3. Stellungnahme in Verfahren vor dem Dienstgericht (§ 56 Abs. 2),
4. Benennung von nichtständigen Mitgliedern des Bundespersonalausschusses (§ 189 Abs. 2 BBG).

*§ 40. Geschäftsordnung, Kosten*

(1) Der Richterrat beschließt mit einfacher Mehrheit der abgegebenen Stimmen. Er gibt sich eine Geschäftsordnung.

(2) Die Justizverwaltung trägt die Kosten des Richterrats. Sie stellt Räume und Geschäftsbedarf zur Verfügung.

*§ 41. Schweigepflicht*

(1) Die Mitglieder des Richterrats sind verpflichtet, über Angelegenheiten, die ihnen aufgrund ihrer Zugehörigkeit zum Richterrat bekannt geworden sind, zu schweigen. Diese Pflicht besteht nicht gegenüber den anderen Mitgliedern des Richterrats.

(2) Die Schweigepflicht besteht auch nach Ausscheiden aus dem Richterrat fort.

## 2. Unterabschnitt: Beteiligung an der Auswahl der Richter

*§ 42. Beteiligung vor jeder Ernennung*

(1) Der Richterrat ist bei jeder Ernennung eines Richters beratend beteiligt.

(2) Ein Bewerber darf zum Richter erst gewählt werden, wenn die beteiligten Richterräte zu seiner persönlichen und fachlichen Eignung fristgerecht (§ 45 Abs. 2) Stellung genommen haben.

(3) Ist ein Wahlverfahren nicht vorgesehen, so darf ein Richter erst ernannt werden, wenn die Stellungnahmen der Richterräte fristgerecht (§ 45 Abs. 2) vorliegen.

*§ 43. Zuständigkeit der Richterräte*

(1) Beteiligt ist der Richterrat, in dessen Bereich dem Bewerber ein Richteramt übertragen werden soll.

(2) Ist der Bewerber schon im Dienst des Bundes oder eines Landes als Richter verwendet worden, so ist auch der Richterrat beteiligt, in dessen Bereich der Richter zuletzt verwendet wurde.

*§ 44. Verfahren vor dem Richterrat*

(1) Jede oberste dienstaufsichtführende Stelle und jede wahlberechtigte Stelle können den Richterrat um eine Stellungnahme ersuchen. In dem Ersuchen ist anzugeben, für welches Richteramt der Bewerber vorgesehen ist.

(2) Der Richterrat erörtert die fachliche und persönliche Eignung des Bewerbers für das Richteramt.

(3) Der Richterrat kann verlangen, dass ihm die Personal- und Befähigungsnachweise aus den Personalakten des Bewerbers vorgelegt werden. Der Richterrat kann den Bewerber auffordern, sich im oder einem Mitglied vorzustellen.

*§ 45. Stellungnahme des Richterrats*

(1) Der Richterrat begründet seine Stellungnahme schriftlich.

(2) Der Richterrat teilt seine Stellungnahme und Begründung dem Ersuchenden innerhalb von drei Wochen nach Eingang des Ersuchens mit. Wird die Frist nicht eingehalten, so hat der Richterrat keinen Anspruch auf weitere Beteiligung.

(3) Die wahlberechtigte Stelle oder die oberste dienstaufsichtführende Stelle soll auf Verlangen des Richterrats eines oder mehrere seiner Mitglieder zur Erörterung der Stellungnahme hören.

## 3. Unterabschnitt: Beteiligung an allgemeinen und sozialen Angelegenheiten

*§ 46. Beteiligung von Richterrat und Personalrat*

(1) An innerdienstlichen allgemeinen und sozialen Angelegenheiten der Richter (§§ 55 bis 58 und §§ 66 bis 69 des Personalvertretungsgesetzes) sind der Richterrat und der Personalrat gemeinsam beteiligt.

(2) Bei der Gewährung von Unterstützungen oder entsprechenden sozialen Zuwendungen an einen Richter wirkt nur auf Verlangen des Antragstellers ein entsandtes Mitglied des Richterrats mit (§ 47 Abs. 1).

*§ 47. Entsendung von Mitgliedern in den Personalrat*

(1) Zur Wahrnehmung der gemeinsamen Beteiligung tritt ein entsandtes Mitglied des Richterrats zum Personalrat.

(2) Der Richterrat entsendet weitere Mitglieder, wenn es erforderlich ist, damit die Richter entsprechend ihrer Stärke nach den Grundsätzen der Verhältniswahl im Personalrat vertreten sind.

(3) In allgemeinen und sozialen Angelegenheiten sind die entsandten Vertreter des Richterrats stimmberechtigt. Sie bilden eine eigene Gruppe (§ 37 Abs. 2 Personalvertretungsgesetz).

## *III. Abschnitt: Beendigung des Richterdienstes*

*§ 48. Ruhestand*

(1) Altersgrenze für Richter auf Lebenszeit ist das Monatsende nach Vollendung des achtundsechzigsten Lebensjahres. Die Altersgrenze kann nicht hinausgeschoben werden.

(2) Ein Richter ist auf seinen Antrag in den Ruhestand zu versetzen, wenn er das zweiundsechzigste Lebensjahr vollendet und eine Dienstzeit von zehn Jahren zurückgelegt hat.

*§ 49. Entlassung auf Antrag*

Hat ein Richter seine Entlassung beantragt, so ist er berechtigt, bereits nach Abgabe der Erklärung sich einer richterlichen Entscheidung zu enthalten, wenn er hierfür einen besonderen Grund glaubhaft macht.

*§ 50. Richter ohne Amt*

(1) Ein Richter ohne Amt (§ 15 Abs. 1) erhält sein bisheriges Grundgehalt einschließlich ruhegehaltsfähiger und unwiderruflicher Stellenzulagen und steigt in den Dienstaltersstufen seiner bisherigen Besoldungsgruppe auf.

(2) Der Richter ohne Amt ist verpflichtet, ein neues Richteramt mit mindestens dem gleichen Endgrundgehalt zu übernehmen. Ruhegehaltsfähige und unwiderrufliche Stellenzulagen gelten als Bestandteile des Gehalts.

(3) Weigert sich der Richter, ein Amt nach Absatz 2 zu übernehmen, so ist er zu entlassen oder, falls er eine Dienstzeit von zehn Jahren zurückgelegt hat, in den Ruhestand zu versetzen.

*§ 51. Beendigung durch Richterspruch*

Wider den Willen eines Richters kann

1. seine Entlassung,
2. die Rücknahme seiner Ernennung,
3. die Nichtigkeit seiner Ernennung,
4. seine Versetzung in den Ruhestand vor Erreichen der Altersgrenze

nur durch Urteil eines Gerichts ausgesprochen werden.

## *IV. Abschnitt: Rechtsschutz*

### *1. Unterabschnitt: Rechtsweg, Dienstgericht*

*§ 52. Rechtsweg vor den Verwaltungsgerichten*

(1) Für alle Klagen der Richter, Richter im Ruhestand, früheren Richter oder ihrer Hinterbliebenen aus dem Dienstverhältnis steht der Rechtsweg vor den Verwaltungsgerichten offen, soweit nicht ein anderer Rechtsweg gesetzlich vorgeschrieben ist. Für Klagen des Staates gilt das Gleiche.

(2) Für alle Streitigkeiten aus der Bildung oder Geschäftsführung des Richterrats steht der Rechtsweg vor den Verwaltungsgerichten offen. Streitigkeiten aus der gemeinsamen Geschäftsführung des Personalrats und des Richterrats werden nach den Verfahrensvorschriften des Personalvertretungsgesetzes entschieden.

*§ 53. Rechtsweg vor dem Dienstgericht*

Der Rechtsweg vor dem Bundesdisziplinargericht als Dienstgericht steht offen für

1. Disziplinarverfahren (§ 56),
2. Versetzung eines Richters im Interesse der Rechtspflege oder wegen Dienstunfähigkeit - Versetzungsverfahren (§ 59),
3. Anfechtung der Dienstaufsicht oder Heranziehung zu Nebentätigkeiten oder Versagung der Genehmigung für eine Nebentätigkeit – Prüfungsverfahren (§ 62).

*§ 54. Verfassung des Dienstgerichts*

(1) Für die Richter im Bundesdienst, jedoch nicht für die Rechte des Bundesverfassungsgerichts, wird ein Disziplinarsenat bei dem Bundesgerichtshof als Dienstgericht gebildet. Er entscheidet endgültig.

(2) Das Dienstgericht entscheidet mit einem Vorsitzenden und sechs Beisitzern. Die Beisitzer müssen zur Hälfte der Gerichtsbarkeit des betroffenen Richters angehören. Mindestens ein Beisitzer soll den gleichen Rang wie der Betroffene haben.

(3) Die Präsidien der oberen Bundesgerichte stellen vor Beginn des Geschäftsjahres eine Vorschlagsliste für Beisitzer auf. Das Präsidium des Bundesgerichtshofs bestimmt den Vorsitzenden, die Beisitzer sowie deren Vertreter aus den Vorschlagslisten für drei Geschäftsjahre. Es ist an die Reihenfolge in den Vorschlagslisten gebunden.

## *2. Unterabschnitt: Disziplinarverfahren*

### *§ 55. Disziplinarstrafen*

(1) Disziplinarstrafen sind

1. Verweis,
2. Gehaltskürzung,
3. Versetzung in ein anderes Richteramt mit geringerem Endgrundgehalt,
4. Entfernung aus dem Dienst.

(2) Gegen einen Richter im Ruhestand kann nur auf

1. Kürzung des Ruhegehalts,
2. Aberkennung des Ruhegehalts erkannt werden.

(3) Gegen einen Richter bei einem oberen Bundesgericht kann nur auf Entfernung aus dem Dienst und nach Eintritt in den Ruhestand nur auf Aberkennung des Ruhegehalts erkannt werden.

### *§ 56. Verfahren bis zum Urteil*

(1) Das Dienstgericht entscheidet aufgrund einer Hauptverhandlung. Es kann die Öffentlichkeit ganz oder teilweise ausschließen.

(2) Der Vorsitzende kann eine Stellungnahme des Richterrats einholen. § 45 Abs. 1 und 3 gelten entsprechend.

(3) Der Oberbundesanwalt übernimmt die Aufgaben des Bundesdisziplinaranwalts.

### *§ 57. Vorläufige Dienstenthebung*

(1) Das Dienstgericht kann einen Richter vorläufig seines Dienstes entheben, wenn er eines Dienstvergehens dringend verdächtig ist, das die Entfernung aus dem Dienst rechtfertigen würde.

(2) Gleichzeitig oder später kann das Dienstgericht die Einbehaltung von Dienstbezügen bis zur Hälfte einordnen.

(3) Vor diesen Anordnungen ist der Richter zu hören.

### *§ 58. Urteil im Disziplinarverfahren*

Das Urteil im Disziplinarverfahren lautet auf Bestrafung, Freispruch oder Einstellung des Verfahrens.

## *3. Unterabschnitt: Versetzungsverfahren*

### *§ 59. Einleitung des Versetzungsverfahrens*

(1) Soll ein Richter im Interesse der Rechtspflege in ein anderes Richteramt oder wegen Dienstunfähigkeit in den Ruhestand versetzt werden, so teilt die oberste aufsichtführende Stelle es ihm mit Gründen schriftlich mit.

(2) Willigt der Richter nicht binnen vier Wochen seit Zustellung in seine Versetzung ein, so beantragt die oberste aufsichtführende Stelle die Versetzung bei dem Dienstgericht.

*§ 60. Verfahren bis zum Urteil*
Für das Verfahren sind § 56 und die Bestimmungen der Bundesdisziplinarordnung sinngemäß anzuwenden.

*§ 61. Urteil im Versetzungsverfahren*
Das Urteil in Versetzungsverfahren lautet auf Versetzung an ein bestimmtes Gericht, oder auf Versetzung in den Ruhestand oder auf Zurückweisung des Antrags.

## 4. *Unterabschnitt: Prüfungsverfahren*

*§ 62. Einleitung des Prüfungsverfahrens*
(1) Gegen eine Maßnahme der Dienstaufsicht (§ 26) oder gegen eine Versagung der Genehmigung für eine Nebentätigkeit (§ 36) oder gegen die Heranziehung zu einer Nebentätigkeit in der Justizverwaltung (§ 35) kann der Richter das Prüfungsverfahren vor dem Dienstgericht beantragen.
(2) Der Antrag ist nur binnen zwei Wochen seit Zustellung eines ablehnenden Beschwerdebescheids der obersten aufsichtführenden Stelle zulässig oder, falls diese Stelle auf eine Beschwerde nicht entschieden hat, binnen vier Wochen seit Einlegung der Beschwerde.

*§ 63. Verfahren bis zum Urteil*
(1) Das Dienstgericht kann die Durchführung einer angefochtenen Maßnahme der Dienstaufsicht einstweilen aussetzen.
(2) Für das Verfahren sind § 56 und die Bestimmungen der Bundesdisziplinarordnung sinngemäß anzuwenden.

*§ 64. Urteil im Prüfungsverfahren*
Das Urteil im Prüfungsverfahren hebt die angefochtene Verfügung auf oder weist den Antrag zurück.

## *V. Abschnitt: Richter des Bundesverfassungsgerichts*

*§ 65. Gerichtsverwaltung und Dienstaufsicht*
(1) Das Plenum verwaltet das Bundesverfassungsgericht selbständig.
(2) Das Plenum führt die Dienstaufsicht über die Richter des Bundesverfassungsgerichts. Die Bestimmungen des § 26 – Nachprüfung der Dienstaufsicht – gelten nicht.

*§ 66. Plenum als Richterrat*
Das Plenum des Bundesverfassungsgerichts übernimmt die Aufgaben des Richterrats. Die Bestimmungen des § 39 Nr. 3 – Stellungnahme im Verfahren vor dem Dienstgericht – gelten nicht.

*§ 67. Bundesrichter als Richter des Bundesverfassungsgerichts*
Die Rechte und Pflichten eines Bundesrichters ruhen, solange er Mitglied des Bundesverfassungsgerichts ist.

*§ 68. Beschränkte Geltung dieses Gesetzes*
(1) Für Richter des Bundesverfassungsgerichts gelten nicht
§ 16 – Versetzung im Interesse der Rechtspflege,
§ 17 – Abordnung,
§§ 53 bis 64 – Dienstgericht.
(2) Die Altersgrenze (§ 48 Abs. 1 und 2) gilt nur für Mitglieder des Bundesverfassungsgerichts, die Bundesrichter sind.

## *VI. Abschnitt: Richter im Ehrenamt*

*§ 69. Richter im Ehrenamt*
Für Richter im Ehrenamt des Bundes gelten
§ 30 – Richtereid,
§ 32 – Verhalten innerhalb und außerhalb des Dienstes,
§ 34 – Amtsverschwiegenheit und Beratungsgeheimnis.

## *VII. Abschnitt: Geltung von Bundesbeamtenrecht*

*§ 70. Geltung von Bundesbeamtenrecht*
Die Rechtsverhältnisse der Richter im Bundesdienst bestimmen sich nach diesem Gesetz sowie ergänzend und sinngemäß nach den Bestimmungen für Bundesbeamte.

# **Dritter Teil: *Richter im Landesdienst***

*§ 71. Bindung an Rahmenvorschriften*
(1) Der Dritte Teil dieses Gesetzes (§§ 71 bis 86) enthält Rahmenvorschriften für die Landesgesetzgebung.
(2) Die Länder sind verpflichtet, die Rechtsverhältnisse der Richter auf der Grundlage dieser Vorschriften unter Berücksichtigung der hergebrachten Grundsätze des Berufsrichtertums und der gemeinsamen Interessen von Bund und Ländern bis zum 31. Dezember 1958 zu regeln.

*§ 72. Berufung auf Lebenszeit als Regel*
(1) Die Richter werden in der Regel auf Lebenszeit berufen.
(2) Die Zahl der Richter auf Probe darf für jeden Zweig der Gerichtsbarkeit in einem Land zwanzig vom Hundert der Planstellen für Richter nicht überschreiten.

*§ 73. Richtereid*
Die Richter im Dienst eines Landes leisten den gleichen Eid wie die Richter im Bundesdienst (§ 30 Abs. 1).

*§ 74. Wahrung der Unvoreingenommenheit*
(1) Der Richter soll sich von allen Bindungen und Einflüssen freihalten, die das Vertrauen des Volkes zu seiner Unparteilichkeit gefährden können. In seinem gesamten Verhalten hat er auch den Anschein einer Voreingenommenheit zu meiden.

(2) Ein Richter darf sich nicht parteipolitisch betätigen. Ist er als Wahlbewerber für eine gesetzgebende Körperschaft des Bundes oder eines Landes benannt, so wird er beurlaubt.

(3) Tritt ein Richter in eine gesetzgebende Körperschaft ein, so darf er richterliche Aufgaben nicht mehr wahrnehmen. Ein Richter darf nicht der Vertretungskörperschaft einer Gemeinde oder eines Gemeindeverbandes angehören.

*§ 75. Beratungsgeheimnis*
Der Richter hat über den Hergang bei der Beratung und Abstimmung zu schweigen (Beratungsgeheimnis).

*§ 76. Genehmigungsbedürftige Nebentätigkeiten*
(1) Dem Richter darf eine Nebentätigkeit nur genehmigt werden, wenn sie die dienstlichen Leistungen, die Unparteilichkeit oder die Unbefangenheit des Richters oder andere dienstliche Interessen keinesfalls beeinträchtigen kann.

(2) Dem Richter ist es untersagt, Rechtsgutachten zu erstatten oder entgeltliche Rechtsauskünfte zu erteilen. Dies gilt nicht für Professoren des Rechts, die gleichzeitig Richter sind (§ 10 Satz 2).

*§ 77. Dienstbezüge*
Der Richter erhält mindestens das gleiche Endgrundgehalt wie ein Beamter des höheren Dienstes in der ersten Beförderungsstufe.

*§ 78. Richterrat*
(1) Für jeden Zweig der Gerichtsbarkeit in einem Lande oder gemeinsam für mehrere Zweige wird aus Richtern ein Richterrat gebildet.

(2) Mindestens die Hälfte der Mitglieder sind von den Richtern geheim zu wählen. Der Präsident eines Gerichts und sein ständiger Vertreter können dem Richterrat nicht angehören.

(3) Der Richterrat ist an der Auswahl der Richter beteiligt. Ein Gesetz kann ihm weitere Aufgaben zuweisen.

*§ 79. Beteiligung an der Auswahl von Richtern*
(1) Ein Richter darf für eine Beförderungsstelle erst ernannt werden, wenn der zuständige Richterrat zu seiner persönlichen und fachlichen Eignung Stellung genommen hat.

(2) Ein Richterwahlausschuss darf über die Berufung von Richtern erst nach Stellungnahme des Richterrats entscheiden.

(3) Der Richterrat kann verlangen, dass ihm die Personal- und Befähigungsnachweise aus den Personalakten des Bewerbers vorgelegt werden.

(4) Der Richterrat begründet seine Stellungnahme schriftlich. Ein Richterwahlausschuss oder die oberste aufsichtführende Stelle soll auf Verlangen des Richterrates eines oder mehrere seiner Mitglieder zur Erörterung der Stellungnahme hören.

*§ 80. Beteiligung an sozialen Angelegenheiten*

(1) In innerdienstlichen sozialen Angelegenheiten ist eine gewählte Vertretung der Richter in gleichem Umfange zu beteiligen wie die Personalvertretung bei den Gerichten.

(2) Die Vertretung der Richter und die Personalvertretung nehmen die Beteiligung gemeinsam wahr.

*§ 81. Altersgrenze*

Altersgrenze für Richter auf Lebenszeit ist die Vollendung des achtundsechzigsten Lebensjahres. Die Altersgrenze kann nicht hinausgeschoben werden.

*§ 82. Disziplinarstrafen*

Disziplinarstrafen sind

1. Verweis,
2. Gehaltskürzung,
3. Versetzung in ein anderes Richteramt mit geringerem Endgrundgehalt,
4. Entfernung aus dem Dienst.

*§ 83. Rechtsweg vor den Dienstgerichten*

Der Rechtsweg vor den Dienstgerichten steht offen für

1. Disziplinarverfahren,
2. Versetzung eines Richters im Interesse der Rechtspflege oder wegen Dienstunfähigkeit,
3. Anfechtung einer Maßnahme der Dienstaufsicht (§ 26) oder Versagung der Genehmigung für eine Nebentätigkeit (§ 76).

*§ 84. Verfassung dies Dienstgerichts*

(1) Das Dienstgericht wird mit einem Vorsitzenden und mit Beisitzern besetzt. Die Beisitzer müssen zur Hälfte der Gerichtsbarkeit des betroffenen Richters angehören. Mindestens ein Beisitzer soll den gleichen Rang wie der Betroffene haben.

(2) Die Präsidien der höchsten Gerichte eines Landes stellen Vorschlagslisten für Beisitzer auf. Das Präsidium des Dienstgerichts oder des Gerichts, bei dem das Dienstgericht gebildet ist, bestimmt die Beisitzer und deren Vertreter aus den Vorschlagslisten. Es ist an die Reihenfolge in den Vorschlagslisten gebunden.

(3) Das Dienstgericht entscheidet in zwei Rechtszügen.

*§ 85. Verfahren vor dem Dienstgericht*

(1) Eine Dienststrafe kann nur im Disziplinarverfahren verhängt werden; ein Verweis kann jedoch auch durch Dienststrafverfügung ausgesprochen werden. Für das Disziplinarverfahren gilt § 57 (Vorläufige Dienstenthebung).

(2) Für das Prüfungsverfahren gelten:

§ 62 – Einleitung des Prüfungsverfahrens,

§ 63 Abs. 1 – Verfahren bis zum Urteil,

§ 64 – Urteil im Prüfungsverfahren.

*§ 86. Verfassungsrichter, Richter im Ehrenamt*

Für die Richter in der Verfassungsgerichtsbarkeit und für die Richter im Ehrenamt der Länder gelten als Rahmenbestimmungen nur

§ 73 – Richtereid,

§ 74 Abs. 1 – Wahrung der Unvoreingenommenheit,

§ 75 – Beratungsgeheimnis.

# XX. *Stellungnahme der Konferenz der Innenminister und Senatoren für Inneres der Bundesländer am 27./28.10.1955*

## 1. *Niederschrift über die Sitzung des von der ständigen Konferenz der Innenminister und Senatoren für Inneres eingesetzten Unterausschusses am 7.10.1955 in Würzburg*

*Teilnehmer an der Sitzung:*

1. MinRat Dr. Feneberg, Bayerisches Staatsministerium des Innern in München,
2. MinRat Dr. Neis, Bundesministerium des Innern in Bonn,
3. RegDir. Dr. Geib, Innenministerium des Landes Schleswig-Holstein in Kiel,
4. RegDir. Dr. Roschütz, Innenministerium des Landes Baden-Württemberg in Stuttgart,
5. RegDir. Bünger, Innenministerium des Landes Niedersachsen in Hannover,
6. RegRat Dr. Hitzlberger, Bundesministerium des Innern in Bonn.

*MinRat Dr. Feneberg* begrüßt die Teilnehmer als Vorsitzender des Unterausschusses und eröffnet die Sitzung. Er gibt bekannt, dass auf die Tagesordnung der nächsten Innenministerkonferenz als Tagesordnungspunkt ein Bericht über den neuen Referentenentwurf des Bundesministers der Justiz für ein Deutsches Richtergesetz gesetzt werden soll. Aufgabe des Unterausschusses sei es, eine Stellungnahme der Innenministerkonferenz zu diesem Gesetzentwurf vorzubereiten. Die auf der Sitzung des Unterausschusses am 2. und 3. Juni dieses Jahres zu dem vorhergehenden Entwurf (Fassung vom 16.4.1955) erarbeitete Stellungnahme sei von der Innenministerkonferenz in Travemünde am 29.6.1955 gebilligt und dem Bundeskanzler sowie verschiedenen Bundesministerien übermittelt worden.

Der Bundesminister der Justiz habe auf diese Stellungnahme hin am 30.8.2955 an den Vorsitzenden der Innenministerkonferenz ein Schreiben gerichtet, das von MinRat Dr. Fensberg vorgelesen wird. Die Teilnehmer an der Sitzung nehmen mit Befriedigung zur Kenntnis, dass die in der Stellungnahme der Innenministerkonferenz enthaltenen Gesichtspunkte verwertet werden sollen, nachdem eine Verwertung in dem vom gleichen Tage stammenden neuen Referentenentwurf offensichtlich noch nicht möglich war. – Zur Tagesordnung schlägt der Vorsitzende vor, zunächst die Grundsatzfragen zu erörtern, wobei besonders geprüft werden soll, ob und inwieweit die Stellungnahme der Innenministerkonferenz vom 29.6.1955 in dem neuen Entwurf berücksichtigt wurde, und danach die Einzelheiten des Entwurfs zu behandeln. Dieser Vorschlag findet einhellige Zustimmung.

## *I. Grundsatzfragen*

Nach Erörterung der Grundsatzfragen einigt sich der Unterausschuss, zu diesen wie folgt Stellung zu nehmen:

1. *Zeitlage:* Hinsichtlich der Zeitlage des Gesetzes wird an der in der Beschlussfassung der Innenministerkonferenz vertretenen Auffassung festgehalten.
2. *Aufbau des Gesetzes:* Gegen den neuen Aufbau des Referentenentwurfs bestehen hinsichtlich des Ersten Teils „Das Richteramt" erhebliche verfassungsrechtliche Bedenken. Das Grundgesetz unterscheidet klar und eindeutig zwischen Gerichtsverfassung in Art. 74 Nr. 1 und Rechtsstellung der Richter in Art. 98 Abs. 3 GG. Es überträgt hinsichtlich der Rechtsstellung der Richter in den Ländern dem Bund nur die Kompetenz zur Rahmengesetzgebung. Im Ersten Teil des Entwurfs sind aber zahlreiche Bestimmungen enthalten, die einerseits die Rechtsstellung der Richter betreffen und andererseits über die dem Bund nach Art. 98 Abs. 3 i.V. mit Art. 75, 72 Abs. 2 GG gezogenen Grenzen einer Rahmengesetzgebung hinausgehen. Die Gesetzgebungskompetenz des Bundes nach Art. 74 Nr. 1 GG kann insoweit auch nicht damit begründet werden, dass das GVG schon bisher eine Reihe von einschlägigen Vorschriften enthalten hat, die die Rechtsstellung der Richter berühren. Ungeachtet der Streitfrage, inwieweit Vorschriften des früheren Reichsrechts als Rahmenbestimmungen fortgelten können, können jedenfalls im Hinblick auf die neue Kompetenzverteilung im Grundgesetz in einem neuen Bundesgesetz Vorschriften über die Rechtsstellung der Richter nur als Rahmenvorschriften erlassen werden.

3. *Richter und Beamte:* Mit allem Nachdruck muss nochmals auf die grundsätzliche Bedeutung und weitreichenden Folgen der im Referentenentwurf vorgesehenen Regelung hingewiesen werden, durch die das Dienstrecht der Richter aus dem einheitlichen Dienstrecht des Berufsbeamtentums herausgelöst werden soll. Unbeschadet der besonderen verfassungsrechtlichen Stellung und Aufgaben des Richters, die auch einer besonderen Regelung bedürfen, muss an der herkömmlichen einheitlichen Gestaltung des Rechts aller in einem öffentlichen Dienst- und Treueverhältnis stehenden Personen festgehalten werden (Art. 33 Abs. 5 GG). Daraus müsste sich ergeben, dass für die Richter grundsätzlich die allgemeinen Vorschriften des Beamtenrechts Anwendung finden und dass sich das Gesetz über die Rechtsstellung der Richter allein auf solche Bestimmungen zu beschränken hätte, für die es aus dem Wesen des Richteramts eine abweichende Regelung notwendig ist. An alle mit der Beratung des Gesetzentwurfs befassten Organe wird daher der eindringliche Appell gerichtet, diesem Kernproblem des Entwurfs besondere Beachtung zuzuwenden und sich der grundsätzlichen Folgen bewusst zu sein, die eine Auseinanderreissung des Dienstrechts für die künftige Entwicklung insbesondere auch hinsichtlich der Rechtsstellung anderer Gruppen und im Hinblick auf die Notwendigkeit des ständigen Wechsels von Personen in Stellen des Richter- und des Verwaltungsdienstes heraufbeschwören müsste.
4. *Besoldung der Richter, Richterräte und Dienstgerichte.* Die in der Stellungnahme der Innenminister zu den Punkten Besoldungswesen, Richterräte und Dienstgerichte (Nr. 6 bis 8 des Beschlusses) erhobenen Bedenken müssen auch gegenüber dem neuen Entwurf aufrechterhalten werden.

## *II. Einzelheiten*

1. *Überschrift:* Die Überschrift „Deutsches Richtergesetz" stößt auf Bedenken, weil sie den Anspruch erhebt, die Rechtsstellung der deutschen Richter über den Geltungsbereich des Grundgesetzes hinaus zu regeln. Es sollte daher, wie auch bei anderen Gesetzen, die Bezeichnung als „Deutsches" Richtergesetz vermieden werden.
2. *Erster Teil: Das Richteramt:* Zu der Überschrift „Das Richteramt" wird bemerkt, dass bereits aus ihr hervorgeht, dass in diesem Teil vor allem der Status des Richters geregelt werden soll und weniger Gerichtsverfassungsrecht, wie in der Begründung des Entwurfs ausgeführt.

   Bei Überprüfung der Vorschriften des Ersten Teils gelangt der Unterausschuss bei folgenden Bestimmungen zu der Auffassung, dass sie nicht Gerichtsverfassungsrecht, sondern die Rechtsstellung der Richter regeln, so dass für sie der Bund keine Kompetenz aus Art. 74 Nr. 1 GG herleiten kann: §§ 3 Abs. 1, 4, 6, 7, 8 bis 10 (II. Abschnitt) und 13 bis 23 (III. Abschnitt, 2. bis 4. Unterabschnitt). Unabhängig hiervon bestehen seitens des Unterausschusses gegen folgende Einzelvorschriften Bedenken:

a) *§ 1.* Die Überschrift deckt nur den 1., nicht aber auch den 2. Absatz. Die beiden Absätze entsprechen Art. 92, 1. Halbsatz, und Art. 97 Abs. 1 GG. Sollte eine Wiederholung des Grundgesetzes erforderlich sein, so sollte auch Abs. 1 den Wortlaut der entsprechenden Vorschrift des Grundgesetzes verwenden.

b) *§ 2.* Die Vorschrift ist inhaltlich unrichtig. Der Richter ist nicht Träger der rechtsprechenden Gewalt, er übt sie nur aus (Art. 20 Abs. 2 GG). Auch sollte es nicht Richterdienst, sondern, dem § 2 BBG entsprechend, Richterverhältnis heißen.

c) *§ 3 Abs. 1.* Es ist nicht möglich, wie der Entwurf dies versucht, den Richterbegriff von dem reinen Formalakt her zu definieren, der der Begründung des Richterverhältnisses dienen soll. Es müsste dem § 6 BBG entsprechend heißen: Das Richterverhältnis wird durch Aushändigung einer Ernennungsurkunde begründet usw. Eine solche Vorschrift ist aber entbehrlich, da die Aushändigung einer Ernennungsurkunde bereits durch die Bezugnahme auf das allgemeine Beamtenrecht Voraussetzung für die Begründung eines Richterverhältnisses ist.
Die Fassung der Vorschrift („unter Berufung zum Richter …") ist unschön.

d) *§ 3 Abs. 2.* Die Bezeichnung „Richter im Ehrenamt" ist mit dem herkömmlichen Begriff des Ehrenbeamten unvereinbar. Ein Ehrenbeamtenverhältnis liegt nur dann vor, wenn das Amt regelmäßig und nicht nur gelegentlich ausgeübt wird. Es besteht kein Bedürfnis, für ehrenamtlich in der Rechtspflege tätige Personen einen besonderen Status als „Richter im Ehrenamt" zu schaffen. Die Bezeichnung müsste „ehrenamtlich tätige Richter" heißen.

e) *§ 4.* Die Vorschrift ist im Hinblick auf § 8 überflüssig.

f) *§ 5 Nr. 2.* Es widerspricht der Grundtendenz des Entwurfs, dass Richtern auch andere Aufgaben als solche der Rechtsprechung zugewiesen werden können.

g) *§ 6.* Der Unterausschuss ist der Auffassung, dass Richter- und Beamtenverhältnis ein einheitliches Dienstverhältnis bilden sollen, so dass ein Wechsel der Laufbahn keine Entlassung aus dem Richter- oder Beamtenverhältnis voraussetzt.
Zur Fassung ist zu bemerken, dass es eine hauptamtliche Wahrnehmung von Aufgaben der gesetzgebenden Gewalt nicht gibt. Weiterhin wäre nach dem Wortlaut des Abs. 1 Satz 1 die Berufung eines Beamten zum Richter nicht möglich. Es müsste heißen: Wer zum Richter berufen ist, darf nicht hauptamtlich Aufgaben der vollziehenden Gewalt wahrnehmen.

h) *§ 8 Abs. 1.* Es müsste zum Ausdruck kommen, dass dies nur Mindestvoraussetzungen sind und dass Sonderregelungen für einzelne Gerichtszweige unberührt bleiben.

i) *§ 8 Abs. 3.* Es erscheint nicht erforderlich und zweckmäßig, den Vorbereitungsdienst auf die ordentlichen Gerichte zu beschränken.

k) *§ 9.* Die Fassungen „in einem deutschen Land", „in jedem deutschen Land" und „innerhalb Deutschlands" sind im Hinblick auf die Verhältnisse in der Sowjetzone zu weitgehend.

l) *§ 10.* In Satz 1 müsste es heißen: Professor der Rechte. Satz 2 gehört nicht hierher.

m) *§ 13.* Die Vorschrift sollte so gefasst werden, dass der Grundsatz vorangestellt wird, dass die Berufung zum Richter auf Lebenszeit eine dreijährige Bewährungsfrist als Richter auf Probe voraussetzt; dann sollte bestimmt werden, ob und in welchem Umfang Dienstzeiten hierauf angerechnet werden können.
Die Beschränkung auf *beamtete* Lehrer des Rechts in Abs. 1 Nr. 4 (es müsste heißen: der Rechte) erscheint unbillig. Zweckmäßiger wird eine Verknüpfung mit der Habilitation gehalten. Es erscheint für langjährige Verwaltungsbeamte als untragbar, beim Wechsel zur Verwaltungsgerichtsbarkeit noch ein Jahr als Richter auf Probe tätig zu sein.

n) *§ 4.* Sollte eine Wiederholung des Art. 97 Abs. 2 Satz 1 GG erforderlich sein, so sollte sie wörtlich erfolgen.

o) *§ 15.* Es sollte kein neuer Status eines Richters ohne Richteramt geschaffen werden. Es erscheint zweckmäßiger, bei Veränderung der Gerichtsorganisation dem Beamtenrecht entsprechend die Möglichkeit einer Versetzung in den einstweiligen Ruhestand oder Wartestand vorzusehen.

p) *§ 16.* Es sollte nicht die Versetzung als solche, sondern die Feststellung ihrer Zulässigkeit in die Hand des Gerichts gelegt werden.

q) *§ 19.* Der gebräuchlichen Gesetzestechnik entsprechend sollte es heißen: „... gelten die §§ 14 bis 17 entsprechend."

r) *§ 20 Abs. 2.* Die Vorschrift ist ein typisches Beispiel dafür, dass der Entwurf zu sehr unter dem Gesichtspunkt der ordentlichen Gerichtsbarkeit erstellt wurde und dass die Verhältnisse bei anderen Gerichtszweigen, insbesondere bei der Verwaltungs- und Finanzgerichtsbarkeit, nicht genügend Berücksichtigung fanden. So ist die Bestimmung des § 20 Abs. 2 für langjährige Verwaltungsbeamte, aus denen sich Verwaltungs- und Finanzgericht notwendigerweise ergänzen müssen, untragbar; es kann ihnen, vor allem wenn sie eine höhere Stellung bekleiden, nicht zugemutet werden, die Amtsbezeichnung eines Gerichtsassessors zu führen und im Status eines Richters auf Probe tätig zu sein.

s) *§ 22 Abs. 1.* Es ist nicht erforderlich, im Falle der Nr. 1 die Entlassung zwingend vorzuschreiben. Nr. 2 ist - jedenfalls in dieser Fassung – abzulehnen, da dann eine erneute Vorstellung nicht möglich wäre. Nach § 22 Abs. 1 Nr. 2 i.V. mit § 21 Abs. 1 bekäme ein Richterwahlausschuss auch die Funktion eines Staatsanwaltswahlausschusses.

t) *§ 22 Abs. 2.* Die Regelung enthält den Richter auf Widerruf und würde den Richter auf Probe schlechter stellen als den Beamten auf Probe. - Die Abweichung in Satz 2 vom allgemeinen Beamtenrecht (vgl. § 31 Abs. 3 BBG) ist nicht gerechtfertigt.
u) *V. Abschnitt: Richter im Ehrenamt.* Die Überschrift müsste heißen: Ehrenamtlich tätige Richter (vgl. oben unter d).
v) *§ 27 Abs. 1.* Die Verweisung auf § 3 Abs. 2 ist sinnlos, da diese Vorschrift keine Definition des Richters im Ehrenamt enthält, vielmehr ihrerseits nur auf die §§ 27 bis 29 verweist.
w) *§ 28.* Die Verweisung auf § 1 ist unrichtig; gemeint sind nur § 1 Abs. 1.
x) *§ 29 Abs. 1.* Die Vorschrift erscheint im Hinblick auf die Regelungen der Verfahrensordnungen überflüssig.
y) *§ 29 Abs. 2.* Diese Vorschrift müsste an die Spitze gerückt werden, gleich hinter eine Bestimmung, die besagt, wer ehrenamtlich tätiger Richter ist.

3. *Zweiter Teil: Richter im Bundesdienst.* Der Unterausschuss ist der Auffassung, dass zu Beginn dieses Teils gesagt werden müsste, dass die Vorschriften des Beamtenrechts auf Richter Anwendung finden, soweit das Richtergesetz nichts anderes bestimmt (vgl. oben I 3).
   Von dieser Auffassung ausgehend ist ein erheblicher Teil der im Zweiten Teil vorgesehenen Vorschriften überflüssig, weil sich eine entsprechende Regelung bereits im Beamtenrecht findet oder weil die – meist geringfügige – Abweichung vom Beamtenrecht nicht gerechtfertigt ist. Dies würde auch bei Übernahme der in § 70 des Entwurfs vorgesehenen Vorschrift gelten, die jedoch weit eher im Einzelfall zu Zweifeln Anlass geben würde. Gegen diese Vorschrift bestehen aber auch grundsätzliche Bedenken, weil nach ihr das Beamtenrecht nur ergänzend und sinngemäß Anwendung finden soll.
   Folgende Vorschriften hält der Unterausschuss hiernach für überflüssig: §§ 31 bis 33, 34 Abs. 1, 35, 36 Abs. 1, 52, 55, 56 Abs. 3, 57 und 58.

Unabhängig hiervon bestehen seitens des Unterausschusses gegen folgende Bestimmungen Bedenken:

a) *§ 30.* Die sprachliche Fassung des vorgesehenen Richtereides ist schlecht.
b) *§ 32.* Auch andere Beamte müssen ihre Unvoreingenommenheit wahren. Es sollte daher lediglich zum Ausdruck gebracht werden, dass die Richter aufgrund ihrer Stellung ihre Unvoreingenommenheit in besonderem Maße wahren müssen.
c) *§ 33 Abs. 4.* Der Unterausschuss hält es nicht für gerechtfertigt, die Zugehörigkeit eines Richters zur Vertretungskörperschaft einer Gemeinde oder eines Gemeindeverbandes auszuschließen.
d) *§ 34 Abs. 2.* Die Bestimmung enthält Gerichtsverfassungsrecht und sollte daher in den Ersten Teil aufgenommen werden.

e) *§§ 37 bis 41.* Der Unterausschuss verweist auf seine Stellungnahme zu der Einrichtung von Richterräten. Die dort niedergelegten Bedenken bestehen auch gegenüber dem neuen Entwurf.

f) *§ 37 Abs. 3.* Es müsste heißen: „... erfolgt ehrenamtlich" (vgl. oben II 2 d).

g) *§ 42 Abs. 1.* Der Unterausschuss hält es für sehr bedenklich, eine Beteiligung des Richterrates auch bei Beförderungen vorzusehen.

h) *§ 44 Abs. 3.* Die Bestimmung verstößt gegen die Geheimhaltungspflicht des Dienstherrn.

i) *§ 45 Abs. 3.* Die Vorschrift sollte gestrichen werden, weil sie eine weitgehende Umgehung der Begründungspflicht gem. Abs. 1 und damit eine Flucht in die Anonymität ermöglicht.

k) *§ 48 Abs. 2.* Es sollte auch für Richter an dem 65. Lebensjahr als Altersgrenze festgehalten werden. Falls jedoch die Altersgrenze für Richter abweichend vom Beamtenrecht auf das 68. Lebensjahr festgesetzt werden soll, so darf entsprechend einer Versetzung in den Ruhestand auf Antrag erst nach Vollendung des 65. Lebensjahres möglich sein.

l) *§ 49.* Der Unterausschuss hält die Bestimmung für bedenklich. Sollte eine solche Vorschrift jedoch für erforderlich gehalten werden, so wäre, um einem Missbrauch vorzubeugen, hinter dem Wort „Entlassung" einzufügen: „unter Verzicht auf Zurücknahme."

m) *§ 50 Abs. 1.* Dass ein Richter ohne Amt auch in den Dienstaltersstufen aufsteigt, ist in Art. 97 Abs. 2 Satz 3 GG nicht vorgeschrieben. Die Vorschrift erscheint insoweit entbehrlich.

n) *§ 50 Abs. 2 und 3.* Die Bestimmungen sind bei Geltung der Vorschriften über den einstweiligen Ruhestand (vgl. oben II 2 c) entbehrlich. Dass ein Richter, der sich weigert, ein entsprechendes Amt wieder zu übernehmen, nach einer Dienstzeit von zehn Jahren abweichend vom Beamtenrecht nicht zu entlassen, sondern in den Ruhestand zu versetzen ist, ist sachlich nicht gerechtfertigt.

o) *§ 51.* Es sollte heißen: „... kann nur aufgrund einer richterlichen Entscheidung verfügt werden."

p) *§§ 53 und 54.* Auf die bisherige Stellungnahme wird verwiesen, wonach die Errichtung besonderer Dienstgerichte bei den ordentlichen Gerichten äußerst bedenklich erscheint und kein Grund ersichtlich ist, auch Disziplinarverfahren einem Dienstgericht und nicht dem zuständigen Disziplinargericht zuzuweisen.

q) *§ 59 Abs. 2.* Es müsste heißen: „... so beantragt die oberste Dienstbehörde die Feststellung der Zulässigkeit bei dem Dienstgericht" (Vgl. oben II 2 p).

r) *§ 61.* Dem vorstehenden Vorschlag entsprechend sollte es heißen: „... lautet auf Feststellung der Zulässigkeit der Versetzung." Der Vollzug der Versetzung ist eine Zweckmäßigkeitsfrage, die der Verwaltung vorbehalten bleiben muss.

s) *§ 62.* Die Versagung der Genehmigung der Nebentätigkeit berührt die Unabhängigkeit eines Richters nicht. Die Bestimmung sollte daher insoweit gestrichen werden. Der Rechtsweg wird durch die Verwaltungsgerichte gewährleistet.
t) *§ 69.* Es müsste heißen: „Für ehrenamtlich tätige Richter des Bundes gelten, …" (vgl. oben II 2 d).
u) *§ 70.* Wie bereits oben unter II 3 Abs. 2 ausgeführt, öffnet die Vorschrift Zweifeln Tür und Tor, weil nicht ersichtlich ist, inwieweit die Vorschriften des Beamtenrechts ergänzend gelten.

4. *Dritter Teil: Richter im Landesdienst:* a) *§ 71.* Besonderer Prüfung der einzelnen Länder wurde anheimgegeben, inwieweit es zweckmäßig erscheint, auch zu Beginn der Rahmenvorschriften festzustellen, dass für die Rechtsverhältnisse der Richter im Landesdienst grundsätzlich das jeweilige Landesbeamtenrecht Anwendung finden soll, soweit nicht dieses Gesetz oder das Richtergesetz des Landes etwas anderes bestimmt. Hierdurch würde auch der Hinweis auf die hergebrachten Grundsätze des Berufsrichtertums in § 71 Abs. 2 des Entwurfs richtiggestellt, da nach der hergebrachten Einheit von Richter- und Beamtenverhältnis nur von hergebrachten Grundsätzen des Berufsbeamtentums gesprochen werden kann. Weiter würde eine solche Vorschrift der Bestimmung des Art. 33 Abs. 5 GG entsprechen, wonach das Recht des öffentlichen Dienstes, wozu auch der Richterdienst zählt, nach den hergebrachten Grundsätzen des Berufsbeamtentums zu regeln ist.

   Die Vertreter der Länder halten die Setzung einer Frist für den Erlass der Richtergesetze nicht für gerechtfertigt. Jedenfalls ist die Frist viel zu kurz bemessen.

b) *§ 72 Abs. 2.* Die Berechtigung dieser Vorschrift als Rahmenvorschrift wird für fraglich gehalten.
c) *§ 73.* Ein Bedürfnis für die Rahmenvorschrift, die den Wortlaut eines besonderen Richtereides vorschreibt, ist nicht vorhanden.
d) *§ 74.* Gegen die Vorschriften bestehen verfassungsrechtliche Bedenken, die noch einer besonderen Prüfung bedürfen.
e) *§ 75.* Die Bestimmung sollte als Gerichtsverfassungsnorm im Ersten Teil geregelt werden.
f) *§ 76 Abs. 1.* Auch in den Ländern sollen die für die Nebentätigkeit von Beamten geltenden Vorschriften auch für Richter maßgebend sein.
g) *§ 77.* Auf die bisherige Stellungnahme des Unterausschusses zum Besoldungswesen wird verwiesen.
h) *§ 78.* Auch hinsichtlich der Richterräte in den Ländern wird ebenso wie zu §§ 53 und 54 des Entwurfs auf die bisherige Stellungnahme des Unterausschusses verwiesen.

i) *§ 79 Abs. 1.* Die Vorschrift, die ein Anhörungsrecht der Richterräte bei Beförderungen enthält, ist zu weitgehend und begegnet erheblichen Bedenken.

k) *§ 79 Abs. 2.* Die Richterwahlausschüsse sollten nicht genannt werden. Es genügt, wenn den Richterräten vor der Berufung von Richtern Gelegenheit zur Stellungnahme zu geben ist.

l) *§ 79 Abs. 3.* Hierfür besteht kein rahmenrechtliches Bedürfnis. Auch sachlich ist die Vorschrift abzulehnen, da sie der Geheimhaltungspflicht des Dienstherrn widerspricht.

m) *§ 79 Abs. 4 Satz 2.* Die Vorschrift sollte gestrichen werden (vgl. II 3 i).

n) *§ 80.* Auch diese Bestimmung sollte gestrichen werden, da sie einen Vorgriff auf die von den Ländern noch nicht erlassenen Personalvertretungsgesetze enthält.

o) *§ 81.* Auch bei den Ländern sollte das 65. Lebensjahr als Altersgrenze vorgesehen werden.

p) *§ 82.* Es besteht kein Grund, die Richter durch Verringerung der Disziplinarstrafen zu privilegieren.

## 2. *Auszug aus der Niederschrift über die Konferenz der Innenminister am 27. und 28.10.1955 in Bad Pyrmont*

*Der Vorsitzende* eröffnete die Beratungen um 9 Uhr und erteilte zu *Punkt 10* der Tagesordnung *MinDirig. Dr. Feneberg* [München] das Wort. Dieser nahm Bezug auf die Beratungen und Beschlüsse der Innenministerkonferenz in Travemünde zum Entwurf eines Richtergesetzes [oben unter XV.] und das Antwortschreiben des Bundesjustizministers vom 30.8.1955 an den Vorsitzenden der Konferenz. Am gleichen Tage habe das Bundesjustizministerium einen neuen Referentenentwurf herausgegeben. Dieser berücksichtige zwar in einigen Punkten die Wünsche der Konferenz, enthalte aber andererseits weiterhin eine Reihe von Regelungen, die nach wie vor zu schwerwiegenden Bedenken Anlass gäben. Angesichts dessen sei die in Bremen eingesetzte Unterkommission nochmals zusammengetreten und habe am 7.10.1955 den neuen Referentenentwurf nochmals in Würzburg beraten. Das Beratungsergebnis werde den Ländern in Kürze zugehen.

Erfreulich sei, dass der neue Entwurf die Bestimmungen für Bundesrichter nunmehr klar von den Rahmenbestimmungen für die Gestaltung des Richterrechtes in den Ländern abgrenze. Demgegenüber habe der Entwurf die Trennung des Richters vom Verwaltungsbeamten noch schärfer und konsequenter durchgeführt als der erste Entwurf und sehe eine Unterscheidung zwischen den beiden Gruppen vor, die vom Standpunkt des öffentlichen Dienstes her untragbar sei. Auch auf besoldungsrechtlichem Gebiet, hinsichtlich der Zusammensetzung und Beteiligung des Richterrats und der Schaffung besonderer Dienstgerichte enthalte der neue Entwurf keine Verbesserungen. Im Einzelnen nahm MinDirig. Dr. Feneberg auf das Beratungsergebnis der Unterkommission

Bezug und empfahl, wenigstens in den grundsätzlichen Punkten, in denen wesentliche Wünsche der Innenministerkonferenz weiterhin unerfüllt seien, erneut vorzustoßen.

*Minister Dr. Meyers* bemerkte hierzu, an diesem Entwurf zeige sich erneut der Auflösungsprozess der bisher gültigen allgemeinen Begriffe des öffentlichen Rechtes. Wenn dieser Entwurf Gesetz werde, sei der einheitliche Beamtenbegriff für immer zerschlagen. Überdies habe der Richterverein bereits die Hereinnahme der Staatsanwälte in die Regelung des Richtergesetzes gefordert. Andere Beamtengruppen würden bald mit Wünschen nach einer Sonderregelung folgen; die Hochschullehrer seien bekanntlich schon mit solchen Forderungen auf den Plan getreten. Diesen Bestrebungen müsse seitens der Innenminister mit allem Nachdruck entgegengetreten werden.

*MinDir. Wormit* lenkte die Aufmerksamkeit der Konferenz auf das ständige Vordringen der Justiz in Bereiche, die weder allein noch vorwiegend zu ihrer Zuständigkeit gehören. Er verwies insbesondere auf die Bemühungen der Justizministerien, die Verwaltungsgerichte ihrer Aufsicht zu unterstellen und sich zu „Rechtsprechungsministerien" zu entwickeln. Zwei Gesichtspunkte seien jedoch bei der Beratung dieses Problems zu beachten: Einmal bestehe in der Bevölkerung heute ein extensives Rechtsschutzbedürfnis, das seinen Ausdruck in der weit verbreiteten Meinung finde, bei den Justizministerien sei die Rechtsprechung allgemein sicher aufgehoben. Zum anderen seien viele Abgeordnete der Parlamente Rechtsanwälte, die der Auffassung der Justizministerien zuneigten und die Innenressorts bei ihren Bemühungen um die Erhaltung der Einheitlichkeit der Rechtsgrundlagen des öffentlichen Dienstes in die Defensive drängten. Zudem klängen die Argumente der Justizministerien auch zunächst sehr plausibel. – MinDir. Wormit schloss sich der Auffassung an, dass man erneut wegen des Richtergesetzes vorstoßen solle. Zugleich empfahl er, die Gegenargumente einmal in wissenschaftlich fundierter Weise in der deutschen Publizistik – Fachpresse wie Tagespresse – zu erörtern, in der bisher die Auffassung der Justizministerien vorherrschend sei.

*Senator Jacobi (Hamburg)* bemerkte, dass auch er an sich gegen den Entwurf Bedenken habe, verwies aber auf die historisch gewachsene Situation in den Hansestädten, wo die Justizressorts Verfassungs- und Rechtsprechungsressorts seien. Darin allein brauche keine Gefahr zu liegen.

*Senator Ehlers (Bremen)* verwies darauf, dass das justizstaatliche Element im Grundgesetz zu stark entwickelt worden sei. Das sehe man heute weitgehend ein. Das Richtergesetz sei eine Stütze dieser falschen Verfassungsentwicklung. Demgegenüber müssten die Innenminister als Verfechter der Belange des gesamten öffentlichen Dienstes mit allen zu Gebote stehenden Mitteln die Wahrung der Rechtseinheit des Rechtes des öffentlichen Dienstes verteidigen.

*Minister Wegmann (Niederhausen)* warnte davor, Kompetenzfragen in dieser Angelegenheit in den Vordergrund zu stellen. Eine solche Betrachtung werde in der Öffentlichkeit keine Resonanz finden. Schon vor 30 Jahren habe man versucht, im Bereich der

Rechtspflege englische Verhältnisse nachzuahmen. Aber unser System der Gerichtsverfassung, vor allem die große Zahl der Richter, stehe dem entgegen.

*Staatssekretär Dr. Loschelder (NRW)* empfahl, wegen einer wissenschaftlichen Erörterung des Problems mit Prof. Werner Weber in Verbindung zu treten. Das könne von Nordrhein-Westfalen aus unternommen werden.

*MinRat Dr. Brösamle (Baden-Württemberg)* bemerkte, dass die Konferenz schon deshalb wieder an alle beteiligten Bundes- und Länderressorts herantreten müsse, damit nicht der Eindruck entstehe, die Innenminister verzichteten auf ihre bisherigen Einwendungen. Hinsichtlich der Publizistik sei festzustellen, dass die Presse die Dinge meist einseitig so sehe, als ob nur der Richter das Recht beachte und gegen Fehlentscheidungen und politische Beeinflussungen gefeit sei. Das sei aber nicht der Fall. Im 3. Reich sei auch die Justiz der Partei hörig gewesen. Auf dem vom Richtergesetz beschrittenen Wege sei daher die institutionelle Sicherung des Richtertums nicht zu erreichen.

*Minister Dr. Geislhöringer (Bayern)* verwies in diesem Zusammenhang auf die Haltung der Richter, die das bekannte „Ansbacher Urteil" gefällt haben, gegenüber der Reaktion der Öffentlichkeit. Sie glaubten zwar, jeden, auch den höchsten Verwaltungsakt, unbegrenzt kritisieren zu können, hielten aber ihre eigenen Entscheidungen für sakrosankt. Auch Richter seien aber nur Menschen.

*Minister Dr. Zimmer (Rheinland-Pfalz)* bemerkte hierzu, die Entwicklung habe nicht nur jeden Verwaltungsakt justiziabel gemacht, es werde auch alles, was die Verwaltung tue, zum Verwaltungsakt deklariert, um ihn dann anfechten zu können. Das führe aber zu einer uferlosen Aufblähung und Vermehrung der Gerichte. Die Dauer der Gerichtsverfahren bewirke bereits heute erhebliche Störungen aller Verwaltungszweige. Auch das rechtsuchende Publikum leide darunter. Es werde in Zukunft nicht zu vermeiden sein, hypertrophierte Zweige der Verwaltungsgerichtsbarkeit wieder zurückzubilden.

*Staatssekretär Ritter von Lex* erklärte, er teile vollkommen die Haltung der Innenministerkonferenz zum Richtergesetz. Das Bundesinnenministerium vertrete den Standpunkt, dass der Status des öffentlichen Dienstrechtes einheitlich bleiben müsse, wie es Laband schon 1913 mit Blick auf die Offiziere verlangt habe. Das Bundesinnenministerium werde die Mitfederführung für das Richtergesetz beanspruchen und einen Gegenentwurf ausarbeiten. Er bitte daher ebenfalls um Übersendung der Resolution.

*Senatsdirektor Luster (Berlin)* berichtete, Berlin habe 1950 ein Richtergesetz beschlossen, das dem Entwurf des Bundesgesetzes im Grundsätzlichen sehr ähnlich sei. Man habe damit aber gerade im Hinblick auf die hier erörterten Probleme schlechte Erfahrungen gemacht. Auf Vorschlag des Vorsitzenden beschloss die Konferenz sodann, dass MinDirig. Dr. Fensberg unter Berücksichtigung des Beratungsergebnisses des Unterausschusses und der heutigen Beratungen die grundlegenden Einwendungen der Innenministerkonferenz gegen den Entwurf zusammenstellen soll. Diese Einwendungen sollen dann vom Vorsitzenden allen denjenigen Bundesressorts übermittelt werden, die die erste Entschließung erhalten haben. In den Begleitschreiben soll der Vorsitzende auf den besonderen Ernst der Situation hinweisen, die bei Verabschiedung dieses Gesetzes eintreten wird und ausdrücklich betonen, dass die Konferenz ihre Einwendungen aus der Sorge um die Wahrung der Einheitlichkeit des Rechtes des öffentlichen Dienstes erhebt. Die Länder sollen die erforderliche Anzahl von Überdrucken für ihre beteiligten Landesressorts erhalten.

Eine Frage von *MinRat Dr. Brösamle (Baden-Württ.),* was hinsichtlich der Presse geschehen solle, beantwortete der Vorsitzende dahin, dass er bereit sei, Prof. Werner Weber zu bitten, die Frage in der Fachpresse auf wissenschaftlicher Basis zu erörtern, und dass er die übrige Presse am besten einmal in Bonn auf dieses Problem verweise. Er habe eine Einladung des Presseclubs erhalten und werde diese Gelegenheit gerne dazu benutzen. Die Konferenz erklärte sich damit einverstanden.

## 3. *Beschluss der Innenminister vom 28.10.1955*

Mit Befriedigung hat die ständige Konferenz der Innenminister und Senatoren für Inneres dem Schreiben des Herrn Bundesministers der Justiz vom 30. August 1955 entnommen, dass die von der Konferenz am 29./30.6.1955 in Travemünde zum Vorentwurf für ein Deutsches Richtergesetz gefasste Entschließung in allen Einzelheiten ausgewertet werden wird. Wenn auch der in der Zwischenzeit erschienene Referentenentwurf (Fassung vom 30.8.1955) einigen Anregungen Rechnung getragen hat, so sind doch in ihm wesentliche Vorschläge der Konferenz noch nicht berücksichtigt worden. Bei der grundsätzlichen Bedeutung des Richtergesetzes für das allgemeine Beamtenrecht und für die allgemeine innere Verwaltung hat sich die Konferenz der Innenminister und Senatoren für Inneres am 27./28.10.1955 in Bad Pyrmont neuerdings mit der Angelegenheit befasst und zu nachstehenden grundsätzlichen Fragen einstimmig wie folgt Stellung genommen:

1. *Aufbau des Gesetzes:* Der Aufbau des Entwurfs hat dadurch eine Verbesserung erfahren, dass die Bestimmungen für die Richter des Bundes und die als Rahmenvorschriften geltenden Grundsätze für die Ländergesetzgebung klar abgegrenzt worden sind. Grundsätzliche verfassungsrechtliche Bedenken müssen aber gegen den 1. Teil des Entwurfs „Das Richteramt" geltend gemacht werden. Die darin enthaltenen Vorschriften werden auf Art. 74 Ziff. 1 GG – konkurrierende Gesetzgebungszuständigkeit des Bundes für die Gerichtsverfassung – gestützt und sollen auch für die Länder unmittelbar geltendes Recht schaffen. Eine nähere Überprüfung zeigt, dass in diesen Teil zahlreiche Bestimmungen aufgenommen sind, die die Rechtsstellung des Richters betreffen, z.B. § 2 (Dienst- und Treueverhältnis), §§ 4–7 und §§ 8–10 (Fähigkeit zum Richteramt), und insbesondere, wie schon durch die Überschrift „Allgemeine Rechtsstellung" gekennzeichnet, der III. Abschnitt §§ 11 ff. Das Grundgesetz unterscheidet klar und eindeutig zwischen Gerichtsverfassung in Art. 74 Ziff. 1 GG und Rechtsstellung der Richter in Art. 98 Abs. 3 GG und überträgt für diese dem Bund nur

die Kompetenz der Rahmengesetzgebung. Im ersten Teil des Entwurfs sind aber zahlreiche Bestimmungen enthalten, die einerseits, wie dargelegt, die Rechtsstellung der Richter betreffen, andererseits über die dem Bund nach Art. 98 Abs. 3 GG in Verbindung mit Art. 75 und 72 Abs. 2 GG gezogenen Grenzen einer Rahmengesetzgebung hinausgehen. Die Gesetzgebungskompetenz des Bundes nach Art. 74 Ziff. 1 GG kann insoweit auch nicht damit begründet werden, dass das Gerichtsverfassungsgesetz schon bisher eine Reihe von einschlägigen Vorschriften enthalten hat, die die Rechtsstellung der Richter berühren. Es mag die Streitfrage dahingestellt bleiben, inwieweit Vorschriften des früheren Reichsrechts als Rahmenbestimmung fortgelten können. Jedenfalls muss in einem neuen Bundesgesetz die neue Kompetenzverteilung des Grundgesetzes beachtet werden. Soweit Vorschriften die Rechtsstellung von Richtern betreffen, können sie daher für die Länder nur als Rahmenvorschriften erlassen werden. Der Bund kann hier seine Gesetzgebungskompetenz nicht auf dem Umweg über Art. 74 Ziff. 1 GG ausweiten.

2. *Richter und Beamte:* Der Entwurf geht nunmehr von einer eindeutigen Trennung von Richtern und Beamten aus. Der Richterdienst wird als ein neben dem Beamtenverhältnis öffentlich-rechtliches Dienstverhältnis besonderer Art herausgestellt. Dementsprechend werden zahlreiche von dem allgemeinen Beamtenrecht abweichende Sonderregelungen getroffen, die keineswegs durch die besondere Rechtsstellung des Richters bedingt sind.

   Der Begriff „Beamter“ umfasst alle in einem öffentlich-rechtlichen Dienstverhältnis stehenden Bediensteten. Das Grundgesetz kennt nur „hergebrachte Grundsätze des Berufsbeamtentums“ (Art. 33 Abs. 5 GG), nicht aber „hergebrachte Grundsätze des Berufsrichtertums“, die als neuer Begriff in § 71 Abs. 2 des Entwurfs geprägt werden müssen, weil die grundsätzliche beamtenrechtliche Natur des Dienstverhältnisses des Richters nicht anerkannt werden will. Die Innenminister und Senatoren für Inneres müssen eine solche Regelung entschieden ablehnen. Mit allem Nachdruck muss nochmals auf die grundsätzliche Bedeutung und weitreichenden Folgen der dem Referentenentwurf zugrunde liegenden Auffassung hingewiesen werden, durch die das Dienstrecht der Richter aus dem einheitlichen Dienstrecht des Berufsbeamtentums herausgelöst werden soll. Die Forderung nach einem dienstrechtlichen Sonderstatus durch andere beamtete Berufsstände und die Gefahr der Aufspaltung des allgemeinen Berufsbeamtentums in verschiedene Sondergruppen wird hierdurch hervorgerufen.

   Unbeschadet der besonderen verfassungsrechtlichen Stellung und Aufgaben des Richters, die auch einer besonderen Regelung bedürfen, muss an der herkömmlichen einheitlichen Gestaltung des Rechts aller in einem öffentlichen Dienst- und Treuverhältnis stehende Personen festgehalten werden (Art. 33 Abs. 5 GG). Daraus ergibt sich, dass für die Richter grundsätzlich die allgemeinen Vorschriften des Beamtenrechts Anwendung finden und dass sich das Gesetz über die Rechtsstellung der

Richter allein auf solche Bestimmungen zu beschränken hätte, für die aus dem Wesen des Richteramts eine abweichende Regelung notwendig ist.

Auf dieser Grundlage wird das Gesetz auch eine wesentlich einfachere und klarere Gestaltung erhalten. Ausgehend von dem Grundsatz, dass die Vorschriften des Beamtenrechts auf die Richter Anwendung finden, soweit das Richtergesetz nichts anderes bestimmt, würde ein erheblicher Teil der im 2. Teil vorgesehenen Vorschriften überflüssig werden, weil sich eine entsprechende Regelung, wie im Entwurf vorgesehen, bereits im Beamtenrecht findet oder weil die – meist geringfügige – Abweichung vom allgemeinen Beamtenrecht nicht gerechtfertigt ist. Hierdurch wird für die Rechtsstellung der Richter eine wesentlich klarere und übersichtlichere Regelung erreicht, als sie durch § 70 des Entwurfs gegeben wäre, der die Bestimmungen des Beamtengesetzes lediglich „ergänzend und sinngemäß" für anwendbar erklärt und stets zu Auslegungsschwierigkeiten führen müsste, ob und in welchem Umfang allgemeine beamtenrechtliche Vorschriften eingreifen.

Die im Entwurf durchgeführte Trennung von Richter- und Beamtentum führt des Weiteren auch zu Ergebnissen, die für die Verwaltung untragbar sind. Das Erfordernis der Entlassung beim Wechsel der Laufbahn zwischen dem Dienst in der Gerichtsbarkeit und in der aktiven Verwaltung (§ 6 des Entwurfs) und die zwingende Vorschrift der Tätigkeit als Richter auf Probe für die Dauer eines Jahres mit der Dienstbezeichnung Gerichtsassessor (§§ 13 Abs. 2 und 20 Abs. 2 des Entwurfs) werden den praktischen Bedürfnissen der Verwaltung nicht gerecht. Der häufige Wechsel der Laufbahn zwischen dem Dienst in der Gerichtsbarkeit und in der aktiven Verwaltung, für den gerade in den Verwaltungszweigen ein besonders dringendes Bedürfnis besteht, verlangt ein einheitliches Dienstverhältnis von Richter- und Beamtenlaufbahn. Da sich im Übrigen die Verwaltungsgerichtsbarkeit notwendigerweise aus verdienten, in langjährigem praktischen Verwaltungsdienst bewährten Beamten ergänzen muss, kann diesen nicht zugemutet werden, noch als Richter auf Probe und mit der Dienstbezeichnung Gerichtsassessor tätig zu sein.

3. *Besoldungsrechtliche Bestimmungen:* Den Vorbehalten gegen die Aufnahme besoldungsrechtlicher Bestimmungen in das Richtergesetz trägt der Referentenentwurf nur zum Teil Rechnung. Untragbar ist nach wie vor die in § 77 vorgesehene besoldungsmäßige Hebung sämtlicher Richter auf die 1. Beförderungsstufe des höheren Dienstes. Sie müsste von allen in Verwaltungszweigen tätigen Beamten, die einen gleichen Ausbildungsstand wie die Richter aufweisen, als völlig unbegründete Zurücksetzung empfunden werden.
4. *Richterrat und besondere Dienstgerichte:* Auch die Bestimmungen über die Zusammensetzung und Beteiligung des Richterrats (§§ 78, 79) begegnen weiterhin grundsätzlichen Bedenken. Sie überschreiten einerseits durch ihre in Einzelne gehende

Regelung die Rahmengesetzgebungskompetenz des Bundes und binden andererseits die Länder in unzweckmäßiger Weise. Die hiergegen und gegen die Schaffung besonderer Dienstgerichte erhobenen Bedenken (Punkt 6 bis 8 der Beschlussfassung der Innenministerkonferenz vom 29./30.6.1955 in Travemünde) müssen auch gegenüber dem neuen Entwurf aufrecht erhalten werden.

5. *Mitfederführung des Bundesministeriums des Innern:* Die grundsätzliche Bedeutung des Richtergesetzes für das allgemeine Beamtenrecht und für die allgemeine innere Verwaltung macht eine maßgebliche Beteiligung des Bundesministeriums des Innern notwendig. Übereinstimmend vertreten daher die Innenminister und Senatoren für Inneres die Auffassung, dass das Bundesministerium des Innern bei der Fertigung und Beratung des Entwurfs eines Deutschen Richtergesetzes durch die Mitfederführung beteiligt werden muss.

## XXI. *Niederschrift über die Beratungen der Justizministerkonferenz vom 8./9.11.1955 über das Richtergesetz*

In der Referentenkonferenz wird Einverständnis darüber erzielt, dass die Erörterung der von dem Bundesjustizministerium, Schleswig-Holstein und Nordrhein-Westfalen zur Diskussion gestellten Einzelfragen, soweit möglich, auf einer von dem Bundesjustizministerium vorgesehenen Referentenbesprechung zum Richtergesetz erfolgen soll.

Zur Erörterung in der Ministerkonferenz gelangen daher nur die folgenden Fragen:

*A. Richterbesoldung*

*MR Dr. Thunecke (Nordrhein-Westfalen)* trägt vor, dass sich in der Referentenkonferenz trotz der von MinDirig. Hornig (Niedersachsen), MR Pfeifer (Baden-Württemberg), MD Walther (Bayern) und MR Reh (Hessen) schon gegen die Festsetzung einer Mindestbesoldung in § 77 des Entwurfs erhobenen Bedenken die Meinung durchgesetzt habe, dass nicht nur § 77 aufrechtzuerhalten, sondern zusätzlich eine Bestimmung des Inhalts aufzunehmen sei, dass die Besoldung der Richter in einem besonderen Besoldungsgesetz, jedenfalls aber in einer besonderen Besoldungsordnung geregelt werden müsse. Eine solche Bestimmung sei notwendig, um eine echte Loslösung der Richterbesoldung von der Beamtenbesoldung zu ermöglichen.

In der anschließenden Diskussion wird zunächst Übereinstimmung darüber erzielt, dass zur Vorbereitung einer Neuregelung der Richterbesoldung, insbesondere im Zusammenhang mit dem kommenden Bundesbesoldungsgesetz und den im Anschluss daran ergehenden Besoldungsgesetzen der Länder ein Ausschuss eingesetzt werden soll, dem alle Länder und das Bundesjustizministerium angehören. – Den Vorsitz übernimmt Berlin.

Dem Ausschuss wird auch die von *Minister Langeheine* (Niedersachsen) zur Erörterung gestellte Einzelfrage der Einstufung der Staatsanwälte bei den Oberlandesgerichten zugewiesen.

Es besteht weiterhin Einverständnis darüber, dass die Heraushebung der Richter auch in einer gehobenen Besoldung ihren Ausdruck finden muss; jedoch sind die Meinungen darüber geteilt, ob und in welchem Umfange die Besoldungsfrage im Richtergesetz geregelt werden sollte.

*Minister Dr. Haußmann (Baden-Württemberg)* erhebt lebhafte Bedenken gegen die Aufnahme von Besoldungsvorschriften in das Richtergesetz; er meint, dass eine solche Maßnahme nur zum Widerstand herausfordere, wie sich in Baden-Württemberg bei der Verabschiedung der Richterbesoldung im Landtag gezeigt habe. Die Aufnahme besoldungsrechtlicher Vorschriften werde die Verabschiedung des Richtergesetzes nur erschweren und daher der besonderen Rechtsstellung der Richter allenfalls Abbruch tun.

*Ministerpräsident Dr. Zinn (Hessen)* und *Minister Langeheine (Niedersachsen)* sind der gleichen Meinung. Auch *Senator Dr. Kielinger (Berlin)* weist auf den sich allseits versteifenden Widerstand gegen die Richterbesoldung hin.

*MD Roemer (Bundesjustizministerium)* rechnet auch im Bundeskabinett mit erheblichen Widerständen. Bedeutsam sei für das Bundesjustizministerium auch, welche Stellung die Länder im Bundesrat zur Frage der Richterbesoldung einnehmen würden.

*Minister Becher (Rheinland-Pfalz)* hebt demgegenüber hervor, dass in Rheinland-Pfalz die Anhebung der Richterbesoldung trotz des auch damals vorhandenen Widerstandes durchgesetzt worden sei. Man solle sich nicht scheuen, die Forderung nach einer besonderen Richterbesoldung immer wieder zu erheben.

*Minister Dr. Amelunxen (Nordrhein-Westfalen)* weist darauf hin, dass sich aus der Aufnahme von Besoldungsvorschriften in das Richtergesetz des Bundes für die Landesjustizverwaltungen eine erhebliche Vereinfachung für die Regelung der Besoldungsfrage ergebe.

*Minister Langeheine (Niedersachsen)* ist der Meinung, dass auch an die möglichen Rückwirkungen auf die Staatsanwälte gedacht werden müsse, wenn Vorschriften über die Richterbesoldung in das Gesetz aufgenommen würden. Die Sonderstellung der Richter bezüglich der Besoldung ergebe sich von selbst, wenn klar herausgestellt werde, dass die Richter nicht Beamte seien.

*Ministerpräsident Dr. Zinn* (Hessen) hält die in Hessen bereits eingeführte Besoldungsordnung R für gefährdet, wenn im Gesetzgebungsverfahren eine Bestimmung über die Notwendigkeit einer besonderen Besoldungsordnung aus dem Gesetz herausgestrichen werde. Schon wegen der Staatsanwälte sollten Erörterungen zur Besoldungsfrage möglichst vermieden werden. Wenn im Richtergesetz eine Einbeziehung der Staatsanwälte in die für Richter geltende Besoldungsregelung vorgesehen werde, so könne dies Berufungen anderer Beamtengruppen nach sich ziehen.

*Minister Dr. Haußmann (Baden-Württemberg)* schließt sich der Erwägungen von Ministerpräsident Dr. Zinn (Hessen) wegen der Staatsanwälte an. Es müsse auch der Eindruck vermieden werden, dass Erwägungen besoldungsrechtlicher Art bei Erlass des Richtergesetzes eine maßgebende Rolle spielten.

*MD Roemer (Bundesjustizministerium)* hält die Einbeziehung der Staatsanwälte in ein besoldungsrechtliches Postulat für bedenklich, weil man dies nicht mit ihrer Stellung begründen könne. Die Frage einer besonderen Besoldungsordnung könne auch nicht losgelöst von der Regelung des § 77 des Entwurfs betrachtet werden, nach der die Richter als Endgrundgehalt mindestens das Endgrundgehalt der 1. Beförderungsgruppe erhalten sollen.

*Minister Dr. Koch (Bayern)* hält wegen der vorgetragenen Bedenken die Streichung aller Bestimmungen über die Besoldung für wünschenswert.

*Minister Dr. Leverenz (Schleswig-Holstein)* meint, dass den zweifellos vorhandenen Schwierigkeiten nicht ausgewichen werden dürfe; wenn man sich heute zu einem Verzicht entschließe, sei der Kampf für die Zukunft verloren.

*StSekr. Eilles (Bayern)* weist darauf hin, dass in den kommenden Besoldungsgesetzen des Bundes und der Länder, also schon vor Erlass des Richtergesetzes, die Frage der Richterbesoldung voraussichtlich eine endgültige Regelung finden werde.

*StSekr. Bleibtreu (Nordrhein-Westfalen)* sieht nur die Möglichkeit, entweder gar keine Bestimmung über die Richterbesoldung in das Gesetz aufzunehmen, oder aber die Forderung nach einer besonderen Besoldungsordnung mit der Bestimmung des § 77 des Entwurfs zu verbinden.

Zu der weiter aufgeworfenen Frage, ob auch die gleichmäßige Besoldung der Richter aller Gerichtszweige im Richtergesetz ihren Niederschlag finden sollte, sieht die Konferenz auf Vorschlag von *Minister Dr. Leverenz (Schleswig-Holstein)* von einer Beschlussfassung ab.

Die anschließende Abstimmung hat folgendes *Ergebnis*: Gegen die Stimmen von Baden-Württemberg, Berlin, Hessen und Niedersachsen sind die Landesjustizverwaltungen der Auffassung, dass in das Richtergesetz zusätzlich zu § 77 des Referentenentwurfs die folgende Bestimmung aufgenommen werden sollte: „Die Besoldung der Richter ist durch eine besondere Besoldungsordnung zu regeln."

*B. Politische Betätigung der Richter*

*MR Prof. Rinck (Bundesjustizministerium)* begründet die in § 33 des Referentenentwurfs eines Richtergesetzes vorgesehene Einschränkung der politischen Betätigung der Richter, die in der Referentenkonferenz von der Mehrheit der Landesjustizverwaltungen gebilligt worden sei. Er erklärt, dass das Bundesjustizministerium, einem Vorschlag des Deutschen Richterbundes entsprechend, ggf. bereit sei, den ersten Satz des ersten Absatzes des § 33 zu streichen, da sich schon aus § 32 die Verpflichtung des Richters ergebe, sich von Bindungen frei zu halten, die das Vertrauen zu seiner Unparteilichkeit gefährden könnten.

*Bürgermeister Dr. Dr. h.c. Spitta (Bremen)* hält es für besser, dem Richter die Zugehörigkeit zu einer Partei ganz zu untersagen, da sonst bei der rechtsuchenden Bevölkerung der Eindruck entstehen könnte, dass der Richter ggf. auch in seiner Amtsführung nicht frei von politischen Einflüssen sei.

*Ministerpräsident Dr. Zinn (Hessen)* ist der Meinung, dass das Verbot der parteipolitischen Betätigung auf die deutschen Verhältnisse nicht passe, da sie wesentlich anders als die englischen seien. Eine politische Betätigung der Richter liege im öffentlichen Interesse. Die Rahmenvorschrift des § 74 des Entwurfs, die die politische Betätigung einschränke, sei auch aus verfassungsrechtlichen Gründen bedenklich, weil insoweit eine Rahmenkompetenz des Bundes in Zweifel gezogen werden könne. Wenn vorgesehen sei, dass ein Richter sich zwar als Wahlbewerber aufstellen lassen könne, ihm aber gleichzeitig untersagt werde, sich parteipolitisch zu betätigen, so sei das praktisch nicht durchführbar.

*Staatsminister Dr. Koch (Bayern)* stimmt den Ausführungen von Ministerpräsident Dr. Zinn zu.

*Minister Dr. Amelunxen (Nordrhein-Westfalen)* weist darauf hin, dass die Richter selbst die von dem Entwurf vorgesehenen Einschränkungen der politischen Beteiligung billigten.

Von einer Beschlussfassung wird im allseitigen Einverständnis abgesehen.

*C. Einbeziehung der Staatsanwälte*

*MR Prof. Dr. Rinck (Bundesjustizministerium)* stellt drei Möglichkeiten zur Auswahl:

1. Einbeziehung der Staatsanwälte und Erstreckung möglichst vieler Vorschriften des Richtergesetzes auf die Staatsanwälte (beispielsweise: Fähigkeit zum Richteramt, politische Betätigung, Unvoreingenommenheit, Nebentätigkeiten, Altersgrenze);
2. Einbeziehung der Staatsanwälte unter Beschränkung auf diejenigen Vorschriften des Richtergesetzes, die notwendig seien, um die gemeinsame Laufbahn aufrecht zu erhalten (Bestimmungen über die Gerichtsassessoren, die Besoldung und eine Erleichterung des Laufbahnwechsels);
3. Nichteinbeziehung der Staatsanwälte (auch in diesem Falle dürften sich aber Bestimmungen zur Erhaltung der gemeinsamen Laufbahn empfehlen).

*Bundesjustizminister Neumayer* hält es für notwendig, eine Verstimmung der Staatsanwälte zu vermeiden. Er ist der Meinung, dass die Lösung zu Ziffer 2 den Vorzug verdiene, da ein besonderes Staatsanwaltsgesetz im Laufe der nächsten Jahre jedenfalls nicht diskutabel sein dürfte.

*Minister Dr. Haußmann (Baden-Württemberg)* meint, dass auch hinsichtlich der badischen Amtsnotare, die auf dem Gebiet der freiwilligen Gerichtsbarkeit richterliche Funktionen wahrnehmen, die Lösung zu Ziffer 2 den Vorzug verdiene.

*Minister Dr. Leverenz (Schleswig-Holstein)* weist auf die Gefahr einer Unterhöhlung der besonderen Rechtsstellung der Richter durch die Einbeziehung der Staatsanwälte hin.

Als *Ergebnis der Beratung* wird festgestellt:

Die Konferenz spricht sich gegen die Stimmen von Bayern, Bremen und Hamburg für die Einbeziehung der Staatsanwälte und der badischen Amtsnotare in das Richtergesetz mit der Maßgabe aus, dass auf diese Personengruppen nur die folgenden Bestimmungen des Richtergesetzes Anwendung finden:

1. Gemeinsamer Probe- und Anwärterdienst (§§ 13, 20–23 des Referentenentwurfs);
2. Besoldungsvorschriften, soweit die Richtergesetze des Bundes und der Länder darüber eine Regelung enthalten werden;
3. Vorschriften über einen erleichterten Wechsel zwischen den Laufbahnen der Richter und Staatsanwälte (zur Zeit § 6 des Referentenentwurfs).

*D. Federführung:*
*StSekr. Bleibtreu (Nordrhein-Westfalen)* berichtet, dass, wenn auch die Zuständigkeit des Justizressorts an sich selbstverständlich sei, dennoch eine besondere Bestimmung über die Federführung wegen der besonderen Situation in Niedersachsen notwendig werden könne; dort habe das Innenministerium die Federführung, jedenfalls aber die Herbeiführung eines Einvernehmens bei Vorlage eines Landesrichtergesetzes durch den Justizminister für sich in Anspruch genommen.

*Minister Langeheine (Niedersachsen)* schließt sich der Anregung von Staatssekretär Bleibtreu an und schildert die besondere Situation in Niedersachsen.

*Senator Dr. Kielinger (Berlin)* und *Ministerpräsident Dr. Zinn (Hessen)* geben ihrer Meinung dahin Ausdruck, dass zwar eine Beteiligung der für andere Gerichtszweige zuständigen Ressortminister empfohlen werden könne, eine Beteiligung des Innenministers als des Beamtenministers aber schon deswegen nicht in Betracht käme, weil die Richter gerade nicht Beamte seien.

Die Beratung hat folgendes Ergebnis: Die Konferenz ist der Ansicht, dass die Federführung bei der Behandlung des Richtergesetzes allein bei dem Justizressort liegen muss, da das Richtergesetz in erster Linie der Sicherung der Rechtspflege und dem Schutz der Unabhängigkeit der Richter dient.

*E. Entschließung:*
*StSekr. Bleibtreu (Nordrhein-Westfalen)* berichtet über das Ergebnis der Referentenkonferenz und teilt den von der Referentenkonferenz entworfenen Entschließungsentwurf mit.

Auf Vorschlag von *Ministerpräsident Dr. Zinn (Hessen)* wird diesem Entwurf ein besonderer Abschnitt über die Besoldungsfrage angefügt.

Die Entschließung wird sodann einstimmig in folgender Fassung angenommen:

I. In enger Zusammenarbeit mit den Landesjustizverwaltungen hat das Bundesjustizministerium einen Referentenentwurf für ein deutsches Richtergesetz vorgelegt. In Übereinstimmung mit den Grundsätzen und Zielen dieses Entwurfs stellen die in Aachen zu ihrer 24. Konferenz versammelten Justizminister der Bundesländer fest:

1. Richter sind nach dem Grundgesetz nicht Beamte. Mit dieser Entscheidung schließt das Grundgesetz eine Entwicklung ab, die in den deutschen Ländern schon vor mehr als 100 Jahren mit der Erhebung der richterlichen Unabhängigkeit zum Verfassungssatz eingesetzt hat.

2. Das Richtergesetz dient dem Zwecke, die besondere Stellung der Richter als unmittelbarer Träger der dritten Gewalt zu regeln. Die Einheit des öffentlichen Dienstes bleibt durch weitgehende Rechtsgleichheit mit dem Berufsbeamtentum erhalten.

3. Der vom Grundgesetz geforderte Erlass eines Richtergesetzes darf nicht verzögert werden.

4. Der Einheit der rechtsprechenden Gewalt entspricht die Einheit des Richterstandes. Sie muss durch eine einheitliche Vorbildung und Ausbildung, ein einheitliches Dienstrecht und eine einheitliche Dienstaufsicht gewährleistet werden.

II. Die Konferenz begrüßt es, dass die Länder der Bundesrepublik eine besondere Besoldung für Richter eingeführt haben. Sie bestätigt die von ihr stets vertretene Auffassung, dass darüber hinaus die verfassungsrechtliche Stellung der Richter eine besondere, von dem allgemeinen Beamtenbesoldungsrecht unabhängige Besoldungsordnung erfordert.

## XXII. *Referentenentwurf des Bundesministeriums des Innern vom 10.11.1955 für ein Richtergesetz*

### Kapitel I. *Vorschriften für Richter im Bund und in den Ländern*

#### *1. Abschnitt: Allgemeine Vorschriften*

*§ 1. Aufgabe der Richter*

(1) Den Richtern ist die rechtsprechende Gewalt anvertraut. Sie wird durch Berufsrichter und durch ehrenamtlich tätige Richter ausgeübt. Den Berufsrichtern können auch andere Aufgaben übertragen werden, die durch Gesetz den Gerichten zugewiesen sind.

(2) Auf ehrenamtlich tätige Richter findet dieses Gesetz nur Anwendung, soweit es ausdrücklich bestimmt ist.

*§ 2. Unvereinbare Aufgaben*

(1) Wer in das Richterverhältnis berufen ist, darf, soweit nicht durch Gesetz etwas anderes bestimmt ist, hauptamtlich keine Aufgaben der vollziehenden Gewalt wahrnehmen.

(2) Ein Richter darf zugleich Lehrer der Rechte an einer deutschen wissenschaftlichen Hochschule sein.

*§ 3. Übertragung eines Richteramtes*
Dem Richter ist ein Richteramt bei einem bestimmten Gericht zu übertragen. Dies gilt nicht für Richter auf Probe.

*§ 4. Besetzung der Gerichte mit Richtern auf Lebenszeit als Grundsatz*
Ein Gericht darf mit Richtern, die nicht auf Lebenszeit ernannt sind, nur besetzt werden, soweit dies gesetzlich bestimmt oder zugelassen ist.

*§ 5. Verwendung von Richtern auf Probe, beauftragten und abgeordneten Richtern*
(1) In einem erkennenden Gericht darf nicht mehr als ein Richter auf Probe oder ein beauftragter oder ein abgeordneter Richter mitwirken.
(2) In einem erkennenden Gericht dürfen Richter eines anderen Gerichts (abgeordnete Richter) nur mitwirken, wenn dies gesetzlich bestimmt oder zugelassen ist.

*§ 6. Beratungsgeheimnis*
Der Richter hat auch nach Beendigung des Richterverhältnisses über den Hergang bei der Beratung und Abstimmung Verschwiegenheit zu bewahren.

## 2. Abschnitt: Richterliche Unabhängigkeit

*§ 7. Sachliche Unabhängigkeit*
(1) Die Richter sind unabhängig und nur dem Gesetz unterworfen.
(2) Weisungen oder Empfehlungen für die Rechtsprechung dürfen an Richter weder allgemein noch für den Einzelfall gerichtet werden.

*§ 8. Entlassung und Versetzung kraft richterlicher Entscheidung*
(1) Ein Richter auf Lebenszeit oder auf Zeit kann ohne sein schriftliches Einverständnis nur kraft richterlicher Entscheidung und nur aus Gründen und unter den Formen, welche die Gesetze bestimmen, vor Erreichung der Altersgrenze oder vor Ablauf der Amtszeit enthoben oder an eine andere Stelle oder in den Ruhestand versetzt werden.
(2) Bei Richtern auf Lebenszeit und auf Zeit entscheidet über die Nichtigkeit oder die Rücknahme der Ernennung zum Richter ein Gericht.

*§ 9. Veränderung der Gerichtsorganisation*
(1) Bei Veränderung der Einrichtung der Gerichte oder ihrer Bezirke kann deren auf Lebenszeit oder auf Zeit ernannten Richtern ein anderes Richteramt, auch mit geringerem Endgrundgehalt, bei demselben oder einem anderen Gericht übertragen werden, wenn an dem bisherigen Gericht eine entsprechende Verwendung nicht möglich ist; ist die Übertragung eines anderen Amtes nicht möglich, so können die Richter in den einstweiligen Ruhestand versetzt werden.

(2) In diesen Fällen erhält der Richter sein bisheriges Grundgehalt einschließlich ruhegehaltfähiger und unwiderruflicher Stellenzulagen und steigt in den Dienstaltersstufen seiner Besoldungsgruppe weiter auf.

(3) Die Versetzung an ein anderes Gericht oder in den einstweiligen Ruhestand darf nicht später als 6 Monate nach Inkrafttreten der Veränderung ausgesprochen werden.

*§ 10. Versetzung im Interesse der Rechtspflege*

(1) Ein Richter auf Lebenszeit oder auf Zeit kann in ein anderes Richteramt desselben Gerichtszweigs mit gleichem Endgrundgehalt oder in den einstweiligen Ruhestand oder in den Ruhestand versetzt werden, wenn Tatsachen außerhalb seiner richterlichen Tätigkeit sein Ansehen oder seine Tätigkeit in dem bisherigen Richteramt nicht nur vorübergehend so schwer beeinträchtigen, dass eine solche Maßnahme im Interesse der Rechtspflege geboten ist.

(2) Die Versetzung in ein anderes Richteramt oder in den einstweiligen Ruhestand oder in den Ruhestand darf erst ausgesprochen werden, nachdem ein Gericht festgestellt hat, dass diese Maßnahme im Interesse der Rechtspflege geboten ist.

*§ 11. Vorübergehende Enthebung vom Richteramt*

(1) Unter den Voraussetzungen des § 10 Abs. 1 kann ein Richter auf Lebenszeit oder auf Zeit vorübergehend seines Amtes enthoben werden. § 10 Abs. 2 findet entsprechende Anwendung.

(2) Die vorübergehende Amtsenthebung tritt außer Kraft, wenn nicht innerhalb von sechs Wochen seit der Anordnung der Maßnahme gegen den Richter das förmliche Disziplinarverfahren, ein Verfahren nach § 10 oder ein auf Rücknahme der Ernennung oder auf Beendigung des Richterverhältnisses gerichtetes Verfahren eingeleitet worden ist.

*§ 12. Abordnung*

(1) Ein Richter auf Lebenszeit oder auf Zeit darf nur mit seiner Einwilligung an ein anderes Gericht oder an eine sonstige Behörde abgeordnet werden.

(2) Ohne seine Einwilligung darf ein Richter auf Lebenszeit oder auf Zeit längstens auf die Dauer eines Monats an ein Gericht desselben Gerichtszweigs abgeordnet werden, wenn dies wegen Krankheit oder Urlaubs eines dort tätigen Richters geboten ist. Aneinander anschließende Abordnungen sind unzulässig.

*§ 13. Dienstaufsicht*

(1) Maßnahmen der Dienstaufsicht dürfen die Unabhängigkeit des Richters nicht beeinträchtigen.

(2) In der Dienstaufsicht liegt die Befugnis, die ordnungswidrige Ausführung eines Amtsgeschäfts zu rügen und zu seiner sachgemäßen unverzüglichen Erledigung zu mahnen.

(3) Behauptet ein Richter, dass eine Maßnahme der Dienstaufsicht seine Unabhängigkeit beeinträchtige, so entscheidet nach Erschöpfung des Dienstaufsichtswegs auf Antrag des Richters ein Gericht über die Rechtmäßigkeit der Maßnahme.

## *3. Abschnitt: Ehrenamtlich tätige Richter*

*§ 14. Bestellung*
Ehrenamtlich tätige Richter dürfen nur unter den gesetzlichen Voraussetzungen und für die jeweils gesetzlich bestimmten Aufgaben bestellt werden.

*§ 15. Unfähigkeit zur Bestellung*
(1) Zum ehrenamtlich tätigen Richter dürfen nicht bestellt werden
1. Personen, die wegen vorsätzlich begangener Tat zu einer Freiheitsstrafe von mehr als sechs Monaten verurteilt sind,
2. Personen, die wegen vorsätzlicher hochverräterischer oder landesverräterischer Handlung zu einer Freiheitsstrafe verurteilt sind,
3. Personen, gegen die ein Ermittlungsverfahren wegen eines Verbrechens oder Vergehens schwebt, das die Aberkennung der bürgerlichen Ehrenrechte oder die Fähigkeit zur Bekleidung öffentlicher Ämter zur Folge haben kann,
4. Personen, die infolge gerichtlicher Anordnung in der Verfügung über ihr Vermögen beschränkt sind,
5. Personen, die wegen geistiger oder körperlicher Gebrechen nicht geeignet sind.

(2) Zum ehrenamtlich tätigen Richter sollen nicht bestellt werden
1. der Bundespräsident,
2. Mitglieder der Bundesregierung oder einer Landesregierung,
3. Abgeordnete des Bundestages oder einer gesetzgebenden Körperschaft eines deutschen Landes,
4. Berufsrichter, Staatsanwälte, Rechtsanwälte und Notare,
5. Religionsdiener und Mitglieder solcher religiösen Vereinigungen, die satzungsgemäß zum gemeinsamen Leben verpflichtet sind,
6. Personen, die das dreißigste Lebensjahr nicht vollendet haben.

Gesetzliche Vorschriften, die weitergehende Hinderungsgründe für die Bestellung zum ehrenamtlich tätigen Richter enthalten, bleiben unberührt.

*§ 16. Ablehnung der Bestellung*
Die Bestellung zum ehrenamtlich tätigen Richter können ablehnen
1. Personen, die vor ihrer Bestellung das fünfundsechzigste Lebensjahr vollendet haben,

2. Personen, die während des letzten Jahres als ehrenamtlich tätige Richter bestellt waren und ihre Verpflichtung an mindestens zehn Sitzungstagen erfüllt haben,
3. Frauen, die glaubhaft machen, dass ihnen die Fürsorge für ihre Familie die Tätigkeit als ehrenamtlich tätige Richter in besonderem Maße erschwert,
4. Ärzte, Krankenpfleger und Hebammen sowie Apotheker, die keinen Gehilfen haben.

*§ 17. Abberufung*

(1) Ein ehrenamtlich tätiger Richter ist abzuberufen, wenn nachträglich die Voraussetzungen des § 15 Abs. 1 eintreten.

(2) Ein ehrenamtlich tätiger Richter ist auf seinen Antrag abzuberufen, wenn die Voraussetzungen des § 15 Abs. 2 und des § 16 vorliegen.

*§ 18. Unabhängigkeit und Beratungsgeheimnis bei ehrenamtlich tätigen Richtern*

Die §§ 6 und 7 gelten auch für ehrenamtlich tätige Richter.

## Kapitel II. *Vorschriften für Richter im Bundesdienst*

## *1. Abschnitt: Einleitende Vorschrift*

*§ 19. Entsprechende Geltung des Beamtenrechts*

Für die Rechtsverhältnisse der Richter im Bundesdienst gelten die Vorschriften des Bundesbeamtenrechts entsprechend, soweit nicht in diesem Gesetz etwas anderes bestimmt ist.

## *2. Abschnitt: Ernennung der Richter*

*§ 20. Befähigung zum Richteramt*

(1) In das Richterverhältnis darf nur berufen werden, wer die Befähigung zum Richteramt besitzt. Die Befähigung zum Richteramt wird durch das Bestehen zweier Prüfungen erworben.

(2) Der ersten Prüfung muss ein Studium der Rechtswissenschaft von mindestens drei Jahren auf einer Universität vorangehen. Hiervon sind mindestens drei Halbjahre dem Studium auf einer deutschen Universität zu widmen.

(3) Zwischen der ersten und zweiten Prüfung muss ein Vorbereitungsdienst von mindestens dreieinhalb Jahren liegen.

(4) Für einzelne Gerichtszweige können durch Gesetz weitergehende Voraussetzungen vorgeschrieben werden.

*§ 21. Universitätsprofessoren*

Zum Richteramt befähigt ist ferner jeder ordentliche Professor der Rechte an einer deutschen wissenschaftlichen Hochschule.

*§ 22. Form der Ernennungsurkunde*

(1) Die Ernennung zum Richter erfolgt durch Aushändigung einer Ernennungsurkunde.

(2) In der Ernennungsurkunde müssen bei der Begründung des Richterverhältnisses die Worte „unter Berufung in das Richterverhältnis" mit dem Zusatz „auf Probe", „als beauftragter Richter", „auf Lebenszeit" oder „auf Zeit" enthalten sein. Bei der Begründung eines Richterverhältnisses auf Zeit ist die Zeitdauer der Berufung in der Urkunde anzugeben.

(3) Bei der Umwandlung eines Richterverhältnisses in ein solches anderer Art müssen in der Ernennungsurkunde die diese Art bestimmenden Worte gemäß Absatz 2 enthalten sein; bei der ersten Verleihung eines Richteramtes und bei der Verleihung eines anderen Richteramtes mit anderem Endgrundgehalt und anderer Amtsbezeichnung muss in der Ernennungsurkunde die Amtsbezeichnung dieses Richteramts enthalten sein.

*§ 23. Ernennung auf Probe*

(1) Zum Richter auf Probe kann ernannt werden, wer zur späteren Verwendung als Richter auf Lebenszeit eine Probezeit zurückzulegen hat (§ 28 Abs. 1 Nr. 1).

(2) Der Richter auf Probe führt die Dienstbezeichnung Gerichtsassessor.

*§ 24. Höchstdauer der Probezeit*

(1) Der Richter auf Probe ist spätestens nach einer Probezeit von fünf Jahren zum Richter auf Lebenszeit zu ernennen oder einem Richterwahlausschuss zur Wahl vorzuschlagen.

(2) Der Richter auf Probe kann auch entlassen werden, wenn ein Richterwahlausschuss seine Wahl zum Richter auf Lebenszeit oder auf Zeit abgelehnt hat.

*§ 25. Berufung als beauftragter Richter*

(1) Ein Beamter auf Lebenszeit oder auf Zeit kann in das Richterverhältnis als beauftragter Richter berufen werden, wenn eine spätere Verwendung als Richter auf Lebenszeit vorgesehen ist (§ 28 Abs. 1 Nr. 2).

(2) Der beauftragte Richter führt die Amtsbezeichnung des übertragenen Richteramtes; er darf daneben die ihm als Beamten zustehende Amtsbezeichnung führen.

*§ 26. Auswirkung auf das Beamtenverhältnis*

(1) Der beauftragte Richter erhält die Dienstbezüge aus dem Amt, das mit dem höheren Endgrundgehalt verbunden ist.

(2) Im Übrigen ruhen für die Dauer des Richterverhältnisses als beauftragte Richter die Rechte und Pflichten aus dem Beamtenverhältnis.

*§ 27. Höchstdauer der Verwendung als beauftragter Richter*

(1) Ein beauftragter Richter ist spätestens zwei Jahre nach seiner Ernennung zum beauftragten Richter zum Richter auf Lebenszeit zu ernennen oder einem Richterwahlausschuss zur Wahl vorzuschlagen.

(2) Wird ein beauftragter Richter nicht innerhalb der in Absatz 1 bestimmten Frist zum Richter auf Lebenszeit ernannt oder einem Richterwahlausschuss zur Wahl vorgeschlagen oder wird seine Wahl, nachdem er rechtzeitig zur Wahl vorgeschlagen worden ist, von einem Richterwahlausschuss abgelehnt, so ist er aus dem Richterverhältnis zu entlassen.

(3) Im Übrigen gelten für die Beendigung des Richterverhältnisses als beauftragter Richter die Vorschriften für Richter auf Probe entsprechend. Der Einhaltung einer Entlassungsfrist bedarf es nicht.

*§ 28. Ernennung auf Lebenszeit*

(1) Die Ernennung zum Richter auf Lebenszeit ist nur zulässig, wenn der Richter

1. sich nach Erwerb der Befähigung zum Richteramt mindestens drei Jahre als Richter auf Probe bewährt hat oder
2. mindestens ein Jahr als beauftragter Richter tätig gewesen ist.

(2) Auf die Probezeit gemäß Absatz 1 Nr. 1 können bis zur Gesamtdauer von zwei Jahren Zeiten einer Tätigkeit

1. als Rechtsanwalt oder Notar,
2. im Dienst einer Verwaltungsbehörde oder einer Körperschaft, Anstalt oder Stiftung des öffentlichen Rechts oder
3. als habilitierter Lehrer der Rechte an einer deutschen wissenschaftlichen Hochschule angerechnet werden.

*§ 29. Ernennung auf Zeit*

Eine Ernennung zum Richter auf Zeit ist nur unter den gesetzlich bestimmten Voraussetzungen und für die jeweils gesetzlich bestimmten Aufgaben zulässig.

## *3. Abschnitt: Versetzung und Abordnung von Richtern auf Probe und beauftragten Richtern*

*§ 30. Versetzung und Abordnung*

Ein Richter auf Probe kann nur an ein anderes Gericht oder an eine Behörde der Gerichtsverwaltung desselben Gerichtszweigs, ein beauftragter Richter nur an ein anderes Gericht desselben Gerichtszweigs versetzt oder abgeordnet werden.

## 4. Abschnitt: Altersgrenze der Richter

*§ 31. Altersgrenze*

(1) Für Richter auf Lebenszeit und auf Zeit bildet das vollendete achtundsechzigste Lebensjahr die Altersgrenze. Sie kann nicht hinausgeschoben werden.

(2) Ein Richter auf Lebenszeit oder auf Zeit ist auf seinen Antrag in den Ruhestand zu versetzen, wenn er das fünfundsechzigste Lebensjahr vollendet hat.

## 5. Abschnitt: Besondere Pflichten

*§ 32. Richtereid*

(1) Der Richter hat folgenden Eid zu leisten: „Ich schwöre, das Richteramt getreu dem Grundgesetz für die Bundesrepublik Deutschland und allen in der Bundesrepublik geltenden Gesetzen ohne Ansehen der Person auszuüben und nur der Wahrheit und der Gerechtigkeit zu dienen. So wahr mir Gott helfe."

(2) Der Eid kann auch ohne die Worte „so wahr mir Gott helfe" geleistet werden.

(3) Gestattet ein Gesetz den Mitgliedern einer Religionsgesellschaft, anstelle der Worte „Ich schwöre" andere Beteuerungsformeln zu gebrauchen, so kann der Richter, der Mitglied einer solchen Religionsgesellschaft ist, diese Beteuerungsformel sprechen.

*§ 33. Wahrung der Unvoreingenommenheit*

Der Richter hat sich innerhalb und außerhalb seines Richteramtes so zu verhalten, dass Zweifel an seiner richterlichen Unabhängigkeit nicht aufkommen können.

*§ 34. Politische Betätigung*

(1) Ein Richter darf sich, unbeschadet der Ausübung des aktiven Wahlrechts und der bloßen Mitgliedschaft in einer politischen Partei, politisch nicht betätigen.

(2) Nimmt ein Richter die Aufstellung als Bewerber für die Wahl zum Abgeordneten des Bundestages oder einer gesetzgebenden Körperschaft eines Landes an, so ist er von diesem Tage an bis zum Wahltag mit vollen Dienstbezügen beurlaubt. In diesem Fall findet Absatz 1 keine Anwendung.

(3) Nimmt ein Richter die Wahl zum Abgeordneten des Bundestages oder einer gesetzgebenden Körperschaft eines Landes an, so gelten die Vorschriften des Gesetzes über die Rechtsstellung der in den deutschen Bundestag gewählten Angehörigen des öffentlichen Dienstes vom 4. August 1953 (Bundesgesetzbl. I, S. 777) entsprechend.

*§ 35. Nebentätigkeit*

(1) Ein Richter ist nur verpflichtet, eine Nebentätigkeit in der Gerichtsverwaltung seines Gerichtszweigs zu übernehmen.

(2) Die Gerichtsverwaltung umfasst alle Tätigkeiten, die einem Gericht oder dem Präsidenten oder dem aufsichtführenden Richter eines Rechts außerhalb der richterlichen Aufgaben (§ 1 Abs. 1) zugewiesen sind.

*§ 36. Schiedsrichtertätigkeit und Erteilung von Rechtsgutachten*

(1) Einem Richter darf eine Nebentätigkeit als Schiedsrichter nur genehmigt werden, wenn ihn die Parteien gemeinsam beauftragen.

(2) Ein Richter darf keine Rechtsgutachten erstatten oder entgeltliche Rechtsauskünfte erteilen. Dies gilt nicht für Richter, die zugleich ordentlichen Professoren der Rechte sind.

*§ 37. Gerichtspräsidenten und aufsichtführende Richter*

Den Präsidenten und den aufsichtführenden Richtern eines Gerichts können Geschäfte der Gerichtsverwaltung ihres Gerichtsbezirks auch als Haupttätigkeit übertragen werden.

## *6. Abschnitt: Richterrat*

*§ 38. Zusammensetzung*

(1) Bei jedem oberen Bundesgericht wird ein Richterrat, bei dem Bundesdisziplinarhof zugleich für die Bundesdisziplinarkammern, eingerichtet. Er wird gebildet bei dem

1. Bundesgerichtshof aus fünf gewählten Richtern und vier Mitgliedern des Präsidiums,
2. Bundesverwaltungsgericht, dem Bundesfinanzhof und dem Bundessozialgericht aus drei gewählten Richtern und zwei Mitgliedern des Präsidiums,
3. Bundesarbeitsgericht aus zwei gewählten Richtern und einem Mitglied des Präsidiums,
4. Bundesdisziplinarhof aus insgesamt drei gewählten Richtern des Bundesdisziplinarhofs und der Bundesdisziplinarkammern und aus zwei Mitgliedern des Präsidiums des Bundesdisziplinarhofs.

(2) Der Präsident eines Gerichts und sein ständiger Stellvertreter können dem Richterrat nicht angehören.

(3) Die Mitwirkung im Richterrat ist ehrenamtlich.

*§ 39. Wahl und Bestimmung der Mitglieder*

(1) Die Vertreter der Richter und eine gleiche Anzahl Stellvertreter werden auf jeweils zwei Jahre in einer Versammlung aller Richter desselben Gerichts oder Gerichtszweigs in geheimer Abstimmung gewählt.

(2) Die Versammlung wird von dem Präsidenten des Gerichts einberufen. Sie beschließt unter dem Vorsitz des lebensältesten Richters das Wahlverfahren. Ein abwesender Richter kann seine Stimme schriftlich abgeben.

(3) Das Präsidium bestimmt, welche Mitglieder es in den Richterrat entsendet. Die Mitglieder sollen auf die Dauer einer Wahlperiode entsandt werden.

*§ 40. Aufgaben*

Der Richterrat hat folgende Aufgaben:

1. Beteiligung an allgemeinen Angelegenheiten der Richter (§§ 55–58 des Personalvertretungsgesetzes),
2. Beteiligung an sozialen Angelegenheiten der Richter (§§ 66–69 des Personalvertretungsgesetzes),
3. Stellungnahme in Verfahren vor dem Dienstgericht (§ 48 Abs. 2).

*§ 41. Gemeinsame Angelegenheiten von Richterrat und Personalrat*

Für die Beteiligung an allgemeinen und sozialen Angelegenheiten aller bei einem Gericht beschäftigten Personen (§ 55–58 und §§ 66–69 des Personalvertretungsgesetzes) wird der Personalrat um so viele Mitglieder des Richterrats erweitert, dass die Richter im Personalrat entsprechend ihrer Anzahl nach den Grundsätzen der Verhältniswahl vertreten sind, mindestens um ein Mitglied. Die entsandten Mitglieder sollen nach Möglichkeit gewählte Mitglieder des Richterrats sein.

*§ 42. Rechtsweg*

Über Streitigkeiten aus der Bildung und der Geschäftsführung des Richterrats entscheiden die Verwaltungsgerichte.

## *7. Abschnitt: Richtersenat*

*§ 43. Zusammensetzung*

(1) Bei jedem oberen Bundesgericht ist ein Richtersenat zu bilden. Er besteht

1. beim Bundesgerichtshof aus dem Präsidenten des Gerichts oder seinem Stellvertreter als Vorsitzendem, fünf Mitgliedern des Präsidiums und fünf zugewählten Richtern des Bundesgerichtshofs,
2. bei den übrigen Bundesgerichten aus dem Präsidenten des Gerichts oder seinem Stellvertreter als Vorsitzendem, drei Mitgliedern des Präsidiums und drei zugewählten Richtern des Gerichts oder, falls ein Gerichtszweig mehrere Gerichte umfasst, aller Gerichte dieses Gerichtszweigs.

(2) Für die Bestimmung und die Wahl der Mitglieder des Richtersenats gilt § 39 entsprechend.

*§ 44. Aufgaben*

(1) Der Richtersenat wirkt bei jeder Ernennung eines Richters mit. Er hat seine Auffassung über die Eignung des Bewerbers oder Richters für das zu besetzende Richteramt in einer schriftlich begründeten Stellungnahme darzulegen. Sie ist zu den Personalakten zu nehmen.

(2) Ein Richterwahlausschuss darf einen Richter erst wählen, wenn ihm die Stellungnahme des Richtersenats vorliegt.

*§ 45. Zuständigkeit*

Zuständig ist der Richtersenat des Gerichts oder Gerichtszweigs, bei dem der Richter ernannt werden soll.

*§ 46. Verfahren*

(1) Die oberste dienstaufsichtführende Stelle hat vor der Ernennung eines Richters die Stellungnahme des Richtersenats herbeizuführen.

(2) Der Richtersenat kann verlangen, dass ihm die Bewerbungsunterlagen oder Personalakten des Bewerbers oder Richters vorgelegt werden. Er kann den Bewerber oder Richter auffordern, sich vorzustellen.

(3) Der Richtersenat hat seine Stellungnahme innerhalb von drei Wochen nach Eingang des Ersuchens abzugeben. Wird diese Frist nicht eingehalten, so bedarf es keiner Stellungnahme des Richtersenats.

## *8. Abschnitt: Dienstgericht*

*§ 47. Verfassung*

(1) Für die Richter im Bundesdienst wird ein Dienstgericht bei dem Bundesverwaltungsgericht gebildet.

(2) Das Dienstgericht besteht aus dem Präsidenten des Bundesverwaltungsgerichts oder seinem Stellvertreter als Vorsitzendem sowie drei ständigen Beisitzern und drei nichtständigen Beisitzern oder deren Stellvertretern.

(3) Die ständigen Beisitzer oder deren Stellvertreter müssen Richter des Bundesverwaltungsgerichts sein. Sie werden vom Präsidium des Bundesverwaltungsgerichts auf die Dauer von vier Geschäftsjahren bestellt.

(4) Die nichtständigen Mitglieder oder deren Stellvertreter müssen Richter im Bundesdienst sein und dem gleichen Gerichtszweig wie der Richter angehören, in dessen Angelegenheit das Dienstgericht entscheidet. Sie sind von dem Präsidium jedes oberen Bundesgerichts für seinen Gerichtszweig auf die Dauer von vier Geschäftsjahren zu bestellen.

(5) Fällt innerhalb der vier Geschäftsjahre ein Beisitzer oder ein Stellvertreter fort, so bestellt das Präsidium des oberen Bundesgerichts, dessen Gerichtszweig der Beisitzer oder Stellvertreter angehört hat, für den Rest der Geschäftszeit einen neuen Beisitzer oder Stellvertreter.

*§ 48. Zuständigkeit*

Das Dienstgericht ist für die Entscheidung in den Fällen der §§ 8, 10 Abs. 2, 11 Abs. 1 Satz 2 und 13 Abs. 3 zuständig.

*§ 49. Verfahren*

(1) Auf das Verfahren vor dem Dienstgericht sind die Vorschriften der Verwaltungsgerichtsordnung sinngemäß anzuwenden.

(2) Der Vorsitzende kann eine schriftliche Stellungnahme des Richterrats einholen oder den Richterrat auffordern, ein Mitglied zur Darlegung der Auffassung des Richterrats zur Hauptversammlung zu entsenden.

(3) Das Dienstgericht entscheidet aufgrund einer Hauptverhandlung endgültig durch Beschluss. Es kann die Öffentlichkeit dauernd oder vorübergehend ausschließen.

*§ 50. Entscheidung des Dienstgerichts*

Das Dienstgericht hat in den Fällen der §§ 8, 10 Abs. 2 und 11 Abs. 1 Satz 2 in seiner Entscheidung festzustellen, dass die beabsichtigte Maßnahme zulässig oder geboten oder dass sie unzulässig ist. Im Falle des § 13 Abs. 3 hat es die Maßnahme der Dienstaufsicht aufzuheben oder den Antrag des Richters zurückzuweisen; im Falle der Nichtigkeit (§ 8 Abs. 2) stellt es die Nichtigkeit fest.

## *9. Abschnitt: Disziplinarverfahren*

*§ 51. Zuständigkeit des Disziplinarhofs*

In Disziplinarverfahren gegen Richter der oberen Bundesgerichte entscheidet der Bundesdisziplinarhof.

## *10. Abschnitt: Ehrenamtlich tätige Richter*

*§ 52. Richtereid und Wahrung der Unvoreingenommenheit*

Für ehrenamtlich tätige Richter gelten die §§ 32 und 33.

## *11. Abschnitt: Richter des Bundesverfassungsgerichts*

*§ 53. Richter des Bundesverfassungsgerichts*

Für die Richter des Bundesverfassungsgerichts gelten nur die Vorschriften der §§ 32 bis 36.

# Kapitel III. *Vorschriften für Richter im Landesdienst*

*§ 54. Bedeutung der Rahmenvorschriften*

Die Vorschriften dieses Kapitels sind Rahmenvorschriften für die Landesgesetzgebung. Die Länder sind verpflichtet, die Rechtsverhältnisse der Richter auf der Grundlage dieser Vorschriften unter Berücksichtigung der hergebrachten Grundsätze des Berufsbeamtentums (Art. 33 Abs. 5 des Grundgesetzes) und der gemeinsamen Interessen von Bund und Ländern zu regeln.

*§ 55. Entsprechende Geltung des Beamtenrechts*
Für die Richter im Landesdienst sind die Vorschriften des Landesbeamtenrechts für entsprechend anwendbar zu erklären, soweit nicht wegen der besonderen Rechtsstellung der Richter eine abweichende Regelung geboten ist.

*§ 56. Einleitende Vorschrift*
Die Vorschriften der §§ 20 bis 30, 33 und 34 Abs. 1 sind Rahmenvorschriften.

*§ 57. Richtereid*
Durch Gesetz ist zu bestimmen, dass der Richter einen Diensteid zu leisten hat, der eine Verpflichtung auf das Grundgesetz enthalten muss.

*§ 58. Anerkennung von Prüfungen*
Die Zulassung zum Vorbereitungsdienst und zur zweiten Prüfung darf nicht versagt werden, weil der Bewerber die erste Prüfung in einem anderen deutschen Land bestanden hat. Die in einem deutschen Land auf die Vorbereitung verwendete Zeit ist in jedem deutschen Land anzurechnen.

*§ 59. Richter auf Zeit*
Der Eintritt eines Richters auf Zeit in den Ruhestand mit Ablauf der Amtszeit darf nur vorgesehen werden, wenn der Richter eine Dienstzeit von mindestens zwölf Jahren im Richterverhältnis zurückgelegt hat; hierauf sind im Beamtenverhältnis verbrachte Zeiten anzurechnen. Tritt der Richter auf Zeit mit Ablauf der Amtszeit nicht in den Ruhestand, so ist ihm ein Übergangsgeld zu gewähren.

*§ 60. Altersgrenze*
Die Altersgrenze ist durch Gesetz zu bestimmen. Sie darf frühestens auf das vollendete fünfundsechzigste und spätestens auf das vollendete achtundsechzigste Lebensjahr festgesetzt werden. Eine Hinausschiebung der Altersgrenze darf nicht vorgesehen werden.

*§ 61. Unvereinbarkeit zwischen Richteramt, Abgeordnetenmandat und Ministeramt*
Durch Gesetz ist zu bestimmen, dass ein Richter sein Amt nicht ausüben darf, wenn er die Aufstellung als Wahlbewerber oder die Wahl zum Abgeordneten einer gesetzgebenden Körperschaft seines Landes annimmt oder zum Mitglied seiner Landesregierung ernannt wird.

*§ 62. Richtervertretung*
(1) Für die Beteiligung der Richter an allgemeinen und sozialen Angelegenheiten der Richter ist eine Richtervertretung zu bilden, die mehr als zur Hälfte aus gewählten Mitgliedern bestehen muss.

(2) Die Beteiligung der Richter an allgemeinen und sozialen Angelegenheiten, die alle an einem Gericht beschäftigten Personen berühren, ist gesetzlich zu regeln.

*§ 63. Richtersenat*

(1) Für jeden Gerichtszweig ist mindestens ein Richtersenat zu bilden. Er besteht aus dem Präsidenten des Gerichts, bei dem er eingerichtet ist, oder dessen Stellvertreter als Vorsitzendem sowie einer gesetzlich zu bestimmenden Anzahl von Richtern als Mitglieder. Die Hälfte der Mitglieder muss den Präsidien der Gerichte angehören, für deren Bereich der Richtersenat gebildet ist; die übrigen Mitglieder sind von den Richtern dieser Gerichte zu wählen.

(2) Dem Richtersenat sind durch Gesetze die in § 44 Abs. 1 und 2 bezeichneten Aufgaben zuzuweisen.

*§ 64. Dienstgericht*

Die richterlichen Entscheidungen in den Fällen der §§ 8, 10 Abs. 2, 11 Abs. 1 Satz 2 und 13 Abs. 2 sind einem Dienstgericht zu übertragen.

*§ 65. Verfassungsgerichte der Länder*

Für Richter der Verfassungsgerichte der Länder gelten nur die §§ 33, 34 Abs. 1 und 57 als Rahmenvorschriften.

## Kapitel IV. *Schluss- und Übergangsvorschriften […]*

### *Begründung zum Referentenentwurf für ein Richtergesetz (Allgemeines)*

*Vorbemerkung:* Die nachfolgende Begründung zum Referentenentwurf eines Richtergesetzes beschränkt sich im Wesentlichen darauf, in den Grundsatzfragen und bei den Einzelvorschriften die Abweichungen dieses Entwurfs gegenüber dem Referentenentwurf des Bundesministers der Justiz (Fassung vom 30.8.1955) – im Folgenden abgekürzt: EJM – zu begründen.

### *I. Allgemeines*

1. Der Aufbau des EJM hat zwar gegenüber dem Vorentwurf vom 16.4.1955 durch die Gliederung in drei Hauptteile, die für Bund und Länder unmittelbar geltendes Gerichtsverfassungsrecht, besondere Bestimmungen für Richter im Bundesdienst und Rahmenvorschriften für die Richter im Landesdienst enthalten, an Klarheit gewonnen, er ist aber bei den einzelnen Vorschriften, insbesondere des Ersten Teiles, nicht folgerichtig durchgeführt. Dieser Teil des Entwurfs enthält eine größere Anzahl von Vorschriften, die nicht dem Gerichtsverfassungsrecht zugeordnet werden können, sondern die Rechtsstellung der Richter regeln. Dies gilt vor allem von den Vorschriften, die die Befähigung zum Richteramt, die Berufung in die verschiedenen Arten des Richterverhältnisses, die Aushändigung einer Ernennungsurkunde und die besonderen Entlassungsgründe für Richter auf Probe regeln. Dass Vorschriften über die Rechtsstellung der Richter nicht unter die dem Bund nach Art. 74 Nr. 1 GG

zustehende konkurrierende Gesetzgebungskompetenz auf dem Gebiet des Gerichtsverfassungsrechts fallen, folgt aus Art. 98 GG, wonach die Rechtsstellung der Bundesrichter durch besonderes Bundesgesetz (Abs. 1) und die Rechtsstellung der Richter in den Ländern durch besonderes Landesgesetz (Abs. 3 Satz 1) zu regeln ist, während der Bund bei der Regelung der Rechtsstellung der Richter in den Ländern auf die Befugnis zum Erlass von Rahmenvorschriften (Abs. 3 Satz 2) beschränkt ist. Die Gesetzgebungskompetenz des Bundes nach Art. 74 Nr. 1 GG kann insoweit auch nicht damit begründet werden, dass das GVG schon bisher eine Reihe von Vorschriften enthalten hat, die die Rechtsstellung der Richter berühren. Ungeachtet der Streitfrage, inwieweit Vorschriften des früheren Reichsrechts als Rahmenvorschriften fortgelten können, verbietet es sich jedenfalls im Hinblick auf die gegenwärtige Kompetenzverteilung im Grundgesetz, in einem neu zu erlassenden Bundesgesetz Vorschriften über die Rechtsstellung der Richter mit der Begründung aufzunehmen, dass es sich um Gerichtsverfassungsrecht handle, für welches die konkurrierende Gesetzgebungskompetenz des Bundes nach Art. 74 Nr. 1 GG gegeben sei. Der Erste Teil muss sich also auf echtes Gerichtsverfassungsrecht beschränken, insbesondere auf den Schutz der richterlichen Unabhängigkeit.

2. Zur Erhaltung eines in den Grundsätzen einheitlichen öffentlichen Dienstrechts ist es unumgänglich notwendig, dass für die Richter die Vorschriften des Beamtenrechts insoweit gelten, als nicht wegen der besonderen verfassungsrechtlichen Stellung und Aufgabe der Richter für diese eine abweichende Regelung geboten ist. Nur diese Auffassung wird dem Gebot des Art. 33 Abs. 5 GG gerecht, die Rechtsverhältnisse der im öffentlichen Dienst stehenden Personen nach den hergebrachten Grundsätzen des Berufsbeamtentums zu regeln. Auch die Richter gehören zu den Angehörigen des öffentlichen Dienstes, auf die Art. 33 Abs. 5 GG Anwendung findet. Für sie müssen die hergebrachten Grundsätze des Berufsbeamtentums in einem noch stärkerem Maße gelten als für die Berufssoldaten. Eine willkürliche und unbegründete Zerreißung des bisher einheitlichen Dienstrechts für Beamte und Richter könnte zu heute noch nicht übersehbaren Folgen für den öffentlichen Dienst in seiner Gesamtheit führen. Es darf nicht außer Acht gelassen werden, dass das Institut des Berufsbeamtentums während der vergangenen Jahrzehnte schweren Erschütterungen ausgesetzt gewesen ist, und dass es trotz der institutionellen Garantie in Art. 33 Abs. 5 GG und der nach 1945 neu erlassenen Beamtengesetze auf lange Sicht gesehen noch immer nicht außer Gefahr ist. Diese latente Gefahr für den Bestand des Berufsbeamtentums, dem gerade in Deutschland für den Aufbau der staatlichen Ordnung eine besondere Bedeutung zukommt, würde aber noch vermehrt, wenn einzelnen Gruppen von Staatsdienern unter Herauslösung aus dem bisher einheitlichen Dienstrecht eine grundlegend abweichende Rechtsstellung eingeräumt würde.

Unter diesem Gesichtspunkt muss Vorsorge getroffen werden, dass die Einheit des öffentlichen Dienstrechts im möglichen Umfange erhalten bleibt.
Dieser Gedanke muss auch für die Gestaltung der Rechtsverhältnisse der Richter leitend sein. Auch bei Anerkennung der durch das Grundgesetz dem Richter zugewiesenen besonderen verfassungsrechtlichen Funktion ist aus dem Grundgesetz nicht zu entnehmen, dass die Rechtsverhältnisse der Richter anders als die Rechtsverhältnisse der anderen Staatsdiener und unabhängig von diesen geregelt werden müssen. Art. 98 Abs. 1 und 3 GG gebietet lediglich, dass die Rechtsverhältnisse der Richter in einem besonderen Gesetz zu regeln sind. Dass der Inhalt des Richtergesetzes die Rechtsstellung der Richter abweichend und losgelöst vom Beamtenrecht regeln soll, folgt daraus nicht. Eine vom Beamtenrecht abweichende Regelung ist nur insoweit geboten, als es der Grundsatz der richterlichen Unabhängigkeit (Art. 97 Abs. 1 GG) erfordert, zu dessen Ausführung das Grundgesetz selbst in Art. 97 Abs. 2 bereits die wichtigsten Vorschriften getroffen hat. Im Übrigen gilt Art. 33 Abs. 5 GG, der – wie erwähnt – auch für Richter eine Berücksichtigung der hergebrachten Grundsätze des Berufsbeamtentums und damit eine in den Grundzügen einheitliche Gestaltung des Dienstrechts für Richter und Beamte erfordert.
Einer in den Grundzügen einheitlichen Regelung der Rechtsverhältnisse der Richter und Beamten bedarf es ferner deswegen, weil sich die Richterschaft der Verwaltungs-, Finanz- und Sozialgerichtsbarkeit notwendigerweise in erheblichem Umfang aus den Reihen der Beamtenschaft der entsprechenden Verwaltungszweige ergänzt. Zumindest in diesen Gerichtszweigen muss die Möglichkeit eines ständigen Wechsels zwischen der Richterschaft und der Beamtenschaft erhalten bleiben. Ein solcher Wechsel wird aber dann wesentlich erschwert oder gar unmöglich gemacht, wenn für beide Gruppen grundsätzlich verschiedene Rechtsverhältnisse geschaffen werden. Der EJM lässt erkennen, dass im Bereich der ordentlichen Gerichtsbarkeit ein ähnliches Bedürfnis für eine Austauschbarkeit zwischen Richtern und Staatsanwälten besteht.
Die in § 70 des EJM vorgesehene Vorschrift, dass sich die Rechtsverhältnisse der Richter im Bundesdienst ergänzend und sinngemäß nach den Vorschriften für Bundesbeamte bestimmen, reicht nicht aus, um eine einheitliche Geltung der Grundsätze des Berufsbeamtentums für Richter zu gewährleisten. Diese Vorschrift würde auch zur Rechtsunsicherheit führen. Sie lässt völlig offen, unter welchen Voraussetzungen und in welchem Umfang das Bundesbeamtenrecht ergänzend herangezogen werden soll. Weiterhin lässt sie ungeklärt, welchen Inhalt eine ergänzend anwendbare Vorschrift des Bundesbeamtenrechts bei einer sinngemäßen Anwendung auf Richter haben sollte.
Demgegenüber hat der in diesem Entwurf beschrittene Weg, auf die Rechtsverhältnisse der Richter grundsätzlich die Vorschriften des Beamtenrechts entsprechend anzuwenden, den Vorteil rechtlicher Klarheit für sich. Diese Lösung wirft weit weniger

Zweifelsfragen auf, als die Vorschrift des § 70 des EJM, da hiernach stets, wenn nicht das Richtergesetz ausdrücklich etwas anderes bestimmt, die Vorschriften des Beamtenrechts entsprechende Anwendung finden. Sie lässt andererseits in gleicher Weise wie der vom EJM eingeschlagene Weg zu, der besonderen verfassungsrechtlichen Stellung der Richter in allen Einzelheiten, bei denen dies erforderlich ist, durch eine vom Beamtenrecht abweichende Regelung Rechnung zu tragen.

3. Die Zuständigkeit der Richterräte sollte entsprechend der Regelung des Personalvertretungsgesetzes auf die allgemeinen und sozialen Angelegenheiten der Richter beschränkt werden. Andererseits sollte wegen der besonderen verfassungsrechtlichen Stellung und Aufgabe der Richter im Interesse der richterlichen Unabhängigkeit und der Auswahl geeigneter Richterpersönlichkeiten den Richtern bei der Berufung neuer Richter ein Mitspracherecht eingeräumt werden. Hierfür ist jedoch der Richterrat nicht geeignet. Es erscheint vielmehr geboten, diese Aufgabe einem Richtergremium zu übertragen, in dem dem Präsidenten des obersten Bundesgerichts und Mitgliedern des Präsidiums wegen ihrer Erfahrung maßgeblicher Einfluss eingeräumt wird. Die Beteiligung von Richtern, die kraft ihres Richteramtes dem Präsidium angehören, dient zugleich der Herausbildung einer ständigen und gleichmäßigen Auffassung über die Eignungsvoraussetzungen für das Richteramt. […]

## XXIII. *Kurzprotokoll zur Besprechung (BMA, BMI, BMF, BMJ) am 23.11. und 1.12.1955 über die Referentenentwürfe für ein Deutsches Richtergesetz*

*Anwesend:*

BKA: ORR Dr. Wirsching
BMI: MinDir. Dr. Anders, MinR Dr. Neiss, MinR Küffner, RDir. Rotermund, RRat Dr. Hitzlberger, RAss. Dr. von der Heide
BMF: MinDir. Dr. Bretschneider, RRat Dr. Wiedow
BMA: MinR Fitting, ORR Dr. Heyer, ORR Schroeter
BMJ: MinDir. Roemer (Vorsitz), MinDirig. Dr. Richter, MinDirig. Dr. von Arnim, MinR Prof. Dr. Rinck, LGR Dr. Schmidt-Räntsch

*Vorbemerkung:* Der Referentenentwurf des BMJ vom 30.8.1955 wird im Folgenden mit „Entw.“, der Referentenentwurf des BMI vom 10.11.1955 mit „GegenEntw.“ bezeichnet.

*Grundsätzliches:* Das *BMI* legt besonderen Wert auf die Zuständigkeit des Bundesdisziplinarhofes für Disziplinarverfahren gegen Richter.

Das *BMA* widerspricht grundsätzlich einer Änderung der §§ 18 Abs. 3 ArbGG und 9 Abs. 2 SGG. Auch eine längere Übergangszeit, in der weiterhin nicht-rechtsgelehrte Berufsrichter ernannt werden könnten, genügt nicht, um den Widerspruch des BMA auszuräumen.

*Zum Aufbau:*
*BMI:* Verschiedene Bestimmungen des Ersten Teils des Entwurfs hätten nicht Gerichtsverfassungs-, sondern Richterdienstrecht zum Inhalt. Durch Art. 98 Abs. 1 und 3 GG sei das gesamte Richterdienstrecht aus dem GVG ausgeklammert worden. Sämtliche Regelungen betreffend die Stellung des Richters könnten nicht mehr als Gerichtsverfassungsrecht angesehen werden. Dass bisher im GVG dienstrechtliche Bestimmungen enthalten gewesen seien, erkläre sich aus der geschichtlichen Entwicklung. 1871 habe das Reich auf dem Gebiet des Beamtenrechts keine Gesetzgebungskompetenz gehabt, es seien deshalb viele Vorschriften über die Stellung des Richters in das GVG aufgenommen worden. Dazu bestehe nach der eindeutigen Regelung im Grundgesetz heute keine Rechtsgrundlage mehr.

Das *BMA* stimmte dem zu.

Nach längerer Debatte halten BMA und BMI es für unbedenklich, a) die Fähigkeit zum Richteramt und b) die Statustypen der Richter in den GVG-Teil zu übernehmen.

Das *BMF* hält den Umfang des Ersten Teils des Entw. für tragbar. Eine Beschränkung, wie der GegenEntw. sie vorgenommen habe, sei nicht erforderlich.

*Zu § 1 GegenEntw. (§ 1 Entw.):*

Es bestand Einigkeit, dass die Laienrichter wenigstens in den Einleitungs- und Schlussbestimmungen erwähnt und auf sie die Vorschriften über die Unabhängigkeit, das Beratungsgeheimnis und Inkompatibilitäten für anwendbar erklärt werden sollen.

*Zu § 2 Entw.:*

*BMI:* Die Vorschrift sollte gestrichen werden, weil bereits durch § 70 Entw. (§ 19 GegenEntw.) der Status der Richter, insbesondere klargestellt sei, dass die Richter in einem öffentlichen Dienst- und Treueverhältnis stünden. Es genüge, wenn die Begründung feststelle, dass auch die Richter in einem öffentlich-rechtlichen Dienst- und Treueverhältnis stünden.

*Zu § 3 GegenEntw. (§ 7 Entw.):*

Es bestand Einigkeit

a) über den Grundsatz der Vorschrift,
b) darüber, dass Abordnungen an eine Verwaltungsbehörde insbesondere an ein Ministerium mit Einwilligung des Richters zulässig bleiben müssen und
c) dass die Ernennung eines „fliegenden Richters“ gesetzwidrig sei.

*Zu § 20 GegenEntw. (§ 8 Entw.):*

Das *BMI* wünscht die Berücksichtigung der Reg.Assessoren.

*BMA:* In § 8 Abs. 3 vierte Zeile des Entw. sollte gestrichen werden: „ordentlichen", um eine Ausbildung auch bei den Arbeitsgerichten zu ermöglichen.

*BMF:* Auf diese Streichung werde kein Wert gelegt. Eine gute Ausbildung bei den ordentlichen Gerichten sei einer Ausbildung bei den Spezialgerichten vorzuziehen.

Das *BMA, BMF* und *BMI* treten nachdrücklich für die Beibehaltung von § 20 Abs. 4 GegenEntw. ein. Nach Ansicht des *BMI* genüge es allerdings, Abs. 4 dahingehend umzugestalten, dass die besonderen Voraussetzungen bei dem Vorbereitungsdienst berücksichtigt würden.

*Zu § 58 GegenEntw. (§ 9 Entw.):*

*BMI:* Gegen die Formulierung „... darf nicht allein ..." bestünden Bedenken. Dieser Grund dürfe überhaupt nicht, also auch nicht unterstützend verwertet werden.

(Die Formulierung „nicht allein" wurde in der Hausbesprechung am 19./20. und 21.10.1955 beschlossen.)

*Zu § 21 GegenEntw. (§ 10 Entw.):*

Einigkeit bestand darüber, es bei den *Universitäten* zu belassen. Angesichts der Zweifel, ob das Privileg überhaupt noch berechtigt sei, sollte eine Ausdehnung vermieden werden.

*Zu § 51 GegenEntw. (§ 11 Abs. 2 und § 12 Entw.):*

*BMF:* Die Vorschrift sei möglicherweise zu eng. Es könne erforderlich werden, neben einem Assessor als zweiten Beisitzer einen „beauftragten Richter" mitwirken zu lassen.

*Roemer:* Die Frage solle bei der Besprechung mit den Landesjustizverwaltungen erörtert werden.

*Zu § 7 Abs. 2 GegenEntw. (§ 24 Entw.):*

*BKA, BMI, BMF, BMA:* „Empfehlungen" für die Rechtsprechung müssten auf jeden Fall untersagt sein. Die in der Hausbesprechung gefundene Formulierung: Weisungen oder Maßnahmen der Dienstaufsicht, welche die Unabhängigkeit des Richters beeinträchtigen können, sind unzulässig, sei nicht ausreichend. Die Richtlinien für Strafverfahren, z.B. betreffend Interpol, seien keine Empfehlung *für die Rechtsprechung,* so dass sie trotz § 7 Abs. 2 GegenEntw. (gleich § 24 Entw.) weiterhin ausgegeben werden könnten.

*Zu § 13 Abs. 2 GegenEntw. (§ 25 Abs. 2 Entw.):*

Nachdem die in der Hausbesprechung gefundene Fassung: In der Dienstaufsicht liegt die Befugnis, die ordnungswidrige Ausführung eines Amtsgeschäfts zu rügen und zu seiner ordnungsmäßigen Erledigung zu rechnen verlesen worden war, wünschte *BMA* die Aufnahme von „unverzüglich" oder eines ähnlichen Begriffs. Die Verwaltung müsste in der Lage sein, auf eine beschleunigte Erledigung von Gerichtsverfahren zu drängen.

*Zu § 9 GegenEntw. (§ 15 Entw.):*

*BMI:* Es sollte die Reihenfolge gelten: a) entsprechendes Amt bei demselben Gericht, b) entsprechendes Amt bei einem anderen Gericht, dann erst c) ein Amt mit geringerem Endgrundgehalt.

*BMF und BMA* stimmten zu, allerdings mit der Einschränkung, dass die Frist in § 9 Abs. 3 GegenEntw. so bemessen sein müsste, dass sämtliche Möglichkeiten geprüft werden könnten.

Der Rechtsschutz wurde erörtert. Nachzuprüfen seien nicht nur die Voraussetzungen für eine Versetzung schlechthin, sondern auch der konkrete Inhalt der Versetzungsverfügung, also beispielsweise, ob der Ort des neuen Gerichts zumutbar sei. Zuständig sei das Dienstgericht. Gleichwohl könne nicht vermieden werden, dass das allgemeine Verwaltungsgericht befasst werde, wenn z.B. andere Ermessensfehler behauptet würden. Die Schwerfälligkeit des Verfahrens werde vermieden, wenn mehrere Orte zur Wahl gestellt würden.

Einigkeit bestand darüber, dass das Gericht nicht selbst die Versetzung aussprechen, sondern lediglich die Behörde zum Erlass der (vom Gericht bereits konkretisierten) Versetzungsverfügung ermächtigen solle.

*Zu § 10 GegenEntw. (§ 16 Entw.):*

*BMI:* Der „einstweilige Ruhestand“ ermögliche die Reaktivierung des Richters. – Beispiel: Grund für die Versetzung war das Verhalten der Ehefrau. Stirbt die Ehefrau nach zwei Jahren, bestehe kein Anlass, den Richter im Ruhestand zu belassen. – Übereinstimmend wurde festgestellt, dass dann „nicht nur vorübergehend“ entfallen müsse (§ 10 Abs. 1 7. Zeile GegenEntw.).

*Zu §§ 8 bis 10 GegenEntw. (§§ 14 bis 16 Entw.):*

*BMF* stellte das Verhältnis von § 8 zu §§ 9 und 10 GegenEntw. zur Erörterung, wobei strittig war, ob § 8 die generelle Norm sei und in §§ 9 und 10 Unterfälle geregelt würden oder ob die Vorschriften koordiniert seien.

*BMI:* Die jetzige Fassung von § 8 Abs. 1 GegenEntw. erwecke einen falschen Eindruck, was bei einer positiven Formulierung vermieden würde. Zu erwägen sei auch die Streichung von § 8 Abs. 1.

In § 10 Abs. 2 GegenEntw. dürfe es auf das Einverständnis des Richters nicht ankommen. Andernfalls wären Klagen denkbar, mit denen geltend gemacht werde, dass das Einverständnis unter Druck erklärt worden sei. Die Versetzung müsse stets durch das Gericht ausgesprochen werden.

*Zu § 12 GegenEntw. (§ 17 Entw.):*

*Abs. 1: BMI* und BMA widersprachen einer zeitlichen Begrenzung.

*Abs. 2: BMA:* Ein Monat sei zu kurz, da der Urlaub regelmäßig bereits die Dauer eines Monats überschreite. Vorschlag: Zwei Monate, aber nur einmal im Jahr.

*Zu § 13 Abs. 3 GegenEntw. (§ 26 Entw.):*

Der Streichung der Worte „nach Erschöpfung des Dienstaufsichtsweges" stimmte auch das BMI zu, zumal bei der Formulierung von § 13 Abs. 3 GegenEntw. nicht die Anwendbarkeit der Verwaltungsgerichtsordnung in § 40 Abs. 1 GegenEntw. berücksichtigt worden ist.

Statt des Widerspruchs im Sinne des Entw. der VGO soll ein Einspruch vorgesehen werden, damit die Behörde a quo entscheiden könne.

*Zu § 19 GegenEntw. (§ 70 Entw.):*

*BMI:* Die Fassung von § 19 GegenEntw. sei der des § 70 Entw. vorzuziehen. § 70 Entw. werfe viele Zweifelsfragen auf. Z. B. könne zweifelhaft sein, ob bei der Zulässigkeit von Nebentätigkeiten § 36 Entw. ausschließlich oder neben §§ 64 ff. BBG gelte. Durch die Formulierung in § 19 GegenEntw. sei klargestellt, dass in allen Fällen vom Beamtenrecht auszugehen sei. Zweifel, ob das Richtergesetz eine Frage abschließend geregelt habe, könnten sich bei § 70 des Entw., aber nicht bei § 19 GegenEntw. ergeben. Die durch § 70 Entw. hervorgerufenen Zweifelsfragen würden durch die Stellung der Vorschrift am Schluss des Zweiten Teils vermehrt, jedoch könne das BMI seine Bedenken hiergegen allenfalls zurückstellen. – Einigkeit bestand darüber, dass „entsprechend" oder „sinngemäß" aufgenommen werden müsste.

*Zu § 22 Abs. 3 GegenEntw.:*

Das *BMI* erläuterte die Notwendigkeit der Vorschriften. Für den Bund habe § 22 Abs. 3 GegenEntw. wegen der Anordnung des Bundespräsidenten über die Ernennung und Entlassung der Bundesbeamten und Bundesrichter vom 17.5.1950 in der Fassung der Anordnung vom 13.6.1953 – BGBl. 1950 S. 209; 1953, I S. 383 – und der dazu ergangenen Durchführungsbestimmungen vom 17.5.1950 – BGBl. S. 209 – zwar keine Bedeutung. Sie habe jedoch entsprechend § 5 des Entw. BRRG als Rahmenbestimmung für die Länder aufgenommen werden müssen. Aus technischen Gründen sei es zweckmäßig gewesen, die Regelung bereits an der sachlich richtigen Stelle bei § 22 und nicht im Rahmenteil zu treffen (vgl. dazu Begründung vor § 5 des Entw. zum BRRG).

*Zu §§ 23 ff. Gegenentw. (§§ 18 ff. Entw.):*

*Richterstatus:* Es wurde erörtert, ob drei oder vier Statustypen erforderlich seien.

*Ergebnis:* Zwischen dem jungen Assessor und dem Beamten auf Lebenszeit, dem ein Richteramt übertragen werden soll, müsse unterschieden werden. Es sollen drei Statustypen (Lebenszeit, Zeit, Probe) vorgesehen werden.

Der Beamte, der sich als Richter einarbeite, solle einen Status ähnlich dem Richter auf Zeit erhalten. Es sei nicht tragbar, dass die Behörde ihn jederzeit entlassen könne. Eine

Lösung wie bei den Arbeitsrichtern auf Zeit sei anzustreben. Der Status eines Richters auf Zeit solle also für drei Gruppen vorgesehen werden: Verfassungsrichter, Arbeits- und Sozialrichter, Richter zur Einarbeitung.

*BMI* warnte allerdings davor, die Figur des Richters auf Zeit auf weitere Fälle als bisher auszudehnen, weil dadurch das Prinzip der lebenslänglichen Berufung durchbrochen werde und die Unabhängigkeit der Richter gefährdet werden könne.

*Zu § 24 GegenEntw. (§ 21 Abs. 2 Entw.):*

*BMF:* Die Fassung des § 24 GegenEntw. erwecke den falschen Eindruck, dass jeder Richter auf Probe nach fünf Jahren auf Lebenszeit zu ernennen sei, obwohl er bis dahin jederzeit entlassen werden könne.

Einigkeit bestand darüber, dass die Probezeit nicht länger als fünf Jahre dauern dürfe und dass der Anwärter spätestens bis zum Ablauf dieser Frist zur Ernennung vorgeschlagen werden müsse.

Ob § 22 Entw. eine Muss- und Sollvorschrift sein solle, müsse noch geprüft werden.

Es soll klargestellt werden, wann ein Bewerber vom Richterwahlausschuss („endgültig"?) abgelehnt sei.

Liegt bereits eine Ablehnung der anderen Bewerber vor, wenn der Richterwahlausschuss von mehreren Bewerbern nur einen wählt?

Das *BMI* sprach sich für eine Mussvorschrift aus. Das *BMA* stimmte dem zu, jedoch mit der Einschränkung, dass die Ordnungsmäßigkeit der Besetzung des Gerichts (absoluter Revisionsgrund § 551 Nr. 1 ZPO) nicht in Frage gestellt sein dürfe.

Das *BMF* hielt eine Sollvorschrift für ausreichend.

Das *BMI* stellte klar, dass neben § 24 Entw. die Entlassungsgründe des § 31 BBG Anwendung fänden (§ 19 GegenEntw.). Es bestehe kein Anlass, bei den Entlassungsgründen zwischen dem Richter auf Probe und dem Beamten auf Probe zu differenzieren. Die Sach- und Interessenlage sei in beiden Fällen gleich und werde von der Besonderheit der richterlichen Funktion nicht beeinflusst.

*Kurzprotokoll vom 1.12.1955*

*Zu § 24 GegenEntw. (§ 21 Abs. 2 Entw.) (Fortsetzung):*

*BMI:* Auch der Beamte werde sofort in den Probedienst eingestellt und nicht auf jederzeitigen Widerruf übernommen. Darin liege gerade die Verbesserung des geltenden Beamtenrechts gegenüber dem früheren Recht.

Eine Typenvermischung müsse vermieden werden. Der Beamte (Richter) auf Probe unterscheide sich von dem bisheren Beamten (Richter) auf Widerruf. Der Richter auf Probe im Sinne des Entwurfs könne nicht als Proberichter im eigentlichen Sinne angesehen werden. Auch bei Umgestaltung in den Status des Richters auf Zeit bestehe mit dem Beamten auf Probe im Sinne des geltenden Beamtenrechts keine Übereinstimmung.

Eine Entlassung ohne jeden Grund, wie der Entwurf vorsehe, sei nach der Rechtsprechung nicht zulässig.

*BMF:* Die Entlassung ohne jeden Grund gefährde die Unabhängigkeit.

*BMJ:* Der Entwurf verlange nicht, dass der Richter auf Probe ohne Angabe von Gründen entlassen werde. Er lasse vielmehr der Verwaltung freie Hand, welche Gründe sie angeben wolle.

*Richter:* Eine Beeinträchtigung der Unabhängigkeit müsse, wie auch immer der Status des Richters auf Probe ausgestaltet werde, in Kauf genommen werden. Gerade bei dem Richter, der im Gegensatz zu dem Verwaltungsbeamten selbständig entscheide, während der Beamte ständig korrigiert werden könne, sei eine Probezeit notwendig. Obwohl die Rechtsprechung keine Entlassung ohne Begründung zulasse, bestehe ein praktisch bedeutsamer Unterschied in der prozessualen Lage, je nachdem, ob der Entlassene Ermessensfehler oder die Behörde die mangelnde Eignung behaupten und beweisen müsse.

*BMA:* Der Richter auf Probe solle wegen mangelnder Bewährung jederzeit, mit Ablauf des ersten halben Jahres oder des ersten Jahres oder auch zu beiden Zeitpunkten aus jedem Grund entlassen werden können.

Der Vorteil der Regelung liege darin, dass dem Richter auf Probe die Unfähigkeit nicht bescheinigt zu werden brauche, er also nicht mit einem Mangel behaftet werde.

Das *BMI* erhob auch dagegen aus systematischen Gründen (Typenvermischung) Bedenken und hielt an der Regelung des Gegenentwurfs fest.

*Zu § 25 Abs. 2, 2. Halbsatz GegenEntw. (§ 20 Abs. 2 Satz 2 Entw.):*

Gegen die Streichung des Halbsatzes („andere Amtsbezeichnung“) wurden keine Bedenken geltend gemacht.

*Zu § 26 GegenEntw.:*

Das *BMI* erläuterte, weshalb die Vorschrift aufgenommen worden sei. Zweck sei, die Besoldung klarzustellen. Für die oberen Bundesgerichte habe die Vorschrift keine Bedeutung, wohl aber für die Länder; gleichwohl sei die Bestimmung aus „Gründen der Optik“ nicht in den Rahmenteil, sondern in Teil 2 aufgenommen worden.

*Richter:* Die Regelung erschwere das Verwaltungsverfahren und könne unbillig sein. – Verwaltungstechnisch am einfachsten sei – wie auch sonst bei der Abordnung – die Besoldung aus der bisherigen (von dem Richter auf Probe noch besetzten) Planstelle. Auf das Endgrundgehalt dürfe nicht abgestellt werden, weil das Anfangsgehalt eines Beamten mit höherem Endgrundgehalt niedriger sein könne.

*BMF, BMI:* Problematisch sei die dienstrechtliche Stellung eines Beamten, der Richter auf Probe sei. Um eine „Beurlaubung“ handle es sich nicht. Die Terminologie habe aber keine erstrangige Bedeutung.

*Zu § 29 GegenEntw. (§ 18 Entw.):*

Einigkeit bestand darüber, dass § 29 erweitert und in den Ersten Teil übernommen werden muss. Außerdem soll die Zeitdauer auf *5 Jahre* begrenzt sein.

Das *BMI* wies auf die (etwaige) Versorgung der Richter auf Zeit hin.

*Beispiel:* Der Richter auf Zeit war im Zeitpunkt des Todes neun Jahre Beamter und drei Jahre Richter auf Zeit.

*Roemer:* Die mit der Versorgung zusammenhängenden Fragen sollen zwischen dem BMF (RDir. Plog) und BMJ (AGR Dr. Lohse und LGR Dr. Schmidt-Räntsch) erörtert werden. Dabei solle die Regelung in § 18 und § 19 ArbGG berücksichtigt werden.

*Zu § 30 GegenEntw. (§ 23 Entw.):*

Die verschiedenen Formulierungen: „Ein Richter auf Probe kann ... *versetzt* oder *abgeordnet* werden." – „... kann *beschäftigt* werden" (Fassung aufgrund der Hausbesprechung) wurden erörtert.

Das *BMI* wünscht, die Fassung des Gegenentwurfs beizubehalten. Dass ein Richter auf Probe auch bei einem anderen Gericht beschäftigt werden könne, sei selbstverständlich. Eine Änderung des Textes könne sich auf das Beamtenrecht auswirken.

*Zu § 31 Abs. 1 GegenEntw. (§ 48 Abs. 1 Entw.):*

*BMI:* In Anpassung an das Beamtenrecht seien auch die Richter auf Zeit aufgeführt worden. Der Beamte auf Zeit trete mit Vollendung des 65. Lebensjahres in den Ruhestand. Für eine Abweichung bei den Richtern auf Zeit bestehe kein Grund.

*BMA* stimmte dem zu.

*BMI:* Es sei kein Grund ersichtlich, bei den Richtern eine andere Altersgrenze als bei den Beamten vorzusehen. Die Altersgrenze sei die „statistisch begründete Dienstunfähigkeit". Es sei nicht einzusehen, warum dieser Zeitpunkt bei Richtern später erreicht werde.

*BKA:* Die höhere Altersgrenze sei erforderlich, weil der Eintritt in den Ruhestand bei Richtern – anders als bei den Beamten – nicht hinausgeschoben werden könne.

*Zu § 31 Abs. 2 GegenEntw. (§ 48 Abs. 2 Entw.):*

*BMI:* Der Rechtsausschuss des Bundestages habe eine vorzeitige Pensionierung auf Antrag des Beamten nur drei Jahre vor der Altersgrenze zugelassen. Deshalb sei im Gegenentwurf an die Stelle des 62. Lebensjahres das 65. gesetzt worden. – Die Frage werde von den gesetzgebenden Körperschaften anlässlich der Beratungen des BRRG für die Hochschullehrer erörtert werden müssen. – Einigkeit bestand darüber, dass die 10jährige Mindestdienstzeit nicht erwähnt zu werden brauche, weil diese Voraussetzung bereits aus den Versorgungsbestimmungen folge.

*Zu § 32 GegenEntw. (§ 30 Entw.):*

Das *BMA* hält den Eid in § 32 Gegenentwurf für zu farblos.

Das *BMI* schlug vor, die Eidesformel – falls eine Erweiterung beabsichtigt sei – nicht negativ, wie in § 30 Entw., sondern positiv zu fassen.

*Ergebnis:* 1. Fassung von § 30 Entw. nicht akzeptabel. – 2. § 32 GegenEntw. brauchbare Formulierung. – 3. Das Wort „Recht" ist nicht anzuführen. – 4. Positive Fassung soll versucht werden.

*Zu § 31 Entw.:*

*BMI:* Die Bestimmung sei wegen der Verweisung in § 19 GegenEntw. (§ 70 Entw.) überflüssig (§ 79 BBG). Gegen die Hervorhebung des Spezifikums für Richter bestünden keine Bedenken.

*Ergebnis:* „Der Staat hat den Richter in seiner Unabhängigkeit zu schützen".

Zu § 33 (GegenEntw.) (§ 32 Entw.):

Nach längerer Debatte wurden folgende Formulierungen vorgeschlagen:

*Richter:* „Der Richter hat seine innere und äußere Unabhängigkeit zu wahren und sich so zu verhalten, dass das Vertrauen in seine Unvoreingenommenheit nicht gefährdet wird".

*von Arnim:* „Der Richter hat sich so zu verhalten, dass die Objektivität der Rechtsprechung nicht gefährdet wird".

*Rinck:* „Der Richter hat seine innere und äußere Unabhängigkeit zu wahren. In seinem gesamten Verhalten hat er auch den Anschein einer Voreingenommenheit zu vermeiden".

*Fitting* (im Anschluss an § 54): „Der Richter hat seine innere und äußere Unabhängigkeit zu wahren. Sein Verhalten innerhalb und außerhalb des Dienstes muss der Achtung und dem Vertrauen gerecht werden, die das Richteramt erfordert".

*BMI* (Neiss) schlug eine Verbindung von § 33 GegenEntw. (§ 32 Entw.) mit § 31 Entw. vor.

*Zu § 34 GegenEntw. (§ 33 Entw.):*

Der Vorschlag von *Rinck*, § 34 Abs. 1 GegenEntw. fallenzulassen, da die Substanz der Vorschrift bereits in § 33 GegenEntw. enthalten sei, wurde einhellig abgelehnt.

Einigkeit bestand darüber, in § 34 Abs. 1, 3. Zeile GegenEntw. „politisch" zu ändern in „parteipolitisch". Unter „politischer" Betätigung sei auch die Tätigkeit z.B. in der „Europa-Union", in einer Gewerkschaft in der „Bewegung für moralische Aufrüstung" und in ähnlichen Verbänden zu verstehen. Es bestehe kein Anlass, dem Richter eine derartige Tätigkeit zu untersagen.

Die Änderung von „politisch" in „parteipolitisch" wirke sich auf § 33 Abs. 4 Entw. aus, der in § 34 GegenEntw. fehle.

Der Beibehaltung von § 33 Abs. 4 Entw. stimmte das *BMA* vorbehaltlos, das *BMF*, *BMI* und *BKA* unter Vorbehalt zu.

*Fitting* wies darauf hin, dass 60% aller Revisionen in Arbeitssachen von der öffentlichen Hand eingelegt würden. Die Gemeinden seien folglich sehr häufig die beklagte Partei in Arbeitsstreitsachen.

*Zu § 35 Abs. 1 GegenEntw. (§ 35 Abs. 1 Entw.):*

*BMA* und *BMF* sind mit § 35 *Entw.* einverstanden, das *BMI* mit der Einschränkung, dass der Nebensatz „wenn ... belastet" gestrichen werde. Das folge bereits aus § 19 GegenEntw. (§ 70 Entw.) in Verbindung mit § 64 BBG.

*Zu § 35 Abs. 2 GegenEntw. (§ 35 Abs. 2 Entw.):*

Einigkeit bestand darüber, dass die Zuweisung nicht nur durch Gesetz, sondern auch durch Verwaltungsanordnung erfolgen könne.

*Zu § 36 GegenEntw. (§ 36 Entw.):*

Das *BMI* erläuterte die Kürzung der Vorschrift im GegenEntw. Nach dem BBG gebe es drei Bereiche: a) genehmigungspflichtige NT [Nebentätigkeit] - § 65 BBG, b) nicht genehmigungspflichtige NT - § 66 BBG, c) NTn, die weder in § 65 noch § 66 erwähnt werden und grundsätzlich genehmigungsfrei sind, mit Ausnahme der in § 66 Abs. 2, 2. Halbsatz BBG geregelten Fälle.

Auch bei den genehmigungspflichtigen NTn. gehe das BBG von dem Grundsatz aus, dass zu genehmigen und nur ausnahmsweise die Genehmigung zu versagen sei.

An dieser Regelung sollte auch für Richter festgehalten werden, da insoweit deren Funktion eine Änderung nicht erfordere. Es könne lediglich erwogen werden, den Katalog des § 65 zu erweitern.

*Ergebnis: BMI* hält an der Regelung im GegenEntw. fest.

*BMA* stimmt dem zu; hält jedoch eine Verschärfung bei Aufsichtsratsmitgliedern für erwünscht.

*BMF* hat keine Bedenken gegen die Regelung im Entwurf.

*Zu § 36 Abs. 2 GegenEntw. (§ 36 Abs. 3 Entw.):*

Das Professorenprivileg und die in der Hausbesprechung beschlossene Änderung (Richter im *Neben*amt) wurden erörtert.

*Ergebnis:* 1. Grundsatz: Keine Erstattung von Gutachten durch Richter.

2. Für die Richter im Bundesdienst hat das Professorenprivileg keine Bedeutung, weil es dort keine Rechter im *Neben*amt gibt.
3. Die Länder sollten freigestellt werden, aber nur für die Richter im *Neben*amt.

*Zu § 37 GegenEntw. (§ 35 Abs. 2 Entw.):*

*Marquordt* äußerte Bedenken gegen die Bestimmung, da nach dem GVG der Präsident sich einem Senat (Kammer) anzuschließen habe (§§ 62 Abs. 2 Satz 1, 117, 131).

*Ergebnis:* Die gesamte Vorschrift ist zu streichen.

Zu § 38 ff. GegenEntw. (§ 37 ff. Entw.). Grundsätzliches zum Richterrat

Das *BMA* wandte sich gegen den Richterrat in der im Entwurf vorgesehenen Form. Entweder müsste der Richterrat nur aus *gewählten* Vertretern zusammengesetzt sein und damit dem Personalrat entsprechen oder es könnte auf einen Richterrat überhaupt verzichtet werden. Eine Zwischenlösung sei nicht tragbar. Auch der Vorschlag in dem Gegenentwurf (Richterrat – Richtersenat) befriedige nicht, weil der Richterrat zum Teil aus geborenen Mitgliedern bestehe.

In längerer Debatte wurden die Anzahl, Benennung und Aufgaben der zu bildenden Gremien erörtert. Es wurde auch erwogen, ob bei der Ernennung statt eines neu zu bildenden Gremiums das Präsidium oder ein um zugewählte Mitglieder erweitertes Präsidium mitwirken solle.

*Ergebnis:* I. Es sollen zwei Gremien geschaffen werden:

1. Der *Richterrat,* der bei den einzelnen Gerichten zu bilden ist und nur aus gewählten Vertretern besteht. – *Aufgaben:* Alle Aufgaben des Personalrats mit Ausnahme der Ernennung, Beförderung und der mit der Ernennung und Beförderung zusammenhängenden Fragen, also: soziale Angelegenheiten, allgemeine Aufgaben (§§ 55 bis 58 PVertrG), Entlassung von Richtern auf Probe (§ 70 Abs. 1 a Nr. 4 PVertrG), Einführung neuer Arbeitsmethoden oder Beteiligung bei Organisationsveränderungen (§ 73 PVertrG).

2. der *Richtersenat* (vorläufiger Name), der bei höheren Gerichten oder auch nur bei dem höchsten Gericht des Landes zu bilden ist und zur einen Hälfte aus Mitgliedern des Präsidiums zuzüglich des Präsidenten des Gerichts und zur anderen Hälfte aus Mitgliedern des Richterrats besteht. – *Aufgaben:* Anhörungsrecht bei der Ernennung oder Beförderung von Richtern.

II. Der Richtersenat dürfe nicht durch einen gemeinsamen Ausschuss von Richterrat und Präsidium ersetzt werden.

III. Der Katalog der Zuständigkeiten des Personalrats müsse darauf untersucht werden, inwieweit für die Angelegenheiten der Richter die Zuständigkeit des Richterrats zu begründen sei. Maßgebend dafür sei die Schutzbedürftigkeit der Richter.

*Im Einzelnen: Zu § 39 GegenEntw. (§ 38 Entw.):*

*BMA:* Eine schriftliche Stimmabgabe müsse ausgeschlossen sein. – Einigkeit bestand darüber, dass die Versammlung der Richter das Wahlverfahren beschließen solle. Vorschriften brauchten darüber nicht erlassen zu werden. Es sei lediglich vorzuschreiben, dass der Richterrat in *geheimer* Wahl für jeweils *zwei Jahre* gewählt wird und dass der Präsident die Versammlung einberuft und leitet.

*Zu § 40 Nr. 3 GegenEntw. (§ 39 Nr. 3 Entw.):*

Einigkeit bestand darüber, dass die gesamte Ziffer zu streichen sei.

*Zu § 39 Nr. 4 Entw.:*

Es wurde die Bedeutung des BPA für die Richter im Bundesdienst nicht erörtert.

*Ergebnis:* Da eine Benennung der vier richterlichen Mitglieder des BPA durch den Richterrat nicht in Betracht kommt, die Benennung vielmehr anders geregelt ist, ist die gesamte Ziffer zu streichen.

*Zu § 41 GegenEntw. (§ 46 Entw.):*

Letzter Satz ist zu streichen und dafür § 73 BVG zu erwähnen.

*Zu § 40 Entw.:*

„er *kann* sich eine Geschäftsordnung geben".

*Zu § 43 Abs. 2 GegenEntw.:*

Einzufügen: „Wahl aus der Mitte des Richterrats".

*Zu § 44 Abs. 1 GegenEntw. (§ 42 Entw.):*

Es wurde erörtert, ob es „mitwirken" oder „ist beteiligt" heißen und ob die Erörterung der fachlichen Eignung des Bewerbers im Richterrat von dessen Zustimmung abhängen soll.

*Ergebnis:* Gegen die Fassung des GegenEntw. („mitwirken") hatte auch das *BMA* keine Bedenken. – Auf die Zustimmung des Bewerbers komme es nicht an.

*Zu § 45 GegenEntw. (§ 43 Entw.):*

Einigkeit bestand darüber, dass nur der Richtersenat ad quem, dagegen nicht der Richtersenat a quo mitzuwirken hat.

## XXIV. *Kurzprotokoll zur Besprechung mit den Landesjustizverwaltungen am 7./8. und 19.12.1955 im BMJ über die Referentenentwürfe für ein Deutsches Richtergesetz*

*1. Besprechung am 7./8.12.1955*
*Inhaltsübersicht*

XXVIII. *Dienstgericht*
XXIX. *Rechtsweg*

*Anwesenheitsliste*

Baden-Württemberg: MinR Kohleiss
Bayern: ORR Dr. Höfler
Berlin: LGDir. Dr. Bukow, LGDir. Dr. Franke
Bremen: ORR Dr. Coenen
Hamburg: AGR Dr. Stiebeler
Hessen: MinR Reh
Niedersachsen: MinR Dr. Schulz, ORR Dr. Jung
Nordrhein-Westfalen: MinR Dr. Thunecke
Rheinland-Pfalz: LGR Dr. Brenken
Schleswig-Holstein: MinR von Jagow
BMJ: MinDir. Roemer (Vorsitz), MinDr. Dr. Petersen, MinDirig. Dr. Richter, MinR Dr. Dallinger, MinR Prof. Dr. Rinck, MinR Dr. Münzel (zeitweilig), ORR Dr. Marquordt (zeitweilig), LGR Dr. Schmidt-Räntsch.
*Vorbemerkung:* Der Referentenentwurf des BMJ vom 30.8.1955 wird im Folgenden mit „E", der Referentenentwurf des BMI vom 10.11.1955 mit „GE" bezeichnet.

*I. Grundsätzliches zum Ersten Teil:* Der Umfang des Ersten (GVG-)Teils und die Ansicht des BMI über die Rechtsnatur der einzelnen Vorschriften (GVG-Recht oder Dienstrecht) wurden erörtert.

*Marquordt:* Bei den Beratungen des GVG habe man die Unabhängigkeit der Richter schützen wollen und nur deshalb auch (dienstrechtliche) Bestimmungen über die Rechtsstellung der Richter aufgenommen. Die fehlende Gesetzgebungskompetenz des Reichs auf dem Gebiet des Beamtenrechts habe keine Rolle gespielt.

*Nordrhein-Westfalen:* Mehrere Bestimmungen des Ersten Teils enthielten kein GVG-Recht, bei einigen Vorschriften sei die Rechtsnatur zweifelhaft. Der Umfang des Ersten Teils des Entwurfs könne bleiben, jedoch müsse die Begründung geändert und nicht nur Art. 74 GG, sondern auch Art. 98 Abs. 3 GG erwähnt werden.

*Niedersachsen:* Die Fragestellung, ob GVG-Recht oder Dienstrecht vorliege, sei nicht richtig. Es gäbe Vorschriften, die sowohl GVG-Recht als auch Dienstrecht zum Inhalt hätten. Derartige Bestimmungen könnten unbedenklich in dem Ersten Teil stehen bleiben.

*Ergebnis:* Der Erste Teil soll Vorschriften enthalten, die *unmittelbar* gelten. Auf die Rechtsnatur und die Begründung kommt es nicht in erster Linie an. Nach Möglichkeit sind die GVG-Bestimmungen von den dienstrechtlichen Bestimmungen zu trennen.

Als GVG-Bestimmungen sind anzusehen:

*§ 13 Berufung auf Lebenszeit.* (Ähnliche Vorschriften seien in die Entwürfe für die Finanzgerichts- und Verwaltungsgerichtsordnung ohne Beanstandung aufgenommen worden)

*§ 14 Entlassung und Versetzung durch Urteil* in Verbindung mit § 51 (Beendigung durch Richterspruch).

*§ 15. Veränderung der Gerichtsorganisation*

*§ 16. Versetzung im Interesse der Rechtspflege*

*§ 17. Abordnung*

*II. Zu § 1 E (§ 1 GE)*

1. *Laienrichter:* Einhellige Ansicht, dass die Laienrichter *nicht* einzubeziehen sind.
2. *Inhalt von § 1 E: Bayern und Niedersachsen:* Auf die Wiederholung der Grundgesetzbestimmung sei zu verzichten und mit § 3 E zu beginnen. Dadurch werde zugleich ein doppelter Richterbegriff vermieden.
   *Nordrhein-Westfalen:* Die einleitende Vorschrift müsse gehaltvoller als § 3 E sein. Vorschlag: Zu beginnen mit § 1 GE, dann § 22 GE, evtl. verbunden mit § 3 E. – Diesem Vorschlag stimmten Bremen und Hamburg zu.
   *Rheinland-Pfalz:* Der Richterbegriff dürfe nur die Berufsrichter umfassen. Formulierungsvorschlag: Richter ist, wer zum Bund oder zu einem Lande in einem öffentlich-rechtlichen Dienst- und Treueverhältnis steht.
   Außer der Begriffsbestimmung des Richters sei an die Spitze des Gesetzes der Grundsatz der Unabhängigkeit zu stellen. Danach könnten §§ 2 und 3 E (u.U. inhaltlich verändert) folgen.
   *Hessen:* Zu beginnen mit § 1 GE, jedoch ohne Erwähnung der Laienrichter.
   *Baden-Württemberg* wies auf die Friedens- und Gemeinderichter hin, die bei der Fassung von § 1 (positiv oder negativ) berücksichtigt werden müssten.
3. *Ergebnis:* Erster Teil: Das Richteramt in Bund und Ländern

I. Abschnitt: Allgemeine Vorschriften

*§ 1.* (1) Den Richtern ist die rechtsprechende Gewalt anvertraut.
(2) Die Richter sind unabhängig und nur dem Gesetz unterworfen.

*§ 2.* (1) Die rechtsprechende Gewalt wird durch Berufsrichter und durch ehrenamtlich tätige Beisitzer ausgeübt. - (2) Richter im Sinne der nachfolgenden Bestimmungen sind nur die Berufsrichter.

Gegen diese Formulierung stimmten nur *Hessen, Niedersachsen* und *Rheinland-Pfalz.* – Einstimmig wurde die Aufnahme von „und Recht" in § 1 Abs. 2 E abgelehnt.

*III. Zu § 2 E: Nordrhein-Westfalen:* Ganz zu streichen. Die Bestimmung sei nicht notwendig, sondern sogar nachteilig, weil sie keine klare Abgrenzung zum Beamtenrecht aufzeige.

*Bayern:* Durch die Bestimmung werde immerhin klargestellt, dass andere Körperschaften als der Bund und die Länder keine Richter anstellen könnten.

*Einstimmig: ganz zu streichen.*

*Niedersachsen* stimmte nur mit Vorbehalt zu, weil es eine Klarstellung wünscht, dass die Richter nicht Beamte seien. Für eine solche Klarstellung sei § 2 E nützlich.

*IV. Zu § 3 E:* Die Vorschrift ist an der jetzigen Stelle zu streichen und in den Zweiten Teil zu übernehmen.

*V. Zu § 3 E:* die Vorschrift ist mit den übrigen Bestimmungen über die Fähigkeit zum Richteramt zu vereinigen.

*VI. Zu § 5 E: Hessen:* Die Fassung von § 1 Abs. 1 Satz 3 GE sei der des § 5 E vorzuziehen. Wichtig sei, dass Aufgaben den Richtern nur *durch Gesetz* übertragen werden könnten. Darin liege ein wesentlicher Unterschied zum Verwaltungsbeamten.

*Nordrhein-Westfalen:* Formulierungsvorschlag: Den Richtern können nur Aufgaben der Rechtsprechung oder solche Aufgaben übertragen werden, die durch Gesetz den Gerichten zugewiesen sind.

Die Debatte ergab, dass diese Fassung wie auch § 5 E zu eng sind, weil die Gerichtsverwaltung nicht erfasst wird.

Einigkeit bestand darüber, dass die Richter folgende Aufgaben wahrzunehmen haben: a) Rechtsprechung, b) Gerichtsverwaltung, c) Aufgaben, die den Gerichten aufgrund eines Gesetzes zugewiesen sind.

*Roemer:* § 5 E – künftig § 3 – soll wie folgt lauten: „(1) Den Richtern können neben den Aufgaben der Rechtsprechung übertragen werden

1. Aufgaben der Gerichtsverwaltung und
2. solche andere Aufgaben, die aufgrund eines Gesetzes den Gerichten zugewiesen sind."

*VII. Zu § 6 E (§ 2 GE):* Einigkeit bestand über die Streichung der Worte „gesetzgebenden oder" sowie darüber, dass es bei der Inkompatibilität auf die Funktion dagegen nicht auf dem Status ankommt.

*Bayern* hielt an seinem Formulierungsvorschlag in der schriftlichen Stellungnahme vom 24.11.1955, S. 26 f. fest.

*Niedersachsen:* Formulierungsvorschlag: Wer im Bereich der vollziehenden Gewalt tätig ist, darf nicht Aufgaben im Sinne von § 5 E (künftig § 3) wahrnehmen.

*Hessen:* Es sollte vom Richter, dagegen nicht vom Beamten ausgegangen werden.

*Marquordt* stellte zur Erörterung, ob folgende Aufgabenverbindungen zulässig seien: ORR als Hilfsrichter beim Finanzgericht und Richter als Justiziar bei einer Landeszentralbank.

Auf Vorschlag von *Nordrhein-Westfalen* wurde folgende Fassung gebilligt: (als Abs. 2 zu § 5 E – künftig § 3 -) „(2) im Übrigen dürfen Aufgaben der rechtsprechenden Gewalt und Aufgaben der vollziehenden Gewalt im Haupt- oder Nebenamt nicht gleichzeitig wahrgenommen werden."

*Niedersachsen* schlug vor, in der Begründung klarzustellen, dass „Gerichtsverwaltung" im weitesten Sinne zu verstehen sei (entsprechend etwa dem bisherigen Begriff Justizverwaltung) und z.B. auch die Tätigkeit eines Richters im Strafvollzug umfasse.

*Rheinland-Pfalz* äußerte Bedenken. Bei einer weiten Ausdehnung des Begriffs Gerichtsverwaltung werde – besonders im Hinblick auf die Hausgerichtsbarkeiten – die Inkompatibilität ausgehöhlt.

*VIII. Zu § 7 E:* Die in der Hausbesprechung gefundene Fassung wurde verlesen: *§ 7 Übertragung eines Richteramts.* Dem Richter ist ein Richteramt bei einem bestimmten Gericht zu übertragen. An mehreren benachbarten Gerichten kann dem Richter ein Amt übertragen werden, wenn deren gleichzeitige Wahrnehmung möglich ist. ..."

1. *Richteramt an mehreren Gerichten*
   *Roemer:* Satz 2 sei eingefügt, damit ein Richter das Richteramt an mehreren kleinen Amtsgerichten (wie in Frankreich) wahrnehmen könne.
   *Nordrhein-Westfalen:* Satz 2 könne damit die Auflösung kleiner Amtsgerichte verhindern, was offenbar nicht beabsichtigt sei.
   *Bayern:* Viele kleine Amtsgerichte seien Zweiggerichte geworden. Ein Bedürfnis für Satz 2 bestehe nicht. – Überwiegend wurde Satz 2 als Hemmnis für die Aufhebung kleiner Amtsgerichte angesehen. Dem von *Richter* in die Debatte geworfenen Argument, die Auflösung kleiner Amtsgerichte sei aus regionalpolitischen Gründen praktisch nicht immer möglich, wurde keine ausschlaggebende Bedeutung beigemessen.

2. *Richterstelle oder Richteramt:* Der Vorschlag von *Rheinland-Pfalz,* auf die Planstelle abzustellen, fand keine Unterstützung, weil die Planstelle nur im Haushalt ausgewiesen werde und nicht an ein bestimmtes Gericht gebunden sei.
3. *„Fliegender Richter". Baden-Württemberg:* Dem Wunsche des BMJ entsprechend sei es gelungen, bei dem Justizministerium Planstellen für abgeordnete Richter zu schaffen. Die Richter würden erst nach Beendigung der Abordnung in eine Planstelle bei einem Gericht eingewiesen.
   *Ergebnis:* An dem Grundsatz in § 7 Satz 1 E soll trotzdem festgehalten werden.

4. *Richter an Bauland- und Disziplinarkammern: Bayern:* Durch § 7 dürfe eine nebenamtliche Tätigkeit der Richter in den Bauland- und Disziplinarkammern nicht verhindert werden.
   *Nordrhein-Westfalen* schlug folgende Formulierung vor: (als Absatz 2 zu § 7) „(2) Einem Richter kann für die Dauer seines Hauptamtes oder für eine bestimmte Dauer ein richterliches Nebenamt bei einem anderen Gericht übertragen werden."

*IX. Zu den §§ 8 ff. E (§§ 20/21 GE):* Es wurde die in der Hausbesprechung beschlossene Änderung verlesen: § 8 Abs. 3 die letzten drei Zeilen: „verwenden; mindestens zwölf Monate sind zum Dienst *an anderen Gerichten,* bei Verwaltungsbehörden, Körperschaften oder Anstalten des öffentlichen Rechts zu verwenden."

Vorweg wurde die Befähigung des Vorsitzenden an den Arbeitsgerichten erörtert. Einhellig sprachen sich die Vertreter der Länder für die volle Richterbefähigung – unter Wahrung des Besitzstandes – aus.

1. *§ 8:* Nach längerer Debatte, welche Formulierung zu wählen sei, § 8 Abs. 3 E oder § 20 Abs. 3 GE, stimmten alle Länder für § 8 Abs. 3 E i.d.F. der Hausbesprechung.
   *Nordrhein-Westfalen* setzte sich allerdings für die Kürzung der Verwaltungsstation von 12 auf 6 Monate ein, ohne Zustimmung bei den anderen Ländern zu finden.
   *Schleswig-Holstein:* In den Übergangsvorschriften müsse der Besitzstand gewahrt werden.
   Eine Aufnahme von § 20 Abs. 4 GE wurde einstimmig abgelehnt.
2. *§ 9.* a) (Abs. 1): Erörtert wurde die Behandlung von Bewerbern aus der sowj. besetzten Zone und dem Saargebiet.
   *Berlin:* Die Zahl der Bewerber aus der sowj. besetzten Zone sei außerordentlich gering.
   *Marquordt:* Mit Hilfe von §§ 2 und 5 GVG könnten ungeeignete Bewerber zurückgewiesen werden.
   Eine Einfügung der Worte „der Bundesrepublik" sowie einer Saargebietsklausel in den Übergangsbestimmungen fand keine Zustimmung.
   b) (Abs. 1 Satz 1): Zu streichen: „und zur zweiten Prüfung".
   c) (Abs. 1 Satz 1): Einzufügen: „die erste Prüfung *nach § 8*".
   d) Für § 9 Abs. 1 Satz 2 wurde eine *Muss*vorschrift gefordert.
3. *§ 10. Nordrhein-Westfalen:* Das Kultusministerium von Nordrhein-Westfalen wünsche auch die Einbeziehung der planmäßigen *außerordentlichen* Professoren des Rechts, was keine Zustimmung fand.

Die Professoren aus der sowj. besetzten Zone dürften die Rechte aus § 10 nicht haben.

Ohne abschließendes Ergebnis wurde erörtert, ob die Professoren durch § 10 E einen echten Status oder nur eine Qualifikation für die Dauer der Professur erhielten.

*Hamburg* wandte sich gegen die Einschränkung, dass die Professoren nur Richter im *Neben*amt sein dürften.

Einigkeit bestand darüber, dass § 10 Satz 1 E mit dem jetzigen § 6 und § 10 Satz 2 mit § 13 E zu verbinden ist.

*X. Statustypen*

1. Über die *Verteilung* der Assessoren auf Gericht und Staatsanwaltschaft berichteten die Länder:
   *Baden-Württemberg:* Kein bestimmtes Verhältnis. Gute Assessoren gehen nur zum Gericht, wo die Mehrzahl der Assessoren beschäftigt ist.
   *Bayern:* Zwei Drittel bei der Staatsanwaltschaft, ein Drittel bei den Gerichten.
   *Berlin:* Ganz überwiegend bei den Gerichten, mindestens 90%.
   *Bremen:* Kein bestimmtes Verhältnis. Wechsel (Gericht-StA) möglich.
   *Hamburg:* Die Probezeit beginnt jetzt – von Ausnahmen abgesehen – bei der Staatsanwaltschaft.
   *Niedersachsen:* Bei der Beschäftigung von Assessoren bei der Staatsanwaltschaft bestehen Schwierigkeiten.
   *Nordrhein-Westfalen:* Völlig getrennte Ausbildung.
   *Rheinland-Pfalz:* Wie in Baden-Württemberg.
   *Schleswig-Holstein:* Jeden Assessor bei der Staatsanwaltschaft zu beschäftigen, lasse sich nicht verwirklichen.
2. *Anzahl der Statustypen*
   *Nordrhein-Westfalen* tritt für zwei Typen ein: Richter auf Lebenszeit, Richter auf Zeit. Dem „Richter zur Erprobung" könnte der Status des Richters auf Zeit gegeben werden. Einerseits würden dadurch Klagen nach der Entlassung unmöglich, zum anderen hätten die Anwärter während der Erprobungszeit eine gefestigte Position, was der Unabhängigkeit zugutekomme.
   *Niedersachsen:* Der Vorschlag Nordrhein-Westfalens bedeute die Trennung zwischen Richter und Staatsanwalt. Die Konzeption des Entwurfs des BMJ sei insoweit günstiger.
   *Berlin:* Der Vorschlag von Nordrhein-Westfalen habe zur Folge, dass es verschiedene Typen des Richters auf Zeit geben werde.
   *Rheinland-Pfalz:* Der Typ des Richters auf Zeit und der des Richters auf Probe könnten in der Weise verbunden werden, dass der Anwärter zunächst Richter auf Zeit und erst nach Ablauf etwa eines Jahres Richter auf Probe werde.
   Ohne abschließende Stellungnahme neigten die Ländervertreter überwiegend dem Vorschlag von Nordrhein-Westfalen, der nur zwei Richtertypen vorsieht, zu. Dass dadurch – vom Standpunkt des Beamtenrechts aus gesehen – eine „Typenvermischung"

hervorgerufen wird, wurde nicht für ausschlaggebend gehalten. Darin liege ein sich aus der Funktion ergebender Unterschied des Richters gegenüber dem Beamten.

3. *Status des „Richters zur Erprobung“*

   Im Laufe der Debatte zeichneten sich drei Möglichkeiten der Ausgestaltung ab:

   a) Anwärter mit Richterstatus (Richter auf Zeit) auch während der Beschäftigung bei der Staatsanwaltschaft;
   b) Anwärter mit wechselndem Status – Richterstatus oder Beamtenstatus -, je nachdem, wo der Anwärter beschäftigt wird, ob bei dem Gericht oder bei der Staatsanwaltschaft;
   c) Anwärter mit Beamtenstatus, der an ein Gericht abgeordnet werden und während der Zeit der Abordnung gewisse Sicherungen für die richterliche Tätigkeit erhalten kann.

      Einigkeit bestand darüber, dass die praktischen Unterschiede zwischen den drei Lösungen nicht erheblich seien.

      Bei einer Probeabstimmung neigten der 3. Lösung nur Baden-Württemberg und Bayern zu, während die anderen Länder sich – mit allen Vorbehalten – für die erste Lösung aussprachen.

4. *Ausgestaltung des „Richters zur Erprobung“*

   Hierfür legten *Nordrhein-Westfalen* und *Rheinland-Pfalz* zwei voneinander abweichende Vorschläge (Anlage 1 und 2) vor, während Bayern auf seinen Formulierungsvorschlag in der schriftlichen Stellungnahme vom 24.11.1955 S. 13 f. verwies.

   *Hamburg:* In § A des Vorschlags von Nordrhein-Westfalen sei einzufügen: „für einen vorübergehenden Bedarf oder zur Erprobung.“

Nach überwiegender Meinung muss der Vorschlag von Nordrhein-Westfalen in § A Abs. 3 in zwei Punkten ergänzt werden: a) Vorschriften über die Rechtslage nach Ablauf der fünf Jahre; b) Einzufügen in Satz 2 *„oder zum Staatsanwalt* ernannt werden“.

Einigkeit bestand darüber, dass der Richter auf Zeit im Sinne des Vorschlags von Nordrhein-Westfalen künftig verschiedene Arten von Richtern umfasse:

1. Assessoren, 2. Beamte zur Einarbeitung als Richter auf Lebenszeit, 3. Vorsitzende der Arbeitsgerichte, 4. Richter für einen vorübergehenden Bedarf.

   *Richter* ergänzte § B des Vorschlags von Nordrhein-Westfalen, um die Dauer der Beschäftigungsaufträge zu regeln (Anlage 3).

5. *Ergebnis:* Eine endgültige Stellungnahme über die Richtertypen und deren Ausgestaltung soll am 19.12.1955 anlässlich der Fortsetzung der Besprechungen abgegeben werden. Vorläufig neigen alle Länder außer Baden-Württemberg, Bayern und Rheinland-Pfalz dem Vorschlag von Nordrhein-Westfalen zu.

*XI. Zu § 13 E (§ 29 GE):*

1. (Abs. 1) einstimmig: In Nr. 1 „im richterlichen Dienst“ statt „als Richter auf Probe“, in Nr. 2 einzufügen: „im staatsanwaltschaftlichen Anwärterdienst“.
   *Roemer:* Es ist zu klären, ob auch der Anwärterdienst bei Rechtsanwälten und Notaren anerkannt werden kann.
2. (Abs. 2): *Nordrhein-Westfalen* wandte sich gegen das Erfordernis eines richterlichen Probejahres. Zumindest sei zu erwägen, auch den Dienst bei der Staatsanwaltschaft im Rahmen des § 13 Abs. 2 E anzuerkennen.
   *Hessen:* Nach Landesrecht sei ein sechsmonatiger Richterdienst für die Anstellung auf Lebenszeit erforderlich. Schwierigkeiten hätten sich bisher nicht ergeben. Auch ältere Beamte seien zunächst nur in den „vorläufigen Richterdienst“ und erst nach wenigstens sechs Monaten in den Richterdienst auf Lebenszeit übernommen worden.
   *Schleswig-Holstein:* In einer so wichtigen Frage sollte nicht nachgegeben werden, ein richterliches Jahr vor der Berufung auf Lebenszeit sei dringend erwünscht.
   *Berlin:* Es sei bis vor einiger Zeit eine wenigstens dreijährige Tätigkeit als Richter verlangt worden, was sich nachteilig für die Staatsanwaltschaft ausgewirkt habe. Es sei deshalb notwendig geworden, die entsprechenden Vorschriften in *Soll*bestimmungen umzuwandeln und damit das bisherige starre System aufzulockern.

Die Abstimmung ergab eine überwiegende Meinung für eine *Soll*vorschrift.

*XII. Zu § 14 E (§ 8 GE): Nordrhein-Westfalen:* § 14 sei mit § 51 zu vereinigen.
*Rheinland-Pfalz* schnitt die Frage an, wie bei einer Verurteilung zu einer Strafe von mehr als einem Jahr zu prozedieren sei. Aus der jetzigen Fassung von § 14 könnte das Erfordernis von zwei Urteilen gefolgert werden. Um das zu vermeiden, solle ausdrücklich gesagt werden, dass ein Richter bei schwerer strafgerichtlicher Verurteilung ausscheide. (Ebenso Berlin.)

*XIII. Zu § 15:* 1. (Abs. 1 Satz 1):
Die unterschiedliche Fassung in § 15 E einerseits und § 9 GE andererseits wurde erörtert. – Nach längerer Debatte bestand Einigkeit darüber, dass

a) der „einstweilige Ruhestand“ mit vollen Bezügen, und
b) eine Abstufung der Möglichkeiten wie in § 9 Abs. 1 GE vorgesehen und
c) der Zusatz „des gleichen Zweiges“ gestrichen werden sollen.

Für die Abstufung (zu b) traten die Länder deshalb ein, weil es untunlich sei, insoweit hinter dem Gegenentwurf zurückzubleiben.

*Niedersachsen:* Eine Versetzung solle nur bei den unmittelbar von der Veränderung betroffenen Richtern wie in § 19 des Entwurfs zum BRRG zulässig sein.

Keine Zustimmung der anderen Länder.

2. (Abs. 1 Satz 2 - § 9 Abs. 2 GE): Es bedarf der Klärung, warum in § 9 Abs. 2 GE das Wohnungsgeld nicht mit aufgeführt worden ist.
   Mit 6:4 stimmten die Länder dagegen, dass der Richter das bisherige Wohnungsgeld auch dann weiter erhält, wenn er in einem Ort mit niedrigerer Ortsklasse als bisher versetzt worden ist.
3. (Abs. 2): *Baden-Württemberg* hielt die Frist von drei Monaten für zu kurz. Eine längere Frist könne für den Richter von Vorteil sein.
4. Rechtsschutz: Einigkeit bestand über die nur *nachträgliche* Überprüfung des Versetzungsakts durch das Dienstgericht.

*XIV. Zu § 16 E (§ 10 GE): Rheinland-Pfalz:* Für die Versetzung in den Ruhestand solle als zusätzliches Tatbestandsmerkmal die Unzurechnungsfähigkeit i.S. von § 51 StGB angeführt werden. (Keine Unterstützung bei anderen Ländern.)

*Nordrhein-Westfalen* wünschte eine Bestimmung, wonach ein Disziplinarverfahren übergeleitet werden könne in das Versetzungsverfahren, um ein zweites Gerichtsverfahren zu vermeiden.

Einigkeit bestand darüber, dass

1. das Gericht auch nachprüfen soll, ob die Versetzung an den von der Behörde genannten Ort zumutbar sei, und dass es
2. „*richterliche*“ Tätigkeit statt „rechtsprechende Tätigkeit“ (§ 16 Abs. 1 vierte Zeile E) heißen soll.

*Nordrhein-Westfalen* wies darauf hin, dass zu der Versetzung in ein Amt mit gleichem Grundgehalt ein Gegenstück für den Fall geschaffen werden müsse, dass der Richter schuldhaft gehandelt habe. In den Katalog der Disziplinarstrafen solle deshalb als weitere Strafe aufgenommen werden: Versetzung in ein Amt mit *gleichem* Endgrundgehalt.

*XV. Zu § 11 GE: Einstimmig:* Die Vorschrift soll übernommen werden, wobei es auf die Stellung nicht entscheidend ankommt.

*XVI. Zu § 17 E (§ 12 GE):*

1. *Absatz 1: Einstimmig:* a) Eine *schriftliche* Einwilligung soll nicht verlangt werden.
   b) Kein Unterschied zwischen Gericht und Verwaltungsbehörde (wegen der StA). Text des E also unverändert.
   c) „auf bestimmte Zeitdauer“, nicht „auf die Dauer eines Jahres“.
2. *Absatz 2: Einstimmig:* a) Die Frist von einem Monat ist zu kurz.
   b) Bei Fristverlängerung ist in der zweiten Zeile hinter dem Wort Einwilligung einzufügen: „innerhalb eines Geschäftsjahres“.

c) Die Abordnung soll nicht nur im Falle der Krankheit oder des Urlaubs, sondern bei jeder „Verhinderung“ möglich sein.

*Niedersachsen:* „Benachbartes Gericht“ sei bei Ausbruch einer Epidemie in einem Landesteil zu eng.

*Bayern* wies darauf hin, dass im Falle des Todes nach Landesrecht erst nach drei bzw. sechs Monaten die Stelle mit einem planmäßigen Beamten (Richter) besetzt werden dürfe.

*XVII. Zu § 24 E (§ 7 GE): Dallinger* hob die Wichtigkeit der „Richtlinien für das Strafverfahren“ sowie der „Richtlinien für das Jugendgerichtsverfahren“ hervor.

Nach längerer Debatte über die Fassung der Vorschrift schlug *Schleswig-Holstein* vor zu formulieren: „Einflussnahmen ... sind unzulässig“.

Für das Verbot der „Empfehlungen“ sprachen sich die Länder mit Mehrheit (7:3) aus.

*Nordrhein-Westfalen, Hessen* und *Rheinland-Pfalz* stimmten für Streichung der gesamten Vorschrift, weil der Inhalt selbstverständlich sei.

*XVIII. Zu § 25 E (§ 13 GE):*

1. *Absatz 1: Einstimmig:* Satz 1 zu streichen, weil selbstverständlich.
2. *Absatz 2:* a) Die Fassung der Hausbesprechung wurde verlesen „(2) In der Dienstaufsicht liegt die Befugnis, die ordnungswidrige Ausführung eines Amtsgeschäfts zu rügen und zu seiner ordnungsgemäßen Erledigung zu ermahnen.“ – *Baden-Württemberg* hielt die ursprüngliche Fassung des Entwurfs für besser.
   b) Die Einfügung von „unverzüglich“ hinter „ordnungsgemäßen“ in § 25 Abs. 2 E i.d.F. der Hausbesprechung wurde mit 7:3 Stimmen abgelehnt.
   c) Gegen die Einfügung von „auch“ hinter den Worten „Dienstaufsicht liegt“ wurden keine Bedenken erhoben.

*XIX. Zu § 26 E (§ 13 Abs. 3 GE:* Die Streichung der Worte: „nach Erschöpfung des Dienstaufsichtswegs“ und stattdessen ein obligatorischer Einspruch vor der Klagerhebung wurden zur Erörterung gestellt.

*Hamburg:* Gegen Einspruch, weil dadurch weitere Verwaltungsakte geschaffen würden und die Errichtung des Dienstgerichts bei einem *ordentlichen* Gericht gefährdet werden könnte.

*Niedersachsen* schlug einen mittleren Weg vor: Keine Erschöpfung des Dienstaufsichtswegs, jedoch Ankündigung der Klagerhebung innerhalb einer angemessenen Frist.

*Baden-Württemberg:* Es sollten der Einspruch und eine Berichtspflicht vorgesehen werden.

*Bayern* und *Nordrhein-Westfalen:* Das Vorverfahren brauche im Richtergesetz nicht geregelt zu werden, zumal die Gesetzgebungskompetenz des Bundes fraglich sei.

*Ergebnis:* Nach einstimmiger Auffassung der Länder sind zu streichen: „nach Erschöpfung des Dienstaufsichtsweges".

*XX. Dienstaufsicht: Nordrhein-Westfalen* regte die Aufnahme einer Vorschrift über die Zusammenfassung der Dienstaufsicht bei den Justizministern an, zumindest sollten in den Schlussvorschriften die Bestimmungen beseitigt werden, die die Vereinheitlichung der Dienstaufsicht gegenwärtig hinderten, wie §§ 15 und 34 ArbGG.

*Niedersachsen* unterstützte den Antrag. Die Aufnahme der Vorschrift sollte selbst bei Aussichtslosigkeit aufgenommen werden. Anderenfalls könnte argumentiert werden, dass selbst das BMJ die Zusammenfassung der Dienstaufsicht bei den Justizministerien nicht gewollt habe.

*Marquordt* betonte, dass die Vorschriften über die Dienstaufsicht der Rechtsnatur nach GVG-Recht seien (§ 8 Abs. 3 und § 22 Abs. 3 GVG).

Sämtliche Länder mit Ausnahme von Schleswig-Holstein, das sich der Stimme enthielt, stimmten für die Aufnahme einer entsprechenden Vorschrift.

*XXI. Zu § 11 E (§§ 4, 5 GE):* 1. Gegen die Formulierung „erkennenden Gericht" wurden Bedenken geäußert.

*Dallinger* wies auf §§ 28 Abs. 2 und 305 StPO hin, wo die Formulierung im technischen Sinne verwandt werde.

*Ergebnis:* Statt „erkennenden Gericht": „Bei einer gerichtlichen Entscheidung …".

2. Besetzung der Gerichte: *Niedersachsen* äußerte Bedenken gegen eine Besetzung mit zwei nicht lebenslänglich angestellten Richtern, die nach §§ 11 Abs. 2 und 12 Abs. 2 E möglich sei.

*Nordrhein-Westfalen* hielt demgegenüber die Vorschrift für zu eng. Angesichts der großen Zahl von Assessoren und Hilfsrichtern ergeben sich in der Praxis Schwierigkeiten.

*Ergebnis:* Es soll bei der Regelung des Entwurfs bleiben.

*XXII. Assessoren-Justiz: Baden-Württemberg:* Bei jedem Gericht in Baden sei ein Schöffengericht gebildet, so dass der Ausschluss der Assessoren vom Vorsitz eines Schöffengerichts zu großen Schwierigkeiten führen würde.

*Bayern:* Der Ausschluss der Assessoren von bestimmten Funktionen sei nicht möglich, da bei Tod eines planmäßigen Richters die Stelle erst nach sechs Monaten wieder besetzt werden dürfe.

*Hamburg:* Das Richtergesetz solle keine Regelungen über diesen Punkt enthalten. Die Beschäftigung der Assessoren sollte vielmehr den Ländern überlassen bleiben.

*Berlin, Bremen, Hessen, Niedersachsen* und *Schleswig-Holstein:* wie Hamburg.

*Nordrhein-Westfalen* erklärte sich evtl. mit einer Beschränkung der Beschäftigungsmöglichkeiten der Assessoren einverstanden (z.B. bei den Schöffengerichten und Untersuchungsrichtern).

*Rheinland-Pfalz* befürwortete eine *Soll*vorschrift.

*XXIII. Richterrat – Richtersenat*

1. *Zur Terminologie.* Einstimmig wurde vorläufig folgende Terminologie beschlossen: a) Für den Richterrat i.S. des E und GE: *Richterausschuss;* b) für den Richtersenat i.S. des GE: *Richterrat.*
2. *Grundsätzliches zur Richtervertretung. Nordrhein-Westfalen:* Die Trennung der Aufgaben für den Richterausschuss und den Richterrat sei folgerichtig.
   *Baden-Württemberg* sprach sich für die Lösung des Gegenentwurfs mit der Modifizierung aufgrund der Ressortbesprechung (Richterausschuss besteht nur aus *gewählten* Vertretern) aus.

Dem schlossen sich *Bayern, Schleswig-Holstein* und *Rheinland-Pfalz* an.

*Hessen* äußerte Zweifel, ob die Richter angesichts ihres besonderen Status überhaupt des Schutzes durch eine Personalvertretung bedürften.

*Rinck* stellte zur Erörterung, den Richterausschuss durch eine vierte Gruppe (Richtergruppe) im Personalrat zu ersetzen.

*Richter:* Bei einer derartigen Lösung könnte die Auffassung gestützt werden, dass Richter doch Beamte seien.

*Baden-Württemberg:* Die Richter würden bei ihrer Eingliederung in den Personalrat eine Bestätigung des Arguments, dass Richter Beamte seien, sehen und befürchten, majorisiert zu werden.

*Bayern:* Nach dem bayer. Entwurf für ein Landes-PersVG würden die Richter als Beamte angesehen. Eine Herausnahme der Richter aus dem Gesetz werde angestrebt.

*Berlin:* Ein Entwurf liege bereits vor. Die Richter sollen danach eine besondere Gruppe im Personalrat bilden, wobei jedoch die Behandlung von Personalangelegenheiten ausgeschlossen sei. Die völlige Herausnahme der Richter wurde angestrebt. Einziges Argument hierfür sei das künftige Richtergesetz.

*Bremen:* Die Ausklammerung der Richter aus dem Personalvertretungsrecht werde angestrebt.

*Hamburg:* Es sei zu befürchten, dass die Richter, ohne besonders erwähnt zu werden, in das Personalvertretungsgesetz einbezogen würden, indem man sich auf den Standpunkt stelle, dass Richter Beamte seien.

*Niedersachsen* vertrat als einziges Land die Auffassung, dass es unzulässig sei, die Richter in die Länder-PersVG einzubeziehen. In § 84 PersVG seien in der Klammer nur die Beamten, Angestellten und Arbeiter, dagegen nicht die Richter erwähnt, die nach § 3 Abs. 1 Satz 2 PVertrG nicht Bedienstete i.S. des Gesetzes seien. Es könne deshalb durchaus argumentiert werden, dass die Rahmenvorschriften des Personalvertretungsgesetzes die Richter im Landesdienst nicht erfassten.

*Nordrhein-Westfalen:* Es werde erwogen, für die Richter eine Vertretung im Personalrat zu schaffen, jedoch ohne Zuständigkeit für die Personalangelegenheiten.

*Rheinland-Pfalz:* Allenfalls könnten die Richter als besondere Gruppe, aber auch nur für die *gemeinsamen* sozialen Angelegenheiten in das Personalvertretungsgesetz einbezogen werden.

*Schleswig-Holstein:* Es gelte bereits ein Personalvertretungsgesetz, das vor dem Personalvertretungsgesetz des Bundes in Kraft getreten sei. Bisher seien die Richter ausgenommen. Es werde versucht, diese Ausklammerung aufrecht zu erhalten.

Mit Mehrheit (7:3) sprachen sich die Länder für ein besonderes Gremium (Richterausschuss) und gegen eine vierte Gruppe im Personalrat aus.

Für ein besonderes Gremium sprachen sich aus: Baden-Württemberg, Bayern, Bremen, Hamburg, Niedersachsen, Rheinland-Pfalz, Schleswig-Holstein.

Eine vierte Gruppe für Richter im Personalrat befürworteten: Berlin, Hessen und Nordrhein-Westfalen.

3. *Aufgabenverteilung:* Nach längerer Debatte bestand Einigkeit über den Grundsatz, dass der Richterausschuss für die sozialen und allgemeinen Angelegenheiten, der Richterrat nur für die Ernennung und Beförderung zuständig sein soll. Im Übrigen soll den Ländern freie Hand bei der Ausgestaltung der Richtervertretung gelassen werden.

*XXIV. Zu § 78 E (§ 62 GE):* Mit Nachdruck wurde gefordert, die Möglichkeit, einen *gemeinsamen* Richterausschuss für mehrere Gerichtszweige zu bilden, aufrecht zu erhalten.

*XXV. Zu § 79 E (§ 62 GE):*

1. *Absatz 1: Einstimmig:* a) *Soll*vorschrift
   b) dahin neu zu fassen: „Wenn der Richterausschuss die *Möglichkeit* zur Stellungnahme … gehabt hat".
2. *Absatz 2: Hessen:* Die Vorschrift schreibt eine Mitwirkung des Richterrats nur dann vor, wenn eine Beteiligung des Richterwahlausschusses vorgesehen ist. Darin liege eine Diskriminierung der Richterwahlausschüsse.
   *Einstimmig:* Absatz 2 ist zu streichen.
3. *Absatz 3: Einstimmig:* Welche Nachweise von dem Richterausschuss gefordert werden können, soll der Landesgesetzgeber bestimmen.
4. *Absatz 4 Satz 1: Hessen:* Eine Begründung soll nicht verlangt werden. Ob eine Stellungnahme begründet werden solle oder nicht, könne dem Richterrat überlassen bleiben.
   *Einstimmig:* „Der Richterrat hat eine *ablehnende* Stellungnahme zu begründen".

5. *Absatz 4 Satz 2:* Mit Mehrheit wurde die Streichung gewünscht.

*XXVI. Zu § 74 (33) E (§ 61 [34] E)*

1. *Absatz 1:* Die Fassung aufgrund der Hausbesprechung wurde verlesen: „Der Richter hat auch in seinem außerdienstlichen Verhalten auf die Pflichten aus dem Richteramt Bedacht zu nehmen und in seinem gesamten Verhalten auch den Anschein einer Voreingenommenheit zu meiden".
   Nach längerer Debatte sprachen sich *Baden-Württemberg, Hamburg* und *Hessen* dafür aus, den gesamten Absatz fallen zu lassen.
   *Bayern* hielt die Bestimmung für ein etwaiges Disziplinarverfahren für notwendig.
   *Rheinland-Pfalz:* Die Bestimmung sei nicht unentbehrlich, weil eine notwendige Pflicht statuiert werde.
2. *Absatz 2 Satz 1: Nordrhein-Westfalen* verwies darauf, dass es sich um eine politische Frage handle, über die bereits von der Aachener Justizministerkonferenz ein Beschluss im Sinne der Fassung des Entwurfs gefasst worden sei.
   *Einstimmig:* Auch hier muss Parteizugehörigkeit ausdrücklich erlaubt werden.
3. *Absatz 3 Satz 2: Baden-Württemberg* und *Hessen:* Für die Bestimmung bestehe kein Bedürfnis.

*Bremen* wies auf die Doppelstellung der Bürgerschaftsabgeordneten in Bremen hin, die zugleich der Vertretungskörperschaft einer Gemeinde (Stadtbürgerschaft) angehörten.

*Roemer:* Bei Aufrechterhaltung der Bestimmung ist eine Bremen-Klausel in den Schlussvorschriften aufzunehmen.

Die Mehrheit der Länder sprach sich für eine Beibehaltung der Vorschrift aus; offen blieb die Frage, welche Folgen eintreten, wenn ein Richter Mitglied einer Vertretungskörperschaft geworden ist.

*XXVII. Zu § 76 (36) E (§ --[36] GE)*

1. *Absatz 1: Baden-Württemberg:* „nicht beeinträchtigen kann" sei zu unbestimmt.
   *Nordrhein-Westfalen* legte Wert darauf, dass es bei dem Grundsatz des E bleibe, dagegen nicht die Konzeption des Gegenentwurfs, die insoweit das Beamtenrecht gelten lasse, übernommen werde.
   Formulierungsvorschlag: „Soweit eine Genehmigung nach allgemeinen beamtenrechtlichen Vorschriften erforderlich ist, darf sie nur erteilt werden, wenn …".
2. *Absatz 2 Satz 1: Hamburg* wies auf die Tätigkeit von Richtern bei den öffentlichen Rechtsauskunfts- und Vergleichsstellen (ÖRA) hin. Die Richter erhielten eine Aufwandsentschädigung von 10 DM pro Abend. Die Beratung dauere etwa 2 ½ Stunden und finde zweimal wöchentlich statt. Es sei ein besonderes Anliegen, dass die Tätigkeit fortgeführt werden könne.

3. *Absatz 2 Satz 2:* Nachdem als Ergebnis der Hausbesprechung bekannt gegeben worden war, dass ein Privileg nur für Professoren, die Richter im *Neben*amt sind, gelte, wiesen *Berlin* und *Hamburg* darauf hin, dass in diesen Ländern die Professoren zwei Hauptämter bekleideten.
   *Bayern* und *Niedersachsen* traten für ein Verbot der Gutachtenerstattung ohne Ausnahme ein.
   *Nordrhein-Westfalen:* Es sei schwer, Professoren für ein Richteramt zu gewinnen. Ein Verbot der Erstattung von Gutachten würde es unmöglich machen, künftig einem Professor mit Erfolg ein Richteramt anzutragen. Trotz systematischer Bedenken sollte das Professoren-Privileg bestehen bleiben.
   *Ergebnis:* Für vollständiges Verbot: *Bayern* und *Niedersachsen,* für eine Ausnahme von dem Verbot zugunsten von Professoren, die Richter im *Neben*amt sind: die übrigen 8 Länder.

*XXVIII. Dienstgericht:* a) Soll das Dienstgericht gespalten werden in Disziplinargericht und Dienstgericht?

b) Soll das Dienstgericht beim BGH oder beim BVerwG errichtet werden?

Nach längerer Debatte stimmten alle Länder für ein einheitliches Dienstgericht beim BGH.

*Hessen:* Schon die Tatsache, dass die überwiegende Zahl aller Richter in der ordentlichen Gerichtsbarkeit tätig sei, spräche für die Errichtung des Dienstgerichts beim BGH.

*Niedersachsen:* Das Zahlenargument sei schwach. Ein stärkeres Argument sei, dass die Disziplinarverfahren den Strafverfahren verwandt seien und dass die Strafgerichtsbarkeit, obwohl sie öffentlich-rechtlicher Natur sei, stets einen Zweig der ordentlichen Gerichtsbarkeit gebildet habe. Wegen des Sachzusammenhangs sei es untunlich, diejenigen Verfahren, die einen reinen Disziplinarcharakter nicht hätten, nicht auch den Dienstgerichten, sondern den allgemeinen Verwaltungsgerichten zuzuweisen. Eine Trennung beider Sachverhalte sei praktisch nicht möglich.

*XXIX. Rechtsweg: Petersen* erläuterte die Entwicklung des Rechtswegs für Streitigkeiten aus dem Dienstverhältnis der Richter.

In der Debatte wies *Rheinland-Pfalz* auf die Möglichkeit hin, die statusrechtlichen Verwaltungsakte und auch die vermögensrechtlichen Ansprüche der Richter den Dienstgerichten zuzuweisen.

Die Länder berichteten über die gegenwärtige Rechtslage. Danach sind für die Klagen der Richter aus dem Dienstverhältnis in allen Ländern, mit Ausnahme von *Nordrhein-Westfalen,* die ordentlichen Gerichte zuständig. Diese Zuständigkeit ist in *Bayern* und *Rheinland-Pfalz* verfassungsmäßig verankert.

Für die zukünftige Regelung sprachen sich nur *Niedersachsen* und *Nordrhein-Westfalen* für den Rechtsweg vor den Verwaltungsgerichten, die anderen Länder – ohne *Hamburg*, das nicht mehr vertreten war – für den ordentlichen Rechtsweg aus.

Anlage 1. Vorschlag von Nordrhein-Westfalen

*§ A.* Ein Richter kann auf Zeit berufen werden.

Die erstmalige Berufung muss auf die Dauer von sechs Monaten erfolgen. Eine anschließende erneute Berufung für die gleiche Dauer ist unzulässig.

Nach einer ununterbrochenen Beschäftigung von insgesamt einem Jahr ist die weitere Berufung nur für die Dauer von einem Jahr zulässig.

Nach Ablauf dieser Zeit ist der Richter auf die Dauer von drei Jahren zu berufen, es sei denn, dass er sich nicht bewährt hat. Spätestens mit Ablauf dieser Zeit soll er zum Richter auf Lebenszeit ernannt werden.

*§ B.* (1) Ein Richter auf Zeit kann an ein anderes Gericht oder an eine Behörde der Justizverwaltung abgeordnet werden.

(2) Im Übrigen gilt für die Richter auf Zeit bis zum Ablauf ihrer Amtszeit der § 14 entsprechend.

Anlage 2. Vorschlag von Rheinland-Pfalz

Unterabschnitt: Zu erprobende Richter

*§ 20 Richter auf Zeit*

(1) Wer im richterlichen Dienst erprobt werden soll, wird zum Richter auf Zeit für sechs oder zwölf Monate berufen.

(2) Er führt die Amtsbezeichnung Gerichtassessor. Ist er für die richterliche Tätigkeit als Beamter auf Lebenszeit oder Zeit beurlaubt worden, so führt er die Amtsbezeichnung Hilfsrichter; er kann seine bisherige Amtsbezeichnung daneben weiterführen.

(3) Dem Richter auf Zeit ist ein Amt bei einem oder mehreren Gerichten zu übertragen. Er kann an andere Gerichte abgeordnet werden.

*§ 21. Richter auf Probe*

(1) Wer nach einjähriger Tätigkeit als Richter auf Zeit (§ 20) oder als Beamter auf Widerruf im staatsanwaltschaftlichen Dienst im richterlichen Dienst verwendet werden soll, ist zum Richter auf Probe zu berufen.

(2) § 20 Absätze 2 und 3 finden Anwendung.

(3) Dem Richter auf Probe ist ein Amt bei einem oder mehreren Gerichten zu übertragen. Er kann an ein anderes Gericht oder an eine Staatsanwaltschaft abgeordnet werden.

*§ 22. Anwartschaft des Richters auf Probe*

(1) Der Richter auf Probe ist spätestens vier Jahre nach seiner Berufung zum Richter auf Lebenszeit oder zum Staatsanwalt zu ernennen oder einem Richterwahlausschuss zur Wahl vorzuschlagen.

(2) Der Richter auf Probe kann ohne sein schriftliches Einverständnis nur aus Gründen und unter den Formen, welche die Gesetze bestimmen, sowie – außer in den Fällen des § 23 Abs. 1 und 2 – nur durch Urteil des Dienstgerichts entlassen oder dauernd oder zeitweise seines Amtes enthoben werden.

*§ 23. Besondere Entlassungsgründe*

(1) Ein Richter auf Probe kann innerhalb eines Jahres nach seiner Berufung mangels Bewährung entlassen werden. Die Entlassung ist nur zum Schluss eines Kalenderhalbjahres zulässig und muss dem Richter auf Probe mindestens drei Monate vorher unter Angabe der Gründe schriftlich mitgeteilt werden. Gegen die Mitteilung kann der Richter auf Probe innerhalb einer Frist von einem Monat die Entscheidung des Dienstgerichts anrufen. Dieses entscheidet durch Beschluss ohne mündliche Verhandlung.

(2) Der Richter auf Probe kann entlassen werden, wenn ein Richterwahlausschuss seine Ernennung zum Richter auf Lebenszeit ablehnt.

(3) Ein Richter auf Probe und ein Richter auf Zeit ist zu entlassen, wenn er eine Handlung begeht, die eine schwerere Disziplinarstrafe als einen Verweis oder eine Geldbuße rechtfertigen würde. Die Entlassung ist von der obersten aufsichtführenden Stelle bei dem Dienstgericht zu beantragen. Das Dienstgericht entscheidet durch Urteil. Es kann die vorläufige Amtsenthebung des Richters und die Einbehaltung der Hälfte seiner Dienstbezüge anordnen.

*Anlage 3. Vorschlag von Nordrhein-Westfalen* unter Berücksichtigung der Vorschläge von MinDirig. Dr. Richter

*§ B.* (1) Der Richter auf Zeit, der zur Erprobung einberufen worden ist, kann bei jedem Gericht seines Gerichtszweiges und bei einer anderen Behörde der Justizverwaltung beschäftigt werden.

(2) Ein Beschäftigungsauftrag bei einem Gericht darf nur für eine bestimmte Zeit oder für die Dauer eines durch einen besonderen Anlass hervorgerufenen Bedürfnisses erteilt werden. Er darf nicht vorzeitig widerrufen werden.

*2. Besprechung am 19.12.1955*

*Inhaltsübersicht über die Besprechung*

*XXX.* *Statustypen* (Fortsetzung von X.)
1. Richter auf Zeit f. vorübergehenden Bedarf
2. Richter auf Zeit (Vorschlag von NRW)

*XXXI.* *§ 71 E. Bindung an Rahmenvorschriften*
1. „Berufsrichtertum"
2. Befristung
3. Bindung an Landesbeamtenrecht

*XXXII.* *§ 72 Abs. 2 E. Berufung auf Lebenszeit als Regel*
*XXXIII.* *§§ 30/73 E Richtereid*
1. Fassung
2. Stellung
*XXXIV.* *Umfang d. dienstrechtl. Abschn. im Ersten Teil*
*XXXV.* *§ 77 E Dienstbezüge*
*XXXVI.* *§§ 48/81 E Altersgrenze*
*XXXVII.* *§§ 55/82 E Disziplinarverfahren*
1. Strafenkatalog
2. Privileg der Bundesrichter
*XXXVIII.* *§§ 53/83 E Rechtsweg vor den Dienstgerichten*
*XXXIX.* *§§ 54/84 E Verfassung des Dienstgerichts*
1. § 84 E Abs. 1
2. Abs. 2 Satz 1
3. Abs. 3

*XL.* *§ 85 E Verfahren bei dem Dienstgericht*
*XLI.* *§ 35 E Tätigkeiten in der Justizverwaltung*
1. Abs. 1 und 2
2. Abs. 3
*XLII.* *§ 49 E Entlassung auf Antrag*
*XLIII.* *§§ 50/15 E Richter ohne Amt*
1. „Einstweiliger Ruhestand"
2. Fassung von Abs. 1
*XLIV.* *§ 70 E Geltung von Bundesbeamtenrecht*
*XLVI.* *„Trottelparagraph"*
*XLVII.* *Orden, Titel und Ehrenzeichen*
*XLVIII.* *Ausbildung d. Referendare a. d. Amtsgericht#*
*XLIX.* *Inhalt der Ernennungsurkunden*

*Anwesenheitsliste*

Baden-Württemberg: RegDir. Kohleiss
Bayern: ORR Dr. Höfler
Berlin: LGDir. Dr. Bukow, LGDir. Dr. Franke
Bremen: ORR Dr. Coenen
Hamburg: AGR Dr. Stiebeler
Hessen: MinR Reh, RR Mädrich
Niedersachsen: MinR Dr. Schultz, ORR Dr. Jung
Nordrhein-Westfalen: MinR Dr. Thunecke, GerAss Dr. Warda

Rheinland-Pfalz: LGR Dr. Brenken
Schleswig-Holstein: MinR von Jagow
BMJ: MinDir Roemer (Vorsitz), MinDirig. Dr. Richter, MinR Prof. Dr. Rinck, AGR Dr. Lohse, LGR Dr. Schmidt-Räntsch

*XXX. Statustypen (Fortsetzung von Punkt X.)*

1. Richter auf Zeit für vorübergehenden Bedarf

   *Bayern:* Die Vorschläge von Nordrhein-Westfalen und Rheinland-Pfalz seien nicht akzeptabel, weil der „Richter auf Zeit" für einen vorübergehenden Bedarf fehle. In Bayern bestehe für diesen Typus ein Bedürfnis für folgend Gebiete:

   a) Grundbuchbereinigung (Grundbuchassessoren, z.Zt. 40, Erhöhung auf 80 vorgesehen),
   b) Kriegsopferversorgung (Sozialgerichte),
   c) Lastenausgleich,
   d) Wiedergutmachungssachen,
   e) Entschädigungssachen (bei LG München z.Zt. acht Entschädigungskammern).

   *Berlin* wies ebenfalls auf die Wiedergutmachungskammern und Entschädigungskammern hin.

   *Rinck:* Dem Anliegen von Bayern und Berlin könne durch eine Übergangsbestimmung für fünf Jahre Rechnung getragen werden.

   *Hessen:* Die Erwähnung der Wiedergutmachungs- und Entschädigungskammern müsse aus politischen Gründen unterbleiben. Im Übrigen bestehe insoweit für eine Übergangsbestimmung kein Bedürfnis, weil die Verfahren allmählich ausliefen, so dass die Personalreferate entsprechend disponieren könnten.

   *Ergebnis:* Es soll nicht zulässig sein, dass Richter für vorübergehenden Bedarf (Richter auf Zeit, oder beauftragte Richter) ernannt werden. Jedoch soll für die ersten fünf Jahre nach Inkrafttreten des Richtergesetzes eine solche Bestellung entsprechend den bayerischen Wünschen zugelassen werden. Bei Formulierung der Übergangsvorschriften ist zu beachten:

   a) Die einzelnen Sachgebiete müssen aufgezählt werden, eine Generalklausel ist abzulehnen und
   b) die Wiedergutmachungskammern und die Entschädigungskammern dürfen nicht erwähnt werden.

2. *Richter auf Zeit* (Vorschlag von NRW)

   *Nordrhein-Westfalen:* Der gefundene Typus des Zeitrichters sei ein Typus, der von den Begriffen des Beamtenrechts abweiche; darin liege ein Vorteil.

   *Niedersachsen:* Gegen den Vorschlag von Nordrhein-Westfalen bestünden verschiedene Bedenken, u.a. deswegen,

a) weil die Laufbahnen des Staatsanwalts und des Richters getrennt würden und
b) weil der Status nach Ablauf von fünf Jahren ungeklärt sei.

*Nordrhein-Westfalen:* Diesen Bedenken könne Rechnung getragen werden

a) durch die Einfügung von „oder zum Staatsanwalt“ in § A Abs. 4 Satz 2 des Vorschlags von NRW und
b) durch Einfügung eines weiteren Satzes in § A Abs. 4 etwa mit folgendem Inhalt: „Findet eine Ernennung bis zu diesem Zeitpunkt nicht statt, so ist der Richter jeweils auf ein weiteres Jahr zu berufen, es sei denn, dass der Richterwahlausschuss ihn endgültig abgelehnt hat.“

*Niedersachsen:* Die Möglichkeit (und Verpflichtung) zur weiteren Berufung nach fünf Jahren zeige, dass der Richter auf Zeit in Wirklichkeit keinen Zeitstatus habe.

Wenn schon ein neuer Typus geschaffen werde, sollte eine lückenlose Regelung im Richtergesetz erfolgen. Eine Verweisung auf das Beamtenrecht sei nicht möglich.

*Hessen* wies auf die Schwierigkeiten bei der Beteiligung des Richterwahlausschusses hin. Nach dem geltenden hessischen Recht müsse nach sechs Jahren endgültig über die Bestellung oder Entlassung des Richters entschieden werden. Auch für die Entlassung bedürfe es der Zustimmung des Richterwahlausschusses.

*Rheinland-Pfalz:* Zwei Statustypen reichten nicht aus, weil der Richter auf Zeit nach dem Vorschlag von Nordrhein-Westfalen zwei verschiedene Arten von Richtern umfasse. Dem würde durch den Vorschlag von Rheinland-Pfalz Rechnung getragen.

*Bayern:* Die bisher vorliegenden Vorschläge für Anzahl und Ausgestaltung der Statustypen seien nicht befriedigend. Die Assessoren und anderen zu erprobenden Richter müssten Beamte sein.

Der Vorschlag von Bayern wurde mit 6 Stimmen bei 2 Enthaltungen abgelehnt.

Nach längerer Debatte ergab sich, dass zwei Lösungsmöglichkeiten ausgearbeitet und MR Dr. Thunecke (als Vertreter der Landesjustizverwaltungen); MinR Dr. Neiss, BMI, und MinR Prof. Dr. Rinck erörtert werden sollen; und zwar

a) auf der Basis des Vorschlags von NRW (zwei Statustypen) und
b) auf der Grundlage des Entwurfs (drei Statustypen).

Einigkeit bestand darüber, dass

a) der Richter während des 1. Jahres aus jedem Grund entlassen werden kann (jedoch nur zum Ende des 6. und 12. Monats),
b) eine Verzahnung der Laufbahnen des Staatsanwalts und des Richters vorzusehen und
c) die Durchführung dieser Grundsätze eine technische Frage von minderer Bedeutung ist.

Im Laufe der Debatte betonte *Niedersachsen,* dass die Verzahnung der Laufbahnen des Staatsanwalts und des Richters ein besonderes Anliegen sei und wies darauf hin, dass die

Möglichkeit der Entlassung im 1. Jahr aus jedem Grunde bei sorgfältiger Auswahl der Bewerber nicht erforderlich sei. In den vergangenen Jahren habe nur in drei Fällen schon während des ersten Jahres eine Entlassung ausgesprochen werden müssen.

*Nordrhein-Westfalen* erklärte, dass auch gegenteilige Erfahrungen vorlägen. Bis vor einiger Zeit hätten auch Bewerber mit ungünstigen Prüfungsnoten eingestellt und in vielen Fällen bereits während des ersten Jahres wieder entlassen werden müssen.

*XXXI. Zu § 71 E (Bindung an Rahmenvorschriften)*

1. *„Berufsrichtertum"*
   *Hamburg:* Dieser Begriff sei bisher nicht Gesetzessprache. Man solle ihn fallen lassen und stattdessen in der Begründung auf Art. 33 Abs. 5 GG verweisen. – Dieser Vorschlag fand allgemeine Zustimmung.
2. Dem Vorschlag von *Hessen* wurde zugestimmt, die Frist bis zum 31.12.1958 fallen zu lassen.
3. *Nordrhein-Westfalen:* Eine Bestimmung wie § 55 GE sollte aufgenommen werden. Dadurch werde erreicht, dass die Richtergesetze der Länder nicht erheblich voneinander abwichen. Es bestehe die Verbindung BRRG – Landesbeamtengesetz – Landesrichtergesetz.

*Hessen:* Dieser Vorschlag bedeute einen Rückschritt gegenüber dem in Hessen geltenden Recht für Richter.

Auch *Bayern* äußerte Bedenken, weil möglicherweise der Rechtsweg, der für Streitigkeiten aus dem Richterdienstverhältnis nach der Bayer. Verfassung vor den ordentlichen Gerichten eröffnet sei, geändert werden müsse.

*Einstimmig:* § 55 GE soll nicht übernommen werden.

*XXXII. Zu § 72 E Abs. 2. Nordrhein-Westfalen* berichtete, dass 35% der Richter des Landes nicht auf Lebenszeit eingestellt seien. Auf eine Übergangsbestimmung für die Dauer von etwa drei Jahren müsse besonderer Wert gelegt werden.

*Baden-Württemberg* gab zu erwägen, die Bestimmung als Sollvorschrift zu formulieren.

Gegen eine Beibehaltung von § 72 Abs. 2 E in Verbindung mit einer entsprechenden Übergangsregelung würden jedoch keine Bedenken erhoben.

*XXXIII. Zu §§ 30/73 E.*

1. Die *Fassung* aufgrund der Hausbesprechung wurde verlesen: „Ich schwöre, das Richteramt getreu dem Grundgesetz für die Bundesrepublik Deutschland und getreu den Gesetzen auszuüben, nach bestem Wissen und Gewissen zu urteilen und nur der Wahrheit und Gerechtigkeit zu dienen. So wahr mir Gott helfe."
   *Berlin:* Es sollte „Gesetz und Recht" heißen.

*Bayern:* „zu urteilen" sei zu eng.

*Baden-Württemberg:* Die Formel könnte noch weiter gekürzt werden, wie nach dem Vorschlag von Nordrhein-Westfalen. – *Überwiegend:* Keine Bedenken gegen die Fassung der Hausbesprechung.

2. *Stellung* der Vorschriften über den Richtereid.

   *Nordrhein-Westfalen:* Die Vorschrift über den Richtereid könnte in den dienstrechtlichen Abschnitt des *Ersten* Teiles übernommen werden.

   *Hamburg* hielt die Bestimmungen über den Richtereid für GVG-Recht.

   *Einstimmig:* §§ 30 und 73 sind zusammengefasst in den dienstrechtlichen Abschnitt des Ersten Teiles zu übernehmen.

*XXXIV. Umfang des dienstrechtlichen Abschnitts im Ersten Teil*

Nach einstimmiger Meinung können in den Ersten Teil übernommen werden: 1. Vorschriften über die Beendigung des Richteramts, 2. Verfahrensbestimmungen für das Dienstgericht, 3. §§ 35 und 36 E.

*XXXV. Zu § 77 E: Nordrhein-Westfalen:* Durch den Entwurf für ein Bundesbesoldungsgesetz, der keine besondere Besoldungsordnung für Richter vorsehe, sei gegenüber der Aachener Konferenz eine neue Lage geschaffen. Die einzige Möglichkeit, eine besondere Besoldungsordnung für Richter durchzusetzen, liege in der Aufnahme einer entsprechenden Vorschrift im Richtergesetz.

*Rheinland-Pfalz:* Wichtiger als eine besondere Besoldungsordnung für Richter sei, dass materiell etwas über die Besoldung der Richter im Richtergesetz ausgesagt werde. § 77 sei, soweit es die Formulierung „Beförderungsstufe" anbelange, missverständlich, wenn nicht unrichtig. Nach der jetzigen Fassung könne an die Besoldung des Oberamtsrichters (Besoldungsgruppe A 2 c 1) gedacht werden. Gemeint sei offenbar die 1. Beförderungs*gruppe*.

Nach längerer Debatte: *Überwiegende Meinung:*

1. § 77 E soll mit dem jetzigen Inhalt bestehen bleiben.
2. In einem Absatz 2 ist die Forderung nach einer besonderen Besoldungsordnung für Richter aufzunehmen.
3. In einem einzufügenden Abs. 3 soll die gleichmäßige Besoldung in den einzelnen Gerichtszweigen sichergestellt werden. – Die Reihenfolge entspricht zugleich der Dringlichkeit.

   *Roemer:* Die vier Länder, die sich in Aachen gegen Ziffer 2 ausgesprochen haben, mögen schriftlich erneut zu dieser Frage Stellung nehmen.

*XXXVI. Zu § 48/81 E: Bayern* äußerte Bedenken, ob der Bund aufgrund der Rahmenkompetenz die Altersgrenzen für Richter festlegen könne. In dem künftigen BRRG werde es dem Landesgesetzgeber überlassen, die Altersgrenze zu bestimmen (§ 25 BRRG).

*Hessen:* Wie Bayern, zumal mit Rücksicht auf die jetzige Alterszusammensetzung der Richter in Hessen Schwierigkeiten auftreten würden, wenn die Altersgrenze auf 68 Jahre festgesetzt werden sollte. Nach den bisherigen Erfahrungen seien Richter im Alter von über 60 Jahren in erheblichem Maße arbeitsunfähig. Es sei deshalb nicht zu befürworten, die Altersgrenze der Richter höher zu legen als die der Beamten.

*Baden-Württemberg:* Die Länder sollten einen Spielraum zwischen 65 und 68 Jahren haben.

Für eine Altersgrenze von 68 Jahren und eine Festlegung der Länder, wie durch § 81 E, sprachen sich 6 Länder, dagegen *Bayern, Baden-Württemberg* und *Hessen* aus, die eine Regelung wie in § 25 BRRG befürworteten.

*Rheinland-Pfalz* enthielt sich der Stimme.

*XXXVII. Zu § 55/82 E.*

1. Nach längerer Debatte über den Katalog der Disziplinarstrafen wurden einstimmig folgende Strafen beschlossen:
   Verweis, Geldbuße (evtl. mit Erhöhung über die einmonatigen Dienstbezüge hinaus), Versetzung in ein Amt derselben Laufbahn mit gleichem Endgrundgehalt, Versetzung in ein Amt derselben Laufbahn mit geringerem Endgrundgehalt, Entfernung aus dem Dienst.
2. Dem Privileg der Bundesrichter in § 55 Abs. 3 E wurde zugestimmt.

*XXXVIII. Zu § 53/83 E: Rinck* erläuterte die Zuständigkeitsregelung in §§ 53/83. Nach dem Grundgesetz dürften auf Bundesebene nur die in Art. 96 Abs. 1 und 3 GG genannten Gerichte eingerichtet werden. Man habe deshalb ein bestehendes Gericht für zuständig erklären müssen und den Disziplinarsenat beim Bundesgerichtshof gewählt. Dem Disziplinarsenat (Dienstgericht) hätten aber nur Streitigkeiten mit disziplinarem Charakter zugewiesen werden können.

Nach längerer Debatte über die Zuständigkeit des Dienstgerichts schlug *Niedersachsen* vor, neben den Disziplinarsachen solche Rechtsstreitigkeiten dem Dienstgericht zuzuweisen, die mit der Unabhängigkeit der Richter zusammenhingen. Dem stimmten *Bayern, Berlin, Hamburg, Rheinland-Pfalz* und *Schleswig-Holstein* vorbehaltlos zu.

*Nordrhein-Westfalen* und *Baden-Württemberg* bekannten sich ebenfalls zu dem Prinzip, würden aber gegen eine Zweiteilung des Dienstgerichts in Disziplinargericht und eigentliches Dienstgericht sowie gegen die Zuweisung der nichtdisziplinaren Streitigkeiten an das Verwaltungsgericht keine Bedenken haben.

*Bremen und Hamburg:* Wie Niedersachsen, falls es nicht zu erreichen sei, sämtliche Streitigkeiten aus dem Richterdienst vorbehaltlos den ordentlichen Gerichten zuzuweisen.

*Berlin:* Den Belangen der Richter der ordentlichen Gerichtsbarkeit könnte, ganz gleich bei welchem Gericht das Dienstgericht gebildet werde, durch eine Bestimmung Rechnung getragen werden, dass drei Beisitzer desselben Gerichtszweiges mitwirken müssten.

*XXXIX: Zu § 84 E*

1. *Absatz 1:* Überwiegende Meinung: Der Landesgesetzgeber soll in Bezug auf die Verfassung und das Verfahren vor dem Dienstgericht gebunden sein.
   *Nordrhein-Westfalen* äußerte allerdings verfassungsrechtliche Bedenken; zumindest seien eingehende Regelungen zu vermeiden.
2. *Absatz 2 Satz 1:* a) *Nordrhein-Westfalen* und *Baden-Württemberg* traten gegen die Stimmen der anderen Länder, die an dem Entwurf festhielten, dafür ein, dass die Auswahl und Ernennung durch den Ministerpräsidenten (Kabinett) erfolge.
   b) Überwiegende Meinung: Die Richter sollten für mehrere Jahre bestellt werden.
3. *Absatz 3* wurde gebilligt, wenngleich die Formulierung verbessert werden müsse. Es sollte die Möglichkeit geschaffen werden, aufgrund des Landesrechts ein oberes Bundesgericht zur Entscheidung in 2. Instanz vorzusehen.
   *Rheinland-Pfalz* wies auf die verfassungsrechtliche Zulässigkeit, insbesondere auf Art. 99 GG, hin.

*XL. Zu § 85 E:* Der Verweisung auf die VGO für das Versetzungs- und Prüfungsverfahren wurde zugestimmt.

*Nordrhein-Westfalen* machte darauf aufmerksam, dass bei der vorläufigen Dienstenthebung wiederum auf den entsprechenden Abschnitt der Bundesdisziplinarordnung verwiesen werden müsste.

*XLI. Zu § 35 E: 1. Absatz 1 und 2:* Die Fassung wurde erörtert. Übereinstimmung bestand darüber, dass die Begriffe Haupttätigkeit und Nebentätigkeit nicht aufgenommen werden sollten.

*Bayern* bezog sich auf seinen Formulierungsvorschlag in der schriftlichen Stellungnahme vom 24.11.1955 (S. 39), der allgemein Zustimmung fand.

*2. Absatz 3:* „außerhalb der Rechtsprechung" ist zu ersetzen durch „außerhalb seiner richterlichen Tätigkeit".

*XVII. Zu § 49 E: Rheinland-Pfalz* stellte zur Erörterung, ob der Richter, falls er nur wegen einer Sache oder wegen bestimmter Streitigkeiten die Entlassung beantragt habe, in anderen Sachen noch tätig werden müsse.

Nach längerer Debatte: *einstimmig:*

1. Auf einen berechtigten Grund kommt es nicht an.
2. Es muss sichergestellt sein, dass der Entlassungszeitpunkt von dem Richter nicht missbräuchlich hinausgeschoben werden kann.

3. Die Vorschrift soll unmittelbar geltendes Rahmenrecht sein.
4. Dem nachfolgenden Formulierungsvorschlag wurde allgemein zugestimmt:
   Hat ein Richter seine sofortige Entlassung beantragt, so ist er berechtigt, bereits nach Abgabe der Erklärung sich einer richterlichen Entscheidung zu enthalten.

*XLIII. Zu §§ 50/15 E:*

1. Der Vorschlag des BMI, den „einstweiligen Ruhestand“ einzuführen, wurde erörtert.
   *Berlin:* Der einstweilige Ruhestand sei systemwidrig´. Nach dem Beamtenrecht scheide der in den Ruhestand versetzte Beamte aus dem Beamtenverhältnis aus, erhalte Ruhegeld und steige in den Dienstaltersstufen nicht weiter auf. Zur Reaktivierung bedürfe es einer neuen Berufung, folglich auch einer Mitwirkung des Richterwahlausschusses. Das sei unerwünscht.
   *Hessen* wandte sich ebenfalls gegen die Einführung des einstweiligen Ruhestands. Sonst müsse auch nach Hessischem Recht der Richterwahlausschuss erneut mitwirken.
   Von den anderen Ländern wurden gegen den einstweiligen Ruhestand Bedenken nicht erhoben.
2. Einigkeit bestand darüber, dass einerseits bei Beendigung des einstweiligen Ruhestands kein Richterwahlausschuss mitwirken solle, dass aber andererseits auch nicht in das System der Richterwahl (besonders in Hessen) eingegriffen werden solle.
   *Roemer:* Im Prinzip bestehe Einigkeit; die Meinungen gingen nur darüber auseinander, wie das Prinzip gesetzestechnisch zu lösen sei. Der Fragenkomplex solle mit dem BMU erörtert werden.
3. *Bayern* schlug vor, die Regelung über das Gehalt von § 50 Abs. 1 E nach § 15 E zu übernehmen.

*XLIV. Zu § 70 E:* Die Fassung der §§ 70 E einerseits und 19 GE andererseits wurde erörtert.

*Rinck* referierte über die Ansicht des BMI, dass eine klare, unmissverständliche Regelung nur dann möglich sei, wenn das Bundesbeamtenrecht primär und das Richtergesetz sekundär gelte. Der Auffassung des BMI hielt Rinck entgegen, dass das Abgrenzungsproblem in beiden Fällen dasselbe sei. Es müsste stets geprüft werden, ob die Regelung im Richtergesetz – z.B. über die Nebentätigkeiten – abschließend sei oder nicht. Erst die Klärung dieser Vorfrage ergebe, ob neben dem Richtergesetz das Bundesbeamtenrecht anzuwenden sei oder nicht. Bei Klärung der Vorfrage sei unerheblich, ob das Richtergesetz primär oder sekundär gelte.

*Nordrhein-Westfalen:* Die Frage, ob das Beamtenrecht primär oder sekundär gelte, sei eine Grundsatzfrage, die offensichtlich von dem BMI durch die Fassung von § 19 GE angeschnitten werden sollte. § 19 GE sei abzulehnen und im Grundsatz § 70 E beizubehalten.

*Niedersachsen:* Die Fassung von § 19 GE sei gefährlich. In dem Richtergesetz werde die Frage, ob Richter Beamte seien, expressis verbis nicht entschieden werden. Bei der

Klärung dieser Frage durch die Rechtslehre könne § 19 GE als Indiz dafür gewertet werden, dass Richter Beamte seien.

Lohse erläuterte die Verweisungstechnik in dem Entwurf für das Soldatengesetz. Eine generelle Verweisung wie in § 70 E (§ 19 GE) ist nicht vorgesehen. Das Soldatengesetz übernimmt streckenweise Bestimmungen des Bundesbeamtengesetzes oder bringt parallele Regelungen mit geringen Abweichungen (Nebentätigkeiten). An einigen Stellen enthält der Entwurf für ein Soldatengesetz Einzelverweisungen mit der Formulierung „entsprechende Anwendung".

*Einstimmig*: 1. Primär soll das Richtergesetz, sekundär das Beamtenrecht gelten. 2. Die Verweisungsbestimmung soll wie in dem Entwurf am Ende des Zweiten Teils stehen.

*XLV. Amtsbezeichnungen:* Nach längerer Debatte schlug *Rheinland-Pfalz* folgende Amtsbezeichnungen vor: Gerichtsrat (z.B. AGR, LGR), Obergerichtsrat (z.B. OLGR), Gerichtsdirektor (z.B. AGDir), Senatspräsident.

Demgegenüber stellte *Niedersachsen* folgende Amtsbezeichnungen zur Debatte:

Richter, Gerichtsdirektor, Oberrichter, Senatspräsident, Bundesrichter, Senatspräsident.

*Hessen* äußerte Bedenken gegen eine Regelung im Richtergesetz wegen der Verbindung mit den Besoldungsvorschriften. Beides lasse sich nicht voneinander trennen.

Überwiegende Meinung:

1. Ein Junktim zwischen der Amtsbezeichnung der Laienrichter und der Amtsbezeichnung der Berufsrichter bestehe nicht.
2. Die Amtsbezeichnungen sollen nach dem Vorschlag von Niedersachsen ausgestaltet werden.
3. Es handle sich zwar nicht um GVG-Recht, jedoch um unmittelbar geltendes Rahmenrecht.

*XLVI. „Trottelparagraph":* Der Vorschlag *Bayerns* auf Einführung des „Trottelparagraphen" fand keine Unterstützung.

*XLVII. Orden, Titel und Ehrenzeichen:* Für das Verbot von Orden, Titeln und Ehrenzeichen sprachen sich die Ländervertreter überwiegend aus.

*XLVIII. Ausbildung der Referendare an den Arbeitsgerichten: Einstimmig:* Die Ausbildung der Referendare bei den Arbeitsgerichten soll intensiviert und möglichst obligatorisch vorgeschrieben werden.

*Baden-Württemberg:* Nach der in Geltung befindlichen Ausbildungsordnung sei bereits eine zweimonatige Station bei den Arbeitsgerichten zwingend vorgeschrieben.

*Schleswig-Holstein:* Referendare können auf Wunsch sieben Monate bei einem Arbeitsgericht beschäftigt werden. Bei dieser Bestimmung sollte es bleiben, da eine Beschäftigung aller etwa 350 Referendare im Lande bei 7–8 Arbeitsgerichten auch für die Dauer von nur zwei Monaten nicht möglich sei.

Auf Vorschlag von *Hessen* soll der Fragenkomplex durch den von der Aachener Justizministerkonferenz eingesetzten Ausschuss geklärt werden.

*XLIX. Inhalt der Berufungsurkunden*

Die Länder berichteten über den Inhalt der Berufungsurkunden, dass in Bayern, Hamburg, Niedersachsen und Rheinland-Pfalz die Richter noch in das „Beamtenverhältnis", in den übrigen Ländern mit Ausnahme von Nordrhein-Westfalen in das „Richterverhältnis" und in Nordrhein-Westfalen in das „Richteramt" berufen würden.

## XXV. *Referentenentwurf für ein Deutsches Richtergesetz (30.3.1956) – Übersicht über den Inhalt*

Erster Teil: Grundlegende Vorschriften

§ 1. Unabhängigkeit der rechtsprechenden Gewalt
§ 2. Geltung für Berufsrichter
§ 3. Ernennung durch Urkunde
§ 4. Unvereinbare Aufgaben

Zweiter Teil: Richteramt in Bund und Ländern

I. Abschnitt: Unabhängigkeit in der Rechtsfindung

§ 6. Umfang der Dienstaufsicht
§ 7. Nachprüfung der Dienstaufsicht
§ 8. Übertragung eines Richteramts
§ 9. Entlassung und Versetzung durch Urteil
§ 10. Veränderung der Gerichtsorganisation
§ 11. Versetzung im Interesse der Rechtspflege
§ 12. Abordnung

II. Abschnitt: Fähigkeit zum Richteramt

§ 13. Voraussetzung für die Ernennung
§ 14. Ausbildung und Prüfungen
§ 15. Anerkennung von Prüfungen
§ 16. Universitätsprofessoren

III. Abschnitt: Rechtsformen des Richterdienstes

§ 17. Ernennung auf Lebenszeit
§ 18. Ernennung auf Zeit
§ 19. Ernennung zum Richter kraft Auftrages
§ 20. Entlassung eines Richters kraft Auftrages

V. Abschnitt: Richter des Bundesverfassungsgerichts
§ 54. Beschränkte Geltung dieses Gesetzes
§ 55. Bundesrichter als Richter des Bundesverfassungsgerichts

Vierter Teil: Richter im Landesdienst
§ 56. Bindung an Rahmenvorschriften
§ 57. Amtsbezeichnungen
§ 58. Dienstbezüge
§ 59. Richterrat
§ 60. Bildung der Präsidialräte
§ 61. Aufgaben der Präsidialräte
§ 62. Altersgrenze
§ 63. Einrichtung von Dienstgerichten
§ 64. Zuständigkeit des Dienstgerichts
§ 65. Disziplinarstrafen
§ 66. Disziplinarverfahren
§ 67. Versetzungsverfahren
§ 68. Prüfungsverfahren
§ 69. Verfassungsrichter

Fünfter Teil: Übergangs- und Schlussvorschriften
I. Abschnitt: Änderung von Bundesrecht
§ 70. Änderung des Gerichtsverfassungsgesetzes
§ 71. Änderung des Arbeitsgerichtsgesetzes
§ 72. Änderung der Verwaltungsgerichtsordnung (noch offen)
§ 73. Änderung des Sozialgerichtsgesetzes
§ 74. Änderung der Reichsabgabenordnung des Gesetzes über den BFH (noch offen)
§ 75. Änderung des Gesetzes über das Bundesverfassungsgericht
§ 76. Änderung des Gesetzes über den Bundesgerichtshof
§ 77. Änderung des Bundesbeamtengesetzes
§ 78. Änderung des Bundesbesoldungsgesetzes (noch offen)
§ 79. Änderung des 3. Gesetzes über die Altersgrenze von Richtern an den oberen Bundesgerichten und Mitgliedern des Bundesrechnungshofes (noch offen)
§ 80. Änderung der Bundesdisziplinarordnung
§ 81. Verweisung auf aufgehobene Vorschriften
II. Abschnitt: Überleitung von Rechtsverhältnissen
§ 82. Überleitungsvorschriften für Richter auf Lebenszeit und auf Zeit
§ 83. Überleitungsvorschriften für Richter kraft Auftrages und abgeordnete Richter
§ 84. Dienstverhältnis auf Widerruf

§ 85. Fähigkeit zum höheren Verwaltungsdienst
§ 86. Vorsitzender der Arbeitsgerichte und Sozialgerichte
§ 87. Anerkennung nichtdeutscher Prüfungen
§ 88. Rechtsschutz und Dienststrafen für Richter im Bundesdienst
§ 89. Weiterführen alter Amtsbezeichnungen
§ 90. Übergangsvorschriften für Ausbildung und Prüfungen

III. Abschnitt: Schlussvorschriften
§ 91. Pflichten der ehrenamtlichen Beisitzer
§ 92. Besoldung der Staatsanwälte
§ 93. Technische Mitglieder des Patentamts
§ 94. Mitglieder von Gemeindegerichten und Friedensgerichten
§ 95. Durchführungsvorschriften
§ 96. Geltung in Berlin
§ 97. Inkrafttreten

# XXVI. *Besprechungen zwischen dem BMJ, BMI, BMA und BMF im Mai und Juni 1956*

## 1. *Vermerk des BMJ über die Ressortbesprechung am 9.5.1956*

Am 9.5.1956 wurden in einer Ressortbesprechung die grundsätzlichen Differenzpunkte über den Referentenentwurf in der Fassung vom 30.3.1956 erarbeitet.
Anwesend waren:
BMA: MR Fitting, ORR Heyer
BMF: MinDirg. Dr. Bretschneider, ORR Dr. Wiedow
BMI: MD Dr. Anders, MR Dr. Neiss, RR Dr. Hitzlberger
BMJ: MD Roemer, MR Prof. Dr. Rinck, LGR Dr. Schmidt-Räntsch

### *I. Punkte für die Chefbesprechung*

1. *§§ 14/15 Abs. 2:* Zusätzliche Voraussetzungen für die Ernennung zum Richter. Dafür traten ein BMA, BMF und BMI.
2. *§ 29* [§ 44 April 1957; „gelten ergänzend und sinngemäß“]. Geltung des Beamtenrechts: BMI hält an der Formulierung des Referentenentwurfs des BMI vom 10.11.1955 [§ 19] fest. – Ebenso BMA und BMF.
3. *§ 44 Abs. 1* [noch offen]. [vgl. § 2 des Entwurfs v. 30.8.1955] Rechtsweg: (Falls der Bundesgerichtshof vorgesehen werden sollte). – Für BVerwG: BMA, BMF und BMI.
4. *§ 46 Abs. 1.* Dienstgericht [besonderer Senat des BGH; vgl. § 54 v. 30.8.1955]: BMI: In erster Linie Zuständigkeit des Bundesdisziplinarhofs auch für Disziplinarsachen der

Richter. Die übrigen Sachen bei einem Dienstgericht, das beim BVerwG zu bilden ist. – In zweiter Linie einheitliches Dienstgericht (auch für Disziplinarsachen) beim BVerwG. – In dritter Linie (falls Disziplinarsachen beim Bundesgerichtshof verbleiben) auf jeden Fall die Zuständigkeit eines beim BVerwG gebildeten Dienstgerichts für die übrigen Sachen. - Entsprechend müsste die Regelung in § 49 Abs. 3 über den Generalbundesanwalt angepasst sein. BMA und BMF ebenso.

5. *§§ 43 und 62* [Vollendung des 68. Lebensjahres]. Altersgrenze: BMF: Kein Unterschied bei der Altersgrenze von Beamten und Richtern. – Ausnahmen allenfalls bei den Richtern der oberen Bundesgerichte. – Auch keine Freistellung der Länder, sondern Bindung an die für Beamte im Landesdienst geltende Altersgrenze. – BMA und BMI im Grundsatz ebenso.
6. *§§ 58 und 92* [erste Beförderungsgruppe der Beamten des höheren Dienstes]. Besoldung: BMF und BMI: Keine Aufnahme von Bestimmungen über die Besoldung in das Richtergesetz. – Ebenso BMA.

## *II. Außerdem wurden noch folgende Punkte angeschnitten:*

1. *Gliederung:* BMI: Der Erste und Zweite Teil sei zu umfangreich. Auf jeden Fall sollten herausgenommen werden der dritte und *vierte* Abschnitt des Zweiten Teils.
2. *Statustypen:* BMF und BMI: a) Assessoren und ältere Beamte sollten nicht in einem Statustyp zusammengefasst werden.
   BMI: b) Der „Richter auf Probe" brauche nur im Großen und Ganzen, nicht aber in den Einzelheiten wie der „Beamte auf Probe" ausgestaltet zu sein.
   BMA, BMF und BMI: c) Nach außen sollte das Probeverhältnis nicht in Erscheinung treten.
   BMF: d) § 19 Abs. 3 (Der Richter auf Probe führt die Amtsbezeichnung des jeweils von ihm wahrgenommenen Amtes mit dem Zusatz „kraft Auftrages".) sollte gestrichen werden. Nach der jetzigen Formulierung müsste der Assessor bei einem Amtsgericht die Amtsbezeichnung Amtsgerichtsrat, bei einer anschließenden Beschäftigung bei einem Landgericht die Amtsbezeichnung Landgerichtsrat führen.
3. *Vorbereitungsdienst* (§ 14 Abs. 3 [= § 8 des Entw. v. 30.8.1955]): BMA: Das Ende des 2. Satzes von § 14 Abs. 3 sollte lauten: Mindestens sechs Monate zum Dienst bei anderen Gerichten und mindestens weitere sechs Monate bei Verwaltungsbehörden, Körperschaften oder Anstalten des öffentlichen Rechts zu verwenden.
4. *Staatsanwälte:* BMA, BMF und BMI: Die Staatsanwälte sollten gestrichen werden in § 19 Abs. 1 Satz 1 und § 19 Abs. 2; sie könnten stehen bleiben in § 19 Abs. 1 Satz 2 [§ 19 (1) Wer zur späteren Verwendung als Richter auf Lebenszeit oder als Staatsanwalt eine Probezeit zurückzulegen hat, kann zum Richter kraft Auftrages ernannt werden. Er kann zur Staatsanwaltschaft oder zur Gerichtsverwaltung abgeordnet

werden. – (2) Spätenstens nach einer Probezeit von fünf Jahren ist der Richter kraft Auftrages zum Richter auf Lebenszeit oder zum Staatsanwalt zu ernennen, oder einem Richterwahlausschuss zur Wahl vorzuschlagen.].

5. *Aufgaben des Präsidialrats.* BMA: a) Der Präsidialrat sollte auch bei Entlassungen mitwirken, wie nach § 70 PVG.
   BMI: b) Die Mitwirkung des Präsidialrats sollte bei der Ernennung der Chefpräsidenten ausgeschlossen sein. – BMA, BMF und BMI: § 40 des Entwurfs sei in vollem Umfang zu streichen.
6. *Strafenkatalog:* BMA, BMF und BMI: Der Strafenkatalog der Bundesdisziplinarordnung sollte übernommen werden. Dass einzelne Strafen vielleicht für die meisten Richter keine Bedeutung hätten, sei unerheblich. Ähnliche Erscheinungen gäbe es auch bei mehreren Gruppen der Beamten.
7. *Berücksichtigung des Landesbeamtenrechts:* BMI: § 55 des Referentenentwurfs des BMI vom 10.11.1955 sollte im Grundsatz in § 56 des jetzigen Entwurfs [*§ 56 Bindung an Rahmenvorschriften.* (1) Für die Gesetzgebung der Länder enthalten die §§ 57 bis 69 Rahmenvorschriften. – (2) Die Länder sind verpflichtet, die Rechtsverhältnisse der Richter auf der Grundlage dieser Vorschrift unter Berücksichtigung der gemeinsamen Interessen von Bund und Ländern zu regeln.] aufgenommen werden.
8. *Änderung des GVG* (§ a Abs. 2 GVG): BMF: Die Änderung von § 22 a Abs. 2 GVG sei systemwidrig. Die Mitgliedschaft im Präsidium könne nicht von einer unwiderruflichen und ruhegehaltsfähigen Stellengrundlage abhängig gemacht werden. Dadurch würden die Länder auf ein bestimmtes Besoldungssystem festgelegt, was offenbar gar nicht beabsichtigt sei.
9. *Änderung des Arbeitsgerichtsgesetzes* (§ 71 des Entwurfs): a) In § 18 Abs. 3 sollte es „müsse" statt „sollen" heißen. – b) An der Befähigung der Arbeits- und Sozialrichter sollte nichts geändert werden. Der Sache nach hielten BMA, BMF und BMI den Entwurf zwar für richtig. Das BMA warnte jedoch vor einer Änderung des Arbeitsgerichtsgesetzes und des Sozialgerichtsgesetzes in diesem Punkt. Eine Änderung sei nicht durchsetzbar. Der Versuch einer Änderung würde nur unnötigen Schaden anrichten. Praktisch würden bereits gegenwärtig nur Juristen zu Vorsitzenden bei den Arbeits- und Sozialgerichten bestellt.
10. *§ 9 des Entwurfs [vgl. § 15 des Entwurfs v. April 1957]:* BMI: Es sollte statt „durch Entscheidung eines Gerichts" heißen *„kraft"* Entscheidung eines Gerichts. Andernfalls sei zweifelhaft, ob das Gericht selbst die Entlassung etc. aussprechen oder lediglich die Behörde dazu ermächtigen soll.
11. *§ 95:* BMI: Es sei Übung, derartige Vorschriften nicht mehr aufzunehmen. Wenn nichts bestimmt werde, sei ipso iure die Bundesregierung zum Erlass von Durchführungsvorschriften ermächtigt.

## 2. *Ressortvermerk (BMJ) für den Vortrag beim Justizminister*

Eine Ressortbesprechung über den Referentenentwurf vom 30.3.1956 ergab am 9.5.1956, dass über die nachstehend erörterten sieben Grundsatzfragen keine Übereinstimmung zu erzielen ist. Diese Fragen sollen einer Chefbesprechung vorgelegt werden. Herrn Minister soll hierzu voraussichtlich am Donnerstag, dem 17.5.1956, 10 Uhr Vortrag gehalten werden. Zu dem nachstehenden Einladungsschreiben [vgl. unter 3.] ist vorweg Folgendes zu bemerken:

a) *Priorität des Bundesbeamtengesetzes:* In der Ressortbesprechung wurde als Chefpunkt auch die Frage bezeichnet, ob für die Bundesrichter das Bundesbeamtengesetz primär (so § 19 des Entwurfs des BMI) oder sekundär (so § 29 unseres Referentenentwurfs) gelten solle. Einigkeit besteht darüber, dass diese Frage keine praktische Bedeutung, wohl aber ein erhebliches Prestigegewicht besitzt. Aus ihrer Lösung könnten auch Argumente für die Frage gewonnen werden, ob die Richter noch Beamte sind. Die Landesjustizverwaltungen wünschen deshalb mit Nachdruck, die Priorität des Richtergesetzes festgestellt zu sehen (Protokoll vom 30.11.1956).
   Diese Frage eignet sich wenig für eine Chefbesprechung. Auf der Abteilungsleiterebene wird ein Kompromiss möglich sein, wenn wir uns die Formulierung der Hausbesprechung (vom 25.10.1955) zu eigen machen: „Für die Rechtsverhältnisse der Richter im Bundesdienst sind, soweit dieses Gesetz keine Vorschriften enthält, sinngemäß die Bestimmungen für Bundesbeamte anzuwenden." Diese Kompromissformel könnte an den Schluss des Bundesrichter-Teils gesetzt werden, um ihr so einen unerwünschten grundsätzlichen Charakter möglichst zu nehmen. MD Dr. Anders hat sich gesprächsweise mit dieser Platzierung der Vorschrift einverstanden erklärt.
b) *Rechtsweg für vermögensrechtliche Ansprüche der Bundesrichter:* Bei dem Vortrag vor Herrn Staatssekretär am 27.1.1956 und vor Herrn Minister am 27.2.1956 blieb diese Frage offen, da MinDir. Dr. Petersen an diesen Besprechungen nicht teilnahm. Falls der Entwurf den ordentlichen Rechtsweg eröffnet, widersprechen die drei beteiligten Ressorts.

Ich schlage vor, in § 44 Abs. 1 des Referentenentwurfs [(1) noch offen (Statussachen und vermögensrechtliche Ansprüche)] auch für vermögensrechtliche Ansprüche der Richter im Bundesdienst den Verwaltungsrechtsweg zu eröffnen. Hierfür sind folgende grundsätzliche Erwägungen maßgebend: Die Verwaltungsgerichte sind nunmehr verfassungsmäßig und rechtspolitisch den ordentlichen Gerichten gleichwertig. Darüber hinaus sollte alles vermieden werden, was dem Richtergesetz den Anschein eines „justizfreundlichen hauspolitischen" Entwurfs geben könnte.

Diese Frage wird Herrn Minister gemeinsam von den Abteilungen IV und I vorgetragen werden müssen. In dem nachstehenden Schreiben ist vorsorglich auch diese Frage bereits als Chefpunkt aufgeführt worden.

Über den Rechtsweg für Richter im Landesdienst enthält der Referentenentwurf keine Bestimmungen.

## 3. *Schreiben des BMJ vom 22.5.1956 an die Bundesminister des Innern, der Finanzen und für Arbeit*

Der Herr Bundeskanzler hat am 6.10.1955 mir persönlich zugesagt, der Entwurf für ein Deutsches Richtergesetz solle als besonders dringlich behandelt werden. Das bedeutet eine Aufnahme in die Liste II des Gesetzgebungsprogramms gemäß dem Schreiben des Herrn Staatssekretärs des Bundeskanzleramts vom 28.7.1955 und wird zur Folge haben müssen, dass der Entwurf gleichfalls in die Liste II des abschließenden Gesetzgebungsprogramms gemäß dem Schreiben des Herrn Staatssekretärs des Bundeskanzleramts vom 25.4.1956 (4 – 14500 – 1565/56) und dem Kabinettsbeschluss vom 9.5.1956 aufgenommen werden wird.

Zur Vorbereitung dieser Kabinettsvorlage sind in meinem Hause mehrere Referentenentwürfe gefertigt worden, die mit den Vertretern Ihres Hauses eingehend besprochen wurden. Bei der letzten dieser Ressortbesprechungen, am 9.5.1956, konnte in den nachstehenden Grundsatzfragen keine Übereinstimmung erzielt werden. Es scheint mir deshalb geboten, dass die vier beteiligten Minister vor Fertigstellung der Kabinettsvorlage die offenen Fragen persönlich erörtern, damit nach Möglichkeit ein in den Grundzügen unbestrittener Entwurf dem Kabinett vorgelegt werden kann. Ich darf deshalb bitten, dass hierüber eine Besprechung der Herren Staatssekretäre unserer Häuser nach Möglichkeit Anfang Juni 1956 im Bundesjustizministerium stattfindet. Ich darf schon jetzt die Bitte anschließen, dass die Minister selbst bald darauf zur Erörterung etwa offen gebliebener Fragen zusammenkommen. Der genaue Zeitpunkt beider Erörterungen wird fernmündlich vereinbart werden können.

Zur Erörterung stehen folgende Fragen:

1. *Fähigkeit zum Richteramt in der Arbeits- und Sozialgerichtsbarkeit:* Sollen künftig auch Bewerber, die nicht die Fähigkeit zum Richteramt besitzen, zu Vorsitzenden der Arbeits- und Sozialgerichtsbarkeit bestellt werden?
   Die Fähigkeit zum Richteramt setzt ein Universitätsstudium und eine praktische Ausbildung voraus (§ 2 GVG im Wesentlichen übereinstimmend mit § 14 des Referentenentwurfs in der Fassung vom 30.3.1956). Ausnahmen sind in § 18 Abs. 3 des Arbeitsgerichtsgesetzes und in § 9 Abs. 2 des Sozialgerichtsgesetzes vorgesehen, jedoch will der Referentenentwurf in seinen §§ 71 und 73 diese Ausnahmen streichen. Ich bin der Meinung, dass die Fähigkeit, als Berufsrichter Recht zu sprechen, nicht durch fachliche und sozialpolitische Erfahrungen allein erworben werden kann, so wichtig diese Erfahrungen auch sind. Vielmehr ist eine umfassende juristische

Vorbildung und eine Kenntnis der großen Zusammenhänge der Rechtsordnung erforderlich. Diese Voraussetzungen vermitteln in der Regel doch nur ein Universitätsstudium und eine praktische juristische Ausbildung. Diese Vorbildung entspricht auch einer langen deutschen Tradition.
Ich glaube auch, dass man der heutigen Bedeutung der Arbeits- und Sozialgerichte nicht gerecht wird, wenn man zulässt, dass in ihnen Richter mit einer auf juristischem Gebiet einseitiger Vorbildung als an den anderen Gerichten wirken. Ich halte daher an meiner Auffassung fest, dass diese Ausnahmebestimmungen beseitigt werden sollten. Wer vor Inkrafttreten des Deutschen Richtergesetzes zum Vorsitzenden bestellt ist, behält selbstverständlich seine Rechtsstellung. Für eine Übergangszeit von etwa zwei Jahren könnten auch weiterhin nicht-rechtsgelehrte Vorsitzende ernannt werden (§ 86 des Referentenentwurfs).

2. *Zusätzliche Erfordernisse für die Ernennung von Richtern in den einzelnen Gerichtszweigen.* - Sollen für einzelne Gerichtszweige besondere Voraussetzungen für die Ernennung zum Richter aufgestellt werden? – Die Regierungsvorlage einer Verwaltungsgerichtsordnung (Bundestagsdrucksache II/462) fordert in § 15 Abs. 3 eine Vordienstzeit von drei Jahren, die Regierungsvorlage einer Finanzgerichtsordnung (Bundestagsdrucksache II/1716) in § 15 Abs. 2 eine besondere fachliche Vordienstzeit von vier Jahren. Demgegenüber sieht der Referentenentwurf in § 77 Abs. 1 vor, dass ein Bewerber erst dann zum Richter auf Lebenszeit ernannt werden kann, wenn er sich – von seltenen Ausnahmen abgesehen – drei Jahre im richterlichen Dienst, in der Verwaltung, als Staatsanwalt, Rechtsanwalt oder Hochschullehrer bewährt hat. – Ich bin der Auffassung, dass diese allgemeine Vorschrift ausreicht und vor allem geeignet ist, die Einheit des Richterberufs zu wahren. Die Erfahrungen der Personalabteilungen werden ausreichen, um die genügende Qualifikation jedes Bewerbers zu klären. Ich habe keine Bedenken gegen zusätzliche, empfehlende Sollvorschriften, wie in § 18 Abs. 3 Satz 1, § 36 Abs. 1 Satz 3, § 42 Abs. 3 des Arbeitsgerichtsgesetzes, glaube aber, das Richtergesetz sollte weitergehende, partikulare Erfordernisse für einzelne Gerichtszweige nicht vorsehen.
3. *Rechtsweg für vermögensrechtliche Ansprüche.* – Soll für die vermögensrechtlichen Ansprüche der Richter im Bundesdienst der Rechtsweg vor den ordentlichen Gerichten eröffnet werden (§ 44 Abs. 1 des Referentenentwurfs)?
Nach geltendem Recht ist der Rechtsweg zweifelhaft. Es ist nicht sicher, ob § 9 GVG trotz §§ 172, 189 BBG weiter gilt. Es entspricht aber einer rechtsstaatlichen Tradition von mehr als hundert Jahren, dass die Richter ihre vermögensrechtlichen Ansprüche vor den ordentlichen Gerichten geltend machen. Dies ist auch heute noch geltendes Recht in allen Ländern, ausgenommen Nordrhein-Westfalen.
Ich verkenne nicht, dass die Eröffnung des ordentlichen Rechtswegs theoretisch zum Führen von zwei Prozessen, nämlich vom Statusprozess vor den Verwaltungsgerichten

und zum nachfolgenden vermögensrechtlichem Prozess vor den ordentlichen Gerichten, führen kann. Diese Möglichkeit hat aber, wie die Erfahrung lehrt, nur sehr geringe praktische Bedeutung. Weitaus schwerer wiegt ein Nachteil, der sich aus der Eröffnung des Verwaltungsrechtswegs ergeben würde. Die Verletzung des Fürsorgeanspruchs gegenüber einem Richter wird häufig zugleich eine Amtspflichtverletzung sein. Für Amtspflichtverletzungen kann aber nach Art. 34 Satz 3 des Grundgesetzes der Rechtsweg vor den ordentlichen Gerichten nicht ausgeschlossen werden. Eröffnet der Gesetzgeber für vermögensrechtliche Ansprüche schlechthin den Verwaltungsrechtsweg, so kann aus dem gleichen Sachverhalt in den erwähnten und in anderen Fällen sowohl im Verwaltungsrechtsweg (wegen Nichterfüllung eines beamtenrechtlichen Anspruchs) wie vor den ordentlichen Gerichten (wegen Fürsorgepflichtverletzung) geklagt werden. Diese bedenkliche Konkurrenz der Rechtswege sowie die bewährte deutsche Rechtstradition zwingen nach meiner Auffassung dazu, für die vermögensrechtlichen Ansprüche der Richter im Bundesdienst den Rechtsweg vor den ordentlichen Gerichten zu eröffnen.

4. *Dienstgericht:* In den Ressortbesprechungen wurde grundsätzliche Übereinstimmung erzielt über die Errichtung von Dienstgerichten. Diese sollen über die – nur in Ausnahmefällen zulässige – Versetzung eines Richters sowie über die Anfechtung von Maßnahmen der Dienstaufsicht entscheiden.
   a) Keine Übereinstimmung wurde in der Frage erzielt, ob diesem Dienstgericht auch die Disziplinarsachen der Richter übertragen werden sollen (§ 45 Nr. 1, § 64 Nr. 1 des Referentenentwurfs). Ich halte diese Übertragung für notwendig, zunächst schon im Interesse der Behördenvereinfachung. Weiterhin ist zu berücksichtigen, dass Anfechtungsprozesse von Richtern wie Disziplinarverfahren gegen Richter erfahrungsgemäß sehr selten sind. Ein Gericht kann deshalb die nötigen Erfahrungen nur sammeln, wenn bei ihm alle Verfahren zusammenlaufen. Die Anfechtungssachen und Disziplinarsachen werden häufig Fragen der richterlichen Unabhängigkeit berühren und sachlich eng verwandt sein.
   Entscheidend erscheint mir aber folgende Erwägung: Die persönliche Unabhängigkeit der Richter hat sich zuerst und grundlegend im Disziplinarverfahren entwickelt. Seit mehr als 150 Jahren ist es ein wesentliches Element der richterlichen Unabhängigkeit, dass die Disziplinarverfahren nicht von den allgemeinen Disziplinargerichten, sondern von besonderen Disziplinargerichten für Richter entschieden werden. Das ist auch heute geltendes Recht (§ 110 der Bundesdisziplinarordnung). Selbst die Reichsdienststrafordnung von 1937 ließ den Richtern dieses Vorrecht. Wollte man heute die Richter vor die allgemeinen Disziplinargerichte, wenn auch in besonderer Besetzung, verweisen, so würde das in der Öffentlichkeit und bei der Richterschaft selbst als ein Rückschritt gegenüber einem seit langem gesicherten Rechtsbestand angesehen werden. Es würde zudem in

scharfem Gegensatz zu der vom Grundgesetz vorgenommenen Trennung von Richtern und Beamten stehen. Ich bin daher der Auffassung, die Zuständigkeiten des Dienstgerichts und des Disziplinargerichts sollten durch das gleiche Gericht wahrgenommen werden.

b) In der weiteren Frage, ob dieses (einheitliche) Dienstgericht für Bundesrichter bei dem Bundesgerichtshof (so § 46 Abs. 1 des Referentenentwurfs) oder bei dem Bundesverwaltungsgericht errichtet werden soll, scheinen mir die ausschlaggebenden Argumente für den Bundesgerichtshof zu sprechen, bei dem auch jetzt das Disziplinargericht für alle Bundesrichter gebildet sind. Den Besonderheiten der anderen Gerichtszweige kann völlig Rechnung getragen werden durch Beisitzer aus diesen Zweigen. Der Bundesgerichtshof ist am wenigsten spezialisiert. Seine Richter besitzen die umfassende richterliche Erfahrung. Es sollte daher auch künftig das Dienstgericht für Bundesrichter bei dem Bundesgerichtshof errichtet sein.

5. *Altersgrenze:* Soll für Richter des Bundes und der Länder eine Dienstaltersgrenze von 68 Jahren eingeführt werden (§§ 43, 62 des Referentenentwurfs)?
   Anders als bei den Beamten kann bei einem Richter der Eintritt in den Ruhestand nicht hinausgeschoben werden, denn die Amtsdauer eines Richters darf in keiner Weise von der Entscheidung einer Verwaltungsstelle abhängen. Dieser starre Charakter der Altersgrenze macht es unmöglich, die besondere Erfahrung oder Arbeitsfähigkeit eines Richters über das 65. Lebensjahr hinaus zu nutzen. Entscheidend wird aber folgende Erwägung sein: Abgeklärtheit, Lebenskenntnis und Altersweisheit sind für ein Richteramt besonders wertvolle Eigenschaften. Die Anforderungen des Amtes weichen hier wesentlich ab von den Pflichten im sonstigen öffentlichen Dienst und rechtfertigen eine besondere Altersgrenze für Richter. Das geltende Recht trägt dem bereits für Bundesrichter und für Richter der ordentlichen Gerichtsbarkeit und der Verwaltungsgerichtsbarkeit in der ehemaligen britischen Zone Rechnung. In Übereinstimmung mit den Wünschen der Richter spreche ich mich deshalb für eine Altersgrenze von 68 Jahren aus.
6. *Besoldungsvorschriften:* Soll der Richter in der Eingangsstufe mindestens das gleiche Endgrundgehalt beziehen wie ein Beamter der ersten Beförderungsstufe (§ 56 des Referentenentwurfs)? Sollen Staatsanwälte das gleiche Mindestgehalt erhalten (§ 92 des Referentenentwurfs)?

Das Gesetz vom 25.7.1953 über besoldungsrechtliche Rahmenvorschriften für Richter und Staatsanwälte hat erstmals seit 1927 den Grundsatz verlassen, dass alle akademisch vorgebildeten Beamten in der Eingangsstufe gleich besoldet werden. Die Erörterungen im Bundestag und die Ausführungsgesetze aller Länder mit Ausnahme von Bayern haben gezeigt, dass die Gesetzgeber keine Übergangs- oder Hilfsmaßnahme beabsichtigten, sondern die Richter grundsätzlich aus dem Besoldungsniveau der Beamten herausheben wollten. Diese Heraushebung scheint mir sachlich und rechtspolitisch geboten. Der Richter hat ganz persönlich eine sehr große Verantwortung zu tragen, die ihm kein (höher besoldeter) Vorgesetzter abnehmen kann. Ich halte es für geboten, auch den Staatsanwälten das gleiche Mindestgehalt zu garantieren, weil nur so der herkömmliche Wechsel zwischen beiden Laufbahnen sichergestellt wird. Ohne diesen Wechsel wäre ein rechtspolitisch nicht zu verantwortendes Absinken der Staatsanwaltschaft zu besorgen.

In der Ressortbesprechung vom 9.5.1956 konnte noch in einigen weiteren Punkten keine Übereinstimmung erzielt werden. Eine nochmalige Prüfung in meinem Hause hat jedoch einige neue Gesichtspunkte ergeben, aufgrund deren eine Einigung auf der Referentenebene erwartet werden kann. Ich darf deshalb vorschlagen, dass die Besprechung der Staatssekretäre und Minister sich auf die oben aufgeführten sechs Fragen beschränkt.

## 4. Vermerk des BMJ über die Besprechung des StS Dr. Strauß (BMJ) mit dem BMI, BMF und dem BMA am 6.6.1956 über die Grundsatzfragen des Richtergesetzes.

Es nahmen teil:
BMI: MinDir. Dr. Anders, MinRat Dr. Neiss
BMF: MinDir. Dr. Haertel, ORR Dr. Wiedow
BMA: MinDir. Prof. Dr. Herschel
BMJ: MinDir. Roemer, MinRat Prof. Dr. Rinck
Die Besprechung führte zu folgenden Ergebnissen:

1. *Fähigkeit zum Richteramt in der Arbeits- und Sozialgerichtsbarkeit:* Minister Storch hat am 25.5.1956 den Vorschlägen des BMJ zugestimmt, so dass die Ressorts nunmehr eine einheitliche Auffassung vertreten. Das BMA kündigte dazu noch ein Schreiben von Minister Storch an, in dem er um gründlichere Ausbildung im Arbeitsrecht bitten wird. Staatssekretär Dr. Strauß sagte die volle Unterstützung des BMJ zu.
2. *Zusätzliche Erfordernisse für die Ernennung von Richtern in den einzelnen Gerichtszweigen:* Alle Ressorts billigten die Einführung eines richterlichen Vordienstjahres vor der Ernennung auf Lebenszeit (§ 17 Abs. 1 Nr. 1, Abs. 2).
   Über die Vordienstzeit vor der Ernennung auf Lebenszeit wurde keine Einigkeit erzielt. Unser Entwurf soll in § 17 eine weitere Klausel erhalten, wonach für einzelne Gerichtszweige weitere besondere Voraussetzungen vorgesehen werden können. Mit diesem Kompromiss billigt das BMJ aber nicht den Inhalt und die Dauer der Vordienstzeiten, wie sie in § 15 Abs. 3 der FinGerO vorgesehen sind. Vielmehr kann das BMJ gegen diese Regelungen intern Stellung nehmen, weil es insoweit nicht durch die Kabinettsbeschlüsse gebunden ist.

§ 15 Abs. 2 der Finanzgerichtsordnung verlangt eine Vordienstzeit von vier Jahren. Nur das BMF hielt an dieser Forderung fest. Es begründete sie vor allem damit, dass auch Finanzassessoren erst nach einer Vordienstzeit von vier Jahren zum Regierungsrat ernannt werden können und dass von diesen vier Jahren zwei Jahre für eine reine Ausbildung und das Durchlaufen aller Stationen verwendet werden (erfahrungsgemäß werden aber Finanzassessoren meist kurz nach Ablauf dieser zwei Jahre bereits zum Regierungsrat ernannt). Die Arbeits- und Sozialgerichtsbarkeit verlangen keine besonderen Vordienstzeiten, die Verwaltungsgerichtsordnung verlangt in § 15 Abs. 3 eine Vordienstzeit von drei Jahren wie auch unser Entwurf.
Das Ergebnis der Besprechungen wird dahin zu fassen sein, dass die Vordienstzeiten eine Voraussetzung für die Ernennung auf Lebenszeit, nicht aber für die Fähigkeit zum Richteramt sind. Das BMI willigte ein, dass die Vorbehaltsklausel in § 17, nicht aber in § 14 unseres Entwurfs eingefügt wird. Es bleibt also eine einheitliche Fähigkeit zum Richteramt für alle Gerichtszweige erhalten. Als Konsequenz müssten § 18 VGO und § 18 FinGO geändert werden, denn diese Vorschriften bestimmen, dass als Hilfsrichter nur beschäftigt werden kann, wer neben der Fähigkeit zum Richteramt noch weitere Vordienstzeiten abgeleistet hat. Eine Änderung der beiden Regierungsvorlagen wird sich aber zur Zeit nicht erreichen lassen.
Wenn demnach die besonderen Vordienstzeiten für Verwaltungsrichter und Finanzrichter bestehen bleiben, können für die ordentliche Gerichtsbarkeit gleichfalls Vordienstzeiten eingeführt werden. Hierzu wäre die Einfügung einer neuen Bestimmung im GVG erforderlich, die im Wesentlichen dem § 17 Abs. 1 Nr. 2 unseres Entwurfs entsprechen könnte. Die Ressorts widersprachen in dieser Frage nicht.

3. *Rechtsweg für vermögensrechtliche Ansprüche:* Zu den bekannten Argumenten (vor allem Kleinhoff, DRiZ 1956 S. 96) trug das BMI ergänzend Folgendes vor: Die Verwaltungsgerichte könnten keine einstweilige Anordnung auf Gehaltszahlung erlassen, wenn vor ihnen nur der Statusprozess zulässig sei. Die Zweispurigkeit sei also für einstweilige Maßnahmen besonders ungünstig und es müsse deshalb der Verwaltungsrechtsweg auch für die vermögensrechtlichen Ansprüche der Richter eröffnet werden.
   Das BMJ wünschte den Ländern die Entscheidung zu überlassen, welcher Rechtsweg für ihre Richter eröffnet werden solle. Die anderen Ressorts sprachen sich aber mit Nachdruck dafür aus, dass in Bund und Ländern der gleiche Rechtsweg offenstehe. Im Besonderen sei untragbar, dass die Revision wegen vermögensrechtlicher Ansprüche der Richter von verschiedenen oberen Bundesgerichten zu entscheiden sei. Es wurde dann Einigkeit darüber erzielt, dass der Rechtsweg in Bund und Ländern der gleiche sein müsse.

Vorbehaltlich der Entscheidung des Herrn Ministers sagte Herr Staatssekretär Dr. Strauß zu, dass im Richtergesetz auch für vermögensrechtliche Ansprüche der Verwaltungsrechtsweg eröffnet werden solle.

4. *Dienstgericht:* BMF und BMA schließen sich nunmehr unserer Auffassung insoweit an, als Disziplinarsachen der Richter nicht von den allgemeinen (Beamten-)Disziplinargerichten entschieden werden sollen. MD Dr. Anders erklärte für seine Person, dass er dieser Lösung nicht mehr widerspreche.
Offen blieb die Frage, ob das Dienstgericht beim BGH oder beim BVerwG errichtet werden solle. Als neues Argument zugunsten des BVerwG führte das BMI aus, auch nachdem eine Entscheidung des Dienstgerichts vorliege, könnte in einer Reihe von Fällen immer noch das Verwaltungsgericht angerufen werden. Beispielsweise bestehe diese Möglichkeit, wenn das Dienstgericht über die Zulässigkeit einer Versetzung (abstrakt) entschieden habe und wenn danach die konkrete Versetzungsverfügung vor dem Verwaltungsgericht angefochten werde.
MD Roemer führte aus: Die Richter der ordentlichen Gerichtsbarkeit besäßen die umfassendste richterliche Erfahrung, nur sie seien im Wesentlichen lebenslänglich als Richter tätig gewesen. Auch hätten sie die meiste Erfahrung in politischen und sensationellen Prozessen und in der Auseinandersetzung mit der Presse. Die Richter der ordentlichen Gerichtsbarkeit seien deshalb am besten befähigt, über dienstrechtliche Angelegenheiten von Richtern aller Zweige zu entscheiden. Weiterhin sei es ein wesentlicher Teil rechtsstaatlicher Tradition in Deutschland, dass die ordentlichen Gerichte über die richterliche Unabhängigkeit selber wachten. Schließlich sei auch noch zu bedenken, dass die ordentlichen Richter weitaus den größten Teil aller Richter stellten. BMI und BMF widersprachen, das BMA äußerte sich nicht ausdrücklich.
Die Frage muss den Ministern vorgelegt werden. Einigkeit besteht nur darüber, dass die Dienstgerichte in Bund und Ländern bei dem gleichen Zweig der Gerichtsbarkeit eingerichtet werden sollen.

5. *Altersgrenze:* Staatssekretär Dr. Strauß bemerkte einleitend, falls die allgemeine Altersgrenze für Beamte auf das 68. Lebensjahr festgelegt werden sollte, würde das BMJ für die Richter nicht eine noch höhere Altersgrenze fordern. – In der Britischen Zone habe man mit den Richtern zwischen dem 65. und 68. Lebensjahr günstige Erfahrungen gesammelt.
Das BMF stimmte unter Zurückstellung erheblicher Bedenken einer Altersgrenze von 68 Jahren für die Richter der oberen Bundesgerichte zu. BMF und BMI können aber keinesfalls eine höhere Altersgrenze für Bundesdisziplinarrichter, Militärrichter und Richter des Patentamts billigen (StS Dr. Strauß erwähnte die Möglichkeit, die Altersgrenze für Patentrichter vorübergehend zu erhöhen. Die Ressorts äußerten sich nicht dazu.).

Grundsätzlich führte das BMF weiterhin aus, der Beamtenrechtsausschuss des Bundestages habe nunmehr im BRRG das 65. Lebensjahr als Altersgrenze für die Landesbeamten eingeführt. Das BMF werde künftig und allgemein für die Beamten eine Altersgrenze von 65 Jahren fordern. Zu bedenken sei auch, dass eine Erhöhung der Altersgrenze für Beamte dann in der Sozialversicherung die Folge haben müsse, dass Rentenbezüge gleichfalls erst vom 68. Lebensjahr ab gewährt würden. Vor allem Post und Bahn beschäftigten Angestellte und Beamte in gleicher Funktion nebeneinander, so dass für beide das gleiche Ruhestandsalter gelten müsse.

Abschließend wurde eine Einigung – vorbehaltlich der Genehmigung von Herrn Minister – auf folgender Linie erzielt: das 68. Lebensjahr für die Richter der oberen Bundesgerichte, das 65. Lebensjahr für die anderen Richter in Bundes- oder Landesdienst. Jedoch sollen die Länder ermächtigt werden, für die Richter der OLG und OVG (nicht der FinG, LArbG und LSozG) eine Altersgrenze von 68 Jahren einzuführen.

6. *Besoldungsvorschriften:* Das BMI betonte, dass die höhere Besoldung der Richter auf den Nachwuchs einen Sog ausübe, der für die Verwaltung nicht tragbar sei. BMI und BMF forderten die Streichung jeder Besoldungsvorschrift im Richtergesetz. Vor allem aber müsste die Besoldungsvorschrift für Staatsanwälte fallen. Das BMJ hielt an der Auffassung unseres Entwurfs fest.

   Der Musterentwurf für ein Landesbesoldungsgesetz, der am 17.5.1956 von den Landesjustizverwaltungen und Landesfinanzverwaltungen vereinbart wurde, sieht für die Richter eine Besoldungsgruppe vor, in der sie nach 15 Dienstaltersstufen zu einem Gehalt aufsteigen, das nur um 25 DM monatlich unter dem Gehalt eines Oberregierungsrats liegt. Trotz dieser Einigung wünscht das BMJ eine Besoldungsvorschrift im Richtergesetz, um den Besoldungsvorsprung der Richter bundesrechtlich zu sichern. Es steht bereits fest, dass Hamburg und möglicherweise auch andere Länder sich nicht an den Musterentwurf halten werden.

   Die Frage muss den Herren Ministern vorgelegt werden.

   Im Ergebnis bleiben also für die Ministerbesprechung nur die Frage des Dienstgerichts und der Besoldung offen. Das BMJ wird ein Einladungsschreiben an die beteiligten Minister richten.

   Einverständnis besteht darüber, dass eine Reihe von Fragen und Formulierungen noch auf der Referentenebene zwischen den Ressorts geklärt werden müssen. Im Anschluss an die Besprechung gab Herr Staatssekretär die Weisung, den Entwurf so vorzubereiten, dass er möglichst bald nach den Sommerferien dem Kabinett vorgelegt werden kann.

   *In der Ministerbesprechung (BMI, BMF und BMJ) am 3.7.1956 (BA Koblenz B 141/1846) wurde keine Einigung erreicht über die Frage der Dienstgerichte und einer eigenen Richterbesoldung.*

## XXVII. *Vermerk des BMJ vom 26.7.1956 über die Ergebnisse der Referentenbesprechungen vom 9.-25.7.1956*

Der Unterzeichnete hielt am 26.7.1956 Herrn AL IV [MD Roemer] Vortrag über die Ergebnisse der Referentenbesprechungen vom 9. bis 26.7. AL IV gab dabei folgende Weisungen:

1. *Altersgrenze der Landesrichter:* In dem Entwurf soll für den Landesgesetzgeber die Ermächtigung aufgenommen werden, dass für Richter (nur) der OVG und OLG eine Altersgrenze von 68 Jahren eingeführt wird. Diese Differenzierung innerhalb der Landesrichter wird sich schwer begründen lassen, jedoch soll sie zumindest bis auf weiteres vertreten werden, da wir uns an das Ergebnis der Staatssekretärbesprechungen gebunden fühlen.
2. *Dienstgericht beim BGH:* Die Ressorts sind bereit, in den Zuständigkeitskatalog des Dienstgerichts auch Verfahren wegen Nichtigkeit oder Rücknahme einer Richterernennung einzufügen. Jedoch soll dann das BMJ einwilligen, dass nunmehr das Dienstgericht beim Bundesverwaltungsgericht eingerichtet wird. MD Roemer hält jedoch unsere Forderung für unverzichtbar, das Dienstgericht beim BGH zu errichten.
3. *Amtsbezeichnungen:* MD Roemer legt keinen entscheidenden Wert darauf, dass die Amtsbezeichnungen der Richter in dem Entwurf geregelt werden. Spätestens auf der Abteilungsleiterebene sollten wir auf diese Regelung verzichten.
4. *Subsidiäre Geltung von Beamtenrecht:* MD Roemer hat erhebliche Bedenken gegen den § 16 a in der Fassung der Referentenbesprechungen. Wenn das Beamtenrecht in Bund und Ländern allgemein auf das Richterverhältnis angewendet wird, so wird dadurch dem Landesgesetzgeber die Möglichkeit genommen, das Richterrecht fortzubilden oder den Richtern weitere Vorrechte einzuräumen. Eine solche „Experimentierfreiheit" der Landesgesetzgeber wäre besonders auf folgenden Gebieten zu begrüßen: Altersgrenze, Nebentätigkeiten, Versorgungsprivilegien, Selbstverwaltung in Haushaltsangelegenheiten. Gleichwohl könnte § 16 a äußerstenfalls akzeptiert werden, falls die Verfassungsreferenten des BMI und BMJ glauben, dass damit die Rahmenkompetenz eingehalten wird.
5. *Fortgang der Vorarbeiten:* Die Besprechungen mit den Referenten der Bundesressorts können bis zum 1. August nicht abgeschlossen werden. Äußerstenfalls könnten bis dahin die Verfahrensvorschriften im Bundesrichter- und im Rahmenteil ausdiskutiert sein. Offen bleibt auf jeden Fall der gesamte Komplex der Überleitungs- und Schlussbestimmungen. Die Besprechungen hierüber sollen ab 11. September fortgesetzt werden. Der Unterzeichnete wird eine Neufassung des Entwurfs so vorbereiten, dass er mit vollständiger Begründung Ende September vorliegt. Diese Fassung soll dann zugeleitet werden:

Bundesressorts (nur notfalls Abteilungsleiterbesprechung), Landesjustizverwaltungen (zur Kenntnis), Bundespersonalausschuss (zur Stellungnahme), Referaten im Hause (zur Mitzeichnung), Sprachverein.

## XXVIII. *Vermerk des BMJ (November 1956) über die geäußerten Bedenken gegen den Entwurf für ein Deutsches Richtergesetz i.d.F. vom 30.10.1956*

Die Ergebnisse der Ministerbesprechung vom 3.7.1956, der Staatssekretärbesprechung vom 6.6.1956 und der Referentenbesprechungen vom 9.7. bis 10.10.1956 sind in der Neufassung des Entwurfs nach dem Stand vom 30.10.1956 zusammengefasst. Der Entwurf weicht in den folgenden Punkten von den rechtspolitischen Auffassungen des BMJ ab:

1. *Besondere Voraussetzungen für die Ernennung zum Richter.* § 25 gestattet, dass in einzelnen Gerichtszweigen besondere Voraussetzungen für die Ernennung zum Richter aufgestellt werden. Das BMJ hat dies in der Staatssekretärbesprechung vom 6.6.1956 zugestanden.
2. *Rechtsprechungsministerium:* Um den Ländern die Möglichkeit zur Schaffung eines Rechtsprechungsministeriums zu eröffnen, sollten aufgehoben werden: § 15 Abs. 1 Satz 1, § 34 Abs. 1, § 40 Abs. 2 Satz 1 ArbGG, § 9 Abs. 2 Buchst. b der VO 165, § 4 Abs. 2 der VO 175, §§ 49, 54 der Abgabenordnung.
3. *Trennung der Gerichtszweige:* Der Entwurf berücksichtigt die Trennung der Gerichtsbarkeit in verschiedene Zweige in § 20 Abs. 3, § 52, § 71 Abs. 1. Dagegen wird in § 13 Abs. 1 (Veränderung der Gerichtsorganisation) kein Unterschied zwischen den einzelnen Gerichtszweigen gemacht.
4. *Verfahren vor dem Präsidialrat:* Der Präsidialrat ist nunmehr auf eine bloße Anhörung beschränkt ohne irgendwelchen verfahrensmäßigen Ausbau (§§ 53, 54, 72 Abs. 1). Nach Auffassung des BMJ sollte die Stellung des Präsidialrats verstärkt werden, indem er das Recht auf Gegenvorschläge erhält und indem Vertreter des Präsidialrats vor einem Richterwahlausschuss mündlich gehört werden müssen (§ 39 Abs. 2, § 40, § 61 Abs. 3 in der Fassung vom 20.3.1956). – Die Stellung des Präsidialrats könnte auch auf folgendem Wege verstärkt werden: Richterstellen könnten ausgeschrieben werden (§ 8 BBG, § 4 der LaufbahnVO vom 31.7.1956, BGBl. I S. 712) und der Präsidialrat könnte die Vorlage aller eingehenden Bewerbungen vorliegen. Die Bundesressorts haben jedoch diese Lösung in der Besprechung vom 10.10.1956 (S. 9 der Niederschrift) abgelehnt.
5. *Plenum als Richtervertretung:* In §§ 69, 71 sollte vorgesehen werden, dass durch Landesgesetz oder durch Abstimmung der Richter die Aufgaben einer Richtervertretung (vor allem des Richterrats) dem Plenum zugewiesen werden können. In den

Ressortbesprechungen wurde dieser Vorschlag des BMJ mehrfach abgelehnt (vor allem Besprechung vom 1.8.1956).

6. *Besoldung:* In der Ministerbesprechung vom 3.7.1956 verzichtete das BMJ darauf, eine Besoldungsvorschrift in den Entwurf aufzunehmen (§ 58 der Fassung vom 20.3.1956).
7. *Amtsbezeichnungen:* In der Referentenbesprechung vom 19.9.1956 verzichtete das BMJ darauf, die Amtsbezeichnungen der Richter zu regeln (§§ 31, 57 der Fassung vom 20.3.1956).
8. *Strafenkatalog:* Nur für Bundesrichter wird der Strafenkatalog beschränkt (§ 60 Abs. 2). In der Referentenbesprechung vom 27.7.1956 erwies es sich als unmöglich, eine allgemeine Beschränkung des Strafenkatalogs durchzusetzen (§ 65 der Fassung vom 20.3.1956).
9. *Dienstaltersgrenze:* In der Besprechung der Staatssekretäre am 6.6.1956 wurde ein Kompromiss erzielt, der jetzt in § 45 Abs. 1 und § 73 [vgl. §§ 46, 74 Entw. April 1957] formuliert ist.
10. *Allgemeines Dienstalter:* Nach Auffassung des BMJ sollte in das Richtergesetz folgende Vorschrift aufgenommen werden: „Das Dienstalter eines Richters bestimmt sich nach dem Tag, an dem ihm sein Richteramt übertragen ist." In der Referentenbesprechung vom 10.10.1956 bestanden die Ressorts darauf, dass (abweichend von § 5, § 9 Abs. 4 und § 10 Abs. 4 Entw./VGO) dieser Vorschrift folgender Satz angefügt wird: „Hat der Richter zuvor ein anderes Richteramt oder ein sonstiges öffentliches Amt mit gleichem Endgrundgehalt bekleidet, so bestimmt sich das allgemeine Dienstalter nach dem Tage der Übertragung dieses Amtes." Nach Vortrag bei Herrn Staatssekretär und AL IV am 15.10.1956 wird diese Vorschrift in den Entwurf nicht aufgenommen.
11. *Dienstgericht am Bundesgerichtshof:* In der Ministerbesprechung am 3.7.1956 blieb die Frage offen, ob das Dienstgericht am Bundesgerichtshof oder am Bundesverwaltungsgericht errichtet werden soll (§ 57 Abs. 1 und § 86 Nr. 2). Für die Länder verzichtete bereits der Entwurf vom 30.3.1956 (§ 63) darauf, festzulegen, bei welcher Gerichtsbarkeit das Dienstgericht eingerichtet werden soll.

Gegenüber den vorstehenden Bedenken überwiegen jedoch erheblich die Punkte, in denen das BMJ seine Auffassung durchgesetzt hat (besonderes Richterverhältnis, Zuständigkeit des Dienstgerichts, unmittelbare Geltung in Bund und Ländern für den Ersten Teil). Das Referat IV, 5 spricht sich deshalb für baldige Vorlage an das Kabinett aus.

# XXIX. *Vermerk des BMJ vom 7.3.1957 über die Beratungen mit dem BMI, BMA und dem BMF [29.1.-19.2.1957]*

a) Herr Minister teilte am 6.2.1957 in einer Besprechung mit Herrn Staatssekretär, Herrn AL IV und dem Unterzeichneten Folgendes mit: In der *Chefbesprechung am 29.1.1957* hat Herr Minister dem BMI und BMF nicht die Mitfederführung eingeräumt. Diese Frage blieb vielmehr offen. Herr Minister hat lediglich zugestanden, dass BMI und BMF das Vorlageschreiben an das Bundeskanzleramt mitzeichnen. Dieses Zugeständnis hat Herr Minister gemacht, weil die genannten Ministerien auch die Ausfertigung des Gesetzes mitzeichnen müssen. Aus diesen Erwägungen heraus müsste auch das BMA die Einbringung mitzeichnen.
In der Chefbesprechung stellte Minister Schröder fest, dass gegen den Gesetzesentwurf keine Bedenken bestünden. MD Dr. Anders wollte widersprechen und wies auf die Domizilierung des Dienstgerichts hin. Minister Schröder ging darauf jedoch nicht ein. Gleichwohl soll die Frage der Domizilierung weiterhin als streitig und als Kabinettsfrage behandelt werden.
Falls im Kabinett eine Mehrheit sich dafür ausspricht, das Dienstgericht beim Bundesverwaltungsgericht anzugliedern, wird Herr Minister dies nicht akzeptieren, sondern – auf Vorschlag von Herrn Staatssekretär – die Vorlage zurückziehen.

b) *MR Fitting (BMA) teilt am 11.2.1957* fernmündlich Folgendes *mit*: Das BMA wird etwa 26 Änderungen der Kabinettsvorlage wünschen. Die Mehrzahl der Änderungen betrifft die Begründung. Wir werden die Änderungswünsche etwa Mittwochvormittag (13.2.1957) durch Schnellbrief erfahren. Frühere Mitteilung ist nicht möglich, da am Dienstag, 16 Uhr, innerhalb des BMA eine Abteilungsbesprechung hierzu stattfindet.
Das BMA wird die Kabinettsvorlage erst mitzeichnen, wenn ihm bekannt ist, welche Änderungswünsche BMI und BMF haben und wie weit diesen Wünschen Rechnung getragen wird. Das BMJ möge Sorge tragen, dass die Änderungswünsche des BMI und BMF rechtzeitig bekannt werden. Das BKA nimmt keinesfalls die Mitfederführung für sich in Anspruch. Wenn im Kabinett die Mitfederführung zur Abstimmung kommt, wird das BMA sich der Stimme enthalten. Das BMA wird lediglich das Vorlageschreiben und später die Ausfertigung des Gesetzes mitzeichnen.
MR Fitting schlägt vor, dass die Referenten des BMA, BMI, BMF und BMJ sich formlos am Mittwoch, den 13.2.1957 vormittags im BMF bei Dr. Bretschneider treffen, um Einigung über die Änderungen zu erzielen.

c) *MD Roemer* teilte am 11.2.1957 Herren MD Dr. Anders (BMI), MD Prof. Dr. Herschel (BMA) und MinDirig. Dr. Bretschneider (BMF) Folgendes mit: Der Bundeskanzler werde am 15.2.1957 das Präsidium des Richterbundes empfangen, wobei voraussichtlich Fragen des Richtergesetzes zur Sprache kommen würden. – Minister Dr. von Merkatz sei zur Zeit in Luxemburg, werde aber Mittwoch (13.2.) wieder im Amt sein

und voraussichtlich verlangen, dass ihm am 13. oder 14.2. die Kabinettsvorlage zur Schlusszeichnung vorgelegt würde. Das BMJ bittet deshalb um Beschleunigung.
Prof. Dr. Herschel und Dr. Bretschneider nahmen diese Erklärungen entgegen. MD Dr. Anders erklärte Folgendes: Es sei bedauerlich, dass vom Bundesjustizministerium der Kabinettsvorlage keine Urschrift vom Entwurf der Begründung beigefügt sei. Um den Geschäftsgang zu erleichtern, werde das BMI die von ihm gewünschten Änderungen in dem einen ihm übersandten Stück eintragen und dieses Stück dem BMJ mit der Bitte um spätere Rückgabe zuleiten. Die Prüfung werde noch am Montag (11.2.) abgeschlossen sein, so dass möglicherweise noch am Montag, spätestens aber am Dienstagvormittag, die Änderungswünsche des BMI dem BMJ bekannt würden.

d) *RR Dr. Hitzelberger* (BMI) teilt am 12.2.1957 fernmündlich Folgendes mit: Das BMI werde mehr Änderungen als das BMA beantragen. Es werde in das dort befindliche Stück von Entwurf und Begründung seine Änderungen eintragen und dann dieses Stück an das BMF und dann an das BMA weiterleiten. Voraussichtlich werde dieses Stück am Dienstagabend (12.2.) vom BMI abgesandt werden, so dass die Möglichkeit bestehe, dass am Donnerstagmorgen (14.2.) das BMJ über die Änderungswünsche der drei Ressorts unterrichtet sei. – Zu diesem Zeitpunkt werde Minister Schröder das Begleitschreiben noch nicht unterzeichnet haben, denn das BMI werde in Übereinstimmung mit dem BMF eine Änderung des Begleitschreibens fordern.
Nach wie vor hält RR Dr. Hitzelberger eine nochmalige Ressortbesprechung für die zweckmäßigste Lösung.

c) *MR Fitting* (BMA) teilt am 12.2.1957 LGR Dr. Schmidt-Räntsch fernmündlich Folgendes mit: In Gesprächen mit RR Hitzelberger und ORR Dr. Wiedow habe er festgestellt, dass seine Änderungswünsche zu der Fassung von Text und Begründung mit den Änderungswünschen des BMI und BMF im Wesentlichen übereinstimmten. Um die Sache nicht zu verzögern, werde er deshalb keine eigene Änderungsliste übersenden. Sein Minister werde vielmehr sofort unterschreiben, wenn er die Vorgänge von den anderen Ressorts erhalten habe und wenn die Änderungswünsche des BMI, die mit seinen eigenen übereinstimmten, berücksichtigt seien. MR Fitting betonte besonders, dass der BMA alles vermeiden wolle, was eine Verzögerung zur Folge haben könne.
Als änderungsbedürftig nannte MR Fitting u.a.: Einfügung der Truppendienstgerichte in § 52 (Präsidialrat), Begründung zu den Disziplinarstrafen für die Richter an den oberen Bundesgerichten, Begründung zur Zulässigkeit der Revision bei Landesrecht.

d) Am *13.2.1957* hielten Herr Staatssekretär, MD Roemer und der Unterzeichnete Herrn Minister Vortrag. Herr Minister ist der Auffassung, dass in der Chefbesprechung vom 29.1.1957 Einigkeit darüber erzielt wurde, dass keine Änderungen am Text und nur wenige Änderungen an der Begründung vorgenommen werden sollten. Das BMJ habe bereits mehr Änderungen akzeptiert, als nach der Chefbesprechung erforderlich sei. Herr Minister neigt nunmehr dazu, den Entwurf und die Begründung in der

Fassung, wie sie sich aus der Ressortbesprechung vom 2.2.1957 ergibt, ohne Mitzeichnung anderer Ministerien dem Kabinett vorzulegen.
Lediglich das BMA könne beanspruchen, dass von ihm gewünschte Änderungen noch berücksichtigt würden, weil das BMA in der Chefbesprechung am 29. Januar nicht vertreten war. Herr Minister unterrichtete fernmündlich Herrn Minister Storch darüber, worauf Minister Storch mit MinRat Fitting zur weiteren Erörterung in das BMJ kam. Es wurde Folgendes vereinbart: Das BMA habe einige wenige Wünsche für Text und Begründung, deren Ermittlung würde von Referent zu Referent weniger als eine Stunde beanspruchen. Wenn über diese Änderungswünsche Einigkeit erzielt wird, ist Herr Minister Storch bereit, das Vorlageschreiben an das Kabinett mitzuzeichnen. Minister Storch ist aber auch damit einverstanden, dass Minister von Merkatz dem Kabinett den Entwurf im eigenen Namen vorlegt, falls eine Einigung mit BMI und BMF nicht zu erreichen ist. Minister Storch sagte dem Gesetz seine volle Unterstützung zu, es dürfe durch Formalien nicht aufgehalten werden. Minister Storch werde sich im Kabinett dafür aussprechen, dass der Entwurf auch an den Bundesrat gelangt. Das BMA sei bereit mitzuzeichnen, nehme aber eine Mitfederführung nicht in Anspruch.
Anschließend einigten sich MinRat Fitting und der Unterzeichnete über 15 Änderungen in Text und Begründung. Diese Änderungen sind mit roter Schrift in der Fassung vermerkt, die am 6.2. an BMI, BMF und BMA übersandt wurde.
Später teilte MinRat Fitting fernmündlich Folgendes mit: Er habe RR Dr. Hitzelberger (BMI) mitgeteilt, dass allen Wünschen des BMA zu Text und Begründung Rechnung getragen sei. Das BMA sei mit sofortiger Einbringung des Entwurfs in der nunmehr vereinbarten Fassung einverstanden.

e) Am *13.2.1957* erörterte der Unterzeichnete im BMI mit MD Dr. Anders, RR Dr. Hitzelberger, MinDirg. Dr. Bretschneider und ORR Wiedow die Wünsche dieser Häuser zu Entwurf und Begründung. Dem Unterzeichneten wurden 74 Änderungswünsche mitgeteilt, die in der Fassung vom 6.2.1957 mit grüner Schrift vermerkt sind. Der Unterzeichnete erklärte dazu allgemein, alle diese Wünsche zu berücksichtigen. Minister von Merkatz dränge auf größte Beschleunigung und werde sich möglicherweise entschließen, den Entwurf ohne Mitzeichnung anderer Häuser dem Kabinett vorzulegen.
BMI und BMF erklärten dazu, Herr Minister von Merkatz sei dazu nicht mehr in der Lage, da er in der Chefbesprechung vom 29.1. den anderen Häusern die Mitfederführung eingeräumt habe. Der Unterzeichnete verwies dazu auf die gegenteilige Auffassung, die Herr Minister in seinem Schreiben vom 9.2. den anderen Häusern mitgeteilt habe. – Auf Frage des Unterzeichneten bestätigte MD Dr. Anders, dass keiner der 74 Punkte bedeutsam genug sei, um im Kabinett erörtert zu werden.
Das BMI überreichte eine Neufassung für ein gemeinsames Übersendungsschreiben der vier Minister an das Kabinett (Anlage). Einverständnis wurde darüber erzielt, dass

es dem BMJ überlassen bleibt, in diesen Entwurf einen Absatz einzufügen über seine Auffassung hinsichtlich der Zuleitung an den Bundesrat. Einverständnis besteht auch darüber, dass die Frage der Mitfederführung angesichts der neuerlichen Meinungsverschiedenheit im Kabinett erörtert werden muss, dass sie aber in dem gemeinsamen Anschreiben nicht erwähnt werden soll.

Abschließend erklärten BMI und BMF, sie erwarteten nunmehr vom BMJ eine Neufassung des Übersendungsschreibens. Diesem Schreiben müsste eine Urschrift von Entwurf und Begründung in neuer Fassung beigefügt werden. Außerdem solle jedes mitzeichnende Haus für seine Akten einen Abdruck der Neufassung erhalten. BMI und BMF würden das Vorlageschreiben nur mitzeichnen, wenn die heute vorgetragenen Änderungen in allen wesentlichen Punkten übernommen würden. Der Unterzeichnete erklärte, er könne dies nicht zusagen, da Minister von Merkatz, wie erwähnt, an äußerster Beschleunigung gelegen sei.

f) Am *14.2.1957* trug der Unterzeichnete gemeinsam mit LGR Dr. Schmidt-Räntsch Herrn MD Roemer [dem Staatssekretär] die Änderungswünsche des BMI und BMF vor. Sieben der Wünsche wurden akzeptiert, ein Teil der Wünsche entspricht Änderungen, die bereits am 13.2. auf Veranlassung von MinRat Fitting akzeptiert worden waren. Einige der Wünsche können vom BMJ nicht angenommen werden, die übrigen Änderungen, die weitaus die Mehrzahl der Änderungswünsche des BMI und BMF ausmachen, können nach Auffassung von MD Roemer zu einem späteren Zeitpunkt übernommen werden. Im Augenblick würden sie die Vorlage untragbar verzögern. Diese Änderungen könnten auch nach Vorlage im Kabinett im Einverständnis der beteiligten Häuser nachträglich eingefügt werden. Ein Ferngespräch zwischen MD Dr. Anders und MD Roemer am 14.2. ergab Folgendes: Das BMI ist bereit, den Entwurf in der von uns nunmehr gewünschten Fassung mitzuzeichnen und seine weiteren Änderungswünsche nach der Beschlussfassung im Kabinett mit uns zu erörtern. MD Roemer erklärte, dass nur gegen drei Änderungswünsche des BMJ ernste Bedenken bestünden.

   Herr Staatssekretär billigte auf Vortrag am 14.2.1957 den Umfang der Änderungen. Er ordnete weiterhin an, dass der Entwurf noch nicht am 14. Februar dem Kabinett vorgelegt würde, vielmehr soll abgewartet werden, zu welchem Ergebnis die Vorsprache des Richterbundes bei dem Herrn Bundeskanzler und eine möglicherweise anschließende Aussprache zwischen Herrn Minister und dem Bundeskanzler führen.

g) Am *15.2.1957* erörterte das *Kabinett* außerhalb der Tagesordnung einige Fragen des Richtergesetzes [hierzu Kabinettsprot. 1957, S. 138 f.]. Herr Minister gab am 16.2.1957 seine anliegenden handschriftlichen Notizen aus der Kabinettssitzung zu den Akten [hier nicht wiedergegeben]. Im Übrigen teilten Herr Minister und Herr Staatssekretär am 16.2.1957 Folgendes mit: Der Bundeskanzler erklärte, das Gesetz sei wichtig und

müsse von Kabinett und Bundesrat verabschiedet werden, auch wenn der Bundestag es nicht mehr verabschieden könne. Dem wurde nicht widersprochen.
Minister Schröder behauptete, Minister von Merkatz habe dem BMI und BMF die Federführung zugestanden. Minister von Merkatz widersprach. Der Bundeskanzler stellte diese Frage zurück und beauftragte zunächst Staatssekretär Dr. Globke, die Rechtsfrage zu prüfen, ob eine Mitfederführung mit der GGO vereinbar sei. Erst wenn diese Frage positiv beantwortet wird, soll geprüft werden, welches Ministerium für das Richtergesetz federführend ist.
Minister von Merkatz teilte mit, dass am 13.2.1957 BMI und BMF mehr als 70 Änderungen an Entwurf und Begründung gefordert hätten. Minister Schröder gab darauf zu verstehen, dass er auf ein persönliches Telefongespräch hin diese Änderungswünsche missbilligt haben würde.
Minister Schröder erklärte, das Richtergesetz sei die erste Stufe zur Vorbereitung eines Rechtsprechungsministeriums, das keinesfalls akzeptiert werden könne. In einer persönlichen Unterhaltung nach der Kabinettssitzung erklärte Minister Schröder Herrn Minister von Merkatz, er werde die Kabinettsvorlage nunmehr sofort zeichnen.
Minister Schäffler beteiligte sich an den Erörterungen im Kabinett nicht.

h) Am *19.2.1957* teilte *MinRat Dr. Neis (BMI)* dem Unterzeichneten fernmündlich Folgendes mit: Die Begründung enthalte auch in der Fassung vom 14.2.1957 eine Reihe von Unrichtigkeiten, die das BMI nicht mitzeichnen könne. Das BMJ habe ferner einige der Änderungswünsche, die am 13.2. übermittelt wurden, unrichtig übernommen. Als Beispiel nannte Dr. Neis:
Zu *§ 17*, auf S. 49 der Begründung, werde zu Unrecht festgestellt, dass die Vorschrift „nur verfahrensrechtliche Bedeutung" habe. Weiterhin sei das Reichsgerichtsurteil an gleicher Stelle zu Unrecht zitiert.
Zu *§ 37* der Begründung sei die Rechtsstellung der Richter, die in den Bundestag oder in einen Landtag gewählt wurden, falsch dargestellt. § 105 des Entwurfs sei falsch zitiert.
In dem Übersendungsschreiben vom 16.2. habe das BMJ sich bereit erklärt, redaktionelle Änderungen nach Beschlussfassung im Kabinett vorzunehmen. Das BMI bitte schon jetzt um verbindliche Zusage, welche von den 74 Änderungswünschen daraufhin vom BMJ übernommen würden. Falls eine verbindliche und befriedigende Zusage des BMJ nicht vorliege, könne das BMI nicht mitzeichnen.
Der Unterzeichnete erklärte, das BMJ sei bereit, alle 74 Änderungswünsche zu erörtern, er könne aber heute noch nicht zusagen, welche davon akzeptiert werden würden. Diese Zusage könnte erst nach einer neuerlichen Ressortbesprechung gegeben werden. Zu einer Ressortbesprechung vor Beschlussfassung im Kabinett werde aber nach Auffassung des Unterzeichneten das BMJ nicht bereit sein.

Dr. Neis erklärte, unter diesen Umständen könne er den Entwurf nicht mitzeichnen, er werde eine Vorlage machen, die alle Beanstandungen enthielte und vorschlage, dass Minister Schröder den Entwurf nicht mitzeichne.

i) Am *19.2.1957* ergab ein *Ferngespräch zwischen MD Roemer und MD Dr. Anders* Folgendes: Das BMJ wird alle Änderungswünsche des BMI nach Beschlussfassung im Kabinett – wohlwollend – erörtern. Der weitaus größte Teil der Änderungen dürfte für das BMJ akzeptabel sein. Eine verbindliche Zusage, welche Wünsche akzeptiert würden, könne das BMJ allerdings noch nicht geben.
*MD Dr. Anders* erklärte, dass er daraufhin Minister Schröder vorschlagen werde, den Entwurf in der Fassung vom 14.2.1957 zu zeichnen.

# XXX. *Zur Verabschiedung des Entwurfs eines Deutschen Richtergesetzes durch das Bundeskabinett (4.4.1957)*

## I. *Vorlage des Referats IV, 5 für Herrn Minister zur Kabinettssitzung am 4.4.1957 (betreffend Deutsches Richtergesetz)*

### 1. *Vom Kabinett zu entscheidende Fragen*

Für die Erörterungen im Kabinett sind nur noch offen die Domizilierung des Dienstgerichts (a) und die Vorschriften über die Richter des Bundesverfassungsgerichts (b). Die beteiligten Minister haben sich außerdem über die Federführung (c) nicht einigen können.

*a) Domizilierung des Dienstgerichts.* Die Kabinettsvorlage sieht – entgegen der Auffassung der Bundesminister des Innern und der Finanzen – die Errichtung des Dienstgerichts beim Bundesgerichtshof (nicht beim Bundesverwaltungsgericht) vor (§ 58 Abs. 1, 3, § 87 Nr. 2). Dies entspricht der Überlieferung und dem geltenden Recht (§ 110 der Bundesdisziplinarordnung). Die Errichtung beim Bundesgerichtshof ist auch rechtspolitisch geboten, weil die Richter der ordentlichen Gerichtsbarkeit im Allgemeinen über die längere richterliche Erfahrung verfügen – jedenfalls im Vergleich zu den häufig aus der Verwaltung kommenden Verwaltungsrichtern – außerdem am wenigsten spezialisiert und am ehesten in der Lage sind, Streitigkeiten über die Rechtsstellung der Richter in allen Gerichtszweigen, vor allem über deren Unabhängigkeit, zu beurteilen. Demgegenüber fällt nicht entscheidend ins Gewicht, dass, wie die Bundesminister des Innern und der Finanzen meinen, die Streitigkeiten öffentlich-rechtlicher Art sind. Ein Monopol der Verwaltungsgerichte für öffentlich-rechtliche Streitigkeiten besteht weder nach dem Grundgesetz noch nach den geltenden Gerichtsverfassungsgesetzen.

Dieser Streitpunkt ist von sehr großer Bedeutung, von seiner Entscheidung hängt die Aufnahme des Richtergesetzes bei großen Teilen der Richterschaft und Anwaltschaft ab. Auch für die Art, in der das Richtergesetz später in der Rechtsprechung gehandhabt werden wird, kann er bedeutungsvoll werden.

b) *Einbeziehung der Bundesverfassungsrichter:* Der Entwurf schreibt vor, dass die Richter des Bundesverfassungsgerichts in seinen Geltungsbereich in beschränktem Umfang einbezogen werden.

Demgegenüber hat das Plenum des Bundesverfassungsgerichts gefordert, dass das Deutsche Richtergesetz auf die Richter des Bundesverfassungsgerichts überhaupt nicht anwendbar sein solle. Das Gericht würde aber nach den kürzlich in Karlsruhe stattgefundenen mündlichen Erörterungen eines Vertreters des Bundesjustizministeriums mit dem Gericht höchstwahrscheinlich keinen Widerspruch gegen die Einbeziehung erheben, wenn die Anwendbarkeit von Vorschriften des Entwurfs weiter als bisher vorgesehen beschränkt wird. Einen Vorschlag zur Fassung von §§ 67 und 68 enthält die Anlage 1. Die Abweichungen vom Entwurf sind unterstrichen.

Der Vorschlag könnte vielleicht im Vergleich zum Entwurf rechtlich insofern als eine Verschlechterung angesehen werden, als die Generalklausel in § 67 Abs. 1 in Verbindung mit dem Negativkatalog in § 67 Abs. 2 die Geltung der Vorschriften des Entwurfs für Richter des Bundesverfassungsgerichts nicht eindeutig und abschließend bestimmt. Immerhin enthielt auch die bisherige Fassung des § 67 des Entwurfs durch die Verwendung des Wortes „sinngemäß" eine Unbestimmtheit. Der nunmehrige Vorschlag bringt die Sonderstellung der Bundesverfassungsrichter nach dem Grundgesetz und Bundesverfassungsgerichtsgesetz besser zum Ausdruck. Jedenfalls aber ist es vorteilhaft, dass das Plenum des Bundesverfassungsgerichts dem Vorschlag höchstwahrscheinlich nicht widersprechen wird und unliebsame Erörterungen im Parlament damit vermieden werden.

c) *Federführung:* Die Erörterung der Federführung im Kabinett erscheint nicht erforderlich und auch nicht zweckmäßig, weil das Bundeskanzleramt voraussichtlich nicht die vier Minister, die den Entwurf dem Kabinett vorgelegt haben, sondern nur den Bundesminister der Justiz den gesetzgebenden Körperschaften als federführenden Minister bezeichnen wird. Der Herr Bundeskanzler hat in der Kabinettssitzung am 13.2.1957 zum Ausdruck gebracht, dass eine Mitfederführung zu gleichen Rechten nicht eingeführt werden solle, da sie zu einer Verzögerung führe.

Sollte gleichwohl die Federführung erörtert werden, so sprechen gegen die Mitfederführung der Bundesminister des Innern und der Finanzen fünf Gründe:

1. Nur ein kleiner Teil (8%) der Regierungsvorlagen ist in den letzten zwei Jahren in gemeinsamer Federführung bearbeitet worden, wie folgende Statistik zeigt: Gesetzesvorlagen insgesamt 227, davon völkerrechtliche Zustimmungsgesetze, die herkömmlich

der Bundesminister des Auswärtigen neben dem federführenden Minister mit einbringt (§ 38 Entw./GGO II): 81.

Von den restlichen (146) Regierungsvorlagen sind von einem Minister 134, von mehreren Ministern 12 federführend bearbeitet worden.

An den erwähnten 12 Regierungsvorlagen waren jeweils nur zwei Ministerien, in keinem Fall aber drei Ministerien federführend beteiligt.

2. Eine Mitfederführung ist nur durchführbar, soweit die beteiligten Minister sich einigen. Andernfalls würde das Kabinett ständig mit Fragen minderer Bedeutung belastet werden. In eiligen Fällen, in denen das Kabinett nicht rechtzeitig angerufen werden kann, müsste die Bundesregierung untätig bleiben, weil keiner der mitfederführenden Minister ohne Zustimmung des anderen handeln dürfte.

3. Die Mitfederführung *gegen den Willen* eines beteiligten Ministers ist verfassungsrechtlich bedenklich, weil durch die Mitfederführung zwangsläufig der Geschäftsbereich und die Verantwortung des Ministers eingeschränkt wird. Bei allen Vorlagen, in denen bisher das Bundesjustizministerium gemeinsam mit anderen Ministerien federführend war, ist die Mitfederführung deshalb *im gegenseitigen Einverständnis* begründet worden.

4. Dem Justizminister ist für Angelegenheiten der Richter nach dem Grundgesetz ein Übergewicht eingeräumt. So werden die Richter des künftigen Obersten Bundesgerichts, das für Streitigkeiten aus allen Gerichtszweigen zuständig sein soll, von dem Bundesminister der Justiz gemeinsam mit dem Richterwahlausschuss berufen (Art. 95 Abs. 3 GG). In den Ländern wirkt bei der Richterwahl nur der Justizminister, dagegen nicht der sonst zuständige Fachminister mit (Art. 98 Abs. 4 GG).

5. Die Bundesminister des Innern und der Finanzen sind nicht ausschließlich für die öffentlich-rechtlichen Dienstverhältnisse zuständig. Die Gesetze über die Altersgrenze der Richter an den oberen Bundesgerichten hat ohne Widerspruch der anderen Ressorts allein der Bundesminister der Justiz federführend bearbeitet. Für das Soldatengesetz und für die Wehrdisziplinarordnung liegt die Federführung beim Bundesminister für Verteidigung. Der Entwurf enthält überwiegend Vorschriften, die unmittelbar oder mittelbar Beziehung zur Gerichtsverfassung haben.

## 2. *Vorschlag*

1. Dienstgericht des Bundes soll beim Bundesgerichtshof errichtet werden.
2. Vorschriften über die Richter des Bundesverfassungsgerichts wie Anlage 1.
3. Die Bundesminister des Innern, der Finanzen, für Arbeit und der Justiz werden ermächtigt, den Entwurf und die Begründung an einzelnen Stellen redaktionell zu ändern. Über die einzelnen Änderungen ist zwischen den beteiligten Ressorts auf Abteilungsleiterebene bereits völlige Übereinstimmung erzielt worden.

## II. *Protokoll der Kabinettssitzung vom 4.4.1957*

Der *Bundesminister der Justiz* erklärt, dass die Vorlage mit Ausnahme von drei strittigen Fragen die Zustimmung der beteiligten Ressorts gefunden habe. Streitig sei die Forderung, dass das Dienstgericht, das über Disziplinarsachen der Richter und über die Zulässigkeit von Verwaltungsakten oder Maßnahmen der Verwaltung zu entscheiden habe, beim Bundesgerichtshof errichtet werden soll. Die Bundesminister des Innern und der Finanzen wünschten die Errichtung bei dem Bundesverwaltungsgericht. Ferner sei streitig, ob auch die Bundesverfassungsrichter – wenn auch in beschränktem Umfange – in das Gesetz einbezogen werden sollten. In dieser Frage sei allerdings inzwischen mit der vom Bundesverfassungsgericht eingesetzten Kommission eine Einigung erzielt worden. Sie ergebe sich aus dem Nachtrag vom 2.4.1957, der vor der Sitzung den Mitgliedern des Kabinetts ausgehändigt worden sei. Der *Bundesminister des Innern* stimmt diesem Kompromissvorschlag zu den §§ 67 und 68 es Entwurfs [vgl. unten den Entwurf] zu. Andererseits lehnt er jedoch die Errichtung des Dienstgerichts beim Bundesgerichtshof ab. Sie entspreche keineswegs der Tradition. Es müsse berücksichtigt werden, dass der Aufgabenbereich des Dienstgerichts erweitert werde und insoweit durchaus neu sei. Der *Bundesminister der Finanzen* schließt sich dieser Auffassung an. Der *Bundesminister der Justiz* bestätigt die Erweiterung des Aufgabenbereiches. Jedoch könne hieraus nicht die Errichtung beim Bundesverwaltungsgericht hergeleitet werden. Die Aufgabenerweiterung sei vielmehr ein Grund dafür, dass die Zuständigkeit der ordentlichen Richter erhalten bleibe. Ob die vom Dienstgericht zu entscheidenden Streitgegenstände ihrer Natur nach Verwaltungsakte seien, sei unerheblich. Entscheidend sei, dass vom Dienstgericht die richterliche Tätigkeit überprüft werde. Daher sollten ordentliche Richter über Richter zu Gericht sitzen. Aber auch in der Frage der Mitfederführung könne er der Auffassung der Bundesminister des Innern und der Finanzen nicht folgen. Es sei zwar richtig, dass sich ein Institut der Mitfederführung in der Praxis entwickelt habe. Allerdings habe es sich immer nur um zwei Minister gehandelt. Auch sei die Mitfederführung nur bei zwölf Vorlagen von insgesamt 227 anerkannt worden. Bei dem Entwurf des Deutschen Richtergesetzes müsse jedoch der Bundesminister der Justiz allein die Federführung haben, weil es sich hier um Richter handle. Wenn das Kabinett das Gesetz verabschiede, müsse der Bundesminister der Justiz das Gesetz allein vertreten. Der *Bundesminister des Innern* erklärt, dass die zwölf Gesetze, bei denen die Mitfederführung anerkannt wurde, durchaus bedeutungsvoll gewesen seien. Im Übrigen seien die Bundesminister der Finanzen und des Innern für das öffentliche Dienstrecht zuständig. Da in anderen Fällen die Mitfederführung zugestanden wurde, sehe er nicht ein, warum es hier nicht möglich sei. Da in der Sache eine Annäherung erfolgt sei, sollten für das Verfahren keine Schwierigkeiten aufgeworfen werden. Der *Bundesminister der Finanzen* ergänzt diese Ausführungen dahin, dass es ihm besonders auf die praktische Durchführung ankomme. Es müsse ihm das Recht eingeräumt werden, im Ausschuss das Wort zu ergreifen. Der *Bundeskanzler* betont, dass es sich dann aber nur darum handeln könne, die Meinung des Kabinetts zu vertreten und nicht die Auffassung eines Ministers. Der *Bundesminister der Finanzen* bestätigt diese Auffassung. Der *Bundesminister für Wohnungsbau* ist der Auffassung, dass der Bundesminister der Justiz das Gesetz allein vertreten solle. *Staatssekretär Dr. Rust* weist darauf hin, dass vor kurzem die Wehrdisziplinargerichte errichtet worden seien. Es sei erforderlich, die damit zusammenhängenden Fragen noch mit dem Bundesminister der Justiz zu erörtern. Der *Bundeskanzler* schlägt vor, dass der Bundesminister der Justiz die Vorlage in den Ausschusssitzungen vertrete, dass aber die beiden anderen Ressorts zu den Sitzungen hinzugezogen werden müssten. Dabei müsse jedoch sichergestellt werden, dass eine einheitliche Meinung vertreten werde. Das Kabinett ist einverstanden.

Zur Frage der Errichtung der Dienstgerichte bittet der *Bundeskanzler* um Abstimmung, ob der Vorlage zugestimmt werde oder ob die Dienstgerichte bei dem Bundesverwaltungsgericht errichtet werden sollten. Das Kabinett beschließt mit Mehrheit die Regelung der Vorlage.

Der *Bundesminister des Innern* beantragt, den Entwurf noch nicht in den Gesetzgebungsgang zu geben. Der *Bundesminister der Justiz* bittet dagegen um Weiterleitung des Gesetzentwurfs. Das Kabinett beschließt, den Entwurf in der Fassung des Nachtrags vom 2.4.1957 an den Bundesrat weiterzuleiten.

# Dritter Teil: Der 1. Regierungsentwurf zu einem Deutschen Richtergesetz vom 4.4.1957 im Bundesrat

## I. *Text des Entwurf*

### Erster Teil. *Richteramt in Bund und Ländern*

### *I. Abschnitt: Einleitende Vorschriften*

*§ 1. Berufsrichter und ehrenamtliche Richter*

Die rechtsprechende Gewalt wird durch Berufsrichter und durch ehrenamtliche Beisitzer ausgeübt.

*§ 2. Geltung für Berufsrichter*

(1) Richter im Sinne dieses Gesetzes sind die Berufsrichter. Sie können nur als Richter auf Lebenszeit, auf Zeit, auf Probe oder kraft Auftrages berufen werden.

(2) Für die ehrenamtlichen Beisitzer gelten nur die Vorschriften der §§ 42 und 43.

*§ 3. Dienstherr*

Die Richter stehen im Dienst des Bundes oder eines Landes.

*§ 4. Unvereinbare Aufgaben*

(1) Ein Richter darf Aufgaben der rechtsprechenden Gewalt und Aufgaben der gesetzgebenden oder der vollziehenden Gewalt nicht zugleich wahrnehmen.

(2) Außer Aufgaben der rechtsprechenden Gewalt kann ein Richter jedoch wahrnehmen

1. Aufgaben der Gerichtsverwaltung,
2. andere Aufgaben, die aufgrund eines Gesetzes den Gerichten zugewiesen sind,
3. Aufgaben der Forschung und Lehre an einer Universität, Hochschule, öffentlichen Unterrichtsanstalt oder amtlichen Unterrichtseinrichtung,
4. Prüfungsangelegenheiten.

### *II. Abschnitt: Unabhängigkeit des Richters*

*§ 5. Grundsatz*

(1) Der Richter ist unabhängig und nur dem Gesetz unterworfen.

(2) Der Staat schützt den Richter in seiner Unabhängigkeit.

*§ 6. Unzulässige Einflussnahmen*

Empfehlungen und andere Einflussnahmen, die geeignet sind, den Richter in seiner Unabhängigkeit zu beeinträchtigen, sind unzulässig.

*§ 7. Dienstaufsicht*

(1) Der Richter unterliegt einer Dienstaufsicht.

(2) Die Dienstaufsicht umfasst die Befugnis, die ordnungswidrige Ausführung eines Amtsgeschäfts zu rügen und zu seiner ordnungsmäßigen, unverzögerten Erledigung zu ermahnen.

(3) Ist eine Maßnahme der Dienstaufsicht geeignet, den Richter in der Freiheit seiner Entscheidung zu beeinträchtigen, so stellt ein Gericht auf Antrag des Richters die Unzulässigkeit der Maßnahme fest.

*§ 8. Übertragung eines Richteramtes*

(1) Dem Richter auf Lebenszeit und dem Richter auf Zeit ist ein Richteramt bei einem bestimmten Gericht zu übertragen.

(2) Ihm kann ein weiteres Richteramt bei einem anderen Gericht übertragen werden, soweit ein Gesetz dies zulässt.

*§ 9. Besetzung der Gerichte mit Richtern auf Lebenszeit*

(1) Ein Gericht darf nur in der Besetzung mit Richtern auf Lebenszeit tätig werden, soweit nicht ein Bundesgesetz etwas anderes zulässt.

(2) Vorsitzender eines Gerichts darf nur ein Richter sein. Wird ein Gericht in einer Besetzung mit mehreren Richtern tätig, so muss ein Richter auf Lebenszeit den Vorsitz führen.

*§ 10. Besetzung der Gerichte mit Richtern auf Probe, Richtern kraft Auftrages und abgeordneten Richtern*

(1) Bei einer gerichtlichen Entscheidung darf nicht mehr als ein Richter auf Probe, ein Richter kraft Auftrages oder ein abgeordneter Richter mitwirken. Er muss als solcher bezeichnet werden.

(2) Im ersten Jahr nach seiner Ernennung soll ein Richter auf Probe in der Regel nur gemeinsam mit anderen Richtern entscheiden.

(3) Die Zahl der Richter auf Probe und der Richter kraft Auftrages darf für jeden Gerichtszweig in einem Lande insgesamt zwanzig vom Hundert der Planstellen für Richter nicht überschreiten. Jedoch dürfen in jedem Gerichtszweig insgesamt zwei Richter auf Probe oder Richter kraft Auftrages ernannt werden.

*§ 11. Unversetzbarkeit*

(1) Ein Richter auf Lebenszeit oder ein Richter auf Zeit kann ohne sein Einverständnis nur im Interesse der Rechtspflege (§ 12) oder bei Veränderung der Gerichtsorganisation (§ 13) versetzt werden.

(2) Der Versetzung steht es gleich, wenn ein Richter, der mehrere Richterämter innehat, eines Amtes enthoben wird.

*§ 12. Versetzung im Interesse der Rechtspflege*
Ein Richter auf Lebenszeit oder ein Richter auf Zeit kann

1. in ein anderes Richteramt mit gleichem Endgrundgehalt,
2. in den einstweiligen Ruhestand oder
3. in den Ruhestand

versetzt werden, wenn Tatsachen außerhalb seiner richterlichen Tätigkeit sein Ansehen oder seine Tätigkeit in dem bisherigen Richteramt dauernd so schwer beeinträchtigen, dass die Maßnahme im Interesse der Rechtspflege geboten ist.

*§ 13. Veränderung der Gerichtsorganisation*

(1) Bei einer Veränderung in der Einrichtung der Gerichte oder ihrer Bezirke kann einem auf Lebenszeit oder auf Zeit ernannten Richter dieser Gerichte ein anderes Richteramt übertragen werden. Ist eine Verwendung in einem Richteramt mit gleichem Endgrundgehalt nicht möglich, so kann ihm ein Richteramt mit geringerem Endgrundgehalt übertragen werden.

(2) Ist die Übertragung eines anderen Richteramtes nicht möglich, so kann der Richter seines Amtes enthoben werden. Ihm kann jederzeit ein neues Richteramt, auch mit geringerem Endgrundgehalt, übertragen werden.

(3) Die Übertragung eines anderen Richteramtes (Absatz 1) und die Amtsenthebung (Absatz 2) können nicht später als drei Monate nach Inkrafttreten der Veränderung ausgesprochen werden.

*§ 14. Belassung des vollen Gehaltes*

(1) In den Fällen des § 13 erhält der Richter sein bisheriges Grundgehalt einschließlich ruhegehaltfähiger oder unwiderruflicher Stellenzulagen und steigt in den Dienstaltersstufen seiner bisherigen Besoldungsgruppe weiter auf. Im Übrigen richten sich die Dienstbezüge nach den allgemeinen besoldungsrechtlichen Vorschriften. Soweit ihre Höhe durch den dienstlichen Wohnsitz bestimmt ist, ist bei Amtsenthebung (§ 13 Abs. 2) der letzte dienstliche Wohnsitz maßgebend.

(2) Der seines Amtes enthobene Richter gilt für die Anwendung der Vorschriften über das Ruhen der Versorgungsbezüge und über das Zusammentreffen mehrerer Versorgungsbezüge als Richter im Ruhestand.

*§ 15. Entlassung und Versetzung durch richterliche Entscheidung*
Ohne die schriftliche Zustimmung eines Richters auf Lebenszeit oder eines Richters auf Zeit kann

1. seine Entlassung,
2. die Rücknahme seiner Ernennung,
3. seine Versetzung im Interesse der Rechtspflege oder

4. seine Versetzung in den Ruhestand wegen Dienstunfähigkeit nur aufgrund richterlicher Entscheidung ausgesprochen werden. Bei Veränderung der Gerichtsorganisation kann ein Richter ohne seine Zustimmung und ohne gerichtliche Entscheidung versetzt oder seines Amtes enthoben werden.

*§ 16. Nichtigkeit der Ernennung*
Die Nichtigkeit einer Ernennung zum Richter auf Lebenszeit oder zum Richter auf Zeit kann erst geltend gemacht werden, nachdem ein Gericht sie festgestellt hat.

*§ 17. Beendigung des Dienstverhältnisses durch richterliche Entscheidung*
Wird gegen einen Richter auf Lebenszeit oder einen Richter auf Zeit durch Urteil eines deutschen Gerichts im Geltungsbereich dieses Gesetzes erkannt auf

1. Zuchthaus,
2. Gefängnis von mindestens einem Jahr wegen einer vorsätzlichen Straftat,
3. Gefängnis wegen vorsätzlicher hochverräterischer, staatsgefährdender oder landesverräterischer Handlung,
4. Verlust der bürgerlichen Ehrenrechte oder
5. Aberkennung der Fähigkeit zur Bekleidung öffentlicher Ämter,

so endet sein Dienstverhältnis mit Rechtskraft dieses Urteils, ohne dass es einer weiteren gerichtlichen Entscheidung bedarf.

*§ 18. Vorläufige Untersagung der Amtsgeschäfte*
In einem Verfahren nach § 15 oder § 16 kann das Gericht auf Antrag dem Richter die Führung seiner Amtsgeschäfte vorläufig untersagen.

*§ 19. Mitgliedschaft in einer gesetzgebenden Körperschaft oder Regierung*
Nimmt ein Richter die Wahl in den Deutschen Bundestag oder in die gesetzgebende Körperschaft eines Landes an oder wird ein Richter mit seinem Einverständnis zum Mitglied der Bundesregierung oder der Regierung eines Landes ernannt, so enden das Recht und die Pflicht zur Wahrnehmung des Richteramtes ohne gerichtliche Entscheidung nach näherer Bestimmung der Gesetze.

*§ 20. Abordnung*
(1) Ein Richter auf Lebenszeit oder ein Richter auf Zeit darf nur mit seiner Zustimmung abgeordnet werden.

(2) Die Abordnung ist auf eine bestimmte Zeit auszusprechen. An dieselbe Verwaltungsbehörde darf der Richter nicht länger als drei Jahre abgeordnet werden.

(3) Zur Vertretung eines Richters darf ein Richter auf Lebenszeit oder ein Richter auf Zeit ohne seine Zustimmung längstens für zusammen zwei Monate innerhalb eines Geschäftsjahres an andere Gerichte desselben Gerichtszweiges abgeordnet werden.

## III. Abschnitt: Befähigung zum Richteramt

*§ 21. Erwerb der Befähigung zum Richteramt*

(1) Die Befähigung zum Richteramt wird durch das Bestehen zweier Prüfungen erworben.

(2) der ersten Prüfung muss ein Studium der Rechtswissenschaft von mindestens dreieinhalb Jahren an einer Universität vorangehen. Davon sind mindestens vier Halbjahre dem Studium an einer Universität im Geltungsbereich dieses Gesetzes zu widmen.

(3) Zwischen der ersten und zweiten Prüfung muss ein Vorbereitungsdienst von mindestens dreieinhalb Jahren liegen. Davon sind zu verwenden mindestens

1. vierundzwanzig Monate zum Dienst bei den ordentlichen Gerichten, Staatsanwaltschaften, Notaren und Rechtsanwälten,
2. sechs Monate bei anderen Gerichten, davon zwei Monate bei Gerichten für Arbeitssachen,
3. sechs Monate zum Dienst bei Verwaltungsbehörden.

Soweit die Ausbildung bei Gerichten für Arbeitssachen nach Nr. 2 nicht durchgeführt werden kann, ist statt dessen eine Ausbildung bei Behörden oder Stellen abzuleisten, die auf dem Gebiet des Arbeits- und Sozialrechts tätig sind.

*§ 22. Anerkennung von Prüfungen*

(1) Die Zulassung zum Vorbereitungsdienst darf nicht aus dem Grunde versagt werden, dass der Bewerber die erste Prüfung nach § 21 in einem anderen Lande im Geltungsbereich dieses Gesetzes bestanden hat. Die in einem Lande im Geltungsbereich dieses Gesetzes auf den Vorbereitungsdienst verwendete Zeit ist in jedem deutschen Lande anzurechnen.

(2) Wer im Geltungsbereich dieses Gesetzes die Befähigung zum Richteramt nach § 21 erworben hat, ist in jedem deutschen Lande zum Richteramt befähigt.

*§ 23. Universitätsprofessoren*

Jeder ordentliche Professor der Rechte an einer Universität im Geltungsbereich dieses Gesetzes ist zum Richteramt befähigt.

## IV. Abschnitt: Richterverhältnis

*§ 24. Ernennung durch Urkunde*

(1) Der Richter wird durch Aushändigung einer Urkunde ernannt.

(2) In der Ernennungsurkunde müssen bei der Begründung des Richterverhältnisses die Worte „unter Berufung in das Richterverhältnis“ mit dem Zusatz

„auf Lebenszeit“,

„ auf Zeit“,

„auf Probe“ oder
„kraft Auftrages“
enthalten sein. Bei der Begründung eines Richterverhältnisses auf Zeit ist die Zeitdauer der Berufung in der Urkunde anzugeben.

(3) Bei der Umwandlung eines Richterverhältnisses in ein Richterverhältnis anderer Art müssen in der Ernennungsurkunde die diese Art bestimmenden Worte nach Absatz 2 enthalten sein, bei der ersten Verleihung eines Amtes und bei der Verleihung eines anderen Amtes mit anderem Endgrundgehalt und anderer Amtsbezeichnung muss in der Ernennungsurkunde die Amtsbezeichnung dieses Amtes enthalten sein.

*§ 25. Besondere Voraussetzungen für die Ernennung zum Richter*
Für die Ernennung zum Richter können durch Bundesgesetz für einzelne Gerichtszweige besondere Voraussetzungen vorgeschrieben werden.

*§ 26. Ernennung auf Lebenszeit*
(1) Zum Richter auf Lebenszeit darf nur ernannt werden, wer sich nach Erwerb der Befähigung zum Richteramt mindestens drei Jahre im richterlichen Dienst bewährt hat.

(2) Auf die Zeit nach Absatz 1 können bis zu zwei Jahren angerechnet werden Tätigkeiten

1. als Beamter des höheren Dienstes,
2. im deutschen öffentlichen Dienst oder im Dienst einer zwischenstaatlichen oder überstaatlichen Einrichtung, wenn die Tätigkeit nach Art und Bedeutung der Tätigkeit in einem Amt des höheren Dienstes entsprochen hat,
3. als habilitierter Lehrer des Rechts an einer deutschen wissenschaftlichen Hochschule,
4. als Rechtsanwalt, Notar, Anwaltsassessor oder Notarassessor.

(3) Wenn eine hervorragende Persönlichkeit mit besonderen Kenntnissen und Erfahrungen für den Richterdienst gewonnen werden soll, können Tätigkeiten nach Absatz 2 unbeschränkt angerechnet werden.

*§ 27. Ernennung auf Zeit*
Eine Ernennung zum Richter auf Zeit ist nur unter den durch Bundesgesetz bestimmten Voraussetzungen und nur für die bundesgesetzlich bestimmten Aufgaben zulässig.

*§ 28. Ernennung zum Richter auf Probe*
(1) Wer später als Richter auf Lebenszeit verwendet werden soll, kann zum Richter auf Probe ernannt werden.

(2) Spätestens sechs Jahre nach seiner Ernennung ist der Richter auf Probe zum Richter auf Lebenszeit zu ernennen oder einem Richterwahlausschuss zur Wahl vorzuschlagen.

*§ 29. Abordnung eines Richters auf Probe*
Ein Richter auf Probe kann ohne seine Zustimmung nur an ein anderes Gericht oder an eine Behörde der Gerichtsverwaltung oder der Staatsanwaltschaft abgeordnet werden.

*§ 30. Entlassung eines Richters auf Probe*
(1) Ein Richter auf Probe kann zum Ablauf des sechsten Monats und des ersten Jahres nach seiner Ernennung aus wichtigem Grunde entlassen werden. Wegen mangelnder Bewährung kann er nur zum Ablauf des sechsten Monats oder des ersten, zweiten oder dritten Jahres entlassen werden.
(2) Ein Richter auf Probe ist zu entlassen, wenn ihn ein Richterwahlausschuss endgültig ablehnt.
(3) In den Fällen der Absätze 1 und 2 ist die Entlassungsverfügung dem Richter mindestens sechs Wochen vor dem Entlassungstage mitzuteilen.

*§ 31. Ernennung zum Richter kraft Auftrages*
(1) Ein Beamter auf Lebenszeit oder auf Zeit kann zum Richter kraft Auftrages ernannt werden, wenn er später als Richter auf Lebenszeit verwendet werden soll.
(2) Der Richter kraft Auftrages führt im Dienst die Amtsbezeichnung des wahrgenommenen Richteramtes.

*§ 32. Wirkungen auf das Beamtenverhältnis*
(1) Der Richter kraft Auftrages behält sein bisheriges Amt. Seine Besoldung und Versorgung bestimmen sich nach diesem Amt. Im Übrigen ruhen für die Dauer des Richterverhältnisses kraft Auftrages die Rechte und Pflichten aus dem Beamtenverhältnis mit Ausnahme der Pflicht zur Amtsverschwiegenheit und des Verbots der Annahme von Geschenken.
(2) Wird das Richterverhältnis zu einem anderen Dienstherrn begründet, so ist auch dieser zur Zahlung der Dienstbezüge verpflichtet.

*§ 33. Dauer der Verwendung als Richter kraft Auftrages*
(1) Spätestens zwei Jahre nach seiner Ernennung ist der Richter kraft Auftrages zum Richter auf Lebenszeit zu ernennen oder einem Richterwahlausschuss zur Wahl vorzuschlagen.
(2) Für die Abordnung des Richters kraft Auftrages und für die Beendigung des Richterverhältnisses kraft Auftrages gelten die Vorschriften für Richter auf Probe entsprechend.

*§ 34. Allgemeines Dienstalter* [nicht im Entwurf Okt. 1956 enthalten]
Das allgemeine Dienstalter eines Richters bestimmt sich nach dem Tag, an dem ihm sein Richteramt übertragen worden ist. Hat der Richter zuvor ein anderes Richteramt oder ein

sonstiges Amt mit mindestens dem gleichen Endgrundgehalt bekleidet, so bestimmt das allgemeine Dienstalter sich nach dem Tage der Übertragung dieses Amtes.

## *V. Abschnitt: Besondere Pflichten der Richter*

*§ 35 [§ 34 Okt. 1956]. Richtereid*

(1) Der Richter hat folgenden Eid in öffentlicher Sitzung eines Gerichts zu leisten:

> „Ich schwöre, das Richteramt getreu dem Grundgesetz für die Bundesrepublik Deutschland und getreu dem Gesetz auszuüben, nach bestem Wissen und Gewissen ohne Ansehen der Person zu urteilen und nur der Wahrheit und Gerechtigkeit zu dienen, so wahr mir Gott helfe."

(2) Der Eid kann ohne die Worte „so wahr mir Gott helfe" geleistet werden.

(3) In den Eid kann die Verpflichtung auf eine Landesverfassung aufgenommen werden.

*§ 36 [§ 35 Okt. 1956]. Wahrung der Unabhängigkeit*

(1) Der Richter hat seine innere und äußere Unabhängigkeit zu wahren.

(2) Der Richter soll sich innerhalb und außerhalb seines Amtes so verhalten, dass das Vertrauen in seine Unabhängigkeit nicht gefährdet wird.

*§ 37 [§ 36 Okt. 1956]. Politische Tätigkeit*

(1) Ein Richter darf sich, abgesehen von der bloßen Mitgliedschaft in einer politischen Partei und unbeschadet der Ausübung des aktiven Wahlrechts, nicht parteipolitisch betätigen.

(2) Nimmt ein Richter die Aufstellung als Bewerber für die Wahl zum Abgeordneten des Bundestages oder einer gesetzgebenden Körperschaft eines Landes an, so ist er von diesem Tage, frühestens jedoch zwei Monate vor dem Wahltage, bis zum Ablauf von zwei Wochen nach dem Wahltage mit vollen Dienstbezügen beurlaubt. In dieser Zeit darf er sich parteipolitisch betätigen.

(3) Ein Richter darf sich für die Wahl in eine Vertretungskörperschaft einer Gemeinde oder eines Gemeindeverbandes nicht aufstellen lassen.

*§ 38 [§ 37 Okt. 1956]. Schiedsrichter und Schlichter*

(1) Eine Nebentätigkeit als Schiedsrichter oder Schiedsgutachter darf dem Richter nur genehmigt werden, wenn die Parteien des Schiedsvertrages ihn gemeinsam beauftragen oder wenn er von einer unbeteiligten Stelle benannt ist.

(2) Ein Richter darf nicht Schlichter in Streitigkeiten zwischen Vereinigungen oder zwischen diesen und Dritten sein.

*§ 39 [§ 38 Okt. 1956]. Rechtsgutachten*

(1) Ein Richter darf nicht Rechtsgutachten erstatten oder entgeltlich Rechtsauskünfte erteilen.

(2) Ein ordentlicher Professor der Rechte, der gleichzeitig Richter ist, darf mit Genehmigung der obersten Dienstbehörde der Gerichtsverwaltung Rechtsgutachten erstatten und Rechtsauskünfte erteilen. Die Genehmigung darf allgemein oder für den Einzelfall nur erteilt werden, wenn die richterliche Tätigkeit des Professors nicht über den Umfang einer Nebentätigkeit hinausgeht und nicht zu besorgen ist, dass dienstliche Interessen beeinträchtigt werden.

*§ 40 [§ 40 Okt. 1956]. Nebentätigkeiten in der Rechtspflege*

Ein Richter ist zu einer Nebentätigkeit (Nebenamt, Nebenbeschäftigung) nur in der Rechtspflege und in der Gerichtsverwaltung verpflichtet.

*§ 41. [§ 40 Okt. 1956] Beratungsgeheimnis*

Der Richter hat über den Hergang bei der Beratung und Abstimmung auch nach Beendigung seines Dienstverhältnisses zu schweigen.

## *VI. Abschnitt: Ehrenamtliche Beisitzer*

*§ 42 [§ 41 Okt. 1956]. Bestellung und Abberufung des ehrenamtlichen Beisitzers*

(1) Ein ehrenamtlicher Beisitzer kann nur unter den gesetzlichen Voraussetzungen und für die gesetzlich bestimmten Aufgaben bestellt werden.

(2) Ein ehrenamtlicher Beisitzer kann vor Ablauf seiner Amtszeit nur unter den gesetzlich bestimmten Voraussetzungen und gegen seinen Willen nur durch Entscheidung eines Gerichts abberufen werden.

*§ 43 [§ 42 Okt. 1956]. Unabhängigkeit und besondere Pflichten des ehrenamtlichen Beisitzers*

(1) Der ehrenamtliche Beisitzer ist in gleichem Maße wie ein Richter unabhängig. Er hat seine Pflichten getreu dem Grundgesetz für die Bundesrepublik Deutschland und getreu dem Gesetz zu erfüllen, nach bestem Wissen und Gewissen ohne Ansehen der Person zu urteilen und nur der Wahrheit und Gerechtigkeit zu dienen.

(2) Im Übrigen bestimmen sich die Rechte und Pflichten der ehrenamtlichen Beisitzer nach den für die einzelnen Gerichtszweige geltenden Vorschriften.

(3) Der ehrenamtliche Beisitzer hat das Beratungsgeheimnis zu wahren (§ 41).

## **Zweiter Teil. *Richter im Bundesdienst***

### *I. Abschnitt: Allgemeine Vorschriften*

*§ 44 [§ 43 Okt. 1956]. Geltung des Bundesbeamtenrechts*
Für die Rechtsverhältnisse der Richter im Bundesdienst gelten die Vorschriften für Bundesbeamte entsprechend, soweit dieses Gesetz nichts anderes bestimmt.

*§ 45 [§ 44 Okt. 1956]. Bundespersonalausschuss in Angelegenheiten der Richter*
In Angelegenheiten der Richter im Bundesdienst wirkt im Bundespersonalausschuss als weiteres ständiges ordentliches Mitglied der Leiter der Personalabteilung des Bundesministeriums der Justiz mit. Die Zahl der nichtständigen Mitglieder beträgt fünf. Sie und ihre Stellvertreter müssen Richter im Bundesdienst sein. Sie werden vom Bundesminister des Innern im Einvernehmen mit den beteiligten Bundesministern vorgeschlagen, davon vier und ihre Stellvertreter aufgrund einer Benennung durch die Spitzenorganisationen der Berufsverbände der Richter.

*§ 46 [§ 45 Okt. 1956]. Eintritt in den Ruhestand*
(1) Der Richter auf Lebenszeit an den oberen Bundesgerichten treten mit dem Ende des Monats in den Ruhestand, in dem sie das achtundsechzigste Lebensjahr vollenden, die übrigen Richter mit dem Ende des Monats, in dem sie das fünfundsechzigste Lebensjahr vollenden.
(2) Der Eintritt in den Ruhestand kann nicht hinausgeschoben werden.
(3) Auf seinen Antrag ist ein Richter auf Lebenszeit frühestens drei Jahre vor Erreichen der Altersgrenze in den Ruhestand zu versetzen.

### *II. Abschnitt. Richtervertretungen*

*§ 47 [§ 46 Okt. 1956]. Richterrat und Präsidialrat*
Bei den obersten Bundesgerichten werden als Richtervertretungen errichtet

1. Richterräte für die Beteiligung an allgemeinen und sozialen Angelegenheiten,
2. Präsidialräte für die Beteiligung an der Ernennung eines Richters.

*§ 48 [§ 47 Okt. 1956]. Zusammensetzung des Richterrats*
(1) Bei jedem oberen Bundesgericht wird ein Richterrat, bei dem Bundesdisziplinarhof zugleich für die Bundesdisziplinarkammern und die Truppendienstgerichte, errichtet. Er besteht bei dem
1. Bundesgerichtshof aus fünf gewählten Richtern,
2. Bundesverwaltungsgericht, Bundesfinanzhof, Bundesarbeitsgericht und Bundessozialgericht aus je drei gewählten Richtern,

3. Bundesdisziplinarhof aus insgesamt drei gewählten Richtern des Bundesdisziplinarhofes, der Bundesdisziplinarkammern oder der Truppendienstgerichte.

(2) Der Präsident des Gerichts und sein ständiger Vertreter können dem Richterrat nicht angehören.

*§ 49 [§ 48 Okt. 1956]. Wahl des Richterrats*

(1) Die Mitglieder des Richterrats und eine gleiche Anzahl von Stellvertretern werden auf jeweils vier Jahre geheim und unmittelbar gewählt.

(2) Zur Vorbereitung der Wahl beruft der Präsident des Gerichts eine Versammlung der Richter ein. Die Versammlung beschließt unter dem Vorsitz des lebensältesten Richters das Wahlverfahren.

*§ 50 [§ 49 Okt. 1956]. Aufgaben des Richterrats*

Für die Befugnisse und Pflichten des Richterrats gelten §§ 55 bis 60, § 73 des Personalvertretungsgesetzes sinngemäß.

*§ 51 [§ 50 Okt. 1956]. Gemeinsame Aufgaben von Richterrat und Personalvertretung*

(1) Sind an einer Angelegenheit sowohl der Richterrat als auch die Personalvertretung beteiligt, so entsendet der Richterrat für die gemeinsame Beschlussfassung Mitglieder in die Personalvertretung.

(2) Die Zahl der entsandten Mitglieder des Richterrates muss zur Zahl der Richter im gleichen Verhältnis stehen wie die Zahl der Mitglieder der Personalvertretung zu der Zahl der Beamten, Angestellten und Arbeiter. Jedoch entsendet der Richterrat mindestens die in § 13 Abs. 3 und Abs. 5 Satz 1 des Personalvertretungsgesetzes bestimmte Zahl von Mitgliedern.

*§ 52 [§ 51 Okt. 1956]. Bildung des Präsidialrats*

(1) Bei jedem oberen Bundesgericht wird ein Präsidialrat, bei dem Bundesdisziplinarhof zugleich für die Bundesdisziplinarkammern und die Truppendienstgerichte, errichtet. Er besteht bei

1. dem Bundesgerichtshof aus dem Präsidenten oder seinem ständigen Vertreter als Vorsitzendem, drei vom Richterrat gewählten Richtern und drei Mitgliedern des Präsidiums,
2. den übrigen oberen Bundesgerichten aus dem Präsidenten oder seinem ständigen Vertreter als Vorsitzendem, zwei vom Richterrat gewählten Richtern und zwei Mitgliedern des Präsidiums.

(2) Der Richterrat des Bundesdisziplinarhofes soll mindestens einen Richter der Bundesdisziplinarkammern oder der Truppendienstgerichte in den Präsidialrat wählen.

(3) Dem Präsidialrat beim Bundesdisziplinarhof soll mindestens ein Richter eines Wehrdienstgerichts angehören.

(4) Die Amtszeit des Präsidialrats beträgt vier Jahre.

*§ 53 [§ 52 Okt. 1956]. Aufgabe des Präsidialrats*

Vor jeder Ernennung oder Wahl eines Richters ist der Präsidialrat des Gerichts, bei dem der Richter verwendet werden soll, zu beteiligen. Das Gleiche gilt, wenn einem Richter ein Richteramt an einem Gericht eines anderen Gerichtszweiges übertragen werden soll.

*§ 54 [§ 53 Okt. 1956]. Einleitung der Beteiligung*

(1) Die oberste Dienstbehörde beantragt die Stellungnahme des Präsidialrats. Dem Antrag sind die Bewerbungsunterlagen und die Personal- und Befähigungsnachweise beizufügen. Personalakten dürfen nur mit Zustimmung des Bewerbers oder Richters vorgelegt werden.

(2) Auf Ersuchen eines Mitgliedes eines Richterwahlausschusses hat die oberste Dienstbehörde die Stellungnahme zu beantragen.

*§ 55 [§ 54 Okt. 1956]. des Präsidialrats*

(1) Der Präsidialrat gibt eine schriftlich begründete Stellungnahme ab über die persönliche und fachliche Eignung des Bewerbers oder Richters. Die Stellungnahme ist zu den Personalakten zu nehmen.

(2) Der Präsidialrat hat seine Stellungnahme binnen drei Wochen nach Zugang des Antrags abzugeben.

(3) Ein Richter darf erst ernannt oder gewählt werden, wenn die Stellungnahme des Präsidialrats vorliegt oder die Frist des Absatzes 2 verstrichen ist.

*§ 56 [§ 55 Okt. 1956]. Geschäftsführung, Rechtsstellung der Mitglieder*

(1) Die Richtervertretungen regeln ihre Beschlussfassung und Geschäftsführung in einer Geschäftsordnung.

(2) Die Kosten der Richtervertretungen fallen dem Haushalt der Gerichte zur Last. Die Gerichtsverwaltung stellt Räume und Geschäftsbedarf zur Verfügung.

(3) Die Mitgliedschaft in der Richtervertretung ist ein Ehrenamt. Für die Rechte und Pflichten der Mitglieder gelten §§ 42 Abs. 3, 59 Abs. 1 und 60 Abs. 1 und 2 des Personalvertretungsgesetzes sinngemäß.

*§ 57 [§ 56 Okt. 1956]. Rechtsweg in Angelegenheiten der Richtervertretungen*

Für die Rechtsstreitigkeiten aus der Bildung oder Tätigkeit der Richtervertretungen steht der Rechtsweg zu den Verwaltungsgerichten offen. Das Verwaltungsgericht entscheidet bei Rechtsstreitigkeiten aus der gemeinsamen Beteiligung von Richterrat und Personalvertretung (§ 51 Abs. 1) nach den Verfahrensvorschriften und in der Besetzung des § 76 Abs. 2 und § 77 des Personalvertretungsgesetzes.

## *III. Abschnitt. Dienstgericht des Bundes*

*§ 58 [§ 57 Okt. 1956]. Verfassung des Dienstgerichts*

(1) Für die Richter im Bundesdienst wird als Dienstgericht des Bundes ein besonderer Senat des Bundesgerichtshofes gebildet.

(2) Das Dienstgericht des Bundes verhandelt und entscheidet in der Besetzung mit einem Vorsitzenden, zwei ständigen Beisitzern und zwei nichtständigen Beisitzern. Alle Mitglieder müssen Richter auf Lebenszeit sein. Die nichtständigen Beisitzer müssen dem Gerichtszweig des betroffenen Richters angehören.

(3) Das Präsidium des Bundesgerichtshofes bestimmt den Vorsitzenden, die Beisitzer und deren Vertreter für fünf Geschäftsjahre. Bei der Bestimmung der nichtständigen Beisitzer ist es an die Reihenfolge in den Vorschlagslisten gebunden, die von den Präsidien der oberen Bundesgerichte aufgestellt werden.

(4) Der Präsident eines Gerichts und sein ständiger Vertreter können nicht Mitglied des Dienstgerichts sein.

*§ 59 [§ 58 Okt. 1956]. Zuständigkeit des Dienstgerichts*

(1) Das Dienstgericht des Bundes entscheidet endgültig

1. in Disziplinarsachen, auch der Richter im Ruhestand,
2. über die Versetzung im Interesse der Rechtspflege,
3. über die Nichtigkeit einer Ernennung,
4. über die
a) Entlassung,
b) Rücknahme der Ernennung,
c) Versetzung in den Ruhestand wegen Dienstunfähigkeit,
5. Bei Anfechtung
a) einer Maßnahme wegen Veränderung der Gerichtsorganisation,
b) der Entlassung eines Richters auf Probe oder kraft Auftrages,
c) der Heranziehung zu einer Nebentätigkeit,
d) der Versagung der Genehmigung für eine Nebentätigkeit,
e) einer Maßnahme der Dienstaufsicht aus den Gründen des § 7 Abs. 3.

(2) Das Dienstgericht des Bundes entscheidet auch über die Revision gegen Urteile der Dienstgerichte der Länder (§ 77).

*§ 60 [§ 59 Okt. 1956]. Disziplinarverfahren*

(1) Für das Verfahren in Disziplinarsachen gelten die Vorschriften der Bundesdisziplinarordnung sinngemäß.

(2) Über die Einleitung oder Einstellung des förmlichen Disziplinarverfahrens, über die vorläufige Dienstenthebung, die Einbehaltung von Dienstbezügen sowie über die Aufhebung dieser Maßnahmen entscheidet auf Antrag der obersten Dienstbehörde das

Dienstgericht durch Beschluss. Der Beschluss ist der obersten Dienstbehörde und dem Richter zuzustellen.

*§ 61 [§ 60 Okt. 1956]. Disziplinarstrafen*

(1) Durch Disziplinarverfügung können nur Warnung und Verweis ausgesprochen werden.

(2) Gegen einen Richter bei einem oberen Bundesgericht kann nur auf Gehaltskürzung oder auf Entfernung aus dem Dienst erkannt werden.

*§ 62 [§ 61 Okt. 1956]. Versetzungsverfahren*

(1) Für das Verfahren bei Versetzung im Interesse der Rechtspflege (Versetzungsverfahren) gelten die Vorschriften der Bundesdisziplinarordnung sinngemäß.

(2) Das Verfahren wird von der obersten Dienstbehörde eingeleitet. An die Stelle der Anschuldigungsschrift tritt der Antrag des Bundesdisziplinaranwalts.

(3) Das Gericht erklärt eine der in § 12 vorgesehenen Maßnahmen für zulässig oder weist den Antrag zurück.

*§ 63 § 62 Okt. 1956]. Verbindung von Verfahren*

Disziplinarverfahren und Versetzungsverfahren können verbunden werden. Bei Verbindung soll das Dienstgericht über Bestrafung und Versetzung gleichzeitig entscheiden.

*§ 64 [§ 63 Okt. 1956]. Prüfungsverfahren*

(1) Für das Verfahren in den Fällen des § 59 Abs. 1 Nr. 3, 4 und 5 (Prüfungsverfahren) gelten die Vorschriften der Verwaltungsgerichtsordnung sinngemäß. Ein Vorverfahren findet nur in den Fällen der Nr. 5 statt.

(2) Das Verfahren wird in den Fällen des § 59 Abs. 1 Nr. 3 und 4 durch einen Antrag der obersten Dienstbehörde, in den Fällen der Nr. 5 durch einen Antrag des Richters eingeleitet.

*§ 65 [§ 64 Okt. 1956]. Urteilsformel im Prüfungsverfahren*

(1) In dem Falle des § 59 Abs. 1 Nr. 3 stellt das Gericht die Nichtigkeit fest oder weist den Antrag zurück.

(2) In den Fällen des § 59 Abs. 1 Nr. 4 stellt das Gericht die Zulässigkeit der Maßnahme fest oder weist den Antrag zurück.

(3) In den Fällen des § 59 Abs. 1 Nr. 5 Buchst. a bis d hebt das Gericht die angefochtene Maßnahme auf oder weist den Antrag zurück.

(4) In dem Falle des § 59 Abs. 1 Nr. 5 Buchst. e stellt das Gericht die Unzulässigkeit der Maßnahme fest oder weist den Antrag zurück.

*§ 66 [§ 65 Okt. 1956]. Aussetzung von Verfahren*

(1) Ist eine Maßnahme der Dienstaufsicht aus den Gründen des § 7 Abs. 3 angefochten und hängt die Entscheidung hierüber von dem Bestehen oder Nichtbestehen eines

Rechtsverhältnisses ab, das den Gegenstand eines anderen Verfahrens bildet oder bilden kann, so hat das Dienstgericht die Verhandlung bis zur Erledigung des anderen Verfahrens auszusetzen. Der Aussetzungsbeschluss ist zu begründen.

(2) Ist das Verfahren bei dem anderen Gericht noch nicht anhängig, so setzt das Dienstgericht in dem Aussetzungsbeschluss eine angemessene Frist zur Einleitung des Verfahrens. Nach fruchtlosem Ablauf der Frist weist es den Antrag ohne weitere Sachprüfung zurück.

(3) Hängt die Entscheidung eines anderen Gerichts als eines Dienstgerichts davon ab, ob eine Maßnahme der Dienstaufsicht aus den Gründen des § 7 Abs. 3 unzulässig ist, so hat das Gericht die Verhandlung bis zur Erledigung des Verfahrens vor dem Dienstgericht auszusetzen. Der Aussetzungsbeschluss ist zu begründen. Absatz 2 gilt sinngemäß.

## *IV. Abschnitt. Richter des Bundesverfassungsgerichts*

*§ 67 [§ 66 Okt. 1956]. Beschränkte Geltung dieses Gesetzes*

(1) Für Richter des Bundesverfassungsgerichts gelten die Vorschriften dieses Gesetzes nur, soweit sie mit der besonderen Rechtsstellung dieser Richter nach dem Grundgesetz und nach dem Gesetz über das Bundesverfassungsgericht vereinbar sind.

(2) Insbesondere gelten für Richter des Bundesverfassungsgericht nicht die Vorschriften über unvereinbare Aufgaben (§ 4), Anfechtung von Maßnahmen der Dienstaufsicht (§ 7 Abs. 3), Übertragung eines weiteren Richteramtes (§ 8 Abs. 2), Vorsitz im Gericht (§ 9 Abs. 2), Besetzung der Gerichte mit Richtern auf Probe, Richtern kraft Auftrages und abgeordneten Richtern (§ 10, Versetzung, Beendigung des Richterdienstes (§§ 12 bis 18), Mitgliedschaft in einer Volksvertretung oder Regierung (§ 19), Abordnung (§ 20), Bestimmungen über Richter auf Probe und Richter kraft Auftrages (§§ 28 bis 33), allgemeines Dienstalter (§ 34), Aufstellung als Wahlbewerber (§ 37 Abs. 2), Nebentätigkeiten in der Rechtspflege (§ 40), Richtervertretungen (§§ 47 bis 57) und Dienstgericht (§§ 58 bis 66).

(3) Die Richter des Bundesverfassungsgerichts leisten den Richtereid (§ 35) vor dem Bundespräsidenten.

*§ 68 [§ 67 Okt. 1956]. Bundesrichter als Richter des Bundesverfassungsgerichts*
Die Rechte und Pflichten eines Richters an den oberen Bundesgerichten ruhen, solange er Mitglied des Bundesverfassungsgerichts ist.

## **Dritter Teil.** ***Richter im Landesdienst***

*§ 69 [§ 68 Okt. 1956]. Rahmenvorschriften*

(1) Die Länder sind verpflichtet, die Rechtsverhältnisse der Richter gemäß §§ 70 bis 80 und, soweit dieses Gesetz nichts anderes bestimmt, auf der Grundlage der §§ 1 bis 121

des Ersten Beamtenrechtsrahmengesetzes zu regeln. Sie haben dabei die gemeinsamen Interessen von Bund und Ländern zu berücksichtigen.

(2) Für die Richter im Landesdienst gelten die §§ 122 bis 134 des Ersten Beamtenrechtsrahmengesetzes entsprechend.

*§ 70 [§ 69 Okt. 1956]. Bildung des Richterrats*
In den Ländern sind Richterräte zu bilden. Ihre Mitglieder werden durch die Richter unmittelbar und geheim aus ihrer Mitte gewählt.

*§ 71 [§ 70 Okt. 1956]. Aufgaben des Richterrats*
Der Richterrat hat mindestens folgende Aufgaben:

1. Beteiligung an allgemeinen und sozialen Angelegenheiten der Richter,
2. gemeinsame Beteiligung mit der Personalvertretung an allgemeinen und sozialen Angelegenheiten, die sowohl Richter als auch Bedienstete des Gerichts betreffen,
3. Wahl von Mitgliedern des Präsidialrats.

*§ 72 [§ 71 Okt. 1956]. Bildung des Präsidialrats*

(1) Für jeden Gerichtszweig ist ein Präsidialrat zu bilden. Für mehrere Gerichtszweige, die derselben obersten Dienstbehörde unterstehen, kann durch Gesetz die Bildung eines gemeinsamen Präsidialrats vorgeschrieben werden.

(2) Der Präsidialrat besteht aus dem Präsidenten eines Gerichts oder seinem stellvertretenden Vertreter als Vorsitzendem und aus Richtern, von denen mindestens die Hälfte durch die Richter zu wählen sind.

*§ 73 [§ 72 Okt. 1956]. Aufgaben des Präsidialrats*

(1) Der Präsidialrat ist an der Ernennung eines Richters für ein Amt mit höherem Endgrundgehalt als dem eines Eingangsamtes zu beteiligen. Er gibt eine schriftlich begründete Stellungnahme ab über die persönliche und fachliche Eignung des Richters.

(2) Dem Präsidialrat können weitere Aufgaben übertragen werden.

*§ 74 [§ 73 Okt. 1956]. Altersgrenze*

(1) Die Altersgrenze für Richter auf Lebenszeit ist die Vollendung des fünfundsechzigsten Lebensjahres.

(2) Für Richter an den obersten Landesgerichten, Oberlandesgerichten und Oberverwaltungsgerichten kann durch Gesetz als Altersgrenze die Vollendung des achtundsechzigsten Lebensjahres festgesetzt werden.

(3) Der Eintritt in den Ruhestand kann nicht hinausgeschoben werden.

*§ 75 [§ 74 Okt. 1956]. Einrichtung von Dienstgerichten*

(1) In den Ländern sind Dienstgerichte zu bilden.

(2) Die Dienstgerichte entscheiden in der Besetzung mit einem Vorsitzenden und je zur Hälfte mit ständigen und nichtständigen Beisitzern. Alle Mitglieder müssen auf

Lebenszeit ernannte Richter sein. Die nichtständigen Mitglieder müssen dem Gerichtszweige des betroffenen Richters angehören.

(3) Die Mitglieder der Dienstgerichte werden von dem Präsidium des Gerichts bestimmt, bei dem das Dienstgericht errichtet ist. Der Präsident eines Gerichts oder sein ständiger Vertreter kann nicht Mitglied eines Dienstgerichts sein.

*§ 76 [§ 75 Okt. 1956]. Zuständigkeit des Dienstgerichts*

Das Dienstgericht entscheidet

1. in Disziplinarsachen, auch der Richter im Ruhestand,
2. über die Versetzung im Interesse der Rechtspflege,
3. über die Nichtigkeit einer Ernennung,
4. über die
a) Entlassung,
b) Rücknahme der Ernennung,
c) Versetzung in den Ruhestand wegen Dienstunfähigkeit,
5. bei Anfechtung
a) einer Maßnahme wegen Veränderung der Gerichtsorganisation,
b) der Entlassung eines Richters auf Probe oder kraft Auftrages,
c) der Heranziehung zu einer Nebentätigkeit,
d) der Versagung der Genehmigung für eine Nebentätigkeit,
e) einer Maßnahme der Dienstaufsicht aus den Gründen des § 7 Abs. 3.

*§ 77 [§ 76 Okt. 1956]. Rechtszug*

Das Verfahren vor den Dienstgerichten besteht aus mindestens zwei Rechtszügen.

(2) In den Fällen des § 76 Nr. 3, 4 und 5 findet die Revision an das Dienstgericht des Bundes statt.

(3) Die Landesgesetzgebung kann in den Fällen des § 76 Nr. 1 und 2 die Revision an das Dienstgericht des Bundes vorsehen.

*§ 78. Revision im Prüfungsverfahren*

(1) Die Revision an das Dienstgericht des Bundes kann in den Fällen des § 76 Nr. 3, 4 und 5 nur darauf gestützt werden, dass das angefochtene Urteil auf der Verletzung von Bundesrecht beruhe. Als Verletzung von Bundesrecht gilt es auch, wenn die angefochtene Entscheidung auf der Verletzung von Vorschriften beruht, zu deren Erlass die Länder nach diesem Gesetz verpflichtet oder nur unter den in diesem Gesetz bestimmten Voraussetzungen berechtigt sind.

(2) Die Landesgesetzgebung kann vorsehen, dass in den Fällen des § 76 Nr. 3, 4 und 5 die Revision an das Dienstgericht des Bundes auch auf die Verletzung von Landesrecht gestützt werden kann.

*§ 79 [§ 77 Okt. 1956]. Verfahrensvorschriften*
Disziplinarverfahren, Versetzungsverfahren und Prüfungsverfahren sind entsprechend § 60 Abs. 2, § 61 Abs. 1, § 62 Abs. 2 Satz 1 und Abs. 3 und §§ 63 bis 66 zu regeln.

*§ 80 [§ 78 Okt. 1956]. Verfassungsrichter*
Das Landesrecht bestimmt, wieweit dieses Gesetz für die Mitglieder des Verfassungsgerichts eines Landes gilt.

## Vierter Teil. *Übergangs- und Schlussvorschriften*

### *I. Abschnitt: Änderung von Bundesrecht*

*§ 81 [§ 79 Okt. 1956]. Änderung des Gerichtsverfassungsgesetzes*
Das Gerichtsverfassungsgesetz in der Fassung der Bekanntmachung vom 12. September 1950 (Bundesgesetzbl. S. 513) wird wie folgt geändert:

1. §§ 2 bis 9 und § 10 Abs. 1 werden aufgehoben.
2. § 10 Abs. 2 erhält folgende Fassung: „(2) Bei Amtsgerichten und Landgerichten können Richter kraft Auftrages und Richter auf Probe verwendet werden."
3. § 11, § 22 Abs. 2 und § 59 Abs. 2 werden aufgehoben.
4. § 70 Abs. 2 erhält folgende Fassung: „(2) Die Beiordnung eines Richters auf Probe oder eines Richters kraft Auftrages ist auf eine bestimmte Zeit auszusprechen und darf vor Ablauf dieser Zeit nicht widerrufen werden."
5. § 78 Abs. 2, §§ 118 und 198 werden aufgehoben. […]

## II. *Niederschrift über die Sitzung des Unterausschusses des Rechtsausschusses des Bundesrates am 27. und 28.6.1957*

*Vorsitz: Ministerialdirigent Prof. Dr. Gerner (Bayern)*
*Es nahmen teil:*
Minister Dr. Haußmann, Baden-Württemberg (nur am 27.6.)
Regierungsdirektor Kohlweiß, Baden-Württemberg
Regierungsdirektor Dr. Rebmann, Baden-Württemberg
Ministerialdirigent Prof. Dr. Gerner, Bayern
Landgerichtsdirektor Dr. Mösl, Bayern
Gerichtsassessor Dr. Rothemund, Bayern
Kammergerichtsrat Arndt, Berlin
Oberregierungsrat Malicke, Berlin (nur am 27.6.)
Amtsgerichtsdirektor Dr. Peters, Bremen
Amtsgerichtsrat Dr. Stiebeler, Hamburg
Ministerialrat Reh, Hessen (nur am 27.6.)

Ministerialrat Puttfarcken, Hessen (nur am 27.6.)
Ministerialrat Schultz, Niedersachsen
Landgerichtsrat Stimpel, Niedersachsen
Landgerichtsrat Drerup, Nordrh.-Westf. (nur als Beobachter)
Landgerichtsrat Dr. Brenken, Rheinland-Pfalz (nur am 27.6.)
Gerichtsassessor Leonardy, Saarland
Ministerialrat Dr. Hannemann, Schleswig-Holstein
*Von der Bundesregierung nahmen teil:*
Ministerialdirektor Roemer, BMJ (nur am 27.6.)
Ministerialrat Prof. Dr. Rinck, BMJ (nur am 27.6.)
Ministerialrat Dallinger, BMJ (nur am 27.6.)
Regierungsdirektor Dr. Marquordt, BMJ (nur am 27.6.)
Gerichtsassessor Dr. Kurless, BMJ (nur am 27.6.)
Ministerialrat Hering, BMI (nur am 27.6.)
Oberregierungsrat Dr. Wegner, BMI (nur am 27.6.)
Oberregierungsrat Dr. Wiedow, BMF
Regierungsrat Dr. Braun, BMF

Die Beratungen des zur Vorbereitung der Behandlung des Entwurfs eines Deutschen Richtergesetzes (BR-Drucks. Nr. 183/57) vom Rechtsausschuss eingesetzten Unterausschusses hatten folgendes Ergebnis:

I. *Grundsatzfragen:*

1. Einleitend weist der Vorsitzende auf die von verschiedenen Seiten, insbesondere von der Konferenz der Innenminister/Senatoren der Länder gegen den Entwurf erhobenen Bedenken (vgl. Beschluss der Innenministerkonferenz vom 27./28.10.1955 zum Entwurf eines Deutschen Richtergesetzes i.d.F. vom 30.8.1955) hin. Die Bedenken richten sich insbesondere dagegen, dass die Verwirklichung des Entwurfs zu einer Zersplitterung der Einheit des Rechts des öffentlichen Dienstes führe oder zumindest eine solche Zersplitterung befürchten lasse (insbesondere wegen der statusmäßigen Trennung zwischen Richtereigenschaft und Beamteneigenschaft und wegen der Schaffung besonderer Dienstgerichte für Richter), ferner dagegen, dass durch die vorgesehene Regelung der Rechtsstellung der Richter im Landesdienst die insoweit bestehende Gesetzgebungszuständigkeit des Bundes zum Erlass nur von Rahmenvorschriften (Art. 98 Abs. 3 S. 2 GG) überschritten werde. Diese Bedenken wurden vom Unterausschuss nicht geteilt. Vielmehr bejahte der Unterausschuss die Gesamtgestaltung des Entwurfs im Grundsatz, vor allem hinsichtlich der vorgesehenen Regelungen über die Unabhängigkeit der Richter und die Dienstaufsicht, die gleiche Ausbildung für die Richter aller Gerichtsbarkeiten, die Richtervertretung und die Dienstgerichtsbarkeit.

2. *Gesetzgebungszuständigkeit:* Die Gesetzgebungszuständigkeit des Bundes ergibt sich hinsichtlich der im Entwurf vorgesehenen Regelungen über die Gerichtsverfassung und das gerichtliche Verfahren aus Art. 74 Ziff. 1 GG, hinsichtlich der Regelung der Rechtsstellung der Bundesrichter aus Art. 98 Abs. 1 GG. Hinsichtlich der Rechtsstellung der Richter in den Ländern ist der Bund nur zum Erlass von Rahmenvorschriften befugt (Art. 98 Abs. 3 S. 2 GG). Für den letzterwähnten Bereich unterliegt daher die Gesetzgebungsbefugnis des Bundes den für die Rahmengesetzgebung allgemein bestehenden Begrenzungen. Nach Auffassung der Mehrheit des Unterausschusses sind bei den vorgesehenen Regelungen über die Rechtsstellung der Richter in den Ländern die Grenzen der Rahmengesetzgebung noch als gewahrt zu erachten. Von Bayern wurden insoweit Zweifel erhoben bezüglich der zwingenden Vorschrift über die Bildung des Präsidialrates (§ 72) und der bindenden Festsetzung der Altersgrenze in § 74. Die Bedenken bezüglich des § 72 wurden von der Mehrheit des Unterausschusses nicht geteilt; zu § 74 s. unten II Ziff. 37.

Von der Mehrheit des Unterausschusses wurden auch keine Bedenken dagegen erhoben, dass die im ersten Teil des Entwurfs enthaltenen Vorschriften über die Rechtsstellung der Richter hinsichtlich der Richter in den Ländern als unmittelbar geltendes Rahmenrecht und nicht lediglich als Vorschriften für die Landesgesetzgebung vorgesehen sind.

3. Seit längerem wird nachdrücklich die Forderung auf Schaffung eines Rechtsprechungsministeriums erhoben. Insbesondere hat sich hierfür auch die 25. Justizministerkonferenz in München vom 26./28.10.1956 entschieden ausgesprochen. Diese Forderung ist in der Empfehlung zur Neufassung des § 7 Abs. 1 des Entwurfs aufgenommen; vgl. unten II, Ziff. 5 a.

4. Die Grundsatzfrage der Einbeziehung der Staatsanwälte in den Entwurf eines Richtergesetzes wurde im Unterausschuss eingehend erörtert. Besonders nachdrücklich trat Justizminister Dr. Wolfgang Haußmann (Baden-Württemberg) für die Einbeziehung der Staatsanwälte aus folgenden Gesichtspunkten ein:

Verfassungsrechtliche Bedenken gegen die Einbeziehung der Staatsanwälte in das Richtergesetz könnten nicht erhoben werden. Vielmehr sprächen gewichtige rechtspolitische und justizpolitische Gesichtspunkte *für* die Einbeziehung. - Kraft Tradition und nach dem Aufgabenkreis seien das Amt des Richters und dasjenige des Staatsanwalts eng verwandt. Insbesondere erfülle der Staatsanwalt, z.B. bei der Einstellung des Verfahrens, auch richterliche Funktionen. Der Ausschluss der Staatsanwälte aus dem Richtergesetz erschwere den von jeher üblichen Laufbahnwechsel, mindere die Anziehungskraft der Staatsanwaltschaft für den Nachwuchs außerordentlich und gefährde dadurch im Endergebnis das Gesamtinteresse der Strafrechtspflege. - Wegen der Ausführungen von Justizminister Dr. Haußmann im Einzelnen wird auf die Anlage 1 zu dieser Niederschrift Bezug genommen. - Für die Einbeziehung der Staatsanwälte sprachen sich – bei

Stimmenthaltung von Hamburg – die Länder Baden-Württemberg, Berlin, Bremen, Hessen, Niedersachsen, Rheinland-Pfalz, das Saarland und Schleswig-Holstein aus. - Bayern stimmte mit den übrigen Ländern darin überein, dass die Staatsanwälte in dem Entwurf jedenfalls insoweit angesprochen werden müssten, als es sich um die Aufrechterhaltung des Wechsels zwischen den Laufbahnen des Richters und des Staatsanwalts und die volle Anrechnung der staatsanwaltschaftlichen Dienstzeit bei der Ernennung zum Richter auf Lebenszeit handelt.

Die Einbeziehung der Staatsanwälte in das Richtergesetz erscheint dem Unterausschuss aus folgenden Gründen geboten: Verfassungsrechtliche Bedenken gegen die Einbeziehung der Staatsanwälte in das Richtergesetz bestehen nicht. Bei der Einbeziehung der Staatsanwälte handelt es sich vielmehr um eine rechtspolitische Frage. Rechtspolitisch gesehen ist jedoch die Einbeziehung der Staatsanwälte aus folgenden Gründen zwingend geboten: In der Strafrechtspflege wirken Gericht und Staatsanwaltschaft in ihren verschiedenen Aufgaben zusammen. Nach der geschichtlichen Entwicklung in Deutschland ist das Amt des Richters mit dem des Staatsanwalts seit jeher eng verbunden. Der Staatsanwalt erfüllt auch richterähnliche Funktionen, z.B. bei der Einstellung eines Strafverfahrens. Soweit nicht die Besonderheit des Richteramts im Wege steht, sollte daher der Staatsanwalt in das Richtergesetz einbezogen werden. Nur dadurch wird auch die Erhaltung des von jeher üblichen Wechsels zwischen den Laufbahnen des Richters und des Staatsanwalts gesichert und die Gefahr gebannt, dass die Staatsanwaltschaft als Behörde in einen minderen Status gegenüber den Gerichten herabgedrückt wird und als Folge hiervon die Laufbahn des Staatsanwalts immer mehr an Anziehungskraft für den tüchtigen juristischen Nachwuchs verliert. Im Gesamtinteresse der Rechtspflege muss daher der Eindruck, als sei der Staatsanwalt nicht mehr ein gleichwertiges Organ der Rechtspflege, vermieden werden. […]

II. *Einzelfragen*

5. *Zu § 7:*

a) Abs. 1 erhält folgende Fassung: „(1) Der Richter unterliegt einer Dienstaufsicht. Sie wird über die Gerichte des Bundes von dem Bundesminister der Justiz, über die Gerichte der Länder von den Landesjustizverwaltungen ausgeübt.“ *Begründung:* Verwirklichung der Forderung auf Schaffung eines Rechtsprechungsministeriums. Im Übrigen Ermöglichung einer entsprechenden Regelung auf der Landesebene. – Der Vorsitzende äußerte erhebliche verfassungsrechtliche Bedenken gegen die Gesetzgebungskompetenz des Bundes für die vorgesehene Regelung der Dienstaufsicht über die Gerichte der Länder. Eine Gesetzgebungszuständigkeit des Bundes besteht – wenn überhaupt (Art. 96 Abs. 2 GG) – dann nur für eine Regelung der Dienstaufsicht über die Gerichte des Bundes.

Diese Bedenken wurden vom Unterausschuss nicht geteilt.

b) Abs. 2 erhält folgende Fassung: „(2) Die Dienstaufsicht umfasst *auch* die Befugnis, …". Angenommen gegen die Stimme des Landes Niedersachsen.
c) In Abs. 2 letzter Halbsatz werden die Worte „ein Gericht" ersetzt durch die Worte „das Dienstgericht" (§§ 58, 75).
d) Der Antrag des Landes Baden-Württemberg, in § 7 Abs. 3 zweiter Halbsatz hinter dem Wort „seiner" einzufügen „richterlichen" wurde gegen die Stimmen von Baden-Württemberg, Hessen und Rheinland-Pfalz abgelehnt. […]

*19. Zu § 26:*

a) Abs. 1 erhält folgende Fassung: „Zum Richter auf Lebenszeit darf nur ernannt werden, wer sich nach Erwerb der Befähigung zum Richteramt mindestens drei Jahre im Dienst als Richter, Staatsanwalt oder Vertreter des öffentlichen Interesses bewährt hat."
b) Der Antrag der Freien und Hansestadt Hamburg, in § 26 Abs. 2 die Worte „bis zu zwei Jahren" sowie Abs. 3 zu streichen, findet keine Mehrheit.
c) Der Antrag Baden-Württemberg auf folgende Neufassung des Abs. 3 „In besonderen Ausnahmefällen können Tätigkeiten nach Abs. 2 unbeschränkt angerechnet werden." – wird gegen die Stimmen von Baden-Württemberg und Hamburg abgelehnt.

*20.* Der Unterausschuss vermochte nicht, eine an sich erwünschte bessere Konkretisierung der Fassung des Abs. 3 vorzuschlagen.

*21. Zu § 28:*

a) § 28 erhält folgende Fassung: „(1) Wer später als Richter auf Lebenszeit *oder als Staatsanwalt* verwendet werden soll, kann zum Richter auf Probe ernannt werden. – (2) Spätestens sechs Jahre nach seiner Ernennung ist der Richter auf Probe zum Richter auf Lebenszeit zu ernennen oder einem Richterwahlausschuss zur Wahl vorzuschlagen *oder zum Staatsanwalt* zu ernennen." – Angenommen gegen die Stimme von Hessen, bei Stimmenthaltung von Hamburg und Saarland.
b) Nach Auffassung des Unterausschusses sollte der Ausschuss für Innere Angelegenheiten ersucht werden zu prüfen, ob die vorgeschlagene Neufassung des Abs. 2 nicht durch den Zusatz „oder zum Vertreter des öffentlichen Interesses (Staatsanwalt) bei einem Verwaltungsgericht" zu ergänzen ist. […]

*51. Zur Einbeziehung der Staatsanwälte* (vgl. oben Ziff. I, 4):

a) Niedersachsen beantragt, eine Einbeziehung der Staatsanwälte in der Weise vorzunehmen, dass in den Entwurf die aus Anlage 3 dieser Niederschrift ersichtlichen Bestimmungen eingefügt werden.
b) Nach längerer Erörterung schlägt der Unterausschuss vor, folgenden § 105 a einzufügen: „Für Staatsanwälte gelten die §§ 21, 22 und 102 entsprechend." – *Begründung:*

Um der Aufgabe der Staatsanwaltschaft als Organ der Rechtspflege Rechnung zu tragen, ist es abgesehen von der vollen Anrechnung der staatsanwaltlichen Tätigkeit bei der Ernennung zum Richter auf Lebenszeit (§ 26 Abs. 1, s. oben Ziff. 19 a) geboten, die Vorschriften über den Erwerb der Befähigung zum Richteramt (§ 21), über die Anerkennung von Prüfungen (§ 23) und die hierzu vorgeschlagenen Übergangsvorschriften (§ 102) auch auf die Staatsanwälte entsprechend anzuwenden. – Der Antrag des Landes Baden-Württemberg, auch die Bestimmungen über die Altersgrenze für Richter auf Lebenszeit (§§ 46 und 74) auf Staatsanwälte entsprechend Anwendung finden zu lassen, wurde gegen die Stimmen von Baden-Württemberg, Bremen und des Saarlandes, bei Stimmenthaltung von Berlin und Hamburg, in Abwesenheit von Hessen und Rheinland-Pfalz, abgelehnt.

Für einen Vorschlag hinsichtlich der Besoldung der Staatsanwälte war kein Raum, da die Frage der Besoldung der Richter in dem Entwurf nicht angesprochen ist.

b) Der Unterausschuss empfiehlt bei Stimmenthaltung von Bayern und Hamburg die Frage einer gesetzlichen Regelung, welchen Beschränkungen die Weisungsgebundenheit der Staatsanwaltschaft zu unterwerfen ist, alsbald zu prüfen.

c) Der Unterausschuss empfiehlt gegen die Stimmen von Bayern und Hamburg, bei Stimmenthaltung von Bremen und Rheinland-Pfalz, bei der weiteren Behandlung des Entwurfs eines Richtergesetzes vorzusehen, dass in Disziplinarsachen der Staatsanwälte die für Richter zu bildenden Dienstgerichte entscheiden. – *Begründung*: Zu b) und c): Die Frage, wie und an welcher Stelle die Beschränkung der Weisungsgebundenheit der Staatsanwälte gesetzlich im Einzelnen zu regeln ist, bedarf noch sorgfältiger Prüfung. – Welche Änderungen und Ergänzungen der vorliegende Entwurf des Richtergesetzes bei Zuweisung der Entscheidung über Disziplinarsachen der Staatsanwälte an die für Richter vorgesehenen Dienstgerichte erfahren muss, muss ebenfalls noch geprüft werden. – In diesem Zusammenhang wird auch zu überlegen sein, ob die Entscheidung über Disziplinarsachen der Vertreter des öffentlichen Interesses den Dienstgerichten zuzuweisen ist, die für die in Betracht kommenden Gerichtszweige zu bilden sind. – Der Unterausschuss regt an, diese Frage an den Ausschuss für Innere Angelegenheiten heranzutragen. – Aus den dargelegten Gründen musste sich der Unterausschuss insoweit auf die beiden vorbezeichneten Empfehlungen beschränken. [...]

*Anlage 1: Ausführungen von Justizminister Dr. Haußmann (Baden-Württemberg)*

Im vorliegenden Entwurf des Richtergesetzes sind keine Bestimmungen über die Rechtsstellung der Staatsanwälte enthalten. Der Entwurf bestreitet nicht die enge funktionelle Verbindung zwischen Staatsanwalt und Richter, er stellt jedoch darauf ab, dass der StA nicht Träger der rechtsprechenden Gewalt sei, deshalb sei seine Einbeziehung in das Richtergesetz ausgeschlossen.

Diese Auffassung kann nicht unwidersprochen bleiben. Wenn auch der Ministerrat des Landes Baden-Württemberg, dem ich das hier zu entscheidende Problem im Mai 1957 unterbreitet und in dem ich mich mit Entschiedenheit für die Einbeziehung der Staatsanwälte in das Richtergesetz eingesetzt habe, noch keine endgültige Entscheidung über diese Frage treffen konnte, so darf ich doch schon heute erklären: Da der Staatsanwalt unbestritten ein unentbehrliches Organ der Staatsrechtspflege ist, das funktionsmäßig dem Richteramt näher als andere Organe der Rechtspflege steht, muss seine Einbeziehung in irgendeiner Form in das Richtergesetz erfolgen. Andernfalls wird

1. die Gefahr nicht zu bannen sein, dass die Herrschaft über das *Ermittlungsverfahren* immer mehr der Justiz entgleitet und maßgebend von der Polizei bestimmt wird. Folge (nach Oberbundesanwalt Güde): Die Diagnose bleibt nichtärztlichen Hilfskräften überlassen, der Arzt sieht den Patienten erst in der Hauptverhandlung;
2. der traditionsgemäße Wechsel zwischen der Laufbahn des Richters und des Staatsanwalts, wie er besonders in den süddeutschen Ländern von jeher geübt wird, entscheidend erschwert. Die Staatsanwaltschaft wird in den Status einer minderen Behörde herabgestuft, sie verliert zusehend an Anziehungskraft beim tüchtigen Nachwuchs. Dabei sind gerade für das bedeutsame Amt des Leiters der Anklagebehörde ausgeprägte Persönlichkeiten von Nöten, die vorzügliche juristisches Wissen mit kritischem Sinn und dem Willen vereinen, Weisungen zu widersprechen, die sie mit ihrem Gewissen nicht für vereinbar halten.

Niedersachsen hat die Einbeziehung der Staatsanwälte in einem besonderen Teil in das Richtergesetz vorgeschlagen. Es macht den Versuch, den Begriff der Weisungsgebundenheit des Staatsanwalts positiv abzugrenzen. Es ist überwiegende Auffassung, dass die Pflicht des Staatsanwalts, gegen strafbare Handlungen einzuschreiten, sofern die tatsächlichen Voraussetzungen gegeben sind, durch Weisungen nicht eingeschränkt werden kann. Auf der anderen Seite steht die Pflicht des Staatsanwalts, den dienstlichen Anweisungen seiner Vorgesetzten nachzukommen. Das Verhältnis dieser beiden Pflichten richtig abzugrenzen, wird sicher nicht einfach sein.

Ich darf aus meiner eigenen Tätigkeit als Justizminister darauf hinweisen, dass ich mich – wie ich insbesondere anlässlich der Amtseinführung eines Oberstaatsanwalts im April 1954 zum Ausdruck gebracht habe – gegen eine Einflussnahme auf die Entscheidungsfreiheit der Staatsanwälte durch Weisungen entschieden habe. Ich habe in meiner nun beinahe vierjährigen Amtszeit als Justizminister noch nicht in einem einzigen Fall eine Weisung an einen Staatsanwalt erteilt.

Mag die Abgrenzung der *weisungsfreien Sphäre* des Staatsanwalts im Übrigen noch sorgfältige Vorarbeiten notwendig machen, so dürften doch keine unüberwindlichen Bedenken gegen die Ausdehnung der tragenden Bestimmungen des Richtergesetzes auf die Staatsanwälte bestehen. Darüber war sich die Mehrheit der Länder auf der 24.

Justizministerkonferenz in Aachen im November 1955 einig. Zu diesen Bestimmungen dürfte der Abschnitt über den Erwerb der Befähigung zum Richteramt und die Anerkennung von Prüfungen unstreitig gehören. Wenn man dem Richter mit dem Entwurf politische Tätigkeit nur in sehr engen Grenzen gestatten will, wird man dem StA nicht mehr Rechte in dieser Richtung geben dürfen. Darüber hinaus aber ist es in der Öffentlichkeit besonders augenfällig, wenn man in zwei Punkten, welche der niedersächsische Vorschlag nicht angesprochen hat, die Gleichstellung der Laufbahn des Richters und des Staatsanwalts betont:

*Altersgrenze und Besoldung.* In beiden Fällen würde ein Gefälle zwischen den Laufbahnen den Eindruck, den wir gerade vermeiden möchten, dass nämlich die StA nicht eine gleichrangige Behörde wie das Gericht ist, verstärken. Daher unser *Vorschlag*, dass durch Rahmenbestimmungen eine Sicherung in das Richtergesetz eingebaut wird, wonach für Richter und Staatsanwälte die gleiche Altersgrenze geschaffen wird und dieselben Besoldungsgrundsätze für beide Kategorien gelten müssen.

Ich möchte in diesem Zusammenhang den Ihnen bekannten Beschluss der Generalstaatsanwälte, den sie am 24.5.1957 in Saarbrücken gefasst haben, in Erinnerung rufen. Dieser Beschluss hat mich durch seine Kürze ebenso wie durch seine Bestimmtheit beeindruckt.

Ich darf weiter darauf hinweisen, dass der Herr Oberbundesanwalt Dr. Güde auf einer Arbeitstagung der Richter und Staatsanwälte unseres Landes in Stuttgart am 22.6.1957 sich leidenschaftlich und mit Nachdruck für eine Einbeziehung der Staatsanwälte in das Richtergesetz ausgesprochen hat. Es könnte nicht verantwortet werden, die ernsten und gewichtigen Argumente, die insbesondere der Herr Oberbundesanwalt vorgetragen hat, bei der Beratung des vorliegenden Gesetzentwurfs unberücksichtigt zu lassen. Ich habe vor allem aus der Stellungnahme der Generalstaatsanwälte den Eindruck gewonnen, dass es eine ungeheure Schockeinwirkung auf die Staatsanwälte auslösen würde, wenn ein Richtergesetz verabschiedet würde, das nicht auch die Rechtsstellung der Staatsanwälte erfasst. Würde dies geschehen, so müsste befürchtet werden, dass das Richtergesetz als Ganzes zu Fall gebracht wird. Jedenfalls steht dieser Gedanke im Raum.

Der Bundesrat sollte alles versuchen, um dieses zentrale Problem für die Zukunft der Rechtspflege in einer Weise zu regeln, welche die Gefahr einer Spaltung von zwei ihrer Natur nach zusammengehörigen Institutionen ausschließt.

Der Schaden wäre auf die Dauer unabsehbar, wenn die StA durch eine zwangsläufige Abtrennung von den Gerichten bei sich selbst den Eindruck einer Behörde minderen Ranges gewinnen müsste. Das Grundgesetz verbietet nicht die Einbeziehung der Staatsanwälte. Was zwischen dem Amt des Richters und demjenigen des Staatsanwalts wesensverschieden sein muss, hindert nicht, dass genug Gemeinsames zwischen beiden Ämtern bleibt; dieses Gemeinsame sollte auch in diesem Richtergesetz einer gemeinsamen Regelung zugeführt werden.

*Anlage 3: Antrag des Landes Niedersachsen*

*Nach § 80*

a) Hinter § 80 wird ein neuer Vierter Teil folgenden Inhalts eingefügt:

*„Vierter Teil. Staatsanwälte*

*§ 80 a.* Der Staatsanwalt ist ein Organ der Rechtspflege. Seine Pflicht, im Rahmen des Gesetzes wegen aller gerichtlichen strafbaren und verfolgbaren Handlungen einzuschreiten, kann durch Weisungen nicht eingeschränkt werden.

*§ 80 b.* Ist der Staatsanwalt der Überzeugung, dass eine ihm erteilte Weisung gegen § 80 a verstoße, so entscheidet auf seinen Antrag nach Erschöpfung des Dienstaufsichtsweges das Oberlandesgericht (bei Staatsanwälten im Bundesdienst der Bundesgerichtshof) über die Zulässigkeit der Weisung.

*§ 80 c.* Für Staatsanwälte gelten die §§ 21, 22, 34 und 37 sinngemäß.

*§ 80 d.* (1) In Disziplinarstrafsachen der Staatsanwälte (auch im Ruhestand) entscheiden die für die Richter gebildeten Dienstgerichte.

(2) In diesen Verfahren müssen die nichtständigen Beisitzer Staatsanwälte sein. Sie werden durch das Präsidium des Gerichts bestimmt, bei dem das Dienstgericht gebildet ist.

(3) Im Übrigen gelten die § 58 Abs. 4, § 59 Abs. 2, §§ 60, 61, § 75 Abs. 3 Satz 2, § 77 Abs. 1 und 3 und § 79 entsprechend."

b) Der bisherige Vierte Teil wird Fünfter Teil.

c) In § 81 wird folgende Nr. 6 angefügt: § 146 erhält folgende Fassung: „Die Beamten der Staatsanwaltschaften haben den dienstlichen Anweisungen ihres Vorgesetzten nachzukommen, soweit gesetzlich nichts anderes bestimmt ist."

*Begründung: zu a):* Die Begründung zu dem Entwurf des Richtergesetzes bezeichnet den Staatsanwalt mit Recht als ein Organ der Rechtspflege, dessen Mitwirkung in der Strafjustiz unentbehrlich ist. Zu den bedeutsamsten Funktionen des Staatsanwalts gehört die aus dem Legalitätsprinzip sich ergebende Pflicht, wegen aller gerichtlichen strafbaren und verfolgbaren Handlungen einzuschreiten, sofern zureichende tatsächliche Anhaltspunkte vorliegen. Diese Pflicht gehört zu den wichtigsten Garantien einer gleichmäßigen, von Willkür freien und gerechten Strafrechtspflege. Sie kann nach überwiegender Auffassung in der Rechtslehre durch Weisungen nicht eingeschränkt werden (vgl. Löwe-Rosenberg, 20. Aufl., Anm. 10 zu § 152 StPO und Anm. 3 zu § 146 GVG und Eberhard Schmidt, Lehrkommentar zur Strafprozessordnung Nr. 328 mit weiteren Literaturangaben).

Diese Einschränkung der Weisungsgebundenheit verleiht dem Staatsanwalt im Interesse der Rechtspflege eine wenn auch dem Umfang nach beschränkte Unabhängigkeit. Zu ihrer Sicherung ist es notwendig, sie zusammen mit den zum Schutz der Unabhängigkeit des Richters gegebenen Bestimmungen im Richtergesetz zu regeln.

Ebenso wie der Richter nach § 7 Abs. 3 des Entwurfs gegen die Beeinträchtigung seiner Entscheidungsfreiheit ein Gericht anrufen kann, muss auch der Staatsanwalt die Möglichkeit haben, die Zulässigkeit einer Weisung durch ein Gericht nachprüfen zu lassen. Es läge nahe, diese Nachprüfung in entsprechender Anwendung des § 7 Abs. 3 dem Dienstgericht zu übertragen. In diesem Falle bestände jedoch die Gefahr, dass, falls in derselben Sache ein Verfahren nach § 172 Abs. 2 StPO durchgeführt wird, das in diesem Verfahren zuständige Gericht (OLG oder BGH) und das Dienstgericht zu widersprechenden Entscheidungen kommen. Der Vorschlag sieht deshalb die Entscheidung durch das Oberlandesgericht (Bundesgerichtshof) vor, zumal bei diesen Entscheidungen dieselben Fragen erörtert und mittelbar entschieden werden müssen, die das Oberlandesgericht (der Bundesgerichtshof) auch im Verfahren nach § 172 StPO zu entscheiden hat.

Die Vorbildung des Staatsanwalts und seine Stellung als Rechtspflegeorgan machen es ferner notwendig, ihn denselben Disziplinargerichten und denselben disziplinarverfahrensrechtlichen Bestimmungen zu unterstellen wie den Richter.

*Zu c):* Die vorgeschlagene Ergänzung soll klarstellen, dass das Weisungsrecht des Dienstvorgesetzten an dem Legalitätsprinzip seine Grenze findet.

## III. *Niederschrift über die Sitzung des Rechtsausschusses am 11.6.1957*

*Einziger Punkt der Tagesordnung:* Entwurf eines Deutschen Richtergesetzes
*Vorsitz: Senator Dr. Weber (Hamburg)*
*Anwesende Mitglieder oder Stellvertreter:*
Ministerialdirektor Möbus, Baden-Württemberg
Ministerialdirigent Prof. Dr. Gerner, Bayern
Regierungsdirektor Dr. von Mettenheim, Berlin
Senator Dr. Zander, Bremen
Senator Dr. Weber, Hamburg
Staatssekretär Rosenthal-Pelldram, Hessen
Ministerialdirigent Hornig, Niedersachsen
Regierungsdirektor Dr. Billen, Nordrhein-Westfalen
Minister Becher, Rheinland-Pfalz
Minister Dr. Ney, Saarland
Ministerialdirektor Dr. Praetorius, Schleswig-Holstein
*Von der Bundesregierung nahm teil:*
Staatssekretär Dr. Strauß, BMJ

*Einziger Punkt der Tagesordnung: Entwurf eines Deutschen Richtergesetzes […; Terminfragen]*
*Die Beratungen haben folgendes Ergebnis:*

*I. Grundsatzfragen: Berichterstatter MinDirig. Prof. Dr. Gerner:* Ich darf mit Herrn Senator Dr. Weber annehmen, dass die Probleme, die in dem Protokoll des Unterausschusses behandelt sind – es wurden im Unterausschuss nicht nur solche Probleme behandelt, die ihren Niederschlag in der Form von Änderungsvorschlägen gefunden haben -, bekannt sind. Ich darf daher die Berichterstattung etwas anders vornehmen, als sie sonst über die Beratungen eines Unterausschusses üblich ist. Ich möchte mich zunächst auf die *grundsätzlichen Fragen* beschränken und bezüglich der Einzelfragen dann nur diejenigen herausgreifen, die von besonderer Bedeutung sind. Im Übrigen verstehen sich viele Vorschläge von selbst, so dass ich sie in meinem Bericht nicht besonders anzusprechen brauche.

1. Es ist ja bekannt, dass von anderer Seite verschiedentlich Einwendungen *gegen die Konzeption des Entwurfs als solchen* erhoben worden sind. Wir haben sie im Protokoll des Unterausschusses etwas angeschnitten. Ich glaube aber nicht, dass jetzt schon auf diese Fragen einzugehen ist. Das kann man tun, wenn man Gelegenheit hat, sich zu den Gegenvorschlägen der anderen Ausschüsse zu äußern.

2. Ich möchte bei den Grundsatzfragen dann zunächst auf die *Gesetzgebungszuständigkeit des Bundes* zu sprechen kommen und hier die Gesetzgebungszuständigkeit nur insoweit behandeln, als es um die Frage der Rahmengesetzgebung für die Rechtsstellung der Richter im Landesdienst geht. Soweit es sich um Regelungen im Bereich des GVG bzw. um die Richter im Bundesdienst handelt, spielt die Rahmengesetzgebungskompetenz keine Rolle; insoweit ist die volle Gesetzgebungskompetenz des Bundes gegeben.

Zum Bereich der Rahmengesetzgebung sind von anderen Ressorts eine ganze Reihe von Einwendungen gegen verschiedene Bestimmungen des Entwurfs erhoben worden. Im Unterausschuss wurden grundsätzliche Bedenken wegen der Wahrung der Grenzen der Rahmengesetzgebungskompetenz eigentlich nicht geäußert. Nur bezüglich der Bildung der Präsidialräte und der Altersgrenzen wurden insoweit Bedenken geltend gemacht. Immerhin glaube ich, dass für den Rechtsausschuss aller Anlass besteht, in dem Bereich, in dem es sich um Rahmenvorschriften handelt, nicht etwa, weil es sich um ein Gesetz handelt, das dem Rechtsausschuss besonders am Herzen liegt, ein weiteres Gewissen zu haben als sonst im Bereich der Rahmengesetzgebungskompetenz. Wir müssen gerade hier, um uns nicht dem Vorwurf auszusetzen, dass wir ein „Hausgesetz" vorbereiteten, die gleichen Maßstäbe anlegen, die wir im zweiten Durchgang beim Beamtenrechtsrahmengesetz angelegt haben. Es lässt sich vielleicht an manchen Stellen sagen, dass die Grenze der Rahmengesetzgebungskompetenz nur noch knapp gewahrt ist. Aber vielleicht kann man darauf bei den einzelnen Bestimmungen zurückkommen. Ich möchte es nur als ein Anliegen des Rechtsausschusses betrachten – ich habe das schon im Unterausschuss gesagt –, dass hier bezüglich der Begrenzung der Gesetzgebungskompetenz mit dem gleichen Maß gemessen werden muss wie auch bei anderen Gesetzen.

3. Weiterhin möchte ich bei den grundsätzlichen Problemen auf die Fragen eingehen, die im Entwurf nicht behandelt worden sind, die wir aber im Unterausschuss angesprochen haben. Hier ist primär das Problem des sogenannten *Rechtsprechungsministeriums* von Bedeutung. Der Entwurf hat – wie ich persönlich meine: glücklicherweise – zu dieser Frage keinen Vorschlag gemacht. Im Unterausschuss hat man geglaubt, der Forderung auf Schaffung eines Rechtsprechungsministeriums mit Einmütigkeit entsprechen zu müssen. Das führte im Unterausschuss zu dem Vorschlag, den Sie auf S. 6 des UA-Protokolls finden (Ziff. 5 a, zu § 7 I).

Ich habe persönlich verfassungsrechtliche Bedenken gegen einen solchen Vorschlag geäußert, und zwar deswegen, weil mir die Gesetzgebungskompetenz des Bundes in diesem Bereich fraglich erscheint. Man muss einmal überlegen, dass es sich hier um zwei Bereiche handelt: Dienstaufsicht über die Gerichte des Bundes und Dienstaufsicht über die Gerichte der Länder. Soweit die Dienstaufsicht über die Gerichte der Länder in Frage kommt, scheint mir eine Gesetzgebungskompetenz des Bundes nicht zu bestehen. Bezüglich der Dienstaufsicht über die Gerichte des Bundes kann man sich – solche Bedenken sind schon geäußert worden – im Hinblick auf Art. 96 Abs. 2 GG fragen, ob, solange Art. 96 Abs. 2 seine jetzige Gestalt hat, dies in einem einfachen Gesetz gemacht werden kann. Diese Bedenken hege ich auch heute noch. Mir persönlich würde es als eine glückliche Lösung erscheinen, bezüglich des Rechtsprechungsministeriums auf einen Vorschlag zu verzichten. Das hat nichts mit der Frage zu tun, wie man zur Einrichtung eines Rechtsprechungsministeriums steht. Das mag jedes Land im Rahmen seiner Möglichkeiten halten, wie es will, ebenso der Bund. Ich halte es nur nicht für sehr glücklich, das Richtergesetz mit dieser Problematik zu belasten.

Wenn man es bei dem Vorschlag des UA zu § 7 Abs. 1 belässt, dann ergeben sich daraus Folgerungen für die Übergangsregelungen, wofür heute noch Vorschläge vorgelegt worden sind. Dankenswerterweise hat sich Schleswig-Holstein der Mühe unterzogen, die sich ergebenden Folgerungen zusammenzustellen. Die Vorschläge liegen Ihnen vor (oben S. 599), ich konnte sie natürlich noch nicht durchsehen. Die Folgerungen müssten gegebenenfalls bei Erledigung der Ziff. 43 des UA-Protokolls gezogen werden. – Ich möchte vorschlagen, dass wir diese Grundsatzfrage, die einen Bereich betrifft, der im Entwurf nicht behandelt worden ist, zunächst erörtern, bevor wir auf die anderen grundsätzlichen Probleme zu sprechen kommen.

*Senator Dr. Weber*: Ich bin sehr dankbar, dass Prof. Dr. Gerner gerade diesen Punkt angeschnitten hat. Ich darf von mir aus, ohne der Diskussion vorgreifen zu wollen, sagen, dass ich die Bedenken, die Prof. Dr. Gerner in verfassungsrechtlicher Hinsicht hat, absolut teile. Wir haben uns immer dagegen gewehrt, dass durch Bundesgesetz die Zuständigkeiten bestimmter Landesstellen festgelegt werden. Ich darf Ihnen ehrlich sagen, dass ich es für ausgeschlossen halte, dass wir ausgerechnet bei einem Gesetz, das uns selbst betrifft, im Rechtsausschuss von diesem Grundsatz, der seit Bestehen des Rechtsausschusses praktiziert wird, abweichen.

*Senator Dr. Zander:* Herr Vorsitzender, Sie haben das vorweggenommen, was ich zu diesem Punkte sagen wollte: dass es ein – ich möchte mich beinahe so ausdrücken – Herzenswunsch aller Justizministerien und -senate der Länder und vielleicht auch des Bundesjustizministeriums ist, so zu verfahren, wie vom Unterausschuss vorgesehen ist. Wenn wir aber den Weg gehen, der vom Unterausschuss gezeigt worden ist, dann müssen wir zunächst einmal, was die verfassungsrechtliche Seite angeht, absolut sicher sein. Prof. Dr. Gerner hat mit Recht darauf hingewiesen, dass wir an dieses Gesetz, das ja eine Art Magna Charta oder „Hausgesetz" für uns ist, dieselbe Sonde der Kritik anlegen müssen wie beim Beamtenrechtsrahmengesetz. Da setzen auch bei mir die ersten Bedenken ein.

Es kommt etwas anderes hinzu. Es handelt sich hier um eine Frage, die ganz außerordentlich umstritten ist. Insbesondere bestehen hier sehr erhebliche Gegensätze auch innerhalb der einzelnen Landesregierungen. Wir können beinahe sprechen von einer Front der Justizminister auf der einen Seite, aber auch von einer Front der Innenminister, der Finanzminister, der Arbeitsminister, – eigentlich aller derjenige Sparten, die heute über sogenannte „Hausgerichtsbarkeiten" verfügen und die eine entgegengesetzte Tendenz verfolgen auf der anderen Seite. Wir belasten nach meinem Dafürhalten, wenn wir diesen Gegensatz bei der Beratung des Richtergesetzes aufbrechen lassen, das ganze Gesetz von vornherein mit einem Odium, das der Behandlung anderer Punkte des Gesetzes, die wir verfechten, nur abträglich sein kann. Aus diesem Grunde bin ich nicht in der Lage, dem Vorschlag des Unterausschusses, der ja einstimmig gefasst worden ist, zuzustimmen.

*MD Dr. ter Beck (Rheinland-Pfalz):* Ich glaube, wir müssen bei diesem Punkt zwei Fragen unterscheiden. Das eine ist die verfassungsrechtliche Zulässigkeit dieser Regelung, das andere ist die Frage der Zweckmäßigkeit dieser Regelung und des Anschneidens dieses Themas im vorliegenden Gesetz. Über die zweite Frage lässt sich durchaus diskutieren. Über die rste natürlich auch, und hier hat die Stellungnahme von Herrn Senator Dr. Zander sehr viel für sich. Aber zu der verfassungsrechtlichen Frage als solcher sind wir der Auffassung, dass verfassungsrechtlich die Situation hier anders ist als bei den sonstigen Organisationsfragen, die den Rechtsausschuss bisher beschäftigt haben. Hier spielt m.E. doch der Art. 74 Nr. 1 GG herein mit der Möglichkeit, von Bundes wegen das gerichtliche Verfahren zu regeln. Man darf ja doch nicht verkennen, dass die Frage der Dienstaufsicht sehr wesentlich verbunden ist mit der Frage der richterlichen Unabhängigkeit, denn über die Dienstaufsicht lässt sich die richterliche Unabhängigkeit in einem sehr erheblichen Maße steuern, wie das u.a. auch von Prof. Dr. Baur, der ja selbst Richter war, in seinen Ausführungen in der Deutschen Richterzeitung dargelegt worden ist. Da die richterliche Unabhängigkeit letzten Endes eine der fundamentalen Fragen auch des gerichtlichen Verfahrens ist, glaube ich, dass sich hieraus eine Bundeszuständigkeit für die gesetzliche Regelung ergibt.

*Senator Dr. Weber:* Wir brauchen ja zu dem Vorschlag des Unterausschusses nicht in einzelnen Stellung zu nehmen. Die einzige Frage für uns ist, ob wir den Vorschlag des Unterausschusses übernehmen oder nicht. Ihren Worten, Herr Dr. ter Beck, kann ich entnehmen, dass auch Sie den Vorschlag nicht übernehmen wollen.

*MD Dr. ter Beck:* Das ist damit nicht ohne weiteres gesagt.

*Minister Becher:* Der Rechtsausschuss muss doch zu den verfassungsrechtlichen Bedenken Stellung nehmen! Ob wir nachher aus dem Gesichtspunkt verfassungspolitischer Bedenken zu einer Entscheidung kommen, die so oder so liegen mag, ist eine zweite Frage.

*Senator Dr. Weber:* Herr Kollege Becher, wir brauchen ja nicht jeden einzelnen Vorschlag des Unterausschusses nach den verschiedensten Richtungen zu begutachten, sondern unsere Aufgabe ist, zu entscheiden, ob wir die Vorschläge übernehmen, wobei wir dahingestellt sein lassen, aus welchen Gründen wir gewisse Vorschläge nicht übernehmen.

*Staatssekr. Dr. Strauß:* Ich möchte bewusst die verfassungsrechtliche Frage ausklammern, zumal ich in ihr etwas anderer Ansicht bin als Prof. Dr. Gerner. Ich möchte vielmehr einmal von dem Zweck ausgehen, den das Bundesjustizministerium und die Bundesregierung mit der Einbringung dieses Gesetzes verfolgt haben. Ich möchte annehmen, dass dieser Zweck uns allen gemeinsam ist oder sein sollte.

Ich bin mit sehr großem Zögern an ein Deutsches Richtergesetz herangegangen und habe mich bewusst in der ersten Wahlperiode allen Wünschen und Versuchen, es vorschnell ausarbeiten zu lassen, entgegengestellt, damals allerdings in der übertriebenen Hoffnung, dass es gelingen würde, in absehbarer Zeit Überlegungen über eine sogenannte Justizreform, gleichgültig welchen Umfangs, Raum zu geben. Ich habe gelernt, dass so viele andere vordringliche Aufgaben erst zu bewältigen sind, dass man an diese Aufgabe noch nicht im Einzelnen herangehen konnte. Um sie vorwärts zu treiben, hat der Herr Bundesjustizminister im Herbst 1955 die Ihnen bekannte Kommission eingesetzt.

Ich bin auch in der zweiten Wahlperiode nicht leichten Herzens an den Entwurf eines Deutschen Richtergesetzes herangegangen, weil ich mir gesagt habe, etwas wirklich Neuartiges und die Entwicklung stark Beeinflussendes werden wir solange nicht schaffen können, als wir nicht ein Bild von der Zukunft der deutschen Gerichtsorganisation – unabhängig von den verschiedenen Sparten der Gerichtsbarkeit –, von der Gestaltung des Verfahrens und letzten Endes vom zahlenmäßigen Umfang des deutschen Richterkorps haben.

Wir sind uns also völlig darüber klar, dass dies kein revolutionäres Gesetz ist, sondern ein Gesetz, das den Rechtsstatus des deutschen Richters aufgrund der gegenwärtigen rechtlichen und faktischen Situation behandelt. Ich glaube, zu dieser faktischen Situation gehört die Aufsplitterung der Gerichtsbarkeit, die Aufsplitterung auch der Dienstaufsicht unter die verschiedenen Ministerien. Niemand bedauert das mehr als ich selbst. Diese Bemerkung darf ich mir erlauben; denn ich habe ja vergeblich, zusammen mit meinem damaligen Kollegen, dem heutigen hessischen Ministerpräsidenten Dr. Zinn im Parlamentarischen Rat versucht, eine andere Lösung durchzusetzen. Diese andere Lösung ist damals nicht erfolgt. Aber ich glaube, dass diese Lösungsmöglichkeiten in dem von den Ländern gewünschten Sinne auch durch das Grundgesetz nicht verbaut sind.

Belasten wir aber jetzt des Richtergesetz, das aufgrund der heutigen rechtlichen, faktischen und, sagen wir ruhig, politischen Situation den Status des deutschen Richters für Bundesrichter und als Rahmenbestimmung für Landesrichter regeln soll, mit dem Problem der Einheit der Gerichtsbarkeit, mit dem Problem des Rechtsprechungsministeriums, dann ist man wohl kein schlechter Prophet, wenn man die Behauptung aufstellt, dass das Gesetz hierdurch auf das Schwerste gefährdet wird. Wenn ich jetzt einmal aus persönlicher Interessiertheit etwas sagen darf: Ich habe den Eindruck, dass die Zeit im Sinne unseres Anliegens arbeiten wird, dass man die Dinge aber ausreifen lassen muss und dass der Versuch, sie vorzeitig zu lösen, gerade zum Scheitern dessen beitragen wird, was die Justizminister wünschen. Ich halte das für eine Entwicklung – das haben die anderen Ressorts noch nicht eingesehen oder nicht einsehen wollen –, die unausweichlich kommt. Aber die Dinge müssen sich entwickeln, und wir können eine schwere Störung bringen, wenn wir diese Pflanze, bevor sie zur Blüte gediehen ist, pflücken wollen.

*MinDirig. Hornig (Niedersachsen):* Auch uns erscheint es sehr zweifelhaft, ob es zweckmäßig ist, dieses Problem unmittelbar im Richtergesetz anzusprechen, wie es vom Unterausschuss vorgeschlagen ist. Der Antrag zu diesem Vorschlag geht nicht etwa von uns aus. Auch wir haben das Gefühl, dass die Dinge noch nicht genügend ausgereift sind, um zur Zeit eine Lösung auf Bundesebene erfahren zu können.

Was die verfassungsrechtliche Frage angeht, so kann ich Prof. Dr. Gerner nicht beitreten. Wir sind der Meinung, dass eine Gesetzgebungskompetenz des Bundes sich begründen lässt. Auch das Arbeitsgerichtsgesetz enthält ja eine Regelung der Dienstaufsicht. Ich glaube nicht, dass der Rechtsausschuss damals Bedenken gehabt hat. Die Kompetenz lässt sich entweder unter dem Gesichtspunkt der Gerichtsverfassung oder unter dem Gesichtspunkt einer Rahmengesetzgebung auf dem Gebiete des Dienstrechts begründen.

Sicher ist eines: Dass de lege lata die Situation außerordentlich verworren und unklar ist. Mein weiß zur Zeit nicht, wer kompetent ist, diese Frage zu regeln. Wir haben eine Regelung im Arbeitsgerichtsgesetz, wir haben in der britischen Zone Bestimmungen in der VO 165 über die Verwaltungsgerichtsbarkeit, wo die Dienstaufsicht den Ministerpräsidenten übertragen ist; wir haben eine Regelung in der Finanzgerichtsordnung, der VO 175. Die entsprechenden Bundesgesetze, die diese Verordnungen ersetzen sollen, sind noch nicht ergangen, so dass die Länder im Unklaren darüber sind, ob sie auf diesem

Gebiet etwas tun können, sei es durch Organisationserlasse, sei es durch Landesgesetz, oder ob sie daran gehindert sind, weil die genannten Bestimmungen Bundesrecht sind.

Deshalb haben wir im Unterausschuss einen Vorschlag gemacht, den ich hier nochmals aufgreifen möchte: In § 7 Abs. 1 werden nach S. 1 folgende weitere Sätze eingefügt: „Für die Richter im Bundesdienst wird durch Bundesgesetz, für die Richter im Landesdienst durch Landesgesetz bestimmt, welche Stelle die Dienstaufsicht ausübt. Bis zum Erlass dieser Gesetze verbleibt es bei der bisherigen Zuständigkeit." Dann hätte man wenigstens Klarheit darüber, dass die Länder in der Lage sind, diese Dinge zu regeln.

*Senator Dr. Weber:* Dass die Länder in der Lage sind, diese Dinge zu regeln, ist unbestritten.

*MinDirig. Hornig:* Arbeitsgerichtsgesetz!!

*Minister Becher:* Ich möchte auch die Meinung vertreten, dass die Entwicklung für das Rechtsprechungsministerium arbeitet. Aber ich möchte doch vorschlagen, dass wir die ganze Frage heute ausklammern und noch einmal erörtern, wenn wir die Stellungnahme der anderen Ausschüsse haben. Heute sollte man nicht weiter gehen, denn ich bin der Meinung, dass zu den verfassungsrechtlichen Fragen nunmehr das Notwendige gesagt ist, ebenfalls zur verfassungspolitischen Seite.

*Senator Dr. Zander:* Der Vorschlag von Niedersachsen scheint mir die Tatsache außer Acht zu lassen, dass wir bei dem heutigen Rechtszustand eine Reihe von Ländern haben, in denen die Frage der Unterstellung der einzelnen Gerichtsbarkeiten, also der Dienstaufsicht, ohne Bemühung der Landesgesetzgeber geregelt werden kann. Schleswig-Holstein ist diesen Weg gegangen, auch Hamburg hat auf diesem Wege eine Teillösung gefunden. Wir würden also denjenigen Ländern, die eine Regelung durch Anordnung der Landesregierung schaffen können, diese Möglichkeit zu verbauen.

*Senator Dr. Weber:* Wird der niedersächsische Antrag unterstützt?

*Staatssekr. Rosenthal-Pelldram (Hessen):* Ich möchte den Antrag unterstützen und Folgendes dazu sagen. Mich hat das, was Herr Staatssekretär Dr. Strauß gesagt hat, davon abgebracht zu sagen, dass alles, was Herr Dr. ter Beck vorhin ausgeführt hat, genau unserer Meinung entspricht. Ich war eigentlich bis zu dem, was Sie, Herr Staatssekretär Dr. Strauß, sagten, fast der Meinung, dass es politisch vorteilhaft wäre, dem Vorschlag des UA zu folgen, weil gerade einmal in einem solchen Gesetz, in dem es um die Richterstellung geht, auf den Kern des Anliegens gekommen wird, nämlich dass wir, die Justizministerien, uns nicht aus einem Machtstreben etwas aneignen wollen, sondern dass es die Sorge um die Unabhängigkeit der Richter, also eine fundamentale Frage ist, die das Bestreben der Justizminister in diesem Anliegen trägt.

Aber ich muss sagen – da verlasse ich mich sozusagen auf Ihre bessere Erkenntnis im Bundesjustizministerium von der taktischen Lage –, dass ich mich in diesem Punkte Ihrer Auffassung beuge.

Den Antrag von Niedersachsen möchte ich unter allen Umständen unterstützen. Aus der Situation unseres Landes kann ich nur sagen, dass uns die Frage der Zuständigkeit zur gesetzlichen Regelung keineswegs so klar erscheint, und ich möchte annehmen, dass das auch in einigen anderen Ländern der Fall ist. Es sollte uns klar gesagt werden, wo die Kompetenzen liegen. Ich glaube nicht, dass dieser Antrag irgendetwas schaden würde. Er würde, zumindest zum Teil, den Ländern nützen. Deshalb werde ich ihn unterstützen.

*Senator Dr. Weber:* Wenn der Antrag doch unterstützt wird, dann muss ich in Ergänzung dessen, was Herr Senator Dr. Zander ausgeführt hat, vom hamburgischen Standpunkt darauf hinweisen, dass uns dadurch in der ganzen Frage plötzlich die Hände gebunden wären. Denn Sie stipulieren ja ein Gesetz, d.h. dass auch da, wo die Frage durch Organisationsanordnungen der Landesregierungen geregelt werden kann, nunmehr ein Gesetz erforderlich ist. Das ist für mein Gefühl ein großer Nachteil.

*Minister Becher:* Ich wollte das gerade auch noch einmal herausstellen. Ich halte es für falsch, jetzt eine Regelung zu bringen, die den Ländern den Zwang auferlegt, etwa durch Gesetz zu regeln, was bisher im Wege des Erlasses gemacht werden konnte. Ich glaube, man sollte auch diese Frage ausklammern und sie später noch einmal besprechen.

*MinDirig. Hornig:* Zunächst darf ich darauf aufmerksam machen, dass es in dem Vorschlag Niedersachsen zum Schluss heißt: „Bis zum Erlass dieser Gesetze verbleibt es bei der bisherigen Zuständigkeit“. Weiter darf ich hinzufügen: Auch jetzt sind ja die Dinge gesetzlich geregelt; sie sind nicht etwa durch Kabinettsbeschlüsse oder Organisationserlasse geregelt, sondern in Gesetzen, und aufgrund von Gesetzen. In der VO 165 und in der VO 175 sind Regelungen getroffen, desgleichen im Arbeitsgerichtsgesetz und im Sozialgerichtsgesetz. Überall ist also die Frage gesetzlich geregelt. Es ist demnach eine Verkennung der Tatsachen, wenn man glaubt, es könnte eine Regelung allein durch Organisationserlass erfolgen. Aber man könnte die geäußerten Bedenken beseitigen, wenn man unseren Vorschlag variiert und sagt: „für die Richter im Landesdienst bestimmen die Länder …“; dann bleibt die Frage offen, auf welchem Wege die Regelung zu erfolgen hat.

Ich darf hinzufügen, wie schwierig die Lage für uns ist. Im niedersächsischen Landtag ist ein Initiativgesetzentwurf eingebracht worden, der die Dienstaufsicht für die Verwaltungsgerichte und die Finanzgerichte zum Gegenstand hat. Wir müssen vor dem Landtag Farbe bekennen: ist das Land zuständig oder nicht. Das ist nach der gegenwärtigen Situation in der Tat nicht einfach. Denn wenn man sich auf den Standpunkt stellt, dass der Bund im Rahmen des Gerichtsverfassungsrechts in dieser Frage die Kompetenz hat – diese Auffassung liegt ja offenbar dem Arbeitsgerichtsgesetz zugrunde –, dann ist die Folge, dass die Regelungen in der VO 165 und der VO 175 Bundesrecht geworden sind, und zur Zeit für den Landesgesetzgeber ein Riegel vorgeschoben ist. Sind wir aber der Meinung von Prof. Dr. Gerner, so können wir sagen, dass die Länder diese Frage regeln können. Zur Klärung dieser sehr zweifelhaften Situation soll die von uns vorgeschlagene Bestimmung eingefügt werden. Der sachlichen Regelung greift sie nicht vor.

*MD Dr. Praetorius (Schleswig-Holstein):* Ich möchte den Vorschlag von Herrn Minister Becher unterstützen, dass wir diesen ganzen Komplex ausklammern.

In Schleswig-Holstein ist es tatsächlich so, dass wir den Gesetzgeber gar nicht zu bemühen brauchten. Kämen wir zu dem Ergebnis, dass die Bestimmung im Arbeitsgerichtsgesetz, nach der die Dienstaufsicht dem Arbeitsminister obliegt, verfassungswidrig ist, dann würden wir in Schleswig-Holstein unverzüglich das Gesamtproblem des Rechtsprechungsministeriums lösen. Also ich möchte nicht, dass wir gezwungen sind, ein Gesetz zu schaffen, um diese Fragen zu regeln. Wir können auf bequemerem Wege, im Kabinett, eine Lösung vornehmen. Daher mein Vorschlag, die ganze Frage auszuklammern.

Der Antrag Niedersachsens wird nur von dem Vertreter Hessens unterstützt. – Der Vorsitzende stellt fest, dass damit auch der Vorschlag des UA zu § 7 Abs. 1 erledigt ist.

4. *MinDirig. Prof. Dr. Gerner:* Ein zweites Problem, das im Gesetz nicht behandelt ist, ist die Frage der *Besoldung*. Nach meiner Auffassung hat der Entwurf gut daran getan, diesen neuralgischen Punkt nicht aufzugreifen. Ich darf ihn hier als nicht behandelten Punkt nur deswegen in Erinnerung bringen, weil Ihnen ja ein Vorschlag des Richterbundes vorliegt, der einen diesbezüglichen Wunsch äußert: Man möge eine Bestimmung über die Besoldung in das Gesetz einfügen. Ich persönlich bin der Meinung, es ist richtig, dass der Entwurf davon abgesehen hat. Es sind im Unterausschuss auch keine Vorschläge gemacht worden, über die Besoldung etwas in den Entwurf hineinzubringen.

Der Ausschuss schließt sich der Auffassung des Berichterstatters an.

5. *MinDirig. Prof. Dr. Gerner:* Das dritte Problem im Rahmen der im Entwurf nicht behandelten Fragen ist das der *Staatsanwälte*. Hier ist im Unterausschuss sehr eingehend diskutiert worden. Ich brauche, insbesondere nach den sehr eingehenden Ausführungen von Herrn Minister Dr. Haußmann, die dem UA-Protokoll als Anlage beigefügt sind, auf die Argumente, die für die Eingliederung der Staatsanwälte in das Gesetz sprechen, nicht näher einzugehen.

Die Frage der Einbeziehung der Staatsanwälte ist keine Rechtsfrage, sondern eine rechtspolitische Frage. Es gibt keine Norm der Verfassung, die die Einbeziehung des Staatsanwalts – in dem nötigen Rahmen – verbieten würde. Insbesondere verhindert die Frage „Richter = Nichtbeamter, Staatsanwalt = Beamter“ dies nicht. Man kann für eine Beamtengruppe m.E. in gewissem Umfang dieselben Voraussetzungen schaffen, die man für Richter schafft. Natürlich müssen hier die Grenzen eingehalten werden, die sich aus den Besonderheiten des Richterstatus auf der einen und der Stellung der Staatsanwälte auf der anderen Seite ergeben. Es ist also eine rechtspolitische Frage, wie man entscheidet.

Der Unterausschuss hat sich, wie ich glaube, mit guten Gründen, dazu bekannt, dass man aus rechtspolitischen Gesichtspunkten und im Interesse der Rechtspflege – um den Eindruck der Diskriminierung der Staatsanwälte zu vermeiden, um zu vermeiden, dass die Staatsanwaltschaft keine guten Nachwuchskräfte mehr bekommt, was sicher zum Schaden der Rechtspflege, insbesondere der Strafrechtspflege wäre – die Staatsanwälte einbeziehen sollte. Wir haben uns überlegt, wie diese Einbeziehung vorgenommen werden soll und sind zu folgendem Ergebnis gekommen: Der Unterausschuss schlägt einmal vor (Ziffer 51 b), für die Staatsanwälte als entsprechend anwendbar zu erklären die Vorschriften über den Erwerb der Befähigung zum Richteramt (§ 21), über die Anerkennung von Prüfungen (§ 22) und die Übergangsvorschrift in § 102.

Der Unterausschuss schlägt weiter vor (Ziffer 19 a) – auch das ist eine Frage der Einbeziehung der Staatsanwälte –, § 26 Abs. 1 eine Fassung zu geben, wonach keine besonderen Vordienstzeiten für Staatsanwälte, die Richter auf Lebenszeit werden, erforderlich sind.

Der Vorschlag des Unterausschusses unter Ziff. 21 a (§ 28) hängt nur äußerlich mit der Frage der Einbeziehung der Staatsanwälte zusammen.

In einer Reihe von weiteren Punkten hat der UA nicht geglaubt, weitergehende Regelungen treffen zu können. Das gilt insbesondere für die Frage der Altersgrenze, für die Staatsanwälte auch die Vorschriften über die Altersgrenze Anwendung finden zu lassen, schien der Möglichkeit des Unterausschusses nicht angezeigt, weil hier für die Abspaltung vom sonstigen Beamtenrecht kein besonderer Anlass besteht.

Weiterhin ist im Unterausschuss die Frage der Unterstellung der Staatsanwälte in Disziplinarangelegenheiten unter die Zuständigkeit der Dienstgerichte für Richter erörtert worden. Diese Frage ist im Unterausschuss grundsätzlich bejaht worden; dies ist eine Einbeziehung der Staatsanwälte, die vorgenommen werden kann. Der Unterausschuss musste nur aus zeitlichen Gründen davon absehen, Vorschläge zu machen und hat empfohlen, bei der weiteren Behandlung des Entwurfs vorzusehen, dass in Disziplinarsachen der Staatsanwälte die für Richter zu bildenden Dienstgerichte entscheiden (Ziff. 51 c).

Bezüglich einer weiteren Frage, die seit einiger Zeit seitens der Staatsanwaltschaft sehr herausgehoben wird, nämlich der, ob die Weisungsgebundenheit der Staatsanwälte in ihrer Begrenzung irgendeine gesetzliche Regelung finden sollte, war der Unterausschuss nach längerer Diskussion der Meinung, dass geprüft werden soll, – jedoch nicht aus Anlass dieses Gesetzes –, welcher gesetzlichen Beschränkung die Weisungsgebundenheit der Staatsanwälte zu unterwerfen ist. Bei dieser Prüfung wird man sich auch darüber schlüssig zu werden haben, wo die Regelung getroffen werden soll, ob in einem besonderen Gesetz, in einer Novelle zur Strafprozessordnung oder wo sonst.

Im Ergebnis war der Unterausschuss der Meinung, bezüglich der Weisungsgebundenheit und der Dienstgerichtsbarkeit für Staatsanwälte lediglich diese Empfehlungen aussprechen zu sollen und bezüglich der Altersgrenze nichts zu sagen. Letzteres gilt auch bezüglich der Angleichung der Besoldung der Staatsanwälte an die der Richter. Denn wenn die Frage der Besoldung der Richter in diesem Entwurf nicht angesprochen wird, kann das auch nicht für die Staatsanwälte gesehen.

*Senator Dr. Weber:* Die Diskussion über diesen Komplex sollte sich dahin gliedern, dass man sich einmal darüber unterhält, ob die Staatsanwälte überhaupt in dem vom Unterausschuss vorgeschlagenen Rahmen in das Gesetz einbezogen werden sollen, und dass man zweitens, wenn man zu einer Bejahung der ersten Frage kommt, erörtert, ob noch weitere Bestimmungen für die Staatsanwälte eingefügt werden sollen, wie es teilweise beantragt worden ist. Ich darf um eine Äußerung des Bundesjustizministeriums bitten.

*Staatssekr. Dr. Strauß:* Die Frage der Weisungsgebundenheit – um damit anzufangen – zeigt eigentlich gerade, dass die Stellung des Richters und die Stellung des Staatsanwalts Rechtsverschiedenheiten aufweisen. Ohne in Einzelheiten einzugehen, möchte ich als Ergebnis unserer Überlegungen sagen: Wir halten es für ausgeschlossen, aus Anlass des Richtergesetzes das ganz andersartige und bisher auch in der Literatur sehr wenig behandelte Problem der Weisungsgebundenheit des Staatsanwalts zu behandeln. Das gehört eigentlich in den Komplex der Justizreform. Deswegen möchte ich mich auf diese Äußerung beschränken.

Die Frage der Disziplinargerichtsbarkeit soll im weiteren Verlauf des Gesetzgebungsverfahrens geprüft werden. – Das wird geschehen.

Die Frage der Altersgrenze wird entfallen, wenn man sich an das Beamtenrechtsrahmengesetz anschließt und auch auf die Regelung der Altersgrenze bei den Landesrichtern in den Rahmenvorschriften verzichtet, womit das Bundesjustizministerium einverstanden wäre.

Ich komme nun zu den formulierten Vorschlägen des UA: Ich bin der Ansicht, dass der vorgeschlagene § 105 a überflüssig ist, und Überflüssiges sollte auch nicht aus optischen Gründen vorgeschlagen werden. Die Vorschrift des § 148 Abs. 2 GVG bleibt bestehen, wonach die Richteramtsfähigkeit Voraussetzung für die staatsanwaltschaftliche Tätigkeit ist. Diese Vorschrift bleibt von der Verzahnung mit dem Richtergesetz, das ja die entsprechenden Paragraphen am Anfang des Gerichtsverfassungsgesetzes über die Richteramtsfähigkeit ersetzt, unberührt, auch wenn es im Entwurf nicht ausdrücklich gesagt ist. Entsprechendes gilt für die Erwähnung des § 102 in § 105 a. Denn die Übergangsvorschriften für Ausbildung und Prüfung beziehen sich ja auf die Zeit vor dem Assessorexamen; verlangt man die Richteramtsfähigkeit für die Staatsanwälte, so deckt das auch die Ausbildung und Prüfung, so dass der § 105 a ein Superfluum ist.

Der Vorschlag zu § 28 ist der einzige, der mich in der Tat stutzig gemacht hat und wo meine Herren und ich den Eindruck haben, dass wir hier vielleicht im Vorbereitungsstadium des Gesetzes nicht zu Ende gedacht haben. Denn hier geht es weniger um die Stellung des Staatsanwalts als um die Erprobung des Richters. An einem hält jedenfalls das Bundesjustizministerium unverändert fest: an der Zweckmäßigkeit, ja Notwendigkeit des Laufbahnwechsels. Ich als ehemals preußischer Justizangehöriger möchte sagen, dass ich seit meiner juristischen Jugend mit Neid auf die Verhältnisse in Bayern und Baden sowie in einigen norddeutschen Ländern – z.B. Oldenburg – geblickt habe, wo es diesen Laufbahnwechsel gab. Ich habe das immer als das nicht nur Sachgerechte, sondern auch Erstrebenswerte bezeichnet.

Es ist der Vorwurf gemacht worden – ich halte ihn übrigens in dieser krassen Form für falsch –, durch die Regelungen des Richtergesetzes würden die Staatsanwälte „herausgeworfen". Wenn wir bei der Ausarbeitung des Entwurfs des Richtergesetzes Fehler in der Richtung begangen haben, dass dadurch der Laufbahnwechsel eine schwerwiegende Beeinträchtigung erleiden würde, sind wir zu einer neuen Regelung bereit. Mir scheint allerdings bisher der einzig wirklich beachtliche Punkt der Vorschlag des Unterausschusses zu § 28 zu sein. Er scheint mir praktisch auch bei der Ausbildung und Erprobung durchführbar zu sein. Ich glaube also, dass wir uns im Schoße der Bundesregierung für diesen Vorschlag einsetzen würden, der in der Tat weniger unmittelbar mit der Rechtsstellung des Staatsanwalts als mit der Rechtsstellung des Richters, nämlich des Richters auf Probe, zusammenhängt.

Zu § 26 führt *MD Roemer (BMJ)* aus: Das richterliche Vordienstjahr des § 26 Abs. 1 schien uns gerade ein Essentiale des Entwurfs zu sein, einer der wesentlichsten Fortschritte des Entwurfs: dass grundsätzlich – von ganz besonderen Ausnahmen abgesehen – niemand Richter auf Lebenszeit werden soll, der sich nicht mindestens ein Jahr als Richter auf Probe oder Richter kraft Auftrags bewährt hat.

Ich glaube, es ist besser, wenn ich nur darauf hinweise, dass § 26 Abs. 1 uns von ganz wesentlicher Bedeutung erschien und dass wir angesichts der Möglichkeit, dass im Falle der Einbeziehung der Staatsanwälte eine Einigung über diese Vorschrift nicht zu erzielen gewesen wäre, lieber die Staatsanwälte hier herausgelassen haben, als auf den § 26 Abs. 1 völlig zu verzichten. Aber ich sage ganz offen, es war für das Bundesjustizministerium ein sehr schwerer Verzicht, hier die Staatsanwälte, die in so enger Beziehung zu den Gerichten stehen, den Richtern nicht gleichstellen zu können. Der höhere Gesichtspunkt für uns war aber der, das richterliche Probedienstjahr unter allen Umständen durchzusetzen, von den „Prominenten" abgesehen (§ 26 Abs. 3).

*Staatssekr. Dr. Strauß:* Ich habe den Eindruck, dass der Vorschlag des UA zu § 28 auf eine Lücke in unseren Überlegungen hinweist.

*MD Roemer:* Der Vorschlag des UA zu § 28 Abs. 2 ist, davon habe ich mich überzeugt, für die Justiz lebensnotwendig. Denn die Gerichte können nicht gezwungen werden, ihre Assessoren unbedingt zu Richtern zu machen. Das wird aber nur dadurch vermieden, dass man das Ventil der Ernennung zum Staatsanwalt eröffnet. Wenn in anderen Zweigen der Gerichtsbarkeit ein ähnliches Bedürfnis besteht, muss man dem Rechnung tragen, damit dies keine reine Justizvorschrift wird.

*Senator Dr. Weber:* Darf ich den Punkt zunächst einmal unter dem von mir vorhin genannten Aspekt zur Aussprache stellen: Einbeziehung in dem Maße, wie es der Unterausschuss empfohlen hat.

*a) Senator Dr. Zander:* Der Herr Staatssekretär Dr. Strauß hat ganz zutreffend die Bestimmung des Gerichtsverfassungsgesetzes zitiert, die das zum Ausdruck bringt, was man hier bezüglich der Staatsanwälte durch die Bezugnahme auf § 21 in das Gesetz hineinschreiben will. Es ist überhaupt die Frage, ob man davon sprechen kann, dass eine Einbeziehung der Staatsanwälte in das Gesetz erfolgt, wenn man in § 105 a die dort aufgeführten Bestimmungen zitiert. Es scheint mir in der Tat, man sollte nichts regeln, was überflüssig ist. Ich bin an dieser Frage vom Blickpunkt der Landesjustizverwaltung her relativ unbeteiligt. Wir in Bremen bekommen Staatsanwälte sowieso schwer oder gar nicht. Es ist bei uns ganz außerordentlich schwierig, geeignete und tüchtige Bewerber für den staatsanwaltschaftlichen Dienst zu gewinnen. Diese gewinnen wir bei uns aber auch nicht dadurch, dass dem Vorschlag des Unterausschusses gefolgt wird, der im Grunde genommen, soweit es sich um die zitierten Bestimmungen handelt, nicht mehr und nicht weniger sagt als das, was heute schon rechtens ist.

*Minister Becher:* Ich halte diese Ausführungen für zutreffend. Aber man darf nicht vergessen, dass § 105 a nur den Sinn hat, einmal mit ausdrücklichen Worten der Beunruhigung in der Staatsanwaltschaft entgegenzutreten; das Bedürfnis dafür liegt vor. Es wird damit nichts Neues gesagt. Man sollte daher die Bedenken nicht als so gravierend ansehen.

*MD Dr. ter Beck:* Ich kann diesen Zweck des § 105 a nur unterstützen und auf die Notwendigkeit hinweisen, diesen § 105 a in das Gesetz einzubauen. Der Eindruck des Richtergesetzes bei unserer Staatsanwaltschaft ist verheerend gewesen. Sämtliche Generalstaatsanwälte und auch Oberstaatsanwälte sind bei uns vorstellig geworden. Wir haben es erlebt, dass Assessoren ihre Bewerbungen um Staatsanwaltsstellen ostentativ zurückgezogen haben, nachdem sie diesen Entwurf gelesen hatten. Daraus mögen Sie ersehen, welche erhebliche Beunruhigung dieser Entwurf bei den Staatsanwaltschaften hervorgerufen hat. Ich glaube, dem kann man nur dadurch entgegenwirken, dass man eine überflüssige Bestimmung – darüber sind wir uns klar – in das Gesetz hineinnimmt, um zu dokumentieren: die Staatsanwälte werden auch in Zukunft gleichbehandelt werden, soweit das möglich ist – über diese Einschränkung besteht kein Streit. Lassen wir die Staatsanwälte vollkommen aus dem Gesetz heraus, so ist die Beunruhigung in der Staatsanwaltschaft ganz erheblich, und wir haben große Schwierigkeiten.

*Staatssekr. Rosenthal-Pelldram:* Ich möchte genau dasselbe sagen wie Herr Dr. ter Beck. Es ist überzeugend und richtig, was Herr Staatssekr. Dr. Strauß gesagt hat, aber wir brauchen diese Bestimmung aus jenen optischen Gründen. Ich darf hier an Sie appellieren, insbesondere nachdem Sie selber gesagt haben, Sie bedauerten es, dass Sie mit dem

Richtergesetzentwurf zu der Beunruhigung und der Vermutung beigetragen hätten, die Staatsanwälte sollten „herausgeworfen“ werden. So rational überzeugend Ihre Argumente auch sein mögen, – aus emotionellen Gründen ist die Vorschrift so notwendig, dass ich für sie eintrete, obwohl sie sachlich überflüssig ist.

*MD Dr. Praetorius:* Auch wir sind der Meinung, dass es gar nicht viel ist, was durch die Bezugnahme auf die §§ 21, 22 und 102 gesagt wird. Aber das Entscheidende ist, dass die Staatsanwälte überhaupt erwähnt werden. Bei uns ist die Wirkung auf die Staatsanwälte genauso wie in Rheinland-Pfalz gewesen.

*Staatssekr. Dr. Strauß:* Ich bleibe bei meiner Meinung, dass in einem Justizgesetz nichts nur Optisches zu stehen hat.

Aber bedeutet die Formulierung des § 105 a [oben S. 633] nicht überhaupt eine Abschwächung gegenüber dem geltenden Recht? Nach geltendem Recht wird von dem Staatsanwalt Richteramtsfähigkeit verlangt. In § 105 a heißt es: „... gelten die §§ 21, 22 und 102 *entsprechend*“. Was heißt „entsprechend“? Da scheint mir die alte Formulierung unserer Vorfahren aus den 70er Jahren nicht nur eine richtigere, sondern auch sauberere zu sein. Es heißt in § 148 GVG: „Der Oberbundesanwalt und die Bundesanwälte sind nichtrichterliche Beamte. – Zu diesen Ämtern sowie zu dem Amt eines Staatsanwalts können nur zum Richteramt befähigte Personen ernannt werden.“ Demgegenüber ist der Vorschlag des Unterausschusses zu § 105 a eigentlich eine Minderung.

*MinDirig. Prof. Dr. Gerner:* So war es nicht gemeint. Der Unterausschuss war sich der sehr emotionalen Erwägungen, die von allen Seiten in Bezug auf dieses Problem vorgetragen worden sind und die sich mit rein rationalen Argumenten nicht beruhigen lassen, bewusst. Im Unterausschuss war man der Auffassung, man sollte aus diesen – wenn auch als optisch kritisierten – Gründen etwas tun. Auf der anderen Seite glaubte der Unterausschuss durch die Einfügung des Wortes „entsprechend“ in der Sache nichts anderes zu sagen, aber eine verbindliche Formel zu finden. Gegen die Streichung des Wortes „entsprechend“ hätte ich keine Bedenken. Dem Unterausschuss schien es keine Abschwächung zu sein.

*Senator Dr. Weber:* Könnte man nicht sagen „sind anzuwenden“?

*Senator Dr. Zander:* Nach dem, was ich gehört habe, wäre ich geneigt, meine Bedenken gegen die Aufnahme von § 105 a zurückzustellen. Ich muss zugeben, dass ich diese Frage vielleicht zu sehr aus der eigenen, bremischen Sicht gesehen habe. Wir bekommen Staatsanwälte auch in Zukunft nur unter ganz großen Schwierigkeiten, ob das Richtergesetz diesen § 105 a hat oder nicht. Wir sind dabei also als Landesjustizverwaltung wirklich unbeteiligt.

*Staatssekr. Dr. Strauß:* Wenn ich mich auf eine Formulierungshilfe beschränken darf, würde ich vorschlagen, den § 148 Abs. 2 GVG aufzuheben – Abs. 1 muss natürlich bestehen bleiben – und in § 105 a des vorliegenden Entwurfs nur zu sagen: „Zu dem Amt eines Staatsanwalts können nur zum Richteramt befähigte Personen ernannt werden.“ Dann müsste in den Übergangsbestimmungen § 148 Abs. 2 GVG aufgehoben werden.

Der Ausschuss beschließt entsprechend dieser Anregung, § 105 a in der vorgeschlagenen Fassung einzufügen und in § 81 den § 148 Abs. 2 GVG mit aufzuheben.

*b*) Der Ausschuss beschließt ferner, dem Vorschlag des UA zu § 28 beizutreten.

*c)* Der Ausschuss beschließt, dem Vorschlag des UA *beizutreten* und demgemäß der Vollversammlung folgende Entschließung vorzuschlagen: „Der BR empfiehlt bei der weiteren Behandlung des Entwurfs eines Deutschen Richtergesetzes vorzusehen, dass in Disziplinarsachen an Staatsanwälte die für Richter zu bildenden Dienstgerichte entscheiden. Welche Änderungen und Ergänzungen der vorliegende Entwurf des Richtergesetzes bei Zuweisung der Entscheidung über Disziplinarsachen der Staatsanwälte an die für Richter vorgesehenen Dienstgerichte erfahren muss, muss noch geprüft werden.“

*d) MinDirig. Prof. Dr. Gerner:* Ich weiß nicht, ob vorhin klargeworden ist, dass es *nicht* die Auffassung des Unterausschusses ist, die Frage der Weisungsgebundenheit und ihrer etwaigen gesetzlichen Umgrenzung in diesem Gesetz zu regeln.

*Senator Dr. Weber:* Das ist völlig klar. Ich würde vorschlagen, dass wir zu der Frage der Weisungsgebundenheit nicht einen besonderen Beschluss fassen, sondern, soweit nicht nachher noch andere Anträge gestellt werden, in der Berichterstattung sagen, es sei wünschenswert, dass die Frage einer gesetzlichen Regelung dieser Materie alsbald geprüft wird.

*MinDirig. Hornig:* Niedersachsen hatte vorgeschlagen, in dieses Gesetz eine Bestimmung darüber aufzunehmen, dass der Staatsanwalt in gewissen Grenzen nicht weisungsgebunden ist. Das haben wir getan, um für die Einbeziehung der Staatsanwälte in das Gesetz, wenn auch in begrenztem Maße, eine Grundlage zu schaffen. Solange der Staatsanwalt wie jeder andere Beamte weisungsgebunden ist, ist im Grunde genommen eine Anknüpfung für das Richtergesetz gar nicht gegeben. Nur darauf beruht es, dass wir uns bemüht haben, einen solchen Vorschlag zu formulieren. Wir waren uns der Bedenken, die damit verbunden sind, bewusst.

Der Antrag (vgl. Anl. 3 zur Niederschrift des UA; oben S. 604f.) wird nicht erneuert, da er keine hinreichende Unterstützung findet.

Der Ausschuss ist mit dem Vorschlag von Senator Dr. Weber einverstanden.

*e) MinDirig. Hornig:* Zu den Bestimmungen, die die Staatsanwälte ansprechen, gehört auch § 20, ebenfalls in der Fassung der Vorschläge des Unterausschusses. § 20 betrifft die Abordnung von Richtern an Verwaltungsbehörden. § 20 Abs. 2 Satz 2 soll nach dem Vorschlag des Unterausschusses eine andere Formulierung erhalten. Wir hatten im Unterausschuss noch einen weitergehenden Vorschlag gemacht. Vielleicht darf ihn Herr Ministerialrat Schultz vortragen.

*MR Schultz (Niedersachsen):* Nach § 20 Abs. 2 Satz 2 wird folgender Satz 3 angefügt: „Dies gilt nicht für Abordnungen an die Staatsanwaltschaft und an die oberste

Dienstbehörde." Zweck dieses Antrags war es, zu gewährleisten, dass der Richter an die Staatsanwaltschaft auch über drei Jahre hinaus abgeordnet werden kann. Wir hatten dabei an einen Rechtszustand gedacht, der bei uns vor dem Zusammenbruch in Braunschweig bestanden hatte. Dort bestand ein ständiger Fluss zwischen Richterschaft und Staatsanwaltschaft. Es wurden auf drei bis fünf Jahre Richter zur Staatsanwaltschaft abgeordnet und kehrten von dort aus zur Beförderung ins Richteramt zurück. Wir hatten dadurch eine Handhabe, die Herren, die zur Beförderung ausersehen waren, zunächst durch Abordnung an die Staatsanwaltschaft zu erproben.

*MinDirig. Hornig:* Der Unterausschuss hat diesem Vorschlag nicht zugestimmt, sondern geglaubt, das Anliegen dadurch erledigen zu können, dass man sagt: „An dieselbe Verwaltungsbehörde soll der Richter in der Regel nicht länger als drei Jahre abgeordnet werden." Ich halte es für fraglich, ob das genügt.

*MinDirig. Prof. Dr. Gerner:* Der Unterausschuss hatte, insbesondere mit Rücksicht auf die uns sehr überzeugend erscheinenden Bedenken des MR Prof. Dr. Rinck, gemeint, diesen Antrag nicht aufnehmen zu sollen, weil das ein zu großer Einbruch in das strukturelle Prinzip des § 20 sein würde. Der UA hat gemeint, sich äußerstenfalls zu dieser etwas elastischeren Fassung verstehen zu sollen.

*Staatssekr. Dr. Strauß:* Eine haushaltspolitische Bemerkung: Wenn Sie diesen weiteren Satz 3 anfügen, erleichtern Sie es den Finanzministern, zu sagen: wir bewilligen euch Stellen für Hilfsarbeiter, die ihr für bestimmte Zeit abordnen könnt. Ich hielte das nicht für gut.

Der Antrag des Landes Niedersachsen wird nicht gestellt, da er nicht unterstützt wird.

*f) MinDirig. Prof. Dr. Gerner:* Bei § 26 können Abs. 1 und Abs. 3 vollkommen getrennt behandelt werden. Der UA hat zu § 26 Abs. 3 keinen Vorschlag gemacht. Vorschläge zu § 26 Abs. 2 und 3 von Hamburg und Baden-Württemberg haben im Unterausschuss keine Mehrheit gefunden, so dass sich der Vorschlag des Unterausschusses allein auf § 26 Abs. 1 erstreckt. Das zur Klarstellung.

*Senator Dr. Weber:* Die Äußerung von Herrn MD Roemer zu § 26 Abs. 1 ist bekannt.

*MD Roemer:* Ich kann nichts hinzufügen. Ich wäre dankbar, die Äußerungen der Landesjustizverwaltungen zu hören. Es war uns völlig klar, dass hier ein harter Schnitt bei den Landesjustizverwaltungen gezogen wird, der der Staatsanwaltschaft sehr weh tut. Aber der Grundsatz des Abs. 1 schien uns so wichtig, dass wir das in Kauf genommen haben.

*Staatssekr. Dr. Strauß:* Man muss Abs. 1 natürlich mit Abs. 2 zusammen lesen.

*LGD Dr. Mösl (Bayern):* Wir sind der Auffassung, dass die Möglichkeit gegeben sein muss, jemanden, der jahrelang als Staatsanwalt tätig war und sich bewährt hat, sofort als Richter auf Lebenszeit zu ernennen, ohne dass er noch eine Probezeit abzuleisten hat. Abs. 2 des § 26 reicht nicht aus, weil immer noch eine Differenz von einem Jahr bleibt. Im Hinblick auf den Laufbahnwechsel, der uns unbedingt erstrebenswert erscheint, legen wir Wert darauf, dass die staatsanwaltschaftliche Tätigkeit voll angerechnet werden kann.

*MD Roemer:* Diese Bestimmung soll ja nicht sofort, sondern erst zwei Jahre nach dem Inkrafttreten des Gesetzes in Kraft treten, so dass auch solche z.Zt. im Amt befindliche Staatsanwälte, die niemals in ihrem Leben richterlichen Dienst geleistet haben, die Möglichkeit des Übertritts in die Richterlaufbahn haben. Für junge Assessoren, die nachwachsen, halte ich es eigentlich nur für gut und unerlässlich, wenn sie während ihrer Assessorenzeit wenigstens ein Jahr lang richterlichen Dienst geleistet haben, gleichviel, ob sie später Staatsanwalt oder Richter werden.

Die „Prominentenklausel" des § 26 Abs. 3 ist eine absichtlich weitgefasste Bestimmung, die im Wesentlichen eine politische Verantwortung des Ministers gegenüber seinem Parlament begründen soll. Für Herren, die sich bereits ausgezeichnet haben, wie Bundesanwälte, Generalstaatsanwälte oder Oberstaatsanwälte bei einer großen Staatsanwaltschaft, wird die Ausnahmemöglichkeit des § 26 Abs. 3 immer noch bestehen. Wenn wirklich noch nach der Übergangsfrist von zwei Jahren nach Inkrafttreten des Gesetzes ein Herr, der nicht unter die „Prominentenklausel" subsumiert werden kann, in eine Richterstellung übertreten will, hat er die Möglichkeit, ein Jahr lang unter Wahrung seiner Beamtenrechte als Richter kraft Auftrags zu fungieren.

Mir scheint, dass, wenn man all diese Möglichkeiten betrachtet, das Anliegen, in den § 26 Abs. 1 die Staatsanwälte einzubeziehen, doch etwas mehr optisch als real ist. Ich verkenne nicht, dass, wenn man alles zusammenhält – die relativ starke Trennung, die wir in diesem Gesetz zwischen Richtern und Staatsanwälten gezogen haben – auch dieser Punkt als heikel empfunden wird. Aber ein sehr starkes reales Anliegen scheint mir eigentlich nicht dahinter zu stehen.

*MDirig. Prof. Dr. Gerner:* „Als heikel empfunden wird", mit der Ausräumung dieser psychologischen Momente war der Vorschlag des UA auch motiviert.

*Senator Dr. Zander:* Jeder sieht die Dinge aus seinem eigenen Bereich. Aus meiner eigenen, sehr bescheidenen bremischen Sicht würde ich es bedauern, wenn wir diesem Vorschlag des UA nicht folgen könnten. Wir haben in der Vergangenheit in unserem Stadt-Staat eine Anzahl ganz hervorragender Richter als Strafkammer-Vorsitzende gewonnen, die vorher ein Jahrzehnt oder noch länger als Staatsanwälte tätig gewesen waren. Solchen Herren würde man es in Zukunft zumuten müssen, zunächst wieder ein Jahr als beauftragte Richter tätig zu werden. Es würde immerhin für diese Herren psychologisch eine gewisse Schwierigkeit bedeuten, wenn sie sich zunächst wieder als Richter kraft Auftrags betätigen müssten. So sehr wir im Richterwahlausschuss auch heute noch als Voraussetzung für die Berufung zum Richter eine richterliche Tätigkeit ansehen, möchte ich mich doch für den Vorschlag des UA aussprechen, soweit er sich auf die Erweiterung durch die Einfügung des Staatsanwalts in Abs. 1 bezieht.

*Senator Dr. Weber:* Aus Hamburger Sicht kann ich das unterstreichen.

*Minister Becher:* Ich auch; ich halte es für notwendig.

*MD Dr. Praetorius:* Ebenfalls.

*Staatssekr. Dr. Strauß:* Darf ich einmal unter einem anderen Blickwinkel etwas sagen, nämlich unter Folgendem: Wie stellen wir uns für die Zukunft die Gestaltung der weiteren Berufslaufbahn und Berufsausbildung der Assessoren vor? Dient es nicht gerade dem Prinzip des Laufbahnwechsels, wenn der junge Assessor, bevor er die Eingangsstelle als lebenslänglicher Richter oder Staatsanwalt erhält, auch dann, wenn er Staatsanwalt werden will, mindestens ein Jahr lang auf einem Richterstuhl gesessen hat, also die richterliche Atmosphäre kennengelernt hat, vorzugsweise natürlich in Strafsachen, und damit auch einmal von der anderen Seite den Ablauf eines Strafverfahrens betrachtet hat?

Also – wenn Sie einmal von allen anderen Erwägungen absehen – liegt es nicht im Interesse unserer Staatsanwälte, wenn sie die Laufbahn eines Staatsanwalts für längere Jahre einschlagen wollen, dass sie während der Assessorenzeit einmal auf dem Stuhl eines Richters sitzen, und fördern wir das nicht durch die Fassung der Regierungsvorlage?

*Minister Becher:* Ich glaube, dass man diesem Wunsch mit § 28 ohne weiteres Rechnung tragen kann. Hier aber handelt es sich um die Staatsanwälte, die schon lange Zeit Staatsanwälte sind und jetzt den Wunsch haben, in die Richterlaufbahn zu kommen. Da können wir nicht anders als mit der vorgeschlagenen Neufassung § 26 Abs. 1 helfen.

*Staatssekr. Dr. Strauß:* Für diese Fälle haben Sie die zwei Jahre Auslauffrist. Man könnte sich überlegen, ob man sie für Staatsanwälte nicht um ein Jahr verlängert.

*Senator Dr. Weber:* Wenn ich mich in die Zeit zurückversetze, wo ich als Staatsanwalt etwas dienstälter geworden war, und mir vorstelle, dass man bei Übertritt in eine Strafkammer, wo inzwischen unter Umständen jüngere Assessoren als Richter tätig waren, von mir verlangt hätte, ich sollte noch ein Jahr auf Probe tätig sein, so weiß ich nicht, ob mich das nicht in meinem gesamten Ehrgefühl verletzt hätte. Das gilt in noch stärkerem Maße, wenn es sich um ältere Staatsanwälte handelt.

*Staatssekr. Dr. Strauß:* Ich sprach nur von Assessoren.

*Senator Dr. Zander:* Herr Senator Dr. Weber knüpft an dieselben Überlegungen an, die auch ich angestellt habe.

*Senator Dr. Weber:* Ich frage mich: ist tatsächlich in der Strafgerichtsbarkeit der tatsächliche Unterschied – der rechtliche ist es gewiss – so groß, dass man dem Staatsanwalt sagen muss, er könne zunächst noch nicht vollwertiger Richter werden? Umgekehrt ist das nicht der Fall. Nun werden Sie mir sagen, im umgekehrten Falle handle es sich um eine Behördenhierarchie, während der Richter auf sich allein angewiesen sei. In der Praxis, wenn ein jüngerer Staatsanwalt Beisitzer in einem Kollegialgericht wird, gilt dies doch weitgehend nicht. Ich kann mich also den Bedenken, die der Unterausschuss gegen die Regierungsvorlage hat, nicht verschließen.

*MD Dr. ter Beck:* Mit der Übergangsklausel, die Herr Staatssekretär Dr. Strauß erwähnt hat, können wir die Härten, die für die alten Staatsanwälte damit verbunden sind, dass sie zunächst als beauftragte Richter tätig werden müssten, nicht aus der Welt schaffen. Wir können sie nur dann durch eine Übergangsklausel beseitigen, wenn wir vorsehen, dass innerhalb eines längeren Zeitraums, etwa von 10 Jahren, Staatsanwälte ohne die Voraussetzung der richterlichen Vortätigkeit zu Richtern auf Lebenszeit ernannt werden können und dann für die Zukunft durch § 28 die entsprechenden Voraussetzungen schaffen. Aber die erstrebte psychologische Lösung wird auch mit einer solchen Übergangsklausel nicht erreicht.

*MR Dr. Neiß (BMI):* Die Bundesressorts, die an der Aufstellung des Entwurfs mitgewirkt haben, befanden sich bei dieser Vorschrift in einem gewissen Dilemma. Dieses Dilemma bestand darin, dass man einerseits das Prinzip, das in dieser Vorschrift liegt und das allseits bejaht wird, aufrecht erhalten wollte, und dass man sich andererseits der Frage gegenüber sah, inwieweit man für die Staatsanwaltschaft, die der Rechtspflege, der richterlichen Tätigkeit, besonders nahe steht, eine Ausnahmebestimmung vorsehen könnte. Denn darum handelt es sich im Grunde genommen: dass für die Staatsanwälte hier das Prinzip durchbrochen wird. Und wenn ein Prinzip nicht mehr unabdingbar gilt, wenn es durchbrochen ist, ist die Gefahr von Berufungen immer vorhanden. Man sollte nicht übersehen, dass diese Gefahr von Berufungen hier besteht, sobald man vom Prinzip abgeht. Ich frage mich, ob man diese Gefahr heraufbeschwören soll, zumal, wie Herr Staatssekretär Dr. Strauß ausgeführt hat, es sich im Grunde genommen mehr oder weniger um eine Optik handelt, da es so gut wie keinen Staatsanwalt gibt oder mindestens in Zukunft nicht geben wird, der nicht mindestens ein Jahr richterliche Tätigkeit hinter sich gebracht hat, von der Möglichkeit des § 26 Abs. 3 für hervorragende Persönlichkeiten ganz abgesehen. Ich glaube deshalb, dass wir Ihnen empfehlen sollten, bei der Regierungsvorlage zu verbleiben.

*Senator Dr. Weber:* Ich glaube, dass die Berufungsmöglichkeit nicht so sehr groß ist, weil man sicher davon ausgehen kann, dass ein Staatsanwalt die richterliche Tätigkeit sehr gut und sehr genau kennt, da er täglich mit dem Gericht zu tun hat. Eine andere Situation ist zweifellos dann gegeben, wenn sehr viele Bewerber etwa den Richterwahlausschüssen vorgeschlagen werden, die aus der Verwaltung oder sonstigen hohen Ämtern kommen und überhaupt keine Erfahrung mit Gerichten haben. Ich glaube, dass man da doch einen gewissen Unterschied wird machen müssen.

*ORR Dr. Wiedow (BMF):* Ich darf darauf hinweisen, dass die Fassung, die der Unterausschuss vorgeschlagen hat, es z.B. auch nicht ermöglicht, einen verdienten Ministerialbeamten aus dem Justizministerium zum Richter auf Lebenszeit zu machen. Ich möchte damit nur darauf hinweisen, dass die Möglichkeit von Berufungen nicht ganz ausgeschlossen ist. Denn ich könnte mir vorstellen, dass jemand, der im Justizministerium als zuständiger Referent für Strafrecht oder sonst auf einem sachverwandten Gebiet tätig gewesen ist, durchaus die Eignung besitzt, auch Oberlandesgerichtsrat zu werden, ohne die vorgesehene Probezeit zurückgelegt zu haben.

*Senator Dr. Weber:* Ich darf darauf hinweisen, dass ja auch eine gewisse Verantwortung für die Richterwahlausschüsse oder für die zuständigen Stellen, die Richter ernennen, besteht. Man kann wohl ein gewisses Zutrauen haben, dass nicht völlig Ungeeignete zu Richtern ernannt werden.

Der Ausschuss beschließt bei Stimmenthaltung des Vertreters Hamburgs, dem Vorschlag des UA RA zu § 26 Abs. 1 (vgl. II Nr. 19 a UA RA; u. S. 630) *beizutreten.*

*MinDirig. Prof. Dr. Gerner:* Weitere Anträge zu § 26 haben im Unterausschuss keine Mehrheit gefunden. Ich möchte diese Anträge nicht erörtern und es den einzelnen Ländern, die sie gestellt haben, überlassen, sie allenfalls aufzugreifen.

Was den § 26 Abs. 3 anbelangt, so hat sich der UA davon überzeugt, dass dies ein Anliegen politischer Art ist, dem man sich nicht widersetzen kann. Es wäre vielleicht erwünscht gewesen, den § 26 Abs. 3 näher zu konkretisieren. Aber auch dazu hat der UA keine Möglichkeit gesehen. Im Ergebnis schlägt der Unterausschuss zu § 26 keine weiteren Änderungen vor.

*AGR Dr. Stiebeler (Hamburg):* An sich war es ein besonderes Anliegen des Hamburger Justiz- und des Personalressorts, durch § 26 nicht eine Diskriminierung vorzusehen. Daher hat Hamburg den Änderungsantrag gestellt, in § 26 Abs. 2 die Worte „bis zu zwei Jahren" (sowie Abs. 3) zu streichen, um die Möglichkeit zu eröffnen, Personen, die die in Abs. 2 bezeichneten Tätigkeiten ausgeübt haben, gleich zu Richtern auf Lebenszeit zu ernennen. Im Unterausschuss war keine Mehrheit für diesen Antrag zu erzielen. Da auch im Rechtsausschuss keine Mehrheit für ihn zu erwarten ist, werde ich den Antrag hier nicht wiederholen.

Der Antrag Baden-Württembergs im UA RA (vgl. aaO. II Ziff. 19 c) wird nicht aufrechterhalten.

*g) Altersgrenze der Staatsanwälte (und Richter):*

*Staatssekr. Dr. Strauß:* Man sollte die Altersgrenzenbestimmung für Landesrichter überhaupt streichen. Damit entfällt auch insoweit die Problematik für die Staatsanwälte.

*MinDirig. Prof. Dr. Gerner:* Das hat der UA gemacht. Ich möchte meinen, die Frage der Altersgrenze sollten wir behandeln, wenn wir zu den einzelnen Bestimmungen kommen, damit wir erst einmal die grundsätzlichen Fragen erledigen.

Eine weitere Grundsatzfrage ist im Entwurf nicht angeschnitten worden; ich glaube auch, dass diese Frage ausdiskutiert ist; sie wurde deshalb auch im Unterausschuss nicht behandelt; der Richterbund hat neuerdings darauf hingewiesen: Es handelt sich um die Frage der *Entlassung auf Antrag aus Gewissensgründen, das Problem des Gewissenskonflikts.* Das hat in früheren Diskussionen sehr viel Zeit gekostet. Mir persönlich scheint die Frage mit der Nichtaufnahme in den Entwurf ausdiskutiert. Aber ich wollte auf diese Frage noch hingewiesen haben.

Zur Frage der Altersgrenze führt *MinDirig. Prof. Dr. Gerner* aus: Wir haben bei der Altersgrenze zwei Bereiche zu unterscheiden: Erstens die Altersgrenze für Bundesrichter, bei der eine detaillierte Regelung im Gesetz möglich ist. Hierzu haben wir einen Vorschlag gemacht, der dahin geht, die Altersgrenze für alle Bundesrichter auf 68

Jahre festzusetzen (Ziffer 29 zu § 46 Abs. 1). Nach unserem Vorschlag soll § 46 Abs. 1 folgende Fassung erhalten: „(1) Die Richter auf Lebenszeit im Bundesdienst treten mit dem Ende des Monats in den Ruhestand, in dem sie das 68. Lebensjahr vollendet haben." Bezüglich der Altersgrenze für Richter im Landesdienst glaubte der UA, dass § 74 in der Fassung des Regierungsentwurfs die Rahmengesetzgebungskompetenz des Bundes überschreitet. Der UA hat daher eine neue Fassung vorgeschlagen, die unter Ziff. 37 erwähnt ist.

*Staatssekr. Rosenthal-Felldram:* Wir haben gegen den § 46 i.d.F. des UA RA Bedenken, wenn es dort heißt: „Die Richter auf Lebenszeit im Bundesdienst treten mit dem Ende des Monats in den Ruhestand, in dem sie das 68. Lebensjahr vollendet haben." Damit werden die Landesjustizverwaltungen präjudiziert. Es wird nicht der Tatsache Rechnung getragen, dass es im Bund eben verschiedene Richter gibt. Deswegen haben wir seinerzeit vorgeschlagen, zu sagen: „Die Richter auf Lebenszeit an den oberen Bundesgerichten treten mit dem Ende des Monats in den Ruhestand, in dem sie das 68. Lebensjahr vollenden, die übrigen Richter mit dem Ende des Monats, in dem sie das 65. Lebensjahr vollenden."

Wir wollten unterscheiden zwischen den Richtern am oberen Bundesgerichten und den anderen Bundesrichtern. Ist das nicht etwas, woran auch dem Bundesjustizministerium liegen würde? Wenn wir für alle Bundesrichter schlechthin die Pensionierung mit der Vollendung des 68. Lebensjahres vorsehen, wissen wir nicht, wo wir in den Landesjustizverwaltungen die Legitimation dafür hernehmen sollen, Landesrichter mit dem 65. Lebensjahr zu pensionieren.

*Staatssekr. Dr. Strauß:* Da muss ich auf die gedankliche Entwicklung des Entwurfs eingehen. Uns schwebte zunächst vor – wie es in fast allen europäischen Ländern und weitgehend auch in den Einzelstaaten der Vereinigten Staaten der Fall ist –, bei der Altersgrenze zu differenzieren zwischen den Revisionsgerichten und den übrigen Gerichten. Meine eigene Anschauung geht dahin, dass unabhängig von dem, was bei den Beamten geschieht, der normale Richter – insbesondere im Hinblick auf die gegenwärtige Alterssituation des deutschen Volkes – mit 68 Jahren in den Ruhestand treten sollte.

Ich habe vor Jahren also angestrebt, für die Richter der Revisionsgerichte das 68. Lebensjahr vorzusehen. Ich erkenne heute nach den Diskussionen in den BT-Ausschüssen aus Anlass der verschiedenen Übergangsgesetze, dass das voraussichtlich nicht zu erzielen ist. Infolgedessen hat die Bundesregierung selbst in den Entwurf das 68. Lebensjahr als Altersgrenze für die Richter an den oberen Bundesgerichten eingesetzt.

Es hat sich selbstverständlich noch keine Meinung über den jetzigen Vorschlag des UA gebildet. Meine persönliche Meinung – vorbehaltlich weiterer Überlegungen – geht dahin, dass, wenn wir in den Ländern allgemein das 68. Lebensjahr hätten, ich mich fügen würde, für sämtliche Bundesrichter auch das 68. Lebensjahr vorzusehen (in Paranthese bemerkt: dieses Problem würde auch für die Beschwerde- und Nichtigkeitssenate des Patentamtes auftreten). Solange dies nicht der Fall ist, halte ich eine Differenzierung im Sinne des Regierungsentwurfs für zweckmäßig. Wir werden nicht nur Dienststrafgerichte, sondern auch Wehrmachtsgerichte bekommen. Formal wäre es möglich, dass ein Achtundsechzigjähriger an diesen Gerichten bleibt, die eine etwas andersartige Aufgabe haben.

Ich würde mich also zunächst gegen den Vorschlag des UA wenden. Sollte die zukünftige Entwicklung ergeben, dass in der großen Mehrzahl der Länder 68 Jahre als Altersgrenze angesehen wird, dann würde der Bundesgesetzgeber zu überlegen haben, ob er auf Bundesebene gleichzieht.

*RegDir. Dr. Rebmann (Baden-Württemberg):* Wenn der Bund eine differenzierte Altersgrenze hat, wirkt diese Bestimmung auch irgendwie in das Landesrecht hinein. Es könnte sein, dass die Länder sich wegen dieser Auswirkung genötigt sehen, auch differenzierte Altersgrenzen zu schaffen. Das wäre unseres Erachtens außerordentlich unglücklich.

*Senator Dr. Zander:* Ich bin überhaupt kein Freund einer Differenzierung. Es mag sein, dass im Bund aus den Gründen, die von Herrn Staatssekr. Dr. Strauß vorgetragen worden sind, im Bereich der zukünftig bei der Wehrmacht einzurichtenden Gerichte besondere Verhältnisse vorliegen. Aber es ist schon richtig, wenn Herr Dr. Rebmann darauf aufmerksam macht, dass der § 46 sich auf das Landesrecht auswirken wird. Gerade aus diesem Gesichtspunkt würde ich doch dazu neigen, mich der Fassung des Unterausschusses anzuschließen. Es würde vor allen Dingen die Geneigtheit bei den Ländern, die heute noch bei 65 Jahren verharren – es sind die Länder der amerikanischen Zone –, sich der Regelung der britischen Zone anzuschließen, verstärken. – Ich muss auch sagen, ich sehe wirklich nicht ein, dass ein Landgerichtsdirektor mit 65 Jahren verbraucht ist, während ein Oberlandesgerichtsrat dieses Stadium erst mit 68 Jahren erreicht haben soll.

*Senator Dr. Weber:* Sicherlich wird man die Bundesregelung in den Ländern zur Kenntnis nehmen. Aber muss man sich in den Ländern unbedingt danach richten?

*LGDir. Dr. Mösl:* Wir würden es von Bayern aus begrüßen, wenn die Bundesregelung differenziert wird, weil dadurch die Länder weniger präjudiziert werden.

*Staatssekr. Rosenthal-Pelldram:* Ich teile die Befürchtungen von Herrn Dr. Rebmann keineswegs. Ich bin auch der Meinung, dass die Achtung vor den oberen Bundesgerichten in den Ländern so groß ist, dass man nicht ohne weiteres obere Bundesgerichte mit Landesgerichten gleichsetzt. Dieser Gefahr kann also entgegengetreten werden.

*Minister Becher:* Ich halte die Fassung der Regierungsvorlage für richtiger, da andernfalls unerwünschte Rückwirkungen auf die Länder möglich sein könnten.

Der Ausschuss beschließt gegen die Stimmen der Vertreter Baden-Württembergs, Bremens, Hamburgs und Niedersachsens bei Stimmenthaltung der Vertreter Berlins und Schleswig-Holsteins, den Vorschlag des UA zu § 46 Abs. 1 (vgl. UA RA II Ziff. 29) *abzulehnen* (4:4:2).

*MinDirig. Prof. Dr. Gerner:* Ich darf nun auf § 74 zu sprechen kommen. Dazu hatte der UA folgende Fassung vorgeschlagen (Ziff. 37 der Niederschrift des UA): „(1) Die

Altersgrenze für Richter auf Lebenszeit ist durch Gesetz zu bestimmen. – (2) Der Eintritt in den Ruhestand kann nicht hinausgeschoben werden."

Der Ausschuss beschließt, diesem Vorschlag beizutreten.

*RegDir. Dr. Rebmann:* Hier müsste meines Erachtens auch die Staatsanwaltschaft angesprochen werden. Könnte man nicht wie folgt formulieren: „Die Altersgrenze für Richter auf Lebenszeit und für Staatsanwälte …". Damit würde optisch die Gleichbehandlung von Richtern und Staatsanwälten erreicht.

*Senator Dr. Weber:* Ich würde gerade hier Bedenken haben; denn 68jährige Staatsanwälte scheinen mir doch nicht das Richtige zu sein.

Der Antrag des Vertreters Baden-Württembergs wird nur vom Vertreter des Landes Rheinland-Pfalz unterstützt.

## IV. *Vorlage des Rechtsausschusses zu der Bundesratssitzung am 6.9.1957*

Der federführende Rechtsausschuss (R) und der Ausschuss für Arbeit und Sozialpolitik (AS) sowie der Ausschuss für Innere Angelegenheiten und der Finanzausschuss empfehlen dem Bundesrat, die nachstehende Stellungnahme gemäß Art. 76 Abs. 2 GG zu beschließen und im Übrigen keine Einwendungen zu erheben.

I. Der Ausschuss für Innere Angelegenheiten und der Finanzausschuss empfehlen dem Bundesrat folgende Stellungnahme: „Der Bundesrat sieht im gegenwärtigen Zeitpunkt der Gesetzgebungsperiode von einer sachlichen Stellungnahme zu dem Entwurf eines Deutschen Richtergesetzes ab." *Begründung:* Der von der Bundesregierung vorgelegte Entwurf eines Deutschen Richtergesetzes, der dem Bundesrat am 17. Mai 1957 zur Stellungnahme nach Art. 76 Abs. 2 des Grundgesetzes zugeleitet wurde, kann – wie mit Sicherheit feststeht – vom Deutschen Bundestag in der gegenwärtigen Gesetzgebungsperiode nicht mehr verabschiedet werden. Es bleibt der neuen Bundesregierung überlassen, ob sie in der nächsten Gesetzgebungsperiode einen Entwurf für ein Deutsches Richtergesetz den gesetzgebenden Körperschaften erneut vorlegen wird. Der Bundesrat hat danach jedenfalls die Möglichkeit, zu diesem Gesetzentwurf gemäß Art. 76 Abs. 2 des Grundgesetzes Stellung zu nehmen. Unter diesen Umständen hält es der Bundesrat weder für notwendig noch für zweckmäßig, im gegenwärtigen Zeitpunkt noch eine sachliche Stellungnahme abzugeben.

II. Der federführende Rechtsausschuss (R) und der Ausschuss für Arbeit und Sozialpolitik (AS) empfehlen dem Bundesrat folgende Stellungnahmen:

1. Der Aufbau des ersten Teiles des Entwurfs wird wie folgt geändert (R):

   I. Abschnitt: Einleitende Vorschriften,

   II. Abschnitt: Befähigung zum Richteramt,

   III. Abschnitt: Richterverhältnis,

IV. Abschnitt: Unabhängigkeit des Richters,
V. Abschnitt: Besondere Pflichten der Richter,
VI. Abschnitt: Ehrenamtliche Beisitzer.

*Begründung:* Im II. Abschnitt werden mehrfach statusrechtliche Ausdrücke verwendet, deren Bedeutung sich erst aus dem IV. Abschnitt ergibt.

2. *Zu § 2* (R, AS): § 2 erhält folgende Fassung: „*§ 2. Geltung für Berufsrichter* (1) Richter im Sinne dieses Gesetzes sind die Berufsrichter.
(2) Für die ehrenamtlichen Beisitzer gelten nur die Vorschriften der §§ 42 und 43." – *Begründung:* Abs. 1 Satz 2 gehört systematisch an den Anfang des Abschnitts „Richterverhältnis"; s. unten Ziff. 13.
3. *Zu § 7 (R):* a) § 7 Abs. 2 erhält folgende Fassung: „(2) Die Dienstaufsicht umfasst auch die Befugnis, …". *Begründung:* Klarstellung, da ersichtlich keine abschließende Aufzählung gewollt ist.
   b) In § 7 Abs. 3 letzter Halbsatz werden die Worte „ein Gericht" ersetzt durch die Worte „das Dienstgericht (§§ 58, 75)". *Begründung:* Das zur Entscheidung berufene Gericht sollte zur Vermeidung einer möglichen Irreführung schon hier genannt werden. – Entsprechendes gilt für die sonstigen einschlägigen Bestimmungen des Entwurfs (§§ 15, 16, 18).
4. *Zu § 9:* a) Abs. 1 erhält folgende Fassung (R, AS): „(1) Die Gerichte dürfen …".
   b) In Abs. 2 Satz 1 wird das Wort „darf" durch „kann" ersetzt (R, AS). *Begründung:* a) Vermeidung der bei der Fassung des Entwurfs möglichen irrigen Vorstellung, dass Gerichte immer Kollegialgerichte seien. – b) Klarstellung dahin, dass die Einrichtung eines Gerichts nur dann vorliegt, wenn der Vorsitzende Richter ist. Nach der Fassung des Entwurfs würde der Mangel der Richtereigenschaft des Vorsitzenden die Eigenschaft der Einrichtung als Gericht nicht berühren, sondern nur zu einer unzulässigen Besetzung des Gerichts führen. – c) § 9 Abs. 2 Satz 1 gilt seinem Wortlaut nach auch für Berufs- und Standesgerichte. Die Bundesregierung wird gebeten, im weiteren Gesetzgebungsverfahren zu prüfen, ob nicht die Berufsgerichte, insbesondere die Standesgerichte der Rechtsanwälte und der Heilberufe, für welch letztere das BVerfG in seiner Entscheidung vom 29.10.1954 eine Gesetzgebungskompetenz des Bundes aus Art. 74 Nr. 1 GG verneint hat, aus dem Anwendungsbereich des § 9 Abs. 2 Satz 1 ausgeklammert werden sollten oder müssten." (R).
5. *Zu § 10 (R):* § 10 Abs. 2 erhält folgende Fassung. „(2) Im ersten Jahr nach seiner Ernennung soll ein Richter auf Probe in der Regel nur in einem mit mehreren Richtern besetzten Gericht mitwirken." – *Begründung:* Wahrung der durch § 349 ZPO (Aufgaben des Einzelrichters) eröffneten Möglichkeiten. Bloße Sollvorschrift, um die nicht ohne weiteres zu übersehenden Folgen des Verstoßes gegen eine Mussvorschrift zu vermeiden.

6. *Zu § 11 (R, AS):* § 11 erhält folgende Fassung: „*§ 11. Unversetzbarkeit.* (1) Ein Richter auf Lebenszeit oder ein Richter auf Zeit kann außer in dem Falle des Art. 98 Abs. 2 und 5 Satz 1 des Grundgesetzes ohne seine schriftliche Zustimmung nur versetzt werden 1. im Interesse der Rechtspflege (§ 12), 2. bei Veränderung der Gerichtsorganisation (§ 13), 3. im förmlichen Disziplinarverfahren. – (2) Die Versetzung kann – außer im Falle der Nr. 2 – nur aufgrund einer Entscheidung des Dienstgerichts ausgesprochen werden. – (3) Wie § 11 Abs. 2 des Entwurfs." – *Begründung:* Es erscheint zweckdienlich, alle Versetzungsfälle und Versetzungserfordernisse in einer Vorschrift zusammenzufassen. Außerdem werden dadurch Zweifel über die Zuständigkeit des Dienstgerichts beseitigt. Die Einfügung des Art. 98 Abs. 2 und Abs. 5 S. 1 GG dient der Vervollständigung. – Wegen der aus der Neufassung des § 11 sich ergebenden Änderung der §§ 15 und 18 siehe unten Ziff. 8 und 10.
7. *Zu § 12:* In § 12 ist das Wort „dauernd" zu streichen. – *Begründung:* Eine dauernde Beeinträchtigung wird sich im Voraus nur selten mit Sicherheit feststellen lassen. Auch eine vorübergehende Beeinträchtigung von längerer Dauer kann eine Versetzung rechtfertigen. Im Falle einer dauernden Beeinträchtigung würde eine Versetzung in den einstweiligen Ruhestand (§ 12 Nr. 2) nicht ausreichen. Das Wort „dauernd" wird deshalb am besten gestrichen; die Vorschrift wird dadurch elastischer. Durch die Formulierung: „... so schwer beeinträchtigen, dass die Maßnahme im Interesse der Rechtspflege geboten ist" ist ohnehin gewährleistet, dass eine nur kurzfristige Beeinträchtigung keinesfalls für die Versetzung ausreicht.
8. *Zu § 15:* § 15 erhält folgende Fassung: *Entlassung und Rücknahme der Ernennung.* Ein Richter auf Lebenszeit oder ein Richter auf Zeit kann ohne seine schriftliche Zustimmung nur aufgrund einer Entscheidung des Dienstgerichts entlassen oder wegen Dienstunfähigkeit in den Ruhestand versetzt werden. Dasselbe gilt für die Rücknahme der Ernennung des Richters." – *Begründung:* Folge der Neufassung des § 11 (vgl. oben Ziff. 6; vgl. ferner Ziff. 3 b).
9. *Zu § 16 (R):* In § 16 werden die Worte „ein Gericht" ersetzt durch die Worte „das Dienstgericht". – *Begründung:* Folge des Vorschlags unter Ziff. 3 b).
10. *Zu § 18 (R):* § 18 erhält folgende Fassung: „*§ 18. Vorläufige Untersagung der Amtsgeschäfte.* In einem Verfahren nach §§ 11, 15 oder 16 kann das Dienstgericht auf Antrag dem Richter die Durchführung seiner Amtsgeschäfte vorläufig untersagen." - *Begründung:* Folge der Vorschläge unter Ziff. 3 b) und 6.
11. *Zu § 20 (R):* § 20 Abs. 2 Satz 2 erhält folgende Fassung: „An dieselbe Verwaltungsbehörde soll der Richter in der Regel nicht länger als drei Jahre abgeordnet werden." – *Begründung:* Eine elastischere Fassung scheint aus Gründen der Praxis geboten.
    Der A und S-Ausschuss *widerspricht* diesem Vorschlag mit folgender *Begründung:* Eine längere Abordnung als drei Jahre würde eine Entfremdung der Richter von der

Gerichtsbarkeit zur Folge haben. Es besteht auch kein Bedürfnis für eine längere Abordnung.

12. *Zu § 21 (R, AS):* In § 21 Abs. 3 letzter Satz werden die Worte „Arbeits- und Sozialrecht" ersetzt durch die Worte „Arbeits- oder Sozialrecht". – *Begründung:* Die beiden Rechtsgebiete gehören nicht notwendig zusammen.
13. *Zu § 23 (R, AS):* Hinter der Überschrift „IV. Abschnitt Richterverhältnis" wird als § 23 a eingefügt: *§ 23 a.* Richter können nur als Richter auf Lebenszeit, auf Zeit, auf Probe oder kraft Auftrages berufen werden." *Begründung:* Folge des Vorschlags zur Neufassung des § 2 Abs. 1 (s. oben Ziff. 2).
14. *Zu § 25 (R):* § 25 wird gestrichen. *Begründung:* Der Bundesrat hat bereits bei seiner Stellungnahme zum Entwurf einer Verwaltungsgerichtsordnung empfohlen, dessen § 15 Abs. 3 zu streichen mit der Begründung, dass es unter Berücksichtigung der Gleichwertigkeit der Gerichtszweige nicht gerechtfertigt erscheine, an die Richter eines bestimmten Gerichtszweiges höhere berufliche Anforderungen zu stellen als an die Richter der übrigen Gerichtszweige. Dieser Gesichtspunkt gilt für die Richter sämtlicher Gerichtszweige. Als Folge der Streichung des § 25 müssen alle Bestimmungen aufgehoben werden, die an den Richter außer der Befähigung zum Richteramt besondere zusätzliche Anforderungen hinsichtlich etwaiger Vortätigkeiten und beruflicher Kenntnisse stellen. Hieraus ergeben sich entsprechende Abänderungsvorschläge zu den §§ 82, 83, 84 und 85 (s. unten Ziff. 30–33).
    Der A- und S-Ausschuss *widerspricht* diesem Vorschlag mit folgender *Begründung:* Die bereits im Arbeitsgerichtsgesetz in einer Soll- bzw. Mussbestimmung vorgeschriebenen Fachkenntnisse werden für erforderlich gehalten.
15. *Zu § 26 (R):* § 26 Abs. 1 erhält folgende Fassung: „(1) Zum Richter auf Lebenszeit darf nur ernannt werden, wer sich nach Erwerb der Befähigung zum Richteramt mindestens drei Jahre im Dienst als Richter, Staatsanwalt oder Vertreter des öffentlichen Interesses bewährt hat." – *Begründung:* Die herkömmliche und bewährte Möglichkeit des Wechsels zwischen der Laufbahn des Richters und der Laufbahn des Staatsanwalts soll ungeschmälert gewahrt bleiben. Auch den Vertretern des öffentlichen Interesses bei den Verwaltungsgerichten soll diese Möglichkeit eröffnet werden (vgl. auch Ziff. 38 und 39).
    Der A und S-Ausschuss *widerspricht* dieser Empfehlung mit folgender *Begründung:* Es besteht kein hinreichender Anlass, Staatsanwälte und Vertreter des öffentlichen Interesses anders zu behandeln als andere Beamte.
16. *Zu § 28 (R):* § 28 erhält folgende Fassung: „*§ 28.* (1) Wer später als Richter auf Lebenszeit oder als Staatsanwalt verwendet werden soll, kann zum Richter auf Probe ernannt werden. – (2) Spätestens sechs Jahre nach seiner Ernennung ist der Richter auf Probe zum Richter auf Lebenszeit zu ernennen oder einem Richterwahlausschuss zur Wahl vorzuschlagen oder zum Staatsanwalt zu ernennen."

*Begründung:* Den Justizverwaltungen kann nicht zugemutet werden, schon bei der Einstellung eines Bewerbers zu entscheiden, ob dieser später als Richter oder als Staatsanwalt verwendet werden soll.

17. *Zu § 30 (R, AS):* § 30 erhält folgende Fassung: „*§ 30.* (1) Ein Richter auf Probe kann aus den für die Entlassung von Beamten auf Probe vorgesehenen Gründen, außerdem zum Ablauf des sechsten Monats und des ersten Jahres nach seiner Ernennung aus jedem wichtigen Grunde, entlassen werden.
(2) Die Entlassung mangels Bewährung ist nur zum Ablauf des sechsten Monats oder des ersten, zweiten oder dritten Jahres nach der Ernennung zulässig.
(3) Ein Richter auf Probe ist zu entlassen, wenn ihn ein Richterwahlausschuss endgültig ablehnt.
(4) In den Fällen der Absätze 1 bis 3 ist die Entlassungsverfügung dem Richter mindestens sechs Wochen vor dem Entlassungstage mitzuteilen."
*Begründung:* Der Wortlaut des Entwurfs könnte zu der Auffassung verleiten, dass die Entlassungsgründe für Richter auf Probe abschließend aufgezählt seien; es sollen jedoch die für die Beamten auf Probe geltenden Entlassungsgründe mit den sich aus § 30 ergebenden Abweichungen Anwendung finden.

18. *Zu § 31 (R):* § 31 Abs. 2 erhält folgende Fassung: „(2) Der Richter kraft Auftrages führt die Dienstbezeichnung ‚beauftragter Richter'." *Begründung:* Die herkömmliche Bezeichnung erscheint zweckmäßig, da sie abgeordnete Beamte und abgeordnete Richter nicht unterschiedlich behandelt.
Der A und S-Ausschuss *widerspricht* diesem Vorschlag mit folgender *Begründung:* Der „beauftragte Richter" ist ein Begriff des Zivilprozessrechts und sollte daher anderweitig nicht verwendet werden.

19. *Zu § 32 (AS):* Es wir folgender neuer Absatz 3 angefügt: „(3) Bleiben die dem Richter kraft Auftrages zustehenden Bezüge hinter den Dienstbezügen aus dem wahrgenommenen Richteramt zurück, so erhält er eine nicht ruhegehaltsfähige Zulage in Höhe des Unterschiedsbetrages."
*Begründung:* Es ist nicht gerechtfertigt, den Richter kraft Auftrages nur nach seinem bisherigen Amt zu besolden und ihn damit besoldungsmäßig schlechter als andere Richter zu stellen. Da für Richter auf Probe eine entsprechende Vorschrift fehlt, wäre die Folge, dass ein Richter kraft Auftrages u.U. schlechter besoldet wird als ein Richter auf Probe. Durch den neuen Abs. 3 soll der Richter kraft Auftrages, was seine Dienstbezüge anbelangt, den anderen Richtern gleichgestellt sein; er erhält deshalb eine nicht ruhegehaltsfähige Zulage, soweit das Beamtengehalt hinter dem Richtergehalt zurückbleibt.

20. *Zu § 35 (R, AS):* § 35 Abs. 3 erhält folgende Fassung: *(3)* In den Eid kann für die Richter im Landesdienst eine Verpflichtung auf die Landesverfassung aufgenommen

werden." *Begründung:* Klarstellung, dass Abs. 3 nur für die Richter im Landesdienst Bedeutung hat.

21. *Zu § 52 (R, AS):* In § 52 Abs. 1 Nr. 1 und 2 am Ende werden die Worte „Mitglieder des Präsidiums" jeweils ersetzt durch die Worte „vom Präsidium aus seiner Mitte gewählten Mitglieder". – *Begründung:* Die Fassung des Entwurfs lässt offen, auf welche Weise die Mitglieder des Präsidiums für den Präsidialrat bestimmt werden.
22. *Zu § 54 (R):* § 54 Abs. 2 wird gestrichen. – *Begründung:* Die oberste Dienstbehörde ist schon nach den §§ 53, 54 Abs. 1 S. 1 verpflichtet, vor der Beschlussfassung des Richterwahlausschusses die Stellungnahme des Präsidialrates einzuholen. – Wenn eine Bestimmung dieses Inhalts für notwendig erachtet wird, so wäre sie nicht im Richtergesetz, sondern an anderer Stelle zu treffen.
    Der A und S-Ausschuss *widerspricht* dieser Empfehlung mit folgender *Begründung:* Die Regelung des Regierungsentwurfs erscheint im Interesse von Mitgliedern des Richterwahlausschusses, die sich in der Minderheit befinden, notwendig.
23. *Zu § 58 (AS):* In § 58 Abs. 3 wird das Wort „Bestimmung" durch das Wort „Heranziehung" ersetzt. – *Begründung:* Redaktionelle Richtigstellung.
24. *Zu § 59 (R, AS):* § 59 Abs. 1 Nr. 5 lit. b erhält folgende Fassung: „b) einer Verfügung, durch die ein Richter auf Probe oder kraft Auftrages entlassen, durch die seine Ernennung zurückgenommen oder die Nichtigkeit seiner Ernennung festgestellt oder durch die er wegen Dienstunfähigkeit in den Ruhestand versetzt wird."
    *Begründung:* Nach der Gestaltung des Entwurfs sind die Feststellung der Nichtigkeit und die Rücknahme der Ernennung in ihren Auswirkungen einer Entlassung gleich zu bewerten (vgl. S. 42 der Begründung). – Demgemäß solle das Dienstgericht nicht nur über die Anfechtung der Entlassung, sondern auch über die Anfechtung der Entlassung, sondern auch über die Anfechtung der Rücknahme der Ernennung und über die Feststellung der Nichtigkeit der Ernennung eines Richters auf Probe oder kraft Auftrages befinden. – Dieselben Erwägungen gelten auch für die Versetzung in den Ruhestand wegen Dienstunfähigkeit.
25. *Zu §§ 72 und 73* (R, AS, jedoch mit der Maßgabe, dass der Vorschlag lit. b) ein *besonderer Abs. 3* des § 73 wird.)
    a) § 72 Abs. 1 S. 1 erhält folgende Fassung: „Für jeden Gerichtszweig kann ein Präsidialrat gebildet werden";
    b) an § 73 Abs. 2 S. 2 wird folgender Satz 3 angefügt: „Sieht das Landesrecht die Bildung eines Präsidialrates nicht vor, so sind die in Abs. 1 vorgesehenen Aufgaben des Präsidialrates dem Richterrat zu übertragen."
    *Begründung zu a und b:* Es erscheint unzweckmäßig, den Ländern die Errichtung von Richter- und Präsidialräten bindend vorzuschreiben. Es wird nicht in allen, besonders nicht in kleineren Ländern, ein Bedürfnis für beide Einrichtungen gegeben sein.

Es sollte daher ermöglicht werden, den jeweiligen Bedürfnissen und den örtlichen Verhältnissen Rechnung zu tragen.

26. *Zu § 74 (R, AS):* § 74 erhält folgende Fassung: „*§ 74.* (1) Die Altersgrenze für Richter auf Lebenszeit ist durch Gesetz zu bestimmen. – (2) Der Eintritt in den Ruhestand kann nicht hinausgeschoben werden." – *Begründung:* Die vom Entwurf vorgesehene Fassung überschreitet die Rahmengesetzgebungskompetenz des Bundes. Die vorgeschlagene Fassung ist an § 26 des Beamtenrechtsrahmengesetzes angeglichen.
27. *Zu § 76 (R, AS):* § 76 Nr. 5 lit. b) erhält folgende Fassung: „b) einer Verfügung, durch die ein Richter auf Probe oder kraft Auftrages entlassen, durch die seine Ernennung zurückgenommen oder die Nichtigkeit seiner Ernennung festgestellt oder durch die er wegen Dienstunfähigkeit in den Ruhestand versetzt wird." – *Begründung:* Folge des Vorschlags zu § 59 Abs. 1 Nr. 5 lit. b)(oben Ziffer 24).
28. *Zu § 78 (A, S):* § 78 erhält folgende Fassung: „*§ 78.* Die Revision an das Dienstgericht des Bundes kann nur darauf gestützt werden, dass das angefochtene Urteil auf der Nichtanwendung oder unrichtigen Anwendung einer Rechtsnorm beruht." – *Begründung:* Vereinfachung der Vorschrift; für die im Entwurf vorgesehene Differenzierung besteht kein Bedürfnis.
29. *Zu § 81 (R):* § 81 erhält folgende neue Fassung:
   „*§ 81. Änderung des Gerichtsverfassungsgesetzes.* Das Gerichtsverfassungsgesetz in der Fassung der Bekanntmachung vom 12. September 1950 (Bundesgesetzbl. S. 513) wird wie folgt geändert:
   1. §§ 2 bis 9, § 10 Abs. 1, § 11, § 22 Abs. 2, § 59 Abs. 2, § 78 Abs. 2, § 148 Abs. 2 und § 198 werden aufgehoben.
   2. § 10 Abs. 2 erhält folgende Fassung: ‚(2) Bei Amtsgerichten, Landgerichten und Oberlandesgerichten können Richter kraft Auftrages, bei Amtsgerichten und Landgerichten auch Richter auf Probe verwendet werden.'
   3. § 70 Abs. 2 erhält folgende Fassung: ‚(2) Die Beiordnung eines Richters auf Probe oder eines Richters kraft Auftrages ist auf eine bestimmte Zeit auszusprechen und darf vor Ablauf dieser Zeit nicht widerrufen werden.'
   4. § 118 erhält folgende Fassung: ‚*§ 118.* Die Beiordnung eines Richters kraft Auftrages ist auf eine bestimmte Zeit auszusprechen und darf vor Ablauf dieser Zeit nicht widerrufen werden.'"

   *Begründung:* Es ist wünschenswert, dass auch ältere Richter sowie ältere Staatsanwälte und Beamte als Richter kraft Auftrages bei den Oberlandesgerichten verwendet werden können. – Im Übrigen ist die Vorschrift nur redaktionell verändert worden; die zusätzliche Aufhebung des § 185 Abs. 2 GVG ist die Folge des in den Entwurf neu eingefügten § 105 a (s. unten Z. 38) […]
38. *Zu § 105 a (neu):* Nach § 105 ist folgender § 105 a einzufügen: „*§ 105 a.* Zu dem Amt eines Staatsanwalts können nur zum Richteramt befähigte Personen ernannt werden."

*Begründung:* Um der Aufgabe der Staatsanwaltschaft als Organ der Rechtspflege Rechnung zu tragen, ist es abgesehen von der vollen Anrechnung der staatsanwaltlichen Tätigkeit bei der Ernennung zum Richter auf Lebenszeit (§ 26 Abs. 1, s. oben Ziff. 15 a) geboten, im vorliegenden Gesetzentwurf auch die Richteramtsbefähigung als Voraussetzung für das Amt des Staatsanwalts zu normieren (vgl. seither § 148 Abs. 2 GVG).

39. Der Rechtsausschuss schlägt der Vollversammlung folgende Entschließung vor: „Der Bundesrat empfiehlt bei der weiteren Behandlung des Entwurfs eines Deutschen Richtergesetzes vorzusehen, dass in Disziplinarsachen der Staatsanwälte die für Richter zu bildenden Dienstgerichte entscheiden. Welche Änderungen und Ergänzungen der vorliegende Entwurf des Richtergesetzes bei Zuweisung der Entscheidung über Disziplinarsachen der Staatsanwälte an die für Richter vorgesehenen Dienstgerichte erfahren muss, muss noch geprüft werden."

*Anhang: Anträge zur Plenarverhandlung*

*a) Antrag des Landes Bayern vom 4.9.1957*

Für den Fall, dass der Bundesrat eine Stellungnahme zur Sache selbst abgibt, wolle er gemäß Art. 76 Abs. 2 GG beschließen, zu dem vorbezeichneten Gesetzentwurf folgende Änderungen vorzuschlagen:

1. Es werden gestrichen a) § 12, b) § 15 Nr. 3, c) § 59 Abs. 1 Nr. 2, d) § 76 Nr. 2. – *Begründung:* Wenn auch die in § 12 vorgesehene „Versetzung im Interesse der Rechtspflege" gemäß § 15 Nr. 3 im Einklang mit Art. 97 Abs. 2 GG nur aufgrund richterlicher Entscheidung ausgesprochen werden kann, so stellt sie doch eine Gefährdung der in Art. 97 Abs. 1 GG gewährleisteten Unabhängigkeit der Richter dar. Der § 12 sowie die Bestimmungen des Entwurfs, in denen die „Versetzung im Interesse der Rechtspflege" erwähnt ist, sollten daher gestrichen werden.
2. In § 26 Abs. 2 werden die Worte „bis zu zwei Jahren" gestrichen. – *Begründung:* Die Beschränkung der Anrechnung der in § 26 Abs. 2 Nr. 1–3 aufgeführten Tätigkeiten auf höchstens zwei Jahre würde zu erheblichen Schwierigkeiten bei der Ernennung von bewährten Beamten und Hochschullehrern zu Richtern führen.
3. § 37 wird gestrichen. – *Begründung:* Die in § 37 vorgesehene weitgehende Beschränkung der politischen Betätigung der Richter erscheint nicht vertretbar. Außerdem ist sie verfassungsrechtlich nicht unbedenklich.
4. a) § 77 erhält folgende Fassung: „*Rechtszug.* (1) Das Verfahren vor den Dienstgerichten besteht aus mindestens zwei Rechtszügen. – (2) Die Landesgesetzgebung kann die Revision an das Dienstgericht des Bundes vorsehen und dabei bestimmen, dass die Revision auch auf die Verletzung von Landesrecht gestützt werden kann."

b) § 78 wird gestrichen. – *Begründung:* Es ist mit der Personalhoheit der Länder nicht vereinbar, im Verfahren vor den Dienstgerichten durch Bundesgesetz als letzte Instanz ein Bundesgericht vorzuschreiben. Ferner kann den oberen Bundesgerichten die Entscheidung in Angelegenheiten, bei denen es sich um die Anwendung von Landesrecht handelt, gemäß Art. 99 GG nur durch Landesgesetz, nicht aber durch Bundesgesetz zugewiesen werden (vgl. hierzu auch die Erklärung des Landes Bayern zu § 130 des Beamtenrechtsrahmengesetzes, Sitzungsbericht über die 178. Sitzung des Bundesrats am 7.6.1957, S. 676 b).

*b) Antrag des Saarlandes vom 5.9.1957*
Der Bundesrat wolle beschließen:

§ 31 Abs. 2 erhält folgende Fassung: „(2) Der Richter kraft Auftrags führt im Dienst seine Amtsbezeichnung mit dem Zusatz „als Richter kraft Auftrags". – *Begründung:* Die von dem Rechtsausschuss vorgeschlagene Dienstbezeichnung „beauftragter Richter" erscheint nicht zweckmäßig, da der Begriff ‚beauftragter Richter' ein terminus technicus des Zivilprozessrechtes ist und daher mit Recht von dem Arbeits- und Sozialausschuss als ungeeignet angesehen worden ist. Es erscheint aber andererseits nicht zweckmäßig, dass ein Richter kraft Auftrags die Dienstbezeichnung eines Richters auf Lebenszeit erhält. Die vorgeschlagene Fassung dient der klaren Kennzeichnung der Dienststellung des Richters, der diese Dienstbezeichnung führt.

*c) Antrag der Freien Hansestadt Bremen vom 5.9.1957*
Der Bundesrat wolle beschließen: „Der Bundesrat sieht im gegenwärtigen Zeitpunkt von einer sachlichen Stellungnahme zu dem Entwurf eines Deutschen Richtergesetzes ab. Er überweist die von den beteiligten Ausschüssen bisher vorliegenden Beratungsergebnisse der Bundesregierung zur Kenntnisnahme."

## V. *Sitzung des Bundesrates vom 6.9.1957 (Protokoll)*

*Entwurf eines Deutschen Richtergesetzes* (BR-Drucks. Nr. 183/57). Hier hatte der Bundesrat ursprünglich beschlossen, in seinen Ausschüssen das Gesetz noch behandeln und aufgrund der Stellungnahme der Ausschüsse der Bundesregierung nachträglich eine Stellungnahme zu dem bereits durchgelaufenen Gesetz zukommen zu lassen. Leider ließ es sich nicht ermöglichen, eine Stellungnahme sämtlicher damit beauftragter Ausschüsse zu erarbeiten. Infolgedessen fehlt dem Bundesrat jetzt das nötige Material zur Beschlussfassung. Die Herren Regierungschefs sind daher übereingekommen, dem Hohen Hause zu empfehlen, in dieser Angelegenheit nichts weiter zu veranlassen. Erhebt sich hiergegen Widerspruch? – Das ist nicht der Fall. Dann hat der Bundesrat *beschlossen, im gegenwärtigen Zeitpunkt von einer sachlichen Stellungnahme* zu dem Entwurf eines Deutschen Richtergesetzes *abzusehen.*

# Vierter Teil: Der 2. Regierungsentwurf zu einem Deutschen Richtergesetz von 1958 im Bundesrat und Bundestag (1958–1961)

## I. *Gedankenaustausch in einer Besprechung des BMJ mit den Ländern vom 23.-26.10.1957 über die weitere Behandlung des Entwurfs eines Deutschen Richtergesetzes*

*Ministerialdirektor Roemer (Bundesjustizministerium)* betont, dass dem Bundesjustizministerium daran liege, eine Stellungnahme der Justizminister zur weiteren Behandlung des Entwurfs des Richtergesetzes herbeizuführen.

*Senatsdirektor Dr. Kauffmann (Berlin)* meint, dass sich das Bundesjustizministerium zunächst dazu äußern müsse, ob der letzte Entwurf unverändert eingebracht werden solle.

*Staatssekretär Dr. Krille (Nordrhein-Westfalen)* weist darauf hin, dass in dem Rechtsausschuss des Bundesrats bereits zum Ausdruck gekommen sei, dass die Länder mit dem bisherigen Entwurf nicht zufrieden seien. Es bleibe deshalb abzuwarten, welchen neuen Entwurf nunmehr das Bundesjustizministerium vorlege.

*Ministerialdirektor Roemer (Bundesjustizministerium)* erklärt, dass das Bundesjustizministerium zu dem bisherigen Entwurf stehen werde, da nach Ansicht des Bundesjustizministeriums mehr nicht zu erreichen sei. Das Bundesjustizministerium habe Verständnis für die Haltung der Landesjustizverwaltungen; gegenüber den anderen Bundesressorts seien jedoch weitergehende Wünsche nicht durchzusetzen. Bei einer Änderung des Entwurfs sei zu befürchten, dass eine zu große Verzögerung eintreten könnte.

*Senatsdirektor Dr. Kauffmann (Berlin)* glaubt, dass eine Entschließung der Justizminister zu diesem Punkt nicht gefasst werden sollte. Wenn man nur Nachdruck auf die Beschleunigung der Verabschiedung des Gesetzes lege, könne dies als Negierung der bisherigen Vorbehalte ausgelegt werden. Die Landesjustizverwaltungen erwarten jedoch eine Berücksichtigung ihrer Wünsche.

*Staatssekretär Dr. Meyer-Abich (Niedersachsen)* ist ebenfalls der Ansicht, dass eine Entschließung nicht gefasst werden sollte.

*Ministerialdirektor Holzbauer (Bayern)* erklärt, dass Bayern schon mit Rücksicht auf den Ministerwechsel keine Erklärung zu der Frage abgeben könne.

*Ministerialdirektor Dr. Praetorius (Schleswig-Holstein)* teilt mit, dass in Schleswig-Holstein das Kabinett den Entwurf des Richtergesetzes nicht erörtert habe.

*Senatsdirektor Dr. Kauffmann (Berlin)* erklärt, dass für Berlin dasselbe gelte.

*Regierungsdirektor Kohleiss (Baden-Württemberg)* bemerkt, dass auch in seinem Land sich das Kabinett mit dem Richtergesetz bisher nicht befasst habe.

*Senatsdirektor Dr. Kauffmann (Berlin)* stellt nunmehr die *Frage der Richterbesoldung* in den Ländern zur Erörterung.

*Landgerichtsdirektor Dr. Mösl (Bayern)* teilt über den Stand des künftigen Bayerischen Besoldungsgesetzes mit, dass es bisher eine Regierungsvorlage gebe.

*Senatsdirektor Dr. Kauffmann (Berlin)* erklärt, dass in Berlin ein Referentenentwurf vorliege.

*Ministerialdirektor Roemer (Bundesjustizministerium)* fragt, ob in den Ländern bei der Durchführung des Bundesbesoldungsgesetzes Widerstände oder Zweifel aufgetreten seien.

*Staatssekretär Dr. Krille(Nordrhein-Westfalen)* wirft die Frage nach der Besoldung der Staatsanwälte nach dem Bundesbesoldungsgesetz auf.

*Ministerialdirektor Roemer (Bundesjustizministerium)* betont, dass für die Besoldung der Staatsanwälte eine bundesrechtliche Bindung nicht bestehe und eine Gleichstellung mit den Richtern in den Landesbesoldungsgesetzen zu begrüßen wäre.

*Ministerialdirektor Dr. Praetorius (Schleswig-Holstein)* teilt mit, dass in seinem Land die Staatsanwälte wie die Richter besoldet werden sollen. Eine Stellenzulage von 40 DM, die noch erhöht werden solle, sei für Erste Staatsanwälte und Oberamtsrichter vorgesehen.

*Regierungsdirektor Kohleiss (Baden-Württemberg)* erklärt, dass in seinem Land die Besoldungsgruppe A 13 a geschaffen sei, um die Oberregierungsräte noch etwas abzuheben. – Die Oberamtsrichter und Ersten Staatsanwälte würden nach A 13 a mit 40 DM Zulage besoldet werden. Eine Erhöhung der Zulage auf 60 DM werde angestrebt. – Für „gehobene Direktoren“ sei eine Zulage von 50 DM in Aussicht genommen. – Künftig seien für Amtsgerichte mit 2 bis 3 Planstellen Oberamtsrichter, für Amtsgerichte mit 4 Planstellen „kleine Direktoren“ vorgesehen.

*Ministerialdirektor Dr. ter Beck (Rheinland-Pfalz)* teilt mit, dass in seinem Land das neue Besoldungsgesetz bereits in Kraft getreten sei. Die Staatsanwälte ständen den Richtern gleich.

*Amtsgerichtsrat Dr. Stiebeler (Hamburg)* bemerkt, dass Hamburg sich bei der Richterbesoldung für eine Zwischengruppe entschieden habe.

*Ministerialdirigent Baudoux (Saarland)* teilt mit, dass ein Gesetzentwurf vorliege. Staatsanwälte und Richter seien einander gleichgestellt. Eine Zwischengruppe sei nicht beabsichtigt.

*Ministerialrat Dr. Schulz (Niedersachsen)* sagt, dass in seinem Land bisher nur ein Referentenentwurf vorliege. Ein Amtsgerichtsdirektor sei jetzt bei 4 Planstellen vorgesehen. Die Besoldung des Vertreters der „großen“ Präsidenten bereite

Schwierigkeiten. Es sei mit dem Versuch zu rechnen, für die Verwaltungs- und Finanzrichter durch eine andere Amtsbezeichnung höhere Bezüge zu erreichen. Auch werde eine Zulage für die Richter des Oberverwaltungsgerichts mit der Begründung verlangt, dass es sich um ein Zweiländergericht handle.

*Regierungsdirektor Dr. Coenen (Bremen)* erklärt, dass das bereits in Kraft getretene Besoldungsgesetz Richter und Staatsanwälte gleich behandle.

*Ministerialdirektor Roemer (Bundesjustizministerium)* bemerkt zur Besoldung des Vertreters der „großen" Präsidenten, dass eine Einstufung in A 16 möglich sein müsse, wenn dieser nicht als Landgerichtsdirektor, sondern als Vizepräsident bezeichnet werde. – Gegen die Schaffung einer Zwischengruppe spreche, dass der Sinn der Bundesregelung eine Gleichstellung mit den Oberregierungsräten gewesen sei.

*Regierungsdirektor Kohleiss (Baden-Württemberg)* erwähnt, dass der Landgerichtspräsident in Stuttgart in B 7 und sein Vertreter in A 16 eingestuft werden sollen.

*Staatssekretär Dr. Krille (Nordrhein-Westfalen)* schlägt vor, dass sich die Landesjustizverwaltungen über die Besoldungsfragen laufend gegenseitig unterrichten.

*Senatsdirektor Dr. Kauffmann (Berlin)* meint, dass die auftauchenden Fragen im Besoldungsausschuss besprochen werden sollten.

*Ministerialdirektor Roemer (Bundesjustizministerium)* regt an, sich bei Zweifeln und Fragen schriftlich oder fernmündlich an Oberregierungsrat Lohse (Bundesjustizministerium) zu wenden.

In der Ministerkonferenz erklärt *Senator Dr. Zander (Bremen)*, dass er an das Bundesjustizministerium appellieren möchte, die Verabschiedung des Richtergesetzes auf der Grundlage der Vorschläge des Rechtsausschusses zu fördern.

*Ministerialdirektor Roemer (Bundesjustizministerium)* erwidert, dass er den Appell mit Dank entgegennehme.

## II. *Vermerk über eine interne Besprechung des für das Richtergesetz zuständigen Referats des BMJ mit dem Bundesjustizminister am 8.11.1957*

Heute hielt MinR Prof. Dr. Rinck in Gegenwart von Herrn Staatssekretär Herrn Minister Vortrag über den wesentlichen Inhalt des Richtergesetzes, über die Änderungswünsche des Rechtsausschusses und des Ausschusses für Arbeit und Sozialpolitik des Bundesrates sowie über den Zeitpunkt der erneuten Einbringung des Richtergesetzes.

*I. Änderungswünsche der Bundesratsausschüsse*

1. *Staatsanwälte:* Entsprochen werden soll dem Wunsch der Staatsanwälte in zwei Punkten: a) Gemeinsame Anwärterzeit (Änderung des § 28 des Entwurfs), b) Übernahme des § 148 Abs. 2 GVG in die Schlussvorschriften des Richtergesetzes.

Nicht übernommen werden sollen: a) Befreiung der Staatsanwälte von dem richterlichen Probejahr (§ 26 des Entwurfs), b) Gemeinsame Disziplinargerichtsbarkeit für Richter und Staatsanwälte.

2. *Standesgerichte für Rechtsanwälte:* Herr Minister hält eine Ausnahme von dem Grundsatz, dass Gerichte wenigstens mit einem Berufsrichter besetzt sein müssen (§ 9 Abs. 2), für bedenklich, weil Berufungen anderer Berufsgruppen (Hochschullehrer, Wirtschaftsprüfer, Ärzte) zu befürchten sind. Die Ausnahme für die Rechtsanwälte lässt sich aber rechtfertigen, weil Rechtsanwälte die Befähigung zum Richteramt besitzen und ein Organ der Rechtspflege sind. – Falls die Regierungsvorlage der Bundesrechtsanwaltsordnung (was sehr wahrscheinlich ist) in erster Instanz nur mit Rechtsanwälten besetzte Gerichte vorsieht, soll in die Schlussvorschriften des Richtergesetzes eine salvatorische Klausel aufgenommen werden.
3. *Besondere Voraussetzungen (§ 25 des Entwurfs):* Entgegen den Wünschen des Rechtsausschusses des Bundesrates soll es bei der Regierungsvorlage verbleiben.
4. *Befähigung der Richter an den Arbeitsgerichten und Sozialgerichten:* An dem Prinzip, dass auch diese Richter die Befähigung zum Richteramt erworben haben müssen, soll festgehalten werden.
5. *Bundesverfassungsrichter:* Herrn Minister wurden die Regelung in der Regierungsvorlage (§§ 67 und 68 des Entwurfs) und die Wünsche der Bundesverfassungsrichter (völlige Herausnahme aus dem Entwurf) vorgetragen. Herr Minister neigt der Auffassung zu, dass die Richterqualität der Bundesverfassungsrichter betont und von der bisherigen Regelung des Entwurfs nicht abgewichen werden sollte.

*II. Zeitpunkt der Einbringung der Regierungsvorlage*

Die Regierungsvorlage soll mit formalen, nicht grundsätzlichen Änderungen (mit Ausnahme der teilweisen Einbeziehung der Staatsanwälte) in den ersten Monaten des kommenden Jahres (Februar/März) neu eingebracht werden. – Mit einem Umlaufverfahren ist Herr Minister einverstanden.

*III. Empfang der Vertreter des Deutschen Richterbundes*

Zur Vorbereitung des Empfangs wurden Herrn Minister die wichtigsten Wünsche des Deutschen Richterbundes zur Regierungsvorlage vorgetragen.

*a)* *Richterliches Bewährungsjahr (§ 26 des Entwurfs):* Dazu oben unter Nummer I, 1.

*b)* *Altersgrenze:* Herr Minister neigt dazu, die Altersgrenze für Richter und Beamte auf 68 Jahre festzusetzen, hält dies aber – jedenfalls gegenwärtig – nicht für durchsetzbar. Zweifelhaft erscheint auch, ob der Bund kraft der Rahmenkompetenz zwingend eine Altersgrenze für Richter im Landesdienst von 68 Jahren vorschreiben kann. – Die Festsetzung der Altersgrenze für Richter im Landesdienst soll – wie nach § 25 BRRG für Beamte im Landesdienst – dem Landesgesetzgeber überlassen bleiben.

*c)* *Mitwirkung der Richter in Personalsachen*

Ein Vetorecht der Richtervertretung, das der Richterbund fordert, verstieße gegen das Grundgesetz, weil der parlamentarisch verantwortliche Minister (und auch der Richterwahlausschuss) keine Möglichkeit hätte, im Fall des Vetos der Richtervertretung einen bestimmten Richter zu berufen oder zu befördern.

Herr Minister billigt die Lösung der Regierungsvorlage (Anhörungsrecht binnen einer bestimmten Frist).

## III. *Vermerk des BMJ über eine Ressortbesprechung am 6.12.1957 über das Richtergesetz*

An der heutigen Ressortbesprechung nahmen teil:
MinRat Dr. Neis, RR Dr. Hoffmann (BMI)
MinRat Fitting (BMA)
ORR Dr. Wiedow (BMF)
MinRat Dr. Eichler (BMVert)
MinRat Prof. Dr. Rinck, ORR Dr. Schmidt-Räntsch (BMJ)

Aus der Besprechung, der der Entw. DRiG i.d.F. vom *15. November 1957* zugrunde lag, ist festzuhalten: Die von uns vorgeschlagenen Änderungen wurden bis auf folgende angenommen:

*§ 17* [Vgl. § 32 Entw. 1958]: Die Vorschrift soll in der Fassung der Regierungsvorlage vom 4. April 1957 beibehalten werden. *Grund:* Zweifelhaft bleibt, ob der Entw./DriG auch die Gründe für den Verlust des Beamtenrechts (§§ 48 bis 51) abschließend regelt. Eine Klarstellung sei nach Auffassung vor allem des BMI erwünscht.

*§ 105 a* [Vgl. oben S. 633f.]: Gegen diese Vorschrift sprachen sich die Vertreter aller Ressorts aus. *Grund:* Die Vorschrift gehöre systematisch nicht in das Richtergesetz. Sie schaffe ein unerwünschtes Präjudiz und könne die Aufnahme weiterer Vorschriften über die Staatsanwälte zur Folge haben. Sie erscheine auch im Hinblick auf die Ergänzung von § 28 Abs. 1 und Abs. 2 des Entwurfs bedenklich, die an sich gerechtfertigt sei, weil sie – jedenfalls zum Teil – eine bloße Ernennungsvoraussetzung zur Berufung zum Richter auf Probe enthalte. Durch § 105 a werde aber die „Optik" zugunsten der Staatsanwälte verschoben.

*§ 105 b:* Fitting (BMA) erhob stärkste Bedenken gegen die Zulassung von staatlichen Gerichten ohne Berufsrichter. Berufungen weiterer Gruppen werden die Folge sein. Die Vorschrift könne nicht damit begründet werden, dass die Rechtsanwälte die Befähigung zum Richteramt besäßen und Organe der Rechtspflege seien. Ihnen fehle der unabhängige Status, der von dem Entwurf für die Richter an staatlichen Gerichten mit Recht gefordert werde.

Eichler (BMVert) wünschte besondere Richtervertretungen für die Richter an den Truppendienstgerichten. Diese Richter unterstehen der Dienstaufsicht des BMVert, während für die Mitglieder der Wehrdienstsenate die Dienstaufsicht beim BMI liegt. Die Interessen der Richter an den Truppendienstgerichten könnten nach Meinung des BMVert durch Gremien beim Bundesdisziplinarhof nicht ausreichend vertreten werden. – Dem stimmte Fitting (BMA) zu, während Neis (BMI) trotz systematischer Bedenken keine besonderen Gremien für erforderlich hielt.

Konkret wünscht der BMVert:

- Einen selbständigen Richterrat bei den Truppendienstgerichten (dazu wird eine Ergänzung des § 48 des Entwurfs erforderlich),
- eine besondere Besetzung des Präsidialrats am Bundesdisziplinarhof für die Angelegenheiten der Richter an den Truppendienstgerichten.

Einigkeit bestand darüber, dass ein besonderer Präsidialrat für die Truppendienstgerichte nicht gebildet werden kann, weil der Präsidialrat ein Präsidium voraussetzt, das bei den Truppendienstgerichten nicht besteht.

Fitting (BMA) gab zu erwägen, den Richtern die Mitwirkung in Einigungsstellen des § 63 Personalvertretungsgesetz zu verbieten. Ähnlich wie beim Schlichter (§ 38 des Entwurfs) handle es sich zum Teil um eine normsetzende Tätigkeit. Diese Anregung wurde von den anderen Ressorts nicht unterstützt.

Während der Besprechung wurden mehrere redaktionelle Änderungen vereinbart. Außerdem wurde folgender modus procedendi gebilligt: Der BMJ stellt nach dem in der heutigen Besprechung festgestellten Text (offen sind nur noch die Vorschriften über die Richtervertretung bei den Truppendienstgerichten) die Regierungsvorlage her. Text und Begründung werden den beteiligten Häusern (BMI, BMA, BMF, BMVert) zur Vorbereitung des Umlaufverfahrens in Kürze zugestellt mit einer angemessenen Frist zur Äußerung etwaiger Bedenken. Der Entwurf soll nicht mehr an die Länder versandt werden.

## IV. *Beschluss der Bundesregierung über die Einbringung des (2.) Entwurfs zu einem Deutschen Richtergesetz vom 15.2./2.7.1958*

Der *Bundesminister der Justiz* berichtet [am 2.7.1958], dass im Allgemeinen Einigkeit über die Stellungnahme der Bundesregierung zu den Änderungsvorschlägen des Bundesrates bestehe. Nur über eine Frage bestehe eine Meinungsverschiedenheit zwischen den beteiligten Ressorts. Der Bundesrat habe die Streichung der einjährigen richterlichen Vortätigkeit vor der Ernennung zum Richter auf Lebenszeit für die

Staatsanwälte gefordert [unten S. 698]. Er sei bereit, dieser Forderung beizutreten. Allerdings wünschten die beteiligten Ressorts eine Streichung dieses Probejahres für sämtliche Beamten. Eine solche Änderung der Kabinettsvorlage sei schon verfahrensrechtlich nicht zulässig. Das Kabinett habe nur die Möglichkeit, den Gegenvorschlag des Bundesrates anzunehmen oder ihn abzulehnen, nicht aber die Regierungsvorlage zu ändern. Der *Bundesminister der Finanzen* ist der Meinung, dass es dem Kabinett auch freistehen müsse, in der Stellungnahme eine Änderung vorzuschlagen. *Staatssekretär Dr. Globke* ist demgegenüber der Ansicht, dass das Kabinett die Regierungsvorlage nach der Stellungnahme des Bundesrates nur weitergehend ändern könne, wenn es sie gleichzeitig zurückziehe. Der *Bundesminister für Angelegenheiten des Bundesrates und der Länder* teilt diese Auffassung. Der Vorschlag eines aliud sei nicht möglich. Der *Bundesminister des Innern* hält es zwar ebenfalls nicht für möglich, die Bestimmung der Kabinettvorlage zu ändern, andererseits habe er jedoch keine Bedenken, den Änderungsvorschlag des Bundesrats dahin zu kommentieren, dass die Bundesregierung den Vorschlag des Bundesrats ablehne, weil andernfalls die Befreiung auf alle Beamte ausgedehnt werden müsse. *Staatssekretär Dr. Rust* hält es für möglich, dass die Vertreter der Bundesregierung vom Kabinett ermächtigt werden, im Bundestag ein aliud zu vertreten. Der *Bundesminister der Justiz* hält diesen Weg für bedenklich. Besser wäre es, über die Fraktion den Antrag stellen zu lassen und den Justizminister zu ermächtigen, einem solchen Antrag nicht zu widersprechen. Der *Bundesminister für Angelegenheiten des Bundesrates und der Länder* empfiehlt, dem Änderungsvorschlag des Bundesrates zuzustimmen. Nur so sei die Annahme des Gesetzes gesichert. Im Übrigen könne die Ausdehnung auf alle Beamten an anderer Stelle behandelt werden. Der *Bundesminister der Finanzen* hält es nicht für richtig, dem Bundesrat ohne weiteres nachzugeben. Wenn eine Ausnahme für die Staatsanwälte, nicht aber für alle Beamten zugelassen werde, werde die Besetzung des Bundesfinanzhofs Schwierigkeiten bereiten, da z.B. Ministerialdirigenten des BMF kaum bereit sein würden, ein Jahr als Hilfsrichter tätig zu sein. Das Gleiche gelte für die Bundesministerien des Innern und für Arbeit und Sozialordnung bezüglich der Verwaltungs- und Sozialgerichtsbarkeit. Der *Bundesminister des Innern* lehnt den Vorschlag des Bundesrates nachdrücklich ab. Offenbar sei hier beabsichtigt, das Rechtsprechungsmonopol durch die Hintertür einzuführen. Der *Bundesminister der Justiz* empfiehlt nunmehr, den Änderungsvorschlag des Bundesrates zu Nr. 37 (§§ 115 a – neu) abzulehnen und die Ablehnung wie folgt zu begründen:

> „Die Bundesregierung widerspricht dem Vorschlag des Bundesrates, weil § 11 der Regierungsvorlage den herkömmlichen Wechsel zwischen den Laufbahnen des Richters und Staatsanwalts in weitem Maße durch eine gemeinsame Probezeit ermöglicht. Nur in seltenen Fällen wird in Zukunft ein Staatsanwalt nicht wenigstens ein Jahr richterlich tätig gewesen sein. Eine Ausnahmeregelung für Staatsanwälte ist deshalb nicht gerechtfertigt.

> Dass der Staatsanwalt die Befähigung zum Richteramt besitzen muss, schreibt bereits § 148 Abs. 2 GVG vor. Es ist rechtlich nicht notwendig, den Staatsanwalt bei politischer Betätigung, bei der Erstattung von Rechtsgutachten und bei schiedsrichterlicher Tätigkeit stärker als andere Beamte einzuschränken."

Im Übrigen sei er bereit, einem Antrag des Bundestags auf Ausdehnung der Freistellung von der einjährigen richterlichen Vortätigkeit auf alle Beamte keinen Widerstand zu leisten, wenn das Kabinett ihn hierzu ermächtige. Er werde dann das Kabinett rechtzeitig unterrichten. Das Kabinett ist einverstanden und ermächtigt den Bundesminister der Justiz, einem etwaigen Ausdehnungsantrag des Bundestages nicht zu widersprechen.

## V. *Der (2.) Regierungsentwurf zu einem Deutschen Richtergesetz vom 15.2./2.7.1958*

I. Der Bundestag hat mit Zustimmung des Bundesrates das folgende Gesetz beschlossen:

### ERSTER TEIL: *Richteramt in Bund und Ländern*

#### *ERSTER ABSCHNITT. Einleitende Vorschriften*

§ 1. Berufsrichter und ehrenamtliche Beisitzer
Die rechtsprechende Gewalt wird durch Berufsrichter und durch ehrenamtliche Beisitzer ausgeübt.

§ 2. Geltung für Berufsrichter

(1) Richter im Sinne dieses Gesetzes sind die Berufsrichter.

(2) Für die ehrenamtlichen Beisitzer gelten die Vorschriften der §§ 43 und 44.

*§ 3. Dienstherr*
Die Richter stehen im Dienst des Bundes oder eines Landes.

*§ 4. Unvereinbare Aufgaben*

(1) Ein Richter darf Aufgaben der rechtsprechenden Gewalt und Aufgaben der gesetzgebenden oder der vollziehenden Gewalt nicht zugleich wahrnehmen.

(2) Außer Aufgaben der rechtsprechenden Gewalt darf ein Richter jedoch wahrnehmen

1. Aufgaben der Gerichtsverwaltung,
2. andere Aufgaben, die aufgrund eines Gesetzes den Gerichten zugewiesen sind,
3. Aufgaben der Forschung und Lehre an einer wissenschaftlichen Hochschule, öffentlichen Unterrichtsanstalt oder amtlichen Unterrichtseinrichtung,
4. Prüfungsangelegenheiten.

## ZWEITER ABSCHNITT. *Befähigung zum Richteramt*

*§ 5 [= §21 E. 1957]. Erwerb der Befähigung zum Richteramt*

(1) Die Befähigung zum Richteramt wird durch das Bestehen zweier Prüfungen erworben.

(2) Der ersten Prüfung muss ein Studium der Rechtswissenschaft von mindestens dreieinhalb Jahren an einer Universität vorangehen. Davon sind mindestens vier Halbjahre dem Studium an einer Universität im Geltungsbereich dieses Gesetzes zu widmen.

(3) Zwischen der ersten und der zweiten Prüfung muss ein Vorbereitungsdienst von mindestens dreieinhalb Jahren liegen. Davon sind zu verwenden mindestens

1. vierundzwanzig Monate zum Dienst bei den ordentlichen Gerichten, Staatsanwaltschaften, Notaren und Rechtsanwälten,
2. sechs Monate zum Dienst bei anderen Gerichten, davon zwei Monate bei Gerichten für Arbeitssachen,
3. sechs Monate zum Dienst bei Verwaltungsbehörden.

Soweit die Ausbildung bei Gerichten für Arbeitssachen nach Nummer 2 nicht durchgeführt werden kann, ist statt dessen eine Ausbildung bei Behörden oder Stellen abzuleisten, die auf dem Gebiet des Arbeits- oder Sozialrechts tätig sind.

*§ 6 (§ 22). Anerkennung von Prüfungen*

(1) Die Zulassung zum Vorbereitungsdienst darf einem Bewerber nicht deswegen versagt werden, weil er die erste Prüfung nach § 5 in einem anderen Land im Geltungsbereich dieses Gesetzes bestanden hat. Die in einem Land im Geltungsbereich dieses Gesetzes auf den Vorbereitungsdienst verwendete Zeit ist in jedem deutschen Land anzurechnen.

(2) Wer im Geltungsbereich dieses Gesetzes die Befähigung zum Richteramt nach § 5 erworben hat, ist im Bund und in jedem deutschen Land zum Richteramt befähigt.

*§ 7 (§ 23). Universitätsprofessoren*

Jeder ordentliche Professor der Rechte an einer Universität im Geltungsbereich dieses Gesetzes ist zum Richteramt befähigt.

## DRITTER ABSCHNITT. *Richterverhältnis*

*§ 8 (§ 2 Abs. 1 S. 2). Rechtsformen des Richterdienstes*

Richter können nur als Richter auf Lebenszeit, auf Zeit, auf Probe oder kraft Auftrags berufen werden.

*§ 9 (§ 26). Ernennung auf Lebenszeit*

(1) Zum Richter auf Lebenszeit darf nur ernannt werden, wer sich nach Erwerb der Befähigung zum Richteramt mindestens drei Jahre im richterlichen Dienst bewährt hat.

(2) Auf die Zeit nach Absatz 1 können bis zu zwei Jahren angerechnet werden Tätigkeiten

1. als Beamter des höheren Dienstes,
2. im deutschen öffentlichen Dienst oder im Dienst einer zwischenstaatlichen oder überstaatlichen Einrichtung, wenn die Tätigkeit nach Art und Bedeutung der Tätigkeit in einem Amt des höheren Dienstes entsprochen hat,
3. als habilitierter Lehrer des Rechts an einer deutschen wissenschaftlichen Hochschule,
4. als Rechtsanwalt, Notar, Anwaltsassessor oder Notarassessor.

(3) Wenn eine hervorragende Persönlichkeit mit besonderen Kenntnissen und Erfahrungen für den Richterdienst gewonnen werden soll, können Tätigkeiten nach Absatz 2 unbeschränkt angerechnet werden.

*§ 10 (§ 27). Ernennung auf Zeit*

Eine Ernennung zum Richter auf Zeit ist nur unter den durch Bundesgesetz bestimmten Voraussetzungen und nur für die bundesgesetzlich bestimmten Aufgaben zulässig.

*§ 11 (§ 28). Ernennung auf Probe*

(1) Wer später als Richter auf Lebenszeit oder als Staatsanwalt verwendet werden soll, kann zum Richter auf Probe ernannt werden.

(2) Spätestens sechs Jahre nach seiner Ernennung ist der Richter auf Probe zum Richter auf Lebenszeit zu ernennen oder einem Richterwahlausschuss zur Wahl vorzuschlagen oder unter Berufung in das Beamtenverhältnis auf Lebenszeit zum Staatsanwalt zu ernennen.

*§ 12 (§ 29). Abordnung eines Richters auf Probe*

Ein Richter auf Probe kann ohne seine Zustimmung nur an ein Gericht oder an eine Behörde der Gerichtsverwaltung oder der Staatsanwaltschaft abgeordnet werden.

*§ 13 (§ 30). Entlassung eines Richters auf Probe*

(1) Ein Richter auf Probe kann aus den für die Entlassung von Beamten auf Probe vorgesehenen Gründen entlassen werden.

(2) Ein Richter auf Probe kann ferner zum Ablauf des sechsten Monats oder des ersten Jahres nach seiner Ernennung aus wichtigem Grund entlassen werden.

(3) Ein Richter auf Probe kann wegen mangelnder Bewährung nur zum Ablauf des sechsten Monats oder des ersten, zweiten oder dritten Jahres entlassen werden.

(4) Ein Richter auf Probe ist zu entlassen, wenn ein Richterwahlausschuss ihn endgültig ablehnt.

(5) In den Fällen der Absätze 2 bis 4 ist die Entlassungsverfügung dem Richter mindestens sechs Wochen vor dem Entlassungstag mitzuteilen.

*§ 14 (§ 31). Ernennung zum Richter kraft Auftrags*

(1) Ein Beamter auf Lebenszeit oder auf Zeit kann zum Richter kraft Auftrags ernannt werden, wenn er später als Richter auf Lebenszeit verwendet werden soll.

(2) Der Richter kraft Auftrags führt im Dienst die Amtsbezeichnung des wahrgenommenen Richteramts.

*§ 15 (§ 32). Wirkungen auf das Beamtenverhältnis*

(1) Der Richter kraft Auftrags behält sein bisheriges Amt. Seine Besoldung und Versorgung bestimmen sich nach diesem Amt. Im Übrigen ruhen für die Dauer des Richterverhältnisses kraft Auftrags die Rechte und Pflichten aus dem Beamtenverhältnis mit Ausnahme der Pflicht zur Amtsverschwiegenheit und des Verbots der Annahme von Geschenken.

(2) Wird das Richterverhältnis zu einem anderen Dienstherrn begründet, so ist auch dieser zur Zahlung der Dienstbezüge verpflichtet.

*§ 16 (§ 33). Dauer der Verwendung als Richter kraft Auftrags*

(1) Spätestens zwei Jahre nach seiner Ernennung ist der Richter kraft Auftrags zum Richter auf Lebenszeit zu ernennen oder einem Richterwahlausschuss zur Wahl vorzuschlagen.

(2) Für die Abordnung des Richters kraft Auftrags und für die Beendigung des Richterverhältnisses kraft Auftrags gelten die Vorschriften für Richter auf Probe entsprechend.

*§ 17 (§ 24). Ernennung durch Urkunde*

(1) Der Richter wird durch Aushändigung einer Urkunde ernannt.

(2) In der Ernennungsurkunde müssen bei der Begründung des Richterverhältnisses die Worte „unter Berufung in das Richterverhältnis" mit dem Zusatz „auf Lebenszeit", „auf Zeit", auf Probe" oder „kraft Auftrags" enthalten sein. Bei der Begründung eines Richterverhältnisses auf Zeit ist die Zeitdauer der Berufung in der Urkunde anzugeben.

(3) Bei der Umwandlung eines Richterverhältnisses in ein Richterverhältnis anderer Art müssen in der Ernennungsurkunde die diese Art bestimmenden Worte nach Absatz 2 enthalten sein, bei der ersten Verleihung eines Amtes und bei der Verleihung eines anderen Amtes mit anderem Endgrundgehalt und anderer Amtsbezeichnung muss in der Ernennungsurkunde die Amtsbezeichnung dieses Amtes enthalten sein.

*§ 18 (§ 25). Besondere Voraussetzungen für die Ernennung zum Richter*

Für die Ernennung zum Richter können durch Bundesgesetz für einzelne Gerichtszweige besondere Voraussetzungen vorgeschrieben werden.

*§ 19 (§ 34). Allgemeines Dienstalter*

Das allgemeine Dienstalter eines Richters bestimmt sich nach dem Tag, an dem ihm sein Richteramt übertragen worden ist. Hat der Richter zuvor ein anderes Richteramt oder ein sonstiges Amt mit mindestens dem gleichen Endgrundgehalt bekleidet, so bestimmt sich das allgemeine Dienstalter nach dem Tag der Übertragung dieses Amtes.

## *VIERTER ABSCHNITT. Unabhängigkeit des Richters*

*§ 20 (§ 5). Grundsatz*

(1) Der Richter ist unabhängig und nur dem Gesetz unterworfen.

(2) Der Staat schützt den Richter in seiner Unabhängigkeit.

*§ 21 (§ 6). Unzulässige Einflussnahme*

Empfehlungen und andere Einflussnahmen, die geeignet sind, den Richter in seiner Unabhängigkeit zu beeinträchtigen, sind unzulässig.

*§ 22 (§ 7). Dienstaufsicht*

(1) Der Richter unterliegt einer Dienstaufsicht.

(2) Die Dienstaufsicht umfasst auch die Befugnis, die ordnungswidrige Ausführung eines Amtsgeschäfts zu rügen und zu seiner ordnungsgemäßen, unverzögerten Erledigung zu ermahnen.

(3) Ist eine Maßnahme der Dienstaufsicht geeignet, den Richter in der Freiheit seiner Entscheidung zu beeinträchtigen, so stellt ein Gericht auf Antrag des Richters die Unzulässigkeit der Maßnahme fest.

*§ 23 (§ 8). Übertragung eines Richteramts*

(1) Dem Richter auf Lebenszeit und dem Richter auf Zeit ist ein Richteramt bei einem bestimmten Gericht zu übertragen.

(2) Ihm kann ein weiteres Richteramt bei einem anderen Gericht übertragen werden, soweit ein Gesetz dies zulässt.

*§ 24 (§ 9). Besetzung der Gerichte mit Richtern auf Lebenszeit*

(1) Die Gerichte dürfen nur in der Besetzung mit Richtern auf Lebenszeit tätig werden, soweit nicht ein Bundesgesetz etwas anderes zulässt.

(2) Vorsitzender eines Gerichts darf nur ein Richter sein. Wird ein Gericht in einer Besetzung mit mehreren Richtern tätig, so muss ein Richter auf Lebenszeit den Vorsitz führen.

*§ 25 (§ 10). Besetzung der Gerichte mit Richtern auf Probe, Richtern kraft Auftrags und abgeordneten Richtern*

(1) Bei einer gerichtlichen Entscheidung darf nicht mehr als ein Richter auf Probe oder ein Richter kraft Auftrags oder ein abgeordneter Richter mitwirken. Er muss als solcher bezeichnet werden.

(2) Im ersten Jahr nach seiner Ernennung soll ein Richter auf Probe in der Regel nur gemeinsam mit anderen Richtern entscheiden.

(3) Die Zahl der Richter auf Probe und der Richter kraft Auftrags darf für jeden Gerichtszweig in einem Land insgesamt zwanzig vom Hundert der Planstellen für Richter nicht überschreiten. Jedoch dürfen in einem Gerichtszweig zwei Richter auf Probe oder kraft Auftrags verwendet werden.

*§ 26 (§§ 11, 15). Versetzung und Amtsenthebung*

(1) Ein Richter auf Lebenszeit oder ein Richter auf Zeit kann ohne seine schriftliche Zustimmung nur

1. im Verfahren über die Richteranklage (Artikel 98 Abs. 2 und 5 des Grundgesetzes),
2. im förmlichen Disziplinarverfahren,
3. im Interesse der Rechtspflege (§ 27),
4. bei Veränderung der Gerichtsorganisation (§ 28)

in ein anderes Amt versetzt oder seines Amtes enthoben werden.

(2) Die Versetzung oder Amtsenthebung kann – außer im Fall des Absatzes 1 Nr. 4 – nur aufgrund richterlicher Entscheidung ausgesprochen werden.

(3) Der Versetzung steht es gleich, wenn ein Richter, der mehrere Richterämter innehat, eines Amtes enthoben wird.

*§ 27 (§ 12). Versetzung im Interesse der Rechtspflege*

Ein Richter auf Lebenszeit oder ein Richter auf Zeit kann

1. in ein anderes Richteramt mit gleichem Endgrundgehalt,
2. in den einstweiligen Ruhestand oder
3. in den Ruhestand

versetzt werden, wenn Tatsachen außerhalb seiner richterlichen Tätigkeit sein Ansehen oder seine Tätigkeit in dem bisherigen Richteramt dauernd so schwer beeinträchtigen, dass die Maßnahme im Interesse der Rechtspflege geboten ist.

*§ 28 (§ 13). Veränderung der Gerichtsorganisation*

(1) Bei einer Veränderung in der Einrichtung der Gerichte oder ihrer Bezirke kann einem auf Lebenszeit oder auf Zeit ernannten Richter dieser Gerichte ein anderes Richteramt übertragen werden. Ist eine Verwendung in einem Richteramt mit gleichem Endgrundgehalt nicht möglich, so kann ihm ein Richteramt mit geringerem Endgrundgehalt übertragen werden.

(2) Ist die Übertragung eines anderen Richteramts nicht möglich, so kann der Richter seines Amtes enthoben werden. Ihm kann jederzeit ein neues Richteramt, auch mit geringerem Endgrundgehalt, übertragen werden.

(3) Die Übertragung eines anderen Richteramts (Absatz 1) und die Amtsenthebung (Absatz 2 Satz 1) können nicht später als drei Monate nach Inkrafttreten der Veränderung ausgesprochen werden.

*§ 29 (§ 14). Belassung des vollen Gehalts*

(1) In den Fällen des § 28 erhält der Richter sein bisheriges Grundgehalt einschließlich ruhegehaltsfähiger oder unwiderruflicher Stellenzulagen und steigt in den Dienstaltersstufen seiner bisherigen Besoldungsgruppe weiter auf. Im Übrigen richten sich die Dienstbezüge nach den allgemeinen besoldungsrechtlichen Vorschriften. Soweit ihre Höhe durch den dienstlichen Wohnsitz bestimmt ist, ist bei Amtsenthebung (§ 28 Abs. 2 Satz 1) der letzte dienstliche Wohnsitz maßgebend.

(2) Der seines Amtes enthobene Richter gilt für die Anwendung der Vorschriften über das Ruhen der Versorgungsbezüge und über das Zusammentreffen mehrerer Versorgungsbezüge als Richter im Ruhestand.

*§ 30 (§ 15 Abs. 1). Entlassung und Rücknahme der Ernennung*

Ein Richter auf Lebenszeit oder ein Richter auf Zeit kann ohne seine schriftliche Zustimmung nur aufgrund richterlicher Entscheidung entlassen oder wegen Dienstunfähigkeit in den Ruhestand versetzt werden. Dasselbe gilt für die Rücknahme der Ernennung eines Richters.

*§ 31 (§ 16). Nichtigkeit der Ernennung*

Die Nichtigkeit einer Ernennung zum Richter auf Lebenszeit oder zum Richter auf Zeit kann erst geltend gemacht werden, nachdem ein Gericht sie festgestellt hat.

*§ 32 (§ 17). Beendigung des Dienstverhältnisses durch richterliche Entscheidung*

Wird gegen einen Richter auf Lebenszeit oder einen Richter auf Zeit durch Urteil eines deutschen Gerichts im Geltungsbereich dieses Gesetzes erkannt auf

1. Zuchthaus,
2. Gefängnis von einem Jahr oder längerer Dauer wegen vorsätzlich begangener Tat,
3. Gefängnis von sechs Monaten oder längerer Dauer wegen vorsätzlicher hochverräterischer, staatsgefährdender oder landesverräterischer Handlung,
4. Verlust der bürgerlichen Ehrenrechte oder
5. Aberkennung der Fähigkeit zur Bekleidung öffentlicher Ämter,

so endet das Richterverhältnis mit der Rechtskraft dieses Urteils, ohne dass es einer weiteren gerichtlichen Entscheidung bedarf.

*§ 33 (§ 18). Vorläufige Untersagung der Amtsgeschäfte*

In einem Verfahren nach §§ 26, 30 oder 31 kann das Gericht auf Antrag dem Richter die Führung seiner Amtsgeschäfte vorläufig untersagen.

*§ 34 (§ 19). Mitgliedschaft in einer Volksvertretung oder Regierung*

Nimmt ein Richter die Wahl in den Deutschen Bundestag oder in die gesetzgebende Körperschaft eines Landes an oder wird ein Richter mit seiner Zustimmung zum Mitglied der Bundesregierung oder der Regierung eines Landes ernannt, so enden das Recht und die

Pflicht zur Wahrnehmung des Richteramts ohne gerichtliche Entscheidung nach näherer Bestimmung der Gesetze.

*§ 35 (§ 20). Abordnung*

(1) Ein Richter auf Lebenszeit oder ein Richter auf Zeit darf nur mit seiner Zustimmung abgeordnet werden.

(2) Die Abordnung ist auf eine bestimmte Zeit auszusprechen. An dieselbe Verwaltungsbehörde darf der Richter nicht länger als drei Jahre abgeordnet werden.

(3) Zur Vertretung eines Richters darf ein Richter auf Lebenszeit oder ein Richter auf Zeit ohne seine Zustimmung längstens für zusammen zwei Monate innerhalb eines Geschäftsjahres an andere Gerichte desselben Gerichtszweigs abgeordnet werden.

## *FÜNFTER ABSCHNITT. Besondere Pflichten des Richters*

*§ 36 (§ 35) Richtereid*

(1) Der Richter hat folgenden Eid in öffentlicher Sitzung eines Gerichts zu leisten:

„Ich schwöre, das Richteramt getreu dem Grundgesetz für die Bundesrepublik Deutschland und getreu dem Gesetz auszuüben, nach bestem Wissen und Gewissen ohne Ansehen der Person zu urteilen und nur der Wahrheit und Gerechtigkeit zu dienen, so wahr mir Gott helfe."

(2) Der Eid kann ohne die Worte „so wahr mir Gott helfe" geleistet werden.

(3) In den Eid kann für Richter im Landesdienst eine Verpflichtung auf die Landesverfassung aufgenommen werden.

*§ 37 (§ 36) Wahrung der Unabhängigkeit*

(1) Der Richter hat seine innere und äußere Unabhängigkeit zu wahren.

(2) Der Richter soll sich innerhalb und außerhalb seines Amtes so verhalten, dass das Vertrauen in seine Unabhängigkeit nicht gefährdet wird.

*§ 38 (§ 37). Politische Tätigkeit*

(1) Ein Richter darf sich, abgesehen von der bloßen Mitgliedschaft in einer politischen Partei und unbeschadet der Ausübung des aktiven Wahlrechts, nicht parteipolitisch betätigen.

(2) Nimmt ein Richter die Aufstellung als Bewerber für die Wahl zum Abgeordneten des Bundestages oder einer gesetzgebenden Körperschaft eines Landes an, so ist er von diesem Tage, frühestens jedoch zwei Monate vor dem Wahltage, bis zum Ablauf von zwei Wochen nach dem Wahltage mit vollen Dienstbezügen beurlaubt. In dieser Zeit darf er sich parteipolitisch betätigen.

(3) Ein Richter darf sich nicht für die Wahl in eine Vertretungskörperschaft einer Gemeinde oder eines Gemeindeverbandes aufstellen lassen.

*§ 39 (§ 38). Schiedsrichter und Schlichter*

(1) Eine Nebentätigkeit als Schiedsrichter oder Schiedsgutachter darf dem Richter nur genehmigt werden, wenn die Parteien des Schiedsvertrags ihn gemeinsam beauftragen oder wenn er von einer unbeteiligten Stelle benannt ist.

(2) Ein Richter darf nicht Schlichter in Streitigkeiten zwischen Vereinigungen oder zwischen diesen und Dritten sein.

*§ 40 (§ 39). Rechtsgutachten*

(1) Ein Richter darf weder Rechtsgutachten erstatten noch entgeltlich Rechtsauskünfte erteilen.

(2) Ein ordentlicher Professor der Rechte, der gleichzeitig Richter ist, darf mit Genehmigung der obersten Dienstbehörde der Gerichtsverwaltung Rechtsgutachten erstatten und Rechtsauskünfte erteilen. Die Genehmigung darf allgemein oder für den Einzelfall nur erteilt werden, wenn die richterliche Tätigkeit des Professors nicht über den Umfang einer Nebentätigkeit hinausgeht und nicht zu besorgen ist, dass dienstliche Interessen beeinträchtigt werden.

*§ 41 (§ 40). Nebentätigkeiten in der Rechtspflege*

Ein Richter ist zu einer Nebentätigkeit (Nebenamt, Nebenbeschäftigung) nur in der Rechtspflege und in der Gerichtsverwaltung verpflichtet.

*§ 42 (§ 41). Beratungsgeheimnis*

Der Richter hat über den Hergang bei der Beratung und Abstimmung auch nach Beendigung seines Dienstverhältnisses zu schweigen.

## *SECHSTER ABSCHNITT. Ehrenamtliche Beisitzer*

*§ 43 (§ 42). Bestellung und Abberufung des ehrenamtlichen Beisitzers*

(1) Ein ehrenamtlicher Beisitzer kann nur unter den gesetzlichen Voraussetzungen und für die gesetzlich bestimmten Aufgaben bestellt werden.

(2) Ein ehrenamtlicher Beisitzer kann vor Ablauf seiner Amtszeit nur unter den gesetzlich bestimmten Voraussetzungen und gegen seine Willen nur durch Entscheidung eines Gerichts abberufen werden.

*§ 44 (§ 43). Unabhängigkeit und besondere Pflichten des ehrenamtlichen Beisitzers*

(1) Der ehrenamtliche Beisitzer ist in gleichem Maße wie ein Richter unabhängig. Er hat seine Pflichten getreu dem Grundgesetz für die Bundesrepublik Deutschland und getreu dem Gesetz zu erfüllen, nach bestem Wissen und Gewissen ohne Ansehen der Person zu urteilen und nur der Wahrheit und Gerechtigkeit zu dienen.

(2) Im Übrigen bestimmen sich die Rechte und Pflichten der ehrenamtlichen Beisitzer nach den für die einzelnen Gerichtszweige geltenden Vorschriften.

(3) Der ehrenamtliche Beisitzer hat das Beratungsgeheimnis zu wahren (§ 42).

# ZWEITER TEIL. *Richter im Bundesdienst*

## *ERSTER ABSCHNITT. Allgemeine Vorschriften*

*§ 45 (§ 44). Geltung des Bundesbeamtenrechts*

Für die Rechtsverhältnisse der Richter im Bundesdienst gelten die Vorschriften für Bundesbeamte entsprechend, soweit dieses Gesetz nichts anderes bestimmt.

*§ 46 (§ 45). Bundespersonalausschuss in Angelegenheiten der Richter*

In Angelegenheiten der Richter im Bundesdienst wirkt im Bundespersonalausschuss als weiteres ständiges ordentliches Mitglied der Leiter der Personalabteilung des Bundesministeriums der Justiz mit. Die Zahl der nichtständigen Mitglieder beträgt fünf. Sie und ihre Stellvertreter müssen Richter auf Lebenszeit im Bundesdienst sein. Sie werden vom Bundesminister des Innern im Einvernehmen mit den beteiligten Bundesministern vorgeschlagen, davon vier und ihre Stellvertreter aufgrund einer Benennung durch die Spitzenorganisationen der Berufsverbände der Richter.

*§ 47 (§ 46). Eintritt in den Ruhestand*

(1) Die Richter auf Lebenszeit an den oberen Bundesgerichten treten mit dem Ende des Monats in den Ruhestand, in dem sie das achtundsechzigste Lebensjahr vollenden, die übrigen Richter mit dem Ende des Monats, in dem sie das fünfundsechzigste Lebensjahr vollenden.

(2) Der Eintritt in den Ruhestand kann nicht hinausgeschoben werden.

(3) Auf seinen Antrag ist ein Richter auf Lebenszeit frühestens drei Jahre vor Erreichen der Altersgrenze in den Ruhestand zu versetzen.

## *ZWEITER ABSCHNITT. Richtervertretungen*

*§ 48 (§ 47). Richterrat und Präsidialrat*

Bei den Gerichten des Bundes werden als Richtervertretungen errichtet

1. Richterräte für die Beteiligung an allgemeinen und sozialen Angelegenheiten,
2. Präsidialräte für die Beteiligung an der Ernennung eines Richters.

*§ 49 (§ 48). Zusammensetzung des Richterrats*

(1) Bei jedem oberen Bundesgericht wird ein Richterrat, bei dem Bundesdisziplinarhof zugleich für die Bundesdisziplinarkammern, errichtet. Er besteht bei dem

1. Bundesgerichtshof aus fünf gewählten Richtern,
2. Bundesverwaltungsgericht, Bundesfinanzhof, Bundesarbeitsgericht und Bundessozialgericht aus je drei gewählten Richtern,
3. Bundesdisziplinarhof aus insgesamt drei gewählten Richtern des Bundesdisziplinarhofs oder der Bundesdisziplinarkammern.

(2) Für die Richter der Truppendienstgerichte wird ein Richterrat aus drei gewählten Richtern errichtet. Der Richterrat bestimmt seinen Sitz bei einem Truppendienstgericht.

(3) Der Präsident des Gerichts und sein ständiger Vertreter können dem Richterrat nicht angehören.

*§ 50 (§ 49). Wahl des Richterrats*

(1) Die Mitglieder des Richterrats und eine gleiche Anzahl von Stellvertretern werden auf jeweils vier Jahre geheim und unmittelbar gewählt.

(2) Zur Vorbereitung der Wahl beruft der Präsident des Gerichts, bei den Truppendienstgerichten der lebensälteste Richter, eine Versammlung der Richter ein. Die Versammlung beschließt unter dem Vorsitz des lebensältesten Richters das Wahlverfahren.

*§ 51 (§ 50). Aufgaben des Richterrats*

Für die Befugnisse und Pflichten des Richterrats gelten §§ 55 bis 68, 73 des Personalvertretungsgesetzes sinngemäß.

*§ 52 (§ 50). Gemeinsame Aufgaben von Richterrat und Personalvertretung*

(1) Sind an einer Angelegenheit sowohl der Richterrat als auch die Personalvertretung beteiligt, so entsendet der Richterrat für die gemeinsame Beschlussfassung Mitglieder in die Personalvertretung.

(2) Die Zahl der entsandten Mitglieder des Richterrats muss zur Zahl der Richter im gleichen Verhältnis stehen wie die Zahl der Mitglieder der Personalvertretung zu der Zahl der Beamten, Angestellten und Arbeiter. Jedoch entsendet der Richterrat mindestens die in § 13 Abs. 3 und Abs. 5 Satz 1 des Personalvertretungsgesetzes bestimmte Zahl von Mitgliedern.

*§ 53 (§ 52). Bildung des Präsidialrats*

(1) Bei jedem oberen Bundesgericht wird ein Präsidialrat, bei dem Bundesdisziplinarhof zugleich für die Bundesdisziplinarkammern und die Truppendienstgerichte, errichtet. Er besteht bei

1. dem Bundesgerichtshof aus dem Präsidenten oder seinem ständigen Vertreter als Vorsitzendem, drei vom Richterrat gewählten Richtern und drei vom Präsidium aus seiner Mitte gewählten Mitgliedern,
2. den übrigen oberen Bundesgerichten aus dem Präsidenten oder seinem ständigen Vertreter als Vorsitzendem, zwei vom Richterrat gewählten Richtern und zwei vom Präsidium aus seiner Mitte gewählten Mitgliedern.

(2) Dem Präsidialrat beim Bundesdisziplinarhof soll mindestens ein Richter eines Wehrdienstsenats und ein vom Richterrat gewählter Richter der Bundesdisziplinarkammern angehören. In Angelegenheiten der Richter der Truppendienstgerichte treten an die

Stelle der beiden vom Richterrat des Bundesdisziplinarhofs gewählten Richter zwei vom Richterrat der Truppendienstgerichte gewählte Richter.

(3) Die Amtszeit des Präsidialrats beträgt vier Jahre.l

*§ 54 (§ 53). Aufgabe des Präsidialrats*

Vor jeder Ernennung oder Wahl eines Richters ist der Präsidialrat des Gerichts, bei dem der Richter verwendet werden soll, zu beteiligen. Das Gleiche gilt, wenn einem Richter ein Richteramt an einem Gericht eines anderen Gerichtszweigs übertragen werden soll.

*§ 55 (§ 54). Einleitung der Beteiligung*

(1) Die oberste Dienstbehörde beantragt die Stellungnahme des Präsidialrats. Dem Antrag sind die Bewerbungsunterlagen und die Personal- und Befähigungsnachweise beizufügen. Personalakten dürfen nur mit Zustimmung des Bewerbers oder Richters vorgelegt werden.

(2) Auf Ersuchen eines Mitglieds eines Richterwahlausschusses hat die oberste Dienstbehörde die Stellungnahme zu beantragen.

*§ 56 (§ 55). Stellungnahme des Präsidialrats*

(1) Der Präsidialrat gibt eine schriftlich begründete Stellungnahme ab über die persönliche und fachliche Eignung des Bewerbers oder Richters. Die Stellungnahme ist zu den Personalakten zu nehmen.

(2) Der Präsidialrat hat seine Stellungnahme binnen drei Wochen nach Zugang des Antrags abzugeben.

(3) Ein Richter darf erst ernannt oder gewählt werden, wenn die Stellungnahme des Präsidialrats vorliegt oder die Frist des Absatzes 2 verstrichen ist.

*§ 57 (§ 56). Geschäftsführung, Rechtsstellung der Mitglieder*

(1) Die Richtervertretungen regeln ihre Beschlussfassung und Geschäftsführung in einer Geschäftsordnung.

(2) Die Kosten der Richtervertretungen fallen dem Haushalt der Gerichte zur Last. Die Gerichtsverwaltung stellt Räume und Geschäftsbedarf zur Verfügung.

(3) Die Mitgliedschaft in der Richtervertretung ist ein Ehrenamt. Für die Rechte und Pflichten der Mitglieder gelten § 42 Abs. 3, § 59 Abs. 1 und § 60 Abs. 1 und 2 des Personalvertretungsgesetzes sinngemäß.

*§ 58 (§ 57). Rechtsweg in Angelegenheiten der Richtervertretungen*

Für Rechtsstreitigkeiten aus der Bildung oder Tätigkeit der Richtervertretungen steht der Rechtsweg zu den Verwaltungsgerichten offen. Das Verwaltungsgericht entscheidet bei Rechtsstreitigkeiten aus der gemeinsamen Beteiligung von Richterrat und Personalvertretung (§ 52 Abs. 1) nach den Verfahrensvorschriften und in der Besetzung des § 76 Abs. 2 und des § 77 des Personalvertretungsgesetzes.

## *DRITTER ABSCHNITT. Dienstgericht des Bundes*

*§ 59 (§ 58). Verfassung des Dienstgerichts*

(1) Für die Richter im Bundesdienst wird als Dienstgericht des Bundes ein besonderer Senat des Bundesgerichtshofs gebildet.

(2) Das Dienstgericht des Bundes verhandelt und entscheidet in der Besetzung mit einem Vorsitzenden, zwei ständigen Beisitzern und zwei nichtständigen Beisitzern. Alle Mitglieder müssen Richter auf Lebenszeit sein. Die nichtständigen Beisitzer müssen dem Gerichtszweig des betroffenen Richters angehören.

(3) Das Präsidium des Bundesgerichtshofs bestimmt den Vorsitzenden, die Beisitzer und deren Vertreter für fünf Geschäftsjahre. Bei der Heranziehung der nichtständigen Beisitzer ist es an die Reihenfolge in den Vorschlagslisten gebunden, die von den Präsidien der oberen Bundesgerichte aufgestellt werden.

(4) Der Präsident eines Gerichts und sein ständiger Vertreter können nicht Mitglied des Dienstgerichts sein.

*§ 60 (§ 59). Zuständigkeit des Dienstgerichts*

(1) Das Dienstgericht des Bundes entscheidet endgültig

1. in Disziplinarsachen, auch der Richter im Ruhestand,
2. über die Versetzung im Interesse der Rechtspflege,
3. über die
   a) Nichtigkeit einer Ernennung,
   b) Rücknahme einer Ernennung,
   c) Entlassung,
   d) Versetzung in den Ruhestand wegen Dienstunfähigkeit,
4. bei Anfechtung
   a) einer Maßnahme wegen Veränderung der Gerichtsorganisation,
   b) der Entlassung eines Richters auf Probe oder kraft Auftrags,
   c) der Heranziehung zu einer Nebentätigkeit,
   d) einer Maßnahme der Dienstaufsicht aus den Gründen des § 22 Abs. 3.

(2) Das Dienstgericht des Bundes entscheidet auch über die Revision gegen Urteile der Dienstgerichte der Länder (§ 78).

*§ 61 (§ 60). Disziplinarverfahren*

(1) Für das Verfahren in Disziplinarsachen gelten die Vorschriften der Bundesdisziplinarordnung sinngemäß.

(2) Über die Einleitung oder Einstellung des förmlichen Disziplinarverfahrens, über die vorläufige Dienstenthebung, die Einbehaltung von Dienstbezügen sowie über die Aufhebung dieser Maßnahmen entscheidet auf Antrag der obersten Dienstbehörde das Dienstgericht durch Beschluss. Der Beschluss ist der obersten Dienstbehörde und dem Richter zuzustellen.

*§ 62 (§ 61). Disziplinarstrafen*

(1) Durch Disziplinarverfügung können nur Warnung und Verweis ausgesprochen werden.

(2) Gegen einen Richter bei einem oberen Bundesgericht kann nur auf Gehaltskürzung oder auf Entfernung aus dem Dienst erkannt werden.

*§ 63 (§ 62). Versetzungsverfahren*

(1) Für das Verfahren bei Versetzung im Interesse der Rechtspflege (Versetzungsverfahren) gelten die Vorschriften der Bundesdisziplinarordnung sinngemäß.

(2) Das Verfahren wird von der obersten Dienstbehörde eingeleitet. An die Stelle der Anschuldigungsschrift tritt der Antrag des Bundesdisziplinaranwalts.

(3) Das Gericht erklärt eine der in § 27 vorgesehenen Maßnahmen für zulässig oder weist den Antrag zurück.

*§ 64 (§ 63). Verbindung von Verfahren*

Disziplinarverfahren und Versetzungsverfahren können verbunden werden. Bei Verbindung soll das Dienstgericht über Bestrafung und Versetzung gleichzeitig entscheiden.

*§ 65 (§ 64). Prüfungsverfahren*

(1) Für das Verfahren in den Fällen des § 60 Abs. 1 Nr. 3 und 4 (Prüfungsverfahren) gelten die Vorschriften der Verwaltungsgerichtsordnung sinngemäß. Ein Vorverfahren findet nur in den Fällen der Nummer 4 statt.

(2) Das Verfahren wird in den Fällen des § 60 Abs. 1 Nr. 3 durch einen Antrag der obersten Dienstbehörde, in den Fällen der Nummer 4 durch einen Antrag des Richters eingeleitet.

*§ 66 (§ 65). Urteilsformel im Prüfungsverfahren*

(1) In dem Fall des § 60 Abs. 1 Nr. 3 Buchstabe a stellt das Gericht die Nichtigkeit fest oder weist den Antrag zurück.

(2) In den Fällen des § 60 Abs. 1 Nr. 3 Buchstaben b bis d stellt das Gericht die Zulässigkeit der Maßnahme fest oder weist den Antrag zurück.

(3) In den Fällen des § 60 Abs. 1 Nr. 4 Buchstaben a bis c hebt das Gericht die angefochtene Maßnahme auf oder weist den Antrag zurück.

(4) In dem Fall des § 60 Abs. 1 Nr. 4 Buchstabe d stellt das Gericht die Unzulässigkeit der Maßnahme fest oder weist den Antrag zurück.

*§ 67 (§ 66). Aussetzung von Verfahren*

(1) Ist eine Maßnahme der Dienstaufsicht aus den Gründen des § 22 Abs. 3 angefochten und hängt die Entscheidung hierüber von dem Bestehen oder Nichtbestehen eines Rechtsverhältnisses ab, das den Gegenstand eines anderen Verfahrens bildet oder bilden kann, so hat das Dienstgericht die Verhandlung bis zur Erledigung des anderen Verfahrens auszusetzen. Der Aussetzungsbeschluss ist zu begründen.

(2) Ist das Verfahren bei dem anderen Gericht noch nicht anhängig, so setzt das Dienstgericht in dem Aussetzungsbeschluss eine angemessene Frist zur Einleitung des Verfahrens. Nach fruchtlosem Ablauf der Frist weist es den Antrag ohne weitere Sachprüfung zurück.

(3) Hängt die Entscheidung eines anderen Gerichts als eines Dienstgerichts davon ab, ob eine Maßnahme der Dienstaufsicht aus den Gründen des § 22 Abs. 3 unzulässig ist, so hat das Gericht die Verhandlung bis zur Erledigung des Verfahrens vor dem Dienstgericht auszusetzen. Der Aussetzungsbeschluss ist zu begründen. Absatz 2 gilt sinngemäß.

## *VIERTER ABSCHNITT. Richter des Bundesverfassungsgerichts*

*§ 68 (§ 67). Beschränkte Geltung dieses Gesetzes*

(1) Für die Richter des Bundesverfassungsgerichts gelten die Vorschriften dieses Gesetzes nur, soweit sie mit der besonderen Rechtsstellung dieser Richter nach dem Grundgesetz und nach dem Gesetz über das Bundesverfassungsgericht vereinbar sind.

(2) Insbesondere gelten für die Richter des Bundesverfassungsgerichts nicht die Vorschriften über unvereinbare Aufgaben (§ 4), Anfechtung von Maßnahmen der Dienstaufsicht (§ 22 Abs. 3), Übertragung eines weiteren Richteramts (§ 23 Abs. 2), Vorsitz im Gericht (§ 24 Abs. 2), Besetzung der Gerichte mit Richtern auf Probe, Richtern kraft Auftrags und abgeordneten Richtern (§ 25), Versetzung, Beendigung des Richterdienstes (§§ 26 bis 33), Mitgliedschaft in einer Volksvertretung oder Regierung (§ 34), Abordnung (§ 35), Richter auf Probe und Richter kraft Auftrags (§§ 11 bis 16), allgemeines Dienstalter (§ 19), Aufstellung als Wahlbewerber (§ 38 Abs. 2), Nebentätigkeiten in der Rechtspflege (§ 41), Richtervertretungen (§§ 48 bis 58) und Dienstgericht (§§ 59 bis 67).

(3) Die Richter des Bundesverfassungsgerichts leisten den Richtereid (§ 36) vor dem Bundespräsidenten.

*§ 69 (§ 68). Bundesrichter als Richter des Bundesverfassungsgerichts*

Die Rechte und Pflichten eines Richters an den oberen Bundesgerichten ruhen, solange er Mitglied des Bundesverfassungsgerichts ist.

# **DRITTER TEIL. *Richter im Landesdienst***

*§ 70 (§ 69). Bindung an Rahmenvorschriften*

(1) Die Länder sind verpflichtet, die Rechtsverhältnisse der Richter gemäß §§ 71 bis 81 und, soweit dieses Gesetz nichts anderes bestimmt, auf der Grundlage der §§ 1 bis 120 des Beamtenrechtsrahmengesetzes zu regeln. Sie haben dabei die gemeinsamen Interessen von Bund und Ländern zu berücksichtigen.

(2) Für die Richter im Landesdienst gelten §§ 123 bis 132 des Beamtenrechtsrahmengesetzes entsprechend.

*§ 71 (§ 70). Bildung des Richterrats*
In den Ländern sind Richterräte zu bilden. Ihre Mitglieder werden durch die Richter unmittelbar und geheim aus ihrer Mitte gewählt.

*§ 72 (§ 71). Aufgaben des Richterrats*
Der Richterrat hat mindestens folgende Aufgaben:
1. Beteiligung an allgemeinen und sozialen Angelegenheiten der Richter,
2. gemeinsame Beteiligung mit der Personalvertretung an allgemeinen und sozialen Angelegenheiten, die sowohl Richter als auch Bedienstete des Gerichts betreffen,
3. Wahl von Mitgliedern des Präsidialrats.

*§ 73 (§ 72). Bildung des Präsidialrats*
(1) Für jeden Gerichtszweig ist ein Präsidialrat zu bilden. Für mehrere Gerichtszweige, die derselben obersten Dienstbehörde unterstehen, kann durch Gesetz die Bildung eines gemeinsamen Präsidialrats vorgeschrieben werden.
(2) Der Präsidialrat besteht aus dem Präsidenten eines Gerichts oder seinem ständigen Vertreter als Vorsitzendem und aus Richtern, von denen mindestens die Hälfte durch die Richter zu wählen sind.

*§ 74 (§ 73). Aufgaben des Präsidialrats*
(1) Der Präsidialrat ist an der Ernennung eines Richters für ein Amt mit höherem Endgrundgehalt als dem eines Eingangsamts zu beteiligen. Er gibt eine schriftlich begründete Stellungnahme ab über die persönliche und fachliche Eignung des Richters.
(2) Dem Präsidialrat können weitere Aufgaben übertragen werden.

*§ 75 (§ 74 Abs. 1, 3). Altersgrenze*
(1) Die Altersgrenze der Richter ist durch Gesetz zu bestimmen.
(2) Der Eintritt in den Ruhestand kann nicht hinausgeschoben werden.

*§ 76 (§ 75). Einrichtung von Dienstgerichten*
(1) In den Ländern sind Dienstgerichte zu bilden.
(2) Die Dienstgerichte entscheiden in der Besetzung mit einem Vorsitzenden und je zur Hälfte mit ständigen und nichtständigen Beisitzern. Alle Mitglieder müssen auf Lebenszeit ernannte Richter sein. Die nichtständigen Mitglieder müssen dem Gerichtszweig des betroffenen Richters angehören.
(3) Die Mitglieder der Dienstgerichte werden von dem Präsidium des Gerichts bestimmt, bei dem das Dienstgericht errichtet ist. Der Präsident eines Gerichts oder sein ständiger Vertreter kann nicht Mitglied eines Dienstgerichts sein.

*§ 77 (§ 76). Zuständigkeit des Dienstgerichts*

Das Dienstgericht entscheidet

1. in Disziplinarsachen, auch er Richter im Ruhestand,
2. über die Versetzung im Interesse der Rechtspflege,
3. über die
a) Nichtigkeit einer Ernennung,
b) Rücknahme einer Ernennung,
c) Entlassung,
d) Versetzung in den Ruhestand wegen Dienstunfähigkeit,
4. bei Anfechtung
a) einer Maßnahme wegen Veränderung der Gerichtsorganisation,
b) der Entlassung eines Richters auf Probe oder kraft Auftrags,
c) der Heranziehung zu einer Nebentätigkeit,
d) einer Maßnahme der Dienstaufsicht aus den Gründen des § 22 Abs. 3.

*§ 78 (§ 77). Rechtszug*

(1) Das Verfahren vor den Dienstgerichten besteht aus mindestens zwei Rechtszügen.

(2) In den Fällen des § 77 Nr. 3 und 4 findet die Revision an das Dienstgericht des Bundes statt.

(3) Die Landesgesetzgebung kann in den Fällen des § 77 Nr. 1 und 2 die Revision an das Dienstgericht des Bundes vorsehen.

*§ 79 (§ 78). Zulässigkeit der Revision*

Die Revision an das Dienstgericht des Bundes kann nur darauf gestützt werden, dass das Urteil auf der Nichtanwendung oder unrichtigen Anwendung einer Rechtsnorm beruht.

*§ 80 (§ 79). Verfahrensvorschriften*

Disziplinarverfahren, Versetzungsverfahren und Prüfungsverfahren sind entsprechend § 61 Abs. 2, § 62 Abs. 1, § 63 Abs. 2 Satz 1 und Abs. 3 und §§ 64 bis 67 zu regeln.

*§ 81 (§ 80). Verfassungsrichter*

Das Landesrecht bestimmt, wieweit dieses Gesetz für die Mitglieder des Verfassungsgerichts eines Landes gilt.

## VIERTER TEIL. *Übergangs- und Schlussbestimmungen*

### *ERSTER ABSCHNITT. Änderung von Bundesrecht*

*§ 82 (§ 81). Änderung des Gerichtsverfassungsgesetzes*

Das Gerichtsverfassungsgesetz in der Fassung der Bekanntmachung vom 12. September 1950 (Bundesgesetzbl. S. 513), zuletzt geändert durch Gesetz vom 26. Juli 1957 (Bundesgesetzbl. I S. 861, 931) wird wie folgt geändert:

1. §§ 2 bis 9 und § 10 Abs. 1 werden aufgehoben.
2. § 10 Abs. 2 erhält folgende Fassung:

„(2) Bei Amtsgerichten und Landgerichten können Richter kraft Auftrags und Richter auf Probe verwendet werden."

3. § 11, § 22 Abs. 3 und § 59 Abs. 2 werden aufgehoben.
4. § 70 Abs. 2 erhält folgende Fassung:

„(2) Die Beiordnung eines Richters auf Probe oder eines Richters kraft Auftrags ist auf eine bestimmte Zeit auszusprechen und darf vor Ablauf dieser Zeit nicht widerrufen werden."

5. § 78 Abs. 2 und § 118 werden aufgehoben.
6. In § 148 Abs. 1 wird das Wort „nichtrichterliche" gestrichen.
7. § 198 wird aufgehoben. [...]

*§ 83. Änderung der Vorschriften über die Befähigung zum Richteramt*
Es werden aufgehoben:
1. das Gesetz über die Befähigung zum Richteramt vom 27. Februar 1936 (RGBl. I S. 127),
2. die Verordnung über die Zuerkennung der Fähigkeit zum Richteramt an Volksdeutsche vom 8. Dezember 1939 (RGBl. I S. 2390).

*§ 84. Änderung des Arbeitsgerichtsgesetzes*
Das Arbeitsgerichtsgesetz vom 3. September 1953 (BGBl. I S. 1267), zuletzt geändert durch Gesetz vom 26. Juli 1957 (BGBl. II S. 713) wird wie folgt geändert:
1. § 18 Abs. 3 Satz 2, Abs. 5 und 6 wird aufgehoben.
2. § 18 Abs. 4 Satz 1 erhält folgende Fassung: „Die Vorsitzenden können Richter auf Zeit sein; sie werden mindestens für ein Jahr ernannt."
3. § 18 Abs. 7 erhält folgende Fassung: „(7) Bei einem Arbeitsgericht soll ein abgeordneter Richter nicht länger als drei Monate verwendet werden. Auch Richter auf Probe und Richter kraft Auftrags können als abgeordnete Richter verwendet werden."
4. § 19 erhält folgende Fassung: „*§ 19.* Werden auf Lebenszeit oder auf Zeit ernannte Beamte zu Richtern auf Zeit (§ 18 Abs. 4) ernannt, so gelten § 14 und § 15 des Deutschen Richtergesetzes entsprechend."
5. § 36 erhält folgende Fassung: „*§ 36.* Der Präsident und die weiteren Vorsitzenden werden auf Vorschlag der obersten Arbeitsbehörde des Landes im Benehmen mit der Landesjustizverwaltung nach Anhörung der in § 14 Abs. 1 genannten Gewerkschaften und Vereinigungen von Arbeitgebern als Richter auf Lebenszeit entsprechend den landesrechtlichen Vorschriften bestellt. Sie müssen besondere Kenntnisse und Erfahrungen auf den Gebieten des Arbeitsrechts und des Arbeitslebens besitzen."

6. § 42 Abs. 2 erhält folgende Fassung: „(2) Die zu berufenden Personen müssen das fünfunddreißigste Lebensjahr vollendet haben und besondere Kenntnisse und Erfahrungen auf den Gebieten des Arbeitsrechts und des Arbeitslebens besitzen."

*§ 85. Änderung der Verwaltungsgerichtsordnung*
Die Verwaltungsgerichtsordnung vom … (BGBl. …) wird wie folgt geändert:

1. § 5 und § 15 Abs. 2 werden aufgehoben.
2. In § 15 Abs. 3 werden die Worte „nachdem sie eine der im Absatz 2 genannten Fähigkeiten erlangt haben" durch die Worte „nachdem sie die Befähigung zum Richteramt erlangt haben" ersetzt.
3. § 16 wird aufgehoben.
4. § 18 erhält folgende Fassung: „*§ 18.* Bei den Verwaltungsgerichten können Richter auf Probe oder Richter kraft Auftrags verwendet werden. Sie müssen die Voraussetzungen des § 15 Abs. 3 erfüllen."
5. § 19 erhält folgende Fassung: „*§ 19.* Richter im Nebenamt, Richter auf Probe, Richter kraft Auftrags und abgeordnete Richter können nicht den Vorsitz führen. Von diesen Richtern darf nicht mehr als einer in einer Kammer (Senat) mitwirken."
6. § 37 erhält folgende Fassung: „*§ 37.* Dem Gericht dürfen Verwaltungsgeschäfte außerhalb der Gerichtsverwaltung nicht übertragen werden."
7. § 177 wird aufgehoben.

*§ 86. Änderung des Sozialgerichtsgesetzes*
Das Sozialgerichtsgesetz vom 3. September 1953 (BGBl. I S. 1239, 1326), zuletzt geändert durch Gesetz vom 26. Juli 1957 (BGBl. I S. 861, 933) wird wie folgt geändert:

1. In § 3 Abs. 1 wird folgender Satz 2 angefügt: „Die Berufsrichter sollen besondere Kenntnisse auf dem Gebiet des Sozialrechts und des sozialen Lebens besitzen."
2. § 6 und § 9 Abs. 2 werden aufgehoben.
3. § 11 Abs. 3 erhält folgende Fassung: „(3) Bei einem Sozialgericht können Richter auf Probe und Richter kraft Auftrags als abgeordnete Richter verwendet werden."
4. § 24 Abs. 1 Satz 2 und § 32 Abs. 2 werden aufgehoben.
5. § 210 Abs. 2 erhält folgende Fassung: „(2) Den Vorsitz in den Kammern auf Zeit kann ein abgeordneter Richter auf Probe oder kraft Auftrags führen. Den Vorsitz in den Senaten auf Zeit kann anstelle eines Senatspräsidenten ein anderer Berufsrichter des Landessozialgerichts führen."

*§ 87. Änderung des Gesetzes zur Neuordnung der Finanzgerichtsbarkeit*
Das Gesetz zur Neuordnung der Finanzgerichtsbarkeit vom … (BGBl. I …) wird wie folgt geändert:

1. § 13 Abs. 2 und § 14 werden aufgehoben.

2. § 16 erhält folgende Fassung: „*§ 16.* Beim Finanzgericht können Richter auf Probe oder Richter kraft Auftrags verwendet werden. Sie sollen in der Regel die Voraussetzungen des § 13 Abs. 3 erfüllen.
3. § 32 erhält folgende Fassung: „*§ 32.* Den Gerichten dürfen keine Verwaltungsgeschäfte außerhalb der Gerichtsverwaltung übertragen werden."
4. In § 34 Abs. 2 Satz 1 wird das Wort „nichtrichterlicher" gestrichen.
5. § 134 wird aufgehoben.

*§ 88. Änderung des Gesetzes über Maßnahmen auf dem Gebiet der Finanzgerichtsbarkeit*
Das Gesetz über Maßnahmen auf dem Gebiet der Finanzgerichtsbarkeit vom 22. Oktober 1957 (BGBl. I S. 1746) wird wie folgt geändert:
1. §§ 2 und 3 werden aufgehoben.
2. § 4 erhält folgende Fassung: „*§ 4.* Beim Finanzgericht können Richter auf Probe oder Richter kraft Auftrags verwendet werden." [...]

*§ 97. Änderung der Bundesrechtsanwaltsordnung*
Die Bundesrechtsanwaltsordnung vom ... (BGBl. I S. ...) wird wie folgt geändert:
1. In § 4 werden die Worte „nach den Vorschriften des Gerichtsverfassungsgesetzes" durch die Worte „nach dem Deutschen Richtergesetz" ersetzt.
2. In § 246 werden die Worte zwischen den Klammern „§ 2 des Gerichtsverfassungsgesetzes" durch die Worte „§ 5 des Deutschen Richtergesetzes" ersetzt.

*§ 98. Änderung des Gesetzes über Maßnahmen auf dem Gebiet des Notarrechts*
Das Gesetz über Maßnahmen auf dem Gebiet des Notarrechts vom ... (BGBl. I S. ...) wird wie folgt geändert:
1. In Art. 1 Nr. 1 § 3 werden die Worte „nach den Vorschriften des Gerichtsverfassungsgesetzes" durch die Worte „nach dem Deutschen Richtergesetz" ersetzt.
2. In Art. 13 werden die Worte „(§ 2 des Gerichtsverfassungsgesetzes)" gestrichen.

## *ZWEITER ABSCHNITT: Überleitung von Rechtsverhältnissen*

*§ 101. Überleitungsvorschriften für Richter auf Lebenszeit und auf Zeit*
(1) Wer vor Inkrafttreten dieses Gesetzes in ein öffentlich-rechtliches Dienstverhältnis auf Lebenszeit oder auf Zeit berufen ist und ein Richteramt als Hauptamt innehat, erhält die Rechtsstellung eines Richters auf Lebenszeit oder auf Zeit im Sinne dieses Gesetzes.

(2) Wer vor Inkrafttreten dieses Gesetzes in ein Richteramt berufen ist und die Befähigung zum Richteramt nicht besitzt, kann bei einem Gericht nur entsprechend den bis zum Inkrafttreten dieses Gesetzes geltenden Vorschriften verwendet werden.

(3) Wer vor Inkrafttreten dieses Gesetzes aus Anlass der Übertragung eines Richteramts einen Eid geleistet hat, ist von der Pflicht zur Leistung des Richtereides (§ 36) befreit.

*§ 102. Überleitungsvorschriften für Richter auf Probe, Richter kraft Auftrags und abgeordnete Richter*

(1) Wer bei Inkrafttreten dieses Gesetzes in einem öffentlich-rechtlichen Dienstverhältnis auf Probe die Aufgaben eines Richters wahrnimmt, erhält die Rechtsstellung eines Richters auf Probe. Die Fristen in § 11 Abs. 2 und § 13 Abs. 2 und 3 rechnen von der Einstellung ab.

(2) Ist ein Beamter auf Lebenszeit oder auf Zeit bei Inkrafttreten dieses Gesetzes mit der Wahrnehmung eines Richteramts beauftragt, so darf er dieses Amt bis zum Ablauf eines Jahres nach Inkrafttreten dieses Gesetzes führen. Danach kann er bei einem Gericht nur noch in einem Richterverhältnis nach den Vorschriften dieses Gesetzes verwendet werden.

(3) Die Fristen für die Abordnung eines Richters (§ 35) beginnen frühestens mit Inkrafttreten dieses Gesetzes.

(4) Bis zum Ablauf von zwei Jahren nach Inkrafttreten dieses Gesetzes gilt die Beschränkung der Zahl der Richter auf Probe und der Richter kraft Auftrags nach § 25 Abs. 3 nicht.

*§ 103. Dienstverhältnisse auf Widerruf*

(1) Bis zum Ablauf von zwei Jahren nach Inkrafttreten dieses Gesetzes können richterliche Aufgaben in den Ländern auch in einem öffentlich-rechtlichen Dienstverhältnis auf Widerruf wahrgenommen werden.

(2) Im Land Bayern können Aufgaben der Grundbuchbereinigung bis zum Ablauf von fünf Jahren nach Inkrafttreten dieses Gesetzes auch in einem öffentlich-rechtlichen Dienstverhältnis auf Widerruf wahrgenommen werden.

(3) In den Fällen der Absätze 1 und 2 gilt § 25 Abs. 3 nicht.

*§ 104. Richterliche Vortätigkeit*

Wer bei Inkrafttreten dieses Gesetzes die Befähigung zum Richteramt besitzt, kann bis zum Ablauf von drei Jahren nach Inkrafttreten dieses Gesetzes Tätigkeiten nach § 9 Abs. 2 unbeschränkt angerechnet erhalten.

*§ 105. Befähigung zum Richteramt*

Wer bei Inkrafttreten dieses Gesetzes die Befähigung zum Richteramt nach den bisher geltenden Vorschriften besitzt, ist auch nach Inkrafttreten dieses Gesetzes zum Richteramt befähigt.

*§ 106. Befähigung zum höheren Verwaltungsdienst*

Wer bei Inkrafttreten dieses Gesetzes durch Ablegen der gesetzlich vorgeschriebenen Prüfungen die Befähigung zum allgemeinen höheren Verwaltungsdienst erworben hat, kann auch nach Inkrafttreten dieses Gesetzes zum Richter in der Verfassungsgerichtsbarkeit,

Verwaltungsgerichtsbarkeit, Sozialgerichtsbarkeit, Finanzgerichtsbarkeit und Disziplinargerichtsbarkeit ernannt werden.

*§ 107. Vorsitzende der Arbeitsgerichte und Sozialgerichte*

(1) Zum Vorsitzenden eines Arbeitsgerichts oder eines Sozialgerichts kann bis zum Ablauf von zwei Jahren nach Inkrafttreten dieses Gesetzes auch ernannt werden, wer die Voraussetzungen des § 18 Abs. 3 des Arbeitsgerichtsgesetzes oder des § 9 Abs. 2 des Sozialgerichtsgesetzes in der bis zum Inkrafttreten dieses Gesetzes geltenden Fassung erfüllt.

(2) Das Gleiche gilt für die Ernennung zum Vorsitzenden aufgrund eines Landesgesetzes gemäß § 207 Abs. 1 des Sozialgerichtsgesetzes.

*§ 108. Anerkennung nichtdeutscher Prüfungen*

§ 923 Abs. 2 des Bundesvertriebenengesetzes vom 19. Mai 1953 (BGBl. I S. 201) wird durch dieses Gesetz nicht berührt.

*§ 109. Übergangsvorschriften für Ausbildungen und Prüfungen*

(1) Die Landesregierungen bestimmen durch Rechtsverordnung, wieweit Studium und Vorbereitungsdienst, die vor Inkrafttreten dieses Gesetzes nach den bisher geltenden Vorschriften abgeleistet worden sind, anerkannt werden. Das Gleiche gilt für die Anerkennung erster Prüfungen.

(2) Die für den Vorbereitungsdienst der Kriegsheimkehrer bestehenden Rechtsvorschriften bleiben unberührt. [...]

## VI. *Niederschrift über die Sitzung des Unterausschusses des Rechtsausschusses am 21.2.1958*

Vorsitz: Ministerialdirigent Prof. Dr. Gerner (Bayern)

*Es nahmen teil:*

Regierungsdirektor Kohleiß (zeitw.), Baden-Württemberg
Regierungsdirektor Dr. Rebmann (zeitw.), Baden-Württemb.
Ministerialdirigent Prof. Dr. Gerner, Bayern
Landgerichtsdirektor Dr. Mösl, Bayern
Kammergerichtsrat Arndt, Berlin
Oberregierungsrat Malicke, Berlin
Amtsgerichtsdirektor Dr. Peters, Bremen
Amtsgerichtsrat Dr. Stiebeler, Hamburg
Ministerialrat Reh, Hessen
Oberregierungsrat Dr. Jung, Niedersachsen

Regierungsdirektor Dr. Billen, Nordrhein-Westfalen
Landgerichtsrat Dr. Brenken, Rheinland-Pfalz
Landgerichtsrat Wagner, Saarland
*Von der Bundesregierung nahmen teil:*
Ministerialdirigent Roemer, BMJ
Ministerialrat Prof. Dr. Rinck, BMJ
Oberregierungsrat Dr. Schmidt-Räntsch, BMJ
Ministerialrat Dr. Neis, BMJ
Regierungsrat Dr. Braun, BMI
Oberregierungsrat Sahmer, BMA
Assessor Dr. Klein, BMA
Ministerialrat Dr. Meyer, BMVert

Die Beratungen des zur Vorbereitung der Stellungnahme des Rechtsausschusses zum Entwurf eines Deutschen Richtergesetzes eingesetzten Unterausschusses hatten folgendes Ergebnis:

*I. Grundsatzfragen:*
*1. Gesetzgebungszuständigkeit:* Die Gesetzgebungszuständigkeit des Bundes ergibt sich hinsichtlich der im Entwurf vorgesehenen Regelungen über die Gerichtsverfassung und das gerichtliche Verfahren aus Art. 74 Ziff. 1 GG, hinsichtlich der Regelung der Rechtsstellung der Bundesrichter aus Art. 98 Abs. 1 GG.

Hinsichtlich der Rechtsstellung der Richter in den Ländern ist der Bund nur zum Erlass von Rahmenvorschriften befugt (Art. 98 Abs. 3 S. 2 GG). Für den letzterwähnten Bereich unterliegt daher die Gesetzgebungsbefugnis des Bundes den für die Rahmengesetzgebung allgemein bestehenden Begrenzungen. Nach Auffassung der Mehrheit des Unterausschusses sind bei den vorgesehenen Regelungen über die Rechtsstellung der Richter in den Ländern die Grenzen der Rahmengesetzgebung noch als gewahrt zu erachten. – Die von Hessen und Bayern insoweit bezüglich der Vorschrift des § 19 (Allgemeines Dienstalter) erhobenen Bedenken wurden von der Mehrheit des Unterausschusses nicht geteilt.

Vom Unterausschuss wurden auch keine Bedenken dagegen erhoben, dass die im ersten Teil des Entwurfs (§§ 1 bis 44) enthaltenen Vorschriften über die Rechtsstellung der Richter hinsichtlich der Richter in den Ländern als unmittelbar geltendes Rahmenrecht und nicht lediglich als Vorschriften über die Landesgesetzgebung vorgesehen sind.

*2. Rechtsprechungsministerium:*

a) Bei der Behandlung des von der Bundesregierung am 8.5.1957 dem Bundesrat zugeleiteten Entwurfs eines Deutschen Richtergesetzes (BR-Drucks. Nr. 183/57) hatte die Mehrheit des Unterausschusses vorgeschlagen, die seit längerem nachdrücklich erhobene Forderung auf Schaffung eines Rechtsprechungsministeriums durch eine entsprechende Empfehlung zur Neufassung des § 7 Abs. 1 (Dienstaufsicht) des damaligen Entwurfs zum Ausdruck zu bringen. – Diese Empfehlung des Unterausschusses wurde jedoch vom Rechtsausschuss nach eingehender Erörterung nicht übernommen. – In der 193. Sitzung des Rechtsausschusses am 6.2.1958 wurde die Frage der Schaffung von Rechtsprechungsministerien erneut behandelt.

b) Die Mehrheit des Unterausschusses schlägt erneut vor, anlässlich der Behandlung des Entwurfs eines Deutschen Richtergesetzes die Frage des Rechtsprechungsministeriums zum Gegenstand einer Empfehlung und zwar zur Fassung der Bestimmung über die Dienstaufsicht - § 22 Abs. 1 des jetzigen Entwurfs – zu machen. – Vgl. unten II Ziff. 15.

*3. Einbeziehung der Staatsanwälte:*

a) Die Einbeziehung der Staatsanwälte in den Entwurf eines Deutschen Richtergesetzes wurde bei der Behandlung des früheren Gesetzentwurfs nach eingehender Erörterung vom Unterausschuss und vom Rechtsausschuss als verfassungsrechtlich bedenkenfrei und als rechtspolitisch geboten erachtet. – In der 193. Sitzung des Rechtsausschusses am 6.2.1958 wurde diese Grundsatzfrage erneut besprochen.

b) Der Unterausschuss hat die für die Art und Weise der Einbeziehung der Staatsanwälte in Betracht kommenden Möglichkeiten nochmals überprüft. Die Mehrheit des UA schlägt im Ergebnis vor, die diesbezüglichen früheren Empfehlungen des Rechtsausschusses insoweit zu wiederholen, als sie von der Bundesregierung in der nunmehrigen Fassung des Gesetzentwurfs nicht übernommen wurden. Die Empfehlung des Rechtsausschusses zu § 28 des früheren Entwurfs (= § 11 des jetzigen Entwurfs, Ernennung auf Probe) ist berücksichtigt.

Für die nunmehrigen Vorschläge des Rechtsausschusses vgl. unten II Ziff. 5 a, b, 49, 50.

*II. Einzelfragen:* (Die nachstehenden Vorschläge enthalten auch die Stellungnahme des Unterausschusses zu dem Ergebnis der Beratungen des Unterausschusses des Ausschusses für Innere Angelegenheiten vom 20.2.1958.)

1. *Zu § 2:* Dem Vorschlag des Unterausschusses des Innenausschusses, dem Abs. 1 folgenden Satz 2 anzufügen „Sie sind Beamte besonderer Art“ wird widersprochen. *Begründung:* Das Grundgesetz hat eindeutig zwischen Richtern und Beamten unterschieden. Dieser Tatsache ist durch Terminologie und sachliche Regelungen auch in der neueren Bundesgesetzgebung Rechnung getragen.
2. *Zu § 4:* Abs. 2 Nr. 4 erhält folgende Fassung: „4. Ausbildungs- und Prüfungsangelegenheiten“. *Begründung:* Klarstellung, dass auch Aufgaben aus dem Bereich der Ausbildung der Referendare durch den Richter wahrgenommen werden können.

3. *Zu § 5 Abs. 3:* Der Empfehlung des Unterausschusses des Innenausschusses zu § 5 [unten S. 686] wird widersprochen. *Begründung:* Die in Abs. 3 des Entwurfs vorgesehene Regelung sollte beibehalten werden. Dem Anliegen des Unterausschusses des Innenausschusses kann dadurch Rechnung getragen werden, dass die nach der Regierungsvorlage freibleibenden sechs Monate auch zum Dienst bei Verwaltungsbehörden verwendet werden können. Im Übrigen sind die Erörterungen über die Gesamtdauer des Vorbereitungsdienstes und seine Aufteilung im Arbeitskreis für Fragen der Juristenausbildung noch nicht abgeschlossen.
4. *Zu § 7:* Der Antrag des Vertreters der Freien und Hansestadt Hamburg, auch die außerordentlichen Professoren der Rechte an einer Universität einzubeziehen, wird gegen die Stimme dieses Landes abgelehnt. – Die Anerkennung der Befähigung zum Richteramt für ordentliche Professoren der Rechte an einer Universität entspricht einer langen Tradition. Diese Tradition soll aufrecht erhalten bleiben. Es bedarf jedoch keiner Ausdehnung dieser Sonderregelung.
5. *Zu § 9:* a) Auf Antrag des Vertreters des Landes Bayern empfiehlt der UA bei Stimmenthaltung von Hamburg, Nordrhein-Westfalen und Rheinland-Pfalz, Abs. 1 erhält folgende Fassung: „(1) Zum Richter auf Lebenszeit darf nur ernannt werden, wer sich nach Erwerb der Befähigung zum Richteramt mindestens drei Jahre im Dienst als Richter, Staatsanwalt oder Vertreter des öffentlichen Interesses bewährt hat." *Begründung:* Die herkömmliche und bewährte Möglichkeit des Wechsels zwischen der Laufbahn des Richters und der Laufbahn des Staatsanwalts soll ungeschmälert gewahrt bleiben. Auch den Vertretern des öffentlichen Interesses bei den Verwaltungsgerichten soll diese Möglichkeit eröffnet werden.

   b) Für den Fall der Nichtannahme der Empfehlung unter a) schlägt der UA vor: In § 104 wird das Wort „drei" ersetzt durch das Wort „fünf". – *Begründung:* Erleichterung des Laufbahnwechsels für die bei Inkrafttreten des Gesetzes im Amt befindlichen Staatsanwälte.

   c) Der Antrag des Vertreters der Freien und Hansestadt Hamburg, in Abs. 2 die Worte „bis zu zwei Jahren" zu streichen, wird mit den Stimmen der Länder Berlin, Bayern, Bremen, Hessen, Niedersachsen, Nordrhein-Westfalen, Rheinland-Pfalz bei Stimmenthaltung von Baden-Württemberg *abgelehnt.* – Der UA widerspricht mit demselben Stimmenverhältnis der Empfehlung des UA des In-A zu § 9. *Begründung:* Da die Aufgaben der Rechtsprechung wesensverschieden von den Aufgaben des im § 9 Abs. 2 aufgeführten Personenkreises sind, kann für diesen auf eine Erprobung im richterlichen Dienst nicht verzichtet werden.
6. *Zu § 10:* Ein Antrag des Vertreters des Landes Berlin, die Worte „Bundesgesetz" bzw. „bundesgesetzlich" durch die Worte „Gesetz" bzw. „gesetzlich" zu ersetzen, wird nicht unterstützt.

7. *Zu § 11:* Dem Vorschlag des UA des In-A (vgl. unten S. 686) wird widersprochen. – Die im Entwurf vorgesehene Regelung erscheint zur Aufrechterhaltung des bewährten Wechsels zwischen den Laufbahnen des Richters und des Staatsanwalts dringend notwendig. Den Justizverwaltungen kann im Übrigen nicht zugemutet werden, schon bei der Einstellung eines Bewerbers zu entscheiden, ob dieser später als Richter oder als Staatsanwalt verwendet werden soll.
8. *Zu § 12:* § 12 erhält folgende Fassung: „*Verwendung eines Richters auf Probe.* Ein Richter auf Probe kann ohne seine Zustimmung nur bei einem Gericht, bei einer Behörde der Gerichtsverwaltung oder bei einer Staatsanwaltschaft verwendet werden." *Begründung:* Es handelt sich im Falle des § 12 nicht um eine Abordnung, sondern um die dienstliche Verwendung, da der Richter auf Probe noch kein Amt hat. – Auf Antrag des Vertreters von Nordrhein-Westfalen einstimmig angenommen.
9. *Zu § 13:* Eine Anregung des Landes Nordrhein-Westfalen, als zusätzliche Entlassungsmöglichkeiten in § 13 aufzunehmen a) Entlassung im Interesse der Rechtspflege, b) Entlassung wegen Veränderung in der Gerichtsorganisation, wird nur von Berlin unterstützt.
10. *Zu § 14:* a) Abs. 2 erhält folgende Fassung: „(2) Der Richter kraft Auftrags führt im Dienst die Amtsbezeichnung des wahrgenommenen Richteramts mit dem Zusatz „kraft Auftrags"." *Begründung:* In der Amtsbezeichnung soll zum Ausdruck kommen, dass der Richter nicht auf Lebenszeit, sondern Richter „kraft Auftrags" ist. - § 25 Abs. 1 Satz 2 des Entwurfs trifft lediglich eine Regelung über die Verwendung eines solchen Richters, nicht über seine Bezeichnung. Angenommen gegen die Stimmen der Länder Hessen und Niedersachsen bei Stimmenthaltung von Hamburg.

    b) Der Antrag des Vertreters der Freien und Hansestadt Hamburg, die Empfehlung des RA unter Ziff. 18 der BR-Drucks. Nr. 183/1/57 wieder aufzunehmen, wurde gegen die Stimmen von Baden-Württemberg, Bayern, Bremen und Hamburg abgelehnt.
11. *Zu § 16:* a) In Abs. 2 wird das Wort „Abordnung" ersetzt durch das Wort „Verwendung". *Begründung:* Folge des Vorschlags unter Nr. 8 (zu § 12).

    b) Der Empfehlung des UA des In-A, in Abs. 1 die Worte „zwei Jahre" durch die Worte „ein Jahr" zu ersetzen, wird widersprochen. *Begründung:* Die vorgeschlagene Verkürzung verstärkt die Möglichkeit, dass ein Richter kraft Auftrags entlassen werden muss, weil er noch nicht die nach § 9 erforderliche Bewährungszeit von drei Jahren abgeleistet hat.
12. *Zu § 17:* Der Empfehlung des UA des In-A auf Streichung des § 17 wird widersprochen. *Begründung:* Angesichts der durch das Grundgesetz geforderten Trennung von Richtern und Beamten ist es notwendig, die Form der Begründung des Richterverhältnisses im Richtergesetz zu regeln.

13. *Zu § 18:* § 18 wird gestrichen. – *Begründung:* Der BR hat bereits bei seiner Stellungnahme zum Entwurf einer Verwaltungsgerichtsordnung empfohlen, dessen § 15 Abs. 3 zu streichen mit der Begründung, dass es unter Berücksichtigung der Gleichwertigkeit der Gerichtszweige nicht gerechtfertigt erscheine, an die Richter eines bestimmten Gerichtszweiges höhere berufliche Anforderungen zu stellen als an die Richter der übrigen Gerichtszweige. Dieser Gesichtspunkt gilt für die Richter sämtlicher Gerichtszweige. Als Folge der Streichung des § 18 müssen alle Bestimmungen aufgehoben werden, die an den Richter außer der Befähigung zum Richteramt besondere zusätzliche Anforderungen hinsichtlich etwaiger Vortätigkeiten und beruflicher Kenntnisse stellen. Hieraus ergeben sich entsprechende Abänderungsvorschläge zu den §§ 84, 85, 86 und 87 (s. unten Ziff. 41–43).
14. *Zu § 19:* a) Ein Antrag des Vertreters des Landes Hessen auf Streichung des § 19 wegen Überschreitung der Rahmengesetzgebungsbefugnis wird nur von Bayern unterstützt.
    b) § 19 erhält die vom UA des In-A vorgeschlagene Fassung: „*Allgemeines Dienstalter.* Das allgemeine Dienstalter eines Richters bestimmt sich nach dem Tag, an dem ihm sein Richteramt oder ein anderes Amt mit mindestens dem gleichen Endgrundgehalt übertragen worden ist." *Begründung:* Redaktionelle Vereinfachung.
    c) Der Vertreter des Landes Nordrhein-Westfalen regt an, im weiteren Gang des Gesetzgebungsverfahrens zu prüfen, ob in den Überleitungsvorschriften – etwa als § 107 a – eine Bestimmung eingefügt werden sollte, nach welcher die für die Berechnung des allgemeinen Dienstalters getroffenen Sonderregelungen für Wiedergutmachungsfälle Personen nach dem Gesetz zu Art. 131 GG und für Kriegsdienstverzögerungen unberührt bleiben.
15. *Zu § 22:* Der UA empfiehlt auf den Antrag des Vertreters der Freien und Hansestadt Hamburg bei Stimmenthaltung von Berlin, Bayern und Hessen, in Abs. 1 folgenden Satz 2 anzufügen: „Sie wird über die Gerichte des Bundes von dem Bundesminister der Justiz, über die Gerichte der Länder von den Landesjustizverwaltungen ausgeübt." – *Begründung:* Verwirklichung der Forderung auf Schaffung eines Rechtsprechungsministeriums. Im Übrigen Ermöglichung einer entsprechenden Regelung auf der Landesebene. – Der *Vorsitzende* verweist hierzu auf die von ihm gegen eine derartige Regelung schon früher geäußerten verfassungsrechtlichen Bedenken (vgl. Niederschrift über die Sitzung des Unterausschusses am 27./28.6.1957 zu II Ziff. 5).
16. *Zu § 24:* a) Abs. 1 erhält folgende Fassung: „(1) Die Gerichte werden mit Richtern auf Lebenszeit besetzt; Richter auf Zeit, Richter auf Probe und Richter kraft Auftrags dürfen bei einem Gericht nur tätig werden, soweit ein Bundesgesetz dies zulässt." *Begründung:* Außer der Festlegung des Grundsatzes, dass die Gerichte mit Richtern auf Lebenszeit besetzt sind, soll – entsprechend der Empfehlung des UA des

In-A – klargestellt werden, dass die Verwendung ehrenamtlicher Beisitzer nicht durch § 24 Abs. 1 erfasst wird.

b) In Abs. 2 Satz 1 wird das Wort „darf" durch „kann" ersetzt. *Begründung:* Klarstellung dahin, dass die Einrichtung eines Gerichts nur dann vorliegt, wenn der Vorsitzende Richter ist. Nach der Fassung des Entwurfs würde der Mangel der Richtereigenschaft des Vorsitzenden die Eigenschaft der Einrichtung als Gericht nicht berühren, sondern nur zu einer unzulässigen Besetzung des Gerichts führen.

c) Der Antrag des Vertreters des Landes Baden-Württemberg, die Empfehlung des RA unter Ziff. II 4 c der BR-Drucks. Nr. 183/1/57 für § 24 Abs. 2 Satz 1 mit Ausnahme des Halbsatzes „die Standesgerichte der Rechtsanwälte und" zu wiederholen, wird gegen die Stimme dieses Landes bei Stimmenthaltung Bayerns abgelehnt.

17. *Zu § 25:* a) Auf Antrag des Vertreters des Landes Rheinland-Pfalz empfiehlt der UA einstimmig, Abs. 2 zu fassen wie folgt: „(2) Im ersten Jahr nach seiner Ernennung soll ein Richter auf Probe in der Regel nur an einem mit mehreren Richtern besetzten Gericht mitwirken." *Begründung:* Wahrung der durch § 349 ZPO (Aufgaben des Einzelrichters) eröffneten Möglichkeiten. Bloße Sollvorschrift, um die nicht ohne weiteres zu übersehenden Folgen des Verstoßes gegen eine Mussvorschrift zu vermeiden.

    b) Ein Antrag des Vertreters des Landes Nordrhein-Westfalen, Abs. 3 Satz 1 zu streichen, da ein dort vorgesehener Hundertsatz zu einer Verschlechterung der Stellenplanverhältnisse führen könnte, wird nicht unterstützt.

    c) Der UA widerspricht der Empfehlung des UA In-A auf Streichung des Abs. 3, da die Beschränkung der Verwendung von Hilfsrichtern aus rechtsstaatlichen Gründen geboten erscheint.

18. *Zu § 27:* a) Der UA empfiehlt einstimmig, das Wort „dauernd" zu streichen. *Begründung:* Eine dauernde Beeinträchtigung wird sich im Voraus nur selten mit Sicherheit feststellen lassen. Auch eine vorübergehende Beeinträchtigung von längerer Dauer kann eine Versetzung rechtfertigen. Im Falle einer dauernden Beeinträchtigung würde eine Versetzung in den einstweiligen Ruhestand (§ 27 Nr. 2) nicht ausreichen. Das Wort „dauernd" wird deshalb am besten gestrichen; die Vorschrift wird dadurch elastischer. Durch die Formulierung: „... so schwer beeinträchtigen, dass die Maßnahme im Interesse der Rechtspflege geboten ist" ist ohnehin gewährleistet, dass eine nur kurzfristige Beeinträchtigung keinesfalls für die Versetzung ausreicht.

    b) Es wird weiter empfohlen, Nr. 3 zu streichen. *Begründung:* Für eine Maßnahme im Interesse der Rechtspflege erscheint die Versetzung in den Ruhestand als zu weitgehend.

19. *Zu § 32:* Der UA tritt ausdrücklich der Empfehlung des UA In-A bei, eine neue Nr. 6 wie folgt einzufügen: „6. Verwirkung eines Grundrechts gemäß Art. 18 des Grundgesetzes." In Nr. 4 wäre dann hinter dem Wort „Ehrenrechte" ein Komma zu

setzen und das Wort „oder“ zu streichen; in Nr. 5 wäre hinter dem Wort „Ämter“ das Komma zu streichen und das Wort „oder“ einzufügen.

20. *Zu § 35:* Der UA empfiehlt, einstimmig folgende Fassung des Abs. 2 Satz 2: „Sie soll in der Regel nicht länger als drei Jahre dauern.“ *Begründung:* Eine elastischere Fassung erscheint aus Gründen der Praxis geboten; im Übrigen wird damit der sachliche Gehalt des Vorschlags des UA In-A zu § 35 übernommen.
21. *Zu § 36:* Der UA widerspricht der Empfehlung des UA In-A zu § 36 unter b) 7und c). – Der ethische und verfassungsrechtliche Gehalt der Richterpflichten wird nicht in einer allgemeinen Gesetzesbestimmung, sondern im Wortlaut des Richtereides umschrieben. Auf eine solche Umschreibung kann aber nicht verzichtet werden.
22. *Zu § 43.* Der UA empfiehlt auf Antrag des Vertreters des Landes Nordrhein-Westfalen gegen die Stimme von Hessen, in Abs. 2 die Worte „und gegen seinen Willen nur durch Entscheidung eines Gerichts“ zu streichen. *Begründung:* Da die Entlassungsgründe in den Verfahrensgesetzen festgelegt sind, kann auch die Regelung des Entlassungsverfahrens diesen Gesetzen überlassen bleiben.
23. *Zu § 45:* Dem Vorschlag des UA In-A, das Wort „entsprechend“ zu streichen, wird widersprochen. *Begründung:* Auf die Begründung zu Nr. II 1 wird verwiesen. Im Übrigen würden mehrere Regelungen des allgemeinen Beamtenrechts einer unmittelbaren Anwendung auf Richter nicht fähig sein oder zu einer fehlerhaften Rechtsanwendung führen (z.B. im Reisekostenrecht).
24. *Zu § 47:* In Abs. 1 sind die Worte „auf Lebenszeit“ zu streichen; dafür sind im 2. Halbsatz nach den Worten „die übrigen Richter“ die Worte „auf Lebenszeit“ einzufügen. *Begründung:* An den oberen Bundesgerichten sind nur Richter auf Lebenszeit tätig.
25. *Zu § 50:* Der UA regt an, in Abs. 2 Satz 1 an Stelle des Wortes „Truppengerichten“ das Wort „Truppendienstgerichten“ zu setzen. *Begründung:* Berichtigung eines Schreibversehens.
26. *Zu § 53:* Der UA tritt dem Vorschlag des UA In-A, in Abs. 2 hinter den Worten „mindestens ein“ die Worte einzufügen „vom Präsidium aus seiner Mitte gewählter“, aus den von diesem UA angeführten Gründen bei.
27. *Zu § 55:* Auf Antrag des Vertreters der Freien und Hansestadt Hamburg empfiehlt der UA bei Stimmenthaltung von Baden-Württemberg, Bremen und Saarland, Abs. 2 zu streichen. – *Begründung:* Die oberste Dienstbehörde ist schon nach den §§ 54, 55 Abs. 1 S. 1 verpflichtet, vor der Beschlussfassung des Richterwahlausschusses die Stellungnahme des Präsidialrates einzuholen. – Wenn eine Bestimmung dieses Inhalts für notwendig erachtet wird, so wäre sie nicht im Richtergesetz, sondern an anderer Stelle zu treffen.
28. *Zu § 60:* a) Abs. 2 Nr. 4 Buchstabe b) erhält folgende Fassung. „b) einer Verfügung, durch die ein Richter auf Probe oder kraft Auftrags entlassen, durch die seine Ernennung zurückgenommen oder die Nichtigkeit seiner Ernennung festgestellt oder

durch die er wegen Dienstunfähigkeit in den Ruhestand versetzt wird". – *Begründung:* Nach der Gestaltung des Entwurfs sind die Feststellung der Nichtigkeit und die Rücknahme der Ernennung in ihren Auswirkungen einer Entlassung gleich zu bewerten (vgl. S. 54 der Begründung). – Demgemäß sollte das Dienstgericht nicht nur über die Anfechtung der Entlassung, sondern auch über die Anfechtung der Rücknahme der Ernennung und über die Feststellung der Nichtigkeit der Ernennung eines Richters auf Probe oder kraft Auftrags befinden. – Dieselben Erwägungen gelten auch für die Versetzung in den Ruhestand wegen Dienstunfähigkeit.

b) In Abs. 1 Nr. 4 wird folgender neuer Buchstabe e) eingefügt: „e) der Abordnung eines Richters gemäß § 35 Abs. 3." *Begründung:* Auch für diese, die Unabhängigkeit des Richters möglicherweise betreffende Maßnahme, sollte die Nachprüfung durch das Dienstgericht vorgesehen werden.

c) Der Empfehlung des UA In-A, den Abs. 2 zu streichen, widerspricht der UA gegen die Stimmen von Bayern und Hessen bei Stimmenthaltung von Baden-Württemberg. – Verfassungsrechtlich bestehen nach Auffassung der Mehrheit des UA gegen diese Vorschrift im Hinblick auf Art. 74 Nr. 1 GG keine Bedenken. Vgl. auch § 127 des Beamtenrechtsrahmengesetzes.

29. *Zu § 66:* In Abs. 3 ist nach den Worten „a bis c" einzufügen „und e". *Begründung:* Folge der Empfehlung unter Nr. 28 b.

30. *Zu § 70:* a) Es wird folgender neuer Abs. 2 eingefügt: „(2) Soweit die unabhängige Stelle (§§ 61, 62 des Beamtenrechtsrahmengesetzes) für Angelegenheiten der Richter zuständig ist, müssen mindestens die Hälfte ihrer Mitglieder Richter sein." *Begründung:* Es erscheint angemessen, bei der Zusammensetzung der unabhängigen Stelle die Richter entsprechend zu berücksichtigen (Anpassung an § 46).

    b) Abs. 2 wird Abs. 3 und erhält folgende Fassung: „(3) Für die Richter im Landesdienst gelten §§ 123 bis 132 des Beamtenrechtsrahmengesetzes entsprechend, soweit dieses Gesetz nichts anderes bestimmt." *Begründung:* Klarstellung und Anpassung an die Fassung des § 45.

31. *Zu § 73:* Abs. 1 Satz 1 erhält folgende Fassung: „Für jeden Gerichtszweit kann ein Präsidialrat gebildet werden."

32. *Zu § 74:* Nach Abs. 1 wird als neuer Abs. 2 eingefügt: „(2) Sieht das Landesrecht die Bildung eines Präsidialrats nicht vor, so sind die in Abs. 1 vorgesehenen Aufgaben des Präsidialrats dem Richterrat zu übertragen." – Abs. 2 wird Abs. 3. – *Begründung zu Nr. 31 und 32:* Es erscheint unzweckmäßig, den Ländern die Errichtung von Richter- und Präsidialräten bindend vorzuschreiben. Es wird nicht in allen, besonders nicht in kleineren Ländern, ein Bedürfnis für beide Einrichtungen gegeben sein. Es sollte daher ermöglicht werden, den jeweiligen Bedürfnissen und den örtlichen Verhältnissen Rechnung zu tragen.

33. *Zu § 76:* a) In Abs. 2 Satz 3 wird das Wort „müssen" ersetzt durch das Wort „sollen". – *Begründung:* Berücksichtigung der personalschwachen Gerichtszweige.
b) Abs. 3 Satz 1 erhält folgende Fassung: „Die Mitglieder der Dienstgerichte werden von dem Präsidium eines Gerichts bestimmt." *Begründung:* Die nähere Ausgestaltung kann dem Landesrecht überlassen bleiben.
c) Eine Anregung des Vertreters des Landes Rheinland-Pfalz, in Abs. 3 Satz 2 die Worte „oder sein ständiger Vertreter" zu streichen, wird nur von Baden-Württemberg unterstützt.
d) Auf Antrag des Vertreters des Landes Niedersachsen empfiehlt der UA gegen die Stimmen von Bayern, Hessen und Nordrhein-Westfalen bei Stimmenthaltung von Bremen, nach Abs. 1 folgenden neuen Abs. 2 einzufügen: „(2) Die Dienstgerichte werden bei den ordentlichen Gerichten errichtet." – Die bisherigen Absätze 2 und 3 werden 3 und 4. – *Begründung:* Die nach dem Entwurf vorgesehene neue Einrichtung Der Dienstgerichtsbarkeit für Richter sollte in den Ländern zumindest insoweit einheitlich gestaltet sein, dass die Dienstgerichte bei den ordentlichen Gerichten zu errichten sind.
e) Der UA widerspricht der Empfehlung des UA In-A, den Abs. 1 wie folgt zu fassen: „In den Ländern können Dienstgerichte gebildet werden." *Begründung:* Eine einheitliche Regelung für die Länder scheint insoweit geboten.
f) Der UA widerspricht ferner der Empfehlung des UA In-A, die Absätze 2 und 3 zu streichen. *Begründung:* Die Bedenken wegen Überschreitung der Rahmengesetzgebungskompetenz des Bundes werden nicht geteilt.
34. *Zu § 77:* a) Zu Nr. 4 empfiehlt der UA die zu § 60 vorgeschlagene Fassung (vgl. oben Nr. 28 a und b).
b) der UA widerspricht der Empfehlung des UA In-A, die Eingangsworte wie folgt zu fassen: „Dem Dienstgericht kann die Entscheidung übertragen werden …". *Begründung:* Vgl. Begründung zu Nr. 33 e).
35. *Zu §§ 78 und 79:* Der UA widerspricht der Empfehlung des UA In-A, diese Paragraphen zu streichen (vgl. hierzu oben Nr. 28 c).
36. *Zu § 79:* Die von Bayern aufrecht erhaltenen Bedenken gegen diese Vorschrift (vgl. Niederschrift des UA des RA vom 27./28.6.1957 unter II Nr. 41 a) werden vom UA nicht geteilt.
37. *Zu § 80:* Der UA widerspricht der Empfehlung des UA In-A, diesen Paragraphen zu streichen. *Begründung:* Die Bedenken gegen diese Vorschrift werden nicht geteilt; vgl. oben Nr. 33 f).
38. *Nach § 81:* Ein Antrag des Vertreters des Landes Niedersachsen, hinter § 81 einen neuen Vierten Teil mit Vorschriften für Staatsanwälte einzufügen entsprechend der Anlage 3 zur Niederschrift des UA RA vom 27./28.6.1957, wird nicht unterstützt.

39. *Zu § 82:* a) Ein Antrag des Vertreters der Freien und Hansestadt Hamburg, Nr. 2 zu fassen wie folgt: „2. § 10 Abs. 2 erhält folgende Fassung: ‚(2) Bei Amtsgerichten, Landgerichten und Oberlandesgerichten können Richter kraft Auftrags, bei Amtsgerichten und Landgerichten auch Richter auf Probe verwendet werden.'", wird gegen die Stimmen von Baden-Württemberg, Hamburg und Nordrhein-Westfalen bei Stimmenthaltung von Bremen *abgelehnt.*
    b) Ein Antrag des Vertreters des Landes Rheinland-Pfalz, § 10 Abs. 1 GVG zu fassen wie folgt: „(1) Referendaren, die mindestens 12 Monate im juristischen Vorbereitungsdienst tätig sind, können im Einzelfall Geschäfte eines Rechtspflegers und die Erledigung von Rechtshilfeersuchen mit Ausnahme der Beeidigung übertragen werden.", wird gegen die Stimmen von Baden-Württemberg, Nordrhein-Westfalen und Rheinland-Pfalz *abgelehnt.* [...]
49. *Nach § 115:* a) Der UA empfiehlt mit den Stimmen von Baden-Württemberg, Bayern, Bremen, Hessen und Nordrhein-Westfalen gegen die Stimme von Niedersachsen bei Stimmenthaltung von Berlin, Hamburg und Rheinland-Pfalz, nach § 115 folgenden § 115 a einzufügen: *§ 115 a.* Zu dem Amt eines Staatsanwalts können nur zum Richteramt befähigte Personen ernannt werden." *Begründung:* Um der Aufgabe der Staatsanwaltschaft als Organ der Rechtspfleg Rechnung zu tragen, ist es abgesehen von der vollen Anrechnung der staatsanwaltlichen Tätigkeit bei der Ernennung zum Richter auf Lebenszeit (§ 9 Abs. 1, s. oben Ziff. 5 a) geboten, im vorliegenden Gesetzentwurf auch die Richteramtsbefähigung als Voraussetzung für das Amt des Staatsanwalts zu normieren (vgl. seither § 148 Abs. 2 GVG).
    b) Falls der Empfehlung unter a) nicht gefolgt wird, empfiehlt der UA mit den Stimmen von Berlin, Baden-Württemberg, Bayern und Bremen bei Stimmenthaltung von Hamburg, Hessen, Niedersachsen, Nordrhein-Westfalen und Rheinland-Pfalz folgende Fassung: „*§ 115 a.* Für die Staatsanwälte gelten die §§ 5, 6, 38, 39, 40 und 109 entsprechend."
50. Bei Stimmenthaltung von Rheinland-Pfalz und Hamburg schlägt der UA die Annahme folgender Entschließung vor: „Der Bundesrat empfiehlt bei der weiteren Behandlung des Entwurfs eines Deutschen Richtergesetzes vorzusehen, dass in Disziplinarsachen der Staatsanwälte die für die Richter zu bildenden Dienstgerichte entscheiden. Welche Änderungen und Ergänzungen der vorliegende Entwurf des Richtergesetzes bei Zuweisung der Entscheidung über Disziplinarsachen der Staatsanwälte an die für Richter vorgesehenen Dienstgerichte erfahren muss, muss noch geprüft werden."

*III. Zustimmungsbedürftigkeit:* Der Entwurf bedarf – wie in den Eingangsworten vorgesehen – der Zustimmung des Bundesrats gemäß Art. 84 Abs. 1 GG, da er an zahlreichen Stellen das Verwaltungsverfahren von Landesbehörden regelt. In Betracht kommen hier z.B. die Vorschriften über die Anerkennung von Prüfungen (§ 6), Ernennung durch Urkunde (§ 17), Aufgaben des Richterrats (§ 72), Aufgaben des Präsidialrats (§ 74).

## VII. *Ausführungen des Berichterstatters MinRat Dr. Schmitt-Urmann (Bayern) im Ausschuss für Innere Angelegenheiten zu dem Entwurf eines Richtergesetzes (5.3.1958)*

Beim Erlass eines Deutschen Richtergesetzes ist die grundsätzliche Frage des Verhältnisses zwischen Berufsrichtertum und Beamtentum zu klären. Die geschichtliche Entwicklung zeigt, dass diese beiden Begriffe eng und unlösbar verbunden sind.

Das große deutsche Reichsgesetz, das am Beginn der Neuzeit steht, die Peinliche Gerichtsordnung Kaiser Karls V. von 1532, schrieb den Richtern an zahlreichen Stellen bei schwierigen Tatbeständen vor, den Rat der Rechtsverständigen einzuholen. Damals bestand schon das mit gelehrten hauptberuflichen Richtern besetzte Reichskammergericht. Das allgemeine Richterbild aber, von dem die Peinliche Gerichtsordnung ausging, ist der nicht am Römischen Recht geschulte Richter, der oft gezwungen ist, die letzte Entscheidung den juristischen Fakultäten zu überlassen.

Diese Abhängigkeit der Rechtsprechung von den Fakultäten verschwand im Laufe des 17. Jahrhunderts im gleichen Maße, als die deutschen Staaten dazu übergingen, sich ein juristisch geschultes Berufsbeamtentum aufzubauen. Dieses Beamtentum übernahm neben den Aufgaben der Staatsverwaltung auch die Aufgaben der Rechtsprechung. das moderne Berufsrichtertum ist aus dem Beamtentum hervorgegangen, und es ist bis zum heutigen Tag ein Zweig des Beamtentums geblieben.

Die Anerkennung einer gesonderten Stellung der Richter innerhalb des Beamtentums nahm ihren Ausgangspunkt von Montesquieus Lehre von der Trennung der Gewalten. In der zweiten Hälfte des 18. Jahrhunderts, in der Zeit des aufgeklärten Absolutismus, setzte sich der Gedanke von der sachlichen Unabhängigkeit der Gerichte durch. In der ersten Hälfte des 19. Jahrhunderts folgte, Hand in Hand mit dem Übergang vom absoluten Staat zum modernen Verfassungs- und Rechtsstaat, die Erklärung der persönlichen Unabhängigkeit der Richter. Im Verlauf von vier Jahrzehnten, beginnend mit der Bayerischen Verfassung vom 1.5.1808 und endend mit dem Revolutions- und Verfassungsjahr 1848, setzte sich in ganz Deutschland neben der sachlichen auch die persönliche Unabhängigkeit der Richter durch. Diese Unabhängigkeit hat Generationen hindurch bestanden, ohne dass die Beamteneigenschaft der Richter bezweifelt wurde. So wurden in Bayern die Besonderheiten des Richtertums in einem Gesetz vom Jahre 1881 geregelt, das die bezeichnende Überschrift „Disziplinargesetz für richterliche Beamte" trug.

Der Gedanke, dass die Richter „Staatsdiener, aber nicht Staatsbeamte" seien, ist im Jahre 1911 bei Erörterungen innerhalb des Deutschen Richterbundes zur Sprache gekommen. Im Jahre 1933 forderte der Deutsche Richterbund, dass die Richter aus dem

Beamtentum herausgehoben werden sollten. Diese Forderung änderte nichts an der tragischen Schicksalsgemeinschaft des gesamten deutschen Beamtentums einschließlich des Richtertums in den folgenden Jahren. Diese Schicksalsgemeinschaft zeigte sich bei Hitlers Reichstagsrede vom 26. April 1942, in der er „die wohlerworbenen Rechte" der Beamten verhöhnte und zugleich mit diesen wohlerworbenen Rechten aller Staatsdiener auch die persönliche Unabhängigkeit der Richter beseitigte.

Das Grundgesetz hat, ebenso wie die Landesverfassung, die sachliche und persönliche Unabhängigkeit der Richter anerkannt. Es hat in Art. 98 Abs. 1 gefordert, dass die Rechtsstellung der Bundesrichter durch besonderes Gesetz zu regeln sei. In Art. 98 Abs. 3 hat es bestimmt, dass die Rechtsstellung der Richter in den Ländern besondere Landesgesetze zu regeln sei und dass der Bund Rahmenvorschriften erlassen könne. In Art. 96 Abs. 2 wurde gefordert, dass die Dienstverhältnisse der Richter an den oberen Bundesgerichten durch besonderes Gesetz zu regeln sind.

Das Grundgesetz spricht in Art. 60 Abs. 1 von Bundesrichtern und Bundesbeamten, in Art. 96 Abs. 3 in umgekehrter Reihenfolge von Bundesbeamten und Bundesrichtern, in Art. 132 Abs. 1 von Beamten und Richtern und in Art. 137 von „Beamten, Angestellten des öffentlichen Dienstes, Berufssoldaten, freiwilligen Soldaten auf Zeit und Richtern im Bund, in den Ländern und den Gemeinden". In Art. 33 Abs. 5 bestimmt das Grundgesetz, dass das Recht des öffentlichen Dienstes unter Berücksichtigung der hergebrachten Grundsätze des Berufsbeamtentums zu regeln ist.

Der Entwurf eines Deutschen Richtergesetzes legt das Grundgesetz so aus, dass die Richter außerhalb der Beamtenschaft eine eigene Gruppe innerhalb des öffentlichen Dienstes bilden. Eine entgegengesetzte Auslegung hat die Konferenz der Innenminister und Senatoren für Inneres der Bundesländer in Travemünde am 29.6.1955 zum Ausdruck gebracht. Sie sprach aus, „dass die Richter zwar Beamte mit besonderen Rechten und Pflichten sind, dass aber die Richter, genau wie die übrigen Beamten, unter Art. 33 Abs. 5 GG fallen, und ihre Rechtsverhältnisse daher nach den hergebrachten Grundsätzen des Berufsbeamtentums geregelt werden müssen". Mit Entschiedenheit wurde der Gedanke der Einheit des öffentlichen Dienstrechts betont.

Die Auffassung, dass die Richter zwar Beamte besonderer Art, aber gleichwohl Beamte sind, kann sich darauf stützen, dass in Art. 33 Abs. 5 GG die Begriffe des „öffentlichen Dienstes", zu dem unbestritten auch das Richtertum zählt, und des Berufsbeamtentums in einer solchen Art gemeinsam ausgesprochen werden, dass sich die Trennung vom Berufsbeamtentum und Richtertum schwer damit vereinbaren lässt. Dazu kommt, dass Beamtentum und Richtertum in ihrer geschichtlichen Entwicklung und in ihrem Wesen so eng miteinander zusammenhängen, dass eine völlige Loslösung gar nicht möglich ist. Die Auffassung ist deshalb berechtigt, dass das Grundgesetz mit der getrennten Erwähnung von Beamten und Richtern die Besonderheiten des Richtertums innerhalb der Beamtenschaft zum Ausdruck bringen wollte, ohne das Richtertum völlig vom Beamtentum zu trennen.

Der Unterausschuss des Bundesratsausschusses für Innere Angelegenheiten hat demgemäß vorgeschlagen, in § 2 des Entwurfs klarzustellen, dass die Richter Beamte besonderer Art sind und in § 45 nach den Worten "gelten die Vorschriften für Bundesbeamte“ das Wort „entsprechend“ zu streichen.

Neben dem Problem der Stellung der Richter innerhalb des öffentlichen Dienstes bedeutet die Forderung nach einheitlichen *Rechtsprechungsministerien* ein weiteres Grundsatzproblem. Diese Forderung ist von der Tagung des Anwaltsvereins 1954 bis zum Düsseldorfer Juristentag 1957 in verschiedenen Resolutionen vorgetragen worden. Gegen die Aufsicht der Justizministerien über die Verwaltungs- und Sozial-, die Finanz- und Arbeitsgerichtsbarkeit haben sich die Verwaltungsgerichtspräsidenten des Bundesgebietes auf ihrer Tagung vom 5.10.1956 gewandt.

Die Bundesregierung hat das Thema „Rechtsprechungsministerium“ im Entwurf eines Deutschen Richtergesetzes nicht angesprochen, wohl aber hat der Unterausschuss des Rechtsausschusses vorgeschlagen, in § 22 des Gesetzentwurfs eine Bestimmung einzufügen, nach der die Dienstaufsicht über die Gerichte des Bundes von dem Bundesminister der Justiz, über die Gerichte der Länder von den Landesjustizverwaltungen ausgeübt werden solle. Das würde, wie die Begründung dieses Vorschlages deutlich ausspricht, die Verwirklichung der Forderung auf Schaffung von Rechtsprechungsministerien bedeuten.

Gegen diesen Vorschlag sprechen verfassungsrechtliche Bedenken. Art. 96 Abs. 2 GG spricht im Zusammenhang mit den oberen Bundesgerichten von den „für das jeweilige Sachgebiet zuständigen“ Ministern. Ein einheitliches Rechtsprechungsministerium für die Bundesgerichte ist damit sinngemäß ausgeschlossen. Für die Rechtsstellung der Richter in den Ländern kann der Bund lediglich Rahmenvorschriften erlassen, nicht aber kann er einheitliche Rechtsprechungsministerien in den Ländern einführen. Es handelt sich dabei um eine organisatorische Angelegenheit, die ausschließlich den Ländern zusteht. Sachlich sprechen die geschichtliche Entwicklung, die Wesensverschiedenheit der einzelnen Gerichtszweige und die Notwendigkeit einer sachgerechten Personalpolitik gegen eine solche Lösung.

Die Vereinheitlichungsbestrebungen des Unterausschusses des Rechtsausschusses sprechen sich auch darin aus, dass er die Streichung des § 18 des Entwurfs empfohlen hat, nach dem für die Ernennung zum Richter durch Bundesgesetz für einzelne Gerichtszweige besondere Voraussetzungen geschaffen werden können.

Der Bund hat für die Rechtsstellung der Richter in den Ländern nur die rahmenrechtliche Gesetzgebungsbefugnis. Die Bundesregierung hat aber keine Zweigliederung des Gesetzentwurfs nach Richtern im Bundesdienst und Richtern im Landesdienst vorgenommen. Vielmehr hat sie den Bestimmungen über die Richter im Bundesdienst und den Rahmenbestimmungen über die Richter im Landesdienst einen Ersten Teil „Richteramt in Bund und Ländern" vorangestellt, dessen Vorschriften in Bund und Ländern unmittelbar gelten sollen und zu einem erheblichen Teil den Charakter von Bestimmungen über die Gerichtsverfassung haben. Im Unterausschuss des Bundesratsausschusses für Innere Angelegenheiten ist die Frage aufgeworfen worden, ob dieser Erste Teil des Gesetzentwurfs nicht auf die unmittelbaren Bestimmungen des jetzigen Zweiten Teils über die Richter im Bundesdienst und auf die Rahmenbestimmungen des jetzigen Dritten Teils über die Richter im Landesdienst umgegliedert werden sollte. Da sich hieraus eine weitgehende Umgestaltung des ganzen Gesetzentwurfs ergeben würde, hat der Unterausschuss zu dieser Frage nicht abschließend Stellung genommen.

An weiteren Grundsatzfragen sind für den Bundesratsausschuss für Innere Angelegenheiten von Bedeutung die Ausbildung für das Richteramt, die unter dem Gesichtspunkt der einheitlichen Ausbildung für Justiz und Verwaltung besonderes Gewicht gewinnt, die Anrechnung der Tätigkeit im öffentlichen Dienst auf die Bewährungsjahre für Richter auf Lebenszeit, die Einbeziehung der Staatsanwälte in das Richtergesetz, die Rechtsform des Richterdienstes als „Richter kraft Auftrags" und die Bildung von Präsidialräten und Dienstgerichten für die Richterschaft.

## VIII. *195. Sitzung des Rechtsausschusses des Bundesrats am 6.3.1958*

Der Berichterstatter *MinDirig. Prof. Dr. Gerner (Bayern)* berichtet über den seitherigen Gang des Gesetzgebungsverfahrens sowie über die Beratungen des vom RA eingesetzten UA am 21.2.1958. Die Vorschläge des RA zu dem in der 2. Wahlperiode des BT vorgelegten Gesetzentwurf seien in dem nun vorgelegten überarbeiteten Entwurf teilweise berücksichtigt worden.

Die Beratungen haben folgendes Ergebnis:

*I. Grundsatzfragen*

*1. Gesetzgebungszuständigkeit des Bundes*

*Der Berichterstatter* nimmt Bezug auf die früheren Erörterungen im UA RA vom 27./28.6.1957 und im RA. Die früher geäußerten Bedenken gegen die Gesetzgebungskompetenz des Bundes hinsichtlich der Regelung des allgemeinen Dienstalters seien im UA RA bei § 19 auch jetzt wieder von den Vertretern Hessens und Bayerns geltend gemacht worden. Diese Bedenken werden vom Berichterstatter aufrecht erhalten.

*Minister Dr. Ankermüller (Bayern)* tritt diesen Ausführungen bei und stellt den Antrag, § 19 wegen mangelnder Gesetzgebungskompetenz des Bundes zu streichen.

Dieser Antrag wird gegen die Stimmen der Vertreter Baden-Württembergs, Bayerns und Hessens *abgelehnt.*

Auch im Übrigen schließt sich der RA der Auffassung des UA RA an.

*2. Rechtsprechungsministerium*

*Der Berichterstatter* verweist auf dem Empfehlung des früheren UA RA zu § 7 Abs. 1 des ersten Entwurfs, die damals der RA nicht übernommen hatte. Damals hatte der UA RA zu § 7 Abs. 1 folgende Formulierung vorgeschlagen: „(1) Der Richter unterliegt einer Dienstaufsicht. Sie wird über die Gerichte des Bundes von dem Bundesminister der Justiz, über die Gerichte der Länder von den Landesjustizverwaltungen ausgeübt."

Gegen die jetzt vom UA RA vorgeschlagene Fassung des § 22 bestünden s.E. verfassungsrechtliche Bedenken, da eine Gesetzgebungszuständigkeit des Bundes dafür, die Dienstaufsicht auch für die Gerichte der Länder zu regeln, nicht bestehe. Wenn man eine Zuständigkeit des Bundes, in dieser Frage ein einfaches, also nicht verfassungsändernden Gesetz zu erlassen, überhaupt anerkennt, so könne diese Zuständigkeit doch nur für die Regelung der Dienstaufsicht über die Gerichte des Bundes bestehen. Unabhängig von dieser verfassungsrechtlichen Frage sei es nicht glücklich, das Richtergesetz mit der sehr umstrittenen Frage des Rechtsprechungsministeriums zu belasten. Er verweist hierzu auf die Erörterungen in der 153. Sitzung des RA vom 6.2.1958. Er schlägt vor, auch jetzt wieder ebenso zu verfahren, wie der RA in seiner Sitzung vom 11.7.1957, d.h., man sollte es bei der Regierungsvorlage belassen und von einer diesbezüglichen Empfehlung absehen. Wenn diese Empfehlung zu § 22 etwa in der BR-Sitzung abgelehnt werden sollte, so wäre der Sache des Rechtsprechungsministeriums ein viel schlechterer Dienst erwiesen, als wenn jetzt kein Vorschlag gemacht würde. – Wenn man dem Vorschlag des UA RA beitritt, so ergäben sich Folgerungen für die Fassung anderer Gesetze, nämlich für das AGG, die VwGO, das SGG und das Gesetz zur Neuordnung der Finanzgerichtsbarkeit.

*MD Roemer (BMJ)* spricht sich ebenfalls dafür aus, dem Antrag des UA RA zu § 22 Abs. 1 S. 2 nicht zu folgen. Im BMJ werde die Ansicht vertreten, dass es verfassungsrechtlich möglich sei, eine solche Vorschrift zu schaffen; in anderen Bundesressorts bestehe darüber teilweise eine entgegengesetzte Auffassung. Er ist aber entschieden der Ansicht, dass man das Richtergesetz nicht mit diesem Zankapfel belasten sollte. Die Frage werde im Übrigen im BT anlässlich der Behandlung des Antrags der FDP (BT-Drucks. 16) über die Vereinheitlichung der Rechtspflege erörtert werden.

*Staatssekr. Dr. Meyer-Albich (Niedersachsen)* ist der Ansicht, dass der BR hier keine verfassungsrechtlichen Bedenken erheben sollte. Der BR habe bereits beim Entwurf der VwGO eine Ergänzung dahin vorgeschlagen, dass die oberste Dienstaufsichtsbehörde von der Landesregierung bestimmt wird; er könne also heute in dieser Frage keine verfassungsrechtlichen Bedenken erheben. Beim Entwurf des Richtergesetzes sollte man dieser entscheidenden Frage nicht ausweichen. Das Problem werde im BT im Zusammenhang mit dem erwähnten Antrag der FDP ohnehin behandelt. Außerdem sei der Gesichtspunkt von entscheidender Bedeutung, dass die Zeit s.E. nicht für das einheitliche Rechtsprechungsministerium arbeitet. Das Problem sei reif, zur endgültigen Entscheidung gebracht zu werden. Wenn jetzt der RA als das zuständige Gremium einer

Entscheidung ausweicht, dann verlieren die Justizverwaltungen die Gefolgschaft derjenigen Stellen, die bislang die Bestrebungen auf Schaffung eines einheitlichen Rechtsprechungsministeriums unterstützt haben. Inhalt und Zweck des Richtergesetzes sei doch, die Dritte Gewalt zu stärken. Hierzu gehöre auch die Stärkung des Vertrauens in die Rechtspflege, und dazu gehöre wiederum die Einheitlichkeit der Dienstaufsicht über die Gerichte. Gerade das System der sogenannten „Hausgerichtsbarkeiten" werde mit Recht immer wieder in der Öffentlichkeit aufgegriffen. Hier Abhilfe zu schaffen, sei geradezu ein Anliegen des Richtergesetzes. Es sei nur konsequent, wenn der Auffassung, die in den Entschließungen verschiedener Justizministerkonferenzen immer wieder zum Ausdruck gebracht worden ist und die immer einheitlich war, nun auch Rechnung getragen würde. Wenn man die Frage immer wieder vertage, so gehe das Interesse an ihr schließlich verloren.

*RegDir. Dr. Rebmann (Baden-Württemberg)* ist der Ansicht, dass sich die Gesetzgebungskompetenz des Bundes für die vom UA RA vorgeschlagene Regelung aus Art. 74 Nr. 1 GG (Gerichtsverfassung) ergebe. Vorgänge in diesem Bereich seien bereits bei einigen Bundesgesetzen, z.B. beim AGG und SGG geschaffen worden; in beiden Gesetzen werde das Problem der Dienstaufsicht angesprochen und bundesgesetzlich geregelt. Bei der Abwägung der Bedeutung dieses Anliegens für die Rechtspflege einerseits und der taktischen Bedenken, die man haben könnte, andererseits, komme dem justizpolitischen Anliegen doch das größere Gewicht zu. Er spricht sich deshalb für den Vorschlag des UA RA aus.

*Senator Dr. Biermann-Ratjen (Hamburg)* tritt den Ausführungen von Staatssekr. Dr. Meyer-Albich in vollem Umfang bei. Gerade bei der Beratung des Richtergesetzes sollte die Frage des einheitlichen Rechtsprechungsministeriums behandelt werden. Wenn aufgrund des FDP-Antrags das Problem im BR doch diskutiert werde, sei nicht einzusehen, warum es nicht auch im BR diskutiert werden sollte. Der RA müsste doch einhellig dafür sein, dass diese Frage nunmehr gelöst wird und dass denjenigen Ländern, die bereits entsprechende Schritte unternommen haben, jetzt auch eine gewisse Unterstützung gegeben wird. Das gelte in erster Linie für Schleswig-Holstein, aber auch für Hamburg, wo bereits die Verwaltungsgerichte, das Seeamt und die Finanzgerichte der Justizverwaltung unterstellt worden sind.

*Minister Dr. Leverenz (Schleswig-Holstein)* ist ebenfalls der Ansicht, dass die Frage des einheitlichen Rechtsprechungsministeriums jetzt angegriffen werden müsse, wenn andernfalls der richtige Zeitpunkt nicht verpasst werden soll. Auch ist er der Ansicht, dass diese Frage zweckmäßiger beim vorliegenden Entwurf angeschnitten werden sollte als in einem besonderen Gesetzentwurf, wie ihn die FDP beim BT eingebracht hat.

*Senator Dr. Zander (Bremen)* ist der Ansicht, dass verfassungsrechtliche Bedenken gegen den Vorschlag des UA RA nicht bestünden. Für Bremen befürchte er, dass eine entsprechende Empfehlung des RA im Senat nicht gebilligt werde; auch in einigen anderen

Ländern werde die Situation ähnlich sein. Auch er sei besorgt, dass eine Ablehnung des Vorschlags des RA im BR der Sache mehr schaden als nützen könnte.

*Minister Becher* greift die Anregung von Senator Dr. Zander auf, bei den anwesenden Vertretern der Länder im Einzelnen festzustellen, wie sich die Kabinette der Länder voraussichtlich zur Frage des einheitlichen Rechtsprechungsministeriums stellen werden.

Nachdem die Vertreter der Länder sich zu dieser Frage geäußert haben, stellt *Minister Dr. Ankermüller* den Antrag, in § 22 Abs. 1 den neu anzufügenden Satz 2 wie folgt zu fassen: „Sie wird über die Gerichte des Bundes von dem Bundesminister der Justiz ausgeübt." Wenn auf der Bundesebene eine solche Regelung geschaffen würde, so würde das sicherlich auf die Länder ausstrahlen. Die verfassungsrechtlichen Bedenken Bayerns, von Bundes wegen auch eine entsprechende Regelung für die Gerichte der Länder zu normieren, würden durch diesen Vorschlag beseitigt.

*MR Reh (Hessen)* greift den in der früheren Sitzung des RA vom 11.7.1957 vom Vertreter Niedersachsen gemachten Vorschlag auf, wie folgt zu formulieren: „Für die Richter im Bundesdienst wird durch Bundesgesetz, für die Richter im Landesdienst durch Landesgesetz bestimmt, welche Stelle die Dienstaufsicht ausübt. Bis zum Erlass dieser Gesetze verbleibt es bei der bisherigen Zuständigkeit." Damit würde die Frage im Richtergesetz angesprochen und im ganzen gehalten. Es könnte dann der weiteren Rechtsentwicklung überlassen bleiben, ob der Bund eine gesetzliche Regelung im Sinne eines Rechtsprechungsministeriums für die Bundesgerichte trifft, den Ländern wäre die klare Kompetenz gegeben, für ihren Bereich eine Regelung im Sinne des Rechtsprechungsministeriums zu treffen. Die obige Fassung wird von MR Reh im Verlauf der Debatte dahin modifiziert, dass der letzte Satz wegbleiben kann.

*MD Roemer* bemerkt zu diesem Antrag, dass es nicht zweckmäßig wäre, dem Landesgesetzgeber völlig freie Hand in der Bestimmung der Dienstaufsicht über die Gerichte der Länder zu geben und damit die Rechtseinheit auf dem Gebiete der Arbeitsgerichtsbarkeit zu zerstören. Es müsse gerade hier mit dem stärksten Widerstand der Arbeitsressorts gerechnet werden. Dazu komme das weitere Bedenken, dass durch eine solche Regelung den Ländern, in denen zur Zeit durch bloßen Organisationserlass eine entsprechende Entscheidung getroffen werden kann, die Entscheidung nur erschwert würde. - Zu dem Vorschlag von Minister Dr. Ankermüller bemerkt er, dass es auf Bundesebene z.Zt. nicht durchsetzbar sei, dem BMA die Aufsicht über das Bundesarbeits- und das Bundessozialgericht bzw. dem BMI die Aufsicht über das Bundesverwaltungsgericht zu nehmen.

*MinDirig. Dr. Pötter* wendet ebenfalls gegen den Vorschlag von Minister Dr. Ankermüller ein, dass es nicht angehe, für die Gerichte des Bundes einen Vorschlag in Richtung auf das einheitliche Rechtsprechungsministerium zu machen, ohne für die Gerichte der Länder gleichzeitig eine parallele Regelung vorzuschlagen. Der RA sollte deshalb dem Vorschlag des UA RA, und zwar in der Fassung, wie er jetzt vorliegt, zustimmen.

Nach weiteren eingehenden Erörterungen ist der RA der Auffassung, dass weder der von Minister Dr. Ankermüller noch der von MR Reh oder andere im Verlauf der Debatte gemachte Formulierungsvorschläge weiterführen und deshalb die eindeutige Formulierung des UA RA zu § 22 Abs. 2 S. 2 (vgl. II Nr. 15 UA RA) zur Abstimmung gestellt werden soll.

Die Abstimmung zu dem Vorschlag des UA RA erfolgt getrennt nach dem 1. und 2. Halbsatz. Die Abstimmung hat folgendes Ergebnis: Der 1. Halbsatz wird einstimmig *gebilligt;* der 2. Halbsatz wird bei Stimmenthaltung der Vertreter Bayerns und Bremens ebenfalls *angenommen.*

*Minister Dr. Ankermüller* erklärt, dass er sich bei der Abstimmung über den 2. Halbsatz wegen der geäußerten verfassungsrechtlichen Bedenken der Stimme enthalten habe.

Die Begründung des UA RA ist wie folgt zu ergänzen: „Das Arbeitsgerichtsgesetz, die Verwaltungsgerichtsordnung, das Sozialgerichtsgesetz und das Gesetz zur Neuordnung der Finanzgerichtsbarkeit (vgl. §§ 84 bis 87 des Entwurfs) sind im weiteren Verlauf des Gesetzgebungsverfahrens entsprechend der vorgeschlagenen Ergänzung des § 22 Abs. 1 zu ändern, d.h. anzupassen."

3. Der Ausschuss tritt der Auffassung des *Berichterstatters* bei dass die Frage der Richterbesoldung im vorliegenden Entwurf nicht angesprochen werden soll.

*4. Einbeziehung der Staatsanwälte*

Der *Berichterstatter* berichtet zunächst über die Erörterungen im UA RA zu diesem Fragenkreis sowie über die nunmehr vom UA RA gemachten Einzelvorschläge zu den §§ 9, 104 und 115 a. Der UA RA habe die früheren Empfehlungen des RA aus dessen Sitzung vom 11.7.1957 wiederholt, soweit diese im vorliegenden Entwurf nicht berücksichtigt worden sind; andererseits sei er über die früheren Empfehlungen des RA auch nicht hinausgegangen.

a) *Anrechnung der Vordienstzeiten für Staatsanwälte:* Der *Berichterstatter* nimmt Bezug auf den Vorschlag des UA RA zu § 9 Abs. 1 und verweist in diesem Zusammenhang auf den Vorschlag des Deutschen Richterbundes zu § 116 a Abs. 2; die Änderungs- und Ergänzungsvorschläge des Deutschen Richterbundes zu dem Regierungsentwurf für ein Deutsches Richtergesetz vom 25.2.1958 wurden vom Büro des RA den Mitgliedern des UA am 3.3.1958 zugesandt.

Wenn letzterem Vorschlag gefolgt würde, so wäre wohl klar, dass § 116 a Abs. 1 lex specialis zu § 9 Abs. 1 wäre.

*Staatssekr. Dr. Meyer-Abich* greift nochmals den bereits im UA RA gestellten Antrag auf, nach § 81 einen neuen Vierten Teil mit Vorschriften für Staatsanwälte einzufügen. Dieser Antrag wird nur vom Vertreter des Saarlandes unterstützt.

*MR Reh* bemerkt zu dem vom Deutschen Richterbund vorgeschlagenen Abs. 2 des § 116 a, dass dieser in einem gewissen Widerspruch zu der vom UA RA vorgeschlagenen Streichung des § 18 stehe, weil bei Annahme des § 116 a Abs. 2 für die Richter der ordentlichen Gerichtsbarkeit insofern eine Sonderbestimmung geschaffen würde, als diese dann ohne weiteres aus dem Kreis der Staatsanwälte berufen werden könnten.

Der *Vertreter Hamburgs* wiederholt den im UA RA gestellten Antrag, in § 9 Abs. 2 die Worte „bis zu zwei Jahren" zu streichen, wodurch dann auch Abs. 3 als entbehrlich gestrichen werden könnte.

*MD Roemer (BMJ)* setzt sich für die Beibehaltung der Regierungsvorlage ein und betont, dass die Absätze 1 und 2 des § 9 untrennbar miteinander zusammenhängen. Hinsichtlich des Vorschlages des UA RA zu § 9 Abs. 1 sei zu besorgen, dass die vorgenommene Ausweitung Berufungen zur Folge hätte, und zwar letztlich für alle sonstigen höheren Beamten und auch für die Rechtsanwälte. – Der Vorschlag des Deutschen Richterbundes zu § 116 a Abs. 2 werde im Falle seiner Annahme sicherlich Berufungen anderer Ressorts nach sich ziehen, die für ihren Bereich ähnliche Privilegien beanspruchen würden, wie es hier für die Staatsanwälte geschehen soll.

Nach weiteren Erörterungen beschließt der Ausschuss bei Stimmenthaltung der Vertreter Berlins, Hamburgs, Hessens und des Saarlandes, den Vorschlag des Deutschen Richterbundes zu § 116 a Abs. 2 *zu übernehmen. Begründung:* Die herkömmliche und bewährte Möglichkeit des Wechsels zwischen der Laufbahn des Richters und der Laufbahn des Staatsanwaltes soll ungeschmälert bleiben.

Diese Vorschrift soll als Abs. 2 an den neuen § 115 a (siehe unten b) angefügt werden; der Vorschlag des UA RA zu § 9 Abs. 1 ist damit erledigt.

Zu dem Änderungsantrag des Vertreters Hamburgs zu § 9 Abs. 2 bemerkt *MR Reh,* dass mit dessen Annahme ein wesentliches Anliegen des Deutschen Richterbundes beseitigt würde, nämlich eine grundsätzliche Trennung zwischen Richtern und Beamten herbeizuführen; er äußert deshalb gegen diesen Antrag schwerwiegende Bedenken.

*Senator Dr. Zander* tritt diesen Ausführungen bei und hebt hervor, dass bei Annahme des Antrags Hamburgs und der daraus folgenden Beseitigung der einjährigen Bewährungszeit die Einrichtung des „Richters auf Probe" keinen Sinn mehr habe.

*MR Dr. Thunecke* bemerkt hierzu, dass auch dann, wenn dem Antrag Hamburgs entsprochen würde, für die Landesjustizverwaltungen trotzdem die Möglichkeit der Erprobung bleibe.

Der Antrag des Vertreters Hamburgs auf Änderung des § 9 und Streichung des § 9 Abs. 3 wird gegen die Stimmen der Vertreter Berlins, Hamburgs, Nordrhein-Westfalens, des Saarlandes und Schleswig-Holsteins bei Stimmenthaltung des Vertreters Baden-Württembergs (5:1:1) *abgelehnt.*

*Senator Dr. Biermann-Ratjen* stellt den Antrag, in § 9 Abs. 2 nach den Worten „zwei Jahren" die Worte „, in besonderen Ausnahmefällen bis zu drei Jahren" einzufügen und Abs. 3 zu streichen. – *Begründung:* Es muss in besonderen Fällen die Möglichkeit bestehen, eine Tätigkeit im öffentlichen Dienst bis zu drei Jahren (§ 9 Abs. 1) anzurechnen. Die Fassung der Regierungsvorlage würde es erheblich erschweren, bewährte

Beamte für den Übertritt in das Richteramt zu gewinnen. Abs. 3 wird durch die Neufassung des Abs. 2 überflüssig.

Dieser Antrag wird gegen die Stimmen der Vertreter der Länder Bayern, Bremen, Hessen, Niedersachsen und Rheinland-Pfalz *angenommen.*

Der Vorschlag des UA RA zu § 104 ist dadurch erledigt, da für die vorgeschlagene Änderung nunmehr kein Bedürfnis mehr besteht.

*b) Zu § 115 a: Staatssekr. Dr. Meyer-Abich* stellt den Antrag, zunächst den Vorschlag des UA RA unter II Nr. 49 b) UA RA zur Abstimmung zu stellen, da dieser Vorschlag weiter gehe als der unter Nr. 49 a).

*MR Roemer* (BMJ) spricht sich für die Beibehaltung der Regierungsvorlage aus und betont nochmals, dass nach Auffassung der Bundesregierung die Staatsanwälte nicht in das Richtergesetz gehörten. – Der Vorschlag des Deutschen Richterbundes zu § 116 a Abs. 1 gehe noch weiter als die Vorschläge des UA RA.

Auf Antrag von *Staatssekr. Dr. Meyer-Abich* beschließt der Ausschuss gegen die Stimmen der Vertreter der Länder Berlin, Bremen, Hessen, Nordrhein-Westfalen und Rheinland-Pfalz, den Vorschlag des UA RA unter II Nr. 49 b) *zu übernehmen. – Begründung:* Um der Aufgabe der Staatsanwaltschaft als Organ der Rechtspflege Rechnung zu tragen, ist es abgesehen von der Ermöglichung des Laufbahnwechsels (vgl. Abs. 2) geboten, im vorliegenden Gesetzentwurf auch die Richteramtsbefähigung als Voraussetzung für das Amt des Staatsanwaltes zu normieren. Es empfiehlt sich ferner, einige weitere für Richter geltende Vorschriften für die Staatsanwälte für entsprechend anwendbar zu erklären. – Die Vorschrift des § 148 Abs. 2 GVG kann dann in Zukunft wegfallen.

c) Der Ausschuss beschließt ferner, gegen die Stimmen der Vertreter der Länder Hamburg und Rheinland-Pfalz bei Stimmenthaltung des Vertreters Berlins, der vom UA RA vorgeschlagenen Entschließung unter II Nr. 50 UA RA *beizutreten.* [...]

## IX. *Vorlage des Rechtsausschusses vom 7.3.1958 für das Plenum des Bundesrates*

Der federführende Rechtsausschuss (R), der Ausschuss für Arbeit und Sozialpolitik (AS), der Finanzausschuss (Fz) und der Ausschuss für Innere Angelegenheiten (In) empfehlen dem Bundesrat, die nachstehende Stellungnahme gemäß Art. 76 Abs. 2 GG zu beschließen und im Übrigen keine Einwendungen zu erheben.

*1. Zu § 4 Abs. 2 Nr. 4 (R).* Die Norm ist wie folgt zu fassen: „4. Ausbildungs- und Prüfungsangelegenheiten". *Begründung:* Klarstellung, dass auch Aufgaben aus dem Bereich der Ausbildung der Referendare durch den Richter wahrgenommen werden können.

*2. Zu § 5 Abs. 1 (AS).* In § 5 Abs. 1 ist folgender Halbsatz anzufügen: „, soweit nicht ein Bundesgesetz etwas anderes bestimmt." *Begründung:* Zusammenhang mit Nr. 39 a) u. b),40 a, 44, 51. Nach den allgemein gemachten Erfahrungen hat sich die Institution des sog. Fachrichters bei den Arbeits- und Sozialgerichten durchaus bewährt und sollte als Ausnahmeregelung weiterhin beibehalten werden. Zu diesem Zweck erscheint es – unabhängig von den Vorschlägen zu den §§ 84, 86 und 107 des Entwurfs – notwendig, schon in § 5 Abs. 1 besonders zum Ausdruck zu bringen, dass die Befähigung zum Richteramt nur insoweit durch das Bestehen zweier Prüfungen erworben wird, als durch Bundesgesetz nichts anderes bestimmt ist.

Der Rechtsausschuss *widerspricht* diesem Vorschlag (R). *Begründung:* Der wesentliche Gedanke des Gesetzentwurfs, für alle Gerichte die gleiche Befähigung zum Richteramt einzuführen, muss erhalten bleiben. Der Entwurf geht zu Recht davon aus, dass alle Gerichte gleichwertig sind und die gleiche verfassungsrechtliche Aufgabe erfüllen; es müssen deshalb auch alle Richter die gleiche Vorbildung besitzen.

*3. Zu § 5 Abs. 3 (In):* a) In § 5 Abs. 3 Nr. 1 ist das Wort „vierundzwanzig“ durch das Wort „einundzwanzig“ zu ersetzen. – b) In § 5 Abd. 3 Nr. 3 ist das Wort „sechs“ durch das Wort „neun“ zu ersetzen. *Begründung:* An dem bewährten System, das die große juristische Staatsprüfung in gleicher Weise den Weg zum Richteramt und zum höheren Verwaltungsdienst eröffnen soll, ist festzuhalten. Um den Ausbildungsbedürfnissen für diese Tätigkeitsbereiche gerecht zu werden, ist die vorstehende Änderung geboten.

Der Rechtsausschuss *widerspricht* diesen Empfehlungen. *Begründung:* Die in Abs. 3 des Entwurfs vorgesehene Regelung sollte beibehalten werden. Dem Anliegen des Innenausschusses kann dadurch Rechnung getragen werden, dass die nach der Regierungsvorlage freibleibenden sechs Monate auch zum Dienst bei Verwaltungsbehörden verwendet werden können. Im Übrigen sind die Erörterungen über die Gesamtdauer des Vorbereitungsdienstes und seine Aufteilung im Arbeitskreis für Fragen der Juristenausbildung noch nicht abgeschlossen.

*4. Zu § 9 Abs. 2 und 3 (In, Fz):* a) in § 9 Abs. 2 sind die Worte „bis zu zwei Jahren“ und Abs. 3 zu streichen. *Begründung* (Zusammenhang mit Nr. 49): Es muss die Möglichkeit bestehen, eine Tätigkeit im öffentlichen Dienst in vollem Umfange anzurechnen. Eine beschränkte Anrechenbarkeit würde es erheblich erschweren, bewährte Beamte für den Übertritt in das Richteramt zu gewinnen. – Die Streichung des Abs. 3 folgt aus der Änderung des Abs. 2.

b) In § 9 Abs. 2 (R) sind nach den Worten „zwei Jahren“ die Worte „, in besonderen Ausnahmefällen bis zu drei Jahren,“ einzufügen und Abs. 3 zu streichen. – *Begründung:* Es muss in besonderen Fällen die Möglichkeit bestehen, eine Tätigkeit im öffentlichen Dienst bis zu drei Jahren (§ 9 Abs. 1) anzurechnen. Die Fassung der Regierungsvorlage würde es erheblich erschweren, bewährte Beamte für den Übertritt in das Richteramt zu gewinnen. – Abs. 3 wird durch die Neufassung des Abs. 2 überflüssig.

*5. Zu § 11 Abs. 1 und 2 (Fz):* a) in § 11 Abs. 1 sind die Worte „oder als Staatsanwalt“ und b) in § 11 Abs. 2 sind die Worte „oder unter Berufung in das Beamtenverhältnis auf

Lebenszeit zum Staatsanwalt zu ernennen" zu streichen. – *Begründung:* In § 11 soll nur die Laufbahn der Richter, nicht aber die der Staatsanwälte geregelt werden.

Der Rechtsausschuss *widerspricht* diesen Empfehlungen. – *Begründung:* Die im Entwurf vorgesehene Regelung erscheint zur Aufrechterhaltung des bewährten Wechsels zwischen den Laufbahnen des Richters und des Staatsanwalts dringend notwendig. Den Justizverwaltungen kann im Übrigen nicht zugemutet werden, schon bei der Einstellung eines Bewerbers zu entscheiden, ob dieser später als Richter oder als Staatsanwalt verwendet werden soll.

*6. Zu § 12 (R):* § 12 ist wie folgt zu fassen: „§ 12. Verwendung eines Richters au Probe. Ein Richter auf Probe kann ohne seine Zustimmung nur bei einem Gericht, bei einer Behörde der Gerichtsverwaltung oder bei einer Staatsanwaltschaft verwendet werden." Zusammenhang mit Nr. 9 b). *Begründung:* Es handelt sich im Falle des § 12 nicht um eine Abordnung, sondern um die dienstliche Verwendung, da der Richter auf Probe noch kein Amt hat.

*7. Zu § 14 Abs. 2 (R):* § 14 Abs. 2 ist wie folgt zu fassen: „(2) Der Richter kraft Auftrags führt im Dienst die Amtsbezeichnung des wahrgenommenen Richteramts mit dem Zusatz „kraft Auftrags"." *Begründung:* In der Amtsbezeichnung soll zum Ausdruck kommen, dass der Richter nicht Richter auf Lebenszeit, sondern Richter „kraft Auftrags" ist. - § 25 Abs. 1 Satz 2 des Entwurfs trifft lediglich eine Regelung über die Verwendung eines solchen Richters, nicht über seine Bezeichnung.

*8. Zu § 15 Abs. 3 (In, AS):* Dem § 15 ist folgender Abs. 3 anzufügen: „(3) Bleiben die dem Richter kraft Auftrags zustehenden Bezüge hinter den Dienstbezügen aus dem wahrgenommenen Richteramt zurück, so erhält er eine nicht ruhegehaltsfähige Zulage in Höhe des Unterschiedsbetrages." *Begründung:* Es ist nicht gerechtfertigt, den Richter kraft Auftrags nur nach seinem bisherigen Amt zu besolden und ihn damit besoldungsmäßig schlechter als andere Richter zu stellen.

Der Finanzausschuss *widerspricht* dieser Empfehlung. – *Begründung:* Der Beamte erhält eine Stellenzulage erst bei mehr als einjähriger Wahrnehmung der Obliegenheiten einer höherwertigen freien Planstelle. Nach dem Änderungsvorschlag zu § 16 soll die Dauer einer Bestellung zum Richter kraft Auftrags auf 1 Jahr begrenzt werden. Die Gewährung einer Stellenzulage an den Richter kraft Auftrages während dieses einen Jahres würde also eine nicht gerechtfertigte Besserstellung gegenüber dem Beamten bedeuten, der die Funktionen einer höherwertigen Planstelle 1 Jahr ohne besondere Honorierung wahrnehmen muss.

*9. Zu § 16 (In):* a) In § 16 Abs. 1 sind die Worte „zwei Jahre" durch die Worte „ein Jahr" zu ersetzen. – *Begründung:* Eine einjährige Probezeit dürfte bei einem Beamten auf Lebenszeit oder auf Zeit, der die Befähigung zum Richteramt besitzt, in der Regel genügen. Eine längere Blockierung einer Planstelle in der Verwaltung, auf welcher der Richter kraft Auftrags nach § 15 Abs. 1 weitergeführt werden muss, bedeutet zudem eine beträchtliche Erschwerung der Personalpolitik. Vgl. im Übrigen noch den Änderungsvorschlag zu § 9 Abs. 2.

Der Rechtsausschuss *widerspricht* dieser Empfehlung. *Begründung:* Die vorgeschlagene Verkürzung verstärkt die Möglichkeit, dass ein Richter kraft Auftrags entlassen werden muss, weil er noch nicht die nach § 9 erforderliche Bewährungszeit von drei Jahren abgeleistet hat.

b) In § 16 Abs. 2 ist das Wort „Abordnung" durch das Wort „Verwendung" zu ersetzen (R). *Begründung:* Folge des Vorschlags zu § 12.

*10. Zu § 18 (R):* § 18 ist zu streichen. – *Begründung:* Zusammenhang mit Nr. 41. Der BR hat bereits bei seiner Stellungnahme zum Entwurf einer Verwaltungsgerichtsordnung empfohlen, dessen § 15 Abs. 3 zu streichen mit der Begründung, dass es unter Berücksichtigung der Gleichwertigkeit der Gerichtszweige nicht gerechtfertigt erscheine, an die Richter eines bestimmten Gerichtszweiges höhere berufliche Anforderungen zu stellen als an die Richter der übrigen Gerichtszweige. Dieser Gesichtspunkt gilt für die Richter sämtlicher Gerichtszweige. Als Folge der Streichung des § 18 müssen alle Bestimmungen aufgehoben werden, die an den Richter außer der Befähigung zum Richteramt besondere zusätzliche Anforderungen hinsichtlich etwaiger Vortätigkeit und beruflicher Kenntnisse stellen. Demgemäß sind die §§ 84 bis 87 des Entwurfs entsprechend zu ändern.

Der Ausschuss für Arbeit und Sozialpolitik, der Ausschuss für Innere Angelegenheiten und der Finanzausschuss *widersprechen* dieser Empfehlung. – *Begründung des AS-Ausschusses:* Die bereits im Arbeitsgerichtsgesetz in einer Soll- bzw. Mussbestimmung vorgeschriebenen Fachkenntnisse werden für erforderlich gehalten. – *Begründung des InA:* Entsprechend den besonderen Aufgaben der Gerichtszweige fordern einzelne Gesetze bestimmte Vortätigkeiten und Kenntnisse von den Richtern:

a) Verwaltungsgerichtsbarkeit: § 15 Abs. 3, § 18 Abs. 1 Satz 2 Entw./VWGO,
b) Arbeitsgerichtsbarkeit: § 18 Abs. 3 Satz 1,§ 36 Abs. 1 Satz 3,§ 42 Abs. 2 ArbGG,
c) Sozialgerichtsbarkeit: § 6 Abs. 1 Satz 2 SGG,
d) Finanzgerichtsbarkeit: § 13 Abs. 3 Entw./FinGO.

*Begründung des FzA:* Nach § 13 Abs. 3 des Entwurfs eines Gesetzes zur Neuordnung der Finanzgerichtsbarkeit soll zum Finanzrichter nur ernannt werden, wer mindestens 4 Jahre lang auf steuerlichem Gebiete tätig gewesen ist. Der Bundesrat hat in seiner 186. Sitzung am 20. Dezember 1957 gegen diese Bestimmung keine Einwendungen erhoben. Im Hinblick auf die besonders geartete Tätigkeit, die die Richter der Finanzgerichte auszuüben haben, ist es aus sachlichen Gründen zwingend geboten, hier zusätzliche Anforderungen zu stellen. Die Richter müssen umfangreiche Kenntnisse auf steuerlichem Gebiet haben, die sie nur durch eine längere praktische Tätigkeit erwerben können.

*11. Zu § 19 (R, In):* § 19 ist wie folgt zu fassen: *„§ 19. Allgemeines Dienstalter".* Das allgemeine Dienstalter eines Richters bestimmt sich nach dem Tag, an dem ihm sein

Richteramt oder ein anderes Amt mit mindestens dem gleichen Endgrundgehalt übertragen worden ist.“ – *Begründung:* Redaktionelle Vereinfachung.

*12. Zu § 22 Abs. 1 Satz 2 (R):* An § 22 Abs. 1 ist folgender Satz 2 anzufügen: „Sie wird über die Gerichte des Bundes von dem Bundesminister der Justiz, über die Gerichte der Länder von den Landesjustizverwaltungen ausgeübt.“ – *Begründung:* Verwirklichung der Forderung auf Schaffung eines Rechtsprechungsministeriums. Im Übrigen Ermöglichung einer entsprechenden Regelung auf der Landesebene. Das Arbeitsgerichtsgesetz, die Verwaltungsgerichtsordnung, das Sozialgerichtsgesetz und das Gesetz zur Neuordnung der Finanzgerichtsbarkeit (vgl. §§ 84 bis 87 des Entwurfs) sind im weiteren Verlauf des Gesetzgebungsverfahrens entsprechend der vorgeschlagenen Ergänzung des § 22 Abs. 1 zu ändern, d.h. anzupassen.

Der Ausschuss für Arbeit und Sozialpolitik, der Ausschuss für Innere Angelegenheiten und der Finanzausschuss widersprechen dieser Empfehlung. – *Begründung des AS-Ausschusses:* Die Bestrebungen, die Dienstaufsicht über die Gerichte der Sozialgerichtsbarkeit und Arbeitsgerichtsbarkeit einem Rechtsprechungsministerium oder den Justizministerien zu übertragen, sind abzulehnen. Die überwiegende Mehrheit der Angehörigen beider Sozialpartner ist darin einig, dass zwingende Gründe für die Beibehaltung der gegenwärtigen Regelung sprechen, nach der diese Aufsicht von den für das Arbeits- und Sozialwesen zuständigen Ministerien zu führen ist. - Die für das Arbeits- und Sozialwesen zuständigen Minister und Senatoren stehen mit den Sozialpartnern in der ständigen und vertrauensvollen Zusammenarbeit, die Voraussetzung für eine reibungslose Durchführung der Dienstaufsicht ist. Durch die Übertragung der Dienstaufsicht auf andere Ressorts würde zudem weder eine Vereinfachung, eine Beschleunigung oder eine Verbilligung des Verfahrens noch eine Verbesserung der Rechtsprechung erreicht werden können. Ein Wechsel der Zuständigkeit für die Dienstaufsicht in den Ländern würde zur Folge haben, dass künftig die Zuständigkeit im Bund und in den Ländern nicht mehr die gleiche wäre. Sie würde darüber hinaus die günstige Entwicklung, die die Sozial- und Arbeitsgerichtsbarkeit nehmen, stören und damit das Vertrauen in diese Gerichtsbarkeiten beeinträchtigen können.

*Begründung des InA:* Gegen diesen Vorschlag sprechen verfassungsrechtliche Bedenken. Art. 96 Abs. 2 GG spricht im Zusammenhang mit den oberen Bundesgerichten von den „für das jeweilige Sachgebiet zuständigen“ Ministern. Ein einheitliches Rechtsprechungsministerium für die Bundesgerichte ist damit sinngemäß ausgeschlossen. Für die Rechtsstellung der Richter in den Ländern kann der Bund lediglich Rahmenvorschriften erlassen, nicht aber kann er einheitliche Rechtsprechungsministerien in den Ländern einführen. Es handelt sich dabei um eine organisatorische Angelegenheit, die ausschließlich den Ländern zusteht. Sachlich sprechen die geschichtliche Entwicklung, die Wesensverschiedenheit der einzelnen Gerichtszweige und die Notwendigkeit einer sachgerechten Personalpolitik gegen eine solche Lösung.

*Begründung des FzA:* Gegen den Vorschlag bestehen sowohl verfassungsrechtliche als auch, soweit er sich auf die Gerichte der Länder erstreckt, verfassungspolitische Bedenken. Regelungen über die Organisation und Behördenzuständigkeit müssen entsprechend der vom Bundesrat ständig vertretenen Auffassung den Ländern überlassen bleiben. Abgesehen davon besteht keine Notwendigkeit, die aufgeworfene Frage im Richtergesetz zu entscheiden.

*13. Zu § 24 (R, In):* a) § 24 Abs. 1 ist wie folgt zu fassen: „(1) Die Gerichte werden mit Richtern auf Lebenszeit besetzt; Richter auf Zeit, Richter auf Probe und Richter kraft Auftrags dürfen bei einem Gericht nur tätig werden, soweit ein Bundesgesetz dies zulässt.“ – *Begründung:* Außer der Festlegung des Grundgesetzes, dass die Gerichte mit Richtern auf Lebenszeit besetzt sind, soll klargestellt werden, dass die Verwendung ehrenamtlicher Beisitzer nicht durch § 24 Abs. 1 erfasst wird.

b) In § 24 Abs. 2 Satz 1 ist das Wort „darf“ durch das Wort „kann“ zu ersetzen (R). – *Begründung:* Klarstellung dahin, dass die Einrichtung eines Gerichts nur dann vorliegt, wenn der Vorsitzende Richter ist. Nach der Fassung des Entwurfs würde der Mangel der Richtereigenschaft des Vorsitzenden die Eigenschaft der Einrichtung als Gericht nicht berühren, sondern nur zu einer unzulässigen Besetzung des Gerichts führen.

*14. Zu § 25 Abs. 2 (Fz):* a) § 25 Abs. 2 ist zu streichen. – *Begründung* a) widerspricht b) und c): Absatz 2 ist zwar nur eine Sollvorschrift, dennoch bringt sie eine unerwünschte und vermeidbare Einengung der Justizverwaltung. Die Einschränkung der personalpolitischen Beweglichkeit der Verwaltung könnte zwingend zur Erhöhung der Zahl der Richterplanstellen führen.

b) § 25 Abs. 2 ist wie folgt zu fassen(R): „(2) Im ersten Jahr nach seiner Ernennung soll ein Richter auf Probe in der Regel nur in einem mit mehreren Richtern besetzten Gericht mitwirken.“ – *Begründung* b) und c) ergänzen sich: Wahrung der durch § 349 ZPO (Aufgaben des Einzelrichters) eröffneten Möglichkeiten.

c) In § 25 Abs. 2 ist folgender Halbsatz anzufügen(AS): „, soweit nicht ein Bundesgesetz etwas anderes bestimmt.“ – *Begründung:* Die Ergänzung trägt den besonderen Verhältnissen bei den Arbeits- und Sozialgerichten Rechnung.

*15. Zu § 25 Abs. 3 (Fz):* § 25 Abs. 3 ist zu streichen. –*Begründung* Zusammenhang mit Nr. 46 und 48: Die hier vorgeschriebenen Verhältniszahlen bewirken einen zu weitgehenden Eingriff in das Organisationsrecht der Länder. Dies ist durch die Besonderheit der Aufgaben der Richter nicht gerechtfertigt. - Der Rechtsausschuss *widerspricht* dieser Empfehlung. – *Begründung:* Die Beschränkung der Verwendung von Hilfsrichtern ist aus rechtsstaatlichen Gründen geboten.

*16. Zu § 27:* a) § 27 Nr. 3 ist zu streichen (In). *Begründung:* Für eine Maßnahme im Interesse der Rechtspflege erscheint die Versetzung in den Ruhestand als zu weitgehend.

Der Rechtsausschuss *widerspricht* dieser Empfehlung. – *Begründung:* In der Praxis kann es sich als notwendig erweisen, auch die Versetzung in den Ruhestand zu verfügen.

b) In § 27 am Ende ist das Wort „dauernd" zu streichen (R, AS). – *Begründung:* Eine dauernde Beeinträchtigung wird sich im Voraus nur selten mit Sicherheit feststellen lassen. Auch eine vorübergehende Beeinträchtigung von längerer Dauer kann eine Versetzung rechtfertigen. Im Falle einer dauernden Beeinträchtigung würde eine Versetzung in den einstweiligen Ruhestand (§ 27 Nr. 2) nicht ausreichen. Das Wort „dauernd" wird deshalb am besten gestrichen; die Vorschrift wird dadurch elastischer. Durch die Formulierung: „... so schwer beeinträchtigen, dass die Maßnahme im Interesse der Rechtspflege geboten ist" ist ohnehin gewährleistet, dass eine nur kurzfristige Beeinträchtigung keinesfalls für die Versetzung ausreicht.

*17. Zu § 32 Nr. 6 (neu) (R, In):* In § 32 ist folgende Nr. 6 einzufügen: „6. Verwirkung eines Grundrechts gemäß Art. 18 des Grundgesetzes."

In § 32 Nr. 4 ist das Wort „oder" durch ein Komma und in § 32 Nr. 5 das Komma durch das Wort „oder" zu ersetzen. – *Begründung:* Notwendige Ergänzung.

*18. Zu § 35 Abs. 2 Satz 2 (R, In):* § 35 Abs. 2 Satz 2 ist wie folgt zu fassen: „Sie soll in der Regel nicht länger als drei Jahre dauern." – *Begründung:* Eine elastischere Fassung erscheint aus Gründen der Praxis geboten.

Der Ausschuss für Arbeit und Sozialpolitik *widerspricht* dieser Empfehlung. – *Begründung:* Eine längere Abordnung als drei Jahre würde eine Entfremdung der Richter von der Gerichtsbarkeit zur Folge haben. Es besteht auch kein Bedürfnis für eine längere Abordnung.

*19. Zu § 35 Abs. 3 (AS):* In § 35 Abs. 3 sind die Worte „zwei Monate" durch die Worte „drei Monate" zu ersetzen. – *Begründung:* Im Interesse der Kontinuität der Rechtsprechung wird die Fristverlängerung für erforderlich gehalten.

*20. Zu § 36 Abs. 1 (R):* In § 36 Abs. 1 sind die Worte „in öffentlicher Sitzung eines Gerichts" zu streichen. – *Begründung:* Die Streichung ist erforderlich, um den in einzelnen Ländern überkommenen Brauch, die Eidesabnahme nicht vor Gericht, sondern in anderer Weise in feierlicher Form vorzunehmen, aufrechterhalten zu können.

*21. Zu § 40 Abs. 1 (In):* In § 40 Abs. 1 ist vor dem Wort „Rechtsgutachten" das Wort „außerdienstlich" einzufügen. – *Begründung:* Die Möglichkeit, dass Richter in dienstlichem Auftrag Rechtsgutachten erstatten dürfen, soll erhalten bleiben.

Der Ausschuss für Arbeit und Sozialpolitik *widerspricht* dieser Empfehlung. – *Begründung:* Es ist nicht Sinn der Regierungsvorlage, die dienstliche Erstattung von Rechtsgutachten nicht mehr vorzusehen, vielmehr soll die gutachtliche außerdienstliche Tätigkeit der Richter unterbunden werden. Der Ergänzungsvorschlag ist entbehrlich.

*22. Zu § 53 Abs. 2 Satz 1 (R, In):* In § 53 Abs. 2 Satz 1 sind nach den Worten „mindestens ein" die Worte „vom Präsidenten aus seiner Mitte gewählter" einzufügen. – *Begründung:*

Es soll erreicht werden, dass in Angelegenheiten der Truppendienstgerichte stets ein Mitglied eines Wehrdienstsenats dem Präsidialrat angehört.

*23. Zu § 55 Abs. 2 (R):* § 55 Abs. 2 ist zu streichen. – *Begründung:* Die oberste Dienstbehörde ist schon nach den §§ 54, 55 Abs. 1 S. 1 verpflichtet, vor der Beschlussfassung des Richterwahlausschusses die Stellungnahme des Präsidialrates einzuholen. – Wenn eine Bestimmung dieses Inhalts für notwendig erachtet wird, so wäre sie nicht im Richtergesetz, sondern an anderer Stelle zu treffen.

Der Ausschuss für Arbeit und Sozialpolitik *widerspricht* dieser Empfehlung. – *Begründung:* Die Regelung des Regierungsentwurfs erscheint im Interesse von Mitgliedern des Richterwahlausschusses, die sich in der Minderheit befinden, notwendig.

*24. Zu § 60 Abs. 1 Nr. 4 (R, AS):* a) § 60 Abs. 1 Nr. 4 Buchstabe b) ist wie folgt zu fassen: „b) einer Verfügung, durch die ein Richter auf Probe oder kraft Auftrags entlassen, durch die seine Ernennung zurückgenommen oder die Nichtigkeit seiner Ernennung festgestellt oder durch die er wegen Dienstunfähigkeit in den Ruhestand versetzt wird." – *Begründung:* Nach der Gestaltung des Entwurfs sind die Feststellung der Nichtigkeit und die Rücknahme der Ernennung in ihren Auswirkungen einer Entlassung gleich zu bewerten (vgl. S. 54 der Begründung zu dem Entwurf). Demgemäß sollte das Dienstgericht nicht nur über die Anfechtung der Entlassung, sondern auch über die Anfechtung der Rücknahme der Ernennung und über die Feststellung der Nichtigkeit der Ernennung eines Richters auf Probe oder kraft Auftrags befinden (Zusammenhang mit Nr. 35 a). – Dieselben Erwägungen gelten auch für die Versetzung in den Ruhestand wegen Dienstunfähigkeit.

b) In § 60 Abs. 1 Nr. 4 ist folgender neuer Buchstabe e) einzufügen (R): „e) der Abordnung eines Richters gemäß § 35 Abs. 3." – *Begründung* (Zusammenhang mit Nr. 26, 35 b): Auch für diese, die Unabhängigkeit des Richters möglicherweise betreffende Maßnahme, sollte die Nachprüfung durch das Dienstgerecht vorgesehen werden.

*25. Zu § 60 Abs. 2 (In, Fz):* § 60 Abs. 2 ist zu streichen. Zusammenhang mit Nr. 36. - *Begründung des In-A:* Die Zuweisung der Entscheidung über Revisionen gegen Urteile der Dienstgerichte der Länder an das Dienstgericht des Bundes ist verfassungsrechtlich unzulässig (vgl. Art. 96 Abs. 3 und Art. 99 GG).

Zusammenhang mit Nr. 33: *Begründung des Fz-A:* Der Vorschlag folgt aus der Streichung der §§ 76 bis 80.

Der Rechtsausschuss und der Ausschuss für Arbeit und Sozialpolitik *widersprechen* dieser Empfehlung.

*Begründung* des RA: Nach Auffassung des Rechtsausschusses bestehen gegen diese Vorschrift im Hinblick auf Art. 74 Nr. 1 GG keine verfassungsrechtlichen Bedenken; vgl. auch die entsprechende Regelung in § 127 des Beamtenrechtsrahmengesetzes.

*Begründung des AS-Ausschusses:* Der Streichungsvorschlag widerspricht dem bisherigen Arbeitsrecht und der neueren Bundesgesetzgebung.

*26. Zu § 66 Abs. 3 (R):* In § 66 Abs. 3 ist nach den Worten „Buchstaben a bis c" einzufügen „und e". *Begründung:* Folge der Empfehlung zu § 60 Abs. 1 Nr. 4 Buchst. e (neu).

*27. Zu § 70 Abs. 1 (Fz):* § 70 Abs. 1 ist wie folgt zu fassen: „(1) die Länder sind verpflichtet, die Rechtsverhältnisse der Richter auf der Grundlage der §§ 1 bis 120 des Beamtenrechtsrahmengesetzes zu regeln, soweit dieses Gesetz nichts anderes bestimmt." – *Begründung:* Abs. 1 Satz 2 enthält einen selbstverständlichen Grundsatz und ist daher entbehrlich. Satz 1 ist redaktionell der Fassung des § 45 anzupassen.

Der *Rechtsausschuss widerspricht* dieser Empfehlung. - *Begründung:* Die Bestimmung des Abs. 1 Satz 2 sollte nach Auffassung des RA erhalten bleiben; die Aufnahme einer Bestimmung, wonach die Länder bei ihrer Gesetzgebung auf die gemeinsamen Interessen von Bund und Ländern Rücksicht zu nehmen haben, erscheint zumindest zweckmäßig. – Durch die Miterwähnung der §§ 71 bis 81 in § 70 Abs. 1 des Entwurfs wird klargestellt, dass die §§ 71 bis 81 nur Anweisungen an den Landesgesetzgeber sind; dieser Passus muss deshalb erhalten bleiben.

*28. Zu § 70 Abs. 2 und 3:* a) In § 70 ist folgender neuer Abs. 2 einzufügen (R, AS): „(2) Soweit die unabhängige Stelle (§§ 61, 63 des Beamtenrechtsrahmengesetzes) für Angelegenheiten der Richter zuständig ist, müssen mindestens die Hälfte ihrer Mitglieder Richter sein." – *Begründung:* Es erscheint angemessen, bei der Zusammensetzung der unabhängigen Stelle die Richter entsprechend zu berücksichtigen (Anpassung an § 46).

b) Der bisherige Abs. 2 des § 70 wird Abs. 3 und ist wie folgt zu fassen (R): „(3) Für die Richter im Landesdienst gelten §§ 123 bis 132 des Beamtenrechtsrahmengesetzes entsprechend, soweit dieses Gesetz nichts anderes bestimmt." *Begründung:* Klarstellung und Anpassung an die Fassung des § 45.

*29. Zu § 73 Abs. 1 Satz 1 (R, In, AS):* § 73 Abs. 1 Satz 1 ist wie folgt zu fassen: „Für jeden Gerichtszweig kann ein Präsidialrat gebildet werden." (Zusammenhang mit Nr. 32). *Begründung:* Siehe unten zu § 74 Abs. 1 (neu).

*30. Zu § 73 (Fz):* § 73 ist wie folgt zu fassen (Zusammenhang mit Nr. 31): „§ 73. Bildung von Präsidialräten. Durch Gesetz kann für jeden Gerichtszweig ein Präsidialrat vorgeschrieben werden. Für mehrere Gerichtszweige, die derselben obersten Dienstbehörde unterstehen, kann ein gemeinsamer Präsidialrat gebildet werden. Die Aufgaben des Präsidialrates sind gesetzlich zu bestimmen." – *Begründung:* Siehe Begründung für die Streichung des § 74.

Der Rechtsausschuss *widerspricht* dieser Empfehlung. – *Begründung:* Vgl. unten zu § 74.

*31. Zu § 74 (Fz):* § 74 ist zu streichen. – *Begründung:* Die Vorschriften der §§ 73 und 74 sind weitgehend und in dieser Form durch die Rahmengesetzgebungszuständigkeit des Bundes nicht gedeckt. Es muss den Ländern freigestellt werden, ob sie neben dem gewählten Richterrat eine besondere Präsidialvertretung zum Zwecke einer Beteiligung bei der Ernennung eines Richters vorsehen wollen.

Der Rechtsausschuss *widerspricht* dieser Empfehlung. – *Begründung:* Die verfassungsrechtlichen Bedenken des Finanzausschusses hinsichtlich der Rahmengesetzgebungskompetenz des Bundes sind nach Auffassung des Rechtsausschusses nicht begründet.

*32. Zu § 74 (R, In, AS):* Nach § 74 Abs. 1 ist folgender neuer Abs. 2 einzufügen: „(2) Sieht das Landesrecht die Bildung eines Präsidialrats nicht vor, so sind die in Abs. 1 vorgesehenen Aufgaben des Präsidialrats dem Richterrat zu übertragen." – Der bisherige Abs. 2 wird Abs. 3. – *Begründung:* Es erscheint unzweckmäßig, den Ländern die Errichtung von Richter- und Präsidialräten bindend vorzuschreiben. Es wird nicht in allen, besonders nicht in kleineren Ländern, ein Bedürfnis für beide Einrichtungen gegeben sein. Es sollte daher ermöglicht werden, den jeweiligen Bedürfnissen und den örtlichen Verhältnissen Rechnung zu tragen. – Für den Fall, dass ein Präsidialrat nicht gebildet wird, sollten die für den Präsidialrat vorgesehenen Aufgaben dem Richterrat übertragen werden.

*33. Zu §§ 76 bis 80 (Fz):* Die §§ 76 bis 80 sind zu streichen. – *Begründung:* Ein Bedürfnis für die Errichtung einer eigenen Standesgerichtsbarkeit für Richter kann nicht anerkannt werden. In Disziplinarsachen der Richter entscheiden schon bisher besondere Dienststrafgerichte für Richter. Die sonstigen dienstrechtlichen Streitigkeiten können ohne Beeinträchtigung der richterlichen Unabhängigkeit in der Zuständigkeit der Verwaltungsgerichte verbleiben.

Der Rechtsausschuss *widerspricht* dieser Empfehlung. – *Begründung:* Die Einrichtung besonderer Dienstgerichte für Richter ist im Hinblick auf die besondere Stellung der Richter, insbesondere zur Wahrung ihrer Unabhängigkeit erforderlich. Durch die vom Finanzausschuss vorgeschlagene Streichung würde gerade eine der wesentlichsten Neuerungen des Entwurfs beseitigt.

*34. Zu § 76 (In):* a) § 76 Abs. 2 und 3 sind zu streichen. – *Begründung:* Die Vorschriften überschreiten die Rahmengesetzgebungskompetenz des Bundes, da sie einer Ausfüllung durch den Landesgesetzgeber nur bezüglich der untergeordneten Frage der Zahl der Beisitzer Raum lassen. Die Besetzung und nähere Einrichtung der Dienstgerichte muss auch aus verfassungspolitischen Gründen den Ländern überlassen bleiben.

Der Rechtsausschuss und der Ausschuss für Arbeit und Sozialpolitik *widersprechen* dieser Empfehlung. – *Begründung:* Die Bedenken wegen Überschreitung der Rahmengesetzgebungskompetenz des Bundes werden nicht geteilt.

b) Nach § 76 Abs. 1 ist folgender neuer Abs. 2 einzufügen (R): „(2) Die Dienstgerichte werden bei den ordentlichen Gerichten errichtet." – Die bisherigen Abs. 2 und 3 werden Abs. 3 und 4. – *Begründung:* Die nach dem Entwurf vorgesehene neue Einrichtung der Dienstgerichtsbarkeit für Richter sollte in den Ländern zumindest insoweit einheitlich gestaltet sein, dass die Dienstgerichte bei den ordentlichen Gerichten zu errichten sind.

c) In dem bisherigen Abs. 2 des § 76 ist in Satz 3 das Wort „müssen" durch das Wort „sollen" zu ersetzen (R). - *Begründung:* Berücksichtigung der personalschwachen Gerichtszweige.

d) In dem bisherigen Abs. 3 des § 76 ist Satz 1 wie folgt zu fassen (R): „Die Mitglieder der Dienstgerichte werden von dem Präsidium eines Gerichts bestimmt." – *Begründung:* Die nähere Ausgestaltung kann dem Landesrecht überlassen bleiben.

Der Ausschuss für Arbeit und Sozialpolitik *widerspricht* den Empfehlungen des Rechtsausschusses zu lit. b), c) und d).

*35. Zu § 77 Nr. 4:* a) § 77 Nr. 4 Buchstabe b) ist wie folgt zu fassen (R, AS): „b) einer Verfügung, durch die ein Richter auf Probe oder kraft Auftrags entlassen, durch die seine Ernennung zurückgenommen oder die Nichtigkeit seiner Ernennung festgestellt oder durch die er wegen Dienstunfähigkeit in den Ruhestand versetzt wird."

b) In § 77 Nr. 4 ist folgender neuer Buchstabe e) einzufügen (R): „e) der Abordnung eines Richters gemäß § 35 Abs. 3." – *Begründung zu a) und b):* Vgl. Begründung zu § 60 Abs. 1 Nr. 4 Buchstabe b) und e).

*36. Zu §§ 78 und 79 (In):* § 78 Abs. 2 und 3 sowie § 79 sind zu streichen. – *Begründung:* Vgl. Begründung zu § 60 Abs. 2

Der Rechtsausschuss und der Ausschuss für Arbeit und Sozialpolitik *widersprechen* dieser Empfehlung. – *Begründung:* Vgl. oben zu § 60 Abs. 2.

*37. Zu § 82 (R):* a) In § 82 Nr. 1 sind die Worte „und § 10 Abs. 1" zu streichen.

b) Nach § 82 Nr. 1 ist folgende Nr. 1 a einzufügen: „1 a. § 10 Abs. 1 erhält folgende Fassung: (1) Referendaren, die mindestens zwölf Monate im juristischen Vorbereitungsdienst tätig sind, kann im Einzelfall die Erledigung von Rechtshilfeersuchen mit Ausnahme der Beeidigung übertragen werden." - *Begründung:* Diese Regelung erscheint für die Ausbildung der Referendare zweckmäßig; sie hat sich in der Praxis bewährt. [...]

*39. Zu § 84: a) (AS):* § 84 Nr. 1 ist wie folgt zu fassen:

> „1. § 18 Abs. 3 Satz 2 erhält folgende Fassung: ‚Zum Vorsitzenden kann ernannt werden, wer die Fähigkeit zum Richteramt im Sinne des Deutschen Richtergesetzes besitzt oder wer sich durch längere, mindestens fünfjährige Tätigkeit in der Beratung arbeitsrechtlicher Angelegenheiten und in der Vertretung vor Arbeitsgerichten umfassende Kenntnisse und Erfahrungen im Arbeitsrecht erworben hat.'" – *Begründung:* Es bestehen erhebliche Bedenken dagegen, die erst im Jahre 1953 im Arbeitsgerichtsgesetz verankerte Möglichkeit, auch Nichtjuristen zu Vorsitzenden der Arbeitsgerichte zu bestellen, wieder zu beseitigen. Die bereits sehr eingeschränkte Möglichkeit des Arbeitsgerichtsgesetzes, qualifizierte Praktiker in erster Instanz zu Vorsitzenden zu bestellen, sollte beibehalten werden. Die vorgeschlagenen Änderungen von § 18 Abs. 3 Satz 2 AGG ergeben sich aus der Angleichung an das Richtergesetz.

b) (AS) In § 84 ist folgende *neue Nr. 2 a* einzufügen:

> „2 a. § 18 Abs. 5 und 6 wird aufgehoben." – Begründung: Die Änderung ist durch die Neufassung von § 84 Nr. 1 des Entwurfs bedingt.

Der Rechtsausschuss *widerspricht* diesen Empfehlungen. – *Begründung:* Vgl. oben zu § 5 Abs. 1.

c) (AS) § 84 Nr. 3 ist wie folgt zu fassen:
„3. § 18 Abs. 7 wird § 18 Abs. 5 und erhält folgende Fassung: ‚(5) Bei den Arbeitsgerichten können Richter auf Probe und Richter kraft Auftrags verwendet werden.'" – *Begründung:* 1. Es ist kein Grund ersichtlich, die Arbeitsgerichte hinsichtlich der Abordnung von Richtern anders zu behandeln als die übrigen Gerichte. § 18 Abs. 7 Satz 1 in der Fassung des Entwurfs ist daher zu streichen. – 2. Nach § 18 Abs. 7 Satz 2 in der Fassung des Entwurfs sollen bei den Arbeitsgerichten offenbar nur Richter auf Probe und Richter kraft Auftrags verwendet werden können, die aus anderen Gerichtsbarkeiten abgeordnet werden. Es besteht jedoch ein zwingendes Bedürfnis dafür, die Arbeitsgerichte hinsichtlich der Verwendung von Richtern auf Probe und von Richtern kraft Auftrags mit den übrigen Gerichten gleichzustellen. § 18 Abs. 7 (jetzt § 18 Abs. 5) wird daher dem § 10 Abs. 2 GVG in der Fassung des § 82 Nr. 2 des Entwurfs angepasst.

d) (AS, R) § 84 Nr. 4 ist wie folgt zu fassen:
„4. § 19 wird aufgehoben." – *Begründung:* Wenn, dem Vorschlag für die Neufassung des § 18 Abs. 7 (jetzt § 18 Abs. 5) entsprechend, bei den Arbeitsgerichten künftig auch Richter kraft Auftrags verwendet werden können, dann besteht kein Bedürfnis für eine Ernennung von Beamten zu Richtern auf Zeit. Damit erübrigt sich auch die in § 19 der Entwurfsfassung enthaltene Verweisung auf die §§ 14 Abs. 2 und 15 des Deutschen Richtergesetzes. § 19 AGG kann deshalb ersatzlos gestrichen werden.

*40. Zu § 86 a) (AS)* An die Stelle der bisherigen Nr. 2 treten die folgenden neuen Nummern 2 und 2 a:

„2. § 6 wird aufgehoben.

2 a. § 9 Abs. 2 erhält folgende Fassung: ‚(2) Zum Vorsitzenden kann ernannt werden, wer die Fähigkeit zum Richteramt im Sinne des Deutschen Richtergesetzes besitzt oder wer durch längere, mindestens fünfjährige Tätigkeit in der Beratung und Vertretung von Angelegenheiten auf den der Sozialgerichtsbarkeit zugewiesenen Gebieten umfassende Kenntnisse und Erfahrungen im Sozialrecht erworben hat.'" – *Begründung:* Wie in der Arbeitsgerichtsbarkeit sollte auch in der Sozialgerichtsbarkeit die erst im Jahre 1953 geschaffene Möglichkeit aufrechterhalten werden, bei den Gerichten erster Instanz der Sozialgerichtsbarkeit auch in der Praxis des Sozialrechts und -lebens erfahrene Persönlichkeiten als Berufsrichter zu verwenden.

Der Rechtsausschuss *widerspricht* dieser Empfehlung. – *Begründung:* Vgl. oben zu § 5 Abs. 1.

b) (AS) § 86 Nr. 3 ist wie folgt zu fassen: „§ 11 Abs. 3 erhält folgende Fassung: ‚(3) Bei den Sozialgerichten können Richter auf Probe und Richter kraft Auftrags verwendet werden.'" – *Begründung:* Es ist – ebenso wie bei der Arbeitsgerichtsbarkeit – kein Grund ersichtlich, weshalb bei den Sozialgerichten nur *abgeordnete* Richter sollten verwendet werden können. Nach der Begründung zu § 86 Nr. 3 ist auch eine Abweichung von der

Regelung des § 10 Abs. 2 GVG (§ 82 Nr. 2 dieses Entwurfs) nicht beabsichtigt, vielmehr lediglich anstelle einer Verweisung (vgl. § 11 Abs. 2 SGG in der jetzigen Fassung) eine selbständige Vorschrift vorgesehen. Deshalb müssen die Worte „als abgeordnete Richter" in der Neufassung von § 11 Abs. 3 SGG gestrichen werden.

c) (AS) In § 86 treten an die Stelle der bisherigen Nr. 4 die folgenden neuen Nummern 4 und 4 a: „4. § 24 Abs. 1 Satz 2 wird aufgehoben. 4 a. § 32 Abs. 2 erhält folgende Fassung: ‚(2) Bei den Landessozialgerichten können Richter kraft Auftrags verwendet werden; sie können jedoch nicht den Vorsitz führen.'" – *Begründung:* Es ist wünschenswert, dass ältere Beamte als Richter kraft Auftrags auch bei den Landessozialgerichten verwendet werden können. Sie sollen jedoch nur als Beisitzer tätig werden können.

d) (AS) § 86 Nr. 5 ist wie folgt zu fassen: „§ 5. § 210 Abs. 2 erhält folgende Fassung: ‚(2) Den Vorsitz in den Kammern auf Zeit kann ein Richter auf Probe oder kraft Auftrags führen. Den Vorsitz in den Senaten auf Zeit kann anstelle eines Senatspräsidenten ein anderer auf Lebenszeit ernannter Richter des Landessozialgerichts führen.'" – *Begründung:* Hinsichtlich der Streichung des Wortes „abgeordneter" in Satz 1 vgl. Begründung zu der Änderung von § 11 Abs. 3 SGG. – Durch die Änderung des Satzes 2 soll klargestellt werden, dass die aufgrund des neuen § 32 Abs. 2 SGG bei den Landessozialgerichten zugelassenen Richter kraft Auftrags auch in den Zeitsenaten vom Vorsitz ausgeschlossen sind.

*41. Zu § 87 Nr. 2 (R):* In § 87 Nr. 2 ist der letzte Satz zu streichen. – *Begründung:* Folge der Streichung des § 18. – Der Ausschuss für Innere Angelegenheiten und der Finanzausschuss *widersprechen* dieser Empfehlung. – *Begründung:* vgl. oben zu § 18.

*42. Zu § 97 (R):* § 97 ist wie folgt zu fassen: „*§ 97. Änderung der Bundesrechtsanwaltsordnung vom* … (BGBl. I S. …) wird wie folgt geändert:

1. § 4 erhält folgende Fassung: ‚§ 4. Befähigung zum Richteramt. Zur Rechtsanwaltschaft kann nur zugelassen werden, wer die Befähigung zum Richteramt nach dem Deutschen Richtergesetz erlangt hat.' 2. § 246 wird aufgehoben."

*43. Zu § 98 (R):* § 98 ist wie folgt zu fassen: „*§ 98. Änderung des Gesetzes über Maßnahmen auf dem Gebiet des Notarrechts.* 1. Art. 1 Nr. 1 § 3 erhält folgende Fassung: ‚§ 3. Zum Notar darf nur ein deutscher Staatsangehöriger bestellt werden, der die Befähigung zum Richteramt nach dem Deutschen Richtergesetz erlangt hat.' – 2. Art. 13 wird aufgehoben." – *Begründung zu Nr. 42 und 43:* Richtigstellung.

*44. Zu § 101 Abs. 2 (AS):* § 101 Abs. 2 ist zu streichen; Absatz 3 wird Absatz 2. – *Begründung:* Die Streichung ist durch die Änderungsvorschläge zu § 84 Nr. 1 (§ 18 Abs. 3 Satz 2 AGG) und zu § 86 Nr. 2 (§ 9 Abs. 2 SGG) bedingt. – Der Rechtsausschuss *widerspricht* dieser Empfehlung. – *Begründung:* Vgl. oben zu § 5 Abs. 1.

*45. Zu § 102 Abs. 1 (R):* In § 102 Abs. 1 Satz 1 sind nach den Worten „eines Richters" die Worte „oder eines Staatsanwalts" einzufügen. – *Begründung:* Notwendige Anpassung an § 11 des Entwurfs.

*46. Zu § 102 Abs. 4 (Fz):* § 102 Abs. 4 ist zu streichen. – *Begründung:* Der Vorschlag folgt aus der Streichung des § 25 Abs. 3.

*47. Zu § 103 Abs. 2 (Fz):* § 103 Abs. 2 ist zu streichen. – *Begründung:* Nach den derzeitigen Personalverhältnissen in Bayern ist eine derartige Vorschrift auch für eine Übergangszeit nicht mehr erforderlich.

*48. Zu § 103 Abs. 3 (Fz):* § 103 Abs. 3 ist zu streichen. – *Begründung:* Der Vorschlag folgt aus der Streichung des § 25 Abs. 3.

*49. Zu § 104 (In, Fz):* § 104 ist zu streichen. – *Begründung:* Der Vorschlag folgt aus der Änderung des § 9 Abs. 2.

*50. Zu § 106 (R):* In § 106 ist das Wort „Finanzgerichtsbarkeit" zu streichen. – *Begründung:* Die Streichung ist erforderlich, um einen Widerspruch zu dem Gesetz über Maßnahmen auf dem Gebiet der Finanzgerichtsbarkeit vom 22.10.1957 (BGBl. I S. 1746) auszuräumen.

*51. Zu § 107 (AS):* § 107 ist zu streichen. – *Begründung:* Die Streichung ergibt sich aus der Beibehaltung von Fachrichtern bei der Arbeits- und Sozialgerichtsbarkeit (§ 18 Abs. 3 Satz 2 AGG, § 9 Abs. 2 SGG). – Der Rechtsausschuss *widerspricht* dieser Empfehlung. – *Begründung:* Vgl. oben zu § 5 Abs. 1.

*52. Zu § 109 a (neu) (R):* Nach § 109 ist folgender neuer § 109 a einzufügen: „*§ 109 a. Allgemeines Dienstalter in besonderen Fällen.* Das allgemeine Dienstalter eines wiedergutmachungsberechtigten oder unter Art. 131 des Grundgesetzes fallenden Richters kann abweichend von § 19 festgesetzt werden." – *Begründung:* Notwendige Klarstellung.

*53. Zu §§ 115 a (neu) (R):* Nach § 115 ist folgender § 115 a (neu) einzufügen: „§ 115 a. (1) Für die Staatsanwälte gelten die §§ 5, 6, 38, 39, 40 und 109 entsprechend.

(2) Im Bereich der ordentlichen Justiz kann mit seinem Einverständnis ein Richter auf Lebenszeit zum Staatsanwalt auf Lebenszeit, ein Staatsanwalt auf Lebenszeit zum Richter auf Lebenszeit ernannt werden." – *Begründung:* Um der Aufgabe der Staatsanwaltschaft als Organ der Rechtspflege Rechnung zu tragen, ist es abgesehen von der Ermöglichung des Laufbahnwechsels (vgl. Abs. 2) geboten, im vorliegenden Gesetzentwurf auch die Richteramtsbefähigung als Voraussetzung für das Amt des Staatsanwaltes zu normieren. Es empfiehlt sich ferner, einige weitere für Richter geltende Vorschriften für die Staatsanwälte für entsprechend anwendbar zu erklären. – Die Vorschrift des § 148 Abs. 2 GVG kann dann in Zukunft wegfallen. – Die herkömmliche und bewährte Möglichkeit des Wechsels zwischen der Laufbahn des Richters und der Laufbahn des Staatsanwalts soll ungeschmälert erhalten bleiben.

*54.* Der *Rechtsausschuss* schlägt der Vollversammlung vor, folgende Entschließung zu fassen: „Der Bundesrat empfiehlt bei der weiteren Behandlung des Entwurfs eines Deutschen Richtergesetzes vorzusehen, dass in Disziplinarsachen der Staatsanwälte die für Richter zu bildenden Dienstgerichte entscheiden. Welche Änderungen und Ergänzungen der vorliegende Entwurf des Richtergesetzes bei Zuweisung der Entscheidung über Disziplinarsachen der Staatsanwälte an die für Richter vorgesehenen Dienstgerichte erfahren muss, muss noch geprüft werden."

## X. *Anträge der Länder zur Plenarberatung am 14.3.1958*

### 1. *Antrag des Landes Baden-Württemberg vom 12.3.1958*

Der Bundesrat wolle beschließen:

1. In § 5 Abs. 3 Satz 1 ist das Wort „dreieinhalb" zu ersetzen durch das Wort „drei";
2. in § 5 Abs. 3 Satz 2 ist das Wort „mindestens" zu streichen.

*Begründung:* In § 5 Abs. 2 ist die Mindestdauer des Studiums der Rechtswissenschaft von bisher drei Jahren (§ 2 Abs. 2 GVG) auf dreieinhalb Jahre erstreckt worden. Dies mag mit Rücksicht auf die Fülle des heutigen Studienstoffes gerechtfertigt sein. Es sollte jedoch verhindert werden, dass dadurch eine Verlängerung der Gesamtausbildung bis zur Ablegung der zweiten juristischen Staatsprüfung eintritt. Daher sollte die Mindestdauer des Vorbereitungsdienstes wieder auf drei Jahre beschränkt werden entsprechend der in der Justizausbildungsordnung vom 4. Januar 1939 (RGBl. I, S. 5) getroffenen Regelung. Durch Straffung des Ausbildungsplans bei den einzelnen Ausbildungsabschnitten kann in drei Jahren in jeder Hinsicht das Ziel des Vorbereitungsdienstes erreicht werden.

### 2. *Antrag des Landes Bayern vom 12.3.1958*

Der Bundesrat wolle gemäß Art. 76 Abs. 2 GG beschließen, zu dem vorbezeichneten Gesetzentwurf Folgendes vorzuschlagen:

I. Zu § 5 Abs. 2 und 3: Im weiteren Gang des Gesetzgebungsverfahrens soll geprüft werden, ob nicht anstelle der in § 5 Abs. 2 und 3 des Entwurfs vorgesehenen Regelung künftig das Studium der Rechtswissenschaft an einer Universität mindestens 4 Jahre und der Vorbereitungsdienst stattdessen nur 3 Jahre dauern und derart aufgestellt sein sollte, dass davon zu verwenden sind mindestens
   1. 21 Monate zum Dienst bei den ordentlichen Gerichten, Staatsanwaltschaften, Notaren und Rechtsanwälten,
   2. 6 Monate zum Dienst bei anderen Gerichten, davon 2 Monate bei Gerichten für Arbeitssachen,
   3. 9 Monate zum Dienst bei den Verwaltungsbehörden.

*Begründung:* Es erscheint angezeigt, die Mindestdauer des Studiums auf 8 Semester festzusetzen, um eine gründliche theoretische Ausbildung zu gewährleisten und daneben dem Studierenden auch die Möglichkeit zu geben, das studium generale intensiver als bisher zu betreiben. Bei gediegener wissenschaftlicher Schulung muss ein Vorbereitungsdienst von 3 Jahren genügen, um mit der praktischen Anwendung dieser Kenntnisse vertraut zu werden.

II. Falls die Empfehlung des Finanzausschusses auf Streichung der §§ 76 bis 80 (vgl. Ziff. 33 der BR-Drs. Nr. 40/1/58) keine Mehrheit findet:

1. § 78 erhält folgende Fassung: „- Rechtszug – (1) Das Verfahren vor den Dienstgerichten besteht aus mindestens zwei Rechtszügen.
   (2) Die Landesgesetzgebung kann die Revision an das Dienstgericht des Bundes vorsehen und dabei bestimmen, dass die Revision auch auf die Verletzung von Landesrecht gestützt werden kann."
2. § 79 wird gestrichen. - *Begründung:* Es ist mit der Personalhoheit der Länder nicht vereinbar, im Verfahren vor den Dienstgerichten durch Bundesgesetz als letzte Instanz ein Bundesgericht vorzuschreiben. Ferner kann den oberen Bundesgerichten die Entscheidung in Angelegenheiten, bei denen es sich um die Anwendung von Landesrecht handelt, gemäß Art. 99 GG nur durch Landesgesetz, nicht aber durch Bundesgesetz zugewiesen werden (vgl. hierzu auch die Erklärung des Landes Bayern zu § 130 des Beamtenrechtsrahmengesetzes, Sitzungsbericht über die 178. Sitzung des Bundesrats am 7. Juni 1957, S. 676 b).
3. *Antrag des Landes Schleswig-Holstein vom 12.3.1958*

Der Bundesrat möge beschließen: In *§ 19* – Allgemeines Dienstalter – erhält Satz 2 die folgende Fassung: „Das allgemeine Dienstalter eines Richters bestimmt sich nach dem Tage, an dem ihm sein Richteramt übertragen worden ist. Hat der Richter zuvor ein anderes Richteramt oder ein Amt in der Eingangsgruppe des höheren Verwaltungsdienstes bekleidet, so bestimmt sich das allgemeine Dienstalter nach dem Tage der Übertragung dieses Amtes."

*Begründung:* Die Dienstbezüge der Richter liegen im Hinblick auf ihre ungünstigen Beförderungsaussichten im Allgemeinen höher als diejenigen der Verwaltungsbeamten des höheren Dienstes mit einer gleich zu bewertenden Tätigkeit. So ist beispielsweise bei einem Amtsgerichtsrat das Endgrundgehalt ebenso hoch wie dasjenige des Oberregierungsrats. Die jetzige Fassung des § 19 Satz 2 führt dazu, dass die Beamten der Verwaltung, die bereits in einem Beförderungsamt stehen und zu einem Verwaltungsgericht, einem Finanzgericht oder Sozialgericht übertreten, gegenüber denen, die bereits Richter waren, schlechter gestellt sind.

Entsprechend der Gleichwertigkeit der Tätigkeiten in den Eingangs- und Beförderungsämtern der Verwaltung und der Justiz muss gefordert werden, dass auch hinsichtlich des allgemeinen Dienstalters keine Unterschiede gemacht werden. Die im Entwurf vorgesehene Regelung würde sich nicht nur zum Nachteil der aus der Verwaltung kommenden Richter auswirken, sondern auch den geeigneten Nachwuchs für die Verwaltungs-, Sozial- und Finanzgerichte in Frage stellen. § 19 jetziger Fassung liegt deshalb auch nicht im Interesse der Besetzung der Verwaltungs-, Finanz- und Sozialgerichte mit sachkundigen Persönlichkeiten aus der Verwaltung.

## XI. *Protokoll der Sitzung des Bundesrats vom 14.3.1958*

*Dr. Ankermüller (Bayern),* Berichterstatter: Herr Präsident! Meine Herren! Der vorliegende Entwurf eines Deutschen Richtergesetzes ist das Ergebnis langjähriger Beratungen und Vorarbeiten. Mit ihm soll in erster Linie ein Auftrag des Grundgesetzes vollzogen werden, welches bewusst zwischen Richtern und Beamten unterscheidet und für die Bundes- und Landesrichter besondere Richtergesetze fordert; dabei steht dem Bund für die Richter im Landesdienst die Rahmengesetzgebungskompetenz zu. Mit dem Entwurf soll aber weiter die seit Jahrzehnten erhobene Forderung der Richterschaft nach einem eigenen Richtergesetz erfüllt werden.

Der Entwurf gliedert sich in vier Teile. Grundlegende Vorschriften sind im ersten Teil, „Richteramt in Bund und Ländern", enthalten. Der zweite Teil umfasst die Vorschriften, welche für Richter im Bundesdienst gelten. Die in beiden Teilen enthaltenen Bestimmungen gelten in Bund und Ländern unmittelbar, also für alle Richter des Bundes und der Länder. Der dritte Teil enthält Rahmenvorschriften für die Regelung der Rechtsverhältnisse der Richter im Landesdienst, und zwar in der Form von Weisungen an den Landesgesetzgeber. Der vierte Teil endlich enthält die Übergangs- und Schlussvorschriften, insbesondere die Änderungen von Bundesrecht – vor allem des Gerichtsverfassungsgesetzes, des Arbeitsgerichtsgesetzes, des Sozialgerichtsgesetzes, des Bundesverfassungsgerichtsgesetzes, des Gesetzes über den Bundesrechnungshof, des Bundesbeamtengesetzes, der Bundesdisziplinarordnung und des Beamtenrechtsrahmengesetzes -, die durch den vorliegenden Entwurf notwendig werden.

Nach der amtlichen Begründung verfolgt der Entwurf zwei allgemeine Ziele, nämlich die *Ausgestaltung der Unabhängigkeit der Richter* und die *Entfaltung der Richterpersönlichkeit.* Die Unabhängigkeit ist dem Richter nicht als ein persönliches Privileg um seiner selbst willen verliehen; sie ist vielmehr ein entscheidendes Element des Rechtsstaates und zugleich des Richteramtes und dient dem Schutz des rechtsuchenden Publikums vor Willkür und unsachlichen Einflüssen. Eine grundlegende Reform des Richterstandes kann der Entwurf noch nicht anstreben; diese muss vielmehr der großen Justizreform vorbehalten bleiben.

Mit Ausnahme der §§ 43 und 44, in welchen die ehrenamtlichen Beisitzer und ihre Stellung als Organe der rechtsprechenden Gewalt angesprochen werden, befasst sich der Entwurf nur mit den Berufsrichtern. Er soll aber für alle Zweige der Gerichtsbarkeit gelten. Nur für die Richter des Bundesverfassungsgerichts sind in § 68 gewisse Einschränkungen gemacht. Für die Richter der Landesverfassungsgerichte bleibt es dem Landesgesetzgeber überlassen, zu bestimmen, inwieweit dieses Gesetz auch für sie gelten soll (§ 81).

Umstritten war in der Vorbehandlung des Entwurfs die Frage, ob und wieweit die Staatsanwälte in das Richtergesetz mit aufgenommen werden sollten; ich werde darauf bei den Grundsatzfragen noch zu sprechen kommen.

Der Entwurf des Richtergesetzes war dem Bundesrat bereits in der letzten Legislaturperiode des Bundestages zugestellt worden. In seiner 182. Sitzung am 6. September 1957 hat der Bundesrat beschlossen, von einer sachlichen Stellungnahme zu dem Entwurf abzusehen. Maßgebend für diesen Beschluss war die Erwägung, dass der Bundestag den Entwurf keinesfalls mehr vor Ablauf der Legislaturperiode behandeln werde.

Dagegen haben der Rechtsausschuss und der Ausschuss für Arbeit und Sozialpolitik des Bundesrats eine Reihe von Änderungsvorschlägen zu dem damaligen Regierungsentwurf vorgelegt, die zum Teil von der Bundesregierung in der Ihnen nunmehr vorliegenden Fassung des Entwurfs berücksichtigt worden sind.

Die Grundgedanken des Entwurfs lassen sich unter folgenden Gesichtspunkten zusammenfassen:

*Erstens.* Die sachliche Unabhängigkeit des Richters wird in § 20 als Grundsatz festgelegt. Empfehlungen und andere Einflussnahmen auf die Richter werden für unzulässig erklärt. Die Dienstaufsicht über die Richter, die bekanntlich eine empfindliche Nahtstelle der Unabhängigkeit ist, wird in § 22 geregelt. Bei der Beratung dieser Bestimmung in den Ausschüssen ist auch die Frage behandelt worden, von welchen Stellen die Dienstaufsicht über die Gerichte der verschiedenen Gerichtszweige ausgeübt werden soll. Hierzu wird seit Jahren in steigendem Maße von verschiedenen Seiten die Forderung erhoben, dass die Dienstaufsicht über sämtliche Gerichtszweige in einer Hand zusammengefasst und dem Justizminister übertragen wird. Ich darf in diesem Zusammenhang nur an die Beschlüsse der Justizministerkonferenz von 1955 und 1956, des Deutschen Anwaltstages von 1956 und des Deutschen Juristentages vom September 1957 erinnern.

Begründet wird diese Forderung vor allem damit, dass das Vertrauen des Staatsbürgers in die Unabhängigkeit eines Gerichts gefährdet sei, wenn dieses Gericht der Aufsicht eines Fachministers unterstehe und über die Verwaltungsakte der demselben Minister unterstehenden Verwaltungsbehörden Recht zu sprechen habe. Diese Bestrebungen sind es, die in der Forderung nach *Schaffung eines Rechtsprechungsministeriums* ihren Niederschlag gefunden haben. Dieses Verlangen bedeutet also keineswegs die Forderung nach einem allzuständigen Einheitsgericht, in welchem die historisch gewachsenen verschiedenen Zweige der Gerichtsbarkeit zusammengefasst werden sollen. - Die Entwicklung in Richtung auf ein Rechtsprechungsministerium ist seit geraumer Zeit in beständigem Fortschreiten. In einigen Ländern ist sie, soweit gesetzlich möglich, ganz oder teilweise bereits verwirklicht. Ich darf hier auf die Lage in Schleswig-Holstein, in Hamburg und im Saarland verweisen.

In folgerichtiger Fortführung dieser Entwicklung schlägt der Rechtsausschuss vor, in § 22 des Entwurfs eine Bestimmung einzufügen, wonach die Dienstaufsicht über die Gerichte des Bundes dem Bundesjustizminister, über die Gerichte der Länder den Landesjustizverwaltungen übertragen wird. Verfassungsrechtliche Bedenken hingegen sind nach der fast einhelligen Auffassung des Rechtsausschusses weder bezüglich einer Regelung für den Bund aus Art. 96 GG, noch bezüglich einer Regelung für die Länder aus der den Ländern verfassungsrechtlich zustehenden Organisationsgewalt zu erheben. In der letzten Frage bin ich persönlich, wie ich kurz bemerken darf, allerdings anderer Auffassung.

Zur Sicherung der richterlichen Unabhängigkeit sieht der Entwurf als Neuheit ein *besonderes gerichtliches Verfahren vor dem Dienstgericht* vor, wenn ein Richter geltend macht, durch die Dienstaufsicht in der Freiheit seiner Entscheidung beeinträchtigt zu sein.

*Zweitens.* Die gleiche Ausbildung für alle Richter ist ein weiterer Grundsatz des Entwurfs. Die Befähigung zum Richteramt wird in den §§ 5 ff. geregelt. Die Möglichkeit, in der Arbeits- und in der Sozialgerichtsbarkeit auch andere Personen, sogenannte Fachrichter, als Richter zu bestellen, soll künftig entfallen. Auch die Befähigung zum höheren Verwaltungsdienst, die bisher in einzelnen Zweigen der Gerichtsbarkeit als ausreichend angesehen wurde, soll in Zukunft nicht mehr genügen. Durch entsprechende Überleitungsvorschriften ist aber vorgesehen, dass die bereits im Amt befindlichen Richter nicht betroffen werden. Darüber hinaus können für eine Übergangszeit von zwei Jahren in der Arbeits- und in der Sozialgerichtsbarkeit als Fachrichter tätige Personen auch weiterhin zu Vorsitzenden bestellt werden.

Der *Grundsatz der Gleichwertigkeit aller Gerichtszweige* und der gleichen Vorbildung für alle Richter bestimmt den Rechtsausschuss auch zu seinem Vorschlag, den § 18 des Entwurfs zu streichen. Die dort vorgesehene Möglichkeit, durch Bundesgesetz für einzelne Gerichtszweige besondere Voraussetzungen für die Ernennung zum Richter vorzuschreiben, verträgt sich nicht mit dem Grundsatz des einheitlichen Richtertyps, von dem das Grundgesetz ersichtlich ausgeht.

Neu ist die Vorschrift des § 9, wonach zum Richter auf Lebenszeit grundsätzlich nur ernannt werden darf, wer vorher mindestens ein Jahr als Richter tätig war. Als Folge ihrer Unabhängigkeit tragen die Richter eine besondere, selbständige Verantwortung. Sie sollten deshalb auf Lebenszeit erst berufen werden, wenn sie Erfahrungen gesammelt und sich bewährt haben. Zu dieser Vorschrift schlagen die Ausschüsse allerdings zum Teil eine weitergehende Anrechnung von Dienstzeiten im öffentlichen Dienst vor.

*Drittens.* Auch die *Staatsanwälte* sind Organe der Rechtspflege, da sie aber nicht die persönliche und sachliche Unabhängigkeit des Richters genießen, sind sie nicht in den Entwurf einbezogen. Der Rechtsausschuss ist jedoch einmütig der Auffassung, dass eine gewisse Einbeziehung der Staatsanwälte in den Entwurf eines Richtergesetzes rechtspolitisch zwingend geboten ist. In der Strafrechtspflege wirken Gericht und Staatsanwaltschaft in ihren verschiedenen Aufgaben zusammen. Nach der geschichtlichen Entwicklung in Deutschland ist das Amt des Richters mit dem des Staatsanwaltes seit jeher eng verbunden. Der Staatsanwalt erfüllt auch richterähnliche Funktionen, z.B. bei der Einstellung eines Strafverfahrens. Soweit nicht die Besonderheit des Richteramtes im Wege steht, sollte daher der Staatsanwalt in das Richtergesetz einbezogen werden, weil nur dadurch die Erhaltung des von jeher üblichen Wechsels zwischen den Laufbahnen des Richters und des Staatsanwalts gesichert und damit auch die Gefahr gebannt wird, dass die Staatsanwaltschaft zu einer Behörde eines minderen Statuts gegenüber den Gerichten herabgedrückt wird. Eine gewisse *Erleichterung des Laufbahnwechsels* sieht der Entwurf zwar in den §§ 11 und 12 vor; dies genügt jedoch nicht, um das von mir gekennzeichnete rechtspolitische Anliegen zu verwirklichen. Der Rechtsausschuss schlägt daher vor, einen neuen § 115 a in den Entwurf aufzunehmen, in welchem für die Staatsanwälte als fachliche Voraussetzung ebenfalls die Befähigung zum Richteramt gefordert und in dessen Absatz 2 für den Bereich der ordentlichen Justiz der Laufbahnwechsel auch weiterhin ermöglicht wird.

Auch die weitere Empfehlung des Rechtsausschusses, im ferneren Gange des Gesetzgebungsverfahrens vorzusehen, dass für die Disziplinarsachen der Staatsanwälte die Dienstgerichte für Richter zuständig sein sollten, dient ebenfalls der Erleichterung des Laufbahnwechsels und soll ein Ausdruck der Verbundenheit des Amtes des Staatsanwalts als Organ der Rechtspflege mit dem Amt des Richters sein.

*Viertens.* Als Status des Richters kennt der Entwurf nur noch den Richter auf Lebenszeit, auf Zeit, auf Probe und kraft Auftrags. Die Einrichtung des Richters auf Widerruf, der jederzeit entlassen werden konnte, wird beseitigt. Aus rechtsstaatlichen Gründen wird die Zahl der Hilfsrichter (Richter auf Probe und Richter kraft Auftrags) auf eine Höchstquote beschränkt: bei Kollegialgerichten darf höchstens ein Hilfsrichter mitwirken; die Zahl der Hilfsrichter darf 20% der Richterplanstellen in jedem Gerichtszweig nicht überschreiten. Diese von der Regierungsvorlage vorgesehene Begrenzung hält der Rechtsausschuss aus rechtsstaatlichen Gründen und im Hinblick auf die zunehmend strenger werdende höchstrichterliche Rechtsprechung zur Frage der ordnungsmäßigen Besetzung der Gerichte für dringend geboten. Den Empfehlungen des Finanzausschusses, diese Begrenzung zu beseitigen, sollte man daher nicht folgen.

*Fünftens.* Die *richterliche Unvoreingenommenheit* soll durch besondere Vorschriften (§§ 37 ff.) gewährleistet werden. Insbesondere soll sich der Richter bei politischer Betätigung Zurückhaltung auferlegen; er darf zwar einer Partei angehören und kann für eine

Kandidatur im Wahlkampf beurlaubt werden; darüber hinaus darf er sich jedoch nicht parteipolitisch betätigen. Zurückhaltung soll jedoch auch in allen anderen Lebensbereichen geübt werden; es soll deshalb künftig nicht zugelassen werden, dass ein Richter außerdienstlich Rechtsgutachten erstattet oder dass er an einem Schiedsgericht teilnimmt, wenn er nur von einer Partei benannt ist.

*Sechstens.* Eine *Personalvertretung* war bisher für die Richter als einzige Angehörige des öffentlichen Dienstes noch nicht vorgesehen. Diesen vom Gesetzgeber ausgesparten Raum füllt der Entwurf aus und gewährt dem Richterrat in sozialen und allgemeinen Angelegenheiten die gleiche Beteiligung wie dem Personalrat. In Personalangelegenheiten erhalten die Richter weitergehende Befugnisse; im Bund und in den Ländern werden Präsidialräte gebildet, die vor der Ernennung oder Beförderung jedes Richters gutachtlich zu hören sind. Ein weitergehendes Mitwirkungsrecht, das vor allem vom Deutschen Richterbund gefordert wurde, wäre mit der Struktur der parlamentarischen Verantwortlichkeit des Ressortministers nicht zu vereinbaren. Die Abänderungsvorschläge, die zu den hier einschlägigen §§ 71 bis 74 vom Rechtsausschuss unterbreitet werden, beziehen sich vor allem darauf, dass mit Rücksicht auf die personalschwachen Gerichtszweige in kleineren Ländern eine zu starre Regelung in den Rahmenvorschriften des Bundes nicht angebracht ist. Soweit der Finanzausschuss und der Ausschuss für Innere Angelegenheiten darüber hinaus die Streichung dieser Vorschriften vorsehen, sollte man diesen Empfehlungen nicht folgen.

*Siebtens.* Die *Dienstgerichte* für Richter werden durch den Entwurf neu eingeführt für Disziplinarsachen und für alle Rechtsstreitigkeiten, die möglicherweise die Unabhängigkeit der Richter tangieren. Für die Richter im Bundesdienst wird als Dienstgericht ein besonderer Senat des Bundesgerichtshofs gebildet; in den Ländern sind Dienstgerichte für die Richter zu bilden. Der alte Grundsatz, dass die Disziplinarrichter – nunmehr die Dienstrichter – im Wege der Selbstverwaltung, d.h. vom Präsidium des Gerichts, bestimmt werden, wird in dem Entwurf wiederhergestellt. Der Empfehlung des Finanzausschusses, die Vorschriften über die Gerichtsbarkeit, nämlich die §§ 76 bis 80, zu streichen, bitte ich nicht zu folgen. Bei der Dienstgerichtsbarkeit handelt es sich nicht um die Schaffung einer eigenen Standgerichtsbarkeit für die Richter; die Einrichtung der Dienstgerichte ist vielmehr im Hinblick auf die besondere Stellung der Richter, insbesondere zur Wahrung ihrer Unabhängigkeit erforderlich. Durch die vom Finanzausschuss vorgeschlagene Streichung würde gerade eine der wesentlichsten Neuerungen des Entwurfs beseitigt.

*Achtens.* Die *Rechtseinheit in Richterrecht und Gerichtsverfassung* ist ein altes und berechtigtes Anliegen; sie soll durch den Entwurf gefördert werden. Dies geschieht dadurch, dass die allein noch zulässigen Typen des Richterverhältnisses für Bund und Länder einheitlich festgelegt werden, wobei insbesondere die Rechtsverhältnisse der Hilfsrichter eine eingehende Regelung im Sinne einer Sicherung ihrer Stellung erfahren. Auch die Pflichten der Richter werden bundeseinheitlich normiert. - Zur Erreichung dieses Zieles macht der Entwurf von beiden Kompetenzen des Bundes in Art. 74 Nr. 1 des Grundgesetzes – konkurrierende Gesetzgebungszuständigkeit für die Regelung des Gerichtsverfassungsrechts – und in Art. 98 Abs. 3 des Grundgesetzes – Rahmengesetzgebungskompetenz für die Regelung der Rechtsstellung der Richter in den Ländern – Gebrauch. Die Grenzen der Rahmengesetzgebungskompetenz sind dabei nach der Auffassung des Rechtsausschusses gewahrt.

*Neuntens.* Im Verhältnis zum Beamtenrecht muss das Dienstrecht der Richter mit Rücksicht auf ihre Stellung als Träger der rechtsprechenden Gewalt notwendig in gewisser Hinsicht abweichen. Die gemeinsamen Grundsätze, die herkömmlicherweise für alle öffentlich-rechtlichen Dienstverhältnisse gelten, sollen jedoch bestehen bleiben. Auch in Zukunft sollen die öffentlich-rechtlichen Dienstverhältnisse für Beamte, Richter und Soldaten eine Einheit innerhalb des öffentlichen Dienstes bilden. Subsidiär gelten deshalb auch für die Richter die allgemeinen beamtenrechtlichen Vorschriften.

Es gäbe noch eine Reihe von Einzelfragen, die der Erörterung würdig wären; jedoch würde das über den Rahmen eines solchen Berichts hinausgehen. Soweit ich die Vorschläge des Rechtsausschusses zu einzelnen Punkten nicht schon berührt habe, möchte ich hierfür auf die Ihnen vorliegende Drucks. 40/1/58 verweisen. Namens des Rechtsausschusses bitte ich Sie, sich diesen Vorschlägen anzuschließen.

Die Forderung des Grundgesetzes auf Schaffung besonderer Gesetze zur Regelung der Rechtsstellung der Richter in Bund und Ländern ist seit mehr als acht Jahren unerfüllt geblieben. Die dem Gesetzgeber vorschwebende Gestaltung des Rechtsstaates ist bis zur Schaffung dieser Richtergesetze zu einem guten Teil nicht verwirklicht. Ich möchte daher abschließend dem dringenden Wunsch und der zuversichtlichen Hoffnung Ausdruck geben, dass der vorliegende Entwurf zur Erreichung dieses Zieles nunmehr alsbald verabschiedet wird.

*Vizepräsident Dr. Seidel:* Ich danke dem Herrn Berichterstatter.

*Dr. Farny (Baden-Württemberg):* Herr Präsident! Meine Herren! Ich habe namens der Landesregierung von Baden-Württemberg zu dem Ergänzungsvorschlag des Rechtsausschusses zu § 22 Abs. 1 folgende *Erklärung* abzugeben. - Die Landesregierung von Baden-Württemberg bejaht die *Schaffung eines Rechtsprechungsministeriums.* Sie hat daher dem Landtag von Baden-Württemberg in dem Entwurf eines Gesetzes über die Zahl der Minister und die Geschäftsbereiche der Ministerien vorgeschlagen, die Dienstaufsicht über die Gerichte, soweit nicht bundesrechtlich etwas anderes bestimmt ist, dem Justizministerium zu übertragen. - Die Landesregierung lehnt jedoch den Antrag des Rechtsausschusses, an den § 22 Abs. 1 des Entwurfs einen Satz 2 anzufügen, ab, weil sie der Auffassung ist, dass es nicht notwendig und nicht zweckmäßig erscheint, die Entscheidung über die Schaffung eines Rechtsprechungsministeriums im Richtergesetz zu treffen, und weil auch verfassungsrechtliche Bedenken gegen den Vorschlag des Rechtsausschusses, soweit er sich auf die Gerichte der Länder erstreckt, wegen der

Überschreitung der Gesetzgebungskompetenz des Bundes geltend gemacht werden können. Sie würde aber eine in Bund und Ländern einheitliche alsbaldige Regelung begrüßen.

*Vizepräsident Dr. Seidel:* Das Haus hat diese Erklärung des Landes Baden-Württemberg zur Kenntnis genommen. – Weitere Wortmeldungen liegen nicht vor.

Wir können deshalb zur Abstimmung kommen. Es liegen vor die Drucks. 40/1/58 mit den Empfehlungen der Ausschüsse – es sind immerhin 54 Abänderungsvorschläge -, die Drucks. 40/2/58 mit einem Antrag des Landes Baden-Württemberg, die Drucks. 40/3/58 mit einem Antrag des Landes Bayern und die Drucks. 40/4/58 mit einem Antrag des Landes Schleswig-Holstein.

Ich beginne mit Ziff. 1, einer Empfehlung des Rechtsausschusses. Wer ihr zustimmen will, den bitte ich um das Handzeichen. – Das ist die Mehrheit; angenommen.

Dann kommen wir zu Ziff. 2. Ich darf darauf aufmerksam machen: wenn wir Ziff. 2 annehmen, dann werden wir wegen der engen Verbindung auch die Ziffern 39 a, 39 b, 40 a, 44 und 51, Empfehlungen des Ausschusses für Arbeit und Sozialpolitik, annehmen müssen. Allerdings widerspricht der Rechtsausschuss diesen Empfehlungen. Ich werde aber die genannten Ziffern im Einzelnen noch einmal aufrufen, damit kein Irrtum entsteht. Ziff. 2! – Abgelehnt.

Ich schiebe jetzt ein den Antrag des Landes Bayern mit einer Empfehlung unter I der Drucks. 40/3/58. – Abgelehnt!

Nachdem er abgelehnt ist, müssen wir über den Antrag des Landes Baden-Württemberg abstimmen, der allerdings fast das Gleiche zum Inhalt hat mit Ausnahme der Aufgliederung der drei Jahre Vorbereitungsdienstzeit auf die einzelnen Ausbildungsabschnitte. Ziff. 1! – Abgelehnt!

Ziff. 2! – Ebenfalls abgelehnt!

Wir müssen weiter abstimmen über Ziff. 3 a und Ziff. 3 b der Drucks. 40/1/58. – Beides abgelehnt! Es bleibt also bei der Regierungsvorlage.

Dann kommt Ziff. 4 a. – Abgelehnt!

Wir müssen deshalb über die Empfehlung des Rechtsausschusses, Ziff. 4 b, abstimmen. – Das ist auch abgelehnt. Es bleibt also bei der Regierungsvorlage.

Ich rufe auf Ziff. 5 a und Ziff. 5 b zusammen. – Abgelehnt!

Ziff. 6! – Angenommen!

Ich darf auf den Zusammenhang mit Ziff. 9 b hinweisen. Die Konsequenz ist, dass auch Ziff. 9 b angenommen werden muss. Ich lasse gleich darüber abstimmen. – Angenommen!

Ziff. 7 -, Ziff. 8! – Angenommen.

Ziff. 9 a! – Abgelehnt.

Über Ziff. 9 b wurde bereits abgestimmt, und zwar zustimmend.

Dann kämen die Empfehlungen unter Ziff. 10. – Abgelehnt!

Nun muss ich wohl den Antrag des Landes Schleswig-Holstein auf Drucks. 40/4/58 einschieben. Ich lasse abstimmen. – Angenommen!

Damit ist die Empfehlung des Rechts- und des Innenausschusses unter Ziff. 11 der Drucks. 40/1/58 erledigt.

Jetzt kommt Ziff. 12. – Bei Enthaltung des Landes Hessen abgelehnt!

Ziff. 13 a und b! – Angenommen!

Ziff. 14 a – Abgelehnt!

Ich muss also über die Ziffern 14 b und c abstimmen lassen. – Angenommen!

Ziff. 15! – Angenommen! Damit stehen auch die Ziffern 46 und 48 in Zusammenhang. Ich werde später noch einmal darauf hinweisen.

Ziff. 16 a! – Abgelehnt! Es bleibt bei der Regierungsvorlage.

Ziff. 16 b -, 17 -, 18 -, 19 -, 20 -, 21 -, 22 -, 23 -, 24 a! – Angenommen!

Ziff. 24 b! – Angenommen! Ich darf auf den Zusammenhang mit Ziff. 26 hinweisen.

Ziff. 25 steht im Zusammenhang mit den Streichungs- bzw. Änderungsvorschlägen zu den §§ 76 bis 80 unter Ziff. 33 bis 36 und wird deshalb am zweckmäßigsten zurückgestellt bis zur Entscheidung über diese Vorschriften.

Über Ziff. 26 wurde bereits bei der Abstimmung über Ziff. 24 b mit entschieden.

Ziff. 27! – Abgelehnt! Es bleibt bei der Regierungsvorlage.

Über Ziff. 28 a und b können wir gemeinsam abstimmen. – Angenommen!

Über Ziff. 29 und 32 stimmen wir wegen ihres Zusammenhangs gemeinsam ab. – Angenommen!

Damit ist die Empfehlung des Finanzausschusses unter Ziff. 30 und 31 erledigt.

Über Ziff. 32 ist schon entschieden worden.

Nunmehr kommen die vorhin zurückgestellte Ziff. 25 sowie Ziff. 33, Empfehlungen des Finanzausschusses. – Abgelehnt!

Infolgedessen müssen wir jetzt über Ziff. 34 a abstimmen. – Abgelehnt.

Ziff. 34 b! – Abgelehnt!

Ziff. 34 c! – Angenommen!

Ziff. 34 d! – Abgelehnt!

Wir kommen dann zu Nr. 35. – Angenommen!

Nun kommt die vorhin zurückgestellte Nr. 25 und die Nr. 36. – Abgelehnt!

Ich muss deshalb über den Eventualantrag des Landes Bayern unter II Nrn. 1, 2 der Drucks. 40/3/58 abstimmen lassen. – Auch abgelehnt!

Wir kommen zu Ziff. 37. - Ziff. 37 a! – Angenommen! - Ziff. 37 b! – Angenommen!

Dann Ziff. 38! – Angenommen!

Über die Ziff. 39 a und b wurde schon durch die Abstimmung über Ziff. entschieden; sie können als abgelehnt betrachtet werden.

Ziff. 39 c und d! – Angenommen!

Auch über Ziff. 40 a wurde durch die Ablehnung der Ziff. 2 mit entschieden.

Ziff. 40 b! – Angenommen! - Ziff. 40 c! – Angenommen!

Ziff. 40 d! – Ebenfalls angenommen!

Über Ziff. 41 wurde bereits bei Ziff. 10 mit entschieden.

Ziff. 42! – Angenommen!

Dann Ziff. 43! – Auch angenommen!

Über Ziff. 44 wurde bereits bei der Abstimmung zu Ziff. 2 mit entschieden.

Ziff. 45! – Angenommen!

Über Ziff. 46 wurde ebenfalls schon entschieden, und zwar bei der Abstimmung zu Ziff. 15.

Ziff. 47! – Angenommen!

Auch über Ziff. 48 wurde schon bei der Abstimmung zu Ziff. 15 mit entschieden.

Über Ziff. 49 wurde bereits bei der Abstimmung zu Ziff. 4 a mit entschieden.

Dann Ziff. 50! – Angenommen!

Über Ziff. 51 wurde ebenfalls bereits bei der Abstimmung zu Ziff. 2 mit entschieden.

Ziff. 52! – Angenommen! - Ziff. 53! – Angenommen!

Ziff. 54 betrifft den Entschließungsvorschlag des Rechtsausschusses. – Angenommen!

(von Hassel: Ich glaube, Herr Präsident, Sie haben nicht ganz richtig abgestimmt bei den Nrn. 25, 33 und 36; Sie verbanden miteinander 25 und 33, und Sie hätten verbinden müssen 25 und 36!)

- Beides! Aber wir können noch einmal abstimmen, wenn das Haus einverstanden ist. – Das ist der Fall.

Ich lasse noch einmal über Ziff. 33 abstimmen. – Das ist die Minderheit.

Wird sonst noch etwas beanstandet? – Das ist nicht der Fall.

Damit sind wir mit der Abstimmung zu Ende.

Dann hat der Bundesrat gemäß Art. 76 Abs. 2 GG *zu dem Entwurf eines Deutschen Richtergesetzes sie soeben angenommene Stellungnahme beschlossen. Im Übrigen* erhebt der Bundesrat gegen den Entwurf *keine Einwendungen.* Der Bundesrat ist der *Auffassung, dass das Gesetz,* wie auch bereits in den Eingangsworten vorgesehen, *seiner Zustimmung bedarf.*

## XII. *Stellungnahme des Bundesrates zu dem Entwurf eines Richtergesetzes*

1. *Zu § 4.* § 4 Abs. 2 Nr. 4 ist wie folgt zu fassen: „4. Ausbildungs- und Prüfungsangelegenheiten." – *Begründung:* Klarstellung, dass auch Aufgaben aus dem Bereich der Ausbildung der Referendare durch den Richter wahrgenommen werden können.
2. *Zu § 12.* § 12 ist wie folgt zu fassen: „*§ 12.* Verwendung eines Richters auf Probe. Ein Richter auf Probe kann ohne seine Zustimmung nur bei einem Gericht, bei einer Behörde der Gerichtsverwaltung oder bei einer Staatsanwaltschaft verwendet werden." – *Begründung:* Es handelt sich im Falle des § 12 nicht um eine Abordnung, sondern um die dienstliche Verwendung, da der Richter auf Probe noch kein Amt hat.

3. *Zu § 14.* § 14 Abs. 2 ist wie folgt zu fassen: „(2) Der Richter kraft Auftrags führt im Dienst die Amtsbezeichnung des wahrgenommenen Richteramts mit dem Zusatz „kraft Auftrags"." *Begründung:* In der Amtsbezeichnung soll zum Ausdruck kommen, dass der Richter nicht Richter auf Lebenszeit, sondern Richter „kraft Auftrags" ist. - § 25 Abs. 1 Satz 2 des Entwurfs trifft lediglich eine Regelung über die Verwendung eines solchen Richters, nicht über seine Bezeichnung.
4. *Zu § 15.* Dem § 15 ist folgender neuer Absatz 3 anzufügen: „(3) Bleiben die dem Richter kraft Auftrags zustehenden Bezüge hinter den Dienstbezügen aus dem wahrgenommenen Richteramt zurück, so erhält er eine nicht ruhegehaltsfähige Zulage in Höhe des Unterschiedsbetrages." – *Begründung:* Es ist nicht gerechtfertigt, den Richter kraft Auftrags nur nach seinem bisherigen Amt zu besolden und ihn damit besoldungsmäßig schlechter als andere Richter zu stellen.
5. *Zu § 16.* In § 16 Abs. 2 ist das Wort „Abordnung" durch das Wort „Verwendung" zu ersetzen. – *Begründung:* Folge des Vorschlags zu § 12.
6. *Zu § 19.* § 19 Satz 2 ist wie folgt zu fassen: „Hat der Richter zuvor ein anderes Richteramt oder ein Amt in der Eingangsgruppe des höheren Verwaltungsdienstes bekleidet, so bestimmt sich das allgemeine Dienstalter nach dem Tage der Übertragung dieses Amtes." – *Begründung:* Die Dienstbezüge der Richter liegen im Hinblick auf ihre ungünstigen Beförderungsaussichten im Allgemeinen höher als diejenigen der Verwaltungsbeamten des höheren Dienstes mit einer gleich zu bewertenden Tätigkeit. So ist beispielsweise bei einem Amtsgerichtsrat das Endgrundgehalt ebenso hoch wie dasjenige des Oberregierungsrats. Die jetzige Fassung des § 19 Satz 2 führt dazu, dass die Beamten der Verwaltung, die bereits in einem Beförderungsamt stehen und zu einem Verwaltungsgericht, einem Finanzgericht oder Sozialgericht übertreten, gegenüber denen, die bereits Richter waren, schlechter gestellt sind. - Entsprechend der Gleichwertigkeit der Tätigkeiten in den Eingangs- und Beförderungsämtern der Verwaltung und der Justiz muss gefordert werden, dass auch hinsichtlich des allgemeinen Dienstalters keine Unterschiede gemacht werden. Die im Entwurf vorgesehene Regelung würde sich nicht nur zum Nachteil der aus der Verwaltung kommenden Richter auswirken, sondern auch den geeigneten Nachwuchs für die Verwaltungs-, Sozial- und Finanzgerichte in Frage stellen. § 19 jetziger Fassung liegt deshalb auch nicht im Interesse der Besetzung der Verwaltungs-, Finanz- und Sozialgerichte mit sachkundigen Persönlichkeiten aus der Verwaltung.
7. *Zu § 24.* a) § 24 Abs. 1 ist wie folgt zu fassen: „(1) Die Gerichte werden mit Richtern auf Lebenszeit besetzt; Richter auf Zeit, Richter auf Probe und Richter kraft Auftrags dürfen bei einem Gericht nur tätig werden, soweit ein Bundesgesetz dies zulässt." – *Begründung:* Außer der Festlegung des Grundsatzes, dass die Gerichte mit Richtern auf Lebenszeit besetzt sind, soll klargestellt werden, dass die Verwendung ehrenamtlicher Beisitzer nicht durch § 24 Abs. 1 erfasst wird.

b) In § 24 Abs. 2 Satz 1 ist das Wort „darf“ durch das Wort „kann“ zu ersetzen. – *Begründung:* Klarstellung dahin, dass die Einrichtung eines Gerichts nur dann vorliegt, wenn der Vorsitzende Richter ist. Nach der Fassung des Entwurfs würde der Mangel der Richtereigenschaft des Vorsitzenden die Eigenschaft der Einrichtung als Gericht nicht berühren, sondern nur zu einer unzulässigen Besetzung des Gerichts führen.

8. *Zu § 25 Abs. 2.* § 25 Abs. 2 ist wie folgt zu fassen: „(2) Im ersten Jahr nach seiner Ernennung soll ein Richter auf Probe in der Regel nur in einem mit mehreren Richtern besetzten Gericht mitwirken, soweit nicht ein Bundesgesetz etwas anderes bestimmt.“ – *Begründung:* Wahrung der durch § 349 ZPO (Aufgaben des Einzelrichters) eröffneten Möglichkeiten. – Die Ergänzung durch den letzten Halbsatz trägt den besonderen Verhältnissen bei den Arbeits- und Sozialgerichten Rechnung.
9. *Zu § 25 Abs. 3.* § 25 Abs. 3 ist zu streichen. - *Begründung:* Die hier vorgeschriebenen Verhältniszahlen bewirken einen zu weitgehenden Eingriff in das Organisationsrecht der Länder. Dies ist durch die Besonderheit der Aufgaben der Richter nicht gerechtfertigt.
10. *Zu § 27.* In § 27 am Ende ist das Wort „dauernd“ zu streichen. – *Begründung:* Eine dauernde Beeinträchtigung wird sich im Voraus nur selten mit Sicherheit feststellen lassen. Auch eine vorübergehende Beeinträchtigung von längerer Dauer kann eine Versetzung rechtfertigen. Im Falle einer dauernden Beeinträchtigung würde eine Versetzung in den einstweiligen Ruhestand (§ 27 Nr. 2) nicht ausreichen. Das Wort „dauernd“ wird deshalb am besten gestrichen, die Vorschrift wird dadurch elastischer. Durch die Formulierung „… so schwer beeinträchtigen, dass die Maßnahme im Interesse der Rechtspflege geboten ist“ ist ohnehin gewährleistet, dass eine nur kurzfristige Beeinträchtigung keinesfalls für die Versetzung ausreicht.
11. *Zu § 32.* In § 32 ist folgende neue Nr. 6 einzufügen: „6. Verwirkung eines Grundrechts gemäß Artikel 18 des Grundgesetzes.“ – In § 32 Nr. 4 ist das Wort „oder“ durch ein Komma und in § 32 Nr. 5 das Komma durch das Wort „oder“ zu ersetzen. – *Begründung:* Notwendige Ergänzung.
12. *Zu § 35 Abs. 2.* § 35 Abs. 2 Satz 2 ist wie folgt zu fassen: „Sie soll in der Regel nicht länger als drei Jahre dauern.“ – *Begründung:* Eine elastischere Fassung erscheint aus Gründen der Praxis geboten.
13. *Zu § 35 Abs. 3.* In § 35 Abs. 3 sind die Worte „zwei Monate“ durch die Worte „drei Monate“ zu ersetzen. – *Begründung:* Im Interesse der Kontinuität der Rechtsprechung wird die Fristverlängerung für erforderlich gehalten.
14. *Zu § 36.* In § 36 Abs. 1 sind die Worte „in öffentlicher Sitzung eines Gerichts“ zu streichen. – *Begründung:* Die Streichung ist erforderlich, um den in einigen Ländern überkommenen Brauch, die Eidesabnahme nicht vor Gericht, sondern in anderer Weise in feierlicher Form vorzunehmen, aufrechterhalten zu können.

15. *Zu § 40.* In § 40 Abs. 1 ist vor dem Wort „Rechtsgutachten" das Wort „außerdienstlich" einzufügen. – *Begründung:* Die Möglichkeit, dass Richter in dienstlichem Auftrag Rechtsgutachten erstatten dürfen, soll erhalten bleiben.
16. *Zu § 53.* In § 53 Abs. 2 Satz 1 sind nach den Worten „mindestens ein" die Worte „vom Präsidium aus seiner Mitte gewählter" einzufügen. – *Begründung:* Es soll erreicht werden, dass in Angelegenheiten der Truppendienstgerichte stets ein Mitglied eines Wehrdienstsenats dem Präsidialrat angehört.
17. *Zu § 55.* § 55 Abs. 2 ist zu streichen. – *Begründung:* Die oberste Dienstbehörde ist schon nach den §§ 54, 55 Abs. 1 Satz 1 verpflichtet, vor der Beschlussfassung des Richterwahlausschusses die Stellungnahme des Präsidialrates einzuholen. – Wenn eine Bestimmung dieses Inhalts für notwendig erachtet wird, so wäre sie nicht im Richtergesetz, sondern an anderer Stelle zu treffen.
18. *Zu § 60.* a) § 60 Abs. 1 Nr. 4 Buchstabe b ist wie folgt zu fassen: „b) einer Verfügung, durch die ein Richter auf Probe oder kraft Auftrags entlassen, durch die seine Ernennung zurückgenommen oder die Nichtigkeit seiner Ernennung festgestellt oder durch die er wegen Dienstunfähigkeit in den Ruhestand versetzt wird." – *Begründung:* Nach der Gestaltung des Entwurfs sind die Feststellung der Nichtigkeit und die Rücknahme der Ernennung in ihren Auswirkungen einer Entlassung gleich zu bewerten (vgl. S. 54 der Begründung zu dem Entwurf). Demgemäß sollte das Dienstgericht nicht nur über die Anfechtung der Entlassung, sondern auch über die Anfechtung der Rücknahme der Ernennung und über die Feststellung der Nichtigkeit der Ernennung eines Richters auf Probe oder kraft Auftrags befinden. – Dieselben Erwägungen gelten auch für die Versetzung in den Ruhestand wegen Dienstunfähigkeit.
    b) In § 60 Abs. 1 Nr. 4 ist nach einem Komma folgender neuer Buchstabe e anzufügen: „e) der Abordnung eines Richters gemäß § 35 Abs. 3." – *Begründung:* Auch für diese, die Unabhängigkeit des Richters möglicherweise betreffende Maßnahme, sollte die Nachprüfung durch das Dienstgericht vorgesehen werden.
19. *Zu § 66.* In § 66 Abs. 3 ist nach den Worten „Buchstaben a bis c" einzufügen „und e". – *Begründung:* Folge der Empfehlung zu § 60 Abs. 1 Nr. 4 Buchstabe e (neu).
20. *Zu § 70.* a) In § 70 ist folgender Absatz 2 einzufügen: „(2) Soweit die unabhängige Stelle (§§ 61, 52 des Beamtenrechtsrahmengesetzes) für Angelegenheiten der Richter zuständig ist, müssen mindestens die Hälfte ihrer Mitglieder Richter sein." *Begründung:* Es erscheint angemessen, bei der Zusammensetzung der unabhängigen Stelle die Richter entsprechend zu berücksichtigen (Anpassung an § 46).
    b) Der bisherige Absatz 2 des § 70 wird Absatz 3 und ist wie folgt zu fassen: „(3) Für die Richter im Landesdienst gelten §§ 123 bis 132 des Beamtenrechtsrahmengesetzes entsprechen, soweit dieses Gesetz nichts anderes bestimmt." – *Begründung:* Klarstellung und Anpassung an die Fassung des § 45.

21. *Zu § 73.* § 73 Abs. 1 Satz 1 ist wie folgt zu fassen: „Für jeden Gerichtszweig kann ein Präsidialrat gebildet werden". – *Begründung:* Siehe unten zu § 74.
22. *Zu § 74.* Nach § 74 Abs. 1 ist folgender neuer Absatz 2 einzufügen: „(2) Sieht das Landesrecht die Bildung eines Präsidialrats nicht vor, so sind die in Absatz 1 vorgesehenen Aufgaben des Präsidialrats dem Richterrat zu übertragen." – Der bisherige Absatz 2 wird Absatz 3. – *Begründung:* Es erscheint unzweckmäßig, den Ländern die Errichtung von Richter- und Präsidialräten bindend vorzuschreiben. Es wird nicht in allen, besonders nicht in kleineren Ländern, ein Bedürfnis für beide Einrichtungen gegeben sein. Es sollte daher ermöglicht werden, den jeweiligen Bedürfnissen und den örtlichen Verhältnissen Rechnung zu tragen. – Für den Fall, dass ein Präsidialrat nicht gebildet wird, sollten die für den Präsidialrat vorgesehenen Aufgaben dem Richterrat übertragen werden.
23. *Zu § 76:* In § 76 Abs. 2 ist in Satz 3 das Wort „müssen" durch das Wort „sollen" zu ersetzen. – *Begründung:* Berücksichtigung der personalschwachen Gerichtszweige.
24. *Zu § 77.* a) § 77 Nr. 4 Buchstabe b ist wie folgt zu fassen: „b) einer Verfügung, durch die ein Richter auf Probe oder kraft Auftrags entlassen, durch die seine Ernennung zurückgenommen oder die Nichtigkeit seiner Ernennung festgestellt oder durch die er wegen Dienstunfähigkeit in den Ruhestand versetzt wird."

    b) In § 77 Nr. 4 ist nach einem Komma folgender neuer Buchstabe e anzufügen: „e) der Abordnung eines Richters gemäß § 35 Abs. 3." – *Begründung zu a) und b):* Vergleiche Begründung zu § 60 (Buchstaben b und e).
25. *Zu § 82.* a) In § 82 Nr. 1 sind die Worte „und § 10 Abs. 1" zu streichen.

    b) Nach § 82 Nr. 1 ist folgende Nr. 1 a einzufügen: ‚1 a. § 10 Abs. 1 erhält folgende Fassung: „(1) Referendaren, die mindestens zwölf Monate im juristischen Vorbereitungsdienst tätig sind, kann im Einzelfall die Erledigung von Rechtshilfeersuchen mit Ausnahme der Beeidigung übertragen werden."' – *Begründung:* Diese Regelung erscheint für die Ausbildung der Referendare zweckmäßig; sie hat sich in der Praxis bewährt.
26. *Zu § 83.* § 83 ist nach einem Komma wie folgt zu ergänzen: „3. das Bayerische Gesetz vom 16. Juni 1948 (Bay. BS Band III S. 64).

    3. das Bremische Gesetz vom 2. Juni 1948 (GesBl. S. 133),

    5. das Hessische Gesetz vom 21. Juni 1948 (GVBl. S. 79, 92).

    6. das Gesetz des früheren Landes Württemberg-Baden vom 2. Juni 1948 (RegBl. S. 91, 148)." – *Begründung:* Notwendige Ergänzung.
27. *Zu § 84.* a) § 84 Nr. 3 ist wie folgt zu fassen: ‚3. § 18 Abs. 7 wird § 18 Abs. 5 und erhält folgende Fassung: „(5) Bei den Arbeitsgerichten können Richter auf Probe und Richter kraft Auftrags verwendet werden."' – *Begründung:* 1. Es ist kein Grund ersichtlich, die Arbeitsgerichte hinsichtlich der Abordnung von Richtern anders zu behandeln als die

übrigen Gerichte. § 18 Abs. 7 Satz 1 in der Fassung des Entwurfs ist daher zu streichen. – 2. Nach § 18 Abs. 7 Satz 2 in der Fassung des Entwurfs sollen bei den Arbeitsgerichten offenbar nur Richter auf Probe und Richter kraft Auftrags verwendet werden können, die aus anderen Gerichtsbarkeiten abgeordnet werden. Es besteht jedoch ein zwingendes Bedürfnis dafür, die Arbeitsgerichte hinsichtlich der Verwendung von Richtern auf Probe und von Richtern kraft Auftrags mit den übrigen Gerichten gleichzustellen. § 18 Abs. 7 (jetzt § 18 Abs. 5) wird daher dem § 10 Abs. 2 GVG in der Fassung des § 82 Nr. 2 des Entwurfs angepasst.

b) § 84 Nr. 4 ist wie folgt zu fassen: „4. § 19 wird aufgehoben." – *Begründung:* Wenn dem Vorschlag für die Neufassung des § 18 Abs. 7 (jetzt § 18 Abs. 5 entsprechend, bei den Arbeitsgerichten künftig auch Richter kraft Auftrags verwendet werden können, dann besteht kein Bedürfnis für eine Ernennung von Beamten zu Richtern auf Zeit. Damit erübrigt sich auch die in § 19 der Entwurfsfassung enthaltene Verweisung auf § 14 Abs. 2 und § 15 des Deutschen Richtergesetzes. § 19 AGG kann deshalb gestrichen werden.

28. *Zu § 86.* a) (Wie Vorlage des Rechtsausschusses Nr. 40 b – d).

29.-*36:* Vgl. Nrn. 42, 43, 45, 46, 47, 48, 50, 52 der Vorlage des Rechtsausschusses (oben unter VIII.). Die Nrn. 44, 49 und 51 entfielen.

37. *Zu § 115 a (neu).* Nach § 115 ist folgender § 115 a einzufügen: „*§ 115 a.* (1) Für die Staatsanwälte gelten die §§ 5, 6, 38, 39, 40 und 109 entsprechend.

(2) Im Bereich der ordentlichen Justiz kann mit seinem Einverständnis ein Richter auf Lebenszeit zum Staatsanwalt auf Lebenszeit, ein Staatsanwalt auf Lebenszeit zum Richter auf Lebenszeit ernannt werden." – *Begründung:* Um der Aufgabe der Staatsanwaltschaft als Organ der Rechtspflege Rechnung zu tragen, ist es – abgesehen von der Ermöglichung des Laufbahnwechsels (vgl. Abs. 2) – geboten, im vorliegenden Gesetzentwurf auch die Richteramtsbefähigung als Voraussetzung für das Amt des Staatsanwalts zu normieren. Es empfiehlt sich ferner, einige weitere für Richter geltende Vorschriften für die Staatsanwälte für entsprechend anwendbar zu erklären.

Die Vorschrift des § 148 Abs. 2 GVG kann dann in Zukunft wegfallen.

Die herkömmliche und bewährte Möglichkeit des Wechsels zwischen der Laufbahn des Richters und der Laufbahn des Staatsanwalts soll ungeschmälert erhalten bleiben.

Der Bundesrat empfiehlt, bei der weiteren Behandlung des Entwurfs eines Deutschen Richtergesetzes vorzusehen, dass in Disziplinarsachen der Staatsanwälte die für Richter zu bildenden Dienstgerichte entscheiden. Welche Änderungen und Ergänzungen der vorliegende Entwurf des Richtergesetzes bei Zuweisung der Entscheidung über Disziplinarsachen der Staatsanwälte an die für Richter vorgesehenen Dienstgerichte erfahren muss, muss noch geprüft werden.

## XIII. *Auffassung der Bundesregierung zu der Stellungnahme des Bundesrates*

Die Bundesregierung nimmt zu den Änderungsvorschlägen des Bundesrates wie folgt Stellung:

1. den Vorschlägen unter Nr. 2, 5, 10, 11, 13 bis 16, 20 bis 23, 26, 27 b), 29, 30, 33 und 35 wird zugestimmt;
2. gegen die Vorschläge unter Nr. 1, 3, 4, 6 bis 9, 12, 17 bis 19, 24, 25 27 a), 28, 31, 32, 34, 36, 37 und 38 bestehen dagegen Bedenken.

*Zu 1. (§ 4 Abs. 2 Nr. 4):* Den Richtern ist bereits nach Absatz 2 Nr. 3 gestattet, Ausbildungsangelegenheiten zu übernehmen. Es besteht kein Bedürfnis, in Nr. 4 auch Ausbildungsangelegenheiten zu benennen.

*Zu 3. (§ 14 Abs. 2):* Es widerspricht den Grundsätzen des öffentlichen Dienstrechts, die Statusform in der Amtsbezeichnung kenntlich zu machen. § 25 Abs. 1 Satz 2 ermöglicht dem Rechtsuchenden in ausreichendem Maße, die ordnungsgemäße Besetzung des Gerichts zu prüfen.

*Zu 4. (§ 15 neuer Abs. 3):* Ein Beamter, der ein höher besoldetes Amt wahrnimmt, erhält erst nach einem Jahr eine entsprechende, nicht ruhegehaltsfähige Zulage. An diesem Grundsatz ist für den Bereich des Bundes festzuhalten. Für Beamte im Landesdienst hat der Landesgesetzgeber freie Hand.

*Zu 6. (§ 19):* Der Vorschlag des Bundesrates hätte zur Folge, dass ein Beamter in einer Beförderungsstelle, der zum Richter in einer Beförderungsstelle ernannt wird, ein höheres Dienstalter erhielte, als alle Richter und Beamten dieser Beförderungsstufe. Das Anliegen des Bundesrates wird jedoch im Ergebnis verwirklicht, wenn in § 19 das Wort „Endgrundgehalt" durch das Wort „Anfangsgrundgehalt" ersetzt wird.

*Zu 7. a) (§ 24 Abs. 1):* Die vom Bundesrat gewünschte Klarstellung, dass die Vorschrift ehrenamtliche Beisitzer nicht umfasst, wird besser durch folgende Fassung des § 24 Abs. 1 und der § 43 Abs. 1 erreicht:

a) *§ 24:* „(1) Als Richter dürfen bei einem Gericht nur Richter auf Lebenszeit tätig werden, soweit nicht ein Bundesgesetz etwas anderes bestimmt."
b) *§ 43:* „(1) Ehrenamtliche Beisitzer dürfen bei einem Gericht nur aufgrund eines Gesetzes und unter den gesetzlich bestimmten Voraussetzungen tätig werden."

*Zu 7. b) (§ 24 Abs. 2 Satz 1):* Ein sachlicher Unterschied besteht zwischen den Worten „kann" und „darf" nicht. Das Wort „darf" entspricht dem Sprachgebrauch in den Vorschriften der §§ 24 und 25.

*Zu 8. (§ 25 Abs. 2):* Die Bundesregierung schließt sich für den Bereich der Arbeitsgerichte und der Sozialgerichte der Auffassung des Bundesrates an, schlägt jedoch vor, wie folgt zu fassen:

a) *§ 25 Abs. 2 des Entwurfs:* „(2) Im ersten Jahr nach seiner Ernennung soll ein Richter auf Probe nur gemeinsam mit anderen Richtern entscheiden, soweit nicht ein Bundesgesetz etwas anderes bestimmt."
b) *§ 18 Abs. 7 des Arbeitsgerichtsgesetzes (§ 84 Nr. 3 des Entwurfs):* „(7) Bei den Arbeitsgerichten können Richter auf Probe, auch im ersten Jahr nach ihrer Ernennung, und Richter kraft Auftrags verwendet werden."
c) *§ 11 Abs. 3 des Sozialgerichtsgesetzes* (§ 86 Nr. 3 des Entwurfs): „(3) Bei den Sozialgerichten können Richter auf Probe, auch im ersten Jahr nach ihrer Ernennung, und Richter kraft Auftrags verwendet werden."

Für die ordentlichen Gerichte sollte jedoch an dem Grundsatz in § 25 Abs. 2 der Regierungsvorlage festgehalten werden, insbesondere besteht kein Bedürfnis, Aufgaben des Einzelrichters (§ 349 ZPO) auszunehmen.

*Zu § 9 (§ 25 Abs. 3):* Das Grundgesetz geht davon aus, dass die Richter in der Regel auf Lebenszeit ernannt sind. Dieser Grundsatz soll nicht dadurch entwertet werden, dass in einem Gerichtszweig ein großer Anteil der Richter nur auf Probe oder kraft Auftrags ernannt wird. An § 25 Abs. 3 der Regierungsvorlage ist deshalb festzuhalten.

*Zu 12 (§ 35 Abs. 2 Satz 2):* Die Bundesregierung ist der Auffassung, dass eine längere als dreijährige Tätigkeit außerhalb der Gerichte den Richter seinem Amt entfremdet und die Verwendung von Hilfsrichtern in unerwünschtem Maße ausdehnt.

*Zu 17. (§ 55 Abs. 2):* Die Vorschrift des § 55 Abs. 2 regelt die Beteiligung des Präsidialrats, wenn ein Richterwahlausschuss gebildet ist. Sie stellt sicher, dass die Entscheidungsfreiheit des Richterwahlausschusses nicht eingeengt wird.

*Zu § 18. a) (§ 60 Abs. 1 Nr. 4 Buchstabe b):* Dem Vorschlag des Bundesrates wird insoweit gefolgt, als das Verhältnis der Nr. 3 zur Nr. 4 klargestellt werden muss. Dazu sollen in Nr. 3 am Anfang die Worte eingefügt werden „bei einem Richter auf Lebenszeit oder auf Zeit". – Im Übrigen besteht kein Bedürfnis, dem Dienstgericht die Nachprüfung der Nichtigkeit oder Rücknahme einer Ernennung oder die Versetzung in den Ruhestand auch bei Richtern auf Probe oder kraft Auftrags zuzuweisen.

*Zu 18. b) (§ 60 Abs. 1 Nr. 4 neuer Buchstabe e):* Dem Vorschlag des Bundesrates wird mit der Maßgabe zugestimmt, dass die Ergänzung nicht als Buchstabe e, sondern hinter Buchstabe a einzufügen ist.

*Zu 19. (§ 66 Abs. 3):* Dem Vorschlag wird mit gleicher Umstellung wie zu 18. b) zugestimmt.

*Zu 24. a) (§ 77 Nr. 4 Buchstabe b):* Dem Vorschlag des Bundesrates wird insoweit gefolgt, als das Verhältnis der Nr. 3 zur Nr. 4 klargestellt werden muss. Dazu sollen in Nr. 3 am Anfang die Worte eingefügt werden: „bei einem Richter auf Lebenszeit oder auf Zeit." – Im

Übrigen besteht kein Bedürfnis dem Dienstgericht die Nachprüfung der Nichtigkeit oder der Rücknahme einer Ernennung oder der Versetzung in den Ruhestand auch bei Richtern auf Probe oder kraft Auftrags zuzuweisen.

*Zu 24. b) (§ 77 Nr. 4 neuer Buchstabe e):* Dem Vorschlag des Bundesrates wird mit der Maßgabe zugestimmt, dass die Ergänzung nicht als Buchstabe e, sondern hinter Buchstabe a einzufügen ist.

*Zu 25. (§ 82):* Die Bundesregierung hält an dem Grundsatz fest, dass Tatsachenermittlungen und sonstige Vorbereitungen der gerichtlichen Entscheidung nur von Richtern vorgenommen werden sollen.

*Zu 27. a) (§ 84 Nr. 3):* Dem Vorschlag des Bundesrates wird zugestimmt, jedoch mit der Maßgabe, dass die Vorschrift Absatz 7 bleibt und den Zusatz „auch im ersten Jahr nach ihrer Ernennung" erhält (dazu Stellungnahme zu 8.).

*Zu 28. a) (§ 86 Nr. 3):* Dem Vorschlag des Bundesrates wird mit der Maßgabe zugestimmt, dass die Vorschrift den Zusatz „auch im ersten Jahr nach ihrer Ernennung" erhält (dazu Stellungnahme zu 8.).

*Zu 28. b) (§ 86 Nr. 4 und 4 a):* Die Bundesregierung hält an der Auffassung fest, dass bei den Landessozialgerichten als der höchsten Instanz dieser Gerichtsbarkeit in einem Land nur auf Lebenszeit ernannte Richter verwendet werden dürfen.

*Zu 28. c) (§ 86 Nr. 5):* Dem Vorschlag wird mit der Maßgabe zugestimmt, dass Satz 1 in der Neufassung des § 210 Abs. 2 des Sozialgerichtsgesetzes zu streichen ist. Der neugefasste § 11 Abs. 3 des Sozialgerichtsgesetzes (§ 86 Nr. 3 des Entwurfs) gestattet bereits, bei den Sozialgerichten Richter auf Probe oder Richter kraft Auftrags als Vorsitzende zu verwenden [dazu 28. a)].

*Zu 31. (§ 102 Abs. 1):* § 11 sieht zwar vor, dass zum Richter auf Probe auch ernannt werden kann, wer später als Staatsanwalt verwendet werden soll. Der Entwurf schließt jedoch die Verwendung von Beamten auf Probe in der Staatsanwaltschaft nicht aus. Welchen Status diejenigen erhalten, die bei Inkrafttreten des Gesetzes im Probedienst bei der Staatsanwaltschaft tätig sind, soll den Landesbehörden überlassen bleiben. Ein Gerichtsassessor im staatsanwaltlichen Dienst kann jederzeit zum Richter auf Probe ernannt werden.

*Zu 32. (§ 102 Abs. 4):* Die Vorschrift ist notwendig, da nach Auffassung der Bundesregierung § 25 Abs. 3 beizubehalten ist.

*Zu 34. (§ 103 Abs. 3):* Da nach Auffassung der Bundesregierung § 25 Abs. 3 beibehalten werden soll, sollte auch § 103 Abs. 3 bestehen bleiben, weil diese Vorschrift die Verwendung von Richtern im Widerrufsverhältnis für eine Übergangszeit von 2 Jahren erleichtert.

*Zu 36. (neuer § 109 a):* Dem Vorschlag wird mit der Maßgabe zugestimmt, dass für wiedergutmachungsberechtigte Richter das allgemeine Dienstalter bindend geregelt wird. Die Vorschrift sollte folgende Fassung erhalten:

*„§ 109 a". Allgemeines Dienstalter in besonderen Fällen*

(1) Das allgemeine Dienstalter eines wiedergutmachungsberechtigten Richters bestimmt sich nach dem Tage, an dem ihm ohne die nationalsozialistische Schädigungsmaßnahme ein Richteramt oder ein sonstiges Amt mit mindestens dem gleichen Anfangsgrundgehalt übertragen worden wäre. – (2) Das allgemeine Dienstalter eines unter Artikel 131 des Grundgesetzes fallenden Richters kann abweichend von § 19 festgesetzt werden."

*Zu 37. (neuer § 115 a):* Die Bundesregierung widerspricht dem Vorschlag des Bundesrates, weil § 11 der Regierungsvorlage den herkömmlichen Wechsel zwischen den Laufbahnen des Richters und Staatsanwalts in weitem Maße durch eine gemeinsame Probezeit ermöglicht. Nur in seltenen Fällen wird in Zukunft ein Staatsanwalt nicht wenigstens ein Jahr richterlich tätig gewesen sein. Eine Ausnahmeregelung für Staatsanwälte ist deshalb nicht gerechtfertigt. Dass der Staatsanwalt die Befähigung zum Richteramt besitzen muss, schreibt bereits § 148 Abs. 2 GVG vor. Es ist rechtlich nicht notwendig, den Staatsanwalt bei politischer Betätigung, bei der Erstattung von Rechtsgutachten und bei schiedsrichterlicher Tätigkeit stärker als andere Beamte einzuschränken.

*Zu 38.* Die Bundesregierung vermag aus grundsätzlichen Erwägungen der Empfehlung nicht zuzustimmen. Zur Zeit bestehen in keinem Land außer im Land Berlin gemeinsame Dienstgerichte für Richter und Staatsanwälte.

## XIV. *Justizministerkonferenz vom 1.-4.10.1958 in Bad Harzburg (Vertretung der Bundesratsvorschläge bei der Beratung des Entwurfs im Rechtsausschuss des Bundestages)*

*Minister Dr. Hofmeister* führt aus, die Bundesregierung habe in ihrem inzwischen dem Bundestag zugeleiteten Entwurf eines Deutschen Richtergesetzes eine Reihe von Änderungsvorschlägen des Bundesrats und seines Rechtsausschusses nicht berücksichtigt. Um diesen z.T. recht bedeutsamen Änderungsvorschlägen gleichwohl zum Erfolge zu verhelfen, halte er es für ratsam, die Auffassung der Länder vor dem Rechtsausschuss des Bundestages noch einmal darzulegen. Es werde allerdings erforderlich sein, dass diese Aufgabe von einem Minister oder Senator persönlich wahrgenommen werde, weil den Vorschlägen nur dann der nötige Nachdruck verliehen werden könne.

*Senator Dr. Kielinger* ist der Ansicht, dass die Vorschläge des Rechtsausschusses des Bundesrats nur insoweit vor dem Bundestag vertreten werden könnten, als sie sich der Bundesrat selbst zu Eigen gemacht habe. Dagegen könne ein Minister in seiner Eigenschaft als Mitglied des Bundesrates keine Vorschläge des Rechtsausschusses vertreten, die der Bundesrat selbst nicht übernommen habe. Insoweit dürfe er nur im Namen seiner Landesregierung sprechen, falls er sich dabei in Übereinstimmung mit der Ansicht seines Kabinetts befinde. - Diese Auffassung wird von den Ministern und Senatoren geteilt.

Nachdem *Minister Dr. Flehinghaus* mitgeteilt hat, dass er in der Lage wäre, auch die vom Bundesrat nicht aufgegriffenen Vorschläge des Rechtsausschusses in seiner Eigenschaft als Mitglied der Landesregierung von Nordrhein-Westfalen zu vertreten, bittet ihn *Senator Dr. Zander*, sich für diese Aufgabe zur Verfügung zu stellen. *Minister Dr. Flehinghaus* erklärt sich hierzu bereit. Auf weiteren Vorschlag aus dem Kreise der Minister und Senatoren erklären ferner *Minister Dr. Ankermüller* und *Minister Dr. Haußmann* ihre Bereitschaft, Minister Dr. Flehinghaus bei der Wahrnehmung dieser Aufgabe, soweit erforderlich, zu unterstützen.

*Stellung des Staatsanwalts* im Hinblick auf den Entwurf eines Richtergesetzes

*Minister Dr. Flehinghaus* erinnert daran, dass es sich bei den vor dem Bundestag zu wiederholenden Vorschlägen in erster Linie um die Änderungswünsche handeln werde, die der Bundesrat und sein Rechtsausschuss gemacht hätten, um eine möglichst weitgehende Einbeziehung der Staatsanwälte in das Richtergesetz zu erreichen. Bedauerlicherweise habe die Bundesregierung gerade diesen Änderungsvorschlägen im Wesentlichen nicht entsprochen. Bei aller Sorge um die Unabhängigkeit der Richter dürften jedoch die Staatsanwälte nicht vergessen werden, die zur Ausübung ihres Amtes oft nicht minder als die Richter ein hohes Maß von Mut und innerer Unabhängigkeit benötigten.

*Minister Dr. Hofmeister* vertritt ebenfalls die Auffassung, dass der Staatsanwalt in seiner Stellung als Organ der Rechtspflege so nahe wie möglich an den Richter herangeführt werden müsse. Eine Verabschiedung des Richtergesetzes in der Fassung des Regierungsentwurfs würde eine Abqualifizierung der Staatsanwaltschaft bedeuten und es den Landesjustizverwaltungen nahezu unmöglich machen, in Zukunft noch geeigneten Nachwuchs für sie zu gewinnen und den bewährten Wechsel zwischen der Laufbahn des Richters und der des Staatsanwalts fortzusetzen.

*Bundesminister Schäffer* erläutert sein Verhalten in der Sitzung, in der das Bundeskabinett den Entwurf des Richtergesetzes verabschiedet hat. Er teilt mit, das Bundesjustizministerium habe eine Vorlage entworfen, die den Wünschen der Landesjustizverwaltungen weitgehend entsprochen habe. Sein Verlangen nach einer vollen Anrechnung der staatsanwaltschaftlichen Vordienstzeiten auf die Richterdienstzeit habe jedoch eine gleiche Forderung anderer Ressortminister für die ihrer Dienstaufsicht unterstehenden Beamten ausgelöst. Es sei also zu befürchten gewesen, dass der Entwurf eine Fassung erhalten hätte, nach der schlechthin jede im Beamtenverhältnis verbrachte Dienstzeit voll auf die richterliche Dienstzeit des § 9 anzurechnen gewesen wäre. Da dies in seinen Augen eine erhebliche Verschlechterung des Entwurfs gewesen wäre, habe er es vorgezogen, zur ursprünglichen Regierungsvorlage zurückzukehren. Zur Begründung seines Verhaltens habe er insbesondere verfassungsrechtliche Bedenken dagegen erhoben, aus Anlass eines einzelnen Änderungsantrages des Bundesrates eine weit über diesen Antrag hinausgehende Änderung vorzunehmen und den so veränderten Entwurf dem Bundesrat zuzuleiten, ohne dem Bundesrat erneut Gelegenheit zur Stellungnahme gegeben zu haben. Nach seiner Ansicht hätte ein solches Vorgehen eine Umgehung des Bundesrats bedeutet. Er habe sich mit dieser Auffassung im Kabinett durchsetzen können.

*Minister Dr. Ankermüller* und *Minister Dr. Hofmeister* zeigen Verständnis für die Haltung von Bundesjustizminister Schäffer in dieser Situation und sprechen ihm hierfür Dank aus.

*Staatssekretär Dr. Krille* (Nordrhein-Westfalen) erinnert jedoch daran, dass das Bundesjustizministerium es bedauerlicherweise schon bei der Aufstellung des Referentenentwurfs unterlassen habe, die seit Jahren von allen Landesjustizverwaltungen vorgetragenen Wünsche in dieser Richtung zu berücksichtigen. Daraus, dass die Bundesregierung dem Änderungsvorschlag des Bundesrats zu § 102 nicht entsprochen habe, ergeb sich leider nun auch eine andere, von der amtlichen Begründung abweichende Auslegung von § 11. Der Gerichtsassessor könne zwar, müsse aber nicht zum Richter auf Probe ernannt werden. Hierdurch sei die erstrebte Laufbahneinheit im Anwärterdienst letzten Endes doch durchbrochen.

*Minister Dr. Hofmeister* stellt abschließend fest, dass die Landesjustizverwaltungen übereinstimmend eine möglichst weitgehende Einbeziehung der Staatsanwaltschaft in das Richtergesetz wünschen und dass es, nachdem sie mit diesem Verlangen bei der Bundesregierung nicht durchgedrungen seien, nunmehr gelte, ihre Änderungsvorschläge mit allem Nachdruck gegenüber dem Bundestag zu vertreten.

*1. Vermerk: Zu Punkt I, 1 a* (Richtergesetz – Vertretung im Bundestag): Die Justizminister der Länder beauftragen die Justizminister von Nordrhein-Westfalen, Baden-Württemberg und Bayern mit der Wahrnehmung der Belange der Justizminister in den Beratungen des Rechtsausschusses des Bundestages. Dem Beschluss war eine Debatte darüber vorausgegangen, ob auch die Vorschläge, die das Plenum des Bundesrates nicht übernommen hat, im Bundestag vertreten werden können. Eine Klärung dieser Frage erübrigte sich, nachdem der Justizminister von Nordrhein-Westfalen mitgeteilt hatte, dass das Kabinett in Nordrhein-Westfalen sich die Vorschläge der Landesjustizverwaltungen zu Eigen gemacht hat und dass er namens seiner Landesregierung die Anliegen der Justizverwaltungen vertreten könne.

*Zu Punkt I, 1 b* (Staatsanwalt und Richtergesetz): Herr *Minister* erläuterte die Lage, die in Bezug auf die Staatsanwälte vor der Stellungnahme der Bundesregierung zu den Vorschlägen des Bundesrates bestanden hat. *Senator Dr. Biermann-Ratjen (Hamburg)* teilte mit, dass er in der Staatsanwaltsfrage im Hamburger Senat ebenfalls unterlegen sei und nicht mehr für die Einbeziehung der Staatsanwälte in das Richtergesetz stimmen könne. Die *übrigen Minister* sprachen sich übereinstimmend dafür aus, dass ihre bisherigen Vorschläge zur Staatsanwaltsfrage auch im Bundestag vertreten werden.

In der Debatte hatte Staatssekretär *Dr. Krille* (Nordrhein-Westfalen) dem BJM vorgeworfen, die Anliegen der Staatsanwälte in dem Entwurf von 1958 nicht genügend vertreten zu haben, obwohl die Justizminister auf der 24. Justizministerkonferenz in Aachen bereits eindeutig ihre Anliegen zur Staatsanwaltsfrage vor der Öffentlichkeit ausgesprochen hatten. Staatssekretär Dr. Krille schnitt insbesondere § 102 Abs. 1 des Entwurfs an (Überleitung der Assessoren bei der StA); er maß der Übergangsregelung eine grundlegende Bedeutung zu, obwohl die wichtigste Vorschrift über die gemeinsame Anwärterzeit § 11 des Entwurfs ist, der die Forderungen der Landesjustizminister zu diesem Punkt im Wesentlichen erfüllt. Herr Minister hat sich hierzu nicht geäußert, nachdem auch die anderen Minister auf die Erörterung dieses Nebenpunktes nicht eingegangen waren. Es ist aber damit zu rechnen, dass Nordrhein-Westfalen diese Frage bei Gelegenheit wiederum zur Sprache bringen wird.

## XV. *Nachweis über die Beratungen des Rechtsausschusses über den am 6.7.1958 im Bundestag eingebrachten Entwurf zu einem Deutschen Richtergesetz (Protokoll vom 23.3.1960–9.6.1961 des Rechtsausschusses)*

| | *Protokoll* |
|---|---|
| § 1 | 101 |
| § 2 | 101 |
| § 3 | 101 |
| § 4 | 101; 129; 144; 146 |
| § 5 | 101; 102; 129 |
| § 6 | 101; 129 |
| § 7 | 101 |
| § 8 | 101; 129 |
| § 8 a | 101; 144 |
| § 9 | 101; 130 |
| § 10 | 101 |
| §§ 11–13 | 102; 130 |
| §§ 14–16 | 102; 130 137 |
| § 17 | 102, 109 |
| § 18 | 102; 130 |
| §§ 18 a-b | 102; 130 |

| | |
|---|---|
| § 19 | 102; 130 |
| §§ 19 a-d | 102; 130; 131 |
| § 20 | 102; 130 |
| § 21 | 103, 119; 130 |
| § 22 | 103; 119; 130 |
| § 23 | 103; 131, 137 |
| § 24 | 103; 108 |
| § 25 | 103, 108; 130 |
| § 25 a | 108; 130 |
| § 26 | 108; 130 |
| § 27 | 108; 119; 131 |
| § 28 | 109 |
| § 29 | 109 |
| § 29 a | 109 |
| § 30 | 109; 110 |
| § 30 a | 109; 131, 137 |
| § 31 | 109; 110; 131 |
| § 31 a | 109 |
| § 32 | 109; 131 |
| § 33 | 109; 137 |
| § 34 | 109 |
| § 35 | 109; 137 |
| § 35 a | 109 |
| § 36 | 109 |
| § 37 | 109 |
| § 38 | 109; 110 |
| § 39 | 110 |
| § 40 | 110; 119 |
| § 41 | 110 |
| § 42 | 110; 119; 137 |
| § 43 | 110 |
| § 44 | 110 |
| § 45 | 114; 132 |
| § 46 | 114; 119; 132 |
| § 46 a | 114; 119; 132 |
| § 46 b | 114, 119 |
| § 47 | 114 |
| §§ 48–58 | 114; 115; 132, 144 |

| | |
|---|---|
| § 59 | 109; 132 |
| § 60 | 109; 132 |
| § 61 | 109; 132 |
| § 62 | 109; 137 |
| § 63 | 109; 133 |
| § 64 | 109; 133 |
| § 65 | 109; 133 |
| § 66 | 109; 133 |
| § 67 | 109 |
| §§ 68, 69 | 119; 133 |
| § 70 | 115; 119; 134 |
| § 70 a | 115; 119; 134 |
| § 70 b | 119; 134 |
| § 71 | 115 |
| § 72 | 115 |
| § 73 | 115; 134; 137; 144; 146 |
| § 74 | 115 |
| § 75 | 115 |
| § 76 | 109; 134 |
| § 77 | 109; 134 |
| § 78 | 109; 119; 134 |
| §§ 78 a, b | 119; 133; 134 |
| § 79 | 119 |
| § 80 | 134 |
| § 82 | 115; 134; 144 |
| § 83 | 115; 134 |
| § 83 a | 115 |
| § 84 | 115; 135 |
| § 85 | 115 |
| § 86 | 115; 137 |
| § 87 | 115; 144 |
| § 88 | 115 |
| § 89 | 115; 137, 144, 146 |
| § 90 | 115; 137 |
| § 91 | 115; 137 |
| §§ 92–96 | 115; 137 |
| § 97 | 115; 137 |
| § 98 | 115; 137 |

| | |
|---|---|
| § 99 | 115 |
| § 100 | 115; 137 |
| § 101 | 115; 137, 144 |
| § 102 | 115; 137 |
| § 103 | 115; 137 |
| § 104 | 115; 137 |
| § 105 | 115 |
| § 106 | 115; 137 |
| §§ 108, 109 | 115; 144 |
| § 109 a | 115; 144 |
| § 110 | 115 |
| § 111 | 115 |
| §§ 112, 113 | 115; 137 |
| § 112 a | 115; 137 |
| § 114 | 115; 137; 146 |
| § 115 | 115 |
| § 115 a | 115; 131; 144 |
| § 116 | 115 |
| § 116 a | 137; 146 |
| § 117 | 115 |
| § 118 | 115; 137 |

Eine *Sachverständigenanhörung* erfolgt in der Ausschusssitzung am 3.11.1960 (Prot. Nr. 119):
*Gebhard Müller*, Präsident des BVerfG,
*Dr. Hessdörfer*, Präsident des Bundesfinanzhofs,
*Dr. Heusinger*, Präsident des Bundesgerichtshofs,
*Prof. Dr. Werner*, Präsident d. Bundesverwaltungsgerichts,
*Prof. Dr. Nipperdey*, Präsident d. Bundesarbeitsgerichts.
Ferner nahmen an der Sitzung teil:

*Baerns*, Präsident des OLG Düsseldorf, Senatspräsident *Therbach*, Disziplinarsenat für Richter, Düsseldorf,

Vertreter des Deutschen Richterbundes: Bundesrichter *Dr. Arndt*, Erster Staatsanwalt *Dr. Decker*, LG-Dir. *Dr. Schumacher* und Vizepräsident a.D. *Dr. Wennrich*.

In der *Ausschusssitzung am 12.1.1961* wurde der Präsident des Bundesdiziplinarhofs *Dr. Behnke* angehört.

In der *Ausschusssitzung am 19.4.1961* (Prof. Nr. 144)) behandelte der Rechtsausschuss die Empfehlungen des Innenausschusses.

In der *Sitzung am 20.4.1961* (Prot. Nr. 146) äußerte sich der Abg. *Dr. Arndt* (SPD) zur Dienststrafgerichtsbarkeit.

## XVI. *Stellungnahme und Vorschläge des Deutschen Richtervereins vom 7.1.1960 zu dem Entwurf eines Deutschen Richtergesetzes*

I. Der Deutsche Richterbund begrüßt es, dass nunmehr die Ausschussberatungen über den Entwurf eines Deutschen Richtergesetzes beginnen. Er nimmt dies zum Anlass, eine Zusammenfassung seiner Vorschläge zu diesem Entwurf vorzulegen. Er bittet die gesetzgebenden Organe, alles daran zu setzen, dass dieses Gesetz noch in dieser Wahlperiode zustande kommt und damit der Verfassungsauftrag des Art. 98 GG endlich erfüllt wird.

Die Regierungsvorlage bringt zwar noch keine grundlegende Neuordnung des Richterrechts, sie fasst aber das zersplitterte Richterrecht einheitlich zusammen und bringt darüber hinaus Neuregelungen in wichtigen grundsätzlichen Fragen des Richterrechts, nämlich der Richtervertretung, der Dienstgerichtsbarkeit, der gerichtlichen Nachprüfbarkeit von Maßnahmen der Dienstaufsicht, der Einführung von bestimmten Rechtsformen des richterlichen Dienstes. Außerdem strebt die Regierungsvorlage eine weitgehende Vereinheitlichung des Richterrechts in Bund und Ländern an.

Eine umfassende Neugestaltung des Richterrechts ist freilich nur im Zuge der großen Justizreform möglich. Der Deutsche Bundestag sollte deshalb die Bundesregierung bitten, diese Reform nachdrücklich voranzutreiben, für die eine Kommission des Deutschen Richterbundes bereits eingehend Vorschläge veröffentlicht hat (DRiZ 1959, 346). Bis zur großen Justizreform darf jedoch der Erlass des Richtergesetzes schon aus rechtsstaatlichen Gründen nicht verzögert werden.

II. Es ist möglich und auch dringend geboten, der dem Grundgesetz zugrunde liegenden gewandelten Auffassung von der Stellung des Richters und seinen Aufgaben stärkeren Ausdruck zu geben, als dies in der Regierungsvorlage geschehen ist. Diesem Zweck dienen in dem jetzt möglichen Rahmen die Vorschläge des Deutschen Richterbundes.

Diese Vorschläge sind von folgenden Grundgedanken bestimmt:

1. Folgerichtige Durchführung, dass der Richter kein Beamter ist:
   a) Verringerung und Vereinheitlichung der Amtsbezeichnungen (Vorschlag Nr. 14 zu § 46 b und 70 b)
   b) Eigene Besoldungsgesetze (Vorschlag Nr. 11 zu § 35 a)
   c) Einheitliche, feste Altersgrenze (Vorschlag Nr. 10 zu § 29 a).
2. Gleichwertigkeit aller Gerichtszweige:
   a) Keine besonderen Ernennungsvoraussetzungen (Vorschlag Nr. 4 zu § 18)
   b) Nur ein Richtersenat für die Richter im Bundesdienst (Vorschlag Nr. 18 zu § 53).

3. Stärkere Sicherung der richterlichen Unabhängigkeit:
   a) keine „stillen Versetzungen" (Vorschlag Nr. 6 zu § 23)
   b) Einschränkung der „Prominenten-Klausel" (Vorschlag Nr. 3 zu § 9 Abs. 3).
4. Stärkere Mitwirkung der Richtervertretung bei Berufung von Richtern:
   a) Nur unmittelbar gewählte Mitglieder (Vorschlag Nr. 19 und 31 zu §§ 53 a und 72)
   b) Erfordernis der Zustimmung der Richtervertretung in bestimmten Fällen (Vorschlag Nr. 3 und 8 zu §§ 9 Abs. 3 und 25 a)
   c) Engeres Zusammenwirken zwischen Richtervertretung und Personalverwaltung.
5. Staatsanwalt als Organ der Rechtspflege (Vorschlag Nr. 37 zu § 115 a).

III. *Im Einzelnen:*

*1. Zu § 4:* § 4 Abs. 2 Nr. 2 erhält folgende Fassung: „andere Aufgaben, die den Gerichten *oder Richtern* aufgrund eines Gesetzes zugewiesen sind *oder herkömmlicherweise übertragen werden.*"

*Begründung:* Es sollte klargestellt werden, dass das Gesetz auch die Fälle erfasst, in denen durch Gesetz zwar nicht den Gerichten, wohl aber den Richtern die Mitwirkung an bestimmten öffentlichen Aufgaben zugewiesen ist (z.B. § 9 a Abs. 1 Satz 1 Buchst. g des Jugendwohlfahrtsgesetzes, wonach ein Vormundschaftsrichter Mitglied des Jugendwohlfahrtsausschusses sein muss; Gleiches gilt für die Bewährungsausschüsse nach den Landesgesetzen über Bewährungshilfe.

Aufgrund bewahrter Tradition werden auf ausdrücklichen Wunsch der betreffenden Körperschaften oder Anstalten von jeher Richter zu bestimmten Aufgaben herangezogen, z.B. als Universitätsrichter, Mitglieder von berufsständischen Ehrengerichten u.ä. Diese Übung sollte weiterhin beibehalten werden.

*2. Zu § 5:* a) Abs. 3 Nr. 2 erhält folgende Fassung: „sechs Monate zum Dienst bei anderen Gerichten, insbesondere Verwaltungsgerichten, davon drei Monate bei Gerichten für Arbeitssachen *oder bei Gerichten der Sozialgerichtsbarkeit*",

b) in Abs. 3 letzter Satz werden hinter den Worten „für Arbeitssachen" eingefügt die Worte „oder bei Gerichten der Sozialgerichtsbarkeit".

*Begründung:* Die Gewinnung eines guten richterlichen Nachwuchses für die Sozialgerichtsbarkeit, eines bedeutsamen Zweiges der Gerichtsbarkeit in der Bundesrepublik, setzt voraus, dass diejenigen Referendare, die für das Sozialrecht eine besondere Neigung haben, schon während der Ausbildung ihre Kenntnisse bei den Sozialgerichten vertiefen und die praktische Rechtsanwendung üben können.

*3. Zu § 9:* § 9 Abs. 3 erhält folgende Fassung: „Wenn eine hervorragende Persönlichkeit mit besonderen Kenntnissen und Erfahrungen für den Richterdienst gewonnen werden soll, können *mit Zustimmung des Richtersenats* Tätigkeiten nach Abs. 2 unbeschränkt angerechnet werden."

*Begründung*: Personen ohne richterliche Erfahrung sollten nicht zum Richter ernannt und daher die in § 9 Abs. 3 der Regierungsvorlage vorgesehenen Möglichkeiten nicht geschaffen werden. Zumindest müssen derartige Ernennungen an die Zustimmung der Richtervertretung gebunden sein.

*4. Zu § 18:* § 18 wird gestrichen. - *Begründung*: Nach dem Grundgesetz sind die verschiedenen Zweige der Gerichtsbarkeit einander gleichwertig. Deshalb müssen die Voraussetzungen für die Ernennung zum Richter in allen Zweigen der Gerichtsbarkeit die gleichen sein. Diesem Grundsatz haben Bundestag und Bundesrat auch bei Erlass des Gesetzes über Maßnahmen auf dem Gebiet der Finanzgerichtsbarkeit vom 22.10.1957 (BGBl. I S. 1746) und neuerdings bei der Verwaltungsgerichtsordnung entsprochen.

*5. Zu § 19:* In § 19 Satz 2 werden die Worte „oder ein sonstiges Amt" gestrichen. - *Begründung:* Das allgemeine Dienstalter entscheidet über die Zugehörigkeit zum Präsidium und über die Vertretung des Vorsitzenden. Hierfür muss allein die Dauer der Dienstzeit als Richter maßgebend sein. Deshalb wird auch dem Vorschlag des Bundesrats *widersprochen,* Vordienstzeiten in noch größerem Umfang anzurechnen.

*6. Zu § 23:* § 23 Abs. 2 erhält folgende Fassung: „Ihm kann *mit seiner Zustimmung* ein weiteres Richteramt bei einem anderen Gericht übertragen werden, soweit ein Gesetz dies zulässt." - *Begründung*: Die Möglichkeit, einem Richter ohne seine Zustimmung ein weiteres Richteramt zu übertragen, kann zu „stillen Versetzungen" führen und damit den Grundsatz der richterlichen Unversetzbarkeit aushöhlen.

*7. Zu § 25:* Dem Streichungsvorschlag des Bundesrats zu § 25 Abs. 3 wird *widersprochen.* - *Begründung*. Die Beschränkung der Zahl der nicht auf Lebenszeit berufenen Richter ist keine Frage des Organisationsrechts, sondern der richterlichen Unabhängigkeit. Es darf nicht der Justizverwaltung überlassen bleiben, in welcher Zahl nicht planmäßig angestellte Richter zu verwenden sind.

8. Es wird folgender *§ 25 a* eingefügt: *§ 25 a. Ernennung zum Vorsitzenden und Präsidenten.* Soll zum ständigen Vorsitzenden eines mit mehreren Berufsrichtern besetztes Kollegialgerichts oder zum aufsichtführenden Richter oder zum Präsidenten eines Gerichts ernannt werden, wer nicht mindestens drei Jahre als Richter tätig gewesen ist, so ist die Zustimmung der Richtervertretung erforderlich. - *Begründung:* Für vorsitzende Richter, Präsidenten und aufsichtführende Richter ist richterliche Erfahrung in besonders hohem Maße erforderlich. Daher ist für sie im Grundsatz eine mindestens dreijährige Tätigkeit als Richter geboten. In besonderen Fällen werden Ausnahmen möglich sein. Zur Ausschaltung sachfremder Einflüsse muss dann aber die Zustimmung der Richtervertretung eingeholt werden. Auch das Beamtenrecht sieht in ähnlichen Ausnahmefällen eine Zustimmung der Personalausschüsse vor. So bedarf es der Zustimmung des Bundespersonalausschusses, wenn jemand, der nicht wenigstens sechs Jahre Beamter war, zum

Regierungsdirektor ernannt werden soll (§ 33 Abs. 2 in Verbindung mit § 42 Abs. 1 Nr. 6 der Bundeslaufbahnverordnung).

*9. Zu § 27:* § 27 letzter Halbsatz erhält folgende Fassung: „dass die *Art der* Maßnahme im Interesse der Rechtspflege *unabweisbar* geboten ist." - *Begründung:* Die Fassung der Regierungsvorlage lässt eine weitere Auslegung der Bestimmung zu, als nach der Begründung beabsichtigt zu sein scheint. Damit nicht der Grundsatz der Unversetzbarkeit des Richters preisgegeben wird, ist es erforderlich, das Dienstgericht durch Einführung des Wortes „unabweisbar" an eine enge Auslegung zu binden. - Eine Versetzung in den einstweiligen oder endgültigen Ruhestand wird im Allgemeinen nur in Betracht kommen, wenn dem Richter nicht sofort oder in Kürze ein anderes Richteramt übertragen werden kann. - Dem Vorschlag des Bundesrats, in § 27 am Ende das Wort „dauernd" zu streichen, wird *widersprochen.* Ausnahmen von dem Grundsatz der Unabsetzbarkeit und der Unversetzbarkeit des Richters müssen eng umgrenzt sein.

*10.* Es wird folgender § 29 a eingefügt: *§ 29 a. Eintritt in den Ruhestand.* (1) Die Richter auf Lebenszeit und auf Zeit treten mit Ende des Monats in den Ruhestand, in dem sie das achtundsechzigste Lebensjahr vollenden.

(2) Der Eintritt in den Ruhestand kann nicht hinausgeschoben werden.

(3) Auf seinen Antrag ist ein Richter auf Lebenszeit frühestens drei Jahre vor Erreichen der Altersgrenze in den Ruhestand zu versetzen.

*Begründung:* Die Altersgrenze sollte in Bund und Ländern gleich sein. Unterschiede lassen sich sachlich nicht begründen. Mit 68 Jahren treten gegenwärtig die Richter an den oberen Bundesgerichten und die Richter in den Ländern Hamburg, Niedersachsen, Nordrhein-Westfalen und Schleswig-Holstein, also die Mehrzahl aller Richter, in den Ruhestand. Die höhere Altersgrenze für Richter hat sich in diesen Ländern wie auch im Ausland bewährt.

*11.* Es wird folgender § 35 a eingefügt: *§ 35 a. Besoldung.* Die Dienst- und Versorgungsbezüge der Richter werden durch besondere Gesetze (Richterbesoldungsgesetze) geregelt. - *Begründung:* Wie die Bezüge der Angehörigen der gesetzgebenden Gewalt getrennt von denen der Exekutive (Beamte, Soldaten) geregelt sind, sollten auch die Bezüge der Richter durch besondere Gesetze bestimmt werden. Hierzu zwingt auch das Verfassungsgebot in Art. 96 Abs. 2 Satz 2, Art. 98 Abs. 1 und 3 GG, die Rechtsstellung der Richter, zu der die Besoldung gehört, durch besondere Gesetze zu regeln. Der Rechtsausschuss des Bundestages hat sich dafür bereits am 16.4.1956 ausgesprochen. - Die Eigenständigkeit des Richteramtes, das sich von dem hierarchisch aufgebauten Beamtenverhältnis scharf unterscheidet, lässt eine Regelung der Richterbesoldung im Besoldungsgesetz für Beamte und Soldaten nicht zu.

*12. Zu § 39:* § 39 Abs. 2 wird gestrichen. - *Begründung:* Die Begründung der Regierungsvorlage zu § 39 Abs. 2 überzeugt nicht. Die Schlichtertätigkeit ist von der eines Schiedsrichters nicht wesentlich verschieden. Dem Richterspruch wird auch sonst gelegentlich normative Kraft beigelegt. Die bisherige Praxis hat sich bewährt (vgl. auch die Stellungnahme des Bundesvorstandes des Deutschen Gewerkschaftsbundes vom 4.11.1958, DRiZ 1959, 31).

*13.* Es wird folgender § 46 a eingefügt: *§ 46 a. Stellenausschreibung.* Die Bewerber für ein Richteramt sind durch Stellenausschreibung zu ermitteln. - *Begründung:* Damit die Richtervertretung ihr Mitwirkungsrecht in Personalangelegenheiten wirksam ausüben kann, ist es erforderlich, dass sie Unterlagen über alle Bewerber erhält. Diese Unterlagen sind der Richtervertretung nach dem Vorschlag zu § 55 Abs. 1 Satz 2 (unten Nr. 22) vorzulegen.

*14.* Es wird folgender § 46 b eingefügt: *§ 46 b. Amtsbezeichnung.* Die Richter im Bundesdienst führen die Amtsbezeichnung „Richter am …" oder „Oberrichter" oder „Bundesrichter" oder „Senatspräsident am …" oder Präsident des …". - *Begründung:* Die zur Zeit geltenden mehr als 50 Amtsbezeichnungen der Richter sind in Anlehnung an die Amtsbezeichnungen der Beamten gebildet. Diese hierarchisch bestimmten Amtsbezeichnungen entsprechen nicht der Funktion des Richters als Organ der rechtsprechenden Gewalt. So ist insbesondere der „Rat"-Titel unrichtig, weil kein Richter, auch nicht der Beisitzer, einen Vorgesetzten berät, sondern selbst entscheidet. - Die Bezeichnung „Richter am …" oder „Oberrichter" ist die Amtsbezeichnung für Richter, die nicht an den oberen Bundesgerichten tätig sind. Die Gerichtsverfassungsgesetze sind entsprechend zu ändern.

*15. Zu § 47:* § 47 wird gestrichen. - *Begründung:* Die Streichung ist eine Folge des Vorschlags zu § 29 a (siehe oben Nr. 10).

*16. Zu §§ 48 ff. und 73, 73 (Richtervertretungen):* In den §§ 48 ff., 73 und 74 wird das Wort „Präsidialrat" jeweils durch die Bezeichnung „Richtersenat" ersetzt. - *Begründung:* Wegen der Ähnlichkeit mit der Bezeichnung „Präsidium" im Sinne des GVG ist die Bezeichnung „Präsidialrat" unzweckmäßig.

*17. Zu § 48:* § 48 erhält folgende Fassung: *§ 48. Richtersenat und Richterrat.* Bei den Gerichten des Bundes werden als Richtervertretungen errichtet

1. ein Richtersenat für die Beteiligung an der Ernennung eines Richters,
2. Richterräte für die Beteiligung an allgemeinen und sozialen Angelegenheiten.

*Begründung:* Wegen der Errichtung nur eines Richtersenats vgl. die Begründung zu § 53 (unten Nr. 18).

*18. Zu § 53:* § 53 erhält folgende Fassung: *§ 53. Errichtung des Richtersenats.*

(1) Für die Richter des Bundes wird ein Richtersenat beim Bundesgerichtshof eingerichtet.

(2) Der Richtersenat besteht aus zwölf gewählten Mitgliedern.

(3) Die Amtszeit des Richtersenats beträgt vier Jahre.

*Begründung:* Die fachliche und die persönliche Eignung des zu ernennenden Richters müssen für sämtliche Gerichtszweige nach den gleichen Gesichtspunkten beurteilt werden. Das ist für die Richter im Bundesdienst – zur Zeit etwas über 250 – nur durch *einen* Richtersenat gewährleistet, der zweckentsprechend bei dem Bundesgerichtshof als dem größten obersten Bundesgericht mit der stärksten Personalbewegung errichtet wird. Auch das Dienstgericht des Bundes wird für alle Richter im Bundesdienst bei dem Bundesgerichtshof gebildet (§ 59 Abs. 1 der Regierungsvorlage).

Die Richtervertretung muss von dem Vertrauen der Richter getragen und deshalb in vollem Umfang von den Richtern gewählt werden. Wegen der Zahl der Mitglieder vgl. § 53 a Abs. 3 (unten Nr. 19).

*19.* Es wird folgender § 53 a eingefügt: *§ 53 a. Wahl des Richtersenats.*

(1) Wahlberechtigt sind alle bei den Gerichten des Bundes beschäftigten Richter.

(2) Wählbar sind die auf Lebenszeit angestellten Richter im Bundesdienst. Die Präsidenten der Gerichte und ihre ständigen Vertreter sind nicht wählbar.

(3) Gewählt werden vier Mitglieder aus dem Bereich der ordentlichen Gerichtsbarkeit, zwei Mitglieder aus dem Bereich der Verwaltungs-, Dienst- und Disziplinargerichtsbarkeit, je zwei Mitglieder aus den Bereichen der Finanz-, Arbeits- und Sozialgerichtsbarkeit. Für jedes Mitglied ist ein Stellvertreter zu wählen.

(4) Die Wahl ist unmittelbar und geheim.

(5) Das weitere Wahlverfahren wird durch Rechtsverordnung der Bundesregierung bestimmt. Diese regelt insbesondere die Bildung von Wahlbezirken, die Bestellung von Wahlleitern und das Recht der Berufsvertretung der Richter zur Einreichung von Wahlvorschlägen.

*Begründung:* Um die Arbeitsfähigkeit des Richtersenats zu gewährleisten, darf die Zahl seiner Mitglieder nicht zu groß sein. Die in Abs. 3 vorgeschlagene Zusammensetzung sichert eine angemessene Beteiligung aller Gerichtszweige. - In Personalangelegenheiten ist der Präsident ein Organ der Verwaltung und kann deshalb so wenig wie sein ständiger Vertreter dem Richtersenat angehören (ebenso § 10 Abs. 3 des Bundespersonalvertretungsgesetzes und § 49 Abs. 3 der Regierungsvorlage).

*20.* Es wird folgender § 53 b eingefügt: *§ 53 b. Geschäftsführung des Richtersenats.*

(1) Die erste Sitzung des Richtersenats wird durch den Wahlleiter beim Bundesgerichtshof einberufen.

(2) Der Richtersenat wählt seinen Vorsitzenden und dessen Stellvertreter. Er gibt sich eine Geschäftsordnung.

(3) Der Richtersenat ist beschlussfähig, wenn der Vorsitzende oder sein Stellvertreter und mindestens acht weitere Mitglieder anwesend sind. Von den Anwesenden muss mindestens ein Mitglied dem Gerichtszweig angehören, dessen Angelegenheit behandelt wird.

(4) Der Richtersenat entscheidet mit der Stimmenmehrheit der anwesenden Mitglieder.

*Begründung:* Die Vorschrift beschränkt sich auf die wichtigsten Grundsätze der Geschäftsführung. Weiterer Einzelheiten bedarf es im Hinblick auf § 45 der Regierungsvorlage und die neu zu erlassende Geschäftsordnung des Richtersenats nicht.

*21. Zu § 54:* § 54 erhält folgende Fassung: *§ 54. Aufgaben des Richtersenats*

(1) Vor jeder Wahl oder Ernennung eines Richters ist der Richtersenat zu beteiligen. Das Gleiche gilt, wenn einem Richter ein Richteramt an einem Gericht eines anderen Gerichtszweiges übertragen werden soll.

(2) Zwischen dem Richtersenat und den beteiligten obersten Dienstbehörden soll mindestens einmal im Jahr eine Aussprache über grundsätzliche Fragen, insbesondere der Personalbewegung und der Stellenbesetzung stattfinden.

*Begründung:* Die Fassung des Abs. 1 ist eine Folge des Vorschlages, nur einen Richtersenat zu bilden, so dass es einer Zuständigkeitsregelung (§ 54 Satz 1 der Regierungsvorlage) nicht mehr bedarf. - Die vorgeschlagene jährliche Besprechung soll dem Richtersenat die Wahrnehmung seiner Aufgaben erleichtern und die Zusammenarbeit zwischen dem Richtersenat und den beteiligten obersten Dienstbehörden fördern.

*Zu § 55:* § 55 Abs. 1 Satz 2 erhält folgende Fassung: „Dem Antrag sind die Bewerbungsunterlagen sowie die Personal- und Befähigungsnachweise *aller Bewerber für das zu besetzende Richteramt* beizufügen." - *Begründung:* Der Richtersenat kann sein Mitwirkungsrecht sachgemäß nur ausüben, wenn ihm die Unterlagen aller Bewerber für die ausgeschriebene Stelle vorliegen.

*23. Zu § 56:*

a) In Abs. 2 werden die Worte „drei Wochen" durch die Worte „eines Monats" ersetzt.
b) Folgender neuer Absatz 3 wird eingefügt: „(3) Auf Verlangen des Richtersenats hat die oberste Dienstbehörde oder der Richterwahlausschuss dem Richtersenat Gelegenheit zu geben, die Stellungnahme mündlich zu begründen."
c) Abs. 3 wird Abs. 4 und erhält folgenden Satz 2: „Weicht die oberste Dienstbehörde von der Stellungnahme des Richtersenats ab, so teilt sie dem Richtersenat die Gründe dafür schriftlich mit."

*Begründung:* Die Verlängerung der Frist zur Stellungnahme auf einen Monat ist notwendig. – In Einzelfällen kann sich das Bedürfnis ergeben, die schriftliche Stellungnahme mit der ernennenden Stelle mündlich zu erörtern. Die Vorschrift soll bewirken, dass die Stellungnahme des Richtersenats nicht zur bloßen Formsache wird und dass die ernennende Stelle sich mit der Stellungnahme befasst.

*24.* Es wird folgender § 56 a eingefügt: *§ 56 a. Zustimmung des Richtersenats.* Stimmt der Richtersenat in den Fällen der §§ 9 Abs. 3 und 25 a nicht binnen eines Monats zu, so gilt die Zustimmung als versagt. §§ 55 Abs. 1 und 56 sind entsprechend anzuwenden. - *Begründung:* Die Vorschrift ist die notwendige Ergänzung zu den Vorschlägen zu den §§ 9 Abs. 3 und 25 a.

*25. Zu § 57:* § 57 wird wie folgt geändert: Abs. 1 der Regierungsvorlage wird als Folge des Vorschlags zu § 53 b (siehe oben Nr. 53 b) gestrichen.

*26. Zu § 59:* Die Fassung der Regierungsvorlage bedarf noch einer Überprüfung (vgl. auch Pagendarm in DRiZ 59, 264).

*27. Zu § 60:* In § 60 Abs. 1 Nr. 4 ist als Buchstabe e einzufügen: „einer Versagung der Genehmigung für eine Nebentätigkeit“. - *Begründung:* Die Genehmigung einer Nebentätigkeit kann nur aus dem Pflichtenkreis eines Richters sachgemäß beurteilt werden. Hierzu ist das Dienstgericht am besten geeignet.

*28. Zu § 68:* In § 68 Abs. 2 wird noch eingefügt: „§ 25 a“. - *Begründung:* Die Ergänzung trägt der besonderen Stellung des Bundesverfassungsgericht Rechnung.

*29.* Es wird folgender § 70 a eingefügt: *§ 70 a. Stellenausschreibung.* Die Bewerber für ein Richteramt sind durch Stellenausschreibung zu ermitteln. - *Begründung:* Die Vorschrift ist die Folge des Vorschlags zu § 46 a (siehe oben Nr. 13).

*30.* Es wird folgender § 70 b eingefügt: *§ 70 b. Amtsbezeichnung.* Die Richter im Landesdienst führen die Amtsbezeichnung „Richter am …“ oder „Oberrichter“ oder „Senatspräsident am …“ oder „Präsident des …“. - *Begründung:* Die Vorschrift entspricht dem Vorschlag zu § 46 b (siehe oben Nr. 14).

*31. Zu § 72:* Die Bestimmung in Nr. 3 wird gestrichen. - *Begründung:* Wie bei den Richtern im Bundesdienst soll auch bei den Richtern im Landesdienst der Richtersenat nur aus unmittelbar gewählten Mitgliedern bestehen (vgl. oben Nr. 19 zu § 53 a).

*32. Zu § 73:* § 73 erhält folgende Fassung: *§ 73. Richtersenat.* Zur Beteiligung der Richter an Personalangelegenheiten müssen die Länder Richtersenate errichten. Den Ländern bleibt es jedoch überlassen, ob sie einen Richtersenat für das ganze Land und für alle Gerichtsbarkeiten einrichten oder ob sie mehrere Richtersenate schaffen wollen. - *Begründung:* Der Vorschlag des Bundesrats, dem die Bundesregierung zugestimmt hat, erweckt Zweifel, ob die Länder zur Einrichtung von Richtersenaten überhaupt verpflichtet sind. Der jetzige Vorschlag dient der Klarstellung.

*33.* Es wird folgender § 73 a eingefügt: *§ 73 a. Zusammensetzung des Richtersenats.* Die Richtersenate bestehen aus gewählten Mitgliedern. Die Präsidenten der Gerichte und ihre ständigen Vertreter können dem Richtersenat nicht angehören. - *Begründung:* Die Richtervertretung muss von dem Vertrauen der Richter getragen und deshalb in vollem Umfang von den Richtern gewählt werden. Zur Nichtwählbarkeit der Präsidenten und ihrer ständigen Vertreter vgl. die Begründung zu § 53 a letzter Absatz (siehe oben 19).

*34. Zu § 74:* § 74 erhält folgende Fassung: *§ 74. Aufgaben des Richtersenats.*

(1) Der Richtersenat ist vor der Ernennung eines Richters und vor einer landesrechtlich vorgesehenen Wahl durch einen Richterwahlausschuss zu beteiligen. Das Gleiche

gilt, wenn einem Richter ein Richteramt an einem Gericht eines anderen Gerichtszweiges übertragen werden soll.

(2) Auf Verlangen des Richtersenats hat die oberste Dienstbehörde oder der Richterwahlausschuss dem Richtersenat Gelegenheit zu geben, die Stellungnahme mündlich zu begründen.

(3) Weicht die oberste Dienstbehörde von der Stellungnahme des Richtersenats ab, so teilt sie dem Richtersenat die Gründe für die Abweichung schriftlich mit.

*Begründung:* Im Gegensatz zur Regierungsvorlage sollte der Richtersenat auch bei der Ernennung eines Richters in der Eingangsstufe beteiligt werden, weil damit die Zugehörigkeit zur rechtsprechenden Gewalt begründet wird. – Abs. 2 und 3 entsprechen den Vorschlägen zu § 56 Abs. 3 und 4 (siehe oben Nr. 23).

*35. Zu § 75:* § 75 wird gestrichen. - *Begründung:* Die Streichung ist eine Folge des Vorschlags zu § 29 a (siehe oben Nr. 10).

*36. Zu § 77:* Es ist einzufügen in Nr. 4 als Buchstabe e: „einer Versagung der Genehmigung für eine Nebentätigkeit“. - *Begründung:* Vergleiche Vorschlag zu § 60 (siehe oben Nr. 27).

*37. Zu § 82:* Der Deutsche Richterbund widerspricht dem Vorschlag des Bundesrats zu § 10 Abs. 1 GVG (Verwendung von Gerichtsreferendaren) (Nr. 25 Buchstabe b der Anlage 2 zu BT-Drucksache 516). - *Begründung:* Beweisaufnahmen dienen der Vorbereitung des Richterspruchs und müssen daher den Richtern vorbehalten sein.

*38.* Es wird folgender § 115 a eingefügt: *§ 115 a. Staatsanwälte.*

(1) Für die Staatsanwälte des Bundes und der Länder gelten die Vorschriften der §§ 5–7, 35 a, 38–41, 59–67, 76–80 entsprechend.

(2) Im Bereich der ordentlichen Gerichtsbarkeit kann mit seinem Einverständnis, wer ein Jahr im richterlichen Dienst tätig war, zum Staatsanwalt auf Lebenszeit, wer ein Jahr im staatsanwaltschaftlichen Dienst tätig war, zum Richter auf Lebenszeit ernannt werden.

*Begründung:* Zur vollen Sicherung einer unabhängigen Rechtspflege bedarf auch die Rechtsstellung der mit dem Richtertum nach Aufgabengebiet, Denkweise und Herkommen eng verbundenen Staatsanwälte einer weitgehenden Regelung im Richtergesetz. Insbesondere muss der seit Jahrzehnten bewährte Wechsel zwischen den Laufbahnen des Richters und des Staatsanwalts uneingeschränkt erhalten bleiben. Die in der Regierungsvorlage vorgesehene gemeinsame Anwärterdienst (§ 11) genügt nicht. Der Wechsel muss allgemein zwischen allen Staatsanwalts- und Richterämtern innerhalb der ordentlichen Gerichtsbarkeit möglich sein, derart, dass auch die Vordienstzeiten wechselseitig anerkannt werden. Im Einzelnen wird hierzu verwiesen auf das Gutachten von Prof. Dr. Eberhard Schmidt vom November 1957: „Die Rechtsstellung der Staatsanwälte im Rahmen der rechtsprechenden Gewalt und ihre Einbeziehung in das Richtergesetz“ (DRiZ 1957, 273).

Die Dienstgerichte für die Richter sollen nach dem Vorschlag zu Abs. 1 auch für die Staatsanwälte zuständig sein. Dieser Vorschlag entspricht in der Sache der Empfehlung des Bundesrats in Nr. 38 der Anlage 2 zur BT-Drucksache 516.

*IV.* Folgende Probleme bedürfen bei der Behandlung der Regierungsvorlage noch der Regelung oder Erörterung:

1. Zur weiteren Sicherung der richterlichen Unabhängigkeit muss über §§ 82 ff. der Regierungsvorlage hinaus geregelt werden:
   a) Eine unangebrachte Überbesetzung der Kollegialgerichte (Kammern und Senate) sollte gesetzlich untersagt werden (vgl. DRiZ 1959 S. 1 142 und 171);
   b) die Vorsitzenden und Beisitzer der Schwurgerichte, die Vorsitzenden der Kammern für Handelssachen und die Untersuchungsrichter werden bisher von der Justizverwaltung (§ 61 Abs. 2, § 83 GVG, § 7 Abs. 4 VO vom 20.3.1935) bestellt. Diese Bestellungen sind ein Teil der Geschäftsverteilung, die dem Präsidium als Organ der richterlichen Selbstverwaltung zu übertragen sind (vgl. Schorn in DRiZ 1959, 139);
   c) zur Errichtung auswärtiger Kammern oder Senate muss künftig die Zustimmung des Präsidiums erforderlich sein, weil diese organisatorischen Maßnahmen der Versetzung von Richtern nahekommen;
   d) das Präsidium sollte zur Hälfte aus gewählten Mitgliedern bestehen;
   e) die Verteilung der Geschäfte innerhalb der Kammern und Senate soll allgemein nach den jetzt in § 8 der Verwaltungsgerichtsordnung festgelegten Grundsätzen geregelt werden;
   f) ehrenamtliche Beisitzer sollten nur durch Richterspruch abberufen werden können;
   g) eine unmittelbare Beteiligung der Gerichte oder gerichtlicher Organe an den Beratungen der parlamentarischen Haushaltsausschüsse sollte eingeführt werden (vgl. auch die Empfehlung des 40. Deutschen Juristentags, DRiZ 1953, 185).
2. Der Erörterung bedürfen noch folgende Fragen:
   a) Weitere Verstärkung des Mitwirkungsrechts der Richtervertretung im Hinblick auf die jüngsten Erörterungen (vgl. Geiger in DRiZ 1959, 336 [340]). Der Deutsche Richterbund behält sich insoweit vor, weitere Vorschläge nachzureichen.
   b) Das Problem des Gewissenskonfliktes (vgl. Referentendenkschrift zum Richtergesetz 1954, S. 32; DRiZ 1958, 238 und 1959, 199 [202]).

*V.* Die Vorschläge des Deutschen Richterbundes dürfen nicht dahin verstanden werden, dass die Regierungsvorlage in ihrer Grundkonzeption abgelehnt werde. Sie wollen vielmehr die tragenden Grundgedanken der Regierungsvorlage ausbauen und fortentwickeln.

Der Deutsche Richterbund würde es begrüßen, wenn der Deutsche Bundestag diese Gedanken und Anregungen verwerten würde.

Dr. Unterholzner, Oberlandesgerichtsrat,
Ständiger Vorsitzender des Vorsitzenden

## XVII. *Vermerk des BMJ über die Beratungen des BMJ mit den Landesjustizverwaltungen am 6.5.1960*

Die Beratung des Entwurfs eines Richtergesetzes mit den Vertretern der Landesjustizverwaltungen fand am 6.5.1960 im BMJ statt. Den Vorsitz führte MD Roemer. Die Teilnehmer ergeben sich aus der in Abschrift anliegenden Anwesenheitsliste.

*MD Roemer* erklärte eingangs, dass der Rechtsausschuss des Bundestages zu einzelnen Vorschriften der Regierungsvorlage, denen der Bundesrat zugestimmt hat, abweichende Regelungen erwäge; das gelte insbesondere für die Herabsetzung der Studiendauer auf sechs Semester, die Rechtstellung der Richter auf Probe, die Assessorenjustiz, den berufsrichterlichen Vorsitz in den Ehren- und Berufsgerichten, die Sicherung der Unabhängigkeit des Richters sowie für die Vorschriften über die Dienstaufsicht. MD Roemer bat die Länder, das BJM bei den Beratungen des Richtergesetzentwurfs zu unterstützen.

*MR Reh (Hessen)* regte eine Unterrichtung der Länder untereinander an. Ferner hielt er es für zweckmäßig, dass sich die Länder mit den aus ihren Bereichen kommenden zuständigen Bundestagsabgeordneten in Verbindung setzen.

*ORR Dr. Schmidt-Räntsch* erläuterte in der Folge die Punkte, die aufgrund der Ablehnung oder Änderung durch den Rechtsausschuss für die weiteren Beratungen wesentlich sind.

*Zu § 4 Abs. 2 Nr. 2:* Die Länder wurden gebeten, für ihren Bereich zu prüfen, ob die Änderung durch den Rechtsausschuss zu untragbaren Ergebnissen führen kann.

*Zu § 5:* Die Länder wurden von der Kürzung der Mindeststudiendauer unterrichtet.

*Zu § 9: MR Reh (Hessen)* machte darauf aufmerksam, dass durch die Einführung dieser Bestimmung die Landesverfassung für Hessen geändert werden müsse.

*MD Roemer* bat, diesen Gesichtspunkt bei der zweiten Lesung des Entwurfs vorzubringen.

*Zu § 13:* Den Ländern wurden die Absichten des Rechtsausschusses zur Rechtsstellung der Proberichter erläutert. Einmal kommt es dem Rechtsausschuss darauf an, den jungen Richter während der ersten Dienstjahre ohne besonderen Grund entlassen zu können; zum anderen spricht sich der Rechtsausschuss gegen Unterschiede in der Rechtsstellung der Richter auf Probe in den Ländern mit und in denjenigen ohne Richterwahlausschüsse aus. Als Diskussionsgrundlage wurde der diesem Protokoll beigefügte neue Fassungsvorschlag für § 13 vorgelegt.

*MinDirig. Dr. Wolffram (NRW)* hielt die Neufassung des § 13 für nicht befriedigend. Er betonte, dass der Vorschlag des Abgeordneten Dr. Arndt, die Entlassung für einen bestimmten Zeitraum auch ohne Gründe vorzusehen, von der Praxis her gesehen zu billigen sei.

*MD Roemer* betonte dagegen, dass ein Richter auf Probe keinesfalls schlechter gestellt werden könne, als ein Beamter auf Probe.

*MinDirig. Dr. Wolffram (NRW)* bat, an folgendem Fall die Problematik des § 13 erneut zu durchdenken: Das Land habe sich bereit erklärt, einen „ausreichend" beurteilten Assessor einzustellen. Es habe sich jedoch in der Folge erwiesen, dass dieser Assessor für den Richterberuf nicht geeignet gewesen sei. Die Entlassungsverfügung gegen den Richter sei indessen vom Verwaltungsgericht aufgehoben worden. – Dieser Fall zeige, wie schwer es sei, einen ungeeigneten Richter zu entlassen, wenn die Entlassung auch in den ersten Dienstjahren an bestimmte Entlassungsgründe, insbesondere an die mangelnde Bewährung, geknüpft sei. Dr. Wolffram sprach sich deshalb dafür aus, den Zeitraum, innerhalb dessen der Assessor ohne Grund entlassen werden könne, auf zwei Jahre, mindestens jedoch auf 1 ½ Jahre zu erstrecken. Die Worte „aus wichtigem Grund" müssten auf jeden Fall gestrichen werden, weil sie, wie der berichtete Fall zeige, den Assessor auch in der ersten Dienstjahren praktisch unentlassbar machen.

*MinDir. Dr. ter Beck (Rh.-Pf.)* sprach sich ebenfalls für eine Verlängerung der Zeit auf 18 Monate aus. Er gab bekannt, dass in Rheinland-Pfalz ein ähnlicher Fall wie in Nordrhein-Westfalen vorgekommen sei.

*MR Dr. Schulz (Niedersachsen)* sprach sich gegen die Festlegung der Entlassung eines Richters auf Probe zum Ablauf des sechsten Monats aus. Er hielt eine Festlegung auf bestimmte Zeitpunkte für nicht zweckmäßig.

*ORR Dr. Schmidt-Räntsch* erläuterte die Gesichtspunkte, die zur Festlegung bestimmter Zeitpunkte geführt haben.

Die anschließende Umfrage führte zu dem Ergebnis, dass sich alle Länder für eine Befristung auf sechs, zwölf und achtzehn Monate aussprachen. Diese drei Zeitpunkte seien ausreichend. Eine Ausweitung auf zwei Jahre sei im Interesse der Unabhängigkeit der Richter unerwünscht.

Sodann wurde der vorläufige Vorschlag des Rechtsausschusses erörtert, den Richter auf Probe nicht spätestens nach sechs Jahren, sondern bereits nach drei Jahren zum Richter auf Lebenszeit zu berufen, ihn aber für weitere drei Jahre (also im 4. bis 6. Dienstjahr) noch versetzbar zu halten (der Vorschlag geht auf eine Anregung des Abgeordneten Dr. Arndt zurück der die Einführung des früheren preußischen Amts- und Landrichters zu erwägen gab).

*MinDir. Dr. ter Beck (Rh.-Pf.)* sprach sich gegen eine solche Reglung aus.

Auch *OLGR Leytel (Saarland)* war gegen die beabsichtigte Regelung der Versetzbarkeit.

*MinDirig. Dr. Wolffram (NRW)* gab zu bedenken, dass die Justizverwaltung ausreichende Möglichkeiten haben müsse, um auch abgelegene kleine Amtsgerichte zu besetzen. Die jungen Richter seien gegenwärtig bemüht, eine Planstelle stets nur in einer Großstadt zu erhalten.

*MR Dr. Bleier (Bayern)* bestätigte diese Erscheinung und sprach ebenfalls den Wunsch aus, den genannten Justizverwaltungen genügend Spielraum zu lassen, um kleine Amtsgerichte besetzen zu können.

Nach längeren Debatten ergab sich, dass das Institut des früheren preußischen Amts- und Landrichters, das eine Verlegenheitslösung unter besonderen Umständen gewesen sei, keine geeignete Lösung biete.

*MinDirig. Dr. Wolffraum (NRW)* erklärte, es sei an der Regelung festzuhalten, dass die Richter auf Probe erst nach sechs Jahren einen Anspruch auf die Lebenszeitberufung erhalten und nach drei Jahren, von den besonderen Gründen des Beamtenrechts abgesehen, nicht mehr entlassbar sein sollen.

Abschließend zur Rechtsstellung des Richters auf Probe wurde erörtert, wie vermieden werden könne, dass der Richter auf Probe in den Ländern mit Richterwahlausschüssen auch noch nach sechs Jahren damit rechnen müsse, dass er nicht angestellt, sondern innerhalb kürzester Frist entlassen werde (§ 11 Abs. 2 des Entwurfs). Nach dem neuen Vorschlag des § 13 soll auch in den Ländern mit Richterwahlausschüssen der Richter auf Probe, von bestimmten Entlassungsgründen des Beamtenrechts abgesehen, nach Ablauf des dritten Jahres nicht mehr entlassen werden können. Der Richterwahlausschuss muss sich also bis zu diesem Zeitpunkt schlüssig werden, ob er zur Übernahme des Richters auf Lebenszeit bereit ist oder nicht.

*MR Reh (Hessen)* erklärte, dass dieses Verfahren nicht vereinbar sei mit den Bestimmungen des Grundgesetzes und vor allem auch nicht mit den Gesetzen Hessens.

*Ltd. RegDir. Dr. Clemens (Hamburg)* gab bekannt, dass in Hamburg dem Richterwahlausschuss lediglich ein Vorschlagsrecht zustände, an welches die Landesregierung nicht gebunden sei. Er gab jedoch zu bedenken, dass das Vorschlagsrecht nach drei Jahren und die erst nach sechs Jahren erfolgende Ernennung des Richters in der Praxis zu Schwierigkeiten führen werde.

*ORR Dr. Entholt (Bremen)* glaubt, dass die geplante Vorschrift mit der bremischen Verfassung schwer zu vereinbaren sei.

*MR Reh (Hessen)* erklärte, der Richterwahlausschuss sei zumindest in Hessen ein parlamentarisches Gremium. Eine bundeseinheitliche Regelung der Entlassungsgründe für den Richter auf Probe sei nicht unbedingt erforderlich; es werde ohnehin aus anderen Gründen Unterschiede zwischen den Ländern mit und denen ohne Richterwahlausschuss geben.

*MD Roemer* erklärte dazu, bundeseinheitliche Grundsätze seien unerwünscht.

*ORR Dr. Schmidt-Räntsch* weist darauf hin, dass die Entlassungsgründe mit Zustimmung der Länder in den ersten Teil des Richtergesetzentwurfs aufgenommen seien, weil sie zum Gerichtsverfassungsrecht gerechnet würden. Die Kompetenz des Bundesgesetzgebers folge also aus Art. 74 Nr. 1 GG. Es bestehe ein starkes Bedürfnis, dass die in Teil I des Richtergesetzentwurfs geregelten Fragen in allen Bundesländern einheitlich geregelt seien.

*MR Reh (Hessen)* bat, dass wenigstens die beabsichtigte Frist von drei Jahren erweitert werden müsse.

*SenDirig. Dr. Buckow (Berlin)* erklärte, dass eine bundeseinheitliche Regelung für alle Länder, ob mit oder ohne Richterwahlausschuss, begrüßt würde. Er betonte die Notwendigkeit, den Richterwahlausschuss nach Ablauf von drei Jahren einzuschalten und hielt eine Lösung für möglich, ohne die Institution des Land- und Amtsrichters neu zu beleben. Durch die beabsichtigte Regelung würde seiner Ansicht nach der Richterwahlausschuss auch nicht unter Druck gesetzt.

*MinDirig. Dr. Wolffram (NRW)* hielt es nicht für richtig, dass in den Ländern mit Richterwahlausschüssen ein zusätzlicher Entlassungsgrund, nämlich die Ablehnung durch Richterwahlausschüsse, anerkannt würde.

*Ltd. RegDir. Dr. Clemens (Hamburg)* stimmte der Fassung des § 13 Abs. 2 zu.

*ORR Dr. Schmidt-Räntsch* richtete an den hessischen Vertreter, der gegen den neuen Fassungsvorschlag des § 13 Abs. 2 Bedenken erhoben hatte, die Frage, ob ihm die Einführung des Instituts des früheren preußischen Amts- und Landrichters lieber sei, als der Kompromissvorschlag des BJM (§ 13 Abs. 2 neu).

Daraufhin erklärte *MR Reh (Hessen)*, dass er sich mit Nachdruck gegen die Schaffung eines dem früheren Amts- und Landrichters ähnlichen Instituts aussprechen würde, da er in der Versetzbarkeit eines bereits auf Lebenszeit ernannten Richters einen Eingriff in die verfassungsmäßig garantierte Unabhängigkeit des Richters sehe. In erster Linie trete er für die Regierungsvorlage ein (der Richter auf Probe kann auch zum Ablauf das sechsten Jahres noch entlassen werden, wenn ein Richterwahlausschuss ihn ablehnt); sollte dies nicht erreichbar sein, so werde Hessen den Kompromissvorschlag (der Richterwahlausschuss muss sich spätestens nach Ablauf des dritten Jahres entscheiden, ob er den Richter auf Probe übernehmen will) hinnehmen. Das Institut des früheren preußischen Amts- und Landrichters werde unter keinen Umständen befürwortet.

*Zu § 17: ORR Dr. Schmidt-Räntsch* trug die Bedenken vor, die der Rechtsausschuss bisher gegen die Vorschrift im § 17 geäußert hat, dass das Richterverhältnis nur durch Aushändigung einer Urkunde, die einen bestimmten Inhalt haben muss, begründet werden kann. Die Ansicht des Rechtsausschusses, dass die Problematik durch Abschwächung der Muss-Vorschrift in eine Soll-Vorschrift gelöst werden könne, sei nicht zutreffend. Ein bestimmter Akt müsse zur Begründung des Richterverhältnisses stets gefordert werden;

die Anmaßung des Amts reiche dafür nicht aus. Dieser Akt könne aber fehlerhaft sein, so dass die Bedenken des Rechtsausschusses auch bei einer bloßen Soll-Vorschrift in § 17 fortbestünden. Die Frage sei vielmehr, ob eine Entscheidung, an der ein fehlerhaft ernannter Richter mitgewirkt habe, mit Rücksicht auf Art. 92 GG als Nichturteil behandelt werden müsse oder aber nur durch Rechtsmittel oder im Wiederaufnahmeverfahren aufzuhebendes Urteil sei. - Die Ländervertreter wurden gebeten, diese Frage möglichst noch vor der Berliner Sitzung in ihren Häusern zu erörtern und mitzuteilen, ob fehlerhafte Ernennungen in den vergangenen Jahren häufig vorgekommen seien.

Vorbehaltlich einer näheren Prüfung sprachen sich die Ländervertreter überwiegend dafür aus, dass § 17 in der Fassung der Regierungsvorlage erhalten bleiben solle und dass die Urteile im Interesse der Rechtssicherheit lediglich im Rechtsmittel oder im Wiederaufnahmeverfahren beseitigt werden könnten.

*Zu §§ 20 bis 22: ORR Dr. Schmidt-Räntsch* erläuterte die bisherigen Beschlüsse des Rechtsausschusses sowie die in den letzten Sitzungen des Rechtsausschusses geäußerten Ansichten zur Lösung der noch offenen Fragen über die Vorschriften, die die Sicherung der Unabhängigkeit der Richter und die Abgrenzung der zulässigen Maßnahmen der Dienstaufsicht betreffen. Den Ländervertretern wurde die Neufassung eines § 20 (Anlage 2) vorgelegt, der in etwa den Vorstellungen des Rechtsausschusses entspricht.

Die Ländervertreter sahen sich nicht in der Lage, zu diesem Fassungsvorschlag abschließend Stellung zu nehmen.

*SenDirig. Dr. Buckow (Berlin)* gab zu bedenken, dass die Neufassung die Stellung der obersten Dienstbehörden verschlechtere. Es sei sehr zweifelhaft, ob z.B. die in § 22 Abs. 2 der Regierungsvorlage für zulässig erklärten Maßnahmen bei Annahme der Neufassung von § 22 noch rechtmäßig seien.

*MD Roemer* sagte eine Überprüfung der Neufassung zu.

*Zu § 24 Abs. 2:* Die Ländervertreter wurden auf die Bedenken des Rechtsausschusses gegen den berufsrichterlichen Vorsitz hingewiesen und gebeten, die im BJM angefertigte und während der Sitzung verteilte Aufstellung (Anlage 3 dieses Protokolls; vgl. unten S. 801) zu überprüfen und Änderungs- und Ergänzungsvorschläge noch möglichst vor der Berliner Sitzung mitzuteilen.

*Zu § 25 Abs. 2: ORR Dr. Schmidt-Räntsch* erläuterte die Stellungnahme des Bundesrats zu § 25 Abs. 2 und die Äußerung der Bundesregierung dazu.

*Ltd. RegDir. Dr. Clemens (Hamburg)* tritt wegen der unerlässlichen Differenzierungen zu den Gerichtsbarkeiten für ersatzlose Streichung der Bestimmung ein. – Die übrigen Länder treten dieser Ansicht bei.

*MD Roemer* hält eine evtl. Beschränkung auf die Strafjustiz für möglich.

Die Ländervertreter wurden darauf hingewiesen, dass der Rechtsausschuss gegen § 25 Abs. 1 Satz 2 Bedenken erhoben habe. Das BJM erwäge, in diesem Satz die Worte „in der

Entscheidung“ einzufügen. Ein entsprechender Fassungsvorschlag wurde verteilt (vgl. unten S. 802).

Anlage a) Vorläufiger Vorschlag des BJM vom 6.5.1960 zu § 13

*§ 13. Entlassung eines Richters auf Probe*

(1) Ein Richter auf Probe kann zum Ablauf des sechsten Monats oder des ersten Jahres nach seiner Ernennung entlassen werden.

(2) Ein Richter auf Probe kann zum Ablauf des zweiten oder dritten Jahres entlassen werden, wenn er sich nicht bewährt oder wenn ein Richterwahlausschuss seine Übernahme in das Richterverhältnis auf Lebenszeit oder auf Zeit ablehnt.

(3) Ein Richter auf Probe kann ferner entlassen werden bei

1. einem Verhalten, das bei Richtern auf Lebenszeit eine im förmlichen Disziplinarverfahren zu verhängende Disziplinarstrafe zur Folge hätte, oder

2. Dienstunfähigkeit, wenn der Richter nicht in den Ruhestand versetzt wird, oder

3. einer Veränderung in der Einrichtung der Gerichte oder ihrer Bezirke, wenn eine anderweitige Verwendung nicht möglich ist.

(4) In den Fällen der Absätze 1, 2 und 3 Nr. 3 ist die Entlassungsverfügung dem Richter mindestens sechs Wochen vor dem Entlassungstag mitzuteilen.

Als Folge der Neufassung des § 13 entfallen in § 11 Abs. 2 die Worte „oder einem Richterwahlausschuss zur Wahl vorzuschlagen“.

Anlage b) Vorläufiger Vorschlag des BJM vom 6.5.1960 zu § 22

§ 22. Dienstaufsicht

(1) Der Richter unterliegt einer Dienstaufsicht nur, soweit dadurch nicht seine im Grundgesetz festgelegte Unabhängigkeit beeinträchtigt wird.

(2) Ist eine Maßnahme der Dienstaufsicht geeignet, diese Unabhängigkeit zu beeinträchtigen, so kann der Richter eine gerichtliche Entscheidung (nach Maßgabe dieses Gesetzes) beantragen.

## XVIII. *Vermerk des BMJ über die Beratungen des Unterausschusses der Justizministerkonferenz am 10.10.1960 (Stellung der Staatsanwaltschaft)*

Am 10. Okt. 1960 tagte in Wiesbaden der *Unterausschuss der Justizministerkonferenz,* der mit Staatsanwaltsfragen befasst ist. In der Sitzung wurde die Frage erörtert, ob die Staatsanwälte wenigstens teilweise von Weisungen freizustellen sind. Anlass für die Erörterungen war der Beschluss des Rechtsausschusses des Bundestags vom 15. Juni 1960, die

Staatsanwälte in das Richtergesetz einzubeziehen. Während der Sitzung des Unterausschusses wurden sieben Alternativvorschläge formuliert, die z.T. das Weisungsrecht der Staatsanwälte abweichend vom bisherigen Recht regeln.

Einstimmig waren die Vertreter der Landesjustizverwaltungen der Auffassung, dass das Weisungsrecht der Staatsanwälte weder im Richtergesetz erwähnt, noch gegenüber der bestehenden Rechtslage verändert werden sollte. Dementsprechend wurde die sechste Alternative einstimmig abgelehnt. Gleichfalls abgelehnt wurden die Alternativen 3, 4, 5 und 7, und zwar die Alternative 3 mit fünf Stimmen bei drei Gegenstimmen und drei Enthaltungen, die Alternative 4 mit 10 Stimmen bei einer Enthaltung, die Alternative 5 mit acht Stimmen bei zwei Gegenstimmen und einer Enthaltung und die Alternative 7 einstimmig. Die *Alternative 2* wurde wie folgt verändert: „Die Staatsanwaltschaft wirkt in der Rechtspflege als deren Organ im Rahmen der ihr durch die Gesetze übertragenen Aufgaben mit." Und mit sechs gegen eine Gegenstimme bei vier Enthaltungen angenommen.

Die *anwesenden Justizminister und Senatoren* lehnten jedoch eine bloße Deklamation, wie sie die vom Unterausschuss angenommene 2. Alternative zum Inhalt hat, mit großer Mehrheit ab. Es wurde die Ansicht vertreten, dass nur in Frage kommen könne, das Weisungsrecht materiell zu regeln. Es bestehe jedoch kein Anlass, von der bisherigen bewährten Rechtslage abzuweichen und den Staatsanwalt im größeren Umfang als bisher von Weisungen freizustellen. Wenn aber das Weisungsrecht im Richtergesetz nicht geregelt werden könne, habe eine bloße Deklamation keine Bedeutung. Die Justizminister waren sich darüber einig, dass im Interesse einer beschleunigten Verabschiedung des Richtergesetzes keine weitergehende Regelung für Staatsanwälte angestrebt werden sollte, als § 115 a des Bundesratsvorschlags vorsehe. Die Frage der Disziplinargerichtsbarkeit wurde nicht besonders erwähnt.

Auf Vorschlag des bayerischen Justizministers soll aber davon abgesehen werden, § 115 a Abs. 2 des Bundesratsbeschlusses weiter zu verfolgen. Der bayerische Justizminister hatte sich mit Schreiben vom 10. Oktober 1960 dagegen gewendet, dass ein Staatsanwalt nur mit seinem Einverständnis zum Richter ernannt werden dürfe. Gegen den bayerischen Vorschlag, in § 115 a Abs. 2 das Einverständnis beim Wechsel vom Staatsanwalt zum Richter fallen zu lassen, erhoben sich erhebliche Bedenken, weil auf diese Weise jemand ohne Zustimmung mit den Aufgaben eines Richteramts betraut werden könne. Das widerspreche, so wurde geltend gemacht, dem herkömmlichen Dienstrecht und sei auch verfassungsrechtlich nicht unbedenklich. Der bayerische Justizminister vertrat unter diesen Umständen die Auffassung, dass es dann besser sei, § 115 a Abs. 2 des Bundesratsvorschlags ganz fallen zu lassen, um nicht ausdrücklich das Einverständnis des Staatsanwalts bei der Ernennung zum Richter hervorzuheben. Dem stimmten die anderen Justizminister zu. Auch Herr Minister hat zugesagt, diese Bestimmung im Rechtsausschuss des Bundestages nicht zu vertreten.

*Anlage:*

*1.-7. Alternative Vorschläge des Unterausschusses*

1. *Alternative:* Der vom Bundesrat vorgeschlagene § 115 a des Deutschen Richtergesetzes soll nicht durch einen Zusatz erweitert werden, der sich auf die Stellung der Staatsanwaltschaft in der Strafrechtspflege oder auf das Weisungsrecht bezieht.
2. *Alternative:* Dem § 115 a Satz 1 des Deutschen Richtergesetzes wird folgender Satz vorangestellt:
   *1. Variante:* Der Staatsanwalt ist ein Organ der Rechtspflege.
   *2. Variante:* Der Staatsanwalt wirkt bei der Rechtspflege im Rahmen der ihm durch die Gesetze übertragenen Aufgaben mit.
   In dem bisherigen Satz 1 des § 115 a werden die Eingangsworte „Für die Staatsanwälte" ersetzt durch die Eingangsworte „Für ihn".
3. *Alternative:* Dem § 115 a des Deutschen Richtergesetzes wird folgende Vorschrift vorangestellt:
   *1. Variante:* Der Staatsanwalt ist ein Organ der Rechtspflege. Er ist verpflichtet, nach Maßgabe der Gesetze wegen aller gerichtlich strafbaren und verfolgbaren Handlungen einzuschreiten.
   *2. Variante:* Der Staatsanwalt wirkt bei der Rechtspflege im Rahmen der ihm durch die Gesetze übertragenen Aufgaben mit. Nach Maßgabe dieser Gesetze ist er verpflichtet, wegen aller gerichtlich strafbaren und verfolgbaren Handlungen einzuschreiten.
4. *Alternative:* Dem § 115 a des Deutschen Richtergesetzes wird folgende Vorschrift vorangestellt:
   *1. Variante:* Der Staatsanwalt ist ein Organ der Rechtspflege. Seine Pflicht, nach Maßgabe der Gesetze wegen aller gerichtlich strafbaren und verfolgbaren Handlungen einzuschreiten, kann durch Weisung nicht eingeschränkt werden.
   *2. Variante:* Der Staatsanwalt wirkt bei der Rechtspflege im Rahmen der ihm durch die Gesetze übertragenen Aufgaben mit. Seine Pflicht, nach Maßgabe der Gesetze wegen aller gerichtlich strafbaren und verfolgbaren Handlungen einzuschreiten, kann durch Weisung nicht eingeschränkt werden.
5. *Alternative:* Dem § 115 a des Deutschen Richtergesetzes wird folgende Vorschrift vorangestellt:
   *1. Variante:* Der Staatsanwalt ist ein Organ der Rechtspflege. Er ist verpflichtet, nach Maßgabe der Gesetze wegen aller gerichtlich strafbaren und verfolgbaren Handlungen einzuschreiten.
   Diese Pflicht und die Pflicht, von der Verfolgung Abstand zu nehmen, wenn kein genügender Verdacht einer strafbaren Handlung besteht, darf durch Weisungen nicht beeinträchtigt werden.

2. *Variante:* Der Staatsanwalt wirkt bei der Rechtspflege im Rahmen der ihm durch die Gesetze übertragenen Aufgaben mit. Nach Maßgabe dieser Gesetze ist er verpflichtet, wegen aller gerichtlich strafbaren und verfolgbaren Handlungen einzuschreiten. Diese Pflicht und die Pflicht, von der Verfolgung Abstand zu nehmen, wenn kein genügender Verdacht einer strafbaren Handlung besteht, darf durch Weisungen nicht beeinträchtigt werden.

6. *Alternative:* Dem § 115 a des Deutschen Richtergesetzes wird folgende Vorschrift vorangestellt:
   1. *Variante:* Der Staatsanwalt ist ein Organ der Rechtspflege. Er hat den dienstlichen Weisungen seiner Vorgesetzten nachzukommen, soweit dadurch seine Pflicht nicht beeinträchtigt wird, nach Maßgabe der Gesetze wegen aller gerichtlich strafbaren und verfolgbaren Handlungen einzuschreiten - Variante – und von der Verfolgung Abstand zu nehmen, wenn kein genügender Verdacht einer strafbaren Handlung besteht.
   2. *Variante:* Der Staatsanwalt wirkt bei der Rechtspflege im Rahmen der ihm durch die Gesetze übertragenen Aufgaben mit. Er hat den dienstlichen Weisungen seiner Vorgesetzten nachzukommen, soweit dadurch seine Pflicht nicht beeinträchtigt wird, nach Maßgabe der Gesetze wegen aller gerichtlich strafbaren und verfolgbaren Handlungen einzuschreiten – Variante – und von der Verfolgung Abstand zu nehmen, wenn kein genügender Verdacht einer strafbaren Handlung besteht.
7. *Alternative:* § 146 GVG wird folgender Satz 2 angefügt: Doch darf ihre Pflicht nicht beeinträchtigt werden, nach Maßgabe der Gesetze wegen aller gerichtlich strafbaren und verfolgbaren Handlungen einzuschreiten – Variante – und von der Verfolgung Abstand zu nehmen, wenn kein genügender Verdacht einer strafbaren Handlung besteht.

*Empfehlung:*
Der *Unterausschuss der Konferenz der Justizminister* für die Vorbereitung einer bundeseinheitlichen Neuordnung der Organisation und des Dienstbetriebes der Staatsanwaltschaft hat folgende Empfehlung beschlossen:

1. Vor § 115 a Abs. 1 des Deutschen Richtergesetzes in der Fassung des Vorschlags des Bundesrates wird folgender Absatz eingefügt: „(1) Die Staatsanwaltschaft wirkt an der Rechtspflege als deren Organ im Rahmen der ihr durch die Gesetze übertragenen Aufgaben mit."
2. Die bisherigen Absätze 1 und 2 des § 115 a des Deutschen Richtergesetzes werden Absätze 2 und 3.

# XIX. *Entwurf eines Deutschen Richtergesetzes nach den Beschlüssen des Rechtsausschusses des Bundestages in 1. Lesung (14.10.1960)*

## Erster Teil. *Richteramt in Bund und Ländern*

### *Erster Abschnitt. Einleitende Vorschriften*

*§ 1.* Berufsrichter und ehrenamtliche *Richter*
Die rechtsprechende Gewalt wird durch Berufsrichter und durch ehrenamtliche *Richter* ausgeübt.

*§ 2.* Geltung für Berufsrichter
(1) Die Vorschriften dieses Gesetzes gelten, soweit dieses Gesetz nichts anderes bestimmt, nur für die Berufsrichter.
(2) Entfällt.

*§ 3.* Unverändert.

*§ 4.* Unvereinbare Aufgaben
(1) Unverändert
(2) Außer Aufgaben der rechtsprechenden Gewalt darf ein Richter jedoch wahrnehmen

1. Unverändert
2. andere Aufgaben, die aufgrund eines Gesetzes Gerichten *oder Richtern* zugewiesen sind.
3. u. 4. Unverändert

### *Zweiter Abschnitt. Befähigung zum Richteramt*

*§ 5.* Erwerb der Befähigung zum Richteramt
(1) Unverändert
(2) Der ersten Prüfung muss ein Studium der Rechtswissenschaft von mindestens *drei* Jahren an einer Universität vorangehen. Davon sind mindestens vier Halbjahre dem Studium an einer Universität im Geltungsbereich dieses Gesetzes zu widmen.
(3) Unverändert

*§ 6.* Im Grundsatz angenommen; Neuformulierung für den ersten Satz vorgemerkt.

*§ 7.* Unverändert

## *Dritter Abschnitt. Richterverhältnis*

§ *8.* Zurückgestellt

§ *9.* Ernennung auf Lebenszeit

(1) Unverändert

(2) Auf die Zeit nach Absatz 1 können angerechnet werden Tätigkeiten

1.-3. Unverändert

*Die volle Anrechnung dieser Tätigkeit setzt besondere Kenntnisse und Erfahrungen des zu Ernennenden voraus.*

(3) Entfällt

§ *10.* Unverändert

§ *11.-12.* Zurückgestellt

§ *13.* Zurückgestellt

§ *14.* Unverändert

§ *15.* Wirkungen auf das Beamtenverhältnis

(1) Der Richter kraft Auftrags behält sein bisheriges Amt. Seine Besoldung und Versorgung bestimmen sich nach diesem Amt. Im Übrigen ruhen für die Dauer des Richterverhältnisses kraft Auftrags die Rechte und Pflichten aus dem Beamtenverhältnis, *soweit sie mit dem Richteramt unvereinbar sind.*

(2) Unverändert

§ *16.* Zurückgestellt

§ *17.* Unverändert

§ *18.* Entfällt

§ *19.* Allgemeines Dienstalter

Das allgemeine Dienstalter eines Richters bestimmt sich nach dem Tag, an dem ihm sein Richteramt übertragen worden ist. Hat der Richter zuvor ein anderes Richteramt mit mindestens dem gleichen Endgrundgehalt bekleidet, so bestimmt sich das allgemeine Dienstalter nach dem Tag der Übertragung dieses Amtes.

## *Vierter Abschnitt. Unabhängigkeit des Richters*

§ *20.* Entfällt

§ *21.* Zurückgestellt (Abstimmung!)

*§ 22.* Dienstaufsicht

(1) Zurückgestellt (Abstimmung!)

(2) Gestrichen

(3) Zurückgestellt (Abstimmung!)

*§ 23.* Übertragung eines Richteramtes

(1) Unverändert

(2) Ihm kann *mit seiner Zustimmung* ein weiteres Richteramt bei einem anderen Gericht übertragen werden, soweit ein Gesetz dies zulässt.

*§ 24.* Besetzung der Gerichte mit Richtern auf Lebenszeit

(1) *Als Richter* dürfen *bei einem Gericht* nur Richter auf Lebenszeit tätig werden, soweit nicht ein Bundesgesetz etwas anderes *bestimmt.*

(2) Unverändert

*§ 25.* Besetzung der Gerichte mit Richtern auf Probe, Richtern kraft Auftrags und abgeordneten Richtern

(1) Bei einer gerichtlichen Entscheidung darf nicht mehr als ein Richter auf Probe oder ein Richter kraft Auftrags oder ein abgeordneter Richter mitwirken. Er muss als solcher *in der Entscheidung erkenntlich sein.*

(2) *Vorsitzender eines Kollegialgerichts für Strafsachen darf ein Richter auf Probe erst im zweiten Jahr nach seiner Ernennung sein.*

(3) Entfällt

*§ 26.* Unverändert

*§ 27.* Versetzung im Interesse der Rechtspflege

Ein Richter auf Lebenszeit oder ein Richter auf Zeit kann

1.-3. (unverändert) versetzt werden, *wenn Tatsachen außerhalb seiner richterlichen Tätigkeit eine Maßnahme dieser Art zwingend gebieten, um eine schwere Beeinträchtigung der Rechtspflege abzuwenden.*

*§§ 28–30.* Unverändert

*§ 30 a.* Die Frage des Gewissenskonflikts im konkreten Fall (Selbstablehnung) zurückgestellt.

*§ 31.* Unverändert

*§ 32.* Beendigung des Dienstverhältnisses durch richterliche Entscheidung

Wird gegen einen Richter auf Lebenszeit oder einen Richter auf Zeit durch Urteil eines deutschen Gerichts im Geltungsbereich dieses Gesetzes erkannt auf

1.-2. unverändert

3. zurückgestellt (Antrag Abg. Dr. Schneider)

4. unverändert
5. Aberkennung der Fähigkeit zur Bekleidung öffentlicher Ämter *oder*
6. *Verwirkung eines Grundrechts gemäß Art. 18 des Grundgesetzes,* so endet das Richterverhältnis mit der Rechtskraft dieses Urteils, ohne dass es einer weiteren gerichtlichen Entscheidung bedarf.

*§§ 33 u. 34.* Unverändert

*§ 35.* Abordnung

(1)-(2) Unverändert

(3) Zur Vertretung eines Richters darf ein Richter auf Lebenszeit oder ein Richter auf Zeit ohne seine Zustimmung längstens für zusammen *drei* Monate innerhalb eines Geschäftsjahres an andere Gerichte desselben Gerichtszweigs abgeordnet werden.

## *Fünfter Abschnitt. Besondere Pflichten des Richters*

*§ 36.* Richtereid

(1) *Der Richter hat folgenden Eid* zu leisten: „…" unverändert.

(2) Unverändert

*§ 37.* Wahrung der Unabhängigkeit

(1) Entfällt

(2) Der Richter *hat* sich innerhalb und außerhalb seines Amtes, *auch bei politischer Betätigung,* so zu verhalten, dass das Vertrauen in seine Unabhängigkeit nicht gefährdet wird.

*§ 38.* Politische Tätigkeit

(1) Entfällt

(2) Nimmt ein Richter die Aufstellung als Bewerber für die Wahl zum Abgeordneten des Bundestages oder einer gesetzgebenden Körperschaft eines Landes an, so ist er von diesem Tage, frühestens jedoch zwei Monate vor dem Wahltage, bis zum Ablauf von zwei Wochen nach dem Wahltage mit vollen Dienstbezügen beurlaubt.

(3) Entfällt

*§ 39.* Schiedsrichter und Schlichter

(1) Zurückgestellt

(2) Entfällt

*§ 40.* Rechtsgutachten

(1) Ein Richter darf weder *außerdienstlich* Rechtsgutachten erstatten noch entgeltlich Rechtsauskünfte erteilen.

(2) Ein *beamteter* Professor der Rechte *und der politischen Wissenschaften,* der gleichzeitig Richter ist, darf mit Genehmigung der obersten Dienstbehörde der Gerichtsverwaltung Rechtsgutachten erstatten und Rechtsauskünfte erteilen. Die Genehmigung darf allgemein oder für den Einzelfall nur erteilt werden, wenn die richterliche Tätigkeit des Professors nicht über den Umfang einer Nebentätigkeit hinausgeht und nicht zu besorgen ist, dass dienstliche Interessen beeinträchtigt werden.

*§ 41.* Unverändert

*§ 42.* (Probeabstimmung: Bejahung des dissenting vote für Bundesverfassungsgericht und Staatsgerichtshöfe der Länder.)

### *Sechster Abschnitt. Ehrenamtliche Richter*

*§ 43.* Bestellung und Abberufung des ehrenamtlichen *Richters.*

(1) *Ehrenamtliche Richter dürfen bei einem Gericht nur aufgrund eines Gesetzes und unter den gesetzlich bestimmten Voraussetzungen tätig werden.*

(2) Ein ehrenamtlicher *Richter* kann vor Ablauf seiner Amtszeit nur unter den gesetzlich bestimmten Voraussetzungen und gegen seinen Willen nur durch Entscheidung eines Gerichts abberufen werden.

*§ 44.* Unabhängigkeit und besondere Pflichten des ehrenamtlichen *Richters*

(1) Der ehrenamtliche *Richter* ist in gleichem Maße wie ein *Berufsrichter* unabhängig.

(2) Im Übrigen bestimmen sich die Rechte und Pflichten der ehrenamtlichen *Richter* nach den für die einzelnen Gerichtszweige geltenden Vorschriften.

(3) Zurückgestellt

## Zweiter Teil. Richter im Bundesdienst

### *Erster Abschnitt. Allgemeine Vorschriften*

*§ 45.* Geltung des Bundesbeamtenrechts

*Soweit dieses Gesetz nichts anderes bestimmt, gelten für die Rechtsverhältnisse der Richter im Bundesdienst bis zu einer besonderen Regelung die Vorschriften für Bundesbeamte entsprechend.*

*§ 46.* Zurückgestellt

*§ 47.* Unverändert

### *Zweiter Abschnitt. Richtervertretungen*

*§ 48.* Unverändert

*§ 49.* Zusammensetzung des Richterrats

(1) Bei jedem oberen Bundesgericht wird ein Richterrat, bei dem Bundesdisziplinarhof zugleich für die Bundesdisziplinarkammern, errichtet. Er besteht bei dem

1.-2. unverändert

3. zurückgestellt (Aufteilung auf Bundesdisziplinarhof *und* Bundesdisziplinarkammern; evtl. Aufnahme des Bundespatentgerichts vorgemerkt.)

(2)-(3) unverändert

*§ 50–52.* Unverändert

*§ 53.* Bildung des Präsidialrats (im Grundsatz angenommen)

(1) Abstimmung zwecks Neuformulierung der Nrn. 1 und 2 zurückgestellt.

(2) Dem Präsidenten beim Bundesdisziplinarhof soll mindestens ein vom Präsidium aus seiner Mitte gewählter Richter eines Wehrdienstsenats und ein vom Richterrat gewählter Richter der Bundesdisziplinarkammern angehören. In Angelegenheiten der Richter der Truppendienstgerichte treten an die Stelle der beiden vom Richterrat des Bundesdisziplinarhofs gewählten Richter zwei vom Richterrat der Truppendienstgerichte gewählte Richter.

(3) unverändert

*§§ 54–55.* Unverändert

*§ 56.* Stellungnahme des Präsidialrats

(1) unverändert

(2) Der Präsidialrat hat seine Stellungnahme binnen *eines Monats* abzugeben

(3) unverändert

*§§ 57–58.* Unverändert

## *Dritter Abschnitt. Dienstgericht des Bundes*

*§ 59.* Verfassung des Dienstgerichts

(1) Für die Richter im Bundesdienst wird als Dienstgericht des Bundes ein besonderer Senat des Bundesgerichtshofs gebildet.

(2) Das Dienstgericht des Bundes verhandelt und entscheidet in der Besetzung mit einem Vorsitzenden, zwei ständigen Beisitzern und zwei nichtständigen Beisitzern. *Der Vorsitzende und die ständigen Beisitzer müssen dem Bundesgerichtshof, die nichtständigen Beisitzer als Richter auf Lebenszeit dem Gerichtszweig des betroffenen Richters angehören. Der Präsident eines Gerichts und sein ständiger Vertreter können nicht Mitglied des Dienstgerichts sein.*

(3) Das Präsidium des Bundesgerichtshofs bestimmt den Vorsitzenden *und* die Beisitzer *sowie* deren Vertreter für fünf Geschäftsjahre. Bei der Hinzuziehung der nichtständigen Beisitzer ist es an die Reihenfolge in den Vorschlagslisten gebunden, die von den Präsidien der oberen Bundesgerichte aufgestellt werden.

(4) *Das Dienstgericht gilt in Disziplinar- und Versetzungsverfahren (§§ 61, 63) als Strafsenat, in Prüfungsverfahren (§ 65) als Zivilsenat im Sinne der §§ 132 und 136 des Gerichtsverfassungsgesetzes.*

*§ 60.* Zuständigkeit des Dienstgerichts

(1) Das Dienstgericht des Bundes entscheidet endgültig

1.-3. unverändert

4. bei Anfechtung

a) unverändert

a[1]) der Abordnung eines Richters gemäß § 35 Abs. 3,

b) *einer Verfügung, durch die ein Richter auf Probe oder kraft Auftrags entlassen, durch die seine Ernennung zurückgenommen oder die Richtigkeit seiner Ernennung festgestellt oder durch die er wegen Dienstunfähigkeit in den Ruhestand versetzt wird,*

c)-d) unverändert

(2) unverändert.

*§ 61.* Unverändert

*§ 62.* Zurückgestellt

*§ 63.* Versetzungsverfahren

(1) unverändert

(2) Das Verfahren wird von der obersten Dienstbehörde eingeleitet. An die Stelle der Anschuldigungsschrift tritt der Antrag *der obersten Dienstbehörde.*

(3) unverändert

*§§ 64 und 65.* Unverändert

*§ 66.* Urteilsformel im Prüfungsverfahren

(1)-(2) unverändert

(3) In den Fällen des § 60 Abs. 1 Nr. 4 Buchstaben a *und a*[1] bis c hebt das Gericht die angefochtene Maßnahme auf oder weist den Antrag zurück.

(4) unverändert

*§ 67.* Unverändert

## *Vierter Abschnitt. Richter des Bundesverfassungsgerichts*

*§§ 68–69* noch nicht behandelt.

## **Dritter Teil:** *Richter im Landesdienst*

*§ 70.* Bindung an Rahmenvorschriften

(1) unverändert

(1a) *Soweit die unabhängige Stelle (§§ 61, 62 des Beamtenrechtsrahmengesetzes) für Angelegenheiten der Richter zuständig ist, muss mindestens die Hälfte ihrer Mitglieder Richter sein.*

(2) Für die Richter im Landesdienst gelten §§ 123 bis 132 des Beamtenrechtsrahmengesetzes entsprechend, *soweit dieses Gesetz nichts anderes bestimmt.*

*§ 70 a.* (Vorschlag Dt. Richterbund: Stellenausschreibung; für 2. Lesung zurückgestellt.)

*§ 71.* Unverändert

*§ 72.* Aufgaben des Richterrats
Der Richterrat hat mindestens folgende Aufgaben:

1.-2. unverändert
3. entfällt

*§ 73.* Bildung des Präsidialrats

(1) Für jeden Gerichtszweig ist ein Präsidialrat zu bilden. Für mehrere Gerichtszweige kann durch Gesetz die Bildung eines gemeinsamen Präsidialrats vorgeschrieben werden.

(2) unverändert

*§§ 74, 75.* Zurückgestellt

*§ 76.* Errichtung von Dienstgerichten

(1) unverändert

(2) Die Dienstgerichte entscheiden in der Besetzung mit einem Vorsitzenden und je zur Hälfte mit ständigen und nichtständigen Beisitzern. Alle Mitglieder müssen auf Lebenszeit ernannte Richter sein. Die nichtständigen Mitglieder *sollen* dem Gerichtszweig des betroffenen Richters angehören.

(3) unverändert

*§ 77.* Zuständigkeit des Dienstgerichts
Das Dienstgericht entscheidet,
1.-3. unverändert
4. bei Anfechtung

a) unverändert

a[1]) der Abordnung eines Richters gemäß § 35 Abs. 3,

b) *einer Verfügung, durch die ein Richter auf Probe oder kraft Auftrags entlassen, durch die seine Ernennung zurückgenommen oder die Nichtigkeit seiner Ernennung festgestellt oder durch die er wegen Dienstunfähigkeit in den Ruhestand versetzt wird,*

c)-d) unverändert

*§§ 78–84.* Zurückgestellt (im Zusammenhang mit § 68)

## Vierter Teil. *Übergangs- und Schlussvorschriften*

### *Erster Abschnitt: Änderung von Bundesrecht*

*§ 82.* Unverändert

*§ 83.* Änderung der Vorschriften über die Befähigung zum Richteramt
Es werden aufgehoben

1.-2. unverändert
3. *das bayerische Gesetz vom 16. Juni 1948 (Bay. BS Band III S. 64),*
4. *das Bremische Gesetz vom 2. Juni 1948 (Ges.Bl. S. 133),*
5. *das Hessische Gesetz vom 21. Juni 1948 (GVBl. S. 79, 92),*
6. *das Gesetz des früheren Landes Württemberg-Baden vom 2. Juni 1948 (Reg.Bl. S. 9 f, 148).*

Zu 3. bis 6.: Die genaue Bezeichnung der Gesetze ist für die 2. Lesung vorgemerkt.)

*§ 84.* Änderung des Arbeitsgerichtsgesetzes
Das Arbeitsgerichtsgesetz vom 3. September 1953 (BGBl. I S. 1267), zuletzt geändert durch Gesetz vom 26. Juli 1958 (BGBl. II S. 713) wird wie folgt geändert:

1.-2. unverändert
3. § 18 Abs. 7 erhält folgende Fassung: „(7) *Bei den Arbeitsgerichten können Richter auf Probe und Richter kraft Auftrags verwendet werden.*"
4. unverändert
5. § 36 erhält folgende Fassung: „§ 36. Der Präsident und die weiteren Vorsitzenden werden auf Vorschlag der obersten Arbeitsbehörde des Landes im Benehmen mit der Landesjustizverwaltung nach Anhörung der in § 14 Abs. 1 genannten Gewerkschaften und Vereinigungen von Arbeitgebern als Richter auf Lebenszeit entsprechend den landesrechtlichen Vorschriften bestellt.
6. § 42 Abs. 2 erhält folgende Fassung: „(2) Die zu berufenden Personen müssen das fünfunddreißigste Lebensjahr vollendet haben."

*§ 85. Änderung der Verwaltungsgerichtsordnung*
Die Verwaltungsgerichtsordnung vom 21. Januar 1960 (BGBl. I S. 17) wird wie folgt geändert:

1. § 15 Abs. 2 *wird* aufgehoben
2.-3. entfällt
4. § 18 erhält folgende Fassung „§ 18. (1) Bei den Verwaltungsgerichten können Richter auf Probe oder Richter kraft Auftrags verwendet werden.

(2) Richter im Nebenamt, Richter auf Probe, Richter kraft Auftrags und abgeordnete Richter können nicht den Vorsitz führen. Von diesen Richtern darf nicht mehr als einer in einer Kammer (Senat) mitwirken."

5. *§ 39* erhält folgende Fassung: „§ 39. Dem Gericht dürfen *keine* Verwaltungsgeschäfte außerhalb der Gerichtsverwaltung übertragen werden. (Die Streichung d. Satzes 2 in 2. Lesung nochmals prüfen.)
6.-7. *§§ 174 und 175* werden aufgehoben

*§ 86. Änderung des Sozialgerichtsgesetzes*
Das Sozialgerichtsgesetz vom 3. September 1953 (BGBl. I S. 1239, 1326), zuletzt geändert durch Gesetz vom 26. Juli 1957 (BGBl. I S. 861, 933) wird wie folgt geändert:

1. entfällt
2. unverändert
3. § 11 Abs. 3 erhält folgende Fassung: „(3) Bei *den Sozialgerichten* können Richter auf Probe und Richter kraft Auftrags verwendet werden."
4. unverändert
5. § 210 Abs. 2 erhält folgende Fassung: „(2) Den Vorsitz in den Senaten auf Zeit kann anstelle eines Senatspräsidenten ein anderer *auf Lebenszeit ernannter Richter* des Landessozialgerichts führen."

*§ 87.* Entfällt

*§ 88.* Unverändert

*§ 89.* Zurückgestellt (im Zusammenhang mit § 68). Die Streichung der zweiten Satzhälfte ist bereits beschlossen.)

*§ 90.* Unverändert

*§ 91.* Unverändert (mit der Maßgabe einer nochmaligen Überprüfung in 2. Lesung.

*§ 92–96.* Unverändert

*§ 97.* Änderung der Bundesrechtsanwaltsordnung
Die Bundesrechtsanwaltsordnung vom 1. August 1959 (BGBl. I S. 565) wird wie folgt geändert:

1. *§ 4 erhält folgende Fassung: „(4) Befähigung zum Richteramt. Zur Rechtsanwaltschaft kann nur zugelassen werden, wer die Befähigung zum Richteramt nach dem Deutschen Richtergesetz erlangt hat.“*
2. *§ 233 wird aufgehoben.*

*§ 98.* Entfällt

*§ 99.* Unverändert

*§ 100.* Zurückgestellt (zwecks Anpassung an § 235 Bundesrechtsanwaltsordnung)

## *Zweiter Abschnitt: Überleitung von Rechtsverhältnissen*

*§ 101.* Unverändert

*§ 102.* Überleitungsvorschriften für Richter auf Probe, Richter kraft Auftrags und abgeordnete Richter

(1)-(3) unverändert
(4) entfällt

*§ 103.* Dienstverhältnisse auf Widerruf

(1) unverändert
(2)-(3) entfällt

*§§ 104–105.* Unverändert

*§ 106.* Befähigung zum Höheren Verwaltungsdienst
Wer bei Inkrafttreten dieses Gesetzes durch Ablegen der gesetzlich vorgeschriebenen Prüfungen die Befähigung zum allgemeinen höheren Verwaltungsdienst erworben hat, kann auch nach Inkrafttreten dieses Gesetzes zum Richter in der Verfassungsgerichtsbarkeit, Verwaltungsgerichtsbarkeit, Sozialgerichtsbarkeit und Disziplinargerichtsbarkeit ernannt werden.

*§§ 107–109.* Unverändert

*§ 109 a.* Zurückgestellt

*§ 110.* Entfällt

*§§ 111–112.* Unverändert

## *Dritter Abschnitt: Schlussvorschriften*

*§ 113.* Unverändert

*§ 114.* Zurückgestellt

*§ 115.* Unverändert

*§ 115 a.* (Formulierung zurückgestellt. Die Einbeziehung der Staatsanwälte im Grundsatz beschlossen.)

*§ 116.* Besetzung der Berufsgerichte für Rechtsanwälte

*§ 84 Abs. 1 und § 101 Abs. 3* der Bundesrechtsanwaltsordnung vom 1. August 1959 (BGBl. I S. 565) *werden* durch dieses Gesetz nicht berührt.

*§ 117.* Unverändert

*§ 118.* Noch offen

## XX. *Kurzprotokoll über die Ressortbesprechung im BJM am 9.11.1960*

*Teilnehmerliste*
*Vorsitz:* Oberregierungsrat Dr. Schmidt-Räntsch

| | | |
|---|---|---|
| Dr. Braun | Oberregierungsrat | Bundesinnenministerium |
| Hering | Ministerialrat | Bundesinnenministerium |
| Dr. Wiedow | Regierungsdirektor | Bundesfinanzministerium |
| Dr. Kallabis | Ministerialrat | Bundesinnenministerium |
| Dr. Krämer | Oberregierungsrat | Bundesverteidigungs-ministerium |
| Wolff | Ministerialrat | Bundesarbeitsministerium |
| Dr. Wlotzke | Regierungsrat | Bundesarbeitsministerium |
| Koehler | Ministerialrat | Bundesinnenministerium |

Am 9. Nov. 1960 fand im Bundesjustizministerium eine Besprechung über den Entwurf eines Richtergesetzes unter dem *Vorsitz von Oberregierungsrat Dr. Schmidt-Räntsch* statt. Zeitweise war Ministerialdirektor Roemer anwesend.

*ORR Dr. Schmidt-Räntsch* gab eingangs einen Überblick über den derzeitigen Beratungsstand des Richtergesetzentwurfs. Die erste Lesung im Bundestag sei beendet, die Sachverständigen seien angehört, die zweite Lesung sei für Anfang Dezember vorgesehen. Das BMJ sei vom Rechtsausschuss in einzelnen Punkten um Formulierungshilfe gebeten worden und habe ferner die Aufgabe, eine Stellungnahme der Bundesregierung zu den Änderungswünschen des Rechtsausschusses auch in sachlicher Hinsicht vorzubereiten. – Es sei Zweck dieser Ressortbesprechung, die Ansichten der beteiligten Häuser aufeinander abzustimmen. Der Entwurf solle am 22.11.1960 mit den Landesjustizverwaltungen erörtert werden. Abschließend sei dann am 29.11.1960 eine weitere Ressortbesprechung vorgesehen.

Beratungsgrundlage war die Ausschuss-Drucksache Nr. 65 vom 14.10.1960.

Im Einzelnen: *Zu §§ 1 bis 5:* Keine Bemerkungen

*Zu § 6:* Es ist zunächst eine Klärung im BJM notwendig, wie dem Wunsch des Rechtsausschusses auf Neuformulierung des § 6 Abs. 1 Satz 1 Rechnung getragen werden kann. Die Ressorts äußerten keine Wünsche.

*Zu §§ 7 und 8:* Keine Bemerkungen

*Zu § 9: ORR Dr. Schmidt-Räntsch* stellte zur Erörterung, ob die Aufteilung des dreijährigen Zeitraums in § 9 Abs. 1 in zwei Jahre und ein Jahr wiederhergestellt werden und der neue Satz 2 des Abs. 2 beginnen sollte: „Die Anrechnung von mehr als zwei Jahren dieser Tätigkeiten setzt …".

*MinRat Koehler (BMI)* meinte, der Rechtsausschuss habe eine Formulierung gefunden, die allen Wünschen gerecht werde. Man solle die Dinge ruhen lassen und keine neuen Formulierungen vorschlagen.

*RegDir. Dr. Wiedow (BMF)* stimmte dieser Ansicht zu.

*ORR Dr. Schmidt-Räntsch* machte den Vorbehalt, dass die Frage zunächst mit den Landesjustizverwaltungen erörtert werden müsste. Das „Richterjahr" sei ein wichtiger Grundsatz der Regierungsvorlage.

*Zu § 10:* Keine Bemerkungen

*Zu §§ 11 und 13: ORR Dr. Schmidt-Räntsch* erläuterte die neue von den Ressorts und den Landesjustizverwaltungen gebilligte Fassung des § 13 (Anhang 1 zu diesem Kurzprotokoll).

*RegDir. Dr. Wiedow* erinnerte an den Fall aus jüngster Zeit, in dem ein Assessor in Berlin die Ernennung zum Staatsanwalt abgelehnt habe. Die Ablehnung der Ernennung zum Staatsanwalt sei nach den bisher vorgeschlagenen Vorschriften kein Entlassungsgrund. Seiner Ansicht nach sei es jedoch unumgänglich, hierfür einen besonderen, zeitlich nicht beschränkten weiteren Entlassungsgrund vorzusehen.

*ORR Dr. Schmidt-Räntsch* schlug vor, diesen Punkt zunächst mit den Landesjustizverwaltungen zu erörtern.

*RegDir. Dr. Wiedow* regte an, die Landesjustizverwaltungen auch zu fragen, ob ein Bedürfnis bestehe, die Probezeit des Assessors – wie es bei Beamten auf Probe möglich sei – im Einzelfall zu verlangen. Dr. Schmidt-Räntsch sagte diese zu.

*Zu § 12: ORR Dr. Schmidt-Räntsch* erinnerte an die Anregung eines Abgeordneten, dem § 12 eine Vorschrift mit dem Inhalt des jetzigen § 70 Abs. 2 GVG anzufügen. Hiergegen erhoben die Ressortvertreter keine Bedenken.

*Zu § 14:* Keine Bemerkungen.

*Zu § 15 Abs. 1: ORR Dr. Schmidt-Räntsch* äußerte Bedenken gegen die vom Rechtsausschuss beschlossene Fassung und verwies auf die entsprechende Bestimmung des Bundesministergesetzes, die mit der Regierungsvorlage wörtlich übereinstimme.

*MinRat Hering (BMI)* erklärte, dass in § 5 des Gesetzes über die Rechtsstellung der zu Offizieren auf Zeit ernannten Beamten der Bundeswehrverwaltung im Verwaltungsdienst der Truppe eine gleichlautende Vorschrift enthalten sei.

*ORR Dr. Schmidt-Räntsch* bat den Vertreter des BMI um weitere Beispiele dafür, dass die Fassung des Rechtsausschusses rechtlich nicht haltbar wäre.

*Zu § 15 Abs. 2 und zu §§ 16, 17 und 18:* Keine Bemerkungen.

*Zu § 19: ORR Dr. Schmidt-Räntsch* betonte, dass das BJM an der Regierungsvorlage mit der Modifizierung durch den Bundesrat, der die Bundesregierung zugestimmt habe, festhalten werde.

*MinRat Koehler* hielt es für inkonsequent, dass der Ausschuss bei § 9 eine weichere Fassung als in der Regierungsvorlage vorgesehen habe, den Übertritt von Beamten in den Richterdienst aber durch eine ungünstigere Regelung über das allgemeine Dienstalter erschwere. Er sprach sich gleichfalls für die Wiederherstellung der Regierungsvorlage aus.

*RegDir. Dr. Wiedow und ORR Dr. Krämer (BMVtdg)* schlossen sich dieser Ansicht an.

*ORR Dr. Schmidt-Räntsch* bat die anwesenden Ressortvertreter, aus der Sicht der anderen Gerichtsbarkeiten noch Argumente gegen den Fassungsvorschlag des Rechtsausschusses möglichst bald mitzuteilen.

*Zu § 20:* Die Mehrheit der Ressortvertreter hielt es für besser, die Bestimmung beizubehalten.

*Zu § 21:* Keine Bemerkungen.

*Zu § 22: ORR Dr. Schmidt-Räntsch* erklärte, *Absatz 1* solle bleiben. Es sei jedoch an eine Ergänzung, die aus der Streichung des § 20 folge, gedacht, die etwa wie folgt lauten könne: „Der Richter unterliegt einer Dienstaufsicht nur, soweit die im Grundgesetz festgelegte Unabhängigkeit nicht beeinträchtigt wird."

*Absatz 2* sei gestrichen worden; das BJM werde jedoch versuchen, eine ähnliche Vorschrift erneut zur Sprache zu bringen. *Absatz 3:* Gegen den Wunsch des Ausschusses, statt „Freiheit seiner Entscheidung" den Begriff „Unabhängigkeit" zu setzen, wurden keine Bedenken erhoben.

*Zu § 23: ORR Dr. Schmidt-Räntsch* erklärte, unter „Amt" sei die Funktion bei einem bestimmten Gericht zu verstehen. „Richteramt" bedeute hier nicht nur Planstelle; die Vorschrift solle die Unabhängigkeit des Richters auch in einem Nebenamt schützen.

*MinRat Koehler* erhob gegen die durch den Ausschuss ergänzte Fassung („mit seiner Zustimmung") keine Bedenken.

*Zu §§ 24, 25, 26:* Keine Bemerkungen.

*Zu § 27: ORR Dr. Schmidt-Räntsch* erklärte, dass nach der Fassung, die der Ausschuss gefunden habe, der Tatbestand erweitert sei. Die Verbindung zwischen dem Verhalten des Richters und der notwendigen Maßnahme sei nicht mehr so deutlich wie in der Regierungsvorlage. Bei der Anhörung der Sachverständigen am 3. November sei in Zweifel gezogen worden, ob in den Fällen der Nr. 2 und 3 der Richter ohne Entschädigung in den Ruhestand versetzt werden dürfe, auch hätten sich mehrere Chefpräsidenten dagegen ausgesprochen, dass Gegenstand des § 27 auch ein schuldhaftes Verhalten des Richters, das gleichzeitig zu einem Disziplinarverfahren führe, sein könne.

*MinRat Hering* sprach sich für die Beibehaltung auch der Maßnahmen nach Nr. 2 und 3 aus.

*MinRat Koehler* gab jedoch zu erwägen, ob nicht die Anwendung dieser Maßnahmen noch weiter erschwert werden könne.

*ORR Dr. Schmidt-Räntsch* wies darauf hin, dass bei der Vorbereitung der Regierungsvorlage keine Zweifel bestanden hätten, dass Maßnahmen aus Art. 27 des Entwurfs auch bei einem verschuldeten Verhalten zulässig sein sollten. Beispiel: Der Richter begeht, nachdem er sich jahrzehntelang untadelig geführt hat, eine Handlung unter den Voraussetzungen des § 51 Abs. 2 StGB, die zu einer milden Disziplinarstrafe führt. Der Richter ist aber in der Kleinstadt, in der er sein Richteramt hat, einfach nicht mehr tragbar. Hier soll das Dienstgericht die Versetzung gemäß § 27 Nr. 1 anordnen können.

*RegDir. Dr. Wiedow* meinte, man solle den § 27 beibehalten. Würden gegen die Vorschriften ernste Bedenken deshalb erhoben, weil nach § 27 Nr. 2 und 3 ein Richter ohne ein Verschulden vorzeitig in den Ruhestand versetzt werden könne und nicht mehr die vollen Bezüge erhalte, so sollte wenigstens versucht werden, § 27 Nr. 1 zu erhalten. Sollte § 27 wider Erwarten gestrichen werden, so müsste wenigstens die Möglichkeit geschaffen werden, dass das Dienstgericht in einem Disziplinarverfahren neben der Strafe die Ermächtigung zur Versetzung an ein anderes Gericht aussprechen könne.

Nach längerer Erörterung ergab sich:

1. Alle Ressortvertreter traten für die Beibehaltung des § 27 in der Fassung der Regierungsvorlage ein.
2. Auf jeden Fall sollte die Maßnahme nach § 27 Nr. 1 möglich sein.
3. Vor einer Streichung der Nummern 2 und 3 sollte erwogen werden, ob nicht die Anwendung der Maßnahmen unter 2 und 3 unter erschwerten Voraussetzungen (Vorschlag MinRat Koehler) zugelassen werden könnte.

Für die Beschränkung der Vorschrift auf ein unverschuldetes Verhalten trat lediglich ORR Dr. Krämer ein.

*Zu §§ 28, 29, 30, 31:* Keine Bemerkungen.

*Zu § 32: ORR Dr. Schmidt-Räntsch* äußerte, es liege kein Anlass vor, bei § 32 Nr. 3 bei Richtern strengere Maßstäbe anzulegen als bei Beamten. Dem stimmten die anderen Ressortvertreter zu.

*Zu §§ 33, 34, 35, 36, 37 und 38:* Keine Bemerkungen.

*Zu § 39: ORR Dr. Schmidt-Räntsch* erklärte, dass der Rechtsausschuss eine Ergänzung in Abs. 1 dahin wünsche, dass der gesetzliche Richter stets von einer Schiedsrichtertätigkeit ausgeschlossen sei, wie es Nr. 1 Abs. 2 c der Verordnung über die Nebentätigkeit der Beamten bereits jetzt vorsehe. Die Beschränkung für die Schlichtertätigkeit in § 39 Abs. 2 der Regierungsvorlage sei vom Rechtsausschuss gestrichen worden. Dies bedeute jedoch nicht, dass die Nebentätigkeit als Schlichter völlig frei stehe; ihre Genehmigung sollte nur unter denselben Voraussetzungen wie eine Schiedsrichtertätigkeit nach Abs. 1 zulässig sein. Der Vertreter des BMAuS wurde gebeten, einen entsprechenden Fassungsvorschlag auszuarbeiten, der die Nebentätigkeit als Schlichter derjenigen als Schiedsrichter in § 39 Abs. 1 gleichstelle.

*RegDir. Dr. Wiedow* meinte, eine Ausnahme von der Forderung des Rechtsausschusses, den gesetzlichen Richter von einer Schiedsrichtertätigkeit auszuschließen, sollte nicht vorgesehen werden.

*ORR Dr. Schmidt-Räntsch* bat die Vertreter der anderen Ressorts um Mitprüfung, ob sich in den anderen Gerichtszweigen Schwierigkeiten ergeben könnten, wenn der gesetzliche Richter stets von einer Schiedsrichtertätigkeit ausgeschlossen werde.

*Zu § 40: ORR Dr. Schmidt-Räntsch* bat die Vertreter der anderen Ressorts, insbesondere den Vertreter des BMI um Mitprüfung, ob die vom Rechtsausschuss vorgeschlagene Fassung in § 40 Abs. 2 „Ein beamteter Professor der Rechte und der politischen Wissenschaften" dienstrechtlich in Ordnung sei. – Übereinstimmung bestand darüber, dass es in der vom Rechtsausschuss gefundenen Fassung statt „und" heißen muss „*oder* Professor der politischen Wissenschaften".

*Zu § 41:* Keine Bemerkungen.

*Zu § 42: ORR Dr. Schmidt-Räntsch* erklärte, dass das BJM gegen eine Auflockerung des Beratungsgeheimnisses auch in der obersten Bundesgerichtsbarkeit sei.

*MinRat Wolff (BMAus)* meinte, dass Schwierigkeiten beim Bundesarbeitsgericht und Bundessozialgericht entstehen könnten, weil es nicht möglich sein werde, den ehrenamtlichen Richtern (Bundesarbeitsrichter, Bundessozialrichter) die Beifügung eines abweichenden Votums zu verweigern.

*Zu §§ 43 und 44:* Keine Bemerkungen.

*Zu § 45: ORR Dr. Schmidt-Räntsch* hielt die Fassung des Rechtsausschusses für keine Verbesserung; insbesondere sei es unschön, dass der Bundesrichteranteil mit dem Wort „Soweit“ beginne.

Seitens der anderen Ressortvertreter wurden keine Wünsche geäußert.

*Zu § 46: ORR Dr. Schmidt-Räntsch* erklärte, dass § 46 die Fassung erhalten müsse, die dem § 189 Abs. 2 BBG durch das Zuständigkeitsgesetz vom 20. August 1960 gegeben worden sei. Der Ausschuss habe die Vorschrift vor allem deshalb zurückgestellt, weil noch offen sei, wer den Vorsitz führen solle, wenn der Bundespersonalausschuss mit Angelegenheiten der Richter befasst sei. Seitens des BJM beständen keine Bedenken dagegen, dass auch in Richterangelegenheiten der Präsident des Bundesrechnungshofs den Vorsitz führe. Die Regelung z.B. in Nordrhein-Westfalen sei deshalb anders, weil in der regulären Besetzung nicht ein unabhängiger Staatsbeamter, sondern der Landesinnenminister den Vorsitz führe.

Die Ressortvertreter sprachen sich dafür aus, dass auch in Angelegenheiten der Richter der Präsident des Bundesrechnungshofs den Vorsitz führen solle, wie die Regierungsvorlage es vorgesehen habe.

*Zu §§ 47 und 75:* Keine Bemerkungen.

*Zu § 48:* Keine Bemerkungen.

*Zu § 49:* Der Vertreter des BMI hielt es für richtig, der Anregung des Rechtsausschusses zu folgen und vorzuschreiben, wie viele Mitglieder des Richterrats beim Bundesdisziplinarhof diesem Gericht und wie viele den Bundesdisziplinarkammern angehören sollen. Mit Rücksicht auf die Zahl der Richter sei es richtig, dass von den drei Richtern zwei dem Bundesdisziplinarhof und ein Richter den Bundesdisziplinarkammern angehören, wobei diese Gruppen jeweils für sich den einen bzw. die beiden anderen Richter wählen.

*Zu §§ 50, 51, 52, 71 und 72:* Keine Bemerkungen.

*Zu § 53: ORR Dr. Schmidt-Räntsch* erklärte, das BJM trete nach wie vor für die Regierungsvorlage jedoch mit der Modifizierung ein, dass die nicht dem Präsidium angehörenden Richter unmittelbar und nicht mittelbar über den Richterrat gewählt werden sollen. – Dagegen erhoben die Vertreter der anderen Ressorts keine Bedenken.

*MinRat Koehler* sprach sich gegen den Vorschlag des Abgeordneten Dr. Arndt aus, sog. ad-hoc-Mitglieder hinzutreten zu lassen. Dagegen sei zu begrüßen, dass der ständige Vertreter des Präsidenten stets Mitglied des Präsidialrats sein solle.

*ORR Dr. Schmidt-Räntsch* erklärte demgegenüber, dass nicht bei allen Gerichten ständige Vertreter ernannt seien. Im BJM beständen gegen ad-hoc-Vertreter gleichfalls schon aus praktischen Gründen Bedenken.

*Zu §§ 54, 55, 56, 57 und 58:* Keine Bemerkungen.

*Zu § 73:* Gegen die vom Ausschuss vorgesehene Fassung wurden seitens der Vertreter der anderen Ressorts keine Bedenken erhoben.

*Zu § 74:* Keine Bemerkungen.

*Zu § 59: ORR Dr. Schmidt-Räntsch* erinnerte an die Vorschläge, die im Rechtsausschuss während der Beratung der Vorschrift über das Dienstgericht und während der Anhörung der Sachverständigen am 3. November gemacht worden seien.

*MinRat Dr. Kallabis (BMI)* sprach sich mit Nachdruck gegen den neuen § 59 Abs. 4 aus.

Auch *MinRat Hering* und *RegDir. Dr. Wiedow* lehnten Abs. 4 in der Ausschussfassung ab.

Auf die Frage von *ORR Dr. Schmidt-Räntsch,* wie Rechtsprechungsdivergenzen zwischen dem Dienstgericht und den anderen Senaten des Bundesgerichtshofs verhindert werden sollten, äußerten *MinRat Hering* und *RegDir. Dr. Wiedow,* dass im viel größeren Umfang Divergenzen im Verhältnis zwischen Dienstgericht einerseits und dem Bundesverwaltungsgericht und Bundesdisziplinarhof andererseits auftreten könnten. Auch diese Divergenzen würden durch die Regelung des § 59 nicht verhindert. Es sei Sache des künftigen Gemeinsamen Senats gemäß Art. 95 GG, Rechtsprechungsdivergenzen zwischen dem Dienstgericht für Richter und den anderen oberen Bundesgerichten zu vermeiden. In den Koordinierungsmechanismus des Bundesgerichtshofs sollte das Dienstgericht für Richter keinesfalls einbezogen werden.

*ORR Dr. Schmidt-Räntsch* erklärte, dass das BJM das Dienstgericht des Bundes stets als einen Teil des oberen Bundesgerichts angesehen habe, bei dem es gebildet werde. Eine andere Lösung sei schon aus verfahrensrechtlichen Gründen gar nicht möglich gewesen. Ist das aber richtig, so sei nicht einzusehen, weshalb das Dienstgericht nicht an der Koordinierung durch die großen Senate, die bei den oberen Bundesgerichten gebildet sind, teilnehmen soll, wie es auch für die Senate für Anwaltssachen oder Kartellsachen vorgesehen sei.

Trotz dieses Hinweises sprachen sich die Vertreter aller anderen Ressorts gegen § 59 Abs. 4 in der Fassung des Rechtsausschusses aus.

*Zu § 60:* keine Bemerkungen.

*Zu § 61: ORR Dr. Schmidt-Räntsch* stellte zur Erörterung, ob in Disziplinarsachen gegen Richter, die von dem Dienstgericht beim Bundesgerichtshof entschieden werden, der Bundesdisziplinaranwalt, wie die Regierungsvorlage es vorsehe, oder der Generalbundesanwalt tätig werden solle, der anders als der Bundesdisziplinaranwalt stets mit dem Bundesgerichtshof zusammenzuarbeiten habe.

*MinRat Koehler* sprach sich vorbehaltlich einer nochmaligen Überprüfung für die Zuständigkeit des Bundesdisziplinaranwalts in Disziplinarverfahren und für diejenigen des Oberbundesanwalts beim Bundesverwaltungsgericht in Prüfungssachen aus, weil dadurch Rechtsprechungsdivergenzen möglicherweise vermieden werden könnten.

*Zu § 62:* Die Vertreter des BMI und BMF traten für eine Streichung des Abs. 1 ein, was in der Sache bedeutet, dass eine Geldbuße gegen Richter auch durch Disziplinarverfügung verhängt werden könnte.

*ORR Dr. Schmidt-Räntsch* hielt es vorbehaltlich einer nochmaligen Überprüfung für richtig, bei der Regierungsvorlage zu bleiben.

*MinRat Dr. Kallabis* wandte sich gegen die Einführung der Ermahnung als Disziplinarstrafe.

*MinRat Koehler* gab zu bedenken, dass die Ermahnung möglicherweise im verwaltungsgerichtlichen Verfahren nachprüfbar sei. Vielleicht könnte man die Anfechtbarkeit vor den Verwaltungsgerichten verhindern, wenn man ihr die Qualität einer Disziplinarstrafe beimisst.

*ORR Dr. Schmidt-Räntsch* erklärte hierzu, es würde in der Praxis immer eine Maßnahme geben müssen, die keine Disziplinarstrafe sei, bei der man aber nicht sicher sein könne, dass eine Nachprüfung im verwaltungsgerichtlichen Verfahren ausgeschlossen sei.

*Zu §§ 63, 64, 65 und 66:* Keine Bemerkungen.

*Zu § 67: ORR Dr. Schmidt-Räntsch* schnitt die Frage an, ob eine besondere Vorschrift über die bindende Verweisung von anhängigen Sachen an das Gericht eines anderen Gerichtszweigs im Verhältnis von Dienstgericht und Verwaltungsgericht und umgekehrt notwendig sei.

*RegDir. Dr. Wiedow* hielt eine solche Vorschrift nicht für notwendig, weil dieser Fall durch die entsprechende Anwendung des § 41 der Verwaltungsgerichtsordnung mit erfasst werde.

*MinRat Koehler* ergänzte, dass zumindest nach § 17 GVG das Dienstgericht an ein Verwaltungsgericht mit bindender Wirkung verweisen könne. Übereinstimmung bestand darüber, dass eine besondere Vorschrift nicht nötig sei.

*Zu §§ 68, 69 und 70:* Keine Bemerkungen.

*Zu § 70 a* (Vorschlag des Richterbundes): Die Vertreter der anwesenden Bundesressorts erhoben keine Bedenken dagegen, dass durch eine Rahmenvorschrift die Länder verpflichtet werden, die Eingangsämter und die Ämter der ersten Beförderungsstufe auszuschreiben. Das entspreche ohnehin dem geltenden Beamtenrecht in den meisten Bundesländern.

*Zu § 70 b (§ 46 b)* (Vorschlag des Richterbundes): *ORR Dr. Schmidt-Räntsch* erläuterte den Vorschlag des Richterbundes, die bisherigen etwa 50 Amtsbezeichnungen durch die Amtsbezeichnung „Richter am …“ oder „Oberrichter“ oder „Bundesrichter“ oder

„Senatspräsident am …" oder „Präsident des …" zu ersetzen. Der Rechtsausschuss habe das BJM um Formulierungshilfe gebeten, soweit neue Amtsbezeichnungen für die „unteren" Richter in Frage kommen. Das BJM werde aufgrund dieses Beschlusses eine Formulierung für die Amtsbezeichnungen der Richter der Eingangsstellen und derjenigen der ersten Beförderungsstellen (A 15) vorlegen müssen.

Unbeschadet der Frage, ob es überhaupt richtig sei, die Amtsbezeichnung der Richter zu ändern, wurden keine grundsätzlichen Bedenken dagegen erhoben, den Richtern der Eingangsämter die Amtsbezeichnung „Richter am Amtsgericht", „Richter am Verwaltungsgericht" etc. zu geben. Der Ort des Amtsgerichts wird dagegen nicht in die Amtsbezeichnung aufgenommen.

Bei den Amtsbezeichnungen für die Richter in der ersten Beförderungsstufe ist zwischen den vorsitzenden Richtern (Landgerichtsdirektoren, Verwaltungsgerichtsdirektoren) und den vorsitzenden Richtern an höheren Gerichten (Oberlandesgerichtsrat, Oberverwaltungsgerichtsrat) zu unterscheiden. Die Ressortvertreter hielten es übereinstimmend für richtig, die Bezeichnung „Oberrichter" nur den vorsitzenden Richtern, nicht auch den beisitzenden Richtern an den höheren Gerichten zu geben. Die bisherigen Landgerichtsdirektoren oder Verwaltungsgerichtsdirektoren werden dann die Amtsbezeichnung „Oberrichter" u.U. mit dem Zusatz „am Landgericht", „am Verwaltungsgericht" führen. Die beisitzenden Richter am Oberlandesgericht, Oberverwaltungsgericht oder Obersten Landesgericht (München) erhalten die Amtsbezeichnung „Richter am Oberlandesgericht", „am Oberverwaltungsgericht" oder „am Obersten Landesgericht".

Für die höheren Richterämter braucht dem Rechtsausschuss dagegen kein Formulierungsvorschlag vorgelegt zu werden.

Als grundsätzliche Argumente gegen eine Änderung der Amtsbezeichnungen nannte *RegDir. Dr. Wiedow,* dass der Bund nur eine Rahmenkompetenz habe, die nicht ausreiche, um die Amtsbezeichnungen abschließend oder auch nur teilweise zu regeln, und dass der allgemeine Begriff der Amtshoheit jedes Dienstherrn für seinen Bereich es nicht zulasse, dass der Bund durch Bestimmung der Amtsbezeichnungen in diesen Bereich eingreife.

*MinRat Koehler* hielt die Amtsbezeichnung „Richter am Amtsgericht", „Richter am Verwaltungsgericht" für nicht klar genug. Gegenüber den bisherigen Amtsbezeichnungen seien solche Amtsbezeichnungen kein Fortschritt. Der Ausdruck „Oberrichter" sei farblos. Außerdem sollte an die ehrenamtlichen Richter gedacht werden, die „Verwaltungsrichter", „Arbeitsrichter" oder „Sozialrichter" genannt würden.

*ORR Dr. Braun* behielt sich eine endgültige Stellungnahme vor, gab jedoch bereits jetzt zu bedenken, dass eine Regelung über die Amtsbezeichnungen nicht in das Richtergesetz gehöre, sondern an anderer Stelle vorgenommen werden müsse.

*Zu §§ 76 und 77:* Keine Bemerkungen.

*Zu §§ 78 und 79: ORR Dr. Schmidt-Räntsch* erläuterte die Wünsche des Ausschusses, einmal die Revision auch in Disziplinarsachen in bestimmtem Umfang zuzulassen (Fälle des § 77 Nr. 1) und zum anderen die Revision in den Anfechtungssachen nicht stets zuzulassen, sondern von der Grundsätzlichkeit der Rechtsfrage abhängig zu machen.

*MinRat Koehler* erklärte, dass durchaus Einwände gegen die unbeschränkte Zulassung der Revision in allen Beamtensachen erhoben werden könnten. Bei der Vorbereitung des Beamtenrechtsrahmengesetzes sei auch nicht davon ausgegangen worden, dass die Vorschrift des § 127 Abs. 1 BRRG ein unverrückbarer Grundsatz sein sollte. Man habe zunächst einmal Erfahrungen sammeln wollen. Er hätte nichts dagegen, wenn man nach einer gewissen Zeit die Zulassung der Revision auch in Beamtensachen auf Grundsatzfragen beschränke. Nur sollte das Richtergesetz in diesem Punkt nicht vom Bundesbeamtengesetz abweichen. Er spreche sich deshalb in erster Linie, was die Zulassung der Revision in den Fällen des § 77 Nrn. 3 und 4 anbelange, für die Regierungsvorlage aus.

*RegDir. Dr. Wiedow* hielt den Vorschlag des Abgeordneten Dr. Arndt, in Disziplinarsachen von grundsätzlicher Bedeutung die Revision an ein Gericht des Bundes zuzulassen, nicht für annehmbar.

*ORR Dr. Schmidt-Räntsch* hielt es für zweckmäßig, zunächst die Meinungen der Landesjustizverwaltungen hierzu zu hören.

*Zu §§ 18 a, 19 a und 19 b* (abschl. Regelung über die Beendigungs-, Nichtigkeits- und Übernahmegründe) [unten 779f.]: *ORR Dr. Schmidt-Räntsch* erläuterte die vom Bundesjustizministerium den beteiligten Ressorts zugeleiteten neuen Entwürfe der §§ 18 a, 18 b, 19 a und 19 b. Aus Gründen der Rechtsklarheit sollte eine Wiederholung von Vorschriften, die nicht vom Beamtenrecht abweichen, grundsätzlich vermieden werden. Wenn es aber bei dem Beschluss des Ausschusses in erster Lesung verbleibe, gleichwohl die Entlassungsgründe im Richtergesetz zu wiederholen, so sollten nicht mehr Vorschriften, als unbedingt erforderlich, aufgenommen werden. Das Bundesjustizministerium habe deshalb alle Vorschriften, die das Verfahren betreffen, nicht wiederholt, in der Absicht, dass über § 45 bzw. § 70 des Entwurfs das Beamtenrecht anzuwenden sei.

*ORR Dr. Braun* verwies auf die schriftliche Stellungnahme seines Hauses und stimmte der Ansicht zu, dass so wenig wie möglich Vorschriften der Beamtengesetze wiederholt werden sollten, sofern sie in der Sache nicht vom Beamtenrecht abweichen.

*RegDir. Dr. Wiedow* sprach sich gegen eine abschließende Regelung der Entlassungsgründe im Gesetz aus.

*Zu § 18 b: ORR Dr. Braun* schlug vor, im Ausschussbericht zu erwähnen, dass § 13 Abs. 2 des Bundesbeamtengesetzes aufgrund der Verweisung in § 45 auch für Richter Anwendung finden soll.

*Zu § 19 a: RegDir. Dr. Wiedow* stellte die Frage, ob z.B. § 30 eine Verfahrensvorschrift sei und neben § 19 a auf Richter Anwendung finde.

*ORR Dr. Schmidt-Räntsch* bejahte das.

*ORR Dr. Braun* verzichtete nach längerer Erörterung auf die Einfügung des Wortes „schriftlich" in § 19 a Nr. 1, um noch mehr zu verdeutlichen, dass alles Verfahrensmäßige sich nach dem Bundesbeamtengesetz richte.

*RegDir. Dr. Wiedow* regte an, § 19 a Abs. 2 und 3 in der Reihenfolge auszutauschen.

*Zu § 19 b: RegDir. Dr. Wiedow* wies darauf hin, dass der Entlassungsgrund des § 31 Abs. 5 nicht aufgenommen sei.

*ORR Dr. Schmidt-Räntsch* erklärte, es werde wohl kaum vorkommen, dass ein Richter auf Probe im Alter von 65 oder 68 Jahren im Bundesdienst stehe. Für Richter habe die Bestimmung nur theoretische Bedeutung.

Zur Einbeziehung der Staatsanwälte (§ 115 a):

*ORR Dr. Schmidt-Räntsch* erläuterte die Vorschläge des Richterbundes, einen neuen IV. Teil mit der Überschrift „Staatsanwälte" in das Richtergesetz einzufügen (der Wortlaut der Vorschläge des Richterbundes ist als Anhang 2 dem Kurzprotokoll beigefügt). In der darauffolgenden Diskussion wurden die Fragen erörtert, ob für Staatsanwälte ein besonderer Teil im Richtergesetz vorgesehen werden solle, ob zu den Staatsanwälten im Sinne der vom Bundesrat und Richterbund vorgeschlagenen Bestimmung auch die Staatsanwälte in die Verwaltungsgerichtsbarkeit gehören und in welchem Umfang es nach Auffassung der beteiligten Bundesressorts vertretbar sei, Regelungen des Richtergesetzentwurfs auf Staatsanwälte zu erstrecken.

*ORR Dr. Braun* sprach sich gegen die Einbeziehung der Staatsanwälte in das Richtergesetz aus. Er berichtete, dass diese Frage in seinem Haus vorgetragen worden sei, mit dem Ergebnis, dass allenfalls zugestanden werden könne, die Vorschriften über die Befähigung der Richter auf Staatsanwälte zu erstrecken.

*MinRat Koehler* war der Ansicht, dass die Staatsanwälte in der Verwaltungsgerichtsbarkeit nicht anders als die Staatsanwälte in der Strafrechtspflege behandelt werden könnten; das beziehe sich aber nur auf die hauptberuflich als Staatsanwälte tätigen Beamten.

Gegen den Wunsch des Richterbundes, auch die Vorschriften über die Altersgrenze auf Staatsanwälte – im Bundesbereich auf die Bundesanwälte – zu erstrecken, sprach sich *ORR Dr. Braun* aus. Desgleichen wurde eine Einbeziehung der Staatsanwälte in die Dienstgerichtsbarkeit für Richter, auch soweit es die Disziplinarsachen anbelangt, abgelehnt.

*ORR Dr. Schmidt-Räntsch* berichtete, dass die Landesjustizverwaltungen sich dagegen ausgesprochen hätten, in der Frage der Weisungsgebundenheit der Staatsanwälte vom bisher geltenden Recht (Legalitätsprinzip) abzuweichen. Die Vertreter der anderen Bundesressorts hielten es gleichfalls nicht für richtig, diese Frage im Richtergesetz zu regeln.

Die Ressortvertreter sprachen sich ferner gegen den Vorschlag des Richterbundes aus, die Bundespersonalausschüsse und die Landespersonalausschüsse in Angelegenheiten der Staatsanwälte in besonderer Besetzung tagen zu lassen.

Am Schluss der Sitzung wurde vereinbart, die Ressortbesprechung am 29. November 1960 im Bundesjustizministerium fortzusetzen und insbesondere die Ergebnisse zu erörtern, die die Besprechung des Bundesjustizministeriums mit den Landesjustizverwaltungen am 22. November haben wird.

*Anhang 1: § 13. Entlassung eines Richters auf Probe*

(1) Ein Richter auf Probe kann zum Ablauf des sechsten, zwölften oder achtzehnten Monats nach seiner Ernennung entlassen werden.

(2) Ein Richter auf Probe kann zum Ablauf des zweiten oder dritten Jahres entlassen werden, wenn er sich nicht bewährt oder wenn ein Richterwahlausschuss seine Übernahme in das Richterverhältnis auf Lebenszeit oder auf Zeit ablehnt.

(3) Ein Richter auf Probe kann ferner entlassen werden bei

1. einem Verhalten, das bei Richtern auf Lebenszeit eine im förmlichen Disziplinarverfahren zu verhängende Disziplinarstrafe zur Folge hätte, oder
2. Dienstunfähigkeit, wenn der Richter nicht in den Ruhestand versetzt wird, oder
3. einer Veränderung in der Einrichtung der Gerichte oder ihrer Bezirke, wenn eine anderweitige Verwendung nicht möglich ist.

(4) In den Fällen der Absätze 1, 2 und 3 Nr. 2 und 3 ist die Entlassungsverfügung dem Richter mindestens sechs Wochen vor dem Entlassungstag mitzuteilen.

Als Folge der Neufassung des § 18 entfallen in § 11 Abs. 2 die Worte „oder einem Richterwahlausschuss zur Wahl vorzuschlagen".

*Anhang 2: „Vierter Teil" Staatsanwälte*

*§ 81 a.* Die Staatsanwaltschaft ist ein Organ der Rechtspflege.

*§ 81 b.* Zum Staatsanwalt kann nur ernannt werden, wer die Befähigung zum Richteramt nach den Vorschriften dieses Gesetzes besitzt.

*§ 81 c.* Staatsanwälte können nicht in den einstweiligen Ruhestand versetzt werden.

*§ 81 d.* Im Rahmen der Hauptverhandlung (§§ 226 ff. StPO) ist der Staatsanwalt in der Würdigung der erhobenen Beweise sowie in der Beurteilung der Rechts- und Straffrage nur seiner pflichtgemäßen Überzeugung unterworfen.

*§ 81 e.* (1) Für die Staatsanwälte des Bundes und der Länder gelten die Vorschriften der §§ 5–7, 9, 29 a, 35 a, 37–41, 59–67, 76–80 entsprechend. Einer der nichtständigen Beisitzer des Dienstgerichts muss ein Staatsanwalt sein. Die Vorschlagsliste (§ 59 Abs. 3) wird von der Spitzenorganisation der Berufsvertretung aufgestellt.

(2) Im Bereich der ordentlichen Gerichtsbarkeit kann mit seinem Einverständnis, wer ein Jahr im richterlichen Dienst tätig war, zum Staatsanwalt auf Lebenszeit, wer ein Jahr im staatsanwaltschaftlichen Dienst tätig war, zum Richter auf Lebenszeit ernannt werden.

(3) Für die Staatsanwälte des Bundes gilt § 46, für die Staatsanwälte der Länder gilt § 70 Abs. 1 a jeweils mit der Maßgabe, dass anstelle eines Richters ein Staatsanwalt tritt."

## XXI. *Kurzprotokoll über die Besprechung des BMJ mit den Landesjustizverwaltungen am 22.11.1960*

Am 22. Nov. 1960 fand im Bundesjustizministerium eine Besprechung unter dem Vorsitz von Ministerialdirektor Roemer mit den Vertretern der Landesjustizverwaltungen über den Entwurf eines Deutschen Richtergesetzes und über die Beschlüsse des Rechtsausschusses des Deutschen Bundestages in der ersten Lesung statt. Die Teilnehmer ergeben sich aus der anliegenden *Teilnehmerliste:*

*Vorsitz:* Ministerialdirektor Roemer
Dr. Bleier, Ministerialrat, Bayern
Kauffmann, Staatsanwalt, Bayern
Kohleiß, Präsident, Baden-Württemberg
Mädrich, Regierungsdirektor, Hessen
Reh, Ministerialrat, Hessen
Schlick, Oberregierungsrat, Hessen
Wolffram, Ministerialdirigent, Nordrhein-Westfalen
Bühne, Regierungsdirektor, Nordrhein-Westfalen
Dr. Eicher, Ministerialdirigent, Rheinland-Pfalz
Dr. Schönrich, Ministerialrat, Rheinland-Pfalz
Dr. Fischer, Landgerichtsrat, Rheinland-Pfalz
Wahle, Regierungsdirektor, Berlin
Dr. Buckow, Senatsdirigent, Berlin
Schultz, Ministerialrat, Niedersachsen
Dr. Jung, Regierungsdirektor, Niedersachsen
Dr. Stiebeler, Regierungsdirektor, Hamburg
Schwenn, Amtsgerichtsrat, Hamburg
Zinsly, Oberregierungsrat, Schleswig-Holstein
Dr. Meyer-Arndt, Oberregierungsrat, Bremen
Vogtel, Oberlandesgerichtsrat, Saarland
Dr. Schmidt-Räntsch, Oberregierungsrat, BMJ
Michelmann, Landgerichtsrat, BMJ

*MD Roemer* teilte eingangs mit, die zweite Lesung des Gesetzentwurfs werde im Ausschuss noch nicht im Dezember 1960 begonnen werden können. Das BMJ müsse seine Vorarbeiten für die zweite Lesung bis Ende Dezember 1960 abgeschlossen haben.

Im Einzelnen ergab die Besprechung:

*Zu §§ 1 bis 4:* Keine Bemerkungen; mit der Ergänzung in § 4 Abs. 2 Nr. 2 – „oder Richtern" erklärten sich die Landesjustizverwaltungen einverstanden.

*Zu § 5: Präs. Kohleiß (Baden-Württemberg)* hielt es für zweckmäßig, die Regierungsvorlage (Studium von 3 ½ Jahren) wiederherzustellen.

*ORR Dr. Schmidt-Räntsch* teilte mit, das BMJ werde dies versuchen.

*ORR Zinsly (Schleswig-Holstein)* meinte, es sei untunlich, die Vorschriften über die Befähigung zum Richteramt im Richtergesetz zu bringen, und verwies auf die Wiesbadener Beratungen über die Ausbildungsreform.

*ORR Dr. Schmidt-Räntsch* erklärte zu der Frage, ob es sich bei der Vorlage um ein vorläufiges oder voraussichtlich endgültiges Richtergesetz handeln würde, dass das Gesetz nach seiner Ansicht eine grundsätzliche Änderung im ersten Jahrzehnt nach einem Inkrafttreten nicht erfahren könnte, zumal es die Grundlage für die Landesrichtergesetze bilden werde.

*MinRat Reh (Hessen)* meinte, der Geschlossenheit des Entwurfs wegen sollten möglichst alle wesentlichen Vorschriften in das Richtergesetz aufgenommen werden; es sollte nicht auf ältere Gesetze zurückgegriffen werden müssen.

*MinRat Schultz (Niedersachsen)* gab zu bedenken, dass die Ausbildungsreform noch lange auf sich warten lassen werde. *Zu Abs. 3 Nr. 2* (6 Monate Dienst bei anderen Gerichten, davon 2 Monate bei Arbeitsgerichten) befürchtete er praktische Schwierigkeiten und schlug vor, die Stationen bei Verwaltungsbehörden und Verwaltungsgerichte zusammenzuziehen.

*MinRat Dr. Schönrich (Rheinland-Pfalz)* teilte die Ansicht des niedersächsischen Vertreters. Die Ausbildungsmöglichkeiten seien insbesondere bei den Arbeits- und Sozialgerichten gering. Er befürwortete, Abs. 3 Nr. 2 zu streichen.

*MD Roemer* erklärte hierzu, es sei aussichtslos zu versuchen, von Abs. 3 Nr. 2, soweit dort eine Ausbildung von 2 Monaten bei Gerichten für Arbeitssachen vorgesehen sei, abzukommen.

*ORR Dr. Schmidt-Räntsch* meinte, größter Wert sei darauf zu legen, die Gleichwertigkeit der Gerichtsbarkeiten zu betonen. Er fragte, ob die Innenressorts der Länder es als praktisch schwierig oder sogar undurchführbar ansähen, die Referendare obligatorisch bei den Verwaltungsgerichten auszubilden.

*MinRat Reh (Hessen)* hielt es bei dem jetzigen Stand des Gesetzgebungsvorhabens kaum noch für möglich, die Bestimmung zu ändern. Die Länder seien an die Beschlüsse des Bundesrats gebunden. Auch würden Änderungswünsche das ganze

Gesetzgebungsvorhaben gefährden, so dass es unzweckmäßig sei, jetzt noch Änderungsvorschläge zu erörtern.

*SenDirig. Dr. Buckow (Berlin)* teilte die Ansicht des hessischen Vertreters.

*ORR Dr. Schmidt-Räntsch* wies abschließend darauf hin, dass die Vorschrift eine einheitliche Ausbildung der Richter aller Zweige, auch der Verwaltungs-, Arbeits- und Sozialgerichtsbarkeit herbeiführen solle.

*Zu § 6: MinRat Reh (Hessen)* regte an, in Abs. 1 Satz 1 statt des Wortes „bestanden" das Wort „abgelegt" zu verwenden.

*Zu §§ 7 und 8:* Keine Bemerkungen.

*Zu § 9 (Neufassung vom 21.11.1960 – Anlage 1): ORR Dr. Schmidt-Räntsch* setzte sich dafür ein, das sog. Richterjahr wenigstens dadurch zu erhalten, dass die Zeiträume von 2 und 1 Jahr beibehalten werden. Nach der Fassung des Rechtsausschusses sei unklar, in welchem Umfang Tätigkeiten ohne die Voraussetzung des neuen Satzes 2 angerechnet werden dürfen.

*Regdir. Dr. Stiebeler (Hamburg)* bat, Abs. 2 Satz 2 zu streichen.

Die Mehrzahl der Landesjustizverwaltungen erhob gegen die Neufassung keine Bedenken.

*Zu § 10:* Keine Bemerkungen.

*Zu §§ 11 und 13 (Neufassung vom 21.11.1960 – Anlage 2): ORR Dr. Schmidt-Räntsch* warf folgende drei Fragen auf:

1. Bietet der „Berliner Fall" (Assessor lehnt es ab, zum Staatsanwalt ernannt zu werden) Anlass, einen besonderen Entlassungsgrund vorzusehen?
2. Ist § 13 Abs. 3 Nr. 3 (Entlassung bei Änderung der Einrichtung der Gerichte oder Bezirke) notwendig?
3. Besteht ein Bedürfnis, die Probezeit im Einzelfall verlängern zu können?

*MinDirig. Wolffram (Nordrhein-Westfalen)* wies zu Frage 1 darauf hin, dass in Nordrhein-Westfalen nach geltendem Recht ein Beamter auf Probe nicht deshalb entlassen werden kann, weil er sich weigert, eine bestimmte Planstelle anzutreten.

*SenDirig. Dr. Buckow (Berlin)* erklärte, im Lande Berlin sei die Rechtslage die gleiche.

*Präs. Kohleiß (Baden-Württemberg)* befürchtete von einem zusätzlichen Entlassungsgrund große Schwierigkeiten in der Praxis. In seinem Land bestünde nicht die Möglichkeit, jemanden zu entlassen, der einen Statuswechsel (Richter auf Probe – Staatsanwalt) abgelehnt habe.

*MinRat Reh (Hessen)* meinte, § 11 überlasse es der Landesgesetzgebung, den Status der Anwärter für das Amt des Richters und der Anwärter für das Amt des Staatsanwalts verschieden zu regeln.

Dem stimmte *ORR Dr. Schmidt-Räntsch* zu; die Regierungsvorlage schließe nicht ein, dass bei der Staatsanwaltschaft auch künftig *Beamte* auf Probe beschäftigt werden.

*Zusammenfassend zu Frage 1:* Nur die Vertreter Bayerns und Bremens traten dafür ein, einen besonderen Entlassungsgrund zu schaffen für den Fall, dass ein Assessor sich *wiederholt* weigert, eine ihm angetragene Stelle anzutreten. Die übrigen Teilnehmer waren gegen einen derartigen Entlassungsgrund.

*Zu Frage 2* sprachen sich alle dafür aus, § 13 Abs. 3 Nr. 3 zu streichen, weil einmal es immer „möglich" sein werde, den Assessor an anderer Stelle zu verwenden und zum anderen die Vorschrift nicht ausreiche, wenn der Richter auf Probe bei der Staatsanwaltschaft verwendet wird und dort eine Änderung in der Behördenorganisation eintritt.

*Zu Frage 3 (Verlängerung der Probezeit wie bei Probebeamten):* Allgemein wurde es nicht für notwendig gehalten, die Probezeit im Einzelfall verlängern zu können.

Die Vertreter der Länder, in denen Richterwahlausschüsse die Richter wählen, nahmen eingehend Stellung zu § 13 Abs. 2 (Fassung vom 21.11.1960), wonach die Ablehnung der Übernahme in das Richterverhältnis durch einen Richterwahlausschuss nur noch zum Ablauf des 2. Und 3. Jahres einen Entlassungsgrund bildet.

*MinRat Reh (Hessen)* meinte, die beabsichtigte Regelung stelle einen unzulässigen Eingriff in das hessische Verfassungsrecht dar. Der Richterwahlausschuss sei in der Verfassung verankert. Er hielt die Regelung ferner nicht für vereinbar mit dem Ansehen des Richterwahlausschusses, der praktisch im Voraus eine Entscheidung treffen müsse. Der Richterwahlausschuss prüfe in Hessen nicht die Qualifikation, sondern fälle seine Entscheidung nach anderen Gesichtspunkten.

*RegDir. Dr. Stiebeler (Hamburg)* schloss sich der Auffassung des hessischen Vertreters an und erklärte, § 13 Abs. 2 ergänze und modifiziere das hamburgische Verfassungsrecht.

*SenDirig. Dr. Buckow (Berlin)* äußerte, der Richterwahlausschuss sei in Berlin nicht in der Verfassung, sondern in einem einfachen Landesgesetz verankert.

*ORR Dr. Schmidt-Räntsch* wies darauf hin, dass der vorgelegte Entwurf entsprechend dem Wunsch des Rechtsausschusses das Ziel verfolge, die Assessoren in Ländern mit Richterwahlausschüssen denen in Ländern ohne Richterwahlausschüsse gleichzustellen.

*MD Roemer* bemerkte, das BMJ sei an den Formulierungsauftrag des Rechtsausschusses gebunden. Der Status des Assessors solle gegenüber dem geltenden Recht nicht verschlechtert werden.

Die Vertreter Bremens, Hamburgs und Hessens sprachen sich zu § 13 Abs. 2 für die Fassung des Regierungsentwurfs (§ 13 Abs. 4 in der Fassung der Bundestags-Drucksache 516) aus. Der Vertreter Berlins stimmte der Neufassung zu.

*MinDirig. Dr. Wolffram (Nordrhein-Westfalen)* wiederholte seinen bereits früher gestellten Antrag, in § 13 Abs. 1 eine Entlassung noch nach 2 Jahren vorzusehen und begründete dies mit praktischen Erfordernissen.

*ORR Dr. Schmidt-Räntsch* zeigte für diesen Wunsch Verständnis, gab jedoch zu bedenken, dass die Begrenzung der Entlassung ohne Grund auf 18 Monate ein Kompromiss sei, dem alle Seiten zugestimmt hätten. Keiner der übrigen Ländervertreter unterstützte den Antrag des nordrhein-westfälischen Vertreters.

*Zu § 12 (Neufassung vom 21.11.1960 – Anlage 1 a): ORR Dr. Schmidt-Räntsch* erinnerte an den Wunsch einzelner Abgeordneter, § 70 Abs. 2 in das Richtergesetz zu übernehmen und auf alle Richter auf Probe zu erstrecken. Dem trage die verteilte Neufassung des § 12 Rechnung.

*MinRat Dr. Bleier (Bayern)* stimmte der Neufassung zu. Die Vertreter der anderen Landesjustizverwaltungen widersprachen.

*Zu § 14:* Keine Bemerkungen.

*Zu § 15* erklärte *ORR Dr. Schmidt-Räntsch,* das BMJ werde versuchen, zur Regierungsvorlage zurückzukommen.

*Zu §§ 16 und 17:* Keine Bemerkungen.

Zur Vervollständigung der Nichtigkeits-, Rücknahme- und Entlassungsgründe (Neufassung der §§ 18 a, 18 b, 19 a, 19 b, 19 c und 19 d in der Fassung vom 21.11.1960 – Anlagen 3 bis 8:

*RegDir. Dr. Jung (Niedersachsen)* wies darauf hin, dass schon weitere Nichtigkeits-, Rücknahme- und Entlassungsgründe nach Landesrecht bestünden und erwähnte als Beispiel den Nichtigkeitsgrund der mangelnden Mitwirkung des Landespersonalausschusses. Diese besonderen Gründe müssten entweder in das Gesetz aufgenommen werden oder die §§ 18 a bis 19 b dürften nicht in den allgemeinen Teil aufgenommen werden.

*RegDir. Dr. Stiebeler (Hamburg)* nannte als weiteren Nichtigkeitsgrund die fehlende Mitwirkung des Richterwahlausschusses.

*ORR Dr. Schmidt-Räntsch* bemerkte hierzu, die dem Wunsch des Rechtsausschusses gemäß vorgeschlagenen Regelungen seien gerichtsverfassungsrechtlicher, weniger dienstrechtlicher Art; sie gehörten deshalb in den Allgemeinen Teil (Teil I) des Gesetzes.

*MD Roemer* bat die Ländervertreter, dem BMJ die nach Landesrecht bestehenden besonderen Nichtigkeits-, Rücknahme- und Entlassungsgründe mitzuteilen. Er sagte Prüfung zu, ob in Aussicht genommen werden könne, für bestimmte Nichtigkeits-, Rücknahme- und Entlassungsgründe im Gesetz einen Vorbehalt für die Landesgesetzgebung zu machen.

*ORR Dr. Schmidt-Räntsch* schlug vor, in § 19 c am Schluss das Wort „entsprechend" anzufügen.

*Zu § 19* erklärte *ORR Dr. Schmidt-Räntsch,* das BMJ werde für die Wiederherstellung der Regierungsvorlage mit der vom Bundesrat vorgeschlagenen Modifizierung eintreten.

*Zu § 22 (Neufassung vom 21.11.1960 – Anlage 9)* wies *Präs. Kohleiß (Baden-Württemberg)* unter Bezugnahme auf einen Vorschlag des Richterbundes (Ergänzende Vorschläge vom 4.11.1960) darauf hin, dass die Dienstaufsicht auch beim Justizminister, nicht nur bei dem Gerichtspräsidenten liegen müsse.

*Zu § 23: MinRat Dr. Bieler (Bayern)* befürchtete, die Ergänzung des Abs. 2 durch den Rechtsausschuss (mit seiner Zustimmung") werde die Besetzung der Baulandkammern erschweren. Er hielt deshalb die vom Rechtsausschuss in Abs. 2 eingefügten Worte für bedenklich.

*MinRat Reh (Hessen)* hielt das Erfordernis der Zustimmung des Richters auch deshalb für erschwerend, weil freiwillig kein Richter ein weiteres Richteramt an einem kleineren Gericht übernehmen würde.

Es wurde allgemein die Ansicht vertreten, die Worte „mit seiner Zustimmung" zu streichen und zur Regierungsvorlage zurückzukommen.

*ORR Dr. Schmidt-Räntsch* machte die Ländervertreter darauf aufmerksam, dass es zur Erreichung dieses Zieles notwendig sei, dem Rechtsausschuss überzeugende Gründe für dieses Verlangen darzulegen, weil der Richterbund den Zusatz gewünscht habe, um sog. stille Versetzungen zu vermeiden.

Er bat die Ländervertreter, sich darauf vorzubereiten, die Gründe im Rechtsausschuss vorzutragen.

*Zu § 24:* Keine Bemerkungen.

*Zu § 25: ORR Dr. Schmidt-Räntsch* bemerkte, dass das BMJ der vom Rechtsausschuss beschlossenen Regelung in § 25 Abs. 2 zustimme. Die Wendung „Kollegialgericht für Strafsachen" habe jedoch nicht die Zustimmung der Strafrechtsabteilung des BMJ gefunden. Eine andere Fassung liege bisher nicht vor.

*Zu § 25 Abs. 2* schlagen einzelne Landesjustizverwaltungen vor, den Ausschluss des jungen Assessors vom Vorsitz im Schöffengericht nicht mehr im Richtergesetz, sondern im GVG zu regeln, weil die Vorschrift keine allgemeine Bedeutung mehr hat.

*Zu § 26:* Keine Bemerkungen.

*Zu § 27: ORR Dr. Schmidt-Räntsch* machte darauf aufmerksam, dass Vorläufer für § 27 Nr. 2 und 3 fehlen. Preußen und Bayern hätten zwar die Versetzung eines Richters im Interesse der Rechtspflege auf eine gleiche oder höhere Richterstelle gekannt, doch keine unfreiwillige Versetzung in den einstweiligen oder endgültigen Ruhestand zugelassen. Letzteres sei zwar in Bayern möglich gewesen, jedoch nur unter Belassung der *vollen* Bezüge.

Allgemein wurde die Ansicht vertreten, dass § 27 auch im Falle schuldhaften Verhaltens des Richters zu gelten habe. Gerade für diese Fälle sei die Vorschrift unentbehrlich.

Ferner wurde auf Vorschlag von *MinRat Reh (Hessen)* allgemein die Ansicht vertreten, dass in den Fällen der Nrn. 2 und 3 entsprechend der Regelung in § 29 das volle Gehalt belassen werden sollte.

Ferner wurde der Wunsch geäußert, den Schlussteil der Vorschrift in der Fassung der Regierungsvorlage wiederherzustellen, weil die Fassung des Rechtsausschusses die zu treffende Maßnahme nicht mehr so eng an die Person des Richters binde.

*Zu §§ 30, 31:* Als Folge der §§ 18 a bis 19 c entfallen § 31 und § 30 insoweit, als sie die Nichtigkeit, Rücknahme und Entlassung betreffen.

*Zu § 32:* Die Vorschrift entfällt, wenn die Beendigung des Dienstverhältnisses durch richterliche Entscheidung in § 19 d (Anlage 8) vorgesehen wird.

*Zu §§ 33 (Neufassung vom 21.11.1960 – Anlage 9 a):* Die Neufassung folgt gesetzestechnisch aus den neueren §§ 18 a, 18 b und 19 a.

*Zu § 34 (Neufassung vom 21.11.1960 – Anlage 10): ORR Dr. Schmidt-Räntsch* erläuterte, dass Abs. 1 wörtlich dem § 38 Abs. 2 Satz 1, Abs. 2 dem bisherigen einzigen Absatz des § 34 entspreche. Die Umstellung folge aus der Streichung aller anderen Vorschriften in § 38 der Regierungsvorlage.

Keine Bedenken.

*Zu § 35: RegDir. Dr. Jung (Niedersachsen)* schlug vor, die Abordnung eines Richters auch gegen dessen Willen für die Zeitdauer von insgesamt einem Jahr „bei einem nicht nur vorübergehenden Rückgang der Geschäfte" zuzulassen, um Unterbeschäftigungen ausgleichen zu können. Er bezeichnete dies als einen *zumutbaren Eingriff in die persönliche Unabhängigkeit* des Richters.

*LGR Dr. Fischer (Rheinland-Pfalz)* sprach sich gegen eine solche Regelung aus, desgleichen *MinDirig. Wolffram (Nordrhein-Westfalen).*

*ORR Dr. Schmidt-Räntsch* deutete auf die verfassungsrechtliche Problematik hin. § 35 Abs. 3 ermögliche es praktisch, den Richter gegen seinen Willen an der Ausübung seines Amtes zu hindern. Art. 97 Abs. 2 Satz 1 GG erfordere jedoch nicht nur die Erfüllung eines gesetzlich bestimmten Tatbestandes, sondern auch die Mitwirkung des Dienstgerichts, bevor die Maßnahme gegen den Richter getroffen wird.

*MinDirig. Wolffram (Nordrhein-Westfalen)* teilte die verfassungsrechtlichen Bedenken. Er wies ferner darauf hin, dass bei der von Niedersachsen vorgeschlagenen Regelung der Pensenschlüssel dem Dienstgericht offengelegt werden müsste. Das sei unerwünscht. Im Übrigen würde die Regelung praktisch ohne Erfolg sein, weil die Zeitspanne eines Jahres zu kurz sei, um Unterbeschäftigungen wirksam auszugleichen.

*ORR Zinsly (Schleswig-Holstein)* teilte ebenfalls die verfassungsrechtlichen Bedenken und hielt es für untunlich, den Pensenschlüssel und die Personalpolitik der Justizverwaltung durch Dienstgerichte überprüfen zu lassen.

*MinRat Reh (Hessen)* schloss sich den praktischen Bedenken an und schlug vor, es bei den in § 35 Abs. 3 vorgesehenen drei Monaten zu belassen und keine weiteren Forderungen zu stellen. Auch *Regdir. Dr. Stiebeler (Hamburg)* gab zu bedenken, dass man an dem in nunmehr fünf Jahren erarbeiteten Entwurf festhalten solle.

*MinRat Dr. Bleier (Bayern)* unterstützte den Vorschlag Niedersachsens. Er hielt es nicht für notwendig, zur Rechtfertigung der getroffenen Maßnahmen dem Dienstgericht den Pensenschlüssel offenzulegen. Die Maßnahme könne allein durch Angaben über den unterschiedlichen Geschäftsanfall gerechtfertigt werden.

Eine Abstimmung hatte folgendes Ergebnis: Für den Vorschlag Niedersachsens sprach sich nur der bayerische Vertreter aus. Die Vertreter Baden-Württembergs und Bremens enthielten sich der Stimme. Die Vertreter der übrigen Länder wandten sich gegen den Vorschlag Niedersachsens.

*Zu § 36:* Keine Bemerkungen.

*Zu §§ 37, 38: MD Roemer* bemerkte, dass die vom Rechtsausschuss gewählte Formulierung unbestimmter als die der Regierungsvorlage regele, welche politische Tätigkeit ein Richter ausüben dürfe und welche nicht. Das BMJ beabsichtige trotzdem, die vom Rechtsausschuss gewählte Fassung hinzunehmen. Allerdings sollte in dem Ausschussbericht erwähnt werden, inwieweit der Richter bei politischer Tätigkeit freigestellt sei, um eine Auslegungsrichtlinie zu geben.

*Zu § 39 (Neufassung vom 21.11.1960 – Anlage 11): RegDir. Dr. Stiebeler (Hamburg)* vertrat die Ansicht, die Schlichtertätigkeit sollte nach Möglichkeit ausgeschlossen werden. Er trat dafür ein, die Regierungsvorlage wiederherzustellen.

Weitere Ländervertreter trugen die Bedenken ihrer Arbeitsressorts gegen eine Schlichtertätigkeit vor.

*ORR Dr. Schmidt-Räntsch* wies auf die Unterschiede in beiden Alternativen hin und sprach sich für die 1. Alternative der Neufassung aus. – Dem wurde allgemein zugestimmt.

*Zu § 40: ORR Dr. Schmidt-Räntsch* erläuterte die Absicht des Rechtsausschusses. Ferner wies er darauf hin, dass es in Abs. 2 (2. Zeile) statt „und" heißen müsse „oder". – Die Vertreter der Länder wandten gegen die Fassung des Rechtsausschusses nichts ein.

*Zu § 41:* Auf die Frage des Vertreters von Baden-Württemberg, ob § 39 Satz 2 der Verwaltungsgerichtsordnung bestehen bleiben solle, erklärte ORR Dr. Schmidt-Räntsch, das BMJ werde mit Zustimmung des Bundesinnenministeriums dem Rechtsausschuss vorschlagen, in § 85 Nr. 6 des Entwurfs vorzusehen, § 39 Satz 2 der Verwaltungsgerichtsordnung aufzuheben.

*Zu § 42:* Keine Bemerkungen.

*Zu §§ 43, 44: RegDir. Dr. Jung (Niedersachsen)* erklärte, das Gerichtsverfassungsgesetz müsse an § 43 Abs. 2 angepasst werden. Er verwies auf die früheren Fassungsvorschläge, die Niedersachsen im Rechtsausschuss des Bundesrates (Protokoll über die 195. Sitzung am 6.3.1958, unter 44) gemacht habe.

*Zu § 45:* Keine Bemerkungen.

*Zu § 46 (Neufassung vom 21.11.1960 – Anlage 12): ORR Dr. Schmidt-Räntsch* bat die Vertreter der Landesjustizverwaltungen, dem BMJ mitzuteilen, wie die Landespersonalausschüsse in Richterangelegenheiten zusammengesetzt sind und welche Zuständigkeiten sie haben.

*Zu §§ 46 a, 70 b (Neufassungen vom 21.11.1960 – Anlagen 13 und 18):* Auf Befragen sprach sich nur *ORR Dr. Meyer-Arndt (Bremen)* für den Fassungsvorschlag des § 70 b über die *Amtsbezeichnungen* aus. Die Amtsbezeichnung „Richter" entspräche der Funktion des Richters. Außerdem habe es im Lande Bremen bereits früher die Amtsbezeichnung „Richter" gegeben. – Die weitere Erörterung der Amtsbezeichnungen beruhte auf dem Wunsch des Rechtsausschusses, eine Formulierungshilfe für die Regelung der Amtsbezeichnungen im Richtergesetz zu bekommen.

*MinRat Schultz (Niedersachsen)* schlug für die Richter am Amtsgericht und die beisitzenden Richter des Landgerichts gleiche Amtsbezeichnungen vor und gleiche Amtsbezeichnungen für die Vorsitzenden der Kammern des Landgerichts und für die beisitzenden Richter des Oberlandesgerichts.

*ORR Dr. Schmidt-Räntsch* kündigte neue Formulierungsvorschläge an und bat die Länder, zu den Vorschlägen schriftlich Stellung zu nehmen. Die neuen Fassungsvorschläge enthalten die Anlagen 18 a und 22. – Eine Neufassung des *§ 49* wurde verteilt (Anlage 14). Keine Bemerkungen.

*Zu § 53 (Neufassung vom 21.11.1960 – Anlage 15): ORR Dr. Schmidt-Räntsch* erläuterte, dass die verteilte Neufassung dem Wunsch des Rechtsausschusses zur Zusammensetzung des Präsidialrates in vollem Umfang entspreche. Das BMJ beabsichtige aber, für die Regierungsvorlage mit der Modifizierung einzutreten, dass die gewählten Mitglieder unmittelbar, nicht über den Richterrat gewählt werden.

*Zu §§ 54 bis 57:* Keine Bemerkungen.

*Zu § 57 a (Neufassung vom 21.11.1960 – Anlage 16): ORR Dr. Schmidt-Räntsch* bemerkte, die Regelung werde durch die Errichtung des Bundespatentgerichts notwendig. Sie erfasse nur den Bundesbereich.

*Zu §§ 58 bis 70:* Keine Bemerkungen.

*Zu § 70 a (Neufassung vom 21.11.1960 – Anlage 17): MinRat Dr. Bleier (Bayern)* erklärte, in seinem Land sei bisher eine Stellenausschreibung nicht vorgesehen. – Allgemein waren die Ländervertreter der Ansicht, dass es der Vorschrift nicht bedarf.

*Zu §§ 71 bis 72:* Keine Bemerkungen.

*Zu § 73: ORR Dr. Schmidt-Räntsch* erklärte, die Fassung des Abs. 1 bedeute nicht, dass nur *ein* Präsidialrat gebildet werden dürfe. Den anderen Inhalt der Regierungsvorlage habe sich der Rechtsausschuss nicht zu Eigen gemacht.

*Zu §§ 74 und 75:* Keine Bemerkungen.

*Zu § 76: MinDirig. Wolffram (Nordrhein-Westfalen)* sprach sich zu Abs. 3 gegen ein Ernennungsrecht (Übertragung des Richteramts) durch das Präsidium des Gerichts aus. Der Landesregierung würde dann nur noch ein Vorschlagsrecht verbleiben.

*ORR Dr. Schmidt-Räntsch* entgegnete, dass nur bereits ernannte Richter zu Mitgliedern der Dienstgerichte bestellt werden könnten. Die Bestellung der Mitglieder des Dienstgerichts sei ein wesentliches Anliegen des Richtergesetzentwurfs. Der Entwurf knüpfe damit an den Rechtszustand vor 1937 an (dazu Begründung zu § 59 – BT-Drucks. 516 S. 53 linke Spalte).

*Präs. Kohleiß (Baden-Württemberg)* teilte die sachlichen Bedenken des nordrhein-westfälischen Vertreters, trat aber trotzdem für den Entwurf in der jetzigen Fassung ein.

*ORR Dr. Schmidt-Räntsch* meinte, man könne die Fassung vielleicht dahin erweitern, dass nicht „von dem Präsidium des Gerichts", sondern „von dem Präsidium *eines* Gerichts" gesprochen werde.

*MinRat Reh (Hessen)* bemerkte, die Bestimmung sichere die Bildung der Dienstgerichte bei ordentlichen Gerichten. Folge man dem Vorschlag von ORR Dr. Schmidt-Räntsch, so würde – jedenfalls in Hessen – die Bildung der Dienstgerichte bei Verwaltungsgerichten begünstigt. Er trete deshalb für die jetzige Fassung des Entwurfs ein.

*ORR Dr. Schmidt-Räntsch* behielt sich eine Ergänzung dahin vor, nach der das Präsidium an Vorschläge anderer Gerichtspräsidien durch die Landesgesetzgebung gebunden werden kann.

*Zu §§ 77 bis 79 (Neufassungen von §§ 78 und 79 in der Fassung vom 21.11.1960 – Anlagen 19 und 20): Zu § 78 Abs. 2* lehnten bei Stimmenthaltung des bremischen Vertreters alle Vertreter der Landesjustizverwaltungen es ab, durch Bundesgesetz die Revision an das Dienstgericht des Bundes im *Disziplinarverfahren* (§ 77 Nr. 1) zuzulassen. Dagegen befürworteten die Ländervertreter die von Bundes wegen vorgeschriebene Revision an das Dienstgericht des Bundes im *Versetzungsverfahren* (§ 77 Nr. 2). Im Übrigen sprachen sich die Ländervertreter für die 1. Alternative des verteilten § 78 aus. In Abs. 2 solle auch die Nr. 2 des § 77 aufgenommen werden. – *Zu § 79* entschieden sich die

Ländervertreter für die 1. Alternative des Abs. 1. In Abs. 1 solle auch § 77 Nr. 2 aufgenommen werden.

*Zu § 80:* keine Bemerkungen.

Von den Vorschriften des *Vierten Teils* wurden nur erörtert:

*§ 83:* Die Vertreter von Bayern, Bremen, Hessen und Baden-Württemberg wurden gebeten, die vollständigen Bezeichnungen und Fundstellen der aufzuhebenden Landesgesetze mitzuteilen. Der Vertreter Bayerns gab folgende Bezeichnung zu Protokoll: „Gesetz über die Richteramtsbefähigung angesiedelter und heimatvertriebener Juristen vom 16.6.1948 (BayBS III S. 64)."

Für die §§ 85, 106 und 107 wurden Neufassungen vom 21.11.1960 verteilt (Anlagen 21, 23 und 24).

*Zu § 109 a (i. d. F. der. Stgn. der Bundesregierung zu dem Beschluss des BR, BT-Drucks. 516 S. 77; vgl. §114 DRiG): Präs. Kohleiß (Baden-Württemberg)* verwies auf die baden-württembergische Regelung (AV d. JM vom 6.11.1959 in: Die Justiz S. 240) und regte an, Verzögerungen infolge Kriegsdienstes zu berücksichtigen. Die Landesregierung solle abweichend von § 19 das allgemeine Dienstalter (ADA) festsetzen können.

*MD Roemer* erklärte, Abs. 2 enthalte eine Ermächtigung zur Regelung des Einzelfalles. Wenn auch Kriegsdienstverzögerungen berücksichtigt werden sollten, könne auf eine gesetzliche Regelung nicht verzichtet werden.

*ORR Dr. Schmidt-Räntsch* machte darauf aufmerksam, dass eine vollständige gesetzliche Regelung der Ausnahmefälle das Gesetzgebungsvorhaben verzögern kann. Er schlug deshalb vor, eine Ermächtigung zum Erlass einer Rechtsverordnung vorzusehen, die vorher mit allen Beteiligten ohne Zeitort erörtert werden könnte.

*MinDirig. Wolffram (Nordrhein-Westfalen)* teilte mit, dass die Festsetzung des ADA für Richter in Nordrhein-Westfalen bis zum Erlass des Richtergesetzes zurückgestellt sei. Ein ADA werde gegenwärtig nur für Staatsanwälte festgesetzt. Auch er vertrat die Ansicht, die Kriegsdienstzeit müsse berücksichtigt werden.

*MinRat Dr. Bleier (Bayern)* meinte ebenfalls, die Anrechnung der Kriegsdienstzeit sei nicht zu umgehen.

*RegDir. Dr. Stiebeler (Hamburg)* war hingegen der Ansicht, dass Kriegsdienstzeiten beim ADA nicht berücksichtigt werden sollten. Bei der Festsetzung des ADA müsse an das Amt angeknüpft werden. Wirtschaftliche Überlegungen dürften nicht maßgebend sein.

Allgemein wurde der Vorschlag von ORR Dr. Schmidt-Räntsch begrüßt, eine Ermächtigung zum Erlass einer Rechtsverordnung mit Zustimmung des Bundesrates vorzusehen.

*§ 113: ORR Dr. Schmidt-Räntsch* erwähnte, dass entsprechend dem Vorschlag Baden-Württembergs nach Fortfall der Friedensgerichtsbarkeit die Vorschrift vereinfacht werden könnte (dazu Anlage 25). Dem wurde nicht widersprochen.

*Von § 114* wurde eine Neufassung vom 21.11.1960 (Anlage 26) verteilt, gegen die keine Einwendungen erhoben wurden.

*§ 115 a (Neufassung vom 21.11.1960 – Anlage 27): ORR Dr. Schmidt-Räntsch* erläuterte zunächst den Standpunkt des BMJ und gab einen kurzen Überblick der Vorgeschichte dieser Bestimmung.

*MD Roemer* sprach sich gegen eine Einbeziehung des § 37 in Abs. 1 aus.

Auf den Hinweis von *Präs. Kohleiß (Baden-Württemberg),* dass die Staatsanwälte in der Frage der Altersgrenze mit den Richtern nicht gleichgestellt seien, bemerkte *ORR Dr. Schmidt-Räntsch,* es sei Landessache, die Altersgrenze der Staatsanwälte festzusetzen. Wenn der Bund in § 25 BRRG für Beamte und in § 75 des Richtergesetzentwurfs für Richter dem Landesgesetzgeber die Festlegung der Altersgrenze überlasse, sei es folgerichtig, auch nichts darüber zu bestimmen, ob die Altersgrenze für Richter und Staatsanwälte gleich sein solle.

*MinRat Schultz (Niedersachsen)* erklärte, sein Land habe den Vorschlag, für Staatsanwälte einen besonderen Teil im Richtergesetz zu bringen, fallen lassen.

Zum Schluss der Besprechung widerholte *ORR Dr. Schmidt-Räntsch* die Punkte, zu denen die Länder gebeten wurden, schriftlich Stellung zu nehmen:

1. Welche weiteren Nichtigkeits-, Rücknahme- und Entlassungsgründe nach Landesrecht bestehen,
2. wie die Landespersonalausschüsse in Richterangelegenheiten zusammengesetzt sind und welche Zuständigkeiten sie haben,
3. ob gesetzliche Regelungen über die Ausschreibung der Richterämter in der Eingangsstufe und der ersten Beförderungsstufe bestehen und
4. ob die Zitate in § 83 des Entwurfs vollständig sind (für die Landesjustizverwaltungen in Bremen, Wiesbaden und Stuttgart).

*Anhang: Anlagen 1–27 vom 21.11.1960*

*Anlage 1: § 9.* Abs. 1: unverändert, - Abs. 2 Satz 1: unverändert, - Abs. 2 Satz 2: *Die* Anrechnung *von mehr als zwei Jahren* dieser Tätigkeit*en* setzt besondere Kenntnisse und Erfahrungen des zu Ernennenden (für den Richterdienst) voraus.

*Anlage 1 a: § 12.* Satz 1: unverändert. – Satz 2: Die Beiordnung eines Richters auf Probe oder eines Richters kraft Auftrags an ein Gericht ist auf eine bestimmte Zeit auszusprechen und darf vor Ablauf dieser Zeit nicht widerrufen werden. – Als Folge des neuen Satzes 2 ist § 70 Abs. 2 GVG in § 82 des Entwurfs aufzuheben.

Anlage 2: § 13. Entlassung eines Richters auf Probe.

(1) Ein Richter auf Probe kann zum Ablauf des sechsten, zwölften oder achtzehnten Monats nach seiner Ernennung entlassen werden.

(2) Ein Richter auf Probe kann zum Ablauf des zweiten oder dritten Jahres entlassen werden, wenn er sich nicht bewährt oder wenn ein Richterwahlausschuss seine Übernahme in das Richterverhältnis auf Lebenszeit oder auf Zeit ablehnt.

(3) Ein Richter auf Probe kann ferner entlassen werden bei

1. einem Verhalten, das bei Richtern auf Lebenszeit eine im förmlichen Disziplinarverfahren zu verhängende Disziplinarstrafe zur Folge hätte, oder
2. Dienstunfähigkeit, wenn der Richter nicht in den Ruhestand versetzt wird, oder
3. einer Veränderung in der Einrichtung der Gerichte oder ihrer Bezirke, wenn eine anderweitige Verwendung nicht möglich ist.

(4) In den Fällen der Absätze 1, 2 und 3 Nr. 2 und 3 ist die Entlassungsverfügung dem Richter mindestens sechs Wochen vor dem Entlassungstag mitzuteilen.

Als Folge des § 13 entfallen in § 11 Abs. 2 die Worte „oder einem Richterwahlausschuss zur Wahl vorzuschlagen".

*Anlage 3: § 18 a. Nichtigkeit der Ernennung.*

(1) Eine Ernennung ist nichtig, wenn sie von einer sachlich unzuständigen Behörde ausgesprochen wurde. [Die Ernennung kann jedoch von der sachlich zuständigen Behörde rückwirkend bestätigt werden.]

(2) Eine Ernennung ist ferner nichtig, wenn der Ernannte im Zeitpunkt der Ernennung

1. nicht Deutscher im Sinne des Artikels 116 des Grundgesetzes war oder
2. entmündigt war oder
3. nicht die Fähigkeit zur Bekleidung öffentlicher Ämter hatte oder
4. nicht die Befähigung zum Richteramt [oder eine ihr gleichstehende Befähigung] besaß.

(3) Die Nichtigkeit einer Ernennung zum Richter auf Lebenszeit oder zum Richter auf Zeit kann erst geltend gemacht werden, nachdem ein Gericht sie festgestellt hat.

Als Folge des § 18 a entfällt *§ 31.*

*Anlage 4: § 18 b. Rücknahme der Ernennung*

(1) Eine Ernennung ist zurückzunehmen,

1. wenn sie durch Zwang, arglistige Täuschung oder Bestechung herbeigeführt wurde oder
2. wenn nicht bekannt war, dass der Ernannte ein Verbrechen oder Vergehen begangen hatte, das ihn der Berufung in das Richterverhältnis unwürdig erscheinen lässt und er deswegen rechtskräftig zu einer Strafe verurteilt war oder wird.

(2) Eine Ernennung kann zurückgenommen werden,

1. wenn bei einem nach seiner Ernennung Entmündigten die Voraussetzungen für die Entmündigung im Zeitpunkt der Ernennung vorlagen oder

2. wenn nicht bekannt war, dass der Ernannte in einem Disziplinarverfahren aus dem Dienst entfernt oder zum Verlust der Versorgungsbezüge verurteilt worden war.

(3) Die Ernennung zum Richter auf Lebenszeit oder zum Richter auf Zeit kann ohne schriftliche Zustimmung des Richters nur aufgrund richterlicher Entscheidung zurückgenommen werden.

Als Folge des § 18 b und § 19 a entfällt § 30, soweit er die Entlassung und Rücknahme betrifft.

*Anlage 5: § 19 a. Entlassung aus dem Dienstverhältnis.*

(1) Der Richter ist entlassen,

1. wenn er die Eigenschaft als Deutscher im Sinne des Artikels 116 des Grundgesetzes verliert, oder
2. wenn er ohne Zustimmung der obersten Dienstbehörde seinen Wohnsitz oder dauernden Aufenthalt im Ausland nimmt, oder
3. wenn er in ein öffentlich-rechtliches Dienst- oder Amtsverhältnis zu einem anderen Dienstherrn tritt, sofern gesetzlich nichts anderes bestimmt ist, oder
4. wenn er zum Berufssoldaten oder Soldaten auf Zeit ernannt wird, oder
5. wenn er die Altersgrenze erreicht oder dienstunfähig ist und das Dienstverhältnis nicht durch Eintritt in den Ruhestand endet.

(2) Der Richter ist zu entlassen,

1. wenn er sich weigert, den Richtereid (§ 36) zu leisten, oder
2. wenn er zur Zeit der Ernennung Mitglied des Bundestages war und nicht innerhalb der von der obersten Dienstbehörde angesetzten angemessenen Frist sein Mandat niederlegt, oder
3. wenn er seine Entlassung schriftlich verlangt, oder
4. wenn er nach Erreichen der Altersgrenze berufen worden ist.

(3) Ein Richter auf Lebenszeit oder ein Richter auf Zeit kann ohne seine schriftliche Zustimmung nur aufgrund richterlicher Entscheidung entlassen werden. Die Entlassung eines Richters auf Lebenszeit oder eines Richters auf Zeit nach Absatz 1 kann erst geltend gemacht werden, nachdem ein Gericht sie festgestellt hat.

Als Folge des obigen § 19 a und des § 18 b entfällt § 30, soweit er die Entlassung und Rücknahme betrifft.

*Anlage 6: § 19 b. Richter auf Probe.*

(1) Ein Richter auf Probe kann zum Ablauf des sechsten, zwölften oder achtzehnten Monats nach seiner Ernennung entlassen werden.

(2) Zum Ablauf des zweiten oder dritten Jahres kann ein Richter auf Probe entlassen werden, wenn er sich nicht bewährt oder wenn ein Richterwahlausschuss zur Übernahme in das Richterverhältnis auf Lebenszeit oder auf Zeit ablehnt.

(3) Ein Richter auf Probe kann ferner entlassen werden bei

1. einem Verhalten, das bei Richtern auf Lebenszeit eine in förmlichen Disziplinarverfahren zu verhängende Disziplinarstrafe zur Folge hätte oder

[2. Dienstunfähigkeit, wenn der Richter nicht in den Ruhestand versetzt wird, oder]

[3. einer Veränderung in der Einrichtung der Gerichte oder ihrer Bezirke, wenn eine anderweitige Verwendung nicht möglich ist.]

(4) In den Fällen der Absätze 1, 2 und 3 Nr. 2 und 3 ist die Entlassungsverfügung dem Richter mindestens sechs Wochen vor dem Entlassungstag mitzuteilen.

*Als Folge des § 19 b entfällt § 13.*

*Anlage 7: § 19 c. Entlassung eines Richters kraft Auftrags.*

Für die Beendigung des Richterverhältnisses kraft Auftrags gelten die Vorschriften für die Beendigung des Richterverhältnisses auf Probe.

Als Folge des § 19 c entfallen in § 16 Abs. 2 die Worte: „und für die Beendigung des Richterverhältnisses kraft Auftrags".

*Anlage 8: § 19 d. Beendigung des Dienstverhältnisses durch richterliche Entscheidung.*

Wird gegen einen Richter auf Lebenszeit oder einen Richter auf Zeit durch Urteil eines deutschen Gerichts im Geltungsbereich dieses Gesetzes erkannt auf

1. Zuchthaus,
2. Gefängnis von einem Jahr oder längerer Dauer wegen vorsätzlich begangener Tat,
3. Gefängnis von sechs Monaten oder längerer Dauer wegen vorsätzlicher hochverräterischer, staatsgefährdender oder landesverräterischer Handlung,
4. Verlust der bürgerlichen Ehrenrechte,
5. Aberkennung der Fähigkeit zur Bekleidung öffentlicher Ämter oder
6. Verwirkung eines Grundrechts gemäß Art. 18 des Grundgesetzes,

so endet das Richterverhältnis mit der Rechtskraft dieses Urteils, ohne dass es einer weiteren gerichtlichen Entscheidung bedarf.

*Anlage 9: § 22. Dienstaufsicht.*

(1) Der Richter unterliegt einer Dienstaufsicht nur, soweit dadurch nicht seine im Grundgesetz festgelegte Unabhängigkeit beeinträchtigt wird.

(2) Die Dienstaufsicht umfasst auch die Befugnis, die ordnungswidrige Ausführung eines Amtsgeschäfts zu rügen und zu seiner ordnungsgemäßen, unverzögerten Erledigung zu ermahnen.

(3) Ist eine Maßnahme der Dienstaufsicht geeignet, die Unabhängigkeit des Richters zu beeinträchtigen, so kann der Richter eine gerichtliche Entscheidung nach Maßgabe dieses Gesetzes beantragen.

*Anlage 9 a: § 33. Vorläufige Untersagung der Amtsgeschäfte.*
In einem Verfahren nach § 18 a Abs. 2, § 18 b Abs. 2, § 19 a Abs. 3 und § 26 kann das Gericht auf Antrag dem Richter die Führung seiner Amtsgeschäfte vorläufig untersagen.

*Anlage 10: § 34. Mitgliedschaft in einer Volksvertretung oder Regierung.*

(1) Nimmt ein Richter die Aufstellung als Bewerber für die Wahl zum Abgeordneten des Bundestages oder einer gesetzgebenden Körperschaft eines Landes an, so ist er von diesem Tage, frühestens jedoch zwei Monate vor dem Wahltage, bis zum Ablauf von zwei Wochen nach dem Wahltage mit vollen Dienstbezügen beurlaubt.

(2) Nimmt ein Richter die Wahl in den Bundestag oder in die gesetzgebende Körperschaft eines Landes an oder wird ein Richter mit seiner Zustimmung zum Mitglied der Bundesregierung oder der Regierung eines Landes ernannt, so enden das Recht und die Pflicht zur Wahrnehmung des Richteramts ohne gerichtliche Entscheidung nach näherer Bestimmung der Gesetze.

*Als Folge der Neufassung entfällt § 38 Abs. 2 Satz 1.*

*Anlage 11: § 39. Schiedsrichter und Schlichter.*

1. *Alternative:* (1) Eine Nebentätigkeit als Schiedsrichter und Schiedsgutachter darf dem Richter nur genehmigt werden, wenn die Parteien des Schiedsvertrags ihn gemeinsam beauftragen oder wenn er von einer unbeteiligten Stelle benannt ist. Die Genehmigung ist zu versagen, wenn der Richter zur Zeit der Entscheidung über die Erteilung der Genehmigung mit der Sache befasst ist oder nach der Geschäftsverteilung befasst werden kann.
   (2) Auf eine Nebentätigkeit als Schlichter in Streitigkeiten zwischen Vereinigungen oder zwischen diesen und Dritten ist Absatz 1 entsprechend anzuwenden.
2. *Alternative:* Eine Nebentätigkeit als Schiedsrichter, Schiedsgutachter oder als Schlichter in Streitigkeiten zwischen Vereinigungen oder zwischen diesen und Dritten darf dem Richter nur genehmigt werden, wenn die beteiligten Parteien ihn gemeinsam beauftragen oder wenn er von einer unbeteiligten Stelle benannt ist. Die Genehmigung ist zu versagen, wenn die Besorgnis besteht, dass der Richter in einem späteren Verfahren als gesetzlicher Richter in Angelegenheiten mitzuwirken hat, die mit seiner Tätigkeit als Schiedsrichter, Schiedsgutachter oder Schlichter im Zusammenhang stehen.

*Anlage 12: § 46. Bundespersonalausschuss in Angelegenheiten der Richter.*
In Angelegenheiten der Richter wirkt im Bundespersonalausschuss als weiteres ständiges ordentliches Mitglied der Leiter der Personalabteilung des Bundesministeriums der Justiz mit, dessen Stellvertreter ein anderer Beamter des Bundesministeriums der Justiz ist.

Nichtständige ordentliche Mitglieder sind vier Richter; sie und ihre Stellvertreter müssen Richter auf Lebenszeit im Bundesdienst sein. Der Beamte des Bundesministeriums der Justiz und die Richter werden vom Bundesminister [des Innern] im Einvernehmen mit den beteiligten Bundesministern vorgeschlagen, davon drei Richter und ihre Stellvertreter aufgrund einer Benennung durch die Spitzenorganisationen der Berufsverbände der Richter.

*Anlage 13: § 46 a. Amtsbezeichnungen.*
Die Richter im Bundesdienst führen die Amtsbezeichnung „Richter" mit einem das Gericht bezeichnenden Zusatz („... Richter am ...") oder „Oberrichter" oder „Bundesrichter" oder „Senatspräsident" nach näherer gesetzlicher Bestimmung.

Als Folge dieser Vorschrift ist das Bundesbesoldungsgesetz zu ändern (§ 92 a).

*Anlage 14: § 49. Zusammensetzung des Richterrats.*

(1) Bei den Gerichten des Bundes werden Richterräte errichtet. Der Richterrat besteht bei dem

1. Bundesgerichtshof aus fünf gewählten Richtern,
2. Bundesverwaltungsgericht, Bundesfinanzhof, Bundesarbeitsgericht und Bundessozialgericht aus je drei gewählten Richtern,
3. Bundesdisziplinarhof aus drei Richtern, von denen die Richter des Bundesdisziplinarhofs zwei und die Richter der Bundesdisziplinarkammern einen Richter wählen.

(2) Für die Richter der Truppendienstgerichte wird ein Richterrat aus drei gewählten Richtern errichtet. Der Richterrat bestimmt seinen Sitz bei einem Truppendienstgericht.

(3) Der Präsident des Gerichts und sein ständiger Vertreter können dem Richterrat nicht angehören.

*Anlage 15: § 53. Bildung des Präsidialrats.*

(1) Bei jedem oberen Bundesgericht wird ein Präsidialrat, bei dem Bundesdisziplinarhof zugleich für die Bundesdisziplinarkammern und die Truppendienstgerichte, errichtet. Er besteht bei

1. dem Bundesgerichtshof aus dem Präsidenten, seinem ständigen Vertreter oder, sofern ein ständiger Vertreter nicht ernannt ist, dem dienstältesten, bei gleichem Dienstalter dem lebensältesten Senatspräsidenten, zwei weiteren Mitgliedern des Präsidiums und drei gewählten Richtern,
2. den anderen oberen Bundesgerichten aus dem Präsidenten, seinem ständigen Vertreter oder, sofern ein ständiger Vertreter nicht ernannt ist, dem dienstältesten, bei gleichem Dienstalter dem lebensältesten Senatspräsidenten, einem weiteren Mitglied des Präsidiums und zwei gewählten Richtern.

[Die weiteren Mitglieder des Präsidiums werden von diesem für jede Stellungnahme (§ 56) gesondert bestimmt.] Die gewählten Richter werden von den planmäßig angestellten Richtern der Gerichte, für die der Präsidialrat errichtet ist, unmittelbar gewählt. § 50 gilt entsprechend.

(2) Noch offen.

(3) Die Amtszeit des Präsidenten beträgt vier Jahre.

*Anlage 16: § 57 a. [Vertretung abgeordneter Richter.]*

(1) Ein an ein Gericht des Bundes abgeordneter Richter wird zum Richterrat dieses Gerichts wahlberechtigt, sobald die Abordnung länger als drei Monate gedauert hat. Wird ein Richter im Bundesdienst an ein anderes Gericht oder an eine Verwaltungsbehörde abgeordnet, so verliert er sein Wahlrecht zum Richterrat bei dem bisherigen Gericht nach Ablauf von drei Monaten.

(2) Abgeordnete Richter nehmen an der [Bildung] des Präsidialrats für das Gericht des Bundes, an das sie abgeordnet sind, nicht teil. Ein Richter im Bundesdienst scheidet mit Beginn der Abordnung aus dem Präsidialrat seines bisherigen Gerichts aus; seien Wahlberechtigung bleibt jedoch unberührt.

*Anlage 17: § 70 a. Stellenausschreibung.*

Die Bewerber für ein Richteramt der Eingangsstufe und mindestens der ersten Beförderungsstufe sind durch Stellenausschreibung zu ermitteln.

*Anlage 18: § 70 b. Amtsbezeichnungen.*

Die Richter in den Eingangsämtern und die planmäßigen beisitzenden Richter in einem Amt mit höherem Endgrundgehalt als dem eines Eingangsamts führen die Amtsbezeichnung „Richter“ mit dem Zusatz des Gerichts („Richter am …“), die planmäßigen Vorsitzenden in einem Amt mit höherem Endgrundgehalt als dem eines Eingangsamts die Amtsbezeichnung „Oberrichter“ oder „Senatspräsident“ nach näherer Bestimmung durch die Landesgesetzgebung.

*Anlage 18 a: § 70 b. Amtsbezeichnungen.*

Die Richter in einem Eingangsamt führen die Amtsbezeichnung „Richter“ mit einem das Gericht bezeichnenden Zusatz („Richter am …“), die Richter in einem höhere Amt als einem Eingangsamt die Amtsbezeichnung „Oberrichter“ [mit einem das Gericht bezeichnenden Zusatz („Oberrichter am …“)], die planmäßigen Vorsitzenden der Senate die Amtsbezeichnung „Senatspräsident“. Das Nähere bestimmt die Landesgesetzgebung.

*§ 116 a. Amtsbezeichnungen der Richter an einem Obersten Landesgericht*

Die Amtsbezeichnungen der Richter an einem Obersten Landesgericht (§§ 8 und 9 des Einführungsgesetzes zum Gerichtsverfassungsgesetz) bestimmt die Landesgesetzgebung.

*Anlage 19: § 78. Rechtszug.*

1. *Alternative:* (1) Das Verfahren vor den Dienstgerichten besteht aus mindestens zwei Rechtszügen.

(2) In den Fällen des § 77 Nr. 3 und 4 steht den Beteiligten die Revision an das Dienstgericht des Bundes zu.

(3) Die Landesgesetzgebung kann in den Fällen des § 77 Nr. 1 und 2 die Revision an das Dienstgericht des Bundes vorsehen.

2. *Alternative:* (1) Das Verfahren vor den Dienstgerichten besteht aus mindestens zwei Rechtszügen.

(2) Den Beteiligten steht die Revision an das Dienstgericht des Bundes zu.

*Anlage 20: § 79. Zulässigkeit der Revision.*
*Absatz 1: 1. Alternative* (i.V.m. 1. Alternative zu § 78)

(1) In den Fällen des § 77 Nr. 3 und 4 ist die Revision an das Dienstgericht des Bundes stets zuzulassen.

2. *Alternative:* (i.V.m. 2. Alternative zu § 78)

(1) Die Zulässigkeit der Revision an das Dienstgericht des Bundes richtet sich in den Fällen des § 77 Nr. 1 und 2 [nach §§ 132 und 133 der Verwaltungsgerichtsordnung]. In den Fällen des § 77 Nr. 3 und 4 ist die Revision stets zuzulassen.

3. *Alternative:* (i.V.m. 2. Alternative zu § 78)

(1) Die Zulässigkeit der Revision an das Dienstgericht des Bundes richtet sich [, auch in den Fällen des § 77 Nr. 1 und 2,] nach §§ 132 und 133 der Verwaltungsgerichtsordnung.

*Absatz 2:* (für alle drei Alternativen)

(2) Die Revision kann nur darauf gestützt werden, dass das Urteil auf der Nichtanwendung oder unrichtigen Anwendung einer Rechtsnorm beruht.

*Anlage 21: § 85. Änderung der Verwaltungsgerichtsordnung*

Die Verwaltungsgerichtsordnung vom 21.1.1960 (BGBl. I S. 17) wird wie folgt geändert:

1. § 15 Abs. 2 wird aufgehoben.
2. § 17 erhält folgende Fassung: „*§ 17.* Bei den Verwaltungsgerichten können Richter auf Probe oder kraft Auftrags verwendet werden."
3. § 18 erhält folgende Fassung: „*§ 18.* Richter im Nebenamt, Richter auf Probe, Richter kraft Auftrags und abgeordnete Richter können nicht den Vorsitz führen. Von diesen Richtern darf nicht mehr als einer in einer Kammer (Senat) mitwirken."
4. § 37 erhält folgende Fassung: „*§ 37.* Der Oberbundesanwalt sowie der Vertreter des öffentlichen Interesses bei dem Oberverwaltungsgericht und bei dem Verwaltungsgericht müssen die Befähigung zum Richteramt nach dem Deutschen Richtergesetz besitzen."

5. § 39 erhält folgende Fassung: „*§ 39.* Dem Gericht dürfen keine Verwaltungsgeschäfte außerhalb der Gerichtsverwaltung übertragen werden."
6. § 174 wird aufgehoben.

*Anlage 22: § 92 a.* Das Bundesbesoldungsgesetz vom 27.7.1957 (BGBl. I S. 993), zuletzt geändert durch Gesetz vom … (BGBl. I S. …) wird wie folgt geändert:

1. In § 53 Abs. 1 werden die Worte „Landgerichtsrat, Verwaltungsgerichtsrat" durch die Worte „Richter am Landgericht, Richter am Verwaltungsgericht" und die Worte „Landgerichtsdirektor, Verwaltungsgerichtsdirektor" durch das Wort „Oberrichter" ersetzt.
2. Anlage I des Bundesbesoldungsgesetzes.

a) In den Besoldungsgruppen 13 und 14 der Bundesbesoldungsordnung A wird das Wort „Verwaltungsgerichtsrat" ersetzt durch die Worte „Richter am Truppendienstgericht".

b) In die Besoldungsgruppe 15 der Bundesbesoldungsordnung A wird das Wort „Oberrichter" eingefügt. Die Worte „Senatsrat beim Bundespatentgericht" und „Verwaltungsgerichtsdirektor" werden gestrichen.

*Anlage 23: § 106. Befähigung zum höheren Verwaltungsdienst*
Satz 1: unverändert. - Neuer Satz 2: § 18 a Abs. 2 Nr. 4 gilt entsprechend.

*Anlage 24: § 107. Vorsitzende der Arbeitsgerichte und Sozialgerichte*
Satz 1: unverändert. – Neuer Satz 2: § 18 a Abs. 2 Nr. 4 gilt entsprechend.

*Anlage 25: § 113. Mitglieder der Gemeindegerichte.*
Auf Gemeinderichter (§ 14 Nr. 2 des Gerichtsverfassungsgesetzes) ist dieses Gesetz nicht anzuwenden.

*Anlage 27: § 114. Technische Mitglieder des Patentgerichts.*
Zum Richterrat beim Bundespatentgericht ist auch befähigt, wer die Voraussetzungen des § 36 b Abs. 2 des Patentgesetzes in der Fassung des Gesetzes vom … (BGBl. I S. …) erfüllt.

*Anlage 27. § 115 a. Staatsanwälte.*

(1) Zum Staatsanwalt kann nur ernannt werden, wer die Befähigung zum Richteramt (§§ 5 bis 7) besitzt.

(2) Dem richterlichen Dienst im Sinne von § 9 Abs. 1 steht eine staatsanwaltschaftliche Tätigkeit gleich.

(3) Auf die Staatsanwälte sind [§ 38 Abs. 2 Satz 1], §§ 39 und 40 entsprechend anzuwenden.

[(4) In förmlichen Disziplinarverfahren gegen Staatsanwälte entscheiden die Dienstgerichte für Richter. Die nichtständigen Beisitzer müssen auf Lebenszeit berufene Staatsanwälte sein. Der Bundesminister der Justiz beruft die nichtständigen Beisitzer beim

Dienstgericht des Bundes. Die Bestellung der nichtständigen Beisitzer bei den Dienstgerichten der Länder regelt die Landesgesetzgebung.]

## XXII. *Kurzprotokoll über die Ressortbesprechung am 29.11.1960 im Bundesjustizministerium zum Entwurf eines Deutschen Richtergesetzes*

*Vorsitz:* Oberregierungsrat Dr. Schmidt-Räntsch
Teilnehmer:
Koehler, Ministerialrat, BMI
Dr. Meyer, Ministerialrat, BMVtdg
Sahmer, Regierungsdirektor, BMAuS [Arbeit u. Soziales]
Dr. Wlotzke, Regierungsrat, BMAuS
Dr. Wiedow, Regierungsdirektor, BMF
Dr. Kallabis, Ministerialrat, BMI
Wodtke, Ministerialdirigent, BMI
Dr. Braun, Oberregierungsrat, BMI
Wolff, Ministerialrat, BMAuS
Ziemer, Regierungsdirektor, BMF

*Die Besprechung hatte folgende Ergebnisse:*
*Zu § 9: ORR Dr. Schmidt-Räntsch* berichtete, dass die Landesjustizverwaltungen in der Besprechung im Bundesjustizministerium am 22.11.1960 den vom Rechtsausschuss des Bundestages in § 9 Abs. 2 angefügten neuen Satz 2 als rechtlich nicht befriedigend bezeichnet hätten, weil eine volle Anrechnung voraussetze, dass im Regelfall andere Tätigkeiten nicht voll angerechnet werden dürften. Es sei nach Meinung der Landesjustizverwaltungen richtiger, den Zeitraum von drei Jahren (§ 9 Abs. 1) in zwei und ein Jahr zu unterteilen, wie die Regierungsvorlage es vorgesehen habe.

*MinRat Koehler* (BMI) machte den Vorschlag, Abs. 2 Satz 1 wie folgt zu beginnen: „Auf die Zeit nach Abs. 1 können ganz oder teilweise angerechnet werden ..."

*RegDir. Sahmer* (BMAuS) war der Auffassung, dass die jetzige Fassung zeige, wie inkonsequent die Beschlüsse des Rechtsausschusses zu § 9 und zu §§ 84 und 86 seien; bei § 9 würden „besondere Kenntnisse und Erfahrungen" für die volle Anrechnung anderer Tätigkeiten gefordert, während der Ausschuss die besonderen Voraussetzungen für die Ernennung zum Richter in der Arbeits- und Sozialgerichtsbarkeit gestrichen habe.

*ORR Dr. Braun* (BMI) schlug vor, Satz 2 wie folgt zu fassen: „Die volle Anrechnung dieser Tätigkeiten setzt *jedoch* besondere Kenntnisse ...".

*ORR Dr. Schmidt-Räntsch* teilte die rechtlichen Bedenken der Landesjustizverwaltungen, erklärte jedoch, dass das BMJ keine Initiative im Ausschuss ergreifen werde, um die Aufteilung der dreijährigen Vortätigkeit im Sinne der Regierungsvorlage wiederherzustellen.

*Zu § 13 (Fassungsvorschlag vom 21.11.1960 – Anlage 2):*

*a) Notwendigkeit des § 13 Abs. 3 Nr. 3: ORR Dr. Schmidt-Räntsch* berichtete, dass die Landesjustizverwaltungen gebeten haben, § 13 Abs. 3 Nr. 3 zu streichen, weil es immer möglich sein werde, den Assessor an anderer Stelle zu verwenden. Auch reiche die Vorschrift nicht aus, wenn ein Richter auf Probe bei der Staatsanwaltschaft Dienst tue und die Behörde der Staatsanwaltschaft aufgelöst oder organisatorisch verändert werde. Gegen eine Streichung dieser Vorschrift erhob nur *RegDir. Dr. Wiedow* (BMF) Bedenken.

*b) Ablehnung durch Richterwahlausschüsse (§ 13 Abs. 2 Neufassung): ORR Dr. Schmidt-Räntsch* erläuterte, dass die Neufassung die Absicht des Rechtsausschusses wiedergebe, die Entlassung der Assessoren in Ländern mit und ohne Richterwahlausschüsse gleich zu regeln. Die vier Länder mit Richterwahlausschüssen (Berlin, Bremen, Hamburg und Hessen) träten jetzt aber, entgegen der Auffassung des Rechtsausschusses, wieder für die Regierungsvorlage (§ 13 Abs. 4) ein. Das BMJ beabsichtige, gleichwohl dem Ausschuss die Neufassung des § 13 Abs. 2 vorzulegen und es den Ländervertretern zu überlassen, dem Ausschuss die frühere Lösung (§ 13 Abs. 4 der Regierungsvorlage) nahezulegen.

*MinRat Wolff* trat für die Neufassung des Abs. 2 ein.

*RegDir. Sahmer* meinte, der Richterwahlausschuss sollte den Bewerber in einem früheren Stadium und nicht erst nach einer längeren Zeit ablehnen. Der Richterwahlausschuss sollte auch nur bei bestimmten Gründen (z.B. bei mangelnder Bewährung) ablehnen dürfen oder aber die Frist von drei Jahren müsste abgekürzt werden.

*ORR Dr. Schmidt-Räntsch* erwiderte, es werde nicht möglich sein, den Richterwahlausschuss an bestimmte Ablehnungsgründe zu binden.

*Ergebnis der Erörterungen:* § 13 soll in der verteilten Neufassung, aber ohne Abs. 3 Nr. 5 vorgelegt werden.

*ORR Dr. Schmidt-Räntsch* berichtete, dass die Landesjustizverwaltungen sich gegen die *Verlängerung der Probezeit* im Einzelfall und gegen einen *weiteren Entlassungsgrund* für den Fall ausgesprochen hätten, dass der Richter auf Probe die Ernennung zum Staatsanwalt ablehnt, weil er Richter werden will oder umgekehrt. Dazu äußerten die Ressortvertreter keine Wünsche.

*Zu § 15: ORR Dr. Schmidt-Räntsch* erklärte, das BMJ wolle den Ausschuss bitten, die Regierungsvorlage wiederherzustellen.

*Zu § 18: RegDir. Sahmer* vertrat mit Nachdruck die Ansicht, dass § 18 der Regierungsvorlage wiederhergestellt werden sollte. Er begründete dies anhand von Beispielen aus der Praxis.

*MinRat Koehler* gab zu bedenken, ob es Zweck habe, diesen Versucht zu unternehmen, nachdem der Bundestag in der Verwaltungsgerichtsordnung keine besonderen Ernennungsvorschriften mehr zugelassen habe.

*ORR Dr. Schmidt-Räntsch* erklärte hierzu, dass die Streichung der Ernennungsvoraussetzungen im Arbeits- und Sozialgerichtsgesetz durch den Ausschuss überrascht habe. Das Schwergewicht sollte deshalb weniger darauf gelegt werden, § 18 wiederherzustellen, als zu versuchen, im Arbeitsgerichtsgesetz und Sozialgerichtsgesetz die Streichung der Bestimmungen rückgängig zu machen, wobei für das Arbeitsgerichtsgesetz an eine Abschwächung der Muss-Vorschrift in eine Soll-Vorschrift zu denken wäre. Wichtig sei auch, welche Stellung der Ausschuss und die Bundesregierung zu den besonderen Ernennungsvoraussetzungen in der Finanzgerichtsordnung nehmen werden. Der Vertreter des BMAuS wurde gebeten, dem BJM die Gründe zusammengefasst mitzuteilen, die für eine Beibehaltung der Ernennungsvoraussetzungen sprächen. Wie weiter vorzugehen sei, sollte vor allem zwischen dem BMAuS und dem BMF erörtert werden.

*Zu § 18 a (Neufassung – Anlage 3): ORR Dr. Schmidt Räntsch* empfahl, § 18 a Abs. 1 Satz 2 in der Sache zu streichen, weil andernfalls ein absoluter Revisionsgrund (nicht ordnungsmäßige Besetzung des Gerichts wegen Mitwirkung eines Richters, dessen Ernennung nichtig ist) durch die rückwirkende Bestätigung der Ernennung durch die zuständige Verwaltungsbehörde (Oberste Dienstbehörde) wieder beseitigt würde. Dies sei rechtlich bedenklich. – *MinRat Koehler* teilte diese Bedenken. – *ORR Dr. Braun* (BMI) hielt es für erforderlich, in § 18 a Abs. 1 Satz 2 ausdrücklich zu sagen, dass eine rückwirkende Bestätigung nicht zulässig sei. Dem stimmte *ORR Dr. Schmidt-Räntsch* zu. Bedenken wurden hiergegen von keiner Seite erhoben.

*Zu § 18 a Abs. 2 Nr. 4* führte *ORR Dr. Schmidt-Räntsch* aus, dass es richtiger sei, an dieser Stelle nur die Befähigung zum Richteramt zu erwähnen und die Übergangsvorschriften der §§ 106 und 107 zu ergänzen, wie aus den verteilten Neufassungen (Anlage 23 und 24) ersichtlich sei.

*Zu § 18 b (Neufassung vom 21.11.1960 – Anlage 4):* Keine Bemerkungen.

*Zu § 19 a (Neufassung vom 28.11.1960 – Anlage 5 =§21 DRiG): ORR Dr. Schmidt-Räntsch* erläuterte, die Vorschrift des Abs. 1 Nr. 4 entspreche dem § 125 Abs. 1 BRRG, die des Abs. 1 Nr. 5 dem § 35 Satz 2 BBG. Abs. 2 Nr. 3 übernehme den Entlassungsgrund in § 41 Abs. 3 Satz 2 BBG.

Zu Abs. 2 Nr. 3 bat *ORR Dr. Braun* (BMI), das Wort „ermahnt" zu verwenden. Dies sagte *ORR Dr. Schmidt-Räntsch* zu. *ORR Dr. Braun* wies ferner darauf hin, dass die in anderen Gesetzen enthaltenen Entlassungsgründe unberührt bleiben müssten. Dies sollte im Ausschussbericht erwähnt werden.

*Zu § 19 b (Neufassung vom 21.11.1960 – Anlage 6): ORR Dr. Schmidt-Räntsch* erklärte, die Vorschrift des Abs. 3 Nr. 3 würde entfallen (dazu Erörterung zu § 13 Abs. 3 Nr. 3 in der Neufassung am 21.11.1960).

*Zu § 19 c (Neufassung vom 21.11.1960 – Anlage 7): ORR Dr. Schmidt-Räntsch* bat, am Schluss der Vorschrift das Wort „entsprechend" anzufügen.

*ORR Dr. Schmidt-Räntsch* berichtete, dass die Landesjustizverwaltungen um die Aufnahme einiger weiterer Nichtigkeits- und Entlassungsgründe gebeten hätten. So sei in einzelnen Ländern die Entlassung vorgesehen, wenn der Richter (oder Beamte) Landtagsabgeordneter oder Mitglied der Landesregierung werde. Das BMJ beabsichtige, den Katalog in § 18 a und in § 19 a zu erweitern, sofern die von den Landesjustizverwaltungen noch aufzugebenden Nichtigkeits- und Entlassungsgründe bundeseinheitlich geregelt sein sollten. Soweit sie eng mit dem Landesverfassungsrecht zusammenhingen, sollten die Länder ermächtigt werden, in bestimmten Fällen weitere Nichtigkeits- und Entlassungsgründe in den Landesrichtergesetzen zu normieren.

*RegDir. Dr. Wiedow* machte darauf aufmerksam, dass auch der Fall, dass ein Landtagsabgeordneter zum Bundesrichter ernannt werde, gesetzlich geregelt werden müsse (dazu § 19 a Abs. 2 Nr. 2).

*ORR Dr. Schmidt-Räntsch* teilte ferner den Wunsch der Länder mit, die Berufungsvoraussetzungen in das Richtergesetz mit aufzunehmen. Das BMJ halte dies nicht für unbedingt notwendig. Dem stimmten die anderen Ressorts zu.

*Zu § 19 d (Neufassung vom 21.11.1960 – Anlage 8):* Keine Bemerkungen.

*Zu § 19: ORR Dr. Schmidt-Räntsch* erklärte, das BMJ werde für die Fassung der Regierungsvorlage mit der Ergänzung durch den Bundesrat eintreten.

*Zu § 109 a (Vorschlag des Bundesrates): ORR Dr. Schmidt-Räntsch* berichtete, dass die Landesjustizverwaltungen überwiegend dem Wunsch des Rechtsausschusses zustimmen, auch die Verzögerungen durch Kriegsereignisse beim ADA [Allg. Dienstalter] zu berücksichtigen. Soll diesem Wunsch entsprochen werden, sei es unumgänglich, bundeseinheitlich die Merkmale für die Aufbesserung des ADA zu bestimmen. Es sei am zweckmäßigsten, dies in einer Rechtsverordnung für die Richter, deren Anstellung durch den Krieg verzögert worden ist, für die wiedergutmachungsberechtigten Richter und für die 131er Richter zu regeln. Hiergegen wurden keine Einwendungen erhoben. § 109 a könnte die aus der Anlage 25 ersichtliche Fassung [vgl. § 114 DRiG] erhalten.

*Zu § 22 (Neufassung vom 21.11.1960 – Anlage 9):* Die Landesjustizverwaltungen haben sich mit der Neufassung einverstanden erklärt, falls § 20 des Entwurfs gestrichen bleibt.

*Zu § 23: ORR Dr. Schmidt-Räntsch* berichtete, dass die Landesjustizverwaltungen für die Streichung des Zusatzes „mit seiner Zustimmung" in Abs. 2 seien. Die Ressortvertreter sprachen sich gleichfalls für eine Streichung aus.

*Zu § 27: ORR Dr. Schmidt-Räntsch* berichtete, die Landesjustizverwaltungen träten mit Nachdruck für die Beibehaltung der Vorschrift ein. Die Landesjustizverwaltungen hätten sich auch gegen die Unterscheidung zwischen verschuldetem und unverschuldetem Verhalten gewandt. Deshalb sollte versucht werden, zur Regierungsvorlage zurückzukehren. Allerdings erwägen die Landesjustizverwaltungen, in den Fällen der Nummern 2 und 3 das volle Gehalt wie nach § 29 zu gewähren.

*MinDirig. Wodtke* (BMI) meinte, der Ausdruck „Versetzung in den Ruhestand" passe nicht, wenn das volle Gehalt belassen werde.

*RegDir. Dr. Wiedow* sprach sich gegen die Weiterzahlung des vollen Gehalts aus und befürwortete die Streichung der Nummern 2 und 3.

*ORR Dr. Schmidt-Räntsch* hielt dem entgegen, dass im Bund eine Versetzung in ein anderes Amt praktisch nicht möglich sein werde. Richter an den oberen Bundesgerichten und an dem Bundespatentgericht könnten an kein anderes Gericht versetzt werden.

*MinRat Koehler* empfahl, die Voraussetzungen der Nummern 2 und 3 zu erschweren. Nur wenn die Maßnahme nach Nr. 1 (Versetzung in ein anderes Amt) nicht möglich sei, solle der Richter zeitweilig oder dauernd seines Amtes enthoben werden können.

*ORR Dr. Schmidt-Räntsch* wies darauf hin, dass die Maßnahmen der Nummern 1, 2 und 3 bereits nach der Regierungsvorlage so abgestuft seien, dass die einzelne Maßnahme geboten sein müsse. Werde auf die Unmöglichkeit abgestellt, so könnte im Einzelfall der Richter nicht in den Ruhestand versetzt werden, obwohl dies im Interesse der Rechtspflege geboten sein kann.

*RegDir. Dr. Wiedow* behielt sich eine abschließende Stellungnahme vor.

*ORR Dr. Schmidt-Räntsch* schlug vor, statt des Ruhestandes in Nr. 2 und 3 die Amtsenthebung vorzusehen und auf sie die Vorschriften des § 28 Abs. 2 Satz 2 und § 29 zu erstrecken.

*Zu § 34 (Neufassung vom 21.11.1960 – Anlage 10): ORR Dr. Schmidt-Räntsch* erläuterte, dass Abs. 1 wörtlich mit dem bisherigen § 38 Abs. 2 Satz 1 und Abs. 2 mit dem bisherigen einzigen Absatz von § 34 übereinstimme. – Gegen diese Umstellung wurden keine Einwände geltend gemacht.

*Zu § 39 (Neufassung vom 21.11.1960 – Anlage 11): ORR Dr. Schmidt-Räntsch* erläuterte den Unterschied zwischen den beiden Alternativen in der verteilten Neufassung. Die Landesjustizverwaltungen seien wie die Landesarbeitsverwaltungen nach wie vor für ein Schlichterverbot (§ 39 Abs. 2 der Regierungsvorlage).

*RegDir. Sahmer* erläuterte anhand von Beispielen, weshalb es nach Ansicht seines Hauses nicht zulässig sein dürfe, dass ein Richter zum Schlichter bestellt würde. Eine Schlichtung komme nur beim Streik oder zur Verhinderung eines Streiks in Frage. Das sei bei der Anhörung im Rechtsausschuss nicht klar genug zum Ausdruck gekommen. Was die Sachverständigen als Schlichtung bezeichnet hätten, sei überwiegend eine schiedsrichterliche Tätigkeit. Ein Schlichter setze Normen. Es sei untragbar, dass derselbe Richter später über diese von ihm selbst miterarbeitete Normen entscheiden solle. Sahmer regte an, den

Satz 2 der zweiten Alternative als letzten Satz an Abs. 2 der ersten Alternative anzuhängen, und behielt sich eine Stellungnahme dazu vor, ob die 1. Alternative ausreiche.

*Zu § 40: RegDir. Dr. Wiedow* warf zu Abs. 2 die Frage auf, ob der beamtete Professor an einer *deutschen* Universität tätig sein müsse und ob ein entsprechender Zusatz notwendig sei.

*ORR Dr. Schmidt-Räntsch* meinte, gemeint sei eine Professur an einer deutschen Universität.

*Zu § 43: ORR Dr. Schmidt-Räntsch* bat die Ressortvertreter, mit zu prüfen, ob die gerichtsverfassungsrechtlichen Vorschriften für die anderen Gerichtszweige des § 43 Abs. 2 Rechnung trügen.

*Zu § 115 a – Staatsanwälte – (Neufassung vom 21.1.1960 - Anlage 27):* Während der Beratungen dieser Vorschrift war *Ministerialdirektor Roemer* anwesend.

*ORR Dr. Schmidt-Räntsch* teilte mit, dass die Landesjustizverwaltungen die Neufassung des § 115 a gebilligt hätten. Sie sähen darin das Äußerste dessen, was in der Staatsanwaltsfrage vertretbar erscheine. Das BMJ fühle sich nach wie vor an die Regierungsvorlage gebunden, könne sich aber einer Formulierungshilfe nicht anschließen.

Gegen Abs. 1 wurden Bedenken nicht erhoben.

Zu Abs. 2 bat *MinRat Koehler,* diese Vorschrift zurückzustellen, bis geklärt sei, welche Fassung § 9 in der zweiten Lesung erhalten werde. Wenn § 9 unverändert bliebe, könne dem Abs. 2 des § 115 a zugestimmt werden.

Zu Abs. 3 wurden Bedenken gegen die Aufnahme des § 38 Abs. 2 Satz 1 (künftig § 34 Abs. 1) nicht erhoben.

*MinRat Koehler* schlug vor, auch § 37 Abs. 2 aufzunehmen.

*ORR Dr. Schmidt-Räntsch* wies demgegenüber auf die Gefahr hin, dass aus dem Wort „Unabhängigkeit" eine weitere Freistellung der Staatsanwälte von Weisungen als nach geltendem Recht gefolgert werden könne. Es genüge auch nicht eine entsprechende Anwendbarkeit; § 37 Abs. 2 müsste für Staatsanwälte umformuliert werden.

Alle Ressortvertreter sprachen sich gegen die Aufnahme des § 37 Abs. 2 aus.

Zu Abs. 4 erklärte *MinDirig. Wodtke,* dass die Disziplinargerichtsbarkeit der Richter gerade wegen ihrer Unabhängigkeit anders geregelt sei. Dieses Argument entfalle bei den Staatsanwälten.

*ORR Dr. Schmidt-Räntsch* teilte mit, dass die Landesjustizverwaltungen der vorgeschlagenen Regelung wohlwollend gegenüberstünden, jedoch nur, soweit es die Disziplinarverfahren gegen Staatsanwälte anbelange.

In Abs. 4 Satz 3 muss es statt „beruft" heißen „bestellt".

*MinDirig. Wodtke* hielt bei der Bestellung der nichtständigen Beisitzer beim Dienstgericht des Bundes eine Mitwirkung des BMI für erwünscht. In erster Linie sprach er sich aber gegen Abs. 4 aus.

*MinRat Koehler* überreichte eine Ergänzung zu § 115 a (Anlage 28), die den Personenkreis der Staatsanwälte in der Verwaltungsgerichtsbarkeit abgrenzen will.

*§ 115 a. 1. Alternative.* (4) Abs. 1 bis 3 gilt entsprechend für den Oberbundesanwalt und die Bundesanwälte beim Bundesverwaltungsgericht, den Bundesdisziplinaranwalt, den Bundeswehrdisziplinaranwalt, die Staatsanwälte und die Landesanwälte bei den Gerichten der Verwaltungsgerichtsbarkeit der Länder mit der Maßgabe, dass im Falle des Abs. 4 Satz 3 der Bundesminister der Justiz die nichtständigen Beisitzer beim Dienstgericht des Bundes im Einvernehmen mit dem zuständigen Bundesminister bestellt.

*2. Alternative.* (5) Abs. 1 bis 4 gilt entsprechend für den Oberbundesanwalt und die Bundesanwälte beim Bundesverwaltungsgericht, den Bundesdisziplinaranwalt, den Bundeswehrdisziplinaranwalt, die Staatsanwälte und die Landesanwälte bei den Gerichten der Verwaltungsgerichtsbarkeit der Länder mit der Maßgabe, dass im Falle des Abs. 4 Satz 3 der Bundesminister der Justiz die nichtständigen Beisitzer beim Dienstgericht des Bundes im Einvernehmen mit dem zuständigen Bundesminister bestellt.

*Zu § 46 (Neufassung vom 21.11.1960 – Anlage 12):* Keine Bemerkungen.

*Zu § 49 (Neufassung vom 21.11.1960 – Anlage 14):* Gegen die Neufassung des Abs. 1 Nr. 3 wurden keine Einwände erhoben.

*Zu § 53 (Neufassung vom 21.11.1960 – Anlage 15): ORR Dr. Schmidt-Räntsch* erläuterte, dass die verteilte Neufassung die Wünsche des Rechtsausschusses in vollem Umfang berücksichtige. Das BMJ sei indessen gegen die Heranziehung von ad-hoc-Mitgliedern und beabsichtige, nach wie vor die Regierungsvorlage zu vertreten, mit der einen Modifizierung, dass die gewählten Mitglieder unmittelbar durch die Richter (nicht über den Richterrat) gewählt werden. Der Vertreter des BMVtdg wurde gebeten, einen Fassungsvorschlag zu Abs. 2 vorzubereiten, der der Neufassung des Abs. 1 entspricht.

*Zu § 57 a (Neufassung vom 21.11.1960 – Anlage 16): ORR Dr. Schmidt-Räntsch* erklärte, die Vorschrift sei nach Bildung des Bundespatentgerichts nötig und schließe eine Lücke des Entwurfs; sie lehne sich an die Regelung des Personalvertretungsgesetzes (§ 9) an.

*RegDir. Dr. Wiedow* bat, die Überschrift treffender zu fassen. Auf die Frage von *RegDir. Sahmer,* wie der Ausdruck „Bildung des Präsidialrats" zu begreifen sei, erklärte ORR Dr. Schmidt-Räntsch, dieser Begriff solle die Wahlberechtigung, die Wählbarkeit und die Zugehörigkeit als Mitglied des Präsidiums umfassen.

*ORR Dr. Schmidt-Räntsch* sagte zu, Abs. 2 Satz 1 besser zu fassen.

*Zu §§ 61, 63 und 65:* Zur Mitwirkung des Generalbundesanwalts im *Disziplinarverfahren* gegen Richter verwies *ORR Dr. Schmidt-Räntsch* auf § 110 Abs. 6 BDO. Bei der Vorbereitung des Entwurfs habe Übereinstimmung bestanden, dass an dieser Vorschrift materiell nichts geändert werden sollte. Vielleicht wäre es richtiger gewesen, dies ausdrücklich zu bestimmen. Nachdem nunmehr auch bei der Anhörung der Sachverständigen Zweifel aufgekommen seien, welcher Staatsanwalt mitwirken solle, empfehle es sich, die im § 110 Abs. 6 enthalten Vorschrift in § 61 aufzunehmen.

*RegDir. Dr. Wiedow* trat demgegenüber für die Beteiligung des Bundesdisziplinaranwalts im Disziplinarverfahren ein.

*MinRat Wolff* schloss sich dieser Auffassung an.

*MinRat Kallabis* behielt sich eine endgültige Äußerung vor.

*MinRat Dr. Meyer* hielt im Disziplinarverfahren die Mitwirkung des Bundesdisziplinaranwalts für erforderlich.

Eine Übereinstimmung für das Disziplinarverfahren konnte nicht erreicht werden.

Für das *Versetzungsverfahren* vertrat *ORR Dr. Schmidt-Räntsch* die Auffassung, dass ein Staatsanwalt (Bundesdisziplinaranwalt oder Generalbundesanwalt) überhaupt nicht mitzuwirken brauche. Dem stimmten die anderen Ressorts zu.

Für das *Prüfungsverfahren* sprach sich *MinRat Koehler* für die Mitwirkung des Oberbundesanwalts aus. Notfalls könnte auf einen Staatsanwalt überhaupt verzichtet werden. Der Generalbundesanwalt komme dafür aber nicht in Betracht. Dieser Auffassung schlossen sich die anderen Ressorts an.

*Zu § 70 a (Neufassung vom 21.11.1960 – Anlage 17): ORR Dr. Schmidt-Räntsch* berichtete, dass die Landesjustizverwaltungen sich gegen eine Rahmenvorschrift über die Ausschreibung der Richtervertreter ausgesprochen hätten.

*Zu §§ 70 b, 116 a, 46 a, 92 a (Neufassungen vom 21. und 26. November 1960 – Anlagen 13, 18 und 22): ORR Dr. Schmidt-Räntsch* teilte mit, dass die Landesjustizverwaltungen sich mit einer Gegenstimme gegen die Einführung anderer Amtsbezeichnungen ausgesprochen hätten.

*RegDir. Dr. Wiedow* meinte, der Begriff „Richter" sei bereits als Statusbezeichnung verbraucht und könne deshalb als Amtsbezeichnung nicht mehr verwandt werden.

*MinRat Wolff* meinte, dass die Amtsbezeichnung „Bundesrichter" unlogisch sei.

*ORR Dr. Schmidt-Räntsch* hielt es für erforderlich, die Amtsbezeichnungen der Richter im Bundesdienst entsprechend zu ändern, falls der Rechtsausschuss § 70 b annehmen sollte. Dazu sei auf jeden Fall die Änderung des Bundesbesoldungsgesetzes entsprechend dem als Anlage 22 beiliegenden § 92 a notwendig. Darüber hinaus könnte in den Zweiten Teil ein dem § 70 b entsprechender § 46 a (Anlage 13) aufgenommen werden.

*Zu § 78 (Neufassung vom 28.11.1960 – wie §79 DRiG): ORR Dr. Schmidt-Räntsch* berichtete, dass die Landesjustizverwaltungen sich gegen eine von Bundes wegen vorgeschriebene Revision an das Bundesdienstgericht in Disziplinarsachen ausgesprochen hätten. Dagegen befürworten die Landesjustizverwaltungen eine Revision in Versetzungsverfahren.

*RegDir. Dr. Wiedow* hielt dem entgegen, dass der Kreis der denkbaren Revisionen klein sei, da es sich in der Mehrzahl der Fälle um Tatsachenentscheidungen handele. Er wolle jedoch keine ernsten Bedenken gegen die Einführung einer Revision im Versetzungsverfahren erheben.

*ORR Dr. Schmidt-Räntsch* erklärte, dass das BMJ voraussichtlich für eine Revision im Versetzungsverfahren eintreten werde. Es müssten jedoch noch Vorschriften für das Revisionsverfahren vorgesehen werden, selbst wenn es bei der Regierungsvorlage bleibe, weil die Landesgesetzgebung die Revision vorsehen könne (§ 78 Abs. 3).

*Zu § 79 (Neufassung vom 28.11.1960 – Anlage 20):* Keine Bemerkungen.

*Zu § 84:* Der Vertreter des BMAuS wurde gebeten, die Fundstelle des ArbGG im Eingangssatz zu überprüfen.

*Zu § 85 (Neufassung vom 21.11.1960 – Anlage 21): MinRat Koehler* erklärte sich mit Nummern 1 bis 5 einverstanden. Zu Nr. 6 gab er zu bedenken, dass auf § 174 VwGO mehrfach in Landesgesetzen verwiesen werde und diese Bestimmung deshalb beibehalten werden sollte.

*ORR Dr. Schmidt-Räntsch* erwiderte, § 174 VwGO dürfte jedoch für Richter nicht mehr gelten.

*MinRat Koehler* stellte eine Neufassung in Aussicht.

*Zu § 86: MinRat Wolff* bat, das Sozialgerichtsgesetz wie folgt zu zitieren: „Sozialgerichtsgesetz vom 3. September 1953 (BGBl. I S. 1239, 1326) in der Fassung der Bekanntmachung vom 23.8.1958 (BGBl. I S. 613) und des dritten Änderungsgesetzes zum Sozialgerichtsgesetz vom 16. Mai 1960 (BGBl. I S. 305)." Die Änderung des § 210 Abs. 2 sei nicht erforderlich, weil die Vorschrift bis zum 31.12.1960 befristet sei. § 86 Nr. 5 könne gestrichen werden.

*Zu §§ 88 und 90: RegDir. Dr. Wiedow* äußerte keine Bedenken.

*Zu §§ 91 und 92: ORR Dr. Schmidt-Räntsch* bat den Vertreter des BMI, die Fundstellen des BBG und des BRRG zu überprüfen.

*Zu § 95: MinRat Dr. Kallabis* wird die Fundstelle der Bundesdisziplinarordnung überprüfen und mitteilen, ob wegen Beisitzer noch eine ergänzende Regelung notwendig ist. Hinter „Befähigung zum Richteramt" fehlen die Worte „nach dem Deutschen Richtergesetz".

*Zu § 96: MinRat Dr. Meyer* wird gleichfalls die mit den ehrenamtlichen Beisitzern zusammenhängenden Fragen überprüfen. In § 59 Abs. 2 Satz 1 WDO sind die Worte „nach dem Gerichtsverfassungsgesetz“ zu ändern in „nach dem Deutschen Richtergesetz“.

*Zu § 99: ORR Dr. Schmidt-Räntsch* erwähnte die Eingabe des Richterbundes zur Bundeslaufbahnverordnung. Die Vorschriften der Bundeslaufbahnverordnung seien schon jetzt größtenteils auf Richter nicht anwendbar. Es sei zu erwägen, in das Richtergesetz eine Ermächtigung zum Erlass einer Laufbahnverordnung für Richter aufzunehmen. Dagegen wurden keine Bedenken erhoben.

*RegDir. Dr. Wiedow* wies lediglich darauf hin, dass eine solche Ermächtigungsgrundlage bereits in § 15 RBG enthalten sei und seiner Ansicht nach ausreiche.

*Zu § 113: ORR Dr. Schmidt-Räntsch:* Diese Vorschrift könne kürzer gefasst werden, nachdem die Friedensgerichtsbarkeit in Baden-Württemberg für verfassungswidrig erklärt worden sei. § 113 solle lauten: „*§ 113.* Auf Gemeinderichter (§ 14 Nr. 2 des Gerichtsverfassungsgesetzes) ist dieses Gesetz nicht anzuwenden.“

*Zu § 114 (Neufassung vom 21.11.1960 – Anlage 26) [=27]: ORR Dr. Schmidt-Räntsch* legte eine Neufassung des § 114 vor. Auf eine Frage erklärte er, dass die Richter am künftigen Patentgericht in das Richterverhältnis berufen würden. Sofern sie das Richterjahr nicht hätten (§ 9 Abs. 1), müssten sie zunächst als Richter kraft Auftrags tätig sein.

In der Sitzung wurde der gesamte Entwurf erörtert. Soweit in der Niederschrift Vorschriften nicht erwähnt sind, wurde zu ihnen nichts bemerkt.

Die Anlagen 2 ff. sind oben S. 778 ff. wiedergegeben.

## XXIII. *Zusammenstellung der Beschlüsse des Rechtsausschusses (12. Ausschuss)*

### Erster Teil. *Richteramt in Bund und Ländern*

#### *Erster Abschnitt. Einleitende Vorschriften*

§ 1. Berufsrichter und ehrenamtliche Richter

Die rechtsprechende Gewalt wird durch Berufsrichter und durch ehrenamtliche *Richter* ausgeübt.

*§ 2. Geltung für Berufsrichter*

(1) *Die Vorschriften dieses Gesetzes gelten, soweit dieses Gesetz nichts anderes bestimmt, nur für* die Berufsrichter.

*Absatz 2 entfällt.*

*§ 3. unverändert*

*§ 4. Unvereinbare Aufgaben*

(1) unverändert

(2) Außer Aufgaben der rechtsprechenden Gewalt darf ein Richter jedoch wahrnehmen

1. unverändert
2. andere Aufgaben, die aufgrund eines Gesetzes Gerichten *oder Richtern* zugewiesen sind,

3. u. 4. unverändert

## *Zweiter Abschnitt. Befähigung zum Richteramt*

*§ 5. Erwerb der Befähigung zum Richteramt*

(1)-(2)unverändert

(3) Zwischen der ersten und der zweiten Prüfung muss ein Vorbereitungsdienst von mindestens dreieinhalb Jahren liegen. Davon sind zu verwenden mindestens – Ziff. 1–3 unverändert.

Soweit die Ausbildung bei Gerichten für Arbeitssachen nach Nummer 2 nicht durchgeführt werden kann, ist statt dessen eine Ausbildung bei Behörden oder Stellen abzuleisten, die auf dem Gebiet des Arbeits- oder Sozialrechts tätig sind, *insbesondere bei Gewerkschaften oder Arbeitgeberverbänden.*

*§ 6. Anerkennung von Prüfungen*

(1) Die Zulassung zum Vorbereitungsdienst darf einem Bewerber nicht deswegen versagt werden, weil er die erste Prüfung nach § 5 in einem anderen Land im Geltungsbereich dieses Gesetzes *abgelegt* hat. Die in einem Land im Geltungsbereich dieses Gesetzes auf den Vorbereitungsdienst verwendete Zeit ist in jedem deutschen Land anzurechnen.

(2) unverändert

*§ 7.* unverändert

## *Dritter Abschnitt. Richterverhältnis*

*§ 8.* unverändert

§ 8 a. Voraussetzungen für die Berufungen

*In das Richterverhältnis darf nur berufen werden, wer*

1. Deutscher im Sinne des Artikels 116 des Grundgesetzes ist,
2. die Gewähr dafür bietet, dass er jederzeit für die freiheitliche demokratische Grundordnung im Sinne des Grundgesetzes eintritt und
3. die Befähigung zum Richteramt besitzt (§§ 5 bis 7).

*§ 9. Ernennung auf Lebenszeit*

(1) Zum Richter auf Lebenszeit *kann* ernannt werden, wer nach Erwerb der Befähigung zum Richteramt mindestens drei Jahre im richterlichen Dienst *tätig gewesen ist.*

(2) Auf die Zeit nach Absatz 1 können angerechnet werden Tätigkeiten

1.-3. unverändert

4. als Rechtsanwalt, Notar *oder Assessor bei einem Rechtsanwalt oder Notar.*

*Die Anrechnung von mehr als zwei Jahren dieser Tätigkeiten setzt besondere Kenntnisse und Erfahrungen des zu Ernennenden voraus.*

Absatz 3 entfällt

*§ 10. unverändert*

*§ 11. Ernennung auf Probe*

(1) Wer später als Richter auf Lebenszeit oder als Staatsanwalt verwendet werden soll, kann zum Richter auf Probe ernannt werden. *Er führt die Bezeichnung „Gerichtsassessor".*

(2) Spätestens sechs Jahre nach seiner Ernennung ist der Richter auf Probe zum Richter auf Lebenszeit oder unter Berufung in das Beamtenverhältnis auf Lebenszeit zum Staatsanwalt zu ernennen.

*§ 12. Verwendung eines Richters auf Probe*

Ein Richter auf Probe kann ohne seine Zustimmung nur *bei einem* Gericht, *bei einer* Behörde der Gerichtsverwaltung oder *bei einer* Staatsanwaltschaft verwendet werden.

*§ 13. entfällt hier,* siehe § 19 b.

*§ 14 und § 15. unverändert*

*§ 16. Dauer der Verwendung als Richter kraft Auftrags*

(1) Spätestens zwei Jahre nach seiner Ernennung ist der Richter kraft Auftrags zum Richter auf Lebenszeit zu ernennen oder einem Richterwahlausschuss zur Wahl vorzuschlagen. *Lehnt der Richter die Ernennung ab, so endet das Richterverhältnis kraft Auftrags.*

(2) Für die *Verwendung* des Richters kraft Auftrags gelten die Vorschriften für Richter auf Probe entsprechend.

*§ 17. unverändert*

*§ 18. entfällt*

*§ 18 a. Nichtigkeit der Ernennung*

(1) Eine Ernennung ist nichtig, wenn sie von einer sachlich unzuständigen Behörde ausgesprochen wurde. Die Ernennung kann nicht rückwirkend bestätigt werden.

(2) Eine Ernennung ist ferner nichtig, wenn der Ernannte im Zeitpunkt der Ernennung

1. nicht Deutscher im Sinne des Artikels 116 des Grundgesetzes war,

2. entmündigt war oder
3. nicht die Fähigkeit zur Bekleidung öffentlicher Ämter hatte.

(3) Die Nichtigkeit einer Ernennung zum Richter auf Lebenszeit oder zum Richter auf Zeit kann erst geltend gemacht werden, nachdem ein Gericht sie *rechtskräftig* festgestellt hat.

*§ 18 b. Rücknahme der Ernennung*

(1) Eine Ernennung ist zurückzunehmen,
1. wenn der Ernannte nicht die Befähigung zum Richteramt besaß,
2. wenn die gesetzlich vorgeschriebene Beteiligung eines Richterwahlausschusses unterblieben war und der Richterwahlausschuss die nachträgliche Bestätigung abgelehnt hat,
3. wenn die Ernennung durch Zwang, arglistige Täuschung oder Bestechung herbeigeführt wurde oder
4. wenn nicht bekannt war, dass der Ernannte ein Verbrechen oder Vergehen begangen hatte, das ihn der Berufung in das Richterverhältnis unwürdig erscheinen lässt, und er deswegen rechtskräftig zu einer Strafe verurteilt war oder wird.

(2) Eine Ernennung kann zurückgenommen werden,
1. wenn bei einem nach seiner Ernennung Entmündigten die Voraussetzungen für die Entmündigung im Zeitpunkt der Ernennung vorlagen oder
2. wenn nicht bekannt war, dass der Ernannte in einem gerichtlichen Verfahren aus dem Dienst oder Beruf entfernt oder zum Verlust der Versorgungsbezüge verurteilt worden war.

(3) Die Ernennung zum Richter auf Lebenszeit oder zum Richter auf Zeit kann ohne schriftliche Zustimmung des Richters nur aufgrund rechtskräftiger richterlicher Entscheidung zurückgenommen werden.

*§ 19. Allgemeines Dienstalter*

Das allgemeine Dienstalter eines Richters bestimmt sich nach dem Tag, an dem ihm sein Richteramt übertragen worden ist. Hat der Richter zuvor ein anderes Richteramt oder ein sonstiges Amt mit mindestens dem gleichen *Anfangs*grundgehalt bekleidet, so bestimmt sich das allgemeine Dienstalter nach dem Tag der Übertragung dieses Amtes.

*§ 19 a. Entlassung aus dem Dienstverhältnis*

*(1) Der Richter ist entlassen,*
1. wenn er die Eigenschaft als Deutscher im Sinne des Artikels 116 des Grundgesetzes verliert,
2. wenn er ohne Zustimmung der obersten Dienstbehörde seinen Wohnsitz oder dauernden Aufenthalt im Ausland nimmt,

3. wenn er in ein öffentlich-rechtliches Dienst- oder Amtsverhältnis zu einem anderen Dienstherrn tritt, sofern gesetzlich nichts anderes bestimmt ist, oder
4. wenn er zum Berufssoldaten oder Soldaten auf Zeit ernannt wird.

In den Fällen der Nummer 3 kann die oberste Dienstbehörde im Einvernehmen mit dem neuen Dienstherrn und mit Zustimmung des Richters die Fortdauer des Richterverhältnisses neben dem neuen Dienst- oder Amtsverhältnis anordnen.

(2) Der Richter ist zu entlassen,

1. wenn er sich weigert, den Richtereid (§ 36) zu leisten,
2. wenn er zur Zeit der Ernennung Mitglied des Bundestages oder eines Landtages war und nicht innerhalb der von der obersten Dienstbehörde gesetzten angemessenen Frist sein Mandat niederlegt,
3. wenn er nach Erreichen der Altersgrenze berufen worden ist,
4. wenn er seine Entlassung schriftlich verlangt oder
5. wenn er die Altersgrenze erreicht oder dienstunfähig ist und das Dienstverhältnis nicht durch Eintritt in den Ruhestand endet.

(3) Ein Richter auf Lebenszeit oder ein Richter auf Zeit kann ohne seine schriftliche Zustimmung nur aufgrund rechtskräftiger richterlicher Entscheidung entlassen werden. Die Entlassung eines Richters auf Lebenszeit oder eines Richters auf Zeit nach Absatz 1 kann erst geltend gemacht werden, nachdem ein Gericht sie rechtskräftig festgestellt hat.

*§ 19 b. Entlassung eines Richters auf Probe*

(1) Ein Richter auf Probe kann zum Ablauf des sechsten, *zwölften, achtzehnten* oder *vierundzwanzigsten* Monats nach seiner Ernennung entlassen werden.

(2) Ein Richter auf Probe kann zum Ablauf des dritten oder *vierten* Jahres entlassen werden,

1. wenn er für das Richteramt nicht geeignet ist,
2. wenn ein Richterwahlausschuss *seine Übernahme in das Richterverhältnis auf Lebenszeit oder auf Zeit* ablehnt.

(3) Ein Richter auf Probe kann ferner bei einem Verhalten, das bei Richtern auf Lebenszeit eine im förmlichen Disziplinarverfahren zu verhängende Disziplinarstrafe zur Folge hätte, entlassen werden.

(4) In den Fällen der Absätze *1 und 2* ist die Entlassungsverfügung dem Richter mindestens sechs Wochen vor dem Entlassungstag mitzuteilen.

*§ 19 c. Entlassung eines Richters kraft Auftrags*
*Für die Beendigung des Richterverhältnisses kraft Auftrags gelten die Vorschriften über die Beendigung des Richterverhältnisses auf Probe entsprechend.*

*§ 19 d. Beendigung des Dienstverhältnisses durch richterliche Entscheidung*
Wird gegen einen Richter durch Urteil eines deutschen Gerichts im Geltungsbereich dieses Gesetzes erkannt auf

1. Zuchthaus,
2. Gefängnis von einem Jahr oder längerer Dauer wegen vorsätzlich begangener Tat,
3. Gefängnis wegen vorsätzlicher hochverräterischer, staatsgefährdender oder landesverräterischer Handlung,
4. Verlust der bürgerlichen Ehrenrechte,
5. Aberkennung der Fähigkeit zur Bekleidung öffentlicher Ämter oder
6. Verwirkung eines Grundrechts gemäß Artikel 18 des Grundgesetzes,

so endet das Richterverhältnis mit der Rechtskraft dieses Urteils, ohne dass es einer weiteren gerichtlichen Entscheidung bedarf.

## *Vierter Abschnitt. Unabhängigkeit des Richters*

§ 20. Grundsatz
(1) unverändert – *Absatz 2 entfällt.*

*§ 21. entfällt*

*§ 22. Dienstaufsicht*
(1) Der Richter *untersteht* einer Dienstaufsicht *nur, soweit nicht seine Unabhängigkeit beeinträchtigt wird.*
(2) Die Dienstaufsicht umfasst *vorbehaltlich des Absatzes 1* auch die Befugnis, die ordnungswidrige *Art der* Ausführung eines Amtsgeschäfts *vorzuhalten* und zu ordnungsgemäßer, unverzögerter Erledigung *der Amtsgeschäfte* zu ermahnen.
(3) Behauptet der Richter, dass eine Maßnahme der Dienstaufsicht seine Unabhängigkeit beeinträchtige, so entscheidet auf Antrag des Richters ein Gericht nach Maßgabe dieses Gesetzes.

*§ 23.* unverändert

*§ 24. Besetzung der Gerichte mit Richtern auf Lebenszeit*
(1) *Als Richter* dürfen *bei einem Gericht* nur Richter auf Lebenszeit tätig werden, soweit nicht ein Bundesgesetz etwas anderes *bestimmt.*
(2) unverändert

*§ 25. Besetzung der Gerichte mit Richtern auf Probe, Richtern kraft Auftrags und abgeordneten Richtern*

(1) Bei einer gerichtlichen Entscheidung darf nicht mehr als ein Richter auf Probe oder ein Richter kraft Auftrags oder ein abgeordneter Richter mitwirken. Er muss als solcher *in der Entscheidung erkenntlich sein.*

*Absatz 2 und 3 entfällt*

*§ 26. Versetzung und Amtsenthebung*

(1) unverändert

(2) Die Versetzung oder Amtsenthebung kann – außer im Fall des Absatzes 1 Nr. 4 – nur aufgrund *rechtskräftiger* richterlicher Entscheidung ausgesprochen werden.

(3) unverändert

*§ 27. Versetzung im Interesse der Rechtspflege*

Ein Richter auf Lebenszeit oder ein Richter auf Zeit kann

1.-3. unverändert

Versetzt werden, wenn Tatsachen außerhalb seiner richterlichen Tätigkeit *eine Maßnahme dieser Art zwingend gebieten, um eine schwere Beeinträchtigung der Rechtspflege abzuwenden.*

*§§ 28, 29 unverändert*

*§ 30. Versetzung in den Ruhestand wegen Dienstunfähigkeit*

Ein Richter auf Lebenszeit oder ein Richter auf Zeit kann ohne seine schriftliche Zustimmung nur aufgrund *rechtskräftiger* richterlicher Entscheidung wegen Dienstunfähigkeit in den Ruhestand versetzt werden.

*§ 31 entfällt hier* - siehe § 18 a Abs. 3

*§ 32 entfällt hier* – siehe § 19 d

*§ 33. Vorläufige Untersagung der Amtsgeschäfte*

In einem Verfahren nach *§ 18 a Abs. 3, § 19 b Abs. 3, § 19 a Abs. 3,* §§ 26 und 30 kann das Gericht auf Antrag dem Richter die Führung seiner Amtsgeschäfte vorläufig untersagen.

*§ 34. Mitgliedschaft in einer Volksvertretung oder Regierung*

(1) Nimmt ein Richter die Aufstellung als Bewerber für die Wahl zum Abgeordneten des Bundestages oder einer gesetzgebenden Körperschaft eines Landes an, so ist er von diesem Tage, frühestens jedoch zwei Monate vor dem Wahltage, bis zum Ablauf von zwei Wochen nach dem Wahltage mit vollen Dienstbezügen beurlaubt.

(2) Nimmt ein Richter die Wahl in den Deutschen Bundestag oder in die gesetzgebende Körperschaft eines Landes an oder wird ein Richter mit seiner Zustimmung zum Mitglied der Bundesregierung oder der Regierung eines Landes ernannt, so enden das Recht und die Pflicht zur Wahrnehmung des Richteramts ohne gerichtliche Entscheidung nach näherer Bestimmung der Gesetze.

*§ 35. Abordnung*

(1) unverändert

(2) Die Abordnung ist auf eine bestimmte Zeit auszusprechen.

(3) Zur Vertretung eines Richters darf ein Richter auf Zeit ohne seine Zustimmung längstens, für zusammen *drei* Monate innerhalb eines Geschäftsjahres an andere Gerichte desselben Gerichtszweigs abgeordnet werden.

## *Fünfter Abschnitt. Besondere Pflichten des Richters*

*§ 36. Richtereid*

(1) und (2) unverändert

(3) *Der* Eid kann für Richter im Landesdienst eine Verpflichtung auf die Landesverfassung *enthalten und statt vor einem Gericht in anderer Weise öffentlich geleistet werden.*

*§ 37. Wahrung der Unabhängigkeit*

*Absatz 1 entfällt*

(2) Der Richter *hat* sich innerhalb und außerhalb seines Amtes, *auch bei politischer Betätigung,* so *zu* verhalten, dass das Vertrauen in seine Unabhängigkeit nicht gefährdet wird.

§ 38. Politische Tätigkeit

*Absatz 1 entfällt*

*Absatz 2 entfällt hier* – siehe § 34 Abs. 1

*Absatz 3 entfällt*

*§ 39. Schiedsrichter und Schlichter*

(1) Eine Nebentätigkeit als Schiedsrichter oder Schiedsgutachter darf dem Richter nur genehmigt werden, wenn die Parteien des Schiedsvertrags ihn gemeinsam beauftragen oder wenn er von einer unbeteiligten Stelle benannt ist. *Die Genehmigung ist zu versagen, wenn der Richter zur Zeit der Entscheidung über die Erteilung der Genehmigung mit der Sache befasst ist oder nach der Geschäftsverteilung befasst werden kann.*

(2) *Auf eine Nebentätigkeit* als Schlichter in Streitigkeiten zwischen Vereinigungen oder zwischen diesen und Dritten *ist Absatz 1 entsprechend anzuwenden.*

*§ 40. Rechtsgutachten*

(1) Ein Richter darf weder *außerdienstlich* Rechtsgutachten erstatten noch entgeltlich Rechtsauskünfte erteilen.

(2) Ein *beamteter* Professor der Rechte *oder der politischen Wissenschaften,* der gleichzeitig Richter ist, darf mit Genehmigung der obersten Dienstbehörde der Gerichtsverwaltung Rechtsgutachten erstatten und Rechtsauskünfte erteilen. Die Genehmigung darf

allgemein oder für den Einzelfall nur erteilt werden, wenn die richterliche Tätigkeit des Professors nicht über den Umfang einer Nebentätigkeit hinausgeht und nicht zu besorgen ist, dass dienstliche Interessen beeinträchtigt werden.

*§§ 41, 42. unverändert*

### *Sechster Abschnitt. Ehrenamtliche Richter (statt Beisitzer)*

*§ 43. Bestellung und Abberufung des ehrenamtlichen* <u>*Richters*</u>

(1) Ehrenamtliche *Richter dürfen bei einem Gericht* nur *aufgrund eines Gesetzes* und unter den *gesetzlich bestimmten* Voraussetzungen *tätig* werden.

(2) Ein ehrenamtlicher *Richter* kann vor Ablauf seiner Amtszeit nur unter den gesetzlich bestimmten Voraussetzungen und gegen seinen Willen nur durch Entscheidung eines Gerichts abberufen werden.

*§ 44. Unabhängigkeit und besondere Pflichten des ehrenamtlichen* <u>*Richters*</u>

(1) Der ehrenamtliche *Richter* ist in gleichem Maße wie ein *Berufs*richter unabhängig. Er hat seine Pflichten getreu dem Grundgesetz für die Bundesrepublik Deutschland und getreu dem Gesetz zu erfüllen, nach bestem Wissen und Gewissen ohne Ansehen der Person zu urteilen und nur der Wahrheit und Gerechtigkeit zu dienen.

(2) Im Übrigen bestimmen sich die Rechte und Pflichten der ehrenamtlichen *Richter* nach den für die einzelnen Gerichtszweige geltenden Vorschriften.

(3) unverändert

## **Zweiter Teil. *Richter im Bundesdienst***

### *Erster Abschnitt. Allgemeine Vorschriften*

*§ 45. Geltung des Bundesbeamtenrechts*

Soweit das Gesetz nichts anderes bestimmt, gelten für die Rechtsverhältnisse der Richter im Bundesdienst *bis zu einer besonderen Regelung* die Vorschriften für Bundesbeamte entsprechend.

*§ 46. Bundespersonalausschuss in Angelegenheiten der Richter*

In Angelegenheiten der Richter im Bundesdienst wirkt im Bundespersonalausschuss als weiteres ständiges ordentliches Mitglied der Leiter der Personalabteilung des Bundesministeriums der Justiz mit, *dessen Stellvertreter ein anderer Beamter des Bundesministeriums der Justiz ist.* Nichtständige *ordentliche* Mitglieder *sind vier Richter;* sie und ihre Stellvertreter müssen Richter auf Lebenszeit im Bundesdienst sein. *Der Beamte des Bundesministeriums der Justiz und die Richter* werden vom Bundesminister *der Justiz* im Einvernehmen mit den beteiligten Bundesministern vorgeschlagen, davon *drei Richter* und ihre Stellvertreter aufgrund einer Benennung durch die Spitzenorganisationen der Berufsverbände der Richter.

*§ 47. unverändert*

## *Zweiter Abschnitt. Richtervertretungen*

*§ 48. unverändert*

*§ 49. Zusammensetzung des Richterrats*

(1) *Der Richterrat* besteht bei dem

1. u. 2. unverändert

3. Bundesdisziplinarhof aus drei Richtern, *von denen die Richter* des Bundesdisziplinarhofs *zwei und die Richter* der Bundesdisziplinarkammern *einen Richter wählen.*

(1 a) Der Richterrat bei dem Bundespatentgericht besteht aus fünf gewählten Richtern.

(2) u. (3) unverändert

*§§ 50, 51, 52 unverändert*

*§ 53. Bildung des Präsidialrats*

(1) Bei jedem oberen Bundesgericht wird ein Präsididalrat errichtet. *Der Präsidialrat beim* Bundesdisziplinarhof *ist* zugleich für die Bundesdisziplinarkammern und die Truppendienstgerichte *zuständig.* Er besteht bei

1. dem Bundesgerichtshof aus dem Präsidenten als Vorsitzendem, seinem ständigen Vertreter, *zwei* vom Präsidium aus seiner Mitte gewählten Mitgliedern *und drei weiteren Mitgliedern.*
2. den *anderen* oberen Bundesgerichten aus dem Präsidenten als Vorsitzendem, seinem ständigen Vertreter, *einem* vom Präsidium aus seiner Mitte gewählten Mitglied *und zwei weiteren Mitgliedern.*

*Ist kein ständiger Vertreter ernannt, so wirkt an seiner Stelle der dienstälteste, bei gleichem Dienstalter der lebensälteste Senatspräsident mit. Die weiteren Mitglieder werden von den Richtern des Gerichts, bei dem der Präsidialrat errichtet ist, geheim und unmittelbar gewählt. § 50 Abs. 2 gilt entsprechend.*

(2) Dem Präsidialrat beim Bundesdisziplinarhof soll ein Richter eines Wehrdienstsenats angehöre. An die Stelle der beiden *von den Richtern* des Bundesdisziplinarhofs gewählten *Mitglieder* treten *in Angelegenheiten der Richter der Bundesdisziplinarkammern zwei von diesen Richtern,* in Angelegenheiten der Richter der Truppendienstgerichte zwei *von den Richtern* der Truppendienstgerichte gewählte *Mitglieder. Absatz 1 Satz 5 und 6 gilt entsprechend.*

(2 a) *Für die Richter des Bundespatentgerichts wird ein Präsidialrat errichtet; er besteht aus dem Präsidenten als Vorsitzendem, seinem ständigen Vertreter, zwei vom Präsidium*

*aus seiner Mitte gewählten Mitgliedern und drei weiteren Mitgliedern. Absatz 1 Satz 5 und 6 gilt entsprechend.*

(3) unverändert

*§§ 54, 55 unverändert*

*§ 56. Stellungnahme des Präsidialrats*

(1) unverändert

(2) Der Präsidialrat hat seine Stellungnahme binnen *eines Monats* abzugeben.

(3) unverändert

*§ 57. unverändert*

*§ 57 a. Abgeordnete Richter*

(1) Ein an ein Gericht des Bundes abgeordneter Richter wird zum Richterrat dieses Gerichts wahlberechtigt, sobald die Abordnung länger als drei Monate gedauert hat. Wird ein Richter im Bundesdienst an ein anderes Gericht oder an eine Verwaltungsbehörde abgeordnet, so verliert er sein Wahlrecht zum Richterrat bei dem bisherigen Gericht nach Ablauf von drei Monaten.

(2) Ein abgeordneter Richter kann dem Präsidialrat für das Gericht des Bundes, an das er abgeordnet ist, nicht angehören; er ist für diesen Präsidialrat nicht wahlberechtigt. Ein Richter im Bundesdienst scheidet mit Beginn der Abordnung aus dem Präsidialrat seines bisherigen Gerichts aus; seine Wahlberechtigung bleibt jedoch unberührt.

§ 58. unverändert

## *Dritter Abschnitt. Dienstgericht des Bundes*

*§ 59. Verfassung des Dienstgerichts*

(1) unverändert

(2) Das Dienstgericht des Bundes verhandelt und entscheidet in der Besetzung mit einem Vorsitzenden, zwei ständigen Beisitzern und zwei nichtständigen Beisitzern. *Der Vorsitzende und die ständigen Beisitzer müssen dem Bundesgerichtshof,* die nichtständigen Beisitzer *als Richter auf Lebenszeit* dem Gerichtszweig des betroffenen Richters angehören. Der Präsident eines Gerichts und sein ständiger Vertreter können nicht Mitglied des Dienstgerichts sein.

(3) Das Präsidium des Bundesgerichtshofs bestimmt den Vorsitzenden *und* die Beisitzer *sowie* deren Vertreter für fünf Geschäftsjahre. Bei der *Hinzuziehung* der nichtständigen Beisitzer ist es an die Reihenfolge in den Vorschlagslisten gebunden, die von den Präsidien der oberen Bundesgerichte aufgestellt werden.

(4) Das Dienstgericht gilt in Disziplinarverfahren (§ 61) als Strafsenat, in Versetzungs- und Prüfungsverfahren (§§ 63, 65) als Zivilsenat im Sinne der §§ 132 und 136 des Gerichtsverfassungsgesetzes.

*§ 60. Zuständigkeit des Dienstgerichts*

(1) Das Dienstgericht des Bundes entscheidet endgültig

1. u. 2. unverändert

3. *bei Richtern auf Lebenszeit oder auf Zeit* über die

a)-d) unverändert

4. bei Anfechtung

a) unverändert

a[1]) der Abordnung eines Richters gemäß § 35 Abs. 3,

b) einer Verfügung, durch die ein Richter auf Probe oder kraft Auftrags entlassen, durch die seine Ernennung zurückgenommen oder die Nichtigkeit seiner Ernennung festgestellt oder durch die er wegen Dienstunfähigkeit in den Ruhestand versetzt wird,

c)-d) unverändert

(2) unverändert

*§ 61. Disziplinarverfahren*

(1) u. (2) unverändert

(3) Die Aufgaben des Bundesdisziplinaranwalts nimmt der Generalbundesanwalt wahr. § 30 b Abs. 2 der Bundesdisziplinarordnung findet keine Anwendung.

*§ 62. Disziplinarstrafen*

(1) unverändert

(2) Gegen einen Richter bei einem oberen Bundesgericht kann nur *Warnung, Geldbuße* oder Entfernung aus dem Dienst *verhängt* werden.

*§ 63. Versetzungsverfahren*

(1) Für das Verfahren bei Versetzung im Interesse der Rechtspflege (Versetzungsverfahren) gelten die Vorschriften der *Verwaltungsgerichtsordnung* sinngemäß.

(2) Das Verfahren wird *durch einen Antrag* der obersten Dienstbehörde eingeleitet. *Ein Vorverfahren findet nicht statt. Der Oberbundesanwalt wirkt an dem Verfahren nicht mit.*

(3) unverändert

*§ 64 entfällt*

*§ 65. Prüfungsverfahren*

(1) Für das Verfahren in den Fällen des § 60 Abs. 1 Nr. 3 und 4 (Prüfungsverfahren) gelten die Vorschriften der Verwaltungsgerichtsordnung sinngemäß. *Der Oberbundesanwalt wirkt an dem Verfahren nicht mit.*

*(1 a)* Ein Vorverfahren findet nur in den Fällen *des § 60 Abs. 1* Nr. 4 statt.

(2) unverändert

*§ 66. Urteilsformel im Prüfungsverfahren*

(1) unverändert

(2) In den Fällen des § 60 Abs. 1 Nr. 3 Buchstaben b bis d stellt das Gericht die Zulässigkeit der Maßnahme *oder die Entlassung* fest oder weist den Antrag zurück.

(3) In den Fällen des § 60 Abs. 1 Nr. 4 Buchstaben a *und* $a^1$ bis c hebt das Gericht die angefochtene Maßnahme auf oder weist den Antrag zurück.

(4) unverändert

*§ 67. unverändert*

## *Vierter Abschnitt. Richter des Bundesverfassungsgerichts*

*§ 68. Beschränkte Geltung dieses Gesetzes*

(1) unverändert

*Absatz 2, 3 entfällt*

*§ 69. unverändert*

# Dritter Teil. *Richter im Landesdienst*

*§ 70. Bindung an Rahmenvorschriften*

(1) unverändert

(1 a) Soweit die unabhängige Stelle (§§ 61, 62 des Beamtenrechtsrahmengesetzes) für Angelegenheiten der Richter zuständig ist, muss mindestens die Hälfte ihrer Mitglieder Richter sein.

(2) Für die Richter im Landesdienst gelten §§ 123 bis 132 des Beamtenrechtsrahmengesetzes entsprechend, *soweit dieses Gesetz nichts anderes bestimmt.*

*§ 71. unverändert*

*§ 72. Aufgaben des Richterrats*

Der Richterrat hat mindestens folgende Aufgaben:

1.-2. unverändert, *Nummer 3 entfällt*

*§ 73. Bildung des Präsidialrats*

(1) Für jeden Gerichtszweig ist ein Präsidialrat zu bilden. Für mehrere Gerichtszweige kann durch Gesetz die Bildung eines gemeinsamen Präsidialrats vorgeschrieben werden.

(2) Der Präsidialrat besteht aus dem Präsidenten eines Gerichts als Vorsitzendem und aus Richtern, von denen mindestens die Hälfte durch die Richter zu wählen sind.

*§§ 74, 75. unverändert*

*§ 76. Errichtung von Dienstgerichten*

(1) unverändert

(2) Die Dienstgerichte entscheiden in der Besetzung mit einem Vorsitzenden und je zur Hälfte mit ständigen und nichtständigen Beisitzern. Alle Mitglieder müssen auf Lebenszeit ernannte Richter sein. Die nichtständigen Mitglieder *sollen* dem Gerichtszweig des betroffenen Richters angehören.

(3) Die Mitglieder des Dienstgerichts werden von dem Präsidium des Gerichts bestimmt, bei dem das Dienstgericht errichtet ist. *Die Landesgesetzgebung kann das Präsidium an Vorschlagslisten, die von den Präsidien anderer Gerichte aufgestellt werden, binden.* Der Präsident eines Gerichts oder sein ständiger Vertreter kann nicht Mitglied eines Dienstgerichts sein.

*§ 77. Zuständigkeit des Dienstgerichts*

Das Dienstgericht entscheidet

1. u. 2. unverändert

3. *bei Richtern auf Lebenszeit oder auf Zeit* über die

a)-d) unverändert

4. bei Anfechtung a) unverändert, *a*[1]) *der Abordnung eines Richters gemäß § 35 Abs. 3,*

b) *einer Verfügung, durch die* ein Richter auf Probe oder kraft Auftrags *entlassen, durch die seine Ernennung zurückgenommen oder die Nichtigkeit seiner Ernennung festgestellt oder durch die er wegen Dienstunfähigkeit in den Ruhestand versetzt wird,*

c) u. d) unverändert

*§ 78. Rechtszug*

(1) unverändert

(2) In den Fällen des § 77 Nr. 2, 3 und 4 *steht den Beteiligten* die Revision an das Dienstgericht des Bundes *nach Maßgabe des § 78 a zu.*

(3) Die Landesgesetzgebung kann in den Fällen des § 77 Nr. 1 die Revision an das Dienstgericht des Bundes vorsehen.

*§ 78 a. Revision im Versetzungsverfahren und im Prüfungsverfahren*

(1) Für die Revision im Versetzungsverfahren und im Prüfungsverfahren gelten die Vorschriften der Verwaltungsgerichtsordnung sinngemäß. Der Oberbundesanwalt wirkt an dem Verfahren nicht mit.

(2) Die Revision ist stets zuzulassen.

(3) Die Revision kann nur darauf gestützt werden, dass das Urteil auf der Nichtanwendung oder unrichtigen Anwendung einer Rechtsnorm beruht.

*§ 78 b. Zulässigkeit der Revision im Disziplinarverfahren*

(1) Soweit die Landesgesetzgebung im Disziplinarverfahren die Revision an das Dienstgericht des Bundes vorgesehen hat (§ 78 Abs. 3), kann die Revision vorbehaltlich des Absatzes 3 nur eingelegt werden, wenn sie von dem Dienstgericht des Landes zugelassen worden ist. Sie ist nur zuzulassen, wenn

1. die Rechtssache grundsätzliche Bedeutung hat oder
2. das Urteil von einer Entscheidung des Dienstgerichts des Bundes abweicht und auf dieser Abweichung beruht.

(2) Die Nichtzulassung der Revision kann selbständig durch Beschwerde innerhalb zweier Wochen nach Zustellung des Urteils angefochten werden. Die Beschwerde ist bei dem Gericht einzulegen, dessen Entscheidung angefochten werden soll. In der Beschwerdeschrift muss die grundsätzliche Bedeutung der Rechtssache dargelegt oder die Entscheidung des Dienstgerichts des Bundes, von dem das angefochtene Urteil abweicht, bezeichnet werden. Die Einlegung der Beschwerde hemmt die Rechtskraft des Urteils. Wird der Beschwerde nicht abgeholfen, so entscheidet das Dienstgericht des Bundes durch Beschluss. Der Beschluss bedarf keiner Begründung, wenn die Beschwerde einstimmig verworfen oder zurückgewiesen wird. Mit Ablehnung der Beschwerde durch das Dienstgericht des Bundes wird das Urteil rechtskräftig. Wird der Beschwerde stattgegeben, so beginnt mit Zustellung des Beschwerdebescheides die Revisionsfrist.

(3) Einer Zulassung bedarf es nicht, wenn als wesentliche Mängel des Verfahrens gerügt werden, dass

1. das erkennende Gericht nicht vorschriftsmäßig besetzt war,
2. bei der Entscheidung ein Richter mitgewirkt hat, der von der Ausübung des Richteramts kraft Gesetzes ausgeschlossen oder wegen Besorgnis der Befangenheit mit Erfolg abgelehnt war, oder
3. die Entscheidung nicht mit Gründen versehen ist.

*§ 78 c. Revisionsverfahren im Disziplinrverfahren*

(1) Die Revision ist bei dem Gericht, dessen Urteil angefochten wird, innerhalb zweier Wochen nach Zustellung des Urteils oder nach Zustellung des Urteils oder nach Zustellung des Beschlusses über die Zulassung der Revision schriftlich oder durch schriftlich aufzunehmende Erklärung vor der Geschäftsstelle einzulegen und spätestens innerhalb weiterer Wochen zu begründen. § 78 a Abs. 3 gilt entsprechend.

(2) Das Dienstgericht des Bundes ist an die in dem angefochtenen Urteil getroffenen tatsächlichen Feststellungen gebunden, es sei denn, dass zulässige und begründete Revisionsgründe gegen diese Feststellungen vorgebracht sind.

(3) § 67 Abs. 1 Satz 2 und Abs., § 69 Abs. 2, § 73 Abs. 1 Nr. 1, Abs. 2 und 3 und § 75 der Bundesdisziplinarordnung gelten sinngemäß. Das Urteil kann nur auf Zurückweisung der Revision oder auf Aufhebung des angefochtenen Urteils lauten.

§ 79 entfällt hier – siehe § 78 a Abs. 3

*§ 80. Verfahrensvorschriften*
Disziplinarverfahren, Versetzungsverfahren und Prüfungsverfahren sind entsprechend § 61 Abs. 2, § 62 Abs. 1, §§ 63 und *65* bis 67 zu regeln.
*§ 81. unverändert*

## Vierter Teil. *Übergangs- und Schlussbestimmungen*

*§ 82. Änderung des Gerichtsverfassungsgesetzes*
Das Gerichtsverfassungsgesetz in der Fassung der Bekanntmachung vom 12. September 1950 (BGBl. S. 513), zuletzt geändert durch Gesetz vom *30. Juni 1960* (BGBl. I S. *478*), wird wie folgt geändert:

1. §§ 2 bis 9 werden aufgehoben.
2. § 10 erhält folgende Fassung: „*§ 10. (1) Referendaren, die mindestens zwölf Monate im juristischen Vorbereitungsdienst tätig sind, kann im Einzelfall die Erledigung von Rechtshilfeersuchen mit Ausnahme der Beeidigung übertragen werden.*

(2) Bei Amtsgerichten und Landgerichten können Richter auf Probe und Richter kraft Auftrags verwendet werden."

3. § 11 *wird* aufgehoben.

3 a. In § 28 Abs. 1 wird folgender Satz 2 angefügt: „Ein Richter auf Probe darf im ersten Jahr nach seiner Ernennung nicht Vorsitzender sein."

3 b. § 62 Abs. 1 Satz 2 erhält folgende Fassung: „Den Vorsitz in der kleinen Strafkammer (§ 76 Abs. 2) und in der Kammer für Handelssachen (§ 105 Abs. 1) kann auch ein ständiges Mitglied des Landgerichts führen, das vom Präsidium für die Dauer eines Geschäftsjahres bestimmt wird."

3. c. § 68 wird aufgehoben.

4. unverändert

4 a. § 77 Abs. 3 erhält folgende Fassung: „(3) An die Stelle des Amtsrichters tritt für die Auslosung der Reihenfolge, in der die Hauptschöffen an den einzelnen ordentlichen Sitzungen der Strafkammern teilnehmen, der Landgerichtspräsident. Die Entscheidung darüber, ob ein Schöffe von der Schöffenliste zu streichen oder ob von seiner Heranziehung zur Dienstleistung abzusehen ist, sowie über die von einem Schöffen vorgebrachten Ablehnungsgründe trifft eine Strafkammer. Im Übrigen tritt an die Stelle des Amtsrichters der Vorsitzende der Strafkammer."

4 b. § 83 Abs. 1 und 2 erhält folgende Fassung: „(1) Vor Beginn des Geschäftsjahres bestellt das Präsidium des Oberlandesgerichts für jede Tagung der Schwurgerichte aus der Zahl der Mitglieder des Oberlandesgerichts oder der in seinem Bezirk angestellten Richter einen Vorsitzenden des Schwurgerichts.

(2) In gleicher Weise bestellt das Präsidium des Landgerichts für jede Tagung des Schwurgerichts aus der Zahl der Mitglieder des Landgerichts und der in seinem Bezirk angestellten Amtsrichter einen Stellvertreter des Vorsitzenden, die übrigen richterlichen Mitglieder und ihre Stellvertreter."

5. §§ *88* und 118 werden aufgehoben.

5 a. § 125 Abs. 2 erhält folgende Fassung: „(2) Zum Mitglied des Bundesgerichtshofs kann nur berufen werden, wer das fünfunddreißigste Lebensjahr vollendet hat."

6. unverändert

7. *§ 148 Abs. 2 und* § 198 *werden* aufgehoben.

*§ 83. Änderung der Vorschriften über die Befähigung zum Richteramt*

Es werden aufgehoben

1. u. 2. unverändert
3. das Bayerische Gesetz über die Richteramtsbefähigung umgesiedelter und heimatvertriebener Juristen vom 16. Juni 1948,
4. das Bremische Gesetz über die Richteramtsbefähigung umgesiedelter und heimatvertriebener Juristen vom 2. Juni 1949 (Ges. Bl. S. 133),
5. das Hessische Gesetz über die Richteramtsbefähigung umgesiedelter und heimatvertriebener Juristen vom 21. Juni 1948 (GVBl. S. 79, 92),
6. das Gesetz Nr. 929 des früheren Landes Württemberg-Baden über die Richteramtsbefähigung umgesiedelter und heimatvertriebener Juristen vom 2. Juni 1948 (Reg. Bl. S. 91, 148)

| | | | |
|---|---|---|---|
| § 83 a = | § 87 d. Gesetzes | § 104 = | § 108 d. Gesetzes |
| § 84 = | § 88 d. Gesetzes | § 105 = | § 109 d. Gesetzes |
| § 85 = | § 89 d. Gesetzes | § 106 = | § 110 d. Gesetzes |
| § 86 = | § 90 d. Gesetzes | § 107 = | § 111 d. Gesetzes |
| § 87 | entfallen | § 108 = | § 112 d. Gesetzes |
| § 88 = | § 91 d. Gesetzes | § 109 = | § 113 d. Gesetzes |
| § 89 = | § 92 d. Gesetzes | § 109 a = | § 114 d. Gesetzes |
| § 90 = | § 93 d. Gesetzes | § 110 | entfallen |
| § 91 = | § 94 d. Gesetzes | § 111 = | § 115 d. Gesetzes |
| § 92 = | § 95 d. Gesetzes | § 111 a = | § 116 d. Gesetzes |
| § 93 = | § 96 d. Gesetzes | § 112 = | § 117 d. Gesetzes |
| § 94 = | § 97 d. Gesetzes | § 112 a = | § 118 d. Gesetzes |
| § 95 = | § 98 d. Gesetzes | § 113 = | § 119 d. Gesetzes |
| § 96 = | § 99 d. Gesetzes | § 114 = | § 120 d. Gesetzes |
| § 97 = | § 100 d. Gesetzes | § 115 = | § 121 d. Gesetzes |
| § 98 = | § 101 d. Gesetzes | § 115 a = | § 122 d. Gesetzes |

| | |
|---|---|
| § 98 a = | § 102 d. Gesetzes |
| § 99 = | § 103 d. Gesetzes |
| § 100 = | § 104 d. Gesetzes |
| § 101 = | § 105 d. Gesetzes |
| § 102 = | § 106 d. Gesetzes |
| § 103 = | § 107 d. Gesetzes |
| § 116 = | § 123 d. Gesetzes |
| § 116 a = | § 124 d. Gesetzes |
| § 117 = | § 125 d. Gesetzes |
| § 118 = | § 126 d. Gesetzes |

# Fünfter Teil: Deutsches Richtergesetz vom 8.9.1961 (BGBl. I S. 1665)

## Erster Teil. *Richteramt in Bund und Ländern*

### Erster Abschnitt: Einleitende Vorschriften

§ 1. Berufsrichter und ehrenamtliche Richter
Die rechtsprechende Gewalt wird durch Berufsrichter und durch ehrenamtliche Richter ausgeübt.

*§ 2. Geltung für Berufsrichter*
Die Vorschriften dieses Gesetzes gelten, soweit dieses Gesetz nichts anderes bestimmt, nur für die Berufsrichter.

*§ 3. Dienstherr*
Die Richter stehen im Dienst des Bundes oder eines Landes.

*§ 4. Unvereinbare Aufgaben*
(1) Ein Richter darf Aufgaben der rechtsprechenden Gewalt und Aufgaben der gesetzgebenden oder der vollziehenden Gewalt nicht zugleich wahrnehmen.
(2) Außer Aufgaben der rechtsprechenden Gewalt darf ein Richter jedoch wahrnehmen

1. Aufgaben der Gerichtsverwaltung,
2. andere Aufgaben, die aufgrund eines Gesetzes Gerichten oder Richtern zugewiesen sind,
3. Aufgaben der Forschung und Lehre an einer wissenschaftlichen Hochschule, öffentlichen Unterrichtsanstalt oder amtlichen Unterrichtseinrichtung,
4. Prüfungsangelegenheiten.

### Zweiter Abschnitt: Befähigung zum Richteramt

*§ 5. Erwerb der Befähigung zum Richteramt*
(1) Die Befähigung zum Richteramt wird durch das Bestehen zweier Prüfungen erworben.
(2) Der ersten Prüfung muss ein Studium der Rechtswissenschaft von mindestens dreieinhalb Jahren an einer Universität vorangehen. Davon sind mindestens vier Halbjahre dem Studium an einer Universität im Geltungsbereich dieses Gesetzes zu widmen.
(3) Zwischen der ersten und der zweiten Prüfung muss ein Vorbereitungsdienst von mindestens dreieinhalb Jahren liegen. Davon sind zu verwenden mindestens

1. vierundzwanzig Monate zum Dienst bei den ordentlichen Gerichten, Staatsanwaltschaften, Notaren und Rechtsanwälten,
2. sechs Monate zum Dienst bei anderen Gerichten, davon zwei Monate bei Gerichten für Arbeitssachen,
3. sechs Monate zum Dienst bei Verwaltungsbehörden.

Soweit die Ausbildung bei Gerichten für Arbeitssachen nach Nummer 2 nicht durchgeführt werden kann, ist statt dessen eine Ausbildung bei Behörden oder Stellen abzuleisten, die auf dem Gebiet des Arbeits- oder Sozialrecht tätig sind, insbesondere bei Gewerkschaften oder Arbeitgeberverbänden.

*§ 6. Anerkennung von Prüfungen*

(1) Die Zulassung zum Vorbereitungsdienst darf einem Bewerber nicht deswegen versagt werden, weil er die erste Prüfung nach § 5 in einem anderen Land im Geltungsbereich dieses Gesetzes abgelegt hat. Die in einem Land im Geltungsbereich dieses Gesetzes auf den Vorbereitungsdienst verwendete Zeit ist in jedem deutschen Land anzurechnen.

(2) Wer im Geltungsbereich dieses Gesetzes die Befähigung zum Richteramt nach § 5 erworben hat, ist im Bund und in jedem deutschen Land zum Richteramt befähigt.

*§ 7. Universitätsprofessoren*

Jeder ordentliche Professor der Rechte an einer Universität im Geltungsbereich dieses Gesetzes ist zum Richteramt befähigt.

## Dritter Abschnitt. Richterverhältnis

*§ 8. Rechtsformen des Richterdienstes*

Richter können nur als Richter auf Lebenszeit, auf Zeit, auf Probe oder kraft Auftrags berufen werden.

*§ 9. Voraussetzungen für die Berufungen*

In das Richterverhältnis darf nur berufen werden, wer

1. Deutscher im Sinne des Artikels 116 des Grundgesetzes ist,
2. die Gewähr dafür bietet, dass er jederzeit für die freiheitliche demokratische Grundordnung im Sinne des Grundgesetzes eintritt, und
3. die Befähigung zum Richteramt besitzt (§§ 5 bis 7).

*§ 10. Ernennung auf Lebenszeit*

(1) Zum Richter auf Lebenszeit kann ernannt werden, wer nach Erwerb der Befähigung zum Richteramt mindestens drei Jahre im richterlichen Dienst tätig gewesen ist.

(2) Auf die Zeit nach Abs. 1 können angerechnet werden Tätigkeiten

1. als Beamter des höheren Dienstes,

2. im deutschen öffentlichen Dienst oder im Dienst einer zwischenstaatlichen oder überstaatlichen Einrichtung, wenn die Tätigkeit nach Art und Bedeutung der Tätigkeit in einem Amt des höheren Dienstes entsprochen hat,
3. als habilitierter Lehrer des Rechts an einer deutschen wissenschaftlichen Hochschule,
4. als Rechtsanwalt, Notar oder als Assessor bei einem Rechtsanwalt oder Notar.

Die Anrechnung von mehr als zwei Jahren dieser Tätigkeiten setzt besondere Kenntnisse und Erfahrungen des zu Ernennenden voraus.

*§ 11. Ernennung auf Zeit*

Eine Ernennung zum Richter auf Zeit ist nur unter den durch Bundesgesetz bestimmten Voraussetzungen und nur für die bundesgesetzlich bestimmten Aufgaben zulässig.

*§ 12. Ernennung auf Probe*

(1) Wer später als Richter auf Lebenszeit oder als Staatsanwalt verwendet werden soll, kann zum Richter auf Probe ernannt werden. Er führt die Bezeichnung „Gerichtsassessor".

(2) Spätestens sechs Jahre nach seiner Ernennung ist der Richter auf Probe zum Richter auf Lebenszeit oder unter Berufung in das Beamtenverhältnis auf Lebenszeit zum Staatsanwalt zu ernennen.

*§ 13. Verwendung eines Richters auf Probe*

Ein Richter auf Probe kann ohne seine Zustimmung nur bei einem Gericht, bei einer Behörde der Gerichtsverwaltung oder bei einer Staatsanwaltschaft verwendet werden.

*§ 14. Ernennung zum Richter kraft Auftrags*

(1) Ein Beamter auf Lebenszeit oder auf Zeit kann zum Richter kraft Auftrags ernannt werden, wenn er später als Richter auf Lebenszeit verwendet werden soll.

(2) Der Richter kraft Auftrags führt im Dienst die Amtsbezeichnung des wahrgenommenen Richteramts.

*§ 15. Wirkungen auf das Beamtenverhältnis*

(1) Der Richter kraft Auftrags behält sein bisheriges Amt. Seine Behandlung und Versorgung bestimmen sich nach diesem Amt. Im Übrigen ruhen für die Dauer des Richterverhältnisses kraft Auftrags die Rechte und Pflichten aus dem Beamtenverhältnis mit Ausnahme der Pflicht zur Amtsverschwiegenheit und des Verbots der Annahme von Geschenken.

(2) Wird das Richterverhältnis zu einem anderen Dienstherrn begründet, so ist auch dieser zur Zahlung der Dienstbezüge verpflichtet.

*§ 16. Dauer der Verwendung als Richter kraft Auftrags*

(1) Spätestens zwei Jahre nach seiner Ernennung ist der Richter kraft Auftrags zum Richter auf Lebenszeit zu ernennen oder einem Richterwahlausschuss zur Wahl vorzuschlagen. Lehnt der Richter die Ernennung ab, so endet das Richterverhältnis kraft Auftrags.

(2) Für die Verwendung des Richters kraft Auftrags gelten die Vorschriften für Richter auf Probe entsprechend.

*§ 17. Ernennung durch Urkunde*

(1) Der Richter wird durch Aushändigung einer Urkunde ernannt.

(2) In der Ernennungsurkunde müssen bei der Begründung des Richterverhältnisses die Worte „unter Berufung in das Richterverhältnis“ mit dem Zusatz „auf Lebenszeit“, „auf Zeit“, „auf Probe“ oder „kraft Auftrags“ enthalten sein. Bei der Begründung eines Richterverhältnisses auf Zeit ist die Zeitdauer der Berufung in der Urkunde anzugeben.

(3) Bei der Umwandlung eines Richterverhältnisses in ein Richterverhältnis anderer Art müssen in der Ernennungsurkunde die diese Art bestimmenden Worte nach Abs. 2 enthalten sein, bei der ersten Verteilung eines Amtes und bei der Verleihung eines anderen Amtes mit anderem Endgrundgehalt und anderer Amtsbezeichnung muss in der Ernennungsurkunde die Amtsbezeichnung dieses Amtes enthalten sein.

*§ 18. Nichtigkeit der Ernennung*

(1) Eine Ernennung ist nichtig, wenn sie von einer sachlich unzuständigen Behörde ausgesprochen wurde. Die Ernennung kann nicht rückwirkend bestätigt werden.

(2) Eine Ernennung ist ferner nichtig, wenn der Ernannte im Zeitpunkt der Ernennung

1. Deutscher im Sinne des Artikels 116 des Grundgesetzes war,
2. entmündigt war oder
3. nicht die Fähigkeit zur Bekleidung öffentlicher Ämter hatte.

(3) Die Nichtigkeit einer Ernennung zum Richter auf Lebenszeit oder zum Richter auf Zeit kann erst geltend gemacht werden, nachdem ein Gericht sie rechtskräftig festgestellt hat.

*§ 19. Rücknahme der Ernennung*

(1) Eine Ernennung ist zurückzunehmen,

1. wenn der Ernannte nicht die Befähigung zum Richteramt besaß,
2. wenn die gesetzlich vorgeschriebene Beteiligung eines Richterwahlausschusses unterblieben war und der Richterwahlausschuss die nachträgliche Bestätigung abgelehnt hat,

3. wenn die Ernennung durch Zwang, arglistige Täuschung oder Bestechung herbeigeführt wurde oder
4. wenn nicht bekannt war, dass der Ernannte ein Verbrechen oder Vergehen begangen hatte, das ihn der Berufung in das Richterverhältnis unwürdig erscheinen lässt, und er deswegen rechtskräftig zu einer Strafe verurteilt war oder wird.

(2) Eine Ernennung kann zurückgenommen werden,
1. wenn bei einem nach seiner Ernennung Entmündigten die Voraussetzungen für die Entmündigung im Zeitpunkt der Ernennung vorlagen oder
2. wenn nicht bekannt war, dass der Ernannte in einem gerichtlichen Verfahren aus dem Dienst oder Beruf entfernt oder zum Verlust der Versorgungsbezüge verurteilt worden war.

(3) Die Ernennung zum Richter auf Lebenszeit oder zum Richter auf Zeit kann ohne schriftliche Zustimmung des Richters nur aufgrund rechtskräftiger richterlicher Entscheidung zurückgenommen werden.

*§ 20. Allgemeines Dienstalter*

Das allgemeine Dienstalter eines Richters bestimmt sich nach dem Tag, an dem ihm sein Richteramt übertragen worden ist. Hat der Richter zuvor ein anderes Richteramt oder ein sonstiges Amt mit mindestens dem gleichen Anfangsgrundgehalt bekleidet, so bestimmt sich das allgemeine Dienstalter nach dem Tag der Übertragung dieses Amtes.

*§ 21. Entlassung aus dem Dienstverhältnis*

(1) Der Richter ist entlassen,
1. wenn er die Eigenschaft als Deutscher im Sinne des Artikels 116 des Grundgesetzes verliert,
2. wenn er ohne Zustimmung der obersten Dienstbehörde seinen Wohnsitz oder dauernden Aufenthalt im Ausland nimmt,
3. wenn er in ein öffentlich-rechtliches Dienst- oder Amtsverhältnis zu einem anderen Dienstherrn tritt, sofern gesetzlich nichts anderes bestimmt ist, oder
4. wenn er zum Berufssoldaten oder Soldaten auf Zeit ernannt wird.

In den Fällen der Nummer 3 kann die oberste Dienstbehörde im Einvernehmen mit dem neuen Dienstherrn und mit Zustimmung des Richters die Fortdauer des Richterverhältnisses neben dem neuen Dienst- oder Amtsverhältnis anordnen.

(2) Der Richter ist zu entlassen,
1. wenn er sich weigert, den Richtereid (§ 38) zu leisten,
2. wenn er zur Zeit der Ernennung Mitglied des Bundestages oder eines Landtages war und nicht innerhalb der von der obersten Dienstbehörde gesetzten angemessenen Frist sein Mandat niederlegt,
3. wenn er nach Erreichen der Altersgrenze berufen worden ist,
3. wenn er seine Entlassung schriftlich verlangt oder

5. wenn er die Altersgrenze erreicht oder dienstunfähig ist und das Dienstverhältnis nicht durch Eintritt in den Ruhestand endet.

(3) Ein Richter auf Lebenszeit oder ein Richter auf Zeit kann ohne seine schriftliche Zustimmung nur aufgrund rechtskräftiger richterlicher Entscheidung entlassen werden. Die Entlassung eines Richters auf Lebenszeit oder eines Richters auf Zeit nach Abs. 1 kann erst geltend gemacht werden, nachdem ein Gericht sie rechtskräftig festgestellt hat.

*§ 22. Entlassung eines Richters auf Probe*

(1) Ein Richter auf Probe kann zum Ablauf des sechsten, zwölften, achtzehnten oder vierundzwanzigsten Monats nach seiner Ernennung entlassen werden.

(2) Ein Richter auf Probe kann zum Ablauf des dritten oder vierten Jahres entlassen werden,

1. wenn er für das Richteramt nicht geeignet ist oder
2. wenn ein Richterwahlausschuss seine Übernahme in das Richterverhältnis auf Lebenszeit oder auf Zeit ablehnt.

(3) Ein Richter auf Probe kann ferner bei einem Verhalten, das bei Richtern auf Lebenszeit eine im förmlichen Disziplinarverfahren zu verhängende Disziplinarstrafe zur Folge hätte, entlassen werden.

(4) In den Fällen der Abs. 1 und 2 ist die Entlassungsverfügung dem Richter mindestens sechs Wochen vor dem Entlassungstag mitzuteilen.

*§ 23. Entlassung eines Richters kraft Auftrags*

Für die Beendigung des Richterverhältnisses kraft Auftrags gelten die Vorschriften über die Beendigung des Richterverhältnisses auf Probe entsprechend.

*§ 24. Beendigung des Dienstverhältnisses durch richterliche Entscheidung*

Wird gegen einen Richter durch Urteil eines deutschen Gerichts im Geltungsbereich dieses Gesetzes erkannt auf

1. Zuchthaus,
2. Gefängnis von einem Jahr oder längerer Dauer wegen vorsätzlich begangener Tat,
3. Gefängnis wegen vorsätzlicher hochverräterischer, staatsgefährdender oder landesverräterischer Handlung,
4. Verlust der bürgerlichen Ehrenrechte,
5. Aberkennung der Fähigkeit zur Bekleidung öffentlicher Ämter oder
6. Verwirkung eines Grundrechts gemäß Artikel 18 des Grundgesetzes,

so endet das Richterverhältnis mit der Rechtskraft dieses Urteils, ohne dass es einer weiteren gerichtlichen Entscheidung bedarf.

## Vierter Abschnitt. *Unabhängigkeit des Richters*

*§ 25. Grundsatz*
Der Richter ist unabhängig und nur dem Gesetz unterworfen.

*§ 26. Dienstaufsicht*

(1) Der Richter untersteht einer Dienstaufsicht nur, soweit nicht seine Unabhängigkeit beeinträchtigt wird.

(2) Die Dienstbehörde umfasst vorbehaltlich des Abs. 1 auch die Befugnis, die ordnungswidrige Art der Ausführung eines Amtsgeschäfts vorzuhalten und zu ordnungsgemäßer, unverzögerter Erledigung der Amtsgeschäfte zu ermahnen.

(3) Behauptet der Richter, dass eine Maßnahme der Dienstaufsicht seine Unabhängigkeit beeinträchtige, so entscheidet auf Antrag des Richters ein Gericht nach Maßgabe dieses Gesetzes.

*§ 27. Übertragung eines Richteramts*

(1) Dem Richter auf Lebenszeit und dem Richter auf Zeit ist ein Richteramt bei einem bestimmten Gericht zu übertragen.

(2) Ihm kann ein weiteres Richteramt bei einem anderen Gericht übertragen werden, soweit ein Gesetz dies zuläst.

*§ 28. Besetzung der Gerichte mit Richtern auf Lebenszeit*

(1) Als Richter dürfen bei einem Gericht nur Richter auf Lebenszeit tätig werden, soweit nicht ein Bundesgesetz etwas anderes bestimmt.

(2) Vorsitzender eines Gerichts darf nur ein Richter sein. Wird ein Gericht in einer Besetzung mit mehreren Richtern tätig, so muss ein Richter auf Lebenszeit den Vorsitz führen.

*§ 29. Besetzung der Gerichte mit Richtern auf Probe, Richtern kraft Auftrags und abgeordneten Richtern*
Bei einer gerichtlichen Entscheidung darf nicht mehr als ein Richter auf Probe oder ein Richter kraft Auftrags oder ein abgeordneter Richter mitwirken. Er muss als solcher in der Entscheidung erkenntlich sein.

*§ 30. Versetzung und Amtsenthebung*

(1) Ein Richter auf Lebenszeit oder ein Richter auf Zeit kann ohne seine schriftliche Zustimmung nur

1. im Verfahren über die Richteranklage (Artikel 98 Abs. 2 des Grundgesetzes),
2. im förmlichen Disziplinarverfahren,
3. im Interesse der Rechtspflege (§ 31),
4. bei Veränderung der Gerichtsorganisation (§ 32) in ein anderes Amt versetzt oder seines Amtes enthoben werden.

(2) Die Versetzung oder Amtsenthebung kann – außer im Fall des Absatzes 1 Nr. 4 – nur aufgrund rechtskräftiger richterlicher Entscheidung ausgesprochen werden.

(3) Der Versetzung steht es gleich, wenn ein Richter, der mehrere Richterämter innehat, eines Amtes enthoben wird.

*§ 31. Versetzung im Interesse der Rechtspflege*

Ein Richter auf Lebenszeit oder ein Richter auf Zeit kann

1. in ein anderes Richteramt mit gleichem Endgrundgehalt,
2. in den einstweiligen Ruhestand oder
3. in den Ruhestand

versetzt werden, wenn Tatsachen außerhalb seiner richterlichen Tätigkeit eine Maßnahme dieser Art zwingend gebieten, um eine schwere Beeinträchtigung der Rechtspflege abzuwenden.

*§ 32. Veränderung der Gerichtsorganisation*

(1) Bei einer Veränderung in der Einrichtung der Gerichte oder ihrer Rechte kann einem auf Lebenszeit oder auf Zeit ernannten Richter dieser Gerichte ein anderes Richteramt übertragen werden. Ist eine Verwendung in einem Richteramt mit gleichem Endgrundgehalt nicht möglich, so kann ihm ein Richteramt mit geringerem Endgrundgehalt übertragen werden.

(2) Ist die Übertragung eines anderen Richteramts nicht möglich, so kann der Richter seines Amtes enthoben werden. Ihm kann jederzeit ein neues Richteramt, auch mit geringerem Endgrundgehalt, übertragen werden.

(3) Die Übertragung eines anderen Richteramts (Abs. 1) und die Amtsenthebung (Abs. 2 Satz 1) können nicht später als drei Monate nach Inkrafttreten ausgesprochen werden.

*§ 33. Belassung des vollen Gehalts*

(1) In den Fällen des § 32 erhält der Richter sein bisheriges Grundgehalt einschließlich ruhegehaltfähiger oder unwiderruflicher Stellenzulagen und steigt in den Dienstaltersstufen seiner bisherigen Besoldungsgruppe weiter auf. Im Übrigen richten sich die Dienstbezüge nach den allgemeinen besoldungsrechtlichen Vorschriften. Soweit ihre Höhe durch den dienstlichen Wohnsitz bestimmt ist, ist bei Amtsenthebung (§ 32 Abs. 2 Satz 1) der letzte dienstliche Wohnsitz maßgebend.

(2) Der seines Amtes enthobene Richter gilt für die Anwendung der Vorschriften über das Ruhen der Versorgungsbezüge und über das Zusammentreffen mehrerer Versorgungsbezüge als Richter im Ruhestand.

*§ 34. Versetzung in den Ruhestand wegen Dienstunfähigkeit*
Ein Richter auf Lebenszeit oder ein Richter auf Zeit kann ohne seine schriftliche Zustimmung nur aufgrund rechtskräftiger richterlicher Entscheidung wegen Dienstunfähigkeit in den Ruhestand versetzt werden.

*§ 35. Vorläufige Untersagung der Amtsgeschäfte*
In einem Verfahren nach § 18 Abs. 3, § 19 Abs. 3, § 21 Abs. 3, §§ 30 und 34 kann das Gericht auf Antrag dem Richter die Führung seiner Amtsgeschäfte vorläufig untersagen.

*§ 36. Mitgliedschaft in einer Volksvertretung oder Regierung*
(1) Nimmt ein Richter die Aufstellung als Bewerber für die Wahl zum Abgeordneten des Bundestages oder einer gesetzgebenden Körperschaft eines Landes an, so ist er von diesem Tag, frühestens jedoch zwei Monate vor dem Wahltag, bis zum Ablauf von zwei Wochen nach dem Wahltag mit vollen Dienstbezügen beurlaubt.

(2) Nimmt ein Richter die Wahl in den Deutschen Bundestag oder in die gesetzgebende Körperschaft eines Landes an oder wird ein Richter mit seiner Zustimmung zum Mitglied der Bundesregierung oder der Regierung eines Landes ernannt, so enden das Recht und die Pflicht zur Wahrnehmung des Richteramts ohne gerichtliche Entscheidung nach näherer Bestimmung der Gesetze.

*§ 37. Abordnung*
(1) Ein Richter auf Lebenszeit oder ein Richter auf Zeit darf nur mit seiner Zustimmung abgeordnet werden.

(2) Die Abordnung ist auf eine bestimmte Zeit auszusprechen.

(3) Zur Vertretung eines Richters darf ein Richter auf Lebenszeit oder ein Richter auf Zeit ohne seine Zustimmung längstens für zusammen drei Monate innerhalb eines Geschäftsjahres an andere Gerichte desselben Gerichtszweigs abgeordnet werden.

## Fünfter Abschnitt. *Besondere Pflichten des Richters*

*§ 38. Richtereid*
(1) Der Richter hat folgenden Eid in öffentlicher Sitzung eines Gerichts zu leisten:

„Ich schwöre, das Richteramt getreu dem Grundgesetz für die Bundesrepublik Deutschland und getreu dem Gesetz auszuüben, nach bestem Wissen und Gewissen ohne Ansehen der Person zu urteilen und nur der Wahrheit und Gerechtigkeit zu dienen, so wahr mir Gott helfe."

(2) Der Eid kann ohne die Worte „so wahr mir Gott helfe" geleistet werden.

(3) Der Eid kann für Richter im Landesdienst eine Verpflichtung auf die Landesverfassung enthalten und statt vor einem Gericht in anderer Weise öffentlich geleistet werden.

*§ 39. Wahrung der Unabhängigkeit*
Der Richter hat sich innerhalb und außerhalb seines Amtes, auch bei politischer Betätigung, so zu verhalten, dass das Vertrauen in seine Unabhängigkeit nicht gefährdet wird.

*§ 40. Schiedsrichter und Schlichter*
(1) Eine Nebentätigkeit als Schiedsrichter oder Schiedsgutachter darf dem Richter nur genehmigt werden, wenn die Parteien des Schiedsvertrags ihn gemeinsam beauftragen oder wenn er von einer unbeteiligten Stelle benannt ist. Die Genehmigung ist zu versagen, wenn der Richter zur Zeit der Entscheidung über die Erteilung der Genehmigung mit der Sache befasst ist oder nach der Geschäftsverteilung befasst werden kann.

*§ 41. Rechtsgutachten*
(1) Ein Richter darf weder außerdienstlich Rechtsgutachten erstatten, noch entgeltlich Rechtsauskünfte erteilen.

(2) Ein beamteter Professor der Rechte oder der politischen Wissenschaften, der gleichzeitig Richter ist, darf mit Genehmigung der obersten Dienstbehörde der Gerichtsverwaltung Rechtsgutachten erstatten und Rechtsauskünfte erteilen. Die Genehmigung darf allgemein oder für den Einzelfall nur erteilt werden, wenn die richterliche Tätigkeit des Professors nicht über den Umfang einer Nebentätigkeit hinausgeht und nicht zu besorgen ist, dass dienstliche Interessen beeinträchtigt werden.

*§ 42. Nebentätigkeiten in der Rechtspflege*
Ein Richter ist zu einer Nebentätigkeit (Nebenamt, Nebenbeschäftigung) nur in der Rechtspflege und in der Gerichtsverwaltung verpflichtet.

*§ 43. Beratungsgeheimnis*
Der Richter hat über den Hergang bei der Beratung und Abstimmung auch nach Beendigung seines Dienstverhältnisses zu schweigen.

## Sechster Abschnitt. *Ehrenamtliche Richter*

*§ 44. Bestellung und Abberufung des ehrenamtlichen Richters*
(1) Ehrenamtliche Richter dürfen bei einem Gericht nur aufgrund eines Gesetzes und unter den gesetzlich bestimmten Voraussetzungen tätig werden.

(2) Ein ehrenamtlicher Richter kann vor Ablauf seiner Amtszeit nur unter den gesetzlich bestimmten Voraussetzungen und gegen seinen Willen nur durch Entscheidung eines Gerichts abberufen werden

*§ 45. Unabhängigkeit und besondere Pflichten des ehrenamtlichen Richters*
(1) Der ehrenamtliche Richter ist in gleichem Maße wie ein Berufsrichter unabhängig. Er hat seine Pflichten getreu dem Grundgesetz für die Bundesrepublik Deutschland und

getreu dem Gesetz zu erfüllen, nach bestem Wissen und Gewissen ohne Ansehen der Person zu urteilen und nur der Wahrheit und Gerechtigkeit zu dienen.

(2) Im Übrigen bestimmen sich die Rechte und Pflichten der ehrenamtlichen Richter nach den für die einzelnen Gerichtszweige geltenden Vorschriften.

(3) Der ehrenamtliche Richter hat das Beratungsgeheimnis zu wahren (§ 43).

## Zweiter Teil. *Richter im Bundesdienst*

### Erster Abschnitt. *Allgemeine Vorschriften*

*§ 46. Geltung des Bundesbeamtenrechts*
Soweit dieses Gesetz nichts anderes bestimmt, gelten für die Rechtsverhältnisse der Richter im Bundesdienst bis zu einer besonderen Regelung die Vorschriften für Bundesbeamte entsprechend.

*§ 47. Bundespersonalausschuss in Angelegenheiten der Richter*
In Angelegenheiten der Richter im Bundesdienst wirkt im Bundespersonalausschuss als weiteres ständiges ordentliches Mitglied der Leiter der Personalabteilung des Bundesministeriums der Justiz mit, dessen Stellvertreter ein anderer Beamter des Bundesministeriums der Justiz ist. Nichtständige ordentliche Mitglieder sind vier Richter; sie und ihre Stellvertreter müssen Richter auf Lebenszeit im Bundesdienst sein. Der Beamte des Bundesministeriums der Justiz und die Richter werden vom Bundesminister der Justiz im Einvernehmen mit den beteiligten Bundesministern vorgeschlagen, davon drei Richter und ihre Stellvertreter aufgrund einer Benennung durch die Spitzenorganisationen der Berufsverbände der Richter.

*§ 48. Eintritt in den Ruhestand*

(1) Die Richter auf Lebenszeit an den oberen Bundesgerichten treten mit dem Ende des Monats in den Ruhestand, in dem sie das achtundsechzigste Lebensjahr vollenden, die übrigen Richter mit dem Ende des Monats, in dem sie das fünfundsechzigste Lebensjahr vollenden.

(2) Der Eintritt in den Ruhestand kann nicht hinausgeschoben werden.

(3) Auf seinen Antrag ist ein Richter auf Lebenszeit frühestens drei Jahre vor Erreichen der Altersgrenze in den Ruhestand zu versetzen.

### Zweiter Abschnitt. *Richtervertretungen*

*§ 49. Richterrat und Präsidialrat*
Bei den Gerichten des Bundes werden als Richtervertretungen errichtet

1. Richterräte für die Beteiligung an allgemeinen und sozialen Angelegenheiten,

2. Präsidialräte für die Beteiligung an der Ernennung eines Richters.

*§ 50. Zusammensetzung des Richterrats*

(1) Der Richterrat besteht bei dem

1. Bundesgerichtshof aus fünf gewählten Richtern,
2. Bundesverwaltungsgericht, Bundesfinanzhof, Bundesarbeitsgericht und Bundessozialgericht aus je drei gewählten Richtern,
3. Bundesdisziplinarhof aus drei Richtern, von denen die Richter des Bundesdisziplinarhofs zwei und die Richter der Bundesdisziplinarkammern einen Richter wählen.

(2) Der Richterrat bei dem Bundespatentgericht besteht aus fünf gewählten Richtern.

(3) Für die Richter der Truppendienstgerichte wird ein Richterrat aus drei gewählten Richtern errichtet. Der Richterrat bestimmt seinen Sitz bei einem Truppendienstgericht.

(4) Der Präsident des Gerichts und sein ständiger Vertreter können dem Richterrat nicht angehören.

*§ 51. Wahl des Richterrats*

(1) Die Mitglieder des Richterrats und eine gleiche Anzahl von Stellvertretern werden auf jeweils vier Jahre geheim und unmittelbar gewählt.

(2) Zur Vorbereitung der Wahl beruft der Präsident des Gerichts, bei den Truppendienstgerichten der lebensälteste Richter, eine Versammlung der Richter ein. Die Versammlung beschließt unter dem Vorsitz des lebensältesten Richters das Wahlverfahren.

*§ 52. Aufgaben des Richterrats*

Für die Befugnisse und Pflichten des Richterrats gelten §§ 55 bis 68, 73 des Personalvertretungsgesetzes sinngemäß.

*§ 53. Gemeinsame Aufgaben von Richterrat und Personalvertretung*

(1) Sind an einer Angelegenheit sowohl der Richterrat als auch die Personalvertretung beteiligt, so entsendet der Richterrat für die gemeinsame Beschlussfassung Mitglieder in die Personalvertretung.

(2) Die Zahl der entsandten Mitglieder des Richterrats muss zur Zahl der Richter im gleichen Verhältnis stehen wie die Zahl der Mitglieder der Personalvertretung zu der Zahl der Beamten, Angestellten und Arbeiter. Jedoch entsendet der Richterrat mindestens die in § 13 Abs. 3 und Abs. 5 Satz 1 des Personalvertretungsgesetzes bestimmte Zahl von Mitgliedern.

*§ 54. Bildung des Präsidialrats*

(1) Bei jedem oberen Bundesgericht wird ein Präsidialrat errichtet. Der Präsidialrat beim Bundesdisziplinarhof ist zugleich für die Bundesdisziplinarkammern und die Truppendienstgerichte zuständig. er besteht bei

1. dem Bundesgerichtshof aus dem Präsidenten als Vorsitzendem, seinem ständigen Vertreter, zwei vom Präsidium aus seiner Mitte gewählten Mitgliedern und drei weiteren Mitgliedern,

2. den anderen oberen Bundesgerichten aus dem Präsidenten als Vorsitzendem, seinem ständigen Vertreter, einem vom Präsidium aus seiner Mitte gewählten Mitglied und zwei weiteren Mitgliedern.

Ist kein ständiger Vertreter ernannt, so wirkt an seiner Stelle der dienstälteste, bei gleichem Dienstalter der lebensälteste Senatspräsident mit. Die weiteren Mitglieder werden von den Richtern des Gerichts, bei dem der Präsidialrat errichtet ist, geheim und unmittelbar gewählt. § 51 Abs. 2 gilt entsprechend.

(2) Dem Präsidialrat beim Bundesdisziplinarhof soll ein Richter eines Wehrdienstsenats angehören. An die Stelle der beiden von den Richtern des Bundesdisziplinarhofs gewählten Mitglieder treten in Angelegenheiten der Richter der Bundesdisziplinarkammern zwei von diesen Richtern, in Angelegenheiten der Richter der Truppendienstgerichte zwei von den Richtern der Truppendienstgerichte gewählte Mitglieder. Abs. 1 Satz 5 und 6 gilt entsprechend.

(3) Für die Richter des Bundespatentgerichts wird ein Präsidialrat errichtet; er besteht aus dem Präsidenten als Vorsitzendem, seinem ständigen Vertreter, zwei vom Präsidium aus seiner Mitte gewählten Mitglieder und drei weiteren Mitgliedern. Abs. 1 Satz 5 und 6 gilt entsprechend.

(4) Die Amtszeit des Präsidialrats beträgt vier Jahre.

*§ 55. Aufgabe des Präsidialrats*

Vor jeder Ernennung oder Wahl eines Richters ist der Präsidialrat des Gerichts, bei dem der Richter verwendet werden soll, zu beteiligen. Das Gleiche gilt, wenn einem Richter ein Richteramt an einem Gericht eines anderen Gerichtszweigs übertragen werden soll.

*§ 56. Einleitung der Beteiligung*

(1) Die oberste Dienstbehörde beantragt die Stellungnahme des Präsidialrats. Dem Antrag sind die Bewerbungsunterlagen und die Personal- und Befähigungsnachweise beizufügen. Personalakten dürfen nur mit Zustimmung des Bewerbers oder Richters vorgelegt werden.

(2) Auf Ersuchen eines Mitglieds eines Richterwahlausschusses hat die oberste Dienstbehörde die Stellungnahme zu beantragen.

*§ 57. Stellungnahme des Präsidialrats*

(1) Der Präsidialrat gibt eine schriftlich begründete Stellungnahme ab über die persönliche und fachliche Eignung des Bewerbers oder Richters. Die Stellungnahme ist zu den Personalakten zu nehmen.

(2) Der Präsidialrat hat seine Stellungnahme binnen eines Monats abzugeben.

(3) Ein Richter darf erst ernannt oder gewählt werden, wenn die Stellungnahme des Präsidialrats vorliegt oder die Frist des Abs. 2 verstrichen ist.

*§ 58. Geschäftsführung, Rechtsstellung der Mitglieder*

(1) Die Richtervertretungen regeln ihre Beschlussfassung und Geschäftsführung in einer Geschäftsordnung.

(2) Die Kosten der Richtervertretungen fallen dem Haushalt der Gerichte zur Last. Die Gerichtsverwaltung stellt Räume und Geschäftsbedarf zur Verfügung.

(3) Die Mitgliedschaft in der Richtervertretung ist ein Ehrenamt. Für die Rechte und Pflichten der Mitglieder gelten § 42 Abs. 3, § 59 Abs. 1 und § 60 Abs. 1 und 2 des Personalvertretungsgesetzes sinngemäß.

*§ 59. Abgeordnete Richter*

(1) Ein an ein Gericht des Bundes abgeordneter Richter wird zum Richterrat dieses Gerichts wahlberechtigt, sobald die Abordnung länger als drei Monate gedauert hat. Wird ein Richter im Bundesdienst an ein anderes Gericht oder an eine Verwaltungsbehörde abgeordnet, so verliert er sein Wahlrecht zum Richterrat bei dem bisherigen Gericht nach Ablauf von drei Monaten.

(2) Ein abgeordneter Richter kann dem Präsidialrat für das Gericht des Bundes, an das er abgeordnet ist, nicht angehören; er ist für diesen Präsidialrat nicht wahlberechtigt. Ein Richter im Bundesdienst scheidet mit Beginn der Abordnung aus dem Präsidialrat seines bisherigen Gerichts aus; seine Wahlberechtigung bleibt jedoch unberührt.

*§ 60. Rechtsweg in Angelegenheiten der Richtervertretungen*

Für Rechtsstreitigkeiten aus der Bildung oder Tätigkeit der Richtervertretungen steht der Rechtsweg zu den Verwaltungsgerichten offen. Das Verwaltungsgericht entscheidet bei Rechtsstreitigkeiten aus der gemeinsamen Beteiligung von Richterrat und Personalvertretung (§ 53 Abs. 1) nach den Verfahrensvorschriften und in der Besetzung des § 76 Abs. 2 und des § 77 des Personalvertretungsgesetzes.

## Dritter Abschnitt. Dienstgericht des Bundes

§ 61. Verfassung des Dienstgerichts

1. Für die Richter im Bundesdienst wird als Dienstgericht des Bundes ein besonderer Senat des Bundesgerichtshofs gebildet.

(2) Das Dienstgericht des Bundes verhandelt und entscheidet in der Besetzung mit einem Vorsitzenden, zwei ständigen Beisitzern und zwei nichtständigen Beisitzern. Der Vorsitzende und die ständigen Beisitzer müssen dem Bundesgerichtshof, die nichtständigen Beisitzer als Richter auf Lebenszeit dem Gerichtszweig des betroffenen Richters angehören. Der Präsident eines Gerichts und sein ständiger Vertreter können nicht Mitglied des Dienstgerichts sein.

(3) Das Präsidium des Bundesgerichtshofs bestimmt den Vorsitzenden und die Beisitzer sowie deren Vertreter für fünf Geschäftsjahre. Bei der Hinzuziehung der nichtständigen Beisitzer ist es an die Reihenfolge in den Vorschlagslisten gebunden, die von den Präsidien der oberen Bundesgerichte aufgestellt werden.

(4) Das Dienstgericht gilt in Disziplinarverfahren (§ 63) als Strafsenat, in Versetzungs- und Prüfungsverfahren (§§ 65, 66) als Zivilsenat im Sinne der §§ 132 und 136 des Gerichtsverfassungsgesetzes.

*§ 62. Zuständigkeit des Dienstgerichts*

(1) Das Dienstgericht des Bundes entscheidet endgültig

1. in Disziplinarsachen, auch der Richter im Ruhestand,
2. über die Versetzung im Interesse der Rechtspflege,
3. bei Richtern auf Lebenszeit oder auf Zeit über die
   a) Nichtigkeit einer Ernennung,
   b) Rücknahme einer Ernennung,
   c) Entlassung,
   d) Versetzung in den Ruhestand wegen Dienstunfähigkeit;
4. bei Anfechtung
   a) einer Maßnahme wegen Veränderung der Gerichtsorganisation,
   b) der Abordnung eines Richters gemäß § 37 Abs. 3,
   c) einer Verfügung, durch die ein Richter auf Probe oder kraft Auftrags entlassen, durch die seine Ernennung zurückgenommen oder die Nichtigkeit seiner Ernennung festgestellt oder durch die er wegen Dienstunfähigkeit in den Ruhestand versetzt wird,
   d) der Heranziehung zu einer Nebentätigkeit,
   e) einer Maßnahme der Dienstaufsicht aus den Gründen des § 26 Abs. 3.

(2) Das Dienstgericht des Bundes entscheidet auch über die Revision gegen Urteile der Dienstgerichte der Länder (§ 79).

*§ 63. Disziplinarverfahren*

(1) Für das Verfahren in Disziplinarsachen gelten die Vorschriften der Bundesdisziplinarordnung sinngemäß.

(2) Über die Einleitung oder Einstellung des förmlichen Disziplinarverfahrens, über die vorläufige Dienstenthebung, die Einbehaltung von Dienstbezügen sowie über die Aufhebung dieser Maßnahmen entscheidet auf Antrag der obersten Dienstbehörde das Dienstgericht durch Beschluss. Der Beschluss ist der obersten Dienstbehörde und dem Richter zuzustellen.

(3) Die Aufgaben des Bundesdisziplinaranwalts nimmt der Generalbundesanwalt wahr. § 30 b Abs. 2 der Bundesdisziplinarordnung findet keine Anwendung.

*§ 64. Disziplinarstrafen*

(1) Durch Disziplinarverfügung können nur Warnung und Verweis ausgesprochen werden.

(2) Gegen einen Richter bei einem oberen Bundesgericht kann nur Warnung, Geldbuße oder Entfernung aus dem Dienst verhängt werden.

*§ 65. Versetzungsverfahren*

(1) Für das Verfahren bei Versetzung im Interesse der Rechtspflege (Versetzungsverfahren) gelten die Vorschriften der Verwaltungsgerichtsordnung sinngemäß.

(2) Das Verfahren wird durch einen Antrag der obersten Dienstbehörde eingeleitet. Ein Vorverfahren findet nicht statt. Der Oberbundesanwalt wirkt an dem Verfahren nicht mit.

(3) Das Gericht erklärt eine der in § 31 vorgesehenen Maßnahmen für zulässig oder weist den Antrag zurück.

*§ 66. Prüfungsverfahren*

(1) Für das Verfahren in den Fällen des § 62 Abs. 1 Nr. 3 und 4 (Prüfungsverfahren) gelten die Vorschriften der Verwaltungsgerichtsordnung sinngemäß. Der Oberbundesanwalt wirkt an dem Verfahren nicht mit.

(2) Ein Vorverfahren findet nur in den Fällen des § 62 Abs. 1 Nr. 4 statt.

(3) Das Verfahren wird in den Fällen des § 62 Abs. 1 Nr. 3 durch einen Antrag der obersten Dienstbehörde, in den Fällen der Nummer 4 durch einen Antrag des Richters eingeleitet.

*§ 67. Urteilsformel im Prüfungsverfahren*

(1) In dem Fall des § 62 Abs. 1 Nr. 3 Buchstabe a stellt das Gericht die Nichtigkeit fest oder weist den Antrag zurück.

(2) In den Fällen des § 62 Abs. 1 Nr. 3 Buchstabe b bis d stellt das Gericht die Zulässigkeit der Maßnahme oder die Entlassung fest oder weist den Antrag zurück.

(3) In den Fällen des § 62 Abs. 1 Nr. 4 Buchstaben a bis d, hebt das Gericht die angefochtene Maßnahme auf oder weist den Antrag zurück.

(4) In dem Fall des § 62 Abs. 1 Nr. 4 Buchstabe e stellt das Gericht die Unzulässigkeit der Maßnahme fest oder weist den Antrag zurück.

*§ 68. Aussetzung von Verfahren*

(1) Ist eine Maßnahme der Dienstaufsicht aus den Gründen des § 26 Abs. 3 angefochten und hängt die Entscheidung hierüber von dem Bestehen oder Nichtbestehen eines Rechtsverhältnisses ab, das den Gegenstand eines anderen Verfahrens bildet oder bilden kann, so hat das Dienstgericht die Verhandlung bis zur Erledigung des anderen Verfahrens auszusetzen. Der Aussetzungsbeschluss ist zu begründen.

(2) Ist das Verfahren bei dem anderen Gericht noch nicht anhängig, so setzt das Dienstgericht in dem Aussetzungsbeschluss eine angemessene Frist zur Einleitung des Verfahrens. Nach fruchtlosem Ablauf der Frist weist es den Antrag ohne weitere Sachprüfung zurück.

(3) Hängt die Entscheidung eines anderen Gerichts als eines Dienstgerichts davon ab, ob eine Maßnahme der Dienstaufsicht aus den Gründen des § 26 Abs. 3 unzulässig ist, so hat das Gericht die Verhandlung bis zur Erledigung des Verfahrens vor dem Dienstgericht auszusetzen. Der Aussetzungsbeschluss ist zu begründen. Abs. 2 gilt sinngemäß.

## Vierter Abschnitt. *Richter des Bundesverfassungsgerichts*

*§ 69. Beschränkte Geltung dieses Gesetzes*
Für die Richter des Bundesverfassungsgerichts gelten die Vorschriften dieses Gesetzes nur, soweit sie mit der besonderen Rechtsstellung dieser Richter nach dem Grundgesetz und nach dem Gesetz über das Bundesverfassungsgericht vereinbar sind.

*§ 70. Bundesrichter als Richter des Bundesverfassungsgerichts*
Die Rechte und Pflichten eines Richters an den oberen Bundesgerichten ruhen, solange er Mitglied des Bundesverfassungsgerichts ist.

# **Dritter Teil.** ***Richter im Landesdienst***

*§ 71. Bindung an Rahmenvorschriften*

(1) Die Länder sind verpflichtet, die Rechtsverhältnisse der Richter gemäß §§ 72 bis 84 und, soweit dieses Gesetz nicht anderes bestimmt, auf der Grundlage der §§ 1 bis 120 des Beamtenrechtsrahmengesetzes zu regeln. Sie haben dabei die gemeinsamen Interessen von Bund und Ländern zu berücksichtigen.

(2) Soweit die unabhängige Stelle (§§ 61, 62 des Beamtenrechtsrahmengesetzes) für Angelegenheiten der Richter zuständig ist, muss mindestens die Hälfte ihrer Mitglieder Richter sein.

(3) Für die Richter im Landesdienst gelten §§ 123 bis 132 des Beamtenrechtsrahmengesetzes entsprechend, soweit dieses Gesetz nicht anderes bestimmt.

*§ 72. Bildung des Richterrats*
In den Ländern sind Richterräte zu bilden. Ihre Mitglieder werden durch die Richter unmittelbar und geheim aus ihrer Mitte gewählt.

*§ 73. Aufgaben des Richterrats*
Der Richterrat hat mindestens folgende Aufgaben:

1. Beteiligung an allgemeinen und sozialen Angelegenheiten der Richter,

2. gemeinsame Beteiligung mit der Personalvertretung an allgemeinen und sozialen Angelegenheiten, die sowohl Richter als auch Bedienstete des Gerichts betreffen.

*§ 74. Bildung des Präsidialrats*

(1) Für jeden Gerichtszweig ist ein Präsidialrat zu bilden. Für mehrere Gerichtszweige kann durch Gesetz die Bildung eines gemeinsamen Präsidialrats vorgeschrieben werden.

(2) Der Präsidialrat besteht aus dem Präsidenten eines Gerichts als Vorsitzendem und aus Richtern, von denen mindestens die Hälfte durch die Richter zu wählen sind.

*§ 75. Aufgaben des Präsidialrats*

(1) Der Präsidialrat ist an der Ernennung eines Richters für ein Amt mit höherem Endgrundgehalt als dem eines Eingangsamts zu beteiligen. Er gibt eine schriftlich begründete Stellungnahme ab über die persönliche und fachliche Eignung des Richters.

(2) Dem Präsidialrat können weitere Aufgaben übertragen werden.

*§ 76. Altersgrenze*

(1) Die Altersgrenze der Richter ist durch Gesetz zu bestimmen.

(2) Der Eintritt in den Ruhestand kann nicht hinausgeschoben werden.

*§ 77. Errichtung von Dienstgerichten*

(1) In den Ländern sind Dienstgerichte zu bilden.

(2) Die Dienstgerichte entscheiden in der Besetzung mit einem Vorsitzenden und je zur Hälfte mit ständigen und nichtständigen Beisitzern. Alle Mitglieder müssen auf Lebenszeit ernannte Richter sein. Die nichtständigen Mitglieder sollen dem Gerichtszweig des betroffenen Richters angehören.

(3) Die Mitglieder der Dienstgerichte werden von dem Präsidium des Gerichts bestimmt, bei dem das Dienstgericht errichtet ist. Die Landesgesetzgebung kann das Präsidium an Vorschlagslisten, die von den Präsidien anderer Gerichte aufgestellt werden, binden. Der Präsident eines Gerichts oder sein ständiger Vertreter kann nicht Mitglied eines Dienstgerichts sein.

*§ 78. Zuständigkeit des Dienstgerichts*

Das Dienstgericht entscheidet

1. in Disziplinarsachen, auch der Richter im Ruhestand;

2. über die Versetzung im Interesse der Rechtspflege;

3. bei Richtern auf Lebenszeit oder auf Zeit über die

a) Nichtigkeit einer Ernennung,

b) Rücknahme einer Ernennung,

c) Entlassung,

d) Versetzung in den Ruhestand wegen Dienstunfähigkeit;

4. bei Anfechtung

a) einer Maßnahme wegen Veränderung der Gerichtsorganisation,

b) der Abordnung eines Richters gemäß § 37 Abs. 3,

c) einer Verfügung, durch die ein Richter auf Probe oder kraft Auftrags entlassen, durch die seine Ernennung zurückgenommen oder die Nichtigkeit seiner Ernennung festgestellt oder durch die er wegen Dienstunfähigkeit in den Ruhestand versetzt wird,

d) der Heranziehung zu einer Nebentätigkeit,

e) einer Maßnahme der Dienstaufsicht aus den Gründen des § 26 Abs. 3.

*§ 79. Rechtszug*

(1) Das Verfahren vor den Dienstgerichten besteht aus mindestens zwei Rechtszügen.

(2) In den Fällen des § 78 Nr. 2, 3 und 4 steht den Beteiligten die Revision an das Dienstgericht des Bundes nach Maßgabe des § 80 zu.

(3) Die Landesgesetzgebung kann in den Fällen des § 78 Nr. 1 die Revision an das Dienstgericht des Bundes vorsehen.

*§ 80. Revision im Versetzungsverfahren und im Prüfungsverfahren*

(1) Für die Revision im Versetzungsverfahren und im Prüfungsverfahren gelten die Vorschriften der Verwaltungsgerichtsordnung sinngemäß. Der Oberbundesanwalt wirkt an dem Verfahren nicht mit.

(2) Die Revision ist stets zuzulassen.

(3) Die Revision kann nur darauf gestützt werden, dass das Urteil auf der Nichtanwendung oder unrichtigen Anwendung einer Rechtsnorm beruht.

*§ 81. Zulässigkeit der Revision im Disziplinarverfahren*

(1) Soweit die Landesgesetzgebung im Disziplinarverfahren die Revision an das Dienstgericht des Bundes vorgesehen hat (§ 79 Abs. 3), kann die Revision vorbehaltlich des Abs. 3 nur eingelegt werden, wenn sie von dem Dienstgericht des Landes zugelassen worden ist. Sie ist nur zuzulassen, wenn

1. die Rechtssache grundsätzliche Bedeutung hat oder

2. das Urteil von einer Entscheidung des Dienstgerichts des Bundes abweicht und nur auf dieser Abweichung beruht.

(2) Die Nichtzulassung der Revision kann selbständig durch Beschwerde innerhalb zweier Wochen nach Zustellung des Urteils angefochten werden. Die Beschwerde ist bei dem Gericht einzulegen, dessen Entscheidung angefochten werden soll. In der Beschwerdeschrift muss die grundsätzliche Bedeutung der Rechtssache dargelegt oder die Entscheidung des Dienstgerichts des Bundes, von dem das angefochtene Urteil abweicht, bezeichnet werden. Die Einlegung der Beschwerde hemmt die Rechtskraft des Urteils. Wird der Beschwerde nicht abgeholfen, so entscheidet das Dienstgericht des Bundes durch Beschluss. Der Beschluss bedarf keiner Begründung, wenn die Beschwerde einstimmig verworfen oder zurückgewiesen wird. Mit Ablehnung der Beschwerde durch das Dienstgericht des Bundes wird das Urteil rechtskräftig. Wird der Beschwerde stattgegeben, so beginnt mit Zustellung des Beschwerdebescheides die Revisionsfrist.

(3) Einer Zulassung bedarf es nicht, wenn als wesentliche Mängel des Verfahrens gerügt werden, dass

1. das erkennende Gericht nicht vorschriftsmäßig besetzt war,
2. bei der Entscheidung ein Richter mitgewirkt hat, der von der Ausübung des Richteramts kraft Gesetzes ausgeschlossen oder wegen Besorgnis der Befangenheit mit Erfolg abgelehnt war, oder
3. die Entscheidung nicht mit Gründen versehen ist.

*§ 82. Revisionsverfahren im Disziplinverfahren*

(1) Die Revision ist bei dem Gericht, dessen Urteil angefochten wird, innerhalb zweier Wochen nach Zustellung des Urteils oder nach Zustellung des Beschlusses oder durch schriftlich aufzunehmende Erklärung vor der Geschäftsstelle einzulegen und spätestens innerhalb zweier weiterer Wochen zu begründen. § 80 Abs. 3 gilt entsprechend.

(2) Das Dienstgericht des Bundes ist an die in dem angefochtenen Urteil getroffenen tatsächlichen Feststellungen gebunden, es sei denn, dass zulässige und begründete Revisionsgründe gegen diese Feststellungen vorgebracht sind.

(3) § 67 Abs. 1 Satz 2 und Abs. 2, § 69 Abs. 2, § 73 Abs. 1 Nr. 1, Abs. 2 und 3 und § 75 der Bundesdisziplinarordnung gelten sinngemäß. Das Urteil kann nur auf Zurückweisung der Revision oder auf Aufhebung des angefochtenen Urteils lauten.

*§ 83. Verfahrensvorschriften*

Disziplinarverfahren, Versetzungsverfahren und Prüfungsverfahren sind entsprechend § 63 Abs. 2, § 64 Abs. 1, §§ 65 bis 68 zu regeln.

*§ 84. Verfassungsrichter*

Das Landesrecht bestimmt, wieweit dieses Gesetz für die Mitglieder des Verfassungsgerichts eines Landes gilt.

## Vierter Teil. *Übergangs- und Schlussbestimmungen*

### Erster Abschnitt. Änderung von Bundesrecht

*§ 85. Änderung des Gerichtsverfassungsgesetzes*

Das Gerichtsverfassungsgesetz in der Fassung der Bekanntmachung vom 12. September 1950 (BGBl. S. 513), zuletzt geändert durch Gesetz vom 30. Juni 1960 (BGBl. I S. 478), wird wie folgt geändert:

1. §§ 2 bis 9 werden aufgehoben.
2. § 10 erhält folgende Fassung: „§ 10. (1) Referendaren, die mindestens zwölf Monate im juristischen Vorbereitungsdienst tätig sind, kann im Einzelfall die Erledigung von Rechtshilfeersuchen mit Ausnahme der Beeidigung übertragen werden.

(2) Bei Amtsgerichten und Landgerichten können Richter auf Probe und Richter kraft Auftrags verwendet werden."

3. § 11 wird aufgehoben
4. In § 29 Abs. 1 wird folgender Satz 2 angefügt: „Ein Richter auf Probe darf im ersten Jahr nach seiner Ernennung nicht Vorsitzender sein."
5. § 62 Abs. 1 Satz 2 erhält folgende Fassung: „Den Vorsitz in der kleinen Strafkammer (§ 76 Abs. 2) und in der Kammer für Handelssachen (§ 105 Abs. 1) kann auch ein ständiges Mitglied des Landgerichts führen, das vom Präsidium für die Dauer eines Geschäftsjahres bestimmt wird."
6. § 68 wird aufgehoben.
7. § 70 Abs. 2 erhält folgende Fassung: „(2) Die Beiordnung eines Richters auf Probe oder eines Richters kraft Auftrags ist auf eine bestimmte Zeit auszusprechen und darf vor Ablauf dieser Zeit nicht widerrufen werden."
8. § 77 Abs. 3 erhält folgende Fassung: „(3) An die Stelle des Amtsrichters tritt für die Auslosung der Reihenfolge, in der die Hauptschöffen an den einzelnen ordentlichen Sitzungen der Strafkammern teilnehmen, der Landgerichtspräsident. Die Entscheidung darüber, ob ein Schöffe von der Schöffenliste zu streichen oder ob von seiner Heranziehung zur Dienstleistung abzusehen ist, sowie über die von einem Schöffen vorgebrachten Ablehnungsgründe trifft eine Strafkammer. Im Übrigen tritt an die Stelle des Amtsrichters der Vorsitzende der Strafkammer."
9. § 83 Abs. 1 und 2 erhält folgende Fassung: „(1) Vor Beginn des Geschäftsjahres bestellt das Präsidium des Oberlandesgerichts für jede Tagung des Schwurgerichts aus der Zahl der Mitglieder des Oberlandesgerichts oder der in seinem Bezirk angestellten Richter einen Vorsitzenden des Schwurgerichts.

   (2) In gleicher Weise bestellt das Präsidium des Landgerichts für jede Tagung des Schwurgerichts aus der Zahl der Mitglieder des Landgerichts und der in seinem Bezirk angestellten Amtsrichter einen Stellvertreter des Vorsitzenden, die übrigen richterlichen Mitglieder und ihre Stellvertreter."
10. §§ 88 und 118 werden aufgehoben.
11. § 125 Abs. 2 erhält folgende Fassung: „(2) Zum Mitglied des Bundesgerichtshofes kann nur berufen werden, wer das fünfunddreißigste Lebensjahr vollendet hat."
12. In § 148 Abs. 1 wird das Wort „nichtrichterliche" gestrichen.
13. § 148 Abs. 2 und § 198 werden aufgehoben.

*§ 86. Änderung der Vorschriften über die Befähigung zum Richteramt*

Es werden aufgehoben:

1. das Gesetz über die Befähigung zum Richteramt vom 27. Februar 1936 (RGBl. I S. 127);

2. die Verordnung über die Zuerkennung der Fähigkeit zum Richteramt an Volksdeutsche vom 8. Dezember 1939 (RGBl. I S. 2390),
3. das Bayerische Gesetz über die Richteramtsbefähigung umgesiedelter und heimatvertriebener Juristen vom 16. Juni 1948 (Bereinigte Sammlung des bayerischen Landesrechts Band III S. 64),
4. das Bremische Gesetz über die Richteramtsbefähigung umgesiedelter und heimatvertriebener Juristen vom 2. Juni 1948 (Gesetzbl. S. 133),
5. das Hessische Gesetz über die Richteramtsbefähigung umgesiedelter und heimatvertriebener Juristen vom 21. Juni 1948 (Gesetz- und Verordnungsbl. S. 79, 92),
6. das Gesetz Nr. 929 des früheren Landes Württemberg-Baden über die Richteramtsbefähigung umgesiedelter und heimatvertriebener Juristen vom 2. Juni 1948 (Regierungsbl. S. 91, 148).

*§ 87. Änderung der Verordnung zur einheitlichen Regelung der Gerichtsverfassung*

§ 7 Abs. 4 der Verordnung zur einheitlichen Regelung der Gerichtsverfassung vom 20. März 1935 (RGBl. I S. 403) wird aufgehoben.

*§ 88. Änderung des Arbeitsgerichtsgesetzes*

Das Arbeitsgerichtsgesetz vom 3. September 1953 (BGBl. I S. 1267), zuletzt geändert durch Gesetz vom 26. Juli 1957 (BGBl. II S. 713), wird wie folgt geändert:

1. § 18 Abs. 3 bis 6 wird aufgehoben.
2. § 18 Abs. 7 erhält folgende Fassung: „(7) Bei den Arbeitsgerichten können Richter auf Probe und Richter kraft Auftrags verwendet werden."
3. § 19 wird aufgehoben.
4. § 36 erhält folgende Fassung: „§ 36. Der Präsident und die weiteren Vorsitzenden werden auf Vorschlag der obersten Arbeitsbehörden des Landes im Benehmen mit der Landesjustizverwaltung nach Anhörung der in § 14 Abs. 1 genannten Gewerkschaften und Vereinigungen von Arbeitgebern als Richter auf Lebenszeit entsprechend den landesrechtlichen Vorschriften bestellt."
5. § 42 Abs. 2 erhält folgende Fassung: „(2) Die zu berufenden Personen müssen das fünfunddreißigste Lebensjahr vollendet haben."

*§ 89. Änderung der Verwaltungsgerichtsordnung*

Die Verwaltungsgerichtsordnung vom 21. Januar 1960 (BGBl. I S. 17) wird wie folgt geändert:

1. § 15 Abs. 2 wird aufgehoben.
2. § 17 erhält folgende Fassung: „§ 17. Bei den Verwaltungsgerichten können Richter auf Probe oder Richter kraft Auftrags verwendet werden."
3. § 18 erhält folgende Fassung: „§ 18. Richter im Nebenamt, Richter auf Probe, Richter kraft Auftrags und abgeordnete Richter können nicht den Vorsitz führen. Von diesen Richtern darf nicht mehr als einer in einer Kammer (Senat) mitwirken."

4. § 37 erhält folgende Fassung: „§ 37. Der Oberbundesanwalt sowie der Vertreter des öffentlichen Interesses bei dem Oberverwaltungsgericht und bei dem Verwaltungsgericht müssen die Befähigung zum Richteramt nach dem Deutschen Richtergesetz besitzen."
5. § 39 erhält folgende Fassung: „§ 39. Dem Gericht dürfen keine Verwaltungsgeschäfte außerhalb der Gerichtsverwaltung übertragen werden."
6. § 174 Abs. 1 erhält folgende Fassung: „(1) Für den Vertreter des öffentlichen Interesses bei dem Oberverwaltungsgericht und bei dem Verwaltungsgericht steht der Befähigung zum Richteramt nach dem Deutschen Richtergesetz die Befähigung zum höheren Verwaltungsdienst gleich, wenn sie nach mindestens dreijährigem Studium der Rechtswissenschaft an einer Universität und dreijähriger Ausbildung im öffentlichen Dienst durch Ablegen der gesetzlich vorgeschriebenen Prüfungen erlangt worden ist."

*§ 90. Änderung des Sozialgerichtsgesetzes*
Das Sozialgerichtsgesetz in der Fassung der Bekanntmachung vom 23. August 1958 (BGBl. I S. 613), zuletzt geändert durch das Gesetz vom 16. Mai 1960 (BGBl. I S. 305), wird wie folgt geändert:
1. § 6 und § 9 Abs. 2 werden aufgehoben.
2. § 11 Abs. 3 erhält folgende Fassung: „(3) Bei den Sozialgerichten können Richter auf Probe und Richter kraft Auftrags verwendet werden."
3. § 24 Abs. 1 Satz 2 und § 32 Abs. 2 werden aufgehoben.

*§ 91. Änderung des Gesetzes über Maßnahmen auf dem Gebiet der Finanzgerichtsbarkeit*
Das Gesetz über Maßnahmen auf dem Gebiet der Finanzgerichtsbarkeit vom 22. Oktober 1957 (BGBl. I S. 1746) wird wie folgt geändert:
1. §§ 2 und 3 werden aufgehoben.
2. § 4 erhält folgende Fassung: „§ 4. Beim Finanzgericht können Richter auf Probe oder Richter kraft Auftrags verwendet werden."

*§ 92. Änderung des Gesetzes über das Bundesverfassungsgericht*
§ 3 Abs. 2 des Gesetzes über das Bundesverfassungsgericht vom 12. März 1951 (BGBl. I S. 243), zuletzt geändert durch Gesetz vom 26. Juni 1959 (BGBl. I S. 297), erhält folgende Fassung: „(2) Sie müssen die Befähigung zum Richteramt nach dem Deutschen Richtergesetz besitzen."

*§ 93. Änderung des Gesetzes über den Bundesrechnungshof*
Das Gesetz über Errichtung und Aufgaben des Bundesrechnungshofes vom 27. November 1950 (BGBl. S. 765) wird wie folgt geändert:
1. § 11 Abs. 3 erhält folgende Fassung: „(3) Auf die Mitglieder des Bundesrechnungshofes sind die für die Richter an den oberen Bundesgerichten geltenden Vorschriften über Dienstaufsicht, Versetzung in ein anderes Amt, Versetzung in den Ruhestand,

Entlassung, Amtsenthebung, Altersgrenze und Disziplinarstrafen entsprechend anzuwenden. § 2 bleibt unberührt."

2. Nach § 11 wird folgender § 11 a eingefügt: „§ 11 a. (1) Für ein förmliches Disziplinarverfahren gegen ein Mitglied des Bundesrechnungshofes und für ein Prüfungsverfahren, das ein Mitglied des Bundesrechnungshofes betrifft, ist das Dienstgericht des Bundes zuständig.
   (2) Die nichtständigen Beisitzer müssen Mitglieder des Bundesrechnungshofes sein. Das Präsidium des Bundesgerichtshofes bestimmt sie für die Dauer von fünf Geschäftsjahren in der Reihenfolge einer Vorschlagsliste, die der große Senat des Bundesrechnungshofes aufstellt. § 126 c Abs. 2 Satz 2 zweiter Halbsatz der Reichshaushaltsordnung ist nicht anzuwenden.
   (3) Auf das Verfahren vor dem Dienstgericht sind die Vorschriften des Deutschen Richtergesetzes anzuwenden."

*§ 94. Änderung des Bundesbeamtengesetzes*

§ 180 des Bundesbeamtengesetzes in der Fassung der Bekanntmachung vom 18. September 1957 (BGBl. I S. 1337), zuletzt geändert durch Gesetz vom 20. August 1960 (BGBl. I S. 705), erhält folgende Fassung: „§ 189. Für die Mitglieder des Bundesrechnungshofes gilt dieses Gesetz, soweit im Gesetz über Errichtung und Aufgaben des Bundesrechnungshofes vom 27. November 1950 (BGBl. S. 765) in der Fassung des § 93 des Deutschen Richtergesetzes nichts Abweichendes bestimmt ist."

*§ 95. Änderung des Beamtenrechtsrahmengesetzes*

§ 134 Abs. 1 des Rahmengesetzes zur Vereinheitlichung des Beamtenrechts vom 1. Juli 1957 (BGBl. I S. 667), zuletzt geändert durch Gesetz vom 28. März 1960 (BGBl. I S. 207) wird aufgehoben.

*§ 96. Änderung der Vorschriften über die Altersgrenze von Richtern an den oberen Bundesgerichten und Mitgliedern des Bundesrechnungshofes*

Das Dritte Gesetz über die Altersgrenze von Richtern an den oberen Bundesgerichten und Mitgliedern des Bundesrechnungshofes vom 28. November 1956 (BGBl. I S. 884) wird aufgehoben.

*§ 97. Änderung der Vorschriften über die Altersgrenze von Richtern an Wiedergutmachungsgerichten*

Die Fünfte Durchführungsverordnung des britischen Hohen Kommissars zum Gesetz Nr. 59 der Militärregierung (Amtsbl. der Alliierten Hohen Kommission für Deutschland S. 295) wird aufgehoben.

*§ 98. Änderung der Bundesdisziplinarordnung*

Die Bundesdisziplinarordnung vom 28. November 1952 (BGBl. I S. 761), zuletzt geändert durch Gesetz vom 1. Juli 1957 (BGBl. I S. 667), wird wie folgt geändert:

1. § 35 Abs. 3 erhält folgende Fassung: „(3) Der Vorsitzende, seine Stellvertreter und die rechtskundigen Beisitzer müssen die Befähigung zum Richteramt nach dem Deutschen Richtergesetz haben."
2. §§ 108 und 110 werden aufgehoben.

*§ 99. Änderung der Wehrdisziplinarordnung*

Die Wehrdisziplinarordnung vom 15. März 1957 (BGBl. I S. 189) wird wie folgt geändert:

1. § 53 erhält folgende Fassung: „§ 53. (1) Mitglieder des Truppendienstgerichts sind der dienstaufsichtführende Richter, die weiteren richterlichen Mitglieder und die militärischen Beisitzer als ehrenamtliche Richter.
   (2) Die richterlichen Mitglieder müssen das fünfunddreißigste Lebensjahr vollendet und die Befähigung zum Richteramt nach dem Deutschen Richtergesetz haben. Sie werden vom Bundespräsidenten auf Lebenszeit ernannt.
   (3) Als richterliches Mitglied kann auch ein Richter kraft Auftrags verwendet werden. Ein Richter kraft Auftrags kann bei der großen Besetzung (§ 56) nicht den Vorsitz führen."
2. § 59 Abs. 1 Satz 1 erhält folgende Fassung: „Zur Vertretung der Einleitungsbehörde im disziplinargerichtlichen Verfahren bestellt der Bundesminister für Verteidigung bei den Truppendienstgerichten Beamte, die die Befähigung zum Richteramt nach dem Deutschen Richtergesetz haben, für die Dauer ihres Hauptamtes als Wehrdisziplinaranwälte."

*§ 100. Änderung der Bundesrechtsanwaltsordnung*

Die Bundesrechtsanwaltsordnung vom 1. August 1959 (BGBl. I S. 565) wird wie folgt geändert:

1. § 4 erhält folgende Fassung: „§ 4. Befähigung zum Richteramt. Zur Rechtsanwaltschaft kann nur zugelassen werden, wer die Befähigung zum Richteramt nach dem Deutschen Richtergesetz erlangt hat."
2. § 233 wird aufgehoben.

*§ 101. Änderung des Gesetzes über Maßnahmen auf dem Gebiete des Notarrechts*

Artikel 13 des Gesetzes über Maßnahmen auf dem Gebiet des Notarrechts vom 16. Februar 1961 (BGBl. I S. 77) wird aufgehoben.

*§ 102. Änderung der Bundesnotarordnung*

§ 5 der Bundesnotarordnung vom 24. Februar 1961 (BGBl. I S. 97) erhält folgende Fassung: „§ 5. Zum Notar darf nur ein deutscher Staatsangehöriger bestellt werden, der die Befähigung zum Richteramt nach dem Deutschen Richtergesetz erlangt hat."

*§ 103. Änderung der Laufbahnvorschriften*

Die Verordnung über die Laufbahn für das Amt des Richters und des Staatsanwalts vom 16. Mai 1939 (RGBl. I S. 917) ist als Bundesrecht nicht mehr anzuwenden.

*§ 109. Befähigung zum Richteramt*
Wer bei Inkrafttreten dieses Gesetzes die Befähigung zum Richteramt nach den bisher geltenden Vorschriften besitzt, ist auch nach Inkrafttreten dieses Gesetzes zum Richteramt befähigt.

*§ 110. Befähigung zum höheren Verwaltungsdienst*
Wer bis zum Inkrafttreten dieses Gesetzes nach mindestens dreijährigem Studium der Rechtswissenschaft an einer Universität und dreijähriger Ausbildung im öffentlichen Dienst durch Ablegen der gesetzlich vorgeschriebenen Prüfungen die Befähigung zum höheren Verwaltungsdienst erworben hat, kann auch nach Inkrafttreten dieses Gesetzes zum Richter in der Verfassungsgerichtsbarkeit, Verwaltungsgerichtsbarkeit, Sozialgerichtsbarkeit und Disziplinargerichtsbarkeit ernannt werden. § 19 Abs. 1 Nr. 1 gilt entsprechend.

*§ 111. Vorsitzende der Arbeitsgerichte und Sozialgerichte*
(1) Zum Vorsitzenden eines Arbeitsgerichts oder eines Sozialgerichts kann bis zum Ablauf von zwei Jahren nach Inkrafttreten dieses Gesetzes auch ernannt werden, wer die Voraussetzungen des § 18 Abs. 3 des Arbeitsgerichtsgesetzes oder des § 9 Abs. 2 des Sozialgerichtsgesetzes in der bis zum Inkrafttreten dieses Gesetzes geltenden Fassung erfüllt; § 19 Abs. 1 Nr. 1 gilt entsprechend. Der Vorsitzende eines Arbeitsgerichts kann bis zu diesem Zeitpunkt auch zum Richter auf Zeit ernannt werden. Auf Richter auf Zeit sind § 18 Abs. 4 und § 19 des Arbeitsgerichtsgesetzes in der bis zum Inkrafttreten dieses Gesetzes geltenden Fassung anzuwenden.

(2) Das Gleiche gilt für die Ernennung zum Vorsitzenden aufgrund eines Landesgesetzes gemäß § 207 Abs. 1 des Sozialgerichtsgesetzes.

*§ 112. Anerkennung nichtdeutscher Prüfungen*
§ 92 Abs. 2 des Bundesvertriebenengesetzes in der Fassung der Bekanntmachung vom 14. August 1957 (BGBl. I S. 1215), zuletzt geändert durch Gesetz vom 29. Juli 1959 (BGBl. S. 545), wird durch dieses Gesetz nicht berührt.

*§ 113. Übergangsvorschriften für Ausbildungen und Prüfungen*
(1) Die Landesregierungen bestimmen durch Rechtsverordnung, wieweit Studium und Vorbereitungsdienst, die vor Inkrafttreten dieses Gesetzes nach den bisher geltenden Vorschriften abgeleistet worden sind, anerkannt werden. Das Gleiche gilt für die Anerkennung erster Prüfungen.

(2) Die für den Vorbereitungsdienst der Kriegsheimkehrer bestehenden Rechtsvorschriften bleiben unberührt.

*§ 104. Verweisung auf aufgehobene Vorschriften*
Soweit in anderen Gesetzen und Verordnungen auf Vorschriften oder Bezeichnungen verwiesen wird, die durch dieses Gesetz aufgehoben werden, treten an ihre Stelle die entsprechenden Vorschriften oder die Bezeichnungen dieses Gesetzes.

## Zweiter Abschnitt. *Überleitung von Rechtsverhältnissen*

*§ 105. Überleitungsvorschriften für Richter auf Lebenszeit und auf Zeit*

(1) Wer vor Inkrafttreten dieses Gesetzes in ein öffentlich-rechtliches Dienstverhältnis auf Lebenszeit oder auf Zeit berufen ist und ein Richteramt als Hauptamt innehat, erhält die Rechtsstellung eines Richters auf Lebenszeit oder auf Zeit im Sinne dieses Gesetzes.

(2) Wer bei Inkrafttreten dieses Gesetzes die Befähigung zum Richteramt nicht besitzt, kann bei einem Gericht nur entsprechend den bis zum Inkrafttreten dieses Gesetzes geltenden Vorschriften weiterverwendet werden.

(3) Wer nach dem 8. Mai 1945 aus Anlass der Übertragung eines Richteramts einen Eid geleistet hat, ist von der Pflicht zur Leistung des Richtereides (§ 38) befreit.

*§ 106. Überleitungsvorschriften für Richter auf Probe, kraft Auftrags und abgeordnete Richter*

(1) Wer bei Inkrafttreten dieses Gesetzes in einem öffentlich-rechtlichen Dienstverhältnis auf Probe die Aufgaben eines Richters wahrnimmt, erhält die Rechtsstellung eines Richters auf Probe. Die Fristen in § 12 Abs. 2 und § 22 Abs. 1 und 2 rechnen von der Einstellung ab.

(2) Ist ein Beamter auf Lebenszeit oder auf Zeit bei Inkrafttreten dieses Gesetzes mit der Wahrnehmung eines Richteramts beauftragt, so darf er dieses Amt bis zum Ablauf eines Jahres nach Inkrafttreten dieses Gesetzes führen. Danach kann er bei einem Gericht nur noch in einem Richterverhältnis nach den Vorschriften dieses Gesetzes verwendet werden.

*§ 107. Dienstverhältnisse auf Widerruf*
Bis zum Ablauf von zwei Jahren nach Inkrafttreten dieses Gesetzes können richterliche Aufgaben in den Ländern auch in einem öffentlich-rechtlichen Dienstverhältnis auf Widerruf wahrgenommen werden.

*§ 108. Richterliche Vortätigkeit*
Wer bei Inkrafttreten dieses Gesetzes die Befähigung zum Richteramt besitzt, kann bis zum Ablauf von drei Jahren nach Inkrafttreten dieses Gesetzes Tätigkeiten nach § 10 Abs. 2 unbeschränkt angerechnet erhalten.

*§ 114. Ermächtigung zum Erlass von Rechtsverordnungen*

Der Bundesminister der Justiz wird ermächtigt, durch Rechtsverordnung mit Zustimmung des Bundesrates das allgemeine Dienstalter abweichend von § 20 zu regeln, um Nachteile auszugleichen, die

1. aus den Wiedergutmachungsgesetzen berechtigte Richter durch Verfolgungsmaßnahmen,
2. unter Artikel 131 des Grundgesetzes fallende Richter durch das Ausscheiden aus dem Amt und
3. Richter, deren Anstellung infolge des Krieges verzögert worden ist, durch die verspätete Anstellung

erlitten haben.

*§ 115. Überleitungsvorschriften für Richter des ehemaligen Deutschen Obergerichts für das Vereinigte Wirtschaftsgebiet*

Die Richter des ehemaligen Deutschen Obergerichts für das Vereinigte Wirtschaftsgebiet treten mit dem Ablauf des Monats in den Ruhestand, in dem sie das fünfundsechzigste Lebensjahr vollenden. Die Versorgung der Richter des ehemaligen Deutschen Obergerichts und die Versorgung ihrer Hinterbliebenen richten sich nach dem Bundesbeamtengesetz.

*§ 116. Eintritt in den Ruhestand in Sonderfällen*

(1) Ein Richter oder Staatsanwalt, der in der Zeit vom 1. September 1939 bis zum 9. Mai 1945 als Richter oder Staatsanwalt in der Strafrechtspflege mitgewirkt hat, kann auf seinen Antrag in den Ruhestand versetzt werden.

(2) Der Antrag kann nur bis zum 30. Juni 1962 gestellt werden.

*§ 117. Überleitung von Gerichtsverfahren*

Ein Verfahren, das einen Richter oder Staatsanwalt im Bundesgebiet betrifft und bei Inkrafttreten dieses Gesetzes bei einem Gericht anhängig ist, das nach diesem Gesetz nicht mehr zuständig ist, geht in der Lage, in der es sich bei Inkrafttreten dieses Gesetzes befindet, auf das nunmehr zuständige Gericht über.

*§ 118. Übergangsvorschriften für die Zuständigkeit der Disziplinargerichte*

(1) Bis zur Errichtung der Dienstgerichte in den Ländern entscheiden in den Fällen des § 78 die für Disziplinarverfahren gegen Richter im Landesdienst zuständigen Gerichte.

(2) Auf das Verfahren vor den Dienstgerichten der Länder in Versetzungs- und Prüfungssachen (§ 78 Nr. 2, 3 und 4) sind bis zum Erlass landesrechtlicher Vorschriften die Verwaltungsgerichtsordnung und § 65 Abs. 2 Satz 1 und 2 und Abs. 3, § 66 Abs. 2 und 3, §§ 67 und 68 anzuwenden. Ein Vertreter des öffentlichen Interesses wirkt an dem Verfahren nicht mit.

## Dritter Abschnitt. *Schlussvorschriften*

*§ 119. Mitglieder von Gemeindegerichten*

Auf Gemeinderichter (§ 14 Abs. 2 des Gerichtsverfassungsgesetzes) ist dieses Gesetz nicht anzuwenden.

*§ 120. Technische Mitglieder des Bundespatentgerichts*

Zum Richteramt bei dem Bundespatentgericht ist auch befähigt, wer die Voraussetzungen des § 36 b Abs. 2 des Patentgesetzes in der Fassung des Gesetzes vom 23. März 1961 (BGBl. I S. 274, 316) erfüllt, § 19 Abs. 1 Nr. 1 gilt entsprechend.

*§ 121. Richter im Bundesdienst als Mitglieder einer Volksvertretung*

Für die Rechtsstellung der in die gesetzgebende Körperschaft eines Landes gewählten Richter im Bundesdienst gilt das Gesetz über die Rechtsstellung der in den Deutschen Bundestag gewählten Angehörigen des öffentlichen Dienstes vom 4. August 1953 (BGBl. I S. 777) entsprechend.

*§ 122. Staatsanwälte*

(1) Zum Staatsanwalt kann nur ernannt werden, wer die Befähigung zum Richteramt (§§ 5 bis 7) besitzt.

(2) Dem richterlichen Dienst im Sinne des § 10 Abs. 1 steht eine staatsanwaltschaftliche Tätigkeit gleich.

(3) Auf die Staatsanwälte ist § 41 entsprechend anzuwenden.

(4) In förmlichen Disziplinarverfahren gegen Staatsanwälte entscheiden die Dienstgerichte für Richter. Die nichtständigen Beisitzer müssen auf Lebenszeit berufene Staatsanwälte sein. Der Bundesminister der Justiz bestellt die nichtständigen Beisitzer beim Dienstgericht des Bundes. Die Bestellung der nichtständigen Beisitzer bei den Dienstgerichten der Länder regelt die Landesgesetzgebung.

(5) Absätze 1 bis 4 und § 110 Satz 1 gelten entsprechend für den Oberbundesanwalt und die Bundesanwälte beim Bundesverwaltungsgericht, den Bundesdisziplinaranwalt, den Bundeswehrdisziplinaranwalt, die Staatsanwälte und die Landesanwälte bei den Gerichten der Verwaltungsgerichtsbarkeit der Länder, der Bundesminister der Justiz bestellt die nichtständigen Beisitzer beim Dienstgericht des Bundes im Einvernehmen mit dem zuständigen Bundesminister.

*§ 123. Besetzung der Berufsgerichte für Rechtsanwälte*

§ 94 Abs. 1 und § 101 Abs. 3 der Bundesrechtsanwaltsordnung vom 1. August 1959 (BGBl. I S. 565) werden durch dieses Gesetz nicht berührt.

*§ 124. Sonderregelung für Berlin*

§ 50 Abs. 3, §§ 69, 70, 92, 97 und 99 finden im Land Berlin keine Anwendung. Das Gleiche gilt für § 51 Abs. 2, § 54 Abs. 1 und 2 und § 122 Abs. 5, soweit sie sich auf

Truppendienstgerichte, Richter der Truppendienstgerichte, Richter eines Wehrdienstsenats oder den Bundeswehrdisziplinaranwalt beziehen.

*§ 125. Geltung in Berlin*
Dieses Gesetz gilt nach Maßgabe des § 13 Abs. 1 des Dritten Überleitungsgesetzes vom 4. Januar 1952 (BGBl. I S. 1) auch im Land Berlin. Rechtsverordnungen, die aufgrund dieses Gesetzes erlassen werden, gelten im Land Berlin nach § 14 des Dritten Überleitungsgesetzes.

*§ 126. Inkrafttreten*
Dieses Gesetz tritt am 1. Juli 1962 in Kraft. Die §§ 114 und 116 treten jedoch bereits am Tage nach der Verkündung in Kraft.

# Sachregister

# Quellennachweis

| | |
|---|---|
| S. 41 ff. | StA Hamburg, OLG, 213-1-1a |
| S. 65 ff. | Bayr. HStA München MInn 90693 |
| S. 90 ff. | Landeshauptarchiv Koblenz 900/14 |
| S. 100 ff. | BA Koblenz, B 141/1813 |
| S. 113 ff. | StA Hamburg, OLG, 3110-1b1/1a |
| S. 121 ff. | StA Hamburg, OLG, 3110-1b1/1a |
| S. 135 ff. | StA Hamburg, OLG, 3110-1b1/1a |
| S. 144 ff. | BA Koblenz, B 141/3054 |
| S. 154 ff. | StA Hamburg, OLG, 3110-1b1/1b |
| S. 166 ff. | StA Hamburg, OLG, 3110-1b1/1b |
| S. 176 ff. | BA Koblenz, B 141/1814 |
| S. 211 ff. | BA Koblenz, B 141/1817 |
| S. 217 ff. | BA Koblenz, B 141/1817 |
| S. 220 ff. | BA Koblenz, B 141/3054 |
| S. 280 ff. | BA Koblenz, B 141/1829 |
| S. 304 ff. | LA Schleswig-Holstein, 786/1819 |
| S. 342 ff. | LA Schleswig-Holstein, 786/1819 |
| S. 357 ff. | BA Koblenz, B 141/1824 |
| S. 360 ff. | BA Koblenz, B 141/1824 |
| S. 388 ff. | BA Koblenz, B 141/1824 |
| S. 392 ff. | BA Koblenz, B 141/1824 |
| S. 396 ff. | Hess. Justizministerium |
| S. 399 ff. | ´LA Schleswig-Holstein, 786/1820 |
| S. 416 ff. | LA Schleswig-Holstein, 786/1820 |
| S. 427 ff. | BA Koblenz, B 141/1833 |
| S. 435 ff. | LA Schleswig-Holstein, 786/1820 |
| S. 443 ff. | LA Schleswig-Holstein, 786/1820 |
| S. 445 ff. | StA Hamburg, 131-11 Nr. 6779 |
| S. 452 ff. | BA Koblenz, B 141/1835 |
| S. 461 ff. | LA Schleswig-Holstein, 786/1820 |
| S. 477 ff. | BA Koblenz, B 141/3057 u. LA Schleswig, 786/1820 |
| S. 491 ff. | BA Koblenz, B 141/1838 |
| S. 496 ff. | StA Hamburg, 131-11 Nr. 6780 |
| S. 512 ff. | BA Koblenz, B 141/1840 |
| S. 523 ff. | BA Koblenz, B 141/1841 |

| | |
|---|---|
| S. 551 ff. | BA Koblenz, B 141/1844 |
| S. 554 ff. | BA Koblenz, B 141/1845 |
| S. 566 f. | BA Koblenz, B 141/1846 |
| S. 567 ff. | BA Koblenz, B 141/1850 |
| S. 569 ff. | BA Koblenz, B 141/1858 |
| S. 574 ff. | BA Koblenz, B 141/1857 |
| S. 579 ff. | BR-Ds. 183/57 |
| S. 596 ff. | BA Koblenz, B 141/3059 |
| S. 605 ff. | BA Koblenz, B 141/3059 |
| S. 627 ff. | BA Koblenz, B 141/18475 |
| S. 635 | Prot. des Bundesrates 1957, S. 182 |
| S. 637 ff. | BA Koblenz, B 141/1862 |
| S. 639 ff. | BA Koblenz, B 141/1862 |
| S. 641 f. | BA Koblenz, B 141/1862 |
| S. 642 ff. | Kabinettsprot. der Bundesregierung, 1958, S. 291 f. |
| S. 644 ff. | Ds. des Bundesrats 40/58 |
| S. 665 ff. | BA Koblenz, B 141/3060 |
| S. 676 ff. | BA Koblenz, B 141/3060 (auch im Parlamentsarchiv Berlin) |
| S. 679 ff. | BA Koblenz, B 141/2060 |
| S. 685 ff. | BR-Ds. 40/1/58 sowie 40/2 u. 3/58 |
| S. 701 ff. | Prot. des Bundesrats 1958, S. 70-74 |
| S. 709 ff. | Ds. des Bundestags III/516 |
| S. 715 ff. | Ds. des Bundestags III/516 |
| S. 718 ff. | BA Koblenz, B 141/15465 |
| S. 721 ff. | Parlamentsarchiv d. Bundestags, Berlin |
| S. 725 ff. | BA Koblenz, B 141/15466 |
| S. 735 ff. | BA Koblenz, B 141/15467 |
| S. 740 ff. | BA Koblenz, B 141/15468 |
| S. 744 ff. | Parlamentsarchiv Berlin, Ausschuss-Ds. Nr. 65 |
| S. 755 ff. | BA Koblenz, B 141/15469 |
| S. 767 ff. | BA Koblenz, B 141/15470 |
| S. 787 ff. | BA Koblenz, B 141/15471 |
| S. 796 ff. | Ds. des Bundestags III/2785 |
| S. 815 ff. | BGBl. I 1961, S. 1666 ff. |

www.ingramcontent.com/pod-product-compliance
Ingram Content Group UK Ltd.
Pitfield, Milton Keynes, MK11 3LW, UK
UKHW021823290926
8980IPUK00004B/243

9 783631 802816